(개정증보판)

꿈과 潛在意識

The Dream & Subconscious mind

韓健德 原著 / 韓載旭 編著

明文堂

  꿈을 일종의 사고현상으로 간주할 수가 있을까? 만약 꿈속에 표현
되는 일련의 사상들이 각성시의 그것만큼이나 명백한 사고현상이라면
무엇 때문에 그토록 황당무계하고 난해한 공상들로 채워지는가? 생리
학자들의 주장처럼 뇌가 정리작업을 하는 과정에 나타나는 그저 혼란
스런 감각반응이며, 기억의 유동하는 단편들에 불과한 것일까?

  심리학자들은 꿈이란 잠들기 직전까지 해결하지 못한 욕구충동의
산물이며, 굴절된 욕망이 마음의 심연으로부터 떠오르려는 것을 우리
에게 미리 알려주는 것이라고들 말한다. 그들의 주장이 진실이라면
꿈은 기껏해야 억압된 욕망을 충족된 것으로 묘사함으로서 잠을 지속
시키거나, 감춰져있던 심리적 상흔이나 들춰내는 것에 불과할 것이다.

  그러나 인간이 자신의 생각을 기록으로 남기기 시작한 이후 누천년
동안 꿈에 의한 예지와 창조는 끊이지 않고 있으며, 역사적 기록물들
이 그것을 명명백백하게 입증하고 있다. 과거 수많은 성현들도 인정
했던 것처럼 꿈의 영적인 능력이 현상적 실체임에는 틀림이 없는 것
이다. 그럼에도 불구하고 우리 인류는 아직도 이것의 본질에 대한 명
쾌한 답을 찾지 못한 채 안개 속을 헤매고 있는 실정이다.

  이러한 상황에서 나와 같은 독학자가 이 의문에 대한 궁극적인 종
지부를 찍게 될 한 가닥 실마리를 잡았다고 천명하기에는 주위에서
느껴지는 날카로운 시선들로 인해 모골이 송연해지는 느낌을 떨쳐낼

수 없다. 그러나 내 스스로는 분명 꿈의 비밀궁전에 들어섰음을 확신하기에 그 내부에서 보고 느낀 바를 소상히 보고하지 않으면 안 된다는 사명감을 갖게 된 것이다. 이것이 나에게 주어진 운명이라면 최선을 다해 그곳에서 발견한 것들을 세상에 알려야 하고, 비록 겨자만큼이나 작은 씨앗 하나일망정 여기 싹을 터서 자라고 있음을 보여주어야만 한다. 그러므로 나는 이 책이 정당한 평가를 받지 못하고 한낱 공상소설로 치부되는 한이 있더라도 독자 제위에게 그 무엇인가 선사할 만한 것은 분명히 있으리라고 자위해본다.

나는 이 책을 통해 『꿈이란 무엇인가?』, 『왜 꿈을 꾸는 것인가?』, 또는 『꿈의 예지능력은 진실한가?』 하는 등의 의문에 대한 여러 가지 상투적인 가설들을 내세워 어떤 결말을 이끌어내지는 않을 것이다. 다만 과거 여러 학자들이 갑론을박하던 꿈에 관한 여러 가지 의문들에 대한 경험적이고 실증적인 자료들을 제시하여 그들의 견해와 비교, 분석함으로서 독자 스스로가 나름의 지평을 열어 가는데 힘을 보태고자 한다.

아무쪼록 이 책이 나와 같은 길을 걷고자 하는 여러 독학자 제위에게 미약하나마 작은 등불이 되었으면 하는 바람이다. 나의 꿈-이론은 지금도 진화중이고 그 때문에 미진한 점이 많은 것이 사실이다. 조금이라도 잘못된 점, 아직 깨닫지 못한 점, 그리고 겸손하지 못한 점 등이 발견된다면 그 즉시 일깨워주시어 인류공동의 숙원인 꿈-연구를 위하여 합심 협력해 주심을 앙망하는 바이다.

이 책은 나의 첫 저술인 《꿈의 예시와 판단(1971 초간 : 꿈의 사전)》의 이론서인 격이므로 적용되는 사례들은 위의 책을 참조해 주기를 바란다. 이 책이 출간되기까지 물심양면 지원을 아끼지 않아주신 지인 여러분과 여러 가지 어려운 여건에도 불구하고 이 책의 출판을 위해 용단을 내려주신 명문당 김동구 사장님께 정중한 감사의 뜻을 표한다.

1981년 4월 철산우거에서

저자 한 건 덕

　나는 이 책을 읽고서 본서야말로 수천 년간 인간이 이 방면의 연구를 거듭해 왔음에도 완전한 해답을 구하지 못했던 숙제를 일시에 거침없이 풀어놓은 것 같은 생각이 들어 감격과 흥분을 금할 수 없었다. 저자는 오랜 세월 가혹한 병고와 불우한 환경 속에서도 고군분투 꿈의 연구라는 엄청난 일에 도전하여 이와 같은 대작을 발표하고 있는 것이다. 물론 이 모든 내용이 다 진리인지 아닌지는 학계와 일반 독자들에 의해서 판정이 나겠지만 우선 놀라운 것은 그가 어떻게 혼자서 꿈에 관한 기존학설의 모든 것을 비교 연구했을 뿐만 아니라 이처럼 방대하고 깊이 있으며 참신한 이론을 형성해낼 수 있었을까 하는 점이다.

　나는 앞서 그의 첫 번째 저서인 《꿈의 예시와 판단》을 읽고 논평한 적이 있다. 그 책에서 저자의 경험주의적 해몽법은 종래의 모든 해석법과는 다른 창의적인 면을 가지고 있고 꿈 연구가들이 거의 불가능한 것으로 알고 있는 꿈의 예지적인 성격해명에 역점을 두어 작성한 것을 알 수 있었는데 그 책은 많은 사람들의 관심을 끌기에 충분한 것으로 생각하였다. 그런데 그것으로 끝나지 않고 저자는 어떤 사명감과 굽힐 줄 모르는 연구욕에 의해서 그동안 여러 가지 지식과 경험을 쌓았으며 시석으로 장족의 발전을 가져와 남들이 감히 손대지 못하는 이와 같은 독창적인 이론을 형성하여 세상에 발표하고 있는

5

것이다.

아마도 이 책을 읽고 나면 많은 사람들이 공감을 가지리라 생각되거니와 저자가 [꿈이란 미해결의 관심사와 미래사를 판단하고 예지한 잠재의식의 표현이다]라고 한 정의를 부정할 수 없을 것이다. 왜냐하면 저자는 지금까지 해명할 길이 없었던 꿈의 상징언어들의 일정불변한 형성원리와 그 낱낱의 의미들을 이론적으로나 실제 경험들에 의해서 입증하고 정의하였으며 그것에 의하여 수많은 예제들을 완전 분석해 놓았는데 이것만 가지고도 우리에게 어떤 믿음을 주고 있기 때문이다.

만약 이것이 진실임을 입증할 수 있다면 인간 정신이야말로 신성 바로 그것이며, 꿈은 의식적 레벨에 있어서 한 단계 낮은 사고현상이 아니라 고도의 예지적 산물임을 인정하지 않을 수 없을 것이다. 그는 잠재의식이 의식과는 대조적인 기능과 개성을 가지며, 꿈은 심령학적 연구대상이 아니라 정상적인 인간의 제2의 정신생활임을 주장하였는데 이런 갖가지 문제들은 독자들의 관심을 더욱 불러일으킬 것이다.

만약 저자의 연구가 진실하다는 것이 승인된다면 지금까지 신비주의적 해석에서 벗어나지 못하는 꿈과 관련된 여러 가지 학문과 생활태도는 다소간 변개를 가져오지 않으면 안 될 것이다. 그중에서도 저자가 역점을 두고 연구한 종교적, 또는 샤머니즘적 신앙이 꿈과 얼마나 밀접해 있는가를 새삼 발견하게 될 것이고 어떻게 하는 것이 참된 신앙이며 미신인가를 꿈의 연구로부터 분별하자고 요구한 저자의 견해는 많은 사람들에게 비상한 관심을 갖게 할 것이다.

우리는 이 방면의 연구에 있어서 외래문화에만 의존해 왔기 때문에 우리에게도 그에 못지않은 전통문화가 있었다는 것은 모르고 있었다. 그것은 지금까지 연구 개발되지 않은 까닭에 미신으로만 돌려버렸던 우리 민족 전래의 경험주의적 꿈의 해몽법과 태몽과 같은 것을 믿는 서민층의 신앙생활에서 다른 나라의 것과 다른 몇 가지 장점을 발견하고 있는데 이런 연구태도는 민족문화 증진을 위해서도 매우 바람직한 일이라고 생각한다.

결론적으로 말해서 이 방면의 학문적인 연구가 더 이상 진전을 보지 못하고 정체상태에 있는 이 시점에서 이 책은 지금까지 보지 못했던 새로운 개념과 창조에 의해서 작성되었으며 여러 가지 관계학문이나 실생활에 실용적 가치가 충분하다고 보기 때문에 학계나 일반 독자는 이 책을 깊이 연구해 보고 낱낱의 사실들의 진부를 가려보아야 한다고 생각한다. 그리하여 진실 됨을 발견할 수 있다면 우리 모두는 합심 협력하여 이 방면의 학문연구에 완벽을 위해 노력을 해야 할 것이다.

한 가지 덧붙여서 말하고 싶은 것은 이 책의 내용에는 저자의 꿈–

연구를 성취할 수 있도록 음으로 양으로 도와준 사람들에 대한 미담들도 실려 있다. 그 중에서도 수십 년간 헌신적으로 형을 부양하고 팔다리가 되어온 아우 한경덕씨에 관한 에피소드는 형제애의 귀감이라고 하겠거니와 이 책의 출판과정에서 보여준 발행인 김동구 사장의 용단과 희생적 협력은 독자의 한 사람으로서 숙연한 마음으로 감사하고 싶은 것이다. 그것은 이 작품이 지면이 많고 세상사람들이 어떻게 볼지 모르는 꿈에 관한 학술서적이라는 특징을 가지고 있음에도 이 작품의 가치를 높이 평가했을 뿐 아니라 오직 새로운 학문개발과 자본이 넉넉지 못한 형편인데도 저자를 도우려는 독지가적 마음에서 출판을 단행하였다는 것은 그의 결단력과 선견지명, 그리고 희생정신이 여러 출판인의 모범이 되었다고 생각하기 때문이다.

1981년 4월 대한심리학 연구소장

심리학박사 유 한 평

大韓心理研究所長
心理學博士 柳漢平

▌목 차

제 1 장

꿈과 잠재의식(潛在意識)의 개관(槪觀)

어느 한글학자에 의하면 순수한 우리말인 [꿈]의 어원(語源)은 눈(眼)을 의미하는 옛말, [굴]이라고 한다. 그리하여 [굴] → [구음] → [쉼] → [꿈]으로 어근(語根)이 전이되는 과정에 [꾸다]라는 동사가 파생되어 나왔다는 것이다. 이 말의 뜻은 곧 [보다]이니 옛사람들도 꿈을 꾸는 것을 잠을 자면서 보는 행위로 인정하였던 듯하다. 외견상으로는 꿈이 시각적 이미지들의 나열인 것처럼 보이는 탓에 [꿈을 본다]라는 말이 일견 타당해 보이기도 한다. 그러나 일찍이 꿈이 수면중의 사고행위라는 사실을 깨달았더라면 지금쯤 [꿈을 꾼다] 대신에 [꿈을 생각한다]라는 말이 통용되고 있을지도 모를 일이다. 우리가 수면중에 본다고 느끼는 것은 각성시의 그것처럼 시각기관에 의한 감각작용(感覺作用)이 아니기 때문이다. 그것은 어디까지나 잠재의식에 의한 표상

작용(表象作用)이다. 때문에 [꿈은 생각하는 일이다]라고 정의되어야
만 옳다. 그럼에도 불구하고 대부분의 사람들은 아직도 꿈의 생성원
리를 오해하여 꿈이란 그저 무의미한 시각상일 뿐이라고 생각한다.
그것은 꿈을 과거의 경험에만 결부시키려는, 또한 사고작용으로 인정
하지 않고 감각작용으로만 간주하려는, 그릇된 판단이라고 단언할 수
있다. 아무리 강조해도 지나치지 않은 사실은 꿈은 기억의 재현이 아
니라, 관념적 창조물이라는 것이다. 더구나 꿈을 조금이라도 주의 깊
게 관찰해 본 사람이라면 꿈속에서 시각적인 것만이 아닌 청각, 촉각,
미각, 취각, 정동, 상념, 언어 등의 다양한 표현들을 쉽게 발견할 수
있다. 이래저래 [꿈을 본다]라는 판단은 잘못된 것이다. 꿈은 보고,
듣고, 느끼며, 판단하는 것으로서 각성시의 그것만큼이나 매우 복잡하
고 정교한 사고작용이다.

　　우리는 일상에서 꿈이라는 단어를 두 가지 뜻으로 사용하고 있다.
그 하나는 수면상태(睡眠狀態)에서 이루어지는 생리적인 현상이요, 다
른 하나는 장래에 이루어지기를 바라는, 관념적인 의미의 희망(希望)
이다. 그래서 꿈이라는 단어를 사용함에 있어 혼동을 일으키는 경우
가 적지 않다. 생리적인 꿈–또는 *잠의 꿈*–이 현실에서는 불가능할 기
적과 같은 공상을 연출한다는 점에서, 관념적인 꿈 역시 이루기 힘든
욕망에 비유되곤 한다. 즉, 그 둘 모두에는 어딘가 모르게 허망하다는
뉘앙스가 내포되어 있는 것이다. 이것은 과거 우리 조상들이 꿈이라는
단어를 어떻게 사용하였는가를 살펴보면 쉽게 알 수가 있다. 실현성
없는 낮의 공상을 [백일몽(白日夢)]이라고 칭했고. [남가지몽(南柯一夢)],
[일장춘몽(一場春夢)], [한단지몽(邯鄲之夢)] 등의 한자성어로서 덧없
는 한 때의 부귀영화를 표현하였으며, 또 [꿈도 꾸지 마라], [꿈보다
해몽이 좋다], [소경도 꿈은 꾼다], [꿈에 서방을 만난 것 같다] 등의
속담으로 채워질 수 없는 욕망을 한탄하기도 하였다. 그래서 어떤 이
들은 벅찬 인생살이, 요지부동의 일상사에 지친 나머지 [삶은 그저 이

룰 수 없는 꿈]이라고 자조적인 탄식을 내뱉기도 한다. 그들은 꿈이 때로는 아름답고 황홀하게, 또 때로는 어떤 소원이 충족된 것으로 표현하지만 실제에 있어서는 한낱 공상(空想)에 그칠 뿐, 실현될 수 없는 것이라고 생각했기 때문이다. 그렇다면 잠의 꿈도 관념적인 그것처럼 비현실적인 공상에 불과한 것일까? 나는 그렇지 않다고 단언할 수 있다. 비현실적인 욕망에 비유되는 꿈이 대부분 공상적인 사고인데 반하여, 잠의 꿈은 확고한 의도성을 가진 매우 논리적인 사고로 채워지기 때문이다. 다만 여기서 논리적인 사고라고 하는 것은 그 현현내용(顯現內容)–발현몽–이 아니라, 잠재내용(潛在內容)–잠재몽–을 말하는 것이다. 그러므로 우리가 잠의 꿈을 완전하게 해석하기 전까지는 관념적인 의미의 꿈과 마찬가지로 역시 공상적인 것에 머물 수밖에 없다.

어찌되었건 예로부터 우리는 한 치도 앞을 내다볼 수 없는 불확실한 삶을 헤쳐 나가기 위하여 간밤의 꿈에서 무슨 징조를 발견해내려고 애를 썼으며 그것이 좋은 내용일 경우 막연하나마 어떤 기대를 걸어보는 것이 상례였다. 그래서 새해 아침에는 늘『좋은 꿈을 꾸었느냐?』는 인사말을 주고받고 재능이 엿보이는 아이를 만나면 그 부모에게『이 아이를 잉태했을 때 어떤 태몽을 꾸었나요?』라고 묻기도 한다. 또한 누가 복권을 왕창 사들이기라도 할라치면『돼지꿈이라도 꾸었는가?』라는 식의 농을 던지기도 하는데 이것은 어떤 큰일에 직면해선 으레 그 성패를 가름하는 꿈을 꾸게 된다고 믿는 것이 우리 민족의 오랜 풍습이었기 때문이다.

나는 지금부터 이 책의 전반을 통해서 [꿈이란 수면(水面) 위의 물거품처럼 순간적으로 생겨났다가 사라지는 무의미한 환각(幻覺)]이 결코 아니라는 사실을 하나하나 밝혀나가려고 한다. 그리고 이 비밀탐구는 내가 상례적으로 제시하는 다음과 같은 꿈의 정의로부터 출발하게 될 것인바, 독자 제위는 나의 논의가 말미에 이르러 이것으로 다시 되돌아올 때, 그 진실성 여부를 명쾌하게 판단할 수 있을 것이다.

꿈이란 반수(半睡) 이상(以上)의 상태(狀態)에서 행위되는 어떤 미해결(未解決)의 관심사와 미래사를 판단하고 예지하는 잠재의식의 표현이다. 또한 이러한 목적을 달성함으로서 뇌 속의 질식(窒息)된 관념을 분비(分泌)하고 심신(心身)의 리듬을 조화시켜 내일의 실생활에 활력을 불어넣는 생리현상이기도 하다.

위의 정의는 비물질적인 정신작용만이 아니라, 물질적인 생리작용까지 포괄하는 개념이며 지그문트·프로이트(Sigmund. Freud 1856~1939)의 인과론적(因果論的) 해석이나 칼·구스타프·융(Carl. Gustav. Jung 1875~1961)의 소극적인 목적론(目的論)에서 한 발 더 나아간, 보다 적극적이고 광의적(廣義的)인 목적론에 해당한다고 말할 수 있다.

꿈을 정의함에 있어서는 그 목적, 형태, 기능, 또는 관찰각도에 따라 여러 가지 상이한 결론이 도출될 수 있을 것이다. 그러나 어떤 관점에서든 가장 먼저 해명해야 할 것은 [꿈은 언제 꾸게 되느냐]하는 질문에 답하는 일일 것이다. 그것이 꿈을 객관적으로 관찰하고자 할 때 부딪치는 첫 관문이기 때문이다. 이 점에 대해서 나는 [꿈이란 반수 이상의 상태에서 일어나는 정신현상]이라고 정의해왔다. 수면(睡眠)은 완전수면과 반수면(半睡眠)으로 구분되는데 반수상태(半睡常態)란 말 그대로 반쯤 잠이 든 상태를 말한다. 반수상태 중의 하나인 입면기(入眠期)를 설명하자면 다음과 같다. 잠이 들기 시작하면 의식은 점차 현실에서 멀어져 가는데, 적응하는 작용이 분해되어 사고는 혼란에 빠지고 최근의 것, 즉 의식적으로 주의를 요하는 것부터 파괴되면서 가장 오래되고 고정된 마음속의 콤플렉스만 남는다. 이러한 상태를 일컬어 반수상태라고 한다.

앞으로 수면에 관한 고찰에서 구체적으로 설명하게 되겠지만 하룻밤의 잠은 그 심도(深度)에 따라 통상 4~5회의 주기를 갖는다. 이 잠의 심도는 뇌파(腦波), 근전도(筋電圖), 안구운동(眼球運動) 등으로 측정되며 매 주기마다 경수면(輕睡眠 : 1~2단계)에서 심수면(深睡眠 : 3단계)으로, 그리고 역설수면(逆說睡眠 : 4단계)으로 이어지다가 다시 경수면으로 되돌아가는 반복적인 진행과정을 갖는다. 역설수면(逆說睡眠)이 발견된 이후 일부 학자들은 잠의 순환주기(循環週期) 가운데서 오직 RAM기에만 꿈이 형성된다고 주장하고 있다. 때문에 그들은 하룻밤의 수면이 4~5회의 역설적 수면기를 갖고 있다는 이유를 들어 꿈은 전체 수면의 20% 내외에서만 꾸어진다고 주장한다. 그러나 나는 이 주장에 동의하지 않는다. 나는 전수면기에 꿈을 꾼다고 판단하는바, 이 점에 대해서는 향후 각 항목에서 일일이 예증을 들어가며 상술하게 될 것이다. 다만 잠이 깊이 드는 심수면기에는 뇌의 활동이 극히 저하되므로 꿈을 꾸는 능력이 감소하고 설사 꿈을 꾸고 있다고 하더라도 그것을 제대로 상기하지 못한다는 연구결과가 나와 있다.

그런데 각성시에도 일시적이나마 잠재의식적 상태가 조성됨으로서 꿈과 유사한 체험을 하는 경우가 있다. 최면몽(催眠夢), 환각몽(幻覺夢), 백일몽(白日夢) 등이 바로 그것들이다. 나는 그것들 모두를 넓은 의미에서의 꿈으로 정의하고 있다. 그러나 보는 각도에 따라서는 여러 가지 이론이 있을 수 있음을 인정한다.

[꿈이란 반수 이상의 상태에서 행위(行爲)되는 정신현상이다]라고 할 때 [행위]라는 단어는 동물의 행동 가운데서 인간 특유의 것, 가령 승리의 행위, 실패의 행위, 또는 영광의 행위 등과 같이 의도적인 것을 뜻-*자네(Janet)의 주장*-하는 것이며, 본능적인 것이 아닌 행동을 뜻-*콜라(Kola)의 주장*-하는 것이다. 그런데 내가 굳이 [행위]이라는 용어를 사용하는 이유는 잠재의식적 사고활동도 이것과 동일한 것으로 간주하려는 의도를 갖고 있기 때문이다. 꿈을 꾼다는 것이 의식적인 행위는 아니지만 그렇다고 해서 단순한 조건반사도 아니다. 오히려 꿈은 창작, 판단, 예지 등의 지적 사고가 이루어지는 완벽한 정신작용이

라 말할 수 있다. 때문에 꿈속에서의 행동을 인격적 특성을 나타내는 [행위]라는 용어로서 정의하고자 하는 것이다.

우리가 반수상태에 놓이기만 하면 잠재의식은 활성화된다. 이 활성화된 잠재의식이 곧 꿈의 영역이다. 그런데 우리의 의식은 잠을 자는 동안에도 완전히 작동을 멈추지 않으며, 반대로 깨어있는 동안에도 잠재의식은 부단히 가동하고 있다. 다시 말해 의식과 잠재의식은 낮과 밤의 상황변화에 따라 완전하게 교체되는 것이 아니라, 단지 전경의식(前景意識)과 배경의식(背景意識)이라는 역할을 상호 교환하는 것에 그친다는 것이다. 따라서 각성시와 마찬가지로 수면시에도 의식과 잠재의식의 공조체제(共助體制)는 항상 유지된다.

우리의 뇌는 낮 동안에 축적된 온갖 찌꺼기, 즉 감정적 앙금과 이루지 못한 소망, 또는 미해결의 관심사 등을 고스란히 잠자리로 가지고 간다. 그러므로 수면중의 뇌가 이러한 찌꺼기들에 주의를 기울일 수밖에 없다는 것은 너무도 당연한 이치이다. 수면상태를 관장하는 잠재의식이 꿈을 형성하는 가장 큰 이유는 바로 이 충족되지 않은 소망과 미해결의 관심사가 남아 있기 때문이다. 물론 여기서 말하는 꿈이란 꿈-표현-현현내용 또는 발현몽-이 아니라, 해석에 의해 들어나는 꿈-사상-잠재사상 또는 잠재몽-이다. 따라서 해석되기 이전의 꿈-표현에는 외적감각자극이나 잠들기 직전까지의 인상이 그 재료로서 채용될 수 있다.

☞ **잠재사상**(潛在思想) : 잠재몽 또는 잠재내용이라도 한다. 프로이트의 관점이라면 현재몽의 뒤에 숨어있는 꿈의 진정한 의미이다. 이 잠재내용이 꿈 검열을 통과하기 위한 가공-표상작업되어 상징적 이미지로 바뀐 것이 현현내용-현재몽이다.

그렇다면 [미해결(未解決)의 관심사(關心事)]란 또 무엇인가? 그것은 깨어 있을 동안에 관심을 가졌으나 어떤 결론-또는 *해답*-을 얻지 못했던 문젯거리라는 뜻이다. 여기에는 자기의 것만이 아니라 가족이나 친지, 또는 사회적인 것까지가 모두 포함된다. [미래사(未來事)]라는 용어는 말 그대로 잠을 깬 직후부터 일어날 모든 사건들을 말한다. [판단(判斷)]이라는 용어의 사전적 의미는 전후사정을 종합하여 사물에 대한 자기의 생각을 마음속으로 정리한다는 것이고, 논리학적 의미는 개개의 사실이나 의문에 대하여 어떤 단정을 한다는 것이다. 그러나 여기서 내가 말하고자 하는 [판단]의 의미는 잠재의식에 의한 인식(認識)과 해결(解決)이다. 다시 말해 미해결의 관심사에 대한 잠재의식적 판단이라는 뜻인데, 이것이 곧 꿈-사상, 또는 꿈-주제이다. [예지(豫知)]라는 용어의 의미는 말 그대로 [앞일을 미리 안다]라는 뜻이다. 이것을 초심리학에서는 장래에 일어날 사건을 초상적(超常的) 방법으로 미리 알아낸다는 뜻으로 사용한다. 그러나 예지는 주로 잠재의식이 미래사를 판단해서 얻어진 결과이므로 그것은 엄밀히 말해 초상적 현상이 아니라 심리적 현상이다.

　[뇌 속에 질식된 관념의 분비(分泌)]에서 [질식(窒息)된 관념(觀念)]이란 현실에서 채워지지 않는 욕망이나 처리되지 않은 감정의 찌꺼기들을 말한다. 우리가 각성시에 하고 싶었던 일, 갖고 싶었던 것, 풀지 못했던 감정, 알고 싶은 일, 근심걱정을 하던 일, 두렵고 고통스러웠던 사건들, 그밖에 여러 가지 문제들은 수면중의 뇌 속에서 혼란스런 부유물(浮游物)처럼 떠돌고 있는바, 이것들을 통틀어 질식된 관념이라고 정의한다. [분비(分泌)]라는 것은 바로 이 질식된 관념에 의하여 축적된 긴장을 해소하는 과정이다. 로베르트(Robert)의 견해를 빌리자면 그것은 [소화(消化)되지 않는 상태로 마음속에 남은 사상들을 해롭지 않은 공상화 작업에 의해 기억 속에 편입하는 과정]이다. 그러나 우리의 [분비]는 혼란스런 부유물들로 유발된 긴장이 해소됨으로서 질식된 관념이 기억군에 편입되는 것에 머물지 않는다. 그것은 한 걸음

더 나아가 잠재의식적 해결, 즉 미해결의 관심사에 대한 판단과 예지를 함으로서 질식된 관념들을 보다 적극적인 방향으로 처리한다. [심신(心身)의 리듬을 조화]에서 [리듬의 조화(調和)]란 생체적인 리듬을 말하는 것이다. 인간을 포함한 모든 생명체는 낮과 밤이 바뀌는 주기적 순환에 따라 일정한 사이클로 이루어지는 생리적인 순환과정으로 생명을 유지한다. 여기서 말하는 [리듬의 조화]란 바로 이 생리적인 순환과정이다.

꿈을 꾸는 이유를 설명함에 있어 통일된 정의가 없었듯이 꿈을 해석함에 있어서도 아직까지는 통일된 해석법이 등장하지 않고 있다. 때문에 동서고금의 각 사회마다 구구각각의 해석법이 등장함으로서 극도의 혼란만 초래했다. 그것은 우리 인생의 1/3이나 차지하는 소중한 일면을 쓸모없는 것으로 만드는 매우 안타까운 일이다. 이제 우리가 이 소중한 인생의 한 부분을 값어치 있는 것으로 되돌려서 삶의 지표로 삼으려고 한다면 일정한 형성원리에 의한 법칙적인 해석법이 마련되어야만 한다. 그러자면 우선 가능한 한 많은 사례들을 수집, 분석함으로서 거기서 타당한 일관성(一貫性)을 찾아내야 할 것이고, 또 해석의 결과가 현실적 실현과 부합되는 실증적 통계치를 확보해야만 한다. 이 작업의 첫 단계는 상기(想起)된 꿈의 내용에서 그 형성요소들의 근원을 밝혀내는 일로부터 시작된다. 그것은 과거의 경험이나 지식 등을 포함하여 잠들기 직전까지 존재했던 모든 심적 형성물로부터 그 출처를 밝혀내는 과정이자, 그 이면(裏面)에 숨어있는 꿈의 본질적인 사상을 찾아내는 작업이기도 하다.

꿈-상징들은 잠재사상의 대용물로서 표현된 일종의 암호문(暗號文)이다. 그런 점에서 볼 때, 프로이트가 꿈-상징의 근원인 표상재료의 성격을 해명하는데 중점을 두었던 것은 매우 현명한 판단이었다. 아울러 잠재내용이 현현내용으로 변환되는 일정한 과정을 규명해낸 것도 참으로 놀라운 통찰이었다. 그러나 꿈-상징들의 의미를 곡해함으로서 진실에서 멀어지는 아쉬움을 남겼다. 또한 그는 꿈-해석을 지나치게 심리측면에서만 고려함으로서, 환자로 하여금 꿈-상징과 연계된 과거의 기억이나 근친성이 있는 다른 어떤 경험을 상기하게 하여 그 심리적 상흔이나 억압된 욕구를 알아낸다는, 매우 지엽적인 목석에만 한정시켰다.

나는 표상재료가 이끌려오는 기억군(記憶群)이라는 것이 단순히 과거의 경험이나 후천적 지식이 저장된 창고에 불과하다는 프로이트의 견해에 동의하지 않는다. 왜냐하면 그것에는 과거의 경험과 후천적인 지식은 물론 유전인자를 통해 전달된 선험적 지식도 함께 들어있으며, 더 거슬러 올라가 우주가 창조될 당시부터 존재하고 있는 대자연의 총화(總和)된 정보까지 간직되어 있다고 보기 때문이다. 꿈은 기억군에 보관된 재료를 원상(原像) 그대로가 아니라, 일정한 작업을 거친 가공품으로 만들어 사용한다. 그것이 바로 꿈-상징이다. 따라서 꿈에 표현된 이미지들이 비록 현실적인 모양새를 하고 있다 하더라도 그것들은 실제의 감각상이 아니라 잠재의식에 의해 창조된 관념상-*상징표상*-이라고 분명하게 말할 수 있다. 결국 꿈의 해석이란 그 각각의 상징표상들이 지닌 본래의 의미를 상징형성원리에 의하여 밝혀내는 일이며, 또한 밝혀진 상징의의들을 조합하여 꿈의 전체적인 잠재사상을 알아내는 일이라고 말할 수 있다. 덧붙이자면 [꿈은 과거에서 비롯된 어떤 일의 미래지향적인 사고]라고 말할 수 있는바, 잠재의식에 의해 제기된 어떤 문제에 대한 답을 구하는 것이 꿈의 궁극적인 본질이다.

☞ *꿈-상징(象徵)* : 꿈의 이미지 중에서 상징적으로 표현된 것을 말한다. 이제까지는 [상징표상(象徵表象)] 이라는 용어로서 정의하였으나, 앞으로는 독자 제위의 이해를 돕기 위해 여타 학자들의 사용례에 맞춰 [꿈-상징] 으로 통일하고자 한다. 다만 꿈의 이미지 중에서 사실적으로 표현된 것은 [꿈-표상(表象)] 이라고 표기한다.

그러나 모든 꿈이 상징적으로 표현되는 것은 아니다. 매우 드문 경우이긴 하지만 미래의 현실을 사실 그대로 묘사하는 사실몽(事實夢)과 동시간대(同時間帶)의 현실을 투시(透視)하는 투시몽(透視夢), 그리고 과거의 사건을 반복하는 과거인지(過去認知)의 꿈도 있기 때문이다. 그렇기는 하지만 대부분의 꿈이 상징몽(象徵夢)이기 때문에 꿈-해석의 성패(成敗)는 전적으로 꿈-상징을 어떻게 잘 해석하는가에 달려있다. 달리 말하자면 모든 꿈-상징에 적용될 수 있는 일정불변한 형성원리를 정립하는 것이 성공적인 꿈-해석의 관건이라는 것이다. 또한 그것이 이 책에서 논의하고자 하는 핵심주제이기도 하다.

잠자기 직전까지 완결된 문제에 대해서는 절대로 꿈이 만들어지지 않는다. 그런데 아무런 욕구불만이나 감정의 찌꺼기가 남아 있지 않을 뿐더러 더 이상의 관심도 없을 법한 재료들이 꿈에 등장하는 경우가 종종 있다. 예를 들자면 낮 동안에 만족할 만한 데이트를 즐긴 사람들의 꿈에 그 데이트 장면들이 재현되는 경우가 바로 그것이다. 그러나 이것은 과거를 되풀이하는 것도 아니요, 미해결의 관심사를 표명하는 것도 아니다. 그것은 단지 기억창고로부터 끌어내기가 비교적 용이하다는 이유만으로 꿈의 재료로서 사용된 것에 불과하며 잠재의식에 의해 가공된 것이기 때문에 본래의 경험적 이미지와는 별개의 것이다. 때문에 설사 낮에 상대방과 할 수 없었던 애정표시를 꿈속에서 시도함으로서 욕구불만을 해소했다고 하더라도 그것을 억압된 소원이 충족된 것이라고 오판해서는 안 된다. 그것 역시 미래사건을 암시하는 상징표상이므로 반드시 해석에 의해 그 본질적인 의미를 찾아내야한다. 이런 종류의 꿈은 꿈속에서의 소원을 충족된 것으로 묘사함으로서 장차 현실에서 체험하게 될 어떤 욕망의 실현여부를 암시하는 것이 보통이다. 우리는 낮 동안에 처리할 수 없었던 수많은 관심사를 미해결인 상태로 남겨 둔 채 잠을 잔다. 이 미해결의 관심사에는 자기에게 직, 간접적인 영향이 있는 타인이나 사회적인 것도 포함되어 있다. 잠재의식은 잠을 자는 동안에도 의식이 남겨놓은 이러한 관심사에 대한 해답을 얻기 위해 늘 분주하다. 우리의 마음은 생리조 건상 그 어떤 사소한 찌꺼기라도 해소하지 않으면 견딜 수가 없는 모 양이다. 그러므로 잠재의식이 미해결의 관심사를 판단하여 답을 구하 는 것이야말로 꿈의 본질이자 질식된 관념을 해소하는 요건인 것이다. 이런 점에서 볼 때, 우리 마음에서 가장 큰 에너지를 갖고 있는 예감 충동(豫感衝動)이 잠재의식적 메커니즘을 통해 그 무엇인가를 추구하 리라는 것도 짐작하기가 어렵지 않다. 예감충동이 원시심성의 유산(遺 産)이라는 점에서 [내일은 어떤 일이 벌어질까]하는 궁금증이야말로 가 장 큰 관심사일 수가 있기 때문이다. 이와 같은 미지(未知)의 관심사 를 판단하여 어떤 답을 구하는 것이 꿈의 또 다른 중요한 기능이다.

그런가 하면 잠재의식은 의식상태에서는 불가능할 고도의 지적 산 물들을 꿈을 통해 생산해내기도 한다. 우리는 수많은 역사적 기록물 에서 획기적인 발견이나 발명, 그리고 걸작들이 꿈에서 얻은 영감에 의해 생산되었다는 사실을 발견할 수가 있다. 일본의 미야기·오도야 (宮城音影)는 그의 저서 《꿈(夢)》에서 『사회와 격리된 꿈의 세계에서 는 개성이 더욱 명백히 표현된다. 창작이나 발명, 발견에 있어서는 개 성의 역할이 크다. 아마도 꿈에는 개성이 표현되기 쉬운 까닭이리라. 이렇게 꿈속에서는 사회적으로 크게 공헌할 수 있는 지적활동이 실제 이루어지고 있는 것이다.』라고 역설한 바 있다. 꿈을 통한 창작이나 발명, 발견이 가능한 것이라면 그것은 잠재의식적 예지능력을 입증하 는 또 다른 증거일 수가 있다. 이러한 견해를 [꿈은 절대적으로 사고 현상이 아니며 단순한 기억의 편린(片鱗)이 시각적 형상으로 나타나는 것에 불과하다]는 관점에서 본다면 매우 황당한 비약처럼 생각될 것 이다. 그러나 꿈의 창조기능은 엄연히 현상적 실체이므로 어떤 편협 한 사고가 그것을 강력 부정한다고 해도 진실이 감추어질 수는 없다.

인간이 미래예지의 능력을 갖고 있다는 사실은 누천년의 역사기록 과 수많은 실증사례들이 명명백백 입증하고 있고, 또 이제는 이론적으로도 그 정당성을 내세울 만한 단계에 이르렀다고 생각한다. 그러나 [과연 미래는 예정되어 있는 것일까]하는 의구심은 여전할 것이므로 이것에 대한 해명이 [꿈의 예시론(豫示論)]을 전개하기 위한 대전제가 되어야 할 것이다. [시간과 예정(豫定)]에 관한 문제는 후반부에서 상세하게 논의되겠지만 우선 간략하게나마 언급하자면 시간이란 시위를 떠난 화살처럼 직선적이며 비가역적인 존재가 아니라는 점이다. 이것은 현대물리학이 제시하는 상대성원리(相對性原理), 양자역학(量子力學) 등과 연관된 문제로서 엄격한 관찰과 냉철한 추론에 의하여 도출된 여러 가지 이론에 의해 명명백백 입증되고 있다. 아인슈타인은 그의 일반상대성 이론에서 『시간이란 운동과 중력에 따라 탄력적으로 늘어나거나 줄어들 수 있는 그 무엇이다.』라고 정의함으로서 당시까지 지배적이었던 뉴턴 역학의 절대적 시간개념을 일거에 뒤집어 놓았으며, 이어서 등장한 양자물리학에서는 미시세계에서의 [비국소적 동시성의 이론] 등으로 정보의 동시적 공유와 시간의 혼재(混在) 가능성을 시사한 바 있다. 즉, 시간이란 뉴턴이 말한 것처럼 절대적이고 보편적인 방식으로 마냥 흘러가는 것이 아니라 다차원의 시공간에서 과거, 현재, 미래가 중첩되어 펼쳐져 있다는 것이다.

이와 같은 시간의 혼재설(混在設)이 사실이라면 예정의 당위성은 자명해진다. 즉, 미래의 정보가 과거의 정보처럼 다차원(多次元)의 세계에 이미 존재하고 있는 것이라면 우주의 미래는 이미 결정되어 있을 것이고, 인류의 운명 역시 예정된 것이라고 당당하게 말할 수 있는 것이다. 굳이 현대물리학의 이론을 빌리지 않더라도 우리는 꿈을 통해 이것이 진실임을 얼마든지 확인할 수가 있다. 잠재의식에서 유래하고 꿈을 통해 발현되는 예감충동은 미해결의 관심사와 소망, 그리고 현실에서의 의지와 노력을 하나로 결합하여 이미 존재하는 어떤 결과를 향해 나아가도록 우리를 유도한다. 다시 말해 잠재의식은 예정의 실현을 위해 우리의 마음을 끊임없이 충동질한다는 것이다.

과거에도 꿈의 예지적인 성격에 대해서 남다른 의미를 부여했던 학자들이 있었다. 그러나 그들은 꿈-언어의 참뜻을 제대로 이해하지 못하였기 때문에 더 이상의 진전을 보지는 못하였다. 프로이트도 그의 저서에서 이 문제에 대한 해법 찾기가 불가능함을 다음과 같이 역설하고 있다.

미래를 알려주기 위한 꿈의 가치는 어떠한가? 꿈에 통해 미래를 미리 알기란 불가능하다. 그 대신 꿈은 과거에 대해서는 가르쳐준다. 왜냐하면 꿈은 어떤 의미에 있어서 과거에서 비롯하는 것이기 때문이다. 그렇기는 하더라도 꿈은 사람에게 미래를 예고한다는 옛 신앙에도 역시 일면의 진리를 포함하고 있다. 꿈은 어떤 소원을 충족된 것으로 묘사함으로 마침내 우리를 미래로 이끌어간다. 그러나 꿈꾸고 있는 사람이 현재로 묘사하고 있는 미래는 부서지지 않는 소원에 의해서 과거의 완전한 모상(模像)에 부어 만들어진 것이다.

여기서 [꿈은 어떤 소원을 충족된 것으로 묘사함으로 마침내 우리를 미래로 이끌어간다]라는 대목은 물론 꿈의 예지능력을 두고 한 말이 아니다. 그가 말하고자 한 것은 꿈꾼 이가 꿈을 통해 과거의 억제된 소망을 가상적으로 충족함으로서 향후 심리적 변화를 겪게 된다는 뜻이다. 그는 한 주먹의 황금모래알을 움켜쥐었다가 자갈더미에 그대로 내던지고 만 것이다.

영국의 심령협회(心靈協會)에서는 협회창립 이후 50년간 수집된 349건의 명백한 예지사례들을 종류별로 분류하여 엄정하게 조사한 결과를 발표한 바 있다. 이 사례 가운데는 꿈으로 예지한 것이 가장 많아 50%이상을 차지하고 있으며, 그 다음으로는 어떤 환영(幻影)이 떠올라서 예지한 것이었다. 이 보고서에 의하면 모든 미래예지는 한결같이 시각적 이미지로 이루어졌으며 대부분 그대로 실현되었다고 한다. 그러나 그들은 방대한 자료수집과 오랜 노력에도 불구하고 더 이상의 괄목할 만한 진전을 볼 수 없었다. 왜냐하면 꿈을 전적으로 시각현상으로만 이해하려고 했기 때문이다. 또한 그들은 주로 사실적, 또는 투시적으로 표현된 꿈을 조사했으며, 부분적인 상징요소들에 대해서는 꿈이 실현된 이후에 추인(追認)하는 방식으로 통계를 냈다. 즉, 꿈-상징을 제대로 해석할 만한 능력을 갖추지 못했던 것이 실패의 주원인이었던 것이다.

내가 [잠재의식적 표현이다]라고 명시하는 것은 그것이 의식과는 대조적인 인간정신의 다른 일면, 즉 잠재의식의 창조물이라는 뜻을 강조하기 위함이다. 따라서 우리가 꿈을 연구함에 있어 그 언어의 형성과 의미, 그리고 표현수단을 이해하는 것만으로는 이 목적이 달성되지 않는다. 꿈을 형성하는 주체가 의식의 대조적인 심적 기능인 잠재의식이라고 규정한 이상 무엇보다도 그것에 대한 이해가 선행되어야 하기 때문이다. 그런 까닭에 꿈의 연구는 곧 잠재의식의 연구이며, 역으로 잠재의식은 꿈에 의해서만 그 정체가 규명될 수 있다고 생각한다. 잠재의식(潛在意識 : Subconsciousness)이라는 용어는 명백히 의식되지는 않으나, 그렇다고 완전히 무의식 상태도 아닌 다만 잠복해 있는 심적 기능을 가리키는 의미로서 사용되기 시작했는데 엄밀히 말하자면 표면의식(表面意識), 또는 현재의식(現在意識)의 상대적인 개념으로 무의식과 거의 같은 뜻이다. 초기에는 프로이트도 이 잠재의식이라는 용어를 사용하였으나 후에 무의식(無意識 : Unconsciousness)이라는 용어로 대체하였다. 그는 잠재의식을 『꿈이나 최면, 또는 정신분석이 아니고는 의식할 수 없는 상태 가운데 의식과정에 영향을 미치는 힘이다.』라고 설명하였다. 이후 그가 잠재의식을 무의식이라는 용어로서 대체한 이유는 아마도 그의 이론의 핵심이라고 할 수 있는 [전의식(前意識)]의 개념을 정립하기 위함이 아니었을까 생각한다. 어하간 잠재의식은 반수상태 이상에서만 그 기능이 활성화되는 무한한 잠재지식의 보고로서 창조, 판단, 예지 등의 초의식적인 정신현상을 구현하는 인간정신의 근원적 실체라고 말할 수 있다. 이런 관점에서 앞으로 우리는 프로이트의 무의식과는 조금 다른 의미에서 이 말을 사용하게 될 것이다. 다만 독사 세위가 혼동하지 않도록 관련학자들의 사용례에 따라서는 무의식으로 표기하고 나의 논의를 전개시켜나가는 것에 한해서는 잠재의식으로 통일하고자 한다.

[수면중에는 왜 꼭 꿈을 꾸어야만 하는가]하는 의문은 언뜻 생리적인 측면에만 국한된 것처럼 보이지만 기실 그것은 심신 양면에 걸쳐서 공히 중요한 의미를 갖는다. 꿈은 신경계통의 생체리듬을 유지시켜 뇌 속에 축적된 노폐물을 처리하는 한편, 우리의 예감충동에 대해서는 그 분출구를 마련해 줌으로서 정신적 균형을 유지시키는 역할을 하기 때문이다. 물론 프로이트의 소망충족적 기능도 여기서 제외시킬 수 없음은 두 말할 나위가 없다.

앞에서 잠간 언급하였듯이 꿈을 질식된 관념의 분비과정으로 해석한 학자 로베르트는 수면 직전까지 처리하지 못한 채 쌓이고 쌓인 많은 생각들로 [뇌가 질식된 상태]에 있다고 보았으며 그러한 생각, 즉 관념들을 뇌 세포에 특유한 성분을 가진 액(液)을 생성하여 배출시키듯이 해소시킨다고 했다. 다시 말해 뇌 속의 온갖 유해한 것이 꿈의 표상작용에 의해 무해한 것으로 변환된다는 것이다. 그런데 낮 동안 해결하지 못했던 여러 가지 미해결의 관심사 역시 질식된 관념이므로 이것을 꿈속에서 해소시키는 과정을 분비라고 부를 수 있을 것이다. 즉, 질식된 관념의 분비현상이란 미해결의 관심사에 대하여 판단과 예지를 하는 작업이자, 예감충동을 해소하는 과정이라고 말할 수가 있는 것이다.

깨어 있을 때 슬픔이나 괴로움 등의 격한 감정으로 실컷 울고 나면 그날 밤의 꿈에서는 그 경험들이 전혀 무시되거나 다만 짤막한 배경 재료로 응용되는 것에 그치는 것을 자주 경험하게 된다. 실컷 울어버렸다는 것으로 꿈이 재고해 볼만한 찌꺼기를 남기지 않았기 때문이다. 그러나 감정적 앙금은 가셨다고 해도 아직 해결되지 않은 관심사는 여전히 마음속에 남아 있다. 더구나 의식적으로 해결하기에 시간적 여유가 충분치 않을뿐더러 지적인 판단마저 부족한 경우에는 더욱 그렇다. 그럴 때는 예외없이 우리의 잠재의식이 이 문제를 처리하기 위해 분주해지는 것이다. 이것이 곧 질식된 관념의 분비작업이다. 그렇게 함으로서 우리의 정신적 긴장은 완화되고 뇌의 피로는 회복되며 내일의 정신생활에 이바지할 활력과 희망을 얻게 되는 것이다.

여기서 희망을 얻는다는 것에는 두 가지 뜻이 있을 수 있다. 그 하나는 심신 양면에 건강을 가져옴으로서 삶에 대한 희망을 가질 수가 있다는 것이고, 다른 하나는 예지적인 꿈의 암시에 의해서 미래의 실생활에 대한 어떤 기대를 가질 수가 있다는 것이다. 이런 점에서 볼 때 잠자기 직전까지의 소원을 꿈속에서 충족시킨다는 프로이트의 이론이나, 낮 동안에 못 다한 어떤 욕구적 경향을 그대로 묘사해 냄으로서 현재의 심리상태를 자기 자신에게 알려준다는 여타 학자들의 이론에는 무엇인가 결여되어 있음을 분명하게 느낄 수 있다. 설사 낮의 공상처럼 꿈속에서 어떤 소원이 충족된 것으로 경험해 본다고 해도 미해결의 관심사가 근본적으로 해결될 리 없으며, 자기도 모른 채 감추어져 있던 욕망을 일깨워서 자기 자신에게 알려준다고 해서 질식된 채 남아 있는 어떤 관념이 해소될 리가 만무하기 때문이다.

전자의 경우란 마치 1+3=의 답을 구하지 못해 꿈속에서 1+3=5가 되었건 1+3=6이 되었건 간에 답을 구했다는 느낌이나 가져보자는 것과 같은 것이고, 후자의 경우란 1+3=이 무엇인가를 꿈속에서 되풀이하지만 답은 구하지 못한 채, [당신은 지금 이것 때문에 고민하고 있다]고 알려주는 것과 같이 오히려 잊혀져 있던 문제만 불러일으키는 것에 지나지 않을 것이기 때문이다. 그러나 낮 동안에 1+3=에 대한 해답을 구하지 못해 애를 쓰다가도 잠이 들어 1+3=4다 하는 식으로 명확한 답을 구할 수 있는 것이라면 이것이야말로 미해결의 관심사를 판단하는 것이며, 비로소 질식된 관념의 분비가 이루어졌다고 볼 수 있다. 꿈은 확실히 이런 일을 하고 있다는 것을 나는 지금부터 입증해 보일 참이다.

제 2 장

꿈-연구(硏究)의 역사적(歷史的) 고찰(考察)

1. 꿈의 연구사(硏究史)

꿈을 학문적으로 연구하기 시작한 것은 언제부터이며, 또 얼마나 많은 사람들이 관여하였는가? 그 결과 얼마나 많은 성과를 거두었으며 지금까지는 어떻게 진전되었는가? 꿈의 연구가 역사적 변천(變遷)을 거치는 동안 많은 연구가들이 남긴 업적 중에서 우리가 최종적인 결론으로 받아들인 만한 것들은 얼마나 되는가? 프로이트가 주장하는 바와 같이 앞선 연구자들의 성과에 별로 유용한 것이 많지 않은 까닭에 한 사람의 새로운 연구가가 동일한 문제를 처음부터 새로 시작해야 하는가? 위와 같은 것들은 꿈의 연구사를 고찰함에 앞서 미리 던져보는 의문들이다.

근자에 이르러 일부 비판적인 시각에 의해 평가절하되고 있기는 하지만 프로이트의 연구가 이 방면에 기여한 공로는 그 무엇과도 비교할 수 없을 만큼 탁월한 것이었다.

그는 저 유명한 《꿈의 해석》을 통해 거의 완벽에 가까우리만큼 체계적인 이론들을 제시한 바 있다. 때문에 그의 사후 근 한 세기가 경

지그문트 · 프로이트(Sigmund. Freud)

과한 지금까지도 그가 기울인 노력의 결실들은 꿈을 이해함에 있어 훌륭한 나침반 역할을 하고 있는 것이다. 꿈의 연구사를 개관(槪觀)하기에 앞서 그의 견해를 먼저 들어보자.

꿈을 학문적으로 연구하는 일은 수천 년이래 진행되어 왔음에도 불구하고 그 성과는 볼만한 바가 매우 적다. 이 점은 꿈에 관한 문헌 전부가 증명하고 있는 사실이므로 이것을 입증할 사실들의 낱낱을 인용할 필요조차 없을 것으로 보인다. 내가 《꿈의 해석》의 말미에 열거한 문헌들 속에는 꿈의 문제에 대하여 매우 유용한 의견과 대단히 흥미 깊은 재료가 상당히 발견되기는 하지만 꿈의 정체를 규명하거나 꿈이 가진 수수께끼들의 하나라

도 최후적으로 해명한 것은 거의 없는 형편이다. 하물며 보통 수준의 교양을 가진 일반인들이 꿈에 관해 아는 바가 없다는 것은 당연한 노릇이다. 그리고 꿈에 관한 연구사를 쓰기가 어려운 것이 어떤 까닭인가 하면 이 학문적 인식은 몇 가지 점에서 매우 훌륭한 일을 하고 있지만 어떤 특수한 문제들에 대해서는 조금도 진보를 보이지 않고 있기 때문이다. 지금까지는 명백히 이렇다 하고 말할 수 있으며, 그리고 그 토대(土臺) 위에 다음 연구자가 더욱 연구를 쌓아 가면 된다는 식이 아니라, 한 사람의 새로운 연구자가 동일한 문제를 처음부터 새로 시작하는 식으로 연구해야 할 형편이기 때문이다. 만일 내가 꿈을 연구한 사람들을 연대순으로 들어서 꿈에 관한 갖가지 견해를 요약해 설명하고자 한다면 꿈에 대한 학문적 인식이 현재 어느 정도까지 이르고 있는가를 개관하기는 단념해야 할 것이다.

꿈-연구를 역사적 관점에서 관찰해보면 대략 세 가지의 흐름을 발견하게 된다. 그 첫째는 예로부터 전승되어 오는 각 민족 고유의 경험주의적 접근방법이고, 둘째는 19세기 말엽에 프로이트에 의해 정리된 정신분석학적, 또는 관념론적인 접근방법이며, 셋째는 프로이트 이후에 활발하게 논의되기 시작하여 최근 독자적인 체계를 정립한 생리학적 접근방법이다. 그러나 나는 이 세 가지 연구경향 중 어느 한 분야에서도 최종적인 결론을 내리지 못한 것은 프로이트 이전이나 이후의 사정이 똑 같다고 생각한다. 그런 까닭에 나는 이 세 가지 흐름 모두를 하나로 묶어서 연대순으로 나열함으로서 그 변천사를 개관해보고자 하는바, 문헌(文獻)으로 남아있는 고대인의 기록으로부터 프로이트 연구성과까지를 먼저 살펴본 다음 프로이트 이후 최근까지의 연구경향을 고찰해보려고 한다.

문명이 시작된 이래 꿈과 인간정신 탐구에 몰두했던 여러 석학들의 견해는 그 시대적 상황에선 나름의 합목적성을 지닌 역사적 가치를 지니고 있었다 할 것이나, 작금의 상황에서 우리의 목적론적 접근방법과 비교하자면 상당한 괴리가 있음이 사실이다. 따라서 여기 소개하는 여러 학자들을 살펴봄에 있어 독자 제위는 시대적 흐름에 따라 꿈에 관한 견해들이 어떻게 변화되어 왔으며, 또 어떤 평가를 받았는가 하는 정도에 그침으로서 이 책이 가고자 하는 방향에서 너무 멀리 벗어나지 않기를 바란다.

2. 고대인(古代人)과 미개인(未開人)의 꿈

꿈의 연구가 고대 어느 시대, 어느 민족에 의해서 먼저 시작되었는지는 알 길이 없다. 다만 여러 가지 문헌이나 유물에 의하여 밝혀진 바에 의하면 인류문화 여명기(黎明期)에 세계 곳곳에서 꿈에 관한 기록들이 나타나고 있다고 한다. 특히 고대 이집트, 바빌로니아, 히브리인들은 꿈에 관한 관심이 높았으며, 더불어 꿈에 관한 많은 역사적 유물도 갖고 있는데 이 지역이 인류문명의 발생지이자 고등종교의 발원지라는 점에서 시사하는 바가 많다. 이처럼 인류는 그 문화적 태동기(胎動期)에 이미 꿈에 관한 높은 수준의 인식을 갖추었으리라 짐작되며, 또 그것은 문명 이전의 원시인류에 있어서도 대자연과 투쟁하는 생존본능에 의해 중시되었을 것인바, 문명이 발달함에 따라 자

이슬람 경전 코란(Koran)

연스럽게 종교로 발전되었을 것으로 추측된다. 이해할 수 없는 환상들이 난무하는 꿈에서 하늘과 땅을 지배하는 초월적인 절대자를 연상하며 종교적인 경외감을 갖게 되었을 것이기 때문이다. 기독교 경전

(經典)인 《성경》에는 수많은 선지자들의 꿈 이야기로 가득 차 있으며 회교의 율법서인 《코란(Koran)》은 마호메트의 꿈 이야기로 엮어진 것이라고 한다.

그런가 하면 현재까지 지구상에 남아있는 미개인들은 아직도 꿈을 신앙시하여 꿈은 초인간적 존재가 가져다주는 것으로 믿고 있다. 인류학자들의 연구보고에 의하면 미개인들은 꿈이 신과 악마들의 교통수단이며 선과 악의 업보(業報)에 따른 인과응보라고 생각한다고 한다. 다음에 열거하는 몇 가지 일화를 살펴보면 실소를 금치 못할 것이나 이것은 20세기 고도의 문명사회 일각에서 벌어지고 있는 엄연한 현실이다.

○ 아프리카의 한 추장은 유럽을 여행하는 꿈을 꾸었는데 다음날 서양식 양복을 입고 나타나자 그 족속들은 그가 무사히 귀환한 데 대한 축하 의례를 벌였다.

○ 미국의 어느 인디언은 자기 집에서 150마일이나 떨어져 사는 선교사가 밤에 호박 세 개를 훔치러 온 꿈을 꾸고 그 먼 곳을 손해배상 청구를 위해 찾아갔다.

○ 체리키 족(族)은 뱀에 물린 꿈을 꾸면 마치 실제로 뱀에 물린 것처럼 꿈꾼 사람을 치료한다.

○ 어느 인디언은 전쟁포로가 된 꿈을 꾸고 친구에게 부탁하여 자기가 포로가 된 것처럼 취급받게 함으로서 후일 그 혹독한 처우에 대한 감사를 표했다고 한다.

○ 뉴질랜드의 마오리 족은 꿈은 꾸는 것이 죽은 자의 영혼이 사는 집에 다녀오는 것과 같으므로 내일의 일기예보와 같이 어떤 예고를 가져온다고 생각한다.

○ 아산테이 족의 여인은 꿈에 다른 남자와 성교하면 간통죄를 범하는 것이 되고 아프리카 대서양 연안에 사는 가봉의 토인들은 꿈에 의해서 어떤 죄를 저지른다고 믿고 있다.

○ 말레이 반도의 세노이 족은 이웃과 싸우는 꿈을 꾸면 그 다음날 선물을 마련해서 꿈속에서 싸웠던 이웃을 찾아간다. 아이가 만약 높은 곳에서

떨어지는 꿈을 꾸면 어디로 떨어졌는가를 물어서 그것에 적합한 그 날의 스케줄을 짜준다. 그들은 문자도 없고 해몽서도 물론 없지만 이런 식으로 교육을 시켜서 성인이 되었을 때는 누구나 해몽전문가가 되도록 인도한다고 한다.

현대의 미개인이 꿈에 대해 갖고 있는 위와 같은 태도는 고대인의 그것과 별반 다르지 않을 것이다. 이 점에 대하여 프로이트는 다음과 같이 말하고 있다.

확실히 원시시대에 있어서는 꿈이 그들이 알고 있던 초인간적 존재가 사는 세계와 관계를 가지고 있었다. 그들은 꿈을 신과 악마들의 계시(啓示)인 줄 믿었으며 그 꿈을 꾸는 사람에 대해서 그 사람의 미래를 알려주는 중요한 구실을 한다고 믿었다. 그러던 것이 경험들을 쌓아감에 따라 꿈 내용에 있어서나 인상에 있어서 가지각색이므로 부득이 여러 가지로 구분해서 생각하기 시작했다. 그리하여 신의 계시인 줄 생각하면서도 철학적 견해를 가지고 꿈이 경고(警告)하거나 예언(豫言)을 목적으로 하는 참된 꿈이 있다고 생각하는가 하면 그 사람을 잘못 인도하거나 파멸로 이끄는 터무니없고 무가치한 꿈이 있다고 보는 철학자들이 꿈점(夢占)이라는 것을 만들어 이 문제를 처리하게 되었다.

고대 희랍인들은 꿈에 대한 병 치료법을 생각해내기도 하였다. 레만(Lehmann)은 다음과 같은 흥미로운 이야기를 전하고 있다.

옛날 그리스에서는 건강을 구하는 병자가 이용한 꿈점(夢占)이라는 것이 있었다. 병자는 아폴로, 또는 아스클레피온의 신전에 가서 여러 가지 의식을 행한다. 목욕 재개한 뒤 몸을 마찰하고 향을 피운다. 이런 흥분 중에서 재물로 바쳐진 숫양의 가죽위에 놓이고 잠이 들어 꿈을 꾼다. 그러면 환자는 꿈에 치료수단을 보게 되는 것이다. 이것이 그대로인 채로 꿈에 나타나는 경우도 있지만 상징이나 비유의 형식을 빌리는 경우도 있다. 그것을 사제가 푼다. 이와 같이 옛날에 있어서는 꿈의 치료학적 중요성을 인식하고 있었던 것이다.

꿈이란 우리 마음이 만들어 내는 것이라고 단정한 아리스토텔레스(Aristoteles B.C 384~B.C 322)는 신체적 자극에 의한 꿈의 형성

꿈점(占夢)이 시행된 아스클레피온[Asclepieion] 신전

과 꿈에 의한 진단학적(診斷學的) 능력에 관하여『꿈은 수면중에 일어나는 사소한 자극을 확대시켜 몸의 어떤 부분을 다소간 따듯하게 하면 불 속을 통과해서 뜨겁게 느끼는 따위의 꿈을 꾸게 된다. 의사는 아마 낮에는 볼 수 없는 신체변화의 첫 증후를 꿈에 의하여 짐작할 수 있을 것이다.』라고 설명했다. 한편 플라톤(Platon B.C 428~B.C 347)은 정신분석학적 해석법의 원조(元祖)라고 할 수 있을 만큼 프로이트를 닮아 있는데, 그는 꿈을 인간 속에 내재하는 동물성의 표현이라고 생각하고『불필요한 쾌락이나 욕망 중에서 어떤 것은 용납될 수 없다고 생각한다. 모두들 이것을 가지고 있기는 하지만 어떤 사람들은 이것을 법도와 이성으로서 억제하고 좋은 욕망이 그것을 정복하여 완전히 추방하던가 아니면 적어지고 약해지게 해야 한다. 그러나 어떤 사람들에게 있어서는 그러한 것들이 더욱 강해지고 많아진다.』라는 견해를 피력했다. 자신의 죽음을 꿈으로 예지했던 소크라테스(Socrates B.C 469~B.C 399)는『꿈은 양심의 소리이며 이 소리를 신중히 생각하여 이에 쫓는 일이 극히 중요하다.』라고 평가했다.

꿈을 심리적 측면에서 관찰했던 고대 그리스 학자들의 자세와는 달

리 중근동(中近東)의 고대문명지에서는 꿈을 신의 계시로서 받아들이려는 경향이 강했다. 앞서 설명한 바와 같이 이 고대문명의 유산인 세계 3대 종교경선 대부분은 꿈에 의한 신의 계시(啓示)라는 것으로 채워져 있다. 같은 맥락에서 우후죽순처럼 생겨나는 현대의 신흥종교나 유사종교에 있어서도 꿈은 신의 계시로서 절대적인 가치를 지닌다.

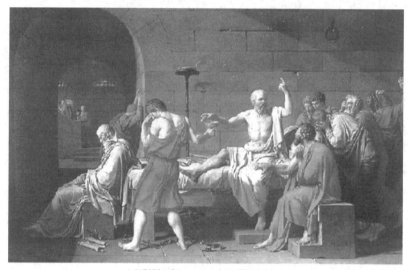

소크라테스(Socrates)와 독배(毒杯)

기독교를 예로 들자면 《성경》에서 찾아볼 수 있듯이 이집트 왕의 꿈을 해석한 요셉과 느부갓네살 왕의 꿈을 해석한 다니엘, 그리고 묵시적 계시록을 적어낸 요한 등의 꿈은 일반인들의 것들과는 엄격히 구분되어 하나님의 계시로서 받아들여지고 있다. 특히 기독교의 모태가 되는 유대교에서는 꿈을 신의 계시로서 받아들이려는 경향이 더욱 강하여 그 법전(法典)에는 꿈에 대한 상세한 이론까지 실려 있다고 한다. 랍비인 요나칸은 꿈을 세 가지-*아침에 꾸는 꿈, 다른 사람에 대하여 꾸는 꿈, 꿈에서 꿈이 해석되는 꿈*-로 분류하고 반복되는 꿈의 중요성을 역설하였는데 꿈을 통해 장차 일어날 일을 내다볼 수 있다고 생각하였다. 그가 세 번째 꿈-유형으로 지적한 [꿈에서 꿈이 해석되는 꿈]의 경우는 꿈-상징의 중요성을 강조한 것으로서 꿈이 상징단어의 나열이라는 관점에서 우리의 견해와 일치하고 있다.

이처럼 꿈을 중시하는 유대사회의 전통은 기독교 문화에 녹아들어 유럽으로 이어졌다. 시저·거레나(Caeser, Gorena)는 그의 논문 《신성종교재판소의 형벌에 대하여(1659)》에서 『만일 어떤 사람이 꿈속에서 이단(異端)의 것을 말하면 종교 재판소는 그것에 의하여 그의 생활태도를 심문할 계기를 얻는다. 왜냐하면 잘 동안에는 낮에 그 사람의 마음을 차지했던 일이 다시금 나타나기 일쑤이기 때문이다.』라는 견해를 밝힘으로서 꿈이 종교재판에 한 구실을 하고 있었음을 소개하고 있다. 이러한 관습 속에서 어떤 로마황제는 그의 신하가 통치자인 자신을 암살(暗殺)한 꿈을 꾸었다는 이유로 그를 사형시키기도 하였다.

한편 기성종교와는 관계없이 꿈의 예지적인 측면을 고찰했던 학자들도 있었다. 4세기 키레네의 시네시우스(Synesius B.C 373~B.C 414)는 『꿈은 수면중에 고양된 수준 높은 통찰력을 바탕으로 생성된다.』고 했다. 그는 또 말하기를 『꿈에 의한 예언은 그 성질로 보아 만인이 도달할 수 있는 범위 안에 있다.』라고 말함으로서 꿈을 통한 예지가 보편적인 것임을 강조했다. 유대인들의 해몽전통 역시 중세에까지 식지 않은 열기로 이어졌는바, 12세기경의 마이모니데스(Moses. Maimonides 1135~1204)는 꿈의 예지가 예언과 마찬가지로 수면중에 벌어지는 왕성한 상상력의 활동으로 이루어진다고 말하면서 『꿈을 꾸는 사람이 꿈의 합리적인 측면과 그 상징의 베일에 의하여 가려진 것을 구별할 수 있을지의 여부는 상징을 이해하는 능력의 예둔(銳鈍)과 이성의 추리력 정도에 따라서 결정된다.』라고 하여 꿈의 예지를 이해함에 있어서는 무엇보다 상징을 해석하는 것이 중요하다고 강조했다. 유럽의 중세 암흑기가 끝나갈 무렵 인본주의(人本主義)를 앞세우고 종교문화에 반기를 든 르네상스 학자들은 고대 그리스 문화로의 회귀(回歸)를 희구(希求)해서인지 꿈의 예시성에 대한 심한 거부반응을 나타내었는데 이러한 기조는 이후 계몽주의 학자들에 이르러 극에 달하였다. 홉스(Thomas. Hobbes 1588~1679)는 『모든 꿈은 육체적 자극의 결과다.』라고 했고 볼테르(Voltaire 1694~1778)는 『꿈으로 예견하고 예언한다는 사상은 미신적인 난센스다.』라고 비평했다. 그런가 하면 칸트(Immanuel. Kant 1724~1804)는 『꿈이 일어나는 것은 단지 위의 상태가 좋지 않기 때문이다.』라고 주장하면서 예언은 물론이고 통찰이나 신성한 영감을 얻는 것조차 불가능하다고 혹평하였다.

이러한 경직된 분위기에서도 비교적 균형 잡힌 시각을 갖고 꿈의 무한한 잠재능력을 평가하면서 특수한 경우에 예시적인 꿈이 생성될 수 있음을 인정한 학자들이 있었으니 『일종의 예언이나 지혜도 꿈에 힘입은 것이다.』라고 말한 에머슨(Emerson 1803~1882)이나, 『이들의 기묘한 그림은 그것이 우리에게서 나오는 것인 한, 우리의 전 생애와 운명과 흡사한 곳이 있다고 해도 무방하다.』라고 말한 괴테(Goethe 1749~1832)가 바로 그들이다. 그러나 가장 우호적인 인물은 프로이트 이후에 등장했으니 그가 바로 칼·구스타프·융이다. 그에 관한 내용은 뒤에서 상술할 예정이다.

최초의 해몽서(解夢書)가 고대 어느 사회에서 누구에 의해 만들어졌는지는 알 길이 없다. 다만 역사기록으로 보자면 그리스와 로마, 그리고 이집트를 중심으로 한 고대 지중해 지역에서 통속적인 해몽서가 널리 유포됨으로서 일상생활에 막대한 영향을 끼쳤다고 한다. 그러나 이러한 해몽서들은 꿈의 진실한 형성원리를 제시하지 못했으므로 여전히 원시사회의 민간신앙적인 형태를 유지할 수밖에 없었다. 현재까지 전해오는 가장 체계적인 해몽서로는 기원전 2세기 그리스의 해몽가 아르테미도루스(Artemidorus. Daldianus)가 엮은 《꿈의 해석(Oneirocritica)》이 최고의 문헌인데 풍부한 자료가 비교적 합리적인 방식으로 잘 정리된 내용을 갖고 있어 프로이트가 참고할 만큼 후대의 학자들에게도 지대한 영향을 미치고 있다. 그는 꿈을 다음과 같이 정의하였다.

제1의 종류는 현재, 또는 과거에 의해서만 영향을 받고 있지만 미래에 대해서는 아무런 뜻도 가지고 있지 않다. 이런 꿈은 굶주림이나 포식과 같은 주어진 표상, 또는 그 반대표상을 직접 재현하는 반수상태의 악몽이나 가위눌림과 같이 공상적으로 확대하는 환상을 포함한다. 제2의 종류는 미래를 결정하는 꿈으로서 꿈속에서 받는 직접적인 예언이나 목전에 임박한 일의 예언, 꿈의 해석을 필요로 하는 상징적인 꿈들이 이에 속한다.

아르테미도루스의 꿈-해석

아르테미도루스는 그리스, 로마 시대를 통틀어 가장 완벽하게 꿈을 연구한 사람이라고 평가받고 있다. 때문에 그가 후세에 전한 많은 연구결과는 지금까지도 꿈 연구가들의 좋은 길잡이 역할을 하고 있다. 그에 대하여 데오도르·콤페르츠(Theodor. Comperz)는 『아르테미도루스는 꿈의 해석을 관찰과 경험에 기초를 두고 꿈을 해석했으며, 자기의 해몽술(解夢術)을 다른 허망한 것과는 엄격히 구분하였다. 그의 꿈-해석 원리는 마술과 마찬가지로 연상(聯想)의 원리였다. 그는 말하기를 꿈에 나오는 것은 그 사람으로 하여금 그 어떤 것을 상기시키는, 그 어떤 것이라고 했다. 그러나 그는 꿈에 나오는 것은 해몽가에게 가지각색의 것을 상기시키기 때문에 사람에 따라 상기하는 것이 제각각이므로 거기에는 어쩔 수 없는 불확실성이 생긴다고 말했다.』라고 평가했다.

동서양을 막론하고 꿈을 경험적인 관점에서 다룬 사람들은 하나같이 그것이 현실 그대로를 묘사한 것이거나, 아니면 초월적인 존재가 계시하는 것으로 믿었다. 때문에 그들은 이해할 수 없는 기괴한 장면에 이르러서는 필연적으로 벽에 부딪칠 수밖에 없었다. 이러한 난제를 해결하기 위해 많은 사람들이 나름대로의 의미를 찾아 각양각색의 방법론을 제시하였으나, 그 중 어느 것도 [동일한 표상에 동일한 의미가 부여되는] 일반적인 해석법이 되지는 못하였다. 다만 제한된 범위 내에서 동일한 의미가 부여되는 몇 가지의 간단한 원칙이 만들어졌지만 그마저도 합리적인 근거를 갖추지는 못하였다.

우리나라 전래의 《해몽요결(解夢要訣)》에서는 꿈에 관(棺)을 보면 벼슬을 하게 된다는 식으로 해석하였고, 중국 진나라 때의 《세설신어(世說新語)》라는 일화집에도 동일한 의미의 해석이 기록되어 있는데 꿈에 관을 보면 벼슬을 하게 된다는 이유인 즉, [벼슬이란 본래 썩어서 악취를 풍기는 것이므로 죽은 송장이나 그것이 들어있는 관에서 악취가 나는 것과 마찬가지이기 때문]이라는 것이다. 관습적 사고의 잠재의식화라는 측면에서 보자면 일면 타당한 점이 없지도 않겠으나 해석자의 주관이 강하게 작용하는 극히 지엽적인 유사관계(類似關係)에 기초하고 있다는 점에서 일반적인 해석법이라고는 할 수 없었다. 그러나 우리가 해몽요결 정도의 경험주의적 해설모음집이나마 가지게 된 것이 천만다행이라 아니할 수 없다. 왜냐하면 우리의 주류사회가 유교문화의 영향 하에 있었기 때문에 무속(巫俗)과 동일시되는 꿈-해몽을 백안시함으로서 수준 높은 식자층이 연구할 만한 토양을 제공하지 못하였기 때문이다. 이것은 사서(史書)에 기록된 꿈의 분량을 비교해 보더라도 쉽게 알 수가 있는데 유교문화가 정착하기 이전인 고려시대까지의 기록물에는 조선시대보다 훨씬 많은 꿈 이야기가 수록되어 있다. 이런 점에서 비록 야사(野史)이기는 하지만 일연(一然 1206~1289)이 《삼국유사(三國遺事)》로 남긴 수많은 우리 고대국가 시대의 꿈 이야기들은 참으로 소중한 유산이 아닐 수 없다. 우리의 경우에도 고대사회에서 꿈이 차지하는 비중은 여타 민족의 그것에 못 지않았던 것이다.

최근에 이르러서는 해몽문화(解夢文化)가 동아시아의 무속(巫俗)에서 생겨났다는 설이 정론(正論)으로 받아들여지고 있다. 유(儒), 불교(佛敎)가 전래되기 이전까지 오랜 기간 우리의 사고체계를 지배한 것은 무속신앙이었으며 지금까지도 그 명맥은 끈끈하게 이어지고 있다. 따라서 우리는 고대 해몽문화의 중심부에 위치하고 있었다는 역사적 유산을 갖고 있는 셈이다. 그런데 무속의 핵(核)이라 할 수 있는 무당이나 박수 등은 꿈으로 미래를 예견한다. 그들이 접신(接神)하여 발설(發說)하게 된다는 신의 계시라는 것도 따지고 보면 결국 자신의 꿈이야기인 것이다.

고대 서구사회에서 그때까지는 없었던 약간의 철학적 개념까지를 가미하여 꿈에 대한 학문적 성과를 이끌어냈음에도 불구하고 그것이 원시신앙적인 수준에 머물게 된 주된 이유는 꿈을 지나치게 신비시한 나머지 초인간적 존재와 결부시키는 것에만 급급했기 때문이다. 이런 관점에서 그들은 악몽이란 방비할 수 있는 것이라고 생각하여 그 예방법을 마련했으며, 좋은 꿈은 사고팔기도 하였다. 그러다가 그리스인들이 임상학적 방법으로 꿈에 의한 치료법을 생각해내고, 아리스토텔레스가 『꿈은 심적인 것이며 신체적 자극에 의해서 형성될 수 있는 것이다.』라고 주장한 뒤부터는 꿈이 본격적으로 합리적인 연구의 대상이 되었다. 이러한 그리스 풍(風)의 학문적 연구경향들은 중세 암흑기를 거치면서도 오랜 기간 면면히 이어져오다가 프로이트에 이르러 대통합(大統合)의 계기를 마련하게 되었으나 꿈의 예지적인 성격이 해명되지 않았을 뿐 아니라, 수많은 새로운 가설들이 난립하게 됨으로서 우리로 하여금 또 다른 미신(迷信)에 빠져들게 하고 있다.

3. 프로이트 이전(以前)의 꿈-연구(硏究)

꿈을 학문적 연구대상으로 고려하기 시작한 것은 수천년전이라고 생각되지만 꿈을 과학적 탐구의 대상으로 삼아 본격적으로 활발하게 논의하기 시작한 것은 16세기 전후가 아닌가 생각된다. 프로이트는 이것에 대하여 말하기를 『이 때에 이르러 학자들은 수면과 꿈을 동일한 문제로 다루고 꿈의 논의에 있어서 꿈 이외의 비슷한 상태–*정신병리학적 관계*–와 꿈과 비슷한 것–*착각이나 환각과 같은*–에 관해서도 설명을 함께 하기가 예사였다. 그리고 점차로 꿈의 연구테마를 좁게 하고서 꿈의 내용으로부터 낱낱의 문제들을 끌어내어 연구대상으로 삼는 경향이 생겼다. 특히 심리학적 성질의 세부연구에 역점을 두었다.』라고 했다. 그렇다면 그의 《꿈의 해석》에도 상당 부분 녹아들어 있는 프로이트 직전의 꿈 연구가들은 대체로 어떤 견해를 갖고 있었는가? 그 시대 몇몇 학자들의 견해들을 요약, 열거해 봄으로서 프로이트가 어떤 기반에서 《꿈의 해석》을 완성할 수 있었는가를 알아보고자 한다.

1805년 마스(Maass)는 잠복해 있는 욕망과 혐오가 어떤 자극을 받으면 여러 가지 심상을 환기시켜 꿈–재료가 된다고 생각하였다. 그는 이것을 『마음속에 서려있는 모든 감각적인 욕망과 혐오는 만일 어떤 까닭으로 자극을 받으면 그것들과 연결되어 있는 여러 가지 심상들을 재료로 삼아서 하나의 꿈을 만들거나 또 이 심상들은 이미 존재하는 꿈속에 끼어버리게 된다.』라고 설명했다.

1855년 에센(Jessen)은 꿈의 내용이 일상생활에서의 개인의 처지와 모든 경험에서 영향을 받는다고 보았다. 그는 말하기를 『꿈–내용이라는 것은 항상 개성, 나이, 성별, 지위, 교육정도, 평소의 생활양식, 그리고 그때까지의 모든 일상의 사건과 경험들에 의해서 얼마간 결정되어 있다.』라고 했다.

1860년 로베르트(Robert)는 [질식된 관념의 분비]라는 어구(語句)로서 뇌의 생리학적 기능의 일면을 심오하고 간결하게 표현한 사람이다. 그는 『꿈은 최초부터 질식된 관념의 분비다. 꿈을 꾸는 능력을 빼앗긴 사람은 그 자리에서 미친 사람이 될 것이다. 왜냐하면 대량의 미완성이며 숙고(熟考)하지 못한 사상과 천박한 인상들이 그의 뇌 속에 축적되어 그 중압감(重壓感)으로 말미암아 완성된 전체로서 기억에 편입되어야 할 사상이 집결(集結)되어 버릴 것이기 때문이다.』라고 역설했다.

  1861년 셰르너(Scherner)는 수면상태에 있어서 비로소 자유롭게 움직이기 시작하는 마음의 특수한 활동, 즉 잠재의식의 활동으로부터 꿈을 설명하고자 독창적이며 광범위한 연구를 진행했다. 그는 프로이트에게 가장 큰 영향을 주었다고 생각되는데, 그의 연구 결과에 관해서 프로이트는 다음과 같이 상세하게 설명하고 있다.

  꿈속에서는 어떻게 자아(自我)의 중심성과 자발적 에너지가 그 신경(神經)의 힘을 빼앗기는가? 또한 이 산만화(散漫化)에 의해서 어떻게 인식력, 감수력, 의지력, 표상력 등이 변경되는가? 그리고 어떻게 이 마음의 능력의 찌꺼기에 참된 정신의 성격이 있을 수 있는가? 거기에 있는 것은 다만 메커니즘의 성질뿐이다. 그렇지만 그 대신 꿈의 공상(imagination)이라고 불러야 할 마음의 활동이 일체의 이성의 지배로부터 자유롭게 되고, 따라서 온전한 단속을 벗어나서 무제한적인 지배력을 잡게 된다. 물론 꿈의 공상은 깨어 있을 때의 최근의 기억으로부터 그 터전이 될 재료를 빌려오지만 그 터전 위에 깨어있을 때 만들었던 것과는 판이한 건물을 짓는다. 그 마음의 활동은 단지 재생산(再生産)적일 뿐 아니라 또한 생산적이기도 하다. 그 마음의 활동들의 특성들은 꿈의 생활에 특수한 성격을 부여한다. 그 마음의 활동은 지나친 것, 과장된 것, 그리고 기괴한 것을 좋아한다. 그러나 동시에 그것은 사고 범주의 방해로부터 벗어나서 깨어 있을 때보다도 큰 유연성(柔軟性)과 민첩성과 다능성(多能性)을 획득한다. 그리고 섬세한 감정의 극소한 차이와 열정적인 정서에 대해서 극도로 민감하며 내부의 움직임을 재빨리 외부의 성형적(成形的)인 상(像)으로 고쳐 만든다. 꿈의 공상은 말을 가지지 않는다. 꿈의 공상은 말하고자 하는 바를 직관형식이 허용하는 한 마음껏 힘차게 그림의 형식으로 그려낸다. 따라서 꿈의 말은 분명하기는 하지만 산만하고 서투르며 어색하다. 특히 꿈이 말하고자 하는 바를 알기 어렵게 하는 까닭은 꿈의 공상이 어떤 대상을 그 본래의 모습으로 표현하기를 싫어하며 표현하려고 하는 대상의 특질의 어떤 특수한 점만을 나타내는 전혀 다른 상을 택하기를 즐기기 때문이다. 이것이 공상의 상징활동(symbolizing activity)이다. 더욱 중요한 점은 꿈의 공상이 대상을 완전하게 묘사하지 않고 다만 윤곽(輪廓)만을, 더욱이 이 윤곽마저 아주 거칠게 묘사한다는 것이다. 그러므로 꿈의 그림은 천재가 단번에 그린 것처럼 보인다. 그렇지만 꿈의 공상은 다만 대상을 거기에 표현하기에만 그치지 않는다. 내적 필요성에 의해서 꿈의 자아(dream ego)를 다소간 대상에 관련시켜서 하나의 결과를 만들어낸다. 이를테면 시각자극에 의하여 생기는 꿈은 땅에 떨어져 있는 금화(金貨)를 그려낸다. 꿈을 꾸는 본인은 흩어져 있는 그 금화를 주워 모아서 기쁘게 가지고 간다. 꿈의 공상이 그 예술적 활동을 함에 있어서 사용하는 재료는 주로 낮 동안에는 분명하지 않았던 기질적인 신체자극이다. 하지만 신체자극은 마음이 자기의 공상적인 목적에 사용할 수 있는 재료를 제공할 따름이다.

1862년 슐라이어마허(Schleiermacher)는 꿈이란 주로 심상(心象)에 의해서 표현된다고 보았다. 이 점에 대하여 그는 『수면상태에 접근함에 따라 의식적인 활동들이 곤란하게 됨과 비례해서 무의식적인 표상이 나타나는데 이 무의식적 표상은 전부 구체적인 심상에 속한다.』라고 설명했다.

1867년 생·드니(Marquis. d'Hervey. de. Saint-Denys) 후작(侯爵)은 『몽상(夢想)은 관념-표상-의 모사(模寫)이다. 주제는 관념이며 환상은 다만 부속물에 불과하다. 이 점을 안 연후에 관념의 움직임을 추구할 줄 알아야 하고 그 꿈의 구조를 분석할 줄 알아야 한다. 그렇게 하면 꿈의 부조리도 이해할 수 있을 것이며 또한 가장 기괴한 상념일지라도 단순하여 전연 논리적인 사실이 된다.』라는 견해를 피력했다.

1875년 힐데브란트(Hildebrandt)는 꿈이란 『꿈은 깨어있을 때 체험되는, 현실로부터 완전히 격리된, 그 어떤 것이다. 오히려 어떤 넘을 수 없는 심연에 의하여 현실의 생활로부터 분리된, 그 자체에 있어서 조직을 가진 하나의 존재이다. 꿈은 우리를 현실로부터 해방시키며 우리 속에 있는 현실에 대한 정상적인 기억을 지워버리고 우리를 다른 세계 속으로, 궁극에 있어서는 현실의 생활사와 아무 관계도 가지지 않는, 전연 다른 생활사 속으로 이끌어간다.』라고 말했다. 또한 그는 꿈이란 많은 지혜로 가득 찬 것으로서 인간 본성의 깊이를 이해시키는 것이라고 주장하며 다음과 같이 설명했다

꿈의 정수(精髓)의 움직임 속에는 깨어있을 때에 우리가 그런 것을 줄곧 가지고 있다고는 도저히 주장할 수 없는 깊은 맛과 친밀한 감정, 감각의 섬세(纖細)함, 직감의 밝음, 관찰의 정묘(精妙), 그리고 기지(機智)의 활발함이 이따금 나타난다. 꿈의 영묘(靈妙)한 시(詩)를, 적절한 비유를, 견줄 바 없는 유머를, 그리고 희한한 풍자를 가지고 있다. 꿈은 세계를 이상한 이상주의에 비추어서 바라보며, 그리고 종종 이 세계의 여러 현상들의 효과를 그것들의 바닥에 놓여있는 본성의 깊이를 이해함으로서 강조한다. 꿈은 이 세상의 아름다운 것을 실로 하늘의 장려(壯麗) 속에, 숭고한 것을 최고의 장엄(莊嚴) 속에, 매일 공포감을 주는 것을 가장 무시무시한 현상 속에, 재미있는 것을 이루 말할 수 없는 신랄함 속에 보여준다. 꿈을 깬 후에도 그 인상들의 어느 하나가 우리를 완전히 짓누르고 있어서 그런 것은 아직 이 현실의 세계에서는 일찍이 한 번도 경험했던 일소차도 없었다고 생각될 정도다.

1875년 폴켈트(Volkelt)는 꿈은 결코 목적 없이 형성되지는 않지만 자아의 통제가 결여된 정신생활이라고 보았다. 그는 『자는 동안 마음의 활동은 결코 무목적(無目的)이지 않다. 그러나 깨어있을 때에 있어서 중심적 자아의 논리적 권력에 의해서 통제된 표상생활의 이완(弛緩), 무연락(無連絡), 혼란 등이 있음은 부정하지 못한다.』라고 강조했다.

1877년 슈트륌펠(Strumpell)은 각성사고와 꿈-사고의 차이를 설명하면서 『꿈속에서 마음은 거의 기억을 가짐이 없이 깨어있는 생활의 규칙적인 내용과 사건으로부터 차단되어 있다. 마음은 잠이 깨어 있는 동안에는 언어상(言語像)과 언어로서 표상(表象)하며 생각하지만 꿈속에서는 현실의 감각상(感覺像)으로 표상하며 사고한다. 더구나 꿈속에서는 깨어있을 때와 마찬가지로 감각(感覺)과 심상(心象)이 외적 공간으로 옮겨지므로 하나의 공간의식이 생긴다. 꿈은 연락이 없고 가장 심하게 모순투성이이며, 불가능한 일을 허용하며, 우리의 낮 동안의 생활에 큰 무게를 지닌 지식을 등한시하며 윤리적으로도 도덕적으로도 우둔함을 드러낸다. 잠을 깬 후에 일어났던 일 따위를 묘사하거나 꿈속에서 이야기했던 식으로 말하는 사람을 보면 멍텅구리거나 저능아라는 느낌을 받을 것이다.』라고 말했다.

1878년 모리(Maury)는 꿈의 재료가 되는 것은 낮 동안의 경험이라는 점을 지적하면서 『우리는 우리가 보았거나, 말했거나, 바랐거나 했던 것을 꿈꾼다.』라고 주장했다.

빈츠(Binz)는 꿈의 무가치하고 무의미한 것으로 본 사람 중의 하나인데 1878년 그는 『적어도 꿈-내용의 십중팔구는 터무니없다. 우리는 서로 아무런 관계도 없는 사람과 사물 등을 결합하지만 다음 순간에 마치 만화경(萬華鏡)처럼 그 결합이 대개는 터무니없고 어리석은 것이 된다. 불완전하게 잠자는 뇌의 눈부신 놀이는 이처럼 진행하다가 드디어 잠을 깨며, 그리고 이마에 손을 대고서 자기에게 아직도 조리에 맞는 표상과 사고능력이 남아있을까 하고 의심하게 된다.』라는 견해를 피력했다.

라데스토크(Radestock)는 꿈이 소원충족이라는 점을 프로이트보다 일찍 제시하였다. 1879년 그는 병자의 꿈이 그것을 입증하고 있다고 주장하면서 『육체와 정신의 병으로 고생하고 있는 사람은 꿈으로부터 현실이 거부한 바를, 즉 건강과 행복을 얻는다.』라는 견해를 내놓았다.

슈피타(Spitta)는 깨어 있을 때의 정서생활이 꿈을 형성하는 주동력(主動力)이라고 보았다. 1882년 그는 『잠의 영향을 받지 않는 마음의 부분은 정서생활이다. 이것이 꿈을 지휘한다. 정서생활은 가장 내적인 주관적 본질을 형성하는 여러 감정에 근거한 모임이다.』라고 말했다.

델봐프(Dellboeuf)는 수면중에는 지각만이 활동하고 지성, 상상력, 의지력, 도의심(道義心) 등은 미활동상태(未活動狀態)에 있다고 보았다. 1879년 그는 이 점에 대해 『자는 동안에는 지각을 제외하고는 지성, 상상력, 기억력, 의지력, 도의심 등은 미활동상태에 머무른다. 그 대신 꿈꾸는 사람은 미친 사람과 철학자, 사형집행인과 난쟁이와 거인 악마와 천사를 제 마음대로 해내는 배우이다.』라고 설명했다.

하프너(Haffner)는 꿈을 각성시 생활의 연장이라고 본 사람이다. 1887년 그는 『꿈은 깨어있을 때의 생활의 지속이다. 우리의 꿈은 조금전 의식 속에 있던 심상들이 들러붙어 있다.』라는 견해를 표명했다.

1889년 페흐너(Fechner)는 꿈과 각성시의 생활은 그 표상적 생활의 강도나 재료의 형식, 그리고 관념구성에 있어서 전혀 다르다고 보았다. 그는 이것을 설명하기를 『잘 때와 깨어있을 때에 있어서의 정신, 물리학적 활동의 무대가 동일하다면 꿈은 깨어있을 때의 표상적(表象的) 생활의 강도가 한 단계 낮은 상태의 계속에 지나지 않을 것이다. 더구나 재료의 형식은 물론 깨어있을 때의 관념구성 생활과 공용하게 되어야 한다. 그렇지만 실정은 전혀 다르다.』라고 했다.

1893년 슐츠(Scholz)는 우리 마음의 일면은 수면중에 꿈을 형성하는 재료를 비유로서 재번역(再飜譯)하여 표현하는 능력을 가지고 있다고 말했다. 그는 이것을 『꿈속에 나타나는 마음의 활동의 하나는 꿈을 구성하는 능력을 가지고 있다. 즉, 꿈속에 나타나는 마음의 활동의 하나는 꿈을 구성하는 재료에 가해지는 비유식의 재번역에 있는 것이다.』라고 설명했다.

1893년 부르다하(Burdach)는 꿈이란 깨어있을 때의 생활을 반복하지 않고 현실을 상징적으로 표현한다고 주장했다. 이것은 우리의 이론에 상당히 근접해 있는 것으로서 프로이트 이론과 비교하여 참고할 점이 있다고 생각된다. 그는 이것을 『여러 가지 노력이나 향락, 그리고 슬픔을 가진 깨어있을 때의 생활은 꿈의 세계에서는 결코 반복되지 않는다. 오히려 꿈은 우리를 그런 깨어있을 때의 생활로부터 해방시키고 있다. 꿈은 우리의 기분에 공명해서 현실을 상징할 따름이다.』라고 설명했다.

1893년 제임스·셜리(James. Solly)는 『우리의 꿈은 그것들을 계속적인 인격을 보존하려는 수단이다. 자고 있을 때에도 우리는 사물을 바라보면서 느끼는 과거의 방법으로 돌아간다. 먼 옛날 우리를 지배하고 있던 충동과 활동으로 돌아가는 것이다.』라고 주장했다. 그는 또한 꿈의 공상은 무질서한 집합물(集合物) 속에 암시적 의미를 가지고 있어 우리에게 새로운 지식을 제공해 준다고 주장하면서 『초우서, 셰익스피어, 밀턴 등의 권위자가 말하고 있는 정도로 꿈은 절대 무의미하지 않다. 우리의 밤 공상의 무질서한 집합물들은 분명 어떤 의미를 가지고 있으며, 새로운 지식을 제공해 준다. 암호(暗號)로 쓴 언어의 종류와 같이 이것을 소상히 조사해 볼 때, 꿈의 글자는 마치 헛소리와 같은 최초의 외관(外觀)을 잃고, 진실하며 지적인 소식의 국면의 보여준다. 또 약간 달리 말하자면 한번 글자를 쓰고 그 위에 또 한번 글자를 쓴 겹쳐쓰기의 양피지와 같은, 꿈은 그 무가치한 표면적 성격 밑에 어떤, 그리고 귀중한 소식의 흔적을 나타낸다.』라고 말했다.

1897년 사바네(Chabannei)는 꿈의 뛰어난 지적활동을 인정하면서 『꿈은 낮의 지적활동을 인계해서 낮에는 도달하지 못했던 결론을 끌어낼 수 있고 의문과 문제를 해결하며 시인과 작곡가의 경우에 있어서는 새로운 영감의 샘터가 되기도 한다.』라고 그 가치를 높이 평가했다.

1899년 듀가스(Dugas)는 꿈이란 지혜의 산물이기는 하지만 제멋대로 놀아나는 기능이며, 이때의 정신은 마치 자동인형(自動人形)과 같은 것이라고 하였다. 이 점에 대해 그는 『꿈은 심령적(心靈的), 정서적, 심적인 무정부상태(無政府狀態)이다. 그것은 지혜로 할 수밖에 없는 동시에 통제나 목적도 없이 활동하는 기능들의 움직임이다. 따라서 꿈속에서의 정신(spirit)은 정신적(spirited)인 자동인형이다.』라고 설명했다.

1899년 헤이브록·엘리스(Havelock. Ellis)는 『꿈의 연구가 우리에게 심적 생활의 원시적 발전단계를 밝혀낼지도 모른다. 막연한 정서와 불완전한 사고의 하나는 원시적인 세계의 것이다.』라고 내다보았다.

　이상으로 우리는 프로이트의 《꿈의 해석》이 완성되기 직전까지의
견해들을 연대순으로 살펴봄으로서 프로이트 이전에는 꿈을 어떻게
보았으며, 또 어떻게 평가하였는가를 알아보았다. 그 외에 더 많은 꿈
의 연구가들의 견해를 여기에 다 열거할 필요는 없을 것으로 생각한
다. 왜냐하면 대부분의 연구자들이 다음 세 가지 관점에서 조금도 벗
어나지 않기 때문이다. 그 첫째는 [꿈은 무의미한 수면중의 신체적 반
응이며 정신적 통제가 없는 유희에 불과하다]고 보는 관점이고, 그 둘
째는 [꿈에는 어떤 의미가 있기는 하지만 조리가 없고 무질서하여 자
아의식의 통제를 벗어나 제멋대로 표현된 시각상(視覺像)에 불과하다]
고 보는 관점이며, 그 셋째는 [꿈의 공상이 비록 무질서한 집합물처럼
보이지만 그 속에는 암시적 의미가 담겨져 있으며 우리에게 새로운
지식을 제공해 줄뿐만 아니라 낮 동안에는 도저히 도달할 수 없는 영
감의 원천을 보여준다]고 보는 관점이다. 그런데 여기서 우리가 주목
해야 할 것은 세 번째이다. 꿈에 어떤 암시적 의미가 담겨져 있다고
보는 관점에서 프로이트 학파의 정신분석학적 연구경향이 태동하였기
때문이다. 그들은 꿈-내용을 형성한 낱낱의 재료들이 낮 동안에 있었
던 어떤 경험이나 심적 욕구로부터 유래하는 것으로 보았다. 따라서
그들은 꿈의 표상들을 어떤 다른 뜻으로 바뀌어 놓은 원관념(元觀念)
의 대용물로 보고 이것을 연상이나 직관적 방법으로 해석하려고 했다.
　한편 일단의 학자들은 꿈의 내용물 중에 있는 어떤 특수한 재료들
을 미래적인 상징표상으로 간주하여 이것을 직관적이고 비유적인 방
법에 의해 해석해보려는 새로운 시도를 벌이기도 하였다. 그들이 『꿈
이란 현실생활과 완전히 분리된 독자적인 조직에 의해서 생성되며 우
리를 딴 세계로 유도하고 있다.』라고 주장한 것이나, 『심적 생활의 원
시적인 발전단계를 밝혀줄지도 모른다.』라고 내다본 것 등은 원시인

류의 유산인 정형적(定型的) 심벌에 관한 통찰이 있었음을 짐작케 하는 것으로서 상당히 진전된 연구결과를 보여주는 것이다.

4. 프로이트의 꿈-연구

프로이트는 1856년 오스트리아에서 태어나 1939년 영국에서의 망명생활 중 별세한 정신의학자이다. 그는 정신분석학의 창시자로서 인류정신사 발전에 기초가 될 수많은 학문적 업적을 남겼다. 그 중에서도 《꿈의 해석(1900)》,《히스테리에 관한 연구(1905)》,《성의 이론에 관한 논문(1905)》,《정신분석 입문(1916~1918)》 등의 저술은 심리학 또는 정신의학에 크나큰 공헌을 하였다. 그는 과거 수천 년 동안 수많은 사람들이 연구해 온 꿈에 관한 의견들을 종합, 검토하여 그의 독특한 소원충족 이론에 의해 체계적인 정리를 하였으며 그때까지는 없었던 꿈의 구조론과 꿈에 의한 정신분석법을 창안하였다. 그의 연구 중에서 무엇보다도 두드러진 성과는 인간의 정신을 의식과 무의식이라는 대칭적 구조로 설명하고 꿈을 무의식의 산물로 규정한 것이었다. 그는 또한 꿈이 인간정신 활동에 강력한 영향을 미친다고 믿었기 때문에 정신질환자의 자유연상에 의한 치료가 가능한 것으로 보았다. 위와 같은 위대한 업적에도 불구하고 그는 인간의 심리와 행동을 이해함에 있어 지나치게 성-본능적인 측면에 치우쳤다는 비난을 받고 있다. 꿈을 바라본 그의 관점 역시 이러한 시각에서 조금도 벗어나지 않았는데 꿈은 대부분이 성적인 욕망의 표현이며 꿈-상징은 필연적으로 성적인 관념과 연관된다는 것이 그의 생각이었다. 따라서 그는 꿈을 극히 소극적인 인과론적 관점에서 해석함으로서 동시대 이후의 학자들에 의한 혹독한 비판을 감내해야만 했다.

그러나 그가 추구했던 꿈의 연구경향은 한 세기가 다 되가는 지금에 이르기까지도 획기적인 전환이 이루어지지 않고 있음은 물론, 변혁을 위한 어떤 실마리조차 보이지 않고 있다. 때문에 그의 이론이 비록 찬사와 비난을 동시에 받고 있다 하더라도 마치 불가침의 아성(牙城)처럼 지금도 꿈 연구가들의 머리 위에 군림하고 있는 것이다. 따라서 그의 《꿈의 해석》을 연구하지 않고는 우리가 꿈을 논할 자격조차 없는 것처럼 어떤 위압감마저 느껴진다. 사실 일부 편견적인 요소들만 제외한다면 그는 거의 완벽에 가까운 꿈-이론을 완성했다고 평가될 수 있다. 그런 이유로 꿈을 연구하고자 하는 사람이라면 우선 그의 것을 섭렵(涉獵)하지 않으면 안 될 것인바, 그런 연후에라야 비로소 그가 이룩한 터전 위에 새로운 건물을 지을 수 있으리라는 생각이다. 여기서 그가 완성한 꿈-연구의 구체적인 내용 모두를 한꺼번에 다 알아볼 수는 없다. 그래서 이 장에서는 앞으로 우리가 주목해야할 특징적인 부분만을 개괄(槪括)하고 차후 연관된 항목들에서 세부적인 설명을 추가하고자 한다. 우선 그의 꿈-해석에 대한 견해를 들어보자.

나는 여기서 꿈의 해석에 관해서 말하고자 하는데 이것이 신경병리학적 관심의 범위 밖으로는 나가지 않는다고 믿는다. 꿈을 심리학적으로 음미해 보면 일련의 병적인 심적 형성물 중의 제1급의 것임을 알 수 있기 때문이다. 꿈에는 여러 가지 실제적인 이유로 정신과 의사가 다루어야 할 히스테리성의 공포증, 강박관념 등이 있다. 꿈은 나중에 알게 되듯이 그것들과 동일한 실제적-*임상적*- 중요성을 요구할 수는 없다. 그러나 그만큼 한층 범례(範例)로서의 꿈의 이론적 가치는 크며, 몽상의 원인을 해명하지 못하는 사람은 공포증, 강박관념이나 망상관념을 이해하지 못할 것이며 결국은 그 치료에 성공하지도 못할 것이다.

그는 또한 《꿈의 해석》을 완성하기 위해 그가 참고로 한 연구자료의 특성에 관해서는 『나의 꿈-해석의 특수성도 이 책의 발표를 더욱 난처하게 만들었다. 문헌에 기록되어 있는 꿈과 알지 못하는 사람들로부터 수집되는 꿈은 나의 목적을 위해서는 조금도 쓸모가 없는 것

프로이트와 그의 가족

이었다. 그 이유는 이 책을 읽으면 자연히 명백해 질 것이다. 따라서 내가 고를 수 있는 꿈이라고는 나 자신의 꿈과 내가 정신분석으로 치료를 베푼 환자들의 꿈뿐이었다.』라고 설명했다.

그는 꿈은 확실히 어떤 의미를 가지고 있으며 그것은 전적으로 타당한 하나의 심적 현상 즉, 소원충족(所願充足)이라고 정의한다. 이것에 대해 그는 『만일 내가 여기서 지적한 꿈을 해석하는 방법을 우리가 채용한다면 꿈은 실제로 어떤 의미를 가지고 있으며 종래의 여러 연구가들이 주장했던 바와 같이 결코 조각조각인 뇌 활동의 표현이 아니라는 점을 발견하게 될 것이다. 꿈의 해석을 끝내고 보면 꿈은 하나의 소원충족이라는 사실을 알게 된다.』라고 주장했다.

어찌 되었건 프로이트는 [무의미한 꿈은 존재하지 않는다]는 사실을 처음으로 발견한 학자이면서 꿈의 메커니즘을 가상적(假想的)인 정신기구(精神機構)로 분석해 낸 최초의 연구자였다는 점에서도 높이 평가되어 마땅하다고 본다. 이 점에 대해 그는 『꿈은 무의미하지도 터무니없지도 않거니와 우리의 심상군(心象群)의 일부가 자고 다른 일부가 깨고 있다는 것을 전제하지도 않는다. 그와는 반대로 꿈은 전적으로 타당한 하나의 심적 현상, 달리 말하자면 바로 소원충족이다. 꿈은 깨어있을 때, 충분히 이해되는 심적 행위들의 관련 속에 집어넣어져야 할 것이며 대단히 복잡한 마음의 활동이 짜낸(織)것이다.』라는 견해를 피력하고 있다. 그리고 꿈이 어떻게 소원충족이 될 수 있는가에 대해서는 다음과 같은 사례를 들어 설명했다.

꿈이 어떻게 소원을 충족시키는 일을 하고 있는가? 실험적으로 꿀 수가 있는 꿈속에서 물을 마시는 것을 예로 들어보자 우리는 저녁에 매우 짠 음식을 먹으면 밤에 의례 목이 말라서 잠을 깬다. 그러나 잠을 깨기 전에는 꿈을 꾸고 있다. 그 내용은 항상 똑 같은 것이다. 즉 물을 마시고 있는 꿈이다.『나는 꿀꺽 꿀꺽 찬 물을 마신다. 그 진미란 견줄 바가 없다.』그 후에 잠을 깨며 이번에는 정말 물을 마신다. 이 간단한 꿈의 유인(誘因)은 잠을 깬 후에도 역시 느끼고 있는 목마름이다. 이 목마름이라는 느낌에서 물을 마시고 싶다는 소원이 생긴다. 그리고 꿈이 이 소원을 충족시켜준다. 그렇게 함으로서 꿈은 어떤 기능을 이행하고 있는데 나는 그 기능을 쉽게 알아맞추었다. 나는 푸근히 자는 성품이어서 어떤 신체적 요구에 의해서 깨는 버릇이 없다. 만일 내가 물을 마시는 꿈으로 나의 목마름을 진정시키기에 성공한다면 그 목마름을 충족시키기 위하여 잠을 깰 필요는 없을 것이다. 보통의 생활에 있어서와 같이 실제의 행동을 대신하여 꿈을 꾸게 되는 것이다. 그러나 유감스럽게도 꿈속에서 물을 마셔도 실제의 목마름은 가시지 않는다.

그런가 하면 소원충족이라고 인정할 수 없는 꿈도 얼마든지 있다는 반론에 대해서는 다음과 같이 해명했다.

그러나 소원충족의 꿈 이외의 꿈이 없다는 말은 부당한 보편화여서 그런 견해는 다행히도 용이하게 반박할 수가 있다. 매우 불쾌한 내용을 가지고 있으며 소원충족의 기색이 도무지 없는 꿈의 예도 얼마든지 있다는 반론에 부딪치게 된다. 그러나 이 단호한 반대론을 물리치기는 그다지 어렵지 않다. 왜냐하면 우리의 이론은 [꿈의 현현내용(顯現內容)을 어떻게 보느냐]는 점에 기초를 두고 있지 않고 해석작업에 의하여 꿈의 배후에서 발견되는 꿈의 사상에 관한 것이기 때문이다. 우선 꿈의 현현내용과 잠재내용(潛在內容)을 비교, 대조해 보자. 그 현현내용이 괴로운 감정을 나타내고 있는 꿈이 있다는 점에는 의심할 여지가 없다. 그러나 지금까지 누가 이 꿈들을 해석하고 꿈의 잠재내용을 밝혀내려고 노력했을까? 만일 그런 노력이 이루어지지 않았다면 앞서의 반대론은 둘 다 우리에게 바르지 않다. 불안한 꿈이나 괴로운 꿈이라도 해석을 하였을 때 소원충족이었다는 결과가 나온다.

그는 불안과 불쾌, 그리고 고통의 꿈이 어떻게 소원충족으로 해석될 수 있는가 하는 점에 대하여 [심적(心的) 검문소(檢問所)]라는 가상의 심적기구를 상정(想定)하여 설명하고 있다. 즉 이 심적 검문소가 꿈의 잠재사상에 검열을 가하여 그 표현을 왜곡하도록 만들기 때문에 대부분의 꿈은 억압된 소원이 이 검열을 통과하는 과정에 왜곡되어 나타나는 위장(僞裝)된 충족이라는 것이다. 이때 강한 에너지를 가진 억압된 소원이 검열을 통과하기 위해 저항함으로서 불안하고 불쾌한 내용의 꿈이 형성된다는 것이 그가 불안의 꿈을 해명하는 골자이다. 따라서 꿈속에 나타나는 불안과 불쾌는 평상시 억눌려있던 강렬한 소원들에 대한 무의식적 불안이라는 것이다. 그는 이것에 대해 다음과 같이 길게 설명하고 있다.

소원충족을 솔직하게 표현하는 꿈도 있다. 그러나 소원충족이 인정되지 않고 위장되어 있는 경우, 거기에는 소원을 충족시키지 않으려고 하는 마음의 움직임이 있다고 생각하지 않을 수 없다. 이런 마음의 움직임의 반항에 의해 소원은 왜곡되지 않고서는 꿈속에 표현될 길이 없다. 꿈 형성자로서 개개인에 있어서의 두 심적인 힘-또는 흐름, 체계을 인정해도 좋을 것이다. 이 둘 중의 하나는 꿈에 의하여 표현되는 소원을 형성하며, 다른 하나는 이 꿈의 소원에 검열을 가하고 이 검열에 의하여 왜곡을 강요한다. 따라서 문제는 이 제2의 검문소로 하여금 그 검열을 행사할 수 있게 만드는 힘이 어디에 있느냐 하는 점이다. 잠재내용이 분석되기 전까지는 의식되지 않는데 반하여 현현내용은 의식된 것으로 기억되어 있다는 사실에 유의한다면 제2검문소가 누리는 특권은 사상들이 의식으로 들어가기를 허락하느냐 안 하느냐 하는 점에 있음을 알게 될 것이다. 먼저 제2검문소를 거치지 않은 것은 무엇이든지 제1의 체계를 나와서 의식 속으로 들어가지를 못한다. 그리고 제2검문소는 자기의 권리를 행사하며, 아울러 의식 속으로 들어가려고 하는 것을 자기에게 적합하도록 변경한 연후가 아니면 어떤 것에 대해서도 검문소의 통과를 허용하지 않는다. 이것은 자연히 우리로 하여금 의식의 본질에 관해서 전연 독특한 견해를 세우도록 만든다. 우리가 보기에 의식한다는 것은 표상, 또는 심상의 과정과는 다른 종류인 동시에, 독립된 하나의 심적 행위이다. 그리고 의식은 다른 곳에서 일어난 사실을 파악하는 하나의 감각기관인 것으로 생각한다. 정신병리학에 대해서 이런 근본적인 가정이 불가결한 것임은 확실하다. 만일 꿈의 왜곡이라는 것이 시행되고 고통의 내용이 소원내용의 위장으로서만 존재하고 그친다면 이 문제는 간단히 처리될 수 있음을 알 수 있다. 앞서 설명한 두 심적 검문소에 관한 우리의 가설을 유의하면서 우리는 이제야말로 고통의 꿈은 사실에 있어서 제2검문소에 대해서는 불쾌한 그 어떤 것, 그러나 그와 동시에 제1검문소의 소원을 채워주는 그 어떤 것을 포함하고 있다고 말할 수 있다. 그러므로 고통의 꿈은 모든 꿈의 제1검문소에서 생기는 것이며, 꿈들에 대한 제2검문소의 관계가 방위적(防衛的)이지 않는 한에 있어서는 모두 소원충족의 꿈이 된다. 따라서 꿈은 어떤 억제(抑制)된, 또는 억압(抑壓)된 소원의 위장된 충족이라 할 수가 있다. 불안한 꿈은 또 어떤가? 꿈속에서의 불안은 노이로제에 있어서의 불안과 밀접하게 관련되어 있으므로 꿈속에서의 불안은 노이로제에 있어서의 불안으로 설명되어야 한다. 노이로제의 불안은 성생활에서 생기는 것이며 그 본래의 목적으로부터 겉으로 돌려져서 사용됨이 없이 그쳐버린 리비도(Libido)를 표현하고 있다. 따라서 불안한 꿈은 심적 내용을 가진 꿈이며 거기에 속하는 리비도가 변형되어서 불안이 되었다고 추론할 수 있다.

그는 또 [꿈속에서 충족되는 소원은 어디서 유래하는가?]라는 물음에 대하여는 『그것은 의식된 낮 동안의 생활과 밤이 되어야 비로소 우리가 알게 되는, 무의식인 채로 머물러 있는 심적 활동이라고 볼 수 있다 그 소원이란 ① 낮 동안에 유발될 수가 있다. 그리고 외적 이유 때문에 충족되지 않은 채로 있다. 충족되지 않았던 하나의 소원이 밤을 위하여 남게 된다. ② 어떤 소원이 낮에 떠올랐지만 거절되어 버린다. 그 경우 충족되어 있지 않고, 또한 억제된 한 소원이 밤을 위해 남는다. ③ 이 소원은 깨어있을 때의 생활과는 무관계한 것일 수가 있다. 그것은 밤에 되어야 비로소 억제되어 있는 것으로부터 움직이는 소원이다. ④ 그것은 또한 밤에 머리를 쳐드는 적극적인 소원충동, 이를테면 목마름이나 성욕에 의해 자극되는 것과 같은 것들이다.』라는 설명으로 답하고 있다.

☞ **리비도**(*Libido*) : 정신분석학 용어로 성본능(性本能)·성충동(性衝動)의 뜻이다. 이 말은 보통 말하는 성욕, 다시 말해서 성기(性器)와 성기의 접합을 바라는 욕망과는 다른, 넓은 개념이다. 프로이트는 리비도가 사춘기에 갑자기 나타나는 것이 아니라 태어나면서부터 서서히 발달하는 것이라고 생각하였다. 리비도가 충족되기를 바라다가 충족되지 않을 때는 불안으로 변한다. 또한 리비도는 승화되어 정신활동의 에너지가 되기도 한다. 프로이트는 처음에 리비도를 자기보존 본능과 대립되는 것으로 보았으나, 나중에는 이 둘을 결합, 에로스(Eros)-*영원의 결합을 구하는 본능, 또는 생의 본능*-라고 명명하여 죽음의 본능, 즉 삶을 파괴하려는 본능-*타나토스(Thanatos)*-과 대립시켰다.

그런가하면 소원충동 이외에 낮 동안에 가졌던 미해결의 관심사나 근심, 그리고 여러 자극인상 등도 수면중의 사고(思考)를 지속시킬 수 있다고 단정하였다. 그는 이것을 설명하기를 『미해결의 어떤 문제, 괴로운 근심, 여러 심상들의 강한 영향 등은 자는 동안에도 사고활동을 지속시키며 우리가 전의식(前意識)이라고 부르고 있는 조직 속에 필연적 과정들을 속행(續行)시킨다. 잘 때에도 계속되는 이 사고활동을 분류하면 ① 어떤 우연한 방해 때문에 낮 동안에 완결되지 못한 것. ② 우리의 지적인 힘이 불충분하기 때문에 처리되지 못한 것, 즉 미해결인 것, ③ 낮 동안에 거부되고 억제되었던 것. ④ 낮 동안에 전의식의 활동에 의하여 우리의 무의식 속에 활동되어 있던 것. ⑤ 사소한, 그렇기 때문에 처리되지 않은 채로 남아있는 낮의 인상들이다.』라고 했다.

한편 의식적 사고가 무의식적 사고로 이전되고 다시 전의식적 소원으로 이전되는 과정에서 가장 중요한 구실을 하는 것이 퇴행(退行)이며 이런 메커니즘에 의해서 어렸을 때의 경험들이 꿈의 주요한 유발원(誘發源)이 된다고 강조하였다. 퇴행은 그가 초기에 정신과의사로서 사용한 최면술로부터 가져온 지식이며, 꿈에 의한 정신분석의 한 수단으로 삼았던 것으로서 그의 독특한 설법중의 하나였다. 이것에 관해 그는 다음과 같이 설명했다.

꿈을 꾼다는 것은 대체적으로 말해서 그 사람의 가장 어렸을 때의 형편들로의 부분적인 퇴행이다. 그 사람의 어린 시대의 재생, 그 어린이 시대에 지배적이었던 충동의 움직임과 어렸을 때에 부리기가 가능했던 표현방법의 재생(再生)이 아닌가하는 인상이다. 그리고 이 개인적인 어린 시대의 배후에는 계통발생적인 유아기, 달리 말하자면, 인류발전의 자태가 엿보인다. 그것에 비교하면 각 개인의 유년기는 그 인류의 유년기의 단축된 우연한 생활환경에 의하여 영향을 받은 되풀이에 불과하다. 니체(Nietzche)는 『꿈속에는 한 조각의 원시적인 인간성이 활동하고 있으며 우리는 거기에 직접적으로는 거의 도달하지 못한다.』라고 말하고 있는데 우리는 이 말이 얼마나 적절한 가를 알 수가 있다. 그리고 우리는 꿈을 분석함으로서 인간의 원시적인 유산, 심적으로 타고난 인간 속에 있는 것을 인식할 수 있지나 않을까 하고 생각한다. 꿈과 노이로제는 우리가 상상하는 것 이상으로 인간의 마음의 낡은 면을 보존하고 있는 모양이다. 그러므로 정신분석학은 인류 시초의 가장, 그리고 희미한 단계의 재구성을 목표로 하는 학문 중에서 하나의 높은 위치를 요구할 권리가 있다고 나는 생각한다. (중략) 의식에서 유래하는 소원충동이 꿈을 만들어내는 데 이바지하리라는 점을 나는 기꺼이 승인하지만 그것은 다만 그 정도의 것이지 그 이상의 것은 아닐 것이다. 꿈은 만일 전의식적(前意識的) 소원이 딴 곳으로부터 보강(補强)을 얻기에 성공하지 못하며 분명히 성립되지 않을 것이다. 딴 곳으로부터란 곧 무의식으로부터이다. 의식적인 소원은 같은 내용의 무의식적인 소원을 일깨워서 이 무의식적 소원에 의해 보강을 도모할 수 있는 경우에만 꿈의 유발원이 된다. 그런데 억압 아래에 있는 무의식적인 소원은 본래 노이로제 심리학적 연구에 의하며 유아적 근원에서 비롯한다.

여기서 우리는 프로이트가 정의한 무의식에 개념에 관해서 좀 더 알아볼 필요가 있다. 그는 무의식을 두 가지로 구분했는데 그 중 하나는 의식에 상대적인 본래의 무의식이요, 다른 하나는 의식과 무의식 사이에 병풍처럼 서 있다고 상정(想定)한 [전의식(前意識)]이라는 존재이다. 이 점에 대하여 그는 다음과 같이 설명하고 있다.

나는 앞서 일부러 우리의 무의식이라고 말하였다. 왜냐하면 우리의 무의식은 철학자들의 무의식과도 또한 립스(Theodor. Lipps 1851~1914)의 무의식과도 다른 것이기 때문이다. 철학자들의 입장에서는 그것이 의식적인 것의 대립물이라는 뜻이다. 의식적인 과정들 이외에 또 무의식적인 심적 과정이 있다는 점은 열심히 논의되고 강력히 변호된 명제이다. 립스는 심적인 모든 것들은 무의식으로 존재하며 그것들 중의 약간이 하나의 의식으로서 존재한다는, 한 걸음 더 나아간 주장을 세우고 있다. 그러나 우리가 꿈과 히스테리 징후형성의 표상들을 여기에 모은 까닭은 이 명제를 증명하기 위해서가 아니라 정상적인 깨어있을 때의 생활을 관찰하기만 해도 이 명제를 의심할 여지없이 증명할 수가 있다. 정신병리학적 형성물들과 그 종류의 제1항 꿈의 분석이 우리에게 가르쳐 준 새로운 점은 무엇이냐 하면 그것은 무의식, 즉 달리 말해 심리적인 것은 이 둘이 가지는 각각의 조직기능으로서 나타나며 이미 병적인 생활에서와 마찬가지로 정상적인 생활에도 그와 같이 나타나는 것이다. 따라서 두 가지의 무의식이 존재하는 것이다. 심리학자들은 아직 이 둘의 구별을 하고 있지는 않다. 둘은 다 심리학의 의미에서 무의식이다. 그러나 우리의 의미에서는 우리가 무의식이라고 부르는 편은 의식화될 수 없는 것이지만 우리가 전의식이라고 부르는 흥분들은 사실 어떤 종류의 조건 밑에서 아마 어떤 새로운 검열을 거친 후 비로소, 그러나 무의식 조직을 고려함이 없이 의식 안에 들어올 수 있는 것이다. 흥분들은 의식화되기 위해서는 불변의 순서를 통과해야 한다는 사실은 우리로 하여금 설명의 편의를 위해 공간관계(空間關係)의 비유를 구하게 하였다. 전의식은 무의식과 의식 사이에 병풍처럼 서 있으며 전의식은 의식이 접근하는 길을 막고 있을 뿐 아니라, 그것은 또한 임의로운 운동력에 접근하는 길도 지배하고 있어서 그 일부가 주의력으로서 우리에게 잘 알려져 있는 어떤 활발한 충당에너지의 분배를 마음대로 하고 있다.

그는 꿈의 역사적 의의에 대해서는 소원충족 이론에 반영시킬 만한 가치를 찾아보기 어렵다고 말했으며 꿈의 예지적인 성격에 관해서는 우리가 무의식 속에서 다시 발견하는 마력적인 힘에 대한 바른 심리학적 예감에 기초를 둔 것이라고 다음과 같이 주장하였다.

> 꿈의 역사적 의의를 하나의 특수한 테마로 삼기는 보람 없는 것이다. 이 틀테면 어떤 두목이 꿈을 꾸었기 때문에 대담한 일을 할 결심을 하여 그 일이 성공해서 역사를 바꾸게 되었다는 경우, 꿈을 미지의 힘처럼 평소에 친숙한 마음의 힘들에 대조시키고 있을 동안만은 거기에 하나의 새로운 문제가 일어날 것이다. 그러나 만일 낮 동안에는 저항의 압박 아래 있었지만 밤이 되어 깊은 흥분의 근원으로부터 힘의 원조를 받을 수 있게 된 충동들의 한 표현형식이 꿈이라고 인정한다면 거기에는 새로운 문제가 있을 수 있다. 그러나 옛날의 민족들이 꿈에 바친 존중(尊重)이 어떤 것이었는가 하면 사람의 마음속에 있는 부수어 버릴 수 없는 것과 제어될 수 없는 것, 요컨대 꿈의 소원을 만들어내며, 우리가 우리의 무의식 속에 다시 발견하는 마력적(魔力的)인 힘에 대한 심리학적 예감에 기초를 둔 존중이었다.

이상과 같이 우리는 프로이트가 주장하는 꿈의 소원충족 이론과 그 것이 근간을 이루는 몇 가지 문제들에 관해서 대충 윤곽만이나마 알아 본 셈이다. 이러한 정의들에 입각해서 꿈을 관찰하고 해석을 시도한 그의 세부적인 방법들은 내가 앞으로 꿈의 예지적인 성격을 해명함에 있어서도 신중하게 취사선택해야만 할 귀중한 자료가 될 것이다.

그는 인간정신을 의식과 무의식이라는 대조적인 개념으로 명확하게 해명함으로서 인류사에 커다란 획을 그었으며 꿈-연구를 하나의 학문으로 정착시킴으로서 이 분야의 확실한 토대가 되고 있다. 또한 그의 이론들은 비록 가설에 입각한 것이지만 어느 면에서는 지나칠 정도로 완벽한 것처럼 보이기도 한다. 그렇기 때문에 여러 가지 문제점을 내포하고 있음에도 불구하고 그의 저술들은 전 세계의 꿈 연구가와 심리학, 정신분석학 등의 관련학문에 종사하는 사람들에게 있어서 교과서가 되어있는 것이다. 그러나 우리가 어떤 형태로든 해명해야만 할 명제(命題), 즉 [꿈에 의한 미래예지]에 관해서는 부정적인 쐐기를 박아 미래로 향한 창문을 굳게 닫아버림으로서 더 이상 이 방면의 진전을 보지 못하게 하였다. 따라서 그의 위대한 업적과 비교하였을 때, 그 공과(功過)가 반반이라고 생각된다.

5. 프로이트 이후(以後)의 꿈-연구

프로이트의 《꿈의 해석》이 세상에 발표된 이래 80년 이상이 경과한 지금 꿈의 연구는 얼마나 괄목할만한 진전을 보아왔는가? 우선 생각되는 것은 그동안 전 세계적으로 프로이트 학파로 분류되는 수많은 학자들이 배출된 것이고, 그 다음은 프로이트 이론을 부분적으로만 수용하고 자기 나름대로의 정의를 내리려는 사람들이 등장하였다는 점이다. 그런가하면 일단의 학자들은 꿈을 생리학적 측면에서 규명해 보려고 노력하였는바, 이들은 관념론적인 해석만으로는 꿈을 규명할 수 없다고 보아 수면상태에서의 꿈과 관련된 생리적인 문제도 아울러 연구해야 한다고 보는 입장과, 꿈은 신체적 조건반사에 불과한 무의미한 정신현상이라고 보는 입장의 두 갈래로 나뉘어져 있다.

그런데 특기할 만한 사실은 이상과 같은 여러 가지 조류와는 관계없이 민간속신(民間俗信) 쪽에서의 경험주의적 해석방식이 여전히 대다수의 사람들로부터 존중되고 있다는 점이다. 특히 초심리학(超心理學) 분야에서의 심령학적(心靈學的) 연구성과를 볼라치면 이 분야에서는 그동안 꿈과 관련하여 시행했던 수많은 임상학적 실험결과들을 갖고 있는바, 그것들이 아직은 과학적 증거력을 획득하지는 못하였다 하더라도 우리의 꿈-연구에는 상당히 많은 도움을 주고 있다고 말할 수가 있다.

이렇듯 프로이트 사후에도 꿈의 연구는 여러 가지 분야에서 활발하게 진행되어왔으나 극히 부분적인 문제들에 있어서만 약간의 진전을 보았을 뿐, 아직까지도 어떤 최종적인 결론은 이끌어내지 못하고 있는 실정이다. 그렇다면 그동안에는 어떤 새로운 발견과 주장들이 등장하였을까? 또한 그들의 연구방법은 어떻게 달라졌으며 우리들의 연구에 도움이 될 만한 연구성과는 어느 정도인가? 이에 관하여 몇몇 저명한 연구가들의 연구방법과 그들의 견해를 여기 간추려 소개함으로서 독자 제위의 이해를 돕고자 한다.

칼·구스타프·융(Carl. Gustav. Jung 1875~1961)은 스위스의 심리학자이자 정신의학자로서 분석심리학(分析心理學)의 창시자다. 그는 1903년부터 프로이트에 공명하여 정신분석학의 지도자가 되었으나 《리비도의 변전-무의식의 심리학》을 발표하게 됨으로서 프로이트와 갈라서게 되었다. 그는 쇼펜하우어(Schopenhauer 1788~1860)와 하르트만(Hartmann 1842~1906)의 사상을 쫓아 의지(意志)의 생명력을 인정하고 이것을 리비도라 명명하였다. 그는 이것이 프로이트의 리비도보다는 광의의 개념이며 무의식을 벗어나 의식화될 때 상징의 형태를 취한다고 주장했다. 그는 세계 여러 문화에 관심을 가졌으며 특히 고대의 신화와 현대를 살아가는 미개인들의 생태를 집중 연구하였는바, 우리의 무의식 속에는 먼 조상의 유산, 즉 고태형의 집단적 무의식이 있다고 주장했다. 그는 이것을 다음과 같이 설명했다.

집단부의식(集團無意識)이란 우리들의 마음속에 개인이 경험한 것이 아닌 것, 즉 조상들이 경험한 기억들이 유전되어 오는 것을 가리킨다. 그것은 개인적 무의식의 상대적 개념이며 같은 핏줄을 이어받은 사람이라면 공통으로 지니고 있으므로 인종적(人種的) 무의식이라고도 부를 수 있다. 그것은 또한 비개인적이고 보편적일 뿐 아니라, 악마라든가 신령과 같은 조상들의 사고방식을 갖고 있으므로 고태적(古態的)이다. 집단무의식은 동물의 본능적 행동과 같이 그때그때 상황에 따라 의식에 의존하지 않고도 행동을 유발할 수 있다. 그것은 언어, 문화 등 후천적이고 사회적인 유산이 아니라, 유전인자를 통해 뇌수에 각인된 조상의 기억인데 선대의 경험이 핵산의 DNA로서 유전된다.

아울러 그는 조상이 가졌던 사고태와 행동태는 개인무의식과 마찬가지로 의식에 영향을 끼치며 꿈에도 나타난다고 주장했다. 프로이트도 후기에는 라마르크의 주장에 동조하여 어떤 경험을 반복하면 이것이 유전되어 사고, 감정, 행위 등에 특별한 성질을 부여한다고 생각했지만 융은 이것을 더욱 확대, 발전시켜 동양사상의 핵심인 무극(無極)에 비견되는, 그리고 우주의 근본원리로까지 거슬러 올라가는 원형론(原型論)을 이끌어내었다. 융이 누구의 꿈에나 등장하는 보편적인 표상을 원시인류의 유산으로 본 것은 실로 획기적인 발견이었다. 그는 말하기를 꿈속의 고태형을 잘 조사해 보면 어떤 민족의 혈통을 이어받았는지를 알 수가 있다고 했다. 프로이트와 마찬가지로 그도 오이디푸스·콤플렉스(Oedipus complex)를 인정하였다. 다만 그것을 어린 시절의 부모에 대한 콤플렉스가 아닌, 원시인류의 정신적 유산이라고 보았다. 융은 말하기를 『우리의 육체에 진화과정에서 없어진 꼬리의 흔적이 남아 있는 것처럼 정신도 같은 진화의 흔적을 남기는바, 그것이 바로 집단무의식이며 이것이야말로 고태적 사고의 잔재가 뇌 속에서 시현되는 것이니 우리는 꿈을 통해 인류공통의 상징을 보는 것이다.』라고 역설했다.

그는 꿈을 해석함에 있어서도 프로이트처럼 어릴 때의 경험에만 집착하지 않았으므로 『꿈이란 무의식이 의식에 무엇인가 알려주려는 지향적(志向的) 의미의 메시지』라는 멋진 결론도 도출해 낼 수가 있었

칼·구스타프·융(Carl. Gustav. Jung)

다. 아울러 꿈의 목적에 대해서는 『정신은 과도적인 것이며 따라서 필연적으로 두 가지의 면에서 정의되어야 한다. 한편에서 정신은 과거 전체의 잔재와 흔적의 그림을 보여주며, 또한 정신은 자기 자신의 미래를 만들어내기 때문에 다른 한편으로는 미래의 윤곽도 보여주는 것이다. 그뿐 아니라 그것은 동일한 그림 속에서 표현되어 있다.』라고 정의했다.

프로이트가 인과론적이라면 융은 확실히 목적론적 접근방식이었던 것이다. 그리고 이것은 그가 프로이트식의 퇴행적 해석에서 멀어져 전향적(轉向的)인 해석을 하게 된 주요요인이 되었다. 가령 중역(重役)이 되고 싶은 욕망을 가진 청년이 중역이 되어 의자에 앉는 꿈을 꾸었을 경우 거기에는 검열에 의한 억제라는 것이 개입할 여지가 없는, 욕망 그대로의 순순한 목적성만이 존재한다는 입장이었던 것이다. 그는 이러한 전향적 해석법을 신화(神話)에도 적용시켰다.

그러나 그의 전향적 해석법이 꿈의 미래예지와 곧 바로 연결되지는 않았다. 『꿈은 실생활에 유익한 지혜를 공급해 주기는 하지만 무의식 속에 있는 어떤 사상을 생생하게 나타내는 것이며 의식에 결여되어 있는, 과거나 현재에 은밀히 가졌던 어떤 욕구적 경향의 묘사다.』라는 것이 그 근본취지였기 때문이다. 그러므로 그는 프로이트의 억압된 소원충족 이론을 인정하면서도 그 소원이 꿈속에서의 가상적인 충족에만 국한되는 것은 아니라고 보았다. 그는 꿈이 자기가 현재 어떤 소원을 가지고 있는가를 일깨워주는 한편, 의식에 대한 보상기능을 함으로서 인격을 통합하는 자가 조정의 역할도 수행한다고 보았다. 『꿈은 감추는 것이 아니고 가르친다.』고 한 칼·융의 천명(闡明)에서 그가 프로이트의 꿈−해석을 어떻게 보고 있었는가 하는 것이 분명하게 들어난다. 그러나 미래에 대해서는 그 윤곽만을 보여 주는 것이라고 단정함으로서 커다란 아쉬움을 남겼다.

융의 이 욕구적 경향의 묘사라는 견해는 현재도 많은 심리학자와 꿈 연구가들의 지지를 받고 있는 것으로 알고 있다. 그러나 꿈의 해석에 있어서는 프로이트의 그것과 큰 차이점을 보여주지 못하였다. 다만 꿈의 창조성을 높이 평가한 점과 꿈이 그 상징표현을 함에 있어서 개인적 경험과 더불어 그보다 더 위대한 지혜, 즉 집단무의식에 의한 고태적 경험을 함께 사용하고 있다는 점을 발견한 것은 참으로 크나큰 성과였다. 집단무의식에 관한 그의 연구는 꿈의 본질을 규명해내는데 한층 가까운 지름길을 마련해 주었으며, 프로이트가 집착했던 소원충족 이론과 성적 염원의 상징화, 그리고 유아경험의 우선론 따위에 비판적인 시각을 견지한 것은 확실히 진일보한 것이라고 평가할 수 있다.

그는 또 무의식을 기본적인 종교현상으로까지 확대하여 규정하였다. 그는 말하기를 『우리들의 꿈속에서 이야기 하는 소리는 자신의 소리가 아니라 우리들을 초월한 원천에서 나오는 것이다. 인간은 결코 자기의 사고에 의해서가 아니라 자기 자신의 지혜보다도 위대한 지혜의 계시에 의해서 도움을 빈는 것이나.』라고 했다. 이러한 주장에 대하여 쌍수를 들고 환영한 것은 가톨릭을 중심으로 한 기독교였다. 그러나 그 내막을 들여다보면 그 속에는 기독교와는 동 떨어진 오컬트적인 요소들이 많이 발견된다.

그의 업적 중에서 무엇보다도 탁월한 것은 물리학자인 볼프강·파울리(Wolfgang. Pauli 1900~1958)와 함께 양자역학(量子物理學)에서 착안한 [비인과적(非因果的) 동시성(同時性)의 이론]을 창출하였다는 점이다. 비인과적 동시성의 이론이란 [현실사건과 정신현상 사이에 무시할 수 없을 정도의 의미 있는 우연의 일치현상이 존재한다]는 것이다. 융의 이 이론은 심리학자는 물론 수많은 신학자, 심령학자, 초심리학자 등이 나름의 사상지평을 열어 가는데 있어 든든한 토대가 되고 있다. 이것에 대해서는 이 책의 말미에서 상술하게 될 것이다.

☞ **볼프강·파울리** : 1945년 노벨 물리학상을 수상한 오스트리아 출신의 양자물리학자이다. 칼·융과 함께 양자역학의 [인과율 파탄현상] 을 심리학에 접목시킨 [동시성 : 비인과적 연결원리(Synchronicity : An Acausal Connecting Principle)] 라는 논문을 발표하였다. 그가 가는 곳마다 실험기구 등이 원인 모르게 망가졌다는 이른바 [파울리 효과(Pauli effect)] 로도 잘 알려져 있는데, 이것은 주관적 마음과 객관적 사건 간의 의미 있는 일치현상을 설명하는 [비인과적 동시성 원리] 의 용어로서 지금도 자주 인용되고 있다.

어찌되었건 그가 심령학 분야만이 아니라 종교 등의 영성(靈性) 분야에 끼친 영향을 실로 막대한 것이었다. 그래서인지 그는 유난히 오컬트(Occult)에 심취했으며 말년에 이르러서는 이 방면의 저술에 몰두하기도 했다. 그가 노경에 영국의 한 방송사와의 인터뷰에서 『신(神)은 무엇인가?』라는 질문을 받고 『나는 신을 안다.』라고 간단하게 잘라 말한 것에 많은 의미가 함축되어 있다고 본다.

☞ **칼·융의 동시성현상 경험** : 그가 추심리학의 대부라고 알려진 조셉·라인(J. B. Rhine) 박사에게 보낸 편지에는 이 동시성 현상과 관련된 에피소드

하나가 기록되어 있다.

『어느 날 나는 한 여인과 함께 숲속을 산책하고 있었는데 그녀는 나에게 최근에 꾸었다는 매우 흥미로운 꿈 이야기를 들려주었다. 그녀는 말하기를 「꿈속에서 나는 커다란 나선형의 층계가 있는 고향집에 있었어요. 나는 층계의 맨 하단부에 서 있었는데 어디선가 유령 같은 여우 한 마리가 나타나 천천히 층계를 내려와 나에게 다가왔어요.」라고 했다. 바로 그 순간 숲속에서 진짜 여우 한 마리가 튀어 나와 우리 주위를 어슬렁거렸다. 실제로 여우가 나타남으로서 꿈속의 이미지가 현실화된 것이다. 동시성의 현상이란 대개는 이처럼 무시무시하다. 꿈과 현실이 겹쳐질 때, 그것은 동시성의 섬뜩한 순간이다.』

에리히·프롬(Erich. Fromm 1900~1980)은 프로이트, 칼·융과 더불어 심리학 분야의 거성이자 20세기를 대표하는 사상가 중의 한 사람이다. 칼·융과 마찬가지로 그도 초기에는 프로이트 이론에 동조하였으나 프로이트 이론에 내재하는 모순들을 발견하고부터는 인간의 부정적인 측면에만 초점을 맞춘 프로이트의 관점을 비판하고 나섰다.

이러한 기조는 꿈을 이해하는 관점으로까지 확대되어, [꿈은 항상 필연적으로 우리 인격의 불합리한 부분의 표현이다.]라는 프로이트의 주장에 맞서『꿈은 우리 마음의 불합리한 부분을 표현하기도 하지만 가장 가치 있는 최고의 기능으로도 표현한다.』라고 강변했다. 그는 상징을『마음속의 경험을 마치 감성적 경험인 것처럼 사물의 세계에서 현재 자기가 하고 있거나, 자기에게 대하여 행하여지고 있는 일인 것처럼 표현하는 일이다.』라고 정의하면서, 이것을 관례적, 우연적, 보편적 상징의 세 가지로 구분하였다.

특히 그는 꿈의 보편적인 상징성에 주목하여『꿈-상징이 상징언어라고 불려도 좋을 만큼 인류가 발전시킨 유일한 공통언어이다.』라며 극찬을 아끼지 않았다. 그기 말하는 [관례적 상징]이란 인습(因習)을 같이하는 일단(一團)의 사람들에게만 공유되는 말, 표지 등을 일컫는 것이고, [우연적 상징]은 이와는 반대로 한 개인이 삶의 경험에서 축적한 인상이나 지식 등으로 생성됨으로서 타인과는 공유되지 않는 것이며, [보편적인 상징]이란 상징과 상징이 표현하는 것과의 사이에 어떤 내재관계가 존재하는 것으로서 불, 물, 태양, 또는 몸짓이나 얼굴 표정 등과 같이 모든 인류가 공유하는 보편적인 것이다. 이러한 분류를 칼·융의 이론과 대조해 보면 관례적 상징은 [문화적 상징]에, 우연적 상징은 [개인적 상징]에, 그리고 보편적 상징은 [집단적 상징], 또는 [원형 이미지]에 각각 해당한다고 생각된다.

한편 상징의 다의성을 설명하는 과정에 그는 [상징방언(象徵方言)]이라는 독특한 개념을 제시하였는바, 선사시대 이래로 인류가 공유하고 있는 보편적인 상징이라 할지라도 사는 지역이나 민족적 특성에 따라 조금씩은 다른 의미를 내포할 수 있다는 것이 그 요지였다. 가령 [태양]의 경우 상대적으로 햇빛이 더 필요한 북방지역의 사람들과 작열하는 태양열로 인해 생명을 위협받을 수도 있는 적도지방의 사람들이 받아들이는 의미가 서로 다를 것이므로 그것의 상징의미 역시 지역적 환경에 의해 조금씩은 달리진다는 것이다.

에리히 · 프롬(Erich. Fromm)

또한 꿈의 속성에 관해서는『꿈은 모두 의미심장하고 중요하다. 꿈에 의미가 있는 까닭은 꿈을 번역하는 열쇠를 가지고 있으면 이해할 수 있는 메시지를 포함하고 있기 때문이다.』라는 고대인들의 견해에 동조하면서 이러한 통찰이 근세 들어 무시된 이유가 계몽시대가 시작되면서부터 꿈의 해석이 미신의 영역으로 밀려났기 때문이라고 진단했다.

무의식에 대해서는 프로이트와 융의 견해를 모두 비판하면서『무의식이란 융이 말하는 소위 인종적으로 계승된 경험의 신화적 세계도 아니요, 프로이트가 말하는 소위 불합리한 리비도의 자리도 아니다. 우리가 생각하고 느끼는 것은 우리가 하는 일에 의하여 영향을 받는다는 원칙에 따라서 이해되어야 한다. 의식은 우리가 외계의 현실에 전념하고 있는 상태일 때의 정신활동이다. 무의식이란 우리가 외계와의 교통을 차단하고 이미 행위가 아니라 자기의 경험에 전념하고 있는 상태에서의 정신경험이다. 무의식은 행위하지 않는다는 특별한 생활양식과 관련된 경험이며 무의식의 특성은 이 존재의 양식으로부터 출발한다. 반면 의식의 특질은 행위 성질이나 생시의 생명보존의 기능에 의해서 결정되는 것이다.』라는 견해를 피력했다. 그는 의식과 무의식의 관계를 상대적인 관점에서 동등하게 판단하였다. 이점에 대해서 그는『낮의 세계도 우리가 잠의 경험에서 보면 무의식적인 것이니 그것은 마치 밤의 세계가 생시의 경험으로 볼 때, 무의식인 것과 마찬가지이다. 무의식이라는 말이 관습적으로 생시의 경험을 위주로 사용되기 때문에 그 말은 의식도 무의식도 모두 다른 존재 상태에 관계하고 있는 다른 정신상태에 불과하다는 뜻을 제대로 나타내지 못하는 용어가 되고 있다.』라는 견해를 피력하고 있다. 언뜻 보기에도 장자(莊子)의 꿈-이론이 연상되는 대목이다.

☞ *사례* : 장지(莊子)는 그의 세물톤(齊物論)에서 말하기를『꿈을 꿀 때에는 그것이 꿈인 줄도 알지 못한다. 그리고는 꿈속에서 또 꿈을 꾸며 그 꿈을

해몽하기도 하다가 깨어난 뒤에야 그것이 꿈이라는 것을 알게 된다. 마찬가지로 인생이 하나의 큰 꿈이라는 것을 알기 위해서는 큰 깨달음이 있어야만 가능한 것이다.』라고 했다.

그러나 예언(豫言) 등에 관하여는 그것이 초자연현상이 아니라 인간 정신의 자연스러운 소산이라는 확고부동한 입장을 견지했다. 이와 같은 견해는 칼·융의 이론을 비판하는 과정에서도 분명하게 들어나고 있는바, 그는 말하기를 『융과 나와의 차이는 [인간은 결코 자기의 사고에 의해서가 아니라 자기 자신의 지혜보다도 위대한 지혜의 계시에 의해서 도움을 받는 것이다.]라는 그의 말속에서 개관할 수가 있다. 우리가 흔히 생시의 생활에서보다도 잠 속에서 한층 현명해지고 온당하다는 데에는 그와 일치한다. 그러나 난 꿈에 대하여 우리들의 잠속에서 생각하는 것은 현상을 초월하는 원천으로부터의 계시가 아니라 전적으로 우리들의 사고이며 또한 생시의 생활은 여러 가지 점에서 지적 도덕적으로 행하여진 가치 있는 일을 의미하게 만드는 효과도 가지고 있음이 확실하다고 생각한다.』라고 했다.

또한 그는 꿈의 해석방법을 논하는 과정에서는 『꿈-언어를 이해하는 일은 하나의 기술이며, 다른 기술과 마찬가지로 실제의 경험과 인내가 필요하다.』고 설파하면서 꿈-상징을 이해하는 재능은 책을 읽는다고 해서 얻어지는 것은 아니지만 일반적인 상징언어를 이해하는데 필요한 지식만큼은 획득할 수 있다고 강조했다. 이와 관련하여 그가 자주 인용한 유대교전의 『해석되지 않는 꿈은 읽지 않는 편지와 같다.』라는 명구는 아마도 그가 최종적으로 하고 싶었던 말이었을 것이다.

꿈의 연구는 곧 잠재의식의 연구에 의존하지 않으면 안 된다. 그렇다면 과연 잠재의식이란 어떤 것인가? 윌리엄스(K. J. Williams)는 1965년《잠재의식의 활용법》에서 다음과 같은 요지의 설명을 하고 있다.

마음속에 있는 잠재의식은 의식과는 대조적인 기능이다. 그것은 의식이나 기억의 세계에 가로놓여 있으면서 우리들의 과거나 인간 역사에 있어서 생각이나 마음가짐, 그리고 욕망의 커다란 창고다. 잠재의식으로서의 마음 그 자체 속에는 창조하는 힘과 교정하는 능력을 가지고 있으며 의식에서 주어지는 명령에 복종하고 있다. 그러나 의식과는 달리 선택력과 결정권은 가지고 있지 않다. 다만 우리들의 마음의 의식면에 무엇을 염원하고 있는지 그것을 남김없이 표현할 뿐이다. 잠재의식은 창조력, 상상력, 발견, 그리고 발명 등의 기능을 가지고 있으므로 그 작용의 극적인 힘을 비상사태에 잘 나타낸다. 의식으로서의 마음은 그 자신 제약된 분야에서 일정한도의 힘을 가지고 작용하지 않으면 안 되지만 잠재의식은 이와 같은 제약을 조금도 받지 않는다. 따라서 자유자제로 무한의 힘을 발휘할 수 있으며 비상사태에 있어서는 의식의 제약을 밀어내거나 옆길로 피함으로서 그 힘을 충분히 발휘할 수 있다.

이러한 그의 주장에 대해서는 〈의식과 잠재의식〉 항목에서 좀 더 구체적으로 설명하게 되겠지만 그의 잠재의식에 관한 이론은 우리의 꿈-연구에서 얻어진 결론에 근접하는 점이 많다. 그러나 그의 이론은 경험주의적 가정에 의한 것이므로 잠재의식의 표출현상(表出現象)과 그 기능의 본질적인 구조를 완벽하게 해명하였다고는 볼 수 없다. 그 이유인 즉, 잠재의식이 무한한 창조력과 상상력, 표현력 등과 함께 어떤 미지의 에너지를 갖고 있다고 가정하면서도 그 자체의 선택력과 결정권을 행사하지 못한다고 내다본 것에 모순이 있었기 때문이다.

프로이트가 꿈과 잠재의식의 상관관계를 상정(想定)함에 있어 비록 가설에서 출발하였다고는 하여도 그 시대 이전까지는 누구도 생각지 못했던 여러 가지 문제들을 제기하고 놀라운 통찰력으로 거의 완벽에 가까운 이론을 전개시키고 있는 이상, 우리가 그의 성과물들을 외면하고는 이 분야에서 새로운 발견을 하였다고 내세울 수는 없을 것이다. 그런 의미에서 프로이트 이후의 연구경향을 제대로 살펴보려면 프로이트 학설을 중심으로 그 신봉자와 반대자, 그리고 처음 신봉자였다가 반대자로 돌아선 사람들에 대한 견해를 서로 비교해 볼 필요가 있으리라 생각한다.

1960년대 이후 꿈을 연구하는 정신분석학자들은 다음과 같은 두 가지의 경향 중에서 한 가지를 선택하고 있다고 생각한다. 그 하나는 꿈 내용을 형성한 주요 재료들로부터 연상되는 과거의 경험이나 소원, 또는 욕구경향이 그 꿈을 형성케 한 동기와 현재의 심적 동향을 나타낸다고 보는 관점이요, 다른 하나는 표현된 주요 재료들을 꿈의 잠재사상이 왜곡됨으로서 상징적으로 재생산된 표상물이라고 보고 그 재료들에서 특수한 개념을 추출하여 그것으로부터 연상되는 과거의 경험이나 욕구경향으로 잠재사상의 내용을 파악한다는 관점이다. 그런데 꿈의 단편들로부터도 어떤 의미를 찾을 수 있다고 보는 관점에서는 이들 양자가 같은 입장이다. 또한 이들 양자는 한 꿈의 본질적인 사고-*잠재사상*-가 소원충족 내지 욕구경향의 심적 형성물이라고 보는 관점에서도 일치하고 있다.

이런 점에서 앤·페러데이(Ann. Faraday)의 『만약 여성이 꿈속에서 섹스를 즐기는 꿈을 꾸고 깨어나서 충격을 받았다면 그것은 여러 모로 자신의 자연스런 감정과 모순되는 생활방식을 스스로에게 강요하고 있다는 표지(標識)이며, 그런 꿈은 생활방식을 변화시키라는 일종의 경고(警告)인 것이다.』라는 견해는 이들 양자 간의 공통점과 차이점이 무엇인지를 잘 설명해 주고 있다.

최근 들어 상당히 고무적인 변화가 감지되고 있는데 그것은 꿈-이미지의 상징성에 깊은 관심을 가지고 연구를 시작한 학자들이 늘어나고 있다는 점이다. 이들 대부분은 프로이트의 성적 상징들을 그대로 받아들이지 않고 표상재료의 본질적인 개념들로부터 그 상징의의를 추출해내려는 시도를 하고 있다. 그 중 한 사람인 미국의 심리학자 겔빈·홀(Calvin. S. Hall 1909~1985)은 약 5만 가지의 꿈을 케이스별로 분류, 정리한 그의 저서 《꿈의 의미(意味)》에서 다음과 같이 말하고 있다.

　　꿈은 자기에게 보내온 편지와 같은 것이다. 자기가 자신을 어떻게 보고
있는가를 알기 위해서는 꿈에 나타난 자신이 어떤 역할을 연출하고 있는가
를 보면 된다. 이를테면 공격적인가, 희생적인가, 강한가, 약한가, 용감한가
하는 것들 따위이다. 시(詩)에는 상징성이 있고 일상생활에는 속어(俗語)가
있듯이 꿈에는 상징이 있다. 인간은 생각을 명확하고 간단하게, 그리고 객
관적으로 표현하려고 한다. 또한 미(美)와 미(味)로 멋을 내고 싶어 한다.
따라서 수면중의 언어는 상징을 사용하는데 평상시 그림을 해석할 줄 알면
자기의 꿈을 해석할 수 있게 된다.

　　꿈이 각성시와는 다른 언어체계, 즉 상징으로 그 사상을 표현한다
고 본 것은 상당히 진보된 시각이다. 더구나 꿈-상징을 그림에 비유하면서
그 표현원리를 설명한 것은 매우 인상적이다. 그러나 꿈-상징을 현
재의 심리적 형성물로 보고 있다는 점에서는 그 역시 프로이트의 범
주를 벗어나지 못하고 있다. 이것은 동시대의 다른 학자들의 관찰태
도와도 맥을 같이 하는 것이다. 버지니아 대학 [수면과 꿈 실험소]의
연구소장 드·캐슬(Robert. Van. Decastle) 박사도 그들 중의 하나인
데 그는 다음과 같은 견해를 피력하
고 있다.

　　우리를 더욱 효율적인 인간으로 만들
기 위해 꿈은 야간정보(夜間情報)를 이
용하여 우리에게 소식을 전해주는 역할
을 한다. 비현실적인 몽상가들의 견해
와는 반대로 꿈의 2/3이상이 실제에 있
어서 정신적으로 위급하거나 불유쾌한
상태를 알려주는 신호. 우리가 솔직
하게, 또 자신감을 가지고 꿈의 의미를

로버트·반·드캐슬(Decastle)

연구해 보면 미래의 결정에 지표가 되는 유용한 직관력(直觀力)을 얻을 수 있다. 꿈의 대부분은 최근에 있었던 일과 연관이 있다. 꿈속에서 애인과 충돌이 있었다면 전날에 있었던 그와의 관계를 생각해 보면 된다. 질투를 느꼈을까? 기혼여성의 꿈이면 남편이 난폭하다고 생각했을까? 꿈속의 무대가 가게였다면 쇼핑 갈 생각을 하고 있지나 않았을까? 또 어떤 물건을 산 것에 대한 후회를 하고 있지나 않을까? 하는 따위의 생각을 해 볼 필요가 있는 것이다.

《꿈의 유희(dream game)》의 저자인 앤·페러데이는 비록 꿈—상징이 만국언어적(萬國言語的)인 요소를 갖고 있더라도, 그것이 과거를 인지하거나 미래를 예시하는 것은 아니라, 기껏해야 하루 이틀 전에 마음을 사로잡았던 어떤 심리상태가 원시적인 그림으로 표현되는 것에 불과할 뿐이라면서 다음과 같이 주장했다.

꿈은 하루 이틀 전에 마음을 사로잡았던 것이 어떤 형태로 나타나는 것이다. 물론 호랑이에게 쫓기거나 죽은 사람들과 대화를 나누는 환상적인 꿈도 마찬가지여서 이것들은 하루 이틀 전에 마음을 사로잡았던 어떤 사람이나 사물을 그림언어와 같이 표현한 것이다. 그림과 그림현상을 통해서 생각하는 것은 사상표현의 양태 중 가장 원시적인 것이다. 따라서 꿈에는 만국언어적인 공통성이 있으며, 또한 개개인에 따라 자신의 독특한 경험에 의거한 상징이 있음을 확인한다. 그러므로 해몽의 확실한 길잡이는 자신의 느낌과 판단이라고 말할 수 있다. 어린 시절이나 미래에 대한 꿈을 꾸어도 꿈꿀 당시의 마음의 상태와 관계가 있을 뿐이다.

위의 여러 사례들에서 분명하게 확인할 수 있듯이 꿈이 미래사를 예지하고 있다는 사실을 어느 정도는 인식하면서도 선뜻 인정할 수 없는 학계의 고민은 프로이트 시대나 이후의 시대에 있어서도 마찬가지였다. 여기에는 과거 주술적(呪術的) 의미에서 꿈을 신봉했던 전근대적 사고방식에 대한 거부감도 큰 몫을 차지하고 있는 듯하다.

그런데 프로이트 이후의 꿈 연구경향에서 감지되는 가장 뚜렷한 변화는 꿈을 생리학적 측면에서 임상학적 방법에 의해 규명하려는 움직임이 확산되고 있다는 것이다. 과학기술의 발달과 더불어 유관학문들의 심화발전은 꿈을 더 이상 관념론의 영역에만 붙잡아 둘 수 없게 하였기 때문이다. 최근 들어 인간의 뇌와 신경조직, 그리고 유전인자의 상관관계에서 새로운 사실들이 속속 밝혀지고 있다. 그 중 가장 흥미 있는 연구분야로 각광받기 시작한 뇌과학(腦科學)에서는 유기체적 관점에서의 인간정신, 그 중에서도 꿈을 해명하려는 여러 가지 실험과학적 시도를 지속해서 행하고 있다.

이 분야의 학자들은 여러 피험자들로 하여금 집단최면상태에서 동일한 문제에 대한 꿈을 꾸게 하거나, 역설적 수면상태에서 인위적으로 잠을 깨게 하여 그때까지의 꿈을 상기시키거나 하는 등의 실험을 거듭하였다. 그러나 이런 시도로 얻어진 데이터가 과학적인 증거력은 가지고 있었을는지는 모르겠으나 [과연 인간정신을 규명함에 있어 실험도구가 궁극적인 해명을 이끌어낼 수 있는가]하는 의구심을 불식시키기에는 역부족이었다. 인간정신을 지나치게 물질적인 측면에서만 바라보게 됨으로서 어쩌면 우리는 과학적 실험이라는, 또 다른 미신에 빠져들고 있는지도 모를 일이다. 이러한 상황을 고려한다면 꿈-언어의 상징적 의미를 이해하지 못하는 일부 학자들이 꿈은 단지 무의미한 수면중의 감각적 경험에 불과하다고 단정하는 것도 그리 놀라운 일은 아닐 것이다.

꿈을 생리학적 관찰대상에 국한함으로서 단지 감각적 경험에 불과한 것이라고 강조한 일본의 마쓰모토·준지(松本淳治)는 1968년에 발간한 《꿈과 과학(科學)》에서 『인간이 꿈을 꾸는 것은 어떤 기능에 의하여 이루어지며, 무엇 때문에 꿈을 꾸는가? 하는 의문점에서 꿈은 예로부터 불가사의한 것으로 여겨졌으며 그 후 프로이트의 꿈의 해석이 나타났으나 이것은 전일(全一), 관념론적 해석일 뿐이었다. 꿈이 겨우 실험적으로 연구하기 시작한 것은 극히 최근의 일이다. 왜 이렇게 자연과학적 연구영역으로 꿈이 들어오는 것이 늦어졌는가? 그것은 어디까지나 꿈을 꾼 사람의 보고에 의존할 뿐, 객관적으로 표현할 수 없기 때문이다.』라는 견해를 밝힌 바 있다.

그런데 역설적 수면이 발견됨으로서 비로소 꿈이 객관적인 관찰의 대상이 되었다는 사실만은 틀림이 없다. 그래서인지 지금까지도 수많은 꿈-연구자들이 각종 기계적인 실험도구에 의한 [수면(睡眠)과 꿈] 연구에 매달리고 있다. 그러나 역설적 수면기의 정신현상이 곧 꿈이라고는 말할 수 없다. 이것은 꿈을 주의 깊게 관찰해 본 사람이라면 누구나 쉽게 간파할 수 있는 사실이다. 다만 역설적 수면기에 일어나는 육체적인 변화상이 꿈을 연구하는 데 있어 다소의 편의를 제공할 수는 있을 것이다.

어찌되었건 꿈을 꾸었다는 보고(報告)는 반드시 수면 후에 이루어지는 것이고, 또 수면이 시작되기 전에 꿈을 꾸었다는 사람들은 아직까지 없었으므로 그것이 수면중의 현상이라는 것만은 주지의 사실이다. 그러나 이것에 동의하지 않는 사람들도 있다. 그 이유인 즉, 몽유병(夢遊病)이나 환각(幻覺) 등을 예로 들 경우, 그것들이 반드시 수면중에 일어나는 현상이라고는 단정할 수 없기 때문이라는 것이다.

그렇다면 일단 꿈을 수면중의 현상이라고 가정하고 다음과 같은 견해들을 살펴보자. 일부 학자들은 『역설적 수면기와 그렇지 않은 시기에 보고되는 꿈에는 약간의 차이가 있다.』라고 주장한다. 말하자면 역설수면(逆說睡眠 : REM)에서 꾸는 꿈은 그 내용으로 보아 [보는 것]이고 서파수면(徐波睡眠 : NREM)에서 꾸는 꿈은 [생각하는 것]이라는 것이다. 이것은 [꿈은 모두가 시각상이다]라고 판단했던 종래의 연구에서 한 발 더 나아간, 진보된 시각을 보여준다. 그러나 안구운동이 수반된다고 해서 역설적 수면기의 꿈이 꼭 [보는 것]이라고 단정하는 것도 잘못이다. 꿈-내용과 안구운동은 별개이기 때문이다.

이와 같이 현 단계에서는 [수면과 꿈]이라는 테마가 한계점에 도달한 것처럼 보인다. 제아무리 첨단과학을 동원한다고 해도 정신구조를 기계적으로 규명할 수는 없을 것이다. 따라서 궁극적으로는 형이상학적인 문제로 귀착(歸着)될 수밖에 없다. 물론 그렇다고 해서 생리학적 측면의 연구를 무시하자는 이야기는 아니다. 의식-무의식의 기전이 뇌신경 조직과 불가분(不可分)의 관계라면 꿈도 역시 그럴 것이기 때문이다.

　내가 프로이트의 《꿈의 해석》을 공부하기 이전인 청년시절에 가장 먼저 관심을 갖게 된 책은 미야기·오도야(宮城音彌)의 《몽(夢)》이었다. 그는 최근 증보된 《몽(夢) 1972》에서 [꿈의 상하부(上下部) 구조론(構造論)]을 주장하면서 지금까지의 꿈의 연구경향을 비판자적 입장에서 종합, 검토하고 있다. 그리고 기존학설로는 해명이 불가능한 꿈의 예지적인 성격에 큰 관심을 가지고 있음도 숨기지 않고 있다. 그의 견해 중 주요골자를 간추려 보면 다음과 같다.

　후코가 『꿈이 의미가 있는 것으로 보이지만 꿈을 이야기 할 때는 논리화시키기 때문이며 이것이 각성시에 행해지는 재구성의 결과다.』라고 주장하는데 반하여 모리, 산도니, 프로이트 등은 『꿈이란 지리멸렬(支離滅裂)한 것 같지만 그것은 겉보기에 불과하고 꿈의 구조를 분명히 할 수 있으면 꿈의 의미를 알 수 있다.』라고 주장했다. 그런데 나는 양쪽의 입장을 다 같이 존중해왔다. 꿈의 세계에는 하부구조(下部構造)와 상부구조(上部構造)가 있다는 것이 나의 새로운 주장이다. 꿈을 꾸는 작용에 의하여 직접 만들어지는 하부구조와 그 토대위에 세워지는 상부구조가 바로 그것이다. 뇌파의 렘(RAM)기에 의한 꿈의 연구는 꿈꾸는 작용을 취급해서 꿈의 세계의 하부구조를 추구하는 동시에 상부구조를 분명히 하는 꿈의 시기를 밝혀냈다. 그러나 생리해부학적 측면만으로 꿈의 세계를 밝힐 수는 없다. 프로이트의 공적은 꿈은 단지 기계적으로만 생각지 않고 그 의미를 이해하려고 했으며, 그 이해의 범위를 넓힌 것에 있다. 다만 우리들은 프로이트의 과오를 인정하지 않으면 안 된다. 그것은 그가 모든 꿈을 과거에 의한 소원이 변장해서 실현된 것이라고 이해하려고 한 점이다. 꿈의 심리적 원인을 추구해가면 반드시 이해되지 않는 정신, 다시 말해 생리적 한계에 부딪친다. 프로이트는 이 한계를 넘어서 이해하려고 했다. 그것은 일식(日蝕)을 신의 노여움으로 생각했던 미개인과 같이 의미도 없는 것에 무리하게 의미를 붙이려는 것과 같다. 꿈 가운데는 프로이트가 분명히 인정하지 않으려 했던 수면이라고 하는 생리현상에 의해서 마비된 지적 생활의 단편이라는 현상이 있어서 이것이 꿈의 하부구조를 이루는 것이다. 그렇기는 하지만 프로이트가 기도(企圖)한 꿈의 상부구조 분단(分斷)은 인간정신의 심층부를 추구케 하고, 꿈의 연구는 정신신경증 뿐만 아니라 일반심리학에 있어서도 유용한 것이 되었다. 환경에 적응하기 위하여 인간은 반성적 사고에 의해서 주관을 배제하고 개인적 욕구를 합리적 또는 윤리적으로 행위하려고 한다. 그런데 꿈속에서는 이러한 적응, 이러한 직관(直觀)화는 소실되고 마음의 내면은 적나라하게 표현된다. 꿈속에서도 양심이나 사회적 관습의 잔재가 없는 것은 아니지만 우리의 일상생활에서 보는 바와 같은 사회적 강제, 사회적 저항은 꿈속에서는 대부분 소실된다. 마음속에서 남편 이외에 남성에 대한 애착을 느끼고 있을 때 사회생활에서는 이것을 억압하고 있으나, 꿈속에서는 이 힘이 약해져서 불의를 저지르고 만다. 열등감을 보상하려고 하는 경향은 일상생활의 행동에서 나타나지만 꿈속에서는 확실히 인식할 수 없다. 퍼스낼리티의 연구는 반드시 꿈의 검토를 필요로 한다.

그가 [꿈이 억압된 소원의 위장된 충족]이라는 프로이트의 주장에 반기를 든 것은 그나마 천만다행한 일이었다. 그러나 꿈을 외형적인 측면에서 기계적으로 이원화함으로서 또 다른 고착화를 유도하는 것은 아닐는지 모르겠다. 그런 점에서 앞으로 우리가 전개할 [무의미한 꿈의 단편은 있을 수 없다]는 좀 더 확장된 견해를 그가 어떻게 평가할지 자못 궁금해진다. 그리고 그 표현에 있어서도 사회적 관습의 잔재, 즉 강제나 저항이 대부분 소실되어 있다고 말한 것은 수긍이 가지만 왜 그렇게 표현되지 않으면 안 되는가에 대한 설명은 불충분하다고 생각한다.

꿈의 본질이 심리학이나 생리학이 아닌 다른 분야, 즉 심령학-또는

초심리학-에서 규명될 수도 있지 않을까 하는 일말의 기대감을 갖고 있다. 심령학이 비록 비과학적이라는 지탄을 받고 있지만 그들의 광범위한 경험실증적인 자료들이 좋은 연구재료임에는 틀림이 없기 때문이다. 최근 전세계적으로 확산되고 있는 뉴에이지운동과 신과학의 왕성한 활동과 더불어 심령현상에 대한 관심도 폭발적으로 증대하고 있다. 그러나 아직까지는 경험적 통계수치를 내놓는 수준에 머물고 있어 아쉬움이 많다.

심령현상이 널리 주목받기 시작한 것은 19세기 중엽이다. 그리고 19세기 종반에 이르러 폭발적인 붐을 이루었으나, 이후 반세기 가량을 퇴조하였다가 20세기 중반에 이르러 다시 활발한 관심을 끌어 모으고 있다. 서구의 심령학은 사후 영혼(靈魂)의 존속 가능성과 영계통신(靈界通信)의 가능성을 믿으려는 심령주의의 모임으로부터 시작되었다고 한다. 그러던 것이 점차 학구적인 경향을 보이면서 여러 심령현상들을 세분화하여 관찰하게 되었다.

심령현상은 크게 두 가지 종류, 즉 물리적 심령현상과 정신적 심령현상으로 대별되는데, 초심리학에서는 그 중 반복실험이 가능한 것들만 추려서 연구대상으로 삼고 있다. 그러나 한 세기가 경과한 오늘날에 이르기까지도 과학적으로 입증된 심령현상은 전무하다. 심령현상을 세분하자면 다음과 같다.

1) 물리적 심령현상 - 물질의 변화와 관련된 것

㉠ 물리현상   ㉡ 불체부양(物體浮揚)   ㉢ 물체관통(物體貫通)
㉣ 염동(念動)   ㉤ 사이킥라이트   ㉥ 고음(叩音)
㉦ 소령(騷靈)   ㉧ 직접서기(直接書記)   ㉨ 직접담화(直接談話)
㉩ 심령사진(心靈寫眞)   ㉪ 염사(念寫)

2) 정신적 심령현상 - 초상적 방법으로 외계의 정보를 얻는 주관적 체험

㉮ 유시(幽視)　㉯ 자동서기(自動書記)　㉰ 자동묘사(自動描寫)
㉱ 자동담화(自動談話)　㉲ 수정응시(水晶凝視)　㉳ 탐혼법(探魂法)
㉴ 지팡이 점　㉵ 원감(遠感)　㉶ 투시(透視)
㉷ 심령치료(心靈治療)

초심리학(超心理學 : parapsychology)은 위와 같은 여러 분야 중에서 초감각지각(超感覺知覺 : E.S.P, extra sensory projection)과 염동작용(念動作用 : P.K, psychokinesis. telekinesis) 현상을 주로 연구한다. 이것을 세분해 보면 다음과 같다.

1) ESP(초감각적 지각)

㉮ 전심술(傳心術 : telepathy) : 오관을 사용하지 않고 남의 마음을 읽는 것으로 정신교류감응(情神交流感應) 또는 독심술(讀心術)이라고도 한다.
㉯ 예지(豫知 : precognition) : 미래를 알 수 있는 능력이다.
㉰ 과거인지(過去認知 : retrocognition) : 과거사를 알아내는 능력이다.
㉱ 투시(透視 : clairvoyance) : 불투명체(不透明體)를 꿰뚫어본다거나 집에 앉아서 먼 곳의 사물을 볼 수 있다.
㉲ 투청(透聽 : clairaudience) : 보통 사람에게는 들리지 않는 소리를 들을 수 있는 청력(聽力)이다.

2) PK(염동작용)

㉮ 염력(念力 : psychokinesis) : 인간의 의지, 또는 의도로서 힘, 또는 작용이 물질적 매개 없이 대상 물질에 작용한다고 생각되는 힘 또는 작용.
㉯ 염동(念動 : telekinesis) : 인간의 마음만으로 멀리 떨어진 물체를 움직인다.
㉰ 원격순간이동(遠隔瞬間移動 : telepotation) : 강한 변성의식(變性意識) 상태에서 원거리를 순간적으로 이동할 수 있는 능력 또는 그러한 현상.

심령학이 전세계적인 관심거리로 등장한 것은 1930년대 미국 듀크

대학의 라인(J. B. Rhine) 부부의 연구가 계기였다. 그들이 ESP카드 등을 가지고 얻어낸 원격투시의 여러 가지 실험자료들은 이러한 현상들이 실제로 존재한다는 증거로서 제시되었으며, 이후 각종 심령현상들이 과학적인 연구대상이 되었다. 그들이 수집한 심령현상들 가운데 60%정도가 꿈을 통한 경험이었다고 한다. 라인박사의 부인인 루이자라인(Louisa. E. Rhine) 여사는 남편의 사후에도 연구를 계속했는데 그녀가 70대 중반에 은퇴할 때까지 무려 14,000건의 사례를 수집하였다고 한다. 이들 부부의 공저 《마음의 숨겨진 통로(Hidden Channels of the Mind)》에는 다음과 같은 에피소드가 들어있다.

워싱턴에 사는 한 젊은 여성은 어느 날 밤 무서운 꿈에 놀란 나머지 잠을 깨었다. 그녀는 곧 바로 옆에서 잠자던 남편을 깨워 꿈 이야기를 하였다. 『옆방에 있는 아기침대 위로 커다란 장식용 샹들리에가 떨어져 산산조각 나는 꿈을 꾸었어요. 꿈속에서 당신과 내가 그 잔해 가운데 서 있는데 아기 경대 위에 놓인 시계를 보니 4시 35분이었고, 멀리서는 유리창을 두드리는 빗방울소리와 울부짖는 바람소리가 들렸어요.』 그러자 그녀의 남편은 웃으면서 『그것 참 바보 같은 꿈이로군! 잊어버리고 어서 잠이나 더 잡시다.』 라고 말했다. 그리고 그는 이내 잠에 곯아떨어졌다. 그러나 그녀는 잠을 청할 수가 없었다. 더 이상 참을 수 없게 된 그녀는 벌떡 일어나 아기방으로 달려가 아기를 안고 나왔다. 돌아오는 길에 고개를 돌려 창밖을 보니 그녀의 꿈과는 달리 보름달이 밝게 빛나고 날씨는 쾌청했다. 그래서 그녀는 약간은 바보가 된 느낌이 들었다. 아기를 안고 침실로 돌아온 그녀는 다시 잠

ESP카드 실험(라인박사 부부)

들었다가 무언가 와장창 깨지는 소리에 놀라 잠을 깨었다. 그녀는 튕기듯 일어나 남편과 함께 아기 방으로 달려갔다. 놀랍게도 아기가 누워있던 침대 는 위에서 떨어진 샹들리에와 함께 부서져 산산조각이 나 있었다. 놀란 두 사람은 서로를 쳐다보다가 무심코 아기 경대위의 시계를 바라보았다. 그것 은 정확히 4시 35분에 멈춰 있었다. 이때 창밖은 휘몰아치는 비바람소리로 요란했다.

그렇다면 심령현상을 일으키는 초월적 정신력의 소재는 어디일까? 나는 그것이 결국 잠재의식일 수밖에 없다는 신념을 갖고 있다. 때문 에 심령학적 연구자료들이 우리의 연구과제인 꿈과 잠재의식을 해명 하는데 있어 상당한 도움이 되리라 판단하는 것이다.

이상으로 우리는 꿈-연구의 역사적 변천이라고 할 연구사적인 견해 들을 대충 개관해 본 셈이다. 위에서 보듯이 인류문명이 시작된 이래 수천 년 동안 수많은 꿈의 이론들이 양산되었음을 알 수 있다. 특히 프로이트 이후 인간정신의 중층구조(重層構造)가 발견됨과 더불어 꿈 을 합리적이고도 과학적인 방법에 의해 규명하려는 노력들이 폭발적 으로 증가하고 있었음을 확인할 수 있다. 그러나 아직까지는 이렇다 할 결론이 내려지지 않고 있을뿐더러 각양각색의 이론들이 난립함으 로서 어떤 면에서는 오히려 혼란만 가중시키고 있는 듯도 하다. 게다 가 [꿈은 뇌세포의 무용한 감각반응에 불과하다]는 유물론적 비판도 만만치 않아 꿈의 예지력을 아예 도외시하는가 하면, 역으로 그것을 지나치게 신앙시하는 전근대적인 미신풍조도 여전히 위세를 떨치고 있다. 이러한 분위기가 일반인들로 하여금 꿈에 대한 믿음을 가질 수 도, 버릴 수도 없게 만들고 있음이 사실이다. 사정이 그렇기는 하지만 위와 같은 여러 학설들이 전혀 쓸모없는 자료들은 아니라고 말할 수가 있다. 어떻든 간에 꿈의 예지력에 관한 의문을 풀어줄, 새로운 이론이 등장함에 있어서는 적지 않은 양분을 세공해 줄 것이기 때문이다.

제 3 장

꿈의 분류(分類)

　고대인들의 분류방식에 따라 꿈을 세분화하려는 사람들이 있음을 알고 있다. 그러나 나는 본시 무의미한 꿈은 하나도 없다고 보는 입장이고, 또한 꿈은 그 형태와 관계없이 궁극적으로는 모두가 현재의 관심사에 대한 판단이요, 미래에 대한 예지라는 생각을 갖고 있기 때문에 굳이 세분해야할 필요성을 느끼지 못하고 있다. 외관으로만 보자면 프로이트식의 소망충족 꿈이 있을 수 있을 것이요, 아리스토텔레스가 열거한 자극몽(刺戟夢)도 있을 수 있을 것이며, 원시인들이나 미개인들이 신봉하는 신령적인 존재의 꿈도 분명 존재할 것이다. 그러므로 그것들을 일일이 세분화하자면 형태, 목적, 동인, 자극원 등으로 나누어서 복잡하게 나열하는 번잡스러움을 피할 수가 없다. 때문에 나는 모든 꿈이 같은 성격이지만 단지 그 표현방식만을 달리한다는 전제 하에서 상징적인 꿈(상징몽), 사실적인 꿈(사실몽), 그리고 그 둘이 혼재하는 꿈(반상징몽)으로 대별하는 것에 그치고자 한다. 다만 이 장에서만큼은 꿈을 보다 정밀하게 연구하고사 하는 독학도들의 이해를 돕기 위해 고대로부터 현대에 이르기까지 꿈이 어떻게 분류되어 왔으며, 또 어떤 기능으로 이해되어 왔는가를 소개하고자 한다. 특히 수면몽이 아니면서도 꿈의 형태를 취하는 특수한 경우들에 대하여 집중적으로 설명하고자 한다.

☞ *존샌포드(John. Sanford)의 견해* : 많은 꿈을 연구해 온 나는 아직까지 그 어떠한 꿈도 목적이 없거나 무의미하다고 생각해 본 적이 없다. 따라서 어떤 꿈은 중요한 의미를 지니지만 어떤 꿈은 전혀 가치가 없다고 말하는 것은 경솔한 행동이다. 그것은 마치 어떤 사람은 중력의 법칙에 의해 움직이고 어떤 사람은 그렇지 않다고 말하는 것과 같다. 물론 어떤 꿈은 우리가 그 상징적 의미를 이해하지 못하기 때문에 모호하게 생각되기도 한다.

1. 전통적(傳統的)인 분류(分類)

우리는 꿈의 종류를 분류함에 있어 그 목적, 표현방식, 재료의 근원, 동인(動因), 그리고 일상생활에 미치는 영향의 차이에 따라 여러 가지로 구분할 수가 있다. 그렇다면 오늘날까지 꿈을 어떻게 분류되어 왔는가? 그것은 다음과 같이 크게 네 가지 측면에서 살펴볼 수가 있다.

1) 형태적(形態的)인 분류

꿈의 현현내용-*발현몽*-을 그 형태에 따라 구분하는 것으로 정몽(正夢), 잡몽(雜夢), 예언몽(豫言夢), 계시몽(啓示夢), 사실몽(事實夢), 투시몽(透視夢), 상징몽(象徵夢), 백일몽(白日夢), 최면몽(催眠夢), 그리고 환각몽(幻覺夢) 등으로 구분된다.

2) 목적적(目的的)인 분류

꿈을 꾸는 목적에 따라 분류하는 것으로 소원충족의 꿈, 예지적인 꿈, 예언-또는 경고-의 꿈, 태몽(胎夢), 과거인지(過去認知)의 꿈, 그리고 예비진단(豫備診斷)의 꿈 등으로 구분된다.

3) 소재적(素材的)인 분류

꿈을 형성하는 재료의 근원에 따라 구분하는 것으로 사고적(思考的) 인 꿈-연상 또는 기억의 재상이나 재생산적인 꿈-, 감각자극(感覺刺戟)에 의한 꿈, 예감(豫感)에 의한 꿈, 그리고 신(神)의 계시(啓示)에 의한 꿈 등으로 구분된다.

4) 시간적(時間的)인 분류

꿈을 꾸는 동기나 결과를 현실적 시간과의 상관관계에서 살펴보는 경우에 해당한다. 이 분류에 의하면 과거를 재현하는 꿈, 현재에 영향을 주는 꿈, 그리고 미래와 관계된 꿈 등으로 구분된다.

세계 최초로 체계적인 해몽서를 저술한 아르테미도루스(Artemidorus)의 꿈-분류를 그루페(P. O. Gruppe)가 간추려 소개한 것을 보면 다음과 같다.

㉮ 현재 또는 과거로부터만 영향을 받고 있으며 미래에 대해서는 아무런 뜻도 없는 꿈. 소원충족, 악몽, 가위눌림, 환상 등이 있다.
㉯ 미래를 결정하는 꿈으로 이것은 직접적인 예언, 목전에 임박한 예언, 꿈의 해석을 필요로 하는 상징적인 꿈 등이 있다.

인체해부학의 원조라고 불리는 헤로필루스(Herophilus B.C 335~
B.C 280)라는 사람은 다음과 같이 분류하였다.

㉮ 신(神)이 보낸 꿈
㉯ 자연적인 꿈(어떤 일이 일어나리라는 것을 형상으로 보임으로
서 발생하는 꿈)
㉰ 혼합몽(자기가 바라고 있는 것을 볼 때, 여러 형상들의 접근
에 의해서 자연히 일어나는 꿈)

1882년 슈피타(Spitta)는 다음과 같이 분류하였다

㉮ 신경자극(神經刺戟)에 기인하는 꿈
㉯ 연상(聯想)에 기인하는 꿈

우리나라 전래의 《해몽요결(解夢要結)》에서는 다음과 같이 분류하
고 있다.

㉮ 영몽(靈夢) : 신령적인 존재가 계시하거나 예언하는 꿈
㉯ 정몽(正夢) : 예지적인 꿈, 기억이 생생한 꿈, 계획한 일에 관
한 꿈
㉰ 심몽(心夢) : 자기가 마음먹었던 것이 재현되는 꿈
㉱ 허몽(虛夢) : 심신이 허약한 탓에 나타나는 꿈
㉲ 잡몽(雜夢) : 허영심이나 욕구가 재현되는 꿈

《불경(佛經)》에 기록된 꿈의 분류는 다음과 같다.

㉮ 과거의 경험, 사색, 기억 등에 의해서 나타나는 꿈

ⓝ 신체상의 조건과 성격, 또는 환경 등에 의해서 나타나는 꿈

ⓓ 신령의 예언적인 영적 작용의 꿈

ⓡ 그 사람의 심적 작용과 사물의 반사작용으로 나타나는 꿈

고대 인도의 해몽서에는 다음과 같이 분류되어 있는데 말미에 부언하기를 아래의 것들 중에서 예언 형태의 꿈을 제외하고는 나머지 모두 거짓이라고 했다.

ⓐ 수다스런 사람이 꾸는 꿈

ⓝ 성미가 까다로운 사람이 꾸는 꿈

ⓓ 무기력한 사람의 꿈

ⓡ 신의 영향에 의해서 꾸는 꿈

ⓜ 자기 습관에 의해서 꾸는 꿈

ⓗ 예언 형태로 꾸는 꿈

중국의 《주례춘관(周禮春官)》에서는 다음과 같이 여섯 가지의 꿈을 열거하고 있다.

ⓐ 정몽(正夢)　　　ⓝ 악몽(噩夢)　　　ⓓ 사몽(思夢)

ⓡ 희몽(喜夢)　　　ⓜ 오몽(寤夢)　　　ⓗ 구몽(懼夢)

☞ **육몽(六夢)의 점(占)** : 《주례(周禮)》에 이르기를 『점몽관(占夢官)은 세시(歲時)를 관장하는데 천지(天地)의 운행을 관찰하고 음양(陰陽)의 기운을 분별하여 일월성신(日月星辰)으로 육몽의 길흉을 점친다.』라고 하였다. 여기에서 육몽이란 일상적으로 편안하게 꾸는 정몽(正夢), 놀란 나머지 꾸는 악몽(噩夢), 평소 그리워하던 것이 꿈으로 나타나는 사몽(思夢), 낮에 있었던 일이 꿈으로 나타나는 오몽(寤夢), 기쁜 나머지 꾸는 희몽(喜夢), 두려운 나머지 꾸는 구몽(懼夢)을 가리킨다. [고전번역원 각주]

일본(日本) 전래의 꿈 분류는 다음과 같다.

㉮ 신(神)의 계시　㉯ 예고적인 꿈　㉰ 영몽(靈夢)
㉱ 진몽(眞夢)　㉲ 악몽(惡夢)　㉳ 잡몽(雜夢)

프로이트는 그 재료적인 측면에서 다음 세 가지로 분류했다.

㉮ 최근에 경험한 심적 재료에 기인하는 것
㉯ 유아기에 체험한 심적 재료에 기인하는 것
㉰ 인체의 자극에 연유하는 것

☞ *폰프란츠의 분류* : 융의 수제자인 폰프란츠(Mary. Louise. von. Franz) 여사는 예지몽(豫知夢)에는 두 가지 종류가 있다고 말했다. 그 하나는 텔레파시-*telepathic*-이고 다른 하나는 상징-*symbolic in character*-이라고 했다. 전자는 현재에 일어나고 있는 사건을 그대로 묘사하지만 후자의 경우 꿈의 뜻을 이해하려면 상징에 관한 지식이 있어야 한다는 것이다. 그녀는 또 말하기를 예지몽을 포함하여 대부분의 꿈은 개인적 무의식에서 형성되지만 어떤 것들은 집단적, 또는 원형적 무의식에서 형성된다고 했다. 특히 아주 어린 시절에 경험한 원형적인 꿈은 그 사람의 전 생애, 아니면 적어도 처음 반생의 운명을 예지하는 경우가 많다고 말했다. [캐서린·테일러·크랙(Katherine. Taylor. Craig)의 《꿈의 구조(The Fabric Of Dreams)》]

이상은 예로부터 지금까지 꿈을 어떻게 분류하여왔는가에 대한 개관이었다. 위에 열거된 모든 분류에는 [꿈이 어떤 형태로든 현실에 영향을 미친다]는 대전제가 깔려 있다. 그리고 또 다른 공통점은 [초인간적 존재에 의한 예언이나 계시]가 대부분 들어가 있다는 것이다. 그러나 꿈은 어디까지나 우리의 잠재의식이 만들어내는 것이므로 굳이 신의 존재와 관련시켜서 구분해야 할 필요는 없을 것이다. 그리고 꿈을 꾸는 목적을 한마디로 정의할 수는 없기 때문에 목적적 분류 역시 불필요하다. 아울러 재료의 근원이나 동인(動因)에 관한 분류도 극히 일부인 감각자극의 꿈을 제외한다면 거의 모든 꿈이 [사고(思考)]에 해당되기에 나의 것에서는 제외하였다.

통상 꿈이라고 하면 잠을 자는 동안에 발현되는 현상으로만 이해되기 쉽다. 그러나 잠을 자지 않았다고 생각되는 상태에서도 꿈과 동일한, 또는 유사한 현상이 나타날 수 있으므로 우리는 이것을 수면의 꿈과 관련지어서 문제 삼지 않을 수 없다. 전자에 해당하는 것을 수면몽이라 한다면 후자에 해당하는 것은 비수면몽(非睡眠夢)이라고 부를 수 있을 것인바, 여기에는 백일몽, 최면몽, 환각몽 등이 있다. 일부 학자들은 이러한 현상들을 [잠의 꿈]과 엄격하게 구분하기도 한다. 그러나 이것들이 비록 본격적인 수면기에 나타나지는 않는다고 해도 졸음단계나 환각, 또는 최면상태 등의 잠재익시저 경지 *또는 변성의식(變性意識) 상태*—에서 나타난다는 점에서는 수면의 꿈과 유사하다고 말할 수가 있다. 그러므로 이것들 모두를 입면상태적인 꿈에 포함시킨다고 해도 불합리하지는 않을 것이다.

2. 입면상태(入眠狀態)의 꿈들

1) 백일몽(白日夢)

심리학에서의 공상은 창조적 상상의 일종으로서 [우리가 머릿속에서 그려내는 이미지—*심상(心象)*—의 흐름이 마음의 상태, 또는 그때그때의 쾌감에 의하여 통어(通御)되는 것]으로 정의된다. 반면 관념적인 의미의 공상은 머릿속의 이미지만으로 각성시라면 실현되기 어려운, 그래서 현실성이 극히 희박한, 헛된 욕망들을 가능한 것으로 꾸며봄으로서 가상적인 충족감을 가져보는 것이다. 그러나 비록 공상이 현실과는 먼 상상의 세계를 더듬는 것이라 해도 공상 가운데 어떤 것은 확신과 계획, 그리고 실천에 의하여 희망적이고 창의적인 것으로 변환될 수 있다. 나는 앞서 이것을 관념적인 꿈이라고 설명한 바 있는데, 그 이유는 잠의 꿈처럼 공상도 미래적인 희망과 관련되기 때문이다.

공상이 심하게 지속되면 상상속의 이미지들이 현실인양 착각될 정도로 무의식적 환상에 빠지면서 더욱 더 공상을 확대시켜 나가게 된다. 이것을 일컬어 백일몽, 또는 몽상이라고 한다. 백일몽에 관한 연구는 그것이 주로 본격적인 꿈의 전 단계에 나타난다는 점에서 수면몽의 형성과정을 살펴보는 매우 유용한 자료가 될 수 있다.

백일몽은 보통 저절로 떠오르는 생각에 자신이 맡겨져 있지만, 때로는 각성시(覺醒時)에 가까우리만큼 논리정연한 사고가 나타나기도 한다. 그러나 대부분의 경우 잠의 꿈처럼 혼란스러운 이미지들이 범람한다. 특히 몽상 속에서 전개시키던 어떤 표상이 갑자기 다른 표상으로 변환되기도 하는데 사람이 동물로 변하거나, 육지가 모두 바다로 변하거나, 또는 돌멩이가 산으로 둔갑하는 등의 표상전위(表象轉位) 현상이 바로 그것이다. 이 표상전위가 일어나기 위해서는 반드시 입면상태—잠재의식적 경지—가 조성되어야만 한다. 그러므로 백일몽이란 [입면상태에서 환상(幻想)을 경험하는 것]이라고 정의될 수 있다.

☞ **표상전위**(表象轉位) : 꿈속의 어떤 이미지가 다른 형태의 이미지로 변하는 것을 말한다. 여기서의 전위(轉位)란 치환(置換)이라는 뜻이다.

다만 이 상태에서도 완전하게 의식을 상실하는 것은 아니라는 것이 학계의 정설이다. 또한 [무의식적인 백일몽은 환상과 비슷하지만 환상 그 자체는 아니다]라고 하는 것이 많은 학자들의 공통된 견해이다. 그들은 일어나고 있는 생각과 의식들이 중단(中斷)되었을 때 몽환적(夢幻的)인 이미지들이 무의식적으로 생긴다고 주장한다.

그러나 백일몽을 꿈으로 인정하려는 학자들도 적지 않다. 이것과 관련하여 미야기·오도야는 그의 저술에서 『사람들이 넋 빠진 양 멍하니 앉아서 공상을 계속하노라면 주위에 사람이 와 있는 줄도 모를 때가 종종 있다. 자기가 생각하고 있다는 의식 자체가 없어진다. 이것은 이미지의 흐름을 적극적으로 바꾸려 하지 않은 상태다. 여기까지가 몽상이다. 그런데 차례차례 머리에 떠오르는 대로 내버려 둔 상태가 적극적으로 쾌락적인 것에 돌려지고 비현실적인 공상의 세계의 침몰되어 어떤 표상들이 다른 표상으로 바뀌어 보이거나 유아기 체험들의 인상들이 나타나거나 할 때, 이것을 백일몽(白日夢)이라 부르고 있다.』라는 견해를 표명한 바 있다.

프로이트가 이것을 의식적 백일몽과 무의식적 백일몽으로 구분한 것도 어쩌면 위와 같은 공상의 심도(深度)에 착안한 것인지 모르겠다. 그가 말하는 [의식적(意識的) 백일몽]이란 곧 [몽상(夢想)]인데, 그 근저(根底)에는 욕구적 경향의 감정이 나타나며 특히 청장년의 그것에는 억압된 소망, 불만족한 욕구적 경향이 두드러진다고 한다. 즉, 의식적인 백일몽도 수면몽처럼 가상(假想)의 소원충족이라는 것이다. 또한 [무의식적(無意識的)인 백일몽]은 의식되지는 않지만 신경증 증상들과 수면몽의 원천(源泉)이 된다고 주장함으로서 그것이 꿈의 전단계(前段階)임을 분명히 했다. 그는 백일몽과 수면몽의 관계를 다음과 같이 설명하고 있다.

공상, 또는 백일몽은 히스테리 징후의 제1단계, 적어도 여러 징후들의 한 계열 전체의 제1단계라는 점이다. 히스테리 증은 기억 그 자체가 아니라 기억이라는 기반 위에 그 징후를 형성하여 간다. 낮 동안에 의식적인 공상을 자주함으로서 우리는 이 형성물들을 좀 더 잘 알 수 있을 것이다. 이런 의식적인 공상이 존재하는 것과 같이 그 내용과 억압된 재료로부터의 유례 때문에 무의식적으로 머물러야 할 무의식적 공상도 역시 굉장히 많다. 이 낮 동안의 공상을 좀 더 자세히 조사해 보면 그 형성물들이 밤 동안 우리

사상의 소산(所産)에 붙이고 있는 꿈이라는 동일한 이름이 붙여져 있음이 실로 옳음을 알게 된다. 백일몽의 특성들의 대부분은 밤의 꿈과 같다. 백일몽의 연구는 우리에게 있어서 사실상 밤의 꿈을 이야기하기 위한 가장 가까우며 좁은 입구가 되리라고 생각한다. 백일몽도 꿈과 마찬가지로 소원충족이며 대체적으로 유아기의 체험들의 인상에 기초를 두고 있는 점도 꿈과 마찬가지이다. 공상들도 꿈-사상의 다른 모든 구성분자들과 마찬가지로 혼합되고 압축되어서 하나가 다른 것에 의해 덮여 감춰지기도 한다. 그러나 거기에는 여러 가지 경우가 있다. 공상이 거의 아무런 변경도 되지 않은 채 그대로의 꼴로 꿈의 내용-적어도 꿈의 장면에서만은-을 형성할 수 있는 경우도 있거니와, 그 반대로 그 공상이 가진 요소들의 하나만이, 또는 간접적인 암시만이 꿈의 내용 속에 나타나 있는 경우에 이르기까지 갖가지 경우가 있다.

이에 덧붙여 프로이트는 마음속에 품고 있는 사고는 많지만 활동력이 비교적 적은 노인들에게 더 많은 백일몽이 일어난다고 말했다. 그러나 레오나드·지암브라는 대개의 경우 나이를 먹을수록 백일몽이 적어진다고 정정(訂正)하고 있다. 그가 17세부터 91세에 이르는 375명을 대상으로 설문을 통해 자료를 얻은 결과에 의하면 대부분의 사람들이 백일몽을 경험하는 것으로 밝혀졌다. 만약 무의식적인 백일몽이 수면몽과 똑 같이 상징적 이미지들을 만들어내는 것이라면 반수시(半睡時)의 환각이나 경험적 최면상태에서의 환상과도 유사하다. 더구나 지금까지의 의식적 공상이 무의식적 공상으로 전이되면서 그 형태대로의 어떤 사고가 지속되는 것이라면 그것은 최면몽의 경우와 조금도 다르지 않다. 그러므로 이 현상을 우리의 해석법으로 분석해낼 수 있다면 그것 역시 꿈이라는 사실을 쉽게 밝혀낼 수 있을 것이다.

2) 최면몽(催眠夢)

최면이란 용어를 국어사전에 조회해 보면 [암시(暗示)에 의하여 인위적으로 이끌어 낸, 잠에 가까운 상태]라고 풀이되어 있다. 따라서 이것은 수면상태와 흡사하므로 이때 나타나는 현상을 꿈으로 간주해도 큰 무리는 아닐 것이다. 영국의 외과의사였던 제임스·브레이드(James. Braid 1795~1861)가 처음 사용하기 시작한 [최면(hypnotism)]이라는 용어는 그리스 신화에 등장하는 수면(睡眠)의 신(神)인 [힙노스(hypnos)]에서 차용된 것으로 일종의 수면이라는 의미를 담고 있다.

그런데 최면몽을 수면몽과 동일한 것으로 인정하기에는 약간의 주저함이 있다. 왜냐하면 수면몽의 경우에는 우리의 감각적 문호가 거의 폐쇄된 상태이나, 최면몽의 경우에는 적어도 하나 이상의 통로가 개방되어 외계(外界)와 소통되기 때문이다.

최면술에는 자기최면(自己催眠)과 타인최면(他人催眠)의 두 가지 방법이 있다. 자기최면에 있어서는 스스로 암시를 주어 최면상태에 도달하지만, 타인최면에 있어서는 시술자의 암시에 의해 최면상태에 몰입하며 간혹 육체적인 반응을 일으키기도 한다. 또한 최면은 그 심도에 따라 낮은 최면-*경최면(輕催眠)*-과 중간 최면상태-*중간최면(中間催眠)*-, 그리고 깊은 최면-*심최면(深催眠)*-등의 3단계로 구분되기도 한다.

경최면 하에서는 몸을 움직일 수 없을 정도로 긴장이 풀린다. 이때에는 감은 눈이 깜빡거리면서 암시에 눈을 뜰 수가 없다. 그런가 하면 손이 달라붙는 테스트가 가능하고 무관심-*귀찮음*-속에서 손발이 무거워지거나 경직되기도 하며, 부분적 연령퇴행(年齡退行)의 현상이 나타나기도 한다. 중간최면 하에서는 전신(全身)의 경직(硬直), 부분 또는 전신의 무감각, 전신의 이완, 부분적인 후최면성간망, 그리고 신체기관 활동의 통제현상 등이 나타난다. 심최면 하에서는 전신의 경직, 최면상태에서 눈뜨기, 완전 무감각, 완전건망, 신체기관의 통제, 양성 또는 음성의 오관적 환각, 그리고 시간곡해(時間曲解) 등의 현상이 나타난다. 이처럼 최면이 단계적으로 깊어짐에 따라 점차로 시각화(視覺化)된 생각이 용출(湧出)하기 시작한다.

눈을 뜨고 있을 때 우리는 어린 시절의 추억을 부분적으로 회상해 낼 수는 있으나 최면상태, 특히 심최면 상태에서는 어린 시절의 사건들이 마치 영화의 장면들처럼 자동적으로 전개된다. 그것은 우리가 꿈속에서 체험하는 것과 비슷한 시각상들이다. 그리고 이 시각상들은 수면몽에서와 같은 교착(膠着)이나 압축(壓縮)작업에 의해 점차 지리멸렬되어 직접적으로는 그 뜻을 알 수 없는 것이 된다. 관념이 이미지로 표현된다는 점에서도 꿈과 동일하며, 그 내용-꿈사상- 또한 별반 차이가 없다. 다음은 미야기·오도야(宮城音彌)의 《꿈》에 기록된 크레치머의 최면체험이다.

> 나는 물속에 처박혔다. 그러나 내가 처한 상황을 내가 볼 수 있다. 내 위에 무섭게 생긴 말라빠진 육체가 떠 있다. 나는 어디에 있는지 알고 있지만 내 육체는 90도 회전했다. 나의 가슴에는 깊은 구멍이 뚫렸다. 그 구멍 속에서 화주(花柱)-꽃의 암술대-와 꼭 같은 긴 목가지가 나온다. 여기에는 주먹만 한 머리통이 달려있다. 가슴과 머리는 회전운동을 하면서 내 몸에서 나온다. 나는 고통을 느낀다.

이것은 확실히 꿈이라고 말할 수 있다. 공상적인 이미지만이 아니라 비약(飛躍)과 과장(誇張), 그리고 생략(省略) 등으로 혼란스러워진 스토리마저도 전형적인 수면몽의 양식을 취하고 있기 때문이다. 이 사연을 액면 그대로 받아들인다는 것은 큰 잘못이다. 왜냐하면 이 환상적 요소들은 모두가 상징표상이기 때문이다. 따라서 그가 최면상태에서 어떤 암시를 받았는가와 당시 그의 환경을 파악할 수만 있다면, 우리의 상징해석 요령에 의해서 이 꿈의 참된 의미를 충분히 알아낼 수 있을 것이다.

불완전하게나마 해석을 해보자면 다음과 같다. 꿈속의 지기 자신은 통상 어떤 일거리로 암시된다. 따라서 이 꿈의 잠재사상은 자기가 추구하는 어떤 일거리에 관한 것이다. 그런데 이 일거리는 물이 암시하는 어떤 환경에서 이루어진다. 꿈속의 물은 [사상, 언론, 재물, 자본 등]을 상징—나의 상징해석요령에 의거—하므로 여기에서의 일거리란 언론매체와 관련한 그의 사상이나 학문적 연구일 가능성이 높다. 그러나 만약 이 꿈의 상징성이 낮은 단계의 것이라면 꿈속의 자신은 어떤 종류의 기계장치를 암시하는 것일 수가 있다. 가령 출판물과 관련이 있는 신문사나 잡지사의 윤전기일 수도 있고 측음기나 녹음기, 또는 그와 유사한 다른 어떤 기계장치일 수도 있다. 그러나 이 꿈의 전후사연과 꿈꾼 이의 현재적인 상황을 모르는 상태에서 더 정밀한 분석을 시도하기는 불가능하다. 다만 최면몽의 실체가 어떤 것인가에 대한 참고사항으로 이해하였으면 한다.

위의 사례처럼 우리가 최면몽을 상징적으로 해석해보면 그 표현수단이나 공상적 의도가 수면몽과 조금도 다르지 않다는 사실을 발견하게 될 것이다. 자기최면이나 경험적 최면상태에서 꾸어진 꿈들은 더욱 그렇다. 우리가 최면상태에 놓인다는 것은 곧 반수상태로 진입한다는 뜻이다. 그리고 이 반수상태에서의 정신현상들은 모두 꿈으로 분류될 수 있다. 따라서 최면몽 역시 꿈이라는 결론이 자연스럽게 도출된다.

수면몽과 마찬가지로 최면몽도 때로는 사실적으로, 또 때로는 상징적으로 묘사된다. 다만 최면의 심도가 높아질수록 상징적인 표현이 점점 더 증가한다고 한다. 이것은 잠재의식의 심연에 가까울수록 최면몽의 상징성이 높아진다는 뜻이므로 수면몽의 연구차원에서도 그 자료적 가치는 상당하다고 말할 수 있다.

☞ *사례* : 영국 에든버러 대학의 화학교수였던 그레고리(William. Gregory 1803~1858) 박사는 그의 책에서 다음과 같은 기이한 최면몽 하나를 소개하고 있다. 당시 시장(市長)이었던 버클리 경은 출처를 알 수 없는 반지를 끼

고 있었는데 하루는 그의 부하직원에게 최면을 걸었더니 그가 트랜스상태에서 그 반지가 수백년전에 죽은 스코틀랜드 여왕, 메리의 것이라고 진술하였다고 한다. 최면상태에서도 심령적인 과거인지(過去認知) 현상이 나타나고 있음을 입증하는 사례라고 하겠다. [캐서린·테일러·크랙(Katherine. Taylor. Craig)의 《꿈의 구조(The Fabric Of Dreams)》]

　　최면의 오랜 역사에도 불구하고 최면몽은 이제까지 충분한 분석이 이루어지지 않았다고 생각한다. 그것은 아마도 [잠의 꿈]과 철저하게 분리해서 판단하려고 했기 때문일 것이다. 예들 들어 피술자에게 연령퇴행을 유도하여 유아기의 경험을 재연시키는 경우에도 그것이 분명 꿈의 한 기능임에도 불구하고 단지 과거인지(過去認知)라는 사실적 표현에만 그 의미를 부여해 왔던 것이다. 최근 들어 깊은 퇴행으로 진행될수록 사실적 표현보다 상징적 표현이 더 증가한다는 사실이 속속 밝혀지고 있다. 그것은 곧 최면몽이 입면상태적 꿈과 같다는 뜻이므로 오직 상징해석에 의해서만 그 참뜻을 알 수 있다는 증거이다. 문제는 [심최면 상태에서 꿈을 형성하는 경우 그 꿈이 주어진 암시에 해답을 구한 것이냐? 아니면 주어진 암시를 재료삼아 사고를 좀 더 진전시킨 것이냐?]하는 점을 명확하게 규명하는 일인데, 이것 역시 꿈의 분석방법에 의해서만 해명될 성질의 것이라고 본다.
　　그런가하면 자기 암시-자기최면-나 시술자의 암시-타인최면-에 의하지 않더라도 자신도 모르는 사이 저절로 최면상태에 빠지는 일이 있다. 즉 독서삼매경에 빠졌을 때, 영화나 텔레비전 등에 몰입될 때, 어떤 작업에 정신을 집중할 때, 공포나 분노 같은 강한 감정에 휘말릴 때, 음악과 의식이 있는 종교적인 행사가 있는 장소에 있을 때, 또는 차를 몰고 드라이브를 하며 느긋이 앉아 도로 위의 흰 선에 눈길을 고정시키고 단조로운 엔진 소리를 듣고 있을 때 등등 여러 가지 상황 하에서 순간적인 최면상태에 빠지게 됨으로서 어떤 환상을 경험하는 경우가 있다는 것이다. 이때에도 꿈과 비슷한 현상이 일어나는데 이러한 현상을 일컬어 그리피스·윌리엄스(Griffith. Williams)는 [경험적 최면]이라고 했다. 그러나 최면몽은 다음 몇 가지 점에서 수면몽과의 차이점을 갖고 있다.

첫째, 수면몽은 본격적인 수면상태에서 형성되지만, 최면몽은 각성시에 일시적인 무의식 상태가 조성됨으로서 형성된다.

둘째, 수면몽은 잠재의식의 자의에 맡겨져서 한 꿈의 주제를 선택하고 꿈을 형성하지만 최면몽은 대체로 의식으로부터 주어진 주제-*암시*-에 대해서 꿈을 형성-*간혹 잠재의식의 자의에 따른 최면몽도 있다*-한다.

셋째, 수면몽의 경우는 외부세계에 대해서 감각기관을 거의 폐쇄한 상태지만 최면몽의 경우는 외부의 자극들과 교통할 수 있는 한 가지 이상의 감각기관을 개방하고 있다. 그런데 수면몽의 경우도 감각기관이 완전히 폐쇄되는 것은 아니다. 자극인상에 의해 꿈을 형성하는 경우도 있기 때문이다. 따라서 이 경우는 감각기관 개방의 정도차라고 해야 옳을 것이다.

넷째, 수면몽은 모든 신체기관의 긴장이 크게 이완된 상태에서 형성되지만 최면몽은 어느 한 부분만의 이완상태에서도 형성된다는 것이다. 이런 관점에서 몽유병을 최면과 유사한 것으로 간주하려는 시각도 있는데, 그 이유인 즉, 일부 감각기관이 각성상태에 있지만, 다른 감각기관은 여전히 긴장이 이완된 상태에서 몽중유행이 일어나기 때문이라는 것이다. [몽중유행은 부분적 최면에서 꿈-내용을 행동으로 실천하는 것]이라는 견해가 바로 그것이다.

☞ **퇴행**(退行) : 사람이 어떤 장애를 만나 욕구불만에 빠지게 되면 현재 도달하고 있는 정신발달의 수준 이전의 미발달 단계로 되돌아가 더 원시적이 됨으로서 미숙한 행동을 취하는 일. 정신분석학에서는 리비도의 발달단계설에 입각한 초기단계로의 역행이라고 정의한다.

몽환자(夢幻者), 무당, 판수, 또는 기타의 영매(靈媒)라고 불리는 사람들은 대부분 자기최면이나 경험적 최면상태에서 예언적인 요소들을 이끌어낸다. 그들이 최면상태를 조성하지 않고는 잠재의식적 기능을 발휘할 수 없으며, 또한 잠재의식이 조성되지 않은 상태에서 행해지는 예언은 영력(靈力)을 발휘할 수 없다.

그러나 최면상태에서 행해지는 예언이 빗나가는 경우도 많다. 왜냐하면 최면상태에서도 사실적인 꿈보다는 상징적인 꿈이 더 많이 형성되지만 그 상징들이 충실히 해석되지 못하기 때문이다. 어찌되었건 그들의 예언을 보다 깊이 연구해 보면 그것도 일종의 꿈이라는 사실이 명백해질 것이다. 나는 다음과 같이 자기최면에 의한 꿈 몇 가지를 소개함으로서 최면몽의 성격이 어떤 것인가를 좀 더 구체적으로 설명하고자 한다.

1862년 미국의 네티·콜번이라는 예언자는 백악관에 초청되어 아브라함 링컨 대통령을 만났다. 다른 사람들이 입회한 가운데서 대통령이 그녀의 예언을 듣게 되었을 때, 그녀는 몽환 속으로 빠져들어 갔다. 꿈을 꾸기 위해 스스로 자기최면을 유도한 것이다. 그리고는 어디선가 들려오는 다른 목소리가 그녀를 통해서 한 시간 동안이나 이야기를 했다. 미국의 역사를 죽 이야기하고 노예해방 선언의 발표를 탄원하는 내용이었다. 여기서 링컨은 마음의 결정을 내렸다. 노예해방선언의 내용을 약화시키지 않으면서 즉각적인 시행으로 이어질 수 있도록 이것을 연설의 가장 중요한 위치에 올려놓았던 것이다. 이것이 바로 1863년에 공포된 저 유명한 [노예해방선언]에 얽힌 일화다. 남북전쟁의 와중이던 1863년 2월 링컨은 다시 네티·콜번 양을 만났다. 이때 그녀가 또 다른 환상몽을 통해 충고한 대로 링컨이 단신으로 진중에 나가 북군을 독려하자, 그동안 남군의 위세에 사기가 저하됨으로서 매우 불리했던 북군이 전세를 일거에 만회할 수 있었다고 한다. 이후 그녀는 몇 번 더 백악관에 초청되었는데, 한번은 몽환에 잠겼다가 깨어나서 연필로 남부 지역의 작전계획도를 거침없이 그려냈다고 한다. 단 한 번도 보지 않은 작전계획도를 선 하나까지 명확하게 그려내자 북군 수뇌부는 몹시 당혹해 하면서 당초 만들었던 작전계획을 변경하지 않을 수가 없었다. 두 사람의 마지막 만남에서 콜빈 양은 『각하가 두 번

남북전쟁 중 최전선을 시찰하는 링컨(Abraham. Lincoln)

째 취임식을 가지기 전까지의 불운이 모두 사라진 것은 아닙니다.』라고 예언하였는데, 링컨은 그 뒤 6주후에 암살당하였다.

콜빈이 제아무리 유명한 예언자라 할지라도 일국의 통치자가, 그것도 링컨과 같은 역사적 인물이 소위 점쟁이라고 불리는 사람을 백악관에 초청하여 정치, 군사(軍事)의 일을 묻고, 또 그 영향을 받았다고 한다면 대부분의 사람들은 의혹의 눈길을 던질지도 모르겠다. 그러나 링컨 대통령은 꿈으로 자신의 죽음을 예견했을 정도로 꿈을 신봉했던 사람이다. 게다가 네티·콜번의 예언이 몽환상태에서 행해졌다는 점에서 더욱 신뢰했을 것이다. 몽환자는 자기 최면상태에 몰입하여 꿈을 꾸고 그 꿈을 자기 나름의 해석법에 의해 분석하여 예언을 한다. 콜번의 케이스가 비록 전기적(傳奇的) 사건에 불과하더라도 그녀의 예언이 최면몽에 의해서 이루어졌다는 점에서 매우 중요한 사실 하나가 발견된다. 그것은 예언적 영감을 얻기 위해 그녀가 스스로를 변성의

식(變性意識) 상태에 몰입시키고 있었다는 점이다. 여기서 변성의식 상태란 잠재의식적 경지, 즉 꿈이다.

내가 열세 살이 되던 1936년 봄, [장님할머니]라고 불리던 어떤 고령의 여성 몽환자를 만났던 일은 지금도 생생한 기억으로 떠오른다. 그녀는 아주 어렸을 때, 소경이 되었다고 알려졌는데 두 개의 안구(眼球)가 아예 발달조차 하지 않은 것으로 보아 출생 시부터 눈을 뜨지 못했을 것이다. 이런 역경을 뚫고 그녀가 영험한 능력을 발휘하게 된 것은 우연치 않은 기회에 훌륭한 스승을 만나 불경과 점술을 익힌 뒤부터라고 한다. 그녀는 본시 천성이 청렴결백한데다 스승의 영향으로 물욕이란 전혀 없었기 때문에 일반 내담자들이 건네는 변변치 않은 사례금만으로 근근이 생계를 꾸려나갔다. 그런데 특이한 것이 평상시에는 점괘로만 남의 운세를 점쳐주지만 특별한 경우에 한해서는 자기최면에 몰입하여 몽환에 의한 예언을 했다는 점이다. 내가 이런 특별케이스에 해당되었던 것도 지금 생각해보면 참으로 기이한 인연이라고 생각된다. 어쩌면 그녀가 직관적으로 수십 년 후의 내 처지를 예견하여 [그 무엇인가에 대한 아주 분명하고도 의심할 바 없는] 증거로서 최면몽을 시현했던 것은 아닐까 하고 생각해본다.

그녀는 먼저 뜰 안에 있는 우물가에서 웃옷을 벗고 목욕재계를 하였다. 그리고는 정한수 한 동이를 받쳐놓고 그녀의 수호신인 옥황상제께 기도를 하면서 알아들을 수 없는 주문을 외웠다. 한 동안 이런 일을 계속하다가 갑자기 전신에 경직이 일어나는 듯이 상체가 빳빳해지면서 뒤로 넘어졌다. 이런 일이 있을 것에 대비하여 옆에서 지켜보시던 나의 모친이 황급히 그녀를 부축했다. 그리고 방안으로 모셔오고 나서 한 참이 지난 후에야 『후!』하고 긴 한숨을 토하며 의식을 회복하였다. 내가 옆에서 지켜본 바대로 이것이 그녀가 자기최면에 몰입하여 꿈을 형성하는 전 과정이나. 이런 과정이 끝나사 그녀는 도란도란 옛날이야기를 하듯이 말문을 열었다.

『이 아이는 천상에서 옥황상제님의 수제자였어. 그런데 법당에 놓아둔 기름을 모두 핥아먹어 버렸지. 그 죄로 인간 세상에 내침을 받아 일곱 계단을 내려온 거야...(이하생략)』

그런데 우리가 이 환상몽의 서두에서 알 수 있는 것은 그녀의 몽환적 예지를 불러일으키는 잠재지식(潛在知識)이 도교와 불교, 그리고 무속신앙 등에서 말하는 재생설(再生設)에 기초를 두고 있다는 사실이다. 또한 그녀 스스로도 그러한 잠재지식에 굳건한 믿음을 갖고 있었음이 틀림이 없었을 것이다. 그러나 천상(天上)에서의 광경이 파노라마(panorama)처럼 그녀의 뇌리에 묘사된 것은 잠재의식 특유의 상징적 암시에 불과한 것이며, 나의 전생과는 아무런 상관이 없는 미래의 현실에서 경험하게 될 어떤 일의 바꿔놓기였다. 그녀는 그러한 사실을 알 까닭이 없었으므로 그저 보고 느낀 그대로를 나에게 설명했을 것이다. 나는 그녀의 예언과 해석이 모두 끝난 뒤 그녀에게 다음과 같이 질문했다.

『할머니는 어떻게 보지도 않고 그런 것을 알아내나요?』

『응. 너희들은 눈으로 보고서 말하지만 나는 머릿속에서 본단다. 꽃을 보면 딸이란 걸 알고 갈대를 보면 아들이란 걸 알고 또 계수나무를 보면 여편네라는 걸 알게 되지....』

그런데 인지학자들은 선천적 맹인의 경우 절대로 시각적인 꿈을 꿀 수가 없다고 단언한다. 즉, 태어날 때부터 시각적인 경험을 전혀 할 수 없었기 때문에 그들의 꿈에는 시각을 아닌, 촉각이나 청각, 또는 미각 등의 이미지만이 구현될 수 있다는 주장이다. 그러나 우리는 우리 주변에서 능력 있는 영매로 널리 알려진 선천적 맹인들의 이야기를 종종 듣게 된다. 만약 그들이 전혀 시각적인 꿈을 꿀 수 없다면 각성시의 환각 역시 경험할 수 없을 것이다. 그렇다면 그들 모두가 거짓말을 하고 있다는 것인가? 이 점에 대해서는 현대의학이 좀 더 깊은 연구를 진행시켜야 될 것으로 생각한다. 다만 실체적으로 존재하는 어떤 현상 하나가 이것을 해명해 줄 단서가 될 수 있으리라고 본다. 그것은 바로 초시(超視 eyeless sight)라는 현상이다. 이것은 눈이 아닌 다른 신체부위, 즉 피부나 머리칼 등을 통해서 사물을 보는 현상인데 심령학에서 말하는 투시(透視)와는 다른 개념—*학자들은 초시를 퇴화된 시각기능을 보고 있다.*—이다. 과학자들은 겨드랑이로 사물을 보는 소녀와 귀로 보는 맹인, 그리고 손가락으로 보는 맹인 등의 관찰사례들을 잇달아 보고하고 있는바, 관찰자와 관찰환경이 매우 높은 신뢰도를 갖고 있다는 점에서 학계를 놀라게 하고 있다는 것이다. 우리나라에서도 1994년에 대전 유성호텔에서 개최된 한국정신과학학회에서 이와 똑 같은 능력을 시현한 소녀가 있었다고 한다. 당시 여중 3학년생이었던 신유미 양(14세)은 200여명의 과학자들이 지켜보는 가운데 특수하게 제작된 가리개로 눈을 가린 채, 즉석에서 임의로 제공된 책과 신문을 손가락 두 개(중지와 인지)를 사용하여 한 자도 틀리지 않고 줄줄 읽어냈다는 것이다.

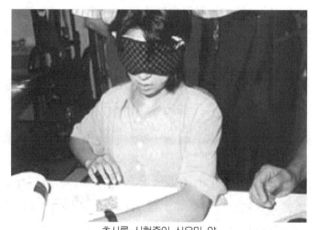

초시를 시현중인 신유미 양

　눈을 통하지 않은 시각적 지각, 만약 그것이 사실이라면 인류가 아직 밝혀내지 못한 또 다른 시각기능이 존재한다는 강력한 증거이면서 동시에 어떤 특수한 능력을 가진 맹인, 이를테면 영감이 고도로 발달한 영매 등에 있어서는 시각적 꿈도 꿀 수 있다는 하나의 방증이 될 것이다. 때문에 선천적 맹인이라고 해서 시각적인 꿈을 꿀 수 없다고 생각하는 것은 지금 단계에서 다소 성급한 판단일 수가 있는 것이다.

☞ **맹인의 시각적인 꿈과 관련된 논란** : 최근 선천적 맹인도 시각적인 꿈을 꾼다는 새로운 증거가 제시되었다. 포르투갈의 의사 베르톨로(Helder. Bertolo)와 그의 연구진은 2003년 그들의 논문을 통해 시각장애인이건 비장애인이건 꿈의 시각적인 내용을 이야기할 때에는 시각피질-시각정보를 처리하는 뇌의 영역에서 알파행동─*8~12Hz의 규칙적 파형. 가벼운 정신활동을 할 때 나타난다*─이 똑 같이 줄어든다고 주장했다. 알파행동의 쇠퇴는 정보처리를 위해 뇌의 움직임이 활발해짐을 뜻한다. 말하자면 선천성 시각장애인이 꿈-내용을 말로 표현할 때 시각피질이 활발히 반응하는 것으로 봐서 그들의 꿈에도 시각적인 내용이 있다는 것이다.

아무튼 위의 장님할머니가 그녀의 환상을 통해 확실히 꽃과 갈대, 그리고 계수나무 등을 볼 수 있었던 것이라면 그것은 프로이트가 말하는 고태형의 잔재이자 융이 말하는 민족적 원형임에 틀림이 없을 것이다. 다시 말해 집단무의식의 산물인 정형적 심벌이라는 것이다. 다만 그녀가 그녀의 환상 속의 상징표상들을 해석한 것은 일정한 원리에 의한 것이 아니라 오랜 경험에 의한 것이었다. 때문에 그녀의 예언은 종종 빗나가기도 하였다.

나는 이후에도 수많은 무속인들과의 조우를 통해 그들의 예언적 구술(口述)이 트랜스상태, 즉 일종의 최면상태를 경험한 뒤에 이루어지고 있음을 목격하였으며, 여타 종교생활에서 얻어지는 꿈과 환상 등이 모두 이와 관련이 있음도 확인하였다. 나는 이러한 증거들로서 최면몽 역시 수면몽과 똑 같이 상징표상의 나열이라는 사실을 깨닫게 되었다. 때문에 나는 최면몽의 여러 가지 형태와 표현방식, 그리고 정확한 해석법을 좀 더 자세하게 알게 되면 종교와 샤머니즘의 상징체계를 이해할 수 있을뿐더러 수면몽의 본질을 이해하는데 있어서도 크게 도움이 될 것이라는 확신을 갖고 있다. 아울러 이 최면몽이 각종 심령현상을 규명하는 하나의 열쇠가 되리라는 믿음도 갖고 있다. 이점은 다음 항목에서 설명하게 될 환각몽의 경우에 있어서도 마찬가지이다.

☞ *트랜스(trans)상태* : 깊은 명상이나 극도의 정신 이완상태에서 나타나는 변성의식(變性意識)으로서 초월의식(超越意識 : transcendental consciousness)의 준말로 여겨진다. 흔히 최면상태와 혼동되기도 하지만 정확히 말하자면 시술자의 암시가 없는 경험적 최면상태이다. 잠들기 직전의 몽환(夢幻)이나 비몽사몽(非夢似夢) 등이 포함된다는 점에서 보자면 입면상태의 일종임이 분명하다.

3) 환각몽(幻覺夢)

환각은 대상이 없는 지각(知覺), 다시 말해 실제로는 존재하지 않는 것이 실재하는 것처럼 느껴지는 현상이다. 여기에는 없는 물체가 있는 것처럼 보이는 환상(幻像 vision)-또는 환영(幻影 phantasm)-과 근거가 없는 소리가 들리는 환청(幻聽 Auditory hallucinations) 등이 있다. 이 환각상태에 있는 사람은 자아(自我)에 속하지 않은 생각이나 지각을 하게 된다는 것이 지금까지의 학설이다. 환각의 종류를 세분하면 위의 두 종류 외에도 환미, 환취, 체감환각, 입면환각 등이 더 있다.

꿈과 유사한 것으로는 주로 환상과 환청을 들고 있는데 이러한 현상들이 반수상태에서 나타난다는 점에서 꿈의 일종으로 간주된다. 정상인의 경우 환각몽은 주로 입면시(入眠時)나 이면시(離眠時)에 체험된다. 즉, 잠들기 직전의 졸음상태나 잠을 깨는 순간에 경험하는 여러 가지 환상이나 환청 등이 바로 그것이다. 이것을 비몽사몽(非夢似夢)이라고도 하는바, 심할 경우 몽중유행이 유발된다고 한다. 이때에는 환상적인 이미지들이 순간적으로 떠올랐다가 사라지곤 하는데 그런 이유로 옛사람들이 이 환각몽을 계시적인 영몽으로 생각하기도 하였다.

그런가 하면 각성시에도 환각몽을 체험하는 경우가 있다. 경험적 최면상태, 가령 극심한 공포감에 휩싸일 때나 경건한 종교의식을 행하고 있을 때나 어떤 대상물에 정신이 몰입될 때에도 이런 환각몽이 체험된다고 한다. 한편 뇌각(惱覺)이 손상되어 수면발작(睡眠發作)이 일어나는 뇌각환자의 꿈, 나르콜렙시-기면발작(嗜眠發作)-환자의 꿈, 그리고 정신분열증 환자의 환각 등도 정상인이 경험하는 환각몽과 비슷하다고 한다. 그런 점에서 정상인의 입면상태적 꿈을 좀 더 연구하게 되면 이들 증상을 이해하는데 있어 많은 도움이 되리라 생각한다.

엘베드·산도니는 『수면 직전에 어떤 사람이나 어느 장소를 생각하면 그 환각적 이미지의 일부인 얼굴, 의복, 나무, 또는 집 등이 점점 분명한 형태가 되고 색깔이 짙어져 간다.』라고 주장하면서 그가 경험한 현상 중의 몇 가지를 다음과 같이 소개하고 있다.

빛나는 작은 고리, 급격히 자전(自轉)하는 작은 태양, 오르내리는 여러 가지 색깔의 작은 구슬, 무한정 작은 고리, 그리고 작은 변형체(變形體) 등을 형성해서 부단히 진동(振動)하며 각양각색으로 상호교착(相互膠着)하며 회전(回轉)한다고 생각되는 금은(金銀), 보라, 또는 에메랄드그린 색의 가벼운 실 같은 것이 보일 때가 있다. 여러 가지 형체의 모양을 가진 것도 있고 꽃, 책상, 개, 책, 또는 알고 있는 사람의 얼굴 등 현실적인 사물이 나타나며 여러 가지 광경이 연결 없이 출연하는 경우도 있다. 그리고 갑자기 눈(眼) 속에 있는 것 같다가도 돌연 사라지곤 한다.

이것에 대하여 루로아(E. B. Leroye)는 『이런 현상이 나타날 때 수면에 가까워 겼음을 알 때가 있다.』라고 보충 설명했다. 그는 또 『반수시의 환각에는 환시 외에 신체가 떨어지는 느낌, 위로 오르는 느낌을 체험하는 경우도 많으며 환청도 없는 것이 아니다. 음악이 들려오는 경우도 있으며 사람의 목소리가 들리는 경우도 있다.』라고 말했다.

한편 모리(Maury)는 『자려고 하는 사람은 영화를 보는 것처럼 이러한 이미지를 다만 보고 있을 뿐, 그것은 제 스스로 전개되어 간다. 만약 이것에 주의를 집중시키거나 이미지를 바꿔보려고 노력하면 그것은 소실되어 없어지고 생각지도 않은 이미지로 변하는 경우도 있다.』라고 말했다. 이에 덧붙여 주스탑·쥬레는 『소리가 나면 이미지가 변화되는 경우도 있다.』라고 설명했다. 미야기·오도야는 다음과 같은 실례를 들어 환각몽을 설명하고 있다.

어떤 미혼여성은 매일 밤잠을 자려고 할 때-*입면시*-, 죽은 약혼자의 목소리가 들려온다. 그 목소리는 그녀에게 여러 가지 일을 명령하거나 일러준다. 그녀는 이것을 퍽 신비하게 생각하고 그런 예언이 맞아떨어지기 때문에 그것을 믿는다고 말한다. 그 여성은 전쟁 전에 일본에서는 비교적 소수의 대학졸업생으로 결코 병적 정신의 소유자는 아니었던 것이다.

이런 경우 신비적인 해석에 매달리거나 반대로 허무맹랑하다고 무시해버린다면, 그것은 둘 다 잘못이다. 그녀는 다른 몽환자들의 경우처럼 다만 환각몽이 습관화되었을 뿐이다. 그러므로 꿈속의 약혼자는 다른 인물표상(人物表象)의 경우와 마찬가지로 어떤 예지를 위해 등장시킨 자신의 [또 하나의 자아]라고 말할 수 있다. 다시 말해 그녀가 경험하는 환청과 환시는 어떤 일의 판단과 예지를 위한 관념의 묘사이며, 그 표현이 사실적이든 상징적이든 간에 모두가 잠재의식적 산물이라는 것이다. 프로이트는 이 환각 현상에 대하여 다음과 같이 설명하고 있다.

히스테리와 파라노이아-*편집증*- 환각과 정상적인 사람이 보는 환영들은 사실상 퇴행으로 간주할 수 있다. 그것은 이미지로 변환될 사상이며 이 경우 억압된 기억, 또는 무의식인 채로 머물러 있는 기억과 밀접하게 연결되어 있는 사상만이 이런 변화를 받는다. 내가 다룬 다른 히스테리 환자인 12

세 소년은 잠들기 전에 빨간 눈을 가진 초록색 얼굴이라는 환각으로 시달 림을 받았다. 이 현상의 근원은 그 소년의 친구였다. 어떤 사내아이의 억압 된, 그러나 전에는 의식적이었던 기억이며, 그 아이에게 나쁜 버릇과 자위 행위를 배웠고 지금은 그것을 자책하고 있는 것이다. 그 당시 소년은 어머 니에게서 [나쁜 아이는 초록 빛 나는 새, 즉 가장자리에 빨간 눈의 새] 라 는 이야기를 전해들은 적이 있다. 소년은 그런 아이가 나중에는 바보가 되 어 아무것도 못 배우고 일찍 죽는다는 예언을 상기시킨 것이다. (중략) 40 대의 히스테리 여(女) 환자가 건강했을 때 경험했던 환각몽을 하나 더 소개 한다. 그녀는 어느 날 아침, 잠을 깨었다. 그런데 방안에 그녀의 오빠가 와 있었다. 그러나 그녀의 의식은 그 오빠가 지금 정신병원에 있음을 알고 있 다. 그때 그녀의 아들은 침대에서 그녀의 옆에 누워있다. 그녀는 아들이 외 삼촌을 보고 놀라서 경련을 일으킬까봐 홑이불을 끌어올려 얼굴에 덮어주 었다. 그때 환각이 사라졌다.

프로이트가 알아 낸 바와 같이 그들에게는 그러한 환각이 나타날 만한 과거가 분명히 있었다. 그렇다고는 해도 이러한 꿈들이 단순한 기억의 재생이라거나 왜곡된 욕구적 표현이라고는 단정할 수 없다. 꿈의 표상재료는 그 어떤 것이나 잠재지식에서 이끌어내는 것이기는 하지만 단순히 과거를 재생하는 것이 아니라, 잠재의식에 의해 재생 산되어 새롭게 의미가 부여된 것들이기 때문이다. 따라서 위의 꿈들 역시 과거의 경험, 또는 다른 유사경험을 상기시킴으로서 왜곡된 심 리상태를 표출하는 것이 아니라, 다만 미래적인 암시로서 표현되었다 고 판단해야만 한다. 가령 소년의 꿈에 나타난 [빨간 눈을 가진 초록 색 얼굴]을 예로 들자면 그것은 장차 그 아이에게 일어나기로 예정된 히스테리성 병마의 상징이라고도 해석될 수가 있는 것이다.

나의 모친께서는 가족 중 누군가가 오랫동안 외지에 나가 소식이 궁금할 때면 가끔 『00이 집에 와 방안에 앉아 있는 것이 보인다.』, 또는 『대문을 열고 들어오는 것을 보았다.』하는 식으로 환각몽을 이 야기하실 때가 있다. 그러면 어김없이 꿈에 본 그 사람이 집에 돌아오거나 그 사람의 편지가 도착하곤 했다. 또『붉은 옷을 입을 여자가 보였다.』라고 하시면 누군가에게 불쾌한 경험을 하게 되고,『머리를 산발한 노파를 보았다.』고 하시면 얼마 후 병환이 나기도 하시었다. 수면몽과 마찬가지로 환각몽도 때로는 사실적으로, 또 때로는 상징적으로 표현된다. 때문에 그것이 상징적일 경우에는 이해할 수 없다는 이유만으로 무시되기가 일쑤이다.

1977년 3월 19일 낮에 꾸신 나의 모친의 환각몽을 예로 들고자 한다. 모친은 이런 꿈 이야기를 하실 때면 으레『낮잠을 자려고 하는데 이상한 것이 보인다. 눈을 스르르 감았더니...』라는 말씀으로 시작하신다. 이 날 모친께서 경험하신 환각몽은『눈을 스르르 감았더니 머리가 허연 노인이 흰옷을 입고 와서 나에게 큰 절을 하는 것이 보인다.』하는 내용이었다. 그러고 나서 며칠이 지나 세간에 꾀 알려진 모(某) 기업체의 사장이 꿈 상담을 위해 나를 방문하는 일이 있었다. 즉, 꿈속의 백발노인이 바로 그 사람의 동일시였던 것이다. 이 꿈이 사실적으로 표현된 것이라면 꿈에 본 그대로의 노인이 찾아와 어머니께 큰 절을 드리는 것으로 실현되었어야 하겠지만, 상징적으로 표현되었으므로 전혀 다른 일로 적중되었던 것이다. 여기서 [머리가 허연 노인]은 학식이 많거나, 지위가 높거나, 또는 관록이 있는 어떤 사람을 동일시-그 사람은 40대였다-하는 것이다. 또 [흰 옷을 입은]것은 그가 우호적(友好的)이며 동지적(同志的)이라는 뜻이거나, 어떤 사상적 감화를 받았다는 뜻이다. 실제로 그는 나의 《꿈의 예시와 판단》을 읽고 깊은 감명을 받았다고 이야기했다. [어머니께 큰 절을 드린 것]은 그가 어머니께 어떤 청탁을 하게 된다는 뜻이다. 그러나 현실에서는 내가 그의 꿈을 풀이해 줌으로서 현실적중을 가져왔다.

나의 모친은 수면중에 꾸는 꿈만큼이나 많은 환각몽을 체험하신 분이다. 그렇다고 해서 당시 모친의 뇌각에 이상이 생겼다고는 전혀 생각되지 않는다. 뇌에 노화현상이 있었을는지는 모르지만 연노하심에도 불구하고 젊은이 못지않은 기억력을 갖고 계셨기 때문이다. 연로하신 분들은 주야로 잠을 많이 자는 까닭에 좀처럼 깊은 잠에 빠지는 일이 없다. 필자가 나의 모친을 오래 관찰한 결과에 제한된 것이기는 하지만, 나는 노인들의 짧고 잦은 수면양태가 좀 더 긴 입면상태를 조성하게 함으로서 그런 환각을 자주 체험하게 하는 것은 아닐까하는 생각을 갖고 있다. 위의 사례는 전형적인 [타인대행(他人代行)의 꿈]으로 꿈속의 어머니는 나를 대신하고 있다. 비록 한 조각의 환각몽에 불과하지만 상징적으로 표현된 각 요소들이 단 하나도 빠짐없이 그대로 실현되었던 것이다. [타인대행의 꿈]에 대해서는 후반부에 상술할 예정이다.

1975년 3월 14일 나는 늘 일어나는 시각에 정확하게 잠을 깼다. 방안의 전경을 두루 살펴볼 정도로 각성되었을 즈음, 방금 잠을 깬 탓에 머리가 개운치 않음을 느끼는 순간, 방년 18세의 조카딸이 내 책상 맞은편에 조용히 주저앉는 것을 보았다. 처음엔 몽롱하게 보였으나 영상이 점차 뚜렷해지더니 곧 시야에서 사라졌다. 이것은 틀림없는 각성 직전의 환각이다. 당시 그 조카애는 멀리 떨어진 지방도시에서 직장을 다니고 있었다. 그래서 나는 그 애가 어쩌면 다음 주말 쯤에 우리 집에 올 수도 있으려니 하고 생각했다. 그러나 그 주말에 그 애는 오지 않았다. 대신에 그 다음 주 월요일 날 그 애와 성격과 모습이 비슷하다고 생각되는 소학교 제자가 예기치 않게 찾아와 바로 꿈에 본 그대로 책상을 마주하고 앉았다. 상징적인 동일시의 표현수법이 이 환각몽에도 그대로 적용되었던 것이다.

늦여름 날의 오후 창밖에서 들려오는 아이들의 재잘거림, 생선장수의 외침, 그리고 차량들의 경적 등, 멀고 가까운 온갖 소음에도 불구하고 갑자기 피로가 몰려들어 그만 얕은 잠에 빠지고 만다. 그러나 감각기관은 아직 완전하게 문을 닫지 않았으므로 어렴풋하게나마 그 소음들을 인식한다. 이때 순간적으로 생소한 영상들이 주마등처럼 뇌리를 스치고 지나간다. 경최면 상태라고나 할까? 한쪽으로 들어오는 외적감각자극과는 전혀 관계없는 하나의 훌륭한 환각몽이 형성된 것이다. 이런 상태에서 즉각 의식을 회복하게 되면 십중팔구 환각몽의 내용을 질서정연하게 상기해내기가 어렵다. 그러나 꿈을 꾸었다는 느낌은 분명하므로 꿈의 형성과정을 설명하는 좋은 자료가 될 수 있다.

그렇다면 입면상태, 또는 반수시의 환각이라고도 불리는 이 환각몽의 본질은 무엇일까? 모리(Maury)는 『이런 현상을 일으키게 하기 위해서는 마음이 어느 정도 순수하며 주의력(注意力)의 이완(弛緩)이 필요하다. 그러나 필요한 바탕을 가진 사람이라면 이 입면상태적 환각을 보기 위해서는 일초 동안 이런 무감각한 상태에 빠지기만 하면 충분하다. 그 환각으로부터 깨었다가는 다시 환각에 빠져들기를 여러 번 되풀이하는 동안에 마침내 잠들어 버린다. 만일 그다지 오랜 시간이 경과하기 전이라면 입면상태적 환각으로서 경험한 표상들을 꿈속에서도 종종 보게 된다.』라고 말했다. 그는 자신이 직접 체험한 여러 환각몽들을 소개하고 있다. 한번은 『어느 날 잠이 들 무렵에 믿지 못할 정도로 일그러진 표정과 기묘한 머리 모양을 한 괴상한 사람을 여러 명 보았는데 잠을 깨고도 그 인물들을 생생하게 기억할 수 있었다.』라고 했으며, 또 한 번은 『음식조절—절식—을 하고 있었기 때문에 배가 무척 고팠을 때, 입면상태적 환각 속에서 한 접시와 그 접시 속에 있는 음식물을 꺼내는 포크를 쥔 손을 보았다. 이후 이어진 꿈속에서는 좋은 음식이 즐비한 상 앞에 앉아 먹고 있는 사람들이 내는 포크소리를 들었다.』라고 했다. 그런가 하면 『잠들기 전에 눈이 따끔따끔 아팠는데 입면상태적 환각으로 매우 작은 기호들을 많이 보았다. 그랬더니 수면중의 꿈속에서는 한 권의 책이 펼쳐져 있는 것을 보았으며 거기에는 작은 활자(活字)가 인쇄되어 있었으므로 매우 고생해야 겨우 읽을 수가 있었다.』는 것이다.

조지·트럼불·래드(G. Trumbull. Ladd 1842~1921)도 같은 방법으로 입면상태적 환각을 관찰했다. 그는 훈련에 의하여 잠든 지 2~3분

후에 눈을 뜨지 않고서 잠을 깨는데 성공했다. 이렇게 해서 그는 방금 사라지려고 하는 망막(網膜) 위의 영상들을 기억에 남아 있는 몽상들과 비교할 기회를 잡았다. 말하자면 망막 위에 빛나는 점과 선이 꿈-이미지들의 윤곽을 이루는 모양으로 보아 그들 사이의 내적인 관계가 인정된다는 것이다. 이것을 입증하기 위해 그는 『꿈속에서 활자가 똑똑히 인쇄된 어떤 책의 페이지를 보았는데 그 페이지를 읽고 공부를 하였다. 그 꿈은 입면상태적 환각시 망막 속에 빛나는 점들의 배열에 평행된 선으로 일치되어 있었다. 꿈속에서 읽은 인쇄된 페이지는 하나의 대상 속으로 사라졌다. 그 대상은 깨어 있는 지각에는 좀 더 분명하게 인식시키기 위하여 너무도 먼 거리에서 한 장의 종이에 타원형으로 뚫려진 구멍으로부터 본 페이지처럼 정말 인쇄된 것으로 보였다.』는 꿈을 소개하고 있다.

잠들기 직전 망막에 남은 빛, 점, 선 등의 일부가 자극인상이 되어 환각몽의 요소가 되거나 수면몽의 표상재료로 등장할 수 있다는 생각은 최면몽의 경우에서와 같이 수면몽에서도 의식적인 노력으로 의도하는 꿈을 형성할 수 있다는, 하나의 가능성으로 제시되기도 한다. 그러나 앞으로 〈꿈의 표상재료〉에서 상술하겠지만 결론부터 말하자면 입면상태에 경험한 어떠한 감각인상도 그것이 그대로의 꼴로 수면몽의 내용이 되는 경우는 절대 없다는 것이다. 설사 꿈-표현이 수면 직전의 자극인상처럼 보이는 경우가 있다고 하더라도 그것 역시 재생산된 관념상일 뿐이다. 이런 관점에서 볼 때 클라파레드(E. Claparede)의 [내적(內的) 언어-외부에 발설되지 않은 언어-, 즉 사고(思考)가 형태나 음(音)으로 변해서 감각화(感覺化) 되었다]라고 하는 견해가 매우 타당해 보인다. 따라서 지금까지는 입면시의 환각적 현상-환상이나 환청, 또는 언어-들을 별다른 의미가 없는 것으로 간주하거나 기껏해야 수면몽의 내용을 구성하는 하나의 자극인상쯤으로 판단하여 왔으나, 이제부터는 하나의 완전한 꿈으로 평가되어야 한다고 생각한다.

일부 학자들은 『반수시의 환각을 내적 언어의 감각화(感覺化)라고 본다면 이것은 정신분열환자의 환각과 유사한 것이다.』라고 말한다. 또한 그들은 정신분열증 환자의 환각이 대부분 환시(幻視)가 아니라 환청(幻聽)이라고 주장한다. 그렇다면 이것은 언어성 환청임이 분명할 것이다. 머릿속의 내적 언어가 자기의 것으로 느껴지지 않기 때문에 누군가에게 강제당하거나 조종된다는 생각에 사로잡히는 것이다. 그러므로 누군가가 욕을 한다고 생각하면서 타인에게 적대감을 드러내기도 하고, 심하면 자기의 생각마저 머릿속에서 소리가 되어 울려나온다고 생각하는 경우도 있다. 드물게는 생각하는 것(思考)이 시각상(視覺像)으로 변해서 눈에 보이는 경우가 있다고 하는데 이것을 반수시의 환각과 동일한 것으로 간주하려는 학자들도 있다.

성장기의 어린이들은 잠들기 직전에 무서운 것을 보고 놀라는 경우가 많다. 이것과 관련하여 질베러(H. Silberer)는 『초주관적(超主觀的) 가치판단이라는 것을 생각하고 잠을 자려고 할 때, 나는 모든 인간의 머리가 들어있는 큰 구체(球體)가 공중에 떠 있는 이미지를 보았다. 이런 꿈의 자기 해석에 있어 초주관적 가치판단은 모든 인간에게 인정된다. 구체는 모든 인간의 머리를 포함하고 있기 때문이다.』라고 주장함으로서 그것이 심적 유인(誘因)의 한 현상임을 분명히 했다. 질베러의 사례와 같이 어린이들이 입면상태에서 무서운 것을 보는 것도 심적기관이 잠들기 직전 망막에 맺힌 영상들을 공포적인 상징표상으로 변환시킨 때문이라면 이것은 분명 관념의 형상화임에 틀림이 없다. 따라서 우리는 이것을 통해 환각몽의 참된 의미가 무엇인지 보다 명료하게 이해할 수 있다. 즉, 그것도 엄연한 꿈인 것이다.

그런데 정상적인 성인도 경험적 최면상태에서 환각을 경험함으로서 몽중유행에 빠지는 경우가 종종 있다. 몽중유행은 하나의 병증(病症)으로 간주되는 것이기는 하지만 꿈을 꾸는 동안 꿈의 내용대로 행동하면서 쉽사리 각성을 하지 못한다는 점에서 일종의 환각으로 볼 수 있다. 이 환각 속에 어떤 의미가 들어있지 않고는 그렇게 심한 착각이 유도되지 않는다는 것이 나의 생각이다. 이것을 몇 가지 실례를 들어 설명하고자 한다. 다음은 지금으로부터 18년 전–1963년–에 나의 고향에서 실제로 일어난 사건이다.

깊은 밤 읍내(邑內)에서 거나하게 취한 A, B 두 사람은 주점으로부터 20여 리 떨어진 집을 향해 걸어가고 있었다. 멀리 마을의 등불들이 희미하게 보이는 벌판길에서 B가 갑자기 A를 잡아끌며 『여보게, 술 한 잔 더하고 가세. 저기 기와집에서 예쁜 색시가 손짓을 하며 부르고 있지 않은가. 자! 어서 와!』하면서 길도 없는 논 위를 허둥지둥 달려갔다. 놀란 A는 『이 사람이 갑자기 미쳤나? 거기 무엇이 있다고 그래?』하면서 뒤쫓아 갔다. 그러나 B는 이미 논 한 가운데 사금을 파내던 큰 웅덩이에 깊이 빠져서 도저히 건질 수가 없었고, 때문에 그곳에서 죽고 말았다. 그 웅덩이는 몇 년 전 마을의 흰 처녀가 투신자살한 곳이었다. 그래서 사람들은 처녀귀신이 그를 잡아갔다고 단정했다. 그가 자살할 이유가 전혀 없었기 때문이다.

이런 종류의 것들은 세간에서 흔히 들을 수 있는 이야기다. 즉, 사람이 죽은 장소에서 또 다른 사람이 죽어가는 일, 이런 현상을 두고 심령학자는 악령의 소행이라고 주장할지 모르겠다. 그러나 이 돌발사건의 원인은 갑자기 불러일으켜진 공포감이 경험적 최면상태를 조성함으로서 몽중유행증을 유발시킨 것에 있었다. 즉, 그를 죽음으로까지 몰고 간 것은 다름 아닌 자기 자신의 환상이었던 것이다.

자, 그러면 그가 왜 그렇게 되었을까를 한번 추리해보자. 그들이 읍내에서 그곳까지 오는 동안 술기운이 웬만큼은 깼을 것이다. 맑은 정신이 돌아올 즈음 주변을 둘러보니 사방은 칠흑같이 어두운데 인적은 고요하고 멀리 개짓는 소리 외에는 온통 적막강산이라 으스스한 분위기가 느껴졌을 것이다. 때마침 사금웅덩이 근처를 지나게 되자 거년(去年)에 거기서 죽은 처녀에 관한 기억이 상기되었을 것이고,

혹시 그 죽은 망령이 나타나지나 않을까 하는 생각에 겁이 더럭 났을 것이다. 오싹한 기운과 함께 전신에 소름이 끼치는 순간, 그는 분명히 경험적 최면상태에 빠지게 된 것이다. 그리고 환각을 보게 되었다. 웅덩이의 내력과 연관된 환상들. 그것들은 곧 상징적 이미지가 되어 그의 감각기관을 점거한다. 웅덩이 옆에 쌓아올린 흙더미는 기와집으로 보이고 어떤 물체의 그림자는 술집 작부로 보였으며, 닭이나 개짖는 소리는 홍등가의 와작 지껄한 소음으로 착각되었던 것이다. 그렇게 하여 그의 연상은 만면에 교태를 지으며 손짓해 부르는 작부의 환상을 만들어내었고 급기야는 몽중유행으로까지 확대되어 그를 웅덩이에 몰아넣은 것이다.

물론 그가 알코올성 섬망증(譫妄症)을 갖고 있었을 가능성도 배제할 수는 없다. 그러나 나는 이 들판을 잘 안다. 사방 수㎞ 이내에는 인가(人家)가 전혀 없는, 아주 넓은 들판이다. 그 만큼 한 밤중에 오가는 행인들에게 공포감을 조성할 만한 여건은 충분했던 것이다. 과연 사람이 이런 상황에 처하면 환각에 빠지기가 용이한가? 어린 시절 내가 바로 이 장소에서 체험했던 에피소드 하나를 소개한다.

내가 소학교 6학년 졸업반이던 어느 늦가을 밤 새벽 1시경이었다. 나는 두 살 위인 내 친구와 함께 학교 근처에 있는 담임선생의 사택에서 중학입시 과외를 마치고 집으로 돌아오고 있었다. 그날따라 달이 하도 밝아 우리는 선생님의 만류도 뿌리치고 밝은 달을 등불 삼아 집을 향한 고갯마루까지 걸어서 왔던 것이다. 우리가 양쪽에 숲이 우거진 고갯마루에 막 올라섰을 때, 갑자기 어디선가 습기를 머금은 뜨거운 바람이 『획!』하고 불어와 전신을 휘감는다. 바로 그 순간 나는 회색 두루마기를 입은 사람이 내 옆을 바람처럼 스쳐지나가는 것을 언뜻 보았다. 나는 얼른 뒤돌아보았으나 거기에는 아무도 없었다. 나는 온 몸의 털이 곤두설 징도로 소름이 돋는 것을 느꼈다. 그래서 몇 걸음 앞서가는 친구에게 급히 다가가 물었다.

『예, 너 방금 회색 두루마기 입은 사람 봤니?』

『아니.』

『그럼 더운 바람이 불지 않았니?』

『음, 그래. 그리고 보니 후끈하는... 뜨거운 기운이 있었어.』

　괴이한 분위기 때문에 우리는 대화도 중단하고 되도록이면 주위를 돌아보지 않으려고 땅만 보고 걸었다. 그런데 우리가 걸어가던 산길 옆의 잔솔밭은 지난해 봄 기독교 신자 한 사람이 밤중에 혼자 귀가하다가 유령에게 시달림을 받았다고 소문난 곳이다. 사연인 즉슨, 그 솔밭 중앙에서 산발한 젊은 여자가 울면서 공중을 낮게 떠서 날아와 자기의 머리채를 움켜잡는 바람에 그 길로 병이 들어 수개월을 누었다가 일어났다는 것이다. 이러한 잠재지식은 나로 하여금 공포감에 젖게 하는데 충분하였다. 새벽 한 시에 달그림자만이 숲속에 도사린 인적 없는 고갯길에서 13세 소년은 순간적이나마 경최면 상태에 몰입되었던 것이다. 그러나 다음날 확인해 보니 길가에 핀 억새꽃이 달빛을 받아 하얗게 나부낀 것이 얼핏 보기에 회색두루마기를 입은 사람의 환영으로 보였을 뿐이었다. 그리고 우리가 느낀 더운 바람은 공포감을 느낄 때 몸에서 생기는 체열(體熱), 바로 그것이었다. 만약 이때 내가 조금만 더 깊은 최면과 환각에 빠졌다면 몽중유행의 상태에서 나의 잠재의식이 만들어 낸 유령에게 큰 시달림을 받았을지도 모를 일이다. 그런데 이 이야기는 더 계속된다.

　고갯길을 빠져나와 우리는 갈림길에서 헤어졌다. 친구는 큰길을 따라 2km정도를 더 가야하고 나는 800여m를 더 가야 야산 밑에 있는 우리 집에 당도할 만한 지점이었다. 여기서 집까지는 참나무가 우거져 하늘을 가린 조그만 숲길이다. 낙엽이 수북이 쌓여 발길을 옮길 때마다 서벅서벅하는 소리가 마치 누군가가 뒤에서 쫓아오는 소리처럼 들린다. 무서운 생각에 마음은 앞질러 달리는데 발길은 천근만근 지척거린다. 숲길 중간쯤에나 왔을까. 갑자기 어머니가 나를 부르시는 소리가 났다. 그런데 그 소리는 집이 있는 방향이 아니라 오른 쪽 산 등성이에서 들려왔다. 나는 반사적으로 떡갈나무들이 엉켜진 틈새를 통해 뒤쪽을 쳐다보았다. 아뿔싸! 나는 놀라운 정경을 눈앞에 두고 그만 온몸이 그 자리에 얼어붙는 것 같았다. 거기에는 흰 저고리에 검은 치마를 입은 여인이 미동도 않고 앉아서 나를 조용히 내려다보고 있었다. 유령이라는 생각이 들자 나의 몸은 사시나무처럼 떨린다. 그 와중에 간신히 정신을 수습한 나는 길바닥에 뒹구는 작은 돌을 양손에 하나씩 잡았다. 그리고 그것을 던질 요량으로 다시 응시했다. 그런데 자세히 보니 그것은 검은 바위 위에 산 너머 저 멀리 떠 있는 흰 구름장이 달빛을 받아 하얗게 겹쳐 보인 것이었다. 그러한 광경을 흰 저고리에 검은 치마를 입은 여인으로 착각했던 것이다. 천만다행으로 나는 환각상태 직전에서 정신을 가다듬을 수 있었으나 긴장이 풀림과 동시에 온 몸의 힘이 다 빠져나가는 것 같았다. 지금도 그 때의 일만 생각하면 소름이 끼친다. 그런데 이상한 것은 이때의 체험이 후일 어떤 꿈의 재료로 재현되는 일은 없었는가 하고 아무리 회상해 봐도 그것이나 그것과 유사한 체험이 한 번도 없었다는 사실이다.

　다음날 학교에서 어젯밤의 친구를 만났을 때 그는 나에게 『너 왜 집에 가다가 울었니?』하고 묻는다. 물론 나는 울지 않았지만 친구는 멀리 떨어진 큰길을 걷다가 어떤 소리를 듣기는 들었을 것이다. 그것이 개짖는 소리였건 닭 우는 소리였건 위축된 마음에서 사람이 우는 소리, 아니 내가 우는 소리로 들렸음에 틀림이 없을 것이다. 그래서 이때 그가 나를 부르는 소리를 나는 어머니가 나를 부르는 소리로 착각했던 것이다. 그런데 재밌는 것은 그 친구도 나와 비슷한 경험을 했다는 사실이다. 나와 헤어져 집을 향하던 중에 어디선가 새하얀 털 강아지 한 마리가 나타나 설렁설렁 따라오더니 집 근처에서 갑자기 사라지더라는 것이다. 집안 어른들에게 물어보니 달걀도깨비라고 알려 주었다 한다. 그러나 이것 역시 착각에 기인했을 것이다. 위축된 마음이 달빛에 반사된 길 주변의 물체들에서 털 강아지라는 환상을 만들어 낸 것이리라.

위와 같은 이야기를 장황하게 늘어놓은 이유는 다름이 아니라 건강한 사람의 경우라 할지라도 극도의 공포감이 자기최면을 불러일으키면 착시로 유발된 환각을 만들어 종종 몽중유행에 빠질 수 있음을 알기 쉽게 설명하기 위함이다. 이런 착시현상을 꿈의 한 장르로서 그 의미를 부여하기에는 무리라고 생각하는 연구자들도 분명 있을 것이다. 그러나 위의 예에서 보듯이 입면시나 이면시, 또는 경험적 최면시의 환각 등도 순간적이기는 하지만 어떤 잠재사상이 표현되는 분명하고도 실체적인 현상임에는 틀림이 없다.

그렇다면 수면장애 증상에 수반되어 일어난다는 환각, 즉 뇌각환각이나 나르콜렙시(Narcolepsy) 환각은 또 어떤가? 뇌각환각(腦脚幻覺)이란 뇌각의 [수면-각성]과 관련 있는 조직 부근에 장애가 생겼을 때 나타나는 꿈과 비슷한 환각을 말한다. 뇌각환각이라는 용어는 프랑스의 신경의(神經醫)인 레르미트(J. Lhermitte)가 처음 명명한 것으로 이 증상의 환각은 나르콜렙시(Narcolepsy)의 그것과도 매우 유사하다. 나르콜렙시는 갑자기 발작적으로 잠들어버리는 병적 상태로서 발작이 일어난 조금 후에 눈을 뜬다. 레르미트의 관찰보고는 다음과 같다.

72세의 건강한 부인이 어느 날 돌연 현기증이 나서 동시에 뇌각장애에서 보는 바와 같은 증상을 나타냈다. 이러한 증상이 있는지 수일 후 이 환자는 다음과 같은 경험을 호소했다.
『밤에 해가 지고 주위가 어두워졌을 때 가만히 앉아 쉬고 있었다. 그러자 소리도 없이 방안에 많은 동물들이 나타나났다. 닭, 새 등이 이리저리 왔다 갔다 한다. 몇 마리나 되는가하고 셀 수는 있었으나 꿈속에 나타나는 것 같이 기묘한 양상들을 하고 있다. 그것은 이 세상의 것으로는 생각되지 않는 큰 눈들을 하고 무서운 빛을 방산하고 있었다. 이런 것들을 바라보고 있었지만 나-환자-는 아무런 관심도 없다. 그런데 어느 날 또 그 동물들이 나타났을 때 그 동물에 손을 대보려고 했다. 그래서 손을 대는 순간 전기에 감전된 듯한 이상한 느낌이 들어 그 후에는 이런 일을 하지 않았다. 이런 일이 몇 번이고 반복해서 재현되었으나 언제든 똑 같은 것이었다. 그리고 수일 후에는 다른 것을 보았다. 이번엔 동물이 아니라 한 어린애가 옆에 있는 사람의 베개 위에 머리를 누이고 잠을 자고 있었다. 아주 편하게 잠을 잔다. 그렇지만 바라보거나 접촉을 해 보아도 실물 같지 않아 착각이라고 생각했다.』

　주의할 만한 것은 이 환자의 밤 동안의 수면은 몹시 장애를 받고 있으며 한편 오후에는 졸려서 견딜 수가 없다는 것이다. 이 환자의 환각은 꿈과 거의 같다. 꿈속에서 용(龍)이 기차 지붕에 붙었어도 그 밖에 이상한 동물들이 차례차례 출현하여도 조금도 이상한 느낌이 들지 않는다는 것이다. 그리고 꿈이 외계의 사실에 대해서 무관심을 보이는 수면상태 중의 정신활동과 같이 해가 지고 지각이 약해졌을 때 나타나는 것으로 이 뇌각의 손상에 의해서 저절로 나타나는 상-뇌각환각-과 몽상과는 거의 같은 것이다.

나는 뇌각장애자의 환각몽을 건강한 사람의 수면몽과 비교했을 때, 그 형성원리나 적용성에 있어서 전혀 다를 것이 없다고 생각한다. 꿈이란 그 어떤 종류를 막론하고 모두가 잠재의식적 표현이며, 또 뇌각을 침범 당했다고 해서 잠재의식의 본질이 변한다고는 생각되지 않기 때문이다. 따라서 이 여환자의 환상 역시 어떤 사고의 상징화로 표현된 것이므로 우리가 그 상징들의 의미를 알게 되면 이 여자의 환각몽이 무엇을 암시하고 있는지 알게 될 것이다. 다만 동일한 내용의 꿈이 거듭되는 이유는 그것이 [반복되는 꿈]이기 때문이라고 생각한다.

일본의 우대나·히로시(台弘)는 나르콜렙시 환자의 환각을 장기간 관찰했는데 그 환자는 65세의 봄부터 수면발작을 일으켰으며 잠을 자지 않고 눈을 뜨고 있을 때 약이 주어졌다고 한다. 그런데 3일 간 약을 먹지 않았더니 2일 밤 동안 계속해서 개가 나타났다는 것이다. 3일째에는 더 심해져서 일찍 모기장 속으로 들어가 잠을 자려고 할 때 환각이 일어났다고 한다. 우대나히로시가 보고한 이 환자의 환각몽을 소개하면 다음과 같다.

    50마리 정도 되어 보이는 빨간 개들이 주변에 모여들었다. 늘 나타나는 놈들이지만 저렇게 많이 온 것은 처음이다. 내 주변에서 뛰놀며 발, 어깨, 겨드랑이 등을 물어뜯는다. 큰 것은 2척, 작은 것은 5촌정도 가량 되어 보였다. 모기장 밖에는 아내가 있어 구해달라고 악을 쓰려고 하지만 소리가 나오지 않을 뿐 아니라 꼼짝도 못한다. 겨우 아내에게 철봉이나 지팡이를 가져오라고 소리치니 아내는 냉소하면서 『또 그놈의 몽유병이 도졌구먼.』하고 상대도 않는다. 그리고는 계속해서 재봉질만 하고 있다. 이런 고통을 알지 못하는 그녀가 원망스러워 분통이 터진다. 스스로 지팡이를 잡은 기분이 생겨서 위로 치켜들었으나 손에는 아무것도 없다. 이럭저럭 20여분 정도 시달림을 받으며 고전을 했으나 큰 개가 큰 입을 벌리고 물려고 덤벼서 별수 없이 쓰러지고 말았다. 이때 딸이 아내와 함께 모기장 속으로 들어와서 『아버지 왜 그래요? 또 뇌병이 발작한 거지요?』라고 한다. 나는 분해서 꾸중을 했으나 이때는 아무것도 보이지 않았다. 몸이 움직여지지 않는 것도 아니었다. 『지금 여기 개가 있었는데..』라고 말하자 두 사람은 그저 웃을 뿐 상대를 해주지 않는다. 보이는 것, 즉 환각의 내용은 병이 시작되면서부터 거의 같아서 변화가 적다. 언제나 작은 동물, 즉 개, 고양이, 여우, 토끼, 모르모트 같은 것들이다. 때로는 기괴한 인간이 나타나기도 한다. 여우가 북을 치고 재미있게 춤도 추는 것을 연극처럼 즐겁게 바라보기도 한다. 그러나 고양이나 개는 반드시 성기, 허리 등을 물어뜯고 괴물이나 흉악한 사람은 위협을 하는 등 대개는 두려운 환상들이다. 어떤 때는 많은 고양이가 10일 이상 연속적으로 괴롭혀 그만 항복을 하고 그날부터 매일 고양이에게 경을 읽어줄 것을 조건으로 물리치기도 하였다. 그것들을 붙잡으려고 하지만 이런 때일수록 꼼짝할 수가 없고 목소리도 안 나오며 뒤돌아보지도 못한다. 이때의 고통은 말할 수 없이 지독한 것이다. 정신을 차린 다음에는 진땀이 흐르는 것을 느낄 정도다. 토끼를 붙잡아 사람들에게 보여주려고 쫓아갔으나 계단까지 와서는 갑자기 토끼가 없어져 버렸다. 집사람이 방으로 들어오거나 인기척을 내면 환각은 이내 곧 사라져 버린다. 환각은 실제인 것처럼 분명히 보이며, 방 침대 주변에 나타난다. 환각이 돌연 소멸된 후에야 그것이 거짓인 줄 알게 된다. 이것은 눈을 뜨고 보는 것과는 느낌이 다르다. 실제로 여우나 너구리같은 것이 있어서 그것들을 조종하여 골탕을 먹이는 것은 아닌가 하고 생각될 정도다.

우대나히로시는 이 환각몽에 대하여 『환자는 이것이 사실이 아닌 것을 나중에 알게 되고 뇌의 병이며 뇌각이라고 일러주면 대뜸 그것을 승인한다. 정신 병세와 같이 자기가 병을 앓고 있다는 것을 모르지는 않는다.』라고 부연설명하고 있다. 뇌각환각이나 나르콜렙시 환각 등을 꿈의 한 형태로 보지 않으려는 것은 꿈-상징의 형성원리를 알지 못하는 탓이다. 위의 소개한 두 환각몽은 대체로 자기 병세의 진전과 장애를 받고 있는 신체기관의 상징화 따위를 나타내는 표현이라고 나는 해석할 수 있다. 건강한 사람의 꿈에 있어 [개, 고양이, 여우 등의 동물이나 괴한이 나타나서 물려고 하거나, 괴롭히거나, 또는 위협을 가하는 경우], 그리고 [무수한 동물이나 사람들이 들끓는 경우], 그래서 [괴롭고 고통스러우며 두려운 감정이 생겨날 때], 또는 [쫓기거나 패배하고 꼼짝을 못할 때]하는 등의 표현들은 미래의 현실에서 어떤 어려운 일로 고통을 당하거나 병에 걸릴 것 등을 예지한 것으로 해석된다. 마찬가지로 위의 두 사례 역시 병의 발작상황을 묘사하거나 장차 진행될 병세의 양상을 암시하고 있는 것이다.

일부 학자들은 우리가 각성시에도 꿈을 꾼다고 주장한다. 칭기즈칸이나 아메리카 원주민 주술사 등이 예언을 필요로 할 때마다 양귀비 등의 자연약초를 이용하여 수시로 인위적인 환각을 유도했다는 고증으로 미루어보더라도 매우 신빙성이 있는 주장이다. 그렇다면 충분한 수면을 취하지 못해 정신이 혼미해진 사람들이 흔히 경험한다는 환각도 위의 주장과 분명한 연관이 있을 것이다. 다만 정상적인 사람들이 그것을 인식하지 못하는 이유는 전경의식(前景意識)인 표면의식의 장악력에 의하여 잠재의식이 배경적 기능에만 머물고 있기 때문일 것이다. 이 잠재의식이 활성화되는 것은 반수상태가 아니면 불가능하므로 순간적이나마 그러한 상태에 들어가지 않고는 절대 환각을 경험할 수 없다. 그러므로 뇌 질환자들은 눈을 뜨고 꿈을 꾸는 것이라고 말할 수 있는 것이다. 따라서 그들 역시 정상적인 사람들과 마찬가지로 상징적인 꿈을 꾸고 있으며, 어떤 일에 대한 예지와 판단을 하고 있다고 보아야만 한다.

나르콜렙시 환자들도 정상인과 마찬가지로 꿈속에서 모든 감각적 경험은 물론, 정동(情動)이 생기고 행동을 하며 대화를 나눈다고 한다. 이러한 증거들로 보자면 그들의 증상을 환시나 환청에만 국한해서 판단할 수는 없을 것이다. 그러므로 나르콜렙시 환각에 있어 [인격의 통일이 충분치 않다거나, 현실감이 약하다거나, 제멋대로 말을 만든다거나, 심하게 변화된 이미지를 사용한다거나, 또는 이상한 상상으로 이끌어간다]고 진단되는 것은 거기에 현실적 사고능력이 결여되어 있기 때문이 아니라, 꿈의 암시적 표현수단이 갖는 특성이 개입하기 때문이라는 사실이 분명해진다. 그것은 어디까지나 잠재의식적 상황인 것이다.

결론을 말하자면 이제까지 꿈과 유사한 것으로만 설명되었던 무의식적 백일몽, 최면몽, 반수시의 환각-*입면시의 환각, 각성시의 환각, 그리고 경험적 최면상태에서의 환각*-, 뇌각환각, 나르콜렙시 환각 등도 모두가 입면상태에서 형성되는 일종의 꿈이라는 것이다. 따라서 그 각각이 수면몽과 더불어 형태적 구분의 한 종류로서 취급되어야 한다고 생각한다. 칸트(T. Kant)가 꿈을 정의함에 있어 『미친 사람은 잠을 깬 채로 꿈을 꾸는 사람이다.』라고 말했듯이 정상인의 꿈과 정신질환자의 증상 사이에 아무런 차이가 없음이 증명되는 날, 잠재의식적 기능이 보다 명쾌하게 해명될 것이요, 우리의 이론도 더욱 분명한 논거를 갖게 될 것이다.

3. 표현방식(表現方式)에 따른 분류

예로부터 사람들은 꿈을 그 형태, 목적, 소재, 그리고 시점 등에 따라 다양하게 분류하고 있다는 것은 전술한 바와 같다. 그러나 나는 앞 항목에서 기술한 바 있는 형태상의 구분과, 앞으로 설명하게 될 표현방식의 구분 외에는 더 세분해서 분류할 필요가 없을 것으로 생각한다. 위의 두 가지 분류방식은 우리가 정의하고자 하는 꿈의 형성원리와 상징표현의 내용을 가장 적절하게 설명할 수 있을뿐더러, 그 범주만으로도 모든 꿈을 포괄할 수 있기 때문이다.

우리가 어떤 꿈을 상기(想起)하여 기술하고 나면 그 내용이 전적으로 공상적인 형태를 취하여 도무지 무슨 뜻인지 이해할 수 없는 경우가 허다하다. 한편 이것과는 대조적으로 과거의 경험을 그대로 재현하거나 현실사고와 동일하게 사실적으로 묘사함으로서 이해하기가 보다 수월한 경우도 있다. 그런가 하면 꿈의 내용 중에 어떤 요소는 비현실적으로, 또 어떤 요소는 현실적으로 묘사됨으로서 이중적인 구조를 갖춘 경우도 있다. 이와 같은 표현방식에 의해 나는 꿈을 상징적인 꿈과 사실적(투시적)인 꿈, 그리고 반사실적(반상징적)인 꿈 등의 세 가지로 대별하였다. 그 각각을 상술하자면 다음과 같다.

1) 사실적(事實的), 또는 투시적(透視的)인 꿈

이 꿈의 특성은 꿈의 내용을 상징이나 비유로 바꿔놓거나 반대물 등으로 왜곡, 위장하지 않고 각성시의 사고와 동일하게 현재나 미래를 사실적, 또는 투시적으로 묘사한다는 점이다. 이런 꿈들은 그 잠재사상이 조금도 가공되지 않은 채, 꿈의 현현내용을 구성하기 때문에 꿈이 의도하는 바를 이해하기가 수월하다. 물론 꿈-내용만을 가지고 그 꿈이 사실적으로 표현된 것인지, 아니면 상징적으로 표현된 것인지를 단정하기는 어렵다. 때문에 우리는 꿈의 암시가 실현되는 것을 기다려 이 꿈의 성격을 판단할 수밖에 없다. 왜 당장 어떤 종류의 꿈인가를 단정할 수 없는가 하면 그것이 비록 사실적으로 표현된 것처럼 보일지라도 현실적인 의미를 가지는 것이 아닐 수도 있기 때문이다. 즉 사실적으로 표현된 요소 하나하나가 모두 상징표상일 수 있다는 것이다. 사실적인 꿈 중에는 먼 과거의 역사적 사건을 그대로 재현하는 과거인지(過去認知)의 꿈도 있다. 그런가 하면 동시간대(同時間帶)에 멀리 떨어진 곳에서 벌어지는 사건을 투시(透視)하는 꿈도 있고, 이제까지 한 번도 접해 본 적이 없는 어떤 미지(未知)의 사물을 사실적으로 표현하는 꿈도 있다. 이런 종류의 꿈은 사람마다 다소간의 차이는 있으나 대체로 전체 꿈의 5~10%를 차지하는 것으로 판단된다.

☞ *사례* : 제1차 세계대전에 사병(士兵)으로 참전한 아돌프·히틀러는 그의 참호에서 잠을 자다가 생생한 꿈을 꾸었다. 그의 참호가 흙덩이와 녹은 쇠붙이에 파묻히는 꿈이었다. 잠을 깬 그는 불길한 생각이 들어 곧바로 그곳을 떠났다. 그리고 얼마 지나지 않아 그가 머물던 참호가 폭탄에 맞아 흙속에 파묻혔다. 때문에 그의 동료들은 모두 죽었다.

☞ *사례* : 1960년대 중반 뉴욕의 브루클린에 있는 마이모니데스(Maimonides) 메디컬센터에서 텔레파시를 연구하던 몬테규·울만(Montague. Ullman)은 다음과 같은 기이한 사례를 보고한바 있다. 보스턴·글로브 지의 기자였던 빅터·샘슨(Victor. Samson)은 일과를 끝내고 동료들과 근처 술집에서 한잔하게 되었다. 몇 시간의 음주 끝에 만취상태가 되자 집으로 가지를 못하고 사무실로 되돌아와 잠간 눈을 붙이게 된다. 이때 그는 유체이탈과 비슷한 꿈을 꾸게 되었는데 꿈속에서 그는 펠레(Pele)라고 불리는 섬 위에 떠 있었다. 이 섬에는 활화산이 하나 있었는데 그가 주시하는 동안에 그것이 폭발했다. 그리고 그 아래에 위치한 마을로 녹은 용암이 덮쳐 수천 명의 사람들이 죽었다. 그는 잠을 깨자마자 기사작성 용지를 꺼내놓고 방금 꿈속에서 보았던 것들을 아주 상세하게 적어나갔다. 그리고 사무실에 홀로 남아 있기에는 너무도 소름끼치는 상황이라 좀 더 평안한 수면을 취하기 위해 집으로 갔다.

다음날 아침 편집장이 그의 책상 옆을 지나다가 우연히 이 글을 읽게 되었다. 유감스럽게도 샘슨은 이것이 꿈 이야기라는 것을 부기해 놓지 않았으므로 편집장은 실제의 기사라고 생각하여 곧바로 인쇄하게 하였다. 이 이야기의 결론은 실제로 화산이 폭발하였다는 것이다. 그것은 인도네시아의 자바와 수마트라 사이에 위치한 크라카타우(Krakatau)라는 섬이었다. 그런데 놀라운 것은 원주민들이 이 섬을 [펠레] 라고 불렀다는 사실이다. 이 사건은 1883년 8월에 일어났는데 그때만 해도 제대로 된 통신수단이 없었던 탓에 화산폭발과 함께 3만 6천명의 인명이 희생된 사실은 그 몇 주 뒤에 가서야 지나가던 범선에 의해 전세계로 퍼지게 되었다. 샘슨은 화산이 폭발한 바로 그 순간에 이 꿈을 꾸었던 것이다. 이것은 사실몽의 한 가지인 투시몽(透視夢)의 전형적인 사례이다.

☞ *사례* : [실바 마인드·컨트롤 훈련] 의 창시자 호세·실바(Jose. Silva)는 그가 처음 강연을 시작할 때만해도 거의 파산하여 절망상태에 놓여있었다. 어느 날 그는 꿈속에서 번쩍번쩍 빛나는 몇 개의 숫자들을 보았다. 당시에는 그 꿈이 중요한 암시라는 사실을 전혀 인식하지 못했으므로 그는 그것을 무시했다. 그리고 다음날 그는 미국·멕시코 국경에 있는 한 작은 도시를 방문하게 된다. 거리를 가로질러 가던 그는 언뜻 간밤의 꿈이 생각나 동행하던 친구에게 그 이야기를 했다. 그들이 어느 멕시코 가게에 들렀을 때 그의 친구는 방금 전에 들은 꿈 이야기를 상기하고 멕시코 정부에서 발행한 복권을 가리켰다. 그런데 복권의 일련번호는 놀랍게도 실바가 간밤에 꿈에서 보았던 바로 그 숫자였다. 이 복권이 일등에 당첨됨으로서 그는 파산의 위기에서 가까스로 벗어날 수가 있었다.

2) 상징적(象徵的)인 꿈

상징적인 꿈은 그 내용을 구성하는 모든 이미지가 상징적으로 표현되어 있으며 스토리마저 비유-주로 은유-와 상징으로 전개된다. 따라서 대치(代置), 압축(壓縮), 생략(省略), 역전(逆轉) 등의 왜곡된 표현들이 난무하여 해석에 의하지 않고는 그 본뜻을 알 수 없다. 전체 꿈의 70~80%정도를 차지한다. 아직도 많은 심리학자들이 시각표상의 어떤 특정요소들만이 상징적으로 표현된다고 주장한다. 그러나 전술한 바와 같이 거의 대부분의 꿈이 상징표상으로 채워진다는 것은 내가 오랜 연구로 알아낸 사실이다. 꿈이 사실 그대로를 묘사하지 않고 굳이 상징적으로 표현하는 까닭은 그것의 형성원리가 원시심성에서 기원하기 때문이라고 판단된다.

☞ *사례* : 칼·융은 어느 날 생생한 꿈을 꾸었다. 그는 꿈속에서 [가공스러운 홍수(洪水)가 전 유럽을 덮쳐 그가 살고 있는 스위스 산자락까지 밀려올라오고 수많은 사람들이 물에 빠져 허우적거리며, 문명들이 파괴되는가 하면 땅을 뒤덮은 물이 온통 피로 변하는] 광경을 보았다. 그리고 그 몇 주 뒤에는 [영원히 계속되는 겨울과 피의 강이 흐르는] 환상을 한 번 더 경험하였다. 그는 자신이 정신병에 걸린 것은 아닌가 하는 생각에 두려워졌다. 그러나 그 몇 달 후인 1914년 8월 1일 제1차 세계대전이 발발했다. 융은 이 사례를 두고 그와 다른 사람들, 아니 인간 상호간에는 완전하게 해명될 수 없는 어떤 연결고리가 존재한다고 생각하게 되었다.

☞ *사례* : 몬테규·울만(Montague. Ullman)은 어느 날 장거리 여행을 하기 위해 고속도로에서 차를 몰고 있었다. 그런데 눈보라로 인해 도로사정이 좋지 않았다. 출발지점으로부터 30마일정도나 왔을까. 도로 옆의 교통안내판에 도로결빙을 알리는 메시지가 떴는데 살펴보니 그가 주행 중인 도로도 그 중에 포함되어 있었다. 다음 순간 전날 밤의 꾸었던 꿈이 불현듯 상기되었다. 사실 그는 지난밤에 [아이들이 엷은 빙판 위에서 스케이트를 타다가 물에 빠지는] 꿈에 놀라 잠을 깨었던 것이다. 그는 그것이 일종의 경고였다는 사실을 즉각적으로 알아차렸다. 그는 곧 고속도로를 벗어나 한적한 지방도로로 여행을 계속하였고 상당히 지연되기는 하였으나 목적지까지 무사히 도착할 수 있었다. 다음날 집으로 무사히 도착했음을 알리는 전화를 했을 때, 그는 놀라운 소식을 듣게 된다. 그가 주행하던 바로 그 고속도로에서 대형화물차가 빙판위에서 미끄러지는 바람에 30중 충돌사고가 발생했다는 것이다. 울만은 이 에피소드를 소개하면서 『경고(警告)의 꿈이라고 하더

라도「절대 고속도로를 주행하지 마라!」하는 식으로 선명하게 표현되는 경우는 극히 드물다. 대개는 이처럼 상징적으로 표현되기 때문이다.』라고 강조했다.

3) 반사실적(半事實的), 또는 반상징적(半象徵的)인 꿈

꿈을 자세히 분석해 보면 꿈-내용을 형성한 인물이나 장소, 또는 사물 등은 사실 그대로이지만 사건의 양상이나 진행과정 등이 상징적으로 묘사된 경우가 있다. 이와는 반대로 인물이나 장소, 또는 사물 등은 상징적으로 표현된 반면, 사건 따위가 사실적으로 묘사된 경우도 있다. 나는 이런 종류의 것들을 반사실-반상징-적인 꿈이라고 명명하였다. 물론 꿈 전체의 대의가 파악되어 완벽한 해석이 이루어진 다음에야 이런 정의가 내려질 수 있음은 두말할 나위가 없다.

☞ 사례 : 아테네의 영웅인 알키비아데스(Alkibiades B.C. 450~B.C. 404)는 아테네의 해군이 스파르타에게 패하자 프리기아의 어느 촌락에 은퇴하여 티만드라라는 애첩과 살고 있었다. 그러던 어느 날 밤 그는 이런 꿈을 꾸었다. 그가 티만드라의 옷을 입고 있었는데, 여자가 팔 안에 그의 머리를 껴안은 뒤 얼굴에는 흰 분을 발라주고 눈까풀에도 아이섀도를 칠해주는 등 그의 얼굴을 마치 여자처럼 화장해주고 있는 꿈이었다. 그리고 다음날 그는 스파르타 자객들에게 참살 당한다. 알키비아데스의 애첩 티만드라는 그의 시체를 안아 일으켜 저고리에 싸고, 가지고 있는 돈을 다 털어서 정성껏 장례식을 치렀다. 꿈속에서 그가 티만드라의 옷을 입고 여자의 팔 안에 안겨 있었던 것은 사실적인 표현이고 얼굴에 분칠을 한 것은 장례를 상징한 것이다.

☞ 사례 : 조선조의 숙종대왕(肅宗大王)이 하루는 낮잠을 자는데 꿈에 황룡(黃龍)이 큰항아리 밑에 치어 나오지 못하고 허우적거리고 있었다. 꿈을 깬 숙종이 뒤뜰에 나가 보니 과연 큰항아리가 엎어져 있기에, 뒤집게 하니 숙

빈 최 씨가 그 속에 갇혀 거의 기진한 상태였다. 장희빈이 질투해 한 짓이 었는데, 이때 최 씨는 임신한 상태였다. 곧 침전에 데려다가 깨어나게 하니, 이듬해 갑술(甲戌, 1694)년에 아들이 태어났다. 그가 바로 영조대왕이다. 여기서 황룡은 아직 모태 속에 있던 영조대왕(英祖大王)을 암시한 상징표현이고 큰 항아리 속에서 허우적거린다는 것은 사실적인 표현이다.

제 4 장

수면(睡眠)과 꿈

1. 수면(睡眠)

지금까지의 연구결과에 의하면 잠은 우리에게 절대적으로 필요한 것이어서 만약 잠을 자지 않으면 극심한 정신적 혼란에 빠지고, 심신 양면으로 퇴보하며, 흥분하기 쉽고, 무책임해진다고 한다. 또한 기억은 몽롱해지고, 망상을 하게 되며, 방향감각을 상실한다고 한다. 심할 경우 술 취한 사람처럼 말도 제대로 못하고, 사고는 공상의 층계를 오르내리며, 눈을 뜨고 벽을 향해 걸어가는가 하면, 환각에 사로잡혀 청각에 이상을 가져오기도 한다고 한다. 정상적인 성인의 경우 심하게 잠을 자지 못할 경우 일시적으로 정신균형을 잃으며, 또 이러한 상태가 100시간정도 지속되면 정신착란으로 헛소리를 할 가능성이 높다고 알려졌다.

잠은 생산적인 면도 가지고 있다. 생리학자들이 의하면 우리 몸은 수면 중 낮에 섭취한 음식물을 소화, 흡수하고 생장호르몬을 왕성하게 분비한다고 한다. 어린이의 성장이 전적으로 밤에 이루어지며 성인의 수염이 밤중에 자라는 이유가 바로 그 때문이다. 최근에는 수면 중 면역증강물질이 분비되어 우리 몸의 면역기능을 강화한다는 사실이 밝혀지기도 했다. 결국 잠은 우리에게 꼭 필요한 것이며 육체의 피로를 풀어줌으로서 새로운 활력소를 제공할 뿐 아니라 정신활동에 필수적인 생체리듬을 유지시키는 것으로 이해될 수 있을 것이다.

그런데 우리는 잠을 자거나 반수상태에 이르러야만 꿈을 꿀 수 있다. 따라서 우리가 꿈을 이해하려면 [잠이란 무엇인가]라는 명제부터 풀어야한다. 그러나 현재까지 수많은 학자들이 여러 가지 가설들을 제시하고 있지만 그 중 어느 것 하나도 명쾌한 답이 되지는 못하고 있다. 다만 지구상에 생명체가 탄생하고 진화하는 과정에 낮과 밤이 바뀌는 자전(自轉) 주기에 맞추어 일정한 생체리듬이 생겨났다는 설이 가장 큰 설득력을 얻고 있다.

한 세기 전만 하여도 학자들은 꿈을 통해 인간의 심층심리를 들여다봄으로서 [꿈의 정체는 과연 무엇인가]를 연구하는, 이른바 형이상학적이며 관념론적 방법에 의해서 그 본질을 규명하려 하였다. 그러나 최근에는 [꿈이란 잠을 자는 동안에 일어나는 현상]이므로 반드시 수면(睡眠)을 연구해야만 그 본질을 완전하게 이해할 수 있다는 생각에서 생리학적(生理學的) 연구가 확산되고 있다. 이러한 분위기 탓인지 대부분의 꿈 연구가들도 [꿈과 수면의 상관관계]에 집중하여 잠의 생성과 작용을 활발하게 논의하고 있다. 일부 극단적인 생리학자들은 [꿈-연구는 절대 신경생리학적 범주를 벗어날 수 없다]는 신조로서 꿈은 오직 수면연구에 의해서만 규명될 수 있다고 주장하기도 한다. 그러나 수면연구만으로 꿈의 본질이 완전하게 규명될 수는 없을 것이다. 그것은 인간의 정신을 다루는 문제이기 때문이다. 그렇다면 과연 수면이란 무엇인가? 그간 학계에 보고된 연구결과에서 핵심적인 사항들을 간추려보자면 다음과 같다.

ⓐ 수면을 취하지 않으면 죽게 된다. 수면은 생명체에 있어 절대적으로 필요한 것이다.

ⓑ 잠은 외적조건에 의하여 직접 유발되지 않고 내적 요구에 의해서 생성된다는 자발성이 있다.

ⓒ 잠은 주기적인 리듬으로 반복된다.

ⓓ 수면중에는 외계의 자극을 느끼지 못하여 감각성 및 운동성의 감퇴됨으로 외계에 대한 작용이 거의 없어진다.

ⓔ 수면상태에서는 무관심성과 지리멸렬성이 보인다.

ⓕ 수면중에는 꿈을 꾼다.

ⓖ 수면은 항상 같은 것이 아니라 개인의 연령이나 계절 등에 따라 다르다.

ⓗ 수면중에 어느 정도 움직이느냐 하는 안정도(安定度)를 기계적으로 측정할 수 있다.

ⓘ 어느 정도 자극을 받으면 잠을 깨느냐 하는 잠의 심도(深度)를 기계적으로 측정할 수 있다.

ⓙ 몇 시간을 자느냐 하는 지속시간을 기계적으로 측정할 수 있다.

ⓚ 입면시(入眠時)에는 차차 현실에서 멀어져 가며 적응을 하는 작용이 분해되어 간다. 이때를 반수상태라 할 수 있으며 차차 사고가 혼란되어 의지적으로 주의를 요하는 것부터 파괴되어 간다. 가장 오래되고 고정된 마음의 콤플렉스만이 남는다.

ⓛ 수면시에는 각성시보다 망각하는 비율이 낮다.

ⓜ 신체적 이상에 의해 불면증-*입면장애, 수면시간 감소, 숙면장애 등-*, 과잉수면(過剩睡眠), 또는 병리수면(病的睡眠) 등이 발생할

수 있다.

　그런가 하면 사람이 수면을 취하는 원인(原因)에 대하여는 다음과
같은 여러 학설이 제시되고 있다.

　① 뇌에 빈혈이 생기기 때문에 잠이 오는 것이며 혈액이 뇌로 되
돌아가면 깨어난다.
　② 음식물의 소화나 온 몸의 피로로 말미암아 생기는 열이 머리
에 가득 차면 잠이 온다.
　③ 정신과 육체가 피로해지면 피로소(疲勞素)가 생겨서 잠이 온다.
　④ 뇌 속의 일정한 곳에 수면중추가 있어서 모든 자극을 막기 때
문에 잠이 온다.
　⑤ 뇌 속으로 들어오는 혈액량이 일시적으로 줄어들 때 잠이 온다.
　⑥ 세포의 연결이 풀리기 때문이 잠이 온다.
　⑦ 혈액 속에 물질, 또는 수면독(睡眠毒)이 생기기 때문에 잠이
온다.
　⑧ 대뇌피질에 제지현상이 생기기 때문에 잠이 온다.

　잠의 본질에 관한 이상의 주장들에는 아직까지 충분한 증명이 뒤따
르지 않고 있다. 다만 뇌과학의 발달과 더불어 잠과 꿈의 상관관계를
기계적으로 검증해 보려는 노력만큼은 어느 정도의 성과를 보이고 있
다. 그러나 꿈을 이해하는 전제조건으로서 잠의 본질을 규명함에 있
어서는 너무도 많은 선결문제들이 산적해 있다. 그리고 그러한 문제
들은 아주 기초적인 단계에서조차 벽에 부딪쳐 있는 실정인바, [꿈을
꾸지 않고 잠을 잘 수가 있는가], 또는 [꿈을 꾸더라도 어쩌다가 한
번, 그렇지 않으면 어느 특정한 시기에만 꿈은 꾸는 것은 아닌가]하는
등의 의문들이 바로 그것이다. 사정이 그렇다 보니 [꿈이 잠을 방해하

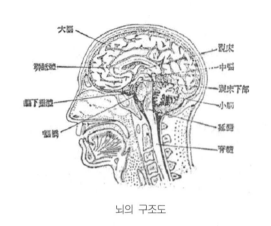

大腦

間腦

腦下垂體

延髓

視床

中腦

小腦

延髓

脊髓

뇌의 구조도

지는 않는가], [수면중의 정신활동은 어느 수준인가], 또는 [꿈을 꾸게 하는 원동력은 무엇인가] 하는 등의 문제에 있어서는 지극히 원론적인 수준에만 머물고 있다.

프로이트 이후의 꿈-연구자들이 많은 이견들을 갖고 있음에도 불구하고 [수면중에는 반드시 꿈을 꾸는 것이고, 꿈을 꾸지 않았다고 하는 주장하는 것은 사실 그 꿈을 상기하지 못하기 때문이다]라는 점에 있어서만은 일치된 견해를 보이고 있다. 그러나 [인간이 왜 수면 중에 반드시 꿈을 꾸어야 하는 것인가]에 대한 과학적인 증명은 아직 나오지 않고 있다. 우리는 그것을 학수고대하고 있다. 왜냐하면 그것이 꿈을 객관적으로 관찰하는 출발점이 될 것이기 때문이다. 수면이라는 호수에서 꿈이라는 물고기를 잡았다면, 그 물고기가 어떻게 생겼는지를 설명하는 것만으로는 호수나 물고기의 본질을 이해하는데 충분하지가 않다. 호수가 어떻게 생성되었으며 어떤 성질을 갖고 있는지, 또 물고기는 왜 호수에서 살게 되었는지 하는 점까지도 반드시 규명되어야만 한다.

2. 수면(睡眠)과 꿈의 관계(關係)

1) 급속안구운동(急速眼球運動)과 뇌파(腦波)

꿈 연구자들은 잠을 자는 사람에게 여러 가지 신체적 변화가 생긴다는 사실을 발견하였다. 그 중에서 수면중에 안구(眼球)가 움직인다는 사실이 제일 먼저 관심을 끌게 되었는데 생리학적 연구자들은 이것이 꿈과 어떤 관계가 있지 않을까 하는 것에 초점을 두고 조사를 시작하였다.

1952년 생리학자 클라이트먼(Nathaniel. Kleitman)과 그의 제자인 아세린스키(Eugene. Aserinsky)라는 대학원생은 수면연구에 골몰해 있었다. 그들은 출생한지 얼마 안 되는 갓난아기의 눈 움직임과 수면심도와의 관계를 깊이 관찰했다. 그러나 기계적인 측정도구가 없었으므로 목측(目測)에 의지하는 수밖에 없었다. 그런데 갓난아기의 눈동자는 제멋대로 움직이므로 이것으로는 어떤 결과도 얻지 못하리라 판단하여 그 대신 눈깜짝이 동작을 계산해 보기로 하였다. 그 결과 갓난아기들이 자면서 눈을 깜짝일 때는 몸이 완전하게 움직여지고, 그렇지 않을 때는 움직임이 현저히 둔화된다는 사실을 알아냈다. 다음에 그들은 어른들의 경우는 또 어떤가하고 다시 관찰을 시작하였다. 전기적 기록장치를 이용하여 실험을 계속한 끝에 다음과 같은 결과를 도출해 낼 수 있었다. 즉, 수면중인 성인의 경우 양안이 대칭적으로, 그리고 여러 가지 방향으로 급격히 움직인다는 점과, 또 그것이 어느한 시기에만 주기적으로 발생한다는 점 등이었다.

그보다 훨씬 앞선 1892년에는 트럼불래드(G. T. Ladd)가 실제로 자고 있는 사람을 관찰하여 꿈을 꾼다고 생각되는 일정 시간대에 안구가 움직인다는 사실을 발견하고 그것을 논문으로 발표한바 있다. 그 후 40여 년간 아무런 연구결과도 나오지 않다가, 1935년에 이르러서야 제이콥슨(A. Jacobson)이 재차 [수면중의 안구운동설]을 발표하였는데 그는 뇌파, 호흡, 맥박 등의 기록들을 그 증거물로 내놓았다. 1958년에는 디멘트(W. C. Dement)가 고양이에게도 인간과 같은 현상이 수면중에 일어난다고 발표했다. 이것은 꿈의 실험적 연구가 동물에 의해서도 가능하다는 증표였다. 때문에 『디멘트의 공적에 의해서 꿈은 드디어 관념론의 세계에서 유물론의 세계로 넘어가는 셈이다.』라며 탄성을 발하는 사람들까지 있었다.

급속한 안구운동(rapid eye movement)을 약칭하여 [REM]이라고 하며, 이 현상이 일어나는 특정한 시간대를 [REM기(期)]라고 한다. 그런데 임상실험에 참가했던 연구자들은 이 현상이 주기적(週期的)으로 일어나지만 수면 초기에는 발견되지 않는다고 주장했다. 곧이어 그들은 이 현상이 잠이 들어 1시간 정도가 경과한 뒤에 처음 나타나며, 한 밤을 통틀어 3~5회 정도가 반복된다는 관찰결과를 발표했다. 그렇다면 REM현상이 발생하는 동안의 뇌파(腦波)는 어떻게 변화할까? 뇌에는 거의 백억 개 이상의 신경세포가 있다고 알려져 있다. 이 세포들은 전기적인 활동성을 가지고 있어 두피(頭皮)에 전극을 부착시키면 어느 장소에서나 5백만분의 1에서 5천만분의 1볼트까지의 전위가 기록된다고 한다. 때문에 현실에서 6만 명분의 두피전류를 모을 수 있으면 백열등에 불이 들어오게 할 수 있는 정도가 된다는 것이다. 이 전류-또는 전압-를 증폭해서 기록을 하면 일정한 파상(波狀)을 나타낸다. 이것이 바로 뇌파다. 뇌파라고 불리게 된 이유도 그것이 뇌전도(腦電圖)에 파상(波狀)으로 기록되기 때문이라고 한다.

뇌파에는 각기 다른 리듬을 가진 몇 개의 타입이 있다. 이것을 처음 발표한 한스·베르거(Hans. Berger)의 연구는 이후 독립된 하나의 학문으로까지 발전하게 되었다. 그의 연구결과에 의하면 뇌는 항상 네 가지의 전기적 파상, 즉 ① 알파α파 ② 베타β파 ③ 델타δ파 ④ 세타θ파 등을 나타낸다고 한다. 알파파는 매초 8-12Hz-1Hz는 물체가 1초 사이에 8번 진동하는 단위-로 진동하며 사람이 명상에 잠겨 있을 때 나타난다고 한다. 13-30Hz정도의 베타파에선 복잡한 사고나 긴장, 흥분 등이 일어나고, 4-7Hz 정도의 세타파에선 졸음이나 얕은 잠이 오며, 1-3Hz정도의 델타파에선 깊은 잠이 온다고 한다. 각성시의 뇌파는 매초 10회 정도를 반복하는 알파파가 뚜렷이 나타나면서 이것보다 빠른 베타파가 중복되어 있으나, 수면중의 그것은 매우 특별한 형태를 갖는다고 한다. 처음에는 알파파가 출현하지 않고 매초 14회 정도의 방추파(紡錘波)라는 파상이 때때로 출현하는데, 이 시기를 경과하면 델타파(徐波)가 출현한다고 한다.

그런데 REM기에는 잠을 자고 있으면서도 보통 수면시에 나타나는 서파가 아니라 진폭이 아주 작고 빠른, 각성기에 가까운, 뇌파가 나타난다는 것이다. 연구자들은 이 시기에 특히 뇌파와 안구운동이 매우 활발해지고 템포도 빨라

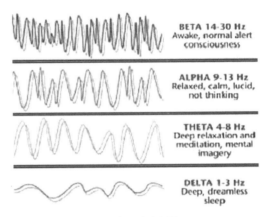

BETA 14-30 Hz
Awake, normal alert consciousness

ALPHA 9-13 Hz
Relaxed, calm, lucid, not thinking

THETA 4-8 Hz
Deep relaxation and meditation, mental imagery

DELTA 1-3 Hz
Deep, dreamless sleep

뇌파(腦波)의 분류

진다는 점에 착안하여 이것을 [부활적수면기(復活的睡眠期)]라고도 부른다. 그러나 이때 안구운동은 활발해지지만 근육은 오히려 이완되고 고개가 떨어뜨리어지며 –고양이의 실험에 있어서– 근전도가 소멸상태에 놓인다고 한다. 위와 같은 사실을 최초로 발견한 것은 프랑스의 미셸·쥬베(M. Jouvet)와 그의 연구진이었다. 그들은 깊은 잠에 빠진 고양이를 관찰하다가 매우 특이한 현상을 발견하였다. 뇌파로 보아서는 분명히 고양이가 깨어있어야 할 상황인데도 불구하고 깊은 잠을 자고 있으니 그야말로 역설적인 상황이었던 것이다. 그리하여 그들은 이것을 [역설적수면(逆說的睡眠)]이라고 명명하였는바, 일명 파라수면(Paradoxical sleep)이라고도 한다. 이것과는 대조적인 수면, 즉 보통의 수면을 서파수면(徐波睡眠), 또는 오르토수면(Orthodox sleep)이라고 한다.

역설적 수면기에는 심장의 고동이 높아지고, 호흡이 가빠지며, 수축

기혈압에 난조(亂調)가 생기고, 땀의 양도 바꿔며, 이를 갈기도 하고, 음경이 발기되기도 한다. 생리학자들은 역설적수면기에 위와 같은 현상들이 나타나는 것은 자율신경(自律神經)의 활동력이 극히 약화됨으로서 육체적인 통제력을 상실하기 때문이라고 설명하고 있다. 또한 [왜 자율신경의 활동이 약해지느냐]는 물음에 대해서는 뇌의 칼슘 등 화학성분의 변화와 생리적인 변화 때문이라고 답하고 있다. 수면중 급사현상이 새벽녘의 역설적 수면기에 자주 일어나는 것도 다 이 때문이라는 것이다. 즉, 자율신경의 경우, 교감신경과 부교감신경이 각기 다른 구실을 하는데 밤이면 부교감신경이 긴장하고 교감신경의 긴장이 낮아지는 까닭에 심장의 혈압, 혈류가 낮아지므로 역설적 수면기에 격동적인 꿈을 꾸면 심장의 혈류는 더욱 줄어들어 이형(異形), 협심증(狹心症), 발작(發作) 등이 일어나기 쉽다는 것이다.

역설적수면기의 꿈이 안구운동을 수반한다는 사실을 최종 확인하기까지는 수많은 임상실험들이 선행되었을 것이다. 그렇기는 하지만 피험자의 79%가 역설적수면기에 꿈을 꾸었음을 상기한 데 반하여 서파수면기에는 단지 7%만이 꿈을 꾼 사실을 상기하였다는 조사통계는 분명 잘못이라고 나는 단언할 수 있다. 이 점에 대해서는 기회가 있을 때마다 반복, 설명하겠지만 우리가 역설적 수면기에 주로 꿈을 꾼다고 생각하는 것은 하나의 착각일 수가 있다는 것이다. 왜냐하면 역설적수면기의 꿈은 신체적인 조건 때문에 특히 잘 기억되는 것일 뿐, 서파수면기에서도 그것에 못지않은 만큼의 꿈을 꾼다는 것이 나의 오랜 관찰결과이기 때문이다. 여하간 하룻밤에도 잠의 주기가 4~5회 반복되므로 역설적 수면의 횟수 역시 4~5회를 체험하게 되는데 전반에는 환각이 많고, 후반에는 꿈이 많다는 것이 지금까지의 통설이다.

2) 수면주기(睡眠週期)에 따른 꿈의 변화

생리학자들은 꿈이란 감각적 경험, 그 중에서도 주로 시각적 경험이기 때문에 잠을 자는 사람의 눈동자가 움직이는 것은 꿈에서도 눈을 움직여 어떤 사물을 보기 때문이라고 주장한다. 그래서 REM기야말로 꿈을 꾸는 시기라는 확신에 추호의 의심도 갖지 않는다. 실제로도 임상실험을 통해 이것을 확인한 학자가 있었다. 디멘트의 보고서에 의하면 『이 시기에 좌우로 안구를 움직인 피험자는 꿈에 테니스 시합을 보고 있었고, 또 상하로 움직인 피험자는 사다리를 상하로 살펴보며 위로 올라가는 중이었다.』고 한다. 그는 덧붙여 말하기를 『상하좌우 그리고 사방을 휘둘러 본 다섯 종류를 비교해 본 결과, 23개의 꿈 중에서 17개의 꿈이 각성 직전의 꿈과 관계하고 있었다.』고 하였다. 그는 또 꿈의 내용을 적극적인 것과 소극적인 것으로 분류하였는데, 특히 안구운동의 기록에 의해 그것의 많은 것과 적은 것을 분류하였다. 그가 이런 실험방식으로 얻은 수치에 의하면 적극적인 꿈의 경우에는 안구운동이 많았고, 소극적인 꿈의 경우에는 안구운동이 적었다는 것이다. 그는 이런 사실들을 증거로 제시하면서 『꿈을 외부에서 추측하는 것이 가능하며 비록 일부분이긴 하지만 꿈-내용이 어떤 종류의 것인가 하는 것까지 알아낼 수가 있다.』라고 결론을 내리고 있다.

그렇다면 과연 안구운동이 꿈-내용 때문에 일어나는 것일까? 시각적인 꿈을 꾸지 않더라도 적극적인 안구운동이 일어난다면 그 추측은 틀린 것이 된다. 게다가 꿈속의 이미지가 감각경험의 재현이 아니라, 재생산된 관념상에 불과하다는 사실이 밝혀진다면 위와 같은 주장은 설 자리를 잃게 된다. REM현상이 꿈 때문에 일어난다는 주장에 의구심을 가진 오스왈드(I. Oswald)는 꿈에서 물체를 보지 못하는 맹인(盲人)에 대해서 조사를 해보면 그도 급속안구운동을 하고 있으리라고 생각했다. 그래서 실제로 조사를 해본 결과, 각성시에 머릿속으로 시각적 이미지를 상기할 수 있는 후천성 맹인의 경우, 꿈속에서도 여러

물상들을 볼 수 있지만 수면중
의 급속안구운동은 일어나지
않았다는 것이다. 그렇다면 그
들이 꿈속에서 보고 느끼는 시
각적 이미지들이 단순한 경험
의 재현만은 아닐 것이다. 이
것에 대해서는 좀 더 심도 있
는 연구가 진행되어야 할 것으
로 생각한다.

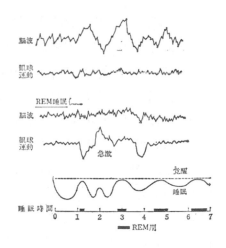

뇌파(腦波)와 안구운동

　과거에는 [동물은 절대 꿈을
꿀 리가 없다]는 주장도 상당
한 지지를 받았었다. 그러나 근래의 임상실험 결과는 동물에게도 분
명히 REM기가 존재함을 보여주고 있다. 따라서 급속안구운동이 꿈
때문에 생기는 것이라면 의당 동물도 꿈을 꾼다고 보아야만 한다. 그
래서인지 많은 학자들이 고양이, 원숭이, 토끼. 양, 소 등의 수면을
연구하였는데 포유류에 한해서는 모든 동물이 REM기를 갖는다는 보
고서를 잇달아 내놓고 있다. 그 중에서도 산드·데·상크티스(S. De. S
anctis)는 개와 말이 REM기에 꿈을 꾼다는 사실을 강력히 주장한
사람이다. 그는 동물의 맥박, 호흡, 표정, 운동 등을 관찰, 측정하여
그들도 꿈을 꾸고 있다는 사실을 확정할 수 있었으며, 꿈-내용이 어
떤 것인가 하는 것까지 대충 추정할 수가 있었다고 한다. 낳은 지 얼
마 안 되는 갓난아기에게도 역시 급속안구운동이 있다는 사실이 밝혀
졌다. 더구나 갓난아기에게 있어서는 REM수면이 그 꿈의 대부분을
점령한다고 한다.

　그렇다면 갓난아기도 꿈속에서 늘 어떤 광경을 휘둘러보고 있다는
것인가? 이 점을 확인하기 위해 실제로 관찰조사를 실시했던 학자들
은 『울거나 소리치는 갓난아기의 발성행위가 언어의 원형인 것처럼

REM수면 역시 꿈의 근원으로서의 원형이다.』라는 견해를 밝히고 있다. 갓난아기가 꿈속에서 보는 시각적 이미지가 실제의 감각상이 아닌, 관념상이라고 할지라도 눈동자를 움직이는 시각기관과의 연동은 가능할지도 모른다. 따라서 이 시점에서 그것을 단정하기에는 다소 성급한 감이 있다. 이것의 연구가 좀 더 진전되어 보다 명쾌한 해명이 이루어지기를 기대해 본다.

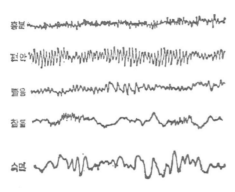

뇌전도(腦電圖)에 나타난 사람의 뇌파

REM기에만 꿈을 꾼다고 주장하는 학자들은 [REM수면에 들어가도 꿈을 꾸지 않는 사람이 10~20%정도나 된다]는 주장에 대하여는 그것은 꿈을 망각하기 때문이라고 반박한다. 그런가하면 [REM기가 아닌 NREM기에도 꿈을 꾸는 것은 또 무슨 까닭이냐]는 질문에 대하여는 그것이 REM기에 꾸었던 꿈의 잔재이므로 일시적으로 각성했을 때의 사고일 뿐, 꿈은 아니라고 답한다. 이 점에 대해 각별한 관심을 갖고 있던 미야기·오도야는 다음과 같은 견해를 피력하고 있다.

나는 안구운동이 꿈에 수반된다는 사실과 관련하여 야구에서 볼을 던지고 있는 광경을 꿈에 보고 있는 사람의 팔이 약간 움직이고 있는 것 같이 무엇을 보려고만 하면 안구가 움직이고 있다는 점을 승인하지만 이런 꿈이 꾸어진다고 하더라도 본래 뇌간의 생리적인 현상이라고 생각한다. 오스왈드 (I. Oswald)가 말하는 것과 같이 REM이 일어나기 직전에 그 전조(前兆)로서 뇌파에 변화가 생기는 것은 제1의 증거가 될 수 있다. 다음은 선천성 맹인이 REM이 없다는 것은 꿈을 꾸기 위하여 눈을 움직인다는 주장의 유력한 논점이지만 눈에 의하여 적응할 수 없는 맹인에 있어서는 안구운동의 장치가 퇴화되었기 때문일 것이다. 무릎 아래를 두드리면 발이 올라가는 슬개건반사(膝蓋腱反射)와 같이 발을 올리고 싶어서 올라가는 것이 아닌 생리적인 방응과 같은 것일 수 있다. 그러나 다리를 전혀 사용하지 않으면 근육이 위축되어 그러한 반사가 없어진다. 이와 같은 것으로 선천성 맹인이 REM기에 안구운동을 하지 않는다는 사실이 설명될 수 있을 것이다. 또한 오스왈드가 지적하는 바와 같이 REM기에 있어서와 같이 각성시에도 그렇게 크고 격하게 눈을 움직이는 사람은 없을 것이다. 동물에게도 꿈이 있고 REM기를 가지고 있다고 말하지만 많은 동물은 시각적인 것이 아니다. 인간은 시각적이어서 눈에 의해 주위에 적응한다. 그러나 개 같은 것은 냄새를 맡으며 주위에 적응한다. 정신분열환자의 안구운동이 보통으로 보이는 것이지만 어떤 정신분열환자는 고립되어 있는 물건이 공중에 매달려 있으나 움직이지는 않는다고 하면서도 꿈을 꾸면서 안구운동을 한다. 나는 REM기는 외계에 대하여 관심이 없어지고 정신이 내향적이어서 환상으로 향하는 경향을 일으키는 생리적인 시기라고 생각한다. 따라서 꿈이 안구운동, 즉 REM을 발생시키는 것이 아니라, REM기에는 안구운동과 더불어 꿈을 꾸기에 용이하게 되는 것인지도 모른다. 그런 까닭에 REM기에는 다만 환상으로의 경향이 증대되는 것이며 뇌간의 생리적 리듬에 의해 직접 지배되는 하부구조보다는 소원이나 공포에 지배되는 상부구조, 즉 심리적인 부분이 큰 역할을 하게 되는 것인지 모른다. 폴크스(W. D. Foulkes)가 말한 바와 같이 긴 REM기에는 특히 생생하게 감정적 꿈이 발전되어서 점점 정동성의 불안, 불쾌, 공포, 극적 성질, 폭력과 적의(敵意) 등과 같은 성질을 가진 것이 출현되는 것은 이런 일의 증거일 것이다. NREM기에도 틀림없이 꿈이 있다. 그것을 REM기에 생성된 꿈의 연장만으로 볼 수는 없다. 다만 비교적 단순한 것이 많고 전날 경험의 찌꺼기 같은 것이 주로 나타나서 그만큼 덜 환상세계에 들어간다. 그것은 꿈이라고 하는 것보다 사고라고 부르는 것이 좋을 성 싶다.

이상과 같이 미야기는 급속안구운동이 꿈속의 시각적 활동과는 별반 관련이 없다고 주장함으로서 REM기에만 꿈을 꾸는 것으로 믿고 싶었던 많은 학자들에게 따끔한 일침을 가하고 있다. 특히 급속안구운동이 꿈을 꾸기 때문에 생기는 것이 아니라 뇌간의 생리적 현상에 수반해서 꿈을 더 용이하게 꿀 수 있는 계기가 될 수 있다고 내다본 견해는 참으로 감탄할 만하다. 그러나 REM기의 꿈과 NREM기의 꿈이 각기 다른 특성을 가질 것이라고 생각한 것과 어떤 것은 사고이며, 또 어떤 것은 환상이라고 생각한 것 등은 잘못된 판단이었다. 이 문제에 대한 정확한 해답을 얻으려고 한다면 외관상의 관찰에만 매달려서는 안 될 것이다. 내적 체험이 결여된 외적 관찰은 아무래도 한계가 있을 것이기 때문이다. 그들이 입면시나 이면시의 환각, 그리고 최면상태의 꿈들을 수면몽과 동일한 것으로 인정하려 하지 않은 것도 십중팔구 그와 같은 이유일 것이다.

나는 오랜 관찰과 경험, 그리고 수많은 경험적 자료들을 비교, 분석하는 과정에서 전 수면기, 다시 말해 반수(半睡) 이상의 상태에 놓이기만 하면 언제든지 꿈을 꾸게 된다는 사실을 밝혀냈다. 나는 아주 간단한 증례(證例)만으로도 위의 주장을 입증할 수 있다. 우리가 일상에서 짧은 낮잠을 자다가 외적 자극에 의해 깨어나거나, 잠간 졸거나 하는 경우에도 비교적 완전한 형태의 꿈을 꾼다는 사실이 바로 그것이다.

나는 낮에 글을 쓰다가 피곤하면 책상에 머리를 대고 잠간씩 잠을 청하곤 한다. 이러한 습관은 매우 오래된 것이어서 이제는 거의 조건반사처럼 머리를 책상에 대는 순간 곧바로 잠이 들어 5~20분 정도가 경과하면 눈을 뜨는 것이 상례가 되었다. 나는 그럴 때마다 예외없이 꿈을 꾸었다는 사실을 지각하게 된다. 때로는 짧은 환각몽에 그치기도 하고, 또 때로는 그저 꿈을 꾸었다는 느낌정도만이 상기되지만 보통은 밖에서 들려오는 여러 가지 소음까지 도입된, 하나의 완전한, 꿈으로 상기되는 경우가 대부분이었다. 이것이 비단 나에게만 국한된 경험은 아닐 것이다. 나에게 자료를 제공해 준 수많은 사람들의 생생한 체험담도 그것을 추인해주고 있다. 나폴레옹도 마상(馬上)에서 그러한 체험을 했을 것이고, 전투 중 참호 속에서 잠간 졸던 어느 이름 모를 병사의 경우도 그랬을 것이다. 서구의 어느 소설가는 출근 직전 15분 동안에 꾼 꿈을 가지고 훌륭한 콩트를 작성했다고 한다. 그런가 하면 한국의 이름 있는 몽환자들은 자기최면 상태에서 잠에 빠지자마 자 꿈을 꾸는 것을 일상화하고 있다.

입면상태에서의 환각이나 최면몽을 꿈으로 인정한다면 굳이 뇌파측 정기나 심전계를 동원해서 임상실험을 하지 않더라도 사람들이 반수 상태에 진입하기만 하면 꿈을 꾸게 된다는 주장을 받아들이게 될 것 이다. 다만 문제가 하나 있다면 NREM기의 꿈은 기억하기가 힘들다 는 점인데 이것은 우리가 NREM기에서 수면이 중단되었을 때에 꿈을 상기하는 훈련에 의해서 보완될 성질의 것이라고 본다. 나는 입면상 태에서도 꿈이 형성될 수 있음을 입증하는 좀 더 분명한 사례를 제시 할 수 있다. 그것은 다름이 아니라 잠든 뒤 10분을 전후하여 잠꼬대- 이때의 잠꼬대는 단순한 옹알거림이 아닌, 분명하게 구사된 언어다-를 하는 사람들이 여러 번 목격되었다는 사실이다. 그럴 때마다 그 사람을 깨 워서 물어보면 잠꼬대와 연결된 비교적 긴 꿈 이야기를 들려주곤 했 다. 이러한 증거들이 명백한 이상 우리가 NREM기에는 꿈이 없다는 근거 없는 주장에 더 이상 귀를 기우릴 필요는 없을 것이다.

위에서 보듯이 서파수면기에도 우리는 계속해서 꿈을 꾼다. 수면중 에 뇌의 생리적 활동과 잠재의식적 사고활동의 지속성에 의해서도 꿈 을 꾸지 않으면 안 될 것이다. 다만 이 시기에 잠을 깼을 때, 꿈을 잘 기억하지 못하는 것은 얕은 잠에서 깊은 잠으로 넘어가는 중도에 서 잠을 깸으로서 뇌세포의 각인력(刻印力)이 저하되기 때문이라고 생 각된다. 그렇지 않다면 잠이 회복단계가 아닌, 심화단계로 전환되는 과정이라 혼미해진 정신 위에 갑자기 밀어닥친 외적자극이 망각요인 으로 작용하기 때문일 것이다. 그러나 낮잠과 같은 짧은 수면에 있어 서도 훈련만 하면 얼마든지 훌륭하게 꿈을 기억해 낼 수 있는 것처럼 입면상태나 서파수면기에 있어서도 노력만 하면 얼마든지 완벽하게 꿈을 상기해 낼 수 있으리라는 것은 자명한 사실이다.

어떤 학자들은 잠꼬대와 가위눌림이 꿈과 관계가 없다고 주장하고 있다. 그러나 그것은 체험자료가 불충분하여 전후의 꿈과 연결시켜 판단하지 못했거나, 아예 처음부터 NREM기의 꿈을 인정하려 하지 않았기 때문에 빚어지는 오류라고 단언할 수 있다. 아이러니한 사실은 잠꼬대가 REM기가 아닌 NREM기에 주로 발생한다는 것이다. 급속안구운동과 함께 REM기에 특별히 생생하고 감정적인 꿈을 꾼다는 폴크스의 주장대로라면 잠꼬대와 같은 육체반사행동도 REM기에 나타나야 마땅하지 않겠는가. 이런 점을 감안하면 급속안구운동이 꿈 때문이 아니라 뇌간의 생리적 리듬에 때문에 일어난다는 미야기의 설명이 더욱 타당해 보인다. REM기만이 아니라 NREM기에도 계속 꿈을 꾼다는 사실을 경험이 입증하는 한 급속안구운동은 뇌간의 생리적 리듬과 더불어 꿈의 강렬도가 신체적 반사행동을 가져온 결과라고 판단해야 된다. 그렇지 않고 꿈을 꾸는 것만으로 급속안구운동이 일어나는 것이라면 미야기가 지적한 바와 같이 각성시에도 볼 수 없는 그런 격렬한 안구운동이 수면중에 일어날 리가 없기 때문이다.

☞ *신생아(新生兒)들의 안구운동* : 인지학자들은 인간의 시각적 인지구조가 4~7세에 완성된다고 한다. 그들을 그러한 이유를 들어 신생아들에겐 시각적인 꿈이 없다고 주장한다. 만약 그것이 사실이라면 렘수면이 성인의 2배가 넘는 신생아들에게서 보다 더 자주 일어난다는 안구운동은 어떻게 설명되어야 할 것인가?

연구자들은 피험자들이 첫잠이 들 때 수족(手足)이 튕겨지듯-*무엇인가에 놀랐을 때처럼*-크게 흔들리는 현상을 자주 목격하였다고 한다. 이것은 우리가 어린애를 팔에 눕히고 잠들기를 기다리면 으레 나타나는 반사행동과 유사하다. 성인의 경우에 있어서도 잠자는 사람의 발 근처에 접근해 있으면 그와 비슷한 현상을 발견할 수 있다. 이와 같이 잠들기 시작한 후 수족이 튕겨지듯 움직이는 시기까지를 입면기(入眠期)라고 성의할 수도 있을 것이다. 왜냐하면 이러한 현상을 운동신경 활동의 긴장이 이완되는 징후로 볼 수도 있기 때문이다.

잠드는 신호로서 수족이 튕겨지듯 흔들리는 이때를 운동신경의 긴장이완이 시작되는 시기로 본다면 [한번 죽었다 살아난다는 임사체험담]도 새롭게 이해될 수 있다. 심령학계의 보고에 의하면 사람이 죽어 자신의 영혼이 떠난다고 생각했을 때, 그의 영혼이 수족에서부터 밀려올라가 코끝으로 나왔다고 한다. 이것은 곧 운동신경의 지배력이 수족으로부터 소멸되어 가는 상황을 묘사하고 있는 것인지도 모른다. 아직은 임사체험과 영계에 관한 과학적 증거를 갖고 있지 못하므로 우리는 이러한 경험들을 꿈으로 판단할 수밖에 없다.

NREM기의 운동신경은 그 활동이 약화되더라도 신체내부에서 생기는 어떤 자극에 대해서는 부분적으로 각성할 수 있는 조건하에 있으므로 꿈의 강렬도에 의해서 신체반사행동이 일어나게 할 수는 있다. 나는 이처럼 꿈의 강한 정동에 의해 활성화된 운동신경이 신체부위에 작용할 때 잠꼬대, 가위눌림, 수족의 움직임, 음경의 팽창, 안구운동 등의 현상이 나타나는 것은 아닌가 하고 생각한다. 생리학자들은 REM기의 자율신경은 그 활동력이 약해져서 통제력을 잃기 때문에 맥박, 혈압, 호흡, 근육 등에 이상현상이 나타난다고 한다. 그러나 수면중에 일어나는 뇌세포의 재생과 교체, 소화흡수작용, 그리고 호르몬 분비 등의 생리적 기능을 통어하기 위해서는 적어도 해당계열에 할당된 자율신경의 에너지만큼은 정상을 유지하고 있어야 할 것이다. 더구나 [NREM기에서 REM기로 바뀌면 혈액이 뇌로 많이 흘러들어가서 머리에 열이 발생함과 동시에 뇌가 보수(補修)를 받게 된다]는 학설도 있는 만큼 어떤 부위에 있어서는 오히려 REM기에 자율신경활동이 더 활발해질 수 있다는 추측이 크게 빗나간 것은 아닐 것이다. 물론 이

부분에 대한 전문가들의 연구성과가 머지않은 장래에 우리의 궁금증을 속 시원히 풀어 주리라 기대한다. 다만 우리의 논의가 잠의 심도에 따른 꿈의 생성여부에 머물고 있는 만큼 이 부분에 대한 언급을 하지 않을 수 없어 비전문가인 내가 여러 학설에서 발췌하여 비교, 분석해 본 것이다.

일부 학자들은 각성시에도 계속해서 꿈을 꾼다고 주장한다. 짧은 낮잠이나 순간적인 자기최면 하에서도 꿈을 꿀 수 있다는 나의 주장과 일맥상통하는 견해이다. 그리고 이것은 인간의 심적 작용이 의식과 무의식의 합동작업에 의하여 이루어진다는 심리학자들의 견해와도 부합된다. 그럼에도 불구하고 우리가 그것을 인식하지 못하는 것은 의식의 통제로 말미암아 잠재의식이 배경의식에만 머물고 있기 때문일 것이다. 만약 이것이 사실이라면 뇌가 쉬지 않고 활동하는 한 꿈은 늘 꾸어지는 것이고 최면, 환각, 백일몽 등의 경우처럼 순간적이나마 의식의 경계선이 무너질 때, 우리가 그것을 인식하는 것으로 보아야 할 것이다. 이것에 관해서는 좀 더 연구가 진행되어야 할 것으로 생각하지만 REM기에만 꿈을 꾼다는 주장이 근거 없음을 입증하는 또 하나의 증거로서 소개하였다.

3) 수면중(睡眠中)의 신체적(身體的) 변화

① 근육이완(筋肉弛緩)

수면중에는 근육의 긴장이 풀리고 맥박, 혈압, 호흡, 음경 등에 변화가 생긴다고 한다. 그렇다면 근육의 이완은 꿈을 꾸는 일과 어떤 상관관계에 있는 것일까? 그런데 우리는 수면중이라고 해도 모든 근육의 긴장이 풀리는 것은 아니라는 사실에 먼저 주목해야 한다. 항문이나 방광 등의 괄약근은 여전히 수축을 하고 있고 갓난아기는 손을 꽉 움켜쥐고 잠을 잔다. 또한 죽은 듯이 잔다고 말하고는 있으나 외계와 완전히 차단된 것도 아니어서 자다가 심한 자극을 받으면 깨어나기도 한다. 따라서 수면중에 의식은 다만 전면에 나서지 않고 있을 뿐, 잠재의식의 통제 하에서도 소극적이나마 신체 전반을 통어(通御)하고 있다고 보아야 한다.

② 맥박(脈搏)

잠을 자기 시작하면 우선 맥박수가 감소한다는 것은 익히 알려진 사실이다. 그러나 수면중의 모든 신체변화가 수면 때문만은 아닐 것이다. 잠을 자는 양태나 환경에 따라서도 어떤 변화가 생길 수가 있을 것이기 때문이다. 생리학자들은 잠이 들었을 때의 맥박이 환경의 영향, 가령 실내온도, 기압, 습도 등에 의해서는 변화되지 않는다고 주장한다. 그런데 유독 REM기에 있어서만큼은 맥박이 현저하게 증가한다는 것이다. 특히 새벽잠에서 깨어날 무렵에 가장 뚜렷하게 증가하는데 이때 출산과 사망이 많은 것은 혈액순환의 급격한 변화가 원인인지도 모른다는 것이다. 그러나 최근 정밀관찰 해본 결과 고양이는 이 시기에 반대로 감소되는 경우가 많았고, 사람의 경우에 있어서도 혼수상태에 빠진 경우에는 감소한다고 한다. 다만 협심증 환자의 경우에는 맥박이 증가하지만 야간에 발작이 일어날 때에는 대개 공포, 불안, 고통 등의 꿈을 꾸고 있었다고 한다.

③ 혈압(血壓)

혈압은 맥박의 감소에서도 알아볼 수 있듯이 잠이 들면 저하된다고 한다. 특히 REM기에 접어들면 갑자기 큰 변화를 가져온다는 것이다. 그런데 REM기에 혈압이 오르는 것은 인간뿐이며 기타 동물은 오히려 저하된다고 한다. 그러나 고양이의 경우에는 REM기 직전에 상승하였다가 그 후에는 저하된다고 보고되어 있다.

④ 호흡(呼吸)

NREM기에서 REM기로 돌입했음을 알 수 있는 것은 호흡의 변화에 의해서 가장 분명해진다고 한다. 가령 REM기의 3요소 중 하나가 실험상 제대로 기록되지 않을 때는 호흡의 변화로 판정할 수 있게 된다는 것이다. 호흡의 경우 우리가 잠들기 시작하면 규칙적인 것이 되고, 또 깊어지는 것이지만 REM기에 들어가면 불규칙적이고 얕은 숨을 빠른 속도로 쉬게 된다고 한다. 인간, 고양이, 개, 토끼, 쥐 등의 경우에 있어서는 모두 이러한 변화가 생기지만 어떤 원숭이는 오히려 REM기에 호흡이 느려지는 경우도 있다고 한다. 그러나 동물들은 그 호흡수의 변화가 일정하지 않기 때문에 이러한 관찰수치를 비교자료로 활용하기는 어렵다고 한다. 인간의 경우만 보아도 호흡수가 REM기 직전보다 5%정도 증가하는 것이 보통이지만 오히려 감소되는 경우도 있다는 것이다.

⑤ 음경(陰莖)의 발기(發起)

1944년 독일의 마이어(H. W. Maier)는 잠자는 사람의 음경이 주기적으로 발기(勃起)된다는 사실을 발견하였다. 그는 이것을 꿈과는 연관시키지 않았으나 하룻밤 사이에 통상 4회 정도 발기되고, 입면후(入眠後) 한 시간정도가 경과하면 첫 발기가 일어난다는 사실을 발견하고는 REM기 순환과의 관련성을 추측했다. 그 후 1962년 오스왈드(I. Oswald)가 음경발기와 꿈의 관계를 최초로 조사하였으나 그 방법이 부정확하여 신뢰를 얻지는 못하였다. 이것을 분명히 한 사람은 휘셔(E. Fischer)라고 하는데 그는 2~3십대 남자 17명을 피험자로 선정하여 야간수면 상태에서 27회나 음경발기 현상을 조사했다고 한다. 그는 이 실험을 통해 총 86회의 케이스에서 95%의 음경발기를 확인하였으며, 음경발기의 시작과 끝이 REM기의 주기적 변화와 잘 부합되어 있다는 사실도 밝혀냈다. 그런데 재미있는 것은 어떤 피험자의 경우 실험 5시간 전에 성교를 했음에도 불구하고 그것과는 전혀 상관없이 음경발기 현상이 주기적으로 일어났으며, 또 주간에 2회 정도 사정(射精)을 한 사람의 경우에도 결과는 마찬가지였다는 것이다.

이후 여러 학자에 의해 좀 더 세밀한 관찰이 이루어졌는바, 음경발기 현상이 유아(幼兒)의 경우에 있어서도 분명하였으며, 성교는 물론 성충동마저 없는 87~96세 정도의 노인들에 있어서도 REM기의 음경발기 인정되었다고 한다. 그런데 이 현상은 안구운동이 일어나지 않는 수면, 즉 NREM기에서도 일어난다는 보고도 있다. 이 점에 대하여 일본의 마쓰모토는 『수면중의 음경발기는 성적요인에서 오는 것도 아니고 방광내압에 의한 반사작용도 아니다. 그것은 맥박이나 호흡의 변화와 마찬가지로 REM기에 동시에 일어나는 자율신경기능의 변화 중 하나라고 생각할 수가 있다.』라고 자신의 견해를 피력하고 있다.

나는 맥박, 혈압, 호흡, 음경발기 등의 신체변화가 수반된다는 점에서 REM기야말로 자율신경이 가장 활발해지는 시기는 아닐까 하고 추측하고 있다. 다만 그러한 현상들이 불규칙한 양상을 보이는 것은 어쩌면 수면중의 마음이 자율신경활동에 다소간 영향을 미치기 때문인지도 모른다. 수면중의 마음이란 바로 꿈이다. 다시 말해 꿈속에서의 정동이나 행동에 따라서는 신체의 부분적인 반사행동(反射行動)이 일어날 수도 있는 것이다. 예컨대 쫓기는 꿈을 꾸는 사람은 그 급박함에 의해 숨이 가빠질 것이며, 공포로 격동(驚動)하는 심장은 맥박수를 증가시킬 것이다. 성적인 꿈을 꾸는 사람의 음경이 발기되는 것도 이와 같은 이유일 것이다.

3. 꿈의 양태(樣態)

1) 꿈꾸는 시간(時間)과 주기(週期) 및 회수(回數)

1965년 스나이더(Snyder)는 꿈의 상기율(想起率)에 관한 통계를 보고하면서 『디멘트(Dement)가 피험자 10명을 70회 각성시켰을 때 REM기에서는 80%의 꿈을 상기했으나 NREM기에선 0%였다. 반면 폴크스(Foulkes)는 피험자 80명을 244회 깨워서 REM기에서는 82%, 그리고 NREM기에서는 54%라는 기록을 추출하였다.』라고 말했다. 폴크스의 조사결과에서 보듯이 NREM기의 꿈이 상기되기 어렵다는 통념에도 불구하고 전체 실험사례의 반수 이상에서 NREM기의 꿈을 상기할 수 있었다는 것은 NREM기에도 REM기 못지않은 꿈이 꾸어진다는 사실을 명백하게 입증하는 것이다.

그렇다면 우리는 하룻밤에 몇 번이나 꿈을 꾸게 되는 것일까? 꿈은 수면주기(睡眠週期)와 밀접한 연관을 갖고 있다고 알려져 있다. 시카고대학, 하버드대학, 기타 병원부속 연구소가 밝힌 바에 의하면 잠의 1주기는 약 90분 정도-*이것은 다른 많은 생리적 주기와 매우 유사하다고 함*-이며 첫잠이 들어 50분쯤이 경과하면 가장 깊은 잠에 빠진다고 한다. 이 시기를 심수면기(深睡眠期)라고 하는바, 이 시기를 경과하면 급속히 회복되면서 꿈을 꾸게 된다는 것이다. 이렇게 해서 잠이 깰 때까지 보통 4~5회의 주기에 4~10개 정도-*3개 이하는 거의 없다고 함*-의 꿈을 꾼다고 한다. 또한 하룻밤 수면의 20%정도에서만 꿈을 꾸며, 꿈과 꿈 사이에 약 30분정도의 인터벌이 생기고, 1회 꿈의 길이는 10~30분 정도가 되는 것으로 계산하고 있다.

그러나 이 조사결과는 커다란 허점을 남겼다. 즉, 꿈이 REM기에만 꾸어지는 것으로 간주하여 REM기의 지속시간을 꿈의 지속시간으로 계산하였다는 점이다. 그러나 전술한 바와 같이 꿈이 REM기에만 꾸어지는 것은 아니기 때문에 우리가 꿈꾸는 시간을 측정할 수 있는 현실적인 방법은 없다고 보아야 한다. 더구나 각성시에도 꿈을 꾼다는 관점에서 보사면 이러한 조사가 참으로 의미 없는 시도일 것이다. 꿈의 횟수를 계산하는 경우도 마찬가지이다. 우리가 잠에서 깨어나 꿈을 상기할 때 꿈의 시초가 언제인지를 구별해 낼 수가 없으므로 이런 조사 역시 무의미하다고 말할 수 있다. 제아무리 기억력이 좋은 사람이라도 간밤의 꿈을 모두 상기해낸다는 것은 거의 불가능한 일이다. 그래서 보통 사람들은 기껏해야 조각난 몇몇 단편에 불과한 것을 들이대고 간밤의 꿈들이라고 우기는 경우가 많다. 결국 잠을 깨기 직전까지 얼마나 많은 꿈-사연이 전개되었는지를 확인할 수 있는 방법은 애초부터 존재하지 않는 것이다. 다만 꿈이 생체리듬에 맞춰져 있다고 가정한다면 하룻밤의 수면주기가 4~5회 반복될 것이므로 적어도 4~5개 이상의 꿈이 꾸어지지 않을까 하는 추정은 가능할 것이다.

그런데 수면중의 어느 한 때라도 꿈꾸는 작업이 멈춘다고 가정한다면 그것은 곧 정신작용이 정지된다는 뜻과 같은 의미가 될 수 있다. 왜냐하면 꿈을 형성하는 작업은 잠재의식의 고유한 기능이므로 이 기능이 정지한다는 것은 곧 뇌의 기능이 정지한다는 것과 같은 의미이기 때문이다. 과연 그것이 가능한 일일까? 의식-잠재의식의 기전으로 보아도, 또 수면중의 뇌파기록을 보아도 전혀 불가능한 일일 것이다. 따라서 수면중에는 그 주기에 관계없이 항상 꿈이 꾸어진다는 나의 주장이 또 하나의 논거를 갖게 된다.

나는 낮잠을 지나치게 취하거나, 잠자리가 불편하거나, 몸을 좌우로 돌려 눕거나, 또는 소화불량으로 몸이 괴로울 때, 하룻밤에도 여러 번 깨었다가 다시 잠드는 습성을 갖고 있다. 그리고 이럴 때면 으레 그 직전까지 꿈을 꾸고 있었음을 환기해내곤 하였다. 이런 연유로 나는 여러 종류의 꿈들을 골고루 체험해 볼 기회를 얻었는데 10분도 채 안 되는 시간에 상당히 긴 사연의 꿈을 꾸는 경우도 있었고, 환각몽과 같이 극히 짧은 꿈을 꾸는 경우도 있었으며, 현실적인 시간감(時間感)을 갖는 사실적인 꿈을 꾸다가 중단되는 경우도 있었다. 비단 나의 체험만이 아니드래도 하룻밤에 여러 번의 꿈을 꾼다는 사실을 입증할 만한 사례를 발견하기란 그리 어렵지 않다. 잠든 지 불과 몇 분 사이에 일어나는 잠꼬대나 가위눌림 등의 사례들을 보거나, 책상머리에 엎디어 잠이 든 5~10분 사이에 꾼 꿈으로 소설 하나를 완성하였다는 어떤 문인의 사례를 보거나, 또는 2~3분 사이에도 현실과 꿈의 세계를 오갈 수 있는 예언자들의 환각몽 등을 볼 때, 우리가 기억하는 것보다 훨씬 더 많은 꿈이 꾸어진다고 추정할 수가 있는 것이다.

　　1975년 6월 29일 아침 6시경 나는 잠에서 깨어 눈을 떴다. 창밖으로부터 새들이 지저귀는 소리가 들려왔다. 한동안 누워서 그 소리를 듣고 있자니 스르르 졸음이 몰려와 다시 꿈속에 빠진다. 꿈속에서 나는 그 새소리가 어디서 나는가 하고 온 동네를 이리저리 찾아다닌다. 그러자 어떤 집 추녀에 걸려있는 굴비타래에 내려앉아 지저귀는 작은 새 한 마리가 시야에 들어온다. 나는 무심히 그 광경을 바라보다가 문득 잠에서 깨었다. 그러나 현실 속에서도 새소리는 여전히 들려온다.

　이것은 이면시의 환각몽이다. 깜빡 조는 동안에 창밖에서 들려오는 참새소리까지 외적감각자극으로 도입된 이 꿈은 불과 1~2분이라는 짧은 시간에 상당히 긴 분량의 사연을 그려내고 있다. 이 사례만을 보더라도 우리가 잠만 들면 꿈을 꾼다는 사실을 알 수가 있다. 다만 여기서 한 가지 유의할 것은 외적감각자극이 꿈-재료로 도입되는 경우는 많아도 그것이 꿈속에서 동일한 이미지로 구현되는 경우는 극히 드물다는 사실이다. 보통의 경우라면 잠재의식은 그 자극인상을 진행중인 꿈에 알맞은 이미지로 가공할 것이기 때문이다. 따라서 위의 사례는 아주 예외적인 경우에 해당한다.

　2) 꿈의 시간감(時間感)

　이제까지 낳은 학자들 간에 논란이 분분하였음에 불구하고 꿈과 현실의 시간감이 같은 것이냐 아니냐의 여부에 대해서는 명쾌한 판단이 내려지지 않고 있다. 때문에 [꿈속의 사건진행 속도가 현실적인 시간 경과에 맞추어져 있다]는 주장과 [꿈의 시간감은 꿈만의 독특한 표현방식, 즉 압축이나 생략 등에 의해 신장되거나 응축될 수 있다]는 주장이 팽팽하게 맞서고 있다. 『꿈은 우리가 잠을 깨는 순간 꾸는 것이다.』라고 한 고블로(Edmond. Goblot)의 주장이 바로 후자를 대표하는 견해라고 할 수 있는바, 대다수의 연구자들이 그것에 공감을 표하고 있다. 그러나 [꿈은 현실시간의 길이에 맞추어서 꾸어진다]는 주장 또한 만만치 않아 양자 간의 시비가 끊이질 않고 있다는 것이다. 그런데 이 문제에 대한 해명은 꿈의 상징성과 이중적인 구조를 설명하는 데 있어서 매우 중요한 의미를 갖는다.

1878년 모리(Maury)가 꾼 [교수형을 당해 자기의 목이 떨어진 꿈]은 후일에 로랭(Lorrian)과 에게(Egger)가 어떤 철학잡지에서 시작한 재미있는 논쟁을 불러일으켜 상당기간 지속되었다고 한다. 즉, 각성자극의 지각과 각성 사이에 흐른 짧은 시간에 그처럼 분명히, 그리고 상당히 많은 내용을 압축해서 꿈꾸는 일이 과연 가능한 것인가 하는 점과, 또 만약 그것이 가능하다면 어떻게 가능한 것인가 하는 점 등이 논쟁의 줄거리였다는 것이다. 논쟁의 빌미를 제공한 모리의 꿈은 그가 병이 나서 자리에 누웠을 때 꾼 것으로 그 스토리는 프랑스혁명 직후에 벌어진 공포정치에 관한 내용이었다.

많은 사람들이 참혹한 죽음을 당하는 것을 목격하였다. 마침내 나 자신도 법정(法廷)에 끌려 나갔다. 거기에는 그 시대에 가장 두렵고 냉혹한 영웅들, 로베스피에르, 마레, 푸키에, 탄빌, 기타의 사람들이 죽 늘어서 있었다. 나는 그 자리에 나아가 그들과 언쟁을 하였다. 그리고 기억에 희미한 여러 가지 돌발 사건들이 있은 후 유죄선고를 받았다. 나는 무수한 사람들에게 포위되어 처형장으로 끌려갔다. 나는 단두대에 올라갔으며 사형집행인이 나를 판자에 묶었다. 그리고 판자가 뒤집혀졌다. 기요틴-단두대의 날이 떨어지고 나의 목이 몸에서 끊어지는 것을 느끼면서 나는 무서운 나머지 잠을 깨었다.

그러자 나는 깨어나기 직전 침대의 판자가 떨어져 마치 기요틴의 날처럼 내 목의 척수 골을 강타한 사실을 알게 되었다.

그는 이 꿈을 진술하면서 『꿈이 뇌의 사고(思考) 속도를 재촉하기 때문에 실제는 순간적이지만 긴 꿈을 꿀 수 있다.』고 주장—그러나 얼마간의 시간이 경과하였는지는 밝히지 않았다—했다. 이것이 모리의 주장을 지지하는 사람들과 꿈의 사건과 꿈을 꾸는 동안의 시간이 일치하기를 바라는 반대편 사람들 간에 오랜 시비를 일으킨 논쟁의 핵심이었다. 즉, 현실에서 침대판자가 뒤집혀 모리가 침대 밑으로 떨어지고 판자가 미끄러져 내려와 그의 목을 때리는 그 짧은 순간에 감각자극이 이 긴 꿈을 형성하였다고 보는 견해와, 반대로 전체 꿈의 시간감이 현실과 동일하다는 견해와의 충돌이었던 것이다.

그런데 우리는 전자의 주장에서 근본적인 오류를 발견할 수 있다. 거기에는 [감각자극이 없이는 꿈이 형성될 수 없다]는 잘못된 판단이 작용하고 있기 때문이다. 때문에 그들은 실제로 침대 판자가 떨어져서 모리의 척수 골에 맞은 현실사건과 기요틴의 날이 떨어지고 목이 잘려나가는 꿈 사이에 움직일 수 없는 인과관계(因果關係)가 존재한다고 생각하였다. 즉, 꿈과 현실사건의 일치(一致)가 단지 한 순간이었음에도 불구하고 전반부의 긴 사연마저도 한순간에 압축해서 표현될 수 있다고 고집함으로서 후자와의 논쟁이 벌어지게 된 것이다. 그러나 꿈은 감각자극을 받지 않더라도 얼마든지 형성될 수 있다는 사실은 누차 설명한 바와 같다. 나는 이 꿈 전체가 순간적으로 형성되지 않았음을 증명함으로서 『꿈—내용의 강렬도에 의해서 잠을 깰 수 있다.』는 나의 주장을 뒷받침하는 또 다른 증거로서 제시하고자 한다. 이 꿈을 재해석하자면 다음과 같다.

이 꿈은 평소 잠버릇이 좋지 못했던 모리의 잠재의식이 [침대에서 떨어짐과 동시에 판자에 얻어맞아 척수 골을 다치게 될 것]이라는 미래예지의 예감충동을 불러일으킴으로서 형성되었다고 말할 수 있다. 이런 경우 잠재의식은 그 미래의 사건을 상징적으로 묘사하기에 적합한 재료들을 기억군에서 이끌어온다. 때마침 그의 잠재의식 속에 강한 인상으로 남아 있던 한 가지 재료가 수면 위로 부상(浮上)한다. 그

것은 다름이 아니라 시민혁명 이후 공포정치의 그늘에서 자행된 끔찍한 장면들, 그 중에서도 수많은 반혁명인사들의 목이 기요틴의 날에 잘려나가는 참혹한 이미지들이다. 따라서 이 재료는 감각자극에 의해 순간적으로 불러일으켜진 것이 아니라, 꿈의 의도성에 맞추어져 처음부터 도입된 것이라고 말할 수 있다. 그리고 기요틴의 날이 떨어지는 꿈의 이미지와 현실사건이 묘한 동시성을 만들어

프랑스혁명 직후의 공포정치

냄으로서 극적인 현실적중을 가져온 것이다. 결론을 말하자면 모리의 잠을 깨운 것은 침대에서 떨어지는 외적(外的) 감각자극(感覺刺戟)이 아니라, 그 직전 꿈속에서 그의 목이 기요틴의 날에 잘려나갈 때 그가 느낀 강한 정동(情動)이라는 것이다.

꿈속에 전개되는 이미지들은 대부분 관념의 형상화이기 때문에 꿈-사언의 진행속도 역시 현실적 그것과 꼭 일치하는 것은 아니다. 특히 상징적인 꿈일 경우에는 그 현현내용-발현몽-이 잠재사상-잠재몽-을

공상적으로 묘사하는 까닭에 압축이나 신장(伸張) 등에 의해서 그 사연이 필연적으로 늘어나거나 줄어든다. 따라서 꿈-사건의 시간감(時間感)이 현실과 동일할 수도 있고, 더 길어질 수도 있으며, 아니면 극히 짧아질 수도 있는 것이다. 짧은 시간에 긴 꿈을 꿀 수 있는 것은 우리가 현실에서 순간적으로 많은 기억들을 잇달아 회상하거나 책이나 영화의 내용을 되살릴 때 압축되어 상기되는 것과 같은 이치라고 말할 수 있다.

기요틴(단두대)

그러나 이것은 감각자극이 도입되었거나 강한 정동에 의한 신체운동이 수반된 꿈들에 있어서만은 적용되지 않는다. 몽중유행이나 잠꼬대의 경우가 바로 그것으로 이런 경우에 있어서만은 꿈과 현실의 시간감이 일치한다고 말할 수 있다. 그런데 끌라비에르(Claviere)는 감각자극이 도입된 꿈속의 제사건(諸事件)이 거의 각성사고(覺醒思考)와 같은 속도로 진행되었다고 보고한 바 있다.

나는 유랑극단의 연극을 보고 있었다. 그 극단은 삼주일 전부터 실제로 우리 동네에 와서 흥행을 하고 있었는데 벌써 막이 올라가 있었다. 며칠 전 [작은 공작(公爵)] 이라는 연극에 나왔던 한 배우가 무대 중앙에 있는 테이블 옆에 서 있었다. 훗라이트가 1m쯤 저 쪽에 있었고 그는 자기가 속해 있는 극단에는 의상의 수가 많으며 참으로 호화롭다는 것을 설명하고 있었다. 갑자기 벨 소리가 잠간 동안 들려왔다. 그는 「어, 또 우리가 주문한 의상 때문에 본마르세유-파리의 한 백화점 이름에서 전화가 걸려왔군.」 하면서 무대 뒤쪽으로 걸어간다. 관객들 가운데 떠드는 소리가 들려왔다. 나는 눈으로 그의 모습을 쫓았다. 오른 쪽 구석에서 전화기 같은 것에 머리를 숙이고 있었다. 이때 나의 아버님이 옆에 계시면서 무대가 잘 보이도록 의자에 올라가 서 있었다. 그리고 큰 소리로 『그렇게 죄에 관한 설교를 듣는 것보다 이런 것을 듣는 것이 더 좋다.』고 하시기에 나는 『그래요.』 하고 중얼거리며 잠을 깨었다. 이 때 자명종 소리가 울렸다. 이 자명종시계는 최초에 두 번 소리를 내고, 잠간 있다가 보통의 시계처럼 들리도록 장치되어 있었다. 나는 이 처음 벨소리가 울리고 다시 울릴 때까지의 시차가 어느 정도인가를 정확하게 측정해 두었다. 그것은 꼭 22초간이었다. 그런데 이 꿈에서 제 사건의 진행은 거의 각성시의 사고의 속도와 같이 전개된다. 아마도 최초의 자명종 소리를 들은 때가 『어, 또 본마르세유에서..』 하고 외칠 때였을 것이다. 이때부터 꿈을 깰 때까지 그 이후의 장면이 전개되었을 것이다. 우리가 각성시에 그만한 일-*테이블에서 무대 안까지 4-5m의 거리를 통과해서 꿈의 제사건을 경험한*을 실제로 행해본다면 평균 17~18초가 걸릴 것이다.

외적 감각자극인 시계종소리가 지금까지 진행된 꿈속에 편입되어서 그 꿈의 표상재료가 되거나 벨소리로 상징가능한 꿈의 내용을 형성해 가는 경우가 없지는 않으므로 그의 판단도 잘못된 것은 아니다. 그리고 전술한 바와 같이 장차 일어나기로 예정된 어떤 사건, 가령 위의 꿈을 예로 들자면 몇 초 후에 자명종소리가 날 것이라는 예감이 이 꿈을 형성할 수도 있었으므로 이것이 현실의 시간감에 일치하는 꿈이라고 판단해도 무방할 것이다. 자명종이 울기 직전에 미리 눈을 뜨는 현상은 일반인들도 자주 체험한다. 예를 들어 아침 6시 30분에 일어나기로 예정하고 알람시계를 맞춰두고 자면, 알람이 울리기 직전인 6시 29분쯤에 눈이 저절로 떠지는 경우가 바로 그것이다. 여기서 우리는 모든 감각자극이 꿈-내용에 파고들어 급조된 이미지를 만들어내는 것은 아니라는 사실을 상기해야만 한다. 말하자면 그의 잠재의식이 현실의 자명종소리를 아예 무시해버릴 수도 있었다는 것이다. 그렇다면 이 꿈속의 전화벨 소리는 감각자극이 아니라, 꿈의 의도성에 의해서 임의적으로 만들어진 것일 수가 있다. 우리가 우리의 체험을 통해서도 쉽게 확인할 수 있듯이 외적 자극인상이 없더라도 꿈속에서는 벨소리, 뇌성소리, 대포소리 등의 청각적 이미지가 얼마든지 만들어지기 때문이다.

꿈의 속도와 길이를 측정하려는 객관적 시도가 어느 정도나 정확성을 갖고 있을까 하는 점에 있어서는 의문을 갖지 않을 수 없다. 그러나 실제로 그런 일을 하기 위해 임상조사를 실시한 연구자들이 있었다. 1957년 디멘트(W. C. Dement)와 클라이트먼(Kleitman) 등은 5명의 피험자에게 『안구가 움직이기 시작해서 5~15분 후에 깨워서 물어볼 것이니 그때 꿈에서 느낀 시간감을 말하라.』고 일러두고는 잠을 재웠다. 그 결과 51회중 45회는 5분 정도의 시간이 경과한 것 같다고 말하고, 60회중 47회는 약 15분 동안 꿈을 꾸었다고 증언하였다. 그들은 이 실험보고의 말미에서 꿈의 길이가 실제 안구운동이 이루어지는 시간과 일치한다는 결론을 내리고 있다. 그러나 다른 조사에서는 30~60분간이나 지속된 REM의 경우가 15분간 지속된 REM의 경우보다 더 긴 꿈이 형성되었다고는 판단할 수 없었다고 한다. 또한 REM이 시작되고 나서 10~20분이 경과한 후에 일으킨 경우에도 꿈-내용의 길이가 4~5분 후에 일으킨 경우와 같았다고 한다. 아울러 그들은 REM기에 들어간 피험자를 관찰하여 총 45회 중 37회에 걸쳐 안구가 움직이는 동안 몸을 크게 움직이는 현상을 관찰하였는바, 이것은 곧 꿈-내용이 변환되었음을 나타내는 것이라고 주장하였다. 따라서 피험자가 진술하는 꿈-내용이 실제보다 짧은 것은 최후의 부분만 상기되기 때문이라는 것이다.

그러나 10분 동안 꿈을 꾸게 하였다고 해서 그 꿈이 한 꿈의 전부라고 단정하기는 어렵다. 지정된 시간에 인위적으로 잠을 깨운다는 것은 본래 지속되어야 할 꿈이 중단된다는 의미이기 때문이다. 우리가 간밤의 꿈들을 상기함에 있어 그것들이 처음부터 이어진 한 꿈의 부분들인지, 아니면 전혀 다른 작은 꿈들인지 하는 것조차 분별해내기가 몹시 어렵다. 그러므로 꿈이 언제부터 시작되었는가를 상기해내기란 거의 불가능에 가까운 일이다. 더구나 일반인들은 꿈을 상기할 때 인상 깊었던 장면에만 집착하며, 그 중에서도 특징적인 시각표상만을 중요시한다. 그러나 꿈은 시각상만이 아니라 언이, 상념, 행동, 정동 등 여러 가지 상징표상이 복합적으로 얽혀 있다. 때문에 그들로 하여금 모든 경험들을 빠짐없이 상기하게 한다면 처음 기술한 내용보다 훨씬 더 길어지기 마련이다. 따라서 꿈의 길이는 어떤 경우에도 기계적인 측정에 의한 객관적인 관찰이 불가능한 것이다.

피에롱(H. Pieron)은 꿈의 속도가 빠르다고 느끼는 현상이 일종의 [파노라마 시(視) 현상]의 착각(錯覺)이라는 것을 증명하려고 애를 썼다. 그가 그 예로 제시한 것 중의 하나는 높은 곳에서 떨어지며 죽음의 순간을 경험하는 꿈이었다. 이때 꿈꾼 이는 꿈속에서 그러한 장면을 찍은 논픽션영화와 같은 현상을 체험하게 된다는 것이었다.

어떤 지질학자는 60미터의 고도에서 추락하였다. 다행히 눈이 덮여 상하지 않고 끝났으나 추락 도중 여러 가지 생각이 뇌리를 스쳐간다. 동료들의 일, 그리고 당황하는 얼굴들, 안경을 벗지 않으면 다칠 염려가 있다는 생각, 떨어져서 기절하지 않도록 향수의 핀을 뽑아 냄새를 맡을까 하는 생각, 그리고 연로하신 어머님께 자기의 사망통지를 보내주는 우편배달부까지 떠올렸다. 그러나 내가 지금 죽음에 직면해서 생각하는 느낌과 같이 그들도 체험하고 말 것이다 하는 등의 여러 가지를 생각했다. 이 60m 추락사건은 단 3초간이었음에도 불구하고 그처럼 많은 것을 머릿속에 전개시켰던 것이다. 이 [파노라마시 현상]에서는 속도가 실제보다 빠르지 않은데도 빠르다고 생각하는 착각이 일어난다. 이 착각은 영화에서처럼 여러 광경들을 차례차례 보일 경우 반드시 나타나는 것이며 이것은 실험해 보일 수도 있다. 관계도 없는 광경이 차례차례 보이면서 그 직후에 이것이 추상적인 사고로 연결되어서 정돈된 생각이 된다. 이것은 착각이 원인이다. 꿈의 속도가 빠르다고 생각하는 것은 이런 착각에 연유할 수 있다.

그러나 꿈의 시간감이 착각이 아닌 정상적인 사고임을 증명하기 위하여 오스왈드(I. Oswald)는 다음과 같은 사례를 보고하고 있다.

　외적 자극에 의해서 그것과 관계된 꿈이 형성될 수 있으며, 또 그것 때문에 각성될 수도 있다는 사실을 인정하지 않을 수 없다. 계산능력에 뛰어난 에든버러대학의 아이켄 교수는 보통이면 30분은 걸릴 음악의 전곡을 불과 1분도 안 되는 짧은 순간 모두 체험할 수 있다고 했다. 타인이 알 수 없는 그의 개인적인 체험이기 때문에 우리가 그것을 부정할 입장은 아니다. 더구나 그는 이제까지 속산법 등, 계산과 관련된 많은 특기를 보여주었다. 그런 일을 전에는 믿지 않았지만 정말 놀랄 만한 특기였다. 긴 사고가 적어도 어떤 특수한 사람에게는 지극히 빠른 속도로 진행될 수 있다고 생각을 고쳐먹어야 한다.

　마카리오(Macario)가 보고한 극작가 본졸(C. Bonjoor)의 꿈은 꿈속의 사고속도(思考速度)가 얼마나 빠른가를 보여주기에 충분하다.

　본졸은 어느 날 밤 자기 작품의 초연(初演)을 보려고 하였으나 너무 피곤한 나머지 무대 뒤의 자기 자리에 앉아 있다가 마침 막이 올라가려는 순간에 그만 잠이 들고 말았다. 그런데 그는 꿈속에서 5막으로 구성된 그 연극의 전부를 보았을 뿐만 아니라, 매 장면에서 구경꾼들이 표시하는 감동의 여러 가지 표정들까지 모조리 알아볼 수가 있었다. 결국 공연은 성공리에 끝나고 그는 구경꾼들이 그의 이름을 부르며 박수갈채하는 소리를 기분 좋게 듣고 있었다. 그리고는 갑자기 잠을 깼다. 그런데 어처구니없게도 실제의 연극은 제1장면의 몇 줄 이상도 진행되지 않고 있었다. 그가 잠을 들었던 것은 채 2분이 경과하지 않았던 것이다.

　이런 현상을 사실로 인정하지 않으려는 학자들도 있었다. 프로이트는 이것을 『꿈속에서는 오래 전부터 준비되어 온 공상(空想) —이를테면 *머리의 기요틴 꿈같은*—이 어떤 자극을 빈으면 갑자기 상기된다. 그러나 다음 순간 그 기억의 구체적인 것은 하나도 환기되지 않는다. 잠을 깬 후에야 비로소 그 공상의 세밀한 부분이 상기되며 꿈속에서는 다만 그 전체가 움직였을 뿐이다. 본졸의 경우는 자기가 쓴 각본인 이상, 아마도 그것은 기성(旣成)의 꿈-작업, 그 자체에 의해서 다만 가볍게 덧붙여진 공상의 특징인지도 모른다.』라고 설명했다. 즉, 외적 자극에 의해 불러일으켜진 공상-*꿈꾸기 전에 준비된 긴 공상*-이 하나의 꿈을 형성할 수 있지만 꿈속에서는 그 세세한 사연이 전개되지 않고 하나의 덩어리처럼 움직인다는 것이다. 그러므로 우리가 짧은 순간에 매우 긴 꿈을 꾸었다고 느끼는 이유는 잠을 깬 다음에야 비로소 의식 속에 떠오르는 꿈-공상의 여러 가지 세부적인 요소들 때문이라는 것이다. 그리고 본졸이 그러한 체험을 하게 된 것도 그가 미리 쓴 각본이 하나의 공상이 되어 한꺼번에 떠올랐기 때문이라는 것이다. 결국 프로이트는 이러한 현상을 꿈-작업의 독특한 수법에 기인하는 착각으로 판단하고 있었음이 틀림없다.

그러나 위의 판단은 분명 잘못이다. 전술한 바와 같이 꿈속에서는 현실을 초월한 지극히 빠른 속도로 일순간에 많은 사고를 할 수 있으며, 또한 현실적 시간경과에 맞추어진 체험을 할 수도 있다. 우리는 꿈이 미래예지나 과거인지를 함에 있어서 순간적으로 엄청난 정보를 처리하는 경우를 심심치 않게 경험한다. 이런 맥락에서 본졸의 꿈을 살펴보자면 그것은 실제의 연극 진행과는 아무런 관련이 없었다고 말할 수 있다. 그것은 그의 연극이 어떤 평가를 받게 될 것인가, 또는 관객의 반응은 어떠할 것인가 하는 등의 궁금증에 답을 구한 자기암시적인 꿈이었기 때문이다. 따라서 그가 진술한 꿈의 전체적인 사연 역시 꿈을 깨고 난 다음에 덧붙여진 공상이 아니라, 처음부터 하나의 완전한 꿈-사상이었던 것이다. [꿈속의 이미지나 사건들은 모두가 관념의 형상화이다]라는 관점에서 판단한다면 더더욱 현실적인 시간경과에 집착할 필요가 없을 것이다. 꿈이 상징적으로 표현되는 한, 꿈속의 사건들은 현실적인 시간감을 얼마든지 초월할 수 있을 것이기 때문이다.

제 5 장

꿈과 신체반응(身體反應)

1. 잠꼬대와 가위눌림

　잠자는 사람의 옆에 있으면 그가 무엇인가를 중얼거리고 때로는 분명하게 알아들을 정도로 어떤 말을 하는 광경을 자주 목격한다. 이때 잠꼬대한 사람을 깨워보면 그가 틀림없이 꿈을 꾸고 있었으며 꿈속에서 한 말이 신체적 반응을 일으켜 발설되었음을 알 수가 있다. 그러나 꿈꾼 사람은 자기가 잠꼬대한 사실을 모르는 경우가 대부분이다.

　잠꼬대야말로 꿈을 연구하는 객관적 관찰재료로서 가장 훌륭한 소재이다. 그럼에도 불구하고 이 방면의 연구성과는 그다지 많지 않다. 1961년 일본의 가미야는 『잠꼬대를 할 적에는 몸이 크게 움직인다. 역설적수면 시보다는 오히려 서파수면시에 더 많이 생긴다. 잠꼬대가 꼭 수면과 병행하는 것은 아니다. 잠꼬대 후에 깨어보면 꿈의 내용과 잠꼬대가 무관한 경우가 종종 있다.』라고 설명한 바 있다. 그가 주장하는 바와 같이 90%이상이 서파수면시에 생긴다는 잠꼬대가 꿈 때문이 아니라면 중대한 문제가 생긴다. 만약 그것이 사실이라면 우리는 의식과 잠재의식 말고도 또 다른 중요한 정신적 기전을 발견하는 셈이 되기 때문이다. 그러나 이것은 십중팔구 꿈-언어의 상징성을 이해하지 못한 것에서 비롯된 오류임에 틀림이 없을 것이다. 1962년 레흐샤픈(Rechtschaffen) 등은 잠꼬대에 관한 임상실험에 들어가 다음과 같은 결과를 얻었다.

28명을 상대로 조사를 해서 84회의 잠꼬대를 분석했다. 그 결과 알아낸 것은 잠꼬대가 REM기와 NREM기를 막론하고 언제든지 생길 수 있다는 사실이었다. 그러나 약간의 차이가 있는데 REM기에 있어서는 목소리의 리듬이 보통이 아니라는 것이다. 잠을 깨워 물어보면 대개는 꿈을 꾸고 있다. 그런데 그 내용이 매우 감정적이고, 잠꼬대 역시 격정적이다. 이때는 뒤척 눕거나 목을 움직이지 않으면서 겨우 안면근육이나 눈언저리가 움직일 정도다. 그리고 실험적인 환경과는 전혀 무관계한 꿈을 꾼다. 반면에 NREM기의 잠꼬대는 뇌파의 기록을 방해할 정도로 근육이 움직인다. 목소리의 리듬도 침착해서 마치 이야기를 하는 것 같다. 그리고 잠꼬대의 내용이 그 사람이 처한 실험환경과 관계가 있다. 그러나 이때 피험자를 깨워서 물어보면 꿈을 꾸었다고 기억하는 경우가 매우 적고, 또 설사 꿈-내용을 상기하는 경우가 있더라도 대개는 잠꼬대의 내용과 일치하지 않는다. 이때의 잠꼬대는 적어도 의식이 각성으로 향하고 있음을 알려준다.

위 두 사람의 일치점은 잠꼬대의 내용과 꿈의 내용이 일치하지 않을 수도 있다는 것이다. 과연 그럴까? 나는 위와 같은 견해에 대하여 다음과 같은 세 가지의 사례를 들어 반론을 제기하고자 한다. 그것은 첫째, 꿈꾼 사람의 기억이 부실해서 꿈-내용의 진술이 달라질 수도 있다는 점이다. 각성시와 같이 분명한 어조로 잠꼬대를 한 사람들을 깨워서 물어보았을 때, 내가 발견한 것은 그들 대부분이 깨기 직전까지 상당히 긴 꿈을 꾸고 있었으며 잠꼬대가 꿈의 최종단계에서 발설되었다는 사실이었다. 다만 무슨 연유-*각성자극 때문일 수도 있다*-에서인지 잠꼬대와 관련된 꿈-내용을 잊어버리는 경우가 많았다. 잠꼬대와 꿈이 연결되지 않는다고 생각하는 이유가 바로 이것이 아닐까 한다. 둘째, 잠꼬대도 연속된 꿈의 한 요소임으로 그것이 상징적인 표현이라면 외관상의 꿈과 별개인 것처럼 보일 수가 있다는 것이다. 이것은 꿈이 공상적 서술이라는 점을 상기하면 쉽게 이해될 수 있는 문제이다. 셋째, 다행히 꿈을 상기하더라도 잠꼬대와 연결된 부분은 잊어버리고 그 이전의 꿈만을 상기하기 때문에 꿈과의 연결성이 없다고 단정하는 경우가 있다는 것이다. 다시 말해 잠꼬대를 하게 된 직접적인 동기를 잊어버림으로서 먼저의 꿈과 연결시킬 수가 없다는 것이다.

☞ **사례** : 어떤 여인이 묘지 근처를 돌아다니며 꽃가지를 꺾는 꿈을 꾸었다. 그녀는 꿈속에서 알 수 없는 행복감에 젖어 이리저리 뛰어다니며 흥겨운 노래를 불렀다. 그때 수풀 속에서 갑자기 뱀이 튀어나와 그녀를 쫓아왔다. 그녀는 무서워서 『저리가! 저리가!』를 외치다가 잠을 깨었다. 남편이 무슨 꿈을 꾸었냐고 물어보았을 때 그녀는 즉시 뱀의 출현을 상기해내지는 못했다. 몇 차례 진술이 반복된 끝에야 비로소 잠꼬대의 원인이 뱀의 공포였음을 알게 되었다. 그녀는 그때까지 꽃을 꺾으며 흥겹게 노래 부르던 장면만을 상기하고 있었던 것이다.

잠꼬대 현상은 꿈속에서 강한 정동을 체험할 때 흔히 나타난다. 즉 큰 소리로 웃거나, 슬퍼서 울거나, 고통 가운데서 호소하거나, 고함을 치거나, 절박한 상황에서 애걸하거나, 또는 놀라서 외치거나 하는 등등이 바로 그런 사례들로서 꿈속의 언어에 강한 정동이 부착됨으로서 나타나는 현상들이다. 대부분의 잠꼬대는 분명하게 구사된 언어이지만 간혹 분명치 않은 웅얼거림이거나 격한 울부짖음도 있어 주변 사람들이 당황하는 경우도 있다.

꿈에 [자기의 가슴을 타고 앉아 짓누르는 괴한을 밀쳐내며 악을 쓴] 사람은 안면근육이 일그러지며 꺼질 듯한 신음소리를 낸다. [수도파이프에 자기의 몸이 흡착되어버려 몸이 얼어붙은] 사람은 살려달라고 악을 쓰다가 온 식구들을 깨운다. [아버지가 돌아가셔서 그 시신 앞에서 통곡을 한] 사람은 흐느껴 울다가 눈물까지 흘린다. [상대방과 언쟁을 하다가 분을 참지 못해 욕을 한] 사람은 실제로 욕을 내뱉는다. 이 모두가 꿈-사연이 만들어 낸 강한 정동으로 말미암아 입을 통해 소리가 발설되는 경우인데 대체로 NREM기에 더 자주 나타난다.

잠꼬대가 언어기능에 의해서 토설된다는 점에서 볼 때, 언뜻 인간에만 국한된 현상처럼 보이지만 실은 동물들도 잠꼬대를 한다고 한다. 우리는 개나 고양이가 잠을 자다가 「그르렁」 거리는 광경을 자주 목격한다. 분명 꿈을 꾸고 있는 것이다. 잠꼬대를 과학적 연구대상으로 삼은 사람들의 공통된 증언은 [잠꼬대의 내용은 곧 감정]이라는 것이다. 그러나 그들은 그 감정이 심각한 정동을 유발시켜 신체반응을 가져온다는 결론에는 이르지 못하고 있다. 그런데 잠꼬대가 꿈꾸는 사람의 감추어진 내면을 그대로 들어낸다고 생각하여 호기심을 갖고 관찰하려는 연구자들도 있다. 과연 그럴까? 다음과 같은 재미난 일화에서 그것을 알아보자.

어느 시골여인숙에서 두 사나이가 한 방에 투숙하였다. 그런데 그날 밤 우연히 A라는 사람이 잠꼬대를 하는 소리를 B가 들었다. 내용인 즉, 『나는 사람을 안 죽였어, 안 죽였단 말이야!』라는 외침이었다. B의 눈은 빛났다. 그는 범죄수사관이었기 때문이다. 그래서 A를 깨워 엄중하게 취조를 하자 과연 A는 전에 사람을 죽인 일이 있었다고 고백했다.

외관(外觀)으로만 판단한다면 단순히 과거를 되풀이하는 것처럼 보이는 꿈도 있는 것이 사실이다. 이런 종류의 꿈은 특히 아이들이 자주 꾸는데 낮에 어른에게 꾸중을 들거나 매를 맞은 아이가 잠을 자다가 『다시는 안 그럴게요. 용서해 주세요.』하며 외치다가 다시 내쳐 자는 경우 등이 그런 사례이다. 그러나 위의 꿈에서처럼 살인을 고백하는 잠꼬대를 했다고 해서 그가 살인자라고 단정하는 것은 큰 잘못이다. 살인자이기는커녕 살인을 두려워하는 선량한 사람도 꿈속에서 살인을 하는 꿈을 꾸고 있을 수 있기 때문이다. 살인하는 것이 길몽으로 해석될 만큼 꿈-표현은 지극히 상징적이다. 잠꼬대와 비슷한 현상으로 [가위눌림]이 있다. 가위눌림은 꿈꾼 이가 악몽에 시달린 나머지 잠을 거의 깨었으나 즉시 각성되지 않아 옆 사람에게 도움을 청하거나 비명을 지르는 현상이다. 둘 다 격한 감정에서 소리를 내뱉는다는 점에서는 비슷하다. 때문에 둘은 혼동되기 쉽다. 그러나 거기에는 분명한 차이점이 있다. 잠꼬대의 경우에는 각성되지 않은 상태로 꿈이 지속되지만 가위눌림의 경우에는 곧 각성으로 이어진다는 사실이다.

반쯤 각성된 악몽의 종반부에서 발설행위가 이루어진다는 이유로 가위눌림을 일종의 환각으로 보려는 학자들도 있다. 그런가하면 일단의 학자들은 가위눌림이 REM기에 더 자주 일어난다고 주장한다. REM기에는 뇌파가 각성에 가까운 상태이면서도 몸은 오히려 더 이완된 상태이기 때문이라는 것이다. 그것이 사실이라면 가위눌림을 당하는 사람이 심한 고통을 호소하는 이유도 REM기의 신체 상태와 깊은 연관이 있을 것이다. 어느 정도 깨어 있는 상태에서 무시무시한 환각을 체험하면서도 몸을 마음대로 움직이지 못할 것이기 때문이다. 가위눌림에는 일반적으로 고함, 울부짖음, 애걸 등의 단말마적 외침이 수반된다. 이 현상이 심하면 전신을 요동하기도 하지만, 보통은 안면근육이 일그러질 정도에 그치고 사지는 움직이지 않는다.

정상인의 가위눌림은 간혹 꾸게 되는 악몽과 깊은 연관이 있다. 그러나 심장이나 호흡기 장애가 있는 사람들에 있어서는 꿈의 강렬도와 더불어 좀 더 자주 일어나는 모양이다. 수면중에 일어나는 협심증 환자의 발작이 꿈과 깊은 연관이 있을 것이라는 예상은 꽤 오래되었다고 한다. 그러던 것이 REM기가 발견된 뒤에야 비로소 그 관계가 명확하게 규명되었다고 한다. 최근에는 이것에 관한 일상실험 결과까지 나왔다. 1965년 노우린(T. B. Nowlin) 등이 4명의 환자들을 장기간 관찰해 본 결과, 총 39회의 발작이 있었는데, 그 중 32회가 REM기에 일어났다는 것이다. 아울러 이 발작의 대부분은 REM기가 시작된 직후에 일어났으며 환자들은 호흡마찰의 증가와 더불어 공포, 불안, 욕구불만, 격렬한 근육운동 등의 꿈을 꾸고 있었다고 한다.

2. 야뇨(夜尿)

오줌꿈과 오줌싸게는 어떤 연관이 있는 것일까? 많은 사람들이 어린 시절 수면중에 오줌을 싸 본 경험을 가지고 있을 것이다. 이것을 회상하는 사람들의 대부분은 오줌을 싸는 꿈을 꾸다가 실제로 방뇨하게 되었다고 토로하고 있다. 배뇨감(排尿感)에 의한 내적자극이 꿈의 유인(誘因)임에는 틀림이 없는 것이다. 꿈속에서의 배뇨행위가 꿈으로만 끝나지 않는 이유는 무엇일까? 생리학자들은 말하기를 『수면중에는 체내의 분비가 억제되어 있으며 오줌의 생성량도 감소된다.』고 한다. 그렇다면 성장기의 정상아들이 야뇨를 하는 이유는 무엇이며, 또 습관적으로 오줌을 싸는 야뇨증의 발생원인은 무엇인가? 정상적인 성인일 경우 오줌이 방광에 고이면 요의(尿意)를 느끼게 되는데 그 자극이 저하된 의식(意識) 레벨을 올려줌으로서 각성을 하게 되고 결국에는 실제로 소변을 본다고 한다. 따라서 야뇨가 생기는 것은 말초방광의 감수성이 척추(脊髓)에서의 반사회로(反射回路)와 대뇌의 의식레벨 등의 문제가 있음을 알려주는 것이라고 의학자들은 말하고 있다.

병증(病症)으로서의 야뇨증은 역설적 수면이 발견되기 훨씬 이전부터 의학자들의 연구대상이었으므로 전기회로장치, 뇌파기록장치 등에 의해서 꾸준히 관찰되어 왔다. 1955년 데이트만과 뿌린 등에 의해서

[소아의 경우 야뇨증은 서파수면기에 생기고 성인에 있어서는 각성시와 같은 뇌파가 생길 때 발생한다]는 사실이 밝혀졌다. 아울러 야뇨증의 원인이 깊은 수면이라고 알려지기 시작하였는데 그것은 방광에서의 자극이 일어나더라도 의식레벨의 저하도가 커서 쉽게 각성하지 못하기 때문이라는 것이다. 그 후 REM기의 발견과 더불어 꿈과 불가분의 관계가 있다고 보기 시작했으며 1961년 피어스(C. M. Pierce)의 실험에 의해서 REM현상 중의 하나라는 것이 실제로 증명되었다. 그리고 [소아 야뇨증의 경우 대체로 꿈과 일치하고 있으나 성인의 경우는 거의 관계가 없다]는 새로운 연구보고도 나왔다. 아울러서 야뇨증에는 척수 레벨의 간단한 반사이상(反射異常)이 아닌, 좀 더 고차원의 중추신경계가 관계하는 것으로 생각하기 시작하였다.

1964년~1965년에 가스타트(Gastaut. H)와 브라우튼(R. T. Broughton) 등의 연구는 하나의 실마리를 이끌어냈다. 즉, 야뇨증을 가진 소아의 경우에는 서파수면시에 방광수축운동이 빈번히 일어난다는 것이다. 반면 역설적수면시에는 방광수축과 내압에 대한 감수성이 잘 나타나지 않는다고 한다. 이 연구결과를 발판으로 이번에는 방광의 괄약근을 지배하는 자율신경 작용에 관한 다각적인 조사가 진행되었다. 그 결과 야뇨증을 보이는 소아의 경우 자율신경계의 기능이상 때문에 수면주기가 교란됨으로서 최초의 역설적 수면이 지연된다는 결론이 도출되었다.

그런데 흥미로운 것은 야뇨가 일어난 직후에 순간적으로 꿈이 형성된다는 주장이 등장했다는 점이다. 다시 말해 꿈이 야뇨를 유발시키는 것이 아니라, 먼저 발생한 야뇨행위가 일종의 외적감각자극이 되어 꿈을 유발시킨다는 것이다. 이런 견해에 공명하는 일본의 가미야는 『야뇨에 수반되어 나타나는 방광의 수축, 방광내압의 상승, 요의 배뇨행위, 침상의 습윤, 피부자극 등으로 인한 조건반사로서 꿈을 꾼다고 보는 것이 타당하다.』라고 말했다. 과연 요의(尿意)에 의해서 오줌꿈이 생성되는 것이 아니라, 방뇨 후 침구의 척척함이 감각자극이 되어 꿈이 형성되는 것일까? 그것이 사실이라면 꿈의 강렬도에 의해 오줌을 싸게 된다는 주장이 설 자리를 잃게 된다. 그러나 수면중 방광에 오줌이 가득 고였다 하더라도 요의가 일어나지 않는 한, 그대로 방뇨하는 사태는 일어나지 않을 것이다.

요의가 발동하면 그것을 감지한 자율신경이 즉시 그 정보를 마음에 전달할 것이다. 때문에 마음은 당연히 오줌 마려움에 대한 대응을 하게 할 될 것이므로 저하되었던 의식 레벨은 급격히 상승하여 각성에 까지 이르게 될 것이다. [오줌이 마렵다, 또는 오줌을 싸게 됐으니 얼른 일어나라]하는 등의 자성을 촉구하는 마음은 수면중의 사고이며, 그것은 곧 꿈이다. 그러므로 오줌꿈은 오줌이 마려우니 곧 일어나 오줌을 누어야 된다는 잠재의식적 판단인 것이다. 한 밤중에 일어나 화장실로 달려가는 것이 습관화된 사람들의 대부분이 오줌꿈에 익숙해져 있다는 사실만으로도 가미야의 주장을 받아들일 수가 없다.

만약 부단한 방광자극에도 불구하고 잠의 억제가 얼른 제거되지 않는, 즉 정보처리가 제대로 되지 않는, 사람은 오줌을 누는 꿈과 더불어 내쳐 오줌을 싸게 될 것이다. 그리고 이것이 빈번하게 반복된다면 분명 병증의 야뇨행위라고 진단될 수 있을 것이다. 다만 요압이 높은 상황에서도 [오줌을 누어야 한다]고 의식에 경고하는 일은 하지 않고 다른 잠재사상의 공상화에만 몰두하는 꿈도 있긴 있다. 꿈은 그렇게 함으로서 요의를 억제하는 일도 병행하는 것으로 추정된다. 그러나 워낙 요압이 강해 급박한 지경에 이르면 신체적 반사작용을 일으켜 급기야는 오줌을 싸게 만들 것이다. 반면 방광자극에 의하지 않고도 오줌꿈은 얼마든지 형성될 수 있다. 이런 꿈에서의 배뇨행위는 어떤 미해결의 관심사와 미래사를 판단하고 예지하는 상징표현 중의 하나이다. 그러나 아이들의 경우에는 오줌꿈과 신체반사작용이 보다 밀접하게 연결되어 있다.

내가 소학교 2학년 때 경험한 오줌꿈이 하나 있다. 취침 전에 오줌을 누지 않았으므로 방광이 가득 차 있었을 것이다. 나는 꿈속에서 산에 풀어놓은 소를 찾으려고 풀숲 가장자리까지 걸어갔다. 그리고 멀리 숲속을 바라보니 소는 좀 더 깊은 곳에서 풀을 뜯고 있었다. 그런데 갑자기 오줌이 마려워 견딜 수가 없었다. 얼른 주위를 둘러보니 옆에 장한 풀숲이 있는지라 그곳에 대고 시원스레 오줌을 누었다. 꿈속의 방뇨행위가 끝남과 동시에 눈을 뜬 나는 요가 이미 흥건하게 젖어있음을 발견했다. 《몽과학(夢科學)》을 쓴 마쓰모토의 경험담도 나의 것과 흡사하다.

나는 꿈속에서 친척집엘 가는데 도중에서 오줌을 누고 싶어 견딜 수가 없었다. 친척집 근처에 개울이 있었다. 이곳이 적당한 것 같아서 오줌을 시원스럽게 누었다. 눈을 뜨고 보니 침상이 흠뻑 젖어 있었다.

열 살 된 나의 조카애가 오줌을 쌌다. 왜 오줌을 쌌냐고 물어보니 꿈에 친구들과 같이 학교운동장에서 놀다가 오줌이 마려워 견딜 수가 없었다고 한다. 화장실까지 가지 못하고 쌀 것 같아 운동장 담벼락에 대고 기분 좋게 오줌을 누었다고 한다. 그리고 깨어보니 실제로 오줌을 싸고 있더라는 것이다. 어린 시절을 돌이켜보면 누구나 한번쯤 기억에 떠올릴 만한 이야기다. 어린아이들이 수면중에 갑자기 잠을 깨면 정신이 좀처럼 명쾌해지지 않는 모양이다. 비록 침구에 오줌을 싸지 않고 일어나 화장실을 찾는다 하더라도 몸이 휘청거리거나 발을 헛딛는 모습을 가끔 목격하게 된다. 수면과 각성을 이어주는 뇌조직상의 이상, 즉 자율신경계의 이상과 역설적수면의 발현지연 등이 원인이라는 생리학자들의 견해에 부합되는 현상들이다.

그런데 나는 이런 현상들이 일어나는 것은 꿈속의 징동들이 너무 강렬하므로 부분적인 각성을 가져온 데 그 원인이 있다고 판단한다.

소아기에 어쩌다가 한두 번 오줌 싼 경험이 있는 사람은 대개의 경우 그때 꾸어진 꿈을 기억하고 있을 것이다. 그렇지 않고 밤마다 오줌을 싸는 야뇨증 소아에 있어서는 꿈을 꾸었어도 곧 잊어버리거나, 꿈을 꾸었다는 사실조차 상기하지 못할 것이다. 이런 아이일수록 수면중에 몸을 두들겨도 웬만해선 잠을 깨지 못하고, 또 잠을 깨고서도 정신이 쉽게 명쾌해지지 않아 한동안 멍하니 앉아 있는 것을 흔히 볼 수가 있다. 야뇨가 잠의 어느 심도에서 일어나느냐 하는 것은 이 책의 관심거리가 아니다. 꿈의 강렬도가 신체적인 반사작용을 불러일으킨다는 가정이 그 타당성을 인정받을 수만 있다면 그것으로 족한 것이다.

방광에 오줌이 가득 고였을 때 그 요의가 자극원이 된 상징적인 꿈이 형성될 수 있다는 사실은 고대 희랍의 히포크라테스(Hippocrates B.C 460~B.C 377)가 이미 밝힌바 있다. 그는 오줌이 분수(噴水)의 상징표상으로 나타날 수 있다고 말했다. 1861년 셰르너(R. Scherner)는 오줌 자극에 기인하는 상징의 다양성에 관한 논문을 발표하였다. 그는 이 논문에서 말하기를 『상당한 강도의 오줌 자극은 항상 성기 국부의 자극과, 그 자극의 상징적 형성물로 변한다. 오줌 자극에 기인하는 꿈은 성적인 꿈의 대표자이다.』라고 했다. 1912년 오토·랑크(Otto. Rank)는 『오줌 자극에 기인하는 꿈의 대부분은 실은 성적 자극에 의하여 야기된 것이며, 그 성적 자극은 우선 퇴행의 길을 거쳐서 요도성애(尿道性愛)의 환각적 형식에서 만족하려고 노력한다. 가령 [물]은 오줌, 정액(精液), 양수(羊水) 등의 상징물이며 [배(船)]는 오줌 누기, 자궁이며 [젖는다는 것]은 오줌을 누다, 성교하다, 임신하다 등의 뜻이다. [오줌을 누는 것]은 사정(射精)을 하는 일의 상징이다.』라고 오줌꿈과 관련한 상징들을 열거한 바 있다. 1991년 쉬테켈(W. Stekel)은 침, 오줌, 정액 등은 꿈속에서 서로가 서로의 대신을 하는 경우가 있다고 말하였다. 그러나 1912년 라이틀러(Reitler)는 정액과 같은 중요한 분비물이 대단치 않은 것에 의하여 대치(代置)된다는 것이 아무래도 불합리하다는 반론을 제기하였다.

　이상의 몇몇 연구가들은 대체로 신체의 기질적 자극, 즉 오줌꿈에 있어서는 방광에 오줌이 고여서 그 자극에 의해서만 오줌꿈을 형성하거나 그렇지 않고 다만 기억표상만으로서 오줌꿈을 형성하더라도 그것들은 거의 모두 에로틱한 성격의 꿈으로 발전한다고 생각했던 모양이다. 그러나 그들이 오줌에 관한 꿈을 물이나 정액 따위의 상징물이라고 가정한 것은 실제의 경험에 의해서 입증된 것도 아니요, 또 일정한 상징형성 원리에 부합되는 것도 아니었다. 그들은 다만 사회적 통념에 기초한 직관적인 판단을 성적인 개념과 억지스럽게 연결시키고 있을 뿐이다.

　꿈-상징의 다의성에 의해 [오줌]이라는 상징표상 역시 그것이 연결된 전후의 꿈-사연에 따라서는 여러 가지 의미로 해석될 수 있다. 나는 나의 저서 《꿈의 예시와 판단(1971)》의 〈소변의 꿈〉 항목에 오줌표상의 상장의미와 여러 가지 상징구절의 예제를 열거하여 해석해 두었다. 일반적으로 오줌표상은 사상, 관념, 언론, 정신적 재산, 권력, 영향력, 정액 따위를 상징할 수가 있다. 예를 들어 [어떤 공공장소에서 오줌을 누는] 꿈을 꾸었다면 그것은 장차 그 장소로 암시된 어떤 기관이나 사업장에서 자신의 사상, 이론, 견해 등을 피력(披瀝)하거나 권력, 영향력 등을 행사하게 된다는 뜻으로 해석된다. 그리고 [시원스럽게 오줌을 누었다, 오줌을 누다 말았다거나, 오줌을 누려고 해도 잘 나오지 않는다거나, 오줌을 눌 자리가 마땅치 않아 찾아다니다가 잠을 깨었다거나, 오줌을 누니 변기가 가득 찼다거나, 또는 오줌을 누어서 벌판을 물바다로 만들었다]하는 등의 여러 가지 표현도 오줌표상에 부가된 각각의 상징의의로서 꿈-사상을 나타내는바 사상, 관념, 언론, 영향력, 권력, 정신적 재산 등과 관련하여 장차 체험하게 될 쾌·불쾌, 만족·불만족 등의 감정적 양태를 암시하는 것이 일반적이다.

　대중적으로 잘 알려진 어떤 중견작가는 습작(習作) 시절에 진기한 오줌꿈을 꾸었다. 그 내용인 즉, 『야외에서 소변을 보았더니 큰 냇물이 되고 이어서 홍수가 되어 한 도시(都市)를 덮어버렸다.』는 것이다. 이 꿈에서의 오줌은 그의 사상이 남긴 작품을, 그리고 도시는 온 세상을 상징하고 있다. 그가 눈 오줌이 냇물이 되고, 또 홍수가 되어 온 도시를 덮어버렸으니 그는 장차 자기의 작품을 통하여 그의 사상을 유감없이 피력하고 사회적으로 크나큰 영향력을 행사함과 동시에 수많은 사람들을 감화시키게 될 것이다.

야뇨와 꿈-형성에 관한 결론을 내리자면 다음과 같다. 성인의 경우 수면중에 느낀 요의에 의해지 않더라도 꿈의 의도성에 따라 얼마든지 오줌꿈이 형성될 수 있으며, 극렬한 정동에 의한 육체적 반사를 가져오지 않은 한 실제 배뇨행위로는 이어지지 않을 것인바, 이런 꿈은 일정한 상징원리에 근거하여 미래사를 예지하고 판단하는 기능을 한다는 것이다.

3. 성적(性的)인 꿈과 몽정(夢精)

나는 앞장에서 야뇨와 꿈-형성의 상관관계를 설명하는 과정에 강렬한 정동이 신체적 반사작용을 유발시킨다는 사실을 강조했다. 이 주장에 대해 아직도 의혹을 갖는 독자라면 앞으로 설명하게 될 꿈과 몽정의 상관관계에 주의력을 집중해 주었으면 한다.

동서양을 막론하고 수면중에 유발되는 사정(射精)은 성적인 꿈이 원인이라고 알려져 있다. 그래서인지 동양권에서도 오래전부터 이런 현상을 몽정(夢精), 몽색(夢色), 몽유(夢遺), 몽설(夢泄) 등으로 불러왔다. 그러나 야뇨에 비해 몽정에 관한 연구는 별로 깊지 않은 것 같다. 결론부터 말하자면 몽정은 옛사람들의 진단처럼 성적인 꿈의 소산이라고 할 수 있다. 즉, 몽정이야말로 성적인 꿈의 강한 정동이 신체반사를 일으키지 않고서는 거의 일어나지 않는 현상이라는 것이다.

그러나 우리가 그와 같은 단정을 내리기 이전에 다음과 같은 의문점에도 관심을 가져볼 필요가 있다. 꿈을 꾸지 않고는 몽정을 할 수는 없는가? 그리고 성적인 꿈이 아닌, [공포, 고통, 희열]등과 같은 꿈을 꾸더라도 몽정을 하는 것은 아닐까? 또한 실제의 성교장면이 표현되지 않았으나 성교의 상징이라고 간주되는 프로이트의 저 유명한 [계단 오르내리기의 꿈]과 같은 것에 의해서도 몽정을 하게 되는 것은 아닐까?

카사토킨의 연구자료에 의하면 25세의 어떤 부인은 그녀의 일기에 『나는 매일 밤 에로틱한 꿈을 꾼다. 그것은 부인들끼리라도 부끄러울 정도로 분명하게 꾸어진다.』라는 글을 썼다고 한다. 그런데 그 꿈의 이미지들은 각성기에 경험하는 것들과 똑 같았다고 한다. 이와 관련하여 카사토킨은 1967년 [연령과 성적인 꿈의 빈도와의 상관관계]에 관한 방대한 분량의 통계조사 보고서를 내놓고 있는데 그 요지는 다음과 같다.

성기능과의 관계가 있는 시각적 장소는 성기능이 나타나기 시작하는 13~14세부터 꿈에 등장하며 청년기에 이르러 최고조에 달하고 노년기에는 감소된다. 그러나 성적인 꿈은 성기능이 강한 연령기에서조차 전체 꿈의 많은 부분을 차지하는 것은 아니어서, 25~35세의 경우에도 29~30%에 불과하다. 그리고 여성이 남성보다 성적인 꿈을 좀 더 빨리 꾸기 시작하였다가 좀 더 빨리 꾸지 않게 된다. 이것은 아마도 각성상태에 있어서의 성기능의 증감(增減)과 관계가 있는 것 같다.

프로이트는 『꿈이 직접적인 성-표현을 하지 않더라도 어떤 사물의 양태로서 성적인 것을 암시할 수 있다.』라고 주장했다. 그는 꿈의 속성을 논함에 있어 『압도적으로 강한 자아와 강렬한 속박이 없는 성적 충동이야말로 자기보존과 상태의 만족이라고 보고 있으며 이 양자를 겸비한 본능을 생의 본능, 즉 에로스(Eros)라고 한다.』라고 말했다.

그는 또 『인간에 있어서 가장 심오하고 강렬한 충동인 리비도(Libido)야말로 꿈을 꾸는 에너지가 될 수 있다.』라고 강조했다. 이것에 대해 아들러(Adler 1873~1937)는 『인간은 성적인 소망에 의해서가 아니라 사회적 소망에 의해서 행동동기를 찾는다. 열등감을 보상받고자 타인을 정복하는 것은 [나폴레옹-콤플렉스]다.』라고 반박하고 있다.

물론 위 두 사람의 논쟁은 인간의 심층심리에 관한 것이다. 그러나 논쟁을 불러일으킨 프로이트가 꿈의 본질을 성적인 것으로 취급하는 이상 이러한 주장들이 성적인 꿈으로 유발되는 몽정과도 무관하지가 않다. 이 점을 상세히 알아보기에 앞서 우리는 직접적인 성행위로 묘사되는 꿈-내용도 결국은 상징표상의 나열이라는 점을 먼저 이해해야만 한다. 그런 점에서 유대교 법전이 좋은 참고서가 될 수 있을 것이다. 그들이 비록 완벽한 상징형성원리를 정립하지는 못하였더라도 『직접적으로 성적인 것은 성과는 관계가 없는 무엇인가를 의미한다. 자기의 어머니와 성교한 꿈은 매우 큰 지혜를 갖고 싶어 하는 사실을 의미하며 성교의 꿈은 자기에 대한 활발한 구제를 뜻한다.』라고 정의한 것은 실로 놀라운 발상이었다. 그들은 이미 수천년전에 성적인 꿈이 실제의 성행위와는 관계 없이 다른 것을 상징한다는 사실을 간파하고 있었던 것이다.

성적인 이미지가 다른 어떤 것의 상징이라면 남녀노소에 상관없이 누구의 꿈속에서도 표현 가능해야만 한다. 실제로도 성적인 꿈은 유소아를 제외한 전 연령대

유대교 경전인 토라[tôrāh]

에서 꾸어진다는 통계보고가 나와 있다. 그렇다면 성적인 꿈의 부산물인 몽정은 각 연령대와 어떤 상관관계를 갖고 있을까? 성적인 꿈이 상징표현이라면 몽정 역시 그래야 할 것이므로 독신자나 미혼자만이 아닌, 전 연령대에서 고른 빈도를 보여야만 한다. 그러나 실제의 조사보고는 이런 예상과 상당히 동 떨어진 수치를 보여주고 있다. 킨제이(Alfred. Kinsey 1894~1956)가 조사하여 발표한 통계보고는 다음과 같다.

미국의 대학 졸업자는 때때로 몽정을 경험하고 있으며 이것이 결혼을 하면 없어지고 이혼이나 별거를 하면 다시 그 횟수가 증가하였다. 또 조사에 응한 부인들의 70%가 성적인 꿈을 꾼다고 대답했으며 45세까지의 부인 37%는 성적인 꿈들 중에서 오르가즘을 느꼈다고 증언했다. 더불어서 이런 꿈들은 성적인 행위의 경험이 증가할수록 증가되고, 또 이혼, 별거, 죄수생활 등으로 정상적인 성적활동이 이루어질 수 없을 때 급승하는 것을 볼 수 있었다.

킨제이는 이 조사보고서 말미에 『소련에서 발표한 바와 마찬가지로 동성애를 하는 사람은 동성애의 꿈을 꾸고, 수간경험자는 수간의 꿈을 꾼다.』라고 부연 설명했다. 그런데 당사자인 카사토킨은 『성적인 꿈의 원인이 되는 것은 취침전의 성적 흥분, 방광의 충만, 침상의 상태 등에 의한 성기의 기계적 자극 등이다. 임질환자는 염증과정이 자극되어 성적인 꿈을 꾼다.』라고 주장했다. 일본의 마쓰모토 역시 이와 같은 자극론에 동조하여 말하기를 『그것은 REM기의 음경의 발기현상에 의해서 설명할 수가 있다. 즉, REM의 95%는 음경의 발기가 인식되므로 그 자극이 조건자극이 되어 조건반사가 일어난다고 생각하면 성적인 꿈을 꾸는 것은 당연하다.』라고 했다. 그런가하면 『꿈속에서 인간의 성생활이 전연 숨겨지지 않을뿐더러 더욱 상세하고 분명해지는 것은 아마도 행동을 지배하고 통어하는 대뇌피질과 사고에 관한

킨제이(Alfred. Charles. Kinsey)

제2신호가 수면중에는 억제되기 때문에 각성시에 억압되었던 마음이 해방된 결과인지 모른다.』라는 견해도 폭넓은 지지를 얻고 있다.

이상 몇몇 연구자들의 보고에 의해서 성적인 꿈이 유소아들을 제외하고는 어느 연령대에서나 꾸어지고 있음이 분명해졌다. 다만 몽정의 수반여부는 아무래도 신체적 조건에 좌우될 것이므로 그 빈도에 있어 차이를 보일 수 있다는 사실만은 인정하지 않을 수 없다. 그러나 몽정이 성적인 꿈의 강렬한 정동에 의해 유발된다는 점만은 의심할 바 없는 사실이다. 문제는 성적인 꿈의 유발원이 무엇인가 하는 점이다. 자극설을 지지하는 입장이라면 [취침전의 성적 흥분, 수면시 방광 충만으로 인한 자극, 침구 등에 의한 기계적 성기자극, 또는 REM기의 성기발기현상 등에 의해 성적인 꿈이 형성된다]는 주장을 당연하게 받아들일 것이다. 그러나 이런 자극원들은 꿈-재료와 꿈-사상을 결정하는데 있어 다소간의 영향을 미칠 수는 있어도 성적인 꿈을 형성하는 근본적인 요인은 될 수 없다.

낮 동안에 타인의 성교장면을 보았거나, 아니면 성교미수에 그쳐 성욕을 해소시키지 못한 상태라고 하더라도 그러한 경험들이 그대로 꿈속에서 재현될 리는 없을 것이다. 또한 발기된 성기가 침구 등의 자극을 받았다고 해도 그것들이 성적인 꿈을 형성하는 직접적이고 유일한 동기는 되지 않을 것이다. 그러한 요인들에 의하지 않고도 성적인 꿈은 얼마든지 형성될 수 있다. 물론 오랫동안 성욕을 해소시키지 못한 탓에 고환에 정액이 충만하여 그것이 수면중의 내적 자극이 됨으로서 성적인 꿈을 유발하는 경우가 있을 수 있다. 그러나 설사 그렇다고 해도 그에게 성적인 꿈으로 상징가능한 미래사가 예정되어 있지 않으면 그러한 꿈이 꾸어지지 않을 것이다. 우리가 낮 동안에 경험했던 좀 더 심각한 많은 문제들은 수면중의 잠재사상으로 남아있다. 그럼에도 불구하고 그것들 모두가 꿈이 될 수 없는 것처럼 성적인 요인 역시 무시된 채 잠이 지속될 수 있는 것이다.

만약 [동성애의 경험을 가진 사람은 동성애의 꿈을 꾸고 수간경험을 가진 사람은 수간의 꿈을 꾼다]는 킨제이의 주장이 진실하다면 전혀 이런 경험이 없으며 상상조차 해보지 않은 교양인들이 이런 종류의 꿈을 꾼다는 사실은 어떻게 해명되어야 할까? 그들 모두를 천박하고 부도덕하며 사악한 변태성욕자로 몰아붙일 것인가? 만의하나 실제의 경험이 꿈의 재료가 되었더라도 그것은 어디까지나 꿈의 표상재료에 불과할 뿐이다. 다시 말해 본질적인 잠재사상의 표출은 아니라는 것이다.

1875년 폴켈트(Volkelt)는 말하기를 『누구든 알고 있는 바와 같이 성적인 일들이 꿈속에서는 유난히 제멋대로 놀아난다. 꿈꾸는 사람은 극도로 뻔뻔스러우며 모든 도덕적인 감정과 판단을 잃고 있다. 게다가 그는 가장 존경하고 있는 사람들도 포함해서 모든 사람들이 깨어 있을 때의 그로서는 그런 일을 그들에게 관련시키리라곤 도무지 생각지도 못하는 행동을 하고 있음을 목격하게 된다.』라고 했다.

프로이트 이전의 연구자들은 꿈-표현이 현실적 사리분별에 맞추어져 있고, 또 꿈의 현현내용-*발현몽 또는 꿈표현*-이 곧 잠재사상-*잠재몽 또는 꿈사상*-인 것으로 착각했다. 즉, 꿈의 세계를 현실 세계의 연장으로 생각했던 것이다. 그렇기 때문에 꿈속에서의 부도덕한 행위가 꿈 꾼 이의 도덕성을 적나라하게 표출하는 것이라 생각하여 간혹 자신이 부도덕한 꿈을 꾸었을 경우 심하게 자책하며 괴로워했다. 그들이 좀 더 일찍 꿈속 이미지의 대부분이 상징이며, 또 그 상징의 이면에 진실한 의미가 숨어있다는 사실을 깨달았더라면 그 같은 심적 고통은 당하지 않아도 되었을 것이다.

☞ *성적인 꿈의 비율* : 최근 몬트리올 대학 연구팀이 조사한 바에 의하면 성적인 꿈은 전체 꿈의 약8%정도를 차지한다고 한다. 그러나 이 의견에 반대하는 연구자들도 많다. 이유인즉, 꿈의 외형만으로 성적인 꿈을 판별할 수 없다는 것이다.

그렇다면 성적인 꿈은 어떻게 표현되고, 또 어떤 상징의의를 나타내는가? 흔히 실제로 성교가 이루어지는 꿈만을 성적인 꿈이라고 단정하기 쉽다. 그러나 성적인 꿈은 여러 가지 표현방식에 따라서, 그리고 꿈이 암시하고자 하는 전체적인 의도성에 따라서, 매우 다양한 형태로 묘사된다. 때문에 직접적인 성교만이 아니라 성적 충동, 성적인 언어, 이성의 성기 등등 성적인 요소가 포함된 모든 꿈들이 성적인 꿈으로 분류된다. 또한 직접적인 성교가 묘사된 경우에도 성교과정에서의 여러 가지 우여곡절, 성욕의 해소여부, 성교시에 체험하는 쾌·불쾌의 감정, 성교 후에 오는 만족불만족의 느낌 등등 여러 가지 양태에 따라 그 각각의 상징의의를 나타낼 수 있다. 이처럼 다양한 표현들은 다른 어떤 현실사건을 암시함에 있어 매우 풍부한 암시효과를 제공하므로 꿈이 그 의도성을 강조할 때 즐겨 사용하는 재료들이다. 그러므로 꿈에 등장한 성교의 상대방을 실존으로 판단해서는 안 된다. 그들은 모두 미래의 현실에서 상관하게 어떤 다른 사람을 동일시한 것이거나, 아니라면 의사시(擬事視)로 묘사된 어떤 사물(事物)의 바꿔놓기이기 때문이다.

성적인 꿈의 상대방이 실존의 어떤 인물을 동일시하는 경우, 그 사람은 장차 현실에서 체험하게 될 어떤 계약, 청탁, 교섭, 탐지 등의 상대방이고 성교와 관련된 여러 가지 양태는 그러한 일의 성패나 과정 등을 암시하는 것이다. 반면 그 상대방이 현실의 어떤 사물로 의사시(擬事視) 된 경우라면 그것은 현실에서의 어떤 일거리나 사업체 등을 암시하는 것이며 성행위에 수반된 여러 가지 감정적 양태는 그 것의 착수, 점유, 감지. 성패 등을 암시하는 것이다. 그런데 정신분석 학자들은 여전히 성적인 꿈을 현실적인 관점에서만 바라보고 있다. 그 대표적인 인물인 드캐슬(Robert. Van. Decastle) 박사는 다음과 같은 견해를 표명했다.

꿈은 우리를 더욱 효율적인 인간으로 만들기 위하여 야간전보를 이용해 우리에게 소식을 전해주는 역할을 한다. 비현실적인 몽상가들의 견해와는 반대로 꿈의 3분의 2이상은 실제에 있어서 정신적으로 위급하거나 불유쾌 한 상태를 알려주는 신호다. 현대 여성들은 매우 빈번히, 그리고 명확한 모 습의 성적인 꿈을 꾼다. 과거의 여성들은 단지 다정한 포옹이나 키스, 또는 애무에 관한 꿈이 고작이었으나 오늘날의 여성들은 매우 대담한 섹스장면 을 꿈꾸기도 한다. 섹스의 상대자는 실제 애인이거나 영화배우처럼 얼굴이 널리 알려진 사람들이다. 특히 신체가 건강하다거나 용모가 단정한 남자가 꿈에 나타난다.

이 점에 공명하는 앤·패러데이(Ann. Faraday) 역시 그녀의 저서인 《꿈의 유희(Dream game)》를 통해 『여성의 성적 환상은 실생활의 배우자가 아닌 다른 사람일 때가 종종 있으며 비록 그런 사실 때문에 약간의 수치심을 느끼기도 하지만 꿈속에서의 환상적인 부정(不貞)은 아주 정상적인 것이다. 인간은 자기 가족을 포함해서 거의 모든 사람 에 대해 성적인 감정을 가질 수 있다. 만약 여성이 섹스를 즐기는 꿈 을 꾸고 깨어나서 충격을 받는다면 그것은 여러모로 자신의 자연스런 감정과 모순되는 생활방식을 변화시키라는 일종의 경고인 것이다.』라 는 견해를 피력하고 있다.

그러나 두 사람의 견해는 실제의 체험들과 상당한 거리가 있다. 나 는 수많은 체험들을 채록(採錄)하는 과정에서 위의 견해들이 진실이 아님을 분명하게 인지할 수 있었다. 더불어 꿈속의 성교 상대는 이성(異性)은 물론 동성(同性), 아는 사람이나 모르는 사람, 근친, 또는 신령이거나 동물, 심지어는 가공물이나 무생물에 이르기까지 그 어떤 것도 될 수 있으며, 그 빈도에 있어서도 평범한 이성과의 관계에 못지않다는 사실을 알게 되었던 것이다. 꿈속의 성교 상대가 실존이 아닌, 다른 누군가의 동일시이거나 어떤 사물의 의사시라는 사실을 인정한다면 더 이상 꿈속에서의 성교행위를 죄악시하여 자책하거나 비난하지 말아야 할 것이다.

그런데 상징적인 꿈의 이미지들이 잠재의식적 관념상임에도 불구하고 거기에 부착된 감성적 강도(强度)만큼은 조금도 약화되지 않는다. 옛사람들이 꿈과 현실을 동일시했던 것도 바로 그런 이유 때문이었을 것이다. 특히 성적인 꿈에 부수되는 정동은 매우 강렬하므로 비록 그것이 비록 상징적인 이미지에 불과하더라도 때때로 오르가즘에 도달하게 되고, 또 몽정으로까지 유도되는 경우가 종종 있다. 더구나 직접적인 성행위가 아닌, 단지 성적 흥분에 의해서도 몽정이 유도되는 경우도 있다. 그러므로 성적인 꿈의 발현 없이 몽정을 하게 되었다면 그것은 야뇨증에서와 같이 신체적 이상에 의한 것으로 보아야 한다. 그러나 정상인의 경우에는 반드시 꿈에 의해 몽정이 유발되는 것이므로 그가 끝까지 성적인 꿈을 꾸지 않았다고 우긴다면 그것은 분명 기억의 부실이 원인이다.

그러나 꿈속에서 오르가즘을 느끼거나 사정을 한다고 해서 어떤 경우에나 몽정이 수반되는 것은 아니다. 대개의 경우 실제 몽정으로까지는 유도되지 않는 것

앤·패러데이의 [꿈의 유희]

이 일반적이며 꿈속의 오르가즘이나 사정의 장면은 다만 상징적인 의미로서 표현될 뿐이다. 어쨌든 몽정의 횟수는 야뇨에서의 경우와 같이 정액이 많이 고였을 때 성적인 꿈의 증가와 더불어 그 빈도가 늘어난다는 것만은 틀림없는 사실이다. 그런 이유에서 성생활이 중단된 남성의 몽정횟수가 늘어난다는 주장은 이치에 합당하다고 생각된다. 그렇지만 현실에서의 성행위가 증가함에 따라 성적인 꿈이 늘어나거나 성욕의 증진-정액 충만에 의한 것이 아닐 경우-에 정비례하여 성적인 꿈이 많아지지는 않는다. 앞에서도 언급한바 있지만 우리가 성욕의 증진과는 관계없이 성적인 꿈을 꿀 수 있는 이유는 그 정동의 강렬함이 미래사를 암시하는 도구로서 매우 효과적이기 때문이다. 우리는 다음 두 가지 예를 상세히 살펴봄으로서 위와 같은 사실에 어떤 확신을 갖게 될 것이다. 그 첫 예는 1911년 오토·랑크(Otto. Rank)에 의해서 보고되고 해석되었으나 활자화(活字化)되지는 않은 것을 프로이트가 인용한 것이다.

나는 널찍한 나뭇조각의 계단에서 나에게 무슨 짓을 한 소녀를 처벌하려고 그 뒤를 쫓아 계단을 내려갔다. 이때 계단 밑쪽에서 한 여자가 그 소녀를 잡아주었다. 나는 소녀를 잡았지만 때렸는지 어쩐지는 알 수가 없다. 왜냐하면 나는 갑자기 계단 중간에 서 있었으며 그 소녀와 공중에 떠 있는 모양으로 성교를 하고 있었기 때문이다. 물론 정식의 성교가 아니라 나는 음경을 그 소녀의 외음부에 비벼대고 있었을 뿐이다. 나는 그때 그 여자의 성기와 비스듬히 젖힌 그녀의 머리를 똑똑히 보았다. 성교 중 나는 왼쪽 위에 마치 공중에 떠 있는 것처럼 보이는 세장의 작은 그림이 걸려 있음을 보았다. 나무들로 둘러싸인 한 채의 집이 그려져 있는 풍경화였다. 작은 편 그림의 밑바닥에는 생일의 선물로 예정되어 있기나 한 듯이 내 이름이 씌어져 있었다. 그리고 나머지 두 장의 그림 앞에는 부전이 붙어 있었는데 거기에는 더 싼 그림도 있다고 쓰여 있다. 나는 다음엔 앞서와 마찬가지로 매우 불분명하기는 하지만 계단의 중간에 있는 좀 넓은 쉬임계단에 침대가 있어 거기 누워있는 것처럼 생각되었다. 그리고 아래가 젖은 느낌에 잠을 깨었는데 사타구니가 젖은 것은 몽정을 했기 때문이었다.

이 꿈을 프로이트는 다음과 같이 분석하고 있다.

첫째로 꿈을 꾼 사람은 이 꿈을 꾸기 전날 저녁에 어떤 서점에 갔었는데 기다리는 동안 그곳에 걸려있는 두 세장의 그림을 보았다. 꿈속에 그림과 비슷한 화제(畵題)가 붙어있는데 특별히 마음에 드는 그림 하나에 바싹 다가가서 화가의 사인을 보았지만 모르는 이름이었다. 둘째는 그냥 저녁 늦게 보헤미아 출신 하녀로부터 자기와 아는 남자와 계단 위에서 성교하고 사생아를 낳았다는 이야기를 들었다. 셋째는 그가 어린 시절 계단의 난간에 걸터앉아 미끄러지기 놀이를 곧잘 하였으며 이웃집에서 어린 아이들과 종종 성적놀이를 했다. 이러한 경험들이 이 꿈을 꾸게 한 원동력이 되었으며 몽정은 순전히 리비도(Libido)적 성질의 것이었다. 수면상태에 있을 때, 성적 흥분은 자각되고 *꿈에서는 계단을 급하게 내려온다. 미끄러져 내린다는 것으로 표현된다* 이런 성적 흥분의 사디즘적 특질은 붙잡기 놀이에 의지하여 여자아이를 쫓아가서 쓰러뜨린다는 점에 암시되고 있다. 이 꿈은 오직 상징적인 성격의 것이며 꿈속에서의 오르가즘과 전체의 계단으로 성교를 나타낸다. 이 [성적 행위의 리듬], [올리거나 내리거나 하는 몸짓] 등은 계단 오르내리기의 경험과 동일하다. [큰 여자와 소녀가 나타나는 것]과 [큰 그림과 작은 그림] 등은 성교상대자로서의 여성을 연상한 것이며, 『더 싼 그림도 있습니다.』라고 한 부분은 매춘부 콤플렉스에 관련시킬 수 있고, 작은 그림에 쓰여 있던 그의 이름과 이것은 자기의 생일선물로 예정되어 있다는 생각은 계단 위의 성교로 태어났다는 양친 콤플렉스에 관련시킬 수 있다. 계단 중간에 약간 넓은 침대가 있으며 자기가 거기에 누워있고 젖었음을 느꼈다는 분명치 않은 부분은 어렸을 때의 수음경험을 넘어서 더 어린 시대로 소급하여 아마 몽정과 흡사한 잠결의 오줌 싸기의 쾌감에 넘친 장면을 본으로 삼고 있다.

꿈의 요소들로부터 꿈을 꾸게 된 동기를 찾아내기 위해 과거의 경험이나 그것과 유사관계에 있는 다른 경험들을 상기시키고, 또 그것으로부터 꿈 전체의 실마리를 찾는다는 프로이트식 해석법의 진수를 보여주는 대목이다. 이제 이런 해석법이 더 이상 설득력을 갖지 못한다는 것은 재차 거론할 필요조차 없을 것이다. 더군다나 [계단오르내리기]가 성행위를 상징한다는 그의 가설이 극히 지엽적인 개인경험의 한계를 벗어나지 못하고 있는 한에서는 이미 보편적 타당성을 상실하고 있다고 보아야 한다. 꿈의 상징형성원리로 보나 수많은 경험적 예증으로 보아도 계단의 꿈이 성교를 상징한다는 가설은 얼토당토않은 발상이며, 또 계단과 관계된 꿈을 꾸면서 과거의 성적경험과 성적쾌감을 연상한 것들이 합성되어 오르가즘을 느끼고 몽정까지 하게 된다는 주장 역시 근거 없는 비약이라고 아니할 수 없다.

이 꿈에서 몽정으로까지 몰고 간 직접적인 요인은 소녀의 외음부를 자기의 음경으로 비벼대고 있었던 성적 행위였는바, [불분명하기는 하지만 침대에 누워있었으며 아래가 젖은 느낌이 들었다]고 하는 부분에 흥분고조로 인한 오르가즘의 가능성이 암시되어 있는 것이다. 즉 성교행위의 구체적인 묘사가 꿈을 기술하는 과정에서 망각에 의해 생략되었을 수도 있고, 그것이 아니라면 몽정이 유발되기 직전까지 그의 정동이 신체적 반사를 유도할 만큼 강렬했을 것이다.

꿈에 도입된 표상재료들이 꿈을 해석하는 직접적인 열쇠가 될 수 없는 것은 그 낱낱이 상징언어의 나열이기 때문이다. 그러나 비록 성적인 이미지들에 의해 공상적인 스토리가 구성되었다고 하더라도 꿈꾼 이의 느낌만큼은 현실적인 것이기에 강렬한 정동이 유발될 수 있으며, 그로 인해 몽정 역시 수반될 수 있는 것이다. 이 꿈을 꾸게 된 동기는 전날 저녁 서점에 갔던 일과 관련이 있다고 보아야 할 것이다. 잠자기 직전 그의 마음속에는 사고 싶었던 책과 그림들이 깊은 인상으로 남아 있었을 것이다. 때문에 그것들은 꿈을 만들 만한 재료적 가치가 충분한 것이므로 그것들, 또는 그것들과 유사한 어떤 미해결의 관심사를 이끌어옴으로서 꿈이 형성되었다고 보아야 한다. 우리는 성교의 꿈이 갖는 일반적인 상징의의가 쌍방행위와 관련된 어떤 인간사(人間事), 즉 [계약, 청탁, 교섭, 탐지] 등이라는 사실을 익히 알고 있다. 위의 꿈은 그러한 범주내의 예외적인 사례로 간주해야 할 것이다. 여기 두 번째로 소개하는 꿈 이야기는 마네킹과 성교를 하며 오르가즘을 느낀다는 내용인바, 역시 강렬한 정동에 의해 몽정이 유발된다는 좋은 예가 될 것이다.

약 3~40㎝ 정도의 크기로 된 마네킹을 들고 성교를 하였다. 퍽 통쾌하였으며 꿈속에서 사정을 하였다. 깨고 보니 실제로 몽정을 하고 있었다.

꿈꾼 이가 이 꿈의 전반부를 잊어버렸으므로 좀 더 구체적인 설명은 불가능하지만 이 꿈의 해석과 현실 사건의 실제 경험은 몽정을 하게 된 이유를 분명하게 밝히고 있다. 이 꿈을 꾼 사람은 아주 건강하며 내외간에도 정상적인 성생활이 유지되고 있었으므로 어떤 성적 욕구불만에서 이런 꿈이 형성되었거나 신체적인 이상으로 몽정이 유발되었다고는 볼 수 없다. 그런데 한 자 남짓한 크기의 마네킹, 그 생기 없는 가공품을 손에 들고서 성교를 한다는 것이 현실적인 사고와는 상당히 동 떨어진 극히 우스꽝스러운 표현이다. 그러나 그것이 바로 꿈-표현의 속성인 것을 어찌하랴. 이 꿈은 사물을 의인화(擬人化)해서 공상적으로 연출하는 것이 그 중요한 표현수단이라는 것을 극명하게 보여주고 있다. 즉, 미래에 체험하게 될 어떤 관심사에 대한 판단과 예지라는 측면에서 이 꿈도 예외일 수가 없는 것이다.

이 마네킹과 성교한 꿈은 다음날 사진관에서 그의 둘째 아들의 돌 사진을 찾아오는 것으로 실현되었다. 꿈속의 인형, 조각상, 마네킹 등은 현실의 사진(寫眞)을 암시할 수 있다. 이 꿈속에서의 마네킹의 크기가 3~40㎝ 정도인 것은 실제의 사진보다는 컸지만 그것은 어디까지나 꿈의 공상적이고 과장된 표현에 맞추어진 것일 뿐이고 사진이

썩 마음에 든다는 의미로서 그렇게 묘사된 것이다. 마네킹을 들고 성교를 했다는 것은 현실에서 그 사진을 들고 감상할 일이 있음을 암시한 것인데 꿈속에서의 통쾌감은 현실의 만족감으로 대체될 것이나 뒤따르는 몽정에 의해서는 금전적 소비, 즉 사진을 찾아오기 위해서 돈을 지불해야 한다는 의미가 중의적(重義的)으로 표현되어 있다.

위의 두 가지 사례에서 보듯이 몽정이 성적인 꿈을 꾸게 됨으로서 그 강렬한 정동에 의해 유발된다는 사실은 틀림이 없다. 그러나 아무리 꿈속에서 오르가즘이나 사정의 체험을 했다고 해도 실제 몽정으로 이어지지 않는 사람도 있고, 또 꿈속에서의 성적 흥분만으로도 몽정을 하는 사람도 있다. 따라서 몽정이란 꿈의 강렬도에 따른 부수적 산물일 뿐, 꿈속에서 체험하는 오르가즘이나 사정은 실제의 몽정과는 아무런 상관없이 꿈의 의도성에 맞추어진, 다만 상징적인 이미지로서 묘사된다는 사실을 이해하기 어렵지 않을 것이다.

4. 몽중유행(夢中遊行)

이것은 몽유병, 또는 이혼병(離魂病)으로도 불린다. 잠자던 사람이 갑자기 일어나 방안을 서성이거나, 밖으로 나갔다가 되돌아오거나, 어떤 행동을 하면서 잠꼬대처럼 중얼거리거나, 때로는 초능력적인 힘을 발휘하여 어떤 일을 해치우거나, 다른 사람이 보기에 넋이 빠져나간 듯이 망동(妄動)을 하거나 하는 등의 사례들이 있다. 이처럼 몽중유행을 하는 사람들은 도중에 제 정신이 돌아와 잠을 깨기도 하고, 또 마치 아무 일도 없었다는 듯이 다시 잠을 자기도 한다. 그리고는 다음날 잠을 깨고 나서는 지난밤에 자기가 한 일을 전혀 기억하지 못한다. 이 현상은 하나의 병증으로 간주되고 있지만 꿈의 부수적인 산물임에는 틀림이 없다. 그러나 학술적으로는 이상수면 상태인지 각성상태인지를 분간할 수 없을 정도로 그 행동 자체가 애매하여 명확한 정의가 내려지지 않고 있다. 구레리치(A. Clerich)는 6인 가족 전원이 몽유병에 걸려있었다는 희귀한 사례를 보고한바 있다. 이것은 몽유병의 유전(遺傳)과도 연관되어 언제까지나 흥미 있는 연구대상으로 남게 될 것이다.

부부와 4명의 자녀들이 모두 몽유병이었다. 어느 날 밤 전 가족이 한 밤 중 3시경에 동시에 일어났다. 그리고 그들은 항상 차를 마시는 테이블 주위로 모여들었다. 한 아이가 의자 주변을 돌면서 서성였다. 이때 그 애가 의자를 쓰러뜨렸다. 그 바람에 모두가 잠에서 깨어났다. 그들이 최초에 일어난 것은 각성을 한 것이 아니라, 뇌의 중추신경은 잠들어 있는 상태에서 다만 걸어 다닌 것에 불과하다.

그의 또 다른 이야기는 다음과 같다.

자다가 한 밤중에 뻘떡 일어나는 버릇이 있는 한 대학생이 어느 날 밤 돌연 일어나서 옷을 주워 입고 약 1㎞정도 떨어진 개울가까지 걸어갔다. 거기서 옷을 벗고 수영을 했다. 적당히 수영을 한 다음 집에 돌아와 또 옷을 벗고는 잠자리에 들었다. 그러나 다음날 아침에 그가 일어났을 때 물어보니 아무것도 기억하지 못했다.

내가 어린 시절 초등학교 담임교사에게 들었던 재미있는 일화가 있다.

어떤 사람이 잠을 자다 말고 벌떡 일어나 이웃집으로 갔다. 비상한 행동으로 그 집에 들어가 시계, 라디오 등의 값진 물건들을 한 아름 싸안고 제집으로 돌아왔다. 그리고 자기 책상 위에 죽 늘어놓은 다음 그대로 잠을 잤는데 아침에 일어났을 때는 간밤에 자기가 한 일을 전혀 모르고 있었다.

위의 사례들에서 보듯이 몽유병을 겪는 사람은 잠을 자다가 돌연 일어나서 일상적인 행동을 하는 까닭에 뇌는 자고 있어도 몸은 움직이는 일종의 가수면(假睡眠) 상태로 분류되어 왔다. 이런 경험을 하는 사람들 대부분이 꿈을 꾸고 있었다고 증언하므로 그것이 꿈인 것은 분명하다. 그러나 몽유상태에서의 행동들이 각성상태에서의 그것과 유사하다 하여 꿈이라는 개념을 쏙 빼버린 채, 단순히 수면행각, 또는 수면보행(sleep walking)이라고 부르는 학자들도 있다. 크레이트만(Kleitman)은 이러한 용어조차 적합하지 않다고 생각했다. 때문에 조금 길기는 하지만 [자고 있는 것처럼 보일 때의 보행]이라고 정정하는 것이 더 좋을 것 같다는 의견을 제시했다. 1965~1966년에 제이콥슨(Jacobson)은 몽유병에 대한 일련의 임상실험을 시도하였는바, 9~23세의 남자 47명에 관해서 정밀 조사한 결과, 모두 74회의 발작이 일어났다고 한다. 그는 이러한 현상이 주로 NREM기인 초저녁에 많이 일어났으므로 REM기의 유무와는 관련이 없는 것으로 판단했다. 그의 보고 내용은 다음과 같다.

그들은 수면중에 돌연 일어나서 침대에서 내려와 걷기 시작한다. 이때 그들이 주변환경에 관심을 가지는 것처럼 보이지만, 또 한편 전현 무관심한 것처럼 보이기도 한다. 때로는 측정용 전극이나 전선을 잡아당기는 사례도 있었으며 껑충껑충 뛰기도 하고 무엇인가를 열심히 찾는 행동을 보이기도 한다. 또 잠꼬대와 같이 중얼거리는가 하면 연구자들이 갑자기 무엇인가 말을 걸었을 때 난처한 표정을 짓거나 가끔은 단편적인 대답을 하기도 한다. 좀처럼 침대로 돌아갈 기미를 보이지 않을 때, 손을 잡아 이끌어주면 저항하지 않고 침대 속으로 쑥 들어가 버린다. 물론 이때에는 눈을 뜨고 있으나 안색에 생기가 없고 멍청하게 보인다. 다음날 아침에 물어보면 전혀 자기가 행동한 것에 대하여 기억하지 못한다. 그리고 다음 날 아침 꿈을 기억하는 경우가 적으며 간혹 꿈을 기억하더라도 자기가 밤중에 보행한 사실들과는 대부분 관계가 없는 것들이다. 합계 74회의 발작은 모두 수면심도 3~5도의 서파기(NREM기)에 일어났으며 근전도의 방전(放電)은 크게 일어나고 뇌파는 1~3사이클의 고진폭(高振幅)을 나타내었다. 이 뇌파의 변화가 발작 2~30

초 내에 그칠 경우에는 계속되지만 그 이상 길게 지속되면 저진폭(低振幅)이 되어 주파수도 증가된다. 때로는 눈을 들 때와 같은 알파파가 나타난다. 이 알파파는 보통 눈을 뜨면 소실되는데 몽유병 환자의 경우에는 눈을 떠도 소실되지 않는 점이 특징이다.

또한 제이콥슨 등은 같은 연령대—16세—인 4명의 몽유소년들을 조사해 보았다고 한다. 이 조사의 특징적인 것은 몽유증상을 갖고 있는 모든 소년들의 뇌파가 수면중 돌연 고진폭의 서파(徐波)를 나타내었다는 점이다. 그것은 일반적인 몽유환자들의 발작이 일어났을 때와 같은 것이었다. 이것과 관련하여 킷브스는 『이런 뇌파는 정상아들에게서도 나타나는데 1~2세는 85%, 3~4세는 46%, 그리고 5~6세는 3%정도이지만 그 이상의 연령대에서는 나타나지 않는다.』라고 보고하였다. 아울러 킷브스는 정상아일 경우 성장하면서 점차 사라진다는 점에 착안하여 이 현상을 [미숙인자(未熟因子)]라고 불렀다. 이것에 대해 마쓰모토는 다음과 같이 부언하고 있다.

생각해 보면 어린 시절에 곧잘 밤중에 일어나서 잠에 취해가지고 방향감각을 상실했던 기억이 어렴풋하게나마 떠오른다. 이처럼 성장기에 몽유증과 닮은 행동이 나타나 보이는 것은 이때의 뇌파 출현과 깊은 연관이 있을 것으로 생각된다. 그렇다면 몽유병 환자에겐 뇌의 어딘가에 아직 미숙인자와 같은 것이 잔재해 있다고 생각되지만 그 발작 자체의 메커니즘에 대해서는 아직 알 길이 없다. 재미있는 사실은 몽유병 발작이 있는 소년을 서파수면시에 무리로 깨우면 계속해서 발작(發作)을 일으키는 경우가 있지만 역설적 수면시에 일으키면 절대로 발작이 일어나지 않고 깨끗하게 잠을 깬다는 사실이다.

우리는 최면과 몽중유행의 양태가 매우 유사하다는 점에 유의할 필요가 있다. 최면이라는 단어가 정의되기 이전에는 라틴어로 몽유병(sonnambulismo)이라고 불렀던 것을 나중에 최면(hypnosis)이라는 그리스어로 고쳐 불렀다고 하니, 당초에는 이 둘을 같은 종류로 보았을 것이다. 잠재의식이 관장하는 가수면 상태라는 점에서 양쪽 모두를 꿈으로 분류하는 것이 합당할 것이다.

그러나 둘 사이에는 분명한 차이점이 있다. 몽중유행의 경우에는 꿈의 내용대로 행동하고, 최면의 경우에는 주어진 암시대로 행동한다는 것이다. 뇌파의 발현에 있어서도 차이를 보이는데 몽중유행의 경우에는 깊은 수면상태에서 나타나는 서파이지만 최면의 경우는 RAM 수면기의 알파파(α)와 유사하다. 흔히 수면상태라고 하면 의식이 잠들어 신체기능이 모두 정지된 것으로 생각하기 쉽다. 그러나 우리의 의식은 잠을 자는 과정에서도 부단히 신체적 통어작용을 지속한다. 때문에 사람들은 꿈을 꾸며 잠꼬대를 하거나, 눈운동을 하고, 때로는 수족을 움직여 옆 사람을 때리며 악을 쓰기도 하는 것이다. 나는 이 통어작용과 몽유병이 깊은 관련을 맺고 있다고 생각한다.

그렇다면 몽중유행 중인 사람은 왜 잠을 깨지 못한 채, 이상한 행동을 하는 것일까? 이 물음에 대한 답은 분명 생리학자나 의사들의 소관일 것이다. 다만 내가 여기서 이것을 거론하는 이유는 몽유병 환자들의 이상행동증과 관련하여 다음과 같은 특이한 현상을 발견하였기 때문이다. 그것은 몽중유행을 하는 사람들의 행동이 두 가지 형태로 명확하게 구분이 된다는 점이다. 즉 어떤 사람은 각성시의 행동과 유사하게 비교적 질서정연하게 움직이지만, 어떤 사람들은 심한 착각 속에서 망동(妄動)에 가까운 어지러운 행태를 보인다는 것이다. 오랜 관찰결과 나는 전자에 해당하는 사람들이 사실적인 꿈을 꾸고 있었던 반면 후자에 해당하는 사람들은 상징적인 꿈을 꾸고 있었다는 사실을 알아냈다. 내가 수집한 자료 중에는 이것과 관련된 재미있는 일화가 많다.

어떤 학생이 친구와 더불어 밤늦도록 어려운 문제 풀려고 애쓰다가 그만

지쳐 잠이 들고 말았다. 그런데 이튿날 아침에 일어나 보니 자기 전에 그토록 애를 쓰던 문제가 틀림없는 자기의 글씨로 완전하게 풀려있음을 발견하였다. 그의 친구는 그가 잠을 자다가 말고 일어나서 그 문제를 풀고는 다시 잠자리에 드는 것을 똑똑히 보았다고 증언하였다.

이것은 틀림없는 몽중유행 현상이다. 사실적 꿈을 꾸고 있던 그의 가수면 상태가 잠재의식으로 하여금 망각된 기억 속의 잠재지식을 이끌어내게 하였음이 틀림없는 것이다. 위와 같은 경우와는 달리 대부분의 몽중유행은 매우 산만(散漫)하고 위험하기까지 하다. 다음의 일화는 나의 고향에서 실제로 있었던 이야기다.

그는 35세의 청년이었다. 어느 봄날 뒷동산에서 벌목을 하여 큰 나뭇단을 쌓아올린 그는 초저녁 무렵이 되자 갑자기 피로감을 느꼈다. 그래서 그는 잠시 휴식을 취하려고 나뭇단에 기대었다가 그만 잠에 빠지고 만다. 그런데 잠이 든지 얼마 되지 않아 갑자기 일어난 그는 그곳에서 약 1㎞정도 떨어진 냇가를 향하여 들판을 가로질러 달렸다. 멀리서 이 광경을 우연히 보게 된 이웃집 남자가 아무리 생각해도 이상하여 그의 이름을 부르며 뒤쫓았다. 그러나 그는 아무런 대꾸도 없이 마치 술 취한 사람처럼 휘청거리며 앞서 가더니 그대로 냇물 속으로 첨벙첨벙 걸어 들어갔다. 이웃사람은 그가 자살을 하려는 것이라고 생각하여 황급히 그를 끌어내었다. 그리고는 그에게 연유를 물었으나 그는 아무 말도 하지 않은 채 초점 잃은 눈초리로 허공만 응시하였다. 모여든 이웃사람들 중에서 누군가가 그의 혼이 잠시 빠져나간 것으로 생각하여 불문곡직 그의 뺨을 세차게 때리면서 『이게 무슨 짓이냐?』고 호통을 쳤다. 그러자 그제서야 정신을 차린 그는 『왜 내가 여기에 왔지?』하고 반문하더라는 것이다. 그리고는 한참동안 곰곰이 생각하더니 자기는 지금 술집으로 술을 마시러 들어가던 참이라고 대답했다고 한다.

이런 경우를 두고서 사람들은 도깨비에 홀렸다거나, 귀신의 장난이라거나, 아니면 정신이상이 되었다고 말할 지도 모르겠다. 그러나 이 경우는 상징적인 꿈이 공교롭게도 몽유증 발작과 연결된 것에 불과하다. 즉, 앞서 환각몽을 설명할 때 소개한바 있는 사금웅덩이에 빠져죽은 사람의 이야기와 별반 다르지 않다는 것이다. 사금웅덩이의 사나이는 꿈속에서 화려한 홍등가의 어여쁜 아가씨가 이리 오라고 손짓해 부르는 꿈을 꾸었을는지도 모른다. 전자가 수면몽이라면 후자는 환각일 수 있지만 넓은 의미에서는 모두 꿈이므로 상징적인 꿈과 연결된 몽중유행이라는 점에서 양자는 같다. 몽유증을 앓고 있는 대부분의 사람들이 이와 같이 상징적인 꿈을 꾸기 때문에 그 몽중유행이 착각에 의한 이상행동으로 유도되는 경우가 많다. 종래의 학자들이 몽중유행시의 행동이 꿈의 내용과 일치하지 않는다고 판단했던 것도 이처럼 몽중유행중인 사람이 상징적인 꿈을 꾸고 있었거나, 아니면 아예 꿈을 망각한 것에 그 이유가 있을 것이다. 따라서 꿈-상징들의 진실한 의미를 알지 못하고서는 몽유증의 이상행동을 완벽하게 규명할 수 없을 것이다.

나는 몽유증 환자들의 꿈-사고와 정신분열증 환자들의 각성사고가 어떻게 다른가를 정신의학자들에게 묻고 싶다. 만약 그 양자가 동일하고, 또 일반인들의 상징적인 꿈-사고와도 동일하다면 상징적인 꿈의 해석법에 의해서도 그 증상들을 관찰해 볼 수 있을 것이기 때문이다. 그리하여 수면과 각성의 메커니즘을 조절하는 뇌 기능상의 장애가 몽유증의 이상행동이나 정신분열환자의 발작을 유도하는 동일한 원인이라는 사실이 밝혀진다면 모리(Maury)가 강조한바 있는 『광기(狂氣)는 깨어있는 인간의 꿈이다.』라는 말이 진실임을 절감하게 될 것이다. 나는 최면과 몽중유행의 근친성에 관해서도 향후 기회가 있을 때마다 더 깊이 알아보고자 한다. 만약 이 두 현상이 불가분의 관계를 갖고 있는 것이라면 그것은 곧 귀령현상(鬼靈現象)을 해명할 수 있는 중요한 열쇠가 될 것이기 때문이다.

제 6 장

꿈과 건강(健康)

1. 꿈이 건강(健康)에 미치는 영향

1) 꿈의 필요성(必要性)

앞장에서 우리는 잠이 건강에 절대적으로 필요한 것이며 만약 적당 량의 잠을 자지 않을 경우 몸과 마음이 극심한 혼란을 겪게 된다는 사실을 알게 되었다. 성인의 경우 수면의 적당량은 7~9시간으로 알려 져 있다. 그런데 수면중에는 반드시 꿈을 꾼다. 따라서 꿈을 꾸지 않는 다고 하는 것은 곧 잠을 자지 않는다고 하는 것과 마찬가지일 것이다.

그렇다면 사람들은 왜 꿈을 꾸는 것인가? 이 생리학적 원인은 잠을 자는 이유와 마찬가지로 아직까지 명확하게 규명되지 않은 상태다.

알려진 바에 의하면 호흡중추나 체온조절중추가 있는 뇌교(腦橋)와 연수(延髓) 부근에서 일어난 전기적 흥분이 대뇌피질에 전달되는 과정에서 기억창고인 해마를 자극하게 됨으로서 꿈이 만들어진다고 한다. 그러나 이것은 아직 구체적인 증명되지 않은 하나의 추정에 머물고 있다. 또한 정신분석학자들이 잠과 꿈의 상관관계를 설명함에 있어『꿈이란 깨어있을 때의 정신활동의 나머지로서 잠을 방해하려는 자극에 대한 반응이다.』라고 정의한 것 역시 생리학적 측면의 단편적인 추론에 불과한 것이다.

그런데 뇌파의 기계적인 측정이 가능해지고 수면단계가 발견됨에 따라『꿈은 잠의 어느 단계에서 꾸어지는가?』하는 것이 새로운 관심사로 대두되었다. 지금까지는 REM기에만 꿈을 꾼다는 학설이 유력했다. 때문에 사람의 수면을 하루 7~9시간정도라고 한다면 2시간 내외는 꿈을 꾸지 않을까 하는 추론이 이어졌다. 그러나 NREM기에도 꿈을 꾼다는 실험결과가 하나둘 나타나고 있으며 수많은 체험자료가 그것을 인정하고 있는 이상, REM기에만 꿈을 꾼다는 주장은 더 이상 설득력을 갖지 못할 것이다.

위와 관련하여 나는 전수면기(全睡眠期)에 꿈이 꾸어진다고 판단하고 있다. 다만 전체 수면의 1~20%를 차지하는 심수면기의 경우에는 그 생리적인 조건 때문에 꿈을 상기해내기가 어렵다고 생각한다. 꿈을 꾼다는 것과 꿈을 기억한다는 것은 분명 다른 일이다. 따라서 우리가 밤새 꿈을 꾸었다고 해도 그 중 극히 일부분만이 기억되는 것이므로 꿈을 기계적인 방법에 의해 통계내기는 거의 불가능하다고 보아야 한다. 다만 여러 가지 정황증거들로 미루어 볼 때 우리가 잠만 들면 꿈을 꿀 수 있다는 사실만은 틀림이 없을 것인바, 다음과 같은 사실들이 위의 주장을 뒷받침하는 적절한 이유가 될 것으로 본다.

① 꿈이란 수면중의 사고이며 질식된 관념을 분비함으로서 심신

양면의 리듬을 조화시키는 생리현상이라는 꿈의 목적론에 의거하더라도 낮 동안에 쌓이고 쌓인 미해결의 관심사를 어떤 방법으로라도 해결해야할 필연성이 있기 때문에 우리는 계속 꿈을 꾸어야 한다.

② 수면중의 잠재의식은 어떤 감각자극에 대해서도 관심을 돌리고 있어야 하므로 한시도 그 활동을 정지할 수 없다.

③ 뇌 기억군의 정리작업이 수면중에 이루어지는 것이라면 그것은 단순한 신체적 조건반사의 결과가 아니라, 엄연한 잠재의식적 사고의 소산이다.

④ 짧은 낮잠을 자거나 순간적인 자기최면 상태에서도 꿈으로 분류될 수 있는 현상들을 체험한다.

⑤ 잠꼬대와 가위눌림은 주로 NREM기에, 그것도 잠든 지 불과 10분 전후에서 발생하는 경우가 많은데 이때 꿈꾼 사람들을 깨워서 물어보면 악몽을 꾸는 경우가 많았고 그 내용 또한 잠꼬대와 일치하고 있었다.

⑥ 잠든 지 얼마 지나지 않은 NREM기에 외적자극이나 꿈에 강렬도에 의해서 잠을 깰 경우, 십중팔구는 그 직전까지 꿈꾸고 있었다는 사실을 상기한다.

⑦ 입면시의 환각이 종종 NREM기 꿈의 서막인 경우가 있다.

⑧ 많은 학자들이 NREM기의 꿈을 상당수 통계내고 있다.

⑨ 숙면을 취할 수 없는 밤에 수시로 잠을 깨면 그 직전까지 꿈을 꾸었음을 자각할 수 있다.

그런데 [꿈도 역시 정신활동이기에 밤새도록 지속된다면 오히려 뇌의 피로를 가져와 건강을 해치는 것이 아니냐]는 반문이 있을 수는 있다. 그래서 과거에는 꿈을 병적 요인으로 간주함으로서 잠의 방해자로 폄하하기도 하였다. 그러나 최근 관련학자들의 연구결과에 의하

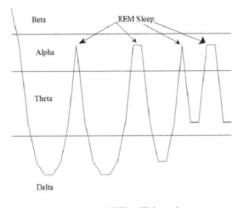

RAM 수면과 뇌파(腦波)

면 꿈이 잠의 방해자가 아니라 오히려 우리의 건강에 절대적으로 필요한 요소라고 한다. 그러므로 우리가 꿈을 꾸지 못할 경우 극심한 불안 상태가 되어 흥분하기 쉽고 집중력을 상실하게 된다는 것이다. 아울러 오랜 기간 꿈을 박탈당하면 신경쇠약증까지 유발된다고 한다. 실제로도 동물들에게 꿈을 꾸지 못하게 하고 잠만 자게 하였더니 정신이상 증세를 보이거나 심지어는 죽어버리는 경우까지 있었다는 것이다. 그러나 잠은 자게하면서 꿈만 박탈할 수 있는 실험이 과연 가능한가 하는 점에 대해서는 여전히 의문을 가질 수밖에 없다. 아무튼 [꿈이 건강에 어떤 영향을 주는가]에 대한 학자들의 견해들을 연대순으로 살펴보면 그 학술적 관점이 어떻게 변화되어 왔는가를 들여다 볼 수 있다.

1878년 빈츠(Binz)는 『꿈이란 신체적인 과정에 있어서 전혀 무의미한 것이며, 또 대개의 경우 명확히 병적인 과정이다.』라고 말했다. 괴테(Johann. W. Goethe 1749~1832)는 그의 작품 《파우스트》에 등장하는 악마 메피스토의 입을 빌어 말하기를 『안과 밖의 사방팔방으로부터, 아니 깨어있을 때는 전혀 주위를 끌지 않았던 신체의 모든 부분으로부터, 여러 자극들이 자고 있는 사람을 침공해 온다. 이리하여 마음은 방해되고 처음에는 이 구석이, 다음에는 저 구석이 흔들려서 깨워지는 것이다. 그렇게 되면 그 깬 부분이 잠시 동안 활동을 계속하다가 이윽고 다시 잠들어 버린다. 자극으로 유발된 꿈은 바로 그 잠의 방해에 대한 반응이다. 그러나 좌우간 쓸데없는 반응이다.』라고

함으로서 꿈을 무의미한 것으로 보았다. 그러나 우리는 감각자극이 아니더라도 꿈이 형성될 수 있다는 사실을 익히 알고 있다. 여기서 로베르트(Robert)의 견해를 다시 들어보자.

꿈의 능력을 빼앗긴 사람은 그 자리에서 미친 사람이 될 것이다. 왜냐하면 대량의 미완성이며 숙고(熟考)되지 못한 사상과 천박한 인상들이 그의 뇌에 축적되어서 그 중압으로 말미암아 완성된 전체로서 기억에 편입되어야 할 사상이 질식되어 버릴 것이기 때문이다. 꿈은 짐을 지나치게 많이 걸머진 뇌에 대해서 안전판 구실을 한다. 꿈은 다시 고치고 무거운 짐을 덜어주어 평안케 해주는 힘을 가지고 있다. 꿈은 처음부터 질식(窒息)된 관념(觀念)의 분비(分泌)인 것이다.

로베르트는 꿈이 우리 건강에 절대적으로 필요한 요소임을 역설함과 동시에 꿈이 꾸어지는 이유 또한 분명히 하고 있다. 꿈은 철두철미하게 소원충족이라고 설파한 프로이트는 『자는 것이 동물에게 있어서 불가분의 것인 것처럼 인간에게 있어서 꿈은 절대 필요한 것이다. 꿈은 수면의 수호자이지 방해자는 아니다. 외부에서 자극이 있다하더라도 꿈을 꾸고 있으면 이것이 꿈을 발생시키기 위하여 잠을 계속시킬 수가 있다. 악몽을 꾸면 잠을 깨고 마는데 이것은 무슨 이유에서이냐고 반문하겠지만 이런 경우는 꿈의 작업이 실패한 경우이다. 불안한 마음이 생기는 경우에도 꿈을 꾸어 계속 잠을 자게 하지만 너무 지나치게 불안한 감정이 생기면 결국 잠을 깨고 만다.』라고 주장한 바 있다. 근자에는 꿈을 잠의 방해요인으로 보는 학자들은 거의 없는 것 같다. 여러 학자들의 견해를 대강 간추려보면 다음과 같다.

꿈은 절대적으로 필요한 것이며 꿈을 오랫동안 못 꾸면-물론 그럴 가능성조차 없지만- 심한 불안증에 걸려 흥분상태가 된다. 따라서 집중력을 상실하게 되고 종국에는 정신이싱을 가져올 수 있다. 꿈을 꾸는 것은 낮에 축적된 긴장을 해소시키는 안전판 구실을 하며 외계로부터 받은 긴급사태에 대한 준비상태를 만들어 낸다. 또한 수면중의 본능적인 기능을 발휘하게 하여 그 욕구를 발산시키며 생체의 리듬을 조화(調和)시키기도 한다.

2) 단몽실험(斷夢實驗)과 꿈의 분량(分量)

수면중에 꿈을 꾸지 못하게 한다면 어떤 결과를 가져올까? 그러나 수면중에 꿈을 꾸지 못하게 한다는 것은 사실상 불가능하다. 설사 그런 시도가 어느 정도의 가능성을 갖고 있다고 해도 기껏해야 REM기에서나 잠을 자지 못하게 하여 그동안 꿈을 꾸지 않았다고 단정하는 도리밖에 없을 것이다. 우리는 NREM기에도 꿈을 꾼다. 따라서 단몽실험을 위해 NREM기에서도 잠을 못 자게 한다면 그것은 결국 단몽실험이 아니라 아예 단수면(斷睡眠)실험이 되어버릴 것이다. 즉, 이런 실험결과에 대해서 어떤 기대를 걸어본다는 것 자체가 의미 없는 일이라는 것이다. 그럼에도 불구하고 REM기의 잠을 없애는 방법을 시도해 본 사람들이 있었다.

1960년 디멘트(W. C. Dement)는 최초로 인간을 대상으로 한 단몽실험을 실시했다. 그는 8명의 남자에 대해서 5일간 실험을 실시했는데 뇌파와 안구운동의 변화를 관찰하여 REM기에 들어가려고 할 때 잠을 깨웠다가 10분 뒤에 다시 재우는 방법을 사용하였다. 그는 이 방법으로 수면량을 정상치의 80~90%까지 감소시킬 수 있었다고 한다. 그런데 첫날밤엔 매 주기마다 피험자들을 용이하게 깨울 수가 있었으나 4일째부터는 잠이 깊이 들기 일쑤여서 깨워도 곧 잠들어 버리는 바람에 20~30회를 다시 깨우지 않으면 안 되었다. 실험이 시작되어 5일이 경과한 낮부터는 평상시와 달리 긴장상태가 높아져 흥분하기 쉬우며 집중력의 장애를 가져왔다. 또한 매일 6~7시간 정도를 자고 있었음에도 불구하고 한 잠도 못 잔 것 같은 느낌을 갖게 되었다.

재미있는 것은 실험기간 중에 5명은 식욕이 증진되고 체중이 느는 편이었는데 동물실험에서도 같은 결과를 나타냈다는 점이다. 더구나 고양이의 경우에는 성욕마저 항진되었다는 것이다. 이 최초의 단몽실험에서 찾아볼 수 있는 특징은 실험을 끝내고 피험자들로 하여금 자유롭게 잠을 자게 하였을 때—회복수면기— 그동안의 부족분을 보충이라도 하려는 듯이 REM기가 총수면의 30~40%를 차지할 정도로 현저하게 증가하였다는 점이다. 또 다른 실험에서는 6명의 남자를 NREM기에 깨우는 실험을 하였으나 위와 똑 같은 결과를 얻지 못하였다고 한다. 그는 이 실험의 말미에서 『인간은 최소량의 꿈을 필요로 하고 있으며 단몽에 의한 결손은 자유수면시에 보충된다.』라고 결론짓고 있다.

한편 웰턴(Welton)은 1968년에 디멘트와 반대되는 실험을 실시하였다. 그는 17~21세의 남녀학생 22명에 대하여 충분히 잠을 자게 하였다. 그리고 그 동안에 REM수면량을 측정했다. 피험자들은 평균 9시간 반을 잠을 잤으며 개중에는 12시간을 자기도 하였다. 이 실험에서는 피험자들의 REM기가 수면시간이 증가하는 비율에 따라 함께 증가했다. 따라서 하룻밤에 필요한 REM기는 결코 정해진 것이 아니라는 사실이 밝혀졌다.

사루곤은 정신이상자들의 단몽실험에서 성적을 냈다. 그는 『정신분열증으로부터 회복기에 있는 사람은 단몽상태에 대한 감수성이 대단히 높아서 환자의 1시간 단몽은 정상인의 5일치 수면효과와 맞먹었다.』고 증언했다. 그는 또 말하기를 『급성분열증이 진행되는 기간에는 REM기에 대해서 그 요구도(要求度)가 오히려 감소하고 있다. 아마도 각성기 동안 REM기의 본질적인 요소가 방산(放散)되기 때문일 것이다.』라고 했다.

1966년 휘셔(E. Fischer)는 『REM기는 수면중에 대뇌를 흥분시켜서 외계의 긴급사태에 대한 준비상태를 만드는 데 필요하다. 또한 꿈은 본능적 기능을 발휘하여 욕망을 발산시키는데 필요하다. 때문에 단몽실험을 한 후에는 그 동안 단몽실험으로 억제되었던 본능적 식욕과 성욕의 항진이 생긴다.』라고 주장했다. 그러나 우리가 꿈 전체를 기억해 내지 못하는 한, 그러한 단몽실험들은 애초부터 측정능력을 상실한 것으로 보아야만 할 것이다.

한편 [우리가 꿈을 많이 기억하고 못하는 것에 따라서는 건강에 영향을 미치는 차이가 없는가]하는 의문이 새로운 관심거리로 떠오른다. 꿈은 처음부터 질식된 관념의 분비라고 주장해온 로베르트는『관념, 그 자체가 특별한 심적 과정의 것이 아니라, 신체적 과정의 것이기에 꿈을 기억하는 것과 건강의 상관관계는 논의조차 할 필요가 없을 것이다.』라고 말했다. 그는 또 이것을 부연 설명하면서『자는 동안 무가치한 인상을 분비하는 일은 어떻게 해서든지 신체적 과정으로서 이루어진다. 꿈은 특별한 심적 과정이 아니라, 뇌가 분비작업 후에 우리에게 제출하는 일종의 보고서다. 이런 일이 밤에 마음속에서 일어나는 유일한 것은 아니다. 소화되지 않은 채로 마음속에 남은 사상의 성분 중에서 분비되지 않은 것은 공상에 의거하는 사상의 결식에 의해서 완성된 전체로 결합된다. 그리하여 해롭지 않은 공상화로서 기억 속에 편입되는 것이다.』라고 주장했다.

이 점에 대하여 우리는 로베르트와 다른 견해를 갖는다. 우리는 분비되지 않은 사상-*질식된 관념*-을 신체과정의 것이 아닌, 엄연한 잠재의식적 사고의 소산(所産)으로 간주한다. 따라서 그것을 해소하는 작업 역시 무의미한 공상화(空想化)가 아닌, 고도의 지적 창조로 보고 있다. 달리 말하자면 질식된 관념은 곧 미해결의 관심사이므로 그것을 해소하는 작업은 잠재의식에 의한 판단과 예지라는 것이다. 따라서 그러한 정신활동은 밤새 지속될 것이므로 경우에 따라서는 상당히 많은 양의 꿈을 상기할 수도 있을 것이다. 바로 이와 같은 점이 우리의 건강에 미치는 영향은 없는가 하는 것을 여기서 알아보자는 것이다.

한 달에 겨우 한두 번 꿈을 기억해 내거나 전혀 기억하지 못하고 살아가는 사람들도 많은 것이 사실이다. 그런가하면 잠이 들락날락할 때마다 꿈을 꾸게 됨으로서 말 그대로 꿈으로 충만한 인생을 살아가는 사람들도 있다. 후자의 경우를 언뜻 생각하면 꿈이 그 사람의 정신건강에 악영향을 줄 것이라고 생각하기 쉽다. 나 역시도 꿈에 관한 연구자료를 얻기 위하여 골몰해 있을 때는 하루 1~3편의 꿈을 꼭 기억해내곤 했다. 또 그런 밤을 보낸 다음날 아침에는 밤새 잠을 자지 못한 것처럼 두통과 함께 피로감이 엄습해왔다. 이것이 나만의 현상은 아닐 것이다. 나에게 꿈-해석을 의뢰해오는 내담자들 중에도 꿈을 꾸는 것이 지극히 괴롭다고 호소하는 사람들이 있었다. 그들 중에는 잠만 들면 꿈을 꾸고, 또 꿈이 끝나면 바로 잠을 깨기 때문에 하룻밤에도 여러 번 꿈을 꾸게 됨으로서 다음날 잠자리에서 일어나면 뒷머리가 아프고 전신의 힘이 빠져 의욕마저 상실하게 된다는 사람들까지 있었다. 그러가하면 매일 밤 악몽이 반복되어 잠이 든다는 것 자체가 두려운 일이라고 호소하는 사람들도 있었다. 이런 사람들에게 있어서 꿈을 기억한다는 것은 확실한 고통이요, 건강의 장애요소로까지 인식될 만한 문제이다.

그러나 나는 꿈을 많이 꾸기 때문에 건강에 장애를 가져오는 것은 아니라고 분명하게 말할 수가 있다. 나는 꿈을 많이 꾸었기 때문에 잠을 깨고 나서 피로감을 느끼는 것이 아니라는 사실을 오래 전에 깨달았다. 나의 경우만을 놓고 보자면 밤새 꿈을 꾸었기 때문에 잠을 못 잔 것이 아니라, 잠을 제대로 잘 수 없었기 때문에 그때마다 꿈을 꾸게 되었던 것이다. 즉, 숙면을 취하지 못했던 것이 잠을 깬 뒤에 느끼는 피로감의 원인이었던 것이다. 내가 이처럼 숙면을 취하지 못한 밤에는 늘 감기나 소화불량 등으로 심신이 몹시 불안정했었다.

어떤 이유에서든 숙면을 취하지 못하게 되면 꿈이 많아지고, 또 그것을 기억하는 분량도 더불어 증가하게 된다. 나는 이러한 현상이 나타나는 이유가 [꿈이 안정된 잠을 좀 더 지속시키기 위해서 자기의 작업을 연장시키려고 노력하였으나 효과는 거두지 못했기] 때문이라고 판단하고 있다. 그런 점에서만 보자면 프로이트의 주장, 즉 [꿈은 잠의 수호자(守護者)]라는 견해가 매우 타당한 것처럼 느껴지기도 한다.

그렇다면 숙면을 취하지 못하게 하는 원인으로는 어떤 것들이 있을까? 일반적인 것들을 열거하자면 [신경쇠약, 낮 동안의 충격적 경험, 걱정근심, 과식, 적절치 못한 수면환경, 육체적인 질병] 등등이 있을 것이다. 이런 경우 우리는 숙면을 취하지 못하게 됨으로서 밤새 많은 꿈을 꾸고, 또 그것들을 기억하게 되는 것이다. 위와 같은 원인이 아니더라도 나는 수면중에 강한 외적감각자극을 받거나, 강한 정동의 꿈을 꾸거나, 또는 이리저리 돌아눕거나 하는 경우에는 으레 잠을 깬다. 그리고 그럴 때마다 나는 그 직전까지의 꿈을 기억해냈다. 그러나 이런 경우에는 다음날 아무런 피로감도 느껴지지가 않았다.

단몽실험의 결과만을 놓고 보더라도 꿈은 건강을 해치는 요인이 아니라는 사실이 분명해진다. 더구나 로베르토의 [질식된 관념의 분비] 이론에서 보자면 꿈 때문에 피로감을 생긴다는 주장이 더더욱 이해할 수 없다. 그러나 불안과 공포의 꿈을 꾸게 됨으로서 우리가 흥분상태에서 어떤 강박관념에 사로잡힌다면 그것이 병적인 요소로 발전하지 않을까 하는 의구심은 여전히 남아있다. 실제로도 정신질환자, 또는 정신질환 증세를 갖고 있는 천재적인 화가나 시인 등이 악몽을 자주 꾼다는 점에서 그 둘 사이의 연관성이 전혀 없다고는 말할 수 없다.

다만 악몽은 정상인에게서도 자주 나타나는 현상이므로 그것에 너무 집착할 필요는 없을 것이다. 이런 꿈을 자주 경험한다면 되도록 꿈에 관심을 두지 말며 여러 가지로 깊은 수면을 유지할 수 있도록 노력해야만 할 것이다. 악몽도 나름의 상징성을 가진 미래암시적인 꿈이기는 하지만 주로 심적으로 불안정한 상태에서 유인(誘因)된다는 사실만은 틀림이 없기 때문이다. 마음을 안정시키는 것 외에 악몽을 피하는 또 한 가지의 방법은 가능한 한 육체를 많이 움직여서 깊은 잠을 자는 습관을 기르는 것이다. 그런저런 방법으로도 해결되지 않는다면 그 불쾌한 꿈을 철저히 해석함으로서 꿈-표현과 꿈-사상이 완전히 별개라는 사실을 빨리 인식하는 것이 매우 효과적일 것이다. 공포나 불안의 감정이 수반된 꿈이라면 무조건 악몽이라고 생각하기 쉬우나 그런 꿈도 해석해 보면 길몽인 경우가 많았다.

3) 꿈의 기억(記憶)과 망각(忘却)

① 꿈의 기억(記憶)

꿈이라고 하는 것은 수면중에 우리가 경험하는 일련의 영상, 소리, 생각, 감정 등을 잠을 깨고 나서 상기(想起)하는 것을 말한다. 우리는 전 수면기에 꿈을 꾸며 간혹 각성시에도 이와 유사한 경험을 하는 경우가 있다. 그런데 수면중의 꿈은 물론이요, 그 밖의 유사한 꿈에 있어서도 그 내용을 모두 상기해 낸다는 것은 사실상 불가능하다. 때문에 제아무리 기억력이 뛰어난 사람이라 할지라도 잠을 깨고 나서 상기해낼 수 있는 것은 전체에 비해 극히 일부분에 불과하며, 또한 전체를 다 기억해낸다고 해도 꿈이 표현한 자초지종을 명확하게 되살릴 수는 없다. 결국 우리가 꿈이라고 생각하는 것은 그 조각조각 잘려나간 단편들에 불과한 것이다.

간혹 꿈을 처음부터 끝까지 선명하게 되살린 것처럼 보이는 경우가 없지는 않다. 그러나 그런 경우에도 그것이 본래의 꿈과 동일한 것이라고는 장담할 수 없다. 꿈을 되살리는 과정에 감정이나 착각 등이 개입함으로서 탈루(脫漏), 첨가(添加), 왜곡(歪曲) 등의 현상이 발생하기 때문이다. 게다가 우리는 그 꿈이 어디에서 시작되었는지조차 알 수가 없다. 따라서 기술된 꿈은 그 순서가 뒤바뀌거나 변형되고 기술자(記述者)의 현실적 사고까지 가미되어 뒤죽박죽된 것이 대부분이다.

이처럼 꿈을 상기하는 과정에 그 내용이 변형, 탈루됨으로서 해석이 부정확해지는 것은 꿈에 의한 예지 자체를 무의미하게 만드는 최대의 장애요인이다. 이 점에 대해 프로이트는 『꿈은 단계적으로 재현할 뿐만 아니라 부정확하게, 아울러 위조(僞造)하여 재현하고 있는 모양이다.』라고 말했다. 또한 슈피타(Spitta)는 『기억된 꿈이 가지고 있는 질서와 긴밀성은 잠을 깨어 꿈을 재현하려고 노력할 때에 꿈-내용에 나중에 전해진 것-기술자의 의해서-일 뿐이라고 추측하고 있을 정도이다. 그러나 꿈은 그렇게 무연결(無連結)하고 희미한 것은 아니라고 단언할 수 있다. 어떤 학자들은 꿈이 나중에 상기되어서 말로 정리될 때, 제멋대로 변경-기술자의 의해서-되기 때문에 그 이상은 풀 도리가 없는 것으로 인정하고 있다. 따라서 그것은 우리로 하여금 꿈을 잘못 인식하게 만든다.』는 견해를 피력했다. 이 의견에 대하여 프로이트 다음과 같이 동의를 표하고 있다.

　　우리의 심적 생활에는 제멋대로인 것이 없다. 제2사고의 특징이 제1사고의 특징에 의해서 규제되지 않고 버려진 요소의 여러 규정작업을 당장 받아드리는 것은 아주 일반적으로 표명된다. 이를테면 내가 멋대로 어떤 수(數)를 생각하려해도 그것은 불가능하다. 내 머리에 떠오르는 수는 나의 직접적인 의향과는 그다지 관계가 없을 지도 모르지만 내 속에 있는 사상들에 의해서 명백히 필연적으로 규정되어 있다. 마찬가지로 기술자가 진술하는 과정에서 생길 수 있는 꿈의 변경들도 그저 제멋대로의 것은 아니다. 그 변경들은 재료와 연상적으로 연결되어 있고, 그 재료 대신에 나타난 것이며, 또한 그 재료에 이르는 길을 우리에게 보여주는 구실을 한다. 하긴 그 재료 자체가 다른 어떤 것의 대용물일지도 모른다.

　물론 위의 견해는 꿈꾼 이가 꿈을 진술하는 과정에 탈루시키거나 변경하는 내용도 어떤 연상적 메커니즘에 의해 이미 규정되어 있는 것임으로 그것이 그의 심리상태를 분석할 수 있는 중요한 요소라는 점을 강조하는 내용이다. 어찌되었건 프로이트 역시 꿈은 상기되어

진술되는 과정에 필연적으로 변경될 수 있다는 사실을 인정하고 있는 셈이다. 이와 같은 프로이트의 지적에 착안하여 나는 꿈속에 나타나는 무연결하고 무질서한 듯한 표상들을 연상적으로 연결시킬 수 있는, 그리고 잊어버리거나 희미한 부분이 있다면 그것을 보완하여 본래의 꿈으로 재현할 수 있는, 새로운 방법-*연상결합*-을 발견하게 되었다. 이 발견의 기초가 된 것은 프로이트가 지적한 바와 같이 [꿈-상징은 모두가 다른 어떤 관념의 대행물]이라는 사실이었다. 물론 이 방법으로 본래의 꿈이 완전하게 복원될 수 있다고는 장담할 수 없다. 다만 잠재사상의 주제를 찾는데 있어서만은 가장 효과적인 방법이라고 말할 수가 있다. 더구나 이 방법은 기억의 부정확함을 보정하는 구실을 떠맡아 해석의 오류를 줄여준다는 점에서도 큰 의미를 갖는다. 이것은 내가 상담했던 수많은 사람들의 실증적 체험에 의해서 그 신뢰도가 입증되고 있다.

꿈을 불완전하게 기억하는 것보다 왜곡해서 기억하는 것이 꿈의 원형을 더 많이 훼손한다. 때문에 우리가 보다 명확한 해석을 원한다면 현실적인 사고를 완전 배제하고 가능한 한 꿈-공상 그대로를 되살려내는 노력을 기울여야만 한다. 꿈은 주로 시각적 이미지로 이루어진 탓에 모든 꿈이 시각상인 것으로 오해되기 쉽다. 그러나 시각적 표현만으로 끝나는 꿈은 거의 없다. 꿈속에 연출된 단 하나의 장면에도 시각상 이외의 여러 가지 상념(想念)이나 정동(情動) 등이 수반되게 마련이고, 대화(對話) 등의 언어표상마저 심심치 않게 삽입된다.

꿈속에 연출된 일상적인 말 한 마디나 언뜻 스치는 희미한 느낌마저도 꿈을 장식하는 소품들이 결코 아니다. 그것들은 꿈의 분명한 의도로서 표현된 것이며, 꿈을 재현하거나 해석함에 있어 어느 것 하나라도 빼놓을 수 없는 중요한 요소들이다. 따라서 우리가 보다 정확한 해식을 원한다면 시각표상 이외에 각종 감각표상은 물론 정동, 상념, 언어 표상마저도 최선을 다해 상기해내어야만 한다. 길가에 피어있는 꽃 한 송이나 풀 한 포기, 그리고 발길에 채인 돌 한 개라 할지라도 그저 무의미하게 거기 놓여 있는 것이 아니기 때문이다. 그러나 그렇다고 해서 꿈의 단절면을 억지로 연결시키고자 전혀 경험하지도 않은 사실을 덧붙여서는 안 된다. 그리고 해석에 임함에 있어서도 꿈의 말하고자 하는 본래의 상징의의를 벗어나 임의로 어떤 추정을 내리거나 확대해석을 해서도 안 된다. 어느 증권사 여직원의 다음과 같은 에피소드는 위와 같은 사항을 이해하기에 좋은 예가 될 것이다.

누구인지는 알 수 없으나 객장(客場)에 있던 어떤 사람이 나에게 다가와 모(某) 회사의 증권을 사라고 강권(强勸)한다.

그래서 이 여직원은 꿈속의 인물이 권유한 바로 그 주식을 상당한 자금을 동원하여 매입했다고 한다. 그런데 그녀는 그 주식을 매수한 후 꽤 오래 보유했음에도 불구하고 전혀 이득을 보지 못했다. 때문에 그녀는 꿈은 역시 공염불이라고 연일 탄식했다는 것이다. 그러나 나중에 실현된 결과와 연결해 보니 이 꿈의 암시는 매우 정확했다. 그녀가 이 꿈의 암시를 오판하게 된 결정적인 이유는 그녀가 꿈을 상기하는 과정에 있지도 않은 사실을 덧붙였기 때문이다. 즉, 꿈의 원본은 [모(某) 회사의 증권을 사라]였을 뿐인데 환기하는 과정에서 [그러면 이득을 볼 것이다]라는 새로운 문장을 첨부되었던 것이다. 그리고 꿈속에서 증권을 사라고 강권한 것을 그녀가 사실적인 언어로 해석한 것도 잘못이었다. 만약 꿈 내용대로 다음 날 어떤 사람이 나타나 그녀에게 모 주식을 사라고 권유하였다면 이 꿈은 사실적으로 표현된 것이어서 실제의 사건을 암시하였다고 할 수 있지만 대개의 경우 꿈속의 불명확한 인물—특히 *정체불명의 명령자*—은 자기의 [또 하나의 자아]이기 때문에 그것을 상징적인 의미로 해석하지 않은 것이 큰 실수였던 것이다. 결국 이것은 투자수익 여부와는 관계없이 단지 모 주식을 사게 된다는 자기암시적인 꿈에 불과했다. 이처럼 꿈-사연의 덧붙이기나 비약적 해석은 꿈 본래의 의미를 완전히 뒤바꿔 놓을 수도 있다.

어떤 꿈이라도 거두절미한 몸통만을 보여주는 일은 결코 없다. 그럼에도 불구하고 대부분의 경우 상기된 꿈의 시작과 끝을 알 수 없는 이유는 꿈을 재현하는 기술이 부족한 탓이라고 나는 단언할 수 있다. 이처럼 부실하게 재현된 꿈은 수많은 조각들로 분해되어 우리를 매우 혼란스럽게 만든다. 때문에 하나의 꿈이 여러 개의 작은 꿈으로 오인되는 경우도 적지 않다. 이런 경우에도 우리는 꿈의 원형을 복구하여 하나로 연결할 수 있는 방법을 갖고 있다. 그것은 꿈속에서 상기되는 상념이나 정동 따위를 접속사적 기능으로 해석함으로서 단절된 꿈-장면 간의 연상결합을 유도하는 방법이다. 가령 꿈속에서 돼지 한 마리를 보았다고 하자. 이 경우에도 돼지를 바라본 장면 하나가 전체 꿈은 아닐 것이므로 우리는 반드시 꿈의 원형을 찾아내어 복원시켜야만 한다. 이때 우리는 이것에 부착(附着)되어 있는 정동이나 감정, 또는 상념 등을 환기해냄으로서 그 전후사연과 함께 전체 문맥에서 어떤 의미를 갖는 것인가 하는 것까지도 알아낼 수가 있다. 예를 들어 그 돼지를 바라 볼 때 느낀 감정은 어띠했으며 또 어띤 생각을 하고 있었는지 하는 것 등을 상세하게 상기하다보면 전후에 떨어져나간 장면들이 자연스럽게 이어지면서 꿈의 공상적 사고가 연결성을 갖게 되고, 스토리는 조리(條理)에 맞게 구성된다는 것이다. 언뜻 보면 이런 작업이 매우 임의적(任意的)인 것처럼 느껴질 수도 있다. 그러나 이것은 꿈의 형성원리에 근거를 둔 것이므로 연상결합된 전체가 바로 꿈의 원형임을 해석에 의해서 납득하게 된다.

프로이트가 환자에게 몇 번이고 반복해서 진술하도록 요구한 것은 뒤의 보고가 앞의 보고와 동일한 경우가 매우 드물기 때문에 꿈-위장(僞裝)의 완벽하지 못한 부분이 쉽게 들어남으로서 추방되었던 꿈-사상의 직접적인 자취를 찾아낼 수 있다고 보았기 때문이다. 이 점을 고려한다면 정신분석가가 꿈꾼 이에게 여러 번 되풀이해서 꿈을 진술케 하는 것은 극히 바람직한 작업이라고도 말할 수가 있다. 그러나 분석가가 자신도 모르는 사이에 환자의 과거 경험들로부터 꿈에 나타난 표상들과 유사한 다른 표상이 상기되기를 기대하는 선입감이 작용하게 된다면 그것은 엉뚱한 꿈으로의 변형을 유도하는 또 다른 원인이 될 수도 있다. 우리가 해석을 통해 찾아내고자 하는 꿈-사상이라는 것은 과거의 경험-꿈의 현현내용을 구성한 요소들과 같이-이나 그것과 관련된 기억들에서 연원(淵源)하는 억압된 욕동(慾動)이 아니다. 우리의 그것은 좀 더 목적적인 차원에서 꿈속에서의 소원충족으로 상징가능한 미래사는 과연 무엇인가 하는 점이다. 그런 의미에서 대부분의 꿈-상징들이 과거의 경험과는 상관없는, 잠재의식에 의해 재생산된 가공물이라는 사실에 주의를 환기할 필요가 있다.

 꿈은 시각적 이미지들의 단편모음이 절대 아니다. 그것은 주제와 구성을 가진 하나의 스토리이다. 우리가 꿈을 상기할 때, 조각조각 잘려나간 것처럼 보이는 단편들도 퍼즐을 맞추듯이 조합해보면 어떤 골격을 이루고 있음을 쉽게 알아차릴 수가 있다. 따라서 꿈의 단편들은 여러 가지 다른 내용의 꿈-사상들이 각기 다른 방식으로 표현된 것이 아니라는 사실 또한 자명해진다. 때로는 표상전위-치환-에 의해 전혀 다른 것처럼 연출된 장면들이 섞여있는 것도 사실이다. 그러나 꿈-사상에 근거하여 재구성해보면 하나의 주제로 연결되어 있음을 알 수 있다. 꿈은 한 가지 이야기를 완전히 끝내기 전까지는 다른 이야기를 펼쳐내지 않는다. 그러므로 우리는 잘려나간 단편들의 조각모음에 의해서도 한 꿈의 주제를 파악할 수 있고, 전체 의미에 부합되도록 재구성해 볼 수도 있다. 이런 점을 이해한다면 꿈의 탈루(脫漏)된 부분을 복원함에 있어 꿈꾼 이의 연상이 왜 그렇게 중요한지를 충분히 납득할 수 있을 것이다. 이것에 관해서는 차후 〈꿈의 전의해석법(全義

解析法)〉에서 좀 더 상세하게 설명할 예정이다.

② 꿈의 망각(忘却)

꿈은 왜 잘 기억되지 않고 쉽게 잊어버리는가? 이 점에 대해여 혹
자는 『각성시 망각의 원인이 되는 모든 요소가 작용하고 있기 때문이
다.』라고 말한다. 즉 체험이 여러 번 반복되지 않은 것과 감정이 포
함되지 않은 것, 그리고 터무니없는 표상의 결합이나 집결(集結)되지
않은 표상 등은 망각하기 쉽다는 것이다.

☞ **집결된 표상** : 잠재사상의 내용이 현현내용의 표상으로 바뀔 때 어떤 특
정한 표상에 에너지가 집중되는 것을 말한다. 이를테면 어떤 책의 구절에
특별히 강조할 부분이 굵은 글씨체로 인쇄되는 것과 같은, 압축과도 유사한
개념이다.

우리는 밤새 꿈을 꾸지만 우리가 상기하는 꿈의 전부는 깨기 직전
수분 내지 수십 분간의 내용이 고작이다. 이전의 꿈은 모두 기억에서
지워져 있는 것이다. 또 중간 중간 깨어났을 때, 그 직전까지 꾸었던
꿈을 상기한다고 해도 그것을 확실한 기록으로 남기지 않는 한 다시
잠이 들면 망각되기 쉽다. 그렇다면 꿈은 왜 잊기 쉽고, 또 일단 기
억되었던 꿈마저 쉽게 망각되는 것일까? 이 점에 대해 프로이트는 다
음과 같이 설명하고 있다.

꿈의 망각이라는 현상도 심적 검열(檢閱)의 힘을 고려하지 않고서는 도저
히 설명할 수가 없다. 우리 정신분석의 진행을 방해하는 것은 무엇이던지
심적 저항(抵抗)이 앞장서기 때문이다. 꿈을 분석하는 중간에 그때까지는
잊어버렸다고 말했던 하나의 생략된 부분이 갑자기 상기되는 일이 종종 있
다. 이렇게 하여 망각의 손으로부터 탈환된 꿈의 이 부분은 으레 가장 중요
한 부분이다. 그것은 꿈의 해석의 지름길 위에 있는 것이며, 그렇기 때문에

다른 어느 부분보다 더 많은 저항이 있었던 부분이다. 나는 다른 심적 행동과 마찬가지로 꿈은 잊혀지는 것이 아니며, 기억 속의 보존도(保存度)로 보아도 다른 심적 능력에 비해 전혀 손색이 없다는 점을 나는 믿는다.

그러나 이러한 견해는 우리가 밤새도록 꾸는 꿈을 거의 대부분 잊어버린다는 점을 설명하는데 있어서는 적절하지 않다. 또한 해석이 진행되는 동안 꿈의 단편적 해석에 의해서 탈루된 부분-*일단 기억되었던 것*-이 되살아난다는 주장 역시 정확한 답이 될 수 없다. 다만 꿈의 보존도를 다른 심적 능력과 비교했을 때 조금도 떨어지지 않는다는 주장만큼은 참이라고 말할 수 있다. 우리는 앞장에서 꿈속의 강한 정동이 각성을 촉구할 뿐만 아니라 신체적 반사행동을 유발케 한다는 사실을 알게 되었다. 이처럼 강한 정동으로 말미암아 각성으로까지 진행될 수 있는 꿈들은 기억 속에 선명하게 남아 있으며 좀처럼 잊혀지지 않는다. 예컨대 극도의 쾌·불쾌, 공포, 불안, 고통 등의 내적 자극으로 인해 감정적 동요가 일어나는 꿈들이 바로 그것이다. 이런 경우에는 잠을 깨고도 그 여운이 한동안 지속됨으로서 꿈을 보다 선명하게, 그리고 좀 더 오래 기억할 수 있다. 특히 성적인 꿈은 가장 강렬한 인상을 남긴다. 우리의 본능적 욕구 중에서 성욕만큼 강렬하게 우리 마음을 지배하고 뒤흔들어 놓는 것이 드물기 때문이다.

그런데 우리의 잠재의식은 이런 비현실적이면서 공상적인 사연들을 마치 현실인양 취급한다. 그래서 나는 [이때 일어나는 격심한 감정적 동요가 기억회로(記憶回路)에 영향을 미치는 것은 아닐까]하고 생각해 보았다. 신령(神靈)이나 유령(幽靈)이 등장하는 꿈도 비교적 잘 기억된다. 꿈속에서 경외감이나 두려움이 유발됨으로 우리의 마음을 격동시키기 때문이다. 또한 쫓기는 꿈이나 싸우는 꿈이 잘 기억되는 것도 위의 두 경우와 같이 극도의 정동이 환기됨으로서 현실감이 높아지기 때문이다. 인생의 전환기에 꾸는 운명적 큰 사건들을 암시하는 꿈도 잘 기억되며 특히 한 사람의 인생 전반을 예시하는 태몽은 오래도록 기억에 남는다. 다만 태몽은 일반적인 꿈과는 달리 약간 초상적인 이미지로 표현된다.

그러나 강렬한 정동도 수반되지 않고 별다른 뜻도 없어 보이는 평범한 꿈이 그 어느 경우보다 더 분명하게 기억되는 경우가 있다. 신체적으로 좋은 조건일 경우, 즉 잠을 깨기 직전인 역설적수면기에 꾼 꿈들이 바로 그것이다. 또한 우리의 잠재의식이 특별한 뜻을 자신에게 전달하는 [자기암시적인 꿈]도 매우 잘 기억된다. 이런 꿈들은 그 외형이 일반적인 꿈과 별로 달라 보이지 않지만 해석에 의해 밝혀지는 잠재사상은 지극히 중대한 의미를 담고 있다. 다시 말해 꿈꾼 이가 깨우침을 얻어 오래 기억할 수 있도록 잠재의식이 어떤 중대사에 대한 판단과 예지를 할 경우에는 여타의 경우보다 훨씬 잘 기억된다는 것이다. 다음에 소개하는 나의 꿈 이야기는 이것을 이해함에 있어 매우 좋은 자료가 될 것이다.

이 꿈은 정부에서 미국의 협조하여 월남에 전투병을 파병한 뒤 얼마 지나지 않아 월맹군의 대공세가 취해진 가운데 한반도가 제2의 전선이 되어 새로운 전쟁이 발발하게 될지도 모른다는 뜬소문이 나돌던 어수선한 시기에 꾸어졌다.

나는 시골 집 안방에서 누군가와 마주앉아 장기(將棋)를 두려고 한다. 방 안에 헌 장기판이 있었지만 방문 밖의 안마당을 내다보니 새 장기판이 있는지라 그것을 가져와서 장기를 둘까 하고 생각한다. 그러나 새 장기판은 뒤집혀 있고, 또 그것을 가지러 가기가 귀찮아서 그대로 방안에 있는 장기판을 사용하기로 했다. 그런데 상대방은 왼쪽 부분에 있던 자신의 장기 알을 총동원하여 나의 진영(陣營)으로 전진시켰다가 일제히 후퇴하는 작전을 구사하고 있다. 나는 산발적으로 여기저기를 찔러보는 수법을 취했다. 이때 우리기 장기 두는 것을 지켜보고 있던 누군가가 『그렇게 두어서는 언제 끝날지 모르겠다.』고 불평 비슷한 어조로 중얼거리고 있다.

나는 이 꿈이 당시 최대의 국민적 관심사였던 월남전(越南戰)과 관계가 있다는 것을 잠을 깨는 순간 직관적으로 알아차렸는데 해석의 결과를 보니 역시 그랬다. 이 꿈속의 장기 상대는 월맹군을, 그리고 안마당에 뒤집혀진 새 장기판은 연합군이 새로이 시도하려다가 포기한 전략전술을 암시한다. 결국 이 꿈은 월맹군의 대공세(왼쪽의 장기 알을 일제히 전진시켰다가 물림)는 성공하지 못할 것이고 한미월(韓美越) 연합군(꿈속의 나)은 월맹군의 대공세 기간 중에 산발적인 탐색전(여기저기 찔러 봄)으로 일관할 것이기 때문에 제3국(꿈속의 관전자)은 장기전(長期戰)으로 몰고 가는 그러한 전세에 짜증(그렇게 해서 두어서는 언제 끝날지 모르겠다는 불평)을 내게 될 것이라는 암시였다. 외관만을 놓고 본다면 지극히 평범해 보이는 이 꿈이 그렇게 중대한 의미를 담고 있다는 것을 누가 인정이나 하겠는가? 해석을 한 뒤 얼마간의 기간이 경과하는 동안 월남에서의 전황은 나의 예감이 암시한 그대로 진행되었으므로 나는 그때마다 무릎을 치지 않을 수가 없었다. 참고로 말하자면 꿈에 등장하는 장기나 바둑은 국가 간의 투쟁을 묘사하는 상징재료로서 빈번하게 사용된다.

　한편 NREM기의 꿈이 잘 잊혀지는 원인에 대한 연구가 진행되었는데, 그 과정에서 심수면기(深睡眠期)의 꿈은 거의 기억되지 않는다는 조사결과가 나왔다. 그 이유인 즉, 이때는 신체적 긴장이 극도로 이완되고 뇌의 작용도 저조하여 꿈을 형성하기가 어렵거니와 기억흔적을 뇌 속에 다시 조작하기도 어렵기 때문이라는 것이다. 다시 말해 우리가 일상에서 사물에 대한 주의를 집중하고 있으면 확실히 지각되어 잘 기억되지만 주의력을 집중하지 않으면 지각력도 약해지고 잘 기억되지도 않는 것과 마찬가지로 수면중에 뇌파가 활발하면 기억하기가 쉬우나 수면이 깊어져서 뇌파활동이 저조해지면 기억군에 꿈을 제대로 새겨 넣지 못한다는 것이다. 반면 REM기에서 깨우면 대체로 꿈을 상세하게 기억한다고 한다. 그러나 이 경우도 5분 정도가 경과하면 그 단편만을 기억하는 경우가 많았고, 10분이 경과하면 99%이상을 망각한다고 보고되어 있다.

우리의 기억은 시간과 더불어 파괴되기 쉬우며 시간이 경과함에 따라 점차 소멸되어 간다고 한다. 그런데 최초에는 망각이 빠르지만 한 시간 정도 경과하면 한번 기억된 것이 망각되는 정도가 적어지고 기억된 채로 오래 보존된다고 한다. 이것을 [단기기억의 장기기억으로의 고정과정(固定過程)]이라고 말할 수 있을 것이다. 도날드·헵(Donald. Hebb 1904~1985)은 기억이란 뇌 안의 어느 특정 장소에 각인(刻印)된 흔적으로 저장되는 것이 아니고 신경계(神經系)의 구조적 변화에 의해 만들어지는 것이라고 하였다. 꿈의 망각도 아마 이것과 밀접한 관계가 있으리라. 예를 들어 아주 강렬한 정동이 수반되었던 꿈은 그 후 오랜 세월이 경과한 후에도 망각되지 않고 마치 현실체험처럼 다른 꿈의 소재가 되는 경우가 종종 있다. 이것 역시 꿈의 강한 인상에 의해 생성된 뇌의 신경망(神經網)이 지속적으로 작용하기 때문일 것이다.

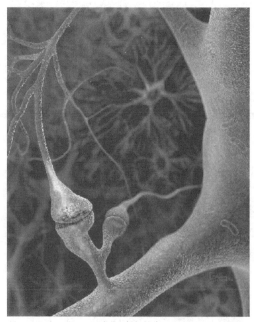

시냅스(상상도)

위와 같은 여러 가지 자료를 종합해 보면 우리가 한 밤중에 깨어나 그 직전까지의 꿈을 상기했다고 해도 다시 잠이 들어 아침에 일어났을 때, 그것들을 까맣게 잊어버리는 이유가 좀 더 분명해진디. 관련학자들이 여러 가지 임상실험을 통해 확인한 바에 의하면 잠깨기 직전 비몽사몽간에 꿈을 기억해 놓고 내쳐 잔 경우보다 잠을 깨어 꿈을 상기한 다음 다시 잠을 잔 경우에 더 잘 기억되었다고 한다. 요는 꿈도 일종의 기억물이라 뇌 신경망에 각인되는 힘에 따라서는 그 잔존력의 차이가 생길 수 있다는 것이다. 이것은 우리가 한 밤중에 일어나 그 직전까지의 꿈을 잘 음미하여 기록해 둘 경우, 다시 잠이 들더라도 아침에 일어나 얼마든지 생생하게 상기할 수 있다는 말과 한가지일 것이다.

우리가 수면중 언뜻 잠을 깨어 –잠결에– 옆의 누군가가 말하는 것을 듣고도 다시 잠을 자고나면 그 이야기를 까맣게 잊어버리는 경우가 많다. 이것은 실험으로 밝혀진 사실이다. 관련학자들은 수면중인 피험자들을 깨워서 그들에게 무엇인가를 외우게 하고 다시 잠을 재웠다. 그리고는 다음날 아침 완전히 잠을 깨었을 때, 그것을 얼마나 많이 기억하고 있을까 하고 조사해보니 평균 20%정도밖에 기억하지 못하고 있었다고 한다. 꿈의 망각도 이와 같은 것이라고 볼 수가 있다. 꿈을 기억하고 곧바로 잠을 자면 긴장이 이완되고 뇌조직의 활동이 약화되는데다가, 또 새로운 꿈을 형성해 나갈 것이므로 먼저의 기억을 보존하기가 좀처럼 쉽지 않을 것이다.

위와 같이 한 밤중에 깨어났을 때 상기했던 꿈들은 아침에 환기되기 어렵다. 그러나 어쩌다가 그 꿈의 한 장면이나 꿈속에서 인상 깊었던 단 한가지의 표상이라도 떠오를라치면 그것에 연이어서 꿈 전체가 환하게 드러나는 경우도 있다. 이것은 앞에서 설명한 탈루된 꿈의 복원을 위한 연상결합(聯想結合)과도 같은 메커니즘이다.

그런가하면 아침에 눈을 뜬 직후, 밤새 기억하고 있던 꿈이 일시에 사라져 버리는 경우도 있다. 바스키드(N. Vaschide)는 이것을 일시적인 망각기–건망기(健忘期)–라고 해서 100명중 87명꼴로 인정되는 현상이라고 주상했다. 이것에 대해 그는 『우리가 잠을 깨면 밖에서 밀려오는 감각세계의 일로 뇌의 활동이 분주해져서 이 힘 앞에 꿈의 표상들이 밀려나게 때문이다.』라고 부연 설명하고 있다. 즉, 각성과정의 강렬한 인상들로 인하여 아침 햇빛속의 새벽별처럼 꿈의 이미지들이 희미해지는 현상 때문에 꿈의 망각이 일어난다는 것이다. 꿈을 깨는 즉시 그 꿈을 상기해서 재음미해보지 않고 머리를 움직이거나 몸을 뒤쳐 누우면 혈액순환이나 뇌에 미치는 자극적 영향 때문에 기억이 소멸되는 경우가 생긴다는 것은 나의 오랜 체험으로 얻어낸 결과지만 이것 역시 위의 일시적 망각기와도 깊은 관련이 있으리라 본다. 따라서 꿈을 오래 기억하고 싶으면 잠을 깨자마자 그것을 상기하여 음미하고 곧바로 일어나 기록해 두어야 할 것이다.

그러나 꿈을 꿀 때마다 그렇게 하기가 여간 어려운 일이 아닌데다 밀려오는 잠에 다시 정복되기도 쉬우므로 어지간히 습관화하지 않으면 실현해내기가 어려울 것으로 본다. 내 경우만 해도 깊은 밤에 잠을 깨어 참으로 흥미 있고 의미심장한 꿈을 기억에 남겼지만 다시 잠을 계속하는 바람에 다음날 아침 그것을 까맣게 잊어버렸을 때의 안타까움을 한두 번 느낀 것이 아니다. 최근 외지(外紙)에서 꿈을 기억하기 위한 재음미방법을 권유하는 학자 한 분을 알게 되어 매우 기쁘게 생각한다. 그는 미국 버지니아 대학 [수면과 꿈 연구소]의 드캐슬(Robert. Van. Decastle) 박사이다. 그는 다음과 같이 말한다.

밤에 잠자리에 들기 전에 자신의 고민을 생각해보고 꿈을 청하도록 하라. 잠에서 깨어나면 눈을 뜨지 말고 조용히 누워서 마음의 눈에 비친 영상을 돌이켜 생각해보자. 꿈의 이미지를 확실히 할 수 있도록 2~3번 반복해서 생각한 후 꿈에 대해 기록해 두면 된다.

그런데 우리가 꿈을 쉽게 망각하는 요인을 고찰함에 있어 조금은 다른 측면에서도 바라볼 수가 있을 것이다. 그것은 생리적 기능의 결함(缺陷) 여부이다. 가령 술이나 마약에 취해 두뇌활동이 건전치 못한 사람, 지나친 정신활동으로 피로가 누적된 사람, 육체노동이 격심하여 눈을 감자마자 깊은 잠에 빠지게 됨으로서 반수상태가 오래 지속될 수 없는 사람, 그리고 체질적으로 언제나 잠이 부족한 사람 등은 보통의 사람보다 꿈을 더 쉽게 망각한다고 보는 것이다.

한 평생 꿈을 꾸어 본 적이 없었다는 사람이 있는가 하면, 80세를 넘겨서야 처음으로 꿈을 꾸게 되었다는 노인이 있었다는 사실로 미루어 볼 때, 뇌 조직상의 기능결함에도 그 원인이 있으리라 생각해본다. 이 노인은 기억력이 몹시 나빴다고 한다. 연구결과에 의하면 치매를 가진 정신질환자의 경우 꿈을 기억하는 사례가 극히 드물었고 뇌가 손상되어 지력(智力)이 쇠퇴한 사람의 경우는 아예 꿈을 기억해 내지 못했다고 한다. 최근의 어떤 동물실험은 카페인과 같은 각성제를 복용하게 되면 기억력이 증강되고 수면제 같은 약을 복용하면 기억력이 감퇴된다는 사실을 보고하고 있다. 이 보고서는 또한 꿈을 기억한 다음 얼마 있다가 마취약을 먹은 경우에는 오히려 기억을 잘 보존해 주지만 꿈을 기억한 다음 곧 바로 마취약을 먹으면 기억률이 현저하게 저하된다는 수치도 제시하고 있다.

그러나 꿈의 망각과 관련하여 가장 큰 연관성을 갖는 것은 역시 심리적인 조건들일 것이다. 그 중 하나가 꿈에 대한 관심도이다. 꿈의 진실한 의미를 알지 못하거나 꿈에 대한 관심을 갖지 않는 사람들은 꿈이란 기억조차 할 필요가 없는 것이라고 생각한다. 그러나 꿈의 예지적인 성격을 믿는, 그리고 한번이라도 꿈의 예지가 실현된 경험이 있는 사람들은 보다 선명한 꿈을 더 많이 기억하기를 원한다. 또한 꿈의 연구자, 심리학 등 정신분야의 학자, 꿈을 소재로 삼는 문학인, 꿈에서 영감을 얻고자 하는 화가, 그 외에 꿈과 관련이 있는 학문이나 직업에 종사하는 사람들 역시 생생한 꿈이 오래 기억되기를 원할 것이다. 이런 부류의 사람들이 비교적 꿈을 잘 기억해낸다는 것은 이 방면의 통계수치가 명백하게 입증하고 있다. 같은 맥락에서 영매나 수도자, 그리고 종교인 등은 일반인에 비해서 꿈을 자주 꾸고, 또 잘 기억한다고 한다. 아마도 각성시 정신활동 때문일 것이다. 그런가 하면 명상이나 참선, 그리고 요가 등이 꿈을 기억하는데 있어 많은 도움이 될 수 있다는 견해도 거부감 없이 받아들여지고 있다.

그렇다면 일반인에 있어서 꿈을 보다 선명하게, 더 많이 기억하는 것이 어떤 의미가 있는 것인가? 그 진실한 형성원리를 알지 못했던 과거에는 잘못된 꿈-해석이 대중을 오도함으로서 미신이라는 오명을 뒤집어쓰고 오랫동안 불신되어왔다. 그러나 근자에 이르러서는 꿈이 인간정신을 탐구하는 가장 긴요한 도구로서, 또 생체기능의 메커니즘을 이해하는 매개로서 새롭게 인식되고 있다. 때문에 심리학, 정신분석학, 뇌과학, 생리학, 의학, 철학 등의 다양한 분야에서 꿈이 활발하게 연구되고 있다. 이와 관련하여 꿈을 목적론적인 입장에서 고찰하려는 움직임도 확산되고 있는바, 칼·구스타프·융의 [비인과적 동시성원리]에 공명하는 초심리학이 바로 그것이다.

☞ *초심리학자(超心理學者)* : 일반인들에 의해서 종종 혼동되기도 하지만 엄격히 말해서 초심리학자는 점성술가, 심령술사, 또는 기타 심령적인 유도를 하는 사람들을 일컫는 것이 아니다. 초심리학자들은 일반적으로 1957년도 설립된 초심리학회와 1968년도 설립된 미국과학진흥협회 회원들을 지칭한다. 그들은 객관적인 반복관찰이 가능한 범위 내에서 초상적인, 또는 이례적인 현상들에 대하여 깊은 관심을 갖고 연구한다. 여기에는 투시, 텔레파시, 예지, 염력, 유령, 윤회, 유체이탈, 임사체험 등이 있다. 이것을 그들이 정의한대로 표기하자면 ESP이다. [스탠리·크리프너(Stanley. Krippner)]

이제 꿈의 예지적인 성격이 속속 밝혀지고 있는 만큼 향후 이 분야에 있어 좀 더 세밀하고 광범위한 연구가 확산될 것이라 믿어 의심치 않는다. 꿈을 많이 기억한다는 것은 그만큼 미래의 현신에서 체험될 어떤 사건에 대해서 보다 더 정확하게 예지할 수 있다는 점에서 매우 유익하다고 말할 수 있다. 미래를 예견해 봄으로서 현재의 불안을 떨쳐버릴 수만 있다면 절망하지 않아도 되고 나아가 자기의 운명에 능동적으로 대처하게 하는 원동력이 될 수도 있을 것이다. 더구나 꿈을 통해 현재 하고 있는 일에 대한 영감을 얻고자 하는 사람은 가급적 많은 꿈을 기억해 내는 것이 유리할 것이다. 프로이트가 지적했듯이 꿈이 깨어있는 동안의 지적 활동을 계승하여 낮에는 도달하지 못했던 결론을 내릴 수 있고, 의혹이나 문제에 대한 실마리를 얻을 수 있으며, 예술가에게는 영감의 원천이 되기 때문이다.

꿈을 더 많이 오래 기억하려면 첫째 꿈에 대한 관심을 높일 것이요, 둘째 꿈을 기억하려고 애쓸 것이요, 셋째 꿈을 자주 해석해 보아야 한다. 그러나 뭐니뭐니해도 가장 좋은 방법은 잠을 깨자마자 꿈을 기록해 놓는 것이다. 꿈을 기억하기 가장 좋은 시점은 잠을 깬 직후이기 때문이다.

꿈에 대한 관심을 높인다는 것은 꿈에 대한 지식을 넓히는 것이고, 자신의 꿈을 신뢰하는 것이며, 남의 꿈이라도 무심히 흘려듣지 않는 것이고, 꿈의 예지적인 성격에 확신을 갖는 것이다. 확실히 꿈에 대한 관심이 높을수록 선명하게, 또 오래도록 기억된다. 최근에 어떤 신혼주부가 들려준 다음과 같은 에피소드는 이것을 잘 설명해 주고 있다. 이 새댁의 남편은 결혼 전까지 단 한 번도 꿈을 기억하지 못했다. 그런데 그의 아내는 매일 밤 꿈을 꾸며 꿈의 예지가 반드시 현실에서 실현되는 까닭에 꿈을 거의 신앙하다시피 하고 있었다. 그래서 잠만 깨면 남편에게 꿈 이야기를 하지만 남편은 듣기 싫어했고 못마땅하게 생각하는지라 그 따위 미신을 믿지 말라고 윽박지르기까지 하였다. 그러던 어느 날 밤 남편은 고이 잠든 아내를 깨우고 자신이 꾼 꿈 이야기를 장황하게 늘어놓았다. 난생 처음으로 생생하게 기억되는 꿈을 꾸었다는 것이다. 아내의 꿈 관심도가 남편에게로 전이됨으로서 이 예기치 않은 사태가 벌어진 것이다. 그리고 그 후로는 오히려 남편이 아내 못지않게 꿈을 많이 기억하고 꿈 이야기를 하게 되었다고 한다.

나의 경우를 놓고 보더라도 그 점을 충분히 이해할 수 있다. 내가 꿈에 대한 연구자료를 열심히 수집하고 또 꿈을 각 매스컴을 통해 발표를 하면서 첫 원고(原稿)를 완성해가고 있을 때에는 적어도 하루에 3~4편의 꿈을 기억할 수 있었다. 그러던 것이 첫 번째 책이 출판되고 난 뒤로는 갑자기 꿈의 기억률이 저조해졌다. 꿈을 기억하려는 노력이 예전만 못했던 것이다. 그러다가 내가 상징단어들의 의미를 정리하면서 새로 나타난 난제들을 풀기 위해 고심할 즈음해선 다시 꿈이 많아 졌으며, 그때마다 꿈에서 어떤 실마리를 찾아내곤 했다. 뜻이 있으면 반드시 길이 열린다는 말과 같이 꿈에 대한 관심을 높이면 꿈도 저절로 많이 기억되고 영감은 발휘되며 운명적 여건도 조성되는 모양이다.

1929년 영국의 캠브리지 응용심리학연구소 앤드류·데일리(Andrew. Daily) 박사는 『꿈은 기억력을 확실하게 해준다.』는 논문을 발표하고 있다. 물론 이것은 질식된 관념의 분비라는 뇌의 활성화이론에 기초한 것임에 틀림이 없을 것이다. 그러나 [잠만 들면 누구나가 꿈을 계속 꾼다]라는 견지에서 보자면 아주 당연한 귀결이라고 하겠다. 프랑스 클로드·베르나르 대학 미셸·주베(Michelle. Juvet) 교수의 다음과 같은 생리학적 정의에는 주의를 기울여 경청할 만한 것이 있다.

인간을 비롯한 포유동물의 뇌 속의 기억회로는 태어날 때 100% 모두 결정되어 있는 것이 아니다. 더욱이 뇌는 유연한 기계이기 때문에 유전적으로 결정된 회로라고 해도 변하기 쉽다. 이 유전적 회로(回路)를 강하게 유지시켜 주는 것이 꿈이라고 생각한다. 따라서 타고난 성품을 기억시켜 주는 녹음테이프가 바로 꿈이며, 꿈속에서 똑 같은 음악을 듣더라도 수학자와 음악가가 듣는 재량에 따라 각자 달리 해석하는 것은 이것이 곧 각자의 능력을 강화시켜 주는 요인이 되기 때문이다.

2. 꿈과 정신질환(精神疾患)

정신질환이란 무엇이며 또 왜 발생하는가 하는 것을 우리가 여기서 논하자는 것은 결코 아니다. 이것에 대한 해명은 분명 정신의학자들 소관일 것이고, 또 그들의 의견에 비전문가가 나서서 왈가왈부할 사항은 절대 아닌 것이다. 다만 우리가 여기서 거론하고자 하는 것은 정신질환자의 사고가 꿈의 사고와 그 표현방식에 있어서 동일하며, 꿈 때문에 정신병이 유발될 수도 있다는 일부학설들에 대해서 무관심할 수 없기 때문에 과연 [꿈과 정신질환과의 사이에는 확실히 어떤 상관관계가 있는가]하는 것을 알아보자는 것뿐이다. 또한 독자들과 더불어 이 문제에 대한 여러 연구가들의 설명을 들어보는 것도 꿈에 대한 이해의 폭을 한층 넓힐 수 있다는 점에서 유익할 것이다.

『꿈이 정신병을 일으키는 참된 원인이다.』라고 주장한 산드·데·상크티스(S. De. Sanctis)와 『악몽에 자주 시달리면 정신분열증에 걸릴지도 모른다.』고 한 미국의 어네스트·허드먼(Ernest. Herdman) 교수의 주장에 우리는 관심을 두지 않을 수 없다. 프로이트는 심리병리학이 장래 꿈의 심리학과 나란히 의사들의 연구과제가 될 것으로 굳게 믿었다. 그는 이 문제에 관해서 『제1은 어떤 꿈이 어떤 정신병리학적 상태를 대표하는가? 또는 그 실마리가 되는가? 하는 점과 관련하여 정신병리학적 상태가 경과한 후에 남아 있는 경우의 병리학적 및 치료학적 관계의 규명이며, 제2는 꿈의 생활이 정신병의 경우에 받는 변화들의 연구이고, 제3은 꿈과 정신병 사이에 있는 내적 관계들, 본질적인 근친성을 표시하는 유사관계 등이다.』라고 주장했다. 그가 정신병의 치료학적 또는 병리학적 관계들에 관해서 보고한 바는 다음과 같다.

1858년 크라우스(Kraus)가 『망상성 정신질환의 제1징후가 불안하거나 무서운 꿈인 경우가 많으며, 망상성 정신병의 우세한 관념이 꿈과 연결되어 있다.』고 한 것이나 산드·데·상크티스가『편집증의 경우 꿈과 관련이 있으며 징신병은 망싱적인 요소를 드러내는 꿈과 함께 일시에 일어나거나, 또는 의문에 대해서 투쟁하는 약간의 꿈을 통해서 서서히 나타나는 경우도 있다. 어떤 의미심장한 꿈에 가벼운 히스테리성 발작이 계속되고 그 후 불안한 우울증의 상태가 나타난다.』고 보고한 것으로 보더라도 정신질환자는 그 최초의 징후(徵候)를 꿈을 통해 보여준다. 또 꿈에 우선 나타난다고 말해도 그와 같은 사정은 설명될 수 있을 것이다. 위의 예에서는 로베르트의 견해와는 정반대로 꿈이 정신질환의 원인이 되어 있는 것이다.

또한 프로이트는 꿈생활이 병적인 징후를 포함하고 있거나 정신이상이 꿈생활에만 국한되어서 나타난다고 보고 있었다. 이 점에 대해 그는 다음과 같은 견해를 피력했다.

이것에 대한 연구는 1868년 토마이어(Thomayer)의 《간질병 발작과 동등한 것으로 인정해야 할 불안한 꿈》, 1868년 엘리슨(Allison)의 《낮에는 건강해 보이지만 밤이 되면 으레 환각과 조광(躁狂)에 사로잡히는 야간정신이상》, 그리고 1899년 산드·드·상크티스의 《편집증과 동등한 알코올환자의 꿈》, 1898년 기스레인(Guislain)의 《잠이 간헐적 정신이상에 의해서 대용되는 케이스》 등에 의해서도 명백해진다. (중략) 깨어 있을 동안의 정상적인 상태에서도 꿈의 생활이 정신병의 지배 아래에 있다는 점은 정신병으로부터 회복되고 있는 경우에 더욱 명백해진다. 만성의 정신병을 앓는 동안에 꿈이 받는 변화들에 관해서는 아주 조금밖에 연구되어 있지 않다. 그리고 이와는 반대로 각각의 표명형태의 커다란 일치 속에서 보여주는 꿈과 정신장애의 기본적인 친근성은 예로부터 주목되어 왔다. (중략) 칸트는『미친 사람은 잠을 깬 채로 꿈을 꾸는 사람이다.』라고 했고, 크라우스는『정신이상은 감각이 깨어있는 상태에서의 꿈이다.』라고 했으며, 쇼펜하우어는『꿈은 단시간의 광기, 광기는 긴 꿈이다.』라고 했다. 또한 하겐은『섬망(譫妄)은 잠에 의해서가 아니라 병에 의해서 야기된 꿈의 생활이다.』라고 밀했는가 하면, 분트는『실제로 우리는 꿈속에서 우리가 정신병원 안에서 만나는

거의 전부의 현상을 몸소 경험할 수 있다.』라고 했다. (중략) 꿈과 정신이
상의 논의할 가치가 없는 일치, 낱낱의 구체적인 특성들에까지 미치는 일치
는 꿈에 생활에 관한 의학적 이론의 가장 강력한 기반이 되어 있는데 이
의학적 이론에 의하면 꿈은 무익하며 방해하는 과정으로서 그리고 저하된
마음의 활동의 표출로서 인정되는 것이다. 그렇지만 꿈에 대한 최후의 해명
은 정신장애의 편에서 이루어지리라고 기대할 수는 없을 것이다. 왜냐하면
이 정신장애 자체가 아직 거의 잘 알려져 있지 않은 형편이기 때문이다. 한
편 꿈에 관한 더 다른 견해는 정신장애의 내적 메커니즘에 관한 우리의 견
해에도 반드시 영향을 미칠 것이며, 이리하여 우리는 꿈의 비밀을 밝히려고
노력할 때야말로 동시에 정신병의 해명에 이바지하는 바가 된다고 말해도
상관이 없다.

프로이트가 그의 책에 인용하였듯이 1882년 슈피타(T. Spitta)는
『꿈과 정신병을 비교했을 때, 두 현상이 똑 같다고 인정하게 될 만큼
일치하는 요인들을 있다.』라고 주장했다. 그것들을 열거하자면 다음과
같다.

① 자아의식의 정지, 또는 적어도 자아의식의 둔화, 따라서 이런 상태 그
자체에 관한 무지, 즉 놀라지를 못한다는 것과 도덕적 의식의 상실.
② 꿈에서는 약하게 되어 있지만 정신이상 상태에서는 일반적으로 매우 증
가된 감각기관들의 변화된 지각(知覺).
③ 단순히 연상법칙과 재현법칙에 의한 관념의 상호연결, 따라서 관념계열
의 자동적인 형성, 그러므로 과장·착각 등의 관념들 사이에 있어서의 관계
불균형.
④ 이상의 결과로서의 퍼스낼리티와 때로는 성격적 특성들의 변화, 또는 역
전(倒錯行爲).

1879년 라데스토크(P. Radcstock)는 위와 같은 열거사항에다가
또 몇몇의 특징에서 볼 수 있는 유사관계(類似關係)를 추가하고 있다

고 프로이트는 소개하고 있다. 라데스토크는 『대부분의 착각과 환각은 시각과 청각 등 일반감각의 범위에서 일어난다. 꿈에 있어서와 마찬가지로 취각과 미각은 거의 문제가 되지 않는다. 열병을 앓는 환자와 꿈을 꾸는 사람은 먼 옛날의 일을 상기한다. 깨어 있는 사람과 건강한 사람이 잊어버리려고 애를 쓰는 일들을 병자와 자는 사람은 회상한다.』라고 주장했다. 1861년 그리징거(Griesinger)는 다음과 같은 견해를 표명했다.

　　육체와 정신의 병으로 인해 고생하고 있는 사람은 꿈으로부터 현실이 거부한 바를, 즉, 건강과 행복을 얻는다. 그러므로 정신병자의 경우에도 역시 행복, 위대, 고귀, 부(富) 등의 밝은 환상이 나타난다. 부자인 줄로 생각하거나, 그것이 억제되어 있거나, 말살되어 버렸기 때문에 정신적 장애를 가져온 그 소원이 이미 채워진 것으로 상상하는 것이 섬망(譫妄)의 주요한 내용을 이루고 있는 경우가 많다. 사랑하는 아이를 잃은 여자는 어머니로서의 기쁨을 표현하는 헛소리를 하며, 재산을 잃어가는 사람은 자기를 굉장한 부자인 줄 믿고 있고, 남자에게 속은 소녀는 자기가 다정하게 사랑 받고 있는 줄로 느낀다. 사상(事象)의 이상한 연속과 판단력의 약화가 꿈과 정신이상의 주요한 특징이다. 냉정한 머리로 보면 어리석은 것처럼 보이는 자기 능력들의 과대평가가 꿈의 상태에서도 발견된다. 꿈의 경우의 표상의 재빠른 연속에 대응한 것이 정신병의 경우 표상의 비약이다. 어느 경우에도 시간관념은 완전히 없다. 꿈속에서는 퍼스낼리티가 쪼개질 수 있는 데, 이를테면 꿈을 꾸는 사람의 지식이 두 사람 사이에 나누어질 때와 꿈속에서 무관계한 자아(自我)와 자기의 자아를 정정할 때가 그렇다. 이는 착각적 편집증의 경우에 두루 알려져 있는 퍼스낼리티의 분열과 꼭 같은 성질의 것이다. 꿈을 꾸는 사람도 자기의 생각을 남의 목소리를 거쳐서 듣게 된다. 만성(慢性)의 망상(妄想)조차도 같은 것이다. 섬망으로부터 회복된 후의 환자가 병중에는 마치 불안한 꿈을 꾸었던 것 같은 기분이 난다고 고백하는 경우도 종종 있으며, 또 보통의 수면중의 꿈과 전연 마찬가지로 그들은 앓는 동안 다만 꿈을 꾸고 있음에 불과하다고 느꼈다고 고백하고 있다. 정신이상, 즉 이상적인 병적 현상은 반복되는 꿈의 정상적인 상태가 심해진 것이라고 말하더라도 별로 놀랄 일은 아니다.

최근에 와서 역설적수면의 연구가 심화됨에 따라 정신분열증은 REM상태가 각성 중에 도입된 것일지도 모른다는 주장까지 등장하게 되었다. 단몽실험에 참여했던 연구자들에 의하면 피험자들은 단몽실험으로 부족해진 REM상태를 각성시에 보충하려는 현상이 뚜렷했다고 한다. 그러나 정신분열증 환자를 실험해 본 결과 이러한 보상의 움직임은 나타나지 않았다고 한다. 다만 병세가 회복기에 접어들 때, REM기가 현저하게 증가되었다는 것이다. 이런 사실에 의하여 정신분열증과 꿈을 같은 것으로 간주하려던 기존의 이론들이 생리학적 견해들에 의해 시비를 받게 되었다. 1972년 미야기·오도야가 꿈과 정신병과의 관계를 비교, 분석한 다음과 같은 연구결과는 매우 훌륭한 참고 자료가 되리라고 생각한다.

정신병 중에는 꿈과 동일시할 만한 현상이 나타난다. 알코올중독의 진단섬망(診斷譫妄)이라는 형태에서는 뱀이나 개구리가 보이고 무서운 광경이 전개되며 꿈과 구별할 수 없는 표상들이 출현한다. 라제크(E. G. Lageque)는 『알코올 섬망은 사실 꿈이다.』라고 주장했으며 레지스(E. Regis)가 꿈과 유사한 환각을 몽양증(onirisme)이라고 부르고 꿈과 동일한 것으로 간주했다. 그리고 그 밖에 급성중독의 경우나 전염병의 경우에도 의식이 혼란하여 꿈과 같은 표상이 나타난다. 목전에 전개되는 사건이 정해진 때 일정한 장소에서 일어나지 않고 도시와 지방, 30년 전의 일이 오늘의 일과 합성된다. 사고는 시각화되고 생각과 이미지는 합쳐져서 위축과 압축이 이루어진다. 어떤 소망이나 공포가 실현되며 모든 면에서 볼 때 꿈과 같다. 다만 환자가 이미지를 바라만 보는 것이 아니라 운동을 하고, 감정의 흐름이 꿈보다 강렬하게 오래 계속되며, 자지 않고 흥분해 있다는 것이 다를 뿐이다. 이런 점에서 환자는 꿈-내용을 실현하고 있는 것이라 해도 좋다. 직업과 관련된 광경, 일상생활과 동일한 장면이 전개되는 경우가 적지 않으며-직업섬망(職業譫妄)- 자동차 운전수는 액셀러레이터나 브레이크를 밟고 핸들을 돌리는 행동을 한다. 주부는 옷을 집는 시늉을 하거나 방어태세를 취하기도 하며 창문으로 뛰어내려 자살하는 경우도 있다. 그리고 때로는 대단히 담대해져서 자기가 총리대신이 되어 명령을 내린다거나 결혼하는 꿈을 꾸고 그 식장에서 손님들에게 인사하는 흉내를 내는 경우도 있다. 이런 상태는 밤에 더욱 빈발한다. 병이 회복되어 가면 수면중에 악몽에 시달리는 정도로-*섬망상태가 악몽으로 남아 있다고 할 수 있을 정도로* 머물다가 그것마저 없어지면 완쾌된다. 정동적 충동의 경우에도 꿈과 동일시할 만한 몽양증세-*히스테리성 몽롱상태라고 부르는 경우가 많다*가 나타난다. 실연에 의한 슬픔, 죽음 직전의 위험, 그리고 가정의 복잡한 사정 등이 있을 때 이런 결과가 나타난다. 상상한 것이 눈에 나타나 보이고 영화처럼 전개된다. 그리고 환영들과 더불어 이야기하면서 연극에서와 같은 행동을 한다. 공포의 표정을 짓고 애정의 표시를 하며 노하거나 고통스러운 감정이 표출된다. 이런 점이 꿈과 다르다. 꿈은 주로 보는 것이지만 이 경우는 실연(實演)하고 있다. 환각은 때로는 압축이나 상징, 정위(正位) 등이 표시되며 도깨비의 얼굴이 보이거나 고양이가 공중을 나는 새를 쫓는 광경을 보는 등 기상천외한 이미지도 나타난다. 요컨대 꿈과 동일하며, 동일한 환자가 밤에 보는 꿈의 내용이 몽양증의 내용과 일치하고 있으나 꿈보다는 더 확실하게 외부에 투사(投射)되고 더 구체적이라는 것이다. 정신분열증의 사고나 망상, 또는 환각의 내용, 즉 무엇을 생각하고 있는가, 어떤 망상을 품고 있는가, 어떤 환각을 보고 있는가 하는 등은 꿈과 동일시할 수 있는 것이다. 이 말은 프로이트의 영향을 받아 그 생각을 정신분열병의 심리를 분명히 하기 위해서 적용한 브로이어(J. Breuer)의 결론이다. 물론 여기서 꿈이라는 것은 수면에 의해서 직접 야기된 심리상태가 아니라 환상적이고 REM기에 볼 수 있는 현상이다. 정신분열증의 원인은 꿈과 동일하지는 않지만 그 증상에는 꿈과 같은 것이 있다. 환자의 환각이 바로 병의 원인이지만 성중(城中)에서 자기를 마중 나오는 마차 소리가 들린다는 따위는 꿈과 마찬가지로 의미가 있는-*가령 신데렐라 콤플렉스와 같은* 것이어서 꿈을 해석하는 것과 같은 방법으로 분석할 수가 있다. 정신분열증의 하부구조는 꿈의 하부구조와 동일한 것일까? 아마도 같은 것은 아닐 것이다. 분열증에서는 보통 의식이 혼란되어 있지 않지만 꿈에서는 혼란되어 있고 분열증에서는 환청(幻聽)-*말소리가 들려오는 언어성 환청*이 주가 되지만 꿈에서는 환시(幻視)가 더 많다. 이렇게 다른 점이 많기 때문에 REM의 각성시로의 침입이라는 식으로 간단히 처리될 수 있는 성질의 것은 아니라고 생각된다. 그러나 정신분열증의 증상에서 중요한 것의 하나는 내폐성(內閉性), 즉 현실에 대해서 외면하고 있다는 관점에서 민코스키(E. Minkowski)는 이것을 정신분열증의 본질이라고 생각했다. 이러한 성질은 동시에 꿈의 특성이기도 한 것이다. 정신분열증이나 꿈은 다 같이 현실적인 목적을 추구하지 않고 환경에로의 적응을 행하지 않으며 타인에 대해서 작용하지 않는다. 정신분열증 환자의 사고는 내폐적이며 비현실적이고 실제적이 아니며 우리가 이해할 수 없는 것이지만 꿈도 이 점에 있어서는 마찬가지다.

이상으로 우리는 꿈과 정신병과의 관계를 대충 살펴볼 수 있었다. 여러 학자들의 견해를 종합해 보면 정신분열증은 그 표현수단에 있어서 꿈의 그것과 매우 유사하지만 약간의 차이도 있는바, 꿈의 경우 수면이라는 밀실(密室)에 감춰져 있기 때문에 외계에 나타나지 않지만 정신분열증의 경우에는 몽중유행과도 같이—*이것 역시 일종의 몽중유행일지도 모른다*— 외부로 확연하게 들어난다는 점이다. 아울러서 눈을 뜨고 있으면서 현실을 착각—*최면상태처럼*—한다는 점에 있어서도 정신분열증과 꿈은 다르다. 그러나 미야기도 지적한 바와 같이 꿈과 정신분열증의 표현은 그 형성메커니즘에 있어서 동일한 것이라고 말할 수가 있다. 따라서 꿈—표현, 더 나아가 꿈의 속성에 대한 해명이 곧 정신병의 본질을 규명하는 열쇠가 되리라고 나는 확신한다.

우리는 앞장에서 꿈의 정동이 너무 강렬하면 수면중의 신체적 반사행동이나 몽중유행이 유발된다는 사실을 알게 되었다. 이런 맥락에서 꿈속의 강한 정동이 정신적 충격이 될 경우에 한해서는 정신병을 유발하는 원인으로 작용할 수 있는 가능성만큼은 존재한다고 보아야만 한다. 다시 말해 [뇌 기능상의 변화, 즉 각성과 수면 사이를 통어하는 뇌조직에 어떤 이상이 생겨 정신병이 유발될 수도 있다]는 추정만큼은 해 볼 수가 있다는 것이다. 아울러 정신분열증 환자가 최면상태의 피술자와 비슷한 상황에서 몽중유행 중인 사람의 행태를 보인다는 점에서 그 둘 사이에 어떤 연관성이 있지 않을까 하는 생각도 큰 무리는 아닐 것이다. 물론 이것에 대한 판단은 당연히 전문가들의 몫이겠지만 꿈을 연구하는 입장에서도 한번쯤은 집고 넘어가야할 문제이기에 비전문가인 내가 만부득이 언급하지 않을 수가 없었다.

그런데 몽환자(夢幻者)가 자기최면상태에서 경험하는 최면몽이나 뇌각환자와 나르콜렙시 환자가 꾸는 꿈 모두가 상징적이라는 사실을 수용한다면 그들의 꿈-사고가 상징해석법으로 분석될 수 있음도 인정해야 할 것이다. 마찬가지로 정신분열환자들의 환각이 꿈-사고와 동일하다면 그 대부분은 상징표현일 것이므로 당연히 상징해석법에 의해서 밝혀질 수 있어야만 한다. 그리하여 우리가 그 병의 원인을 밝혀낼 수 있다고 주장한다면 그것이 지나친 비약이라고 비판할 것인가? 심한 정신적 충격으로 정신분열증이 유발되었다는 사람들을 우리는 주변에서 쉽게 찾아볼 수 있다. 그러므로 반복된 악몽으로 인해 정신적 장애가 발생할 수 있다는 주장도 전혀 근거 없는 것은 아닐 것이다. 이 점과 관련하여 미국의 어네스트·하트만(Ernest. Hartman) 교수는 1979년 국제수면학회에서 다음과 같은 주제를 발표하였다.

악몽에 자주 시달리는 사람은 정신분열증에 걸릴지도 모른다. 일주간 1회 이상 악몽을 꾸는 38명-남자11명 여자 27명을 공개 모집해서 조사해 본 결과, 이들 중 35명은 5세, 또는 그 이전부터 지속적으로 악몽에 시달려 왔다고 한다. 이들 가운데 일부는 [괴물에 쫓긴다], 또는 [수영 도중 무엇인가에 팔을 물어 뜯겨 피를 뿜었다] 는 등의 악몽에서 매우 선명한 공포감을 느낄 수 있었다고 진술했다. 그리고 조사대상자 중의 4명은 정신분열증의 증세까지 나타냈는데, 그 중 2명은 과거 정신병원에 입원했었던 경력도 있었다. 그런가 하면 전체 조사대상자를 일반적인 사람들과 집단적으로 비교했을 때, 가족이나 친척 중에 정신장애를 갖고 있는 사람들의 비율이 현격하게 높았으며 유난히 신경질적인 성격의 사람들이 많았다. 성장기의 아이들일 경우 악몽의 체험은 통상 5~6세 무렵에 자주 나타나다가, 8~10세가 되면 현저히 감소했다.

수많은 자료를 분석하여 분류하는 과정에서 나는 꿈에 표현된 공포와 불안의 이미지들이 그 외형과는 달리 길몽의 한 요소로도 해석될 수 있음을 알게 되었다. 꿈은 잠재사상을 이런 극단적인 이미지로 연출함으로서 그 암시적 의도를 강조하고 있는 것이다. 그럼에도 불구하고 우리는 종종 꿈에 나타난 소름끼치고 혐오스러운 장면에 놀라 잠을 깨고, 또 깨어나서도 한동안 그 여운에서 벗어날 수가 없다. 이런 경험이 단 한 번에 그치는 것이 아니라, 여러 번 반복됨으로서 밤에 잠자리로 들어가는 것조차 두려울 정도가 되면 그것은 분명 정신적 충격이라고 말할 수가 있다. 그러나 대부분의 꿈에서 불안과 공포의 이미지는 단지 상징구절로 삽입된 하나의 요소에 불과하다. 다시 말해 공포와 불안의 이미지가 밤새도록 지속되는 경우란 지극히 드물다는 이야기다. 따라서 공포의 꿈으로 정신분열증을 일으킬 수 있다는 것은 하나의 가능성일 뿐이다. 또한 공포의 꿈 때문에 정신장애가 나타나는 것인지, 아니면 정신장애 때문에 공포의 꿈을 꾸게 되는 것인지 하는 문제에 있어서도 아직은 무어라고 단언할 수 없는 형편이기에 공포 꿈에 의한 정신병증의 발현에 대해서는 좀 더 깊이 있는 연구가 진행되어야 할 것으로 본다.

자신이 죽음을 당하면서 크게 울거나 근친의 죽음을 바라보며 통곡하는 등의 꿈을 꾸고 잠을 깬 사람의 기분이 좋을 까닭이 없다. 그런데 이런 꿈이 오히려 길조로서 해석된다는 점에서 꿈은 참으로 아이러니하다. 이것은 꿈은 무조건 반대라고 믿었던 우리 조상들의 해석법을 두고 하는 말이 아니다. 현실과 정반대로 해석되는 꿈은 분명 따로 있다. 이것에 관해서는 향후 다시 상술할 기회가 있겠지만 공포와 불안의 꿈이 길조로 해석되는 것은 그 속에서 질식된 관념을 해소시키느냐의 여부에 숨은 뜻이 들어 있을 경우에 한한다. 나는 공포와 불안의 이미지가 표현된 꿈이라 해도 그 대부분은 어떤 일의 성사여부를 암시하고 있다는 사실을 잘 알고 있다. 이런 점에서 어네스트·하트만 박사의 『악몽을 자주 꾸는 사람은 분열증의 걸린 위험성도 있지만 반드시 비관할 필요는 없다. 프랑스의 시인 보들레르(Charles. Baudelaire 1821~1867)가 평소에 악몽에 잘 시달리는 사람 중에는 창조력이 풍부한 예술가가 될 소질이 있다고 한 것과 같이 악몽이 창조력을 조성해 줄 수도 있기 때문이다.』라는 견해도 좋은 참고가 되리라 본다. 꿈의 대부분이 상징적 표상들의 나열이라는 것을 생각한다면 공포나 불안 등이 가미된 환상적인 이미지의 꿈이 창작활동에 큰 도움이 되리라는 것은 두말 할 나위가 없을 것이다. 때문에 살바도르·달리(Salvador. Dali 1904~1989) 등의 초현실파 화가들은 일부러라도 이런 악몽을 꾸

달리(Salvador. Dali)의 꿈

고 싶어 했다고 한다. 여하간 공포와 불안의 요소가 들어있는 꿈이라고 해서 모두가 악몽은 아니라는 것은 의심할 바 없는 사실이다. 우리는 전체 꿈의 대의를 찾아 바르게 해석하는 능력을 갖춤으로서 공포와 불안의 이미지가 곧 악몽이라는 고착된 사고에서 벗어나야만 할 것이나.

3. 꿈에 의한 예비진단(豫備診斷)

꿈을 분석함으로서 장차 신체의 어느 부위에 어떤 병(病)이 생긴다는 것과 그 병세의 진전, 심지어는 치료여부까지 꿈으로 예견할 수가 있다고 주장한다면 한낱 몽상이라고 웃어버릴 것인가? 그런데 놀랍게도 그것이 사실이다. 정신분석학자들은 환자의 꿈을 분석함으로서 노이로제(neurosis) 징후의 발병 원인을 알아내고 그 증상을 제거해 주는, 이른바 심리요법에 주력하고 있다. 그러나 이 장에서 논하고자 하는 것은 정신질환 치료를 위한 심리분석이 아니다. 우리가 여기서 논하고자 하는 것은 육신과 잠재의식의 상관관계에서 나타나는 꿈의 또 다른 능력에 관한 것이다.

잠재의식은 각성시에도 우리의 자율신경계를 관장한다. 따라서 수면중에 활성화된 잠재의식이 한층 강화된 주의력으로 신체 각 부위에 관심을 갖게 되리라는 것은 너무도 자명한 사실이다. 이런 점에서 고대 그리스의 아리스토텔레스가 꿈은 신체의 내적 자극에 의해 생성된다고 한 것이나, 프로이트가 꿈 형성원인 중의 하나로 지적한 내적, 기질적 신체반응 등은 매우 타당한 견해라고 생각한다. 동양에서도 예로부터 이러한 꿈을 형성하는 내적 신체자극에 비상한 관심을 보였는데 특히 《황제내경(黃帝內經)》과 《동의보감(東醫寶鑑)》에 기초를 둔 한의학(韓醫學)에서는 내적 신체자극의 종류에 따라 여러 가지 다른 꿈이 꾸어진다고 말한다. 아리스토텔레스는 『의사는 아마도 낮에는 볼 수 없는 신체변화의 첫 징후를 꿈에 의하여 짐작할 수 있을 것이다.』라고 말했으며, 희랍의 의사 히포크라테스(Hippocrates)는 각종 병과 꿈의 관계를 그의 저서에서 논의하고 있다.

꿈이 이런 진단학적 능력을 갖고 있다는 사실에 대해서는 라데스토크, 슈피타, 모리, 티쉐 등도 그들의 저서에 소개하고 있다. 그리고 이러한 견해에 동의하는 대부분의 학자들은 내장기관의 명백한 장애가 꿈의 원인이라고 판단한다. 그들 중의 하나인 아르타크는 보고하기를 『43세의 어떤 여자는 2~3년간 계속해서 불길한 꿈에 시달렸다고 한다. 결국 그녀는 심장병으로 판명되었으며 그 후 사망했다.』고 했다. 티쉐는 『무서운 상태에서 죽음의 상황이 포함된 꿈, 그리고 짧으며 공포와 아울러 잠을 깨는 경우는 심장병을 앓고 있는 사람이다.』라고 했으며, 베르너(Borner)는 『음식물을 먹거나 토하는 꿈은 소화기계통에 장애가 있기 때문이다. 엎드려 눕거나 호흡의 구멍을 덮거나 해서 실험적으로 만들면 악몽을 꾼다.』라고 보고하였다. 이상은 몇 가지 예에 불과하지만 [내장기관의 장애가 있으면 대체로 악몽을 꾸게 되며 장애가 있는 기관이 꿈의 상징적 표상으로 떠올라 꿈 분석가들에게 진단학적 분석자료를 제공해 주고 있다]는 것이 관련학자 대부분의 공통된 견해이다.

뚜렷한 통증이 없는 한, 신체 내부에서 일어나는 여러 증상들을 좀처럼 느낄 수가 없다. 그러나 각성시 외부로 향했던 잠재의식의 주의력이 수면기에 이르러 내부로 집중되면 아주 조그만 자극으로도 그것에 관한 꿈이 형성될 수 있다. 이러한 메커니즘을 이해했는지는 모르겠으나 고대 희랍인들이 아스클레피오스 신전에서 몽점(夢占)으로 환자들을 치료한 것이나 시베리아 샤먼들이 환자를 치료하기 위해 꿈을 영험함을 이용한 것, 그리고 아메리카 우테 인디언들이 병 치료를 위해 환자의 꿈을 해석한 것 등은 참으로 놀라운 발상이었다고 생각된다.

중국 고대의 의서인 《황제내경》에서는 내장기관(內臟器官)의 허실(虛實)에 따라 각기 다른 꿈들이 꾸어진다고 했다. 말하자면 신체내부 장기(臟器)들의 건강상태에 따라 여러 가지 꿈을 꾸게 된다는 것이다. 우리나라 허준(許浚 1539~1615)도 《동의보감(東醫寶鑑)》을 통해 이와 비슷한 견해를 피력하고 있는데 『심기(心氣)가 허하면 흔히 두려워하고 눈을 감고 있으며 자려고만 하고 먼 길을 가는 꿈을 꾸며 정신이 흐트러지고 꿈에 허투루 돌아다닌다.』라고 한 것은 꿈의 현현내용을 그대로 보지 않고 상징적인 의미로서 해석하였다는 점에서 높이 평가될 수 있을 것이다.

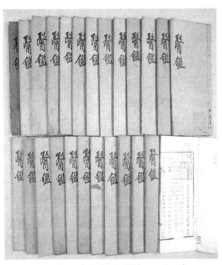
허준(許浚)의 동의보감(東醫寶監)

위와 같은 예처럼 꿈은 신체 어느 부위에 이상이 생겼다고 해도 그걸 꼭 집어내 사실적으로 표현해 주지는 않는다. 이 점에 대해서는 꿈-상징의 대부분이 재생산된 가공물이라는 점을 상기한다면 쉽게 이해될 수 있을 것이다. 때문에 내적 신체자극에 의해 유발된 꿈이라고 해서 모두가 다 병증을 암시한다고 생각해서는 안 된다. 예를 들어 음식물을 토(吐)하는 꿈을 꾸었을 경우, 그것이 소화기 질환 때문이라고 속단하는 것은 큰 잘못이라는 것이다. 경우에 따라서는 그러한 신체자극-예를 들어 복부팽만감 등-이 음식을 토하는 꿈을 형성하게 할 수도 있겠지만 대부분은 신체기관의 변화와 상관없이 어떤 미해결의 관심사를 판단하는 상징적 재료로서 활용되기 때문이다.

물론 사실적으로 표현되는 꿈도 있을 수 있다. 가령 수면중의 소화불량으로 인해 토하는 꿈을 꾸고, 그 때문에 잠을 깨어 실제로 토하였다면 그것은 확실히 신체적 이상과 연관된 꿈이라고 단정해도 무방할 것이다. 그러나 토하는 이미지로 상징가능한 어떤 일이 예정에 없는 사람은 설사 소화불량 속에 잠을 자고 있더라도 꿈이 그런 재료를 환기시켜 직접적인 장면을 연출하지 않는다. 꿈꾼 이로 하여금 내쳐 자게 하거나, 아니면 그것으로부터 연상되는 어떤 다른 장면을 연출하게 된다.

참고로 토하는 꿈의 일반적인 상징의의를 말하자면 [물질적 또는 정신적인 소유물을 세상에 공개하거나, 뇌물 또는 죄과(罪過)를 토설(吐說)하거나, 소유한 물건을 폐기하거나 하는 등의 현실사건]을 암시하는 것이다.

토하는 꿈과는 반대로 음식물을 먹는 꿈이 있다. 음식물을 먹는 장면이 얼마나 꿈속에 자주 표현되는가 하는 것은 일상에 분주한 사람이면 늘 경험하기 일이기 때문에 잘 알 것이다. 때문에 공복감이 먹는 꿈의 가장 큰 유인(誘因)임에는 틀림이 없다. 그러나 그러한 동기가 없는 사람의 경우라고 해서 먹는 꿈의 빈도가 현저하게 떨어지는 것은 결코 아니다. 과식으로 복부 팽만감을 느끼거나 소화불량에 걸린 사람의 경우라 할지라도 먹는 꿈은 늘 꾸어진다. 먹는 꿈의 경우도 그저 단순히 공복감이나 식욕을 나타내는 것이라고 판단하면 안 되는 이유가 바로 그것이다. 그것들 모두는 꿈의 잠재사상을 표현하는 상징언어인 것이다.

위에서 확인한 바와 같이 꿈속에서 병세와 연관이 있는 것처럼 보이는 이미지가 발견된다고 해도 그것을 꼭 병의 징후라고는 볼 수 없다. 그러므로 라데스토크가 소원충족적인 관점에서 『육체와 정신의 병으로 인해서 고생하고 있는 사람은 꿈으로부터 현실이 거부한 바를, 즉 건강과 행복을 꿈에서 얻는다.』라고 주장한 것은 그저 꿈-표현 중에 그러한 일면이 있다는 정도로만 받아들여야 한다.

프로이트는 꿈에 의한 정신분석으로 정신질환자-주로 노이로제-의 발병원인을 알 수 있다고 설파하면서 그 스스로도 환자의 중요한 치료수단으로 삼았다. 이것은 과거의 정신적 상흔이나 억압된 소망 등에 의해 꿈이 만들어진다고 보는 관점에서 환자가 꿈을 상기할 때, 그 연상을 추적하여 공포증이나 강박관념 등의 증상을 유발한 원인을 찾아내는 방법이다. 그러나 설사 그렇다고 해도 노이로제 환자의 꿈이 늘 자신의 병과 연관되지는 않을 것이다. 꿈이 비록 소원충족적인 일면을 갖고 있다고 해도 그것이 꿈의 본질적인 의도는 아니라는 것은 이미 설명한 바와 같다.

잠재의식적 측면에서 보자면 예감충동이 욕구충동보다 더 강한 에너지이므로 꿈은 언제나 미래사에 관심을 두지 않을 수 없다. 따라서 환자가 꿈속에서 자신의 병이 치유되는 소원충족을 얻었다고 해도 그것이 자신의 병과는 아무런 관련이 없다. 가령 오랜 지병 때문에 훨훨 털고 일어나는 것이 소원인 사람이 건강한 육체로 활기차게 뛰어다니는 꿈을 꾸었다고 한다면 그것을 장차 병세를 극복함으로서 건강을 되찾는다는 암시로서 받아들이기 쉽다. 그러나 그것은 본래 건강해지기를 원했던 그의 소망에 답을 준 것이 아니다. 그것은 어디까지나 다른 어떤 현실사건의 암시적 재료로 사용되었을 뿐이다. 나는 오랜 기간 수족(手足)에 병이 들어 자나 깨나 건강해지지가 소원인 사람이다. 그런데 꿈속에서 나는 그 지긋지긋한 병마로부터 종종 해방된다.

지금까지 온 몸을 의지하고 있던 지팡이를 멀리 내던져버리고 조심스럽게 발걸음을 떼어본다. 걱정과는 달리 아무런 불편 없이 잘 걷는다. 이에 한층 고무되어 펄쩍 뛰어본다. 그리고는 몹시 흥분하여 이리저리 뛰어다닌다. 주변 사람들이 나를 이상하다는 듯이 쳐다본다. 마침내 나는 『병이 다나았다!』라고 소리치다가 그 서슬에 잠을 깬다.

이것은 나의 꿈일지에 기록된 내용이다. 라데스토크나 프로이트에게 물어본다면 틀림없는 소원충족의 꿈이라고 답할 것이다. 부분적으로는 맞는 말이다. 왜냐하면 외현적으로는 소원충족적인 형태를 취하고 있기 때문이다. 그러나 이 꿈은 꿈속의 소원충족에만 머물지 않고 더 나아가 장차 현실에서 체험하게 될 그것과 유사한 어떤 성취감과 만족감을 암시하고 있다. 이 꿈이 꾸어질 임시해서 나는 나의 연구성과를 발표하기 위해 몇몇 출판사와 교섭 중에 있었다. 따라서 꿈에 지팡이를 내던지고 활발하게 걸어 다닌 것은 그동안 큰 힘이 되었던 후원자―*서울대 장병림 교수*―의 영향력을 벗어나 내 스스로의 독자적인 영역을 구축하고 나름의 의미가 있는 어떤 성과를 거두게 된다는 암시였다. 이 꿈속에서는 다행스럽게 내가 소원을 충족한 것으로 묘사되어 있지만 다른 대부분의 꿈에서는 여전히 나의 병세 그대로여서 현실에서와 마찬가지로 부자유와 욕구불만, 그리고 불안 등의 심적 고통을 당하는 경우가 많았다. 그럴 때면 예외없이 어떤 일이 잘 풀리지 않아 초조해지거나 예기치 않은 흉사(凶事)에 만나 고통스러운 감정을 체험하게 된다.

나는 의사에게 진찰받거나, 주사를 맞거나, 수술을 받는 등의 꿈을 자주 꾼다. 다른 사람들이라면 매우 불쾌해 할, 이런 꿈이 자주 꾸어지기를 나는 원한다. 나에게 있어 이것은 단순히 과거를 재현하는 것이 아니고, 또 그렇다고 진찰이나 수술 받기를 원하기 때문에 꾸어지는 것도 아니기 때문이다. 나에게 이런 꿈은 일종의 길몽이랄 수가 있다. 꿈속에 등장한 나는 나의 연구성과인 작품들을 암시하는 것이고, 또 의사는 나의 작품을 심사, 검토하거나 수정해 줄 어떤 현실인을 동일시하는 것이다. 그러므로 꿈속에서 나에게 가해지는 각종 의료행위는 나의 작품이 심사, 검토될 것이라는 암시적 의미를 나타낸다. 그런데 재미있는 사실은 대개의 경우 꿈에 등장한 수술부위가 나의 지병인 수족이 아니라, 다른 신체부위였다는 것이다.

위에서 보듯이 꿈이 장차 발병할 병증이나 지금 앓고 있는 병의 치료를 사실적으로 묘사하는 경우란 거의 없다. 그렇기는 하지만 신체 내에서 발생한 어떤 감각자극이 잠재의식으로 하여금 꿈을 형성하게 함으로서 병발의 징후를 예지하는 경우도 전혀 없는 것은 아니다. 다만 그런 경우에도 병세나 빌병부위가 그대로 꿈속에 도입되는 예는 매우 희귀하다. 대부분은 상징적으로 표현되기 때문이다. 이런 꿈에서는 꿈만의 특성, 즉 공상적인 표현력이 유감없이 발휘됨으로서 재치 있는 비유나 우화적인 이미지들이 풍부하게 동원된다. [불덩어리를 삼키는 꿈을 꾸고 후두염을 앓기 시작했다], [정체모를 여인이 자신의 옆구리를 칼로 찌르는 꿈을 꾸고 나서 늑막염에 걸렸다], 또는 [송곳에 목이 찔리는 꿈을 꾸고 심한 목감기에 걸렸다] 하는 등의 사례들이 그 바로 그 예증이라고 말할 수 있다.

이처럼 병과 관련한 이미지가 꿈속에 묘사되었다고 하더라도 그것이 상징적으로 표현되는 한, 꿈으로 병의 징후나 진행과정, 그리고 치료수단 등을 알아내기란 쉽지 않은 일이다. 그러므로 신체의 어느 부위, 어떤 기관에 병증이 생겼다거나, 또는 장차 생길 것이라거나 하는 따위의 구체적인 진단을 내린다는 것은 거의 불가능한 일에 가깝다. 다만 매우 선명한 꿈이 있어, 그것을 정밀하게 해석해 보면 놀랍도록 현실과 일치하는 경우도 간혹 있다. 그러나 발병의 징후를 암시하는 꿈들은 보통 병이 발발하기 오래 전인 건강할 때 꾸어지는 경우가 더 많다. 즉, 기질적 자극보다는 미래예지적인 성격이 더 강하다는 것이다. 또한 장기환자에 있어서는 앞에서 말한 바와 같이 지병과는 무관한, 다른 어떤 현실사건을 암시하는 경우가 많으므로 지병과 관련된 이미지가 꿈에 나타났다고 해서 그것을 지병에 관한 것이라고 속단하는 우를 범해서는 안 된다. 그것은 오직 정밀한 해석에 의해서만 알 수가 있는 것이다.

여하간 모든 이들이 병과 관계된 꿈을 꿀 수 있음은 틀림없는 사실이다. 또한 개중에는 상징이 아닌, 사실적인 꿈으로서 발병원인이나 발병부위, 병세의 진전, 그리고 치료수단 등을 상세하게 예지하는 아주 특수한 경우도 있다. 그렇기 때문에 우리가 꿈에 많은 관심을 갖고 올바르게 해석하는 능력만 갖춘다면 병의 자가진단이라는 것도 전혀 불가능한 일만은 아니라고 말할 수가 있다. 그렇다면 꿈은 병발(病發)의 징후를 어떤 식으로 암시하고 있는가? 내가 수집한 자료 중에서 대표적인 몇 가지를 발췌하여 다음과 같이 소개한다.

○ 어떤 왕은 꿈에 신하가 쏜 화살을 등에 맞았으나 뽑지 못했
  다. ☞ 다음날 등창에 난 종기를 발견하였고 왕은 그 때문에
  사망했다

○ 예쁜 처녀가 시퍼런 단도로 자기의 옆구리를 찔렀다 ☞ 이 꿈
  을 꾼 상인은 수일 후부터 늑막염이 걸려 앓다가 갈비뼈 몇
  개를 절개하는 대수술 끝에 가까스로 병을 치료했다.

○ 이미 고인이 된 늙은 부부가 꿈에 나타났는데 남편 허리에 부
  인이 비스듬히 걸쳐 누워 빙그레 웃는 것을 보았다 ☞ 노모
  (老母)가 허리 병을 앓기 시작했다.

○ 괴한이 느닷없이 달려들어 날카로운 송곳으로 자기의 목을 찔
  렀다. ☞ 며칠 후 목감기에 걸려 목이 부었다.

○ 적병(賊兵)에게 쫓겨 하수구의 탁류를 떠내려가다가 간신히 논
  바닥의 진흙 위로 기어 나왔다. ☞ 다음날 버스를 타고 오다
  가 갑자기 몸살기가 돌아 고열과 두통에 시달리면서 집에 돌
  아왔다.

○ 공중을 낮게 떠서 날고 있는데 빗방울이 듬성듬성 떨어졌다.
  ☞ 연로한 모친이 엎어져서 타박상을 입는 바람에 오랜 시일
  고생하셨다.

○ 앞부분이 헤어져 세 군데나 꿰맨 운동화를 신었다. ☞ 다리를
  다쳐 세 군데나 수술을 해야 했다.

○ 괴한이 칼을 들고 방안에 침입하여 자기를 죽이려고 덤빈다.
  ☞ 부패한 음식을 먹고 식중독에 걸려 사경을 헤매게 되었다.

○ 고양이가 덤벼들어 자기의 목을 물었다. ☞ 연주창(連珠瘡)에
  걸려 장기간 앓게 되었다.

○ 붉은 옷을 입은 여자들이 방안으로 들어와 난리법석을 피우는

고로 그들을 몽둥이로 때려서 내쫓았다. ☞ 아이가 병이 들어 여러 날 병원신세를 져야했다.

○ 졸중(卒中) 발작의 꿈을 꾸었다. ☞ 수일 후 지병으로 인한 발작으로 사망했다.

○ 뱀에게 물렸다. ☞ 꿈에 물린 부위에 종기가 나서 상당기간 고생했다.

○ 자기 몸이 두 쪽으로 갈라지고 그 한 쪽만이 움직였다. ☞ 뇌졸중으로 쓰러져 반신불수가 되었다.

○ 납덩이를 녹인 액체를 삼켰다. ☞ 편도선염에 걸렸다.

○ 누군가 자기 몸에 기름을 끼얹고 불을 질렀다. ☞ 장티푸스에 걸려 심한 열병을 앓았다.

○ 피와 땀으로 온 몸이 흠뻑 젖었다. ☞ 심장병에 걸렸다.

○ 밀폐된 방안에 갇혔는데 사방에서 벽과 천정이 압축해왔다. 나갈 수도 없고 소리 지를 수도 없으며 전신에 소름이 끼쳤다. 이런 꿈이 며칠간 반복되었다. ☞ 늑막염에 걸린 19세 처녀는 수일 후 갑자기 병이 도졌는데 늑막의 물을 뽑고 나서야 그런 꿈이 꾸어지지 않았다.

○ 수족이 로봇처럼 자동적으로 움직이는 사람을 보았다. ☞ 수일 후 자기 자신이 무도병(舞蹈病)에 걸렸다

○ 급행열차에 쫓겨 말을 채찍질하며 언덕을 오르는데 심적으로 매우 고통스러웠다. ☞ 사업상의 경쟁심화로 파산위기에 몰려 신경쇠약을 앓게 되었다.

○ 친구와 같이 높은 탑 위에 올라갔다고 생각했는데 친구가 갑자기 얼굴이 파래져서 숨을 못 쉰다. 그래서 그에게『너는 협심증이야』라고 말했다. ☞ 자기 자신이 병원에서 협심증이라는 진단을 받게 되있다.

○ 물건을 실은 마차와 같이 급경사의 언덕을 올라간다. 숨 막히

는 더위에 말도 숨을 헐떡인다. 그 중 한 마리가 쓰러졌다. 숨소리가 거칠고 땀에 흠뻑 젖었다. 마부가 말을 일으키려고 애를 쓰자 자기도 도왔다. 잠을 깨고도 식은땀이 계속 흘렀고 가슴이 답답했다. ☞ 지병인 천식이 도졌다.

○ 닭, 고양이, 개 등의 동물들에게 괴롭힘을 당했다. ☞ 뇌각환자가 환각으로 자기의 병을 예지한 것이다.

○ 뱀을 손으로 잡고 장난을 하는데 그 뱀이 빗자루에 붙었다. 그것을 떼어내려고 하자 개가 한 마리가 달려들어 그 뱀을 뜯어먹는다. 그래서 그 개를 쫓으려고 하니 사납게 덤벼들어 악을 쓰고서야 겨우 쫓아낼 수 있었다. 개는 쫓았지만 뱀은 여전히 빗자루에 붙어서 떨어지지 않는다. ☞ 약리 치료 중인 심장병환자의 꿈이었다. 그는 결국 치료효과를 보지 못하여 병이 깊어졌다.

○ 더벅머리 아이 둘이 나타나 고황(膏肓-심장과 횡격막의 사이-) 사이에 숨었다. ☞ 가슴의 원인 모를 병이 생기고, 그것 때문에 죽었다.

☞ *사례* : 이집트의 여왕 클레오파트라는 기다란 해초 줄기가 다리를 칭칭 감고 머리는 산호초 가지에 걸려 허우적거리는 꿈을 꾸고 난 며칠 뒤에 자신이 결핵에 걸린 사실을 알게 되었다.

위와 유사한 사례들을 내가 수집한 자료에서만 추려도 작은 사전을 한 권 엮을 만하다. 여기 소개된 것들은 현실에서 적중된 사례들만 골라 모은 것으로서 일일이 해석해 가면서 독자들의 이해를 도와야 할 것이나 지면관계상 그럴 수 없음이 안타깝다.

그런데 이런 꿈들이 어느 정도는 유형적(類型的)인 형태를 갖추고 있음은 분명하다. 대체로 [괴한이나 괴물에게 쫓기거나, 누군가에게 자상(刺傷)을 당하거나, 어떤 동물에게 물리거나]하는 등의 꿈이 다른 의미로 표현되지 않았을 경우, 병의 징후일 가능성이 높다. 따라서 이런 꿈이 반복될 경우에는 뚜렷한 자각증세가 없더라도 의사에게 진찰을 받아보는 것이 좋을 것이다. 그러나 발병 부위를 암시하는 꿈이라고 해도 모두가 유형적인 것은 아니라는 점이 유감이다. 꿈의 전체적인 사연에 부합하기 위해서는 여러 가지 다른 형태로도 묘사될 수 있기 때문이다. 전례에서 보듯이 심장의 예만 보더라도 졸림을 당하는 목, 뱀이 들러붙은 빗자루, 그리고 피와 땀에 휘감긴 자기의 몸 등이 모두 심장을 암시하고 있는 것처럼 꿈에 따라 제각각인 것을 알 수가 있다. 같은 이유로 자신의 심장병 증세를 상대방에 옮겨 놓는 것처럼 구체적인 사물이 아닌, 등장인물의 행동만으로 심장부위에 이상이 있음을 알려주는 꿈도 있을 수가 있다. 때문에 상징적인 꿈에 있어서는 그 표현된 이미지만으로 발병부위와 원인을 발견해내기가 거의 불가능하므로 꿈 전체를 완전하게 해석해서 판단해야하는 어려움이 있다. 어찌되었건 기질적(氣質的) 자극인상(刺戟印象)이 진단학적 자료가 되기는 매우 드믄 일이라고 말할 수 있다. 다만 병의 징후를 꿈속의 이미지에서 찾으려는 노력들이 잠재의식의 능력을 과소평가하지만 않는다면 어느 정도의 실효를 거둘 수 있으리라 생각한다.

제 7 장

잠재사상(潛在思想)과 현현내용(顯現內容)

1. 잠재사상과 현현내용의 관계

수천 년 전에도 [꿈이란 마치 암호문과 같아서 얼른 보아서는 무슨 말을 하고 있는 것인지 알 수 없지만 이면에 숨은 뜻을 해석하면 그 진실한 의미를 알 수 있다]고 생각한 선각자들이 있었다. 그래서 오랜 기간 많은 사람들이 이 암호문을 풀 수 있는 체계적인 방법을 찾고자 노력하였으나 괄목할 만한 성과를 거두지는 못했다. 대신에 꿈이 영적인 세계와 인간세상을 연결한다는, 신비주의적 민간속신이 수천 년 동안 인간의 사고를 지배하게 되었다. 그런 연유로 대부분의 사람들은 다만 주어진 꿈, 즉 기억된 꿈의 현현내용-*발현몽 또는 꿈-표현*-만을 관찰함으로서 그 의도를 찾아내려고 노력하였다. 그러나 꿈의 본질적인 구조가 이중적이라는 점에서 그들의 노력은 한계에 봉착할 수밖에 없었다. 그나마 다행인 것은 꿈의 암시가 현실을 비유적으로 표현하는 것이라고 보고 자신들의 경험이나 옛사람들의 경험에 비추어가며 나름대로의 합리적인 해석체계를 세우기 위해 부단히 노력해온 사람들이 있었다는 점이다. 이들의 노력이 서서히 빛을 보기 시작한 것은 16세기 중엽으로 이때부터 직관적인 해석방법에서 벗어나 비로소 합리성에 근거한 다양한 학문적 관찰이 전개되기 시작한다. 그러다가 19세기 말엽 프로이트에 이르러서야 비로소 꿈이 체계적이고도 합리적인 방법에 의해 정리될 수 있는 전기가 마련되었다. 꿈-연구에 관한 그의 업적 중에서 가장 탁월한 것, 두 가지 중 하나는 인간의식의 심층구조인 무의식을 꿈 형성의 모태라고 정의한 것이고, 다른 하나는 꿈의 구조가 본시 이중적-*꿈표현과 꿈사상*-이라는 사실을 밝혀낸 것이었다. 그가 인간정신의 독특한 메커니즘에 의거 꿈을 현현내용과 잠재사상으로 각각 정의한 것은 인류사에 있어서도 참으로 획기적인 사건이었다. 이것에 관한 그의 견해를 들어보자.

나는 꿈의 현현내용과 우리의 관찰의 결과들 사이에 새로운 심적 재료를 끌어들인다. 우리의 연구방법에 의해 얻은 잠재내용, 또는 꿈-사상(dream thought)이 바로 그 새로운 심적 재료이다. 이런 점에서 우리는 꿈의 현현내용이 아니라, 꿈의 잠재내용으로 꿈-해석을 전개시킨다. 따라서 우리는 아직까지는 있지 않았던 새로운 과제에 직면하게 된다. 즉 잠재내용과 현현내용 사이의 관계연구, 그리고 어떤 과정을 거쳐서 잠재내용이 현현내용으로 변화해 가는가를 살핀다는 일이 바로 그 새로운 과제이다. 꿈의 사상과 꿈의 현현내용은 동일한 내용을 두 가지 다른 나라 말로 표현한 번역문과 같다. 또는 이렇게 말하는 편이 더 정확할지 모른다. 꿈의 내용은 어떤 꿈의 사상을 다른 표현방법으로 번역한 것과 같아서 이 다른 표현방법의 기호와 구성 원칙을 운진과 빈역을 비교해서 일아내는 것이 우리의 소임이다. 꿈의 사상은 우리가 그것을 확인하자마자 즉시 이해할 수 있는 그런 성질의 것이다. 이와는 반대로 꿈의 내용 편은, 말하자면 일종의 상형문자로 표현되어 있어, 이 상형문자의 기호 하나하나는 꿈-사상의 말로 번역해 보아야 한다. 만일 우리가 이 상형문자의 기호를 그 기호적 관계에 따라서 읽으려고 하지 않고 그 형상의 가치에 따라서 읽으려고 한다면 반드시 잘못에 빠질 것이다. 이를테면 어떤 수수께끼 그림이 내 앞에 있다고 하자. 한 채의 집이 그려져 있는데 그 집의 지붕에는 보트가 하나 얹혀 있다. 거기에 알파벳의 한 자가 쓰여 있으며, 게다가 달리고 있는 사람의 형상이 하나 그려져 있다. 이 사람에게는 머리가 없다는 따위의 수수께끼다. 이 그림을 정직하게 받아드리면 사물의 이런 짜임새와 그 각 부분에는 전연 의미가 없다는 비평도 가할 수 있을 것이다. 보트가 지붕 위에 올라갈 리 만무하다. 또한 머리가 없는 사람이 달린다니 그것은 불가능한 일이다. 더구나 사람편이 집보다 더 크게 그려져 있음도 이상하다. 만일 이 전체가 어떤 경치를 나타낼 작정이라면 여기에 쓰여 있는 알파벳의 글자들은 자연계에서 볼 수 있는 것이 아니므로 이 경우 당치 않다. 그러나 내가 이 그림의 전체와 그 세부에 대해서 지금 말한 바와 같은 비평을 가하지 않고서 그려져 있는 사물의 하나하나를 어떤 음절이나 어떤 한 의미에 있어서 거기에 그려져 있는 형상으로 표현될 수 있는 낱말로 바꿔놓아 보면, 그때 비로소 이 수수께끼 그림을 바르게 판단할 수가 있다. 이 바꿔놓기에 의해서 얻어지는 몇 개의 낱말은 이미 무의미한 것이 아니라 가장 아름답고 가장 의미심장한 시구(詩句)를 표현할 수가 있다. 그런데 꿈의 현현내용은 이런 수수께끼와 같은 것이다. 그리고 꿈 해석의 분야에 있어서의 우리의 신배들은 수수께끼 그림을 한 장의 그림으로서 해석하려는 과실을 범했다. 한 장의 그림으로서 이것을 보면 이런 수수께끼의 그림이 무의미하여 무가치한 것으로 보임은 물론이다.

프로이트가 그의 독특한 수사법으로 현란하게 설명하고 있지만 그 핵심 요지를 파악하면 의외로 쉽게 전문을 이해할 수 있다. 우리가 수면중에 보고 느끼는, 그리고 잠을 깨고 나서 회상하는 실체가 바로 현현내용이며 이 현현내용을 구성하는 본질적인 사고가 바로 잠재내용이라는 것이다.

프로이트의 소원충족이라는 관점에서 이것을 살펴보면 다음과 같다. 가령 실현되지 못하고 억압되어 은폐되어 있는 소원을 꿈의 사상, 즉 잠재내용이라고 한다면 그것은 관념이다. 그리고 꿈사상이 이 소원을 실현된 것으로 묘사함으로서 가상적인 충족감을 안겨주는 작업의 결과를 현현내용이라고 한다면 그것은 이미지다. 둘은 본시 같은 것의 다른 모습이기는 하지만 잠재내용이 현현내용으로 바뀌는 과정에 꿈 특유의 표상작업이 개입하기 때문에 현현내용이 마치 상형문자와 같이 변형되어 어떤 면에서는 황당하게도 보인다. 때문에 잠재사상은 현실적인 언어로서 쉽게 이해할 수 있는 것이지만 현현내용은 암호문처럼 번역에 의해서만 이해할 수 있다.

그런데 프로이트가 수수께끼 그림을 예로 들어 설명한 것처럼 [잠재사상이 어떤 작업과정을 거쳐 변화된 것을 현현내용이라고 한다]라는 명제(命題) 하에서 판단한다면 공중에 바위가 둥둥 떠다니고, 기차가 거꾸로 서서 달리며, 사람이 땅속에서 헤엄을 치거나, 남자가 여성기(女性器)를 달았다 하는 등의 표현들도 그저 황당무계하고 지리멸렬한 제멋대로의 난잡상(亂雜像)만은 아니라는 것을 알 수 있다. 물론 프로이트의 이런 생각이 새삼스러운 것은 아니었다. 그러나 꿈의 잠재사상과 현현내용 사이에 행해지는 심적 작업이 어떤 것인가를 알아내고 비록 가설에 불과하더라도 꿈의 형성원리를 도식화하여 설명하였다는 점에서 그 공로가 매우 크다고 생각한다. 이 시점에서 프로이트가 밝힌 꿈의 작업과정에 대해서 연구하고자 하는 것은 우리가 추구(追究)하는 예지적인 꿈의 형성원리를 해명하는데 있어서도 좋은 길잡이가 될 수 있으리라는 확신 때문이다.

꿈을 형성하는 표상재료는 어디서 이끌려오는 것일까? 프로이트 이전의 연구가들은 각성시의 모든 사고나 경험이 그 근원이라고 생각했다. 즉, 잠자기 직전까지의 모든 경험과 사상이 꿈의 직접적인 재료가 되며 설사 그것들이 비유 등에 의해 부분적으로 변형되는 경우는 있더라도 꿈-사연에는 아무런 영향도 미치지 않는, 매우 현실적인 것으로 보았던 것이다. 이후 심도 있는 연구가 지속됨에 따라 좀 더 세분화된 개념적 분류가 이루어질 수 있었는데 낮 동안의 경험이나 최근의 경험, 또는 유소년 시절의 경험 등은 물론 수면중에 내외부에서 가해지는 감각자극까지를 포함하여 생각하게 되었다. 그러나 그들은 유감스럽게도 해석할 수 있는 것보다는 해석할 수 없는 꿈-재료가 더 많다고 생각하였다.

프로이트 역시 과거의 경험이나 수면중에 생기는 감각적 자극인상들에서 재료를 이끌어올 수 있다는 점에서는 그들과 동일한 생각을 갖고 있었다. 다만 그러한 재료들이 그대로의 꼴로 꿈에 도입되는 것이 아니라, 어떤 심적 작업을 거쳐 변형된 형태로 표현된다고 보았다. 때문에 그 주체인 [꿈의 본질적인 사상]이라는 개념을 상정(想定)함으로서 잠재사상이 현현내용으로 변형되는 작업과정을 비교적 명확하게 설명할 수 있게 되었다.

그러나 그는 『꿈이 꿈-사상들의 충실한 번역물도 아니거니와 정밀한 투영도도 아니며 조작조각 다른 사상들의 집합물이다.』라고 말함으로서 현현내용의 전부가 잠재내용으로 번역될 수 없고, 그 조각들 역시 전체 꿈의 부분적인 사건으로 해석될 수 없다는 점을 분명하게 천명하고 있다. 말하자면 낮 동안의 몇 개의 체험들이 변변치 않은 인상을 통해 채용되고, 또한 연상결합에 의해서 심적으로 의미심장한 체험과 연결되는 따위가 있다는 것인데, 변형을 위해 본질적인 사상이 왜곡되거나 압축됨으로서 본형이 조금 달라질 뿐, 완전하게 변화되는 것은 아니라는 주장이다.

프로이트의 위와 같은 주장은 한 가지 의문점을 남긴다. 그것은 꿈속에서 우리가 전혀 생소하다고 느껴지는 표상들마저 잠재사상의 변형작업에 의해 만들어진 것일까 하는 의문이다. 다시 말해 과거에 체험한 바가 없어 기억의 저장고에서 찾을 수 없는 이미지들이 꿈속에서 발현될 때, 과연 이것의 출처는 무엇일까 하는 의문에 부딪치게 된다는 것이다. 이것에 대하여는 추후 〈잠재지식과 꿈의 재료〉 항목에서 상술하게 될 것이다. 그렇다면 꿈은 그 잠재사상을 어떤 방법으로 현현내용으로 변환하는 것일까? 프로이트는 그 작업의 첫째 조건으로 압축(壓縮)을 들고 있는바, 그는 이것을 다음과 같이 설명하고 있다.

꿈의 사상과 내용을 서로 비교해 보면 우선 첫째로 밝혀지는 바는 거기에 대규모의 압축작업이 실시되어 있다는 점이다. 꿈은 거대하며 내용이 풍부한 꿈-사상에 견주어 극히 간단하고, 빈약하며, 간결하다. 꿈을 종이에 적어보면 겨우 반 페이지 정도의 분량에 불과하지만 꿈-사상을 포함하는 분석은 그 2배, 6배, 8배, 12배의 페이지 수를 차지할 수도 있다. 물론 이 비례는 꿈에 따라 다르지만 내가 조사해 본 한에서는 이 비례의 뜻에는 아무런 변화도 없다. 대개의 사람들은 표면적인 꿈-내용을 완전한 재료인 줄 인정하고서 거기에 실시되는 압축의 정도를 경시하기 쉽다. 그러나 더욱 분석을 진행시켜나가면 꿈의 배후에 숨겨진 더 많은 사상들이 들어날 것이다. 우리가 어떤 꿈을 완전히 분석하였다는 확신에 도달하는 일은 결코 없다. 이만하면 해석이 만족할 만하며 결함이 없으리라고 자신하고 있을 때조차도 아직 알지 못했던 의미가 동일한 꿈속에서 나오는 경우가 곧 잘 있다. 그러므로 엄밀히 말해서 압축이 어느 정도 실시되어 있는가는 단정하기 불가능하다. 꿈-내용과 그 사상 사이의 불균형으로 인해서 꿈을 형성하는 도중에 심적 재료에 대해서 대규모 압축이 가해졌다는 우리의 견해에 대한 반대의 주장이 나옴직도 하다. 즉, 우리가 밤새도록 상당히 많은 꿈을 꾼 것처럼 생각되는 경우 실제로 그 꿈 전부가 기억된다면 꿈의 잠재내용과 같은 분량이 될 수 있지 않겠느냐는 주장인 것이다. 그러나 이 주장에 대해서는 그것이 하나의 착각에 기인하는 오해일 수 있다는 점으로 물리칠 수 있다. 이것은 잊어버리지 않고 보존되어 남아있는 꿈의 각 부분 속에 있는 표상들에 의해서도 입증될 수 있다. 꿈을 분석함에 있어서 꿈-내용의 각 요소는 꿈꾼 사람으로 하여금 실로 많은 연상들을 환기시킨다. 아마 약간의 독자들은 꿈을 분석할 즈음에 연상되는 모든 것들을 꿈-사상의 한 부분으로 인정해야 되지 않겠는가 하는, 다시 말해 그 연상들이 자는 동안에도 활동하고 있었으며 꿈을 형성하는 하나의 구실을 하지는 않았을까 하는, 의문을 가질 수가 있을 것이다. 또한 꿈을 분석하는 도중에 떠오른 생각들, 즉 일련의 관념들은 나중에 덧붙여진 새로운 것이며 꿈-형성에는 참가하지 않았을 것이라는 의문도 가질 수가 있다. 그러나 이 주장에 대해서는 조건부로 찬성할 뿐이다. 약간의 결합관념들이 분석할 동안에 비로소 생겨났다는 주장은 옳다. 그러나 그렇다고 하더라도 이 새로운 관념결합이 꿈-사상 속에서 이미 다른 식으로 연결되어 있던 관념들 사이에서만 이루어질 수 있다는 사실만은 절대로 의심할 수 없다. 이 새로운 관념결합은 다른 더 깊은 곳에 있는 결합방법의 존재에 의해서 가능하게 된다. 말하자면 지름길, 또는 환상선(環狀線)과 같은 것이다. 분석할 동안에 새로 발견된 대량의 관념들에 관해서는 그것들은 이미 꿈을 형성하는 과정에서도 활동하고 있었다는 점을 승인하지 않을 수 없다. 왜냐하면 꿈-형성과는 무관계한 것처럼 보이는 이런 관념들의 줄을 더듬어 가면 우리는 갑자기 하나의 관념에 부딪치게 된다. 그것은 즉, 꿈의 현현내용 속에도 어떤 꼴로 나와 있는 관념이며, 동시에 꿈-분석에도 절대로 필요한 것이지만 그 사상의 흐름에서 실마리를 구하지 않고서는 도저히 도달할 수 없는, 그런 종류의 것이다.

그는 또 압축이라는 일이 생략이라는 방법에 의해서 이루어진다고 주장하며 다음과 같이 설명하고 있다.

꿈의 형성이 하나의 압축 작업 위에서 성립되어 있는데 밝혀진 꿈-사고들 중 그 약간의 것만이 거기에 속해 있는 표상요소(表象要素)의 하나에 의해 꿈속에 표현되어 있다는 점을 깊이 생각하면 이 압축이라는 일은 생략이라는 방법에 의해 이루어진다고 결론지을 수 있다. 낱낱의 꿈-요소들이 어떻게 꿈의 사상 속에 있어서는 중복 결정적으로, 달리 말해서 여러 모로 대표자를 가지게 된다는 것, 둘 또는 그 이상의 사람의 현저한 특성을 하나의 몽상 속에 통합함으로서 다른 방법으로라도 꿈의 압축을 위하여 하나의 종합인물, 혼선인물, 합성인물 등을 만든다는 것, 언어압축, 관념과 기억의 복합, 기타 모든 표현 가능한 방법을 총동원하여 압축과 생략이라는 작업과정을 달성하고 있다는 점이다.

압축과 생략에 관해서는 추후 〈꿈의 표현수단〉에서 좀 더 상세하게 기술할 예정이다. 여기서는 압축에 대한 프로이트의 견해를 검토함으로서 꿈-사상이 어떻게 꿈-내용으로 변환되는가 하는 점을 알아보고자 한다. 그러자면 한 가지 선결문제를 반드시 해결해야만 한다. 그것은 꿈-형성에 있어서 핵심이 되는 [꿈-사상은 언제 만들어지는가]에 대한 해명이다. 꿈-사상은 꿈꾸기에 선행하여 이미 완성된 꼴로, 이를테면 번역문의 원본 같은 것으로 미리 준비되어 있는 걸일까? 그것이 아니라면 어떤 사상의 정황만이 설정되었다가 꿈-형성과 더불어 그때그때 변화되는 것인가? 각성시 우리가 어떤 사고(思考)를 함에 있어서는 먼저 여러 가지 정황(情況)을 설정하고 이런 경우에는 이렇게, 저런 경우에는 저렇게 하는 식으로 궁리하고 추리한 다음, 최선의 판단을 도출함으로서 문제해결에까지 이르게 된다. 수면중의 사고라고 해서 각성시의 그것과 본질적인 차이가 있다고는 생각되지 않는다. 꿈-형성이 이처럼 각성 사고의 경로를 밟는 것이라면 꿈-사상이라는 원본도 미리 준비될 필요는 없을 것이다. 프로이트의 견해를 좀 더 들어보자.

꿈은 우리가 발견한 것처럼 매일의 생활에서 발단하여 완전히 논리적으로 조직되어 있는 여러 사상을 대신하고 있다. 그러므로 우리는 이 사상들이 우리의 정상적인 정신생활에서 발단(發端)하는 것임을 의심할 수 없다. 우리가 우리의 일련의 사상 속에서 몹시 존중하는, 그리고 그것이 있기 때문에 그 일련의 사상들이 고급이며 복잡한 업적임을 알게 되는, 모든 특질을 우리는 꿈-사상 속에서 다시금 발견한다. 그러나 이 사상활동이 자는 동안에 실시되었다고 가정할 필요는 없다. 그런 가정을 세우면 지금까지 주장해온 온 마음의 수면상태에 관한 우리의 견해가 심한 혼란을 겪게 된다. 오히려 이 사상들은 의심할 나위도 없이 낮에서 근원하며 그 발생 이래 우리의 의식에는 주의됨이 없이 계속해 존재하여 왔던 것이다. 그리고 우리의 취면(就眠)과 동시에 이미 완성되어 있었던 것이다.

꿈의 잠재사상이 잠자기 직전까지의 심적 잔존물에서 유래한다는 주장에는 이견이 있을 수 없다. 그러나 일련의 사상이 무의식적으로 계속 마음속에 존재하다가 잠에 빠짐과 동시에 완성된다는 결론에는 반론이 있을 수 있다. 그는 한 밤의 꿈은 한 가지의 소원충족에 관한 영상들로 채워지지만 그 내용은 각기 다른 사상의 집합물이라고 보았다. 꿈은 오직 과거의 흔적일 뿐, 미래와는 아무런 상관이 없다는 관점에서 판단하면 매우 그럴 듯해 보이는 주장이다. 그러나 그것은 꿈의 창조활동을 너무도 과소평가한 결론으로서 [꿈-형성이 잠재의식에 의한 적극적인 사고행위]라는 우리의 견해와는 전면 배치되는 주장이다. 나는 이 주장에 대한 다음과 같은 반론을 제기함으로서 그 부당함을 지적하고자 한다. 즉, 꿈-사상이 잠자기 직전까지의 경험에서 유래한다는 것은 틀림없는 사실이지만 그것이 무의식적으로 존재하고 있다가 취면과 동시에 완성되는 것이 아니라, 잠자기 시작하면 비로소 가동하기 시작하는 꿈-작업에 의해서 수면중에 완성된다는 것이다. 따라서 잠들기 직전까지의 꿈-사상은 다만 미해결의 관심사에 대한 잠정적인 정황으로만 설정되어 있었던 것이고 꿈이 시작되면서 이 관심사에 대한 문제해결의 작업이 실시된다고 보아야 한다.

2. 꿈-사상의 근원(根源)과 표상작업(表象作業)

[꿈은 미해결의 관심사와 미래사를 판단하고 예지하는 잠재의식의 표현]이라는 것이 이 책의 핵심주제이자 이제까지의 결론이었다. 그런데 잠이 들자마자 꿈을 꾼다는 사실을 감안하면 프로이트의 주장에도 일견 일리가 있어 보인다. 그러므로 [잠들기 직전까지 꿈-사상이

이미 완성되어 있다]는 주장이 진실이라면 우리의 꿈-이론은 설 자리를 잃게 된다. 그러나 그럴 경우 잠자기 직전까지 미해결의 관심사가 남아있을 이유가 없을 것이다. 따라서 질식된 관념도 잔존하지 않게 된다. 그러한 주장은 우선 생리학자들이 쉽게 수긍할 수 없는데다가, 실체적으로 존재하는 꿈에 의한 발명과 발견마저도 전면 부정하는 결과를 초래한다. 꿈의 창조성과는 병존(竝存)할 수 없는 것이기 때문이다. 하룻밤에도 5개 이상의 꿈이 꾸어진다는 조사통계만을 놓고 보더라도 잠자기 전에 정해진 단 하나의 주제가 밤새 간헐적(間歇的)으로 이어진다고는 생각할 수 없다. 따라서 프로이트의 주장은 마땅히 재고되어야만 한다.

전항의 말미에서 언급한 바와 같이 꿈-사상, 즉 어떤 미해결의 관심사에 대한 잠재의식적 판단은 잠자기 직전까지 다만 잠정적인 정황으로만 남아 있다가 꿈이 시작됨과 동시에 구체화된다. 그런데 잠자기 직전까지 존재하는 수많은 미해결의 관심사가 모두 꿈-사상이 될 수는 없을 것이다. 그러므로 우리는 잠재의식에 의한 주제선택이라는 것도 한번쯤 생각해 볼 수 있다. 다시 말해 그 시간대에 꿈을 꾸어 해소할 가치가 있다고 판단되는 사상들을 우선적으로 선택할 수 있는 권리가 잠재의식에 주어질 수도 있다는 이야기다. 그것이 사실이라면 하나의 꿈을 형성하는 꿈-사상의 범위 역시 한정적이 아닌, 임의적일 수밖에 없다. 결국 꿈-사상의 선택과 완성은 잠재의식에 의한 재량행위(裁量行爲)라는 것이다. 위와 같은 이유로 수면중 잠재의식이 선택한 어떤 주제-꿈-사상-로 꿈으로 형성하는 작업은 그 잠재사상과 현현내용을 동시에 고쳐 만들어 가는 이중적인 창조과정이라고 정의될 수 있다. 이것은 명백한 사고작용이므로 잠재의식이 독자적인 활동을 하고 있다는, 또 다른 증거가 된다. 그리고 [꿈-작업은 잠재의식에 의한 미해결의 관심사에 대한 판단]이라는 우리 주장의 논거(論據)가 되기도 한다. 그렇다면 수면중의 우리 마음이 정말 그와 같은 일을 하고 있는 것인가? 이 물음에 대한 해답을 구하는 것이 이 책의 핵심 주제이므로 향후에도 나는 각 항목에서 그 취지에 맞는 설명을 계속하게 될 것이다.

그런데 미해결의 관심사만이 유일한 꿈의 유인(誘因)은 아니다. 이제껏 단 한 번도 경험해 보지 못한, 어떤 미래사에 대한 예감충동(豫感衝動) 역시 꿈의 중요한 유인이다. 나는 이 책의 서두에서 꿈을 형성하게 하는 기본적인 유인은 [미해결의 관심사와 미래사에 대한 판단과 예지]라고 강조한 바 있다. 이제야말로 위와 같은 꿈의 유인에는 구체적으로 어떤 것들이 있으며, 또 어떤 과정을 거쳐 꿈-표현으로 변환되는가 하는 것 등을 알아볼 때가 되었다. 다시 프로이트의 설명을 들어보자.

첫째로 꿈의 유발원(誘發源)-또는 유인-은 의식적인 깨어있을 동안의 생활로부터 온 소원충동이다. 그것은 이를테면 꿈의 내용에 대한 잠잘 동안에 적극적으로 활동하는 감각재료가 하는 구실과 같은 것이다. 우리가 자려고 결심한 때에는 깨어있을 때의 사고에 붙어있는 에너지의 충당(充當)을 일시에 불러일으킬 수 있을지도 모른다. 이 일을 용이하게 해낼 수 있는 사람은 자기가 원할 때 잘 수 있는 사람이다. 나폴레옹이 이런 종류의 사람이었던 모양이다. 그러나 우리는 늘 그렇게 하기에 성공하지 못하며, 또한 완전히 성공하지도 못한다. 미해결의 여러 문제와 괴로운 근심들의 여러 인상들의 강한 영향 등은 자는 동안에도 사고활동을 계속시키며, 우리가 전의식이라고 부르는 조직의 심적 과정들을 속행시킨다. 이 사고활동들을 분류한다면 다음과 같다고 볼 수 있다.

① 어떤 우연한 방해 때문에 낮에 완성되지 못한 것.
② 우리의 지적 힘이 불충분하기 때문에 처리되지 못한 것, 즉 미해결의 관심사.
③ 낮 동안에 거부되고 억제되었던 것.
④ 낮 동안 전의식의 활동에 의해 우리의 무의식 속에 활동되어 있던 것

⑤ 사소한, 그렇기 때문에 처리되지 않은 채로 남아있는 낮의 인상.

　낮 생활의 찌꺼기에 의해서, 특히 미해결인 것의 그룹으로부터 수면상태 속으로 전하여지는 심적 강도의 중요성을 과소평가할 필요가 없다. 확실히 이 흥분들은 밤에 표현되기 위해 계속해서 분투한다. 마찬가지로 확실히 우리는 수면상태가 전의식에 있어서의 흥분과정의 지속과 의식화에 의한 그 종결을 불가능하게 만든다는 것을 가정하여도 상관없다.

　프로이트는 자려고 할 때, 미해결의 관심사-여기서는 *채워지지 않은 욕구*-에 붙어있던 에너지 충당이 일시에 불러일으켜짐으로서 꿈이 유발된다고 했다. 그렇다면 이 에너지는 잠의 초기에 집중될 것이므로 밤새도록 꿈을 지속시킬 수는 없을 것이다. 또한 이것은 REM기에 특히 많은 꿈을 꾼다는 이론과도 상치(相馳)하게 된다. 왜냐하면 [REM기에 꿈이 집중된다]는 견해는 잠의 주기적인 순환과정을 근거로 매(每) 주기마다 새로운 꿈이 꾸어진다고 보기 때문이다.

　미해결의 관심사가 꿈의 유발원임에는 틀림이 없다. 나 역시 잠자기 직전까지 남아있던 미해결의 관심사-*수면중의 질식된 관념*-를 해소하기 위한 생리적인 메커니즘이 작동함으로서 밤새 꿈이 지속되는 것으로 판단한다. 그러나 설사 그렇다고 해도 오직 미해결의 관심사를 가상적으로 해소하기 위해서만 꿈이 형성된다고는 보지 않는다. 우리가 꿈을 통해 그것을 가상적으로 해소해본다고 하더라도 잠을 깨면 그것은 여전히 미해결인 상태-*질식된 관념*-로 남아 있을 것이기 때문이다. 그러므로 미해결의 관심사-*또는 채워지지 않은 소원*-에 의해 유발된 꿈은 그것을 가상적으로 충족시키기는 것에 그쳐서는 안 된다. 그것에 대한 합목적적인 해결책도 함께 제시해야만 한다. 그래야만 질식된 관념이 해소될 수 있을 것이며, 또한 욕구충동만이 아니라 예감충동까지 충족시킬 수 있을 것이기 때문이다.

　위의 관점을 수용한다면 꿈-사상이 낮 동안에 미리 준비되어 있다가 취면과 동시에 완성된 꼴로 나타난다는 프로이트의 주장에 의문을 갖지 않을 수 없을 것이다. 왜냐하면 수면중의 꿈-형성 작업이 곧바로 문젯거리가 될 것이기 때문이다. 수면중에 활성화된 잠재의식은 자율성을 가진 주체이므로 어떤 자극이 없이도 꿈을 형성해야만 타당하다. 따라서 잠재의식이 어떤 주제를 선택하여 꿈을 전개시키던 간에 상황에 맞게끔 그때그때 꿈을 고쳐나갈 수 있는 자율성 또한 보장되어야만 한다. 이것은 [수면중에 감각기관을 통해 유입되는 자극이라고 해서 모두가 꿈의 소재가 되는 것은 아니다]라는 사실만으로도 충분히 이해될 수 있는 문제이다. 왜냐하면 그것을 꿈의 소재로 사용할지 버릴지의 여부는 잠재의식의 자의적인 선택권에 달려있으므로 제아무리 강한 자극이라고 해도 무시될 수가 있기 때문이다. 이런 맥락에서 보자면 가장 강력한 심적 에너지인 예감충동을 해소하기 위해 잠재의식이 미지(未知)의 가상적 이미지를 창출(創出)할 수 있다는 사실도 이해하기가 그다지 어렵지는 않을 것이다.

프로이트의 영향 때문인지 오늘날의 꿈-연구가 소원충족, 또는 욕구적 경향의 묘사라는 심리적인 측면에만 너무 집착하고 있는 것은 아닌가 하는 의구심이 든다. 꿈은 그렇게 단순하지가 않다. 그것은 인간정신의 본질이자 우주의 근본원리이기 때문이다. 꿈을 욕구적 경향의 심적 형성물로만 보려는 사람들은 기껏해야 하나의 구성요소에 불과할 개개의 꿈-단편들로부터 온갖 심리적 요인들을 찾아내려고 아까운 에너지를 낭비하고 있다. 그러므로 그들은 내담자(來談者)가 [무엇엔가 쫓기는 장면이 포함된 꿈]을 꾸었을 경우 그것을 하나의 독립된 꿈으로 간주하여 지금 내면의 자아가 위기에 처해 있다고 진단하거나, [깊은 물속이나 어두운 지하실로 내려가는] 꿈을 꾸었을 경우 그것이 무의식의 세계를 탐구하기 위한 자아의 노력이라고 판단하거나, 또는 [높은 곳에서 떨어지는] 꿈을 꾸었을 경우 그것은 자신감을 상실하고 있는 증거라는 식으로 풀이하고 있는 것이다. 그러나 프로이트 자신마저도 별로 효용이 없었을, 이러한 분석방식이 지금에 와서 과연 얼마나 성과를 거두고 있을지는 의문이 아닐 수가 없다. 이러한 단편들은 기껏해야 꿈-문장을 구성하는 하나의 단어나 구절에 불과할 뿐이다. 따라서 이것들을 본 문장에서 떼어내어 별개로 해석해서도 안 되고, 또 개별적인 의미를 부여해서도 안 된다. 그것은 어디까지나 꿈의 주제인 꿈-사상을 구성하는 하나의 요소로서 이해되어야만 하는 것이다. 이런 점에서 판단할 때 다음과 같은 프로이트의 견해 역시 쉽게 받아들이기가 어렵다.

　　하나의 꿈에는 우리가 꿈을 해석함에 있어서 다의적인 성격을 보여주는 두드러진 요소가 하나 내지 몇 개가 있는데, 그것이 다수의 꿈의 사상들과 자유자재로 접촉할 수 있으며 매우 많은 꿈-사상들이 보일 수 있는 교차점(交叉點)을 이루고 있다. 달리 말하자면 꿈의 내용의 요소들의 낱낱은 꿈의 사상 속에 있어서 중복 결정적으로 여러모로 대표자를 가지게 된다고 할 수 있다. 꿈-내용의 한 요소로부터 연상의 여러 꿈의 깊은 사상으로 통하고 있으며 하나의 꿈-사상으로부터 같은 여러 개의 꿈-요소로 통하고 있다. 따라서 꿈-형성은 낱낱의 꿈-사상, 또는 꿈-사상의 그룹이 교묘한 절차에 의해서 가장 지지자가 많은 요소가 꿈의 내용에 들어가는 자격을 얻는다.

　참으로 골치 아픈 설정이다. 꿈-사상으로 채용되기 위해서는 여러 가지 요소 중에서 그 대표 격인 어떤 것의 연상적 통로에 위치하고 있어야 하며, 또한 그것들 모두로부터 가장 많은 지지를 받아야 한다고 하니 너무도 복잡한 구도인 것 같다. 차라리 잠들기 직전까지 누적된 미해결의 문제 중에서 어떤 자극을 받은 특정요소가 대표 격이 되어 여타의 것들을 거느리고 한 꿈의 사상을 구성한다고 말하는 편이 더 수월하면서도 합리적이지 않았을까? 그러나 그러한 일은 결코 일어나지 않는다고 본다. 한 꿈의 잠재사상이 여러 가지 다른 사상들의 집합물일 수는 없다. 더구나 단 하나의 소원충족을 달성하기 위해 조각조각의 여러 사상들이 하나로 통합된다는 주장은 더더욱 이해하기 어렵다. 그것은 오직 [꿈을 구성하는 요소들의 성격이 전적으로 과거 경험의 재현이거나 약간의 바꿔놓기가 이루어진 깃]이라고 보는 입장에서만 성립할 수 있는 조건이다.

그러나 우리는 앞에서 이루어진 수많은 논의를 통해서 하룻밤에도 여러 가지 다른 사상의 꿈을 꿀 뿐만 아니라, 수면중에도 새로운 꿈-사상을 환기시킬 수 있다는 점을 충분히 이해할 수가 있었다. 그리고 잠자기 직전까지 미해결인 상태로 남아있는 관심사라면 그 어떤 것이나 꿈-사상의 잠정적(暫定的)인 정황이 될 수 있으며 그 중 어느 것을 꿈으로 채용하는가 하는 것은 수면중의 우리 마음, 즉 잠재의식의 선택적 자의에 맡겨져 있다는 사실도 잘 알고 있다. 그러므로 잠재의식은 이미 완성된 꿈-사상으로 그 현현내용을 구성하는 것이 아니라, 꿈-사상과 꿈-표현-현현내용-을 동시에 완성하면서 어떤 판단을 내리게 된다는 결론에 도달하였던 것이다. 그렇다면 이러한 정의들이 과연 타당한가? 이 점에 대해서는 향후 〈꿈의 표현수단〉에서 꿈의 작업 과정이 어떤 것인가를 구체적으로 살펴봄으로서 그 여부를 명확하게 판정하게 될 것이다. 그럼 이제 본론으로 되돌아가서 프로이트가 현현내용을 구성하는 과정에서 잠재사상에 가해졌다고 보는, 또 다른 작업과정이 무엇인가를 알아보기로 한다. 이 점에 대해 그는 다음과 같이 주장했다.

꿈이 마음에 대해서 안전판(安全板) 구실을 하며 모든 해로운 것을 꿈의 표상작업에 의해서 해롭지 않은 것으로 만들어 버린다는 로베르트의 주장은 꿈에 의한 이중(二重)의 소원충족이라고 말하는 우리의 이론과 정확히 일치한다. 이러한 목적을 달성하기 위하여 꿈의 잠재내용을 우선 왜곡해서 표현한다. 우리는 꿈의 형성자로서의 개개인에게 있어서의 두 심적인 힘-흐름 또는 체계을 인정해도 좋을 것이다. 이들 중 하나는 꿈에 의하여 표현되는 소원을 형성하며 한편 다른 것은 이 꿈의 소원에 검문(檢問)을 가한다. 이 검문에 의해서 표현의 왜곡을 강요한다. 따라서 문제는 다만 이 제2의 검문소로 하여금 그 검열(檢閱)을 행사할 수 있게 만드는 힘이 어디에 있느냐 하는 점이다. 꿈의 잠재내용은 분석을 하기 전에는 의식되지 않는데 반하여 꿈의 현현내용은 의식된 것으로서 기억되어 있다는 사실을 지금 유의한다면 제2의 검문소가 누리는 특권은 사상들이 의식으로 들어가기를 허락하느냐 않느냐 하는 점에 있음을 알게 될 것이다. 먼저 제2검문소를 거치지 않은 것은 무엇이든지 제1의 체계를 나와서 의식 속으로 들어가지를 못한다. 그리고 제2의 검문소는 자기의 권리를 행사하며 아울러 의식 속으로 들어가려고 하는 것을 자기에게 적합하도록 변경한 연후가 아니면 어떤 것에 대해서도 검문소의 통과를 허가하지 않는다. 이상의 공식을 다음과 같은 말로 수정할 수가 있다. 즉 꿈은 어떤 억제된, 또는 억압된 소원의 위장(僞裝)된 충족(充足)이라는 것이다. 이상과 같은 도덕적 억압을 목적으로 부득이 변형된 것으로 고쳐 만들며, 또 한편 지금까지 꿈의 작업과정으로서의 방대한 꿈-사상을 생략해서 표현하고, 두 가지 이상의 이미지를 하나의 표상으로 만들며 표상의 감성적 강도(强度)를 낮추기 위한 압축작업이 킹해지기 때문에 변형된 것으로 표현된다. 낱낱의 표상이 지니고 있는 강도는 고스란히 그대로 방출되는 것이며, 한 표상으로부터 다른 표상으로 옮겨가는데 그 결과 큰 강도가 부여된 어떤 표상이 형성된다. 이 과정이 몇 번 반복되므로 일련의 사상 전체의 강도가 결국 한 표상 속에 집중되어 버린다. 이것이 꿈의 압축(壓縮), 또는 압착(壓搾)의 사실이다. 꿈이 어리둥절하게 하는 인상을 우리에게 주는 까닭은 주로 이 압축 때문이다.

위에서 보듯이 프로이트는 꿈의 작업과정이 존재하는 이유는 그것이 우리 마음의 안전판 구실을 하기 위하여 꿈의 본질적인 사상을 왜곡해서 표현해야 하며, 또한 이 왜곡 때문에 일련의 사상을 압축해서 표현해야만 할 필연성이 대두하기 때문이라고 설명했다. 그는 또 왜곡과 관련하여 제1, 제2의 검문소라는 가상의 심적기관을 상정(想定)함으로서 꿈이란 결국 이 검문소를 통과한 위장된 소원충족—*각성시에는 억압된*—이라고 정의했다. 그런데 이것을 근거로 역사적인 꿈들을 재해석해 보니 심적인 검문소라는 설정은 아예 제쳐두고라도 꿈이 위장된 소원충족이라는 근본적인 전제마저 의문스럽기가 한이 없었다. 다시 말해 경험적 실증자료와는 너무 동 떨어져 있어 도저히 승인할 수가 없었다는 것이다.

전술한 바와 같이 칼·융을 위시해서 동시대의 학자들은 꿈이 과거의 경험을 되풀이하거나 왜곡이나 압축 따위의 작업과정을 위해서 본질적인 사상을 변경시킨다는 점에 대해서는 이론을 제기하지 않았지만 꿈이 가상의 소원충족을 위해 꾸어진다는 목적론에 가서는 의견을 달리하고 있다. 그 이유로 꿈에는 소원충족으로는 볼 수가 없는 공포, 불안, 고통 등의 악몽도 있기 때문이라는 것인데, 이것을 왜곡 때문에 나타나는 현상이라고는 보기 어렵다는 것이다. 그들은 프로이트가 주장한 [가상의 소원충족] 대신에 [욕구적 경향의 묘사]라는 가설을 내세우고 있다. 즉 욕구충족적인 심적 동향이 꿈의 중요한 유인이기는 하지만 그렇다고 해서 꼭 꿈속에서의 가상적인 충족행위를 위해 꿈이 꾸어지는 것은 아니라는 것이다. 기실 채워지지 않은 욕망으로 인해 오히려 불쾌감을 느끼는 꿈이 더 많은 것이 사실이다. 그런데 놀라운 것은 이들 중의 몇몇이 자신들의 경험을 기초로 [꿈은 미래를 예시하는 것]이라는 사실에 전향적(轉向的)인 자세를 취하기 시작했다는 점이다. 그것은 프로이트에 대한 반동(反動)치고는 확실히 진일보한 생각이었다. 그렇다면 프로이트의 정의에 관한 우리의 견해는 어떤 것인가? 그것은 다음과 같이 열거할 수 있을 것이다.

① 꿈의 잠재내용과 현현내용 사이에는 확실히 여러 가지 작업과정이 존재한다. 그러나 그러한 작업을 위해 검문소라는 심적 검열기관이 존재할 이유가 없으며, 또 그것에 의하여 꿈-사상이 왜곡되어 표현될 이유도 없다. 그것은 잠재의식의 주체적인 창조활동에 의해서 이루어지기 때문이다.

② 꿈의 표상작업이란 꿈-사상의 본질적인 요소들을 낱낱의 상징

적 표상으로 재구성함으로서 공상적인 암호문으로 고쳐 만드는
일이다. 꿈의 논리적 연결이 결여된 듯 보이는 이유가 바로 이것
이다.

③ 꿈-사상의 유발원은 잠자기 직전까지 남아있는 미해결의 관심
사와 수면중에 받는 신체 내외의 자극인상, 그리고 예감충동이라
고 말할 수 있다.

④ 꿈-사상은 꿈을 형성하기 위해서 잠자기 직전까지 이미 완성
된 꼴로 준비된 것이 아니라 수면이 시작되면서 잠재의식의 창조
적 활동에 의해서 완성된다.

⑤ 꿈은 어떤 소원충족의 집합물도 아니거니와 욕구적 경향의 묘
사도 아니다. 다만 일부 꿈이 그런 외양(外樣)으로 보일 수는 있
다. 그러나 그것 역시 꿈의 암시적 표현수단의 하나일 뿐이다.

⑥ 하나의 꿈-사상은 한 가지 관심사에 대해서만 꿈을 형성하므
로 하룻밤에 꾸는 꿈을 5개 이상으로 가정할 경우, 꿈-사상 역
시 5개 이상이 될 수 있으므로 5개 이상의 주제가 다른 꿈이 형
성될 수 있다.

⑦ 꿈의 압축작업으로 그 잠재내용과 현현내용의 분량이 다를 수
는 있으나 그렇다고 프로이트가 가정한 것과 같은 계량화(計量化)
는 있을 수 없다. 왜냐하면 꿈-사상은 곧 관념이기 때문이며, 따
라서 현현내용의 분량이 잠재내용의 그것보다 더 많은 경우가 있
을 수 있기 때문이다.

⑧ 수면의 어느 시간대에 어떤 꿈을 꾸는가는 전적으로 잠재의식
의 재량이다. 이따금 감각자극에 의한 영향을 받을 수는 있으나
그것을 취사선택(取捨選擇)할 수 있는 것도 잠재의식의 권한이다.

⑨ 꿈 표상작업의 수단, 즉 압축, 생략, 교착, 전위 등은 심적 검
열에 따른 왜곡 때문이 아니라, 잠재의식이 가지고 있는 특성에
기인하는 것이다.

⑩ 단편적인 이미지나 표상 하나하나를 따로 떼어내어 해석할 수 없다. 그것들은 전체의 부분으로 편입되어 대의(大義)에 맞게 해석되어야만 하기 때문이다.

이상의 열거사항에 대해서는 앞으로 좀 더 깊은 연구가 진행되어야 할 것으로 생각하지만, 나는 내 나름대로 이러한 정의들이 바르다는 것을 이 책의 전반을 통해서 입증해 보일 것이다.

과거 꿈 연구가들은 말하기를 『수면중에는 두 개의 자아(自我)적 개념이 와해(瓦解)되어 있다.』고 했다. 그러나 꿈처럼 두 개의 자아가 뚜렷하게 인식되는 경우도 드물다고 할 것이다. 왜냐하면 우리의 실증적인 경험들이 [꿈속에는 꿈을 형성하는 주체로서의 자아와, 그 꿈을 인식하는 또 다른 자아가 같은 장면에 함께 등장할 수 있음]을 분명하게 입증하고 있기 때문이다. 나는 우리 마음이 대조적인 양대 심적구조의 조화와 균형, 그리고 대치를 통해서만 완전하게 기능할 수 있다고 판단하고 있는바, 그 증거가 바로 이 [꿈속에서 동시에 등장하는 두 개의 자아]라고 생각한다. 물론 이와 같은 역학균형적인 공조체제는 각성시에도 유지되고 있으나, 다만 우리의 의식이 그것을 인식하지 못할 뿐이다. 이 점을 놓고 보더라도 각성시의 사고와 마찬가지로 수면중의 사고 역시 고도의 지적 산물임을 부인할 수가 없다. 꿈이 고도의 지적 산물이라는 사실을 입증하기 위해 다음과 같은 나의 꿈을 예로 들고자 한다.

누군가가 나에게 『당신의 영어실력은 어느 정도인가?』하고 물었다. 그리고 장면이 바뀌어 들판의 경사진 곳에 누군가가 나에게 작은 돗자리 한 폭을 깔아주면서 말하기를 『또 다른 사람이 올 때까지 거기 앉아 있으라.』고 한다. 그래서 나는 불편한대로 지팡이를 옆에 놓고 앉으면서 『나의 영어실력(英語實力)이 부족하니 이것을 어떻게 하나?』하고 걱정하였다.

이 두 개의 장면에서는 다 같이 [영어실력]이라는 것이 문제가 되어 있다. 다시 말해 영어실력이라는 말은 이 꿈 전체의 주제어이자 중심사상인 것이다. 그런데 이 말을 상징적 언어로 보지 않고 사실적 언어로 보거나 실제의 경험으로 해석하려고 한다면 큰 잘못에 빠진다. 왜일까? 그 이유는 다음과 같은 해석을 살펴보면 쉽게 알 수 있다.

이 꿈의 첫 장면은 후일 어떤 사람이 나에게 [영어실력]으로 암시된, 즉 꿈을 해석하는 능력이 어느 정도인가를 물어올 일이 있음을 암시한 것이고, 두 번째 장면은 내가 한국일보 산하 모(某) 주간지에 꿈-해석을 연재함에 있어 [그 일을 제대로 해내지 못하면 어떻게 하나]하면서 내 스스로를 걱정하게 된다는 암시였다. 나는 신문사로부터 처음에는 한 페이지의 1/3정도를 할당 받았으나, 얼마 지나지 않아 전면(全面)을 차지하게 되었다. 그러니까 꿈속의 [작은 돗자리]는 처음 배정된 지면(紙面)을, 그리고 [또 다른 사람이 올 때까지 기다리라는 말]은 지면이 확대될 때까지 기다린다는 뜻의 암시였던 것이었다. 아울러 [들판의 경사면]은 첫 게재(揭載)에 따른 불안정한 상황을 암시하는 것이고, [지팡이]는 그 일에 관여하게 될 어떤 협조자를 동일시하는 것이며, [불안감]은 현실에서 체험하게 될 불안감 그대로를 묘사한 것이었다. 꿈은 첫 장면에서 [영어실력]이라는 말이 [꿈의 해석능력]이라는 말의 대체(代替)라고 정의하고, 두 번째 장면에서 그것을 확인하고 있는바, 이것은 두 장면이 하나의 꿈-사상으로 연결되어 있음을 여실히 보여주고 있다. 그런데 여기서 유의할 점은 [영어실력]이라는 단어가 중의적(重義的)으로 표현되어 있다는 점이다. 이 꿈에서 [영어실력]이 [꿈을 해석하는 능력]이라는 암시로서 표현될 수 있었던 것은 꿈-사상이 꿈-표현의 번역문이며, 영어가 만국공통어이듯이 꿈도 만국공통어가 될 수 있다는 나의 잠재지식이 적용되었기 때문이다. 또한 영어는 나에게 있어 해석을 필요로 하는 것이기 때문에 그 작업은 꿈의 해석과 동일한 것이라는 의미도 덧붙여져 있다. 즉, 꿈속의 [영어독해]와 현실의[꿈-해석]이 경험적(經驗的) 내재관계(內在關係)에 있다는 것이다. 더불어서 영어(英語)라는 단어가 동음이의어(同音異義語)를 나타나는 영어(靈語), 즉 영감적(靈感的) 언어(言語)라는 뜻에 비유되고 있다. 이것은 하나의 이미지에 둘 이상의 암시적 의미를 나타내는 꿈의 중의적인 표현이다.

☞ *내재관계(內在關係)* : 상징하는 것과 상징되는 것의 관계, 즉 표상대상과 *프로이트* 식으로 말하자면 *지시물*과 꿈-상징과의 관계를 말한다. 여기에는 형태, 속성, 성질 등의 유사성을 매개로 하는 유사적 내재관계와 선험적, 또는 후천적 경험을 매개로 하는 경험적 내재관계가 있다.

위의 사례에서 보듯이 꿈의 상징언어야말로 고도의 지적 산물이며, 그 형성과정 역시 지적 행위라는 것을 결코 의심할 수가 없다. 수면 중의 사고가 각성시의 사고에 비해 그 가치나 표현능력에 있어 조금도 뒤떨어지지 않는다는 것이 이 간단한 꿈에 의해서도 충분히 입증이 되는 것이지만, 나는 꿈의 사고가 오히려 각성시의 사고보다 더 고차원적이라는 사실을 차차 증명해 보일 것이다.

제 8 장

잠재지식(潛在知識)과 표상재료(表象材料)

1. 꿈-재료(材料)의 근원(根源)과 잠재지식(潛在知識)

꿈은 그 현현내용을 표현하기 위한 재료들을 어디서 이끌어오는 것일까? 이 점에 대하여 대부분의 꿈 연구가들은 꿈꾸기 직전까지의 모든 경험과 지식, 그리고 수면중에 받는 신체 내외부의 감각자극 등이라고 말하며, 그것이 꿈속에서 원형 그대로 재현되거나 억압에 의한 왜곡된 변형으로 표현된다고 주장한다. 이와 관련하여 나는 다음 두 가지 사항을 특별히 강조하고자 한다. 첫째 꿈의 재료에는 후천적인 것만 아니라 선험적인 것도 들어있으며, 둘째 어떤 재료라도 일단 잠재의식에 받아들여진 후 재창조되지 않으면 꿈-상징으로 표현될 수 없다는 것이다. 이것에 대한 독자들의 이해를 돕기 위해 우선 내가 자주 사용하는 [잠재지식]이라는 용어는 어떤 뜻이며, 또 심적구조를 나타내는 [잠재의식]과는 어떤 개념적인 차이가 있는가를 설명하고자 한다.

인간정신의 중층구조(重層構造)가 발견된 이래 잠재의식은 심리적인 측면에서 의식과 대립하는 대조적인 기능으로 이해되어 왔다. 그러나 엄격히 따지자면 그 둘은 하나인 것의 서로 다른 모습이다. 프로이트 는 의식과 무의식-*잠재의식*-의 관계를 빙산(氷山)의 노출부와 수면아 래에 잠긴 부분으로 비유했으나 일본의 와타나베는 한 걸음 더 나아 가 해수면 위에 떠오른 섬과 수면아래의 지각에 각각 비유하면서, 섬 들은 따로 떨어져 있는 것처럼 보이지만 수면에 잠긴 섬의 기반부(基 盤部)는 바다 속에서 지각(地殼)으로 연결되어 있는 것과 같이 사람의 마음은 전부 그 심저부(深底部)에서 한 덩어리가 되어있다고 주장하고 있다. 말하자면 무의식을 인류 전체가 공유하고 있다는 것이다. 이것 에 대해서는 추후 〈시간과 예정〉항목에서 상술할 예정이다. 어찌되었 건 의식과 잠재의식이 본시 같은 연원(淵源)을 갖는다는 주장에는 이 론이 없을 것으로 본다.

그렇다면 잠재의식과 잠재지식(潛在知識)의 관계는 어떤 것인가? [의식과는 대조적인 마음의 한 기능이며 반수상태 이상에서만 본격적 으로 활동하는 또 하나의 정신주체]를 잠재의식이라고 정의한다면 잠 재지식이란 [다만 경험이나 지식이 잠재의식에 축적된 것]이라고 정의 할 수 있는데, 여기에는 후천적으로 획득한 경험과 지식은 물론 선대 (先代)로부터 이어져 온 것을 포함하는 모든 선험적인 지식까지도 담 겨져 있으며, 잠재의식의 작용에 의해서만 재료를 공급하는 일종의 창고와도 같은 것이다. 따라서 이것은 독자적으로는 심적 기능을 발 휘할 수 없고, 의식이나 잠재의식의 정신활동에 필요한 재료를 제공 하는 원천적 구실을 한다고 가정할 수 있다. 말하자면 기억군(記憶群) 에 저장된-*또는 입력된*- 모든 정보, 즉 잠재지식-*선험적 이거나 후천적이*

거나를 막론하고—은 잠재의식의 선택적 판단에 의해서만 꿈—재료로서 활용될 수 있다는 것이다. 수면중의 자극인상(刺戟印象)이 그 좋은 예라고 할 수 있다. 수면중에 신체 내외부에서 유입되는 모든 자극인상은 수면중에도 여전히 가동 중인 의식적 기능에 의해 기억군에 저장되지만 그 모두가 꿈의 재료로서 활용되는 것이 아니라, 잠재의식에 의해 진행중인 꿈의 재료로서 가치가 있다고 평가된 것들만이 선택되어 가공(加工)될 수 있다. 예를 들자면 우리가 수면중에 천둥소리를 들었을 경우에 우리의 잠재의식은 그것을 선택하거나 무시할 수 있으며, 설사 선택을 한다고 해도 본래의 형태가 아닌 대포소리나 폭포소리로 꾸며 내놓는다는 것이다.

그렇다면 꿈—재료가 이끌려오는 근원(根源)은 무엇인가? 이 재료의 근원을 파악하는 과정은 종래의 꿈—연구에서 가장 중요시 했던 사항이다. 왜냐하면 이것을 이해하게 되면 꿈이 무엇—*심리적 요소들의 근원*—을 뜻하는가를 규명할 수 있다고 생각했기 때문이다. 지금까지 내가 연구한 바를 종합하면 다음과 같다.

① 낮 동안이나 최근의 경험과 지식.
② 좀 더 먼 과거의 경험과 지식.
③ 유소년 시절의 경험과 지식.
④ 수면중의 감각자극.
⑤ 수면중 타인의 정신 자극.
⑥ 수면중의 예감충동.
⑦ 잠재지식화된 선험적 지식.

그런데 위와 같은 요소들은 아직 가공되지 않은 원료에 불과하다. 때문에 이것들이 잠재의식에 의해 선택되어 가공되면 전혀 다른 의미를 갖게 된다. 그럼에도 불구하고 우리가 여기서 꿈—재료의 근원을 중요시하는 것은 이미 가공되어 표현된 꿈-상징들의 유래와 근친성 (近親性)에 대한 여러 가지 내재관계-주로 경험적 내재관계-를 추적함으로서 꿈의 의노를 파악하기가 다소 용이해지기 때문이다.

과거의 꿈-연구는 꿈-내용을 형성한 재료들이 본질적인 의미 그대로를 유지한 채 꿈-사상의 대의를 구성한다고 보았다. 또한 비록 꿈-재료들이 어떤 사상의 요소적 대리물이라고 간주하더라도 그것들이 이끌려온 근원은 꿈-형성의 자극원을 파악하는데 있어, 또 그 재료의 유래를 회상케 하는데 있어 매우 중요한 구실을 한다고 보았다. 그러나 재료의 근원이 무엇인가를 밝혀냄으로서 꿈의 유인(誘因)과 주제 (主題)를 알아내기란 여간 어려운 일이 아니다. 대부분의 꿈-재료가 표상작업을 거쳐 암호화되기 때문이다. 다만 꿈의 형성원리-재료를 선택함에 있어 여러 내재관계 중에서 최적의 것을 선택한다는 원리-를 숙지하여 그 내재관계를 정밀하게 추적하면 어느 정도는 꿈-재료의 근원을 파악할 수가 있다.

그런데 나는 위의 열거사항에 종래의 연구자들이 언급하지 않았던 생소한 것 세 가지를 추가하였다. 그것은 타인의 정신자극(精神刺戟), 예감충동(豫感衝動), 그리고 선험적 잠재지식 등이다. 이것에 관해서는 향후 각각 구체적인 설명을 하게 되겠지만 우선 그 개괄적인 설명을 하자면 다음과 같다. [수면중 타인의 정신자극]이란 심령학에서 말하는 텔레파시와 유사한 개념이다. 즉, 잠자는 사람의 꿈에 타인의 정신자극이 유입됨으로서 그 재료가 될 수 있다는 가설인데 이것은 두 사람간의 영파(靈波)가 공명(共鳴)함으로서 일어나는 현상으로 보고 있다. [수면중의 예감충동]이란 원시적 사고태(思考態)에서 기원한 예감본능, 즉 내일 당장 무슨 일이 일어나 나에게 어떤 미칠 것인가 하는 등의 강한 궁금증이 꿈을 형성케 함으로서 꿈-재료가 기억군에 보관된 잠재지식이 아니라, 전혀 새로운 미지(未知)의 것으로 구성된다는 뜻이다. 따라서 이 경우의 꿈-재료는 전혀 경험되지 않은 잠재의식의 순수한 창조물이다. [잠재지식화된 선험적 지식]은 익히 알고 있는 바와 같이 선대의 경험과 기억이 유전인자를 통해 후대에 전해진다는 이론에 근거한 것으로 칼·융의 원형이미지나 프로이트의 고태적 잔재에 해당한다. 그 전부가 정형적 표상의 재료로 쓰이는데 우리네 꿈에 원시적 이미지들이 자주 등장하는 것도 다 그런 이유 때문이다.

☞ *사례* : 스위스의 고생물학자 장·아가시 교수(Jean. Agassiz 1807~1873)는 대리석 석판(石板) 위에 희미하게 남아있는 어떤 물고기화석의 원형을 복원하기 위해 몇 주 동안이나 골머리를 싸매고 있었다. 그의 그러한 필사적인 노력에도 불구하고 여전히 오리무중을 헤매던 어느 날 그는 꿈속에서 그 물고기의 완전한 모습을 보았다. 그리고 이 물고기에 관한 꿈은 3일 동안이나 계속되었다. 결국 그는 이 물고기의 원형을 그려놓은 다음 석판의 윗부분을 깨고 그 밑에서 완전한 형태의 화석을 발견해내었다. 이런 종류의 물고기는 그때까지 알려진 어떤 종(種)과도 일치하지 않았으므로 그가 꿈에서 본 이미지는 그의 후천적인 잠재지식이 아니라, 선조로부터 유전된 기억물임에 틀림이 없다. [캐서린·테일러·크랙(Katherine. Taylor. Craig)의 《 꿈의 구조(The Fabric Of Dreams)》]

2. 일상(日常)의 경험적(經驗的) 재료

1) 잠들기 직전(直前)까지의 경험

전날의 경험들로부터 이끌려온 재료가 다른 때의 그것보다 많다고 생각되는 것은 어쩌면 당연한 일일지도 모른다. 기억군에 보관된 모든 기억물 중에서 가장 최근의 것인, 전날의 경험이 다른 어떤 것보다 생생한 잔존인상력(殘存印象力)을 갖고 있을 것이기 때문이다. 그러나 전날의 경험이라고 해서 생생하다는 느낀다는 것 자체가 하나의 착각일 수가 있다. 왜냐하면 꿈에 도입된 수많은 재료 가운데서 전날의 기억물이 특히 두드러져 보이기 때문에 여타의 재료보다 훨씬 많이 사용된 것처럼 오인될 수가 있기 때문이다. 그러므로 우리가 전날의 경험이 과대평가된 것은 아닌지 한번쯤 의문을 가져 봄직도 하다. 만약 이것이 사실이라면 [대부분의 꿈-재료가 잠자기 직전까지의 최근 경험에서 비롯된 것이다]라는 견해는 분명 잘못이다. 그러나 우리가 꿈의 현현내용에서 이것이 전날이나 최근의 경험이 분명하다고 단정할 수 있을 경우에는 왜 그것이 꿈의 재료로 사용되었는가를 철저하게 연구하지 않으면 안 된다. 이것과 관련하여 프로이트는 2~3일 전의 표상재료가 꿈속에 나타난 것은 꿈꾸기 전날 다시 한 번 상기했기 때문이라고 주장했다. 그러나 그것도 잘못이다. 왜냐하면 먼 과거의 경험이든 최근의 경험이든 간에 일단 기억군에 보관되면 절대 사라지지 않을 것이므로 잠재의식이 꿈-재료로 쓰기 위해 끄집어내어 가공한다는 측면에서는 똑 같은 조건일 것이기 때문이다. 이것을 설명하기에 적당한 사례가 하나 있다. 그것은 내가 지금으로부터 15년 전에 경험한 매우 재미있는 꿈 이야기다.

나는 어느 초여름날 아침 안마당을 걷고 있었다. 마당 뒤쪽에 상당히 넓은 공터가 있었는데 비갠 직후라서 아직 땅이 마르지 않아 물웅덩이가 여기저기 보였다. 무심코 한 곳을 바라보다가 나는 굵은 몸통의 지렁이 한 마리가 단단한 땅을 파고 들어가려고 몸의 절반을 땅에 묻은 채, 나머지 절반을 공중에 흔들어대며 꿈틀대는 광경을 목격했다. 나는 이것이 매우 재미있다고 생각했지만 다른 일 때문에 곧 그 자리를 떴다. 그래서 그 일에 대해서는 까맣게 잊고 있다가 그날 밤 다음과 같은 꿈을 꾸었던 것이다.

나는 양복(洋服) 속에 조끼를 껴입고 있었다. 그런데 조끼 속에 무엇이 들었는지 굼실거려서 그것을 벗어보았다. 그런데 그 안에는 2~3㎝ 길이의 주황색 버러지가 들어있는 것이 아닌가. 처음에 한 마리였으나 조끼를 벗어

털어 보니 수 천 마리가 우수수 떨어진다. 다 털었는지 어떤지는 분명히 기억할 수는 없으나, 나의 손을 보니 손바닥과 손목에서 팔꿈치 아래까지 그 벌레 수십 마리가 박혀서 마치 낮에 보았던 지렁이처럼 반신만 공중에 내놓고 꿈틀대고 있는 것이었다. 나는 그 중 몇 마리를 다른 쪽 손으로 뽑아내었다. 그러나 일일이 다 뽑아낼 수가 없어서 팔을 세차게 흔들어 보았다. 그러자 그것들이 거의 다 떨어져 나갔는데 그 중 몇 마리만이 그대로 살 속에 박혀있는 것을 느끼며 꿈을 깼다.

살 속에 박혀 꿈틀대던 벌레는 낮에 보았던 지렁이의 모습과 비슷하다. 분명 낮의 인상으로부터 이끌려온 재료임에 틀림이 없는 것이다. 그러나 그 둘은 행태가 비슷하지만 종류가 다르고, 또 배경이 다르다. 더구나 낮에는 하나이던 것이 밤에는 수천마리나 되는 엄청난 숫자다. 또한 낮에는 그저 바라보기만 했으나 밤에는 떨어버리려고 무진 애를 썼다. 결국 꿈과 현실 사이에 공통점이라면 둘 다 벌레라는 것과 어딘가에 파고들려는 양태(樣態)뿐이다. 프로이트 학파의 연구자들은 분명 현실을 공상적으로 확대해서 꾸며내기 때문이라고 말하면서, 소원충족의 관점에서 낮에 지렁이를 몹시 징그럽게 생각했던 경험과 그것을 땅에서 뽑아버리고 싶었던 마음의 충동이 꿈속에서의 뽑아버리는 행위로 표현된 것이라고 풀이했을 것이다. 그러나 그처럼 하잘 것 없는 관심 때문에 그토록 의미심장한 꿈의 공상이 만들어졌다고는 볼 수 없다. 나는 종래의 해석방식으로는 결코 이 꿈의 진실한 의미를 밝혀낼 수 없을 것이라고 단언할 수 있다. 왜냐하면 거기에는 [어떤 미해결의 관심사에 대한 해답을 구하는 것이 꿈의 본질]이라는 대전제가 깔려있지 않기 때문이다.

이즈음 나의 최대 관심사는 역시 출판문제였다. 이미 원고를 출판사에 넘긴 상태에서 얼마나 잘 편집이 이루어지고 있는지, 또 출판 후에는 얼마나 잘 팔릴 수 있을 것인지 하는 등의 문제가 나의 뇌리를 꽉 채우고 있었던 것이다. 외형만을 놓고 본다면 이 꿈이 그런 일에 대한 잠재의식적 관심이라는 힌트조차 받을 수가 없다. 그러나 낱낱의 요소들을 상징적인 표상물로 보고 이를 분석해가면 그 잠재사상이 출판과 관련되어 있음을 곧 바로 파악할 수 있다. 이 꿈은 얼마 뒤 꿈의 암시 그대로 실현되었는데 해석하자면 다음과 같다.

일반적으로 꿈속의 벌레는 어떤 생산물이나 작품 따위를 상징할 수 있다. 그래서 나의 꿈에 관한 책과 관련시켜서 해석을 해보면 꿈속의 나는 내가 아니라 하나의 생산주체인 출판사를 상징하고 있다. 출판계약(조끼를 껴입은 것)에 의해서 나는 출판된 책(조끼 속에서 굼실거리는 벌레)에 대한 소식에 접하고(조끼를 벗어본다) 얼마 지나지 않아 그 중 한 권(벌레 한 마리를 발견)을 견본으로 입수한다. 출판사에서는 첫 발행된 책들을 시판한다.(수천 마리의 벌레들을 땅에 쏟아놓음) 그리고 첫 발행분은 다 출고되지 않아 일부가 출판사에 남게 된다.(일부가 여전히 손에 박혀있음) 이 책들 가운데서 일부는 저자인 나에게 증정되고(처음에 뽑아낸 몇 마리의 벌레) 나머지의 책들은 몇 번에 걸쳐서 각 서점에 보내진다.(팔을 세차게 흔든 것) 그러나 초판 발행분 중의 몇 권은 여전히 재고로 남게 된다.(몇 마리가 그대로 살 속에 박혀있는 것)

이 꿈이 어떻게 출판과 관련된 꿈으로 해석될 수 있었는지 납득하기 어렵다고 생각하는 독자도 분명 있을 것이다. 여기서 그 이유를 장황하게 설명하자면 많은 지면을 할애하는 번잡스러움을 감수해야만 한다. 그러므로 이 부분에 대해 의문을 갖는 독자제위는 이 책을 일독한 후에 다시 살펴보기를 바란다. 다만 한 가지 분명히 밝혀둘 것은 아침에 보았던 지렁이의 행태가 강한 인상을 남김으로서 이 꿈을 형성한 것이 절대 아니라는 점이다. 그럼에도 아침의 인상이 곧바로 밤의 꿈에 도입될 수 있었던 것은 그것이 당시의 내 관심사에 대한 최직의 재료적 기치를 가지고 있었기 때문이다.

그렇다면 [만약 그날 아침 지렁이의 특이한 행태를 보지 않았다면 이런 꿈을 꾸지 않았을 것이 아니냐]는 반문이 있을 수도 있다. 이 점에 대해서는 설사 그날 아침에 경험한 지렁이의 인상이 없었더라도 또 다른 재료가 도입됨으로서 나의 관심사에 대한 판단이 이루어졌을 것이라고 나는 해명할 수 있다. 즉, 때맞추어 도입된 지렁이의 자극적인 인상이 나의 책 출판에 관한 일을 상징표현하기에 가장 걸맞고 손쉽게 구해질 수 있는 재료가 됨으로서 나의 잠재의식이 그것을 쉽게 활용하였을 뿐이라는 것이다.

프로이트가 인용한 『나는 어떤 집을 방문했는데 아주 까다로운 절차를 밟고서야 간신히 안에 들어갈 수가 있었다. 그동안 한 부인이 나를 기다리고 있었다.』는 꿈도 전날의 경험에서 비롯되었다고 보기에는 어딘가 석연치 않은 점이 있다. 프로이트는 이 꿈에서 기다림이라는 관념이 생긴 것은 전날 밤 친척이 되는 부인과 만나 그녀의 소원을 이야기하는 과정에서 그가 그 부인에게 [좀 더 기다릴 수밖에 없다]고 한 말 때문이라고 주장했다. 그러므로 그는 이 [기다림]이 꿈을 형성한 동기와 재료, 그리고 꿈의 중심점이 되었다고 판단하고 있는 것이다. 그러나 꿈속에 표현될 기다림이라는 재료는 낮 동안 마음을 쓴 일이 없더라도 꿈의 의도에 적합한 것이면 얼마든지 우리의 잠재지식에서 이끌어 내거나 새로운 형태로 창작해낼 수 있다. 굳이 기다림이라는 표현을 문제 삼아야 한다면 기타의 여러 표상들, 즉 [어떤 집을 방문], [까다로운 절차], [간신히 들어가다], [기다리는 부인] 따위의 모든 재료적 근원도 전날의 경험들로부터 찾아내야 마땅할 것이다. 때문에 그가 만약 나머지 다른 표상들은 좀 더 먼 과거의 것들이라고 항변한다면 그것들은 이미 잠재지식화된 것이므로 굳이 전날의 경험이 아니라, 다만 기억군에서 재료를 이끌어냈다고 말했어야만 옳다. 물론 전날 밤 그 부인에게 [좀 더 기다려야 한다]라고 말한 것이 미해결의 관심사가 되어 어떤 꿈—사상을 형성하게 할 수는 있을 것이다. 낮 동안 어떤 강렬한 인상을 경험하면 그 인상과 유사한 어떤 미해결의 관심사가 하나의 꿈-사상을 형성할 수 있기 때문이다. 그러나 그렇더라도 그 인상 그대로가 꿈-사상이 되는 것은 아니다. 그것은 어디까지나 꿈-사상을 형성하게 하는 재료적 근원 중의 하나일 뿐이다.

그런데 프로이트는 억압된 사상은 그대로 검열을 통과할 수 없기 때문에 최근의 사소한 경험에다가 그 심적 에너지를 실어 위장을 하고 꿈에 나타난다고 했다. 즉 낮 동안 주의를 끌었던 강렬한 인상들은 제쳐두고 매우 사소하고 무가치하며 [흘깃 보기]와도 같은 경험들이 그날 밤 꿈에 나타난다는 것이다. 1879년 힐데브란트(F. W. Hildebrand)는 다음과 같이 설명하고 있다.

꿈은 그 재료를 대개 대사건이나 심각한 사건, 전날에 강하고 심한 관심 속에서 가져오지 않고서 최근, 또는 과거에 부수적으로 일어났던 사소한 일이나 무가치한 단편들에서 가져온다. 가족의 한 사람이 죽어서 견딜 수 없는 슬픔에 잠겨 있다가 그래도 이럭저럭 밤늦게 잠이 들면 그 밤의 꿈에서는 죽은 사람의 일은 깨끗이 잊어버리고 다시 눈을 떴을 때에 다시금 심한 슬픔을 느끼게 되는 것이다. 그와는 반대로 거리에서 만난 생소한 사람의 이마에 있던 사마귀 따위가 꿈속엔 자세히 나타난다. 더군다나 만난 후 우리는 한 번도 그 생소한 사람을 염두에 두지 않았는데도 불구하고 말이다.

이 점에 대하여 슈트륌펠(Strumpell)은 『꿈을 분석해 보면 그 꿈을 형성하고 있는 여러 요소들은 물론 전날, 또는 전전날의 체험에서 끌어온 것이기는 하지만 깨어있을 때의 의식의 입장에서 보아서는 매우 사소하며 무가치하여서 우리가 그것을 체험한 즉시 그것을 잊어버렸을 정도의 것들이다. 이를테면 우연히 귀에 들어온 남의 말이라든가, 무심코 본 타인의 행동이라든가 사물이나 사람의 순간적인 흘깃 보기라든가, 또는 어떤 책의 묘한 대목이라든가 이런 종류의 체험에 속한다.』라고 주장했다.

그러나 누차 강조한 바와 같이 잠재의식은 미해결의 관심사를 상징적으로 표현하기 위해서 필요하다면 그 어떤 기억물이든 잠재지식에서 이끌어내어 가공할 수가 있다. 그러므로 재료적 근원이 잠들기 직전의 것이든, 먼 과거의 것이든 그 선택에 있어 구애될 필요가 전혀 없는 것이다. 사정이 그럴진대 강한 인상이라고 해서 사소한 인상에 비해 그 재료적 가치가 월등하다고 주장할 수가 있을까?

꿈은 그 공상적 사연을 꾸며나가는데 있어 적절하다고 판단되면 어떤 것이나 기억군에서 가져다 쓸 수 있다. 또한 그것이 바로 [잠재지식]이라는 꿈-재료 창고의 본질적인 기능이기도 하다. 때문에 우리가 꿈-상징들이 지닌 인상이 사소(些少)하다거나, 아니면 강렬하다고 느끼는 것도 따지고 보면 단지 그렇게 인식-깨고 나서 의식적으로 지각하는-되는 것에 불과할 수 있다. 이런 점에서 『우리가 일단 정신적으로 소유한 것은 흔적도 없이 잃어버리는 경우란 없다.』라고 주장한 슐츠(Scholz)의 견해나 『아무리 무가치한 인상이라도 그것들은 언제라도 재생산해 낼 수가 있는, 변질되지 않는 흔적을 남긴다.』라고 주장한 델봐프(Delboeuf)의 견해도 되새겨 볼 만하다. 1875년 힐데브란트의 다음과 같은 견해는 꿈 요소들의 근원을 과거의 경험에서 찾으려는 우리의 노력이 무의미함을 일깨우고 있다.

만일 우리가 그때마다 충분히 시간을 써서 재료를 모아 꿈의 근원을 밝히려고 했다면 모든 꿈속에 나오는 것의 유래를 설명할 수도 있을 것 같다. 그러나 그것은 매우 힘이 들며 공을 알아주지 않는 일이다. 왜냐하면 그렇게 해본댔자 대개의 경우 기억의 방 구석구석에 있는 심적으로 전혀 무가치한 것들을 들추어내며 먼 과거의 전현 무의미한 온갖 것들을 그 당시엔 즉각적으로 덮어버린 망각 속으로부터 밝은 곳으로 끄집어내는 것에 불과할 것이기 때문이다.

우리는 여기서 또 하나의 의문과 직면하게 된다. 그것은 힐데브란트가 지적한 바와 같이 왜 극도로 슬프고, 그립고, 두렵고, 고통스럽고, 불안하고, 진절머리가 났던 사건-*당연히 심각한 인상으로 남아 있을 법한*-들이 그날 밤의 꿈에 나타나지가 않느냐 하는 점이다. 사람들은 가장 강한 심적 에너지를 갖는 관심사에 대하여 우선적으로 꿈을 꾼다. 그러나 그 관심사가 낮 동안 이미 해결되어 더 이상의 문제가 남아 있지 않을 경우 꿈을 꾸지 않을 수도 있다. 힐데브란트의 사례를 놓고 보자면 죽은 사람에 대해서는 낮 동안 몹시 슬퍼하고 괴로워하였지만 어느 정도 시간이 지나자 마음이 진정되었을 것인바, 이것은 큰 슬픔 뒤에 오는 일종의 카타르시스(淨化) 작용이라고도 볼 수 있을 것이다. 그러나 모든 꿈이 다 그런 것은 아니다. 누군가의 죽음이 새로운 미해결의 관심사로 대두하였을 때 우리는 필연적으로 그것에 대한 꿈은 꾼다. 다만 죽음 그 자체가 꿈의 직접적인 소재가 되는 것이 아니라 상징적으로 묘사되는 것이기에 우리가 그것을 인식하지 못할 수도 있다.

그러나 낮에 거리에서 마주친 생소한 사람의 이마에 있던 사마귀가 죽은 사람 때문에 슬퍼하고 있어야 할 그 시간에 꿈속에 나타난 것도 꿈꾸는 사람이 처한 상황과 전혀 관계가 없다고는 장담하기 어렵다. 그러한 상황에서도 여타의 이미지들보다 더 선명하게 상기되었다는 것은 그만큼 그 암시하는 바가 중차대하다는 의미일 수 있기 때문이다. 그러므로 꿈 전체의 의미를 파악하기도 전에 그것이 사소한 것이라고 단정하는 것은 매우 경솔한 행동이다.

사마귀의 일반적인 상징의의는 어떤 증서나 계약서 등의 공신력(公信力)을 보장하는 증거, 즉 인장(印章)이나 사인 등에 해당한다. 이 사람이 처한 상황을 감안할 때, 죽은 사람의 유언장(遺言狀) 등과 관련된 것일 수 있다. 위의 경우에서와 같이 사소하다고 판단된 인상이 의외로 매우 의미심장한 암시성을 나타내는 꿈은 많다. 그 중 하나를 소개하자면 다음과 같다.

어느 여대생은 졸업반이었을 때, 단 한번 스치듯 만난 어떤 남자가 여러 번 꿈에 등장하였다고 한다. 그래서 그녀는 혹시 그 남자와 어떤 인연이라도 있는 것은 아닌가 하는 궁금증에 그를 찾아보려고 결심한다. 그 뒤로 상당기간 애를 쓴 덕에 그에 관한 여러 사실들을 알게 되었으나 그는 이미 외국으로 나간 뒤였고, 그와 연분을 맺을 만한 아무런 근거도 찾지를 못했다. 그렇지만 그 후에도 그 남자는 꿈에 계속 등장했는데 이상하게도 그때마다 다른 남자들과의 혼담(婚談)이 오갔다고 한다.

물론 여러 번의 혼담은 어느 때는 자기 쪽에서, 또 어느 때는 남자 쪽에서 회피하여 모두 성사되지 않았다고 한다. 이 꿈은 꿈속의 만남처럼 잠간 만났다가 헤어질 사람들과의 인연을 반사실적(半事實的)으로 묘사하고 있다. 즉, 매번 꿈에 등장한 같은 남자는 현실에서 혼담 때문에 만나게 될 모든 남자들을 동일시하고 있는 것이다. 스치듯 만난 어떤 남자의 [사소한] 인상이 여러 실존 인물들의 동일시로 활용된 재미있는 사례였다.

2) 먼 과거(過去)의 경험

우리는 꿈의 현현내용 중에서 아주 오래 전에 경험했다고 생각되는 표상재료들을 자주 발견하곤 한다. 청소년시절에 공부하던 학교, 담임 선생, 친구들, 첫사랑의 상대, 여행길에 만났던 사람, 심지어는 언뜻 스치고 지나갔던 유람지의 경관들도 불현듯 나타나 생생한 기억으로 다가올 때가 많다. 그래서 종래의 꿈 연구가들이 [기차 여행을 하면서 차창 밖으로 고개를 내밀어 뒤돌아보는] 꿈을 놓고는 어렸을 때 목욕하는 아버지의 뒷모습을 바라본 기억에서 이끌어낸 [뒤돌아보는] 표상이 꿈의 재료가 되었다고 분석했다. 또한 [상대가 유령 흉내를 내는] 꿈을 놓고는 어릴 때 오빠가 실제로 유령 흉내를 내었던 기억에서 재료가 이끌려온 것이라고 판단하기도 했다. 이제 우리는 이러한 분석이 바르지 않다는 것을 이해할 만큼 충분한 지식을 습득하고 있다. 따라서 [기차에서 뒤돌아보거나, 또는 유령을 흉내 내거나]하는 등과 같이 경험석 재료가 분명한 것처럼 보이는 이미지라고 해도 그것들을 과거의 재현이라고 생각해서는 안 된다. 그것들은 어디까지나 재생산 된 상징언어이기 때문이다.

위에서 보듯이 꿈에 묘사된 과거의 경험들은 꿈-형성의 근원이 아닌, 다만 표상재료에 불과하다. 그러므로 우리가 굳이 그 유래를 밝혀서 얻어낼 것이 있다면 그것은 오직 표상재료와 꿈-사상의 관계를 알아낼 수 있다는 것뿐이다. 우리는 꿈의 표상작업이 과거의 경험들을 전혀 다른 의미의 꿈-상징으로 바꾸어버린다는 사실을 절대 잊지 말아야 할 것이다. 이런 관점에서 볼 때, [잃어버렸던 기억의 상기]라는 것에 상당한 의미를 부여했던 프로이트의 견해도 그리 신뢰가 가지를 않는다. 그는 이것을 [초기억적인 재료]라고 부르면서 『꿈속의 표상만으로는 그 유래를 알 수 없을 때, 후일 현실에서 새로운 경험을 하는 과정에 불현듯 지난번 꿈이 상기되면서 연상결합에 의해 꿈꾸기 훨씬 이전의 기억이 되살아나고 그로 인해 꿈의 유래가 밝혀진다.』라고 주장했다. 그러나 이제 우리는 이러한 주장을 반박할 명백한 자료를 갖게 되었다. 꿈속의 표상들은 이미 가공작업에 의해 재생산된 것들이므로 결코 과거인지(過去認知)일 수가 없다는 사실을 분명하게 입증할 수 있었기 때문이다. 1885년 델봐프(Dellboeuf)가 보고한 다음과 같은 꿈 역시 프로이트가 생각하는 초기억적 재료에서 형성된 꿈이 아니라 미래예지(未來豫知)의 꿈이라고 판단해야만 한다.

꿈속에서 눈 덮인 나의 집 마당을 보았다. 거기에는 작은 도마뱀 두 마리 가 얼어서 반쯤 눈에 파묻혀 있었다. 동물 애호가인 나는 도마뱀을 손으로 녹여주고 도마뱀의 집인 작은 담 구멍 속에다 다시 넣어주었다. 그리고 도 마뱀이 좋아하는 작은 양치식물의 잎을 몇 개 따서 주었다. 나는 도마뱀이 양치식물을 좋아한다는 것을 알고 있었던 것이다. 꿈속에서 나는 이 양치식물의 이름을 아스플레늄·루타·무라리스(Asplelium ruta muralis)라고 기억했다. 꿈은 계속되어 다시 도마뱀으로 되돌아왔는데 놀랍게도 다른 두 마리의 도마뱀이 나타나더니 나머지 잎사귀를 허겁지겁 먹어치웠다. 그리고 나는 들판 쪽에서 다섯 마리, 여섯 마리 째의 도마뱀이 담 쪽을 향해 다가오는 것을 보았다. 마침내 길 가득 도마뱀의 행렬이 이어졌다.

이 꿈에 대해 프로이트는 다음과 같이 분석하고 있다.

　잠을 깬 후 생각해 보니 델봐프 자신이 알고 있는 얼마 안 되는 식물의 라틴어 이름 중에 아스플레늄이라는 것은 포함되어 있지 않았다. 그런데 실제로 그런 라틴어 이름의 양치식물이 있음을 알고는 크게 놀라지 않을 수 없었다. 아스플레늄·루타·무라리아(muraria)가 그 정확한 이름이며 꿈속에서는 마지막 한자가 틀렸던 것이다. 꿈속에서 어떻게 아스플레늄이라는 이름을 알 수 있었는지 델봐프에게는 신비스런 수수께끼로 남았다. 이 꿈은 1862년 꾸어졌는데 그 후 16년이 지난 어느 날 이 철학자는 한 친구를 방문했다가 한 권의 식물표본 앨범을 보았다. 그것을 보자 문득 어떤 기억이 떠올랐다. 앨범을 펼치니 전에 꿈에서 보았던 아스플레늄의 표본이 붙어있고 그 옆에 자신의 필체로 이 식물의 라틴어 이름이 적혀있었다. 여기서 꿈과 현실이 연결되었다. 이 친구의 누이동생이 1860년-*도마뱀의 꿈을 꾼 해보다 2년 전*에 신혼여행 도중 델봐프를 찾아온 일이 있었다. 그때 누이동생은 오빠에게 줄 선물로 이 앨범을 가지고 왔다. 델봐프는 어떤 식물학자에게 배워가면서 이 앨범 속의 식물 하나하나에 라틴어 이름을 써 준 일이 있었다. 이 꿈의 예를 이처럼 주목할 만한 것으로 만든 우연의 요행은 그가 이 도마뱀 꿈의 또 하나의 근원을 밝힐 수 있도록 조치를 해두었다는 점이다. 1877년 어느 날 델봐프는 우연히 낡은 그림잡지 한 권을 손에 넣었다. 그는 이 잡지 속에서 그가 1862년의 꿈에서 본 것과 같은 도마뱀의 행렬을 발견했다. 이 책은 1861년에 발간된 것인데 그는 이 잡지의 창간호부터 구독자였음을 깨달았다.

그리고 프로이트는 이 분석의 말미에 『깨어있을 때는 생각도 못할 그런 기억을 꿈이 자유로이 구사한다는 것은 이론적으로 중요하고 주목할 만한 사실이므로, 나는 또 다른 초기억적인 꿈으로서 이 사실에 대한 주의를 좀 더 환기시켜 두고자 한다.』라고 강조했다. 그런데 프로이트도 특별히 인용하여 분석했을 만큼 위의 에피소드는 매우 특이한 면을 갖고 있다. 그것은 꿈의 근원으로 추정되는 과거의 경험과 현실적 사건이 상당한 시차를 두고 서로 연결되었다는 점이다. 즉, 1860년에 경험했던 기억이 2년 뒤인 1862년에 꿈으로 꾸어졌으며, 그로부터 또 15년이 경과한 1877에 가서야 현실적 사건에 의해 그 꿈을 꾸게 된 원인이 비로소 밝혀졌다는 것이다. 프로이트가 이것을 보고한 의도는 분명하다. [비록 생소한 인상의 꿈─상징이라고 하더라도 알고 보면 먼 과거에 한번쯤 경험했던 것]이라는 사실을 강조하려는 의도였던 것이다. 아울러 [꿈을 분석함에 있어서는 꿈꾼 사람으로 하여금 과거를 상기시키는 일이 무엇보다 긴요하다]는 것을 재삼 확인시키려는 의도도 깔려있었을 것이다. 물론 부분적으로는 맞는 말일 수가 있다. 이 꿈을 꾸기 수년전에 앨범과 그림잡지 등을 통해 본 양치식물과 도마뱀 행렬이 꿈─재료가 될 수 있었을 것이기 때문이다. 또, 그것이 아니라면 그 이전 더 먼 과거의 기억일 수도 있다. 어릴 적에 적어도 도마뱀 한 마리쯤은 경험해 본 적이 있었을 테니까. 그러나 꿈을 꾼 후 15년이 경과한 다음, 그것과 똑 같은 경험을 했다면 그것은 분명 사실적인 미래예시의 꿈이라고 말할 수가 있다. 즉, 과거의 기억에서 이끌려온 재료가 사실 그대로 표현됨으로서 미래에 똑 같은 경험을 하게 된다는 암시로서 꿈이 형성되었다는 것이다. 만약 이것이 상징적인 꿈이라고 한다면 꿈속의 이미지 대부분은 재생산되어 변형된 것이므로 당연히 그 뜻이 달라질 것이다. 이 꿈의 정확한 해석은 델봬프가 치한 당시의 상횡과 그의 관심사에 따라 달라시셨시만 프로이트의 초기억적 재료라는 개념이 무엇인가를 이해하기 위하여 소개하였다.

우리는 위에서 살펴본 바와 같이 프로이트의 초기억적 재료라는 것도 결국은 다른 재료들과 마찬가지로 잠재지식이며, 좀 더 먼 과거의 기억물에 지나지 않다는 사실을 알 수 있다. 말 그대로 초기억적 재료라고 한다면 그것은 기억 이전의 것, 즉 선대의 경험이거나 그 상위의 개념이어야만 할 것이다. 이런 점에서 칼·구스타프·융의 원형상이 그것과 유사한 개념이 될 수도 있을 것이다. 그런데 좀 더 넓은 의미에서 보자면 과거의 경험에서 유래하지 않은 이미지, 즉 예감충동에 의한 창조적 이미지도 그것에 속한다고 볼 수 있다. 1878년 모리가 체험한 다음과 같은 꿈은 앞서 소개한 델봐프의 것보다 한층 그것에 근접하고 있음을 알 수 있다.

한동안 낮에 뮈시당(Mussidan)이라는 낱말이 뇌리를 맴돌았다. 이것이 프랑스의 어느 도시 이름이라는 것은 알고 있었지만 그 이상의 것은 조금도 알 수 없었다. 어느 날 밤 꿈에 한 여자와 이야기를 하였다. 그 여자가 자기는 뮈시당 출신이라고 나에게 말했다. 내가 그 도시가 어디에 있느냐고 물었더니 그 여자가 뮈시당은 도르도뉴 주(州)의 한 도시라고 대답했다. 꿈을 깬 모리는 꿈속의 대화내용에 반신반의하면서 지리사전을 펼쳐보니 사실은 꿈에서 나눈 대화 내용과 일치했던 것이다.

이것은 발견(發見)이라는 요소가 내포된 미래예시의 꿈이다. 모리의 경험적 지식은 뮈시당이 프랑스의 한 도시라는 것에 머물고 있었지만 꿈은 그 도시가 도르도뉴 주에 있다는 사실까지 확인시켜 주고 있다. 모리 역시 잠재의식이 의식보다 더 많은 지식을 가지고 있으며 거기에는 경험 이전의 것이 포함되어 있음을 시인하고 있었던 것이다. 우리가 그것을 초기억적 재료라고 불러도 좋을 것이다.

3) 유소년(幼少年) 시절의 경험

유소년 시절의 경험들이 얼마나 빈번하게 꿈에 나타나는가 하는 것은 꿈을 많이 체험하는 사람이라면 누구나가 인정할 것이다. 프로이트는 꿈을 유아의 원초적인 상태로 되돌아가게 만드는 일종의 퇴행현상으로 보았다. 또한 그는 꿈에 표현된 유아시절의 경험적 요소들을 매우 중요시하였는데 그것은 유아기가 심리적인 인격형성기라는 점에서 꿈-분석에 중요한 정보들을 제공한다고 보았기 때문이다. 이런 관점은 그가 정신과 의사로서 접해 본 많은 환자들과의 상담결과에 기인하는 것으로 어린 시절의 정신적 상흔(傷痕) 등 부정적인 기조가 주를 이루고 있다. 이 시기 여타 학자들의 견해를 들어보자. 1872년 슈트륌펠(Strumpell)은 다음과 같이 말했다.

가장 어렸을 때의 체험 위에 쌓아올린 커다란 축적물(蓄積物)로부터 특수한 장소나 사물, 또는 사람들이 감쪽같이 그전대로의 생생한 꼴로 곧잘 꿈속에 다시 나타나는 것을 보면 사정이 더욱 분명해진다. 그 인상이 주어졌을 때 명료한 의식이 있었거나, 높은 심적 가치가 거기에 연결되어 있는 경우에만 이 일이 일어나는 것은 아니다. 그리고 그 인상들은 나중에 본래의 기억으로서 꿈속으로 되돌아온다. 깨어있는 의식은 그 기억들을 얻고서 기뻐한다. 한편 꿈의 깊은 기억에는 매우 어렸을 때의 사람, 사물, 풍경이나 체험 등도 포함되어 있다. 그것들은 당시 아주 조금만 의식되었을 뿐이거나, 또는 아무런 심적 가치도 가지지 않았던 것들이다. 그것들은 아예 잊혀짐으로서 그 과거의 근원이 발견될 때까지는 꿈속에서나 깨어있을 때나 전연 자기에게 무관계한, 마치 미지(未知)의 것처럼 보인다.

1875년 폴켈트(Volkelt)는 『특히 주의하여야 할 것은 유아기나 소년기의 기억이 얼마나 자주 꿈속에 나오는가 하는 점이다. 우리가 훨씬 전부터 생각해 보지도 않았던 일, 먼 옛날에 우리에게 있어서 전연 무가치하게 되어 있는 일 따위를 꿈은 끈기 있게 우리로 하여금 회상하게 한다.』라고 말했다. 이와 관련하여 프로이트는 『분석의 도움을 빌리지 않고서도 꿈이 어렸을 때의 요소들을 포함하고 있다는 것을 확실히 단언할 수 있는 경우가 있는데, 이런 것은 어떤 반복형(反復形)의 꿈들이다. 즉 어린 시대에 처음 꿈꾸고 그 후 잇달아 계속해서 성인이 된 후에도 자는 동안에 나타나는 꿈이다.』라고 주장했다.

나의 경우에 있어서도 어린 시절의 고향집과 고향마을 배경으로 한 경험들은 꿈에 자주 등장한다. 고향을 떠나거나 되돌아오는 일, 그곳에서 어울려 살던 옛사람들과 일, 주변 산하에서 벌어지는 일 등이 지금도 어제의 기억처럼 꿈속에서 되풀이되고 있다. 어쩌면 나의 꿈-생활 대부분은 어린 시절의 고향이 점령하고 있다고 해도 과언은 아닐 것이다. 이것이 어디 나에게만 국한된 일이겠는가. 농촌의 정서적인 환경에서 출생하고 성장한 사람들은 모두 이와 같은 꿈의 세계를 갖고 있을 것이다.

그렇다면 왜 어린 시절의 성장배경이 대부분의 꿈에 있어서 중요한 무대가 되는 것일까? 이것은 기억의 메커니즘인 뇌 신경망의 구축과 깊은 연관이 있을 것으로 추정한다. 생리학자, 또는 인지과학자들의 견해에 따르면 뇌의 기억회로(記憶回路) -신경망-는 8세 전후해서 완성되며 그 이전에는 사물을 관념의 연결보다는 이미지로서 더 잘 기억시킨다고 한다. 아마도 사물의 개념을 정립하는 새로운 뇌신경망(腦神經網)이 구축되는 단계이기 때문에 더 생생하고 완벽한 기억의 저장고를 만드는 것은 아닌가 생각된다. 말하자면 뇌가 스펀지처럼 사물의 인상을 모두 흡수하는 시기이므로 그것들을 상징화하는 최적의 조건을 갖추고 있기 때문이라는 것이다.

어찌되었건 대부분의 꿈이 유소년 시절의 추억으로 채워진다는 주장에는 반론이 있을 수 없다고 생각한다. 이것과 관련하여 어린 시절의 경험적 재료들을 몇 가지 유형으로 분류하면 다음과 같다.

① 특수한 곳의 광경, 사물, 사람 등이 예전의 모습 그대로인 경우

② 특수한 곳의 광경은 그대로인데 그 위에 세워진 건물, 그리고 사물이나 인물 등은 변화된 경우

③ 반대로 특수한 곳의 광경은 전혀 생소한데 사물과 사람 등은 유소년 시절에 경험했던 그대로인 경우

④ 특수한 곳의 광경, 사물, 사람 등을 중심으로 유소년시절의 경험과 최근의 경험이 뒤섞이거나 연결된 경우

⑤ 특수한 곳의 광경, 사물, 인물 등은 그대로인데 최근의 장소와 사물이 합성되거나 연결된 경우

위와 같은 현상의 요인들을 분류해 보면 다음과 같다.

㉮ 어린 시절에 꾼 꿈이 성인이 된 이후에도 반복됨으로서 강한 인상을 남기는 경우

㉯ 고향과 연관된 현재적인 소망을 나타내는 경우

㉰ 유아기적인 소망이 남아있어 그것을 충족시키고자 하는 경우

㉱ 감수성이 예민하던 시절의 기억이라서 쉽게 망각되지 않는 경우

유소년 시절의 기억들은 성장하면서 새로운 경험들을 수용하는데 있어 어떤 기반이 된다고 생각한다. 이를테면 일종의 사고틀로서 기능한다는 것이다. 그리고 이것은 사물에 대한 개인의 상징체계를 정립하는 과정에서도 매트릭스 구조의 역할을 하는 것이 아닌가 하고 추측하고 있다.

심리학자 제롬케이건(Jerom. Kagan)은 말하기를 『세 살 된 유아가 얇은 레몬조각을 달이라고 부르는 것을 볼 수 있는데 이것은 접시에 담긴 레몬 조각과 색칠하기 책에 있는 초승달의 비슷한 점을 발견했기 때문이다.』라고 했다. 즉, 인간에게는 천부적인 유추능력(類推能力)이 있다는 것이다. 이것이 사실이라면 8세 전후해서 완성되는 인

지구조와 연계하여 사물을 이미지화하는 기본구조의 완성이 유소년기의 기억을 오래 지속시키는 원인이라고 생각해 볼 수 있다. 아울러 꿈이 그 표상작업을 함에 있어 가장 손쉽게, 또 가장 단순하게 이끌

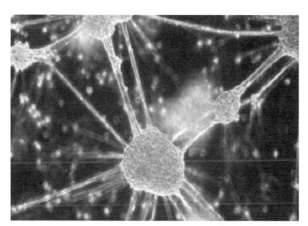

현미경으로 본 실제의 신경망 구축

어올 수 있는 재료들을 더 선호한다는 점도 유소년 시절의 기억들이 꿈에 자주 등장하는 것과 깊은 연관이 있을 것이다. 1878년 모리는 다음과 같은 꿈을 꾸었다.

나는 내가 나의 출생지인 모우의 이웃 마을인 트릴포르에 있음을 발견한다. 그리고 옛날과 같은 거리에서 놀고 있음을 알았다. 나는 어릴 때 교량공사의 감독하던 아버지를 따라 그곳에 자주 간 일이 있었다. 그런데 제복과 비슷한 옷을 입은 사람이 나의 옆으로 왔다. 나는 그 사람에게 이름이 무엇이냐고 물었다. 그 사람은 자기는 C라는 사람이며 다리를 지키는 사람이라고 대답했다.

꿈에서 깬 후 기억의 정확성을 의심한 모리는 그와 어렸을 때부터 함께 살고 있는 늙은 하녀에게 그런 이름의 사람을 기억하느냐고 물어보았다. 그녀는 『예, 있었습니다. 그는 당시 아버님의 힘으로 세워진 다리를 지키는 사람이었습니다.』라고 대답했다. 모리의 의식이 이미 망각하고 있었던 것을 잠재의식은 분명하게 기억하고 있었던 것이다. 그리고 그것을 꿈으로 생생하게 재현한 것이다. 마치 낡은 흑백사진 속의 사소한 배경처럼.

최근 내가 수집한 자료 가운데는 다음과 같은 흥미로운 에피소드가 들어있다. K라는 26세의 문학청년은 일간지에 실린 어릴 적 친구가 성공한 기사를 읽고 갑자기 그가 보고 싶어 찾아갔다. 그러자 K의 친구는 K를 몹시 반기면서 『어! 간 밤 꿈에 버드나무 밑에서 만났던 얼굴 검은 소년이 바로 너였구나!』하며 신기해하더라는 것이다. 그들은 어릴 때 자주 놀던 고향의 냇가 버드나무 아래에서 장래에 피차 크게 성공하여 다시 만날 것을 약속하였다고 한다. 그런데 성공한 K의 친구는 간밤의 꿈에서 그 버드나무 밑에 서있는 K를 보았던 것이다. 그러나 실제로 K를 만나기 전까지는 과거가 얼른 상기되지 않았으므로 꿈속의 그 검은 얼굴이 누구인지 아무리 생각해도 알 수가 없었다. 그러나 실제로 만난 K는 얼굴이 검지 않았으며 어린 소년도 아니었다. 그럼에도 불구하고 그가 불쑥 찾아온 K를 꿈속의 얼굴 검은 소년과 동일시할 수 있었던 것은 고향의 버드나무 아래라는 꿈의 배경 때문이었다. 이 꿈을 해석하기에 앞서 우리가 주의 깊게 살펴 볼 것은 과거의 경험적 요소와 현재의 상황이 뒤섞여 있다는 점과 과거의 경험이 불완전하게 재생산되었다는 점, 그리고 과거의 경험적 요소를 끌어들여 미래를 예시하는 꿈의 노작(勞作)이 이루어졌다는 점 등이다. 이 꿈의 유인(誘因)과 형성과정을 설명하자면 다음과 같다.

　　K의 친구는 자기가 성공해서 명성을 얻게 되자, 과거 버드나무 아래에서 성공을 다짐하던 K를 무의식적으로나마 생각하고 있었을 것인바 『그는 지금 무엇을 하고 있을까? 나는 이만하면 성공한 셈인데.』 하는 마음을 은연중에 갖고 있었을지도 모른다. 이러한 자극에 의해 그의 잠재의식은 꿈을 형성하고, [혹시 K가 찾아오지나 않을까]하는 예감충동을 충족시키는 것으로 소기의 목적을 달성하게 된 것이다. 그런데 꿈속의 K는 어린아이인데 비하여 자신은 성인의 모습 그대로인 이유는 무엇인가? 그것은 자신의 성공으로 비교되는 두 사람의 현재적 상황을 암시하는 것이다. 즉 현실의 K가 자기보다 형편이 좋지

않거나 정신적으로 미숙(未熟)하다는 의미를 어린아이의 모습으로 표현하고 있는 것이다. 또한 그 소년의 얼굴이 검었다는 것은 동일시된 현실의 K가 지금 몹시 고민 중이거나 떳떳치 못한 입장이 처해 있음을 암시하는 것이다. 이 꿈은 유소년 시절의 기억과 현재적 상황이 절묘하게 어우러져 그 암시적 의도가 강조된 좋은 연구자료이다.

프로이트의 정신분석학에서 가장 핵심적인 요소는 꿈을 미시적인 관점에서 원인론적 퇴행으로 해석하는 것이다. 그러나 꿈이 현실적인 낱낱의 관념들을 그때그때 상징화하고 있다는 것을 승인하게 된다면 그러한 해석법은 더 이상 의미를 갖지 못하게 될 것이다. 어찌되었건 유소년시절의 경험이 다른 어떤 경험보다 더 자주 꿈에 등장함으로서 그것이 매우 의미심장한 상징재료가 된다는 것이 이 항목의 주안점이었다.

4) 미래(未來)에서 온 재료(材料)

어떤 독자는 제목부터가 허황된 공상이라고 비판할는지 모르겠다. 그러나 미래사를 예지하는 것이 꿈의 주된 기능이므로 미래의 현실을 묘사하기 위해 미래적인 재료가 사용된다는 것은 너무도 당연한 이치이다. 상징적인 꿈은 잠재지식에서 이끌어낸 재료를 미래의 실제상과 유사한 표상들로 재구성하여 표현하는 것이지만 사실적인 꿈은 과거의 어떤 근원에서도 이끌어낼 수 없는 미지의 이미지를 표현하는 것이기 때문에 그 재료는 결국 창조적일 수밖에 없다. 이것을 근거 없는 주장이라고 일축해 버릴 수도 있다. 그러나 이것을 입증할 만한 사례는 우리 주변에 널려있다. [꿈속에서 전혀 생소한 얼굴의 사람을 만났는데 후일 어떤 기회에 실제의 그 사람을 만나게 된다거나, 미래의 현실에서 접하게 될 전혀 새로운 장소나 사물 따위가 그대로의 꼴로 생생하게 묘사되거나, 수일 후에 발생할 화산폭발의 광경을 꿈속에서 투시하거나, 다음날 받게 될 편지 겉봉의 발신인 주소를 미리 읽거나, 또는 다음 날 신문에서 보게 될 사건기사를 미리 본다거나] 하는 등의 사례들이 그저 우연의 일치만은 아니라는 사실을 수많은 실증체험담이 명백하게 입증하고 있는 것이다.

미국에 사는 어떤 인디언의 후예는 [난생 처음 보는 큰 독수리 한 마리가 갑자기 날아들어 자기의 몸을 채어가지고 공중을 날아가 높은 봉우리에 올려놓는] 꿈을 꾸었다. 그는 이 꿈을 꾸고 난 이튿날 신문 지상에 실린 그 독수리의 실제 사진을 볼 수 있었다고 한다.

칼·구스타프·융이 소개한 던(John. William. Dunne 1875~1949) 이라는 사람의 꿈은 이러한 미지의 이미지가 갖는 의미를 더욱 명확 하게 해준다.

화산(火山)에 서 있는 느낌이었다. 그것은 섬이었는데 화산폭발의 위험이 있어 나는 초조하게 그 섬의 4,000명 주민을 대피시키려고 한다. 4,000명이 죽게 된다면 그것이야말로 정말 큰일이라는 두려움이 내내 머리를 떠나지 않았다. 그래서 나는 그들을 대피시키기 위해 여기저기 뛰어다녔다.

그는 수일 뒤 현실에서 『화산 폭발, 마르티니크에서, 용암이 도시 를 휩쓸다. 40,000명 사망추정』이라는 신문기사를 읽게 된다.

☞ 던(J. W. Dunne) : 아일랜드 출신의 항공기술자이자 작가이다. 그는 그 의 논문 《예지몽의 연구》에 바탕을 둔 《시간실험(An Experiment with Time)》이라는 책을 썼다. 그는 인간이 시간을 직선적이라고 느끼는 것은 오관(五官)이 가져오는 착각이라고 생각하였다. 그는 과거, 현재, 미래의 사 상(事象)이 실제로는 동시에 일어나지만 단지 인간의 지각이 그것을 연속적 인 것으로 파악하고 있을 뿐이라고 주장했다. 그리고 꿈을 꾸고 있을 때는 그 속박이 풀려 과거와 미래가 동일하고 용이하게 지각되는 것이라고 믿었 다. 또한 그는 꿈속에는 미래로부터 온 이미지가 과거에서 유래한 이미지만

큼이나 많다고 주장했다. 그가 옥스퍼드 대학의 한 연구소에서 22명의 지원자를 대상으로 한 관찰실험에 의하면 꿈속에 등장한 인물, 사물, 장소, 사건 등이 꿈을 꾼 뒤 며칠 안에 현실에서 실제로 체험되었다는 것이다. 우리가 각성시에 종종 체험하는 데자뷰 현상은 바로 이러한 꿈의 이미지들이 현실화되는 것이며, 따라서 꿈이란 약간 모호한 데자뷰(déjà vu) 현상이라고 그는 단정했다.

세상에 존재하는 어떤 대상을 투시하는 경우라면 심령학적 측면에서도 해명할 수 있는 일이지만 전혀 존재하지 않는 미래의 이미지를 투시한다는 점에서 그 근원을 밝힐 수 없는 불가사의가 아니라고 말할 수 없다. 다음날 만나보게 될 전혀 생소한 사람을 꿈속에서 미리 만나 볼 수 있는 것-사실적이거나 투시적인 꿈에서 볼 수 있는 현상이다-은 염력 등과 같은 정신감응에 의해서도 설명될 수 있을 것이다. 그러나 아직 세상에 태어나지도 않은 사람을 꿈속에서 먼저 만난다거나, 먼 후일에 일어날 천재지변 등을 미리 경험하거나, 또는 이제까지 세상에 존재하지 않는 새로운 사실을 발견해낸다거나 하는 등의 일은 쉽게 이해될 수 있는 성질의 것이 아니다. 이처럼 꿈이 현재와는 아무런 인과관계도 없는 미래의 사건들에서 그 재료를 이끌어온다는 것은 참으로 알 수 없는 일이다. 그렇지만 그러한 일들은 엄연히 우리의 주변에서 벌어지고 있는 실체적 현상이다.

그렇다면 이런 일이 가능하게 하는 주체는 무엇일까? 그것은 잠재의식의 특수기능인 초상적 지각능력이라고 말할 수가 있다. 즉, 시공을 초월한 우주정보의 수신매개로서 잠재의식이 수행하는 창조적 활동결과라는 것이다. 미래적인 꿈-재료가 예감충동에 의한 잠재의식의 창조적 활동결과라는 사실은 태몽에 있어서 좀 더 분명해진다. 아직 태어나지도 않은 아이가 겪을 먼 장래의 사건들을 미리 보여주는 것이 태몽의 특질이기 때문이다. 그런데 예지적인 꿈의 대부분은 상징적인 표현이므로 우리가 그 재료의 출처를 전혀 모른다고는 할 수 없다. 우리의 잠재의식은 과거의 경험에서 재료를 이끌어와 표상작업에 의해 미래사를 암시하는 상징표상으로 재구성하기 때문이다. 예지적인 꿈이 사실적으로 표현되느냐 아니면 상징적으로 표현되느냐 하는 것은 전적으로 꿈의 의도성에 달려있다. 미래의 사건을 단순한 영상으로 보여 줌으로서 꿈이 그 의도를 충족시킬 수 있는 경우라면 굳이 번거로운 표상작업을 거칠 필요가 없을 것이다. 반면에 그 암시적 의도를 사실 그대로 표현하기 곤란할 때, 예컨대 단발성 사건이 아닌, 장기간 연속되는 일련의 사건을 압축표현하거나, 또는 하나의 표상에 여러 가지 의미를 담아 중의적으로 표현하려 할 때에는 반드시 표상작업에 의한 상징화가 이루어지는 것이다. 태몽이 그 전형적인 예라고 할 수 있다. 이것과 관련한 두 가지의 사례를 다음과 같이 소개한다.

기원전 소아시아 메데스의 왕 아스티야게스(Astyages)는 『자기 딸의 자궁(子宮)에서 줄기를 뻗기 시작한 포도덩굴이 점점 자라나 소아시아 전역을 그늘지게 만들었다.』는 꿈을 꾸었다. 왕은 장차 딸 만다네(Mandane)의 몸에서 태어난 아이가 자신을 해치지나 않을까 걱정하여 딸에게서 출생한 아이를 제거하려 하였으나 뜻을 이루지 못하였다. 그 뒤 이 아이는 무사히 장성하여 외조부인 아스티야게스를 죽이고 아케메네스 왕조를 세웠으며 소아시아 전역을 지배하였다. 그가 저 유명한 사이러스(Cyrus. The great B.C 559~B.C 529) 대왕이다. 이 꿈에서

사이러스(Cyrus)대왕

딸의 자궁은 메데스의 통치권을 의미하고 뻗어나간 포도덩굴은 그 통치권이 확장됨을 나타내며 소아시아 전역을 그늘지게 한 것은 소아시아 전역을 정복하게 된다는 의미였다. 하나의 영상에 두 세대에 걸친 긴 역사를 담아 압축해서 묘사한 전형적인 상징몽이다.

조선 중기 정효준(鄭孝俊)이라는 사람은 가세가 구차하였을 뿐 아니라, 세 번이나 장가를 갔음에도 아내들이 모두 죽어 슬하에 자식이 없었다. 그런데 그의 막역한 친구인 이진경(李眞卿)이 하루는 이상한 꿈을 꾸었다. 그 내용인즉, 『단종(端宗)이 나타나서 말하기를 친구인 정효준에게 딸을 주면 길한 일이 있을 것이다.』라는 것이다. 꿈을 그대로 믿은 이진경은 딸 모르게 택일하여 시집보낼 준비를 하였다. 그러던 중 이번에는 그 딸이 또 이상한 꿈을 꾸었다. 딸이 그 어머니에게 『어머니 제가 어젯밤 꿈을 꾸었는데 건넛마을에 사는 효준 아저씨가 오색이 영롱하고 찬란하게 빛나는 물고기 다섯 마리를 내게 주며 용의 새끼니 잘 받으라고 말했어요. 그래서 치마에 받다가 그만 한 마리를 땅에 떨어뜨려 목이 부러졌기에 네 마리만 치마에 싸들고 집으로 돌아왔는데 이것이 도대체 무슨 꿈일까요?』라고 꿈 이야기를 들려주었다. 그 후 이 처녀는 정효준에게 출가하여 오형제를 낳았는데 인물들이 모두 출중하여 후일 정승반열에까지 올랐다. 다만 그 중 넷째 아들만이 연경(燕京)에 사신으로 갔다가 말에서 떨어지는 바람에 그만 목이 부러져 죽고 말았다. 중의법으로 묘사된 이 꿈 역시 두 세대를 이어가는 미래사를 압축해서 상징표현하고 있다.

이제 우리는 꿈이 그 재료를 이끌어 옴에 있어 후천적인 경험과 지식만이 아니라 미래적인 재료는 물론, 다음 항목에서 설명하게 될 먼 조상들의 경험과 지식까지도 활용할 수 있다는 사실을 숙지해야만 한다. 이런 점에서 보자면 영매(靈媒)나 몽환자(夢幻者) 등의 예지적인 능력, 즉 투시, 예지, 과거인지 등도 결국은 잠재의식적 사고인 꿈에 의해 발휘되고 있음이 분명해 보인다. 때문에 무계(巫界)에서 주장하는 것처럼 초인간적인 존재가 꿈의 재료를 가져다준다고는 생각할 수가 없다. 다음에 소개할 에피소드는 과거인지와 미래예지가 동시에 표현되었다는 점에서 좋은 참고자료가 될 것이다. 이것은 1882년 미국 펜실베이니아 대학의 아시리아어과(語課) 교수인 헤르만힐프레히트(Hermann. V. Hilprechit) 박사가 꾼 꿈이다. 그는 오랫동안 깨진 점토로 만든 오래된 아시리아 반지에 새겨진 문자를 해독하려고 노력하였으나 아무런 진전을 볼 수 없었다. 그러던 어느 날 예의 그 문제를 곰곰이 생각하다가 잠자리에 들어 다음과 같은 꿈을 꾸었다.

꿈속에서 나는 고대 그리스도교 이전에 있었던 닛빠(Niffar)의 사원(寺院)에 서 있었다. 키가 크고 깡마른, 간단한 승복을 입은 50세가량의 승려 한 사람이 사원 동남쪽에 있는 보물창고로 나를 안내했다. 나와 그는 천장이 낮고 창도 없는 작은 방에 들어갔다. 그곳에는 큰 나무상자가 있었고 그 주변에 마노와 루비의 파편들이 흩어져 있었다. 승려는 나에게 다음과 같이 설명해 주었다. 『당신이 22페이지와 26페이지에 따로 따로 발표한 두 개의 문자 부분은 사실은 두 가지가 아니라 한 가지이며, 그 원통(圓桶)의 파편은 반지가 아닙니다. 그것은 당시 그리가룻츠 대왕(기원전 1300년)이 마노와 루비, 기타의 물품과 함께 문자가 새겨진 마노 원통을 어떤 염원으로 벨 사원에 봉납(捧納)한 것입니다. 그 후 우리 승려들은 급히 닛빠의 신을 위해서 마노로 만든 귀걸이를 한 쌍을 만들라는 명령을 받았습니다. 그런데 당장 마노를 구할 수 없어서 우리는 대단히 당황했습니다. 그 명령에 따르기 위해서는 이 기도를 드린 원통을 셋으로 자르기로 결심하고 세 개의 고리를 만들었습니다. 그래서 그 각각의 고리에 먼저 새겨졌던 문자가 그대로 남은 것이며 그 중 두 개는 신상(神像)의 귀걸이가 된 것입니다. 당신을 몹시 괴롭힌 그 두 개의 파편은 그 셋 중의 일부입니다. 그 두 개의 파편을 모아놓고 보면 내 이야기의 진실 됨을 알게 될 것입니다. 그러나 제3의 고리는 결코 당신이 찾아내지 못할 것입니다.』 이렇게 말하고 승려는 자취를 감추었다. 나는 눈을 뜨고 그 이야기를 잊지 않기 위해서 아내에게 이야기를 해주었다. 그 다음날 나는 꿈속에서 알려준 그대로 다시 한 번 그 파편(破片)들을 검사해 보니 놀랍게도 꿈에서 일러준 그대로였음이 밝혀졌다.

그 봉납통에 쓰인 글자는 이러했다. 『벨의 친자이며 왕이신 닛빠의 신(神)에게 벨의 교주인 그리가룻츠는 이것을 봉납한다.』 이렇게 해서 그 문제는 해결을 하였지만 실제로 증명해 보고 싶어서 다음해 겨울 나는 카이로의 제국 박물관에 보존되어 있는 닛빠 사원의 유물을 연구차 떠났다. 박물관 관장 하리베이는 나의 꿈 이야기를 흥미 있게 듣고 즉각 바빌로니아 과(課)에 있는 상자들을 전부 열어서 그 한 부분을 찾아내도록 협조해 주었다. 파리의 아시리아 학자인 쉘 신부(神父)는 우리가 연구할 물건들을 검사하기 전에 잘 정리해 두었지만 이것이 하나의 단편이었다는 사실은 인정하려 하지 않았다. 나는 두 개의 고리를 그 각각이 떨어진 부분에 합쳐보았다. 놀랍게도 그것들은 꿈에서 알아낸 것처럼 하나의 봉납통에 속해 있었다.

이 꿈의 특징은 아시리아 반지의 내력을 알게 된 [과거인지(過去認知)]와 그것을 닛빠의 사원으로 가서 실제로 확인하게 될 [미래예지(未來豫知)]가 한 꿈에서 동시에 이루어졌다는 점이다. 마노 봉납통과 그것으로 만든 신상의 귀걸이에 관한 것은 그의 잠재지식에는 없는 내용이다. 따라서 이것은 순수한 과거인지라고 할 수 있다. 또한 꿈의 예시대로 나중에 카이로 박물관에 가서 두 개의 고리를 본래의 원통에 맞춰보게 된 것은 사실적으로 표현된 미래예지라고 할 수 있다. 전반에 걸쳐 상징과 비유, 그리고 사실이 적절하게 혼합된 이 꿈은 반사실적인 꿈의 전형이라고도 할 만큼 매우 정묘한 표현수법들이 동원되고 있다. 예를 들어 꿈속에서 승녀가 한 말은 사실적인 표현이지만 승녀 자신은 다중의 인물을 동일시하는 상징표상이다. 즉, 꿈-표현이 갖는 특성 그대로 다의성에 의한 수준 높은 중의법이 구사되었다는 것이다.

심령학자들이 이 꿈을 분석한다면 닛빠의 승녀가 1300년 전에 살았던 실제의 망령이라고 주장할 것이다. 그러나 위에서 말한 것처럼 이 꿈속의 승녀는 카이로 박물관의 관장과 헤르만 교수 자신을 함께 동일시하는 다중적 의미의 상징표상이다. 다시 말해 닛빠 사원의 보물창고로 안내할 때까지의 승려는 박물관장의 동일시이며, 아시리아 반지의 내력을 설명할 때의 승려는 헤르만 박사 자신의 또 다른 자아라는 것이다. 이것은 자기암시적인 꿈에서 흔히 찾아볼 수 있는 표현 수법이다.

경험과 지식을 초월한 미지의 이미지들이 꿈속에 표현되고, 또 그것이 미래를 예시한다는 것은 참으로 흥미로운 일이다. 그렇다면 이처럼 불가사의한 일들이 벌어지는 이유는 무엇일까? 어쩌면 칼·융이 말한 것처럼 시공간을 초월한 무의식적인 원형들의 배열 때문일지도 모를 일이다. 그는 집단무의식이 어떤 선험적인 앎(知)을 가지고 있다고 보아 이것을 절대지(絶對知)라고 명명하였다. 그리고 이 선험적인 앎이 실제의 사건이 벌어지기 이전에 이미 존재하기 때문에 인과적으로는 설명할 수 없는 것이라면서 이러한 현상들이 일어나는 원리를 [비인과적(非因果的) 동시성(同時性)의 원리]라고 설명하였다. 그는 이것에 대해 다음과 같은 정의를 내리고 있다.

> 무의식적인 앎은 고등동물의 대뇌피질과는 관계없이 생각하고 지각할 수 있는 어떤 다른 신경계의 작용에 의해서 매개되는 것은 아닐까 추정하고 있다. 뇌손상을 받았거나 뇌빈혈을 일으킨 환자가 객관적인 의식상실의 상태에서 자신의 모습과 주변의 상황을 정확히 지적하여 뒤에 이를 보고하는 사례가 있고, 뇌가 없는 하등동물이 훨씬 더 깊은 의미의 매우 지적인 행위를 동시성 현상을 통해서 나타내는 경우가 많다는 사실도 그러한 추정의 뒷받침이 된다. 그러나 결국 우리는 무의식적 절대지가 무엇이라고 그 이상 더 명료하게 말할 수는 없을 것이다.

물론 위와 같은 견해가 과학적으로 입증된 것은 아니다. 그렇기는 하지만 그가 이 절대지라는 개념을 통해 잠재의식과 미래적인 재료-*아직 일어나지 않은 미지의 사건*-와의 관계가 어떤 것인지 그 윤곽이나마 보여주었다는 점에는 높은 가치를 부여하고 싶다. 그의 비인과적 동시성 이론의 배경이 되었던 양자물리학에서 보여주는 최근의 여러 가설들은 우리에게도 이론적 배경이 될 수 있으리라 생각해 본다. 왜냐하면 미시세계에서 입자와 입자 사이의 무시간적, 무공간적 연결은 우주정보의 시공간적 초월 가능성을 시사하는 것이기 때문이다.

3. 선험적(先驗的) 지식(知識)에 의한 재료

우리는 이제야말로 가장 특색 있으며, 정형적 표상의 대부분을 이루고 있는 선험적-선천적 또는 생래적-인 잠재지식이라는 문제에 관하여 알아 볼 참이다. 이것과 관련하여 프로이트도 다음과 같은 견해를 내놓은바 있다.

우리는 꿈에 있어서의 퇴행이라는 논제를 떠나기에 앞서 이미 여러 번 우리에게 부딪친 인상, 바꿔 말하자면 노이로제 연구가 깊어감에 따라서 새삼스럽게 강하게 되돌아 올 가망이 있는, 한 인상에 대해서 한 마디 말해 두지 않을 수 없다. 즉 꿈을 꾼다는 것은 대체적으로 말해서 그 사람의 가장 어렸을 때의 형편들로의 부분적인 퇴행이며 그 사람의 어린 시절의 재생, 그 어린이 시대에 지배적이었던 충동의 움직임과 어렸을 때에 부리기가 가능했던 표현방법의 재생이 아닌가 하는 인상이다. 그리고 이 개인적 어린 시절의 배후에는 계통발생적(系統發生的)인 유아기, 달리 말하자면 인류발전의 자세가 엿보인다. 그것에 비교하자면 각 개인의 유년기는 인류의 유년기에 단축된 우연한 생활환경에 의하여 영향을 받은 되풀이에 불과하다. 니체(Nietche)는 『한 조각의 원시시대의 인간성이 활동하고 있으며 우리가 거기에 직접적으로는 거의 도달하지 못한다.』고 말하였는데 우리는 이 말이 얼마나 적절한 가를 알 수 있다. 그리고 우리는 꿈을 분석함으로서 인간의 원시적인 유산, 즉 심적으로 타고난 것을 인식할 수 있지나 않을까 하고 생각해본다. 꿈과 노이로제는 우리가 상상하는 것 이상으로 마음의 낡은 면을 보존하고 있는 모양이다. 그러므로 정신분석학은 인류 최초의, 그리고 가장 희미한 단계의 재구성을 목표로 하는 학문에서 하나의 높은 위치를 요구할 권리가 있다고 나는 생각한다.

1912년 《리비도의 변전과 심벌》이라는 책을 써낸 바 있는 칼·구스타프·융에 이르러서는 이 문제의 핵심에 도달하고 있다. 프로이트와 쌍벽을 이룰 정도로 꿈에 정통했던 그는 프로이트처럼 어릴 적의 경험을 중요시하지 않고 그것이 현재와 미래를 암시하는 것으로 보았는데 그는 인간의 무의식 속에는 우리들 조상의 유산인 고태형의 집단무의식이 있으며, 이것은 모든 인간의 정신적 근저가 되는 원형이라고 설파했다.

꿈속에는 당연히 이 집단무의식적 표현이 나타나며 이러한 고태적 표현을 조사해 보면 그가 어떤 민족의 피를 계승하고 있는지 단언할 수가 있다. 가령, 남자애가 그 아버지를 증오하고 어머니를 좋아하는 경향을 가지고 있다는 오이디푸스·콤플렉스의 존재를 인정하지만 그것은 어린 시절의 부모에게 향한 애정에서 형성된 것이 아니라 원시인류의 정신생활의 유산인 것이다. 우리들의 육체에 꼬리가 달려있던 흔적이 남아있는 것과 같이 진화과정에 계통발생적으로 정신도 같은 흔적을 남기고 있다. 집단적인 무의식이야 말로 우리들의 꿈속에 원시적인 사고방식이 남아 있다는 것을 입증하며 그런 까닭에 인류 공통의 심벌이 꿈속에 출현되는 것이다. 이러한 계통발생적 소재는 ① 본능적인 반응에서 알 수 있다. ② 조상들이 가졌던 생활양식을 가지고 있다 ③ 조상들이 생각했던 해석의 방법을 가지고 있다 하는 등으로 미루어 생각할 수가 있다.

이러한 계통발생적 소재가 꿈속에 어떻게 나타나는가에 대한 구체적인 설명은 〈꿈−상징의 의의〉에서 다시 하게 되겠지만 이 주장을 뒷받침하는 에리히·프롬(Erich. Fromm)의 견해는 우리의 관심을 잡아 끈다.

잠들어 있는 동안의 우리 창조력의 산물과 인간이 가진 오래된 창작, 즉 신화는 흡사하다. 신화는 우리의 사고와는 거리가 먼 세계 속하는 것으로 여겨지고 있지만 우리들의 거의 모든 꿈이 형식에 있어서나 내용에 있어서 신화와 유사하다는 점엔 변함이 없다. 그것은 신화도 꿈도 모두 다 같은, 즉 상징언어로 씌어져 있기 때문이다. 상징은 인류가 발전시킨 유일하고도 보편적인 언어이며 문화에 대해서 모든 시대에 동일하다.

칼·융이 말한 고태형적 집단무의식의 원시적인 사고방식, 즉 조상들의 정신적인 유산인 감정, 사고 등과 같은 유전적 잔재를 꿈의 재료적 근원으로 본다면 그것은 곧 우리가 상정(想定)한 선천적–선험적–잠재지식과 동일한 것이 된다. 이제 우리는 그 실존 가능성을 알아보기 위하여 다음과 같은 열거사항들을 살펴볼 것이다.

① 꿈 요소에는 후천적인 경험과 지식으로는 그 근원을 알 수 없는 것들이 들어있다.
② 꿈 표현수단 중의 하나가 원시적이며 본능적인 욕구경향이다.
③ 꿈에는 조상들이 사고양(思考樣)과 행동태(行動態)가 들어있다.
④ 꿈의 고태적 상징표현은 동서고금을 막론하고 모두 같다.
⑤ 꿈의 예시적 능력의 주체인 예감충동은 원시인류의 유산이다.
⑥ 최면상태에서는 과거인지나 과거재생이 가능하다.
⑦ DNA의 유전정보는 선험적 지식의 전달 매개가 될 수 있다.

우선 우리가 알아두어야 할 것은 선천적 지식이 꿈을 위해 제공하는 재료들은 모두 정형적 상징이라는 점이다. 대부분의 상징적인 꿈에 있어서 이 정형적 상징은 그 줄기를 이루고 있으며, 이 정형성 위에 개인적 지식을 재구성한 창작적 상징이 합성됨으로서 표상작업이 이루어진다. 따라서 선천적 지식은 꿈–상징표현의 근간이라고도 말할 수 있다. 1875년 힐데브란트가 소개한 다음과 같은 에피소드는 위와 같은 사실을 이해함에 있어 도움이 되리라 본다.

가령 어떤 사람이 이런 꿈을 꾸었다고 하자. 그는 세인트헬레나로 배 여행을 했다. 이 섬의 죄수신세가 되어있는 나폴레옹에게 훌륭한 보젤 포도주를 팔았다. 그리고 나폴레옹으로부터 그는 몹시 환대를 받았다. 이런 꿈을 꾸고 잠을 깬 후 그는 꿈에서 깬 것이 몹시 섭섭할 정도의 심정이 되었다. 그렇지만 꿈의 광경을 일상의 현실과 비교해 보면 그런 꿈을 꾼 사람은 포도주 상인이었던 일도 없거니와, 또 아직까지 그렇게 되려고 생각해 본 적도 없다. 배 여행을 했던 경험도 없었으므로 세인트헬레나를 여행의 목적지로 택하리라고는 상상도 못할 노릇이다. 그리고 나폴레옹에 대해서는 어쩌냐 하면 좋기는커녕 애국적인 심한 증오감을 품고 있다는 것이다. 게다가 나폴레옹이 고도(孤島)에서 죽었을 때는 이 사람이 아직 태어나지도 않았다. 그러므로 나폴레옹과의 사이에 어떤 개인적인 관계를 추측하기는 전연 불가능하다. 이리하여 이 꿈은 하나의 흐름으로서의 계속적인 의식생활을 중단하고, 그 중단된 곳에 끼워진 전연 무관한 이질물(異質物)인 것이다.

꿈꾼 이에게 있어 나폴레옹과의 우호적인 조우(遭遇)라는 것은 그가 처한 현실과는 상반되는 매우 이질적인 것이다. 그가 어느 나라 사람이었는지는 분명치 않지만 그의 조국이 나폴레옹의 군대에 굴복당한 적이 있어 증오감을 품고 있었다면 이런 설정은 비논리적인 것이 된다. 때문에 힐데브란트도 꿈이란 의식생활의 흐름을 중단하고 그 중단된 곳에 끼워 넣어진 전혀 이질적인 것이라고 말했을 것이다. 꿈-재료의 근원을 과거의 경험에서만 찾으려고 한다면 이상과 같은 판단도 무리는 아닐 것이다. 그러나 이 꿈에 도입된 재료들을 자세히 살펴보면 여러 종류의 것들이 뒤섞여 있음을 알 수 있다. 즉, 과거의 경험과 지식은 물론 미래적인 재료와 선천적인 지식까지를 망라하여 온갖 종류의 재료들이 함께 공상적 사연을 이루고 있는 것이다. 세인트헬레나에 유폐된 나폴레옹이라는 설정은 물론 그의 후천적인 개인지식이다. 따라서 그가 나폴레옹에게 포도주를 팔아 환대를 받았다는 내용은 창조적 상징이라고 말할 수 있다. 반면에 배, 여행, 장사, 환대 등은 누구의 꿈에서나 발견되는 정형적 표상이므로 선천적 지식에서 이끌어 낸 재료가 된다. 또한 현실적 상황과는 정반대로 꾸며진 스토리는 상징표현이다. 결국 이 꿈은 여행, 장사, 환대 등의 정형적 심벌을 중심으로 개인적인 역사지식을 합성하여 가공된 미래예시의 상징표현이라고 말할 수 있다.

그런데 선천적 잠재지식은 먼 옛날 선조로부터 이어져온 일정한 사고의 틀 속에서 만들어진다. 융은 이러한 사고의 틀을 [집단적 투사(投射)]라고 말했다. 이와 같은 융의 이론에 따르자면 정형적 심벌은 단일한 이미지에 내재하는 집단적 사고의 결정체라고도 할 수 있을 것이다. 그런데 이 사고의 틀은 꿈만이 아니라 신화, 전설 등에도 적용된다고 한다. 이를테면 현인, 영웅, 악마 등은 세계 여러 나라의 신화나 전설에 공히 등장하는데 이것은 인류라는 공통분모에서 비롯된 보편적인 사고의 결과물이라는 것이다. 이것은 어쩌면 인류가 인종과 문화로 분리되기 훨씬 이전의 원시인들이 남긴 흔적일 수 있다. 자연환경과의 처절한 투쟁에서 살아남기 위해서는 나름대로의 정보를 축적해야만 했을 것인바, 그 과정에 자기가 속한 무리 가운데서 현인이나 영웅은 부각시키고, 악마는 경계해야만 할 필요성이 제기되었을 것이기 때문이다. 예를 들어 우리 전설에 자주 등장하는 신선(神仙) 노인이라는 존재는 세계 여러 나라의 신화나 전설에 등장하는 현명한 노파나 현자(賢者), 또는 주술사(呪術師) 등의 이미지와 아주 흡사하다. 성성한 백발과 긴 수염의 모습은 오랜 연륜에서 묻어나오는 삶의 지혜를 담아내기에 충분하였을 것인바, 그것은 원시사회 어디에서나 흔히 만나게 되는 추장이나 족장, 또는 무당 등의 개념에서 집단적 연상에 의한 확충이 이루어졌기 때문일 것이다. 우리나라 단군설화 역시 이와 같은 범주는 아니었을까?

어찌되었건 꿈 상징형성의 정형성과 함께 정형적 상징들이 선천적 잠재지식의 소산임을 우리가 알게 된 이상 선천성 맹인들이 꿈이 전연 경험되지 않은 시각적 표현을 한다고 해도 그리 놀라운 일은 아니다. 물론 그들의 꿈이 행하는 관념의 형상화가 시각표상보다는 언어, 감각, 정동표상 쪽에서 더 수월하게 이루어질 수 있을 것이다. 그럼에도 불구하고 그들의 꿈 역시 시각표상이 나타난다는 사실로 미루어 볼 때, 누구의 꿈에서든 선천적 잠재지식이 꿈-형성의 기본틀로 작용하고 있음을 짐작하기 어렵지 않은 것이다. 나는 이 책의 초반부에서 태어 날 때부터 맹인이 된 장님할머니의 최면몽을 소개한 바 있다. 그분이 최면상태에서 꽃, 나무, 계단, 집, 사람 등의 시각적 표상을 지각할 수 있었던 것도 위와 같은 이유에서라고 생각한다. 이와 관련하여 저 유명한 헬렌·켈러(Helen. Adams. Keller 1880~1968) 여사의 꿈 이야기는 맹인도 후천적인 경험 없이 시각적인 꿈을 꿀 수 있다는 사실을 여실히 입증하고 있다. 헬렌·켈러 여사는 맹인일 뿐 아니라 농아자(聾啞者)이다. 그녀는 시각과 청각 기능을 생후 1년 8개월만에 모두 잃었다고 한다. 이것으로 보아 그녀의 시각적 경험이 그리 풍부하지 못했음을 짐작할 수 있다. 그럼에도 불구하고 그녀는 시각적

헬렌·켈러[Helen. Keller]여사의 어린 시절

인 내용이 매우 풍부한 꿈들을 많이 꾸었다고 한다. 가령 늑대가 달려들어 날카로운 이빨로 자기의 몸을 무는 꿈을 꾸었는가 하면 여러 가지 꽃과 나무들로 가득 찬 아름다운 저택에 서 있는 꿈을 꾸기도 하였다는 것이다. 그런데 그녀는 눈으로 보고 귀로 함께 듣는

꿈은 단 한번 밖에 경험하지 못했지만 그것은 아주 놀라운 경험이었다고 회상하였다.

태양빛이 돌연 양쪽 눈에 비쳐왔다. 너무나 황홀해서 아무것도 생각할 수 없었다. 그리고 하늘을 쳐다보니 누군가가 급히 공중에 글씨를 써나간다.『저런! 당신은 당신의 갓난아기 시절을 회상하고 있는 거지요?』라고 쓰여 있는 것을 보았다. 나의 경험이라고는 나이아가라 폭포에 갔을 때 손의 촉각만으로 그 웅장한 폭포소리를 느꼈을 뿐인데도 꿈속에서는 멀리서 들려오는 폭포소리를 명료하게 들을 수 있었다.

한편 그녀는 다음과 같은 투시적인 꿈도 보고하고 있다.

나는 8년 전의 어느 날 아침을 결코 잊을 수가 없다. 나는 새로운 친구였던 부르크스 신부가 임종하는 꿈을 꾸었던 것이다. 그리고 2~3시간 후 그 꿈의 예지가 무서울 정도로 현실화된 것에 다시 놀랐다. 아마도 이것은 신부가 숨을 거두는 순간 내가 그를 생각했기 때문에 그런 꿈이 꾸어졌는지도 모른다. 그리고 오래지않아 나는 꿈속에서 울었던 것과 마찬가지로 똑같은 장소에서 실제로 울었던 것이다.

헬렌 여사는 자신이 경험한 꿈들에 대하여 다음과 같이 회상하고 있다.

나는 같은 밤에 여러 가지 다른 꿈을 꾸는 경우는 있어도 낮 동안에 일어난 사건을 꿈꾸는 경우란 거의 없다. 또 같은 꿈을 몇 번이고 반복해서 꾸는 경우도 없다. 그러나 낮 동안 아무리 유쾌하고 행복했더라도 밤에 잠자리에 들어 불유쾌하거나 공포스러운 꿈을 꾸는 경우가 가끔 있다. 내 꿈은 나의 감정이나 상상과 일치하는 경우가 많으며 수면중이나 각성중이라도 항상 우정을 갖고 있기 때문에 그들의 태도가 변하거나 불친절한 일은 결코 없다. 꿈속에선 때때로 아름다운 공상에 빠져 있으며 현실에서 경험하지 않은 기억이나 여러 가지 감각과 사상을 갖는다. 많은 물방울 소리를 들은 적도 있고, 가끔 이상한 광선이 찾아들기도 한다. 내가 그것들을 신비감에 젖어 바라보고 있으면 이느새 소멸되고 만다.

이상의 예에서 볼 수 있듯이 우리는 그녀가 자신의 잃어버린 감각 기관의 이미지들을 꿈속에서 적지 않게 경험하고 있었다는 사실을 알 수 있다. 그런데 폭포소리, 물방울 소리, 이상한 광선, 찬란한 태양 빛, 공중에 쓰여진 글씨, 그리고 달려드는 늑대 등의 이미지들 모두가 생후 1년 8개월 동안의 경험에서 유래하였다고는 볼 수 없다. 더욱 놀라운 것은 정상인도 경험할 수 없는 감각적 이미지들을 보고 들었다는 사실이다. 우리는 특히 그녀가 낮 동안 일어난 사건을 꿈꾸는 경우는 거의 없고, 그 대신 현실에서 경험하지 않은 기억과 여러 가지 감각 및 사상에 관한 것을 꿈꾼다는 사실에 주목하지 않을 수 없다. 이런 저런 사실들을 종합해 보면 그녀는 결국 선천적 잠재지식에서 이끌어 낸 정형적 상징에 의한 꿈을 꾸고 있었음이 분명해진다. 선험적 잠재지식에서 유래하는 꿈-재료란 바로 이런 것들이라고 나는 자신 있게 말할 수가 있다.

제 9 장

수면중(睡眠中)의 자극인상(刺戟印象)

1. 외적(外的) 감각자극(感覺刺戟)

수면중에 경험하는 외적감각자극이나 신체 내외부에서 일어나는 여러 가지 자극인상들이 꿈-재료가 될 뿐만 아니라 꿈-사상을 환기시키는 자극원이 된다는 주장은 꿈-연구가 대부분의 공통된 견해다. 1838년 부르다하(Karl. Friedrich. Burdach 1776~1847)는 외적감각자극에 대하여 다음과 같이 설명하고 있다.

잘 동안의 마음은 외계로부터 고립됨으로서 외부로부터 내부를 향해 후퇴한다. 그렇지만 외계와의 관련이 완전히 끊어지는 것은 아니다. 만약 우리가 수면 상태에서 전연 듣고 느끼지를 못하다가 잠을 깬 후에나 비로소 듣고 느낄 수가 있다면 자는 사람을 깨운다는 일은 전연 불가능할 것이다.

자극의 지속은 다음과 같은 사실에 의하여 더욱 명백히 증명된다. 즉, 우리는 항상 어떤 인상의 단순한 감각적인 강도에 의해서가 아니라, 그 인상의 심적 관계에 의해서 깨워진다는 것이다. 생각나는 어떤 말로 불러도 반응이 없던 사람이 자신의 이름을 부르면 곧바로 일어난다. 따라서 마음은 자고 있는 동안에도 자극을 분간하고 있는 것이다. 그러므로 어떤 감각자극이 표상에 대하여 중요한 일에 관계되어 있으면 그 감각자극의 결여에 의해 잠을 깨는 경우도 있다. 어떤 사람은 밤에 전등불이 꺼지면 잠을 깨며, 제분업자는 제분기 돌아가던 소리가 멈추면 잠을 깬다. 다시 말해 이런 경우는 어떤 감각 활동의 정지(停止)에 의해 잠을 깨는 것이다. 그리고 이 일은 이 감각자극이 지각되었음을 전제로 삼는다. 그렇지만 그 감각자극이 사소한 일이거나, 오히려 만족할 만한 것이면 마음은 안면(安眠)을 방해하지 않는다.

위와 같은 견해를 수용한다면 우리의 마음이 수면중에라도 외계와의 관계가 완전히 끊어지지 않을뿐더러 자는 동안의 자극들을 분간하고 있다는 것을 인정해야만 한다. 또한 수면중에 영향을 미치는 여러 가지 감각자극들은 우리 마음이 받아드리는 또 하나의 경험이라는 사실도 인정해야만 한다. [자극]이라는 용어는 외적 조건의 변화가 감각기관을 흥분시킴으로서 독특한 감각을 일으키게 한다는 뜻이다. 그런데 우리의 꿈은 신체에 미치는 감각자극 이외에도 타인의 정신자극, 또는 자신의 심적 자극에 의해서도 형성될 수 있다. 우리가 잠자기 직전으로부터 잠을 깨기 직전까지 받는 심적, 또는 감각적 자극의 수는 헤아릴 수 없이 많을 것이다. 그렇지만 그것들 모두가 꿈-재료로 채용되는 것은 아니다. 그 이유가 무엇일까? 이 점에 대해서는 지금까지 여러 방면에서 설명되어 왔다고 생각한다. 한 번 더 부언하자면 신체 내외부에서 유입되는 자극이 꿈으로 채용되는가의 여부는 전적으로 꿈의 의도, 즉 잠재의식의 선택적 자의(恣意)에 맡겨져 있다는 것이다.

생리학자들은 자연적인, 또는 고의적인-잠자는 사람에게 어떤 자극을

가해서 유발되는- 자극인상들로부터는 어떤 꿈이 유발되는 것이며, 또 그럴 경우 그것들은 꿈의 어떤 요소로서 참여하는가 하는 것인가 하는 등을 지속적으로 연구해왔다. 그러나 어떤 감각자극이 꿈의 재료가 되는가 하는 것을 알아내는 것보다 이 자극이 꿈-요소들에 얼마나 큰 영향을 미치는가 하는 것을 알아내기가 더 어렵다. 이 궁금증을 풀기 위해 실제로 실험을 해 본 연구가들이 있었다. 그들에 의하면 고의적으로 자는 사람에게 수면을 방해할 정도로 강한 자극을 가했을 때, 잠을 깨기 직전의 꿈에서는 그 자극의 근원을 알아내기가 매우 용이하였다고 한다. 프로이트는 수면중의 자극인상을 다음과 같이 분류하였다.

① 외적 객관적 감각자극 (External objective stimulus)
② 내적 주관적 감각자극 (Internal subjective stimulus)
③ 내적 기질적 신체자극 (Internal objective stimulus)
④ 순수 정신자극 (Purely psychical excitations)

여기서 ④ 순수 정신자극은 잠자기 직전까지 존재하던 모든 관심사를 말한다. 그러나 이 미해결의 관심사는 모든 꿈에 해당될 것이므로 나의 분류에서는 제외하였다. 대신에 나는 [외적(外的) 정신자극(情神刺戟)]이라는 가설을 추가하였다. 이것에 대해서는 후반부에 상술할 예정이다.

선천적이거나 후천적인 재료들과 마찬가지로 감각자극인상들 역시 일단 잠재의식에 의해 받아들여진 다음 재생산되어 꿈-상징이 된다는 것은 이제 더 이상 설명할 필요가 없을 것으로 본다. 그런데 감각자극인상 중에서는 [외적 감각자극]이 가장 강렬한 인상을 남긴다. 다른 자극인상의 경우도 그렇지만 외적 감각자극이 꿈의 표상재료가 되거나 꿈-사상의 근원이 되기 위해서는 다음과 같은 몇 가지 전제조건을 충족시켜야 한다. 첫째 수면중의 우리의 마음이 외부세계에 대해 언제나 관심을 돌리고 있어야 하고, 둘째 그 세계에서 주어지는 어떠한 자극인상도 착각하지 않아야 하며, 셋째 꿈을 형성하기 위해서는 그 자극인상을 선택하는 능력을 가지고 있어야 한다. 프로이트는 이것에 대하여 다음과 같이 설명하고 있다.

사람은 자극을 감각기관으로부터 완전히 멀리 할 수도 없거니와, 또한 감각기관이 자극에 상응하는 기능을 완전히 정지시키지도 못한다. 상당히 강한 자극을 받으면 언제든지 깰 수가 있다는 사실은 마음이 자고 있는 동안에도 늘 신체 밖에 있는 외계와 접촉되어 있다는 사실을 증명하고 있다고 말해도 좋을 것이다. 자는 동안에 받는 감각자극은 말할 여지도 없이 꿈의 한 중요한 근원이 될 수가 있다. 그런 자극에는 각종의 것이 있다. 수면상태에서 필연적으로 뒤따르는, 또는 부득이, 때로는 이것을 받지 않을 수 없는, 불가피한 자극을 위시하여 잠을 중단시켜 버리기에 적합한, 또는 그런 목적을 가진 우연한 각성자극에 이르기까지 여러 가지가 있다. 밝은 광선이 눈에 비친다. 소란한 소리가 들린다. 냄새가 코를 자극한다. 뇌성소리, 닭 우는 소리, 자명종소리, 말발굽소리 등이 들린다. 수족을 이불 밖으로 들어내서 차게 느낀다. 잠의 자세에 따라 압박감이나 접촉감을 가진다. 벌레가 찌른다. 그리고 밤에 일어나는 작은 사건들의 여러 감각을 동시에 겪는 경우도 있다. 기타 주의 깊은 관찰들에 의해서 수집되고 연구된 것들은 [자극이 꿈의 근원] 이라는 사실을 인정하기에 충분하다. 그것들은 각성시에 확인된 자극과 꿈-내용을 비교함에 있어 부분적으로 일치하는 것들이다.

1855년 에센(Jessen)은 얼마간 우발적(偶發的)으로 생긴 감각자극들을 수집, 분석하여 꿈과의 상관관계(相關關係)를 밝힌 바 있다. 그 중 일부를 여기 소개하면 다음과 같다.

정체(正體)를 알 수 없는 어떤 소리도 그것에 부합된 꿈의 영상(映像)을 만들어낸다. 천둥소리는 우리를 전쟁의 한 복판으로 끌고 가며, 닭의 울음

소리는 사람이 지르는 비명으로 번역되고, 문의 삐걱거리는 소리는 도둑 침입의 꿈이 된다. 만약 밤에 이불을 떨어뜨리면 아마 벌거숭이로 돌아다니다가 물에 빠지는 꿈을 꿀 것이며, 가로누웠는데 발이 침대 밖으로 삐져나와 있으면 굉장한 절벽의 가장자리에 서 있는 꿈을 꾸게 될지도 모른다. 우연히 머리가 배게 밑으로 들어가면 큰 바위에 눌리는 꿈을 꾸게 될 것이다. 정액(精液)이 지나치게 고이면 음탕한 꿈을 꿀 것이고, 어디가 아프면 적의 공격을 받거나 몸에 상처를 받는 꿈을 꿀 것이다.

이와 관련하여 마이어(Meier)는 『나의 몸이 땅에 젖혀져 눕혀지고 엄지발가락과 그 다음 발가락 사이에 말뚝이 박혀진 꿈을 꾸고 깨어보니 바로 그 발가락 사이에 밀짚이 하나 끼어 있었다. 또한 교수형에 처해지는 꿈을 꾸고 보니 자는 동안 잠옷이 너무 목을 졸라매고 있었음을 알았다.』라고 자신의 체험담을 들려주고 있다. 호프·바우어(Hoffbauerr)는 높은 벽에서 떨어지는 꿈을 꾸고 보니 침대가 무너져 정말 자기가 바닥에 떨어져 있었다고 했다. 그레고리(Gregory)라는 사람은 에트나 산에 올라가서 땅 밑으로부터 올라오는 거의 견딜 수 없을 정도의 뜨거운 열기를 느끼는 꿈을 꾸었는데 깨고 보니 잠자기 전에 발밑에 뜨거운 물통을 놓아두었음을 알았다고 했다. 또 어떤 사람은 그가 인디언에게 머리 가죽을 벗기는 꿈을 꾼 것은 머리에 고약을 붙이고 잤기 때문이라고 보고하고 있다. 나는 낮잠을 자다가 다음과 같이 외적 감각자극이 꿈-재료가 된 꿈들을 체험한바 있다.

어머니께서 『굴우물(窟井)에서 찬 물 한 바가지를 떠다가 마셔보니 이상하게도 물맛이 쓰다.』라고 말씀하시는 것을 들었다. 그리고 장면이 바뀌어 내가 누워있는 옆자리에 톱과 연장 그릇이 놓여 있어 불편함을 느낀다. 그것들을 치우려고 몸을 일으키려 했으나 몸이 제대로 움직여지지가 않는다. 간신히 일어나 몸을 옆으로 돌리려고 하지만 이번에는 전혀 움직일 수가 없다.

전반부에서는 창문을 통해 들어 온 초가을의 서늘한 바람이 자극인 상이 되어 찬물이라는 꿈-재료가 되었다. 후반부에서는 가슴에 손을 얹고 잠을 잔 것이 꿈의 자극원이 되었다. 즉 가슴으로 느끼는 압박 감이 어떤 잠재사상을 환기시킴으로서 그에 상응하는 이미지들을 만 들어 낸 것이다.

> 흉악하게 생긴 어떤 사나이의 얼굴이 크게 확대되어 나타나더니 깔깔대
> 고 웃으며 나의 코앞까지 압도해 온다.

잠을 깨고 나서 보니 라디오에서 어떤 코미디언이 깔깔대고 웃으며 유령 이야기를 하고 있었다. 라디오를 켜 놓은 채 깜빡 잠이 들었던 것이다.

그렇다면 잠을 자는 동안의 외적 감각자극이 꿈-재료가 될 수 있다 는 주장이 틀림없는 사실인가? 만약 그것이 사실이라면 자고 있는 사 람에게 계획적으로 어떤 자극을 가했을 때 그 자극에 부합하는 꿈을 꾸게 할 수 있을 것이고, 또 그런 실험이 성공한다면 자극과 꿈의 관 계를 상정한 이론은 신뢰성을 획득하게 될 것이다. 실제로도 이런 생 각을 실행에 옮긴 연구가들이 있었는데 지로드·뷰자랭그(Girode. Buz ariengues)가 처음으로 성공하였다고 보고되어 있다. 1878년 모리는 자신의 실험관찰 결과를 다음과 같이 보고하고 있다.

① 입술과 코끝을 깃털로 간질였을 때,
[무서운 고문도구의 탈이 씌워졌다가 벗겨지면서 얼굴가죽도 함 께 벗겨지는] 꿈을 꾸었다.
② 가위를 핀셋으로 두들겼을 때,
[종소리가 나는가 싶더니 폭풍을 알리는 경종소리가 들리는] 꿈을 꾸었다.

③ 오·드·콜로뉴 향수의 냄새를 맡게 했을 때,
[카이로의 요한마리아파리나 상점에 있었으며, 도저히 재현할 수
없는 터무니없는 모험의] 꿈을 꾸었다.
④ 가볍게 목을 꼬집었을 때,
[고약이 발려지는 꿈, 그리고 어린 시절에 진찰해 준 의사에 관
한] 꿈을 꾸었다.
⑤ 뜨겁게 달궈진 쇠를 얼굴 가까이 하였을 때,
[한 무리의 강도에게 습격을 당했는데, 강도들은 가족들의 발을
전부 화로 속에 넣으라고 협박함으로서 돈을 내놓도록 강요한다.
그때 거기에 아브란츠의 공비(公妃)가 나타난다. 그는 꿈속에서
공비의 비서관이 되어 있었다는] 꿈을 꾸었다.
⑥ 이마에 물 한 방울을 떨어뜨렸을 때,
[이탈리아에서 몹시 땀을 흘리고서 올비에의 포도주를 마시고 있
는] 꿈을 꾸었다.
⑦ 초의 불빛을 빨간 종이를 통해서 여러 번 얼굴에 비추었을 때,
[폭풍우와 더위의 꿈, 즉 과거 영불해협에서 경험해 본 일이 있
는 폭풍우 속에 있는] 꿈을 꾸었다.

이상으로 우리는 우발적으로 생기는 외적 감각자극과 고의적으로
자극을 가했을 때 발생하는 두 가지 형태의 꿈이 어떤 것인가를 알아
보았다. 따라서 외적감각자극이 꿈을 발생시키는 자극원이 될 수 있
을 뿐만 아니라, 꿈의 이미지를 만들어내는 재료적 구실도 한다는 사
실도 이해하게 된 것이다. 그런데 프로이트는 수면중에 받는 어떤 외
적자극이라도 새로운 잠재사상을 환기시킬 수는 없다고 주장했다. 즉
외적 감각자극이 진행중인 꿈의 재료는 될 수는 있지만 그렇다고 해
서 새로운 꿈-사상을 구성하는 것은 아니라는 주장인 것이다. 그의
견해를 더 들어보자.

우리의 잠재사상은 꿈꾸기 직전까지 이미 그 각본이 완성되어 있었으므로 감각의 세계로부터 오는 갑작스런 인상은 그것이 이미 전개, 진행시키고 있는 꿈의 대단원 속에 요긴한 재료적 구실을 할 수 있도록 꿈의 내용에 맞추어 짜 넣는 일을 한다.

그러나 꿈-사상이 잠들기 전에 이미 완성된 형태로 준비되어 있다는 주장은 잘못이다. 이 점에 대해서는 〈꿈의 현현내용과 잠재사상〉에서 충분한 설명이 이루어졌다고 생각한다. 한 번 더 부언하자면 수면중의 외적 감각자극 중에서 꿈을 형성하기에 적합한 것이 있으면 그것만으로도 하나의 새로운 꿈-사상이 불러일으켜질 수 있다는 것이다. 물론 자극인상이 그대로 꿈의 주제가 되는, 가령 새소리를 듣고 새에 관한 꿈을 꾸는 것과 같은, 그런 일이 흔하지는 않다. 때문에 보통의 경우라면 그 자극인상으로부터 연상되는 것, 또는 그것으로 상징가능한 전혀 다른 사연의 꿈이 즉석에서 만들어 질 수 있다. 즉, 꿈-사상은 잠자기 전에 미리 완성된 상태로 준비되는 것이 아니라, 그때그때마다 잠재의식에 의해 임의적으로 선택되는 것이므로 경우에 따라서는 진행중인 꿈-사상이 중단되고 이 유입된 감각자극에 부합하는 새로운 꿈이 만들어질 수도 있다는 것이다. 이것은 위에서 소개한 모리의 실험결과에서도 쉽게 그 증거들을 찾아 볼 수가 있다.
이처럼 외적 감각자극에 의해서 꿈-사상이 바뀔 수 있음을 입증하는 사례는 많다. 예를 들어 우리가 뇌성소리에 의해 잠을 깨어 그 직전까지의 꿈을 상기한 다음 다시 잠이 들었다고 한다면, 이때의 뇌성소리가 재료가 된 새로운 꿈을 꾸게 된다. 그리고 아침에 일어나서 그 전후의 꿈들을 비교해 보면 전혀 다른 잠재사상인 것을 확인하게 되는 것이다. 그런데 프로이트의 주장도 전연 틀린 것은 아니다. 왜냐하면 외적 감각자극이 현재 진행 중인 꿈에 적합하다고 인정될 경우에는 다만 그 재료로서 활용되는 경우도 적지 않기 때문이다. 그러나 이것은 오로지 그 자극에 의해 잠을 깨어 직전까지의 꿈속에서 새로 유입된 감각자극으로 만들어진-또는 *연상되는*- 상징표상을 찾아낼 수 있을 때에만 확인된다. 내처 잘 경우에는 꿈-상징들이 자극인상으로부터 온 것인지, 아니면 다만 잠재지식에서 이끌려온 것인지를 분간하기가 매우 어렵기 때문이다. 아무튼 외적 감각자극이 진행중인 꿈속에 끼워 넣어져 한 구실을 떠맡을 수는 있다는 것만은 틀림없는 사실이다. 이 점에 대하여 힐데브란트(F. W. Hildebrand)는 다음과 같은 견해를 표명했다.

　젊었을 때 나는 아침마다 일정한 시간에 일어나기 위하여 자명종(自鳴鐘)을 사용하는 버릇이 있었다. 이 자명종 소리는 상당히 긴 연관성이 있는 꿈속에 알맞게 끼워져 마치 꿈 전체가 다만 이 자명종의 소리를 향해 진행되는 것 같았다. 그리고 이 소리 속에 본래의 이해할 수 없는 논리적인 핵심이 있으며, 또 지정된 궁극의 목표가 있는 듯이 보였다. 나는 사실 빈번히 그렇게 느꼈다.

　프로이트는 그의 《꿈 해석(1900)》에서 힐데브란트가 경험한 세 가지의 사례를 소개하고 있는데 그것은 다음과 같다.

　꿈속에서 아침에 산책을 하다가 예배당에 가게 됐고 예배당 종탑의 종이 울렸다. 그 소리에 잠을 깨고 보니 이 자명종이 요란하게 울리기 시작했다. 또 한 꿈속에서는 눈 덮인 겨울날 아침 준비된 썰매를 타고 가는데 말방울소리와 터키 군악소리가 힘차게 났다. 잠을 깨고 보니 그것은 자명종 소리였다. 그리고 다른 꿈속에서는 여하인이 식당에서 접시를 높이 쌓아올려 들고 가다가 주의를 주었음에도 불구하고 떨어뜨려 산산조각으로 깨버렸다. 그때 쨍그랑하는 요란한 소리는 곧 방울 소리로 변했다. 잠을 깨고 보니 역시 자명종이 소리였다.

　그런데 우리는 위의 사례들에서 몇 가지 의문점을 갖게 된다. 과연 자명종의 울림이 꿈속에 변형되어 삽입된 것일까? 그것이 사실이라면 꿈의 어느 부분에 삽입되었는가? 왜 같은 자명종 소리로도 각기 다른 꿈-상징들을 만들어 내었는가? 힐데브란트의 주장처럼 초침(秒針)이 돌아가는 소리가 꿈-사상을 변형시킴으로서 꿈의 클라이맥스가 오직 자명종 울림에 맞춰져 있는 것일까? 그리고 이 꿈들은 곧 자명종소리가 울릴 것이니 잠을 깰 준비를 하라는 암시로서 형성된 것일까?

☞ **자명종 소리와 관련된 논쟁(論爭)** : 연구자들 사이에서는 자명종이 울리기 직전에 깨어나는 현상에 대하여 잠재의식이 잠을 깨기 직전 자명종이 울릴 것을 미리 감지하기 때문이라는 주장과 자명종이 울리기 직전에 『딱』하는 특이음을 내기 때문이라는 주장이 팽팽히 맞서고 있다.

이것에 대하여 나는 다음과 같이 설명하고자 한다. 이 꿈들에서는 실제의 자명종 소리가 진행중인 꿈속에 변형된 이미지로 삽입된 것도 아니고, 또 자명종이 울리는 극히 짧은 순간에 그것과 연관된 긴 꿈을 꾸게 된 것도 아니다. 수면중의 우리 마음이 늘 그렇듯이 얼마 안 있으면 잠을 깨우기 위해 자명종 소리가 울리게 될 것을 그의 잠재의식은 미리 예감하고 있었던 것이다. 때문에 이러한 심적 자극이 자명종 소리와 유사한 여러 가지 소리를 연상하게 함으로서 그 각각의 소리로 상징가능한 어떤 꿈-사상들을 환기시켰을 것이다. 그리고 실제로 자명종이 울려서 잠을 깰 때까지 꿈은 계속되었던 것이다. 좀 더 명확하게 설명하자면 자명종 소리라는 청각적 감각자극이 이 꿈을 형성하게 된 직접적인 근원이 아니라, 자명종의 초침소리가 자는 사람의 귀를 통해 입력됨으로서 비로소 가동하기 시작한 심적 자극이 바로 그 근원이라는 것이다. 이러한 구성은 앞서 예제로 든 모리의 [사형집행의 꿈]과 매우 유사하다. 이와 관련된 나의 꿈 이야기 하나를 소개한다.

나는 잠을 깨기 직전의 꿈속에서 친구와 현재시간을 알아맞히는 내기를 하였다. 그는 지금 시각이 7시라고 했고 나는 7시 5분이라고 주장했다.

그러고 나서 곧 바로 잠을 깨었는데 나는 이것이 투시적인 꿈이라고는 생각하지 않았기에 꿈을 음미하면서 느긋하게 옷을 주어입고 있었다. 그러다가 갑자기 꿈이 좀 이상하다는 생각이 들어 책상서랍에 넣어두었던 손목시계를 꺼내 보았다. 그런데 놀랍게도 이때의 시계 바늘들이 정확하게 7시 5분을 가리키고 있는 것이었다. 이 꿈은 5분 전인 7시경에 형성된 것이고 그 자리에서 옷을 갈아입는 동안 경과한 시간이 5분 정도이니 나의 잠재의식은 이 모든 것을 다 계산에 넣고 있었던 것이다. 물론 꿈속의 나의 친구는 다름 아닌, 또 나의 [또 하나의 자아]였다. 7시경이면 늘 잠을 깨던 습성에서 잠깨움을 촉구하는 마음의 움직임이 이 꿈을 형성하게 했던 것이다. 같은 이유로 힐데브란트의 경우 역시 잠시 후면 울릴 자명종 소리에 맞추어서 꿈이 형성되기 시작했을 것이다. 다만 자명종 소리가 교회종소리로 연상되어 꿈속에 끼워 넣어질 수 있었던 것은 교회의 종소리로 상징할 만한 어떤 미해결의 관심사나 미래사가 그에게 예정되어 있었기 때문이다. 이렇듯 꿈의 재료선택은 항상 판단과 예지를 전제로 준비된 잠재사상의 내용을 상징할 수 있는 것이어야 한다. 잠재의식이 의도하는 목적에 부합되지 않는다면 수면중에 제아무리 강한 감각자극이 유입되더라도 그것으로 새로운 꿈이 형성되지도 않거니와 그것과 유사한 표상도 만들어지지 않는다.

만약 우리가 자명종 소리와 연관된 자료를 얻기 위해 좀 더 많은 피험자들을 한꺼번에 관찰해 본다면 어떤 결과가 나올까? 같은 방에서 잠을 자게 한 수십 명의 사람들을 역설적 수면기에 자명종 소리로 일제히 깨워서 그들 각자의 꿈을 진술케 한다고 가정해 보자. 아마도 대부분의 사람들은 자명종 소리를 무시하고 전혀 다른 표상들로 가득 찬 꿈을 꿀 것이다. 또한 꿈속의 어떤 소리가 표현되어 있다손 치더라도 그것이 곧 자명종 소리와 연관된 표상이라고 단정할 만한 근거를 찾아내기도 쉽지 않을 것이다. 꿈은 미해결의 관심사에 따라 각기 다른 표상들을 사용할 것이므로 같은 감각자극이 유입되었다고 하더라도 동일한 표상을 만들어내는 경우란 극히 드물기 때문이다. 힐데브란트의 예제에서 몇 가지 의문점을 풀어본 대로 이제 우리는 제아무리 강한 외적 감각자극이라고 해도 꿈의 의도에 부합하는 상징언어로서의 가치를 획득하지 않으면 잠재의식에 의해 무시될 수 있다는 사실을 알게 되었다.

밤새 폭우가 쏟아지고 뇌성벽력이 요란했던 어느 날 아침 나는 가족들에게 밤새 무슨 꿈을 꾸었는가를 물어보았다. 그런데 뜻밖에도 나 자신을 비롯하여 온 가족이 천둥번개와는 전혀 무관한 꿈들을 꾸고 있었다. 그런데 재미있는 것은 그날 밤 이웃집 부인이 폭우와 관련한 꿈을 꾸었는데 무슨 연유인지 그 무대가 바로 우리 집이었다는 사실이다. 그 내용인 즉, [우리 집 마당에 있던 우물에서 물이 흘러넘치고 있었다]는 것이다. 그녀는 이 꿈 이야기의 말미에 『당신네는 머지않아 큰돈을 벌겠어요. 꿈에 우물물이 불어나면 돈이나 재물이 불어난다면서요?』라고 자가 해석을 덧붙였다. 그녀의 해석은 물론 민간속신이었으나 기적처럼 맞아 떨어졌다. 그로부터 6개월 정도가 경과할 즈음 우리는 생전 처음이라고 할 만큼의 거금을 만지게 되었기 때문이다. 그 거금이란 다름이 아니라 아우가 수십 년 동안의 군 생활을 청산하고 받은 퇴직금이었다. 그러나 유감스럽게도 그 돈은 재생산되지 못한 채, 야금야금 탕진되고 말았다. 이웃집 부인의 꿈은 애초부터 저간의 사정이 그리 될 것을 모두 알고 있었던 것이다. 꿈속의 우물물이 고이지 않고 흘러넘친 것은 재산상의 손실을 암시하는 것이었기 때문이다. 이웃집의 미래사를 예지하는 꿈은 드물지 않다. 이 꿈이 바로 그런 종류인데 그녀의 잠재의식에 우리 집 가정사에 대하여 어떤 판단을 내려야만 할 잠재사상이 미리 준비되어 있었기 때문에 폭우소리의 감각자극이 우물물로 형상화된 것이다. 여기서 나는 외적 감각자극에서 꿈을 형성하였다고 생각되는 두 개의 꿈을 프로이트의 《꿈의 해석》에서 인용해 본다. 그것들은 어떻게 꿈속에 삽입되었을까? 그 중 하나는 1875년 폴켈트(Volkelt)가 보고한 어떤 작곡가의 꿈이다.

그는 꿈속에서 음악교습을 마친 뒤 학생들에게 무엇을 설명하고자 하였다. 설명이 끝난 후 한 학생에게 알았느냐고 물었다. 그랬더니 그 학생이 미친 사람처럼 『오야!』(예라는 뜻)라고 외쳤다. 이 외침에 화가 난 그가 그 학생에게 외치지 말라고 나무랐더니 이번에는 학급 전체가 외치기 시작하였다. 처음엔 『오르야.』, 그 다음은 『오르이요.』, 끝으로 『포이에르요.』(불이 났다)라고 외치는 바람에 꿈에서 깨었다. 그런데 정말 거리에서 사람들이 『포이에르요!』(불이야!)를 외치고 있었다.

이 꿈은 처음부터 [불이야!]하고 외치는 소리가 멀리서 불분명하게 들려왔거나, 아니면 자기의 잠재의식이 불이 날 것을 미리 예지했기 때문에 형성되었다고 보아야 한다. 오야 → 오르야 → 오르이요 등으로 이어지면서 점차 선명해지다가 마지막 단계에서 [포이에르요(불이야!)] 하는 외침으로 실제 불이 난 것을 확인하고 있어 무척 흥미롭다. 1888년 시몽(P. M. Simon)이 경험한 다음과 같은 꿈은 확실히 외적 감각자극에 의해서 즉각적인 표상화가 이루어진 경우라고 말할 수 있다.

그는 꿈속에서 몇 명의 거인들이 식탁을 둘러싸고 앉아있는 것을 보았으며 거인들이 음식을 먹을 때 턱에서 나는 무시무시한 씹는 소리를 똑똑히 들었다. 그리고 잠을 깨어보니 그것은 창밖을 달려가는 말발굽 소리였다.

프로이트는 《걸리버 여행기》의 기억군으로부터 이 꿈의 표상들이 환기되었을 것이라고 생각했다. 그 판단은 옳았다. 꿈꾸는 사람의 마음을 움직이게 한 창밖의 말발굽 소리가 사람들이 음식물을 입에 넣고 씹을 때 내는 소리로 형상화되면서 《걸리버 여행기》속의 거인들을 이끌어내었을 수도 있기 때문이다. 그렇다면 말발굽 소리에 유인될 만한 수많은 재료 중에서 왜 하필 거인들이 음식을 씹는 소리로 형상화된 것일까? 그것에 대한 해명이야말로 감각자극에 의한 꿈의 표상작업을 규명하는 열쇠가 될 것이다.

2. 내적(內的), 주관적(主觀的) 감각자극(感覺刺戟)

주관적(主觀的)인 감각자극이라고 하는 것은 잠자기 직전 시각, 또는 청각기관에 남아있는 빛이나 귀울림 같은 것들을 말한다. 일부 학자들인 이것들이 어떤 형태로든 꿈에 영향을 준다고 주장했다. 이 점에 대하여 프로이트는 『이러한 자극이 꿈을 형성케 하는 원인이 되거나 표상 요소로서 나타날 수도 있다는 견해를 누가 처음 가졌는지는 분명치 않다. 그것은 객관적인 감각자극처럼 우연에 좌우되지 않으며 꿈의 설명이 그것들을 필요로 삼는 그때마다 언제든지 응할 태세를 갖추고 있다. 그러나 객관적인 감각자극에 비해 관찰과 실험에 의해서 증명하기가 매우 곤란하다.』라고 설명했다. 1874년 분트(Wundt. Wilhelm)는 다음과 같은 견해를 피력했다.

이 주관적인 시각과 청각들은 깨어 있는 상태에서 눈을 감았을 때, 체험되는 빛의 혼돈(光塵), 귀울림(耳鳴) 등으로 우리에게 잘 알려져 있다. 그 감각들 속에는 특히 주관적인 망막자극이 큰 구실을 한다. 매우 비슷한 것이나 전연 동일한 것이 눈앞에 나타난다는 꿈의 특징은 이것으로서 설명된다. 무수한 새, 나비, 물고기, 진주, 꽃 등이 우리 눈앞에 전개된다. 광선이 차단된 상태에서 시야에 어린 빛나는 티끌들이 그처럼 공상적인 꼴을 취하는 것이다. 그리고 이 빛나는 티끌을 형성하고 있는 무수한 작은 점들이 꿈 속에서는 그것과 동일한 수효의 독립된 심상이 바뀌는데, 바로 이 심상이 빛의 현란한 운동성 때문에 활동하는 물체처럼 보인다. 꿈속에 온갖 동물들이 자주 나타나는 것도 이것 때문이다.

수면중의 자극인상이 곧바로 꿈의 이미지가 된다고 생각하는 사람들에게 있어서는 위의 견해가 매우 타당해 보일 것이다. 그러나 누누이 강조해온 것처럼 어떤 자극인상이라도 즉각적으로 꿈-상징이 될 수는 없다. 그것들은 일단 우리 기억군 속에 들어와 잠재지식화되고, 또 그 심적 가치가 꿈-재료로서 적합하다는 잠재의식적 판단이 이루어져야만 비로소 활용될 수 있는 것이다. 더구나 상징적인 꿈에서의 표상작업은 잠재사상의 내용을 암호화하는 것이므로 단순한 빛의 잔영이나 소리의 흔적만으로 꿈이 만들어진다고는 생각할 수 없다. 따라서 무수한 새, 나비, 물고기, 진주 등의 형상이 꿈속에 등장하는 이유가 잠들기 직전의 주관적 감각자극-*잠들기 직전 시야에 어린 빛나는 티끌들*- 때문이라는 주장은 터무니없다. 물론 그 중에는 강렬한 인상을 남기는 것도 있을 것이므로 그것이 잠시 후 형성될 꿈-사상에 적합한 재료적 가치가 있다면 꿈-재료로서 활용될 수 있을 것이다. 그러나 그렇다고 해도 그 자극인상의 수효(數爻)와 동일한 표상들이 만들어진다고는 생각할 수 없다. 꿈에 표현되는 물체의 수효는 현실의 단순한 모상(模像)이 아니다. 적거나 많거나, 아니면 헤아릴 수 없을 정도로 많거나 하는 등의 표현 모두가 나름의 의미를 갖는 상징언어이기 때문이다.

그런데 꿈이 이러한 주관적 자극인상으로 어떤 공상을 환기시킬 암시적 의도를 가지고 있다면 그것들은 필연적으로 심적 자극원이 될 것이므로 꿈의 표상재료로 활용되기는 매우 용이할 것이다. 모리는 이러한 자극인상들을 『대개 사람들이 막 잠들려고 할 때 나타나며,

또 눈을 뜬 뒤에도 잠시 그대로 남아 있기 쉬운 매우 활발하고 다양한 영상이다. 이런 현상을 일으키게 하기 위해서는 마음이 어느 정도 순수해야 하며 주의력의 이완이 필요하다.』라고 설명했다. 그는 또 이것을 자기최면상태에서의 환각으로 간주하면서 꿈-상징과의 일치를 주장했다. 즉, 모리에게 있어서 이것은 단순한 광진(光塵)이 아니라, 이미 꿈-상징으로까지 격상(格上)되어 있는 것이다. 이와 관련하여 그는 다음과 같은 체험담을 들려준다.

잠들기 직전 믿지 못할 정도로 일그러진 표정과 기묘한 머리 모양을 한 괴상한 사람들을 보았다. 그리고 잠을 잤는데 잠을 깨고도 그 인물들을 생생하게 기억할 수 있었다. 또 절식(絶食)을 하느라 배가 고팠을 때 입면상태적 환각으로 포크를 쥔 손이 접시 속에 있는 음식을 꺼내고 있는 것을 보았다. 이어지는 꿈속에서는 즐비한 음식이 차려진 식탁 앞에 앉아 음식을 먹는 사람들이 내는 포크소리를 들었다. 또 한 번은 눈이 몹시 아팠는데 잠들기 전에 극히 작은 기호의 입면상태적 환각을 보았다. 그것들은 주의해서 하나하나 해독하지 않으면 안 될 정도로 아주 작았다. 한 시간쯤 자다가 눈을 뜨자 책 한 권을 앞에 놓고 아주 작은 인쇄활자를 읽느라고 애를 쓰던 꿈이 상기되었다.

입면상태에서의 환각도 하나의 꿈이라는 사실을 우리는 익히 알고 있다. 이 환각을 1차적인 수면이라고 한다면 이때 체험했던 이미지들이 2차적인 꿈, 즉 수면몽에 재현될 수 있는 것은 꿈-사상의 필요성이 전제될 경우에만 국한된다. 이것은 백일공상의 이미지들이 수면몽에 재현되는 것과 동일한 메커니즘이다. 1976년 봄의 어느 날 새벽 4시경 나는 갑자기 들려오는 사이렌 소리에 언뜻 잠을 깼다. 그것이 수면인지 각성인지 분명하게 구분이 안 되는 몽롱한 상태에서 직전에 꾸고 있던 꿈의 이미지들 사이로 사이렌 소리가 비집고 들어온다. 나는 다시 잠에 빠져 다음과 같은 꿈을 꾸었다.

나는 커다란 전통기와집 안마당으로 들어섰다. 여관으로 보이는 그 집은 마당을 중심으로 여러 개의 방이 빙 둘러져 있었으며 왼쪽 장독대에는 연 꽃 화분이 올려져 있었다. 나는 구석진 곳의 한 방문 앞에 섰다. 주인을 부 르니 방문이 반쯤 열리면서 한 노파가 문고리를 잡은 채 내다본다. 그녀와 무슨 이야기를 한 것 같으나 기억나지는 않는다. 그런데 그 노파의 뒤를 바 라보니 그녀의 두 아들이라고 생각되는 청년들이 비스듬히 누워서 나를 바 라보고 있었다. 나는 얼마간 지체하다가 갑자기 [예비군 소집에 나가야 한 다] 고 생각하고 내 방으로 돌아왔다. 그리고 옷을 갈아입었다. 내 방이 그 집 울안에 있다고 생각되었으나 분명치는 않다.

이것은 상당히 긴 꿈이었는데 전문을 싣기가 곤란하여 자극인상과 관련된 부분만을 발췌하였다. 내가 이것을 외적 감각자극이 아닌, 주 관적 자극으로 판단하는 이유는 일단 반쯤 각성된 상태에서 사이렌 소리를 지각(知覺)하였고, 또 실제의 사이렌 소리와 동시성을 갖지 않 는 하나의 관념이 불러일으켜짐으로서 새로운 긴 꿈이 형성되었기 때 문이다. 즉, 위의 꿈을 형성한 근원은 사이렌 소리가 아니라 사이렌 소리로 불러일으켜진 예비군 소집이라는 관념이었던 것이다.

3. 내적(內的), 기질적(氣質的) 신체자극(身體刺戟)

신체 내부의 어느 기관에 이상이 생기면 거기에서 발생하는 자극인 상이 꿈-형성의 근원이 될 수 있다는 사실은 지금까지 꿈을 관찰해 온 의사나 학자, 또는 꿈점(夢占)을 얻어 치료에 임했던 사람들의 실 험과 체험을 통해서 명백히 입증되었다. 꿈의 이러한 예비진단 능력 에 대해서는 〈제4장 꿈과 건강〉에서 상술한 바 있다. 이 항목에서는 수면중에 발생하는 각 기관의 흥분상태가 과연 꿈-형성의 자극원이 될 수 있는가 하는 점과, 또 그것이 가능하다면 어떤 꿈-내용을 형성 하게 하는가 하는 점 등을 알아보고자 한다. 우선 슈트륌펠(Strumpe

11)의 견해를 다시 한 번 살펴보자.

마음은 자고 있을 동안에는 깨어 있을 때보다도 자기의 몸에 대해서 훨씬 깊은, 동시에 넓은 감각의식을 가지게 됨으로서 깨어 있을 때에는 마음이 전연 알지 못하는 따위의 자기 몸의 각 부분과 그 변화들에서 비롯되는 약간의 자극인상을 부득이 받아들이며, 또 그 영향을 받는다.

그의 이러한 견해가 널리 인정됨으로서 많은 연구자들은 꿈−재료의 범위가 좀 더 넓혀짐과 더불어 종국에는 병의 예비진단(豫備診斷)이라는 것도 가능하게 될 것이라는 믿음을 갖게 되었다. 그러나 우리가 잠이 들면 마음의 활동이 저하되어 외계에 대한 지각능력마저 상실할 만큼 혼미해 있을 터인데 어떻게 그토록 깊고 넓은 감각의식을 갖게 된다는 것일까? 아직까지는 그것의 진위를 가려낼 만한 실험도구들이 개발되지 않았으므로 결국에는 경험적 통계자료에 의존할 수밖에 없으리라 생각한다.

실제로도 관련 학자들은 관찰조사에 의한 경험적 통계수치로서 그 타당성을 입증하려고 노력하였다. 그들은 신체의 어느 기관에 병이 생기면 그것과 연관시킬 만한 이미지들이 꿈에 나타난다고 믿었다. 예컨대 심장에 이상이 생기면 공포, 불안의 꿈을 꾸고, 폐에 이상이 생기면 질식, 압박, 도망 등의 꿈을 꾸며, 소화기에 이상이 생기면 토하는 꿈을 꾼다는 것이다. 그러나 이것은 병증이 확실한 사람에게만 나타나는 현상이 아니라는 점에서 확고한 진리일 수는 없었다. 건강한 사람의 경우에도 무시할 수 없을 정도의 빈도를 보였기 때문이다. 다시 말해 공포, 불안, 압박, 질식 등의 표현이 반드시 기관장애에 의한 것만은 아니라는 것이다. 그것들 역시 엄연한 상징언어이기 때문이다. 그러므로 꿈을 완전하게 분석하기 전까지는 그것이 기관장애를 나타내는 것인지, 아니면 단순히 상징언어로 표현된 것인지를 속단하는 것은 금물이다.

쇼펜하우어(Schopenhauer)는 『밤에는 낮의 강렬한 인상 효과가 그쳐버리므로 몸속에서 일어나는 여러 인상이 마치 밤이 되면 낮에는 시끄러워서 들리지 않았던·시냇물 흐르는 소리가 들려오듯이 우리의 주의를 끈다.』라고 말했다. 그의 견해처럼 마음은 깨어있을 때보다도 더 큰 주의력(注意力)을 내부로 돌린다는 것이 틀림없는 사실일 것이다. 수면시에는 낮에 외부로 향해 있던 심적 에너지가 차단될 것이며, 또한 일시 후퇴해 있던 잠재의식적 기능도 활성화될 것이다. 때문에 설사 기관장애가 없는 경우라 하더라도 우리의 마음은 신체 내부기관에 두루 관심을 가질 것인바, 거기에서 어떤 특이점을 발견한다면 꿈의 재료로 이끌어오기는 매우 수월할 것이다. 예컨대 우리가 수면중에 잠자는 자세가 불편하여 압박을 받거나, 포식(飽食)으로 인한 복부 팽만감을 느끼거나, 결식으로 인한 공복감을 느끼거나, 또는 고환에 정액이 충만하여 성기가 팽창해 있거나 하는 등의 상황에 놓이게 되면 우리의 마음은 그것에 대해 필연적으로 관심을 가지게 될 것이므로 그것에 의해서 꿈-사상이 환기되거나 상징재료가 이끌려올 가능성은 언제든 존재한다는 것이다. 그러나 외적 감각자극의 경우와 마찬가지로 제아무리 강한 내적 기질적 자극이라도 그것이 꿈-재료로서 적합한 것이 아니면 역시 무시될 수 있다. 이러한 기질적 신체자극이 꿈에 영향을 주는 것은 다음과 같은 세 가지 경우에 국한된다고 판단한다.

① 신체의 어느 기관에 자극이 생길 때, 그 자극인상에 비유될 만한 어떤 잠재사상이 준비되어 있는 경우
② 신체의 어느 기관의 상태변화가 꿈의 주요한 관심사일 경우
③ 신체의 어느 기관의 자극이 진행중인 꿈에 적합한 재료가치가 있을 경우

첫째 항의 경우는 프로이트의 예제 가운데서도 찾아 볼 수 있다.

　우리가 짠 음식을 먹고 잤을 때 밤에 의례 목이 말라서 잠을 깬다. 그러나 잠을 깨기 전에는 꿈을 꾼다. 그 내용은 항상 똑 같은 것이다. 즉 물을 마시고 있는 꿈이다. 그 진미란 견줄 바가 없다. 그 후 잠을 깨어 이번엔 정말 물을 마신다. 이 간단한 꿈의 유인(誘因)은 잠을 깬 후에도 역시 느끼고 있는 목마름이다. 이 목마름이라는 느낌에서 물을 마시고 싶다는 소원이 생긴다. 그리고 꿈은 이 소원을 채워준다.

　짠 음식을 먹고 자면 갈증을 느껴 목마름이라는 소원이 생길 것이고, 때문에 물을 마시는 꿈을 꾸게 된다는 이론은 타당하다. 그렇다고 해서 꿈의 의도가 꿈속에서의 소원충족에만 그치는 것은 아니다. 꿈속에서의 충족감으로 비유되는 어떤 미래사에 대한 예지가 그 골자가 되어야 하는 것이다. 물론 잠을 깬 뒤에 실제로 물을 마시게 됨으로서 느끼게 될 쾌감도 그 중 하나가 될 수는 있다. 그러나 이 꿈의 진정한 의도는 물을 마시는 쾌감에 견줄 만한 통쾌한 체험이 예정되어 있음을 암시하는데 있다. 위와 똑 같은 이유로 수면중에 공복감을 느끼면 음식을 먹는 꿈을 꾸기도 한다. 그런데 같은 음식의 꿈이라고 해도 음식을 먹는 장소, 음식의 종류, 주변의 환경, 그리고 음식을 먹을 때 느끼는 감정 등 다양한 양태에 따라 꿈이 여러 가지로 표현되는 것은 그 잠재사상이 각기 다르기 때문이다. 여하간 공복감이라는 자극에 의해서 잠재사상이 환기되거나, 그 자극인상이 꿈속에 편입될 수 있음은 분명한 사실이다.

　둘째 항의 경우는 앞에서 설명한 것처럼 기관장애에 의한 꿈의 유인이라는 관점에서 이해될 수 있다. 즉, 우리 몸의 어느 기관에 이상이 생겼거나 이상이 생길 조짐이 있을 경우 잠재의식이 이것에 관한 꿈을 형성함으로서 주의를 촉구한다는 것이다. 그런데 익히 알다시피 현재에는 이상이 없다고 하더라도 장차 이상이 생길 조짐이 있다면 그것을 예지하는 꿈을 형성하는 것 역시 잠재의식적 기능이라는 것이다. 이것과 연관이 있는 어느 사춘기 소녀의 재미있는 꿈 이야기가 있다.

촉촉이 내리는 비를 맞아 옷이 흠뻑 젖었다. 담 밑을 바라보니 추녀에서 떨어지는 낙수 물이 바로 아래 조그만 웅덩이를 만들어 찰랑찰랑하게 고여 있다. 그 조그만 웅덩이는 베이지 색으로 물들어 있는데 그 속을 들여다보니 작은 실뱀들이 꿈틀거리고 있었다.

이것은 소녀의 잠재의식이 조만간 그녀에게 닥칠 초경(初經)을 예감하고 그 양상을 비유와 상징의 절묘한 이미지로 표현해낸 꿈이다. 이것 역시 기질적인 신체자극에 속한다고 보겠다. 여기서 옷을 적신 촉촉한 빗물은 경도(經度)의 시작을 알리는 소량의 징후이고, 낙숫물은 그 후 본격적으로 시작될 분비물의 배설이며, 추녀와 조그만 웅덩이는 그녀의 신체구조를 암시한 것이다. 또한 웅덩이에 꿈틀거리는 실뱀들은 학교 생물시간에 획득한 그녀의 생리학적 지식, 즉 월경 후에 배란되는 난자(卵子)에 비유된 것이다. 다시 말해 신체 내부에서 일어나고 있는 생리적 변화의 미묘한 움직임을 잠재의식이 먼저 알아채고 그 징후를 알리고 있다는 것이다.

이렇듯 우리 마음은 수면중이라도 신체 내부기관에 대한 통어작용(通御作用)을 멈추지 않는다. 그러므로 우리의 마음이 이런 과정에서 어떤 예감을 환기시켜 앞으로 있을 변화의 징후를 알아내고, 또 그것에 대한 꿈을 형성할 수 있다는 사실이 조금도 불합리하게 생각되지 않는다.

셋째 항의 경우는 어떤 기관자극이 생겼을 때 그 자극으로부터 이끌려온 이미지가 진행중인 꿈속에 도입됨으로서 꿈의 주제를 설명하는 하나의 도구로서 기능한다는 것이다. 가령 꿈꾸는 사람이 현재 치통을 앓고 있다고 할 때, 『그 이를 뽑아버리니 어찌나 시원한지 모르겠다.』라는 꿈을 꾸었다고 하자. 언뜻 보기에 이것은 내적 기질적 자극인상이 그대로 꿈속에 도입된 것처럼 생각된다. 그러나 실제로는 그 자극인상이 상징표상으로 재구성됨으로서 치통(齒痛)과는 전연 관계가 없는 다른 암시적 의미를 나타내고 있다. 우리는 흔히 『앓던 이를 뽑아 버린 것 같이 속 시원하게 해결되다.』라는 비유적인 말을 자주 사용한다. 이러한 비유적인 관념을 꿈의 재료로서 도입하기는 매우 용이하다. 그러므로 이런 꿈이 반드시 [이를 뽑아버림으로서 현재의 치통으로부터 평안을 되찾기 위한 욕구충동]에서 형성되는 것은 아니라는 것이다. 이 꿈은 치통에 비유될 만한 미래의 어떤 사건, 즉 고통스러운 일거리나 골치 아픈 사건으로부터의 해방감을 암시하고 있다.

본 장의 주제에서는 벗어나지만 이쯤에서 잠간이나마 [치아(齒牙)와 치통]에 관한 상징성을 거론하지 않을 수 없게 되었다. 치통이 꿈의 재료가 되었을 때는 [앓고 있는 치아]라는 이미지만을 따로 떼어내 해석하려고 하면 안 된다. 입(口)과 함께 치아의 상하배열(上下配列)도 치통과 관련된 상징의의를 갖는 것이기에 모두 종합해서 일련의 상징구절로 해석해야 하는 것이다. 치아자극에 기인하는 꿈에서 특히 이가 뽑히거나, 이를 뽑거나 하는 등의 표현을 두고 민간속신에서는 친족(親族)의 죽음이라고 했고, 프로이트는 자위욕망-몽정의 꿈-이라고 했다. 그러나 나는 수많은 경험적 자료들을 수집하여 연구한 결과, 그 이미지만을 단순하게 따로 떼어내 해석할 수 없음을 알아냈다. 입은 집안, 기관, 직장 따위를 상징하고 그 안에 배열된 이는 가족, 인적자원, 방도, 압력 따위를 상징한다고 정의할 수 있었으므로 [발치(拔齒)]라는 표현 역시 이와 같은 연관성-이러한 관계성을 결합상징이라고 한다-속에서 해석해야 했던 것이다. 더구나 꿈을 해석함에 있어서는 시각표상만이 아니라 정동, 상념 등의 요소도 함께 고려해야만 하기에 이가 뽑힐 때 수반되는 통증도 엄연한 상징언어일 수 있으므로 민간속신이나 프로이트의 해석은 불합리한 것이다.

이와 같이 꿈속의 치통이 현실에서의 심적 고통을 암시한다는 사실을 이해한다면 [통증이 수반되지 않는 발치(拔齒)]라는 표현이 무엇을 의미하는가도 쉽게 이해할 수 있다. 즉, 수면중에 이의 자극이 없더라도 치통을 느끼거나, 앓는 이를 뽑아버리거나, 아니면 이가 저절로 빠지거나 하는 등의 꿈이 얼마든지 형성될 수 있는 것이다. 따라서 1877년 슈트륌펠이 『공중을 나는 꿈은 오로지 폐엽(肺葉)의 운동자극에서 이끌어 온 표상이다.』라고 한 주장 역시 타당하지 않다는 것도 인정하게 될 것이다. [날다, 떨어지다, 헤엄치다] 등의 표현이 원시인류 이래 인간의 잠재의식 속에서 면면이 이어져온 정형적 상징이라는 것은 이미 상술한 바와 같다. 다만 아주 특수한 경우에 있어서는 그 기질적 신체자극이 가공된 이미지로 표현될 수도 있을 것이므로 우리가 상징해석에 완벽을 기할 수만 있다면 발병의 징후를 알아내는 것도 전혀 불가능한 일만은 아니라고 말할 수 있다.

우리가 이것과 관련하여 다시 한 번 새겨두어야 할 것은 꿈이 내부기관의 이상 징후를 알아낸다고 하여도 그것을 사실 그대로 묘사하지는 않는다는 점이다. 가령 심장이나 폐에 이상이 있을 경우 꿈은 그 자극인상으로부터 재료를 얻어오지만 심장이나 폐를 그대로 묘사하지 않고 [집, 팔뚝, 병] 따위의 변환된 이미지로 표현한다는 것이다. 몇 년 전 나는 가슴에 약간의 이상 징후가 느껴져서 상당기간 고심한 적이 있었다. 숨이 가쁘고 맥박이 고르지 못한 증세로 보아 심장에 이상이 온 것은 아닌가하고 추정하였으나 정밀진단을 받을 수 없어 정확한 병명은 모른 채, 이 방면의 약을 일정기간 복용하자 다행히 호전되었다. 이 증세가 나타나기 수주일 전에 나는 다음과 같은 꿈을 꾸었다.

고향집에 불이 났다. 그런데 불꽃은 안 보이고 연기만 피어오른다. 언뜻 보니 심장병을 앓고 있는 큰 누님이 방안에 앉아계신다. 나는 큰일났다는 생각이 들어 연신 『불이야!』를 외치면서 우물물을 길어다 끼얹었다. 그런데 옆집을 바라보니 그곳에도 불이 났다. 그리고 잠시 후에 우리 집의 불을 끄고 나니 그 집의 불은 저절로 꺼졌다.

이 꿈에서 불에 타는 우리 집과 옆집은 심장에 있는 두 개의 심실 (心室)을 암시하고 있다. 방안에 심장병을 앓던 큰 누님이 앉아있었던 것은 내가 앞으로 심장의 이상이 생길 것이라는 암시였고, 『불이야!』 하고 외친 것은 병세와 관련하여 약에 관한 문의를 하게 된다는 뜻이었으며, 연신 길어다가 끼얹은 우물물은 치료를 위해 복용할 약들이었다. 또한 우리 집의 불이 꺼지자 옆집의 불이 꺼진 것은 한 쪽 부위의 증세가 호전되면서 나머지 부위도 나아진다는 의미였다.

4. 외적(外的) 정신자극(精神刺戟)

우리는 지금까지 프로이트 분류한 세 가지의 감각자극이 꿈-사상에 영향을 미칠 수 있는가 하는 것과 꿈-재료로서 도입될 수 있는가 하는 것 등을 모두 알아보았다. 그러나 설명되어야만 할 것이 하나 더 남아있다. 그것은 수면중인 사람에게 어떤 생각을 전달하고 그 생각만으로 그가 꿈을 꾸게 할 수는 없는가 하는 점이다. 과연 이것이 가능한 일일까? 만약 그렇다면 우리는 꿈을 형성케 하는 또 하나의 자극원을 발견하는 셈이다.

엘·베드·산디니는 그의 친구 중 한 사람이 『나는 전혀 꿈을 꾸지 않는다.』라고 주장하는 것에 대하여 유의하고 있었다. 그러던 어느 날 그 친구와 더불어 긴 여행을 하게 되었다. 그는 이 기회에 중요한 실험을 해보기로 했다·. 어느 날 밤 반시간 가량 친구가 잠이 들었을 때 그의 침대로 가까이 다가갔다. 그리고는 그의 귀에 대고 [받들어 총!

장진!]하는 군대식 호령을 2~3번 아주 작은 목소리로 속삭였다. 그리고 잠시 후 그를 깨웠다.

『자네 꿈을 꾸지 않았나?』,

『아니, 아무 꿈도 꾸질 않았는데...』,

『잘 생각해봐.』,

『아무리 생각해도 기억나는 것이 없는 걸..』,

『정말이야? 혹시 군대에 관한 꿈을 꾸지 않았어?』

이때 군대라는 말을 듣자 그가 돌연 외쳤다.

『오 맞아! 이제야 생각이 나는군. 군대가 열병식을 하는 꿈을 꾸었어!』

이렇게 하여 그의 친구도 꿈을 꾸고 있다는 사실을 인정하고 말았다는 것이다. 위의 에피소드는 꿈의 망각에서 어떤 실마리가 발견되면 차례차례로 잊혔던 꿈이 상기될 수 있다는 증거로서 제시된 것이다. 그러나 우리는 위의 사례를 근거로 다음과 같은 것들도 생각해볼 수 있을 것이다. 즉, 인간의 언어(言語) 역시 외적 감각자극으로서 꿈의 근원이 될 수 있다는 것과, 또 그 언어 중에서도 자기가 좋아하는 요소에 더 민감하게 반응한다는 것 등이다. 만약 속삭이던 말소리가 산디니의 것이 아니라 생소한 다른 사람의 것이었다면 그의 친구가 어떻게 반응했을까? 십중팔구 그처럼 민감하게 반응하지는 않았을 것이다.

이 현상에 대하여 생리학자 부르다하는 『사람이 비록 자고 있더라도 마음은 자기에게 도달하는 감각인상에 대하여 올바른 해석을 할 수 있으므로 이 올바른 해석에 따라서 반응을 할 수 있다고 한다. 왜냐하면 개개인에게 중요하지 않다고 생각되는 어떤 감각인상이라면 이것은 잠자는 동안 소홀히 취급됨으로서 그 인상을 제외할 수 있기 때문』이라고 설명하고 있다.

우리는 각성시에도 친숙한 청각인상을 받았을 때 즉시 반응하는 경우가 많다. 예를 들자면 여러 사람들이 모인 매우 시끄러운 상황에서도 누군가가 자기의 이름을 부르면 즉각적으로 반응하여 뒤돌아보는 현상이 있다. 학자들은 이러한 현상을 칵테일파티효과(Cocktail Party Effect)라고 명명하고 감각기억과 관련된 선택적 지각력(知覺力)이라고 설명한다. 즉 인간에게는 여러 가지 소리가 뒤섞인 혼잡스런 상황에서 자신이 듣고 싶은 소리만을 선별해서 들을 수 있는 능력이 있다는 것이다. 이것은 수면중에도 마찬가지이다. 예컨대 평소 쉽게 잠을 깨지 않는 사람도 자기 이름을 부를 때에는 곧바로 잠을 깨는 현상이 자주 목격된다는 것이다. 이러한 주장은 수면중에도 우리의 마음이 여러 자극을 취사선택한다는 생각을 전제로 한 것이다. 이러한 관찰들을 토대로 부르다하는 『수면상태에서는 우리의 마음이 감각자극을 해석하지 못하는 것이 아니라, 다만 그 자극에 대한 관심이 결여되어 있을 뿐이다.』라는 결론을 내리고 있다.

여기까지가 외적감각자극에 대한 연장설명이었다. 이 지점에서 우리는 사고의 폭을 한 차원 높여 서두에 언급한 바 있는 정신적 초월현상에까지 확장을 시도해야 한다. 그래야만 지금부터 거론하고자 하는 본론에 접근할 수 있기 때문이다.

위의 산디니의 경우로 되돌아가 보자. 친구가 익숙한 산디니의 목소리에 민감하게 반응함으로서 꿈이 만들어졌다면 이 둘 사이의 속삭이는 말소리 이외에 다른 무엇이 개입되지는 않았을까 하는 의문이 남는다. 즉 감각기관을 사용하는 것 말고도 다른 어떤 주관지각이 활용되지 않았을까 하는 의문이 생길 수 있다는 것이다. 최면술-특히 *경최면-*의 경우라면 피술자의 감각기관이 깨어 있는 상태이므로 시술자의 암시가 일종의 감각자극이 되겠지만 수면상태에 있는 사람에게 어떤 생각을 전달하여 꿈을 꾸게 하는 일이 가능하다면 그것은 전혀 다른 종류의 것이라고 말할 수 있다. 다시 말해 이것은 잠자는 사람의 감각기관을 통하지 않고 외부의 정보가 전달됨으로서 꿈이 유발되는

것이므로 우리가 이제까지 설명해 온 감각자극의 범주에는 들지 않는
다는 것이다. 나는 이제부터 이것을 [외적 정신자극]이라는 용어로 명
명하고 하나의 가설을 상정하여 설명하고자 한다. 그런데 독자 제위
가 이러한 개념에 보다 쉽게 접근하려고 한다면 잠재의식이 갖고 있
는 특수한 기능, 즉 초월적인 정신현상인 예감능력에 대한 이해가 선
행되어야만 한다. 이 점에 대해서는 첫 장부터 여러 번 언급한 바 있
으므로 다시 한 번 상기하기를 바란다.

심령학계에서는 일찍부터 정신자극이 타인에게 받아들여지기가 가
능한 일련의 현상들에 대하여 심도 있는 연구를 계속해오고 있다. 그
것은 텔레파시(Telepathy), 전심술(傳心術), 정신교류(情神交流), 또
는 감응현상(感應現象) 등으로 불리는 현상이다. 초심리학자들은 이것
을 독심술(讀心術)이라고 부르기도 하지만 엄밀히 말해서 독심술이란
상대방의 몸가짐이나 얼굴 표정, 얼굴 근육의 움직임 따위로 속마음
을 알아내는 것이므로 심령학계의 정의와는 일치하지 않는다.

심령학자들은 텔레파시란 직접 마음에서 마음으로 생각을 전달하는
현상이라고 정의하면서 이것이 이루어지기 위해서는 수신자와 송신자
의 마음의 같은 평형상태를 유지하고 있어야 한다는 점을 강조한다.
비유하자면 두 대의 무선기가 교신을 하고자 한다면 동조상태(同調狀
態), 즉 서로 주파수를 맞추어야만 가능해지는 것과 같은 이치라는 것
이다. 지난 한 세기 동안 학계에 보고된 160명의 텔레파시 현상을 분
석한 이안스티븐슨(Ian. Stevenson)의 보고에 따르면 이것이 이루어
지는 수신자와 송신자의 관계는 대개 아주 친밀한 사이로 부부, 형제,
부모, 자식 등의 직계가족 사이가 65.5%, 친척이 6.9%, 친구가
28.1%, 그리고 기타 2.5% 라고 한다. 즉 텔레파시 현상은 근친간이
나 친구지간, 혹은 연인 간처럼 애정을 매개로 한 인적관계에서 주로
나타난다는 것이다.

텔레파시가 수신되는 사람들의 뇌파를 측정해 보면 1.8㎜~2.1㎜정

도의 사이클-델타파 영역-을 보인다고 한다. 이것으로 보자면 텔레파시의 수신자는 무아지경의 환각상태나 수면상태에 있는 것으로 판단된다. 멀리 떨어져 있는 아들이 화염 속에서 지르는『어머니! 나 죽어요.』하는 비명이 어머니의 꿈속에 전달된다거나, 아니면 이국땅의 전쟁터에 있는 남편이 갑자기 조국에 있는 부인의 꿈에 나타나서 유언을 하는 순간 피살되거나 하는 따위의 이야기들이 바로 그러한 사례일 것이다.

그렇다면 심령학자들이 주장하는 동조현상(同調現象)이란 과연 무엇일까? 이것은 두 개의 파동이 만났을 일어나는 맥놀이 현상과 같은 것으로 일종의 공명(共鳴)현상이다. 따라서 이와 같은 텔레파시 현상이 전혀 모르는 타인들 사이에서보다, 오랫동안 가까이 생활했던 유전적 근친성(近親性)을 지닌 사람들 사이에 좀 더 쉽게 이루어질 수 있음을 짐작하기 어렵지 않다. 그런데 동조현상이 일어나려면 그것을 일으키는 어떤 파동이 존재해야만 할 것이다. 이 뇌파와 유사한 것을 일컬어 심령학자들은 영감파(靈感波), 염파(念波), 또는 ESP-wave 등으로 부르고 있는바, 이것의 작동원리가 라디오의 송수신 체제와 유사하다 하여 [멘탈 라디오(mental radio)]라고 부르기도 한다.

그렇다면 이 염파라는 것은 과연 존재하는 것일까? 또 존재한다면 얼마나 멀리, 그리고 얼마나 빠르게 전달되는 것일까? 초심리학을 연구하는 사람들은 이런 현상을 실험적으로 증명해 보이려고 애를 쓰고 있다. 이들이 주로 사용하는 방법은 ESP카드 실험이다. 즉 송신자가 뒤섞어 놓은 트럼프카드 중에서 하나를 뽑아들고 정신을 집중시켜 노려본 다음, 마음속으로 수신자에게 알리기를 염원하면 같은 시간에 수신자는 미리 약속한 대로 어떤 트럼프 카드 하나를 자기 마음이 움직여질 때 뽑아서 그것이 송신자가 뽑았던 카드와 같은 것인지 어떤지를 비교해 본다는 것이다.

그런데 전달되는 정보가 결국은 상념(想念)이므로 그것의 송수신은 동시에 이루어져야 할 것이다. 이것의 속도를 실제로 측정해 본 사람이 있었다. 그는 영국의 웨스터라는 사람이다. 그가 발표한 실험결과에 의하면 염파-또는 영파-의 속도는 측정할 수 없을 만큼 빠른 것이어서 실제로는 마이너스였다고 한다. 결국 송신자가 송신도 하기 전에 그가 그러한 의도를 갖고 있다는 것 자체를 수신자가 감지했다는 이야기이다. 그렇다면 염파를 전파와 같은 것으로는 판단할 수 없을 것이다. 이러한 이유로 일부 심령학자들은 염파가 물질파와 같이 4차원의 시공간을 통해 전달되는 것이 아니라, 그 상위의 차원-5차원 이상-에서의 동시적인 교류에 의해 전달된다고 보고 있다.

텔레파시 현상에 대해서 그 원리를 규명한 사람은 아직 아무도 없지만 수많은 사람들의 경험적 실증에 의해서 엄연히 존재한다는 사실만은 분명하게 입증되어 있다. 그러므로 그것을 실체적 현상으로 인정하였을 경우, 우리가 여기서 문제로 삼아야 하는 것은 과연 염파가 형성됨으로서 상념의 송수신이 가능한가 하는 점이다. 즉, 이쪽의 상념이 상대의 마음을 흔들어 깨움으로서 상대가 그것을 받아들일 수 있는가 하는 것이다. 이것과 관련하여 우선 생각할 수 있는 것은 텔레파시 현상이 전파와 유사한 염파의 송수신 현상이 아니라, 일방적인 예감에 의한 투시, 즉 잠재의식적 예지현상일 수도 있다는 점이다. 잠재의식적 예지능력이 동시대의 현재는 물론 먼 미래의 사실까지도 투시할 수 있음은 지금까지 누차 강조해온 바이다. 또한 이것이 우리가 꿈을 꾸는 일의 가장 두드러진 기능과 목적의 하나라는 것도 이미 설명한 바 있다. 그렇기는 하지만 텔레파시의 실존 가능성에 기반을 두고 수면중에 있는 사람에게 의도적으로 어떤 상념을 주입하여 그것에 대한 꿈을 꾸게 할 수는 없을까 하는 생각을 쉽게 뿌리칠 수 없다. 미국 브루클린 정신위생센터의 몬테규·울만(Montague. Ulman) 박사팀이 실험해 본 결과는 다음과 같았다고 한다.

송신자는 유명한 그림 몇 가지의 복사물을 넣고 봉한 봉투 몇 개를 실험자들에게서 받았다. 그리고 그들의 지시에 따라 수신자가 잠들었다는 통신을 받은 후 그 봉투 중에서 하나를 개봉하였는데 그것은 샤갈의 그림인 [음주하는 사람들] 이었다. 내용을 살핀 송신자는 그것을 수신자에게 텔레파시로 송신했다. 그런데 역설적 수면기에 깨워진 수신자의 꿈-내용은 밸런타인 맥주의 CM송, 즉 [왜 밸런타인 맥주는 밤에 커튼을 여는가? 승부 없이 끝나는 경마의 레이스 같은 것을...] 운운의 노래였다. 이런 경우 수신자가 송신자의 정신자극, 즉 텔레파시에 의해서 그 송신된 [음주하는 그림]의 내용을 감지하고 음주와 관계된 노래를 연상적으로 형성했을 것으로 보아 그 타당성을 인정하려 하는 것이지만 과연 그 꿈이 정신자극에 의한 반응인지는 알 길이 없다.

디멘트 역시 위와 유사한 실험을 해보았다. 그는 이 실험에서 『스스로 텔레파시 능력이 있다고 자부하는 학생 6명을 선정하여 수신자로 정한 다음 평소보다 일찍 잠들게 하였다. 몇 시간 후 몇 사람의 학생을 실험실에서 3㎞정도 떨어진 곳에 집결시켜 수신자 6명의 슬라이드와 발굽, 바나나, 열쇠 등의 슬라이드를 마련하여 수신자가 역설적수면기에 들어갔다는 연락을 받은 다음, 스크린에 슬라이드를 차례로 영사해 보이며 그것을 본 그대로 텔레파시 송신을 하게 했다. 그러나 수신자들은 송신 내용과는 아무런 관련도 없는 꿈을 각각 꾸고 있었다.』라는 결론을 얻었다고 한다. 그러나 이러한 결과만으로 텔레파시에 의한 꿈-형성이 불가능하다고 단정해 버릴 수는 없을 것이다. 수신자들의 잠재의식이 송신된 내용을 정확하게 감지했으나 그것을 진행중인 꿈에 부합하는 상징적 이미지로 고쳐 만들 수도 있었을 것이기 때문이다. 따라서 이러한 사실이 나중에 해석에 의해서 밝혀진다면 그 결론은 전혀 달라질 것이다.

그렇다면 우리나라 윤태림(尹泰林) 박사가 소개한 다음과 같은 사례는 어떤 것에 속하는 것일까? 그는 대학시절에 일본 동북대학교 사도

우 교수에게 다음과 같은 이야기를 들었다고 한다. 사도우 교수가 전기공학을 연구하러 미국에 갔을 때 대륙횡단열차로 여행을 하는 도중에서 일어난 일이라고 했다. 잠이 든 것도 아니고 그렇다고 깨어있는 것도 아닌, 비몽사몽간에 언뜻 자기의 아버지가 세상을 떠났다는 생각이 들었다고 한다. 평소 건강하였으며 고국을 떠날 때도 따듯하게 전송해 주시던 그의 아버지였기에 그럴 리는 없다고 생각하면서도 왠지 불길한 느낌을 떨쳐낼 수가 없어 목적지의 호텔에 당도하자마자 우편물부터 확인하였다고 한다. 아니나 다를까 그가 당도하기도 전에 그 호텔에는 한 통의 전보가 이미 도착해 있었는데 놀랍게도 그의 아버지가 세상을 떠났다는 내용이었다. 아버지의 사망시간을 알아보니 기차에서 예감이 떠올랐던 바로 그 시간이었다. 사도우 박사는 이런 신비스런 경험을 하고 난 탓인지 자연공학도임에도 불구하고 이후 열렬한 크리스천이 되었다고 한다.

그렇다면 사도우 박사가 그의 아버지의 죽음을 예지할 수 있었던 원인은 무엇이었을까? 우리는 두 가지의 다른 측면에서 그 원인을 추정해볼 수 있을 것이다. 즉 그 하나는 [먼 이국땅에서 아버지를 그리는 심적 근원에서 예감이 환기된 것]이라는 추정이고, 다른 하나는 [정신감응(精神感應), 즉 그의 아버지가 사망하는 순간 보낸 염파가 그에게 수신됨으로 이루어진 텔레파시 현상]이라는 추정이다. 전자에 공명하는 사람들이라면 예감의 환기가 반드시 현재적인 자극에 의하지 않더라도 예감충동에 의해서 얼마든지 이루어질 수 있으므로 이것을 텔레파시 현상이라고 단정하기는 어려울 것이라고 생각할 것이다. 때문에 아버지의 사망과 예감의 발현이 동시성을 갖은 것은 다만 우연의 일치라고 주장할 것이다. 이것에 대한 판단은 본 장의 주제인 외적 정신자극의 존재여부와 직결되어 있으므로 나는 몇 가지 예를 더 들고 나서 결론을 내리고자 한다.

우리는 며칠 뒤에나 받게 될 어떤 편지의 내용을 꿈속에서 미리 확인하거나 수일 후에 만나게 될 낯선 방문객을 꿈속에서 미리 만날 수도 있다. 이런 경우 상대방이 자기에게 편지를 쓰면서 자기를 생각했거나 자기를 만나려고 방문할 것을 결심한 바로 그 순간, 그 마음이 전달됨으로서 상념의 송수신이 이루어진 것으로 볼 수 있을 것인가? 위의 두 케이스는 그나마 투시적인 꿈이라서 이해하기 쉬운 면이 있다. 그러나 대부분의 꿈이 상징적인 꿈이라는 점을 감안할 때, 어떤 경우에 외적 정신자극이 꿈을 형성하게 하였는가 하는 것을 찾아내기란 수월하지 않을 것이다.

고려조의 마지막 충신 정몽주(鄭夢周)가 어릴 때 그의 자당(慈堂)이 꾼 다음과 같은 꿈이야말로 외적 정신자극에 의해서 형성된 꿈은 아닐까하는 생각을 갖게 한다. 정몽주의 자당이 하루는 낮잠을 자는데 뜰 앞에 있는 배나무 꼭대기에 용 한 마리가 올라가 서리고 있는 것을 보았다. 잠을 깨고 나서 괴이한 생각에 문을 열고 뜰을 내다보니 마침 몽란(夢蘭) -정몽주의 아명-이 배나무에 올라가 있질 않는가? 그

리하여 이후 정몽주의 이름이 몽용(夢龍)으로 바뀌었다가 나중에 몽주(夢周)로 고쳐졌다고 한다. 배나무에 올라간 정몽주를 용으로 묘사한 것은 그가 장차 용에 비견될 만한 큰 인물이 되어 조정(배나무)에 등용(오르다)된다는 것을 암시한 것이다. 그런데 이 꿈의 자극원은 예감이었을까? 아니면 텔레파시였을까? 앞서 소개한 사례

정몽주(鄭夢周) 선생

들과 같이 이 꿈도 그 두 가지 모두에 해당된다고 본다. 이 꿈이 비록 정몽주의 일생을 암시한 것이라고는 해도 꿈을 형성케 한 직접적인 원인은 정신감응이라고 보기 때문이다. 즉, 몽란이 어린 마음에 겁 없이 배나무 꼭대기까지 올라가기는 하였으나, 밑을 내려다보니 아찔하여 덜컥 겁이 나자 어머니에게 구원을 요청하는 마음이 들었을 것이고, 이것이 마침 잠자는 어머니의 마음을 흔들어 깨운 것이 꿈이 만들어진 직접적인 원인이 되었다는 것이다.

소련의 우주비행사 블라디미르·코마로프 대좌(大佐)가 죽음에 임박했을 때 그의 어린 딸이 갑자기 큰 소리로 『파파, 죽으면 안 돼요!』라고 외친 사건을 놓고 심령학자들은 그가 죽음에 임박해서 딸을 생각한 마음이 텔레파시가 되어 딸로 하여금 환시적인 예감을 불러일으켰다고 말하고 있다. 그러나 여기에는 아버지의 무사귀환을 염원하고 있던 딸의 마음이 아버지의 비행코스를 무의식적으로 쫓고 있다가 그 참변을 투시적으로 예지했을 가능성도 포함시켜야 할 것이다. 이상의 예지현상들을 정신감응에 의한 것이라고 본다면 우리는 외적 정신자극에 의한 꿈−형성을 인정하지 않을 수 없을 것이다. 다만 그것이 정신감응의 결과이건 예감충동의 결과이건 간에 결국 그 둘 모두가 잠재의식적 예지능력의 소산이라는 사실에는 변함이 없다.

나와 아우는 가끔 노모께서 주무시는 근처에서 담소를 나눌 때가 있는데 그럴 때면 어머님이 깨시지 않도록 아주 조심하여 낮은 목소리로 이야기하지 않을 수 없었다. 나의 모친은 귀가 좀 어두우신 편이다. 그래서 우리들의 이야기는 거의 알아들으시지 못할 것이라고 생각하였지만 잠을 깨신 다음에는 으레 우리가 옆에서 나눴던 이야기들을 방금 전에 들으신 것처럼 생생하게 들려주시곤 했다. 나의 첫 원고가 완성될 즈음하여 나와 내 아우는 어떤 방법으로 출판을 할 것인가에 대한 협의를 하면서 여러 가지 걱정거리를 이야기하고 있었다. 이 날도 어머님이 옆에서 주무시다가 일어나시더니 『아이참! 별일도

다 있구나. 그게 뭐지?』하고 말씀 하신다. 내가 급히 어떤 꿈이냐고 여쭈어보니 『글쎄 캐비닛을 열어보니 사방에 파리 떼가 새카맣게 붙어 있더라. 그래서 갑자기 생긴 수건으로 휘둘러 날렸더니 모두 밖으로 날아가 부엌 천정에 붙었어. 그리고 조금 있다가 다시 보니 파리들은 그 밑에 있는 끓는 솥에 몽땅 빠져서 죽어버렸어.』라고 말씀하신다. 나는 직감적으로 이 꿈이 우리가 지금까지 걱정하고 있던 출판문제에 관한 암시라는 것을 알아차렸다. 캐비닛 속에 붙어있던 파리떼는 칠천매가 넘는 나의 원고였다. 그런데 [캐비닛을 열었으니] 그것들이 세상에 빛을 볼 것이고 [수건을 여러 번 휘둘러 내쫓았으니] 완성된 원고가 출판사로 넘어갈 것-수건을 여러 번 흔들 것처럼 원고는한 번이 아니라, 수차례로 나뉘어 이송되었다-이다. 또한 [부엌 천장에 붙은 파리 떼]는 출판사로 이송된 원고 중에 이미 교정을 끝낸 것들이고, [물이 끓은 솥]은 인쇄소와 제본소인데 [그 끓은 물에 파리떼가 몽땅 빠져 죽었으니] 곧 원고가 활자화되어 세상에 빛을 보게된다는 뜻이었다. 물론 이 꿈은 [나의 출판 건이 어떻게 진척될 것인가] 하는 어머님의 잠재의식적 관심이 만들어낸 것이지만 그 직접적인 유인은 바로 옆에서 그 문제를 의논하던 우리 두 형제의 근심하는마음이었다. 즉 수면중인 어머님의 마음에 우리 형제의 근심하는 마음이 전이됨으로서 외적 정신자극으로 작용했다고 볼 수 있는 것이다. 지금까지 살펴본 바와 같이 잠자는 사람에게 어떤 정신자극을 가해서그 자극의 내용을 재현시키거나 그 자극을 재료로 꿈을 형성하게 할수 있는가에 대한 결론이 아직은 성급한 것일 수가 있다. 다만 그 가능성만큼은 입증이 되었으므로 장차 영민한 연구자들에 의해 이것에대한 심도 있는 관찰이 이루어지기를 기대하면서 이 항목을 마치려고한다.

제 10 장

꿈을 형성하는 심적구조(心的構造)

1. 의식(意識)과 잠재의식(潛在意識)

『꿈이란 인간의 마음이 만들어 낸 것이다.』라는 아리스토텔레스의 정의를 인용하지 않더라도 꿈-연구가 마음의 구조를 알아내는데 유효한 방도가 될 수 있으리라는 것은 의심할 여지가 없을 것이다. 우리의 꿈-연구도 상당히 진전되었으므로 꿈의 심리적인 기능측면에서 인간의 심적 메커니즘을 이해하기는 좀 더 수월해졌으리라 생각한다. 이 장에서는 꿈을 형성하는 인간의 심적구조와 그 기능에 대하여 알아보려고 한다. 따라서 이제부터 우리가 중점적으로 살펴볼 것은 [인간 의식의 대칭적 구조란 어떤 것인가? 각성과 수면상태의 심적구조는 어떻게 다른 것인가? 수면상태에서 초상적인 현상을 불러일으키는 원동력은 무엇인가?] 하는 것들이다.

심리학 차원에서 발견된 인간 의식의 심층구조, 즉 잠재의식-*무의식*-이라는 개념을 생리학적인 관점에서 규명하는 일이 어쩌면 불가능한 일처럼 보일 수도 있다. 그러나 지난 한 세기동안 심리학적 측면에서 시행되어온 무수한 임상실험이 그것의 존재여부에 대한 의구심을 불식시키기에는 충분하였다. 때문에 프로이트에 이르러서야 비로소 그 개념적 지위를 획득한 잠재의식은 현재에 이르기까지도 고유한 기능과 특징의 양식을 지닌 심리적 실재성을 인정받고 있는 것이다. 그러나 프로이트 이전에도 잠재의식과 유사한 개념은 존재했었다. 라이프니츠(Leibniz 1646~1716)는 무의식의 미세한 지각, 즉 우리가 깨닫지 못하는 영혼의 변화를 인정한 바 있으며 그 후 얼마 지나지 않아 비랑(Biran 1766~1824)은 무의식적인 수동적 감성이 존재한다는 것을 확정하고 있다. 베르그송(Bergson 1859~1941)은 망각이 어떻게 유용하지 않는 지각과 추억을 의식 밖으로 몰아내는가를 설명하는 과정에 무의식의 존재가능성을 시사했으며, 니체(Nietzsche 1844~1900)는 의식만이 사유주체라는 견해에 의문을 제기하면서 무의식적이고 비인격적인 사유가 존재한다고 주장했다. 다만 꿈이 잠재의식적 산물이라고 정의한 사람은 프로이트가 최초였다. 『꿈의 해석은 마음의 무의식적 활동에 관한 것을 알기위한 지름길이다.』라고 천명한 그는 그의 《꿈의 해석》에서 무의식에 대한 여타 학자들의 견해를 상세하게 소개하고 있다. 여기 인용된 립스(Lipps)의 견해는 『무의식은 하나의 심리학적 문제라기보다는 심리학 그 자체의 한 문제다. 심적인 것은 바로 의식적인 것이며, 무의식적인 심적 과정은 분명히 모순이다.』라는 것인데 이것에 대해 프로이트는 다음과 같이 설명하고 있다.

심리학이 이 무의식의 문제를 [심적인 것은 바로 의식적인 것이며, 무의식적 심적 과정이라는 것은 모순이다] 라고 처리하고 있는 이상, 우리가 임상실험을 통해 관찰한 훌륭한 결과들이 심리학적으로 유용하게 쓰이기를 기대하는 것은 무리일 것으로 생각된다. 그러나 의사는 하나의 추측과정에 의해서 의식적 효과에서 무의식적 심적 과정으로 진행하는 권리를 확보해야 한다. 그는 이 과정에서 의식효과는 무의식적 과정의 간접적인 심적 효과에 불과하며 무의식적 과정은 그대로 의식에 떠오르는 일이 없이 의식에 그 존재가 탄로되지 않은 채로 존재하여 계속해서 작용하고 있다는 점을 알게 된다. 무의식은 심적 생활의 일반적인 기반으로 간주되어야 한다. 무의식의 세계는 의식의 작은 세계를 자기 안에 포함하는 것보다 큰 세계이다. 의식적인 것은 무의식적인 전(前) 단계를 가지고 있음에 반하여 무의식적인 것은 이 단계에 멈춘 채로 심적 과정의 완전한 가치를 요구할 수 있다. 무의식적인 것은 외계의 현상과 마찬가지로 그 내적인 성질에서 보면 우리에게 있어서 미지이며, 외계가 감각기관의 보고에 의해서는 불완전하게만 파악되는 순전히 심적인 현상이다. 의식생활과 꿈생활의 오랜 대립은 무의식적인 심적 현상이라는 실정(實情) 때문에 그것에 알맞은 지위로 끌어내려졌는데, 이로 인해 옛날 꿈 해몽가들이 깊이 파고 들어가서 논했던 일련의 꿈-문제들은 소멸되고 말았다. 꿈속에서 과연 그런 일이 행해지는가 하고 사람들이 의심하였던 그 많은 꿈-작업이 오늘날에 와서는 이미 꿈 자체의 것으로 돌려지지 않으며 낮에도 계속 작용하고 있는 무의식적 사고의 소행이라고 생각하게 되었다. 셰르너가 주장한 바와 같이 꿈은 몸의 상징표현에 종사하는 것처럼 보인다. 아마도 성적 흥분에서 유래하는 것으로 생각되는 이것이 꿈속에서만이 아니라, 히스테리성의 공포병과 기타의 징후 속에서도 나타나는 약간의 무의식적 공상에 의해 만들어진다는 사실을 우리는 이제 안다. 꿈은 낮 동안의 일을 계속하여 해결하고 값지고 신선한 착상조차 폭로하는 것이므로 꿈-작업의 소산, 즉 마음 깊은 곳의 어두운 힘들이 제공하는 원조의 표식인 것은 오직 꿈의 위장작업뿐이라고 보아야 할 것이다. 지적 작업 그 자체는 낮 동안에 역시 그 모든 일을 하는 동일한 심적인 힘 때문이다. 우리는 지적이거나 예술적인 창조에 있어서도 의식적 측면을 과대평가하기 쉽다. 괴테나 헬름홀츠와 같은 가장 창조적인 몇몇 사람들의 보고로부터 우리가 알게 된 것은 그들의 창조에 있어서 본질적이고 새로운 것들은 문득 떠오르거나 거의 완성된 꼴로 지각되었다는 점이다. 모든 정신력이 활동하고 있는 다른 경우의 의식적 활동의 원조는 의심할 바 없다. 그러나 의식적 활동이 언제나 협동하고 있을 때, 그 의식적 활동이 우리에게 모든 다른 활동을 숨기는 것은 의식적 활동의 특권을 남용하는 것이다.

프로이트는 무의식을 의식과 대립하는 개념으로는 보지 않았다.

나는 앞서 일부러 우리의 무의식이라고 말하였다. 왜냐하면 우리의 무의식은 철학자들의 무의식과도, 또한 립스의 무의식과도 다른 것이기 때문이다. 철학자들의 입장에서는 그것은 의식적인 것의 대립물이라는 뜻이다. 의식적 과정들 이외에 또 무의식적인 심적 과정이 있다는 점은 열심히 논의되고 또 강렬히 변호된 명제이다. 립스는 [심적인 모든 것들은 무의식으로서 존재하며 그것들 중의 약간이 또한 의식으로서 존재한다.] 는 한 걸음 더 나아간 주장을 내세우고 있다. 그러나 우리가 꿈과 히스테리의 징후형성의 현상들을 여기에 모은 까닭은 이 명제를 증명하기 위해서가 아니다. 정상적인 깨어있을 때의 생활을 관찰하기만 해도 이 명제를 의심할 여지없이 증명할 수가 있다. 정신병리학적 형성물들과 그 종류의 꿈-분석이 우리에게 가르쳐 준 새로운 것이 무엇이냐 하면 그것은 무의식적인 심적 작용은 두 개의 조직적 기능으로 나타나며, 이미 병적인 생활에서도 그와 같이 나타난다는 점이다. 따라서 두 가지의 무의식이 있다. 심리학자들은 아직 이 둘의 구별하고 있지 않다. 심리학적 의미에서는 둘 다 무의식이다. 그러나 우리의 입장에서 무의식이라 부르는 것은 전연 의식화 될 수 없지만, 전의식(前意識)이라고 부르는 것의 흥분들은 어떤 조건 하에서, 이를테면 새로운 검열을 거친 상태에서, 무의식적인 조직을 고려함이 없이 의식 안으로 들어올 수가 있는 것이다. 흥분들이 의식화되기 위해서는 어떤 불변의 순서(順序) -검열에 의한 변화로 알려진-, 즉 검문소의 통과를 실행해야 한다는 사실은 우리로 하여금 설명(說明)의 편의(便易)를 위해 공간관계(空間關係)의 비유(比喩)를 구하게 하였다. 우리의 전의식 조직은 무의식적 조직과 의식 사이에 병풍(屛風)처럼 서 있으며, 의식으로 접근하는 길을 막고 있을 뿐 아니라, 또한 임의로운 활동력이 접근하는 길도 지배하고 있다. 때문에 그 일부가 [주의력] 이라는 것으로 우리에게 잘 알려져 있는 어떤 활발한 충당(充當) 에너지의 분배를 마음대로 하고 있다.

위와 같은 프로이트의 설명으로 우리는 잠재의식의 심적구조가 어떻게 논의되어 왔는가를 대충이나마 살펴볼 수가 있었다. 어찌 보면 의식과 무의식의 상관관계를 그처럼 명쾌하게 설명할 만한 사람이 더는 없을 것처럼 느껴지기도 한다. 그러나 우리의 연구결과로 미루어 볼 때, 그가 상정(想定)한 전의식이라는 가상의 심적기관은 불필요한 설정이라고 생각하지 않을 수 없다. 아울러서 과거 철학자들이 생각해왔던 의식과 무의식의 대립관계도 전혀 무시할 수만은 없는 것이라고 생각한다. 이 책의 서두에서 밝힌 바와 같이 우리의 정신은 의식과 잠재의식의 상호 견제와 협조 속에서 역학적 균형을 이루고 있기 때문이다.

　프로이트의 견해와 다소 엇갈린 주장을 펴고 있는 칼·융은『꿈은 무의식이 지니는 지혜의 표현이며 그것은 의식적인 통찰보다도 뛰어난 지혜와 목적성을 나타내는 기능을 가지고 있다. 그것은 우리들의 꿈

프로이트(앞줄 오른쪽)와 칼·융(앞줄 왼쪽)

속에 이야기하는 소리는 우리들 자신의 소리가 아니라 우리들을 초월하는 원천에서 오기 때문이다.』라고 주장했다. 그런데 칼·융의 이러한 주장이 그의 집단무의식을 설명하는 것이라면 타당하다고 하겠으나, 그것이 신의 존재를 염두에 둔 말이라면 상당히 빗나가 있다고 생각된다.

한편 에리히·프롬은 『무의식이란 융이 말하는 인종적으로 계승된 경험의 신화적인 세계도 아니고 프로이트가 말하는 소위 불합리한 리비도가 차지한 자리도 아니다. 우리가 생각하고 느끼는 것은 우리가 하는 일에 의하여 영향을 받는다는 원칙에 따라 이해되어야 한다. 다시 말해 의식은 우리가 외계의 현실행위에 전념하고 있는 상태에서의 정신생활이지만 무의식은 우리가 외계와의 교통을 차단하고 이미 행위가 아니라 자기경험에 전념하고 있는 상태의 정신작용인 것이다.』라고 무의식을 정의했다.

그러나 《잠재의식의 활용법(1965)》을 쓴 윌리엄스(J. K. Williams)와 《잠재의식의 힘(1977)》을 쓴 조셉·머피(Joseph. Murphy) 등은 위와 같은 견해들에 반론을 제기하면서 『잠재의식은 의식과는 대조적인 기능을 가지고 있으며 의식은 잠재의식에 비하면 지엽적인 것에 불과하다. 또한 잠재의식은 무한한 지혜의 보고로서 창조적인 기능을 가지고 있다. 그러나 잠재의식은 의식의 명령에 복종할 뿐 독자적인 선택과 결정, 또는 비교의 능력은 갖고 있지 않다.』라고 주장했다. 윌리엄스의 설명을 더 들어보자.

심리학자들은 오래전부터 마음이라는 것은 두 가지의 기능, 보다 정확하게 표현한다면, 마음은 그 자체를 표현하는 두 가지의 방법을 갖고 있다는 점을 인정하고 있다. 또 이와 같은 마음의 두 가지 면을 객관적인 마음과 주관적인 마음이라 부르기도 한다. 그러나 이러한 용어를 쓴다고 해서 우리들이 두 종류의 마음을 갖고 있다는 것은 결코 아니다. 마음은 단 하나지만 거기에는 두 가지로 다른 기능이 있고 다른 작용영역의 두 가지작용이 있다는 것을 설명하기 위해서이다. 의식, 즉 객관적인 마음은 결의하고 선택권을 행사하는 마음의 부분이다. 선택이란 원하는 일과 원하지 않는 일을 구별하는 능력이다. 이것은 사물을 비판하고, 하고 싶은 일이나 원하는 일을 정하며 그 결과를 확보하기 위하여 행동을 일으키는 마음이다. 의식은 인간이나 사물이나 사정을 식별한다. 의식에 대하여 특히 강조하고 싶은 것은 그 선택성, 말하자면 결의하는 힘을 갖고 있다는 것이다. 의식 자체의 성질에 따라, 또 이 성질 때문에 의식은 그 생각하고 싶다는 것, 달성하고 싶다는 것, 그리고 그것이 또 하나의 마음에 어떻게 반응하는 가를 결정할 수가 있다. 그것은 인간 속에 있는 최고의 결정력, 선택권이다. 우리들의 일상용어에서 의식이란 그 사람이 자기가 직접적으로 포착할 수 있는 모든 정신현상을 이와 같이 부르고 있으나 더 한층 이해를 깊이 파고든다면 의식은 자기의 전부가 아니고 단지 자기의 일면에 지나지 않는다. 예를 들면 의식이란 거대한 잠재의식의 세계의 첨단(尖端)에 있는, 말하자면 빙산의 일각에 지나지 않는다는 것이다. 잠재의식은 의식이나 기억의 세계에 가로 놓여 있다. 그것은 우리들의 과거에 있어서의 생각이나 마음가짐, 그리고 욕망의 커다란 창고이자 저장소이다. 수백만에 이르는 정리함(整理函)에다 매일의 생활 속에서 우리들의 읽는 일, 듣는 일, 관찰한 일, 본 그림, 받은 인상, 생각한 일, 등을 저장해 가는 것이다. 따라서 그것은 의식보다 훨씬 큰 세계이다. 그것은 모든 사람이 지금껏 경험한 생활보다는 더욱 광범위하고 충실하며 풍부한 생활 때문에 끊임없이 재료를 축적하고 있는 것이다. 잠재의식으로서의 마음은 그 자체 속에 창조하는 힘을 가지고 있으며 잠재의식은 의식에서 주어진 명령에 복종할 수가 있다. 왜냐하면 잠재의식은 의식과는 반대로 선택권을 가지고 있지 않기 때문이다. 잠재의식은 그 본질상 이렇게 하라고 한 것을 하지 않으면 안 되는 것이다. 그 기능, 또는 목적은 우리들의 의식면에서 무엇이 염원되고 있는지 그것을 남김없이 표현하는데 있다. 또 한 쪽에 있어서는 교정능력도 갖고 있다. 우리들의 마음이 두 번째의 생각으로 사고방식을 변경하려는 경우 이 현명한 잠재의식이 우리 의식이 경솔한 결정을 내리는 것을 종종 시정하는 일을 한다. 의식으로서의 마음은 자기가 원하는 것, 자기의 운명, 그리고 자기의 일 등을 결정하는데 반하여 잠재의식은 그와 같은 자주성이 없다. 의식이 갖는 목적에 봉사한다고 하는 특성을 유지하면서 행동할 뿐이다. 그러나 잠재의식은 단순한 창고가 아니라 무한한 창조력이 활동하는 영역이다. 그것은 대단히 상상력이 풍부하고 발명의 재능이 넘치고 있다. 잠재의식은 생명의 중대한 과정 및 기능을 지배하고 관장한다. 인간의 수태(受胎)와 동시에 시작되어 생명이 끝날 때까지 인체의 여러 기관, 세포, 운동, 정신, 감정, 자극에 대한 반응 화학적 또는 물리적인 체내의 여러 작용을 끊임없이 지배하고 다스린다. 이러한 인체 내에서 일어나는 복잡한 과정을 자연섭리로 돌려버리거나 의식의 힘만으로 이루어진다고 생각하는 것은 타당하지 않다. 보통의 기준으로 본다면 이와 같이 변화가 많은 복잡한 작업에는 무한의 정신력과 이지(理智)가 필요한 것인데 이것이야말로 잠재의식적 능력에 의한 것이다. 잠재의식이 작용하는 극한의 힘은 비상사태에 있어서 가장 잘 설명된다. 의식으로서의 마음은 그 자신 제약된 분야에서 일정한도의 힘을 가지고 작용하지 않으면 안 되는데 반하여 잠재의식은 조금도 제약을 받지 않는다. 잠재의식은 본질적인 면에서 자유자재로 발휘할 수 있는 무한의 힘을 가지고 있다. 이 무한의 힘은 의식으로서의 마음이 표면에 함부로 나서는 경우에 한하여 제약을 받는다. 그러나 비상사태의 경우는 의식은 옆길로 몸을 피하고 잠재의식이 충분히 힘을 발휘할 수 있도록 한다. 그것은 어떤 기회나 비상사태에 있어서 일견 무한이라고 생각될 정도의 힘이나 강한 것이 사람들에게 이용된다. 그것은 의식의 세계에서는 도저히 불가능하였던 문제를 해결하는 능력도 가지고 있다. 잠재의식의 영역은 시간과 공간을 초월한다. 의식에는 개성이 있으나 잠재의식에는 개성이 없다. 고대의 철학자가 말했듯이 잠재의식은 사물의 이비(理非)를 가리지 못하고 단지 실행력이 있는, 그리고 맹목적으로 작용하는 힘이다. 그것은 끊임없이 작용하고 있으나 대부분의 경우에는 아무런 지성도 의식적인 방향도 없이 움직이고 있다. 잠재의식을 의식적으로, 그리고 건설적으로 쓰는 방법을 배움에 따라서 우리들은 차례로 우리들 자신에 대한 지배력을 늘리고 우리들의 생활에 보다 큰 초점과 자극을 주게 될 것이다. 그 뿐만 아니라 의식의 세계에서의 압력을 제거하면 잠재의식이 더욱 용이하고 효과적으로 작용할 수 있게 될 것이다. 새로운 통찰력, 대담한 착상이나 계획은 그 어느 것이나 마음의 밑바닥에 숨어 있는 잠재의식적 기능에 의해서 이루어진 것이다. 독일의 과학자 폰헬름홀츠는『훌륭한 아이디어는 아무 노력도 하지 않고 마치 영감과도 같이 갑자기 머리에 떠오른 것이고 나의 정신이 피로하고 있을 때, 또는 책상머리에 앉

아 있을 때는 결코 떠오르지 않는다.』라고 말하였다. 진보라는 것은 잠재의
식 속에서만 발견되는 초감각적인 것에서 일어난다. 그리고 이와 같이 영감
적인 것은 그 대상으로 하는 문제에 열중하여 몰두한 다음에 긴박감이 제
거되고 긴장이 풀린 기분이 되었을 때 생겨난다. 여하한 아이디어라도, 계
획이라도, 또는 목적이라도 강한 신념과 기대를 가지고 되풀이 생각하다 보
면 잠재의식 속에 반드시 심어지는 것이고 정신적 긴장이 풀리는 우연한
기회에 우리는 그 문제에 대한 해결을 얻게 된다. 인간이라는 생명현상에
잠재의식적인 정신활동이 내포되어 있다는 것을 인식한다면 거기에 당연히
존재하고 있을 이 부분의 성질에 관한 일정한 기본적인 사실도 인정하지
않으면 안 된다. 그러자면 우선 잠재의식이 마음의 가장 오래된 부분이라는
사실을 명심(銘心)하는 것이 무엇보다도 중요하다. 생물학자들이라면 누구
나 우리들의 오감(五感)이라는 것이 먼 초기단계에 있어서는 접촉감이라고
도 할 원시적인 막연한 감각으로부터 발달해 왔다는 사실을 잘 알고 있다.
잠재의식은 이 마음의 소재가 수백만 년 동안 시행착오의 경험을 거쳐 발
달하고 수정되어 온 것이다. 수태에서 분만에 이르는 사이 육체의 구조는
약 십억 배로 증가한다. 그 기간 중에 신체나 마음의 모든 기관이나 기능이
형성된다. 이 신비적이라고도 할 만큼 복잡한 과정을 지도하고 통어하는 것
-아무런 의식의 도움을 빌리지 않고이 바로 잠재의식이다. 인간이 태어남과 동시
에 생기는 마음의 의식적인 부분은 정신적 활동이 대단히 확대된 중심에
지나지 않는다. 다음으로 중요한 것은 이미 말한 바와 같이 잠재의식으로서
의 마음이란 생명의 커다란 창고라는 사실이다. 우리들이 일찍이 경험한 모
든 경험이나 감정은 물론이요 이른바 본능이라는 것, 즉 인류가 수천 년에
걸친 발전과 투쟁과정을 통해 획득한 예지 등도 잠재의식 장치의 일부를
형성하고 있다. 따라서 그 역사적인 발전이라는 관점에서 본다면 잠재의식
은 인류가 수천 년 동안 발휘해온 무한한 능력과 숙련을 그 내부에 비장하
고 있는 셈이다.

우리의 마음이 의식과 잠재의식의 대조적인 구조로 되어있다는 윌
리엄스의 주장은 옳다. 또한 이 두 가지의 심적 기능이 서로 협조하
고 통어함으로서 일체의 정신작용이 이루어진다는 주장 역시 타당하

다. 이처럼 윌리엄스는 프로이트가 놓친 부분을 정확하게 포착하여 다시 건져 올리고 있는 것이다. 그렇다면 위의 주장을 뒷받침할 만한 과학적인 증거는 있는 것일까? 수많은 임상실험의 결과와 학계의 지배적인 학설로서 이것이 승인되고는 있다. 그러나 그 구체적인 존재양식과 물리화학적 기전에 대한 생리학적 규명은 아직 요원한 실정이다. 다만 최근 획기적인 발전을 이루고 있는 뇌과학의 진보와 함께 우리가 궁구하는 꿈-형성의 비밀이 완벽하게 풀리기만 한다면 이것의 진위는 저절로 밝혀지리라 생각한다.

그런데 윌리엄스의 주장 가운데는 우리가 되짚어보아야 할 두 가지의 의문점이 있다. 그 첫째는 잠재의식이 의식에서 주어지는 명령에 복종할 뿐, 어떤 선택권이나 결정력도 갖고 있지 않다는 주장에 대한 의문이다. 이 점에 대해서는 조셉·머피(Joseph. Murphy)도 적극 동조하고 있는바, 그가 《암시와 잠재의식의 반응에 대한 연구》에서 밝힌 바는 다음과 같다.

암시(暗示)란 사람의 마음속에 넣는 행위, 또는 시사(示唆)를 뜻한다. 즉 암시된 생각, 또는 아이디어가 잠재의식에 기쁘게 받아들여져서 실행에 옮겨지는 경우의 심리적 과정이다. 잠재의식은 직관에 의하여 감지한다. 그것은 감정의 자리이며 기억의 창고다. 주관적인 마음은 객관적인 감각기능이 휴식하고 있을 때 최고의 기능을 발휘한다. 그런데 심리학자들의 실험결과로는 최면상태에 있는 사람에게 심리학자나 기타의 사람들이 실시한 많은 실험결과가 제시하는 바에 의하면 잠재의식에는 논리적으로 생각하는 절차에 필요한 선택과 비교를 하는 능력이 없다는 점이다. 잠재의식에 비록 틀린 암시를 준다고 해도 받아들인다는 것이 거듭 증명되고 있다. 여하한 암시라도 일단 그것을 받아드리게 되면 잠재의식은 주어진 암시의 성질에 따라 반응을 준다. 그런 까닭에 독력(獨力)으로 추론하거나 생각하지 않는다. 그와 같은 기능은 현재의식에 속한 것이다.

위와 같은 추론은 최면몽의 관찰결과임에 틀림이 없다. 그러나 이것을 수면몽에는 그대로 적용할 수 없을 것이다. 수면몽에는 잠재의식의 자의적 선택력이 작용하기 때문이다. 나는 잠재의식이 의식의 명령에 복종하는 피동적인 존재가 아닐뿐더러 의식과 똑 같은 선택권과 결정권을 갖고 있다고 단언할 수 있다. 선택권과 결정권이 없는 잠재의식이 어떻게 미래를 판단하고 예지하는 꿈을 형성할 수 있겠는가? 어디 그뿐이랴. 꿈-사상의 구성으로부터 재료의 선택은 물론, 표상작업-압축, *생략, 대치* 등-에 이르기까지 잠재의식이 독자적인 판단력과 결정력을 가지고 있지 않다면 꿈-형성 자체가 불가능하게 된다.

그러나 꿈-형성이 잠재의식의 배타적인 영역은 아니다. 의식도 꿈-작업에 동참하기 때문이다. 의식은 꿈을 위하여 낮에 만들어진 심적 자극인상을 남겨놓는다. 또한 수면중에는 감각기관을 통해 외계의 정보-*자극*-를 잠재의식에 전달한다. 뿐만 아니라 의식은 각성시와 마찬가지로 꿈속에서도 잠재의식의 충실한 상대역이 된다. 각성시에는 의식이 잠재의식을 통제하는 권한을 행사하면서 정신활동에 협조하도록 명령한다. 반대로 수면시에는 잠재의식이 통제권을 넘겨받아 의식의 협조와 비판, 또는 관여하기를 요청한다. 따라서 이 두 개의 자아가 완벽한 협동을 수행할 때에만 정상적인 정신상태가 유지된다고 보며, 그러한 역학균형이 붕괴될 때 실신상태(失神狀態)가 되거나 정신이상(精神異常)이 되는 것으로 판단하는 것이다. 이런 이유로 의식이 잠재의식을 무시한 채, 독단적인 결정을 한다면 그 어떠한 것도 정확한 판단이 될 수 없을 것이다. 역으로 의식에 대한 잠재의식의 간섭이 지나칠 경우에도 부정확한 판단이 생길 수 있다. 프로이트가 소개한 바 있는 실수와 망각 등의 사례들이 바로 그 증거이다. 예컨대 내키지 않은 회의에 참석하여 개회선언을 한다는 것이 그만 자기도 모르게 폐회선언을 해버리거나, 무의식적으로 미워하던 아내가 선물한 책을 아무리 해도 찾을 수 없다거나 하는 등의 사례는 배경구조에 머물러 있어야할 잠재의식이 의식의 영역을 침범함으로서 빚어지는 현상으로 이해해야 할 것이다.

윌리엄스의 견해에서 발견되는 두 번째 의문점은 잠재의식이 자주성과 개성이 없이 맹목적으로 작용하고 있다는 주장이다. 실상은 오히려 그 반대이다. 각성시에는 다만 의식의 배후에만 머물고 있어 겉으로 들어나지 않지만 사실 모든 의식적 사고는 잠재의식에 그 기반을 두고 있기 때문이다. 제2의 정신생활인 꿈을 형성하는 주체가 잠재의식이라는 점만을 고려하더라도 그것에 자주성과 개성이 없다고는 더더욱 말할 수가 없을 것이다. 결국 모든 경험이 그렇고, 지식이 그러하듯이, 지혜 또한 이 잠재의식에서 시작된다고 보아야만 한다. 나는 이것을 입증할 수 있는 여러 가지 경험적 증거들을 다음과 같이 정리해 두었다.

① 수면중의 사고는 각성시의 사고와 그 논리적 과정이 동일할 뿐 아니라 오히려 현실적 사고를 초월하는 경우도 있다.

② 꿈-사상의 정황을 설정하거나 공상적 사연으로 고쳐 나가는 작업은 전적으로 잠재의식의 자의에 맡겨져 있다.

③ 의식에서는 찾아볼 수 없는 선험적 지식과 지혜로서 꿈을 형성하는 능력을 가지고 있다

④ 의식에서 주어진 재료를 창조적으로 재생산하여 꿈의 상징표상을 만들어 낸다.

⑤ 판단, 예지 등의 경우와 같이 의식의 도움 없이도 능동적인 사고행위를 할 수 있다.

⑥ 영감적 경지가 조성되면 의식적으로는 불가능할 여러 가지 초상현상을 구현해 낸다.

⑦ 수면중의 신체기관을 통어함으로서 내외부에서 유입되는 감각자극으로 꿈을 형성할 수 있다.

⑧ 인류사에 길이 남을 대발견이나 발명 등은 잠재의식적 소산인

경우가 더 많았다.

　수많은 연구자들의 임상실험 결과를 보더라도 잠재의식이 의식의 지배를 받는 피동적이며 무정부적인 것이 아니라, 자주적이며 능동적인 작용이라는 사실을 충분히 이해할 수 있다. 잠재의식에는 논리적 사고에 필요한 선택권과 결정권, 그리고 비교하는 능력이 없다고 생각하는 것은 아마도 초창기의 정신분석학자들이 환자를 치료하는 도구로서 최면술에 의존했던 것에 그 이유가 있지 않을까 한다. 즉, 최면상태의 환자들에게 어떤 암시를 주었을 때 환자가 그것을 무비판적으로 받아들여 반응한다는 것에서 그러한 개념이 유추되었을 가능성이 있다는 것이다. 이것은 피술자가 암시에 따라 반응한다는 최면의 외형적 서술효과만을 고려한 결과이다. 그들은 최면시 암시에 의한 신념의 강화나 행동반응을 일으키는 과정에 의식이 개입한다는 사실에만 주목했던 것이다. 그런데 우리가 익히 알고 있는 것처럼 최면상태에서는 반드시 최면몽이 형성되며 그것의 대부분은 상징적으로 표현된다는 사실이다. 그러므로 최면몽 역시 판단과 예지라는 사실은 자명해질 것이므로 그들의 주장은 불합리한 것이다.
　잠재의식의 초월적 정신작용이라고 추정되는 실체적인 현상들이 있다. 초심리학자들이 말하는 PSI가 바로 그것으로 초감각적 지각이나 염력(念力) 등과 같은 초능력 현상이다. 그런데 우리는 초능력 현상들이 일종의 최면상태에서 이루어진다는 점에 유의할 필요가 있다. 최면상태는 바로 잠재의식이 활동할 수 있는 단계이다. 따라서 이 단계에서의 정신현상들이 잠재의식에 의해 이루어진다고 볼 수 있다. 다만 염력의 경우 그것이 잠재의식적 기능임에는 틀림이 없지만 그 원리, 즉 정신이 물질화현상을 일으키는 메커니즘은 여전한 수수께끼로 남아있다. 이 정신적 기전이 규명되는 날, 잠재의식의 본질도 보다 명쾌하게 밝혀질 것이다.

잠재의식의 소재(所在)와 관련해서는 지금까지 많은 추론이 이어졌는데 그 중 대표적인 것은 다음의 세 가지다. 즉, 위(胃)의 뒤쪽과 척추의 앞부분에 있는 태양신경총(太陽神經叢)에 있다는 설과 뇌의 뇌하수체(腦下垂體)와 송과선(松科腺) 따위가 거들어서 이런 일을 한다는 설, 그리고 뇌의 여러 신경계 중에 아직 발견되지 않은 신경계가 있어서 이것이 모든 신경계를 지배하고 마음생성의 주동을 이루고 있다는 설 등이다. 그러나 우리의 뇌가 의식적인 부위와 잠재의식적인 부위로 분리된 신경조직을 가지고 있어 그런 각각의 역할을 분담하고 있다고는 생각하기 어렵다. 그럼에도 불구하고 최근 학계에 보고된 여러 학자들의 실험관찰결과들은 이것의 가능성을 시사하고 있다.

인간의 뇌는 두 가지 회로를 갖춘 정보처리장치이다. 그 하나는 뇌의 왼쪽 절반부분으로 이곳은 보통 깨어있을 때에 사용하는바, 끊임없이 밀려드는 새로운 사실을 가치 있는 것과 무가치한 것 등으로 구분하고 판단해서 처리한다. 다른 하나는 뇌의 오른 쪽 절반부분으로 객관적인 사실보다는 인간의 정서를 처리한다. 이곳이 바로 꿈을 꾸는 마음과 관계한다. 여기서는 낮에 기록된 것이 미쳐 인식되지 않은 것, 검토되지 못한 것, 그리고 산발적인 감정의 찌꺼기들을 처리한다.

이것은 결국 좌뇌와 우뇌의 기능 차이를 설명한 것으로 감정과 직관의 보고인 우뇌가 잠재의식의 소재라고 풀이한 것이다. 이와 관련하여 미국 일리노이 대학의 심리학 교수인 로절린드·카트라이는 『이 두 번째 회로-우뇌-에서 자기 자신이 누구인가 하는 문제와 관련된 정보들을 다룬다. 밤사이 이러한 새 정보를 이미 알려진 우리 자신과 조화시키고 결합시켜서 다음 날 실생활에 도움이 되게 하는 것이다.』라는 견해를 피력했다. 역시 같은 견해를 갖고 있던 심리학자 폴·베컨은 『꿈을 꾸는 동안에는 비합리적이고 감정적이며 고도로 시각적인 오른쪽 뇌는 합리적인 왼쪽 뇌에서 완전히 벗어난다. 그 때문에 영상

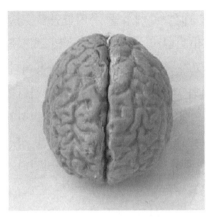

인간의 좌우뇌(左右腦)

과 소리와 감정이 마구 터져 나오는데 이것이 바로 꿈이다. 꿈의 흐름 속에는 눈부신 색채–꿈은 모두 총천연색으로 나타난다고 주장하면서–의 영상들이 다투어 터져 나오려는데 그런 까닭에 합리적인 법칙이 무시되지 않을 수 없다.』라고 주장했다.

만약 이들의 주장대로 좌뇌가 꿈–형성에 가담하지 않는 것이 확실하다면 우뇌야말로 잠재의식의 활동부위이고 그곳이 바로 잠재지식의 보고라고도 말할 수 있을 것이다. 그러나 [꿈이 우뇌의 작용만으로 형성되기 때문에 비합리적이다]라는 그들 주장에는 무엇인가 부족한 감이 있다. 왜냐하면 꿈–형성은 단순한 기억의 재활용이 아니라, 수면중의 창조적 사고이기 때문이다. 따라서 꿈을 형성하는 잠재의식은 어느 한쪽의 반뇌(半腦)만이 아니라 뇌 전반을 가동함으로서 기능한다고 보아야 마땅할 것이다. 더구나 최근 인지학자들의 연구에 의하면 의식을 형성하는 기억의 저장기능이 뇌의 어느 특정 부위에 국한된 것이 아니라, 뇌 전반에 걸쳐 모든 조직이 관여하는 총체적인 메커니즘이라고 한다. 그런가 하면 일부 양자물리학자들은 인간의 의식이 뇌를 벗어난 차원에서 형성된다고 주장하고 있다. 아무튼 좌뇌와 우뇌를 구분하여 의식과 잠재의식의 소재를 구분한다는 자체가 난센스라고 할 것이다. 의식과 잠재의식은 하나인 것의 다른 두 모습이기 때문이다.

2. 꿈을 형성하는 두 개의 자아(自我)

나는 꿈을 설명함에 있어 [또 하나의 자아(自我)]라는 말을 자주 쓴다. 우리의 정신작용에 있어 외계에 대한 주체성을 유지하면서 경험하고, 사유하며, 통어(通御)하는 자기(自己)라는 개념을 꿈의 형성원리에 맞게 두 개로 구분해서 고찰하고자 심리학에서 빌려 온 용어다. 물론 학문적인 관점에서 보자면 우리의 마음은 자기(自己)라는 하나의 통제 하에 놓여있다. 그러나 나는 오랜 기간 많은 꿈들을 세밀하게 관찰하는 과정에서 꿈의 형성과정에는 대조적인 두 개의 뚜렷한 경향성, 즉 내적인 것과 외적인 것이 병존하고 있다는 사실을 발견하게 되었다. 이것은 객관적(客觀的) 마음과 주관적(主觀的) 마음, 그리고 전경의식(前景意識)과 배경의식(背景意識)이라는 대칭적인 심적구조에 각각 상응한다. 또한 이것을 달리 표현하자면 내적인 충동-또는 기능-과 외적인 충동에서 비롯하는 의식적, 또는 무의식적인 심적 경향성이라고도 말할 수가 있다. 따라서 이 둘의 근원은 같지만 그 심적 기능만큼은 명확하게 구분되어야 한다는 입장이다.

☞ *자아 (自我)* : 능동성의 의식으로서 같은 순간에 혼자라는 의식의 단일성이 있으며 시간이 경과해도 동일성의 의식이 유지되고 외계와 남에 대해서는 자기의 존재감을 느끼게 하는 의식이라고 정의된다. 이 용어는 간혹 인격과 같은 뜻으로 사용되기도 하지만 인격은 자아의식이 갖는 것보다는 범위가 넓은, 다시 말해 무의식-*잠재의식*을 포함하는 개념이라고 보는 것이 일반적이다.

그런데 일부 학자들도 의식으로서의 자아의 기능을 [외계를 인정하는 것과 그것을 인지하는 것]으로 나누기도 한다. 베르그송(H. Bergson 1859~1941)은 『의식생활에 있어서의 외계나 타인을 인정하는 자아와 이런 것들을 인지하는 자아의 둘로 구분할 수 있다. 그것은 생각하는 자아와 감지하는 자아이다.』라고 말했는데, 이 이론에 근거하여 일부 꿈 연구가들은 『수면중의 꿈속에는 이 두 개의 자아적 개념이 붕괴되어 있다.』라고 주장하기도 한다. 이 점에 대해 우리가 유의해야 할 것은 의식적 자아의 잠재의식적 자아의 기능을 동등한 것으로 이해해서는 안 된다는 점이다. 왜냐하면 의식적 자아는 외계의 대상을 지각하고 인지하지만, 잠재의식적 자아는 꿈속에서 스스로 만들어낸 관념상을 확인하는 것에 불과하기 때문이다.

그런데 꿈속의 정적(靜的)인 표상을 만들어 내기 위해서는 꿈을 형성하는 자아-*내부자아*-가 꿈-재료를 잠재지식 속에서 이끌어내어 상징물로 고쳐 만들고 그것을 표현하면 그만이다. 그러나 그것이 동적(動的)인 표상인 경우에는 이야기가 조금 달라진다. 그것에는 인격적인 요소가 포함되기 때문이다. 나는 이것을 설명하기 위해 하나의 가설을 제시한 바 있는데, 그것이 바로 [또 하나의 자아]라는 개념이다. 즉 꿈속에 등장하는 모든 동적인 표상은 자기의 분신(分身)이며, 그것의 이미지를 충실히 표현하기 위해 자기의 또 하나의 자아가 가면을 뒤집어 쓴 것에 불과하다는 것이다. 그러므로 꿈속에서 둘 이상의 동적인 표상들이 서로 대응하는 표현도 결국은 자신의 주관적 마음과 객관적 마음이 상대적인 입장에서 묻고 답하면서 이야기를 이끌어나가는 것이라고 볼 수 있다. 때문에 나는 [꿈속에서는 두 개의 자아적 개념이 와해되어 있다]는 주장에 선뜻 동의할 수가 없다. 독자 제위가 이러한 개념을 승인한다면 일부 연구자들이 『꿈에서는 두 개의 자아적 개념이 와해되어 혼동됨으로서 자기와 외계를 구분하지 않고 자기가 느끼고 있는 것, 자기가 생각하는 것을 타인이 느끼고 타인이 생각하는 것처럼 간주한다. 때로는 타인의 일이라고 생각한 것이 자기의 것으로 되어 버리는 일이 적지 않다.』라는 주장에서 무엇이 잘못되었는지도 쉽게 찾아낼 수 있을 것이다. 위와 같은 오류가 생기는 것은 꿈의 공상적인 서술방법을 충분히 이해하지 못하는 때문이다. 《꿈의 신비(神秘)》를 쓴 일본의 오오하라(大原)는 다음과 같은 꿈을 보고하고 있다.

귀가 도중 내 집을 멀리서 바라보니 딸을 희롱하는 놈이 있으므로 『나의 사랑하는 딸을 희롱하는 놈이 누구냐?』며 소리치고 쫓아갔다. 가까이 가보니 그놈은 다름 아닌, 딸의 아버지인, 나 자신이었으며 이 사실을 꿈속에서 조금도 기이하게 생각하지 않았다.

그러나 이 꿈에 묘사된 [또 하나의 자기]는 앞의 사례들에서처럼 현실의 어떤 인물을 암시하는 것은 아니다. 그것은 그가 장차 미래에서 체험하게 될 어떤 사물(事物)의 의사시(擬事視)로서 묘사된 것이다. [의사시(擬事視)]란 꿈속에 등장한 사람과 동물로 현실의 어떤 사물을 암시하는 꿈만의 독특한 표현수단이다. 이것에 대해서는 〈꿈의 표현수단〉에서 상술하고자 한다. 어찌되었건 꿈속의 자기라는 존재도 [표상 뒤에 숨은 자아]와 [그것을 인식하는 자아]로 분열될 수 있다는 사실을 각별 유념해야만 한다. 아울러 『꿈속에 등장한 신령, 혼백, 조상 등은 실존이 아니라 자기의 또 다른 자아가 분장하고 나타나 자기암시적 예언을 하고 있는 것이다.』라는 나의 주장도 함께 되새겨 보아야 할 것이다.

미리 결론을 말하자면 꿈속에서의 두 개의 자아라는 설정(設定)은 꿈을 형성하기 위한 필수불가결한 조건이며 이 둘의 협조로 꿈이 진행될 것인바, 그것은 마치 [하나가 배우라면 다른 하나는 관객-또는 연출자-의 입장이 되는 것과 같다]는 것이다. 나는 이러한 주장이 단지 가정으로만 머물지 않을 확실한 증거들을 확보하고 있다. 필자의 오랜 체험과 수많은 의뢰인들의 경험담을 종합해 본 결과, 꿈속에서는 인식의 주체인 [자기]와 마치 타인처럼 독립적으로 존재하는 [또 하나의 자기]가 함께 등장하여 동시에 활동하고 있음을 확인할 수 있었던 것이다. 보통 사람들보다 꿈을 더 잘 기억해내는 사람이라면 꿈속에서 자신의 뒷모습이나 육체의 일부분을 마치 타인을 지켜보듯 멀리서 바라본 경험을 갖고 있으리라 믿어 의심치 않는다.

나는 이제부터 이 인식주체인 자기(自己)를 내부자아(內部自我), 그리고 행동주체인 자기를 외부자아(外部自我)-또는 [또 하나의 자아]-로 부르기로 한다. 이것은 분명 하나의 가정이다. 그러나 내가 이러한 가정에 입각해서 수많은 꿈을 해석해보니 그것이 현실의 다른 어떤 사람을 동일시(同一視)하거나, 아니면 중요한 일거리를 상징하고 있다는 판단에 확신을 가질 수 있게 되었다. 이러한 현상을 연극에 비유하여 관객을 내부자아라고 한다면 연기자는 외부자아가 된다. 이것은 각성시의 정신활동에서도 마찬가지이다. 즉, 내부자아와 외부자아의 공조체제는 각성시에도 유지되고 있다는 것이다. 굳이 칼·융의 학설을 인용하지 않더라도 이 두개의 자아가 협동하고 조화하는 심적 합일화(合一化)에 의해서만 우리의 인격이 온전하게 유지됨은 두말할 필요가 없을 것이다. 다만 심적 통어기능이라는 측면에서 어느 편이 전경의식이 되고 어느 편이 배경의식이 되느냐 하는 것은 낮과 밤의 순환에 따른 주도권의 전환에 달려 있다. 깨어있을 때에는 외부자아(意識)가 내부자아(潛在意識)를 통제하면서 배경적(背景的) 구실에 머물러 있는 내부자아로 하여금 정신활동에 협조토록 조정한다. 반대로 잠을 잘 때에는 내부자아가 통제권을 넘겨받음과 동시에 외부자아의 협조와 비판을 수용한다. 그러나 여기에는 풀어야할 난제(難題)가 하나 있다. 그것은 꿈속에 등장하는 동적표상이 둘 이상일 경우이다. 즉, 자기의 [또 하나의 자아]를 포함하여 많은 인물표상이 동시에 등장하고 있다면 그것들은 또 어떻게 해석해야 하는가 하는 문제이다. 이것에 대해서는 꿈이 그 잠재사상을 공상적 가공물로 표현하다는 점을 들어 해명할 수 있다. 말하자면 등장한 모든 인물표상들을 자신의 자아가 직접 대리하지 않아도 된다는 것이다. 그러나 특정한 경우에는 자신의 자아가 인격분열(人格分裂)이라는 표현방법으로 둘 이상의 인물표상을 한꺼번에 대리할 수 있다는 가설이 제기될 수도 있다. 실제로도 꿈속에서 일렬횡대(一列橫隊)로 다가오는 장교와 사병들이 각기 어떤 다른 특징을 나타내고 있음에도 불구하고, 그 특징들이 단 한사람만의 묘사를 위해 각기 역할을 분담하고 있었다는 사례가 학계에 보고되어 있다.

그렇다면 학계의 보고처럼 자신의 자아가 수많은 인격체로 분열해서 그 각각의 역할을 동시에 대행하는 것일까? 그것은 아니라고 단언할 수 있다. 우리는 꿈속에서 동물이 되었다가 신이 될 수 있고, 또다시 사람이 될 수도 있다. 즉, 여러 개의 동적인 표상이 등장하였다고 해도 그들 모두를 동시에 대행하는 것이 아니라, 그들 각 표상으로 돌아가면서 변신(變身)을 거듭한다는 것이다. 일종의 표상전위(表象轉位) 과정인 것이다. 그러므로 여러 개의 동적인 표상들에 자신의 심적인 요소가 각각 숨어있다 하더라도 그것들은 모두 행동하는 자아의 요소로서 통합될 수 있는 것이다.

☞ *외부자아의 변신(變身)* : 꿈에 등장한 [또 하나의 자아] 가 다른 인물표상으로 변신하는 경우가 있다. 가령 전쟁터에서 수많은 병사들이 부상을 당해 신음하고 있는 광경을 바라보다가 갑자기 자기 자신이 그 병사들 중의 하나로 뒤바뀌어 고통을 겪는 경우도 있었고 심지어는 자기가 공격해서 상해(傷害)을 입힌 상대방으로 변신하는 경우도 있었다. 말하자면 꿈속에 등장한 모든 동적표상으로의 연속적인 변신이 가능하다는 것이다.

☞ *꿈의 이중적인 형태* : 외현적-*현현내용*으로만 보았을 때 소원충족의 꿈이 있다는 것은 사실이다. 또한 현재의 심리상태가 반영되는 꿈도 있고 초월적인 존재가 등장하는 계시적인 꿈도 물론 있다. 그러나 그것은 어디까지나 외형일 뿐이다. 그 외형이 어떻든 간에 꿈의 본질적인 기능은 미해결의 관심사에 대한 판단이며 미래사의 예시이다. 그런 점에서 그것들 모두는 같은 종류이다.

우리가 반수(半睡) 이상의 상태에 놓이기만 하면 잠재의식은 활성화된다. 이 활성화된 잠재의식의 무대가 바로 꿈의 영역이며, 이때의 잠재의식은 전경의식(前景意識)이다. 그런데 우리의 의식은 잠을 자는 동안에도 완전히 작동을 멈추지 않으며, 반대로 깨어있는 동안에도 잠재의식은 부단히 가동되고 있다. 어떤 이들은 잠들기 직전 망막에 맺힌 상이 꿈을 형성한다고 주장하기도 한다. 그러나 위에서 본 바와 같이 우리의 의식은 수면중이라도 완전히 정지하지 않기 때문에 감각자극인상 따위를 착각하지 않는다. 다만 필요에 따라 감각자극인상 중의 어떤 것을 취사선택하여 꿈의 표상재료로 만들거나 한 꿈의 주제로 삼을 수는 있다.

3. 꿈을 형성하는 영자(靈子)

나는 지금까지 잠재의식의 비상한 능력을 인정함으로서 수면중의 정신활동, 즉 꿈-사고가 미해결의 관심사와 미래사를 판단하고 예지할 수 있다는 추론을 제기함과 동시에 이를 입증하기 위한 여러 가지 경험적 자료들을 제시한 바 있다. 그러나 아직도 그 증거력이 충분치 않다고 생각하는 것은 한 가지 커다란 의문을 남겨두고 있기 때문이다. 그것인 즉, 우리의 정신이 육체를 움직이고 육체가 정신작용에 동기를 부여하는 물력전환(物力轉換), 다시 말해 정신적 기전(機轉)의 원동력은 무엇인가 하는 점이다.

인류가 우주 생성원리를 하나씩 규명해 가고 있는 작금에도 정작 자신의 마음을 이해함에 있어서는 지극히 원초적인 수준에 머물고 있음은 참으로 안타까운 현실이다. 다만 뇌과학자나 생리학자 등의 노력에 힘입어 뇌와 정신작용의 상관관계에 대한 윤곽이나마 잡을 수 있게 되었음은 그나마 천만다행한 일이다. 그러나 정신이 물리화학적 메커니즘만으로 설명될 수 있는 것은 아니기에 이것 역시 크게 기대할 바는 못 된다는 것이 현실이다. 때문에 나는 이 문제에 대한 궁극적인 실마리는 결국 형이상학적 관념론에서 발견될 것이라고 생각한다.

어찌되었건 마음이 육체를 지배하고, 또 육체가 마음을 만들어내는 메커니즘, 여기에는 상호작용하는 어떤 에너지가 작용하고 있음이 분명하다. 그렇다면 이 힘의 정체는 과연 무엇일까? 이 의문에 대한 해명이 정신작용의 본질을 파악하는 핵심이 되리라 본다. 지금까지의 학문적 연구성과를 간추려 보면 다음과 같다.

① 호흡, 혈액순환, 소화, 분비, 배설 등과 같은 생리적 자극이 신경세포의 분자, 또는 소립자(素粒子)의 교환운동을 일으키며 이때에 전류가 생기는 것을 정신적 기전의 원동력으로 보는 관점이다. 즉, 신경세포-뉴런-는 5~100미크론-1미크론은 1천 분의 1미리-의 크기를 가지며 1개의 세포는 1개의 축색과 여러 개의 수상돌기를 가지고 있는데 축색의 세포가 지시하는 신호를 받아 수상돌기를 통해서 다른 뉴런에 전달할 때 전기적인 자극이 생겨 호르몬과 유사한 전달물질이 생성되고 이것이 다른 세포로 전이됨으로서 정신작용이 유지된다는 것이 생리학자들의 견해이다.
② 정신적 기전을 물리화학적인 메커니즘이 아니라, 정신현상 측면에서의 특수한 에너지로 생각하는 견해들이 있다. 맥두걸(Mcdougull. Williams)의 [호르메적 에너지(힘, 압력, 추진)], 베르그송(Bergson)의 [엘라-비탈(생의 약동)], 프로이트의 [리비도설(성적 충동)]등이 그것이다.
③ 1847년 발표된 헬름홀츠의 《에너지 보존원칙》에서는 열, 빛, 전기 등이 정신적 에너지가 될 수 있다고 했고, 그 외 루트비히, 튜보, 레몽, 브뤼케 등은 생명체에는 물리화학적 힘 이외에 다른 어떤 힘도 작용하지 않는다고 주장했다. 이것은 유물론적 기계주의에 기반을 둔 주장이다.
④ 심령학계에서는 인체 내에서 방출되며 실제로도 그 형체가 목

격된다는, 이른바 엑토플라즘(Ectoplasm)이라는 에너지 체(體)에 관해서 설명하고 있다. 그것은 일정한 흐름을 가지고 기체나 고체, 또는 액체 등으로 자유자재로 변질될 수 있으며, 또 그 힘에 의해서 물체를 공중 부양시키거나, 염사(念寫)의 사진을 찍거나, 또는 환자를 원격으로 치료하거나 하는 등의 일이 가능해진다고 주장한다.

그러나 이상의 각 케이스를 정신에너지의 근원으로 보기는 어렵다. 이것들 역시 원천적인 근원에서 파생된 2차적인 현상에 지나지 않을 것이기 때문이다. 그렇다면 정신이란 과연 무엇일까? 프로이트는 말하기를 『이것은 의식의 집대성으로서 크기와 넓이와 양을 갖는 공간적 존재요, 시간의 흐름을 갖는 덩어리』라고 했다. 과거에는 정신, 즉 마음을 이해함에 있어 인간은 소립자(素粒子)의 덩어리이기 때문에 의식은 소립자들의 상호작용에 따른 물리화학적 현상에 불과하다는 환원주의(還元主義)적 관점이 주를 이루고 있었다. 말하자면 정신이란 결국 뇌라는 물질이 만들어낸 부산물에 불과하다는 것이다. 그런데 불가해(不可解)한 것은 물질의 산물이라는 정신이 물질 이상의 일을 하고 있다는 점이다. 이점에 근거하여 환원주의에 반기를 들고 나선 새로운 조류가 있었으니, 그것은 [의식이란 소립자들의 상호작용만으로는 파악할 수 없는 것이며, 그것들의 전체적인 모임에 어떤 2차적인 법칙과 효과가 있어서 의식이 만들어진다]고 보는 전일주의(全一主義)적 관점이었다. 이들은 생명이나 의식이 소립자들의 집합으로 이루어지는 것은 사실이지만, 소립자를 아무리 분해하더라도 결코 찾을 수 없는 어떤 다른 성질을 가지고 있다고 주장한다. 그러나 전일적인 관점은 아직까지 이론적 단계에 머물고 있으며, [전체(全體)는 부분의 합(合)일 뿐이다]라는 환원주의적 결함을 논박할 만한 어떤 새로운 증거도 제시하지 못하고 있다.

이처럼 정신, 그 자체의 본질도 아직 파악되지 않은 상황에서 이 정신을 움직이는 원천적인 힘을 논한다는 것이 어찌 생각하면 무모하기 짝이 없어 보이기도 한다. 그러나 우리가 궁구(窮究)하고지 하는 바가 꿈이고, 꿈은 정신의 산물이기 때문에 이것에 대한 개념 정립은 어떤 식으로든 이루어져야 한다고 본다.

의식의 소재는 뇌다. 그런데 뇌는 물질이므로 그것이 기능하게 하려면 전기화학작용이 있어야만 한다. 그러므로 이 전기화학작용을 일으키는 상위의 어떤 에너지를 상정한다는 것이 결코 불합리한 일은 아닐 것이다. 물론 옛사람들처럼 정신의 상위 차원에 영혼 내지는 혼백(魂魄)이라고 불리는 독립된 실체가 존재하고 있어 그것으로부터 원천적인 힘이 유래한다고 생각하면 간단하게 해결될 수도 있을 것이다. 그러나 그러한 개념은 현대인의 분석적 사고가 쉽게 받아들이기 어렵다.

여기서 나는 하나의 가설을 상정하고자 한다. 그것은 아직 과학적으로 규명되지는 않았으나 현상적 실체로는 분명히 존재하는 상위차원의 어떤 에너지에 관한 것이다. 나는 그것을 가칭 [영자(靈子)에너지]라고 명명하고자 한다. 이 영자에너지는 물질과 정신이 하나였던 태초부터 존재하는 것으로 물질과 결부되어 있을 수도 있고, 분리되어 있을 수도 있으며, 또 서로 교류될 수도 있는 미립자적(微粒子的) 에너지이다. 이 가설의 이해하기 위해서는 다음 두 가지의 개념을 승인해야 한다.

첫째 생명체는 정신과 육체를 따로 분리하여 생각할 수 없는 물질과 의식의 총화(總和)라는 것이다. 다시 말해 우리 육신을 구성하는 세포 하나하나마저 이미 육적(肉的) 요소와 영적(靈的) 요소의 합일체(合一體)라는 것이다. 물론 단세포에 영혼이 깃들어 있다는 사실을 인정하기가 쉽지는 않겠지만 분열하고 재생하는 힘의 근원, 즉 원초적인 생명의 의지가 있음은 분명하다. 따라서 수십조 개의 세포로 이루어진 인간의 육체도 이와 같은 세포단위에서 이미 영육(靈肉)의 합일체로서 생장과 소멸에 따라 이합집산(離合集散)하는 어떤 의지와 힘이 별개로 작용한다고 생각할 수 있는 것이다.

둘째 현대물리학이 말하는 우주창조와 생명의 기원에 관한 이론들을 참이라고 받아들여야만 한다. 과학자들은 우주가 지금으로부터 150억 년 전쯤 특이점(特異點)이라고 하는 골프공만 한 작은 점에서의 가공할 대폭발－빅뱅(Big Bang)－에 의해 생성된 것으로 보고 있다. 아울러 이것에 의해 비로소 시간과 공간이 생겨났다고들 말한다. 그들이 말하는 물질의 생성과 생명의 기원에 관한 것들을 알기 쉽게 간추려보면 다음과 같다.

대폭발(大爆發)은 수천 억분의 1초도 안 되는 짧은 시간에 일어났으며 이후 급속도로 팽창하는 우주의 온도가 감소하고 밀도가 낮아지면서 물질이 생겨났는데, 이것은 미지(未知)의 소립자와 가스 상태의 수소와 헬륨이었다. 이 가스 덩어리가 중력에 의해 응축(凝縮)하면서 생겨난 것이 별－항성(恒星)－이다. 별은 그 내부에서 수소의 핵융합(核融合)에 의해 열과 빛을 내며 타다가 일정 시기가 오면 별 전체에서 핵융합이 일어나게 되고 종국에는 모든 연료를 다 써버리면서 폭발하고 만다. 이런 경우 태양의 10배 이상의 질량을 가진 별－초신성(超新星)－이라면 대부분의 외곽물질이 우주공간으로 날아가 성간물질(星間物質)이 되고, 남은 부분이 수축(收縮)하여 블랙홀이 된다. 이렇게 해서 우주공간에 흩어진 성간물질은 다른 항성에 흡수되거나 항성의 인력에 의해 그 주위를 도는 혹성(惑星)으로 뭉쳐진다는 것이 지금까지 알려진 정설이다. 생명의 모태인 지구는 그렇게 해서 만들어진 것이다. 초창기 지구는 그 내부에서 마그마가 용출(湧出)하면서 생긴 두꺼운 가스층으로 상공을 뒤덮어 대기를 만들었다. 그리고 이 대기가 식자 비(雨)가 되어 내리면서 마침내 지표면이 온통 바다가 되었다. 이 바다 속에서 생성된 최초의 분자들이 고단위로 합성되는 과정에서 생명의 기초라고 할 수 있는 아미노산이 만들어진다. 그리고 아미노산은 서로 결합하여 더욱 긴 사슬을 이루어 단백질을 만들었는데, 이 단백질이 교대로 연결되어 DNA분자의 2중 나선구조를 형성하였다. 이렇게 해서 수백만 개의 원자가 이어진 DNA 2중 나선은 자기복제라는 불멸의 비밀을 간직하게 된다. 이것이 바로 생명이다. 이로써 원시 바다는 단세포의 박테리아와 조류로 가득 차게 되었다. 그리고 이 박테리아로부터 진화에 진화를 거듭한 것이 바로 인간이다.

그런데 초기 대폭발 시에 우주공간을 채운 것은 물질만이 아니라고 한다. 과학자들의 의하면 우주공간을 차지하는 물질은 4%정도에 불과하고, 그 나머지는 22%의 암흑물질(暗黑物質)과 74%나 되는 미지(未知)의 에너지라고 한다. 그렇다면 이 미지의 에너지는 과연 무엇일까? 이것으로 추정될 만한 [영자(靈子) 에너지]에 관한 내용을 나의 책 《꿈의 예시와 판단(1972)》에서 발췌해 본다.

태초의 생명이 원시의 바다에서 생겨났다. 생명이 있기 이전의 지구상에는 다만 원소들만 안개처럼 자욱하게 퍼져 있었을 것이다. 그 후 오랜 시간이 경과함에 따라 어떤 분자들이 서로 결합하여 유기체를 형성하게 되었을 것이다. 생명의 기원이 조물주의 창조에 의한 것이건, 아니면 자연발생적인 것이건 간에 분자결합이 생명화의 기초라는 것은 과학이 증명하고 있다. 따라서 그것을 조정하는 또 다른 존재가 있을 가능성을 전제로 이것을 에너지적 원소라 부르기로 하자. 이 에너지적 원소란 전자기(電磁氣)의 형태이거나, 파동의 형태이거나, 아니면 우리가 아직 발견하지 못한 다른 형태일 것이다. 《성서》의 창세기 2장에 기록된 흙과 [생기(生氣)]라는 표현 중에 생기라는 것도 결국은 이것을 암시하는 것은 아닐까 한다. 즉 흙은 생체적인 요소를 말하는 것이요, 생기란 에너지적 요소를 지칭하는 것일 수도 있다는 말이다. 자, 그러면 이제부터 이 가설을 좀 더 구체화하여 그 각각을 육적(肉的) 요소와 영적(靈的) 요소라고 명명한다. 이 둘이 결합하여 생명이 되고 죽음과 더불어 다시 분산될 터인데 육(肉)은 지구상의 물질로 환원될 것이요, 영(靈)은 우주공간으로 흩어지게 될 것이다. 신에게로 되돌아간다는 말은 아마도 이런 뜻일 것이다. 그러면 이제부터 이 에너지적 요소가 되돌아가는 우주공간을 에너지의 바다, 즉 [영해(靈海)]라고 명명한다. 또한 이 영해라는 개념하에서 이제까지 영적 요소라 불렀던 것을 〔영자(靈子)〕라고 고쳐 부른다. 이것은 우주에 충만해 있고 생명에도 깃들어 있으며 영해로 개방되어 있어 영자에너지에 의한 교류가 가능함으로서 생명의 탄생과 죽음에 따라 이합집산(離合集散)을 반복하는 것으로 추정한다. 육체에 집결된 영자는 마치 축전지에 담겨진 전기의 저장상태에 비유될 수 있

블랙홀(Black Hole)과 제트가스

는바, 그 용량이나 성질에 따라 고등생명체와 하등생명체로 구별되며 영해에 산재해 있을 영자를 이용하기에 적절한 힘의 근원이 될 것이다. 영해는 영자를 교류하는 공간인 동시에 우리의 정신-잠재의식이 우주의식과 연결되어 정보를 교환하는 공간이기도 하다. 우리는 부족한 영적 에너지를 보충하기 위해 영해로부터 영자를 흡수하기도 한다. 박테리아와 같은 극히 기초적인 미생물이라고 해도 인공적으로 창조하려면 먼저 만들어진 육적 요소가 영자의 집결을 유도함으로서 적절한 조합이 이루어져야만 할 것이다. 때문에 형체를 구성하는 물질요소는 화학적 합성으로도 가능할지 모르나 또 하나의 구성요소인 영자만은 임의로 포착할 수 없으므로 완벽한 생명체는 기대할 수 없을 것이다. 정자와 난자의 결합으로 창조되는 생명을 순전히 육적 현상으로 보기에는 생명의 신비와 오묘함이 너무도 경이롭다. 선대의 경험과 지식이 유전자에 담겨 전달된다는 사실 하나만으로도 이 초월적 에너지의 존재가능성에 대한 믿음을 심어주기에 충분하다. 그러므로 나는 우주창조 시에 생성된 거대한 에너지로부터 영자에너지라는 추론을 이끌어내게 된 것이다.

생기(生氣 : vitality)가 생명탄생의 필수불가결한 요소로서 태초에 존재하고 있었다면 지금도 우주공간에 널리 퍼져 있을 것이다. 따라서 코에 생기를 불어넣어 생명을 만들었다고 해서 그것을 사실로 믿는다면 어리석은 일이다. 그것은 생명의 탄생과정을 비유하는 하나의 암시에 불과할 것이기 때문이다. 때문에 이것이 어떤 선지자(先知者)의 꿈에 의해 기록된 것이라고 한다면 좀 더 진실에 근접할 수 있다. 물론 여기서 《성경》의 구절을 인용하여 정신적 에너지의 실존가능성을 추정하자는 것은 아니다. 다만 모든 고대사회의 신화나 전설이 그러하듯이 그 표현은 모두 꿈과 같은 상징언어이고, 어쩌면 그것이 태고로부터 이어져 내려온 우주정보일 수도 있다는 것이다. 그런데 실제로도 《성경》의 대부분은 비유와 상징으로 채워져 있다. 이런 점에서 볼 때 성경은 그것이 최초 기록될 당시에 존재했던 신화나 전설에 의해서 많은 영향을 받았을 것이며, 또 기록자의 꿈에 의해서도 상당히 윤색되었을 것으로 본다. 최근에 《창세기》를 주해(註解)한 바 있는 미국의 프리취(Charles. T. Fritsch)는 다음과 같은 요지의 견해를 밝히고 있다.

《창세기》는 하나님과 사람, 죄의 본질, 하나님의 약속의 계획 등에 대해서 가르치고 《신·구약성서》를 이해하는 데 기본이 되는 것이다. 따라서 이 기사를 신학적 방식을 적용하거나 [말하는 뱀과 같은 것] 을 문학적으로 해석하려 한다면 잘못에 빠진다. 이것은 고고학적 연구나 창세기 내용, 그 자체의 연구로 보아 역사적 기록물도 아니고 묵시록과 같은 환상적 예언도 아니다. 이것은 어떤 신학자들의 창작물이라고 생각한다. 아마도 이 기사의 작자는 모세가 아닌 모세보다 훨씬 후대, 적어도 B.C 950년에서 B.C 550년 사이에 씌어졌을 가능성이 있으며 혼자 쓴 것이 아니라 오랜 기간을 통해서 여러 다른 문서의 자료들이 편집되어 있다고 본다. 창세기 1~2장, 4절까지는 P의 이니셜이 암시하는 어떤 제사장인 신학자가 썼을 것이고, 2장 4절에서 25절까지는 J의 이니셜을 가진 어떤 사람의 기록물일 것이다.

그런데 우리는 《창세기》에서 또 하나의 중요한 상징언어를 발견하게 된다. 즉 『육신은 썩어서 흙으로 돌아가고 영은 신에게로 돌아간다.』는 대목이 바로 그것이다. 이것을 제대로 해석하자면 [인간이 죽으면 그 육적 요소는 자연 상태의 원소로 돌아가고, 영적 요소는 영해의 바다인 우주공간, 즉 대자연력(大自然力)의 주체로서 환원된다]라고 해야 옳을 것이다. 그렇지 않고 이것을 영혼불멸설(靈魂不滅設)로 판단한다면 여러 가지 황당한 상황에 직면하게 된다. 일부종교나 심령학적 견지에서의 영(靈)이라는 의미는 영원불멸의 개성과 형체를 가지고 개개인의 육신을 빌려 살다가 그 육신이 죽으면 [육신과 정신의 닮은꼴이 되어 흩어지지 않고 다른 세상으로 간다]는 실체적이고도 독립적인 존재를 뜻한다. 그래서 많은 사람들이 자신의 신앙에 따라 누구는 천당엘 가고 누구는 지옥에 떨어지며, 또 누구는 다른 생명체로 환생한다는 확고한 믿음을 갖고 있다. 그러나 아직까지는 그것을 과학적으로 설명할 길이 없다. 따라서 그러한 믿음과 경험이 실체적 현상으로 존재하는 것은 분명하지만 이 시점에서는 다만 그것을 생명원리를 표현한 상징언어라고 받아들이는 것이 현명한 태도일 것이다. 우주만상(宇宙萬象)이 생멸(生滅)의 자연법칙에서 한 치도 벗어날 수 없는 것이라면 우리의 육적 요소와 마찬가지로 영적 요소도 자연의 섭리에 맞게 본시 하나였던 우주의 본질로 환원되는 것이 어쩌면 당연한 이치라고도 할 수 있을 것이다. 그래야만 현대 과학자들이 주장하는 우주창조이론에도 부합될 것이며, 정신과 물질이 본시 하나라는 우리의 이론과도 배치되지 않을 것이다.

　　이제까지 살펴본 바와 같이 우리의 영자라는 개념은 종교의 그것과도, 또 심령학계의 그것과도 상당한 거리가 있다. 우리의 영자는 우주에 실존하는 객체적 에너지임과 동시에 우주의 본질적인 정보라고 할수 있는 것이다. 그렇다면 이 영자와 의식-또는 잠재의식-과의 관계는 또 어떠한가? 앞장에서 설명한 바와 같이 우리의 의식은 분명 물질의 산물이다. 그것은 뇌 신경계에서 만들어진 신호로서 구성되며 외계를 인지하고 육신을 지배한다. 다만 잠재의식만은 그것이 의식의 숨겨진 부분이므로 어쩔 수 없이 물질의 산물이기는 하지만 물질 이상의 능력을 발휘하기도 한다.

그러나 우리가 이제 영자의 존재를 상정(想定)한 이상 이러한 잠재의식적 기능의 본질이 무엇인가를 분명히 해야 할 때가 되었다. 즉 우리가 이제까지 잠재의식의 역사(役事)로만 알고 있던 각종 초능력의 실상인즉, 실은 영자에너지의 소산(所産)이었다는 것이다. 다시 말해 잠재의식의 특수기능인 예지, 투시 등의 능력도 그것의 본질로부터가 아니라, 영자에너지로부터 정보를 입수하고 동력을 얻어 이루어진 결과라는 것이다. 결국 잠재의식은 영자에너지의 매개체(媒介體)에 불과한 것이다. 바로 이것이 우리가 이제까지 궁구해 온 [정신적 기전의 원동력이 무엇인가]에 대한 답이라고 할 수 있다. 그러므로 죽음과 동시에 뇌수의 산물인 의식과 잠재의식은 육신과 함께 땅으로 돌아가지만 영자만큼은 우주로 방사(放射)됨으로서 영해로 돌아간다는 말의 뜻이 무엇인지 분명해지는 것이다. 다시 말해 인간의 의식과 잠재의식은 뇌 속의 전기화학 반응이 입증하듯이 육신과 하나로 묶여 있는 것이지만 이 둘에게 동기를 부여하는 영적 에너지만큼은 별개로 존재한다는 것이다. 이 영자야말로 초심리학자들이 주장하는 우주의식(宇宙意識)에 해당할 것이다. 영자와 잠재의식의 관계를 굳이 동양사상에 비유하자면 음양론(陰陽論)의 혼백(魂魄)의 관계와 유사하다고 할 수 있다. 즉, 죽음과 함께 땅으로 돌아가는 백(魄)을 잠재의식이라고 한다면 우주로 회귀하는 혼(魂)은 영자에 해당할 것이다.

그러면 영자에너지는 어떤 형체를 갖고 있는가? 그것은 소립자(素粒子)의 형태를 지니며 파동(波動)−소립자를 비롯한 우주만물이 입자와 파동의 양면성을 갖고 있다−의 형식으로 존재한다고 볼 수 있다. 그러나 이 영자에너지는 인간이 아직 발견하지 못한 미지의 소립자로 구성되어 있을 가능성이 높다.

이것은 육신을 구성한 세포 하나하나에도 깃들어 있으면서 항상 일정한 흐름을 갖고 외계에 개방되어 있다. 그것은 또한 우리 마음의 움직임에 따라 신체 내에서 분산, 집합할 수 있으며 필요한 장소에서 힘의 단위를 구성할 수도 있다. 그뿐 아니라 그것은 정신의 물질화하는 정신적 기전의 원동력이 되며 영해-우주-와 교접(交接)되어 있으면서 우주만물과의 교감을 도모하고 여기서 얻어진 정보를 잠재의식에 전달하는 역할을 한다.

육체에 집결된 영자는 마치 축전지(蓄電池)에 비축된 전력의 저장상태 같아서 그릇의 크기, 즉 생명체의 특질에 따라 그 함량의 다과(多寡)가 결정되어 있다. 따라서 그러한 차이에 따라 고등생물과 하등생물로 구분되며 영해에 산재한 영자에너지의 흡수능력도 달라진다. 또한 영자에너지는 생명체의 물리화학적 작용 이전에 존재하면서 모든 생물의 탄생에 있어 원천적인 힘으로 작용한다. 선대의 형질을 전달하는 유전자가 유전자다운-자기 복제의-기능을 발휘하게 하는 힘의 원천도 영자에너지다.

우리 마음은 육체의 작용을 조종하고 지배하며 가끔은 초월적인 능력을 발휘하게 하기도 한다. 따라서 외부로부터 유입되는 과도하거나 돌발적인 충격을 극복하기 위해 이 영자에너지를 한 곳에 집중함으로서 우리의 육체로 하여금 초능력을 발휘하게 하기도 한다. 아마도 우리의 뇌수와 신경망은 전기적 신호만을 전달하는 것이 아니라 전선과 같이 영자에너지의 흐름을 유도하는 영적 전도체일지도 모른다.

영적 작용으로 인하여 급격한 신체적, 정신적 변화를 가져올 수도 있는데 우리의 마음이 그것을 필요로 할 때 생성될 것이요, 필요치 않을 때 제자리로 돌아갈 것이다. 이것을 과하게 또는 약하게 사용함에 따라 삭기 다른 표현과 동작이 생겨난다. 이것은 마치 전동기(電動機)에 작용하는 전류의 기능과 같아 전류가 강해지면 모터의 회전속도가 빨라진다거나 지나치게 강도를 높이면 저항이 파괴되어 망가지는 것처럼 영적 작용의 강도가 과도함으로서 갑작스런 충격에 졸도하거나 정신이상이 될 수도 있다. 적절한 영적 작용은 우리 마음의 균형을 유지해준다. 그러나 육체적으로나 정신적으로 건전한 사람은 자극에 대한 저항력이나 소비력이 강할 것이므로 어느 정도 과도한 영적 작용이 가해지더라도 별다른 이상은 가져오지는 않을 것이다.

영매, 수도승, 정신적 구도자, 육체적 단련자 등의 사람들은 고도의 영적 에너지를 일상적으로 활용하는 사람들이며 그들이 발휘하는 초의식적 정신력이나 초상적인 체력은 바로 영적 작용의 결과라고 할 수 있다. 이들이 일반인보다 높은 영력을 갖는 것은 명상, 수련 등을 통해 영해에 있는 영자 에너지를 끌어와 내적으로 보강할 수 있는 능력을 갖추기 때문이라고 생각된다. 몽환자나 무당 등의 영매는 이 영자에너지를 활용하여 의뢰인의 미래를 투시할 수 있다. 이때 영매의 영자에너지가 의뢰인의 그것과 소통하지 않으면 영력을 제대로 발휘할 수 없게 된다.

☞ *사례* : 서구에도 영자적(靈子的) 교류와 유사한 개념이 있다. [합의(合意) 트랜스(consensus trance)] 라는 것인데 찰스·타트(Charles. Tart)라는 미국의 심리학자가 제안했다고 한다. 그 내용인 즉, 잠재의식적 상태에서 입력된 외부의 어떤 정보를 무비판적으로 받아들이는 마음의 상태라는 것이다. 최면과도 유사한 개념이다. 그러나 최면과 다른 점은 시술자의 암시가 없는 상태에서 자연적으로 교감이 이루어진다는 것이다. 정신분석학자 에릭슨(Erik. Homburger. Erikson 1902~1994)은 인간이 충격, 놀람, 감동 등을 체험함으로서 무아지경에 빠질 때가 바로 변성의식상태이며, 일상적인 삶에서의 [의식상태] 는 일반적인 현실과 짧은 트랜스상태와의 지속적인 교차라고 주장했다. 이들은 최면이라는 것도 결국은 각성시의 정신이 잠재의식 쪽으로 좀 더 경도된 상태일 뿐이라고 주장한다. [설기문 박사의 번역문]

위와 같은 사실들로 미루어 볼 때, 영자에너지는 공화각(共和覺)이나 염력(念力)에 있어서도 그 주체적인 역할을 수행하는 것이라고 생각된다. 또한 심령학계에서 말하는 엑토플라즘이라는 것도 이 영자에너지에 의한 정신의 물질화일 가능성이 높다. 소위 [킬리안사진기]에 의해 찍힌다는 사람의 후광(後光), 그리고 식물의 잎을 잘랐을 때, 잘리기 전의 원형이 한동안 빛의 잔상으로 남는다는 오라(aura)현상-*유상효과(幽像效果 phantom effect)*-도 결국은 영자에너지가 우주와의 교류과정에 나타나는 빛의 방산효과(放散效果)로 볼 수 있다. 수면중에도 쉬지 않고 가동되는 자율신경계와 꿈을 형성하는 뇌 신경망의 활동에도 이미 영자 에너지가 관여하고 있음을 두말할 나위가 없다. 수면중에는 오관(五官)이 문을 닫고 육체적인 움직임은 정지했으므로 비교적 적은 영자 에너지로도 뇌 기능을 촉진시킬 수 있을 것이다. 이때 영적 작용은 꿈속에서의 생각이라는 단 하나의 목적에만 집중하게 됨으로서 특수하게 활용된 잠재의식이 미래를 판단하고 예지하는 기능을 수행하는 것이다.

오라(aura)현상

☞ *무의식과 영혼에 관한 논란* : 무의식을 영혼과 동일시 할 수가 있을까? 이 물음에 답은 크게 들로 나눠진다. 먼저, 에르나반드·빙켈은 『그렇지 않다』고 단호히 말했다. 그에 따르면 우리가 그렇게 주장한다면 그것은 아직 설익은 주장이며 잘못된 주장이 될 수가 있다고 한다. 그가 보기에 무의식은 인간의 영혼을 다 드러내고 있지는 못하다. 더구나 어떤 이들이 주장하고 있듯이 신과 동일시될 수는 없다. 반면 존 ·A·샌포드(John A. Sanford)는 동의어라고 생각했다. 그에 따르면 성경에서 무의식은 마음이라는 말과

동의어다. 마음이라는 단어는 성경 안에서 수백 번 등장한다. 그것은 심장
이라는 육체적 기관을 가리키는 것이 아니라 인격이 감추어진 내면과의 동
의어이다. 따라서 무의식은 영혼 혹은 내면세계와의 동의어라는 것이다.
　[존·A·샌포드의 《꿈》]

☞ *마음의 소재(所在)* : 일부 양자물리학자들은 인간의 마음이 두뇌를 벗어
난 영역에 존재한다고 주장한다. 매우 정교한 컴퓨터인 두뇌는 기억과 추
리, 그리고 계산 등의 사고활동을 관장하는 것이 확실하지만 창조성, 상상
력, 영성 등은 두뇌의 기능에서 찾아볼 수 없다는 것이다. 그들은 이 마음
의 소재를 인체 외곽에 존재하는 에너지장(場)-*오라(aura)*-이라고 설명한다. 그
리고 이 에너지장이 우주 에너지장, 즉 우주의식과 공명함으로서 ESP현상
을 체험하게 된다는 것이 그들의 확장된 생각이다. 데이비드·봄의 홀로그램·
우주론에 동조하는 틸러(William. Tiller)는 광범위한 추론을 통해서 물질우
주 자체도 하나의 미묘한 에너지장으로부터 출발하여 점차 밀도가 높아지
고 유사한 과정을 통해 물질화되었으리라는 견해를 제시한다. 루퍼트·쉘드
레이크(Rupert. Sheldrake)의 형태형성장(形態形成場)과도 상통하는 개념이
다. [마이클·탈보트(Michael. Talbot)의 《홀로그래픽 우주(The Holographic
Universe)》]

4. 영감적(靈感的) 경지(境地)와 예감(豫感)

　영감(靈感)은 우리에게 매우 익숙한 단어이다. 어떤 작가는 『영감이
떠오르지 않아 한 줄도 쓸 수가 없었다.』고 말하는가 하면, 어떤 과
학자는 『발견과 발명에 관련된 문제는 그것이 연구소에서 일하고 있
을 때나 자료에 몰두하고 있을 때에는 해결된 적이 단 한 번도 없었
다. 그것은 긴장을 풀고 쉬고 있는 순간이나 꿈을 통해서 해결된다.
이것은 영감이 떠올라서 이루어지는 것이다.』라고 말하기도 한다. 이
렇듯 무의식의 저변에 숨어있던 지혜가 긴장이 풀렸을 때 의식의 표
면으로 떠오르는 현상을 두고 사람들은 영감이라고 불러왔다.

한편 [영(靈)]이라는 말은 지금까지 신령(神靈) 혹은 영혼(靈魂)이라는 의미로 더 자주 사용되어 왔다. 그래서 언뜻 판단하기에 영감이라는 단어가 영혼적인 것을 의미한다고 생각하기 쉽다. 그러나 우리 말 사전에 보면 [영묘(靈妙)스런 감응, 심령(心靈)의 미묘한 작용으로 얻어지는 감정, 또는 신의 계시를 받은 것 같이 머리에 번뜩이는 신묘(神妙)한 생각]이라고 풀이되어 있다.

심령학에서는 초의식적인 생각을 통칭하고 [예상이나 노력의 느낌 없이 일을 해결하는 정신현상]이라고 정의하고 있다. 그런가하면 심리학에서는 [심적 기능상으로 본다면 의식적인 것이 아닌 잠재의식적 기능의 일면이며, 초의식적인 현상인 지적 행위의 것]으로 보고 있다. 그런데 이와 같은 초의식적인 현상을 잠재의식적 기능의 한 가지라고 정의해버리면 간단하겠으나 잠재의식은 의식의 상대적인 개념인데다 감각적인 것도 아니므로 영감과 동의적인 개념이라고는 볼 수 없다. 앞 항목에서 살펴 본 바와 같이 잠재의식을 움직이는 것이 영자에너지라는 견해를 수용한다면 영감은 어디까지나 [영자(靈子)에너지]라고 정의해야 옳을 것이다. 잠재의식은 [의식과는 대조적인 마음의 일면]으로서 또 다른 자아이고 영감은 이 잠재의식이 수신하는 [초의식적인 정보]이기 때문이다.

영감은 주로 입면기(入眠期)나 수면기(睡眠期) 등에서 발휘되는데, 그것은 잠재의식이 가동될 수 있는 조건이 갖추어졌기 때문이다. 이러한 조건들을 열거하자면 수면, 최면, 깊은 명상, 엑스터시, 입면상태 등이 있다. 이른바 변성의식(變性意識) 상태인 것이다. 나는 앞으로 이러한 상태를 [잠재의식적 경지(境地)], 혹은 [영감적 경지]로 고쳐 부르기로 한다.

그럼 이제 입면상태(入眠狀態)를 먼저 살펴보자. 이때 의식은 후퇴하면서 잠재의식이 활성화되기 시작하는데 의식과 잠재의식이 전경의식과 배경의식의 기능을 서로 교환하는 과정에 일시적이나마 특수한 정신상태-*의식과 잠재의식 모두 부분적인 전경의식 상태*-가 조성된다. 그것은 마치 두 개의 방 사이에 문이 열리고 그 문 가운데를 이제 막 통과하는 듯한 극히 짧은 순간이다. 이세까지 의식을 관장하던 정신작용이 잠재의식에 이관(移管)되면서 찰라(刹那)적인 특수현상들이 나타난다. 이때부터가 잠재의식적 경지, 또는 영감적 경지라고 할 수 있다. 그런데 이런 입면상태에서의 뒤바뀜은 지극히 순간적이지만 이런 상태가 수면(睡眠)이 아닌 각성(覺醒)으로 이어질 경우 이때의 경험들을 생생하게 지각할 수 있다. 그러나 여기서 한 가지 유의할 것은 이것이 프로이트가 상정한 공간의식적(空間意識的) 개념의 전의식과 같은 뜻이 아니라는 점이다. 전의식이라는 것은 무의식적 사고, 즉 잠재의식적 사고를 의식적인 것으로 고쳐 만들거나, 어떤 요소를 왜곡해서 표현하는 데 필요한 심적 검문작업을 담당하는 조직-*여기서의 조직이란 심적 기능체제를 말한다*-을 말하는 것이지만 여기서 말하는 입면상태란 단순히 의식과 잠재의식이 교체되는 생리적인 점이지대(漸移地帶)를 지칭하는 것이다.

> ☞ **전의식(前意識)** : 어떤 시점에서 의식되어 있지는 않으나 비교적 쉽게 의식화될 수 있는 것. 정신분석학 용어로, 억압당하고 있는 무의식의 내용이 다소라도 기억이나 의식에 나타나는 경우가 있다. 이것을 무의식과 구별하여 전의식이라고 부른다. 일상생활에서의 실착행위(失錯行爲), 꿈 등에 보이는 사례들이 이와 같은 전의식의 존재를 명시한다고 프로이트는 설명한다. 전의식은 그 때문에 심적구조에 관계되는 설명개념이며, 역학적(力學的) 의미로는 무의식에 포함되는 개념이다.

각성시에 우리가 경험할 수 있는 영감적 경지는 다음 두 가지 경우에 해당한다. 첫째는 심신의 긴장이 극도로 이완되고 감각이 일시적으로 차단됨으로서 자신도 모르게 잠재의식적 상태에 몰입되는 경우이고, 둘째는 인위적인 방법에 의해 반수상태로 진입하는 경우이다.

전자의 예로는 백일몽을, 후자의 예로는 최면몽을 각각 들 수 있다. 그러나 이 두 경우에 있어 예감적 예지현상은 공히 나타난다. 그것은 수면몽의 경우에서와 마찬가지로 모두 영감적 경지이기 때문이다.

그렇다면 예감(豫感)이란 또 어떤 것일까? 예감이라는 용어는 육감(六感)이라는 뜻으로 사용되기도 한다. 이것은 장차 어떤 일이 일어난다는 것을 암시적으로 느끼는 현상인데 주관적이고 본능적인 충동이다. 이것은 혹독한 자연환경에서 살아남기 위해 투쟁했던 원시인류의 유산이다. 따라서 그것이 꿈으로 표현될 수 없는 경우-각성시-에는 육체적 기질반사(氣質反射)를 유발하기도 한다. 흔히들 어떤 중대사를 앞에 두고 이유 없이 불쾌한 기분에 사로잡혀 『예감이 좋지 않다.』라는 말을 하곤 한다. 그런데 놀라운 것은 그러한 예감들이 거짓말처럼 딱 들어맞는 사례들이 의외로 많다는 점이다. 이러한 예감은 쾌·불쾌의 심리적 동요만 일으키는 것이 아니라 신체적인 반응으로도 나타난다. 이유를 알 수 없이 가슴이 울렁거리며 답답하고 한 숨이 절로 나오는 경우가 종종 있다. 이러한 증상을 병적인 것으로 치부하거나 근거 없는 것이라 하여 소홀히 취급하는 것은 큰 잘못이다. 왜냐하면 그것은 우리의 예감충동이 우리에게 전하는 중대한 메시지이기 때문이다.

이처럼 예감충동이 신체적 반응으로까지 나타나는 것은 잠재의식이 예감을 환기시켜 예지와 판단을 하려고 할 때, 그 자극이 너무 강렬함으로서 육체적 반사작용을 불러일으키기 때문이다. 이런 증상은 통상 몇 분에서 길게는 몇 시간 동안 지속되다가 사라지는 것이 보통이지만 때로는 하루나 그 이상을 계속하는 경우도 있다. 이럴 경우 멀리 집을 떠나있는 가족이나 가까운 사람이 곤경에 처해 있는 경우가 많다. 또한 자기 자신의 문제일 경우 조만간 큰 실패를 함으로서 심적 고통을 당하는 것이 매우 흔한 일이다. 이런 사례들을 일상에서 발견해내기란 그리 어렵지 않다. 이유 없는 울렁거림이 몇 시간 지속되었는데 그 후 얼마 지나지 않아 가족 중의 누군가가 사고를 당하였다는 소식을 듣게 되거나, 자신이 예기치 않은 사건에 휘말리게 됨으로서 곤경에 처하거나 하는 등의 일들이 심심치 않게 벌어지는 것이다. 드물게는 멀리 떨어진 가족이나 애인이 큰 사고를 당한, 그 시간에 동기감응(同氣感應)에 의한 공명현상을 일으키는 경우도 있다. 집을 떠난 아들이 불이 난 건물 속에서 죽음에 직면했을 때, 그 어머니가 아무런 이유 없이 온 몸이 진땀이 나면서 한없는 슬픔을 느꼈다는 사례가 바로 그런 것에 해당한다. 이런 경험은 누구라도 한두 번쯤은 경험하였으리라 생각한다.

그런데 위와 같은 증상을 일상적으로 체험하는 사람들도 있다. 영매, 신접자(神接者), 도인 등이 바로 그들이다. 이들은 천부적인 예감 능력을 최대한 활용하는 사람들이라고 할 수 있다. 또한 육체적인 활동이 활발하지 않은 부녀자나 장애인도 이런 체험을 많이 하는 것으로 알고 있다. 이런 이유로 나는 그와 같은 체험을 누구보다 많이 하였는바, 그것은 나의 꿈-연구에 있어 훌륭한 자료가 되었다.

동식물(動植物)에 있어서도 이런 예감 능력이 발견되고 있다는 사실은 그것이 범생명체적 현상이며 자연과의 오랜 투쟁과정에 형성된 자기보존본능의 산물이라는 것을 여실히 증명하고 있다. 소, 개, 말, 고양이 등이 충성을 다하던 주인을 떠날 때 울음소리를 낸다거나, 까마귀나 까치가 길흉을 예고한다거나, 하는 등의 이야기들은 항간에 널리 알려져 있다. 또한 꿀벌들이 자기들을 사육하던 주인이 죽은 것을 알고 장례식장에 날아왔다가 사라졌다거나, 개미떼가 홍수가 날 것을 미리 알고 이동한다거나, 화재가 날 것을 알고 쥐들이 먼저 대피를 한다거나 하는 등의 희귀한 사례들도 보고되어 있다. 최근 미국에서 제작된 다큐멘터리 방송에서는 주인이 퇴근하여 집으로 돌아올 시간쯤이면 집에서 기르던 개가 특이한 행동을 보인다는 사실을 영상기록으로 보여주기도 하였다.

☞ *사례* : 타이태닉호가 침몰하기 하루 전날 보일러실에 있던 두 명의 선원은 혼비백산한 쥐떼들이 우현 뱃머리에서 고물 쪽으로 황급히 달아나는 것을 목격하였다고 한다. 다음날 배를 침몰시킨 유빙(遊氷)은 정확하게 바로 그 지점을 때렸다. [프랭크·조셉(Frank. Joseph)의 《동시성 : 운명의 열쇠(Synchronicity : The Key of Destiny)》]

인간의 경우 어떤 면에서는 이들 하등 동식물보다 예감능력이 떨어지는 것처럼 보이기도 한다. 인류가 문명화된 이후 오랜 지적 생활로 인지가 발달함에 따라 본시 자연의 일부분이었던 예감본능이 퇴화한 때문이라고 추정된다. 영매, 수도승, 정신구도자 등은 이처럼 깊숙이 숨겨진 능력을 오랜 수련과정을 통해 발굴해 낸 사람들이다. 그렇다면 과연 하등 동식물이 미래를 예지하는 능력을 갖고 있다는 것이 사실일까? 이 점에 대해서는 그저 단순한 우연의 일치는 아니었을까 하는 의문이 생길 수도 있다. 이 의문과 관련하여 내가 경험한 에피소드 하나를 소개한다.

1971년 12월 몹시 추운 어느 날 저녁 무렵, 밖에는 눈이 펑펑 쏟아지고 있었다. 이때 어디선가 늙고 병들어 앓는 소리를 내는 초라한 고양이 한 마리가 집으로 들어왔다. 아이들이 신기해하면서 방에 들여놓고 밥을 퍼다 주었다. 밥을 반쯤이나 먹었을까 고양이는 먹다말고 내가 앉아 있는 따듯한 아랫목으로 슬며시 기어든다. 고양이가 깨끗하지 못했으므로 내가 내쫓으려고 하니까 이번에는 나의 무릎 위로 기어오르려고 한다. 자꾸 쫓아도 매번 다시 덤비므로 이상한 생각이 들어 잠시 그대로 두었더니 나의 무릎 언저리를 자꾸만 앞발로 긁어대는 것이었다. 참으로 소름이 끼치는 상황이라 나는 더 이상 참지를 못하고 아이들에게 고양이를 내보내라고 하였다. 이튿날 아이들의 말에 따르면 고양이는 부뚜막에서 자고 갔다고 한다. 그런데 다음날 아침 나는 불편한 몸으로 눈길을 걷다가 미끄러져 그만 무릎을 다치게 되었고, 그 때문에 이후 3개월여를 고생하게 되었다. 그 날 내가 다친 부위는 고양이가 앞발로 긁었던 바로 그 곳이었다. 과연 그 고양이는 내가 미끄러져서 다리를 다치게 될 것을 미리 알고 있었을까? 아직도 풀리지 않는 미스터리다.

인간이 오랜 진화의 산물이라면 이들 하등동물에 있어서도 계통발생적인 무의식의 원형-후자는 이것을 *파충류형 뇌기능이라고 하며 인간의 경우 뇌간이 그 역할을 한다고 주장한다*-이 남아있으리라고 본다. 또한 동물도 꿈을 꾼다는 사실로 미루어 잠재의식적 예감능력이 존재하리라는 것은 의심할 여지가 없을 것이다. 그러므로 그들에게 있어서도 당연히 영감적 경지는 조성될 것이며 예감충동에 의한 예지는 이루어 질 것이다. 예감이 원시적이고 본능적이라는 것은 그것이 원시인류의 유산이기 때문이다.

아주 오랜 옛날 우리 조상이었던 원시인들은 언어가 없었기 때문에 관념을 배설할 수가 없어서 충동적인 욕구나 생각을 억제하며 살았을 것이다. 따라서 기껏해야 동물 수준의 단조로운 몸짓이나 괴성으로 정보를 주고받았을 것이다. 지금 우리가 알 수 없는 예감충동으로 기질적 반사작용을 일으키는 것, 가령 이유 없이 가슴이 울렁거린다거나 공연히 슬픈 생각이 떠올라 눈물을 글썽거린다거나 하는 것도 분명 이 시대의 유물일 것이다. 그러나 대부분의 원시적 예감충동은 문명의 발달과 더불어 퇴화해버리고 이젠 꿈속에 숨어들어 있다. 정신세계가 아직 덜 혼탁한 어린이들에게서 이런 예감능력이 더 많이 발견된다는 사실이 이를 뒷받침해주고 있다.

우리는 늘 미래와 연관시켜 사고하고 행동한다. 유아들이 주변환경에 관심을 갖고 사물의 변화를 예측하는 것도 유전인자로 전승된 본능적인 예감충동에서 이루어지는 것이다. 따라서 우리가 미리 앞일을 알고자 하는 것은 생존을 위해서는 필수불가결한 본능적 욕구라고도 할 수 있다. 우리가 만일 내일의 생활형편에 전혀 무관심하다면 방향도 감각도 잃어버린 허수아비와 같은 존재가 될 것이다. 또한 우리가 잠시 후의 벌어질 사건을 예상하여 거기에 대응하는 자세를 잃어버린다면 그것은 마치 방향타를 상실한 조각배가 망망대해를 지향 없이 흘러가는 것처럼 맹목적인 삶이 될 것이다. 때문에 잠시 뒤에 벌어질 운명적 추세를 알고자 하는 인간의 마음은 그 삶이 아무리 복잡다단한 것의 연속이라 해도 결코 달라지지 않을 것이다. 다시 말해 고도의 의식생활로 인해 그 능력이 퇴화하기도 하지만 생활의 대부분이 예측과 예상으로 이어지는 한 예감충동은 늘 지속될 것이라는 말이다. 이런 이유로 우리의 심적 경향은 잠재의식적 예감이라는 독특한 지각 능력을 발달시켜 온 것이다.

예감이야말로 인간의 심적 기능 중에서 가장 뛰어난 것이다. 그러나 예감은 잠재의식적 기능이므로 의식이 후퇴하지 않은 이상 그 본성을 들어내지 못한다. 순간적이나마 영감적 경지가 조성됨으로서 의식의 전횡(專橫)에서 벗어나야만 비로소 억제되었던 예감충동이 고개를 들고 의식의 경계면(境界面)까지 부상할 수 있다. 이때 그것은 위에서 설명한 바와 같이 막연한 감정의 기질반사행동으로 표출되는 경우도 있고 착상, 직관, 발명, 발견 등의 적극적인 사고(思考)로 나타나는 경우도 있다. 물론 수면시라면 당연히 꿈을 통해 발현—*예감이 꿈의 주관적인 자극원이라는 것은 이미 설명한 바 있다.*—될 것이다. 그런데 내면에 숨겨진 이런 예감능력을 스스로 개발해냄으로서 놀라운 예언을 실현한 사람들이 있었다.

아폴로 14호의 위기를 예언한 서독의 하킨 2세, 케네디 대통령의 암살을 예지한 진·딕슨 여사, 2차 대전이 1945년에 종결된다고 예언한 미국의 예언자 리처드·앤더슨, 사건을 투시하여 범죄를 해결하거나 실종자를 찾아냈다는 미국의 후코스, 그리고 제1,2차 세계대전을 예지했을 뿐 아니라 여러 가지 대사건을 예언했던 프랑스의 노스트라다무스(Nostradamus 1503~1566) 등의 모두는 인위적인 방법에 의해 자유자재로 영감적 경지를 조성할 수 있었던 사람들이었다.

세상사람들은 자기 자신이 유명한 예언자들 못지않은 영력(靈力)의

노스트라다무스[Nostradamus]

소유자라는 사실을 모르고 있다. 꿈이야말로 영감적 경지에서 이루어지는 예지의 신물이다. 그러므로 우리가 우리 내면에 숨겨진 원초적인 예감본능을 충분히 개발할 수만 있다면 꿈으로 개인적인 운명은 물론, 사회국가적인 사건까지도 예지할 수가 있다. 그러나 설사 그렇더라도 대부분의 꿈이 상징표현이므로 그것을 이해하지 못하는 한 자신의 예감능력을 발견해내기란 좀처럼 용이하지 않을 것이다. 적지 않은 사람들이 꿈의 영험함을 직접 체험하면서도 그것을 올바로 인식하지 못하는 것도 바로 이 상징언어를 해독하지 못하기 때문이다.

그런가 하면 간혹 사실적인 꿈에 의해 놀라운 예지를 체험하고도 그것이 신탁(神託)에 의한 것이라고 오해하기도 한다. 특히 신령이나 조상, 또는 악마 등의 초월적인 존재가 등장하는 꿈이라면 더욱 오해되기 쉽다. 아직도 대부분의 사람들이 꿈속의 표상들을 실존적인 것으로 받아들이고 있기 때문이다. 그러나 익히 알고 있듯이 그러한 표상들은 자기암시적 꿈에 등장하는 자아의 대역(代役)이다. 다시 말해 잠재의식이 만들어 낸 수많은 공상물 중의 하나에 불과하다는 것이다. 다만 한 가지 유의할 것은 꿈속의 신령적인 존재가 비록 실존은 아니라고 하더라도 그것이 태고로부터 전승된 정형적 상징임에는 틀림이 없다는 사실이다. 즉, 원시인류의 자연에 대한 두려움과 죽음의 공포에서 창조되고 잠재의식화됨으로서 종국에는 현대인의 꿈속에까지 잔존하게 된 범인류적(汎人類的)인 원시언어라는 것이다. 어쨌든 불가항력의 거친 자연환경 속에서 인간에게 절실히 필요했던 것은 어떤 신성성(神聖性)에 의지하고 싶은 강한 신념이었을 것이다.

그렇다면 그 강한 신념의 구축이라는 것은 또 무엇인가? 그것은 무조건적인 반사행동으로 어떤 특정 관념을 잠재의식화하는 일이라고 말할 수가 있다. 좀 더 구체적으로 설명하자면 뇌신경조직에 그 어떤 관념을 심어놓아 상동형(常同型)의 신경망(神經網)을 특별히 구축(構築)하는 것이라고 말할 수 있다. 결국 인간은 자신이 만든 관념에 의해 스스로 지배를 받는 셈이다. 그러나 이러한 신념은 일종의 수호령(守護靈)과 같은 역할을 하게 됨으로서 잠재의식적 영감을 발현케 하는 충실한 매개가 되고 있다. 종교적 신앙심도 이와 같은 범주의 것은 아닐까 하고 생각해본다.

잠재의식적 작용이 종종 초능력적인 체력을 발휘하게 하는 경우가 있다. 이것 역시 영자에너지에 의해서 이루어지는 물력전환 현상이라고 할 수 있다. 이것을 정신과 물질 간의 조건반사적 작용이라고 가정한다면 신령적인 존재를 믿는 강한 신념이 뇌 신경망으로 구축됨으로서 반복되는 신앙적 조건반응에 의해 스스로가 지배되는 현상을 설명하는 증거가 될 수도 있을 것이다. 그리고 그것이 사실이라면 작은 자극만으로도 반응할 수 있게끔 조건화된 신앙적 신경망은 언제든지 자기를 지배할 수 있으므로 우리가 다른 신주(神主)를 받아들여 신앙의 대상으로 삼기 위해서는 전보다 더 강렬한 조건자극—*신념*—을 가하여 새로운 신경망을 구축해야 할 것이다. 따라서 정신적 수련이나 종교적 신념에 의해서 그 특유의 신경망에 조건반사를 일으켜 초의식적 사고나 초능력적 체력을 유발할 수 있다는 주장도 그저 허황된 것만은 아닌 것이다.

여기서 조건반사(條件反射)에 관하여 다시 한 번 알아보자. 개의 입에 고기를 넣으면 침을 흘린다. 고기라는 자극에 군침을 흘리는 것은 본능적이며 선천적인 행동으로 무조건적(無條件的)으로 이루어진다. 때문에 그것을 무조건적 반사라고 한다. 다음에는 고기를 줄 때마다

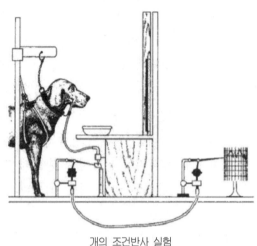

개의 조건반사 실험

벨을 울린다. 이렇게 되풀이해 나가면 벨소리를 듣기만 하여도 개는 군침을 흘리게 된다. 이 행동은 고기를 주면서 벨을 울린다는 조건 하에서 후천적으로 이루어진 것이다. 이것이 익히 알고 있는 조건반사 현상인 것이다. 그리고 조건반사를 일으키는 구실을 하는 자극—위의 경우는 벨소리—을 조건자극이라 하고, 무조건적 반사를 일으키는 자극을 무조건적 자극이라 한다. 따라서 벨소리를 듣고 군침을 흘리는 조건반사가 형성되더라도 벨소리만 들려주고 고기라는 무조건적 자극을 주지 않는다면 반사작용이 사라지므로 이것을 조건제거(條件除去)라고 한다. 조건자극과 무조건 자극을 계속 함께 제공하면 조건반사가 잘 이루어지는데 이것을 강화(强化)라고 한다.

조건반사의 개념은 1890년 파블로프(Ivan. Petrovich. Pavlov 1849~1936)가 대뇌생리학을 연구하면서 밝혀낸 것이다. 이것이 심리학에 도입되면서 조건반응(條件反應)이라는 개념을 낳았다. 조건반사는 개체의 전체 행동과는 무관한 생리적 과정을 뜻하지만 이것을 개체의 심리에 응용하여 해석할 수 있을 때 조건반응이라 일컫는다. 가령 개는 매질을 하면 달아난다. 여러 번 『예끼놈!』하고 매질을 하면 『예끼놈!』하는 소리만 들어도 달아나는 것이다. 이렇게 일정한 조건 하에 이루어지는 반복적인 행동양태를 조건반응이라 하는 것이다. 조건자극과 신경망의 관계를 설명하자면 다음과 같다.

개가 어떤 조건자극에 의해 침을 흘리는 현상을 일컬어 파블로프는 [정신적-또는 심적- 분비]라고 했다. 예컨대 개에게 규칙적인 방식으로 먹을 주게 되면 나중에는 입 속에 먹이가 없이 먹이가 담겨 있던 그릇이나 먹이를 주는 사람을 보기만 해도 침을 흘리게 된다. 그리고 개가 이렇게 반응하게 되는 이유는 여러 번 반복되는 조건 자극에 의해서 그것과 관련된 새로운 신경망이 뇌에 구축되기 때문이라고 파블로프는 설명했다.

인지학자들에 의하면 새로 생긴 신경망은 반복이 많으면 많을수록 굳게 결합되어 일생동안 없어지지 않을 정도로 굳어지게 된다고 한다. 조건반사는 바로 이와 같은 신경연관형식(神經聯關形式)의 법칙, 즉 일시적인 신경망구축과 관련이 있다는 것이다. 새로 결합된 신경망은 일시적인 것이지만 반복적으로 오래 계속하면 굳게 결합되어 [역동적(力動的) 상동형(常同型)]이라고 불리는 굳은 상태가 되고 일생 동안 그 사람의 특질을 이룬다. 갓난아기가 외계에 적응하면서 차츰 여러 가지 일을 하게 되는 것도 되풀이되는 경험들이 뇌에 새로운 신경망을 구축하기 때문일 것이다. 아주 어린 시절 우리가 네 개의 수족을 움직여 세상을 돌아다닐 때 흔히 더러운 물건을 만지려고 하면 어른들이 『에비!』라고 소리치면서 제지를 한다. 이런 행동이 몇 번 반복되다 보면 어른들의 경고가 없어도 그 물건에 대하여는 회피(回避)와 같은 일종의 조건반응이 생기게 된다. 즉, 일시적인 신경망이 구축된 것이다.

관련 학자들에 따르면 신경망의 구축은 신경세포의 결합으로 만들어진 초기의 신경망이 거듭되는 조건자극으로 좀 더 치밀-시냅스의 가지치기-해지고 견고해지는 현상이라고 한다. 따라서 조건자극을 줄 때마다 조건반사나 조건반응이 일어나기가 더 용이해진다는 것이다. 그렇다면 우리가 뇌에 축적하는 모든 기억과 경험들도 조건자극의 대상이 될 수 있을 것이다. 그리고 그 중 망각되지 않은 몇몇이 반복되는 재현, 즉 거듭되는 조건자극에 의해 상동형의 신경망을 구축할 수 있을 것이다. 그러므로 거듭되는 암시나 강한 신념 등이 특정한 신경망이 구축될 수 있다는 사실 또한 자명해진다. 최면시 유아기로의 연령 퇴행이 가능한 것이나, 꿈에 어린 시절의 기억물이 더 자주 등장하는 것도 [상동형의 신경망 구축]과 분명 관련이 있을 것이다. 같은 이유로 관심이 높은 기억물일수록 상기가 잘 되는 것도 동일한 요소가 누적됨으로서 신경망의 발달을 촉진하기 때문이라고 본다.

☞ **정신적 분비**(psychic secretion) : 음식을 섭취할 때, 음식이 위에 도착하기 전에 위와 췌장의 분비액이 흘러나오고 또 입에서 음식 맛을 느끼는 순간에도 이런 분비액이 나온다는 것을 정신적 분비라고 하여, 입을 거치지 않고 위 속으로 직접 음식물을 넣은 경우와 비교해 소화의 효율성에 큰 영향을 끼친다고 한다.

종교적 신앙의 대상이라는 것도 결국은 믿음에 의해 구축된 특정한 신경망에 불과할 수가 있다. 그러므로 꿈에 등장하는 신령적인 표상 역시 그러한 개념으로 이해해야 한다. 믿음에 따라서는 하나님과 같은 사랑의 신을 수호신으로 만들 수가 있고, 사탄과 같은 악마를 수호신으로 만들 수도 있을 것이다. 그러나 어떤 경우에 있어서든 영적 작용이라는 조건반사가 반복되지 않는다면 그 신심은 무의미할 것이며, 아무런 영적 효과도 보지 못할 것이다. 같은 이유로 자신만의 수호신이 실존함으로서 염원할 때마다 나타나 일을 거들어준다고 믿는 무당, 박수 등의 신접자(神接者)들 역시 그 신심이 깊어 손쉽게 영감적 경지를 조성할 수 있어야만 신통력을 발휘할 수 있을 것이다. 미국의 예언자 진·딕슨 부인이 수정구(水晶球)만 응시하여도 영감적 경지가 조성되어 미래를 투시하는 환상이 떠오르는 경우가 바로 그런 사례라고 할 수 있다.

그렇다면 이것의 외연(外延)을 좀 더 넓혀 보자. 원시인류의 사고를 지배하던 정령숭배사상이 종교로서 정착하게 된 것도 어쩌면 이와 같은 상동형(相同形)의 신경망 구축과 어떤 관련이 있지는 않았을까? 말하자면 이러한 유전정보(遺傳情報)가 수천 세대를 거쳐 전승(傳承)되는 동안 후천적인 경험까지 결합됨으로서 더욱 강하고 견고한 종교적 이미지로 고착되었을 수도 있다는 것이다. 칼·융이 말한 [누미노줌–잠재의식 속에 내재되어 있는 신성성– 내지는 종교적 원형상]이란 바로 이것이 아닐까 하고 생각해본다. 그리고 이 점에 있어서는 샤머니즘의 경우도 예외–샤머니즘처럼 수많은 신들의 실존을 주장하는 경우도 드물다.–는 아닐 것이다. 1964년 종교사학자 엘리아데(Mircea. Eliade 1907~1986)는 샤머니즘에 관해서 다음과 같은 요지의 견해를 그의 저서 《샤머니즘》에서 피력하고 있다.

심리학자로서의 샤머니즘을 다루는 사람들은 샤머니즘을 근원적으로 위기상황, 또는 퇴행 중에 나타나는 심신의 표현이라고 생각하거나 이상한 심적 행동양태라고 비교하며 또한 히스테리나 간질병과 같은 정신병으로 간주하기도 한다. 하지만 샤먼들이 때때로 정신병환자로 보이는 경우가 있으나 그는 그가 속해 있는 공동체의 이익을 위하여 엑스터시(ecstasy)를 이용할 수 있는 기술을 익히고 있다. 샤머니즘은 신비주의의 역사에 있어서는 물론 종교사의 제1장에서 다루어야 할 고태적 종교이며 그것은 오늘날 고등종교의 저변에 깔려 있다. 샤머니즘의 본질적 핵심은 인간조건에 깊이 뿌리박고 있는 원래적(原來的) 현상이며 모든 고대인들에 잘 알려진 정신현상이다. 따라서 샤머니즘의 특수요소는 샤먼과 영(靈)과의 상호관계가 아니라 샤먼의 천계상승(天界上昇)과 지하계하강(地下界下降)을 불러일으키는 엑스터시의 기술이다. 샤먼이 깨어있을 때나 꿈속에서 영을 보고 영과 교통하는 것은 샤먼의 소명(召命)에 대한 결정적 징표(徵表)이며 그들이 섬기고 교통하며 협조를 구하는 영은 수호령-천신, 지신, 조상, 사령 등과 보조령-주로 호랑이, 사자, 여우, 뱀 등의 동물표상이다. 샤먼에는 세속적 샤먼과 자연발생적 샤먼의 두 종류가 있는데 그들은 첫째로 질병과 몽상과 엑스터시의 세 가지 체험을 습득해야 한다. 둘째로 전승된 샤먼의 기술, 영(靈)의 이름과 기능, 부족

(部族)의 신화계보(神話系譜) 등을 익혀야 한다. 샤먼이 되는 과정에서 먼저 광란이 오고 의식을 상실하며 임야로 뛰쳐나가 나무껍질 등을 씹기도 하며 물이나 불 속에 뛰어들고 칼로 자신을 상해하거나 수일, 또는 수십 일 간의 고행과 영에 대한 교육을 받고 영을 조정하는 방법을 익히며 그런 연후에 의식을 회복하여 샤먼의 자격을 얻기도 한다. 따라서 선택된 샤먼은 방심상 태를 지속하여 꿈이 많고 고독을 사랑하며 예언자적 환상에 빠지기를 잘하 며 발작이 뒤따른다. 그들은 엑스타시 상태에서 내장기관과 장(腸)의 해체 및 재생, 육체의 죽임과 축소, 영과의 대화, 천계와 지계로의 여행 등을 통 하여 마귀와 질병과 죽음과도 싸운다. 결국 샤머니즘은 모든 종교들과 마찬 가지로 신성에서 이탈한 인간의 원초적 타락에 대한 인간의 반응이며 그는 타락 이전의 인간조건을 다시 회복하려 한다. 따라서 샤머니즘은 낙원사상 을 가지고 행위하고 있는데 그것은 엑스타시에 의해서 그 세계로 가는 일 이다. 그리고 영의 지시에 따라 인간의 질병을 고치는 일이 그 본분이기도 하다.

여기서 샤머니즘의 종교적 가치나 사회심리학적 문제를 논하자는 것은 아니다. 다만 샤먼-우리의 경우는 무당이나 박수-들의 고행과 그들 의 기능획득 과정, 그리고 엑스터시 현상 등을 꿈과 관련지어서 살펴 보자는 것이다.

그런데 엑스터시란 무엇일까? 그들의 관점에선 보면 입신(入神)의 경지일 것이나 일반적인 뜻으로는 황홀경, 또는 꿈을 꾸는 것과 같은 무의식 상태이며, 우리의 견해로는 경험적 최면상태, 즉 영감적 경지 라고 볼 수 있다. 그들은 이 엑스터시 상태에서 그들이 믿는 신령과 접촉하며 그 메시지를 받는다고 주장한다. 그러나 그들이 경험하는 엑스터시가 일종의 꿈이라는 사실을 우리는 잘 알고 있다. 말하자면 경험적 최면상태에서의 꿈이라는 것이다. 따라서 그들은 경험적 최면 상태에 다다르지 않으면 아무런 영력도 갖지 못한다고 보아야 한다. 이 경험적 최면상태가 바로 영감적 경지이며, 이때의 사고가 바로 꿈 -사상이다. 위와 같은 내용으로 미루어 판단할 때, 무당이나 박수 등이 신탁(神託)이라고 우기는 것도 결국은 그들 자신의 잠재의식적 메시지임을 알 수 있다. 그러나 앞에서도 언급한 바와 같이 자신의 내면에 만들어진 신상(神像)에 염원함으로 이미 구축된 신경망에 일종의 영적인 조건반사를 반복하게 되면 신앙적인 초상현상을 체험하게 될 것이므로 그로 인해 그의 영력(靈力)이 향상될 수 있음은 의심할 여지가 없다. 이것은 비단 무당이나 박수 등에만 국한된 이야기가 아니다. 일반인이라도 내면의 신상(神像)-또는 종교적

시베리아의 샤먼(shaman)

원상-에 대한 염원이 간절하기만 하다면 영감적 경지는 조성될 것이므로 놀라운 초상현상을 경험을 할 수가 있다.

그런데 이처럼 간절한 염원에 의한 자극을 가하지 않더라도 어떤 돌발 상황에 처했을 때 부지불식간 영감적 경지에 다다르게 됨으로서 초상현상을 경험하는 경우도 있다. 중풍환자가 창문으로 들어온 큰 뱀을 피하려다 9피트나 되는 높이에서 떨어졌지만 조금도 다치지 않았다거나, 평범한 주부가 뒤집힌 차에 깔린 아들을 구하기 위해 9백 kg이나 되는 포드·다핀트 차를 들어 올렸다는 등의 사례가 바로 그 증거라고 할 수 있다. 이것은 영감적 경지에서의 초상현상(超常現象)인 것이 분명하다. 즉, 명재경각(命在頃刻)의 급박한 상황에 봉착하여 자신도 모르게 정신통일이 이루어지고, 그 때문에 영감적 경지가 조성

됨으로서 초능력적 체력이 발휘되었다는 것이다. 기군학에서 주장하는
공중부양이나 물체이동, 또는 무술이나 차력술에서 선보이는 이적(異
蹟)에 가까운 묘기(妙技)들 역시 순간적으로 조성된 영감적 경지 하에
서의 초능력적 작용은 아닐는지.

제 11 장

꿈의 표현수단(1)

1. 꿈-표현의 여러 가지 양식(樣式)

꿈의 표현수단이란 무슨 뜻일까? 프로이트의 말을 빌리자면 『꿈의 본질적인 잠재사상-*잠재몽*-의 낱낱을 상징적인 표상물로 바꾸거나 그 밖에 여러 가지 심적 작업을 가해서 우리가 기억할 수 있는 꿈의 현현내용-*발현몽*-을 형성해 내는 것』을 의미한다. 우리가 꿈을 쉽게 이해할 수 없는 것은 바로 이 독특한 표현수단 때문인데 이것을 알게 되면 꿈의 형성원리를 이해함은 물론 꿈-해석도 가능해진다. 꿈은 고도의 지적(知的) 암시(暗示)로서 표현되는 것이 보통이지만 상징이 아닌 사실적인 꿈도 있다는 것은 이미 설명한 바와 같다. 그러나 거의 대부분의 꿈이 상징표상으로 채워지며 그 스토리마저 상징과 비유-주로 *은유*-로 표현됨으로서 정밀한 분석에 의하지 않고는 꿈이 전하고자 하는 진정한 메시지를 이해할 수가 없다. 결국 꿈-작업의 본질을 이해한다는 것은 꿈이 어떤 의도로 그 잠재사상의 요소들을 상징표상으로 대치하고, 또 어떤 비유에 의하여 스토리를 전개해 나가는 것인가를 알아내는 일이라고 할 것이다.

이제부터 나는 꿈의 표현수단의 여러 가지 양식을 축조적(逐條的)으로 설명해 나가려니와 독자제위는 이 단원을 통해서 꿈은 결코 현실에 등을 돌려댄 허황된 공상이 아니며, 또 시공간의 범주나 인과관계 등의 논리관계가 상실된 것도 아니라는 사실을 깨닫게 될 것이다. 또한 꿈-사고가 어떤 방법으로 예감충동과 결부되어 예지(豫知)라는 초의식적인 현상을 만들어 내는가 하는 것을 충분히 이해할 수 있을 것이다.

꿈의 현현내용이라는 것은 잠재사상을 재구성한 암호문과 같은 것이어서 그것이 단순한 그림조각의 나열처럼 보이는 것이 사실이다. 그러나 이 그림조각들은 그저 무의미하게 거기 놓여있는 것이 절대 아니다. 그 각각의 그림조각은 물론 그 시공간적 배열까지도 나름의 상징적 의미를 나타내고 있기 때문이다. 그러므로 우리가 그 각각을 해석해서 의미상으로 배열해 보면 확실히 문자언어로서의 기능을 발휘하고 있음을 발견하게 된다. 나는 앞서 꿈은 번역을 요하는 암호문과 같은 것이라고 설명한 바 있다. 그렇다면 이 암호문들은 어떻게 작성되는 것일까? 다음과 같이 그 방법들을 알기 쉽게 정리하여 열거해 본다.

① 꿈-작업이란 잠재사상의 요소들을 일정불변의 형성원리에 의해서 상징적인 표상으로 재구성하는 것이다.
② 꿈의 암호-*상징*-는 추상적이며 관념적인 이미지이다.
③ 꿈은 그 본질적인 사상을 압축하거나 생략해서 여러 가지 암

시적 의미를 하나로 함축한 합성상(合成像), 또는 교착상(膠着像)을 만들어내기도 한다.

④ 꿈-사연은 그 전후관계가 역전되거나 반대로 묘사되는 등의 왜곡된 표현이 난무한다.

⑤ 꿈의 장면에는 처음에 A로 나타났던 표상이 B로 바뀌고, 다시 C로 변환되는 등의 표상전위(表象轉位-치환(置換)-) 현상이 빈번하다.

⑥ 꿈에 표현된 빛, 색체, 음향 등도 모두 상징언어로서의 암시적 의미를 갖는다.

⑦ 꿈은 과장, 축소, 익살, 풍자 등의 공상적인 표현을 즐겨하며 가능한 것을 불가능한 것으로, 또 불가능한 것을 가능한 것으로 묘사하기도 한다.

⑧ 꿈은 꿈속의 인물표상(人物表象)으로 현실의 다른 사람을 동일시(同一視)하기도 하고, 꿈속의 사물로 현실의 사람을 의인시(擬人視)하기도 하며, 꿈속의 인물표상으로 현실의 사물을 의사시(擬事視)하기도 한다.

⑨ 꿈은 시각적 표상을 곧잘 언어로 바꾸고 반대로 불현듯 떠오르는 언어를 쉽게 시각적 이미지로 바꾸기도 한다.

⑩ 꿈속에서의 급속한 장면전환은 꿈꾼 이의 심적 변화에 따른 연상결합인 경우가 많다.

⑪ 꿈은 가능한 한 쉽고 간단하게 표현하기를 더 선호한다.

꿈을 정확하게 해석하기 위해서는 우선 그 표상들의 상징의미를 이해하는 것부터 시작해야한다. 누차 강조한 바와 같이 꿈의 본질적인 의미는 꿈-작업에 의해 가공된 이미지 뒤에 숨겨져 있기 때문이다. 그런 의미에서 꿈-상징의 낱낱을 경험주의적 관점에서 단편적으로 해석해 보는 것도 기초적인 단계에서는 매우 유용한 일이라고 생각한다.

때문에 이런 경험은 어릴 때부터 쌓아 가면 좋다. 동일한 표상을 포함한 꿈들을 가능한 한 많이 경험해 봄으로서 그 표상의 고유한 상징의 미를 체득(體得)—특히 개인적 상징의 경우—할 수 있을 것이기 때문이다.

그러나 처음에는 꿈—언어의 의미나 꿈—형성원리를 알 까닭이 없으므로 종래의 경험주의적이고 직관적인 방법에 의존할 수밖에 없을 것이다. 그러므로 이해할 수 없는 대목에 막혀서 좌절하기도 하고, 또 해석이 빗나가 실망하는 경우도 있을 것이다. 그렇더라도 인내심을 가지고 분석해 나가다보면 어느 땐가 꿈—상징의 의미가 하나둘씩 이해되는 날이 반드시 찾아온다. 이것이 꿈—연구의 첫걸음이다. 그리고 이러한 초보적인 연구방법은 지극히 중요하다. 왜냐하면 비록 정형적 상징이라고 하더라도 각 개인의 경험에 따라서는 약간씩은 달리 표현될 것이기 때문이다. 또한 정형성 상징을 근간으로 그때그때 만들어지는 창조적 상징도 적지 않다. 따라서 자신의 꿈을 지속적으로 분석, 관찰하는 일은 자신만의 상징체계를 발견하는데 있어 매우 중요한 과정이라고 말할 수가 있다.

거의 모든 꿈이 상징적인 형태로 표현되지만 간혹 사실적, 또는 반사실적(半事實的)으로 표현되는 꿈도 있다. 우리는 특히 반사실적 꿈에서 그 이미지가 지닌 개인적인 상징으로서의 보편적인 의미를 발견하는 수가 많다. 초보단계의 경험주의적 해석에 있어 이것은 상당히 중요한 의미를 갖는다. 왜냐하면 그러한 상징단어들로부터 자신의 꿈—상징체계를 구성하는 기본틀을 발견할 수 있기 때문이다.

물론 전래의 해석법이나 역사적인 꿈—자료들에서도 도움을 받을 수는 있을 것이다. 그러나 그런 것들은 하나의 참고사항으로만 간주해야한다. 가장 긴요한 것은 동일한 표상이 포함된 수많은 꿈 자료를 검토한 다음 자신의 경험과 대조하면서 거기에서 어떤 일관성을 발견해내는 일이다. 그것은 한두 번의 경험에 의한 것이 아닌, 적어도 10회 이상의 경험으로 입증되어야 한다. 이 과정에서 각별히 주의해야

할 점은 어떤 경우에든 선입감이나 자기주관에 고착되어서는 안 된다는 것이다. 때문에 여러 번의 경험에 의해서도 그 의미가 빗나갔다고 생각되면 주저 없이 다른 의미를 추적해 나가는, 유연한 자세가 절대적으로 필요하다. 이러한 과정을 거쳐 일정수준에 다다르면 꿈의 이미지들이 갖는 상징의미를 이해하여 열거할 수 있고, 아직 완전한 해석은 불가능하지만 어느 정도는 전체적인 의미를 파악할 수도 있다. 그리고 이때쯤에 이르러서야 비로소 꿈-상징이 만들어지는 메커니즘, 즉 꿈의 표현수단이 조금씩 이해되기 시작한다. 이처럼 각 상징표상의 의미를 파악하는 것은 꿈-해석에 있어서의 핵심이다. 이러한 지식을 갖추지 못하면 꿈의 여러 가지 표현양식을 이해할 수 없을뿐더러 전체 꿈-사연도 파악할 수 없다.

누차 강조해온 바와 같이 우리가 꿈을 재구성할 때에는 수면중에 경험한 모든 것을 빠짐없이 기술해야 한다. 다시 말해 우리가 꿈속에서 보고, 듣고, 냄새를 맡고, 맛을 보는 등의 일체의 감각적 경험은 물론 상념, 정동, 행동, 언어 등의 표현까지 빠짐없이 상기해서 적어 놓아야 한다는 것이다. 그런데 우리가 꿈속에서 경험하는 모든 것들은 일련의 공상적 사고를 갖가지 형태의 관념적인 이미지로 표현한 것이기 때문에 현실적인 논리법칙에 따르지 않는다. 그러므로 꿈의 이미지들을 현실적 사고에 짜 맞추려고 한다면 필연적으로 오류가 발생한다. 이 오류를 피하기 위해서는 꿈속에서 체험한 모든 것을 공상물로 인정하고 반드시 그 순서대로 재구성해야만 한다. 물론 꿈의 압축, 생략 따위에 의하여 표상과 표상 사이를 연결시키는 술어적, 또는 논리적 접속이 결여된 듯 보이는 것이 사실이다. 그러나 이것은 꿈 전체의 사연이나 합성적인 요소들의 전후관계에 따라 연상적으로 결합시키면 된다. 이때 꿈속에서 환기되는 심적 동향과 꿈의 대의는 연상결합의 중요한 도구로서 활용될 수 있다. 이 점에 대해서는 추후 〈전의해석법(全義解釋法)〉에서 상술할 예정이다. 우리가 꿈의 논리적 연결을 위한 연상결합에 있어 각별히 유의해야 할 점은 그 어떤 사소한 것도 덧붙여지거나 탈루되면 안 된다는 것이다. 때로는 연상결합 과정의 조그만 실수로 해서 꿈 전체의 뜻이 달라질 수도 있기 때문이다.

2. 꿈의 논리관계(論理關係)

꿈은 확실히 현실사고와는 다른 표현을 하고 있지만 그 나름대로는 자기만의 논리법칙과 독특한 문법을 가지고 있다. 이 점은 프로이트를 위시하여 수많은 꿈-연구자들이 공히 인정하고 있는 바이다. 그러나 꿈 연구가들 가운데 몇몇은 아직까지도 꿈이 논리법칙에 위배된, 극히 비합리적인, 표현을 한다고 혹평하고 있다. 이들은 과거와 현재의 일들이 동시성을 가지고 한 장소에서 전개되거나, 원인과 결과가 명시되지 않는다는 점을 그 증거로 제시하고 있다. 이 점에 대하여 프로이트는 다음과 같이 해명하였다.

꿈의 구성요소 각 부분은 서로 대단히 복잡한 논리적인 관계를 맺고 있다. 그 낱낱의 부분들은 전경이 되고 배경이 되고, 여담(餘談)이 되고 주석(註釋)이 되며, 조건이 되고 증명과정이 되어 있다. 그리고 이 꿈-사고들의 덩어리 전체가 꿈-작업에 몰려서 그 속의 낱낱의 요소들이 마치 유빙(遊氷)처럼 돌려지고 조각으로 부수어져 압착(壓搾)된 셈이지만 그 점을 생각하면 다음과 같은 의문이 생긴다. 즉, 그때까지 그 전체의 뼈대를 이루고 있던 논리적인 연결은 어떻게 되어버리는가? 그리고 그것 없이는 우리가 문장이나 이야기를 이해하지 못하는 [만약, 그러므로, 마치~와 같이, ~이기는 하지만, ~이던가 또는 ~이던가] 등의 접속사들은 어떤 모양으로 꿈속에 표현되는가? 그것에 대해서 우선은 이렇게 대답해야 한다. 꿈은 낱낱의 꿈-사고 사이의 이 논리적인 관계들을 표현할 수단을 갖고 있지 않다. 대개의 경우 꿈은 이 모든 접속사를 무시하고서 꿈-사고의 구체적인 내용만을 떠맡아서 이것을 가공하고자 한다. 그러므로 꿈-작업이 부수어버린 관련을 복구시키는 일은 꿈-해석에 의해서 수행되어야 한다. 꿈이 그런 표현능력을 가질 수 없는 것은 꿈이 만들어지는 심적 재료의 성질 때문일 것이다. 그림과 조각 등을 언어로 표현되는 문학에 비교하자면 그것 역시 꿈과 마찬가지로 그 표현능력에 있어서 제한을 받고 있는 것이다. 그 원인은 그림과 조각이 무엇을 표현하고자 노력하는가 하는, 말하자면 그 재료의 성질에 있다 할 것이다. 그림은 자기에게 알맞은 표현법칙을 정립하기 전까지는 이 단점을 극복하려고 노력하였다. 옛날 그림에서는 그려진 사람의 입으로부터 종잇조각이 나와 있고 그 위에는 화가가 그림으로 표현하지 못했던 말을 표시하는 글자가 쓰여 있다. 아마도 여기에서 꿈의 논리적인 관계를 표현하지 못한다는 견해에 대하여서 반대론이 일어날 것이다. 왜냐하면 깨어 있을 동안 생각에 잠겨있을 때와 마찬가지로 다시없이 복잡한 지적 작업이 베풀어져서 증명되고, 반박되며, 우롱되고, 비교되는 꿈들이 있기 때문이다. 그렇지만 이 경우에는 그 외관에 속아서는 안 된다. 왜냐하면 그런 꿈들을 분석해 보면 그것들은 단지 꿈-사상의 재료일 뿐, 결코 꿈속에서의 지적 표현이 아님을 발견하기 때문이다. 표면상의 꿈-사고에 의하여 거기에 표현되어 있는 것은 꿈-사고의 내용일 뿐이지, 꿈-사고 상호간의 관계는 아니다. 가장 쉽게 확인할 수 있는 것은 꿈속에 나오는 이야기(會話)와 또 그것이 이야기라고 암시되어 있는 스토리 전부가 꿈-사고의 재료가 되는 과거의 기억 속에 발견되는 이야기 그대로이든가, 또는 그것을 약간 가감(加減)한 것이라는 사실이다. 꿈속에서 나오는 이야기는 꿈-사고 속에 포함되어 있는 어떤 사건에 대한 암시에 불과한 경우가 종종 있다. 그렇지만 꿈의 의미는 전연 다른 것이다. 그러므로 일단은 꿈-사고 간의 논리적 관계가 꿈속에서는 굳이 표현되는 일이 없다고 해두자. 이를테면 꿈속에서 모순(矛盾)이 일어났다고 한다면 그 모순은 꿈 자체에 대한 모순이거나 꿈-사고의 한 내용에서 유래하는 모순이라는 것이다. 꿈에 있어서의 모순은 지극히 간접적인 방식으로 꿈-사고 간의 모순에 부합할 수 있을 뿐이다. 그러나 결국 회화분야(繪畫分野)에서 애정, 위협, 경고 등과 같이 인물이 하고자 하는 말을 입에서 드리워진 종잇조각으로 나타내는 것 이외의 다른 표현수단을 발견해낸 것처럼 꿈에서도 꿈-사고 간의 논리적 관계의 하나하나를 본래의 꿈-표현에 적당한 수정을 가함으로서 표현할 수 있는 가능성이 생겼다. 경험에 비추어보면 이 점은 꿈에 따라 서로 다르다는 사실을 알 수 있다. 그 재료의 논리적인 관계를 전연 무시해 버리는 꿈도 있거니와, 그것을 되도록 완전하게 암시하려고 노력하는 꿈도 있다는 것이다.

논리석으로 잘 표현된 꿈을 두고서『그것은 꿈-사고의 재료일 뿐, 결코 꿈에 있어서의 지적 작업은 아니다.』라고 프로이트가 강조한 것은 꿈의 현현내용을 형성한 낱낱의 요소들이 과거의 경험들로부터 이끌려온 것이라고 생각했기 때문이다. 즉, 그는 꿈이 그 잠재내용을 완전히 다른 모양-*현현내용*-으로 바꾸어놓는 표상화(表象化)가 고도의 지적 작업이라는 사실을 인정하지 않았기 때문에 그렇게 주장했던 것이다. 그러나 그가 주장한 것처럼 꿈의 잠재사상과 그 현현내용의 관계가 어떤 문장의 원문(原文)과 번역문(飜譯文)의 관계와 같은 것이라고 한다면 그 둘 사이에는 당연히 지적 작업이 수행되었어야 할 것이다. 따라서 그 각각은 논리적으로 잘 연결되어 있어야만 한다. 다시 말해 잠재내용만이 아니라 그 현현내용도 논리적인 연결을 이루고 있어야만 말 그대로 논리에 맞는다는 것이다. 때문에 우리는 [본시 꿈의 현현내용이란 상징표상의 나열이기 때문에 외견상은 혼란스럽지만 그렇다고 해서 꿈이 논리적 연결성을 등한시하는 것은 아니다]라는 사실을 꼭 유념해야만 한다.

그렇기는 하지만 실상 꿈의 현현내용은 [단순한 그림조각들의 나열처럼 보이거나, 아무런 설명도 없이 성질이 다른 표상으로 바뀌거나, 갑자기 다른 장면으로 넘어가거나, 또는 과거 현재가 미래가 같은 장면에 합성되거나]하는 등으로 매우 황당하게 보이는 것이 사실이기는 하다. 어디 그뿐이랴. 진행 중의 꿈과는 아무런 연관이 없어 보이는 정체불명의 말소리가 들려오는가하면, 신비스런 사건이 진행되고, 초상적인 색채가 표현되며, 초능력적인 행동들이 나타남으로서 우리의 혼란은 더욱 가중된다. 따라서 꿈에 대한 이해가 부족한 사람들이『꿈은 수면중의 뇌 속에서 이리저리 표류하는 그저 의미 없는 감각상(感覺像)에 불과하다.』라고 불평하는 것도 큰 잘못은 아니라고 생각한다.

그러나 이제 독자 제위는 그것이 잘못된 판단이라는 사실을 충분히 이해하고 있을 것이다.

꿈-장면 모두는 나름대로의 논리성에서 치밀하게 계산되어 연출된 것이다. 다만 우리가 그것을 오해하는 이유는 꿈-공상을 현실사고에 끼워 맞춰 해석하기 때문이다. 꿈에도 어떤 설명조(說明調)의 흐름이 있어 그 공상적 스토리를 일정한 방향으로 이끌고 가는데, 바로 이것이 이미지와 이미지 사이의 연결을 유도함으로 전체의 상징표상들을 통일된 양식으로 조합(組合)한다. 그것은 우리가 훌륭한 풍경화 한 폭을 감상할 때, 우선 그림 속의 요소 하나하나를 상기하여 연상결합한 다음 주관적인 사고경향에 따라 각기 독특한 심상(心象)을 만들어내는 것과 같은 이치라고 할 수 있다. 이 점에 대해서는 에리히·프롬의 다음과 같은 견해가 좋은 참조가 되리라 생각한다.

잠재의식적인 이야기에서는 논리가 달라진다. 여러 가지 사건들은 동일한 마음속의 경험의 연상에 의하여 서로 관련되어 있다. 외적인 사건의 인과계열로 보이는 것은 마음속의 사건으로서의 연상에 의하여 연결된 경험의 연관을 보여주는 것이다. 이것은 표면의식적인 이야기와 마찬가지로 논리에 어긋나지 않는다. 다만 그것은 다른 종류의 논리일 뿐이다. 여기서 한 걸음 더 나가서 꿈-상징에 대하여 생각해 본다면 상징언어를 지배하고 있는 논리가 한층 명백해 질 것이다.

꿈의 형성과정을 설명함에 있어 아무리 강조해도 지나치지 않는 것은 그것이 꿈-사상의 언어를 각종 이미지로 변환한다는 점이다. 때문에 우리가 그 변환 메커니즘을 이해할 수만 있다면 해석에 임해서 낱낱의 이미지들 뒤에 숨겨진 논리적 관계의 여러 가지를 복구시킬 수가 있다. 그 좋은 예가 합성상(合成像)과 교착상(膠着像), 그리고 표상전위(表象轉位) 등이다. 아울러 각각의 이미지에 부착된 심적 동향, 즉 상념(想念)과 정동(情動) 등도 논리적 연상결합의 중요한 도구가 된다.

사람들은 간밤의 꿈속에서 인상적인 몇 장면만을 상기하여 그것을 전체의 꿈이라고 판단하는 오류를 범하기 쉽다. 이러한 오류는 근본적으로 꿈을 기억해내는 능력이 부실한 것에서 비롯되지만, 그 때문에 해석 자체를 무의미한 것으로 만드는 경우가 비일비재하다. 익히 알고 있듯이 특별히 관심을 끄는 어떤 표상이나 인상적인 장면이라고 해서 그것이 곧 꿈의 중심사상인 것은 아니다. 그것들 역시 전체 꿈-문장을 구성하는 하나의 단어나 구절에 불과할 뿐이다. 더구나 꿈의 현현내용을 구성하는 것은 시각표상만이 아니다. 상념, 정동, 언어 등의 표상들도 각각의 고유한 상징의의를 나타내는 중요한 요소들이다. 전반부에서 설명했던 것처럼 꿈의 이미지들은 실제의 감각상이 아니라 잠재의식에 의해 일일이 가공된 관념상이므로 모든 이미지가 그 인상 강도(強度)와는 관계없이 동일한 가치를 가진다. 그러므로 [꿈-상징 하나하나를 얼마나 상세하게 상기하여 기술할 수 있는가]하는 것이 꿈-해석의 성패를 좌우하는 관건이라고도 말할 수가 있다. 다시 말해 우리가 꿈속에서 체험하는 모든 것-*자극적인 인상은 물론 사소한 감정의 찌꺼기까지*-을 남김없이 상기하여 기록할 수만 있다면 꿈이 알려주고자 하는 바를 보다 명확하게 파악할 수 있다는 것이다.

우리가 이처럼 꿈의 이미지들을 상기하여 기술할 때 가장 먼저 주의를 기울여서 살펴보아야 할 것은 시간(時間)과 공간(空間)의 설정이다. [언제, 어디서]라는 시공간의 설정을 파악하는 것만으로도 한 꿈의 전체적인 성격을 이해하는 경우가 많다. 특히 공간적 배경은 대부분의 꿈에서 뼈대가 되기 때문에 더욱 주의를 기울여야만 한다. 예를 들어 꿈을 기술하는 과정에서 고향, 직장, 산, 공중, 방안 등과 같은 배경을 탈루시키면 꿈의 골자를 잡을 수 없을뿐더러 해석이 전혀 다른 길로 들어서게 된다. 그러나 배경이 불분명한 꿈도 분명 있다. 이런 경우에도 우리는 그 불분명한 상황마저 반드시 기록해두어야만 한다. 그 불명확함이 기억의 부실 때문이 아니라면 표현된 그대로의 어떤 암시적 의미가 숨어있을 수 있기 때문이다.

위에서도 언급한 바와 같이 대부분의 꿈에서 접속사적 구실을 하는 것은 합성상, 교착상, 표상전위 등과 꿈꾼 이의 심적 동향-*정동 및 상념*-이다. 그리고 여기에 한 가지를 더 추가하자면 그것은 바로 시공간적(時空間的) 카테고리(category)다. 시공간적 카테고리는 그것을 골격(骨格)으로 꿈의 스토리가 전개된다는 점에서 여타의 것보다 더욱 선명하게 접속사적 기능을 수행한다. 프로이트는 꿈이 [만약, 그러므로, 마치~와 같이]등과 같은 접속사적 표현을 하지 못한다고 주장했다. 그가 그렇게 판단하게 된 것은 한 꿈 의 잠재사상이 조각조각인 여러 사상들의 집합물이라고 보았기 때문이고, 또 그 현현내용이 접속자적 의미를 내포한 여러 표상들의 연결로 이루어졌다는 사실을 미처 파악하지 못하였기 때문이다.

3. 시공간(時空間)의 카테고리

과연 꿈에는 시간과 공간의 카테고리가 상실되어 있는가? 이 점을 시인한 미야기·오도야는 『우리가 각성시 사고에 있어서 모든 심상들은 시간과 공간의 카테고리 속에 배열해서 이것에 의하여 질서를 유지한다. 그런데 꿈속에서의 이미지는 과거도 미래도 없으며 유아시의 경험이 어제의 경험과 함께 하고 소년시절에 가졌던 마음이 회상적인 것이 아니라 오늘의 일로 등장되며 미래적인 소원은 현재 실현되고 있다. 그리고 공간의 카테고리로 보더라도 동경(東京)의 어떤 회합에 프랑스 파리에 있어야 할 친구가 와 있으며 17층 빌딩이 자기의 고향이나 외국 어느 도시에 가 있어서도 조금도 이상하게 생각되지 않는다. 이러한 일들로 보아 꿈은 시관과 공간의 카테고리가 상실되어 있다는 것이 증명된다.』라고 설명한 바 있다. 프로이트 역시 비슷한 견해를 갖고 있었는데, 그는 『꿈은 논리적인 관련성을 다시 동시성(同時性)으로 보여준다. 그림의 꿈은 실제로는 아테네의 회당이나 파르나스 산꼭대기에 있을 리 없지만 그 그림을 보는 쪽에서는 한 무리의 철학자나 시인들을 모두 아테네의 회당이나 파르나스 산의 그림 속에 한데 그려 넣는 화가와 같은 방식을 취하는 것이다.』라고 말했다.

위의 두 사람의 견해처럼 꿈이 시공간의 카테고리를 상실한 듯이 보이는 것도 사실이다. 그러나 우리는 꿈-표현상의 시공간적 개념이 붕괴되어 있는 것을 조금도 이상하게 생각할 필요가 없다. 왜냐하면 꿈-표현의 모든 요소들은 단지 가공된 이미지일 뿐, 그것이 곧 꿈-사상의 본질은 아니기 때문이다. 그런 까닭에 우리는 꿈의 이미지를 이것은 과거의 것이요 저것은 미래적인 것이라고 구분해서 의미를 부여할 필요가 없으며, 시공간적 배경에 이질적인 요소들이 합성되었다고 하더라도 그것의 논리성에 집착할 필요도 없다. 굳이 시공간적 카테고리를 문제 삼고자 한다면 그것을 완전히 해석한 연후에 들어나는 꿈-사상에서 거론해야 할 것이다.

수십 년 전에 죽은 사람과 자리를 같이 하거나, 외국에 나가 있어야 할 사람이 현재 자기 방에 와 있거나, 자기는 장년(長年)인데 친구는 유소년 시절의 모습 그대로이거나 하는 등의 꿈을 꾸었다고 하더라도 꿈속의 그들은 실존이 아니다. 그것은 미래의 현실에서 상관하게 될 어떤 사람의 동일시가 아니면, 어떤 일거리의 의사시로 표현된 것이다. 그러므로 외관상 시공간의 카테고리가 붕괴된 듯이 보일지라도 꿈의 잠재사상에 있어서는 아무런 모순이 없다. 다시 말해 과거와 현재, 그리고 미래가 동시성을 갖고 한 장소에 표현되는 것은 꿈의 표상작업에 따른 편의주의(便宜主義)에 불과하다는 것이다. 미야기·오도야가 보고한 다음과 같은 어느 여의사의 꿈이 좋은 예가 될 것이다. 이 꿈의 시공간적 카테고리는 그 잠재사상에서 잘 유지되고 있으며, 꿈-사연의 인과관계도 매우 논리정연하다.

귀가시간이 몹시 늦었다. 오전 1시경이나 되었을까. 전차를 타고 급히 집으로 간다. 타고 있는 전차가 대단히 속력을 내서 다른 전차를 추월하였다. 그리고 겨우 종점에 도착하였다. 그런데 집으로 가려고 하는데 방향을 알 수가 없다. 차라리 병원으로 되돌아가서 숙직자와 같이 잘까 하고 생각하고 있는데 같은 병원의 의사인 K씨가 왔다. 나는 그에게 집까지 데려다 달라고 부탁했다. 나는 무성하게 자란 풀밭 들길을 지나갔다. 무섭다. 가다보니 어떤 무덤이 나타났다. 그런데 거기에 모 정신병원의 M씨가 서 있는 것이 아닌가. 나는 그를 놀래주기 위하여 유령(幽靈) 흉내를 냈다. 그러나 M씨는 두려워하기는커녕 담담히 서 있었다. 그리고 오히려 M씨가 유령의 흉내를 낸다. 나는 두려움에 떨었다. 이때 아래를 내려다보니 거기에 지갑이 하나 떨어져 있었다. 「아니 저것은 남편 것인데」 하고 나는 생각했다. 그리고는 『아마 남편도 무서워서 이거저것 다 버리고 도망간 모양이구나.』라고 중얼거리다 잠을 깨었다.

미야기는 이 꿈을 분석하기 전에 그 여의사에게서 다음과 같은 경험담을 들을 수 있었다고 한다. 즉, 그녀는 최근 전차를 타고 집으로 간 적이 없다는 것, 또 M씨는 꿈을 꿀 당시 한번 만난 적이 있는데 그 당시 처음 시작한 정신분열증의 전기충격요법을 시범으로 보여주었기 때문에 그 기계를 사기 위하여 K씨와 같이 M의 병원을 방문한 적이 있다는 것, 그러나 전기요법은 K씨에게 일임하고 자신은 인슐린 요법을 행하였다는 것, 그리고 꿈꾸기 전날 인슐린 요법을 받던 환자 두 사람이 치료경과가 좋지 못해 그동안 대단히 초조해지고 두려운 생각이 났다는 것 등이다. 유령에 관해서는 어릴 때 오빠가 가끔 『귀신이닷!』하고 놀래 준 일을 상기했다. 그리고 남편의 지갑에 관해서는 꿈꾸기 전날 남편의 지갑을 열어보니 지폐가 꾸겨진 상태로 넣어져 있었고 그 밖에 몇 장의 지폐가 더 있었는데 호주머니에 넣어 주어야겠다고 생각하며 왜 이만 한 돈이 있으면서 차용금은 갚지 않은 것일까 하고 생각했다는 것이다.

미야기는 이 꿈-사상을 형성한 근원을 세 가지로 보았으므로 그 중심점도 세 개라고 판단했다. 즉 인슐린 요법의 치료과정에서 체험한 초조하고 두려웠던 감정이 전기쇼크요법에서 경험한 불안한 마음에 합성된 것, 어린 시절에 유령에 관한 이야기 때문에 두려워했던 것, 그리고 남편이 차용금을 갚지 않고 있던 일로 인해 불안하고 초조했던 감정 등이 바로 그 세 가지 요소라는 것이다. 그리고 이 세 가지의 잠재사상에서 비롯된 초조, 불안, 공포 등이 하나로 합쳐지고 증폭됨으로서 꿈이 형성되었다고 보았다. 즉, 잠자기 직전까지 존재하던 세 가지의 유사한 꿈-사상이 하나로 통합된 꿈을 형성함으로서 억눌려 있던 감정을 해소하고 있다는 것이다.

그런데 미야기가 이 꿈이 시공간적 카테고리를 상실했다고 본 것은 전날의 사건, 최근의 경험, 어린 시절의 사건 등이 동시성을 가지고 한 꿈의 잠재사상을 형성하였다는 것이 그 이유였다. 때문에 그는 이 세 가지의 경험들이 초조, 불안, 공포 등의 감정이 불러일으켜진 근원으로서는 동일하지만 각각의 경험들 사이에는 아무런 인과관계도 찾아볼 수 없고, 또 시공간적 배경도 일치하지 않는다고 판단했던 것이다. 그의 이러한 판단은 프로이트의 [자유연상(自由聯想)에 의한 과거의 상기]라는 관점에 기초하고 있다. 따라서 그가 이 꿈을 사건 위주가 아닌, 억눌린 감정의 해소-또는 욕구충족- 측면에서 분석했음이 분명해진다. 그러나 과거의 경험들과 결부된 초조, 불안, 공포 등의 감정적 양태가 꿈속에 표현되었다고 해서 그것이 꼭 과거의 경험을 반복한 것이라고는 단정할 수 없다. 왜냐하면 꿈에 표현된 모든 요소들은 실상이 아니라, 단지 관념적 이미지에 불과하기 때문이다.

그러면 이제부터 이 꿈을 우리의 상징해석법으로 재해석해보자. 익히 알고 있듯이 우리의 해석법은 꿈속의 표상들에서 각각의 정형성을 찾아내 그 의미를 부여하는 것으로부터 시작된다. 그러므로 이 꿈에 등장한 주요 표상들의 상징의의를 찾아보면 [귓갓길]은 목적달성을 위한 진행과정, [방향상실]은 방도(方道)의 상실, [동업자]는 실제의 동업자나 협조자, [묘지]는 회사, 병원, 군부대, 도서관 등의 기관이나 조직, [유령]은 정신적인 문제, [흉내 내는 것]은 어떤 것을 조작해 보거나 실험해 보는 일 등이 된다. 그 다음 이 여의사가 전기쇼크와 인슐린 요법에 관해서 연구하고 있다는 사실을 참고로 위의 상징단어들을 연상결합하면 우리가 이 꿈의 대의(大義)를 파악할 수 있다. 이 꿈의 해석결과는 다음과 같다.

그녀는 어떤 목적—전기쇼크와 인슐린 요법에 관해서 연구가 될 수도 있다—을 달성(귀가길)하기 위하여 서두르게 되었지만 시간적 여유가 없어 절박한 상황(몹시 늦었다)에 있다. 그 일은 월초나 연초(오전 1시 이후)에 이미 완성되었어야 했던 것이다.(집에 도달해야만 한다) 그녀는 어떤 단체나 연구팀의 일원으로(전차안의 여러 사람 중의 한 사람) 일을 추진하는데, 시간이 촉박하므로 서두르게 된다.(전차가 대단한 속력으로 달린다) 그러나 다른 한편 연구팀(다른 전차들)도 동일한 목적을 위하여 경쟁적으로 일을 진행시키고 있다.(다른 차들도 속력을 내고 있다) 결국 자기 팀이 1단계의 과정을 먼저 달성할 수 있게 된다.(다른 차들을 추월해서 종점에 도착) 이때부터는 개별적으로 과업을 수행해야 하는데(전차에서 내려 혼자 걸어서 집에까지 가야한다) 그 방도가 막막하여 한때 당황하게 된다.(집으로 가는 방향을 알 수 없어 애를 태운다) 그녀는 자기 혼자의 힘으로는 이 일을 달성하기가 어렵다고 판단한다.(혼자 갈 수가 없다) 그래서 병원 또는 학교나 연구기관(꿈속의 자기 병원)에 있는 숙직자(동료연구원)와 더불어 이것에 대한 계획을 다시 세우고 다음 기회를 가다려 볼까 생각한다.(숙직자와 더불어 같이 갈까 생각함) 그런데 뜻하지 않게 K씨, 또는 K씨로 동일시된 어떤 협조자를 만난다.(병원의사인 K씨가 왔다) 그래서 자기의 일을 도와달라고 부탁한다.(그에게 집까지 데려다 달라고 부탁함) 그런데 꿈속의 K씨, 또는 K씨로 동일시된 사람이 실제로 자기의 부탁을 들어주었는지는 알 길이 없다.(동행하였다는 명백한 기술이 없기 때문) 어쨌든 그녀는 일을 진행시키는데 연구과제나 사업성격이 복잡하게 뒤얽혀 있고 어려운 난관이 많다.(무성하게 자란 풀밭 들길을 헤치며 나아갔다) 그래서 초조하고 불안한 감성에 사로잡힌다.(무서운 생각이 들었다) 그렇지만 일은 어렵사리 진척되었고 그 성과를 기다리는 어떤 기관장에게 보고된다.(무덤을 발견하고 그곳에서 모 정신과 병원의 M씨를 만났다) 그녀는 논문이나 보고서 등으로 연구성과를 그에게 보고하게 되는데(그녀가 유령 흉내를 내다) 그래서 그가 감동(놀람)하기를 원했으나 꿈속의 M씨로 동일시된 사람이 감동하기는커녕 반대의사를 표한다.(두려워하기는커녕 말없이 마주보고 섰다) 그리고는 그 자신의 연구성과를 보여준다.(M씨가 오히려 유령흉내를 낸다) 그래서 그녀는 크게 깨닫는 동시에 심적으로 충격을 받게 된다.(그녀 자신이 무서움에 떤다) 이런 일이 있고난 후에 그녀는 공동연구자 내지는 동업자(그녀의 남편)인 사람의 연구결과(지갑)를 보게 되는데(땅에 떨어진 지갑을 발견) 그 사람 역시 그 일에 대해서는 불안하고 자신이 없으므로 기권하고 말았음을 알게 된다.(남편도 무서워서 이것저것 다 팽개치고 도망간 것이라고 생각했다)

위의 해석에서도 볼 수 있듯이 꿈을 하나의 암호문으로 간주하여 번역해보면 그 잠재사상이 들어나는데, 우리는 그것이 하나의 완성된 스토리로서 전연 비논리적이지 않다는 사실을 발견하게 된다. 즉, 꿈 표현상에서 볼 수 있는 시공간적 카테고리의 붕괴는 처음부터 아무런 문제가 되지 않는다는 것이다. 꿈을 이렇게 보고 해석할 수 있는 한, 설사 꿈의 현현내용에서 시공간적 카테고리의 붕괴를 발견한다고 해도 그 잠재사상을 찾아내는 데는 어려움이 없을 것이다. 물론 꿈의 현현내용에 있어서도 시공간적 카테고리와 인과관계는 대부분 잘 유지되고 있다. 다만 우리가 그 표현수단의 특질을 제대로 이해하지 못하기 때문에 외관상(外觀上) 그렇지 않게 보일 뿐이다.

4. 인과관계(因果關係)

프로이트는 인과관계를 표시하기 위해서는 꿈이 두 가지 방법을 사용하는데 이 둘은 본질적으로 동일한 것이라고 설명했다. 그는 이것에 대해 말하기를 『이를테면 꿈-사상이 [이 일은 이러했으므로 이러이러한 일은 일어나야만 했다]하는 경우 꿈이 이 사태를 표현하기 위해 빈번히 사용하는 방법은 종속절인 [~이므로]부분을 서론적인 꿈으로서 끌어내고 거기에 주절인 [~이다]를 본론적인 꿈으로서 보탠다. 내가 보기에는 시간관계가 반대로 되는 경우도 있는 모양이다. 그렇지만 주절은 항상 한 꿈속에서 자세한 주요부분에 의해 표현된다.』라고 했다. 그가 제시한 [꿈-사상에서의 주절과 종속절]이라는 설정은 아마도 [꿈은 소원충족을 위한 심적 형성물]이라는 그의 지론(持論)에 기초하고 있을 것이다.

우리가 해석과정에서 꿈-사상의 뚜렷한 인과관계를 확인하게 되면 그 현현내용의 어딘 가에도 반드시 인과관계가 암시되어 있다는 사실을 발견하게 된다. 아울러 하나의 꿈에 둘 이상의 중심점(中心點)이 존재하는 경우에도 그들 간에는 보이지 않는 인과관계가 암시되어 있음을 알 수 있다. 위와 같은 사실에 비추어볼 때 [꿈의 경우 인과관계는 꿈속의 현현내용에서는 전연 표현되지 않으며 꿈꾸는 과정 속에서도 불가피한 요소들의 혼란상태 속에서 잃어버린다]는 프로이트의 주장은 분명 잘못이라고 생각된다. 프로이트에 동조하는 어떤 학자는 『꿈에서는 사건의 원인과 결과의 카테고리가 결여되어 있다. [이런 일이 있을 수 있을까?], [이런 일이 일어났던 적이 있을 것인가?]하는 등의 문제는 결코 없다. 거의 관계도 없는 것이 동일한 감정을 가지고 결합된다. 그래서 판단을 할 수 없고 비판력도 없어진다. 꿈에서는 어떤 것이나 그대로 믿게 되고 경험하는 일의 모순도 조금도 이상하게 생각하지 않게 된다.』라고까지 혹평했다.

과연 위의 주장들이 옳은 것일까? 우리는 앞서 소개한 미야기의 사례에서 이것과 관련된 중요한 사실 하나를 발견하게 된다. 그것은 잠재사상만이 아니라 현현내용에 있어서도 뚜렷한 인과관계를 찾아낼 수가 있다는 점이다. [집으로 가려고 하는데 방향을 알 수가 없었으므로 차라리 병원으로 되돌아가서 숙직자와 같이 잘까 하고 생각했다], 그리고 [나는 그를 놀래주기 위하여 유령 흉내를 냈다. 그러나 M씨는 두려워하기는커녕 담담히 서 있었다. 그리고 오히려 M씨가 유령의 흉내를 낸다]는 등의 대목이 바로 그것이다. 전자의 경우는 집으로 가는 방향을 잃어버렸으므로 어쩔 수 없이 병원으로 돌아가야겠다고 생각하는 원인과 결과가 분명하게 들어나 있으며, 후자의 경우는 그녀가 유령의 흉내를 냈기 때문에 M씨가 그것을 따라했다는 인과관계를 명확히 나타내고 있는 것이다. 이 두 장면은 전체 꿈-표현의 흐름과도 잘 연결되어 있고, 해석의 결과로 나타난 그 잠재사상과도 일맥상통하고 있다. 즉, 이 꿈은 그 잠재사상만이 아니라, 현현내용마저도 인과관계를 분명히 하고 있는 것이다.

그렇기는 하지만 대부분의 꿈에 있어서 인과관계(因果關係)가 상실된 것처럼 보이는 것은 꿈의 독특한 표현방식, 즉 압축, 생략, 표상전위-치환- 등에 의한 급격한 장면전환(場面轉換)이 원인이라고 생각된다. 따라서 꿈의 인과관계가 모순이라고 판단하는 것은 꿈을 공상적 사고로 이해하지 않고 현실적 사고로만 분석하려 하기 때문에 생기는 오류라고 단언할 수 있다. 아니라면 꿈을 상기하여 기술하는 과정에서 빚어지는 오류일 것이다. 빈번한 장면전환이 이루어짐으로서 수많은 단절면이 생기고, 그 때문에 앞뒤가 연결되지 않아 인과관계가 상실된 것처럼 보이는 꿈이 많은 것은 사실이다. 그러나 그러한 꿈일수록 꿈-표현의 공상적 흐름을 이해하여 정밀 분석해 보면 거기에서 더욱 논리적인 인과관계를 발견하는 경우가 많다.

5. 꿈의 다자택일(多者擇一)

꿈을 형성함에 있어서 만약 잠재의식에 다자택일을 할 수 있는 선택권이 주어지지 않는다면 어떻게 될 것인가? 그렇다고 한다면 꿈의 판단과 예지능력은 박탈될 것이고, 꿈의 표상화 또한 지적 작업이 될 수 없을 것이다. 그런데 우리는 앞장에서 잠재의식이 독자적으로 그 선택권과 결정권을 행사할 수 있다는 사실을 확인할 수 있었다. 그러므로 꿈의 표상작업에서 잠재의식이 다자택일의 권한을 행사할 수 있음도 자명해진다. 꿈의 다자택일은 두 가지 관점에서 살펴볼 수 있다. 그 하나는 꿈이 현현내용에 등장한 둘 이상의 표상 중에서 하나를 선택하는 경우이고, 다른 하나는 표상작업을 할 때 그 표상이 갖고 있는 여러 내재관계 중에서 하나를 선택하는 경우이다. 전자와 관련하여서는 프로이트가 다음과 같은 견해를 피력한 바 있다.

> [~든가 또는 ~든가] 라는 이자택일(二者擇一), 또는 다자택일은 꿈속에서 좌우간 표현될 수 없다. 이자택일의 대상이 되는 둘은 동등한 자격의 것으로 한 관련에 끌어넣기가 예사다. 그러므로 이자택일 또는 다자택일을 해야 할 둘은 동격으로 다루어야 하며 접속사인 [~과 또는 ~와] 등에 의해서 연결해야 한다.

그러나 꿈-상징은 근본적으로 관념-또는 언어-이 형상화된 것이므로 [표상A와 표상B]라고 표현되었을 경우, 그 각각은 각기 다른 고유의 상징의의를 나타낸다. 따라서 꿈은 그 둘을 동격(同格)으로 다룰 수 없기 때문에 필연적으로 이자택일을 해야만 하는 상황에 봉착하게 된다. 가령 [그것이 사람인지 동물인지 분명하지 않다]라는 표현을 예로 들자면 여기서는 그 둘을 [~과와 ~와]로 연결시켜 [사람과 짐승], 또는 [짐승 같은 사람]등으로 표현할 수 없으므로 [그것은 사람이거나 아니면 짐승], 또는 [그것은 사람으로도 또 짐승으로도 상징가능한 것]이라고 판단해야 한다는 것이다. 물론 이것이 반인반수(半人半獸)와 같은 합성상일 경우라면 하나로 융합된 새로운 상징의의를 나타내는 것이므로 이자택일과는 아무런 상관이 없다. 그러나 합성상이 아닐 경우라면 반드시 이자택일의 문제가 선결되어야만 한다. 다만 [~인지 또는 ~인지 모르겠다], 또는 [~든가 아니면 ~든가]하는 등의 표현이 이자택일을 뜻하는 것이 아니라, 꿈의 의도성에 따른 고의적인 암시일 경우가 있을 수 있다. 즉, 꿈의 의도에 따라서는 [장차 현실에서 어떤 불분명한 사물을 접하게 되거나, 확실한 판단을 내리지 못해 심적 갈등을 겪게 된다]는 뜻으로 표현될 수도 있다는 것이다. 예를 들어 [그것이 사람인지 동물인지 분명치 않다]라든가, [십자로에 서서 오른쪽으로 갈 것인지 왼쪽으로 갈 것인지 망설인다]라든가, 또는 [그것이 운동장인지 벌판인지 잘 모르겠다]라는 등의 경우에는 그것들이 다자택일의 의미로서가 아니라, 단지 꿈속에서 느낀 심적 갈등만큼이나 부담스러운 사건을 현실에서 겪게 된다는 암시로서 표현되었다는 것이다. 따라서 이러한 모호성(模糊性)은 꿈의 고의적인 연출결과이므로 해석에 임해서는 다자택일을 고려함이 없이 불확실성 그 자체로서 해석해야만 한다.

후자의 경우는 꿈-재료를 꿈-상징으로 변환하는 표상작업에서 찾아볼 수 있는데, 이것은 꿈-상징의 다의성(多義性)과 연관이 있다. 즉, 꿈은 하나의 꿈-상징과 내재관계에 있는 여러 재료 중에서 최적의 것을 선택한다는 것이다. 때문에 해석자가 해석에 임함에 있어서도 이 다자택일의 문제와 필연적으로 맞부딪치게 된다. 앞에서 소개한 미야기의 에피소드를 예로 들자면 이 꿈에 등장한 [묘지(墓地)]의 경우 그것의 유사적(類似的) 내재관계(內在關係)가 [회사, 병원, 군부대, 도서관 등의 기관이나 조직]-물론 경우에 따라서는 개인의 경험적 내재관계도 있을 수 있다-이므로 그 중에서 전체 꿈-사연에 부합하는 최적의 상징의의-여기서는 병원-를 찾아내어 해석에 부친다고 한다면 이때의 해석자 행위가 바로 다자택일인 것이다.

6. 대립(對立), 부정(否定), 긍정(肯定), 또는 시인(是認)

프로이트는 『꿈에서 대립과 부정의 카테고리는 전연 무시되어 있다. 꿈에 관한 한, [아니다]라는 것은 존재하지 않는 모양이다. 꿈은 특히 대립물을 통일되어 있는 것으로 표현하기를 즐거한다. 더구나 꿈은 어떠한 요소라도 그 소원의 반대물에 의하여 꿈-사상 속에 긍정적으로 포함되어 있는가 아니면 부정적으로 포함되어 있는가 하는 것은 그 반대물을 용인할 능력을 가진 어떤 요소에 있어서도 이를 첫눈에 알아볼 도리가 없다.』라고 주장했다. 이것과 관련하여 베르그송은 『부정(否定)의 이미지라는 것은 없는 것이니까 이미지로서 전개하는 꿈에 부정이 없는 것은 당연하다.』라는 견해를 피력했다. 사실 [아니다]라는 의미를 꿈이 시각적 이미지로 표현하기는 매우 어려운 노릇이다. 그러나 그렇더라도 꿈은 그 상징적 의미를 나타내는데 있어서 훌륭하게 그 목적을 달성하고 있다. 다만 꿈이 [아니다]라고 표현하는 방법을 현실적인 것과 비교했을 때, 그 둘이 판이하게 달라 보이기 때문에 해석자를 어리둥절하게 하는 경우가 많다. 예를 들어 꿈이 반대를 나타내는 표현은 [상대방과 마주보고 서 있거나, 또는 테이블의 맞은편에 서로 바라보고 앉는다]는 등인데, 이것을 현실적인 사고로 보자면 참으로 이상하기가 짝이 없는 것이다. 이것은 긍정(肯定)에 있어서도 마찬가지다. 예를 들어 [상대방과 어깨를 나란히 해서 걷거나, 또는 같은 방향을 보고 나란히 서있다]는 등의 표현이 현실에서의 긍정을 의미한다고 한다면 그와 같은 사실을 언뜻 이해하기가 쉽지는 않다는 것이다. 그러나 그것이 바로 꿈-표현의 독특한 양식인 것을 어찌 하랴.

그런데 꿈이 긍정이나 부정의 뜻을 사실 그대로 표현하는 경우가 전연 없는 것은 아니다. 특히 언어표상, 즉 꿈속에 대화(對話)가 삽입되어 있는 경우에는 표현된 그대로의 부정이나 긍정을 나타내기도 한다. 가령 한 노파가 나타나 『나는 너에게 벌써부터 금덩이를 주고 싶었지만 아직 주지 않았다.』라고 말한 꿈이 있다고 한다면 이것은 [장차 어떤 훌륭한 방도나 재물이 주어질 예정이지만 아직 때가 아니므로 지금 당장은 이루어질 수 없다]라는 자기암시적 판단이다. 그리고 이때의 [~않았다]라는 말은 부정을 나타내는 현실적 의미 그대로가 표현된 것이다. 즉 꿈은 자기암시적 언어로서 꿈꾼 이의 부(富)에 관한 잠재사상-또는 소원-에 대하여 그것이 현재로서는 부정적이라는 메시지를 전달하고 있는 것이다.

한편 프로이트는 『꿈은 대립물(對立物)을 통일된 것으로 만들어버리거나, 또는 하나의 것으로 표현해낸다.』고 말하였다. 그가 이것을 설명하기 위해 다음과 같은 꿈을 예로 들었다.

양손에 꽃이 달린 가지를 든 부인이 난간에 의지하여 내려온다. 그 가지에는 동백과 비슷한 빨간 꽃이 잔뜩 달려있다. 길이 거의 끝날 때 꽃은 대부분 떨어졌다. 그 다음은 역력히 월경을 암시한 것이 나타난다. 소녀들의 손에 들려있는 백합 비슷한 꽃이 달려있는 그 가지는 우리가 아는 바 보통 때는 언제나 흰 동백을 가슴에 달고 있지만, 월경 시에는 그것을 빨간 동백으로 바꾸는 춘희(春姬)를 동시에 암시하고 있는 것이다.

☞ 춘희 : 프랑스의 작가 뒤마의 소설이다. 이것을 각색한 오페라 라트라비아타에서 창녀 비올레타가 월경을 암시하는 붉은 동백꽃을 달고 나온다.

프로이트는 이 꿈을 흰 백합과 붉은 동백꽃, 그리고 싱싱했던 꽃가지와 시들어 떨어진 꽃송이의 극적인 대비로서 순결에 대한 기쁨과 부정행위(不貞行爲)에 대한 죄의식을 동시에 나타낸다고 해석했다. 말하자면 정반대되는 사고를 꽃가지라는 동일한 이미지에 통합하고 있다는 것이다. 시들은 꽃송이를 순결의 파괴로 본다면 싱싱한 꽃가지는 그녀의 정조관(貞操觀)을 나타낸다고 볼 수 있으므로 이것은 분명 대립적인 요소로 구성된 통일체라고 할 수 있다. 그러나 이 꿈의 진정한 상징의미는 다른 곳에서 찾아야 할 것이다. 이 꿈이 정작 말하고자 하는 바는 싱싱하던 꽃송이가 시들어가는 [표상전위(表象轉位) 과정]에 있다. 즉, 이 꿈속의 표상전위는 꿈꾼 이가 순결이 상실해 가는 과정에 느끼게 될 감정적 양태를 암시하고 있는 것이다. 그런데 우리가 여기서 한 가지 주목할 것은 이 꿈에도 분명하게 들어나 있듯이 두 개의 대립물이 하나로 통합되어 새로운 상징의의를 나타낸다고 해도 그 각각이 본래 가지고 있던 상징의의가 완전히 소멸되는 것은 아니라는 사실이다.

위와 같은 특성은 둘 이상의 이질적인 표상으로 만들어진 합성상(合成像)에서 좀 더 뚜렷하게 나타난다. 머리는 양이고 몸통은 개인 반양반견(半羊半犬) 상(像)을 예로 들어보자. 이 합성상이 현실의 어떤 인물을 동일시할 경우에 그것은 [양처럼 온순해 보이지만 한편으로는 개같이 절조 없는 개방주의자]라고 해석된다. 이때 해석된 내용을 살펴보면 본래의 양과 개가 가지고 있던 상징의의가 합성된 이후에도 소멸하지 않고 그대로 존속함으로서 그 합성상 안에서 서로 대비되고 있음을 알 수 있다. 위와 같은 예를 열거하자면 용두사미(龍頭蛇尾), 반인반마(半人半馬), 반인반어(半人半魚) 등이 있다. 그러가하면 합성상이 아닌, 동일한 표상의 속성적(屬性的)인 변화, 이를테면 강약(强弱), 고저(高低), 원근(遠近), 대소(大小), 장단(長短), 고하(高下) 등으로 대립적인 의미를 나타내는 경우도 있다.

7. 비유(比喩)

꿈-해석에서 말하는 비유란 어떤 잠재사상을 사실적으로 표현하지 않고 그것과 비슷한 것에 빗대어서 표현한다는 뜻이다. 이런 점에서 전혀 다른 사물로서 그 뜻이 전달되는 상징과는 근본적으로 다른 개념이다. 이 둘을 꿈-표현상에서 구분하자면 상징은 단어(單語)이고, 비유는 구절(句節)인 경우가 많다. 또한 상징과는 달리 비유는 꿈-상징과 꿈-재료 간의 유사함, 근사함, 일치함, 동일함 등의 조건을 갖는다. 따라서 꿈의 비유작업이라는 것은 상식적인 유사관계(類似關係)에 있는 미래의 어떤 현실적인 사물과 현상을 빗대어서 묘사하는 일이라고 정의할 수 있다. 프로이트는 꿈의 비유적인 표현에 관해서 이렇게 말하고 있다.

> 꿈을 형성하는 메커니즘은 이 논리적 관계들 중에서 오직 이 한 관계만은 훌륭하게 표현한다. 그것은 유사성, 일치성, 또는 근사성(近似性) 등의 유사관계이며, 이것은 꿈을 구성하는 첫 근거를 이루고 있다. 꿈-작업의 태반은 이미 있는 유사관계가 저항에 의해 가해지는 검열로 인해 꿈속에 채용되지 못할 때, 그런 유사관계를 새로 만들어내는 것에 있다. 압축에 대한 꿈-작업의 노력은 유사성 관계에 조력한다. 또한 꿈은 유사성, 일치성, 공통성 등을 꿈-사상의 재료 속에 존재하는 통일성으로 통합시킴으로서 표현해낸다. 첫째의 경우를 [동일시, 또는 동일화] 라고 하며, 둘째의 경우를 [합성화] 라고 부를 수 있을 것이다. 사람이 관련되었을 때에는 동일시라는 방법이 사용되며, 사물이 통합의 재료일 때에는 합성화의 방법이 사용된다. 그렇지만 사람에게 적용되는 경우가 없지도 않다. 장소는 종종 사람과 같이 다루어진다.

그런데 누차 설명한 바와 같이 꿈-작업은 이미 준비된 몇 가지 정황에서 적당한 것이 선정되었을 경우, 거기에 알맞은 표상재료를 선택하게 된다. 따라서 꿈은 재료선정에 앞서 표현하고자 하는 실제의 대상을 미리 알고 있기 때문에 그것과 여러 가지 내재관계에 있는 재료들을 이끌어오기가 용이하다. 이런 점에서 [동일시(同一視)]는 꿈속의 동적표상으로 암시된 어떤 실존인물을 잠재의식이 인지하는 것이므로 어디까지나 비유가 아니라 상징이다. 그럼에도 불구하고 동일시와 비유는 그 작업과정이 아주 흡사하다. 가령 꿈에 등장한 아버지가 현실의 어떤 다른 인물, 예를 들어 백부, 삼촌, 스승, 직장상사 등을 동일시할 경우에는 외모, 성격, 지위, 신분, 또는 근친도(近親度) 등의 유사성을 그 내재관계로 한다는 것이다. 이것은 어떤 현상이나 사물을 직접 설명하지 아니하고 다른 비슷한 현상이나 사물에 빗대어서 설명하는 비유와 유사한 개념이다. 꿈속의 아버지는 대체로 자기와의 근친관계에서 유사성이 있는 어떤 사람을 동일시하는 경우가 많다. 그 근친관계란 자기의 보호자이고 존비속(尊卑屬) 관계에 있으며 한 가족이라는 점, 그리고 그는 가장(家長)이며 존대의 대상이라는 점 등이다. 그래서 꿈속의 아버지는 주로 윗사람, 보호자, 지도자, 협조자, 직장상사 등을 동일시하며 때로는 어머니나 형, 또는 삼촌의 동일시로 표현되는 경우도 있다.

내가 수많은 꿈 자료를 분석하는 과정에서 발견한 것은 이미지의 경우에도 살짝 비틀어서 묘사하는 비유적인 표현이 적지 않다는 사실이었다. 그것은 특히 음(音)의 연상(聯想) -음사(音似)-에 의한 암시에서 두드러졌는데, 예를 들자면 페스트를 옮기는 쥐를 [베스트셀러가 될 어떤 작품]으로, 미군(美軍)을 [미인군상(美人群像)]으로, 스웨덴을 [스위트홈]으로, 일본(日本)을 [1군사령부]로 각각 비유하는 등의 사례들이 바로 그것이다. 그런데 비유는 꿈의 서술적인 표현에 주로 나타난다. 그러므로 대부분의 경우 상징적인 이미지들은 난해하지만 그것을 서술하는 비유적인 표현은 비교적 이해하기가 쉽다.

[갈대 하나를 꺾다보니 그 옆에 있던 꽃송이가 떨어졌다]는 태몽은 동란(動亂) 중에 연년생(連年生)으로 태어난 두 남매 중에서 먼저 태어난 딸아이가 병들어 죽게 된다는 암시였는데, 실제로도 그렇게 실현되었다. 이 꿈에서 [갈대]와 [꽃송이]는 남아와 여아를 각각 상징한다. 그런데 여기서 주목할 것은 [~를 꺾다보니 그 옆에 있던 ~이 떨

어졌다]는 구절(句節)인데, 이것이 바로 사연(事緣)에 해당하는 부분이며 곧 비유이다. 이 부분은 [갈대와 꽃송이의 대비]가 무엇을 암시하고 있는가 하는 것만 알고 있다면 초심자라도 쉽게 해석할 수 있을 정도로 이해하기가 쉽다. 해석을 하자면 『사내아이를 구하려다 딸아이를 잃게 된다.』는 뜻인데, 꿈은 이것을 암시하기 위하여 갈대를 꺾다가 옆의 꽃송이를 떨어뜨리는 장면을 연출하고 있는 것이다.

이처럼 꿈-사연이 비유적으로 묘사되는 경우는 매우 흔하다. 임진왜란 때 충신 박유일(朴維一)은 [숲으로 내려온 용 두 마리가 수많은 벌레들에게 괴롭힘을 당하는] 꿈을 꾸고 현지에 가보니 마침 그곳에 피난 나와 있던 왕자 두 사람이 난군(亂軍)들에게 붙잡혀 괴롭힘을 당하는 것을 보고 구할 수가 있었다고 한다. 여기서 용 두 마리는 왕자들을, 벌레들은 난군을, 각각 암시한 상징단어이고 용이 벌레들에게 괴롭힘을 당한다는 묘사는 왕자들이 난군들에게 납치되어 괴롭힘을 당한다는 뜻의 서술적인 비유이다.

꿈속의 비유는 통상 은유(隱喩)이지만 간혹 직유(直喩)인 경우도 있다. 그것은 주로 언어표상, 즉 대화체(對話體) 속에서 발견된다. 가령 꿈속에서 『저 돌은 마치 달걀처럼 생겼다.』, 또는 『저 건물은 중앙청사와 똑 같다.』하는 등의 사례처럼 삽입된 대화내용 속에서 [마치~과 같다]라는 유사관계를 규정하는 경우가 종종 있다는 것이다. 전자의 경우 꿈은 돌과 달걀의 생김새에서 그 유사성을 이끌어왔지만 그 상징의의는 별개이므로 우리가 해석을 할 때에는 각각의 정형적 상징의의를 찾아 인과적(因果的)으로 연결시켜야 한다. 이 꿈에서 돌은 진리, 작품, 자원 등을 의미하고 달걀은 미완성을 뜻하므로 해석을 하자면 어떤 작품이나 진리가 아직은 완성도가 떨어진다는 자기암시적 판단이라고 할 수 있다. 따라서 꿈속의 [마치~과 같다]라는 표현은 [~은 ~이다]라는 관계로서 풀이될 수가 있는 것이다. 꿈속의 은유는 간혹 상징과 혼동되기도 한다. 그러나 앞서 설명한 바와 같이 상징의 경우는 단어이므로 대부분 개별적인 표상이지만 비유일 경우는 구절이며 주로 서술적인 표현에서 발견된다는 점에서 이 양자를 구별내기가 그리 어렵지는 않을 것이다.

☞ **사례** : 고구려의 제6대 태조왕(太祖王)이 하루는 꿈을 꾸었는데 한 표범이 호랑이의 꼬리를 물어뜯는 것이었다. 불길한 생각이 들어 좌우에 그 길흉을 물으니 『호랑이는 백수(百獸)의 장(長)이며 표범은 그 동류이지만 호랑이보다는 작고 약합니다. 그런데 그 표범이 호랑이를 물었다면, 왕족 중에서 대왕의 뒤를 끊으려고 도모하는 자가 있는 징조로 압니다.』 왕제(王弟)인 수성(遂成)이 딴 뜻을 품고 있다는 것을 은근히 고한 것이다. 그러나 너그러운 왕은 아우를 의심하는 것이 못내 탐탁하지가 않았다. 그래서 왕은 자신이 연로함을 이유로 수성에게 순순히 양위하고 별궁으로 물러났다. 그러나 왕의 꿈은 결국 불길한 일로 실현되었다. 왕위에 오른 수성은 후일을 염려하여 태조왕의 맏아들인 막근(莫勤)을 죽여 버렸다. 그 후 막근의 아우 막덕(莫德)마저 화가 자기에게까지 미칠 것을 두려워한 나머지 스스로 목숨을 끊자 태조왕의 대가 완전히 끊기고 만 것이다. 여기서 호랑이와 표범은 상징이고 표범이 호랑이의 꼬리를 물어뜯은 것은 비유이다. [궁중비사]

8. 추상적(抽象的), 또는 구체적(具體的) 표현

꿈을 연구하는 대부분의 사람들은 『꿈은 감각적인 성질을 가지고 있으므로 추상적인 관념은 꿈속에 좀처럼 나타나지 않는다. 추상적인 것도 구체적인 것으로 바뀌어버린다. 추상적인 공포를 나타내기 위하여 어린 시절에 놀던 광경이 전개되며 [지위(地位)가 높아지고 싶다]라는 소원을 표현하기 위해서 자기의 지면(地面)을 여기서 여기까지라고 밭에서 팔을 벌려 보이는 것처럼 모두가 구체적인 형태로 나타낸다. 더욱이 볼 수 있는 광경으로 전개된다.』는 의견에 동의하고 있다.

그렇다면 추상이라는 단어의 의미는 무엇인가? 그것은 구체적인 여러 사물에서 공통된 속성을 뽑아 종합, 판단하는 정신작용이다. 개념

(槪念)이라는 것은 추상적이며 일반적인 관념을 뜻하므로 상징은 이러한 상식적인 개념들의 유사관계에서 공통적인 요소가 추출되고 거기에 새로이 의미가 부여된 것이라고 말할 수가 있다. 때문에 상징은 가끔 추상과 혼동되기도 한다. 그런데 추상과 상징은 서로 역방향성을 갖는 것이라고도 말할 수 있다. 왜냐하면 [추상]이 구체적인 여러 사물에서 뽑아낸 공통적인 속성이라고 한다면 [상징]은 추상적인 개념을 구체화해서 표현하는 것이기 때문이다. 그럼에도 불구하고 그 둘은 사물의 성질, 상태, 그리고 작용 등을 개념적으로 나타낸다는 점에서는 동일하다. 예컨대 실체적 이미지인 붉고 둥근 사과를 보고 붉은 색과 원(圓)이라는 관념을 이끌어내는 것이 추상이라고 한다면, 경외(敬畏)라는 관념을 신령(神靈)이라는 실체적 이미지로 표현하는 것은 상징이다.

이처럼 추상적인 것의 구체화(具體化)가 꿈-표현의 본질이라고 보는 것이 지금까지의 통설(通說)이었다. 그러나 앞서 소개한 공포의 꿈에서도 확인한 바 있듯이 꿈-상징의 경우라면 추상적인 잠재사상을 추상적인 상징표상으로 고쳐 만드는 것일 뿐, 추상적인 관념을 구체화하는 것은 아닐 것이다. 꿈-상징은 어디까지나 관념적 이미지이기 때문이다. 그러므로 공포감이라는 현실적인 느낌이 꿈속에 표현된다고 하더라도 그것은 구체적인 감각상이 아니라 어디까지나 추상적인 관념이다. 어린 시절 유령이야기에 놀란 경험이 없는 경우라 하더라도 꿈이 필요로 한다면 언제든지 유령은 나타날 것이며, 공포감은 조성될 것이다. 왜냐하면 그것들은 과거의 체험을 재현한 것이 아니라 본시 추상적이었던 것-꿈사상-을 다시 추상적인 것-꿈상징-으로 고쳐 만든 것에 불과하기 때문이다.

과거의 연구가들은 꿈속에서의 지적 수준은 현실에서의 그것에 비해 극히 저하(低下)되어 있다고 평가하였다. 그 대표적인 한 사람인 미야기·오도야는 『인간의 사고는 발달하면 발달할수록 점차로 구체적인 것에서 더욱 추상적인 것으로, 그리고 감각적인 것에서 더욱 관념적인 것으로 발전되어 간다. 성인들은 무엇을 생각할 때 상당히 많은 추상적인 생각을 하여 이미지가 없는 상념만의 세계를 달기도 한다. 그런데 수면중에는 이런 진행성이 거꾸로 되어 있어 추상적인 것이 구체적인 것이 되고 관념적인 것이 시각적인 상으로 전이되어 버린다.』라고 설명했다.

이것은 꿈-상징을 관념적인 이미지가 아니라, 구체적인 이미지로 판단함으로서 빚어진 오류다. 더구나 우리가 [관념의 이미지 화(化)가 얼마나 지적으로 공들인 작업인가]를 알게 된 이상, 꿈이야말로 정신작용의 극치라고 평가하지 않을 수가 없다. 이것은 꿈에 대한 관심과 이해력이 높은 사람일수록 더욱 상징성이 강한 꿈을 꾼다는 사실에서도 확인할 수가 있다. 내가 접해본 독자 중의 몇몇 사람은 『꿈-사연이 점점 더 복잡하고 어렵게 표현되어 간다.』라고 말했다. 이것 역시 꿈에 대한 상식이 늘어감에 따라 전보다 더 지적인 이미지들을 만들어내기 때문일 것이다. 같은 이유로 지적 수준이 높은 사람들은 보통 사람들보다 더 난해하고 의미심장한 꿈을 꾼다. 개개인의 경험과 지식수준에 질적인 차이가 있기 때문일 것이다. 이런 점에서 작가들의 꿈들이 주로 신비롭고 기괴하며 창조적인 형태를 취한다는 것에 주목할 필요가 있다. 이와는 반대로 유소년들이나 미개인들의 경우처럼 그 의식수준이 낮은 꿈은 덜 복잡하고, 훨씬 단순하게 표현된다. 그러나 어떤 꿈에 있어서도 정형적 상징은 등장할 것인바, 그것들 모두가 추상적 이미지임에는 틀림이 없을 것이다. 따라서 꿈의 이미지가 추상적인 관념을 구체화한 것이라는 미야기의 주장은 재고되어야 마땅하다.

제 12 장

꿈의 표현수단(2)

1. 압축(壓縮), 생략(省略), 교착(膠着)

이미 설명한 바와 같이 꿈-작업의 본질은 꿈-사상을 암호문 형식
으로 고쳐 만드는 일이다. 다른 말로 표현하자면 잠재사상의 요소들
을 상징언어로 변환하는 작업이라고 할 수 있다. 이 작업과정에서 우
리가 제일 먼저 발견하는 것은 [꿈은 가능한 한 압축, 생략하여 간결
하게 묘사하려는 속성을 갖고 있다]는 점이다. 이것은 꿈-이미지의
대부분이 시각적인 이미지라는 점과 연관되는 것이지만 추상적인 관
념상이라는 사실과도 무관하지 않다.

그런데 이러한 작업은 이미지에만 국한되는 것이 아니라, 스토리에
도 개입―*비약적 전개*―함으로서 [꿈은 극단적으로 비논리적이다]라고

비판을 받는 가장 큰 요인으로 작용한다. 이 점에서 대해서는 〈꿈의 현현내용과 잠재사상〉에서 충분히 다루었다고 생각한다. 위의 항목에서 밝힌 바와 같이 꿈의 잠재사상으로서의 정황(情況), 즉 꿈-사고의 취지(趣旨)만 분명히 할 수 있다면 그 현현내용이 약간 줄어들거나 보태지더라도 꿈의 의도성에는 큰 변화가 없다. 이런 이유로 우리가 꿈을 해석하다보면 꿈-내용은 극히 짧은 데 비하여 그 해석은 엄청나게 길어지는 경우를 자주 접하게 된다. 그것은 마치 긴 설명을 필요로 하는 한문구절이나 그림엽서처럼 함축된 의미를 내포하고 있기 때문에 우리는 해석에 임함에 있어 주의를 집중하지 않으면 안 된다.

만약 꿈-사상이 압축, 생략되지 않은 상태로 표현된다면 어떻게 될까? 그렇다면 꿈은 정황설명을 위해 참으로 많은 에너지를 낭비하게 될 것이고, 때문에 잠재의식은 주의력을 상실하고 말 것이다. 이것은 꿈-표현의 속성이 암시적이라는 사실과도 부합되지 않는다. 가령 꿈이 미래의 현실에서 실제로 상관하게 될 어떤 사람을 묘사하고자 할 때 그 사람의 신분, 지위, 연령, 체격, 품성, 그리고 인상 등을 일일이 나열하려고 한다면 정작 전달하고자 하는 메시지는 꺼내놓지도 못하는 사태에 직면할 수도 있다는 것이다. 더구나 그 인물에 담아내야 할 암시적인 의미가 복합적인 경우에는 사정이 더욱 어려워진다. 때문에 꿈은 과거의 유사한 여러 재료들에서 특징적인 요소만을 추출, 하나로 합성함으로서 이 목적들을 동시에 달성하고 있는 것이다.

대부분의 시각표상에는 둘 이상의 암시적 의미가 합성되어 있는데 이것은 표상전위과정에 의한 인과적 접속수단으로 활용되기도 한다. 그러므로 우리가 그 표상의 상징적인 의미를 분석하는데 있어서는 합성되어 압축되기 이전의 요소들을 먼저 구별해내고 그것들이 결합될 수 있었던 연상적 요소가 무엇인가를 반드시 밝혀내야만 한다. 그런데 이 압축작업은 시각표상만이 아니라 감각, 정동, 상념, 언어 등에 있어서도 똑 같이 행해지고 있다.

그러가 하면 압축과 생략에 의하지 않더라도 꿈을 상기하는 과정에 탈루됨으로서 꿈-내용이 줄어드는 경우도 허다하다. 예를 들어 [고향의 길가에 구르는 돌멩이 하나를 보았다거나, 한 떨기의 꽃이 언덕 위에 피어있는 것을 흘깃 보았다]는 꿈이 있다고 할 경우, [돌멩이 하나]와 [한 떨기의 꽃]등이 절대 무의미한 것이 아님에도 불구하고 일반인들은 그것들을 생략해서 기술하기가 예사다. [꿈은 과거 경험의 재생일 뿐]이라고 주장하는 입장이라면 왜 하필 그 장소에 돌멩이 하나와 꽃 한 송이가 놓여 있어야 하는가에 대한 이유를 제대로 설명할 수 없을 것이다. 왜냐하면 그것들은 전적으로 꿈의 관념적 창조물이기 때문이다. 만약 꿈의 암시적 의도가 다른 것이었다면, 똑 같은 고향길이 배경으로 설정되어 있더라도 돌멩이 하나와 꽃 한 송이 대신, 소나무 한 그루와 정자 하나가 등장할 수도 있을 것이다.

프로이트는 이 압축에 대해서 『꿈-내용과 꿈-사고를 비교할 때 거기에 이루어지고 있는 대규모의 압축작업을 제일 먼저 깨닫게 된다. 꿈-사고가 거대하고 내용이 풍부한데 비한다면 현재내용은 엉성하고 빈약하며 말수가 적은 것이다. 꿈은 이것을 종이에 쓴다면 고작 반 페이지 분량 정도 밖에 안 될지라도 여러 가지 꿈 사고를 내포하고 있는 분석은 그 몇 배에 해당할 수 있는 것이다.』라고 설명한 바 있다.

그렇다면 꿈속에서 압축되었다고 판단되는 표상들은 어떤 것들이 있을까? 우선 예로 들 수 있는 것은 둘 이상의 시각표상이 하나로 통합되고, 여기에 그것과 연관된 언어, 상념, 정동, 등이 어떤 공상적 개념으로 결합되어 만들어지는 표상들을 있다. 말하자면 둘 이상의 시각적 요소들이 서로 결합하고 여기에 심적 요소가 덧붙여짐으로서 압축된 의미를 나타내는 합성상들이 있다는 것이다. 이러한 합성상 중에는 전혀 다른 성질의 표상들이 부분적으로 연결되어 하나의 통일체를 구성하는 아주 기괴한 형태도 있는데 이것을 우리는 교착상(膠着像)이라고 부른다. 이 교착상에는 스핑크스처럼 두 개의 이질적인 표상이 부분적으로 통합되어 만들어진 반인반마(半人半馬), 용두사미(龍頭蛇尾), 반인반어(半人半魚) 등이 있는가 하면, 때로는 머리는 사람이요 몸통은 말이며 다리는 호랑이에다 꼬리는 뱀인 것처럼 여러 개의 표상들이 하나로 조합된 복잡한 형상도 있다.

그런데 이러한 표상들은 새로 만들어진 통일체로서의 상징의의만이

아니라, 통합되기 이전에 그 각각이 갖고 있던 고유한 상징의의도 나타낸다. 따라서 이렇게 만들어진 표상들의 연접부분(連接部分)을 자세히 살펴보면 그 합성체가 구성되는 과정에서 생략된 시공간적 카테고리나 인과성 따위의 논리관계를 찾아볼 수 있는바, 우리는 이것들을 해석에 의해서 복구시킬 수가 있다. 그 일반적인 것들을 분류, 열거하면 다음과 같다.

반인반마(半人半馬) 켄타로우스 상

① 신체의 일부분이 제 위치를 옮겨 다른 부위에 합성된 자체부분합성(自體部分合成)

② 남성의 몸에 여성의 성기나 기타의 특징이 합성되는, 또는 그 반대의 형태로 합성되는 이성합성(異性合成)

③ 자신이 알고 있는 두 사람의 모습이나 행동 따위가 하나로 합쳐지는 타인합성(他人合成)

④ 하나의 몸통에 둘 이상의 다른 신체부위가 붙어있는 다신동체(多身同體)

⑤ 사람과 동물이 하나로 통합된 반인반수(半人半獸)

⑥ 사람과 동물, 또는 기타의 물체가 뒤섞인 혼합상(混合像)

자유로운 연상결합에 의하여 의미심장한 교착상이 만들어지거나, 또 새로 만들어진 교착상에 잊어버린 과거의 경험들이 결합되거나 하는 등의 표현방식도 압축의 일종이다. 꿈이 이러한 교착상을 만들어내는 이유에 대해서 프로이트와 기타의 사람들은 『이것들은 낮 동안에 동시에 경험한 것, 최근에 경험한 것, 또는 유소년 시절의 경험한 것 따위가 좀 더 먼 과거의 경험들과 함께 어우러져서 만들어진 것이다. 꿈은 그것들에서 각각의 공통점을 찾거나 다른 숨은 공통점으로 찾으라고 요구하고 있으며, 또한 그 대상들 사이에 실제로 존재할 지도 모르는 온갖 유사점을 발견하라고 요구한다.』라고 설명하고 있다.

　그런데 이질적인 구성요소들이 순서적으로 연결된 하나의 통일체일 경우, 우리는 그것에서 시간경과(時間經過)에 따른 꿈-사연의 흐름도 읽어낼 수 있다. 가령 [머리는 사람이고 몸뚱이는 말, 꼬리는 뱀]인 교착상이 있다고 하자. 각성시의 사고(思考)대로라면 그 순서대로 [머리]는 처음이고, [몸뚱이]는 중간이며, [꼬리]는 맨 나중일 것이다. 꿈의 경우도 역시 그렇다. 때문에 이 교착상이 어떤 사건을 암시하는 경우라면 그 1차 과정은 사람의 머리로 상징가능한 것-*사람의 머리가 갖는 상징의의*-이고, 2차 과정은 말로 상징가능한 것이며, 3차 과정은 뱀으로서 상징가능한 것이된다. 꿈은 이처럼 어떤 합성상의 결합 형태로 그것이 암시하는 어떤 사물(事物)의 변화과정을 암시하기도 한다.

　꿈속에 빈번하게 등장하는 교착상의 형태가 고대문명의 유물인 석상(石像)이나 벽화에서 자주 발견되는 이유는 그것을 만든 사람

힌두교의 다신동체(多身同體) 신상

들이 꿈으로부터 영감을 얻었기 때문이라고 생각한다. 따라서 스핑크스나 사티로스(Saturos) 등과 같은 교착상이 만들어진 이유가 꿈-형성의 그것과 같은 것이라고 한다면 신화나 전설의 형성원리와 결부되어 있는 꿈의 형성원리를 규명하는 열쇠가 될 수 있을지도 모른다. 또한 그것은 칼·융이 말한 집단무의식의 내용인 원형이 무엇인지도 잘 설명해 줄 수 있을 것이다. 이 점에 대해서는 추후 〈느부갓네살 왕의 꿈 이야기〉에서 좀 더 상세하게 거론해 보기로 한다.

2. 역전(逆轉)과 반대(反對)

꿈을 현실적 사고로 판단한다면 거꾸로 뒤집혀져 있는 듯한, 또는 정반대(正反對)로 묘사된 듯한, 부분을 자주 발견하게 된다. 이것에 대하여 프로이드는 다음과 같은 견해를 피력했다.

> 역전, 또는 반대물로서의 전위(轉位)는 꿈-작업이 가장 좋아하며 이용도가 높은 표현수단 중의 하나다. 역전은 첫째로 꿈-사상 속의 어느 특정한 요소에 반대해서 소원충족을 가능케 하도록 할 때 사용된다. 『이것이 거꾸로라면 좋을 텐데...』라는 말은 어떤 비위에 거슬리는 기억의 조각에 대한 자아의 반응을 나타내는 가장 좋은 표현이다. 그러나 역전은 그것이 꿈의 이해를 우선 전연 불가능하게 만들기도 하지만, 표현될 것의 왜곡을 만들어냄으로서 검열에 대해서는 실로 소중한 존재가 된다. 그러므로 어떤 의미가 도무지 알 수 없는 경우에는 그 꿈의 현현내용의 특정한 부분들을 시험 삼아 거꾸로 해보면 좋다. 그러면 즉시 해결되는 경우가 종종 있다.

그러나 역전이나 반대물은 프로이트가 주장하는 바와 같이 억압된 소원충족의 욕구가 심적 검열기관을 통과할 때 왜곡됨으로서 만들어지는 것은 아니다. 그러한 표현들 역시 그 나름대로의 상징의의를 갖고 있기 때문이다. 말하자면 꿈의 의도에 의해서 애초부터 그렇게 만들어진다는 것이다.

옛사람들이 꿈을 해석하던 방법은 대체로 단순했다. 꿈이 현실과는 반대로 해석되는 것이라고 굳게 믿었기 때문이다. 실제로도 꿈이 길(吉)하면 현실에선 오히려 흉(凶)하고, 극히 흉할 것 같은 꿈이 길한 결과를 가져오는 사례가 종종 있었다. 그래서 꿈이 불길하다고 생각되면 좋은 방향으로 해석을 유도하여 흉사를 예방하였다고 자위하기도 하였다. 오죽하면 [꿈보다는 해몽]이라는 속담까지 생겨났겠는가? 사실 거꾸로 해석되는 꿈이 상당히 있다. 그러나 꿈은 늘 거꾸로 표현되는 것이라고 생각하여 흉몽을 길몽으로 판단하는 것은 매우 위험천만한 일이다. 그것은 확고한 암시로서 보통의 꿈보다 더 강력한 메시지를 전달하는 것이기 때문이다.

이런 종류에는 [죽음이 재료가 된 꿈]이 대표적인데 통상 자신의 죽음을 담담하게 내려다본다거나, 무모님의 죽음 앞에서 통곡을 한다거나 하는 등의 형태로 표현된다. [자기의 시신(屍身)을 담담한 마음으로 내려다본다]는 꿈을 예로 들어보자. 그것이 비록 끔찍한 일임에도 불구하고 현실에서는 번번이 좋은 일로 실현되었기 때문에 옛사람들이 [꿈은 역시 반대로 표현되는 것이다]라는 믿음을 갖게 된 것도 큰 잘못은 아니었다. 전래의 무속(巫俗)에서도 [꿈은 반대로 해석하는 것]이라는 관념이 일반화되어 있기 때문에 이러한 믿음은 의외로 뿌리 깊은 연원을 가지고 있다. 그러나 그러한 믿음에는 [왜 꿈이 반대로 표현되는가]하는 것에 대한 논리적인 증거력이 전무하다. 굳이 있다고 한다면 그것은 오직 민간속신에 의한 주먹구구식의 해몽지식뿐이다.

그렇다면 왜 이런 꿈이 길몽으로 해석될 수 있는 것일까? 그것은 꿈속에서 죽은 것으로 묘사된 자신이 어떤 일거리의 의사시로 묘사되기 때문이다. 따라서 이런 꿈은 어디까지나 어떤 일거리의 성사(成事)됨을 암시하는 것일 뿐, 결코 현실을 반대로 묘사하는 것이 아니라고 단언할 수 있다. 길조로서 표현되는 꿈들은 통쾌하거나 만족한 느낌의 정동을 수반하는 것이 보통이다. 예를 들자면 부자가 되거나, 높은 지위에 오르거나, 남을 제압하거나, 또는 맛있는 음식을 포식하거나 하는 등으로 현실과 유사하게 쾌감이나 만족감을 느끼는 꿈들이다. 이런 꿈들을 잘못된 민간속신에 따라 아무리 흉몽이라고 우겨본댔자 절대 그렇게는 실현되지 않을 것이다. 그럼에도 불구하고 그것이 흉한 일로 실현되었다면 그것은 꿈-내용 어딘가에 불쾌를 암시하는 또 다른 요소가 숨어있었을 것이다. 또 그것이 아니라면 좋은 일들이 일시적으로 생겨났다가 사라질 운명으로 묘사되어 있을 것이다. 반대로 표현되는 꿈 역시 이런 맥락에서 이해해야 한다.

위에서 예제로 든 두 번째 꿈을 살펴보자. 현실이라면 [부모님의 죽음 앞에서 통곡을 한다]는 것이 참으로 고통스러운 흉사가 아닐 수 없다. 그리고 그것이 사실적인 꿈이라고 한다면 정말로 안타까운 현실에 직면할 수도 있다. 그러나 첫 번째 사례와 마찬가지로 이런 유형의 꿈은 통상 어떤 일거리의 의사시(擬事視)로 묘사된다. 따라서 이 꿈 역시 조만간 어떤 일거리가 성사된다는 뜻의 길몽이라고 말할 수가 있다. 그런데 우리가 여기서 유의해야 할 점은 통곡(痛哭)을 하는 부분이다. 현실에서도 통곡을 한다는 것은 슬픈 감정을 해소하는 행위인데, 실컷 울고 나면 엉킨 감정의 찌꺼기가 말끔히 사라질 수 있다. 이때의 심정은 마치 파도가 잔잔해진 해수면(海水面)과 같아 착가라앉은 후련함과 함께 만족한 느낌을 갖게 되고, 경우에 따라서는 쾌감마저 불러일으키는 일종의 카타르시스(淨化)가 조성된다. 꿈은 이런 개념적 동질성을 그 암시적 재료로 사용한다. 다시 말해 꿈이 굳이 통곡하는 장면을 연출하는 것은 억제된 감정을 해소한다는 의미로서 미래의 어느 시점에 체험하게 될 통쾌, 만족, 희열 등의 감정적 양태를 암시하기 위함이라는 것이다.

우리가 흔히 경험하는 올라가는 꿈, 즉 [층계나 사다리를 오르는 꿈]에서는 현실과는 반대로 처음에는 고통스럽다가 올라갈수록 편안해지는, 부조리(不條理)한 현상을 경험하는 경우가 종종 있다. 어떤 연구자는 이런 현상을 두고 심장박동과 연관된 기질적(氣質的) 자극으로 보기도 한다. 그러나 그것은 자극으로 형성된 꿈도 아니요, 또 반대로 표현된 꿈도 아니다. 그것은 미래의 현실에서 이와 유사한 감정적 양태를 체험하게 된다는 뜻의 유형적인 꿈일 뿐이다. 이런 꿈은 통상 어떤 일을 추진함에 있어 처음에는 힘에 부쳐 고통스럽다가 그 일이 진척되면서 점차 심리적인 안정을 되찾아 평안한 마음이 된다는 뜻으로 해석된다. 프로이트가 이 [계단 오르기의 꿈]을 두고 『처음엔 고통

스럽다가 나중에 편해지는 반대현상이 나타나는 것은 성교시의 리드미컬한 동작을 나타내기 때문이다.』라고 말한 것은 모든 꿈을 성적 리비도에 결부시키려는 억지스러움이 엿보이는 대목이라 아니할 수 없다. 다음은 프로이트가 그의 이와 같은 의견에 반대의사를 분명히 한 그의 친구를 설득시켜 동조케 했다는 내용이다.

계단 오르기의 꿈

그-프로이트의 친구는 우리에게 말하기를 『당신들은 확실히 꿈의 성적 의의를 과대시(過大視)한다. 나는 자주 좁은 계단을 올라가는 꿈을 꾸지만 아무리 생각하여도 거기에는 아무런 성적인 것이 없었다.』고 했다. 그러나 나는 이런 비난에 의해 주의가 환기되어서 꿈속에 나오는 [계단 및 사다리] 와 실제물을 다시 조사해 보고서 마침내 그것에 비슷한 것이 확실히 성교를 상징하고 있음을 확인하였다. 왜 계단이나 언덕길이 성교를 상징하는 결과가 되는가는 쉽게 설명이 될 것이다. 리드미컬한 동작으로서 한층 호흡이 곤란을 느끼면서 꼭대기에 도달하여 그리고서는 두세 번의 급속한 비약

으로서 다시 아래로 내려온다. 이처럼 하여 성교행위의 리듬이 계단 오르기 속에 재현되어 있는 것이다. 관용어로서 [오르기] 는 성행위의 동의어로서 사용되는 것도 이 문제 해명의 적합하다.

　대부분의 유형적인 꿈을 형태적인 측면에서만 관찰했던 프로이트가 유독 이 [계단 오르기]의 꿈만은 성교시의 심리적 양태에 비유했다는 사실이 매우 이채롭다. 그러나 여타의 경우와 마찬가지로 이 [계단-또는 *사다리*- 오르기]의 꿈 역시 그 형태, 용도, 행태, 또는 심적 양태 중 어느 한 가지의 내재관계만을 가지고 그 상징의의를 판단할 수 없다. 더구나 이런 종류의 유형적인 꿈일수록 여러 가지 상징의의가 합성되어 있는데다가, 계단이나 사다리가 여체(女體)를 상징할 만한 아무런 유사점도 갖고 있지 않기 때문에 그것을 오르는 행동이 성교를 암시한다고는 더더욱 생각할 수 없다. 물론 프로이트 시대에 국한하여 그 사회에서만 통용되던 어떤 속어적(俗語的)인 잠재지식이 작용했을 가능성은 있다. 그러나 이 것 역시 《성경, 창세기》에 나오는 [야곱의 사다리]의 상징의의를 생각한다면 이것의 범인류적인 정형성을 규정할 만큼 일반적인 잠재지식이라고는 생각할 수 없다. 때문에 처음에는 고통스럽다가 나중에는 편안해 지는 느낌을 성교시의 리드미컬한 동작에 비유하는 것은 단연코 난센스라고 말할 수 있다. 위에서 예증을 들어 설명한 바와 같이

야곱(Jacob)의 사다리

이런 종류의 꿈들은 단계적, 또는 계층적 변화라는 상황설정을 전제로 하여 그와 관련된 어떤 일의 진척과정, 신분의 변화, 그리고 시간경과 등을 암시한다고 보아야 한다. 이것은 [단계적(段階的)으로 일을 진행시키고 처리한다]라는 현실적인 관념이 잠재의식화한 것이다. 이와는 반대로 [계단이나 사다리 오르기]의 꿈에서 처음엔 안이하다가 위로 올라갈수록 고통스러워지는 것은 어떤 일이 진척되어감에 따라 어려움이 가중된다는 뜻이다.

[반대]의 경우와 마찬가지로 [역전]된 표현 역시 그 나름대로 확고한 암시성을 나타내는 것이므로 우리가 해석에 앞서 그것을 현실적 사고에 맞추어 재구성해서는 안 된다. 꿈속에서 사물의 위와 아래가 뒤바뀌었다거나, 사람이나 물건이 거꾸로 섰다거나, 지붕위로 배가 지나가거나, 또는 바다 위를 기차가 엎어져서 달린다고 하여도 조금도 이상할 것이 없다. 또한 그것을 반대로 해석하기를 꿈이 요구하지도 않는다. 그것은 보이는 그대로의 상징의의를 나타내는 것이기 때문이다. 따라서 꿈에 윗사람이 먼저 고개 숙여 인사를 한다거나, 무식한 젊은이가 괴테나 톨스토이 같은 대석학을 공박하고 나무란다거나, 또는 강물이 거꾸로 흐른다거나 하는 등의 역전된 장면이 연출되었더라도 반드시 표현된 그 자체에서 상징의의를 찾아내야만 한다. 가령 윗사람이 먼저 인사를 한다는 것은 조만간 누군가에게 청탁을 받을 일이 생긴다는 뜻으로, 무식한 젊은이가 대학자(大學者)를 공박하는 것은 전문가적 입장에서 초심자에게 비판을 받게 된다는 뜻으로, 강물이 거꾸로 흐르는 것은 기성의 사조나 조류가 거센 반발에 의해 그 노선이 뒤바뀌게 된다는 뜻으로 각각 해석되어야 한다는 것이다.

그런데 꿈의 이미지만이 아니라 그 스토리의 전개-시간적 순서-에도 역전현상이 있다. 이것에 대하여 프로이트는 말하기를 『내용의 역전만이 아니라 시간의 역전도 있음을 잊어서는 안 된다. 어떤 사건의 결말, 또는 어떤 사고과정의 결론을 첫머리에 내놓고 그리고 꿈의 끝에 그 결론의 전재들이나 사건의 원인을 덧붙이기는 참으로 꿈의 관용기법(慣用技法)이다. 꿈의 왜곡이 채용하는 이 기법을 명심하지 않는 사람은 누구든지 꿈을 해석함에 있어서 어리둥절해 질 것이다.』라고 했다. 그러면서 그는 히스테리 발작이 일어나면 늘 짤막한 소설의 줄거리를 몸짓과 발짓으로 표현하는 한 소녀의 무의식적인 공상을 예로 들어 설명했다.

[여자가 교외의 전차 속에서 만난 남자는 그녀의 아름다운 다리에 반한다. 책을 읽고 있는 그녀에게 말을 건네고 그녀와 함께 가서 열정적인 사랑의 밤을 치렀다] 하는 것이 이 소설의 내용이다. 그런데 그 여자는 히스테리의 발작이 일어나면 바로 그 사랑의 장면으로부터 시작하여, 키스를 표현하기 위해서 입술을 움직이고, 포옹을 표현하기 위하여 팔을 쥐며, 딴 방으로 달려가 의자에 앉아 치마를 걷어 올리고, 다리를 보이며 책을 읽는 체한다. 그리고는 나에게 말을 건넨다. 이 히스테리 증상에서 볼 수 있는 것처럼 결론부터 시작되는 역전의 기법은 꿈에서도 자주 사용되는 모양이다.

그러나 전후가 역전된 스토리가 꿈속에 전개되었다고 해서 그것이 비논리적이라고 비판할 필요는 없다. 꿈은 항상 어떤 잠재사상의 정황을 먼저 설정하고 그 정황을 차례차례 설명해나가는 것을 원칙으로 삼기 때문이다. 그러므로 경우에 따라서는 결론부터 제시한 다음 그것이 있기까지의 과정을 하나씩 설명해나가는 방식을 취하기도 하는 것이다. 가령 이 히스테리 환자의 몽상을 예로 들자면 [나는 한 남자와 성교를 하였다. 어떻게 성교행위에까지 도달하게 되었는가? 그 저간의 사정은 이러이러하다]라는 식의 스토리 구성도 가능하다는 것이다. 그러므로 [배가 침몰하는 광경을 본다. 그리고 장면이 바뀌어 그 배가 바다 위를 항행하는 광경과 바람이 불고 파도가 일며 배가 흔들리는 광경이 이어진다. 마지막 장면에서는 배가 항구에서 출발하는 광경을 본다]는 식으로 영화필름을 거꾸로 돌리는 듯한 꿈도 있을 수 있다.

프로이트 계열의 심리학도라면 이처럼 꿈이 반대나 역전된 표현을 하는 이유가 꿈-사상이 심적 검열에 부딪쳐 부득이 왜곡되고 위장되기 때문이라고 주장할 것이다. 그런데 한편 생각하면 그것이 전부 틀린 말은 아닌 것 같다. 꿈이 그 사상을 상징표상으로 고쳐 만드는 것 자체가 넓은 의미의 왜곡일 수가 있으니까 말이다. 만약 꿈이 그 사상을 이런 식으로라도 위장해서 표현하지 않고 매일 밤마다 현실사고와 동일하게 사실적으로 표현한다면 어떻게 될 것인가? 아마도 우리는 매일 밤의 고통을 경계하면서 한 평생을 살아가게 될 것이다. 물론 어떤 면에서는 즐거운 일이 될 수도 있다. 그러나 꿈의 본질적 기능이 질식된 관념을 해소하는 것이므로 대부분의 경우에 있어서는 고통, 괴로움, 비참함 등이 적나라하게 표현될 것이다. 이런 점에서만 본다면 꿈의 위장수단이 참으로 고마운 것일 수도 있다.

3. 전위(轉位)

1) 사상전위(思想轉位)와 감정전위(感情轉位)

전위(轉位)의 사전적 의미는 [그 위치(位置)가 변한다]이며, 심리학적인 의미는 [일정한 대상으로 향하여 있던 태도나 감정이 다른 대상으로 돌려지는 것]으로서 치환(置換)-전이, 이동, 대치 등과 같은 뜻이다-이라고도 한다. 그러므로 우리가 사용하고 있는 전위라는 용어와 심리학적인 그것은 약간 다른 개념이다. 우리의 전위는 꿈에 전개된 모든 이미지-모든 감각상은 물론 정동과 상념까지-의 변환(變換)을 가리킨다. 이것과 관련하여 우리가 이 항목에서 알아보고자 하는 것은 꿈속에서도 현실에서와 같은 접근전가(接近轉嫁)나 유사전가(類似轉嫁) 등의 감정전위현상이 일어나는가 하는 점이다. 프로이트는 꿈의 사상전위(思想轉位)에 대하여 다음과 같이 설명하고 있다.

꿈-작업에는 어떤 심적인 힘이 작용하고 있다. 그리고 이 힘은 한편에서는 심적 가치가 높은 요소로부터 그 강도를 빼앗고, 또 한편에서는 중복결정의 방법에 의해서 심적 가치가 얕은 요소로부터 새로운 가치가 있는 요소를 만들어낸다. 그리고 이 새로운 가치를 가진 요소가 나중에 꿈의 내용 속에 들어오는 것으로 생각된다. 만일 사정이 그와 같다면 꿈 형성과정에서 심적 강도의 전위, 또는 이동(移動)이 생긴다. 꿈 내용의 텍스트와 사상의 텍스트 사이에 있는 차이는 이 전위와 바꿔놓기가 일어난 결과에 지나지 않는다. 이처럼 추정되는 과정이 꿈-작업의 본질적인 부분이다. 이 과정은 꿈의 바꿔놓기-*이동*라고 불릴 가치가 있다.

위와 같이 프로이트는 꿈−사상이 심적기관의 검열을 통과하기 위해 심적 강도가 높은 요소의 에너지를 빼앗아 심적 강도가 낮은 요소에 부여함으로서 사상전위가 일어난다고 보고 있으며, 꿈−사상과 꿈−표현 간의 차이가 생기는 것은 바로 이 때문이라고 설명하고 있다. 그러나 이러한 메커니즘은 우리의 해석법에서 무용지물이다. 심적 강도는 물론 심적 검열이라는 것도 아무런 의미를 갖지 못하기 때문이다. 이 점에 대해서는 이제까지 충분하게 설명되었다고 생각한다. 다만 꿈의 잠재사상이 현현내용으로 변환되는 과정 전체를 사상전위로 보는 한에서만은 프로이트에 공명한다. 꿈−사고의 표상작업 자체를 사상전위로 볼 수 있기 때문이다.

그렇다면 꿈속에서의 감정전위는 어떻게 이루어지는가? 프로이트 계열의 연구자들은 [본질적인 잠재사상의 감정적 요소들이 일단 소실되면서 새로 만들어진 몽상(夢想)으로 전이(轉移)되기 때문에 본질적인 것과는 전혀 다른 것이 된다]고 생각하였다. 여기서 그들이 생각하는 본질적인 요소라는 것은 최근이나 낮 동안에 경험한 어떤 감정들이다. 연인(戀人)이 두고 간 손수건을 소중히 생각해서 그것에 키스하는 것은 언인에 대한 감정이 손수건에 전가(轉嫁)되었다고 생각하기 때문인데, 이것을 접근전가(接近轉嫁)라고 부른다. 그런가 하면 어머니가 그녀의 죽은 아들과 닮은 청년에게 호감을 갖는 것을 유사전가(類似轉嫁)라고 한다. 이러한 감정전가가 꿈-표현에서도 나타난다고 주장하는 학자들이 있었다. 그 중 한사람인 페렌치(Ferenzi) 박사는 다음과 같이 보고하고 있다.

　한 여성이 꿈에 희고 작은 개 한 마리를 교살(絞殺)했다. 왜 이런 꿈이 꾸어졌을까? 참으로 이상한 일이다. 개를 죽인다는 것은 생각조차 할 수 없는 일이기 때문이다. 그녀는 나·페렌치에게 분석을 의뢰해왔다. 나는 이 꿈의 분석과정에서 다음과 같은 사실들을 밝혀냈다. 그녀는 요리를 좋아한다. 때문에 때로는 자기가 손수 비둘기 등의 목을 졸라 죽이지 않으면 안 되었다. 그것은 결코 기분 좋은 일이 못되었다. 때문에 그녀는 현실에서 비둘기를 교살하는 것과 같이 꿈속에서 개를 죽였던 것이다. 그리고 그녀는 교수형이나 익사 때의 현상, 사형수의 심정에 관한 연상을 했다. 이런 내용으로 보아 무엇인가 직접적인 원인이 있을 것만 같았다. 그래서 나는 그녀에게 특별히 미워하는 사람은 없느냐고 물어보았다. 알고 보니 그녀는 시누이를 몹시 미워하고 있었다. 그 시누이는 그녀와 그녀의 남편 사이를 마치 길들인 비둘기처럼 방자하게 간섭하고 이간질을 한다는 것이었다. 꿈꾸기 수일 전에도 몹시 싸웠는데 그녀는 시누이를 방에서 내쫓으며 『나가요! 키워준 개에게 발꿈치를 물리는 따위는 싫어!』라고 외쳤다는 것이다. 그런데 시누이는 키가 작고 살결이 희다고 했다. 결국 현실적인 증오가 시누이를 꿈속에서 개로 동일시하고 그것을 죽이는 것으로 소원을 충족시키고 있다는 것으로 해석이 진행된다. 이것이 곧 현실적인 감정이 전이되어 시누이의 이미지가 사라지면서 개의 이미지로 변했기 때문이다.

　페렌치는 이것을 유사전가로 보고 있는 듯하다. 아닌 게 아니라 [꿈-사상의 본질적인 감정이 꿈-표현의 몽상적인 다른 어떤 것으로 전이된다]는 주장에 딱 부합되는 사례처럼 보이기도 한다. 만약 이것이 정말로 올바르다면 누구든 미워하는 사람이 있을 경우, 그 이미지를 가진 동물을 꿈에 등장시켜 실컷 분풀이를 할 수 있으니 꿈이란 참으로 편리한 것이라고 생각할 수도 있다. 그러나 이보다 더한 난센스가 있을까? 이와 같은 잘못된 믿음이 있었기에 중세 유럽에서는 꿈을 두고 종교재판까지 벌이는 가관(可觀)을 연출했던 것이다. 이것은 꿈을 소원충족에만 결부시키려는 편협한 사고에서 기인한 오류라고 단언할 수 있다.

이 꿈에서 교살(絞殺)되는 희고 작은 개는 사람의 동일시가 아니라, 그녀가 조만간 체험하게 될 어떤 미래사이며, 그녀의 꿈-사상이 지향하는 최종목표이다. 따라서 이 꿈에서는 감정전위, 또는 유사전가가 전혀 일어나지 않았다고 보아야 한다. 물론 이 꿈의 작은 개가 현실의 어떤 사람을 동일시하는 것이라면 감정전위가 일어났다고 판단할 수도 있다. 개의 상징에 관하여 부언하자면 그것이 불유쾌한 암시일 경우 통상 흰 개가 아니라, 검은 개로 표현된다.

꿈속에서의 감정전위가 일어나는 경우는 따로 있다. 꿈속의 인물표상이 현실의 어떤 인물을 동일시하는 경우이다. 예를 들어 과거에 호감을 갖고 있던 어떤 인물이 꿈속에 등장하였을 경우 그것이 장차 현실에서 조우할 어떤 우호적인 인물을 동일시하는 경우가 바로 그것이다. 이것이야말로 현실적인 감정이 꿈속의 인물표상에 전위된 경우라고 말할 수 있다. 그러나 위의 사례처럼 꿈속의 인물표상이 동일시가 아닌, 의사시로 묘사되는 경우에는 감정전위가 일어나지 않는다.

그런가 하면 꿈-상징으로의 감정전위가 이루어지지 않은 상태에서 현실에서 체험했던 감정이 그대로 꿈속에 묘사되는 경우도 있다. 예를 들자면 낮에 몹시 미워했던 누군가의 모습이 그때의 감정이 실린 상태로 꿈속에 묘사되는 경우가 바로 그것이다. 이것은 분명 감정전위가 아니다. 그러한 감정은 그 자체로서 하나의 상징의의를 나타내는바, 장차 현실에서의 체험하게 될 불안이나 초조 등의 감정적 양태를 암시한다. 같은 이유로 사별한 애인을 만나 애틋한 정을 나누는 꿈을 꾸었다고 해도 그것이 과거의 추억을 재현한 것은 아니기 때문에 동일시 인물로의 감정전위로는 해석되지 않는다. 어떤 미혼여성은 수년전 교통사고로 죽은 그녀의 애인이 꿈속에 자주 나타났다고 했다. 꿈속에 등장한 그녀의 죽은 애인은 문밖에 서서 생전과 똑 같이 다정한 목소리로 그녀를 불렀다. 그녀는 반가운 마음에 맨발로 뛰어나갔으나 어디에서도 그의 모습을 찾을 수가 없었다. 그녀는 이 꿈을 꾸고 난 얼마 후 꿈속의 애인으로 동일시된 어떤 남성으로부터 청혼(꿈속의 애인이 그녀를 부름)을 받았지만 아직 마음의 준비가 되어 있는 상황이었기에 당황하였다.(맨발로 뛰어나감) 그러나 한편으로는 청혼자에 대한 관심이 남아있어 그에 관한 여러 가지를 알아보고자 하지만 확실하게 밝혀지지가 않았다.(그의 모습이 보이지 않았다) 이 꿈속의 애인은 조만간 현실에서 조우하게 될 어떤 청혼자의 동일시이고, 그가 어떤 사람인지는 아직 확인되지는 않았으므로 이 새로운 인물에게 감정이 전위되었다고는 생각할 수 없다. 꿈속에서 느끼는 감정도 결국은 잠재의식이 만들어 낸 하나의 관념일 뿐이다.

그런데 이미 설명한 바와 같이 교착상이나 합성상의 경우, 새로 만들어진 통일체로서의 상징의의만이 아니라, 결합되기 이전에 갖고 있던 각각의 고유한 상징의의마저도 그대로 존속한다. 따라서 『몽상(夢想) 중에 두 가지 이상의 이미지가 결합하여 교착상이나 합성상을 만들었을 때, 그 중 한 이미지로부터 다른 이미지로의 감정전위가 이루어짐으로서 새로운 이미지가 만들어졌기 때문에 처음의 이미지는 소실된다.』는 프로이트의 주장은 타당하지 않다.

2) 표상전위(表象轉位)

표상전위란 꿈에 등장한 어떤 표상이 다른 표상으로 변환되는 것을 말하는바 여기서의 전위(轉位)란 치환(置換)의 뜻이다. 이것은 다의적인 암시도구로서 꿈-표현의 특성을 나타내는 중요한 요소 중의 하나이다. [개를 끌고 가다보니 어느새 호랑이로 변해 있다거나, 마주보고 앉은 젊은 여성이 갑자기 할머니로 변한다거나, 또는 뱀이 용이 되었다가 사람이 되고 다시 뱀으로 변한다거나]하는 등의 사례들이 바로 그것으로 이런 종류의 표상전위는 대부분의 꿈에서 빈번하게 표현된다. 이 표상전위 과정이 꿈-사상의 시간적 순서와 인과관계 등을 암시한다는 것은 이미 설명한 바와 같다. 가령 [목줄을 맨 개를 끌고 가다가 뒤돌아보니 어느새 호랑이로 변해 있었다]는 꿈이 있다고 하자. 이것을 해석하자면 [한동안 평이하게 진행되던 어떤 일거리가 어느 순간 크게 확대됨으로서 심적 부담을 갖게 된다]는 뜻으로 풀이된다. 즉, 개가 호랑이로 변환되는 이 표상전위에는 어떤 일거리가 진척되는 과정의 시간적 추이가 암시되어 있는 것이다. 이와 같은 꿈-표현상의 특징은 태몽에 있어서 두드러지게 나타난다. 그 한 예로서 생후 2년 만에 죽은 내 첫딸의 태몽을 여기에 소개한다.

나는 시골집 마당에 서 있었다. 그때 어디선가 매 한 마리가 날아와 나의 어깨에 살포시 내려앉았다. 나는 그것을 붙잡아 내가 거처하는 사랑방에 들어가며 등을 쓰다듬어 주었다. 그러자 그것이 갑자기 새끼돼지 크기의 족제비로 변했다. 내가 이것을 방안에 밀어 넣자 어디론가 사라져 버리고 방안에는 그 절반을 채운 물만 가득했다. 그런데 물속을 가만히 들여다보니 금붕어 한 마리가 유유자적 헤엄을 치고 있다. 그리고 잠시 눈을 돌렸다가 다시 보았을 때는 어느새 방안의 물마저도 사라지고 방금 전의 금붕어가 오색찬란한 잠자리로 변해 마치 곤충표본처럼 벽에 딱 붙어서 움직이지 않았다.

이 꿈은 딸아이가 잉태될 당시 꾸어졌는데, 그 암시적 내용이 상당히 긴 것임에도 불구하고 2년이라는 짧은 생애(生涯)에 모두 실현되었다. 이미 짐작하고 있듯이 매가 족제비가 되었다가, 금붕어가 되었고, 또 다시 오색 잠자리로 변하는 표상전위 과정은 그 애의 짧지만 굴곡 많은 삶을 집약해서 표현한 것이다. 그 아이는 매로 상징가능한 운세를 타고나, 성장하는 동안 족제비와 같은 영특함도 보여주었다. 그리고 그 애가 작은 돼지만큼 자랐을 때 나는 가솔을 이끌고 서울로 이사를 하게 되었다. 이때 우리 가족은 의식수가 풍부해지고(방안에 물이 반쯤 고임) 주변도 안정되어 비교적 여유 있는 생활을 누리게 되었다. 때문에 그 아이도 별 탈 없이 예쁘게 자라서 온 동네의 귀여움을 독차지 했다.(주변사람들이 그 애를 사랑하기를 금붕어 보는 것처럼 귀엽고 소중하게 생각했음) 그러나 그러한 행복도 잠시 갑자기 가세가 기울면서(갑자기 물이 없어짐) 우리 사정은 몹시 어려워졌다. 엎친 데 덮친 격으로 그 애가 병까지 얻었으므로 나는 하는 수 없이 병 치료를 위한 식이요법을 위해 시골에 계신 어머님께 보내지 않을 수가 없었다. 결국 그 애는 병을 극복하지 못하고 그곳에서 짧은 생을 마감하게 되었는데 이제는 벽에 걸린 한 장의 돌 사진으로만 남게 되었다.(사진 속의 색동옷처럼 오색찬란한 잠자리가 되어 벽에 붙어 있었다) 이 태몽은 그 애가 부모와 일찍 사이별(死離別)할 것이라는 두 가지의 암시를 담고 있었다. 그 하나는 매가 산새이기 때문에 인간 세상에 오래 살 수가 없으므로 공들여 키운다고 해도 언젠가는 야생으로 되돌아간다는 것이고, 다른 하나는 금붕어가 물을 잃고 벽에 붙은 잠자리가 되어 움직이지 않았으니 삶의 기반을 상실하게 된다는 것이었다. 즉 이 꿈은 표상전위 과정을 통해서 그 운명적 추이를 시간적 순서로 보여줄 뿐만 아니라, 그 인과관계까지도 분명히 밝히고 있는 것이다.

이처럼 표상전위는 그 본래의 상징의의를 시간적 순서에 따라 변화되는 양상으로 표현할 뿐 아니라, 그러한 과정이 이루어지는 인과관계도 함께 나타낸다. 그런데 유감스러운 것은 똑 같은 표상전위라고 해도 모든 꿈에서 동일한 시간경과를 나타내지는 않는다는 사실이다. 더구나 꿈은 어떤 미래사건의 실현시점을 분명하게 밝히지 않는다는 본질적인 속성을 가지고 있다. 때문에 실제의 경험으로 확인하기 전까지는 그것이 얼마나 오랜 기간을 암시하는 것인지 알 수가 없다. 다만 꿈-사연이 꿈꾼 이의 당면한 관심사와 연계될 경우에는 어느 정도의 추정이 가능해진다. 특히 그 당면한 관심사가 확실한 시간예정을 갖고 있을 경우에는 꿈속의 표상전위에서 좀 더 사실에 가까운 추정을 이끌어낼 수가 있다. 어떤 고시생(考試生)의 다음과 같은 꿈이야기가 이것을 잘 설명해준다.

　냇물에서 큰 물고기를 잡아 손에 들고 나오는데 이 물고기가 갑자기 용으로 변해서 나에게 덤빈다. 그래서 나와 용은 한동안 결렬하게 싸우게 되었는데 마침내 내가 그 용을 제압하려는 순간 그것은 예쁜 여자로 변해서 나를 보고 쌩긋 웃는다. 나는 그 광경을 넋을 잃고 쳐다보다가 언뜻 저것은 요괴(妖怪)라는 생각이 들어 주먹으로 내려치니 그 여자는 큰 뱀으로 변하여 달려든다. 또 한바탕 싸우다보니 그 뱀은 다시 용으로 변했으며 급기야는 내가 용의 목덜미를 거머쥐고 힘껏 누르다가 잠을 깨었다.

이것은 그가 사법고시(司法考試)에 처음 응시해서 실패의 고배를 마시게 되지만 다음 해에는 합격의 기쁨을 누리게 된다는 암시였다. 이 때의 [냇물]은 사법시험장 내지는 법조계를 뜻하고, [물고기]는 첫해에 통과한 일차시험이며, [용]은 이차시험을 암시한 것인데, 이 대목에서 용을 완전히 제압했더라면 무난히 합격하였겠으나 마지막 순간에[예쁜 여자]로 변하였기 때문에 실패의 쓴 잔을 마시게 되었다. 그는 다음해에 다시 2차 시험에 재도전하여 꿈에 [두 번째 용]을 완전히 제압한 것과 같이 모든 학과시험을 통과하였다고 한다. 이처럼 꿈속의 표상전위가 현실사건의 예정과 확실한 연계성을 가지고 있을 때에는 그 시간적 경과를 알아낼 수 있다.

4. 감성적(感性的) 강도(强度)

우리가 꿈을 상기할 때, 그 이미지가 마치 눈앞에라도 있는 것처럼 완연(宛然)하고 뚜렷한 것이 있는가 하면 아무리 생각해도 선명하게 떠오르지 않는 것도 있다. 또한 기억은 확실한데 중도에서 희미해지거나, 다른 것과 복잡하게 뒤얽혀서 분간하기 어려운 경우도 있다. 그런가하면 중단되었다가 다시 나타나는 경우도 드물지 않고, 또 여러 번 뒤바뀌어 뒤죽박죽이 된 것처럼 보이는 경우도 많다. 이와 관련하여 프로이트는 다음과 같이 말한다.

몽상(夢想)의 강도(强度)에 있어서의 차이는 거의 현실적 명료도(明瞭度) 이상이라고 인정하고 싶을 정도의 명백한 강도를 가지는 것이 있는가 하면, 화가 날 정도로 모호한 것이 있어서 대단히 넓은 범위에 미치고 있다. 이와 같은 화가 날 정도의 모호성은 우리가 가끔 현실의 대상에 대하여 지각하는 불명료성의 어떠한 정도와도 결코 완전하게 비교되지 않으므로 꿈의 특색으로 인정해야 한다. (중략) 몽상의 감정적인 강도는 꿈-사상 속의 그 몽상들에 상응하고 있는 요소들의 심적 강도에 관련되어 있다고 생각해 보지만 여러 가지 이유에서 참된 근원이 아니며 우리가 경험에 의해서 밝힐 수 있는 것 중에서 가장 큰 강도를 표시하는 것은 그 형성을 위하여 가장 활발하게 압축작업이 이루어진 꿈의 요소들이다. 그러나 꿈-사상의 명료도(明瞭度), 또는 모호도(模糊度)는 꿈-표현의 명료도와 모호도에 정비례한다는 점이다. 우리에게 명백한 인상을 준 꿈의 부분은 대개의 경우 심적으로 강한 요소를 포함하고 있다. 한편 불명료한 꿈은 반대로 그다지 강하지 않은 요소들에 의하여 구성되어 있다.

위의 견해 중에서 프로이트가 화가 날 정도의 모호성이 꿈의 특색이라고 인정한 것과 꿈-내용은 조리가 서야한다고 주장한 것은 꿈의 감성도를 설명함에 있어 좋은 자료가 될 수도 있다. 그러나 [가장 큰 강도를 표시하는 것은 그 형성을 위하여 가장 활발하게 압축작업이 이루어진 꿈-요소]라고 주장한 대목은 타당하지 않다. 나는 수많은 자료를 분석하는 과정에서 프로이트가 주장하는 것과는 다른, 여러 가지 이유로 꿈이 명료하거나 모호하게 표현된다는 사실을 발견하였다. 그 중에 대표적인 것을 지적하자면 꿈의 암시적 의도성이라고 말할 수 있다. 즉, 꿈 전체의 기억이 완연함에도 어떤 특정부분만이 희미한 이유는 꿈의 고의적인 연출 때문이라는 것이다. 우리가 꿈을 상기할 때, 명료하거나 모호하다고 느끼는 것은 다음과 같은 이유 때문이다.

첫째, 꿈이 지나치게 공상적으로 표현된 부분은 모호하게 기억된다. 꿈-표현이 공상적이라는 것은 주지의 사실이지만 같은 공상이라고 해도 비교적 논리적이어서 자연스러운 흐름을 유지하는 부분이 있는가하면 지나친 가공으로 인해 혼란스러운 부분도 있다. 전자의 경우처럼 꿈-사연이 조리가 있어 하나의 스토리로서 윤곽을 잡을 수 있으면 명료하고 선명하게 기억된다. 반면에 후자의 경우처럼 압축, 생략 등의 가공작업에 의하여 단절면이 생기거나 지나친 비약이 있을 경우에는 불분명하게 기억된다.

둘째, 꿈이 운명적 큰 변화를 암시하는 경우에는 명료하게 기억된다. 예를 들어 반복되는 꿈이나 태몽처럼 한 사람의 일생과 관련한 운명적 큰 추세를 암시하는 경우에는 비교적 선명하게 기억된다는 것이다. 특히 반복되는 꿈은 너무나 선명하여 마치 현실적인 기억처럼 또 다른 꿈의 소재가 되기도 한다. 장차 태어날 아이의 운명을 예시하는 태몽은 통상 일반적인 꿈보다는 명료하게 표현되며 그 표현방식 역시 특이하여 강한 인상을 남기는 경우가 많다. 이 외에도 시험, 결혼, 사망, 전쟁 등의 중대사를 암시하는 꿈은 선명하게 표현된다.

셋째, 꿈속의 이미지들이 신비적인 요소를 지니고 있을 경우에는 선명하게 기억된다. 신령 등의 초월적인 존재가 등장하는 부분은 예외없이 잘 기억되는데 그 이유는 그 이미지의 신비적인 요소가 강한 정동을 불러일으키기 때문이다.

넷째, 꿈의 이미지가 초상적인 색채로 표현된 부분도 잘 기억된다. 예를 들자면 수많은 별들이 깜빡이는 가운데 유독 어느 한 별만이 황금빛을 발하면서 움직이고 있었다거나, 또는 모든 열매가 아직 익지 않아 푸른색을 띠고 있는데 그 중 어느 한 개의 열매만이 붉은 색으로 탐스럽게 익어가고 있었다거나 하는 등의 경우가 있다.

다섯째, 초조, 불안, 공포, 환희, 희열 등의 강한 정동(情動)이 불러일으켜진 부분도 선명하게 기억된다. 이런 경우의 강한 정동은 때때로 각성으로까지 몰고 가며, 잠을 깨고도 그 여운이 한동안 지속됨으로서 꿈을 보다 더 선명하게 되살리게 한다. 특히 성적인 꿈과 공포의 꿈은 가장 강렬한 인상을 남긴다.

여섯째, 꿈의 의도적인 표현에 의해서도 부분적으로 명료하거나 모호하게 기억된다. 프로이트도 우회적으로 인정하고 있듯이 이와 같은 꿈의 고의적인 연출은 꿈의 명료도를 결정하는 가장 큰 요인이다. 예를 들어 여타 이미지들이 선명함에도 불구하고 어떤 특수한 인물만이 희미하게 표현되었다면 그것은 장차 현실에서 그와 동일시된 인물의 정체를 파악할 수 없거나, 아니면 그가 제3자적 위치에 있다는 암시이다.

일곱째, 이미지에 부착된 정동이 비합리적으로 표현된 경우에도 비교적 선명하게 기억된다. 예를 들어 심적 강도가 높은 이미지에 당연히 부착되어 있어야 할 정동이 제거되어 있고, 아무런 심적 강도도 없는 이미지에는 오히려 강한 정동이 실려 있는 경우가 있다. 부모의 죽음 앞에서 무심한 상태가 되어 있는 것이 전자의 경우라면 보잘것 없는 개 한 마리를 마주 대하고도 극도의 공포감을 느끼는 것이 후자의 경우이다.

그렇다면 꿈-표현의 모호성과 관련하여 프로이트가 큰 관심을 표명했던 다음과 같은 사례는 또 어떻게 판단해야 할 것인가?

나는 어떤 여환자(女患者)로부터 모호하고 뒤죽박죽인 꿈 이야기를 들었다. 이 환자는 분석에 필요한 꿈을 처음에는 나에게 말하려고 하지 않았다. 이유는 그 꿈이 매우 불명료하고 뒤죽박죽이기 때문이라는 것이었다. 여러 번 옥신각신하던 끝에 드디어 이런 사정이 밝혀졌다. 즉 그 꿈속에는 여러 사람이 나타나는데 등장인물은 그녀 자신, 남편, 그리고 아버지 등이라고 했다. 그런데 꿈속에서 그녀가 아무리 생각해도 남편이 아버지인지, 아니면 아버지가 남편인지 도무지 분간할 수가 없었다고 한다. 이 꿈과 분석치료 기간에 발견된 그 여자의 연상을 연결하여 보니 이 꿈에서는 어떤 여하인(女下人)에 관한 상당히 흔해 빠진 사연이 발견되었다. 그 여하인은 임신을 하였지만 누가 정말 뱃속 아이의 아버지인지를 본인도 의심스러워했다는 것이다. 그러므로 이 꿈에 표시한 불명료성은 이 경우에도 역시 꿈을 발생시킨 근원이었던 재료중의 일부분이었다. 즉, 재료중의 일부분이 꿈의 형식으로 표현되었다는 것이다. 꿈의 형식, 또는 꿈을 꾸는 형식은 숨겨진 내용의 표현을 위해 실로 놀라울 정도로 자주 이용된다.

프로이트는 이 여환자가 자기 집 여하인의 부정한 임신을 마음속에 담아두고 있었던 것이 이 꿈을 형성하게 한 직접적인 원인으로 보고 있다. 그렇다면 그 여환자의 발병원인과 여하인의 일이 무슨 연관성을 갖는다는 것일까? 프로이트는 그녀가 심적 갈등을 갖게 된 원인이 [여하인의 부정한 임신에 혹시 남편이나 아버지가 관련되지 않았을까] 하는 걱정 때문이라고 보고 있는 듯하다. 꿈의 일부분을 모호한 형식으로 처리함으로서 억압된 심리를 나타낸다고 보았기 때문이다. 그러나 이 꿈은 절대로 뒤죽박죽된 것이 아니다. 꿈속에서 남편과 아버지가 혼동되는 것은 앞서 설명한 바 있듯이 그것이 또 하나의 자아로서 표현된 표상전위와 관련되기 때문이다.

우리는 꿈속에서 여러 가족이 모인 가운데 지금까지 남편 역으로 등장한 인물이 시아버지나 시동생, 또는 아들 등으로 바뀌고, 또 얼굴은 그대로인데 남편이 아닌 아버지나 오빠로 인식되는 등의 경험을 자주 한다. 그런가하면 가족모임이라고 생각되는 장면에 얼굴을 모르는 사람이 끼어있거나 한구석에 웅크리고 있어서 누구인지 알아볼 수 없는 인물이 섞여 있는 꿈도 꾸게 된다. 이러한 불명료성은 절대 재료 탓이 아니다. 그것은 꿈의 의도성에 따라 그렇게 표현될 수밖에 없는 필연성을 갖고 있는 것이다.

위의 사례는 단편에 불과하므로 해석은 불가능하지만 만약 우리가 이 꿈을 해석하게 된다면 각별히 주의를 집중해야 할 것이 남편과 아버지가 명확하게 구분되지 않았다는 점이다. 말하자면 모호하게 표현된 것 자체에서 숨은 뜻을 찾아내야 한다는 것이다. 사람들이 꿈을 상기하여 기술할 때 흔히 『내 앞에 어머니가 계신 것 같지만 분명치 않다.』, 또는 『알 수 없는 어떤 사람과 동행하고 있었지만 어느새 나 혼자 걷고 있었다.』라고 말하는 경우가 종종 있다. 전자의 경우는 장차 어머니로 동일시할 만한 어떤 사람과 상관하게 될 것이지만 그가 자기와는 직접적인 인연을 맺지는 않을 것이라는 암시이고, 후자의 경우는 그 내력을 알 수 없는 별로 가깝지 않은 어떤 인물과 한동안 같은 일을 함께 하게 된다는 암시이다. 우리는 위와 같은 사례에서도 꿈이 그 표현의 모호성을 중요한 암시적 도구로 사용하고 있음을 확인할 수 있다.

꿈의 부분적인 모호성이 명백한 암시적 의미를 갖고 있다는 사실은 그 연접한 전후의 장면이 명료할 때 더 확연하게 들어난다. 예를 들어 『꿈속에서 편지 하나를 받았는데 그 겉봉의 이름과 편지내용은 분명하게 상기되지만 주소만큼은 희미해서 도저히 알아볼 수가 없었다.』는 꿈이 있다고 하자. 이것은 그 발신인으로 동일시된 어떤 인물의 실제 주소가 변경되어 알 수 없다거나, 아니면 그 사람의 신상(身上)이 변동되어 사정을 알 수 없다는 의미로 해석된다. 해석 그 자체가 [꿈이 편지와 관련된 모든 부분을 선명하게 표현하면서도 유독 주소만은 모호하게 처리]한 이유가 무엇인지를 분명하게 들어내고 있는 것이다.

남보다 더 세밀하게 꿈을 상기할 수 있는 사람이라면 위의 사례처럼 처음에 명료하던 꿈이 진행되는 동안 점차 희미해지다가 어느 순간 다시 환하게 밝아오는 것을 한번쯤은 경험했으리라 생각한다. 이러저런 체험적 증거들로 판단하더라도 꿈의 불명료성 내지는 모호성은 대부분 꿈의 고의적인 연출 때문이라는 사실을 부정할 수 없다. 그러나 아직 이것에 대하여 의문을 갖고 있는 독자들을 위하여 다음과 같은 나의 체험담을 소개하고자 한다. 이것은 1958년에 꾸어진 꿈 이야기다.

　　나는 어떤 집 옥상에 올라가 하늘을 쳐다보고 있었다. 거기에는 수많은 별들이 깜빡이고 있었는데 한 순간에 모든 별들이 한문(漢文) 글자로 변해 버렸다. 그 내용은 어느 임금님의 소년시절에 관한 이야기였다.(지면관계상 이 부분은 생략한다) 그런데 이야기가 종결부분으로 갈수록 글자들이 희미해지더니 그만 결론도 읽기 전에 모두 사라지고 말았다. 나는 무릎을 꿇고 엎디어 하늘을 우러르며 『하나님 아버지시여, 진실로 존재하신다면 마지막 구절을 다시 나타나게 해 주옵소서.』라고 간청하였다. 그러자 사라졌던 부분이 다시 나타났는데 그것은 『임금님은 이러저러해서 외인(外人)들을 물리칠 수 있었다.』는 내용이었다.

　나는 이 이상한 꿈을 꾸고 난 뒤 언뜻 『주님의 일이 하늘에서 이루어지듯이 땅에서도 이루어지이다.』라는 기도문이 연상되어 야릇한 감정과 흥분에 휩싸였다. 무수한 별들을 한문 글자로 변하게 하고, 또 그것을 사라지게 했다가 내가 기원한 대로 다시 나타내 보인 것에서 일순간이나마 하나님의 역사하심이 아닐까 하는 착각에 빠질 수가 있었기 때문이다. 그래서 [만약 이것이 영적 체험이라면 사람은 본시 꿈을 통해 하나님과 소통하는 것은 아닐까? 사람들의 기도를 하나님은 이런 식으로 받아주시는 것은 아닐까? 그렇다면 나의 염원을 이런 식의 한문 문장으로 알려주신 참뜻은 무엇일까?] 하는 의문들이 꼬리를 물고 일어났다.

　그러나 실상은 전혀 다른 것이었다. 내가 다음날 어느 교회에 가서 그 당시 갑자기 유명해진 모 장로(長老)의 설교를 듣는 것으로 이 꿈의 암시가 실현되었기 때문이다. [무수한 별이 한문 글자로 변한 것]은 그 장로가 많은 의미가 함축된 《성경》구절을 세속적인 의미로 해석했기 때문이요, [임금님의 소년시절 ~운운한 것]은 그가 예수님의 어린 시절에 관하여 설교를 했기 때문이었다. 그런데 그의 설교가 정통교리에 반하는 이단적인 방향으로 흐르면서 내가 듣기에도 민망한 부분이 있었다. 때문에 나는 저래서는 안 된다고 생각하여 몹시 안타까운 심정으로 어서 마지막 부분으로 이어지기를 고대하게 되었다. 바로 이 부분이 [꿈속에서 글자들이 사라진] 장면에 해당한다. 또한 [꿈의 마지막 부분을 다시 나타나게 해주십사]하는 기원이 암시하는 대목이기도 하다. 따라서 꿈속의 [하나님이 진실로 존재하신다면]하는 대목은 설교를 하는 장로가 하나님의 진실된 말씀을 해주었으면 하는 나의 소망을 나타내고 있는 것이다. 결국 꿈속에서처럼 현실에서도 그 장로가 이단적인 설교를 중단하고 다시금 일반적인 성경해석으로 되돌아감으로서 나의 소망은 이루어질 수 있었다.

　우리가 이것에서도 확인할 수 있듯이 꿈의 모호성이라는 것은 만화(漫畵)의 여백을 채우기 위해 그려지는 희미한 배경처럼 그저 무의미한 것이 절대 아니라는 점이다. 물론 꿈이 의도적으로 모호하게 표현하지 않더라도 우리가 상기하여 기술하는 과정에 탈루시키거나 왜곡함으로서 모호해지는 부분도 있다.

제 13 장

꿈의 표현수단(3)

1. 색채표상(色彩表象)

꿈속의 시각표상들은 어떤 색깔로 표현되는 것일까? 이 문제에 대해서는 참으로 오랜 세월 여러 가지 견해들이 난립하여 시비가 분분했었다. 어떤 이는 흑백(黑白)이라고 하고, 또 어떤 이는 확실히 천연색(天然色)이라고 한다. 그런가하면 천연색과 흑백 모두라고 주장하는 이도 있다. 그런데 이 문제에 대한 해명은 자연색과 각성시의 심상, 그리고 꿈의 시각적 이미지를 상호 비교하여 동일한 표상의 색깔이 각각 어떻게 달라지는가를 판단하는 것으로부터 출발해야 한다고 본다. 각성시에 우리가 새빨간 과일이나 샛노란 꽃 등을 바라본 뒤, 즉시 눈을 감아 그것들의 색상을 머릿속에 떠올려 본다면 눈을 뜨고 바

라보았을 때와 똑 같은 자연색으로는 재생시킬 수 없음을 깨닫게 된
다. 이것이 사실이라면 인간의 심상(心像)은 천연색도 아니요, 또 그
렇다고 흑백도 아닌, 모호한 중간정도의 색이라는 결론에 이르게 된
다. 그래서인지 꿈 역시 천연색과 흑백의 중간 정도로 선명하지 않게
표현된다는 것이 이제까지의 통설이었다.

　　그렇다면 왜 많은 사람들이 총천연색의 꿈을 꾸었다고 주장하는 것
일까? 더구나 개중에는 천연색을 초월하는 강한 색채까지 경험했다고
증언하고 있다. 이 점에 대하여 엘리스(H. Ellis), 크라이트만(N. Kl
eitman), 그리고 오스왈드(I. Oswald) 등은『꿈은 현실처럼 특별히
채색된 것은 아니다. 그런데 천연색의 꿈을 꿀 수 있는 것은 뇌장애
나 두통에 의하거나 직업상 특별히 색에 대한 관심이 많은 화가나 디
자이너 같은 사람들이 무엇을 생각할 때 색채이미지를 보는 것과 같
이, 그런 사람들이 꿈속에서 보는 것이다.』라고 말하고 있다.

　　그런가 하면 다른 학자들은『꿈은 천연색 그대로를 표현하는 것이
지만 사람들은 그것에 대한 관심이 결여되어서 천연색이 아닌 것으로
믿게 되는 것이다.』라고 주장하고 있다. 그러나 나는 뇌장애나 두통,
그리고 전문직업인의 습성 따위의 이유로 천연색의 꿈을 경험하게 된
다는 주장에 의문을 갖지 않을 수 없다. 만약 그것이 진실이라고 한
다면 [병이나 직업 때문이 아니라고 않더라도 천연색의 꿈은 늘 꾸어
지며, 또 경우에 따라서는 초상적인 색체까지 경험할 수 있다]는 사실
을 어떻게 해명할 수 있을 것인가? 미야기·오도야가 성인남녀를 대상
으로 조사, 보고한 통계수치는 다음과 같다.

　　성인 남자의 26%와 여자의 29%, 즉 전체의 30%정도가 꿈은 색이 없다
고 답을 했으며, 남녀 8%는 언제나 색채가 있는 꿈을 꾼다고 했다. 그리고
10%이상은 때때로 색채가 있는 꿈을 꾼다고 했다. 이것은 색채 이미지로
꿈을 꾸는 사람의 수가 색채가 없는 꿈을 꾸는 사람의 수보다 그렇게 적지

않다는 사실을 말해주고 있다. 그러나 나는 각성 중에 색깔이 있는 물상을 생각하는 경우와 꿈속에서 환각적으로 그것을 보는 경우는 구별되어야 한다고 생각한다. 수면중의 사고는 추상적인 것이 아니라 구체적인 것이 되며 단순한 관념보다는 이미지로, 그리고 지각상으로 접근한다. 그리고 지각상에 가까워질수록 색채를 동반한다. 각성 중의 관심에 의하여 색채가 있는 꿈을 꾸기가 수월하다는 것은 사실이지만 추상적 사고가 꿈속에 행해지지 않는다는 것이 원인이라고 생각한다.

한편 프랑스의 클로드·베르나르 대학의 미셸·주베(Michael. Juvet) 교수는 『모든 사람은 매일 밤 꿈을 꾸며 색깔이 있는 꿈을 꾸는 사람은 18%에 이르고 있다.』라고 보고하고 있다. 그러나 이러한 통계 숫자들이 과연 얼마만큼의 신뢰도를 갖고 있는가에 대하여는 의문부호를 붙일 수밖에 없다.

우리가 [꿈이 전체에 대한 부분적인 요소들에 한해서 특히 천연색을 강조하며, 또 그렇게 표현할 수밖에 없다]는 사실을 알게 된다면 색채 꿈에 대한 통계작업이 그리 녹녹치 않음을 절감하게 될 것이다. 꿈속의 색채표상은 단순한 기억상이 아니라 창조적 이미지이다. 그리고 꿈은 그 의도에 따라 특수한 표상에 한해서만 이 천연색을 구현하는 경우가 많다. 때문에 우리가 하룻밤에 꾸는 꿈 대부분을 망각한다는 사실을 상기한다면 위와 같은 통계수치가 얼마나 무의미한 것인가도 쉽게 알 수가 있는 것이다. 여기서 우리는 각성시에 시각기관을 통해 입수한 영상을 눈을 감은 상태에서 다시 떠올리면 그 원색은 온데간데없고 천연색과 흑백의 중간정도의 색감만이 남는다는 사실을 재차 상기해 볼 필요가 있다. 그것은 꿈속에 발현되는 천연색이 결코 기억의 재현이 아니라는 사실을 명백하게 입증하는 것이기 때문이다. 꿈이 구현하는 천연색을 잠재의식적 창조물이라고 한다면 거기에는 반드시 어떤 암시적 의미가 내포되어 있어야만 한다. 그러므로 나는 『꿈속에서의 시각표상은 각성시의 지각상처럼 천연색 그대로 표현되는 것도 아니고 그렇다고 흑백도 아닌, 그 중간정도의 색채로 표현되는 것이 보통이다. 그러나 꿈은 그 의도에 따라 표상의 색채를 암시적 재료로 삼기 위하여 천연색, 또는 천연색을 초월하는 강한 색감(色感)으로도 표현할 수 있다.』라고 판단한다.

꿈-형성의 메커니즘을 생각해보면 색채심벌의 창작이라고 해서 그렇게 특별한 일은 아닐 것이다. 따지고 보면 그것 역시 관념적 창조물이기 때문이다. 따라서 어떤 꿈에서든 새빨간 꽃, 황금빛 들판, 담홍색의 과일, 그리고 초록빛의 나무 등의 색채표상이 자유롭게 표현될 수 있으며, 꿈의 의도에 따라서는 자주색 광선이나 오색영롱한 물고기 등과 같은 비현실적이고 공상적인 색채마저 얼마든지 사용될 수가 있는 것이다.

꿈은 장면 전체보다 어떤 특정표상만을 두드러지게 채색하는 것을 즐겨한다. 이것은 특히 다자택일(多者擇一)을 요구하는 꿈에 자주 나타나는 현상이다. 가령 [아직은 덜 익은 파란 과일들이 열린 나무에 단 한 알의 과일만은 붉은 빛으로 잘 익어 있었다]든가, [많은 종류의 꽃 중에서 단 한 송이만이 천연색이었다]든가, 또는 [여러 등장인물 가운데 유독 한 사람의 눈썹만이 희게 보였다]는 등과 같은 경우는 꿈이 색채를 통해 다자택일의 암시적 의미를 나타내는 것이라 할 수 있다.

그런가하면 장면 전체가 천연색으로 채색되는, 이를테면 [새파란 하늘아래 푸른 산야가 펼쳐지고 들판을 흐르는 맑고 깨끗한 물이 유유히 흘러가고 있다]거나, [정오의 태양은 황금빛으로 찬란히 빛나는데 오곡이 무르익은 벌판길을 노랑 저고리에 붉은 치마를 입은 여인이 흰 국화꽃 한 송이를 들고 어디론가 걸어가고 있다]거나, 또는 [봉창(封窓)을 여니 붉은 흙 위에서 흰옷을 입은 농부가 누런 황소를 앞세우고 밭을 갈고 그 위를 검은 새 한 마리가 날아가는 장면이 눈에 들어왔다]는 등의 총천연색 꿈도 적지는 않다. 어디 그뿐이랴? 꿈의 색채표현은 여기에서 머물지 않는다. 꿈은 색채로서 그 중요한 암시적 의도를 달성하려고 할 때, 아주 미세한 색감까지 상세하게 묘사하기도 한다. 가령 [부드러운 윤기가 탄력 있는 담홍색과 어우러져 실하게 보이는 복숭아]라든가, [메마르고 푸석푸석하여 척박해 보이는 누런 황토밭] 따위의 표현들은 중심적 시각표상의 색채를 정밀한 색감으로 묘사함으로서 거기에 부착된 상념표상과 함께 매우 의미심장한 암시적 의미를 나타내기도 한다는 것이다.

한편 시각표상의 색채를 현실과 정반대로 표현하거나, 비합리적인 공상적 색채로 표현함으로서 그 암시적 의도를 나타내는 꿈도 있다. 예를 들어 [푸른 수염을 단 늙은이]라든가, [검은 하늘에서 쏟아지는 자주색 빛]이라든가, 또는 [푸른 숲에 내리는 붉은 눈(雪)]등의 사례가 바로 그것인데 이와 같은 초상적 색채이미지도 꿈의 의도에 따라서는 얼마든지 표현이 가능한 것이다.

우리는 이제 꿈의 표상작업이 고도의 지적 작업으로 이루어진다는 사실을 충분히 인식하게 되었다. 또한 각성시의 감각경험에서 이끌려오는 재료는 그대로의 꼴로 꿈에 도입되는 것이 아니라, 잠재의식에 의한 표상작업을 거치기 때문에 꿈의 이미지하고는 본질적으로 다른 것이라는 사실도 이해하게 되었다. 따라서 꿈의 색채표상 역시 현실적인 그것과는 전혀 다른 개념이라는 사실도 이해하기가 그리 어렵지는 않을 것이다.

심리학에서는 색채상징법을 [피험자에게 공포, 질투, 분노 등과 같은 색감 짙은 말로 자극을 가해 그가 이러한 말에서 연상되는 색채를 선택하게 함으로서 성도(性度)-남성적이거나 여성적인 기질을 구별하는 것-, 향성(向性)-내향적이거나 외향적인 기격을 구별하는 것-, 그리고 퍼스넬리티를 판단하는 방법]이라고 정의하고 있다. 이것은 화가나 시인들이 즐겨 사용하는 일반적인 색채상징법과는 약간 다른 개념이다. 일반적인 색채상징법은 여러 가지 자연색에서 그것과 비유-은유-되는 관념,

감정, 언어 등을 추출하는 것이다. 예를 들자면 [핑크빛 열정], [불꽃 같은 정열], [보랏빛 인생], [초록빛 청춘], [백설과 같은 순결] 따위가 그것인데, 이와 같은 색채표현들은 형용하고자 하는 관념어를 은유적으로 묘사하고 있다는 점에서 꿈의 그것과 비슷해 보인다. 그래서인지 위에서 열거한 것과 같은 현실적인 의미-은유적인 개념-가 꿈에 그대로 도입되는 경우도 종종 있다. 그러나 주지하는 바와 같이 꿈속의 색채표상은 잠재의식이 만들어낸 관념상임으로 현실적인 그것과는 본질적으로 다른 것이다. 이와 같은 사실은 꿈의 초상적(超常的) 색채표현만으로도 쉽게 알 수가 있다. 만약 꿈이 현실적인 색채표상만으로 꿈-사상을 나타낼 수 있는 것이라면 구태여 초상적인 색채까지 동원할 필요는 없었을 테니까 말이다.

그런데 꿈속의 색채표상들도 현실의 그것처럼 시각표상의 상징의의를 한정적(限定的)으로 수식하는 역할을 한다. 때문에 시각표상의 양태(樣態)에 따라서는 그 색감(色感), 명도(明度), 채도(彩度) 등의 미세한 변화까지도 엄중한 상징의의를 나타낼 수 있으므로 절대 소홀하게 취급하지 말아야 한다. 그렇다면 꿈의 색채표상은 어떤 의미이며, 또 어떻게 표현되는 것일까? 그 개략적인 것을 열거하자면 다음과 같다.

첫째, 그 색감에 의하여 환기되는 상념(想念)이 시각표상이 갖고 있는 상징의의를 부연(敷衍), 설명하는 경우이다. 가령 꿈속에 등장한 괴한이 새빨간 옷을 입고 있어 섬뜩한 느낌을 받았다면 장차 현실에서 그로 동일시된 어떤 인물에 의해 해(害)를 입게 됨으로서 심한 불쾌감을 느끼게 된다는 뜻이다. 이때 괴한은 현실에서 자기를 모함하거나 적대시할 인물을 동일시하며, 그가 입고 있는 옷의 새빨간 색에서 환기된 섬뜩한 느낌은 장차 그 사람으로 말미암아 체험하게 될 불쾌감을 암시한다.

둘째, 동일한 표상의 동일한 색채라고 하더라도 그 표현되는 색조(色調)나 광도의 차이에 따라 본래 시각표상이 가지고 있던 상징의의를 약간 다르게 표현한다는 것이다. 가령 똑 같은 황금빛 태양이라 하더라도 찬연하게 빛나는 한낮의 그것과 약간 퇴색한 오후의 그것이 서로 다른 상징의의를 나타내는데, 전자의 경우라면 절정에 있는 최고의 권력과 명예를 상징하지만 후자의 경우라면 이미 쇠락하고 있는 권력이나 명예를 상징한다는 것이다.

셋째, 표상이 가지고 있는 현실적인 색채를 전혀 다른 것으로 표현함으로서 꿈이 그 암시적 의미를 강조한다는 것이다. 예를 들어 태양이 검은 색으로 표현되었다면 그것은 국권(國權), 권력, 명예 등이 상실, 몰락, 실추된다는 뜻으로 해석된다.

이상에서 보듯이 꿈의 색채표상은 시각표상이 지닌 본질적인 상징의의를 상세하게 부연설명하면서도 그것들을 하나의 이미지에 모두 담아내는 압축의 효과도 거두고 있다. 또한 이것은 표상전위과정-*이를테면 황금빛 태양이 붉은 태양으로 변화해가는 과정과 같은*-등을 통해 시간적 배경에 의한 논리적 접속수단이 되기도 한다. 그런가하면 색감적 자극에 의해 환기되는 상념이나 정동 등을 통하여 표상의 상징의의를 보다 다양하고 구체적으로 표현하기도 한다. 이런 점에서 볼 때 천연색이 아닌 흑백으로 묘사되는 꿈이라고 해도 그 대조(對照)나 농담(濃淡)에 의한 상징의의는 분명하다고 말할 수 있다. 그런 이유로 우리가 꿈속에 등장한 흰옷 입은 사람과 검은 옷 입은 사람의 차이를 무심히 보아 넘긴다면 꿈-해석에 있어 중요한 열쇠 하나를 잃어버리는 셈이다.

색채표상은 크게 두 가지 형태로 구분되는데, 그 하나는 하나의 표상에 단 하나의 색이 표현되는 단색표상과, 다른 하나는 여러 가지 색이 하나의 표상에 결합되어 통일체를 이루는 합성표상이다. 가령 흰 옷, 노랑 꽃, 황금빛 태양, 파란 택시, 그리고 빨간 고추 등은 단한가지의 색으로 단 하나의 표상을 나타내는 까닭에 단색표상이라고 말할 수가 있다. 반면 태극기나 성조기처럼 하나의 표상에 여러 개의 색이 연결되어 전체적인 의미를 나타내는 것은 합성표상인 것이다. 그렇다면 각각의 색채표상은 어떤 의미를 나타낼까?

① 흰색(白色) : 결백, 소박, 순박, 청렴, 복종, 처녀성, 유산상속 등의 의미를 나타낸다. 서구에서는 동물이 유전적 소인으로 흰색을 갖고 태어난다는 알비노–白化–현상을 상당한 길조로 여기는데 꿈에 등장할 경우에도 그런 의미로 해석한다.

② 검은 색(黑色) : 불쾌, 암담함, 무의미, 부도덕, 음탕, 비밀, 사망, 미개척, 질병, 범죄 등의 의미를 나타낸다. 검은 색은 대체로 불쾌함이나 불길함을 나타내는 상징인데 간혹 후덕, 자애, 공적 등의 의미로 표현되는 경우도 있다. 그러나 흰 색 바탕의 옷에 검은 천이 덧붙여 진 것은 죽음의 상징이다.

③ 회색(灰色) : 이중인격, 미완성, 불분명, 경멸, 잔재, 위선, 허약함, 중간지대 등의 의미를 나타낸다.

④ 붉은 색(赤色) : 정열, 열정, 열성, 충정(忠情), 정조, 벽사(辟邪), 질투, 휴식, 상해(傷害) 등의 의미를 나타낸다.

⑤ 노란 색(黃色) : 부귀, 사랑, 존경, 성숙, 노경(老境), 쇠락, 애착 등의 의미를 나타낸다.

⑥ 파란 색(靑色) : 젊음, 초년, 원기, 방랑, 박애, 희망 등의 의미를 나타낸다.

⑦ 초록색(草綠色) : 초년, 나약, 시초 등의 의미를 나타낸다.

⑧ 보라색(紫色) : 수줍음, 겸손, 안락 등의 의미를 나타낸다.

⑨ 분홍색(粉紅色) : 연정, 기쁨, 공로, 명예, 호강 등의 의미를 나타낸다.

⑩ 갈색(褐色) : 미움, 더러움, 늙음, 숙련, 완숙 등의 의미를 나타낸다.

위와 같은 색채표상의 상징의의를 시각표상이 갖고 있는 상징의의와 결부시켜보면 [노란 과일 → 완숙단계의 일, 오래된 일, 수명이 다한 것], [황금색으로 빛나는 물체 → 고귀한 것, 절정기의 일, 지고의 진리], [붉은 글씨 → 퇴출, 휴식], [검은 물 → 질병, 죄악], [갈색 구렁이 → 교활하고 미덥지 않은 어떤 사람], [회색빛 동물 → 이중인 격자, 미완성 작품]등과 같이 해석된다.

두 가지 이상의 시각표상들이 합성되어 만들어진 통일체의 경우 각각의 색채표상은 본래의 상징의의를 나타냄과 동시에 이미 합성된 표상의 상징의의를 부연해서 설명할 수 있다. 예를 들어 [푸른 소나무에 핀 한 송이 붉은 꽃]이라는 합성상이 있다고 할 때, 이것은 남녀 간의 불합리한 결합, 즉 유부남과 유부녀의 만남을 의미하는데, 이때 꽃의 붉은 색은 주체할 수 없는 열정을 나타내지만 꽃이 원기 넘치는 푸른 소나무에 비하여 일찍 시들기 때문에 여성 쪽의 사랑이 먼저 식는다는 의미를 나타낸다.

그런가하면 이 합성상에 표현된 색채표상이 본래의 것과는 정반대로 묘사됨으로서 원관념의 역설적인 비유를 나타내는 경우도 있다. 예를 들어 [누렇게 메마른 나뭇가지에 매달린 새파란 과일]처럼 비논리적으로 묘사된 합성상이 있다고 하자. 이때의 [새파란 과일]은 어떤 비정상적이고 불합리한 일을 암시하며, 숨어 있는 원관념(原觀念)–*파란 나뭇가지에 달린 붉은 과일*–과 대비되어 그 대조적인 의미를 강조한다.

하나의 표상에 두 가지 이상의 색채상징이 합성된 예는 각각의 중심표상에 따라 그 의미가 달라진다. 가령 [검은 몸통에 흰 반점이 있는 구렁이]라는 시각표상이 있다고 할 때, 이때의 구렁이가 유산상속자를 동일시하는 이유는 [검은 바탕에 흰 반점]이라는 색채표상이 구렁이라는 시각표상을 한정적으로 수식하고 있기 때문이다. 그러나 같은 합성표상이라고 하더라도 여러 가지 색채가 혼합된 국기(國旗)가 꿈의 시각표상으로 등장한 경우에는 각 나라마다 고유한 의미가 부여되어 있을 것이므로 거기 적용된 각각의 색채상징 역시 그것에 준해서 판단해야 할 것이다.

☞ *흰색의 상징의의* : 동양에서도 [흰색]을 상서로운 조짐으로 받아들였다는 사실을 역사기록을 통해 확인할 수 있다. 홍재전서(弘齋全書)에는 정조가 신하들과 묻고 답하는 경사강의(經史講義)가 기록되어 있는데 여기서 정조(正祖)가 『고대에는 흰색의 동물을 상서(祥瑞)로 여기는 경우가 많았으니, 대체로 주공(周公)이 섭정할 때 월상국(越裳國-옛날 월남국의 남쪽에 있었다는 나라)이 흰 꿩을 바친 이후로 그러하였다. 흰 이리가 황복(荒服)의 들에 나타나자 목왕(穆王)이 이를 잡아 왔고, 흰 토끼가 부리(苻離)의 밭에 나타나자 한퇴지(韓退之)가 이를 칭송하였는데, 이번에 또 흰 사슴을 잡아 이를 상서로 여겼으니, 이러한 생각들은 모두 무엇에 근거하여 나온 것인가?』라고 신하들에게 하문하고 있는 것으로 보아 당시에도 흰색의 상서로움에 대한 일반적인 통념이 자리 잡고 있었음을 짐작케 한다. [고전번역원 각주]

기왕에 [뱀꿈]이야기가 나왔으니 이것과 연관된 색채표상을 살펴보는 것으로 이 항목을 마무리하고자 한다. 전국적인 꿈을 수집하여 분석하는 과정에서 나는 한국인의 꿈에 이상하리만치 뱀이 자주 등장한다는 사실을 발견하고는 놀라지 않을 수가 없었다. 더구나 그 형태의 다양함과 암시적 의미의 심오함을 설명하기가 필설(筆舌)로는 부족할 지경이다. 누런 구렁이로부터 시작해서 자주 빛과 밤색이 섞인 구렁이, 검은 바탕에 흰 반점이 있는 뱀, 적청황(赤靑黃) 색의 반점으로 얼룩진 구렁이, 노란 바탕에 붉은 반점이 있는 살모사, 윤기 있는 검은 색의 도마뱀, 그리고 푸른 눈을 가진 이무기에 이르기까지 그 종류가 헤아릴 수 없을 정도로 많았고, 형태 또한 각양각색이었다. 지구상에 한국인만큼 뱀의 꿈을 많이 꾸는 민족이 또 있을까? 이것은 아마도 유전적 소인이나 문화적 집단무의식에 기인하리라 생각된다. 따라서 이것 하나만을 놓고 보더라도 이제까지의 꿈-해석이 얼마나 불완전했는가를 짐작하고도 남음이 있다. 과거에는 뱀의 형태만을 단편적으로 해석함으로서 색채표상 따위는 고려하지 않았을 것이기 때문이다. 재미있는 예를 몇 가지 들어본다.

전방에 근무하는 어떤 병사는『높은 산봉우리에 올라갔다. 산의 정상 가까운 바위틈에서 적청황의 삼색 구렁이를 발견하였다. 그러나 그 뱀은 잠간 동안 바위틈에서 나왔다가 곧 들어가 버리고 말았다. 그리고 그곳에서 얼마간 내려오다 보니 역시 바위틈에 흰 토끼 한 마리가 모습을 나타낸 것을 발견했다. 나는 다가가서 그 토끼의 두 귀를 잡아 올리고 한동안 바라보았으나 이내 그 토끼를 놓아주고 말았다.』는 꿈을 해석주기를 의뢰해 왔다. 그러면서 그는 이 꿈은 그가 입대 전에 꾼 것이며 아마 대합입시와 관련이 있을 것이라는 추정을 덧붙였다. 그가 처한 상황과 결부시켜 이 꿈을 해석하자면『일류대학(산정상의 가까운 바위)에 응시해서 합격(구렁이를 발견)은 하였으나 학과가 연극영화과(적청황 삼색의 구렁이, 즉 이 꿈에서 세 가지 색채는 이 학과의 성격을 암시한다)이기 때문에 부모들의 만류를 물리칠 수 없어 입학을 하지 못했다.(뱀이 곧 바위틈으로 자취를 감추었음) 그래서 별 수 없이 포기하게 되었는데 입대문제 등의 이런저런 사정으로 2년제 후기대학 사회복지학과에 입학해서(토끼의 귀가 둘이라는 것은 2년제 대학임을 암시하고 있고 그것을 붙잡아 올렸기 때문에 입학을 할 수 있음) 졸업을 하게 된다.』라고 풀이된다. 여기서 적청황색의 구렁이와 흰 색의 토끼를 대비시킨 것은 장차 그가 선택할 학과의 성격을 보다 확실하게 알려주고자 하는 꿈의 암시적 의도이다.

그런가 하면 어떤 파월(派越)기술자는『흑백의 점박이 구렁이가 날아와 큰 집 바깥채 지붕을 감고 있었다.』라는 꿈을 해석해 주기를 요청해 왔는데 그는 이 꿈을 꾼 직후 베트콩과 월맹군의 혼성부대(흑백의 점박이 구렁이)가 자기가 머물고 있던 인접도시(바깥채 지붕)를 포위, 점령(뱀이 지붕을 감음)하는 바람에 한동안 공포에 떨었다고 한다.

2. 꿈의 중단(中斷)과 장면전환(場面轉換)

지금까지 이어지던 꿈 장면이 갑자기 바뀌면서 단절면(斷絶面)이 생기는 것은 어떤 이유 때문일까? 우리가 꿈을 기술할 때 흔히 [장면이 바뀌어서~]라고 표현하는 이 중단된 부분들이 일종의 압축-*생략*-수단은 아닐까? 아니라면 새로운 꿈-사상을 전개하기 위한 시공간적 카테고리의 변경일까? 프로이트의 설명을 들어보자

꿈의 중단은 『그리고 나서 동시에 장소가 변경되고 그 새로운 장소에서는 이러이러한 일이 일어난다.』라는 말로 서술된다. 이런 모양으로 꿈의 원래 줄거리를 중단시키는 것, 그리고 이 원래의 줄거리는 다시 계속되지만 이것이 꿈-재료 속에서는 하나의 종속절, 즉 삽입된 관념이라는 것이 들어난다. 꿈-사고에 있어서 [만약 ~이라면]이나 [~일 때] 등의 조건은 동시성에 의해 표현된다.

꿈의 중단은 [장소와 사건 모두가 바뀌는 경우와 장소는 그대로인데 사건만 바뀌는 경우, 그리고 똑 같은 장소에서 다른 사건으로 전환되었다가 다시 원래의 사건으로 회귀하는 경우] 등의 세 가지가 있다. 위에서 프로이트가 설명한 내용은 세 번째에 해당한다. 그렇다면 이러한 중단은 꿈의 종속절, 즉 삽입된 사상을 동시성으로 표현하기 위한 것일까? 프로이트가 예제로 든 어떤 청년의 꿈에서 이것을 살펴보자.

그는 저녁에 피서지의 한 호텔에 있었다. 방의 번호를 잘 못 보고서 그만

딴 방으로 들어갔다. 그 방에는 중년을 지난 부인과 그의 두 딸이 자리에 누우려고 옷을 벗고 있었다. 그런데 그 이후 꿈에 약간의 결함이 있었다. 거기에는 무엇인가 빠져 있었던 것이다. 마침내 한 남자가 방안에 있어 그를 방 밖으로 밀어내고자 했다. 그는 그와 다투었다.

이 꿈에 대하여 프로이트는 『이 결함된 부분에는 꿈 꾼 사람이 말하고 싶지 않은 과거 유년기의 경험, 즉 이 사람에게 있어서는 자려고 벌거숭이가 된 여자들에게서 볼 수 있는 성기의 구멍에 관한 상념이 숨겨져 있다.』라고 분석하고 있다. 이 결함된 부분을 단절면으로 간주한다면 이때에 어떤 상념이 일어났다고 판단한 것은 맞다. 꿈은 종종 상념이나 정동에 의해 장면전환이나 표상전위 작업을 이행하기 때문이다. 그러나 이 꿈만을 놓고 볼 때 과거의 경험에서 유래한 어떤 억압된 사상 때문에 꿈의 단절면이 생겼다고는 믿기 어렵다.

이 단절면에는 아마도 자기를 밀쳐낸 남자가 등장하거나, 그 외에 꿈 공상에 알맞은 다른 사연이 전개되었을 것이다. 다만 그 청년이 이것을 상기하지 못하는 것은 무의식적인 감춤이 아니라 기억의 부실 때문일 것이다. 꿈은 장황한 설명이 필요하거나 불분명한 부분에 대해서는 장면전환이나 표상전위 등의 방법으로 압축하는 수법을 즐겨 사용한다. 우리들의 꿈에 빈번하게 단절면이 생기는 것은 바로 이런 이유 때문이다. 따라서 단절면이 생기는 모든 꿈을 과거의 경험에만 결부시켜 무의식적 감춤으로 판단하는 것은 큰 잘못이다. 프로이트가 인용한 다음과 같은 예제에서는 장면만이 아니라 사건까지도 바뀌어 있다.

K양과 공원 안의 식당에 갔다. 그런데 그 이후가 몹시 모호해지면서 꿈이 중단되었다. 그리고는 어느새 장면이 바뀌어 나는 어느 매춘부 집의 살롱에 있었다. 거기에서 나는 둘, 또는 셋의 여자들을 보았다. 그 중 하나는 속치마에 반바지를 입고 있었다.

이 꿈에 나타난 모호한 부분 역시 먼저의 사례처럼 기억의 부실이 원인이라고 판단된다. 즉, 공원 안의 식당이 매춘부 집의 살롱으로 변환된 것에는 장면전환을 유도하는 제요소(諸要素)-*상념이나 정동*-가 분명 작용하고 있었음에도 꿈꾼 이가 그것을 상기하지 못한 탓일 수가 있는 것이다. 식당이 살롱으로 바뀐 것은 이 꿈의 주제가 되는 어떤 현실사건이 국면전환의 시기를 맞게 된다는 암시로서 표현되었다. 따라서 이 단절면에는 꿈의 중심사상과 결부된 시공간적 인과관계-*상념으로 표현되는*-가 암시되어 있다.

우리는 [장면이 여러 번 바뀌면서~]라고 생각된 만큼 많은 단절면이 있음에도 불구하고 단 하나의 잠재사상이 계속 이어지는 꿈을 꿀 때가 있다. 이 경우에도 표상전위나 장면전환 등이 생략에 의한 압축의 구실을 하고 있음이 틀림없다. 그런데 꿈의 이런 중단현상은 [일시적인 각성(覺醒)]에 의해서도 생길 수가 있다. 가령 꿈을 꾸다가 몸을 뒤쳐 눕는 등의 이유로 잠간 깨었다가 다시 잠들었을 때, 아침에 상기해 보면 먼저의 꿈-사상이 다음의 꿈속에 그대로 이어지고 있음을 종종 발견하게 된다는 것이다.

☞ *사례* : 1905년 정초 어느 날 최현달은 누런 곰 한 마리가 와서 품에 안기 길래 쓰다듬어 주는 꿈을 꾸었다. 잠시 깨었다가 다시 잠이 들었다. 꿈 속에서 여러 사람들을 만났는데 조금 전에 꾼 꿈 이야기를 하고 그 뜻을 물었다. 한 사람은 득남(得男)을 하겠다고 하고 또 한 사람은 관직을 얻겠다고 했다. 최현달은 꿈이 하도 이상해서 일력에 적어두었다. 그해 11월 칠곡군수로 발령이 났다. 이 소식을 본가에 전보로 알렸다. 그때 집에서도 아들을 낳았다는 전보가 왔다. 이때 태어난 아들이 바로 최해경이다. [청구대학 설립자, 최해경 씨의 태몽]

그런가 하면 꿈을 꾸는 도중 어떤 자극을 받으면 그 자극에 의해 새로운 에피소드가 만들어지고, 그것이 진행중인 꿈속에 삽입된 하나의 인용문(引用文)처럼 느껴지는 경우도 있다. 이것은 우리가 흔히 경험하는 꿈속의 꿈, 즉 꿈속에서 또 다른 꿈을 꾸었다고 생각하는 현상에서 주로 발견된다. 예컨대 낮잠을 자는 동안 옆에서 누군가가 갑자기 텔레비전이나 라디오를 켜면 그 방송내용이 꿈에 유입되고, 수면중의 우리가 그것을 하나의 꿈으로 인식함으로 마치 [꿈속의 꿈]처럼 느껴지는 경우가 바로 그런 사례라고 할 수 있다. 수면중의 우리가 그것을 꿈이라고 생각하는 이유는 아직 완전하게 각성되지 않은 상태이기 때문에 외적자극이 사라지면 곧바로 먼저의 꿈-사상이 이어지기 때문이다. 이러한 현상을 프로이트가 주장한 [삽입된 종속절]의 이론과 결부시키기에는 어딘가 모르게 껄끄러운 것이 사실이다. 프로이트가 말하는 종속절이란 기존의 꿈-사상을 부연설명하기 위해 잠간 다른 장면으로 전환되었다가 다시 본래의 장면으로 되돌아온다는, 이를테면 책의 페이지에 삽입된 주석(註釋)과 같은 것이기 때문이다. 그러나 일반인들이 꿈속에서 [프로이트의 삽입된 종속절]과 같은 현상을 얼마나 자주 경험하고, 또 얼마나 정확하게 인식하고 있는가 하는 것은 의문이 아닐 수 없다.

3. 반복(反復)되는 꿈

[반복되는 꿈]이란 같은 내용의 꿈-사연이 두 번 이상 반복되는 꿈을 말한다. 이 점에 대하여 프로이트는 다음과 같은 견해를 피력하고 있다.

한 밤에 꾸는 여러 꿈들의 내용은 모두가 한 꿈의 일부분이다. 즉, 한 밤의 꿈이 몇 개의 부분으로 나눠지더라도 그것들은 하나의 잠재사상의 일부라고 인정해야만 한다는 것이다. 해석에 즈음해서 절대 잊어서는 안 될 것은 독립된, 동시에 계속적인 이 종류의 꿈들은 동일한 의미를 가지고 있을 것이라는 점이며, 동일한 충동-또는 자극을 다른 재료로 표현하고 있을 것이라는 점이다. 이와 같이 동질적인 꿈들 중에서 시간적으로 앞선 것은 비교적 심하게 왜곡되고 소심한 반면, 나중의 것이 더 대담하고 선명한 경우가 왕왕 있다.

그러나 반복되는 꿈을 해명하기에는 이 설명이 충분하지 않다. 우선 지적할 수 있는 것은 하룻밤에 형성되는 각각의 꿈-내용은 전체를 구성하는 부분적인 요소가 아니라는 점이다. 잠의 순환주기(循環週期)에 따라 매주기마다 1개의 꿈이 꾸어진다고 가정하더라도 하룻밤에 적어도 5개 정도의 꿈은 꾸어질 수 있으므로 그 모두가 단 하나의 꿈-사상을 공유한다고는 생각할 수 없기 때문이다. 그렇기는 해도 하룻밤의 여러 꿈들이 단 한 가지 꿈-사상을 공유하는 경우가 전혀 없는 것은 아니다. 그것은 어떤 미해결의 관심사가 아주 강한 심적 에너지를 갖고 있을 경우에 해당한다. 그런가하면 수면중의 외적 자극에 의해 잠시 중단되었다가 다시 이어지는 꿈도 있다는 것은 앞에서 설명한 바와 같다. 그러나 위와 같은 사례들은 단지 하나의 꿈-사상이 여러 번의 꿈으로 계속 이어지는 것일 뿐, 동일한 꿈-사연이 반복되는 것은 아니다. 다시 말해 우리가 반복되는 꿈이라고 정의하는 것은 그 잠재사상만이 아니라, 현현내용까지도 독립된 2개 이상의 꿈에서 반복, 재현되는 것을 의미한다는 것이다.

이것을 이해하기에 좋은 예는 《구약성서》속에서 찾아볼 수 있다. 《창세기 41장》에는 요셉이 애급 왕 바로의 꿈을 해석해준 대목이 나온다. 그 내용인즉, 바로 왕이 꾼 두 가지의 꿈-[암소의 꿈]과 [이삭의 꿈]-을 요셉이 해석하였다는 것인데 이 둘은 동일한 꿈-사상을 유사한 비유로서 표현하고 있다. 그 첫 번째 꿈은 다음과 같다.

바로 왕은 나일 강변에 서 있었다. 그 강 속에서 아름답고 살찐 일곱 마리의 암소가 기어 올라와 갈(葦)밭에서 갈을 뜯어먹고 있었다. 그 뒤에 흉악하고 파리한 다른 일곱 마리의 암소가 강에서 올라와 강변에 있는 먼저의 일곱 마리 소 옆에 서더니 그 살찐 일곱 마리의 소들을 모두 먹어치웠다.

유대의 역사가 요세푸스(Josephus)가 기록한 바에 의하면 바로 왕은 이 꿈을 깨고 나서도 불안하여 한참을 곰곰이 생각하였다고 한다. 그리고는 다시 잠이 들어 두 번째 꿈을 꾸었는데 그것은 다음과 같다.

한 줄기의 식물에 무성하고 충실한 일곱 이삭이 나오고 그 후에 또 세약(細弱)하고 동풍에 메마른 일곱 이삭이 나오더니 그 세약한 이삭이 충실하고 무성한 일곱 이삭을 삼켜버리고 말았다.

왕은 이 꿈들을 꾸고 그 당시 애급에서 유명하던 술객(術客)와 박사(博士)등에 물어보았으나 아무도 해석하지 못하였다. 그런데 마침 옥중에 있던 요셉이 이것을 해석하게 된 것이다. 요셉은 이 꿈을 다음과 같이 해석했다.

왕이 꾸신 이 두 개의 꿈은 본시 하나입니다. 하나님이 그 하실 일을 바르게 보이신 것입니다. 일곱 좋은 소는 일곱 해요, 일곱 좋은 이삭도 일곱 해를 뜻하는 것이니 그 둘은 하나입니다. 그 후 올라온 파리하고 흉악한 일곱 소는 칠년을 뜻하는 것이요 동풍에 말라 속이 빈 일곱 이삭은 칠년의 흉년을 뜻함이니 애급 땅의 일곱 해 풍년이 있은 다음 일곱 해의 흉년이 들어 땅이 기근으로 멸망하게 될 것입니다. 그 흉년이 너무 심하여 이전의 풍년을 이 땅에서 기억하지 못하게 될 것입니다. 왕에게 꿈을 두 번 겹쳐 꾸게 한 것은 하나님이 이 일을 정하셨음을 알리는 것입니다. 이제 바로께서 명철하고 지혜가 있는 사람으로 하여금 애급 땅을 처리케 하소서. 일곱 풍년의 곡물을 애급 땅에 저장하여 장차 닥칠 일곱 해의 흉년을 대비하신다면 나라가 흉년으로 멸망하지는 않을 것입니다.

그 형제들에 의해 애급의 노예로 팔려와 급기야는 옥중(獄中) 신세

바로 왕의 꿈을 풀이하는 요셉(Joseph)

가 되어 있던 요셉은 이 해몽 하나로 애급의 총리가 되었으며, 꿈의 예시대로 칠년 풍년 후에 온 칠년의 기근을 막을 수 있었다고 한다. 칠년 동안의 풍작을 비축하여 칠년 동안의 기근을 대비할 수 있었다는 이집트의 역사적 고증으로 보아서도 이 꿈 이야기는 실존(實存)이었을 가능성이 매우 높다. 또한 소나 이삭이 농작물의 작황과 햇수를 동시에 상징하고 있는 것도 꿈 상징형성원리에서 조금도 벗어나지 않는다. 이 꿈은 은유와 상징이 혼합된 전형적인 예지몽이라고 말할 수가 있다. 물론 이 두 개의 꿈은 똑 같은 잠재사상을 공유하고 있다. 그러나 우리가 이 두 개의 꿈을 반복되는 꿈이라고 정의할 수 있는 것은 그 두 개의 꿈-사상이 동일하기 때문만은 아니다. 비록 이삭과 암소라는 중심표상의 변형이 있었다 하더라도 그 사연과 표현방식이 똑 같았기 때문이다. 요셉은 애급으로 팔려가기 전에도 위와 유사한 형태의 반복되는 꿈을 꾸었다.

요셉이 곡식밭에서 그의 11형제들과 곡식을 베어 곡식단을 각각 한 개씩 묶어놓았다. 그런데 형제들의 곡식단이 자기의 곡식단을 둘러서서 자기의 곡식단을 향해 절을 하는 꿈을 꾸었다. 다음날에는 해와 달, 그리고 12궁도의 11개의 별이 자기의 별인 12번째의 별을 향하여 절을 하는 꿈을 꾸었다.

이 두 개의 꿈을 자세히 살펴보면 11개의 곡식단과 11개의 별이 각각의 꿈에서 서로 다른 형태의 중심표상이 되고 있지만 그 상징의의, 사연, 비유적인 표현방식, 그리고 잠재사상까지도 정확하게 일치하고 있다. 이 꿈은 후일 곤궁해진 11형제가 애급의 총리가 된 요셉을 찾아가 의지하게 됨으로서 현실적중을 가져왔다. 그러나 여기에는 또 다른 암시적 의미도 내포되어 있다. 즉, 요셉이 장차 11개의 이스라

요셉(Joseph)의 꿈

엘 부족을 아우르게 됨으로서 그들로부터 추앙된다는 사실을 중의적으로 암시하고 있는 것이다.

우리는 인생의 커다란 변화가 임박하거나 어떤 중대한 관심사가 해결되지 않았을 때, 그것에 관한 꿈을 여러 번 반복해서 꾸는 경우가 있다. 이러한 꿈은 그 암시적 의도를 강조함으로서 실제의 행동으로 옮겨지기를 바라는, 자기암시적인 메시지일 경우가 많다. 간혹 어떤 예지가 반드시 실현된다는 뜻을 나타내는 경우도 있고, 또는 조만간 체험하게 될 어떤 중대사(重大事)의 성패(成敗)를 암시하는 경우도 있다. 물론 과거의 심적 상흔(傷痕)이나 강한 인상 등이 반복되는 꿈의 재료가 되는 것은 사실이다. 그러나 비록 그 재료가 과거의 경험과 유사하더라도 그것이 과거를 그대로 재현하는 것이 아니라는 사실은 누차 설명한 바와 같다. 반복되는 꿈에서 그처럼 심적 에너지가 강한 과거의 인상들이 재료로 사용되는 이유는 꿈의 의도가 장차 체험하게 될 어떤 중대사에 대한 암시를 강조하려는데 있기 때문이다. 반복되는 꿈으로 운명을 바꾼 이야기들은 지금도 종종 뉴스거리가 됨으로서

심심치 않게 회자되고 있다. 그 좋은 예가 다음과 같은 에피소드다.

1912년 4월 5일 영국의 사업가 존오크너라는 사람은 그가 타고 가려던 여객선 타이태닉 호-영국 선적의 초호화여객선-가 침몰하여 많은 선객과 선원들이 물속에서 살려달라고 아우성치며 허우적거리는 꿈을 꾸었다. 그는 이 배의 승선을 위해 이미 열흘 전부터 선표를 예매해 놓고 있었다. 그렇지만 그는 결국 꿈을 믿고 그 배에 승선하지 않았다. 그가 주위사람들의 조소에도 불구하고 그 배를 타지 않았던 것은 이 생생한 꿈이 이틀 연속해서 반복되었기 때문이다. 아나나 다를까 처녀 출항한 타이태닉호는 4월 5일 새벽에 빙산과 충돌하여 1,513명의 생명과 함께 차가운 바다 밑으로 가라앉고 말았다.

위와 같은 예는 많다. 동일한 추락사고가 거듭 반복되는 꿈을 꾸고 여객기를 타지 않아 목숨을 구한 사람, 며칠을 계속해서 희귀한 술잔이 등장하는 꿈을 꾼 다음 이상한 생각이 들어 당국에 신고함으로서 도난당한 유물을 되찾게 했다는 사람, 그리고 죽은 남편이 나타나는 똑 같은 꿈을 3일간이나 반복해서 꾸고 꿈속의 남편이 지시하는 대로 했더니 생각지도 못한 횡재를 하게 되었다는 사람 등등, 그 예를 일일이 열거하기에는 지면이 턱없이 부족할 정도다. 어쩌면 말끔한 교회 첨탑(尖塔)이 거듭 보였다는 프로이트의 꿈도 같은 종류일지 모른다.

반복형의 꿈은 환각몽의 형태로 더욱 빈번하게 표현되는 모양이다. 심령학회에서 보고한 바에 의하면 『영매는 물론 특수한 사람들이 어떤 경험적 최면상태에 다다르면 미래의 영상들이 환각으로 나타나고 이후에는 병적인 증상처럼 거듭되면서 마치 경고나 예고인 것처럼 자기를 지배하다가 결국에는 며칠 내에 그것이 실현된다.』는 것이다. 환각적 경험은 죽음, 화재, 천재지변, 사고 따위의 예지와 관련이 있다고 알려져 있다. 이런 현상은 심신이 허약해지거나 공포분위기가 조성되어 있을 때, 또는 불안이나 공포감에 의해서 경험적 최면상태에 몰입되었을 때 나타난다고 한다.

그런가하면 스스로 인위적인 최면상태–*깊은 명상*–를 조성함으로서 환각을 경험하는 사람들도 있다. 그들은 예감능력이 고도로 발달한 영매, 수행자, 수도승들이다. 심령학자들은 이러한 환각을 꿈으로 판단하지 않는다. 그러나 환각은 엄연히 변성의식(變性意識), 즉 잠재의식적 상태에서 나타나는 현상이다. 따라서 우리가 각성시에 이 상태에 진입하려고 한다면 순간적으로나마 입면상태에 빠져야만 한다. 결국 환각의 형성 메커니즘도 수면몽의 그것과 동일하다고 볼 수 있는 것이다. 따라서 반복되는 환각 역시 반복되는 꿈으로 간주해야만 마땅할 것이다.

한편 동일한 꿈–사연은 아니지만 여러 꿈에 동일한 표상이 반복해서 나타나는 경우도 있다. 예를 들자면 죽은 애인의 목소리가 밤마다 들려와서 여러 가지의 정보를 알려준다거나, 신령적인 존재가 거듭 꿈속에 나타나서 연속된 계시를 한다거나, 또는 고인이 된 선조들이 여러 꿈에 반복해서 등장한다거나 하는 등이 바로 그런 사례들이다. 이처럼 여러 꿈에 동일한 표상이 연이어서 나타나는 것은 그 나름대로의 암시적 의미가 있기 때문이지만 엄격히 말하자면 반복되는 꿈은 아니다. 이런 경우에는 그 동일한 표상이 연이어서 나타나는 꿈들 간에 어떤 연관성이 있을 가능성이 높다. 다음에 소개하는 꿈 이야기가 이것을 설명하는 좋은 예가 될 것이다. 이것은 미 해군 잠수함 S5호가 침몰되어 수장되기 직전 그 승무원들을 구해 낸 앨런더스 호의 에드워드·존슨 선장의 실화이다.

1920년 9월 그의 꿈속에 이미 고인이 된 그의 아버지가 등장하여 말하기를 『네가 가까운 장래에 침몰중인 잠수함의 승무원들을 구하게 될 것이다.』라고 했다. 평소 꿈에 대한 신뢰가 높았던 그는 자기의 경험에 비추어 그것이 틀림없는 예지라고 판단하고 출항을 위한 만반의 준비를 하였다. 며칠 후 또 다시 꿈에 나타난 그의 부친은 배를 정비하여 9월 12일 오후 3시에 출항해야 한다고 알려주었다. 그래서 그는 예정된 시간이 되자 방향도 모른 채 망망대해를 항해하기 시작하였다. 그는 항해 도중 잠간 조는 사이에 또 꿈을 꾸게 되었는데 그의 부친이 다시 나타나 이번에는 배를 동쪽으로 돌리고 수평선을 주시하라고 지시했다. 그가 꿈의 지시대로 배를 동쪽으로 돌려 항해한지 얼마 안 되어 마침 기관고장으로 침몰하면서 선미(船尾)만 간신히 수면위에 내놓고 있던 S5호를 발견함으로서 승무원 모두를 구할 수가 있었다고 한다. 이 꿈은 동일한 내용이 반복되지는 않았지만 한 가지의 꿈-사연이 여러 꿈에서 이어지는 것이므로 넓은 의미에서 보면 반복되는 꿈이라고도 말할 수 있을 것이다.

이처럼 동일한 잠재사상이 연속된 꿈들에서 이어지는 경우는 일반인들도 자주 경험한다. 가령 낯선 도시를 방문하는 꿈을 연속해서 꿀 경우 지난번 꿈이 멈춘 자리에서 다시 시작한다거나, 지난번 꿈에 만난 사람을 대동하고 또 다른 사람을 만난다거나 하는 꿈들이 그런 사례에 해당한다. 이런 꿈들 역시 운명적 큰 변화를 암시하는데 수년, 혹은 수십 년 후에 그 암시된 바를 실제로 체험함으로서 꿈의 기억이 되살아나는 경우가 많다.

4. 꿈속의 꿈

우리는 과거에 한번 꾸었던 꿈을 현재의 꿈속에서 상기한다거나, 꿈속에서 현재 자신이 꿈을 꾸고 있음을 느끼거나, 또는 외적 자극에 의해서 삽입된 이질적(異質的)인 장면들을 또 하나의 꿈이라고 인식하거나 하는 등의 체험을 하게 된다. 앞 항목에서 잠간 언급한 바와 같이 이런 현상들을 [꿈속의 꿈]이라고 한다. 프로이트는 이것을 다음과 같이 설명하고 있다.

우리는 꿈속에서 곧잘 [이것은 단지 꿈에 불과하다] 라고 생각하는데 이것은 과연 무엇을 의미하는 것일까? 그리고 이 생각은 어떠한 심적 의미를 가지고 있는 것일까? 이것들은 사람이 깨어있을 동안에도 하게 될지 모를 꿈에 대한 비판의 진지한 부분이다. 이것이 각성의 서막(序幕)인 경우도 적지 않다. 그렇지만 그것보다 빈번히 보게 되는 현상은 이런 비판 그 자체에 어떤 고통스러운 감정이 선행되어 있으며, 이 감정은 꿈의 상태가 확인된 후에는 사라져 버린다는 것이다. [이것은 꿈에 불과하다] 는 생각이 꿈을 꾸는 동안에 일어나는 경우, 그것은 오펜바흐(J. Offenbach)의 가극 중에서 아름다운 헬레나의 입을 빌려 무대 위에서 공공연히 표현되려고 하는 바와 동일한 것을 노리고 있다. 즉, 이 생각은 지금 꿈속에서 체험한 바의 의의를 줄이고 계속되는 꿈의 내용을 참기 쉬운 것으로 만들려고 하고 있는 것이다. 그리고 그 생각은 그 순간에 즉시 발동하여 꿈의 계속, 또는 그 장면의 계속을 금지하기에 충분한 이유를 가진 특수한 검열을 잠재우기에도 유용하다. 뭐라 해도 그냥 꿈에 지나지 않으니까 그대로 잠을 계속하며 꿈을 꾸도록 하는 편이 잠을 깨는 것보다 좋다는 것이다. 결코 완전히 잠들어 버리는 일이 없는 검열이 이미 허가한 꿈으로 불의의 습격을 받았다고 느끼는 그때야말로 [그것이 꿈에 불과하지 않는가] 라는 경멸적인 비평이 꿈속에 나타난다고 생각한다. 꿈 자체를 억제하기에는 이미 늦었다. 그러므로 검열은 꿈으로 나타나는 불안 혹은 고통스러운 느낌에 대처하기 위하여 이 말을 사용한다. 그 말은 심적 검열 편에서 보인 뒤늦은 슬기의 본보기이다.

[이것은 단지 꿈에 불과하다]는 생각하게 되는 이유가 꿈 자체에 어떤 고통스런 감정이 선행되어 있기 때문이라는 프로이트의 주장에는 어느 정도 수긍을 한다. 그러나 그것이 뒤늦은 검열에 걸려든 꿈–사상을 참기 쉬운 것으로 만들어서 꿈을 더 지속시킨다는 주장에는 동의할 수 없다. 왜냐하면 이미 진행되는 꿈이 검열에 의해 종결(終結)될 수 있다는 주장부터가 납득할 수 없는데다, 설사 참을 수 없는 상황이 전개된다고 해도 그 정동의 강도가 꿈을 깨울 만큼 높지 않으면 꿈은 당연히 지속될 것이기 때문이다. 더군다나 [이것은 단지 꿈에 불과하다]라는 표현 자체가 하나의 상징표상이다. 우리나라 석학 중의

한 분이셨던 고 양주동(梁柱東) 박사가 [유머벤치]라는 라디오 프로에 출현해서 들려준 다음과 같은 꿈 이야기가 이것을 적절하게 설명해 주리라 본다.

꿈에 황소 한 마리가 성난 모습으로 쫓아온다. 이때 나는 소년시절로 돌아가 있었으므로 무서워서 도망쳤다. 그러나 도망치면서도 『사내대장부가 소에 쫓겨서야 되겠는가? 자, 덤빌 테면 덤벼라. 이것은 꿈에 불과하니까.』라고 생각했다. 그리고 돌아서서 버티는데 황소가 사나운 기세로 달려들어 내 몸을 덮치는 순간 잠을 깨었다.

재밌는 것은 [이것은 꿈에 불과하니까]라는 생각에도 불구하고 꿈이 조금도 순화되지 않았다는 점이다. 프로이트의 주장대로라면 황소에 대한 공포감이 이 생각과 함께 사라지면서 꿈 장면도 바뀌어야 마땅할 것이다. 그러나 여기서는 꿈이 참기 쉬운 것이 되기는커녕 오히려 황소가 덮쳐오는 최악의 상황으로 진전된 것이다. 결국 그의 잠을 깨운 것은 앞서 나타난 고통스런 감정도 아니요, 이것은 꿈에 불과하다는 생각도 아니었다. 그것은 황소가 덮어올 때 불러일으켜진 강한 정동이었을 뿐이다. 그런데 이 꿈은 어떤 점에서 보면 자각몽(自覺夢)과도 유사하다. 만약 『이것은 꿈에 불과하니까.』라고 하면서 뒤돌아서는 대목에 반쯤 각성된 의식이 개입하고 있다면 틀림없는 자각몽이 될 것이다. 자각몽이란 흔히 잠을 깨기 직전 반쯤 각성된 상태에서 현재 자신이 꾸고 있는 꿈을 의식하는 것이고, 또 그것의 대부분은 완전한 각성으로 이어지는 현상을 말한다. 이런 점에서 본다면 프로이트가 『이것이 각성의 서막인 경우도 적지 않다.』라고 말한 대목에 이 자각몽의 개념이 내포되어 있지 않았을까 하는 추측을 해본다.

그렇다면 과거에 꾸었던 꿈을 현재 꾸고 있는 꿈속에서 다시 상기시키는 경우는 어떤 것인가? 이것은 먼저의 꿈에서 못 다한 이야기를 덧붙여서 설명하는 경우와, [지난밤에는 여차여차한 꿈을 꾸었는데~]

하는 식으로 꿈속의 상대방에게 이야기를 하는 경우의 두 가지 표현
방법이 있다. 전자의 경우를 달리 설명하자면 현재의 꿈속에서 과거
에 꾸었던 꿈을 상기하는 경우라고 말할 수가 있다. 이것은 마치 다
른 글에서 끌어다 삽입한 인용문과 흡사한데 꿈은 그러한 표현수법으
로 현재 진행중인 꿈의 암시가 반
드시 실현된다는 뜻을 강조하기도
한다. 다음과 같은 나의 꿈 이야기
는 이것을 이해하기에 좋은 예가
될 것이다.

공작새의 꿈

　어디선가 공작(公爵) 새 한 마리가
날아와 책상 위에 앉았다. 그리고 날
개를 펴자, 그 자태가 눈이 부시도록
화려하였다. 나는 그것을 바라보면서
참으로 아름답다고 생각했다. 그 순간
나는 오래 전에도 이것과 똑 같은 공
작새가 등장하는 꿈을 꾸었음을 상기
하였다. 더불어 그때의 인상 깊었던
장면들이 주마등(走馬燈)처럼 획 스쳐 지나간다. 호랑나비 한 마리가 고치
에서 나와 내 손등에 앉더니 『쏴~』하는 날개소리를 내면서 알을 한 무더기
놓고는 방안을 이리저리 날아다닌다. 그러다가 어느 틈엔가 파랑새로 변했
고 마침내 한 마리의 화려한 공작새가 되어 내 앞에 있던 풍로(風爐) 위에
내려앉았다. 나는 그 공작새를 손으로 들어 어깨위에 올려놓고 쓰다듬으며
『너는 영원히 나와 함께 살아갈 것이다.』라고 중얼거렸다. 그리고는 다시
현재 진행중인 꿈으로 되돌아와 나는 『그때도 저 공작새는 저렇게 화려한
자태를 뽐내고 있었지.』라고 생각하였다.

이 꿈에 등장한 현재의 공작새와 과거의 공작새는 동일한 상징의의
를 나타낸다. 따라서 여기 삽입된 과거의 꿈은 현재 진행중인 꿈의

암시적 의미를 강조하는 것으로 볼 수 있다. 즉, 현재의 꿈에 등장한 공작새가 무엇을 의미하는가 하는 것을 과거의 꿈을 상기하게 함으로서 재차 확인시키고 있다는 것이다. 그렇다면 이 공작새가 의미하는 것은 과연 무엇일까? 이런저런 사정을 두고 볼 때 나는 그것이 지금 나의 최대 관심사가 된 작품의 완성, 즉 출판을 목전에 둔 바로 이 책 《꿈과 잠재의식》이라는 사실을 쉽게 알아차릴 수 있었다.

표상전위가 동일한 잠재사상의 변화되는 양상을 묘사한다는 것은 앞에서 이미 설명한 바 있다. 이 꿈에 삽입된 과거의 공작새는 십여 년 전에 출판된 나의 첫 작품인 《꿈의 예시와 판단》을 뜻하는데 호랑나비에서 파랑새를 거쳐 공작새로 변하는 표상전위과정은 그것이 출판되기 전까지 여러 번의 변개(變改)를 거치게 된다는 암시였다. 따라서 현재의 꿈에 다시 나타난 공작새를 두고 『너는 영원히 나와 함께 살아갈 것이다.』라고 한 것은 이 책-《꿈과 잠재의식》-의 출판과 관련하여 나의 우려에 대한 어떤 확신을 심어주고자 하는 자기암시적 메시지였던 것이다.

후자의 경우는 꿈속에서 상대방에게 [과거에 이러이러한 꿈을 꾸었는데~]하면서 자기의 꿈 이야기를 하거나, 반대로 그 상대방이 자신이 꾼 꿈 이야기를 들려주거나 하는 등의 경우를 말한다. 이때 꿈속의 꿈이 갖고 있는 시제(時制)는 대과거(大過去)이지만 그것이 현재의 꿈속에서 과거를 확인하는 것은 아니다. 그것 역시 현재의 꿈과 마찬가지로 미래예지라고 할 수 있다. 왜냐하면 꿈속의 꿈이 현재의 꿈을 보충하거나 강조하는 역할을 하고 있기 때문이다. 다음은 나의 아우가 꾼 꿈 이야기다.

꿈속에서 나는 어머니와 형과 함께 방안에 앉아 있었다. 이때 어머니는 늘 하시던 대로 간밤의 꿈 이야기를 꺼내놓으셨다. 『예들아, 간밤에 상수리 다섯 가마를 주어온 꿈을 꾸었는데 그것이 무슨 뜻일까?』 그러자 형이 『무

슨 좋은 일이 있으려나?』하기에 나는 속으로 복권 당첨을 생각하면서 『아
마 그럴 거예요.』라고 말했다.

이 꿈은 다음과 같은 일로 실현되었다. 이 꿈을 꾸고 나서 얼마 지
나지 않아 아우는 당시 근무하던 보험회사(안방)에서 지부장(어머니)
이 어떤 기업체(상수리나무)로부터 숫자 [5]로 시작되는 금액의 어떤
보험계약을 따낼 전망이 있다는(꿈속의 기대감) 것을 알고 그것을 직
원들과 의론하였다.(어머니가 형과 나에게 꿈 이야기를 하였다) 이것
에 대하여 차장(꿈속의 형)은 낙관적인 전망을 내놓았고(무슨 좋은 일
이 있으려나?) 아우 역시 그렇게 생각하였다.(아마 그럴 거예요) 그
암시대로 이 꿈은 그 보험계약 건이 성사되는 것으로 현실적중을 가
져왔는데 여기서 어머니가 가져온 상수리 다섯 가마는 보험계약액을,
그리고 아우가 생각한 복권당첨금은 보험계약 수당을 각각 암시하고
있었다. 이것 역시 현재의 꿈속에서 과거의 꿈을 확인하는 대화형식
으로 묘사되기는 하였지만 결국 인용문 형식으로 표현된 자기암시적
메시지라는 사실을 알 수가 있다. 이 [꿈속의 꿈]에 대하여 슈테켈은
다음과 같이 설명하고 있다.

꿈속에서 또 다른 꿈을 꾸었던 것은 다시금 그 가치가 박탈되고 현실성
을 잃어야 할 것이다. [꿈속의 꿈]에서 깨어지면서도 계속해서 꿈꾸어지는
것, 이것을 꿈의 소원은 말살(抹殺)된 현실성의 대신(代身)으로 앉히려고 한
다. 그러므로 [꿈속의 꿈]은 현실의 표현인 실제의 기억을 포함한다. 반대
로 그 뒤에 계속되는 꿈은 다만 그 사람에 의하여 소원되었던 것을 포함하
고 있다고 생각하여도 좋다. 따라서 어떤 내용이 [꿈속의 꿈]에 포함되어
[이것은 꿈이다]라고 묘사되어 있는 것은 [본래 그것이 일어나기를 꺼렸
다]는 소원을 의미한다. 바꿔 말하면 꿈-작업이 어떤 사건을 진행중인 꿈
속에 삽입한다는 것은 그 사건에 대한 강한 긍정(肯定)을 의미한다는 것이
다. 꿈-작업은 꿈을 꾼다는 것 자체를 거부(拒否)의 한 형식으로 이용하며,
그것에 의하여 [꿈은 소원충족이다]라는 견해를 증명한다.

어떤 경우에는 [꿈속의 꿈]이 당초부터 진행중인 현재의 꿈보다 더 길어질 때도 있으며, 또 여러 가지 사건들이 뒤엉켜서 그 둘 사이의 구별이 모호해질 때도 있다. 따라서 [꿈속의 꿈]에서 실패한 소원충족이 현실적 의미를 갖고 현재의 꿈에 이어진다는 주장은 납득하기 어렵다. 다만 [꿈속의 꿈]에 본래 일어나기를 원하지 않았던 어떤 것이 숨어있기 때문에 [이것은 꿈이다]라고 표현된다는 주장만은 일리가 있다. 그러나 우리는 그것 역시 하나의 상징표상이라는 사실을 이미 알고 있다. 때문에 억압된 소원의 충족이라는 관점에서 이 둘을 구별한다는 것이 얼마나 불합리한 것인가도 자연히 알게 되는 것이다.

우리가 꿈속에서 영화나 텔레비전을 보게 될 때 그 스토리가 하나의 삽입된 꿈처럼 전개되는 경우가 있다. 이것도 일종의 [꿈속의 꿈]이라고 할 수 있다. 그런데 이 스토리가 삽입되는 양 단면(斷面), 즉 현재의 꿈과 접속되는 앞뒤의 두 경계면(境界面)이 상당히 의미심장한 암시성을 갖고 있다. 진행중인 꿈−사연의 시간적(時間的) 카테고리를 형성하기 때문이다.

꿈속의 나는 길을 걷다가 어느 집으로 들어가 아무도 없는 그 집 안방에서 잠을 잔다. 그리고는 꿈을 꾼다. 이 [꿈속의 꿈]에서 나는 하늘을 나는 기러기 떼를 바라본다. 이윽고 잠을 깬 나는 그 집을 나와 다시 길을 간다.

꿈속에서 [길을 걷는다]는 것은 현재 꿈꾼 이가 어떤 중대한 일거리를 진행시키고 있다는 뜻이다. 또한 [여행 중에 어떤 여관이나 타인의 집에서 잠을 잔다는 것]은 그 일거리가 한동안의 휴지기(休止期)를 갖는다는 의미가 된다. 따라서 위의 꿈은 『어떤 중대한 일거리를 추진하다가(길을 걷다) 어떤 기관이나 단체(타인의 집 안방)에 의해 한동안 계류(繫留)(잠을 잔다)될 것이며, 이 휴지기 동안 그 일거리와 관계된 어떤 창안이나 기획물 따위가 세상에 공개됨을 목격하거나, 또는 그러한 일을 계획하게 된다.(기러기 떼가 하늘을 난다) 그리고 상당한 기간이 경과한 다음 그 일거리는 다시 재개(再開)된다.(그 집을 나와 다시 길을 간다)』라고 해석된다. 여기서 현재 진행중인 꿈–사상은 어떤 중대한 일거리를 추진(길을 걷는다)한다는 뜻이다. 즉, 이 꿈에서는 [꿈속의 꿈]에 의해 단절된 부분이 현재 추진 중인 어떤 일거리가 중단되는 일정기간을 암시하고 있다.

우리가 잠을 깨고 난 다음 꿈을 상기하는 과정에서 그것이 [꿈속의 꿈]이었다고 인식할 만한 꿈–표현은 여러 가지가 있다. 예를 들자면 [꿈속에서 잠을 잔다], [꿈속에서 과거의 꿈을 상기한다], [과거에 꾸었던 꿈의 일부분을 현재의 꿈에 도입한다], [상대방의 꿈 이야기를 듣는다], [상대방에게 나의 꿈 이야기를 한다], [『이것은 단지 꿈일 뿐이다.』라고 생각한다], 또는 [타인의 꿈을 해석한다] 하는 등등의 경우가 그것이다. 그런데 이와는 달리 [꿈]이라는 사실적 의미 그대로, 아니면 다만 [희망(希望)]이라는 관념적인 의미로 삽입되는 [꿈속의 꿈]도 있다. 전자에 해당하는 꿈을 예로 들자면 다음과 같다.

어떤 대학교수와 이야기를 나누던 중에 내가 『간밤에 계수(季嫂) 씨가 돼지꿈을 꾸었어요.』라고 말했다. 이때 바로 옆방에서 계수라고 생각되는 여자가 앙칼진 목소리로 『한 밤중에 돼지꿈 이야기는 하지 말아요!』라고 소리친다.

나는 이 꿈을 꾸고 나서 얼마 지나지 않아 실제로 [돼지꿈에 관한 이야기]를 모 주간지(週刊誌)에 연재(連載)하게 되었다. 후일담이긴 하지만 이때 그 주간지 사(社)의 편집자(대학교수)가 전해 준 말에 의하면 당시 그 부서의 어떤 실무자(계수)가 사회분위기가 좋지 않다(한밤중)는 이유로 나의 연재에 적극적인 반대의사를 표명했었다고 한다.(돼지꿈 이야기를 하지 말라) 즉, 이 꿈에서 [돼지꿈]이라는 말은 사실 그대로가 표현된 것이다. 후자의 예를 들자면 다음과 같다.

꿈속에서 나를 찾아 온 어떤 사람에게 내가 『당신의 고향은 어디입니까?』
라고 물었다. 그러자 그가 『꿈속의 고향이 바로 제 고향입니다.』라고 대답
했다.

이 꿈을 꾸고 난 며칠 뒤 나는 어떤 내담자(來談者)를 맞아 꽤 오
랜 시간 꿈에 관한 이런저런 이야기를 나누게 되었다. 그 대화의 요
지인 즉, 그가 장차 꿈-연구에 일생을 바칠 각오를 하고 있으니 내가
그에게 도움이 되어 달라는 것이다. 이 꿈속에서의 [꿈]은 희망이라는
관념적인 의미로서 표현된 것이다.

5. 의지(意志)의 갈등(葛藤)과 불가능(不可能)

프로이트에 의하면 우리가 꿈속에서 빈번하게 경험하는 어떤 억제
된 운동성, 가령 발이 땅에 붙어 꼼짝도 할 수 없는 따위의 현상이
생기는 것은 어떤 소원이 심적 저항을 받은 결과, 그것이 의지의 갈
등으로 표현되기 때문이라고 한다. 프로이트의 설명을 더 들어보자.

꿈속의 우리는 매우 빈번히 몸이 자유롭게 움직여지지 않아서 그 때문에
불안에 사로잡히는 경우가 있다. 그렇다면 그것에는 무슨 의미가 있을까?
앞으로 나가려고 하지만 그 자리에서 꼼짝도 못한다거나, 무엇을 하려고 하
지만 잇달아 방해가 들어와서 그것을 성취하지 못한다거나, 기차는 떠나려
고 하는데 쫓아가질 못한다거나, 또는 받은 모욕을 복수하려고 손을 들려고
하지만 말을 듣지 않는다거나 하는 등의 사례가 바로 그것이다. [우리가 자
는 동안 운동의 마비상태에 빠져 있다가 위에서 말한 바와 같은 느낌을 통
해서 그 상태를 알게 된다] 라는 설명은 편리하기는 하지만 불충분하다. 그
렇다면 우리는 왜 줄곧 그런 억제된 움직임의 꿈을 꾸지 않을까 하는 의문
도 일어나게 된다. 그래서 결국 우리는 이렇게 생각하는 것이 옳을 것이다.

즉 자는 동안 언제라도 환기되기가 가능한 이런 느낌은 어떤 특수한 표현 방법에 봉사하는 것이며, 꿈-사상의 재료가 그런 식으로 표현될 필요가 있을 때에만 그런 느낌이 환기되는 것이다.

프로이트는 이와 같은 현상을 설명하기 위해 다음과 같은 나체(裸體)의 꿈을 소개하고 있다.

우리가 꿈속에서 나체가 되어 부끄럼과 난처함을 느끼고 그 자리에서 피하거나 숨으려고 하지만 일종의 이상한 억제를 받아서 움직이지도 못하고 자신을 괴롭히는 상황을 변경하는 능력도 갖지 못한다. 이러한 느낌은 꿈속에서의 의지의 갈등, 또는 거부를 표현하는 방법이며 무의식적인 의도는 노출(露出)이 계속되기를 요구하지만 검열은 그 노출이 중지되어야 한다고 요구하기 때문이다.

우리가 꿈속에서 꼼짝도 못하는 것이 어떤 일을 하고자 하는 마음과 그래서는 안 된다는 마음 사이의 의지적 갈등을 표현하는 것에 불과하다고 생각한다면 이것을 더 이상 숙고해 볼 필요가 없을 것이다. 그러나 이러한 현상이 일어나기 직전까지는 반드시 어떤 행동이 선행될 것이며, 또한 그것에서 불안과 초조가 야기됨으로서 강한 정동도 유발될 것이다. 따라서 이것들은 [꼼짝도 못하는 상태]와 더불어 합성적인 상징의의를 나타내기에 더 할 나위 없이 좋은 재료가 된다. 예를 들어 꿈속에서 적의 공격에 직면하고도 꼼짝을 못하는 상황에 봉착함으로서 극도의 불안감에 휩싸였다면 그것은 장차 현실의 [어떤 긴박한 경쟁상황에서 자신이 무력화됨으로서 절망감을 느끼게 된다]는 식의 암시적 의미를 나타내기에 매우 적절한 표현이 된다는 것이다.

이러한 점에서는 [나체의 꿈]도 같은 맥락이다. 따라서 위의 같은 꿈들은 그 각 요소에 합당한 상징풀이는 물론, 그 전후에 전개되는 여러 가지 꿈-사연과도 연계되어야만 비로소 이해될 수 있다. 가령

[나체가 되어 부끄럼과 난처함을 느끼고 그 자리에서 피하거나 숨으려고 하지만 몸이 움직여지지 않아 꼼짝도 할 수가 없었다]는 꿈이 있다고 하자. 이때 우리가 이 꿈을 제대로 해석하려면 우선 그 각각의 요소, 즉 나체가 되어 있다는 것, 난처함을 느낀다는 것, 그리고 꼼짝도 할 수 없다는 것 등들을 모두 상징표현으로 보고 전체 꿈의 대의와 연계하여 그것에 합당한 상징의의를 찾아내야만 한다. 이 꿈을 좀 더 세분화하면 [나체가 되었다는 것], [남이 자기의 나신(裸身)을 볼 것이라는 생각], [때문에 부끄럽고 난처해 졌다는 것], [그래서 피하거나 숨으려 한 것], [그렇지만 몸이 움직여지지 않아 그것이 불가능해 진 것], [그래서 불안하고 초조해 진 것]등으로 열거할 수 있을 것이다. 이것을 해석하자면 다음과 같다.

[나체가 되었다는 것]은 옷을 걸치지 아니한 것이므로 통상 자신의 신변을 보호할 수단을 상실하였기 때문에 위험에 직면해 있다는 뜻으로 해석된다. [타인이 자기의 나신(裸身)을 볼 것이라는 생각]은 감추고 싶은 속사정이 노출됨으로서 타인의 관심을 불러일으키거나 시빗거리를 제공한다는 뜻이며, [부끄럽고 난처해 졌다는 것]은 그와 같은 이유 때문에 장차 양심의 가책을 받게 되거나 굴욕감을 느끼게 된다는 뜻이다. 그래서 [피하거나 숨으려 한 것]은 남들의 이목을 피하거나 위험을 회피하기 위해서 노출된 자신을 감추려 한다는 뜻인데, [몸이 움직여지지 않아 그것이 불가능]하였다는 것이니 그러한 시도가 수포로 돌아간다는 뜻이다. 그 결과 [불안하고 초조해 진 것]은 장차 절망상태에 놓여 심적 고통을 당하게 된다는 뜻이다.

물론 꿈을 꾼 사람의 환경이나 관심사에 따라서는 위의 사례가 조금씩 달리 해석될 수 있다. 그러나 꿈의 정형성으로 볼 때 어떤 경우에 있어서도 큰 차이를 보이지는 않을 것이다. 프로이트도 이와 같은 꿈을 유형적인 꿈으로 분류한 바 있지만 그 특이한 심적 양태는 전 인류가 가지는 보편적인 현상이므로 원시심성이 잠재지식화된 정형적 상징임에는 틀림이 없다. 이것을 가위눌림과 유사한, 다시 말해 신체적 조건 때문에 일어나는 현상으로 판단하려는 생리학자들도 있다. 예컨대 무거운 침구를 덮고 자거나 수면중의 몸이 부자연스러운 자세를 취하면 심폐기관이 장애를 받아 그런 꿈이 꾸어진다는 것이다.

어찌 되었건 이런 유형의 꿈은 많다. 대체로 사나운 짐승이 쫓아와 도망치려 하지만 발이 떨어지지 않아 꼼짝을 할 수 없다거나, 적을 공격하려 하지만 갑자기 수족을 움직일 수 없다거나, 또는 무엇인가 소리치려 하지만 말을 할 수 없어 안타까워한다거나 하는 등의 형태로 나타난다. 이것들 역시 장차 현실에서 체험하게 될 불가항력, 절망감, 초조, 번민, 불안 등의 상황을 암시한다는 점에 있어서는 위에서 예제로 든 [나체의 꿈]과 같다고 말할 수 있다. 이런 점에서 볼 때, 『자는 동안 언제라도 환기되기가 가능한 이런 느낌은 어떤 특수한 표현방법에 봉사하는 것이며 꿈-사상의 재료가 그런 식으로 표현되기를 요구할 때에만 느낌이 환기되는 것이다.』라고 한 프로이트의 주장은 매우 타당하다고 말할 수 있다. 아울러 『[어떤 일을 할 수 없다]라는 꿈의 한 특성은 항상 느낌으로서 꿈속에 나타나지는 않고 단지 꿈-내용의 일부분으로서 가끔 나타난다.』라고 한 주장 역시 옳다. 다만 그것들을 꿈속에서의 소원충족에만 국한시키려고 하지 않는다면 말이다. 꿈속에서 행동이 억제됨으로서 심적 고통을 당하는 것은 누군가에게 쫓길 때의 그것과 마찬가지로 강한 정동을 불러일으킨다. 때문에 이런 꿈은 그 강한 인상 때문에 꿈의 암시적 의도를 강조하는 최적의 도구가 될 수 있다. 이러한 이미지들은 대부분 체념, 불가능, 공포, 절망, 갈등 등의 현실사건과 연관되어 있다.

☞ **_심리학적 측면의 유형적인 꿈_** : 서구의 심리학자들도 상징적인 의미의 유형적인 꿈이 있음을 인정하고 있다. 최근까지 정리된 유형적인 꿈은 ① 떨어지는 꿈 ② 꼼짝도 못하는 꿈 ③ 나체의 꿈 ④ 먹는 꿈 ⑤ 오줌 누는

꿈 ⑥ 헤엄치는 꿈 ⑦ 공중을 나는 꿈 ⑧ 죽는 꿈 ⑨ 쫓기는 꿈 ⑩ 이빨이 빠지는 꿈 ⑪ 낭떠러지 가장자리에 서 있는 꿈 ⑫ 기차를 놓치는 꿈 ⑬ 언덕을 기어오르는 꿈 ⑭ 무거운 짐을 옮기는 꿈 등이 있다.

제 14 장

꿈의 표현수단(4)

1. 과장(誇張), 익살, 풍자(諷刺)

우리가 꿈의 공상을 현실적인 사고로 판단한다면 터무니없고 우스 꽝스럽게만 느껴질 것이다. 높은 하늘에 올라가 대지를 굽어보며 날 아다니고, 달이나 별과 같은 천체를 마치 나무에서 과일을 따듯 장대 로 따서 호주머니에 넣기도 하며, 또 웅장한 산봉우리를 떡 한 조각 집어삼키듯 먹어치우기도 한다. 그렇게 우리의 꿈은 늘 과장된 공상 들로 한 가득 채워진다. 때문에 유머라는 것과 담을 쌓은 것처럼 보 이는 사람도 꿈속에서는 한껏 익살을 부릴 줄 아는 멋쟁이로 변신할 수 있다.

익살과 풍자, 그리고 과장이 뒤섞여 있는 신문의 시사만화(時事漫

畵)와 비슷하다고 한다면 매우 적절한 비유가 될 것이다. 그런데 유감스럽게도 이러한 것들이 꿈을 불신하게 하는 주된 요인(要因)들이다. 그 중에서도 특히 [과장된 표현]은 꿈을 만화적으로 보이게 하는 제1의 요소라고 말할 수 있다. 그러나 역으로 보자면 바로 그것이 꿈의 특성을 규정짓는 중요한 요소이기도 하다. 꿈이 과장되면 과장될수록 그 암시하는 바가 더욱 의미심장하다는 것이다. 산을 떡 한 조각 집어삼키듯 먹어치운 어떤 사람의 태몽은 일국의 재상이 될 것을 예시한 것이었으며, 서울 장안을 자신의 오줌으로 뒤덮었던 어떤 처녀의 꿈은 장차 왕비가 될 것을 예시한 것이었다.

☞ *사례* : 후한(後漢) 화제(和帝 79~105)의 비(妃) 등후(鄧后)는 일찍이 [광대(廣大)하고 끝없이 푸른 하늘을 더듬어 보니, 고드름[鍾乳狀] 같은 것이 있어서 입으로 빨아 마시는] 꿈을 꾸었다. 그 뒤 얼마 지나지 않아 황후(皇后)가 되었다. [고전번역원 각주]

이처럼 불가능이란 아예 존재하지 않는 것처럼 묘사되는 꿈이 있는가 하면, 아주 쉬운 일마저 전혀 불가능하게 묘사함으로서 극도의 불쾌감을 유발하는 꿈도 있다. 앞서 설명한 억제당하는 꿈이 바로 그런 것에 해당한다. 누차 강조한 바와 같이 이러한 과장된 장면들은 모두 꿈의 암시적 의도성에 의해 고의적으로 연출된다. 이쯤에서 힐데브란트의 견해를 다시 들어보자.

이를 테면 추리를 함에 있어서 꿈을 꾸는 사람은 참으로 놀라운 비약(飛躍)을 하는구나! 그는 가장 친근한 체험을 거꾸로 바라보려고 얼마나 조용히 준비하고 있는가? 꿈은 자연과 질서 속으로 우스운 모습을 끌어들여 꿈을 꾸고 있는 사람으로 하여금 견디지 못하게 하며, 터무니없는 일이 쌓이고 쌓여서 마침내는 그를 깨울 정도가 된다. 우리는 3곱하기 3을 20으로 의심 없이 셈하여도, 개가 시구(詩句)를 인용하여도, 죽은 사람이 제 다리로 걸어서 무덤에 가더라도, 또 바위가 물에 떨어져도 우리는 조금도 놀라지 않는다. 우리는 또 중대한 사명을 띠고 엄숙하게 베르브르크 공원이나 리히텐슈타인의 후작령(侯爵領)에 가서 그 나라의 해군력을 조사하거나, 블타바의 전투 직전에 찰스 12세 휘하의 지원병으로 달려간다. 누구든지 자기의 경험에 비추어 확인하고 있을 것이지만 꿈의 정수(精髓)의 움직임 속에는 깨어있을 때에 우리가 줄곧 가지고 있다고는 도저히 주장할 수 없는 따위의 깊은 맛과 친근한 감정, 감각의 섬세(纖細), 직감의 맑음, 관찰의 정묘(精妙), 그리고 기지(機智)의 활발 등이 이따금 나타난다. 꿈은 영묘(靈妙)한 시를, 적합한 비유를, 견줄 바 없는 유머를, 희한한 풍자(諷刺)를 가지고 있다. 꿈은 세상을 이상한 이상주의에 비추어서 바라보며 그리고 종종 이 세상의 여러 현상들의 효과들에 대해서 그것들의 바닥에 놓여 있는 본성의 깊이를 이해하게 함으로서 받아들이기를 강요한다. 꿈은 이 세상의 아름다운 것을 실로 하늘의 장려(壯麗)속에, 숭고한 것을 최고의 존엄 속에, 매일 공포감을 주는 것을 가장 무시무시한 현실 속에, 그리고 재미있는 것을 이루 말할 수 없는 신랄함 속에서 신보인다. 꿈에서 깬 후에도 그 인상들의 어느 하나가 우리를 완전히 짓누르고 있어 그런 것을 이 현실의 세계에서는 일찍이 한 번도 경험했던 일조차 없었다고 생각할 정도다.

힐데브란트만큼이나 꿈의 과장됨을 상세하고도 적절하게 묘사할 만한 사람이 세상에 더는 없을 것처럼 보인다. 아마도 그의 꿈에 대한 이해수준은 평범한 연구자들이 범접할 수 없는, 그런 차원의 것은 아니었을까 하고 추측해 본다.

그런데 꿈이 제 아무리 터무니없이 과장된 표현으로 일관한다고 해도 그것이 잠재의식적 가공이라는 사실에는 추호의 의심이 있을 수 없다. 따라서 표현이야 어떻든 간에 그 모두가 꿈-사상의 공상적 가공물로 이해한다면 놀랄 필요가 없으며 경외감을 가질 이유도 없다. 과장된 꿈-공상이 하나도 이상하지 않다는 사실은 해석에 의해서 밝혀지는 잠재사상으로 쉽게 확인된다. 다시 말해 꿈-내용이 비록 황당한 스토리의 연속처럼 보일지라도 우리가 그것을 분석해서 잠재사상으로 재구성해 보면 확실히 논리적이고 현실적이라는 사실을 간파하게 된다는 것이다. 꿈의 과장 역시 그저 제멋대로의 표현은 아니므로 반드시 그것에 걸맞은 암시적 의도가 숨어있다.

꿈의 공간적 배경에는 하늘 또는 공중(空中)이라는 요소가 자주 등장한다. 그런데 이것은 단순히 공상적 사연을 펼쳐놓기 위한 무대로서 묘사되는 것이 아니다. 그 자체가 엄중한 상징의의를 갖고 있기 때문이다. [하늘 또는 공중]이라는 상징표상이 암시하는 의미는 [사회국가적인 기반(基盤), 사업장, 공적(公的)인 사건의 배경]등이다. 가령 『하늘의 문이 열리자 지상에서 날아올라간 용 한 마리가 그 문으로 들어가고 잠시 후 그 용이 변하여 그곳에 세워진 아담한 교회가 되었다.』는 꿈을 예로 들자면, 이때의 [하늘 문]은 등용문(登龍門)이라는 잠재지식에서 가져온 상징표상으로서 사회국가적인 최고의 무대, 이를테면 중앙정부기관이나 일류대학 등을 암시한다. 그런데 최고의 길조인 [용(龍)]이 역시 최고의 길조인 하늘의 문으로 들어간 것이니 이 꿈이 암시하는 바가 어느 정도인지는 가히 짐작하고도 남음이 있다.

이와 같은 꿈을 현실적 사고와 연결시킨다면 참으로 허무맹랑한 이야기임에 틀림이 없다. 그러나 위의 사례에서 보듯이 우리가 해석에 의해서 밝혀지는 그 잠재사상의 의미심장함을 알게 되면 더 이상 꿈을 터무니없는 공상이라고 혹평할 수 없게 된다. 힐데브란트의 말처럼 꿈은 그 공상적 표현으로 [이 세상의 아름다운 것을 실로 하늘의 장려(壯麗)속에, 숭고한 것을 최고의 존엄 속에서 표현」함으로서 장차 현실에서 체험하게 될 최고의 영예를 가장 적절하게 묘사하고 있는 것이다. 내가 1973년 11월 11일 밤에 경험한 다음과 같은 꿈은 전체가 과장되어 있을 뿐 아니라, 익살과 재치가 넘치고 있다.

공중으로부터 굵은 동아줄이 열린 창문으로 내려온다. 그 끝에는 상자 하나가 묵직하게 매달려있는데 나는 그것을 풀어서 내 앞에 내려놨다. 상자를 열어보니 그 안에는 큰 비닐봉투가 들어 있다. 그것은 한 아름이나 되는데다 바윗덩이만큼이나 무겁다. 얼른 비닐봉투를 벗겨서 내용물을 보았더니 푸르죽죽한 색깔의 큰 새알이다. 손으로 그것을 슬슬 매만지자 갑자기 금이 죽죽 간다. 그리고는 알껍데기가 깨지면서 무엇인가가 쏙 삐져나오는데 보니 학(鶴)이다. 알에서 갓 태어난 새끼는 깃털이 듬성듬성 나 있으며 날갯죽지가 짧아 마치 타조와 같은 모양새를 하고 있다. 이윽고 학의 새끼는 제 발로 걸어서 어정어정 저쪽으로 사라졌다. 나는 그 광경을 바라보며 감탄해 마지않았다. 그리고는 『이것이 왈(曰), 계림(鷄林) 속에서 발견하였다는 바로 그 금란(金卵)인 게로구나!』라고 중얼거렸다.

이 꿈은 누가 보아도 하나의 무의미한 공상이라고 밖에 생각되지 않는다. 그러나 이 꿈을 꾸고 나서 6개월쯤이 경과한 어느 날 나는 뜻밖의 제의(提議)를 받고 불현듯 이 꿈을 상기하게 되었다. 그것은 다름이 아니라 어떤 출판사로부터 일본 서적의 번역을 의뢰받은 일이었다. 그리고 번역은 순조롭게 진행되어 제 날짜에 출판될 수 있었으므로 이 꿈은 현실적중을 가져왔다. 그 해석은 다음과 같다.

나는 뜻하지 않게 어떤 출판사로부터 한 권의 책을 받는다.(공중에서 동아줄에 묶여 내려온 상자) 그것은 어떤 학술서적이었다.(창문으로 들어옴) 또한 그것은 되돌려 주어야 할 임자가 있는 책이다.(동아줄로 연결되어 있음) 그런데 그 책은 상당히 먼 곳으로부터 온 것이다.(줄이 길다) 나는 그 책을 한 번도 읽어본 적이 없다.(상자에 담긴 생소한 물건) 나는 그 책을 들추어본다.(상자를 열다) 그 책은 우리말로 쓰인 책

학(鶴)의 꿈

이 아니다.(비닐봉투로 이중 포장을 하였음) 나는 그 책의 내용을 읽어본다.(상자를 열고 그 안의 비닐봉투를 벗겨서 내용물을 확인한다) 이 책은 사람들이 이해하기 어렵지만 연구 가치는 높다.(한 아름이나 되는 바위뭉치 만큼이나 크고 무거움) 그러나 아직 과학적으로는 해명되지 않아 신비주의적인 것으로 취급되고 있다.(그 색깔이 푸르죽죽하다.) 그리고 그것은 그 쪽 분야의 학문적 기초를 다루고 있다.(그것은 새가 아닌 새알이었다) 드디어 나는 그 책의 번역에 착수하였다.(새알을 슬슬 손으로 매만지다) 이렇게 하여 나의 번역작업은 별 어려움 없이 완료된다.(알껍데기에 금금 죽죽 가다) 그리고 그 번역물은 마침내 책으로 출판된다.(학의 새끼가 깨어진 알에서 나온다) 그런데 이 분야의 학문이 아직까지는 덜 알려져서 초보적인 단계에 머물고 있다.(학의 새끼는 깃털이 듬성듬성 나 있고 날개가 짧았다) 이제 그것은 대중적인 공감대를 형성하기 위해 세상으로 나간다.(제 발로 어정어정 걸어 나감) 나는 이 번역물이 출판되는 것을 감격스러운 느낌을 갖고 지켜본다.(감탄해 마지않았다)

그런데 이 꿈은 삼국유사에 기록된 금란의 전설처럼 두 가지의 숨은 뜻을 가지고 있었다. 그 하나는 알에서 깨어나 왕이 되었다는 이야기처럼 이 분야의 학문이 전혀 이질적인 것으로 시작되었지만 장차 학문적으로 큰 성과를 거두게 된다는 뜻이고, 다른 하나는 [전설]이라는 말 뜻 그대로 과학적인 증거력을 얻지 못한 채, 하나의 가설로 남을 것이라는 뜻이다.(이것이 계림(鷄林) 속에서 발견하였다는 금란(金卵)이구나 하고 중얼거림)

☞ *김알지 설화* : 난생설화(卵生說話)의 한 이형(異形)이다. 고대국가를 세운 건국영웅들을 부각시키기 위한 천손하강(天孫下降) 사상이 이입(移入)된 난생설화에는 주몽, 박혁거세, 김수로왕 등의 설화가 있다. 김알지 설화 역시 이러한 난생설화의 일종으로 여기서는 알 대신에 황금(黃金) 궤가 등장

한다. 《삼국유사》에 실려 있는 내용을 간추리면 다음과 같다. 『65년(탈해왕9) 8월 4일 호공(瓠公)이 시림(始林) 속에서 큰 광명이 비치는 것을 보았다. 자색 구름이 하늘에서 땅으로 뻗쳤는데, 구름 가운데 황금 궤가 나무 끝에 걸려 있고 그 빛이 궤에서 나오며, 흰 닭이 나무 밑에서 울어 왕께 아뢰었다. 왕이 숲에 가서 궤를 열어보니 사내아이가 누워 있다가 일어났다. 이는 박혁거세의 옛 일과 같으므로, 박혁거세를 [알지]라고 한 선례(先例)에 따라 이름 지었다. 아기를 안고 대궐로 돌아오니 새와 짐승들이 서로 따르며 기뻐하였다. 왕이 좋은 날을 받아 태자로 책봉하니 그가 곧 김알지이다. 이후 시림을 계림(鷄林)이라 하고 이를 국호(國號)로 삼았다.

나는 이 꿈을 꾸고 난 오년쯤 후에 에리히·프롬(Erich. Fromm)의 《꿈의 정신분석》에서 이것과 유사한 꿈 이야기를 발견하였다.

　나는 꿈에 단단한 바위와 같은 것으로 되어 있는 커다란 알을 보았다. 나는 그 알을 깨었다. 그랬더니 아직은 어려 보이기는 하지만 완전히 자란 독수리가 그 안에서 튀어 나왔다. 그 곳은 방안이었으므로 독수리는 밖으로 나가려고 날아다녔다. 그러나 창문이 닫혀 있었기 때문에 밖으로 나갈 수는 없었다.

프롬은 이 꿈의 출처가 미국의 인디언 연구가 잭슨·E·링컨 씨의 보고서라고 밝히면서 『독수리는 고등한 정령의 새인데 이것은 한 무리를 이루고 있는 다른 두 정령, 즉 바람, 번개 등과 함께 샌프란시스코의 꼭대기에 살고 있다. 이 정령들을 상하게 하면 엄청난 파괴행위를 저지른다. 그러나 우호적인 면도 있다. 독수리가 밖으로 나가지 못하는 까닭은 아마도 당신이 그 둥지를 짓밟아서 생(生)의 정령이 성을 낼 일을 했거나 또는 당신의 아버지가 그 죄를 지었기 때문이다.』라는 링컨의 해석을 덧붙여놓았다. 링컨은 인디언들의 독수리에 대한 신앙과 그들의 고유한 상징체계(象徵體系)로서 이 꿈을 해석했음이 틀림없다. 그러나 이것이 터무니없다는 것은 두말할 나위도 없다. 그것이 비록 인디언 고유의 상징체계라고는 하지만 궁극적으로는 인류 공통의 정형성을 기본골격으로 할 것이기 때문이다. 이 꿈을 제대로 해석한자면 『사회생활과 연관된 어떤 관심사(큰 새알)에 착수(알을 깨다)하여 초기 단계의 성과(새끼가 성조(成鳥)의 모습을 하고 나옴)를 얻게 될 것이다. 이러한 성과는 한정된 사회, 즉 같은 부족 집단 내에서만 알려지게 된다.(독수리가 방안을 날았음)』라고 풀이될 것이다.

그런데 꿈의 과장은 대단했으나 실제의 체험은 대수롭지 않은 일로 적중되는 경우도 있다. 이것은 꿈의 과장된 표현이 그 심적 양태의 유사성에만 중점을 둔 경우에 해당한다. 다음에 소개하는 나의 꿈 이야기는 이것을 이해하기에 좋은 자료가 될 것이다.

꿈속의 나는 성벽이 빙 둘러쳐진 산성(山城) 안에 있었다. 이때 나는 장교(將校)가 되어 몇 명의 사병들과 함께 적의 공격에 대비한 작전회의를 하고 있다. 나는 이 산성의 수비대장인 것이다. 그런데 산 아래쪽에서 날아오는 적의 포탄은 점점 가까워지다가 급기야는 성 안의 여기저기서 작열하기 시작한다. 그럼에도 불구하고 우리는 여전히 작전회의에만 몰두해 있다.

이 꿈이 얼마나 과장되고 유머러스하게 표현된 것인가는 꿈을 깨고 나서 불과 10여분이 채 지나기도 전에 밝혀졌다. 나는 잠을 깨자마자 이 꿈을 상기한 다음 문을 열고 밖을 내다보았다. 문 밖은 간밤에 내린 눈에 뒤덮여 온통 백설의 세계였다. 그런데 하늘이 잔뜩 찌푸린 것이 금방이라도 다시 퍼부을 기세다. 갑자기 화장실에 갈 일이 걱정되었다. 왜냐하면 당시 나는 다리를 수술한 직후라서 몸이 불편한 탓에 마당 한 구석에 나의 전용화장실-*나무로 만든 좌변기*-을 지어놓고 사용하였는데, 이사를 온지 얼마 안 되어 그 화장실에 지붕을 얹지 못하고 있었기 때문이다. 때문에 당장이라도 눈이 내린다면 그야말로 사정이 딱해지는 것이었다. 그래서 나는 눈이 또 내리기 전에 얼른 일을 끝내야겠다고 생각하고 서둘렀다. 그런데 이 무슨 우연의 일치란 말인가. 내가 화장실에 앉자마자 저 아래쪽 동네어귀로부터 굵은 눈발이 다가오고 있었던 것이다. 순간 나는 그것이 꿈에 등장한, [산 아래 저지대로부터 날아오는 적의 포탄]에 비유되었다는 사실을 곧바로 알아차릴 수가 있었다. 당시 내가 살던 집이 비교적 고지대에 위치한 한적한 시골집이었기 때문에 그것이 산성으로 묘사되었던 것이다. 그리고 산성을 에워싼 둥그런 성벽은 가마니로 엉성하게 둘러친 화장실의 외벽을 묘사한 것이었다. 결국 이 꿈은 적의 공격으로 다급해진 장교의 심정과 지붕 없는 화장실에 앉아 눈 맞을 걱정에 전전긍긍하는 나의 심정을 교묘하게 일치시킴으로서 그 암시적 의도를 표현해내는 기막힌 재치를 부리고 있었던 것이다.

이러한 사례와는 정반대로 꿈의 표현이 조금도 과장되지 않았음에도 현실에선 큰 사건으로 체험되는 경우도 있다. 이런 예는 특히 태몽에서 자주 찾아볼 수 있다. 『산자락의 작은 샘에서 물 한 동이를 퍼 담아 이고 왔다.』는 어떤 여인의 태몽은 장차 태어날 아기가 장성하여 높은 지위와 함께(산자락) 큰 재물(한 동이에 가득 찬 샘물)을 얻게 된다는 암시였다. 이외에도 [장기나 바둑을 두는 꿈]이 국가 간의 전쟁을 암시하는 예도 있고, [닭싸움의 꿈]이 정당 간의 권력다툼으로 묘사되는 경우도 있다.

그렇다면 대부분의 꿈이 그처럼 익살스러운 풍자로 묘사되는 까닭은 무엇일까? 그것은 아마도 꿈의 압축작업, 즉 가급적이면 간결하고 쉽게 표현하려는 꿈의 속성에서 이유를 찾아야 할 것으로 본다. 즉, 꿈-사상을 그대로 표현하기가 부담스럽거나 장황한 설명을 요하는 경우에는 현실적 유머, 풍자, 해학(諧謔) 등이 잠재의식화된 관습적 사고에서 그 재료를 이끌어다가 표현한다는 것이다. 이런 이유로 꿈속에서는 속담, 격언, 은어(隱語) 등이 이미지로 구현되는 일이 빈번하다. 가령 용두사미(龍頭蛇尾)나 양두구육(羊頭狗肉) 등의 교착상은 전래의 속담에서 유래한 것이고 꿈속의 고무장갑이 현실의 콘돔으로 묘사되는 것은 현실적인 은어-불순한 성관계-에서 유래한 것이다. 프로이트는 이것을 꿈의 위장수단으로 보았다. 때문에 그는 『교양 있는 사람들이 현실의 사고생활에서 말의 기교나 격언 또는 노래가사 등을 다양하게 인용하듯이 꿈속에서도 그런 위장수단이 빈번하게 이용된다.』라고 주장했다. 그러나 꿈-표현의 본질이 상징과 비유라는 사실만을 놓고 보더라도 위와 같은 주장은 왠지 공허하게만 느껴진다. 꿈-사상이 매우 익살스러운 비유로서 표현된 또 하나의 좋은 예를 소개한다.

우체부라고 생각되는 사람이 마을 어귀로부터 누구를 찾는 것 같더니 내게로 다가와 약도가 그려진 쪽지 하나를 내보이며 『여기 표시한 막다른 골목집에 사는 자식이 아홉 달린 과부(寡婦)를 얻으시오.』라고 말한다. 나는 과부를 얻으라는 말에는 솔깃하면서도 자식이 아홉이라는 것에 불쾌하여 『에이, 여보슈. 나는 싫소.』하면서 돌아섰다.

이 꿈의 대화내용은 매우 황당무계(荒唐無稽)하지만 한편으로는 익살스러운 데가 있다. 이 당시 우리는 이사를 하기 위해 전셋집을 구하고 있었다. 그래서 이리저리 물색을 하던 중 복덕방(우체부)으로부터 아홉 세대(아홉 명의 자식)가 함께 사는 큰 주거건물의 주인이 살던 집(과부)을 얻으라는 제의를 받게 되었던 것이다. 그러나 나는 그것이 마음에 들지 않아 거절하려고(싫다고 함) 하였으나 더 좋은 대상이 나타나지 않아 결국은 그리고 이사하기로 결정하고 계약을 하게 되었다.(꿈속에서 상대방에서 등을 돌린 것은 승낙의 표시다) 이처럼 익살스러운 비유로서 표현된 꿈을 하나 더 소개하자면 1972년 1월경 육군 모 부대소속 H상병이 보내온 다음과 같은 꿈 이야기가 있다.

나는 나의 아버지가 파놓은 땅 구덩이 속에서 짝사랑하던 이웃집 처녀와 결혼식을 올린다. 그 바로 옆의 구덩이 속에서는 친구의 아버지가 다른 처녀와 결혼식을 올리고 있다. 잠시 후 나의 아버지는 구성진 가락으로 [신라의 달밤]이라는 유행가를 부른다. 나는 그 노랫소리가 의외로 낭랑하여 듣기 좋다고 생각한다. 그런데 어느 틈엔가 나의 아버지가 나의 신부 감을 가로채어 자신의 결혼식을 올리고 있다. 격분한 나는 이리저리 돌아다니다가 잠을 깨었다.

현실에서 이런 일이 실제로 일어난다면 그 얼마나 우스꽝스러운 상황인가. 부자지간의 의리와 윤리는 땅에 떨어지는 셈이다. 그래서 꿈을 외형적으로만 본다면 그렇게 황당하기가 짝이 없는 것이다. 이 꿈을 해석하자면 다음과 같다.

이 군인은 어쩌면 신무기(新武器)(짝사랑하던 처녀)를 인수하기 위해 타 부대를 방문하게 될 지도 모르겠다. 그런데 중도에서 자기 부대의 상관(아버지)은 그 인수절차(결혼식)를 넘겨받아 자기 명의로 인수하게 된다. 이때 같은 부대 내의 또 다른 상관(친구의 아버지)도 역시 신무기를 인수하기 위한 절차(다른 처녀와 결혼)를 밟게 된다. 어쩌면 이들의 인수절차는 참호(塹壕) 안에서(흙구덩이) 이루어질지 모르겠다. 이때 직속상관은 그 제원(諸元)이나 조작법(신라의 달밤이라는 유행가) 등을 큰 소리로 외치는데, 생각했던 것 이상으로 잘한다. (노래가 듣기 좋다고 생각한다) 이에 자존심이 상한 그는 인수절차가 이루어지는 동안 참호를 나와 주위를 배회한다. (격분한 그는 이리저리 돌아다닌다)

2. 타인대행(他人代行)과 사회적(社會的)인 꿈

우리는 종종 자기와 직, 간접적으로 이해관계가 있는 가족이나 친지에 관한 꿈을 꾸기도 한다. 이때 꿈속에 그 사람으로 동일시된 인물표상은 전혀 등장하지 않고 오로지 자기의 체험만으로 꿈이 끝났다고 해도 그것이 그 사람의 운명으로 해석되는 경우가 많다. 아주 드물게는 교제(交際)가 깊지 않았던 사람에 대한 꿈을 꾸는 경우도 있다. 그런가 하면 사회, 국가적인 관심사에 대한 꿈을 꾸기도 한다. 그러나 어떤 경우에 있어서도 그 꿈의 암시하는 바가 자기에게 직, 간접적으로 영향을 미치지 않을 경우에는 꾸어지지 않는다. 이처럼 꿈은 다각적인 분야에 두루 관심을 갖기 때문에 밤새도록 분주한 것이다. 이런 점에서 프로이트가 주장한 『꿈은 소원충족이라는 것이 유일한 의도이므로 꿈은 완전히 이기주의적이다. 그것은 자기에게 편리하도록 일을 진행시키고 싶다는 심정은 타인에 대한 생각과는 서로 용납될 수 없기 때문이다.』라는 견해는 수정되어야 할 것으로 본다. 물론 꿈이 자기에게 편리하도록 일을 진행시키고 있다는 것은 사실이다. 그러나 그것은 외관상의 모습일 뿐이다. 해석에 의하여 밝혀지는 잠재사상을 분석해 보면 타인이나 사회국가적 관심사가 중심사상인 경우가 적지 않다.

앞서 우리는 꿈속에 등장한 자기의 [또 하나의 자아]가 타인의 동일시가 될 수 있음을 알아보았다. 꿈이 그런 표현방식을 취하는 까닭은 타인에 대한 관심사를 표명해야 할 필요는 있으나, 굳이 [이것은 이러저러한 이유로 남의 일을 예지하는 것]이라고 거추장스러운 설명을 하지 않기 때문이다. 대신에 아예 자신의 일처럼 꾸며 내놓으면서 그 안에 남을 대신하고 있다는 단서를 붙여 놓는다.

타인대행의 꿈은 부모형제나 애인 등의 관계처럼 근친도가 높을수록 더 많이 꾸어지는데 이것은 그 근친도만큼이나 서로 더 많은 관심 −또는 *직·간접적인 이해*−을 갖게 되기 때문이다. 이런 점에서 볼 때 활동력이 위축된 노부모의 꿈이 거의 자식들의 관심사로 채워진다는 사실이 너무도 당연한 것처럼 여겨지기도 한다. 왜냐하면 자신들의 삶이 자식들의 안위(安危)와 직결되어 있기 때문이다. 같은 이유로 그 부모에 대한 효성이 지극한 자식일수록 부모에 대한 꿈을 더 자주 꾸며, 금실 좋은 부부일수록 배우자에 관한 꿈을 더 많이 꾸게 된다.

집에서 살림만 하는 가정주부라면 이와 같은 견해에 적극 공감하리라 본다. 요즘 들어 여성들의 사회진출이 늘어감에 따라 부부간의 관계가 예전과 같지는 않지만 생계를 걸머진 가장들의 관심사는 여전히 가정의 관심사일 뿐 아니라, 부인들 자신의 관심사일 것이기 때문이다. 한편 바깥 생활에 몰두하는 남편의 경우도 아내의 꿈을 대신 꾸는 일이 많다. 남편이라고 해서 가정사와 무관할 수 없기 때문이다. 나의 아우는 수십 년 동안 근위축증 환자인 나의 손과 발이 되어주었다. 나의 평생 과업인 이 꿈-연구가 이만큼이나 빛을 보게 된 것도 전적으로 아우의 희생적인 도움에 의한 것이다. 그래서인지 우리 형제의 꿈은 늘 상대방의 관심사로 채워진다.

《삼국유사(三國遺事)》에 기록된 [보희설화(寶姬說話)]는 이 타인대행의 꿈을 이해함에 있어 아주 좋은 예가 될 것이다. 신라 선덕여왕(善德女王) 때 김유신(金庾信)의 누이동생인 보희(寶姬)는 [경주 서악(西岳) 꼭대기에 올라가 아래를 향해 오줌을 누었더니 경성(慶州)이 온통 오줌물에 잠겨버렸다]는 꿈을 꾸었다. 보희는 이튿날 아우인 문희(文姬)에게 이 꿈 이야기를 하였다. 그러자 문희는『언니 그 꿈을 나에게 팔아요.』한다. 보희는 대수롭지 않게 생각하여『꿈도 사고팔더냐? 엔, 별소리를 다한다. 호호호. 그래 팔면 무엇을 줄 테냐?』하니, 문희가 대뜸『내 비단 치마를 줄게』하고 대답했다. 이런 언약(言約)으로 언니는 마침내 비단치마를 받고『꿈을 팔았다.』라고 말했고, 동생은 자신의 치마를 벌려 마치 꿈을 받기라도 하는 것처럼『언니의 꿈을 확실히 샀우.』라고 다짐하였다. 그런데 며칠 후 장차 태종 무열왕이 될 김춘추(金春秋) 공이 김유신의 집 근처에서 김유신과 더불어 공을 차다가 옷고름이 떨어졌다. 그래서 김춘추는 김유신의 권유에 따라 그것을 꿰매려고 김유신의 집에 들어섰다. 이때 김유신은 동생 보희를 불러 떨어진 김춘추의 옷고름을 달라고 하였으나 보희가 그것을 거절하므로 하는 수없이 문희를 불러 달게 하였다. 이런 인연으로 김춘추와 문희는 정을 통하게 되었고, 후일 김춘추가 왕위에 오르자 왕후(王后)에 봉해진다. 이 사람이 바로 신라 제29대 태종무열왕의 비(妃)인 문명왕후(文明王后)이다. 물론 그 내막이야 권력욕이 강했던 김유신의 계략에 의한 것이었지만 꿈의 암시만은 이 꿈의 주인공이 장차 국모(國母)가 된다는 사실을 정확하게 예시하고 있었던 것이다. 그럼에도 불구하고 후세 사가(史家)들은 언니인 보희가 국모가 될 꿈을 아우인 문희에게 팔았기 때문에 왕비자리를 아우에게 넘겨주었다고 생각했다.

그 시대에도 꿈을 사고팔게 됨으로서 그 효력이 이전된다는 믿음이 널리 퍼져 있었던 모양이다. 그렇기 때문에 문희가 그 실효성을 믿고 꿈을 샀을 것이지만 이런 풍습은 지금도 여전히 남아있다. 특히 산삼을 캐는 심마니 사회에서는 이런 관행이 철저하게 지켜진다고 한다. 그런데 아이러니한 것은 천만금을 주고 꿈을 샀어도 그 효과를 보기는 커녕 오히려 패가망신하는 사례까지 있다는 사실이다.

김춘추(金春秋)의 떨어진 단추를 달고 있는 문희(文姬)

그렇다면 꿈을 판 사람들이 모두 거짓말을 했다는 말인가? 아니면 꿈을 잘 못 해석한 결과일까? 물론 그 둘 모두 틀린 생각이다. 왜냐하면 그것은 타인대행의 꿈이기 때문이다. 위의 보희설화를 놓고 보더라도 그것이 두 자매간에 꿈을 사고팔아서 왕후가 될 운세가 바뀐 것이 아니라고 말할 수 있다. 당초부터 보희는 아우인 문희의 미래를 꿈을 통해 예지한 것에 불과하며 사고판 꿈과는 상관없이 문희의 운명은 이미 예정되어 있었던 것이다. 더구나 그녀들의 높은 신분을 감안할 때 이 꿈이 그 둘 중의 하나가 왕비가 될 것을 암시하고 있었을 가능성은 매우 높다. 그것이 아니라면 그녀의 오빠인 김유신이 재상이 되어 최고의 권력을 휘두른 것만으로도 현실 적중을 가져왔다고 볼 수 있는 그런 큰 꿈이다.

☞ *사례* : 조선 세종 때, 송미희는 경원군수(慶源郡守)로 있었다. 하루는 옆의 기생이 말하기를,『어젯밤에 꿈을 꾸었는데, 도적이 홀연 나타나 공(公)의 머리를 베어 달아납디다.』하였다. 조금 있으려니 정말로 도적이 이르렀다는 전갈이 왔다. 송미희는 나쁜 꿈이 마음에 걸려 문을 닫고 나서지 않았다. 보좌관들이 간하여도 듣지 않더니, 결국 도적이 사람과 말 백여 필을 노략질하여 달아났다. 이 사실이 조정에 알려지자 왕이 크게 노하여 잡아다가 군법으로 다스려 결국 사사(賜死)당했다. 이 꿈은 타인대행의 전형적인 사례로서 정해진 운명을 피할 수 없다는 사실을 다시 한 번 일깨워주고 있다. [청파극담]

☞ *사례* : 로마의 영웅 줄리어스·시저(Julius. Caesar)가 그의 심복 블루투스(Brutus)의 비수에 찔려 죽기 전날 그의 아내 캘퍼니아(Calpurnia)를 비롯하여 여러 측근들이 그의 죽음에 관한 꿈을 꾸고 그에게 경고를 하였다고 한다.

심마니들이 산삼(山蔘)을 발견하기 전에는 반드시 그것과 관련한 꿈을 꾸게 되는데 가족 중의 누군가가 그런 꿈을 꾸었더라도 그 꿈을 돈을 주고 사는 것이 불문율이라고 한다. 그러나 이제부터는 그럴 필요가 없다는 것을 나는 그들에게 알려주고 싶다. 왜냐하면 산삼을 발견한다는 것은 그 가족 모두에게 영향을 미치는 것이므로 그런 꿈을 누가 꾸더라도 그 가정사에는 이미 예정된 운명일 것이기 때문이다.

집안에 어떤 큰 일이 닥치게 되면 그 집 식구는 누구나 오래 전부터 그것에 관한 꿈을 꾸게 된다. 때문에 직접 그 일과 관련될 당사자가 꿈을 꾸지 않더라도 가족 중의 누군가는 반드시 그것에 관한 꿈을 꾸게 되어있다. 나의 80세 노모의 꿈은 대부분 우리 자손들의 관한 암시로 채워진다. 그 중에서도 나에 관한 것이 유독 많은데 그것은 아무래도 내가 장남인데다 불구인 관계로 각별한 연민을 갖고 계시기 때문이리라. 가족 간의 애정이 서로 간에 꿈을 대신 꾸게 한다는 나의 주장이 과연 옳은가 하는 것은 독자 제위가 직접 체험해서 판단해 보기를 바란다.

이런 점에서 자기가 꾼 꿈이 아무리 기다려도 실현되지 않을 때에는 꿈은 그저 무의미한 것이라고 불평만 할 것이 아니라, 그것이 [혹시 가족 중의 누군가에 대한 암시는 아닐까]하는 의문을 갖고 두루 살펴보아야만 한다. 가족 중의 누군가가 말 못할 고통을 숨기고 있더라도 여타 가족들의 잠재의식이 그것을 이미 감지하고 있을지도 모르기 때문이다.

필자의 꿈에 관한 연구가 일간신문에 연재되면서 많은 사람들이 자신들의 꿈을 해석해 주기를 요청하였는데 의외로 많은 꿈들이 그들 자신이 아닌 가족들의 안위를 염려하는 차원에서 꾸어지고 있음을 알게 되었다. 이러한 타인대행의 꿈으로서 전형적인 것은 역시 태몽이다. 아직 임신조차 하지 않은 신혼부부도 장차 태어날 아이에 대한 관심만으로 태몽을 꿀 수 있다. 더구나 태몽은 그 부모만이 아니라 조부모, 외조부모, 삼촌, 숙모 등이 꾸는 경우도 있으며 드물게는 인척관계가 아닌 주위사람들이 꾸는 경우도 있다. 다만 이런 경우에는 태어날 아이가 장차 꿈꾼 사람에게 어떤 형태로든 직, 간접적인 영향을 끼치게 되어 있다.

탁월한 영매(靈媒)는 길가에서 잠간 스쳐지나가는 사람의 얼굴을 보고도 [저 사람은 이제 곧 죽겠구나]하는 예감이 환기되거나 악수하는 손길만으로 그 사람의 운명을 감지해 낼 수 있다고 한다. 이렇듯 본래부터 타인에 대한 예지능력이 탁월하여 그것을 일상화시킨 사람들도 있다. 그러나 보통 사람의 꿈이 타인의 운명을 예시하는 까닭은 무엇일까? 꿈이 미해결의 관심사로 형성되는 것이라고 한다면 그 관심 가운데는 타인의 운명을 알고 싶은 충동이 있거나, 그 사람이 자기에게 어떤 영향을 미칠 것인가 하는 궁금증도 들어있을 것이다. 또한 숨 가쁘게 돌아가는 사회변화 속에서 자기의 삶은 어떻게 변할 것인가 하는 의문으로 가득 차 항상 뉴스를 뒤쫓고 살기 때문에 이런 것들이 잠재의식화됨으로서 꿈의 예지능력에 어떤 동인(動因)을 부여한 것이라고도 말할 수가 있을 것이다.

때문에 간밤의 꿈을 해석했을 때, 그것이 자기의 소원이나 계획한 일과 직접적인 관계가 없다거나, 또는 그것의 암시가 이해하기 어렵다고 생각되면 최근에 관심을 가졌던 타인의 일을 상기해 보거나 시국(時局)과 관련지어서 생각해 볼 필요가 있다. 그렇게 함으로서 우리는 전일 누군가와의 대화에 등장한 그 상대방의 관심사에 대한 해답을 얻거나 어젯밤의 뉴스가 된 어떤 사회적 이슈에 대한 대비책을 떠올릴 수가 있는 것이다.

매우 드문 사례이긴 하지만 때때로 우리가 사전에 관심조차 갖지 않았던 어떤 사회적인 돌발사건을 꿈으로 예지하는 경우도 있다. 가령 무령왕릉(武寧王陵)이 도굴되어 부장품이 도난당하거나, 동해에 큰 해일이 덮쳐 어민들이 큰 피해를 보거나, 국적(國籍) 항공기가 이역만리에서 추락하여 수많은 인명이 희생되거나 하는 등의 꿈도 꿀 수 있다는 것이다. 이처럼 우리의 잠재의식은 장차 일어날 어떤 사회적인 사건으로 인해 자신이 느끼게 될 심적 동요까지도 고려하고 있는 것이다. 그러므로 경우에 따라서는 국가 통치자를 대신하는 꿈도 꿀 수가 있다. 통치자의 관심사는 곧 자신을 포함한 국민 전체의 안위와 직접적으로 연결되어 있기 때문이다.

그러나 웬만큼 해석능력을 갖춘 사람이라고 해도 꿈속의 자기, 또는 자기의 [또 하나의 자아]가 남을 대신하고 있다는 사실을 밝혀내기란 결코 쉽지 않다. 또한 꿈에 등장한 타인이 자신을 동일시하고 있다는 사실도 알아내가 어렵다. 그렇기 때문에 그것이 타인대행의 꿈이라는 사실은 대부분 꿈이 실현된 뒤에야 밝혀진다. 필자 자신도 종종 이런 어려움을 겪게 되는데 그 한 예로 다음과 같은 에피소드가 있다. 나는 아침잠에서 깨어날 무렵 의식이 혼미한 상태에서 나의 모친이 바닥에 넘어지시는 환영(幻影)을 보게 되었다. 불길한 예감이 들어 나는 즉시 어머님께 『혹 넘어지실지 모르니 조심하셔야겠어요.』는 당부를 드렸다. 그러나 어찌 알았으랴. 이 날 어머님은 무사하시고 오히려 나 자신이 넘어져서 눈두덩을 깨게 될 것을. 이 꿈에서 나의 모친은 바로 나 자신을 동일시했던 것이다. 그런데 꿈은 왜 나 자신이 직접 넘어지는 것으로 표현하지 않고 대신 어머니를 동일시 인물로 내세웠을까? 내가 어머님만큼이나 기력이 쇠잔해졌다는 뜻인가? 결국 나는 이날 어떤 일이 있어도 반드시 넘어지게 예정되었다는 사실을 꿈의 숨겨진 뜻에서 발견하였다. 만약 나 자신이 꿈속에서 넘어지는 것으로 표현되었다면 그 꿈을 믿고 절대 넘어지지 않기 위하여 노력하고 예방했을 것이다. 그런데 그렇게 하여 내가 넘어지지 않게 된다면 당초부터 이런 꿈이 꾸어질 이유가 전혀 없는 것이다. 꿈의 암시는 어떤 사건이 미래의 현실에서 반드시 벌어진다는 것을 전제로 하기 때문에 본인이나 다른 사람이 그 일이 일어나지 않도록 예방할 수는 없다. 그런 이유로 이 꿈은 어머니를 나의 동일시로 표현함으로서 나의 주의력을 딴 데로 돌렸던 것이다.

우리가 타인대행의 꿈, 또는 사회적인 꿈도 꿀 수 있다는 사실은 어찌 보면 꿈-해석을 어렵게 하는 최대요인이 될 수도 있다. 그러나 한편 생각하면 우리가 몹시 흉한 꿈을 꾸었을지라도 잠시나마 다른 곳으로 돌려 볼 여유를 가질 수 있다는 것이니 그 얼마나 다행한 일인가.

3. 동일사건(同一事件)의 공동예지(共同豫知)

미래의 현실에서 일어나기로 예정된 한 사건에 대하여 여러 사람이 꿈을 통해 동일하게 예지하는 것을 공동예지라고 한다. 이것은 두 사람 이상이 꿈을 통해 동시간대(同時間帶)의 동일사건을 똑 같이 투시(透視)하는 [꿈의 공명(共鳴)]과는 약간 다른 개념이다. 그런데 이것은 하나의 가능성을 전제로 한 가설이 결코 아니다. 세상에는 그런 일들이 실체적 현상으로 엄연히 존재하고 있는 것이다. 따라서 우리가 이 문제에 대하여 좀 더 깊은 관심을 갖게 된다면 어떤 활용가치를 추론해 볼 수도 있을 것이다. 이를테면 집단적 최면몽을 꾸게 함으로서 어떤 미해결의 사회적 관심사에 대한 답을 구해 볼 수도 있다는 것이다. 그것이 아니라면 그 미해결의 관심사를 공유하는 집단의 구성원들에게서 꿈을 수집, 분석함으로서 어떤 공통점을 추출해낼 수도 있을 것이다. 실제로도 외국의 꿈 연구소나 심령학연구단체들은 이런 종류의 실험을 반복하여 상당히 의미 있는 통계치를 얻어냈다고 한다.

우리는 앞 항목에서 가족 누군가의 관심사에 대해서는 그 가족성원 모두가 타인대행의 꿈을 꿀 수 있음을 알아보았다. 이것을 좀 더 확장해서 생각해 본다면 좁게는 어떤 조직이나 단체의 공통 관심사에 대한, 넓게는 사회국가적인 공통 관심사에 대한 공동예지도 생각해 볼 수가 있는 것이다. 가족 구성원 중의 누군가가 새로운 사업을 계획하거나 중대한 위험에 봉착하게 되면 그것이 가족 전체의 운명과 직결될 것이므로 온 가족은 그것에 대해서 관심을 가질 수밖에 없으며, 또 그 관심만큼의 꿈도 꾸게 될 것이다. 이런 경험을 단 한 번도 경험해 보지 못했다고 주장한다면 그것은 꿈을 상기하는 능력이 결여되었거나 꿈을 제대로 해석할 수 없기 때문이다.

나는 나 자신의 실증적인 체험만으로도 이와 같은 가족 성원 간의 공동예지가 실체적 현상이라는 것에 확신을 가질 수가 있었다. 나는 수십 년 동안 꿈의 일지(日誌)를 적어오면서 그 일지에 가족들의 꿈을 듣는 대로 적어두었다. 그리하여 그것들을 해석해 본 결과 상당수의 꿈이 나의 꿈-연구와 연관되어 있었는데 그 대부분이 최근에 이르러 하나씩 실현되고 있음을 발견하였다. 나는 이것에서 동일관심사에 대한 공동예지가 단 한번으로 그치는 것이 아니라 그것이 해결될 때까지 수년, 심지어는 수십 년 동안이나 계속될 수 있다는 사실도 알게 되었다.

몇 년간 지속되어온 우리 가족의 최대관심사라면 물론 나의 꿈-연구가 결실을 맺어 세상에 빛을 보는 것이었다. 그러나 나와 내 아우를 제외하고 다른 가족들도 한결같이 어떤 긍정적인 기대감을 갖고 지켜보았다고는 장담할 수 없다. 어떤 때는 나 자신도 신념이 약해지는 것을 견뎌내기 어려웠거늘 하물며 나 때문에 피해를 본다고 생각할 수 있는 여타 가족들이야 오죽하였겠는가. 겉으로 드러내 놓지는 못하겠지만 내심 의심의 눈초리로 바라보고 있음을 짐작하기 어렵지 않았던 것이다. 그럼에도 불구하고 이러한 그들의 태도는 오히려 나의 작품에 관한 꿈을 더 자주 꾸게 하는 자극원이 되었을 것이다. 왜냐하면 그것이 비록 부정적인 관심이라고 할지라도 잠재의식은 그러한 자극에 대하여 어떤 식으로든 해답을 구하지 않으면 안 되었을 것이기 때문이다.

이제까지는 꿈의 상징적인 형성과정을 제대로 알지 못하여 동일사건에 대한 공동예지가 충분히 이해되지 못하였지만 앞으로 꿈-상징의 진실한 의미가 밝혀진다면 그러한 일이 가능하다는 사실이 명백히 증명됨과 동시에 널리 활용되리라 생각한다. 다만 한 가지 유의할 것은 두 사람 이상의 꿈이 동일사건에 대한 공동예지는 할 수 있어도 절대 동일하게는 표현되지 않는다는 것이다. 그것은 꿈꾸는 사람마다 그 상징표현 방식이 조금씩은 다르기 때문이다. 그러나 그렇더라도 한두 가지 이상의 동일한 표상을 공유하는 경우는 많다. 다음과 같은 나의 체험담이 이것을 잘 설명해줄 것이다.

이 꿈은 내가 지병을 치료하기 위해 모 의과대학 부속병원에 가기로 예정되었던 바로 전 날 밤에 꾼 것인데 놀라운 것은 나의 모친의 꿈에도 나의 것과 유사한 상징표상이 등장하고 있다는 점이다. 이날 아침 모친께서는 『네가 운동화 앞 쪽이 세 군데나 갈기갈기 찢어진 운동화를 신고 있는 것을 보았다.』라는 꿈 이야기를 들려주셨다. 그 순간 나는 적잖이 놀랐다. 그도 그럴 것이 전날 밤 나도 그것과 거의 똑같은 꿈을 꾸었기 때문이다. 그 내용은 다음과 같다.

> 산 밑 들길에서 내 신발을 찾았으나 아무데도 없다. 이리저리 한 참을 헤매다가 마침내 운동화가 한 켤레를 발견했다. 가까이 다가가 살펴보니 앞부분이 세 줄로 찢어졌는데 누군가가 그것을 실로 다시 꿰맨 자국이 뚜렷하다. 불쾌한 기분이 들었지만 다른 대안이 없었으므로 나는 그 신을 신지 않으면 안 되었다. 그리고는 옆에 대기 중인 트럭이 있어 그곳에 올라탔다. 그곳엔 이미 많은 사람들이 타고 있었는데 나는 한 구석에 놓인 국방색 야전침대에 누워 그들과 함께 어디론가 출발했다.

일반적으로 꿈속의 신발은 신분, 직위, 집, 직장, 배우자, 또는 협조자 등을 상징한다. 그러나 이 꿈에서는 [찢어진 부위를 꿰맨 신발]이라는 간단한 비유로서 나의 수술한 신체부위를 암시하고 있다. 즉, 이것은 전적으로 나의 개인적인 잠재지식, 말하자면 병원에서의 수술체험－*봉합한다는 의미*－에서 얻어진 창조적 상징이었던 것이다. 그럼에도 불구하고 나의 모친이 이와 똑 같은 상징표상을 꿈에서 본 이유는 무엇일까? 이 의문에 대한 유일한 해답은 오직 동일사건에 대한 공동예지뿐이다.

병원에 가기 전 나와 모친은 이 꿈이 병원에서의 수술과 연관이 있을 것이라는 추측을 하게 되었다. 그러나 병원에 입원하게 되면서 여러 가지 혼란스러운 상황에 휩싸이다 보니 그 꿈에 대해서는 까맣게 잊어버리고 말았다. 이날의 입원은 이후 장장 2년이라는 생각지도 못한 긴 병상생활로 이어졌다. 그리고 그로부터 2년이 경과한 후 내가 집으로 돌아왔을 때, 조금도 나아지지 않은 나의 몸에는 그저 커다란 수술자국 세 개만이 훈장처럼 달려있었다. 퇴원 후 나는 이 꿈을 좀 더 상세하게 분석해 볼 기회가 가졌는데 그 해석은 다음과 같다.

세 군데를 꿰맨 신발이라는 것은 분명 세 군데에 수술한 나의 다리를 암시하고 있다. 따라서 내가 나의 신발을 찾지 못하고 남의 꿰맨 헌 신을 신었다는 것은 수술 후의 경과가 전만 못하다는 것은 암시하는 것이다. 또한 나의 신을 찾아 이리저리 헤맨 것은 완치를 위해 백방으로 노력하게 된다는 뜻이며 이때 불쾌감을 느낀 것은 수술경과가 좋지 않아 낙담하게 된다는 뜻이었다. 트럭에 실린 야전용 침대에 누워 출발한 것은 수술 후 회복을 위해 앰뷸런스에 실려 다른 병원 이송되는 것을 비유한 것이었다. 그런데 나의 모친이 내가 신고 있던 운동화를 찢어진 상태로만 본 것은 나의 수술경과에 대한 실망감을 나타낸 것이며, 또 그러한 결과를 부정하고 싶은 심정을 그렇게 표현한 것이라고 판단된다.

나는 이것 말고도 여러 가지 사례를 분석하는 과정에서 꿈을 통한 동일사건의 공동예지가 가능하다는 사실과 함께 이 동일예지의 경우라면 비록 그 내용은 각기 다를지라도 동일한 표상이 여러 꿈속에서 동일한 의미로서 표현될 수 있다는 사실도 알게 되었다. 태몽은 동일사건의 공동예지에 있어 가장 좋은 사례가 된다. 한 사람이 이 세상에 태어나는 것은 그 당사자의 가족이나 친지, 그리고 주변사람들에게까지 매우 중대한 일이 될 수 있다. 그러므로 그들 모두가 그 아이의 탄생에 관하여 공동의 태몽을 꿀 수 있다는 것은 꿈 형성원리에 비추어 보더라도 결코 불합리한 일이 아닌 것이다.

그러나 태몽에 있어서의 공동예지 역시 동일하게는 표현되지 않는다. 가령 신라의 명장 김유신(金庾信)의 태몽을 예로 들자면 그의 아버지인 김서현(金舒玄)은 『하늘에서 두 개의 별이 떨어져 자기의 품에 들어왔다.』는 꿈을 꾸었고, 그의 어머니인 만명부인(萬明婦人)은 『하늘에서 한 소년 장군이 금빛 갑옷을 입고 오색구름을 타고 집으로 들어오는 것을 보았다.』는 꿈을 꾸었다고 한다. 이 두 개의 꿈은 똑 같이 태아가 장성해서 영귀(榮貴)해진다는 암시를 나타내고 있다. 그러나 그 구체적인 내용을 비교해 보면 확연하게 서로 다르다는 사실을 알

김유신(金庾信)의 흉상

수 있다. 이처럼 한 사람에 관한 태몽이라도 그것을 공동 예지하는 사람마다 가기 다르게 표현되는 이유는 꿈꾼 사람의 잠재지식이 각기 다르기 때문이요, 또 그 사람에 대한 각자의 입장에 따라 그 기나긴 인생여정을 각기 다른 각도에서 바라볼 것이기 때문이다.

1914년 4월 15일 영국의 호화여객선 타이태닉호의 침몰을 예지한 어느 영국인의 꿈 이야기는 앞서 소개한 바 있다. 그 사고가 당시에는 세계적인 대사건이었음에 틀림없을 것이므로 많은 사람들이 그것에 관한 꿈을 꾸었으리라 짐작된다. 그러나 위의 예처럼 사실적으로 생생하게 묘사되지 않았다면 분명하게 상기되어 기록되지는 않았을 것이다. 그런데 이 사건이 발생하기 이미 십여 년 전에 그것을 마치 눈앞에서 보는 것처럼 생생한 글로서 묘사해낸 사람이 있었다고 한다. 1898년 영국의 모건·로버트슨(Morgan. Robertson)이라는 무명작가는 《쓸모없는 덩치(Futility)》라는 소설을 출간하였는데 그 줄거리인 즉, 『이 배는 전장 8백 피트, 승객 8천명을 수용할 수 있는 타이탄(Titan) 호다. 3개의 스크루로 시속 25마일의 고속을 내는 이 배는 최신 격벽시설(隔壁施設)을 갖추어 불침객선(不沈客船)임을 자랑했다.

그러나 이 타이탄 호는 4월 어느 날 처녀항해에 올랐다가 커다란 유빙(遊氷)에 부딪쳐 침몰한다. 이 배는 불침시설만을 믿고 구명보트 25척만을 실은 탓에 수백 명이 익사하는 대참사를 당하였다.』라는 것이다. 그렇다면 이로부터 14년 후 실제로 침몰한 타이태닉호의 상황은 어떠했는가를 알아보자.

소설 퓨틸리티(Futility)의 삽화(타이탄호의 침몰)

전장 8백 82피트, 승객 2,227명을 태우고 영국 사우샘프턴에서 미국 뉴욕을 향해 처녀항해에 나선 타이태닉(Titanic)호는 출항 5일째인 1912년 4월 14일 밤 11시 40분경 뉴펀들랜드의 그랜드·뱅크스 남쪽 150㎞지점의 난바다를 항속 23마일로 항해하던 중 빙산에 부딪쳤다. 구명정 수용가능 인원은 모두 1,178명이었는데 705명이 20척의 구명보트와 뗏목으로 탈출, 조난신호를 접한 카르파시아(Carpathia)에 의해 구조되었다. 이것은 1,513여명의 희생자를 낸 세계 최대의 해난 사고였다.

소설 속의 여객선과 실제로 침몰한 타이태닉호의 이름마저 비슷한 것이 참으로 놀랍지 않은가? 기타 여러 가지 상황도 타이태닉호와 비교했을 때 너무나 흡사해서 소름마저 돋을 지경이다. 당시만 해도 그 규모나 성능 면에서 볼 때 타이태닉호와 같은 거대 여객선의 출현은 상상하기조차 어려운 현실이었을 것이다. 때문에 이것이 만약 꿈에서 본 장면을 재현한 것이라면 틀림없이 동일사건에 대한 공동예지의 전형적인 예가 될 것이다.

국가적 재난(災難)인 전쟁에 관한 공동예지는 그 예를 일일이 열거할 수 없을 만큼 많다. 나의 모친은 6·25동란이 일어나기 직전『집에서 마주 보이는 북쪽 큰길의 고갯마루에서 두 사람이 빨간 불덩이 같은 것을 들고 마주 서 있는 것을 보았다.』는 꿈을 꾸셨는데 이것은 남북대결의 양상을 암시하고 있음이 틀림없다. 어느 기독교 신자는『고향 마을에 붉은 흙탕물이 홍수가 되어 들이닥치고 많은 사람들이 거기에 빠져 허우적거리는 것을 보았다. 이때 나는 간신히 산으로 기어올라갔는데 거기에는 큰 십자가 세워진 아담한 교회가 있었다. 나는 그 교회에 들어가다가 잠을 깨었다.』는 꿈을 꾸었다고 한다. 그리고 그는 이 꿈을 꾼 지 며칠 후에 발발한 육이오 동란으로 동네사람 대부분이 죽었지만 자신은 용케 살아남을 수 있었다고 증언하고 있다.

심령학자인 유석형(劉碩炯) 박사가 보고한 바에 의하면 박달스님이라는 분은 동란이 발발하기 3개월 전-*정확히는 3월 28일*-에 산중의 절간에서 신도들이 모여 있는 가운데 눈을 감고 기도를 드리던 중 전쟁의 참상을 환각으로 볼 수 있었다고 한다. 그는『아주 참혹하고 놀랄 만한 광경이 보인다. 우리나라와 민족의 존망이 달린 일이다. 이 일을 누설해서는 안 된다. 이 일은 삼 개월 후에 일어날 것만 같다. [6]이라는 숫자가 보인다. 그리고 [25]라는 숫자가 보이는 것은 아마 때를 암시하는 모양이다. 우리의 동포끼리 피를 흘린다. 사람들이 죽어 넘어지고 괴로워하며 울부짖는다. 총소리와 대포소리가 들린다. 자동차소리, 비행기 소리도 들린다. 그 큰 규모로 보아 결코 작은 싸움은 아니다. 전쟁? 그렇다. 큰 전쟁이 일어난다.』라고 예언했다는 것이다.

일본의 아사어·기요우미(淺尾晴海) 박사는 6·25 동란이 일어나기 바로 며칠 전 정신통일 훈련을 하던 중 갑자기 환각이 나타나 녹색의 한반도 지도를 보게 되었는데 그 녹색이 점점 좁아져서 나중에는 부산 인근을 남겨두고 나머지 모든 부분이 붉은 색으로 변해 있었다고 한다. 그는 처음에 이것이 이상하다고는 생각했지만 무엇을 뜻하는지는 몰랐다고 한다. 그리고 몇 달이 지나 신문을 보다가 한국의 전황 (戰況)을 설명하는 지도가 이것과 똑 같다는 사실을 발견하고는 스스로도 매우 놀랐다는 것이다.

외국인까지도 국내에서 벌어진 전쟁을 꿈으로 예지하는 상황이니 그 전쟁의 와중에서 고통을 감내해야 할 우리 국민들은 어떠했겠는가? 아마도 수많은 사람들이 전쟁이 발발하기 전에 꿈으로 이 참변을 예지할 수 있었을 것이다. 만약 우리가 이것에 대해서 좀 더 깊은 관심과 연구를 계속한다면 틀림없이 어떤 실효성 있는 결과를 추출할 수 있으리라고 본다. 그렇게 해서 이 분야의 연구에 집중할 수 있는 연구기관이 설립된다면 국가적인 재난이나 사회적인 변혁을 사전에 알아내어 대처할 수 있을 것이니 그 아니 좋을 것인가? 그러므로 우리가 이것을 확인하기도 전에 그저 헛된 망상에 불과한 것이라고 무시해버린다면 그것처럼 어리석은 일도 없다 할 것이다.

☞ *사례* : 최근 미국에서는 1906년 샌프란시스코 대지진이나 2001년 9.11테러와 같은 대형사고가 발생하기 오래 전부터 수많은 사람들이 그것에 관한 예지몽을 꾸었다는 연구보고서가 잇달아 나오고 있다. 이 보고서들은 그러한 현상이 일어나는 이론적 근거로서 칼·융의 집단무의식과 비인과적 동시성 현상을 제시하고 있다. 이러한 집단예지몽(collective dream)의 증거로서 가장 좋은 사례는 아마도 브라질의 쥬세리노·노부레가·다·루스(Jucelino. Nobrega. da. Luz)라는 사람의 꿈들이 될 것이다. 이제까지 그가 꿈으로 예언한 세계적인 사건들만 수십 건이 넘는다고 한다. 그 중 유명한 것은 미국의 9·11테러(2001년)와 인도네시아의 쓰나미(2006년)였는데 사건이 발발하기 수년전부터 마치 현장이 있는 것처럼 생생한 이미지를 꿈에서 보았다고 한다. 이것은 결코 후일담이 아니다. 그는 실제의 사건이 발발하기 수년 전에 미국과 인도네시아 정부에 이것을 경고하는 서신을 각각 발송하고 그 증거까지 보관하고 있다고 하니 그저 놀라울 따름이다.

제 15 장

꿈의 표현수단(5)

1. 동일시(同一視)

우리는 이제까지 꿈속에 등장한 동적인 표상, 가령 사람, 신령, 동물 등이 현실의 어떤 사람을 암시할 때 이것을 [동일시]라는 용어로서 다루어왔다. 그렇다면 이 동일시라는 용어의 정확한 개념은 무엇일까? 이것을 심리학에서는 『타인과의 관계에서 타인의 반응경향을 받아들이는 경우를 말한다. 이를테면 학생이 스승을 어머니처럼 여기고 행동한다거나, 심리요법에서 환자가 치료자를 어버이처럼 보는 것과 같은 경우다.』라고 정의하고 있다. 따라서 우리가 여기서 다루고자 하는 동일시의 개념하고는 차이가 있다. 우리의 동일시는 꿈속의 동적 표상—*인물이나 동물표상*—이 현실의 어떤 사람과 같다고 인지하는 것이다. 이러한 동일시는 상징적인 꿈을 표현하는 가장 중요한 수단이 된다. 그렇다면 이 동일시의 형성과정은 과연 어떤 것일까?

꿈속의 동적 표상이 미래의 현실에서 상관하게 될 어떤 사람으로 묘사될 때 우리는 이것을 동일시라고 부른다. 때문에 동일시가 되었다는 것은 실제의 인물과 꿈-상징을 연결하는 과정에 어떤 유사성이나 공통성 등의 관념적 매개가 개입되어 있음을 뜻한다. 가령 반양반견(半羊半犬)의 합성동물표상이 현실의 누군가를 동일시하는 경우를 예로 들어보자. 이때 우리는 그 인물을 교활한 이중인격자라고 판단하게 된다. 그 이유는 이 표상이 지닌 본래의 의미, 즉 양처럼 온순해 보이기도 하지만 그 내면은 개와 같이 절조가 없이 방탕하다는 의미에서 관념적 유사성을 이끌어내기 때문이다.

그 동적인 표상이 사람인 경우에도 마찬가지이다. 가령 꿈에 수염이 길고 백발이 성성하여 위풍이 느껴지는 노인이 등장하였다고 하자. 이때 꿈속의 노인이 현실의 어떤 사람을 동일시할 경우 그것은 나이에 관계없이 정신세계가 원숙한 어떤 윗사람을 암시하는 것이 보통이다. 이것은 동서양을 막론하고 고태적인 원형상으로서의 공통점, 즉 오랜 연륜만큼이나 많은 경험과 지식을 가진 사람이라는 의미의 관념이 그 상징적 내재관계가 되어있기 때문이다.

이처럼 꿈의 동일시란 꿈속의 동적인 표상을 사실 그대로 묘사하지 않고 그 특성들에서 어떤 공통점이나 유사점을 찾

중국의 현자상(賢者像)

아내 현실의 어떤 인물을 비유적으로 묘사하는 것이라 말할 수 있다. 물론 꿈속의 동적인 표상이 동일시가 아닌 경우도 있을 수 있다. 말하자면 단순히 어떤 사물(事物)의 [의사시(疑事視)]인 경우도 있으며, 또 자기암시적 꿈에 등장한 [또 하나의 자아]일 경우도 있다는 것이다. 더구나 사실적인 꿈에 있어서는 실존 그대로로 묘사되기도 한다. 그런 까닭에 우리가 꿈 해석에 임함에 있어 각별히 유의해야 할 것은 그 동적인 표상이 사실적 표현인지 상징적 표현인지를 가려내어 그것이 상징적 표현이라고 판단되면 다시 누구의 동일시인지, 아니면 어떤 사물의 의사시인지를 명확하게 구별해내야 한다는 점이다.

그런데 꿈속에서의 친족관계(親族關係)를 매개로 한 동일시는 그 생김새나 성격 등의 유사관계보다 자기와의 근친도(近親度)에 따라 결정되는 경우가 많다. 가령 꿈속의 아버지가 현실의 누군가를 동일시할 경우를 예로 들자면 그 매개가 되는 관념, 즉 부자지간(父子之間)이라는 혈연관계와 가장이라는 운명공동체적 책임자라는 유사성에 의해서 직장의 상사, 스승, 기관장, 국가수장, 또는 어머니 등으로 묘사될 수 있다는 것이다. 따라서 꿈속의 아버지를 현실의 아버지로 판단한다면 처음부터 해석이 불가능하게 된다.

과거의 꿈 연구가들은 꿈속의 온갖 인물표상을 실존으로 생각하거나, 그 모습이나 성격으로 현실의 누군가를 비유한다고 생각했기 때문에 근본적인 오류에 빠질 수밖에 없었다. 프로이트도 이와 같은 동일시의 개념에 대해서 언급한 바 있는데 그는 이것을 어떻게 다루었는가를 알아보자.

동일시는 꿈-사상의 재료 속에 존재하는 유사, 또는 [마치~과 같이] 의 유사관계를 표현하는 데 있으며 이러한 유사성, 일치성, 공통성 등을 꿈-사상의 재료 속에 이미 존재하는 통일성, 또는 새로 만들어지는 통일성으로 통합함으로서 표현한다. 우리는 이것을 꿈의 합성화(合成化)라고 부를 수 있을 것이다. 사람이 관련되었을 때에는 동일시라는 방법이 사용되며 사물이 통합의 재료일 때에는 합성화의 방법이 사용된다. 그렇지만 합성화의 방법이 사람에게 적용되는 경우가 없지도 않다. 장소는 종종 사람과 같이 다루어진다. 동일시에 의해서는 한 공통점에 의하여 연결되어 있는 사람들 중의 한 사람만이 현현내용 속에 표현되며 다른 제2, 제3의 인물들은 꿈속에서 억제되어 있는 모양이다. 그러나 꿈속에 나온 그 사람은 그 사람, 또는 그 사람으로 대표되어 있는 몇 명의 사람에게 적용되는 모든 관계와 상황 속으로 들어간다. 사람에게 적용되는 합성화에 있어서는 그 사람들에게 독특하지만 그러나 공통되어 있지는 않은 특징들이 이미 몽상(夢想) 속에 있으며 그 결과 특징들의 통합에 의하여 하나의 새로운 통일체, 즉 하나의 혼성인물이 만들어져 나타난다. 혼합의 실제적인 과정은 갖가지 방법으로 실시될 수 있다. 한편 꿈속의 사람은 그가 관련된 사람들 중의 한 사람으로부터 이름을 빌려오는데 얼굴은 다른 사람으로부터 가져오는 경우도 있거니와, 또 한편 몽상 그 자체가 현실에 있어서는 양쪽 사람이 각각 소유하고 있는 시각적 특징으로 합성화되는 경우도 있다. 또는 몽상 속에 제2의 사람의 참가가 시각적 특성에 의해서가 아니라 제2의 사람의 것인 몸짓, 표정, 제2의 사람에 하는 말, 또는 제2의 사람이 놓이는 상황들에 의해 이루어지는 경우도 있다. 이 끝의 경우에 있어서는 동일시와 합성인물의 구성 사이의 뚜렷한 구별이 없어지기 시작한다. 그러나 이런 합성인물의 구성이 실패로 돌아가는 경우도 있다. 그런 경우에는 꿈의 장면을 관련된 사람들 중의 한 사람의 것으로 통합되고 다른 사람은-대개는 이들이 더 중요한 사람이다. 그 자리에서 아무런 관계도 안 가진 방관자(傍觀者)로 등장한다. 꿈을 꾼 사람은 이를테면 『나의 어머니도 그 자리에 있었다.』라고 말할 것이다. 꿈 내용의 이런 종류의 요소는 발음하기 위해서가 아니라 오직 다른 문자 기호를 설명하기 위해서 존재하고 있는 상형문자로 쓰인 글 속의 한정어(限定語)에 비교될 수가 있을 것이다. 두 사람의 결합에 원인이 되는, 또는 그 일을 정당화하는 공통점이 꿈속에 나타나는 경우도 있으며 나타나지 않는 경우도 있다. 때로는 동일시 또는 합성인물의 구성은 실로 이 공통점의 묘사를 피하기 위하여 실시된다. 『A는 나에게 적의를 가지고 있으며 B도 그렇다.』하고 말하는 대신, 나는 꿈속에 A와 B를 합쳐서 합성인물로 만든다. 또는 A의 특징적 행동을 취하는 B의 모습을 그려낸다. 이렇게 하여 만들어진 꿈속의 한 사람은 전혀 새로운 관계 속에 나타난다. 그리고 그 사람이 A이기도 하고 B이기도 하다는 형편에서 꿈이 적당한 곳에 두 사람의 공통된 것, 즉 나에게 대한 적의(敵意)를 끼울 권리가 생긴다. 나는 이처럼 하여서 종종 꿈의 내용에 대한 매우 비범한 압축을 행할 수가 있다. 그래서 내가 어떤 사람을 문제로 삼고 있을 때 이 한 사람에게서 다른 사람을 발견한다. 그리고 이 다른 사람이 앞서의 사람에게 관련되어 있는 관계들의 일부분에 앞서의 사람과 마찬가지로 관계를 가지고 있으면 나는 그 사람에게 관련된 매우 복잡한 관계들을 직접 묘사하는 수고가 덜어질 것이다. 동일시에 의한 이러한 묘사방법이 꿈의 작업을 실로 가혹한 조건들에 구속하고 있는 저항의 검열을 회피하기에 어느 정도 유용한 가는 쉽게 이해할 수 있을 것이다.

좀 긴 문장이지만 위의 글을 간단하게 요약하자면 다음과 같다. 교착상(膠着像)―둘 이상의 사물이 부분적으로 합치되어 만들어진 특정표상―과 같은 합성작업은 인물표상에 대해서도 빈번하게 이루어지는데 사물의 합성화가 형상에 의한 것이라면 인물의 합성화는 주로 관념에 의해 이루어진다는 것이다. 즉, 실존하는 여러 사람들의 특성 중에서 공통적인 것을 뽑아내어 꿈에 등장한 하나의 인물표상에 합쳐놓는데 그 통합되는 요소들은 주로 성격, 표정, 인상 등의 관념적인 요소들이라는 것이다. 아울러 이러한 통합의 목적은 번거로운 묘사를 생략하는 압축효과를 거두고, 또 가혹한 검열을 피하기 위함이라는 것이다. 이와 관련하여 프로이트는 다음과 같이 히스테리 증(症) 환자들의 동일시 행위가 꿈의 동일시와 거의 비슷하다고 설명하고 있다.

동일시는 히스테리 적(的) 조건들의 메커니즘에 있어서 극히 중요한 하나의 요인이다. 이 수단에 호소해서 환자들은 자기 자신의 체험뿐만 아니라 여러 사람들의 체험을 그들의 히스테리 조건 속에 재현해서, 말하자면 한 무리의 사람들의 대신이 되어서 고민하며 한 연극의 모든 구실을 자기 혼자 남의 힘을 빌리지 않고서 연기해 보일 수가 있다. 환자들은 의사가 환자 낱낱에 관해서 알고 있는 것보다 보통 서로가 더 잘 알고 있다. 그들은 의사의 회진이 끝나면 서로 병세에 대해서 근심한다. 그 중 어느 한 사람에게 어느 날 발작이 일어났다고 가정하자. 그리고 그 원인은 혹은 집에서 온 편지, 혹은 재현된 연애의 고민 등에 있다는 식으로 즉시 전부에게 알려져 버린다. 전부의 마음속에는 공감이 환기된다. 그리고 무의식중에 다음과 같은 추론을 한다. 만일 이러이러한 원인으로 이런 발작이 일어난다면 자기에게도 이런 발작이 일어난다. 왜냐하면 자기에게도 이런 바탕이 있기 때문이다. [만일 이것이 의식에 올릴 수 있는 추론이었다면 이 추론은 아마 자기에게는 동일한 발작이 일어날지도 모른다] 라는 불안을 자아냈을 것이다. 그러나 이 추론은 무의식의 분야 속에서 이루어지므로 환자들이 두려워하고 있던 징후의 실현으로 끝난다. 따라서 동일시라는 것은 단순한 모방이 아니라 동일한 병원적(病原的) 원인에서 비롯되는 동화(同化) 현상이다. 동일시는 [마치~와 같은] 을 표현하며 무의식세계 속에 머물러서 움직이지 않으려고 하는 공통된 것에 관련되어 있다. 동일시는 히스테리에 있어서는 어떤 성적 공통성을 표현하기 위하여 가장 빈번히 이용된다. 히스테리 여 환자는 그 여자의 징후에 있어서 자기와 성적으로 관계가 있었던 사람, 또는 자기가 성교한 동일한 사람과 현재 계속 성교를 계속하고 있는 사람과 자기를 동일시한다. 언어는 이 점을 고려해서 사랑하는 두 사람은 일심동체라는 따위로 잘 표현하고 있다. 히스테리의 공상과 꿈에 있어서의 동일시가 이루어지기 위한 충분한 조건이 무엇이냐 하면 환자 또는 꿈을 꾸는 사람이 성적 관계를 염두에 두고 있다는 점이다. 그러나 그렇다고 해서 성적 관계가 꼭 현실적이어야 할 필요는 없다.

국어사전에서 말하는 동일시란 [둘 이상의 것을 똑 같은 것으로 본다]는 의미이므로 엄밀히 말해서 우리가 말하는 동일시와는 다른 뜻이다. 또한 위에서 보았듯이 심리학적 동일시와도 일치하지 않는다. 왜냐하면 우리가 정의하는 동일시란 꿈속에 표현된 어떤 동적 표상으로부터 연상되는, 또는 그 표상과 여러 가지 내재관계에 있는, 미래의 어떤 실존인물을 암시하는 것이기 때문이다. 따라서 우리의 동일시는 프로이트가 상정한 것, 즉 과거에 접촉한 적이 있는 여러 인물들에서 어떤 유사성을 찾아내 꿈속의 인물에 통합시키는 것이 아니다. 우리의 동일시는 꿈속의 동적표상이 갖고 있는 본래의 상징의의를 파악하여 그것이 암시하는 실제의 인물을 추정한 다음, 현실적 체험으로 판단한다는 미래지향적인 개념이다.

그런데 꿈속의 동적표상이 실존인물 그대로를 나타내는 경우에도 실제와 똑 같은 모습으로 표현되는 경우는 극히 드물다. 예컨대 꿈에 아버지가 등장할 경우에도 그 얼굴은 실제와 다름이 없지만 머리칼이 예전과 같지 않게 하얗게 변색되었다거나, 실제에는 없는 긴 수염을 달고 있다거나, 또는 실제의 나이에 걸맞지 않게 젊은 모습을 하고 있었다거나 하는 등의 다양하게 변형된 형태로 묘사된다는 것이다. 그런가하면 실제의 아버지는 늘 평복을 입는 사무원이었는데 꿈속에서는 군복을 입은 장교로 등장하거나, 실제의 아버지가 배 위에 서있을 리가 없음에도 불구하고 꿈속에서는 여객선의 갑판 위에 서서 이쪽을 바라보고 있다거나 하는 등의 모순적인 표현도 일반적이다. 그렇다면 이런 경우 꿈속의 아버지가 왜 실제의 모습으로 묘사되지 않는 것일까? 그것은 꿈속의 아버지가 하나의 관념상에 불과하기 때문이다. 다시 말해 꿈속의 동적 표상 모두가 과거의 재현이 아니라, 다만 상징의의를 표현하기 위한 잠재의식적 가공이기 때문에 굳이 현실적인 모습에 구애받을 필요가 없다는 것이다. 이런 이유로 꿈에 등장한 동적 표상은 잠재사상을 표현하기 위한 꿈의 편의에 따라 그 이미지가 자유자재로 변형되기도 한다.

우리는 꿈속에 등장한 동적표상이 생소한 것, 가령 전혀 모르는 사람이거나 신령, 또는 동물 등이 미래의 현실에서 상관하게 될 어떤 미지의 인물을 동일시하고 있다는 사실을 추후 체험에 의해서 확인하는 경우가 많다. 때문에 우리는 그들의 과거를 알지 못하므로 거기에서 어떤 유사성을 이끌어내기는 불가능하다. 이런 경우에는 꿈에 표현된 여러 가지 이미지 중에서 어떤 유사성이나 공통성을 찾아낸 다음, 꿈-사연과 연계하여 그것이 동일시하는 현실의 인물을 추정할 수밖에 없다. 이것이 대단히 어려운 작업임에는 틀림이 없으나 꿈-해석에 있어 이보다 더 중요한 것은 없기 때문에 가능한 한 여러 가지 변수를 모두 대입하여 최선의 결과를 추출해내야만 한다. 우리가 이 동일시 인물을 찾아내는 일에 있어서 유의할 점은 다음과 같다.

첫째, 꿈속에 표현된 인물표상이 과거에 단 한번이라도 상관을 했던 사람인가 아닌가를 명확하게 구분해내야 한다. 그가 만약 아는 사람이라면 그의 현실적인 생김새, 연령, 직위, 성품 등에서 특징적인 요소를 상기해내야 한다. 또한 모르는 사람이라면 꿈속에 표현된 행동, 언어, 형태 등에서 어떤 특징적인 요소를 찾아내야 한다.

둘째, 그가 아는 사람인 경우라면 과거에 자기와 어떤 인간관계를 형성했는지, 또 그에 대한 자신의 감정은 어떠했으며 그와 어떤 이해관계를 갖고 있었는지 하는 것들을 세밀하게 상기해내야 한다.

셋째, 꿈속에서 그의 모습이 과거부터 알고 있던 것과는 어떻게 달리 표현되었는가를 확인한다. 아울러 생략되거나 덧붙여진 요소가 있다면 그것들을 찾아내어 그 이유를 알아보아야 한다.

넷째, 꿈속에 등장한 동적표상의 행동이나 언어 등에서 유발되는 자신의 심적 동향-*감정이나 정동*-을 정확하게 파악해야 한다.

그러나 위와 같은 과정보다 우선해야 할 것은 그 동적인 표상이 동일시로 표현되었는가 아니면 의사시로 표현되었는가를 판단하는 일이다. 의사시로 표현된 동적인 표상을 동일시로 판단한다면 해석 자체가 근본적으로 빗나가기 때문이다. 이것은 꿈 전체의 대의를 찾아내는 방법-*이것을 전의해석법이라고 하는바 추후 상술하고자 한다*-과 병행하면 용이하게 이루어질 수 있다. 그렇다면 이 동일시의 해소과정은 어떻게 이루어지는 것일까? 다음과 같은 나의 체험담이 좋은 예가 될 것이다.

고향집의 방문을 열고 밖을 내다보니 저 멀리 들판 길에서 우리 집을 향해 걸어오는 학창시절의 은사(恩師)가 보인다. 그는 과거에도 늘 그랬듯이 평범한 옷차림을 하고 손에는 가방을 들고 있었는데 노쇠한 모습에 무표정한 얼굴을 하고 있다.

　이 꿈속의 은사는 이미 작고하셨으므로 실존의 인물이 아니라는 점은 분명하다. 따라서 이 꿈속의 은사는 현실의 누군가를 동일시하는 것임에 틀림이 없다. 그렇다면 그는 과연 누구일까? 과거의 은사는 나에게 각별한 관심과 함께 많은 은혜를 베풀어 주셨으므로 그로 동일시되는 현실의 인물도 그에 비견(比肩)될 만한 사람이어야 한다. 또한 그 분은 생전에 학교장과 교육회장을 역임하셨으므로 현실의 동일시 인물 역시 그에 상응하는 위치에 있어야 할 것이다. 그리고 은사가 노쇠한 모습이었으므로 현실의 인물도 노령이거나, 아니라면 경험과 학식이 풍부한 사람일 것이다. 한편 그가 무표정한 얼굴을 하고 있었으므로 현실에서 상관하게 될 동일시 인물로 인해 내가 불쾌감이나 불안감을 갖지 않아도 될 것이다. 또한 꿈속의 은사가 손에 가방을 들고 있었으므로 그 동일시 인물은 나에게 무엇인가 중요한 것을 전달하게 될 것이며 나의 집에 도착하기까지는 상당한 거리를 두고 있었으므로 비교적 오랜 기간이 경과한 후에나 그와 조우하게 될 것이다. 고향, 또는 고향집이 무엇을 상징하는가 하는 것은 이미 설명한 바 있다. 통상 고향집은 어떤 일의 최종목표나 성취단계를 암시하는 것이므로 이 동일시 인물이 이러한 시기에 나를 도와줄 것이라는 추정이 가능해진다. 이와 같이 꿈속의 인물표상과 관련된 여러 가지 상징의의를 분석하여 현재 내가 처한 여러 가지 상황과 당면한 관심사를 비교해 보면 어느 정도는 꿈의 암시를 파악할 수 있다. 그러나 현재 그것과 유사한 상황이 진행되고 있지 않다면 좀 더 기다려 보아야 할 것이되, 관심만은 늘 유지해야만 한다. 그렇다면 이 꿈은 나의 해

석대로 실현되었는가? 그렇다. 이 꿈은 그로부터 6개월여가 경과할
즈음 내가 꿈속의 은사로 생각할 만한, 또 다른 은사 한 분을 만나는
것으로 실현되었던 것이다. 그 분은 심리학계의 원로이신 장병림(張秉
琳) 교수였다. 물론 꿈속의 은사와는 외모가 전혀 다른 분이었으나,
그 분 역시 교육자라는 점과 사회적으로도 존경받는 분이라는 점, 그
리고 부족한 나에게 많은 격려와 지도로서 은혜를 베풀어주셨다는 점
등에서 일치하였던 것이다.

   과거에 접촉했던 여러 사람들의 특징적인 요소들에서 어떤 공통점
을 찾아내어 꿈에 표현된 인물표상에 통합할 수 있다는 프로이트의
주장은 매우 타당하다. 그리고 우리의 해석 역시 그와 같은 입장을
취하고 있음이 사실이다. 이런 점에서 볼 때 그가『꿈속에 등장한 국
왕 부처가 자기 부모의 동일시라면 왕자는 자신의 동일시로 간주할
수 있다.』고 말한 대목에선 탄성마저 자아내게 한다. 그러나 그에게
있어 가장 아쉬운 것은 그 동일시의 대상을 미래의 현실에서 상관하
게 될 어떤 실존인물로는 보지 않았다는 점이다. 이런 입장은 전적으
로 [꿈이란 단지 과거의 재현일 뿐이다]라는 고정관념에서 기인하는
것이지만 과거에 단 한 번도 접촉한 없는 인물이 꿈에 등장하고, 또
그 인물을 미래의 현실에서 실제로 만나게 된다는 사실―사실적인 꿈에
서―에 대하여는 그가 어떻게 설명할 것인지 자못 궁금해진다.

   우리의 잠재의식이 미래의 현실에서 상관하게 될 어떤 미지의 인물
을 사실 그대로로 묘사해낼 수 있다는 것은 참으로 놀라운 현상이다.
그렇다면 대체 그러한 일이 가능한 이유는 무엇일까? 반복되는 말이
지만 우리의 예감충동이 잠재의식으로 하여금 시공을 초월하는 우주
정보―영자(靈子)―를 받아들여 꿈이라는 현상을 통해 시현할 수 있다는
것에서 해답을 찾아야 할 것이다. 이와는 달리 상징적인 꿈에 등장한
인물표상은 프로이트가 말한 것처럼 우리의 잠재지식, 즉 과거의 경
험에서 이끌어낸 재료로서 가공되는 것이 사실이다. 결국 상징적인

꿈에 있어서의 동일시란 자신의 [또 하나의 자아]가 과거에 접촉한 적이 있는 사람들의 인상들로부터 추출된 여러 가지 유사성을 통합한 가면을 쓰고 미래의 현실에서 상관하게 될 어떤 인물의 역할을 충실히 대행하는 것이라고 말할 수 있다.

꿈이 동일시의 인물표상을 만들어 내는 것은 장차 현실에서 상관하게 될 실제의 인물이 이러이러하게 생겼다고 알려주기 위함만은 아니다. 그것보다 더 중요한 목적은 그가 장차 꿈꾼 이에게 어떤 영향을 줄 것이며, 또 그로 인해 자신은 어떤 변화를 겪게 될 것인가 하는 것 등을 암시하는데 있는 것이다. 그것이 과거 인물들의 특징적인 요소가 하나의 표상에 합성되는 진정한 이유라고 할 수 있다.

같은 이유로 여러 인물표상의 형태적 요소들이 합쳐져서 하나의 교착상을 만들어내는 경우에도 꿈은 그들의 특징을 취하는 것에만 머물지 않고 그들로부터 야기될 여러 가지 상황변화와 영향 등을 반드시 고려한다. 그러므로 『과거 나에게 적을 갖고 있는 A, B 두 사람의 특성을 하나의 표상에 합성함으로서 현재 내가 그들에게 갖고 있는 심적 경향을 묘사하고, 또 검열을 피하기 위한 압축도 행할 수 있다.』는 프로이트의 주장은 받아들이기 어렵다. 말하자면 꿈이 적의를 갖고 있는 어떤 인물에 대한 나의 심적 양태를 묘사하기 위하여 두 사람의 특성을 하나로 합치는 번거로움을 감수한다는 주장도 이해하기 어렵지만, 그렇게 함으로서 검열을 피할 수 있다는 주장은 더더욱 납득할 수 없다는 것이다.

그런데 여기서 한 가지 유의할 점은 꿈의 한 장면에 동시에 등장한 여러 인물표상, 가령 그들을 주역(主役)과 조역(助役), 그리고 엑스트라로 구분했을 경우 그 각각이 저마다의 고유한 상징의의를 나타내는 것이므로 여타의 인물표상들이 주역에 대한 합성화로는 해석되지 않는다는 것이다. 예를 들어 꿈의 한 장면에 할아버지, 할머니, 아버지, 어머니, 형제, 자매 등이 동시에 등장한 경우에도 그들은 각각의 상징의의를 나타내는 것이므로-주로 *직장에서의 상사나 동료, 또는 부하직원 등을 각각 동일시한다*- 어떤 대표자격인 인물표상에 통합될 이유가 전혀 없다는 것이다. 또한 [나의 어머니도 그 자리에 있었던 것처럼 생각된다], 또는 [어떤 사람이 내 옆에 있던 것 같았으나 분명히 식별할 수는 없었다]하는 등의 경우처럼 조역이나 엑스트라가 모호하게 표현되었다고 해도 그것이 합성화의 실패를 의미하는 것은 아니다. 왜냐하면 전자는 [확실히는 모르지만 현실의 어머니에 비견될 만한 어떤 사람], 그리고 후자는 [제3자적 입장에서 간접적인 관계를 가질 어떤 사람]이라는 확실한 상징의의로서 표현된 것이기 때문이다.

그렇다고 해서 전혀 예외가 없는 것은 아니다. 가령 꿈속에서 장교한 사람이 수십 명의 사병을 대동하고 전장(戰場)에 나타났을 경우처럼 그 장교는 실존인물의 동일시지만 여타 병사들은 그 동일시 인물에 통합되어야 할 일거리, 즉 의사시로 표현되는 특수한 예도 있다. 그러나 이것 역시 엄밀히 의미에서의 합성인물은 아니다. 때문에 여러 사람들의 특성이 하나로 통합되었다고 볼 수 없다. 그것은 다만 한 명의 동일시 인물과 관련된 여러 가지 정황을 묘사하기 위한 의사시로서 표현되었을 뿐이다.

옛 사람들은 말할 것도 없거니와 현재에도 프로이트식의 해석을 시도하는 연구자들 가운데는 꿈속의 인물표상을 실존으로 해석하려는 사람들이 더러 있다. 물론 꿈에 등장한 인물표상이 실존의 인물로 해석되는 경우가 전혀 없는 것은 아니다. 극히 드문 경우지만 사실적인 꿈에 한해서는 실존의 인물로 해석되는 것이다. 그러나 대부분의 꿈이 상징적인 표현이므로 이런 식의 해석은 꿈의 공상적 사연을 이해할 수 없는 것으로 만들어 버린다. 그런 의미에서 꿈에 등장한 신령적 존재, 역사적 인물, 조상, 또는 망령 등도 당연히 실존적인 존재로서 표현되는 것이 아니라고 단언할 수 있다. 그것들 모두가 잠재의식에 의해 창조된 관념적 이미지라는 것은 누차 강조한 바와 같다. 때문에 꿈에 예수, 석가, 또는 마호메트 등의 성인이 현몽(現夢)하였다고 하더라도 그것을 실존(實存)으로 오인해서는 안 된다. 꿈속의 성인(聖人) 등은 그것을 대할 때 불러일으켜지는 신앙심, 경외감, 그리고 진리의 가르침 등이 관념적 매개–또는 경험적 내재관계–가 되어 현실의 위인, 대학자, 성직자, 부모, 군주(君主) 등을 동일시하거나 그런 사람들이 남긴 서적이나 진리 등을 의사시하는 것이 일반적이다.

우리가 어떤 신앙적 대상을 향해 간절하게 기원하면 꿈으로 응답을 받는 경우가 종종 있다. 그렇다고 하더라도 그것을 신(神)으로부터 온 메시지라고 생각하는 것은 큰 잘못이다. 왜냐하면 그것은 우리 자신의 잠재의식, 더 정확하게 말하자면 우리의 내면 깊숙한 곳에 존재하는 신성력(神聖力)에서 우러나온 자기 암시일 뿐이기 때문이다. 따라서 천상의 하나님이 꿈속에 나타나 지은 죄를 다스리거나 계시를 하는 것도 결국은 잠재의식의 암시적 표현에 불과한 것이다. 신의 가르침에 따라 선(善)을 행하면 실생활에서 즐거움과 만족감을 느끼게 될 것이요, 반대로 악(惡)을 행하면 늘 불안한 마음을 떨쳐버릴 수가 없을 것이다. 악을 행함으로서 자멸로 이끌려가는 것은 신의 간섭 때문

이 아니라, 자기 자신의 신성(神性)이 제 스스로를 저주하고 심판하기 때문이다. 이것이야말로 잠재의식이 갖는 비상한 능력 중의 하나라고 말할 수 있다.

공자께서 노후에 『나도 이젠 늙었는가? 주공(周公)께서 꿈속에 한 번도 나타나지 않으시니...』하고 말씀하신 것은 늙었기 때문에 꿈이 꾸어지지 않아 주공을 꿈속에서나마 볼 수 없다고 한탄하신

공자(孔子)

말씀인 듯하다. 혹여나 공자께서도 꿈속에 등장한 인물들을 실존으로 간주하셨던 것은 아닐까? 그것이 아니라면 한 평생 주유천하(周遊天下)하여도 주공에 비견-동일시-될 만한 현자를 만나지 못했음을 한탄하신 것이리라.

나는 기독교 신자가 아님에도 예수님이 현몽하시는 경험을 여러 번 하였다. 비신자인 나의 경우가 이럴진대 신실한 신도의 경우는 또 어떠하겠는가? 역시 비신자(非信者)인 어느 대학생은 『나는 어떤 건물의 계단 밑에 서 있었다. 이때 예수님이 제자들과 함께 곁을 지나가시다가 나를 불러 악수를 하시고는 이내 사라지셨다. 나는 황송하여 몸 둘 바를 모르다가 문득 방금 전에 예수님과 악수한 손을 내려다보니 거기에는 금가루가 잔뜩 묻어 있었다.』는 꿈을 꾸었다. 이 학생은 이후 얼마 지나지 않아 대학총장으로부터 장학금을 받게 되었다고 한다. 예수님을 대학총장으로, 또 금가루를 장학금으로 비유한 꿈의 재치가 돋보이는 사례라고 할 것이다.

한편 어느 신실한 기독교 신자는 오랜 세월 예수님이 현몽하여 주기만을 간절하게 소원하였다고 한다. 하늘이 그의 정성에 감복하였는지 급기야는 어느 날 밤의 꿈에 예수님께서 강림하시었다. 그래서 그는 너무도 감격한 나머지 그 앞에 넙죽 큰절을 올렸다. 그러나 그가 어찌 알았으랴. 이 꿈은 며칠 후 소속 교회의 목사에게 무엇인가 청원을 하게 되고 그 소원이 이루어지는 것으로 실현되리라는 것을. 어떤 종교를 막론하고, 또 신자이건 비신자이건을 가리지 않고 꿈이 원하기만 하면 이러한 신상(神像)은 얼마든지 만들어질 수가 있다.

나의 연구자료에는 [반공중(半空中)에 떠서 자주 빛 광선을 발하는 예수님, 숲속에서 좌선하는 부처님, 인자하신 모습으로 다가와 무엇인가를 건네는 성모 마리아, 당대의 제자들을 거느리고 지나가는 공자님, 이슬람 사원으로 들어가는 마호메트, 하나님의 사자임을 자처하는 천사, 또는 200년 묵은 산삼의 소재를 알려준 산신령 등을 비롯하여 유사한 사례들이 일일이 열거할 수 없을 정도로 많이 수집되어 있다.

그렇다면 이들 신상은 어떤 경우에 동일시로, 또 어떤 경우에 의사시로 묘사되는 것일까? 이것은 실존인물을 동일시하는 경우와 마찬가지로 꿈의 스토리를 상기하여 재구성하는 과정에서 그 논리관계를 살펴봄으로서 쉽게 판별(判別)해낼 수가 있다. 가령 자신의 시신(屍身)을 담담한 심정으로 내려다보는 꿈이 있다고 하자. 그것은 극히 비현실적일뿐더러 꿈-표현상에 있어서도 합리적인 것이라고 할 수 없다. 왜냐하면 자신의 죽은 몸을 내려다 볼 수 있다는 것은 꿈의 공상이니 그렇다고 쳐도 여기에 당연히 부착(附着)되어 있어야 할 공포, 분노, 절망감 등의 정동마저 제거되어 있기 때문이다. 따라서 꿈속의 자기 시신이 현실의 어떤 사물을 암시하고 있음을 쉽게 간파할 수 있는 것이다.

위와 같은 의미에서 의사시로 묘사되는 신상(神像)의 예를 들자면『푸른 하늘에 흰 구름장이 떠 있었는데 어느 사이엔가 큰 꽃봉오리로 변하더니 그 속에서 아름다운 선녀가 나타나 너울너울 춤을 추며 하늘로 올라갔다.』는 꿈 이야기가 적절할 것이다. 이 경우도 과장된 꿈의 공상임에는 틀림없다. 그러나 꿈속의 선녀와 꿈꾸는 사람과의 관련성이 모호하다. 제아무리 꿈이라고는 해도 동적인 표상이 자신과 아무런 연관이 없다는 것은 어딘가 어색하기 짝이 없는 표현인 것이다. 이와 같은 경우에 우리는 그 꿈에 등장한 여러 가지 표상들의 상징의의를 상호 대조(對照)해 봄으로서 그것이 동일시가 아니라 의사시임을 발견해낼 수가 있는 것이다. 이 꿈은 어떤 작품이나 일거리(꽃봉오리)가 결실을 맺어(선녀) 그것으로 인해 세상의 이목을 끌고 명성을 떨치게 된다는 뜻이다.

그러나 어떤 경우에는 [동적인 표상을 동일시로 볼 것인가 아니면 의사시로 볼 것인가 하는] 문제가 전체적인 대의를 파악하는 것만큼이나 어려운 작업이 될 수가 있다. 더구나 그 꿈이 압축, 생략, 표상전위 등으로 수많은 단절면을 갖고 있다면 그 어려움이 한층 가중된다. 때문에 분석에 의해 밝혀낸 각 요소들의 상징의의를 순서대로 나열하여 하나의 스토리를 구성했을 때, 그것이 어색하거나 비합리적일 경우에는 중심표상인 특정한 동적표상을 의사시로 간주하여 다시 스토리를 구성하는 이중적인 작업을 거쳐야만 한다. 이것이 매우 번거롭고 수고스러운 작업임에는 틀림없으나 꿈-해석의 성패를 좌우하는 중요한 과정이니만큼 결코 소홀하게 취급할 수 없다. 미야기가 보고한 다음과 같은 꿈에 등장한 천황(天皇)은 과연 누구를 동일시하는 것일까? 이 꿈은 43세의 가정주부가 꾼 것으로 기록되어 있다.

나는 과거 내가 졸업한 여학교의 교정(校庭)에 있다. 그 운동장에는 천황이 웅크리고 앉아 갓난아기의 기저귀를 갈아주고 있다. 또한 그 앞에는 여학교 시절의 친구가 역시 웅크리고 앉아 들여다보고 있다. 그리고 천왕을 비롯한 우리 주위를 같은 여학교 동창생들이 둘러서서 바라보고 있다. 그 중에는 아무리 생각해도 그 이름을 일상에서는 상기할 수 없는 친구들도 있었으나 꿈속에서는 그들의 이름을 분명히 알 수 있었다. 천황은 좀처럼 기저귀를 갈아 끼우지를 못한다. 그래서 『누구든지 이 어린애의 기저귀를 갈아주시오. 그러면 그 중에서 제일 가난한 사람에게 은상(恩賞)을 드리겠소.』라고 천황은 말한다. 『이 중에 제일 가난한 사람이 누구지?』라고 여럿이서 소곤댄다. 나도 꿈속에서 저 사람도 아니고 또 그렇다고 이 사람도 아니라고 생각했다. 그때 동창생들의 이름이나 그들의 가정형편 등이 차례차례 전개된다.

미야기는 이 부인이 이 꿈을 꿀 당시 신문에 난 두 가지의 기사를 감명 깊게 읽었다는 사실을 밝히고 있다. 그 하나는 이께다(池田隆政) 씨가 황녀인 아츠코(池田厚子) 씨와의 약혼 중에 시스노미아(順宮)를 방문하고 그녀의 부모인 천황 내외에게 차를 대접받았다는 내용이고, 또 하나는 유가족 등의 원호법안이 각의(閣議)에서 결정됨에 따라 조만간 일시금이나 연금으로 지급된다는 이야기였다. 이 꿈을 미야기는 다음과 같이 해석하고 있다.

　　신문에 난 기사 중에서 약혼이라는 말이 인상 깊었으므로 약혼에서 결혼, 그리고 갓난아기를 낳는 과정을 연상하게 되었을 것이다. 더욱이 다 자란 딸을 가진 이 부인은 혹시나 그 딸이 혼기를 놓치지는 않았는가하고 약간 걱정하고 있었으며, 집에서는 항상 그 딸의 혼인문제가 화제의 중심이 되어 있었다. 그래서 유가족 등 원호법에서 가난한 사람에게 은상을 준다는 꿈의 출현도 생각해 볼만하다. 그런 까닭에 갓난아기와 가난한 사람이 연결되어 이런 꿈을 형성했을지도 모른다. 왜 그랬을까? 아마도 [천황의 적자(赤子)] 라고 표현했던 과거의 교육이 원인이 되었을성싶다. 오랜 세월 일본사회에 서는 이 말이 사회생활에 크게 영향을 주었기 때문이다. 일반 서민이나 가난한 사람들은 자기 자신들을 적자라는 말로 상징하고 있었기 때문이다. 때문에 이 부인은 유가족법 등 원호법을 적자에 대한 천황의 자선(慈善)이라 고 생각했는지 모른다.

이상과 같은 그의 해석은 꿈의 현현내용에 표현된 주요 표상들의 재료적 근원이 무엇인가 하는 것을 밝혀낸 것에 불과하므로 꿈-사상 의 전체적인 의미를 밝히려는 우리의 해석법과는 거리가 멀다. 우리 의 해석법에 있어서는 우선 꿈속의 천황이 실제인, 동일시, 의사시 중 에서 그 어떤 것으로 묘사되었는지를 가려내야 한다. 만약 그를 실존 으로 본다면 사실적인 꿈이 될 터인데 [천황이 교정에 웅크리고 앉아 손수 기저귀를 채우는 일]을 한다고는 상장조차 할 수 없는 일이기에 처음부터 논리가 서질 않는다. 그렇지 않고 꿈속의 천황을 누군가의 동일시로 본다면 그가 국가 최고의 통치권자이므로 정부의 최고위급 기관장, 어떤 회사의 사장, 기타 어떤 단체의 장 따위를 동일시했다고 볼 수가 있다. 그리고 다만 의사시로서 관념상의 정부(政府)나 국가권 력, 또는 통치권 등이라고 해석할 수도 있을 것이다. 만약 이것이 의사시로 표현된 것이 분명하다면 꿈속의 갓난아기는 어떤 일거리, 즉 정부의 정책이 될 것이고 이때 갓난아기의 기저귀를 갈아 채우는 일은 그 정책에 따른 시행령이나 보호규정 등의 개정이 될 것이다. 이쯤 되면 꿈-사연과 연계해서 어느 정도의 윤곽은 잡을 수 있으므로 정부기관에서 하나의 정책을 입안한 다음 이것을 완벽하게 시행하기 위하여 여러 가지 후속조치를 취하게 된다는 대강(大綱)의 해석이 가능해진다. 이 꿈을 재해석해보면 다음과 같다.

그녀는 국민의 한 사람으로서 당연히 관심을 가져야 할 원호법 개정(갓난아기의 기저귀를 갈아 채우는 일)에 관하여 정부 또는 총리대신(천황)의 발표를 신문지상(여학교 교정)을 통해 알게 된다. 그런데 그 법률의 개정은 최고통수권자의 의사결정만으로는 매듭을 짓지 못하므로(천황이 기저귀를 갈아 채우지 못함) 각의(閣議)에서 의결하지 않으면 안 된다.(여학교 동창생들을 각료로 묘사) 그리고 총리대신은 이 법안의 개정에 관한 검토와 의결이 진행되는 각의에서 우선 영세한 유가족부터 지급할 수 있는 방안을 제의한다.(제일 가난한 사람에게 은상을 주겠다고 함) 그래서 각의에서는(여고 동창생들) 그 법 조항에 해당되는 수혜자(제일 가난한 사람)를 결정하고자 여러 가지 방안을 놓고 토론을 벌이게 된다.(제일 가난한 사람이 누구일까 하고 수군댐) 이 과정에서 몇몇 각료들이 제안한 구체적인 방안들에 의해 그 수혜대상 수준 등이 검토되고 논의되었다.(동창생들의 이름이 차례로 상기되면서 그들의 구체적인 생활 형편들이 전개된 것)

어쩌면 그녀 자신이 수혜자(受惠者) 중의 한 사람일 수도 있고, 그렇지 않더라도 국민의 한 사람으로서 원호법 개정에 대한 관심도가 높았다면 이런 꿈을 능히 꿀 수가 있었을 것이다. 이 꿈을 의사시로 해석한 주된 이유는 천황과 갓난아기라는 극적인 대비에서 현실의 누군가를 동일시하는 꿈은 아니라는 판단이 나왔기 때문이다. 우리네 꿈속에서도 갓난아기는 어떤 일거리의 동일시인 경우가 많다.

2. 자아(自我)의 동일시

꿈속에 등장한 여러 인물표상이 자기의 자아로 해석되는 경우가 더러 있다. 예를 들자면 꿈속에서 그 정체를 알 수 없는 누군가로부터 『이렇게 하는 것이 더 좋은 결과를 얻을 것이다.』라는 권유를 받거나, 조상이나 부모 등으로부터 『그렇게 하면 못쓴다.』라는 훈계를 듣거나, 또는 산신령으로부터 『어느 곳에 가면 산삼을 찾을 수 있는 것이다.』라는 계시를 받거나 하는 등의 꿈들이 바로 그것이다. 이때 미지의 인물이나 조상, 또는 산신령 등은 타인의 동일시로 묘사된 것이 아니다. 그것은 다만 자아의 대치(代置), 즉 자신의 내면에 속한 양심, 지혜, 진리, 판단, 예지 따위가 의사시로 표현된 것이다. 이런 종류의 꿈을 우리는 [자기암시적인 꿈]이라고 부른다. 이런 꿈들은 장차 현실에서 체험하게 될 어떤 심적 갈등, 도덕적 판단, 또는 지혜의 발견 등과 밀접하게 연관되어 있다.

그렇다면 이처럼 자신의 자아가 의사시로서 표현되는 이유는 무엇일까? 그것은 꿈이 자신의 내면에 숨겨진 양심, 도덕, 지혜 등의 관념을 신비스러운 이미지로 구현해냄으로서 그 암시적 의도를 강화하려는데 원인이 있다. 아울러 꿈이 시각적인 이미지로 그 사상을 표현하기를 더 선호하는 것도 그 이유 중의 하나가 될 수 있다. 즉, 암시적 메시지를 상념으로 표현하는 것보다 어떤 상대방을 등장시켜 대화체로 묘사하는 것이 더 효과적이기 때문이라는 것이다. 가령 꿈에 어떤 신령적인 존재가 등장하여 무엇인가 계시를 하였다면 우리는 그것을 여타의 꿈보다 더 신뢰하게 될 것이며, 또 꿈을 깨고도 여전히 남아있는 신비감이나 경외감으로 인하여 더 오래 기억할 것이다. 결국 이러한 표현은 우리의 잠재의식이 스스로를 각성시키기 위한 자기 암시의 강화수단인 것이다. 그리고 이것은 각성시의 우리가 어떤 의사결정을 함에 있어서 두 개의 자아, 즉 의식과 잠재의식이 무의식적인 갈등과 타협 속에 자문자답을 반복하면서 사고를 진행시키는 것과 같은 메커니즘이라고도 볼 수 있다.

앞서 우리는 〈꿈을 형성하는 두 개의 자아〉에서 자기의 [또 하나의 자아]가 타인을 동일시하는 꿈이 있음을 알아보았다. 이것은 자기가 동적인 표상으로 등장하여 활동하는 것을 자신의 다른 자아가 인식하는 꿈을 말하는 것인데 이때의 행동하는 자아가 현실의 누군가를 동일시한다는 것이 그 요지였다. 그렇다면 꿈은 왜 구태여 자신의 자아를 타인의 동일시로 묘사하는 수고로움을 감수하는 것일까? 그것은 타인의 운명적 추이(推移)가 장차 자신의 운명과 직결된다는 뜻을 강조하려는 의도가 복선(複線)으로 깔려 있기 때문이다. 이런 표현은 타인대행의 꿈에 주로 나타나며 특히 근친도가 높은 사람을 대신하는 꿈에서 빈번하게 구현된다. 예를 들어 자식을 멀리 떠나보낸 어머니의 꿈은 항상 자식의 안위를 걱정하는 내용으로 채워지는데 그 대부분의 경우에 있어서 꿈속의 자신은 자식의 동일시로 묘사된다는 것이다. 그만큼 자식의 안위는 자신의 운명과도 직결되어 있기 때문이다. 이런 관점에서 판단한다면 사회, 국가적인 꿈에 있어서 자신의 자아가 의사시로 묘사될 수 있다는 주장도 전혀 이상하게 생각되지 않을 것이다. 이것은 전항의 말미에 소개한 어떤 부인의 꿈-*천황의 꿈*-을 참고하기만 해도 충분히 이해할 수 있는 문제라고 본다.

극히 드문 경우긴 하지만 현실에서 누군가에게 극히 비판적이거나 적대적인 감정을 품고 있을 때, 꿈에 등장한 자신의 자아가 그 사람의 운명을 묘사하는 특수한 경우도 있다. 그러나 가장 특이한 것은 꿈속에 두 개의 자아가 동시에 출현하여 일인이역(一人二役)을 하는 경우라고 할 것이다. 예를 들자면 자기가 객석에 앉아 극을 구경하는데 자기의 [또 하나의 자아]는 연기자가 되어 무대에서 연기를 펼치는 경우와, 자기는 법정의 방청석에 앉아 있는데 [또 하나의 자아]는 범죄인이 되어 판사 앞에서 준엄한 선고를 받고 있는 경우 등이 있다.

이때 이 두 개의 자아 중 하나는 반드시 어떤 실존인물을 동일시하거나, 어떤 관념을 형상화하거나, 또는 어떤 일거리로 묘사되어야만 한다. 1972년 내가 잘 아는 20대 가정주부인 K씨가 다음과 같은 꿈을 꾸고 그 해석을 의뢰해왔다.

　남편과 둘이서 극장엘 갔다. 연극(演劇)의 제목은 [거인(巨人) 아지노모도] 였다. 수많은 관객이 꽉 들어 찬 관람석 한 가운데에 내가 앉았다. 이때 남편이 내 옆자리에 앉았는지는 분명치 않다. 그런데 가만히 보니 무대 위에 올라온 주인공이 다름 아닌 바로 나다. 이때 나는 어느 나라 공주로 분장하고 있다. 붉은 비로드(veludo) 옷으로 치장하고 머리에는 공주의 빛나는 금관을 썼다. 이 나라는 반란군이 휩쓸고 지나가 국토는 황폐하고 건물은 무너졌으며 국민들은 피로해 있다. 나는 분연히 일어나 그 황무지들을 개간한다. 한 남자가 나를 붙잡고 나라가 이 꼴인데 무슨 개간이냐고 윽박지르며 나를 죽이려 한다. 나는 황급히 주위를 둘러보며 『OOO 대신(大臣)을 불러 오라!』고 소리친다. 그래서 불려온 대신은 흰 수염이 길게 난 아주 인자하게 생긴 노인이다. 그가 내 앞에 엎드리면서 『모두들 엎드려라! 이 분은 공주님이시다!』하고 소리치니 주변의 모두가 일제히 내 앞에 엎드린다. 나는 통쾌한 기분이 들어 마치 왕이라도 된 듯이 『모든 국민은 이곳에 모이라!』고 외친다. 국민들이 모였다. 원형극장의 이층에 그들이 모여들었으며 나는 어느새 장면이 변한 아래층 광장에 서서 소리친다.『국민들이여, 용기를 내자. 외지에는 반란군이 있다. 나는 국민들을 위하여 구원병을 요청했노라!』 그러자 관중석에 있던 또 하나의 내가 요란하게 손뼉을 치면서 『저 공주님이야말로 위대한 여왕이시다!』하고 소리친다. 그런데 정작 공주가 보여주는 구원병이라는 것은 갈치모양의 날카로운 등지느러미를 한 어마어마한 크기의 청황색 이무기 두 마리였다. 뱀도 용도 아닌 것이 그 몸통의 외부가 온통 두터운 비늘로 덮여 있었다. 그러자 어느 틈엔가 이 두 마리가 등을 맞대고 서로 엉겨 붙어서 그르렁거리며 싸운다. 이 바람에 비늘들이 맞부딪치며 번쩍거린다. 나는 이것을 거인 아지노모도의 정체일 것이라고 생각하면서 그 두 마리를 모두 나의 치마 속에 집어넣었다. 그리고 나는『궐기하라 국민들이여!』라고 외치다가 잠을 깨었다.

지면관계상 이 꿈의 전문해석을 다 실을 수 없음이 참으로 안타깝다. 여성의 꿈치고는 너무나도 스케일이 크고 상상력이 풍부하여 유난히 관심이 가는 꿈이었기 때문이다. 본 항의 맥락에서 이 꿈의 해석을 대강만 소개하자면 연극의 주인공, 즉 극중의 공주로 분한 자기의 [또 하나의 자아]는 타인을 동일시하는 것이다. 남편이나 지인 중의 누군가가 될 것이다. 이때 관람석의 자기는 물론 본래의 자기 자신이다. 이 꿈은 경영부실로 도산위기에 처한 어떤 기업체의 재건을 암시하고 있다. 그리고 거인 아지노모도라는 이름의 이무기 두 마리는 두 개의 거대한 생산시설, 혹은 두 개의 회생방안을 뜻한다. 그러나 만약 꿈속의 자신이 의사시로 묘사된 것이라면 머지않은 장래에 태어날 아기—*그녀는 이때 실제로 임신 중이었다*—의 미래를 예지하는 태몽이 될 수도 있다. 이것은 하나의 꿈속에 동시에 표현된 두 자아의 역할을 설명하는 좋은 사례로서 소개하였다.

　　이와 같은 [두 개의 자아]라는 표현은 앞부분에서도 설명한 바 있는 자신의 시신을 내려다보는 꿈에서 더욱 극적인 효과를 보여준다. 사람들은 이런 꿈을 꾸면 실제로 그런 일이 생기지나 않을까 노심초사하는 경우가 많다. 누군가는 죽음에 대한 예행연습이라고 하고, 또 누군가는 옛사람들처럼 혼이 빠져나가 활동하는 것이라고 주장할 지도 모르겠다. 그러나 위의 여러 예에서 보듯이 이것 역시 자가의 [또 하나의 자아]가 의사시로 표현된 것에 불과하다는 사실은 이제까지 여러 번 강조해온 바와 같다.

　　그렇다면 꿈속에서 유리나 거울 등의 반사체(反射體)에 비춰 보인 자신의 모습은 어떤 상징의의를 갖는 것일까? 거울 속에 비친 자신의 모습을 예로 들자면 그것은 타인의 동일시일 경우가 많다. 한국 전래의 해몽서인 해몽요결(解夢要訣)에서 보자면 거울에 제 얼굴이 보이면 반가운 일이 있고 타인의 얼굴이 보이면 처첩(妻妾)이 딴 남자와 간통을 하거나 빚쟁이나 연적(戀敵) 등에게 혐오감을 느끼거나 다투게 된다고 한다. 물론 이런 해석이 어떤 정당한 근거를 두고 이루어진 것은 아닐 것이다. 그러나 그것이 경험적 통계를 바탕으로 한 것이라는 점에서 전혀 신빙성이 없다고는 말할 수 없다. 특히 거울에 비춘 자신의 얼굴이 타인의 모습으로 보이는 것을 처첩의 정부나 연적으로 비유한 것은 실로 놀라운 발상이었다.

그런데 내가 수집하여 정리한 자료에 의하면 이처럼 거울에 자신의 얼굴을 비추어보는 꿈이 가까운 지인(知人)들의 소식과 연관된 경우가 대다수를 차지했다. 즉 꿈속에서 거울에 어떤 물상을 비추어보는 꿈은 간접적인 관련성이 갖는 어떤 현실사건을 암시하는 경우가 일반적이었는데, 그 중에서 자신의 얼굴을 비춰보는 꿈만은 가까운 지인의 근황과 연관된 암시가 많았다는 것이다. 가령 [거울 속에 비친 자신의 얼굴이 갑자기 젊고 아름다운 얼굴로 변해 있었다]는 경우에는 머지 않은 장래에 젊고 아름다운 지인을 만나게 되거나 그(녀)에 관한 소식을 듣게 되었고, [거울에 비친 자신의 얼굴과 목이 유난히 길어보였다]는 경우에는 다음날 담임교회 목사가 찾아왔으며, [거울에 비친 자신의 얼굴이 검고 흉한 모습이었다]는 경우에는 다음날 다른 사람의 일로 인해 어떤 외판원과 대판 말다툼을 벌이게 되었다고 한다. 또한 [거울에 나체가 된 자신의 전신을 비추어보았다]는 경우는 가까운 친척 한 사람이 파산하게 됨으로서 의지할 데 없이 외로운 처지에 놓여 있다는 소식을 듣게 되었다고 한다. 그런가하면 [거울에 아는 사람의 얼굴이 나타나 보였다]는 경우는 다음날 현실에서 거울속의 그로 동일시될 만한 인물을 만나보게 되었다고 한다. 위의 여러 사례에서 보듯이 거울에 비친 또 하나의 자기가 동일시하는 것은 현실에서 가까운 지인들임을 알 수 있다. 따라서 이러한 동적 표상들을 자기의 [또 하나의 자아]로서 표현된 동일시 인물이라고 말할 수 있을 것이다.

3. 성별(性別) 및 연령(年齡)에 따른 동일시

꿈의 동일시 표현과 관련한 특성 중의 하나는 그 동일시 인물의 성(性)을 반대의 성으로 묘사할 수 있다는 점이다. 즉, 꿈은 그 암시적 의도를 강조하기 위해 꿈속의 남성으로 현실의 여성을 동일시하거나, 역으로 꿈속의 여성으로 현실의 남성을 동일시하는 경우가 있다는 것이다. 이것은 우리의 잠재의식이 장차 현실에서 상관하게 될 누군가의 성격을 극단적인 방법으로 비유하고자 할 때 동원하는 상용수법 중의 하나이다. 가령 [어떤 큰 여관에 투숙했는데 그 여관 주인이 나에게 음식을 먹여주었다]는 경우가 있다고 하자. 이때 여관이 어떤 기관, 단체 등을 암시하는 것이라면 꿈속의 여주인은 그 장(長)의 동일시가 될 수 있다. 따라서 그녀가 자신에게 어떤 음식을 먹여주었다는 것은 현실의 어떤 기관이나 단체의 장으로부터 어떤 직책을 받게 된다는 암시일 수가 있다. 그렇다면 현실의 기관장을 군이 여성으로 묘사하는 이유는 무엇일까? 그것은 꿈꾼 이가 장차 이 실존인물과 조우할 때, 그가 여성적인 외양을 지니고 있다고 느끼거나, 또는 그의 성품이 교활하고 음흉하다고 판단하게 될 것이기 때문이다. 나는 얼마 전 다음과 같은 꿈을 꾼 적이 있다. 이때까지만 해도 텔레비전에 나오는 탤런트가 나의 꿈에 등장하는 일은 거의 없었다. 그런데 이 꿈에서는 평소 호감을 갖고 있던 어느 여성 탤런트가 등장하여 아주 생생한 장면을 연출하였다.

나는 어떤 집의 상당히 넓어 보이는 방에 앉아 있다. 이때 계수(季嫂)라고 하는 여자 셋이 방에 들어와 앉으며 나와 이야기를 주고받는다. 그런데 전혀 생소한 얼굴들이다. 더구나 막내 계수라고 하는 여자는 텔레비전에 나오는 어떤 여성 탤런트다. 나는 그녀의 이름을 떠올리려 하지만 좀처럼 상기되지 않는다. 이윽고 장면이 바뀌어 내가 옆방에서 무엇인가를 하고 있는데 그 막내 계수라는 여자가 내 방으로 커피를 들고 들어와 마시라고 한다. 내가 무심히 바라보니 그녀는 극중에서 늘 그랬듯이 생글거리는 화사한 얼굴에 웃음을 머금은 채 나에게 재차 커피를 마시기를 권한다. 내가 그것을 받아 냄새를 맡아보니 좀 이상하다. 그래서 마시기를 주저하는데 그녀가 얼른 되받아 한 모금 마시더니 『이 잔에는 독(毒)이 든 것 같으니 약물시험연구소에 보내서 검사해 보아야겠군요.』라고 한다. 그리고는 안색 하나 안 변한 채 커피 잔을 들고 옆방으로 간다.

이 꿈의 전후에도 상당히 긴 사연이 전개되었으나 여기서는 생략한다. 이 꿈은 최근에 꾼 것이고 아직 실현되지 않았기 때문에 꿈속의 탤런트가 누구를 동일시하는 것인지는 분명치 않다. 다만 지금 나의 최근 관심사가 새로운 책 출판에 있으므로 이것과 연관된 인물이라는 추정만은 가능하다. 더구나 이제까지 나의 꿈에 등장한 계수라는 인물표상이 현실의 어떤 출판관계자를 동일시하고 있었으므로 그와 같은 추정은 어느 정도의 가능성을 보여준다고 할 수 있다. 만약 그렇다면 그는 평상시 내가 그 여성 탤런트에게 가졌던 호감만큼이나 우호적인 인물임에는 틀림이 없을 것이다. 나는 그가 여성적인 외모를 지닌 인물이기를 기대해본다. 그렇지 않다면 이 꿈은 전혀 다른 내용으로 실현될 것이기 때문이다.

꿈은 미래의 현실에서 상관하게 될 어떤 미지의 인물을 이성(異性)으로 묘사하면서 성교의 장면을 연출하기도 한다. 이 성교의 꿈이 현실의 어떤 계약, 협약, 탐지, 교섭 등의 일을 암시한다는 것은 앞부분에서 설명한 바 있다. 그런데 꿈이 위와 같은 사건들을 성교의 꿈으로 암시하는 이유는 촉감을 매개로 한 쌍방행위라는 측면에서 꿈속에서의 심적 동향이나 정동, 또는 양태 등으로 현실사건의 성패와 진행양상을 묘사하기에 매우 적합하기 때문이다. 간혹 꿈속의 상대방이 이성이 아닌 동성으로 묘사되는 이유도 이런 꿈의 의도성과 연관이 있다.

동일시 표현의 또 하나 특성은 그 실존인물을 현실적 상황과 여러모로 다르게 표현한다는 점이다. 특히 연령적인 면에서는 현실적 상황과 전혀 다른, 매우 다양한 양태로 묘사함으로서 그 암시적 의도를 보다 선명하게 나타낸다. 물론 어떤 경우에는 실존의 인물과 같은 또래의 인물표상으로 묘사되기도 한다. 그러나 대부분의 경우에 있어서는 그 동일시 인물의 연령대가 실존인물과 두드러진 차이를 보이게 된다. 예를 들어 이미 반백이 다 된 현실의 친구를 어린 시절의 악동으로 그려내는 경우가 그것에 해당한다. 꿈속에서 자기 자신이나 지인들이 기억속의 어린 시절로 되돌아가 있는 현상을 두고 프로이트나 최면술사라면 당연히 연령퇴행으로 볼 것이다. 그러나 만약 그것이 상징적인 꿈이라고 한다면 위와 같은 주장은 전혀 얼토당토않은 것이 된다. 본질적인 의미부터가 달라지기 때문이다. 그것은 나름대로의 상징의의로서 장차 현실에서 상관하게 될 어떤 인물을 자신과 비교했을 때, 그가 그 연령차이만큼이나 지식, 능력, 경험 등에 있어 자신과의 격차가 있음을 암시하는 것이다.

이처럼 꿈이 동일시 인물의 연령을 현실과는 사뭇 다르게 표현하는 이유는 전적으로 그 공상적 표상작업 때문이지만 압축이나 중의적인 표현이라는 점에 있어서도 이 우화적인 표현이 제공하는 효과는 매우 크다. 특히 실존인물의 존비(尊卑)를 암시하거나 그 정신적 성숙도를 나타냄에 있어서는 매우 뚜렷한 암시효과를 거둘 수 있다. 가령 『상대방의 얼굴은 아직 홍안이지만 그 머리칼은 하얗게 쉬었다.』는 꿈이 있다고 한다면 그것은 장차 현실에서 만나게 될 그 동일시 인물이 자신의 관록을 자랑하지만 실상은 아직 연륜이 짧고 지식이 일천하여 한눈에도 경솔한 사람임을 금방 알아볼 것이라는 뜻이 된다. 또한 『자신은 40대 중반이지만 동창생은 십대의 악동으로 나타났다.』는 경우라면 장차 그로 동일시된 실존인물을 만났을 때, 그가 아직 덜 성숙하여 치기어린 행동을 보이게 된다는 뜻이다. 꿈은 이와 같이 연령적인 차이에 따른 극단적인 대비(對比)로서 장차 현실의 누군가를 얕보게 된다는 사실을 살짝 비틀어서 묘사하는 풍자와 유머를 가지고 있다. 이것은 원숭이나 개와 같은 동물이 사람을 동일시할 때의 암시적 의도와 같은 것이라도 말할 수 있다.

그런가하면 여타의 요소들은 사실 그대로인데 유독 동일시 인물의 실제연령만은 다르게 표현함으로서 현재 그가 처한 상황을 두드러지게 나타내는 경우도 있다. 가령 현재 30대인 친구가 꿈속에서는 60대의 늙어버린 모습으로 묘사되었다면 현실의 그가 지금 생활에 지쳐 있거나, 아니면 병들어 있음을 암시하는 것으로 해석된다는 것이다. 그러나 앞서 설명한 바와 같이 그가 비록 30대의 연령이지만 60대에 비견(比肩)될 만큼 원숙한 정신세계를 가지고 있다는 의미로도 해석될 수 있음은 물론이다. 이런 점에서 볼 때, 꿈속의 고인(故人)들이 사실적으로 묘사되는 것이 아니라는 점이 더욱 분명해진다. 가령 꿈에 80세에 돌아가신 할아버지가 30대 청년의 모습으로 나타났다고 하자. 과연 우리가 그것을 사실적인 표현이라고 인정할 수 있을까? 여기에 프로이트의 이론을 적용한다면 더욱 황당해질 것이다. 연령퇴행을 지나 전생퇴행(前生退行)으로까지 거슬러 올라가야 할 것이기 때문이다.

4. 의인시(擬人視)와 의사시(擬事視)

나는 이제까지 이 두 가지의 용어를 구체적인 정의 없이 사용하여 왔다. 그렇다면 의인시와 의사시는 어떤 의미인가? 이 둘은 그 각각이 꿈의 독특한 표현중의 하나지만 넓은 의미에서 보자면 동일시의 한 유형이다. 의인시란 꿈에 묘사된 사물, 가령 동물, 곤충, 식물, 광물, 또는 가공품 등으로 현실의 사람을 암시하는 표현수단이고, 의사시란 꿈속의 사람이나 동물로서 현실의 어떤 사물, 특히 사상, 지식, 감정 등의 관념적인 대상을 암시하는 표현수단이다.

우선 의인시의 경우를 살펴보자면 국어문법에서도 이와 비슷한 개념의 용어를 사용하고 있는데, 그것은 바로 [의인법(擬人法)]이다. 의인법의 사전적 의미는 [사람이 아닌 것을 사람에 비겨 사람이 행동하는 것처럼 표현하는 수사법]이지만 우리의 의인시와는 약간 다른 개념이다. 우리의 의인시란 사람이 아닌 것을 사람처럼 다루어서 현실의 어떤 실존인물을 동일시하는 것이기 때문이다. 꿈이 굳이 의인시라는 표현수단을 취하는 이유는 사람에게는 없는 여러 가지 동식물적인 특성에서 한두 가지 이상의 유사성을 이끌어와 현실에서 상관하게 될 어떤 실존인물의 품성(品性)을 비유함으로서 여러 가지 암시적 의미를 보다 명료하게 표현할 수 있기 때문이다. 흔히 사람들은 타인의 성격을 판단함에 있어 곰처럼 우둔하고 양처럼 온순하며 뱀처럼 교활하다는 식으로 언뜻 동물적 특성을 연상하는 버릇을 가지고 있다. 이와 같이 동식물적인 특성으로 인간을 비유하는 표현방식은 그것이 신화, 전설, 민담 등의 문화적 유산에서 많이 발견된다는 점에서 아마도 자연과 밀착생활을 했던 원시인류의 유산으로 여겨진다. 꿈의 의인시 역시 이런 맥락에서 판단해야 할 것이다.

여기서 꿈속의 원숭이가 현실의 사람을 동일시하는 경우를 살펴보자. 원숭이는 사람의 형상을 닮은 동물로서 사람처럼 집단생활을 한다. 또한 원숭이는 흉내를 잘 내고 행동이 민첩하며 교활하다. 원숭이의 이러한 특성 중에서 한두가지이상의 유사성을 이끌어내어 현실의 실존인물을 비유하기란 매우 용이하다. 다음은 내가 경험한 원숭이 꿈 이야기다.

12지신(支神)의 하나인 원숭이

내 앞에 원숭이 한 마리가 있다. 무엇 때문인지 나는 원숭이에게 매질을 한다. 그리고 가위를 가지고 그 귀를 잘라내니 그 원숭이가 사람으로 변했다.

나는 이 꿈을 꾸고 난 며칠 후 나와 절친하게 사귀던 한 젊은이가 나를 속인 것을 알고(그가 교활한 사기꾼이라고 생각해서 원숭이로 동일시했음) 몹시 불쾌했지만 그가 지혜가 없기 때문에(인간에 비교된 원숭이의 사고력) 그런 짓을 한 것이라고 판단하여 그를 여러모로 타일렀다.(매질하다) 그는 그 후 오랫동안 소식을 끊었으나(가위로 귀를 자르다) 몇 해만에 다시 나타나 진심으로 사죄하는 인간적인 모습을 보여줬다.(사람으로 변했다)

　꿈이 동식물 등을 의인화하여 현실의 실존인물을 동일시하는 두 번째 이유는 현실에서의 유사전가(類似轉嫁)와 같이 동일시 인물로 묘사되는 꿈-상징에다가 꿈꾼 이의 감정을 이입(移入)하기가 용이하기 때문이다. 다시 말하자면 현실의 어떤 인물에 대한 주관적인 감정을 꿈 속에 표현되는 표상에 덧붙이기가 쉽기 때문이라는 것이다. 위의 예에서 어떤 교활한 젊은이를 원숭이에 비유하게 된 것은 그를 멸시하고 싶은 나의 심적 메커니즘이 작동하였기 때문이다. 따라서 꿈은 사람이 아닌, 원숭이로 묘사함으로서 현실의 그를 비하함과 동시에 심적인 부담 없이 매질을 하고 귀를 자르는 가학행위를 감행함으로서 그동안 억눌렸던 감정을 배설하고 있는 것이다. 이것은 같은 조건이라면 가급적 심적 부담이 덜한 쪽의 표상을 이끌어오려는 꿈의 속성과도 연관되어 있다. 다음은 암소를 의인화하여 현실의 어떤 처녀를 동일시한 꿈 이야기다.

　　어떤 사람이 암소의 고삐를 잡아 몰고 오는데 그 면상(面上)이 사람의 얼굴을 닮았다. 소는 나에게 무엇인지 말을 하다가 곧 웃는 얼굴로 고개를 숙여 나에게 절을 하는 시늉을 한다.

　이 꿈은 그 며칠 후 지인(知人) 중의 누군가가(소를 몰고 온 사람으로 동일시된 인물) 시골에서 어떤 처녀(암소)를 그녀의 친척집에 데려다 주는 길에 함께 들려 나에게 인사를 시킨 것(소가 절을 하다)으로 실현되었다. 그런데 그 처녀의 얼굴을 찬찬히 살펴보니 꿈속에서 보았던 소의 얼굴모습과 너무도 닮아 있었다.

그렇다면 꿈은 왜 불경스럽게도 남의 금지옥엽과 같은 딸을 하찮은 소에 비유한 것일까? 여기에는 다음과 같은 여러 가지 암시적 의미가 합성되어 있었다. 즉, 꿈은 그녀가 시골출신 처녀라는 점을 암소라는 동물표상으로 우화적으로 표현하고 있지만 실제로도 그녀는 암소처럼 순박하고 온순해 보였던 것이다. 또한 꿈은 소가 사람의 얼굴을 하고 있다는 표현으로서 그녀의 시골티 나는 외모 뒤에 슬기로움이 감춰져 있음을 암시하고 있었다. 그리고 암소가 쇠고삐에 이끌려온 것은 향후 지인의 간섭과 지도가 필요하다는 뜻을 합성화해서 표현한 것이고, 암소가 나에게 웃는 낯으로 절을 한 것은 현실에서 그녀가 나에게 인사를 하는 양태를 비유적으로 묘사한 것이었다. 결국 이 꿈의 의도는 소와 그녀의 얼굴모습이 비슷하다는 사실만을 암시하려는데 있지 않았다는 것이다.

의인시의 재료로는 동물이 으뜸이며 대부분의 꿈에서 빈번하게 표현된다. 따라서 꿈에 등장한 동물표상이 사람을 동일시하고 있다는 사실을 확인할 수만 있다면 현실의 실존인물을 가름하기란 그리 어렵지 않다. 이러한 의인화작업에 매개가 되는 그 동물이 본래 가지고 있는 외양, 행태, 특성, 용도 등인데, 경우에 따라서는 그 동물에 대한 *꿈꾼* 이의 선입관과 꿈속에서 불러일으켜지는 정동 등도 매개변수 *-경험적 내재관계-*가 될 수 있다.

이처럼 동물표상이 제공하는 다양한 유사성은 실존인물의 신분, 성격, 능력 등과 자기와의 근친도 및 이해관계를 암시하기에 매우 효과적인 재료가 된다. 가령 꿈속의 뱀이 현실의 누군가를 동일시하는 경우를 예로 들자면 그것이 통상 세력가, 지배자, 독부(毒婦), 정부(情夫), 교활한 사람, 싫은 사람 등으로 해석되는 이유는 뱀이 가지는 여러 가지 특성 외에 꿈꾼 이의 감정이나 꿈속에서의 양태, 그리고 사회적 통념 등에서 여러 가지 유사개념이 추출되어 합성되기 때문이다.

성경의 《창세기1장》에 기록된 아담과 하와의 선악과 이야기는 위의 주장을 입증하는 좋은 예가 될 것이다. 뱀이 지닌 징그러운 외양뿐만 아니라 그 행태에서 불러일으켜진 정동, 가령 공포나 불쾌감 등이 사회적 통념이 되어 선악과(善惡果)를 따먹도록 유혹하는 뱀의 교활함을 형상화했을 것이기 때문이다.

우리의 민속에서도 뱀은 주로 독부, 정부, 교활한 사람, 또는 싫은 사람 등의 부정적인 요소로서 상징화되는 경향이 일반적이다. 그러나 서구인의 관념과는 달리 우리의 뱀은 우호적인 면도 갖고 있는데 그것은 민족 고유의 풍습과 연관이 있다. 즉, 우리의 경우는 12간지(干支)의 하나로서, 무속에서의 업(業)으로서, 또한 용신사상(龍神思想)의 기본단위로서 다산(多産), 가복(家福), 재물 등을 상징하는 영험한 동물로 추앙되어왔다. 특히 우리네 꿈에서는 뱀이 남녀관계의 상대방-특히 여성의 입장에서-으로 동일시되는 경우가 많은데 이것은 아마도 그 생태적 관점에서 유래한 사회적 통념 때문일 것이다. 가령 [처녀가 뱀이 자기의 몸을 물고 늘어지거나 몸을 칭칭 감고 있는 꿈을 꾸면 틀림없이 배우자를 만나게 될 것이며, 유부녀가 그런 꿈을 꾸면 정부를 만나게 될 것이다]라고 해석되는 것도 위와 같은 여러 유사개념들이 합성되기 때문이다. 이와 같이 여러 유사관계로서 꿈-재료와 꿈-상징을 연결하는 메커니즘을 [내재관계(內在關係)]라고 하는바, 후반부의 상징형성이론에서 상세하게 설명할 예정이다.

각종 사물로서 현실의 실존인물을 동일시하는 사례는 많다. 그러나 꿈은 이런 의인시보다 꿈속의 생명체로서 현실의 사물을 상징하는 의사시의 표현을 더 즐겨한다. 그런 까닭에 꿈속의 표상이 동일시로 표현된 것이냐 아니면 의사시로 표현된 것이냐를 가려내는 것이 매우 중요한 작업이며, 또한 꿈-해석의 성패를 가름하는 가장 중요한 요소가 된다. 앞에서 예제로 든 암소의 꿈에 있어서도 우리는 그것을 작품, 재물, 권리 등의 의사시로도 해석할 수 있으므로 전체적인 대의를 파악하기 전에 섣불리 판단하게 되면 꿈-해석이 처음부터 빗나갈 수밖에 없다. 과거에도 동식물과 같은 생명체를 어떤 사물로 해석하려는 경향이 없지는 않았으나 사람이나 신령, 또는 영혼 등의 표상을 의사시로 보고 이것의 형성원리를 해명한 사람은 동서고금에 아무도 없었다. 신령이나 영혼마저 실존으로 간주하려는 사람들에게서 이러한 의사시의 개념이 창출되기를 기대한다는 것 자체가 어리석은 일일 것이다. 『신령이 나타나서 「너는 곧 죽을 것이다」라고 말한다.』, 『돌아가신 할아버지가 방안에 들어와 또 돌아가시는 장면을 본다.』, 또는『사랑하는 아들이 차에 치어죽었는데도 조금도 슬픈 감정이 생기지 않는다.』등의 사례에서 공통점은 무엇일까? 여기서 신령, 할아버지, 아들 등을 실존으로 해석한다면 꿈의 본뜻을 찾을 수 없음은 물론 아예 스토리 자체를 구성할 수 없게 될 것이다. 그것들 모두는 의사시로 표현된 것이기 때문이다.

불가(佛家)에서만 알려진 이상한 꿈 이야기 하나를 소개한다. 옛날 어떤 절의 한 행자승(行者僧)이 하루는 꿈을 꾸었는데 백발노인이 나타나 말하기를『지금 머리맡에 앉아있는 소년의 목을 잘라야만 성불(成佛)할 수 있다.』라고 말하였다. 이것을 액면 그대로 받아들인 이 어리석은 행자승은 잠을 깨자마자 자기 앞에서 놀고 있던 어린 소년의 목을 자르는 참극을 저지르고 만다. 그가 대부분의 꿈이 상징적으로 표현된다는 사실을 깨달았더라면 그처럼 끔찍한 짓을 저지르지 않았을 텐데. 이 꿈속의 소년은 자기의 성기(性器)를 암시하고 있다. 따라서 그 소년의 목을 자르라고 한 것은 금욕(禁慾)을 하라는 뜻이다. 물론 백발노인은 분장(扮裝)을 하고 등장한 자기의 [또 하나의 자아]로서 자기 자신에게 자성(自省)—금욕을 해야만 깨우침을 얻게 될 것이라는—을 촉구하는 메시지를 보내고 있었던 것이다. 그는 늘 불도(佛道)에 방해가 되는 것이 자신의 지나친 성욕이라고 생각하고 있었을 것이다. 이 꿈에서 소년-육욕(肉慾)-과 백발노인-*자기의 또 하나의 자아*- 등은 모두 의사시로 표현된 것이다.

인물표상의 의사시 표현에 있어 특히 유의해야 할 점은 꿈이 그 표상의 노유(老幼)에 따라 다양한 상징의의를 나타낸다는 것이다. 통상 늙은 사람은 오래된 일이나 성숙한 일이고, 젊은 사람은 새롭고 충실하며 기능이 가장 활발한 일이다. 또한 처녀는 새롭고 순수하며 미개척 분야의 일이고 어린 아이는 작고 오래되지 않았으며 미숙한 어떤 일이다. 그런데 갓난아기는 프로이트 주장하는 것처럼 성기의 상징으로만 해석되지는 않는다. 갓난아기의 표상은 완벽한 인격체로서 낳고 키워서 성장할 때까지 돌봐야 한다는, 그리고 애착과 기대와 심로(心勞)가 가는 존재라는 상징의의를 갖고 있다. 따라서 꿈속의 갓난아기는 통상 작품이나 일거리로 해석되며 경우에 따라서는 근심, 불쾌, 방해물 등으로 해석되기도 한다.

꿈의 공상은 극단적으로 자유분방하여 근친 간의 성행위 장면도 심심치 않게 연출된다. 그리고 이것은 과거의 재현, 또는 욕구의 표현으로 오인되기 쉽다. 때문에 이런 꿈을 꾼 사람들이 그러한 사실에 대해 죄책감으로 느끼거나, 자신의 정신상태를 의심하면서 스스로를 학대(虐待)하는 경우가 종종 있다. 그렇다면 꿈은 왜 이처럼 부도덕하며 혐오스러운 성행위의 장면을 연출하는 것일까? 이 물음에 대한 답은 [꿈의 본질이 미래사를 예지하고 판단함에 있다]는 사실에서 찾아야 할 것이다. 즉, 꿈은 그 암시적 의도를 강조하기 위하여 여러 가지 표현수단을 자유롭게 구사할 수 있는바, 특히 자극적이고 비합리적인 성행위는 그 양태만큼이나 강한 정동을 수반하므로 다양하고 의미심장한 암시효과를 거둘 수 있다는 점에 해답이 있다는 것이다. 그러므로 성교의 꿈에 등장하는 대부분의 인물표상은 의사시로서 묘사되는 것이 일반적이다. 그런 의미에서 우리는 [오이디푸스·콤플렉스가 꿈에 미치는 영향]에 대하여 설파한 프로이트의 견해를 다시 한 번 되새겨 볼 필요가 있을 것이다.

　　어머니와 성교하는 꿈은 희랍의 옛날과 같이 오늘날에도 이를 꾸는데 분개하며 아울러 놀라면서 이야기한다. 이 꿈은 분명히 오이디푸스·콤플렉스의 비극을 푸는 열쇠이며 아버지가 죽는 꿈의 보충적인 존재다. 오이디푸스의 전설은 이 두 정형적인 꿈들에 대한 공상의 반응이며 그런 꿈을 성인이 꿀 경우에는 혐오감이 따르는 바와 마찬가지로 오이디푸스의 전설 역시 공포와 자기 징벌을 그 내용 속에 끌어넣어야 한다. 우리의 최초의 성적 충동은 어머니에게 돌리고 최초의 증오와 폭력적인 소원을 아버지에게 돌린다는 것은 어쩌면 우리 모든 인간의 운명일지도 모른다. 우리가 꾸는 꿈은 이 점을 우리에게 증명하고 있다. 아버지인 라이오스를 죽이고 어머니인 이오카스테를 아내로 삼은 오이디푸스 왕은 우리의 유아적 소원충족에 지나지 않는다. 그러나 우리는 오이디푸스 왕보다도 요행히 우리가 노이로제 환자가 되지 않았던 한에서는 자기들의 성적 충동을 어머니로부터 떼어 옮겨서 아버지에게 대한 우리의 질투를 잊기에 성공하고 있다. 저 유아기의 원시적인 소원을 채워주는 사람으로부터 우리는 그 이래 이 소원들이 우리의 내부에서 받고 있던 억압의 전력을 기울여서 비킨다. 동시에 비록 억압되어 있기는 하지만 여전히 존재하고 있는 근친상간의 충동이 잠겨있는 우리 자신의 마음을 인식하도록 강요한다. 소포클레스(Sophocles)가 《아테네의 비극》에서 『보라! 저것이 오이디푸스다! 어려운 숙제를 풀고 가장 훌륭하고 현명하였던 사람! 우리가 전부 그의 행복을 칭송하고 부러워하였던 오이디푸스이지만 그는 지금 불행의 무서운 파도에 휩쓸려서 괴로워하며 바다 속에 가라앉고 있다.』라고 한 경고(警告)는 유아기 이래 제법 현명해지고 굳세게 된 우리의 자존심 위에 던져진다. 우리도 역시 오이디푸스처럼 자연히 우리에게 지운 도덕을 해치는 소원을 그런 줄은 모르면서 지니고 산다. 그리고 이 소원이 폭로되면 우리는 누구든지 유아기의 장면으로부터 눈을 돌리려고 할 것이다.

　　유아기에서 유래한 오이디푸스적인 소원이 근친상간의 꿈을 형성하는 제1의 요인이라는 것은 프로이트가 내세우는 성욕설의 기본이다. 그러나 그는 꿈속의 근친상간을 상징적인 표현으로 보았던 옛사람들의 견해에 대해서는 부분적인 시인을 하면서도 다음과 같은 주석을 붙이는 것으로서 자기의 주장을 정당화하고 있다.

좌우간 고대인들에게도 숨김없는 오이디푸스적인 꿈의 해석이 알려져 있지 않았던 것은 아니다. 줄리어스·시저(Julius. Caesar)에 관해서는 그와 어머니와의 성교의 꿈이 전해져온다. 이 꿈은 해몽가들에 의해 대지(大地)를 소유한다는 길조(吉兆)로서 해석이 되었다. 여기서 대지란 즉, 어머니의 대지를 뜻한다. 타르·퀴니 시(市)의 사람들에게 주어진 신화도 역시 유명하다. 즉, [최초에 어머니에게 키스하는 사람의 손에 로마의 지배는 맡겨진 것이다.]라는 신화인데 이것을 브루투스가 [어머니인 대지에 대한 언급] 으로 해석한 것이다. 헤로도투스(Herodotus)가 보고한 히피아스의 꿈은 다음과 같다. [피시·스트라우스의 아들 히피아스는 페르시아 인들을 마라톤에 끌고 갔는데 그 전날 밤 꿈에 히피아스는 자기가 자신의 어머니와 함께 자고 있는 것 같은 광경을 보았다. 그런데 그는 이 꿈을 자기는 아테네로 돌아가서 다시금 권력을 잡고 늙어서는 고향에서 죽을 것이라고 해석했다.] 이 신화들과 해석들은 바로 심리학적 통찰력을 들어내고 있다. 어머니가 특히 귀여워하거나 위대함을 아는 사람은 실생활에 있어서도 영웅적으로 보이며, 또한 실제의 성공을 획득하는 각별한 자신감과 흔들릴 수 없는 낙천주의를 지닌다는 사실을 나는 발견했기 때문이다.

줄리어스·시저(Julius. Caesar)

위와 같은 오이디푸스적인 꿈의 경우를 설명하자면 그것은 다만 꿈의 암시적 의도를 나타내기 위한 표현, 즉 그 본질석인 사상을 상징적으로 묘사하는 경우에 한해서만 용납

된다고 말할 수 있다. 따라서 고대인들이 이런 꿈에서의 어머니를 대지, 또는 고향이라고 해석했던 것도 매우 타당하다고 말할 수 있다. 왜냐하면 그 시대에는 정복군주들이 확장한 영토를 어머니의 품으로 비유하는 것이 일반화된 관념이었으므로 꿈속의 어머니를 통상 의사시로서 해석하였기 때문이다.

꿈속의 어머니가 누군가의 동일시라면 어머니와 비슷한 이미지의 인물, 즉 부드럽고 자상한 윗사람을 동일시하는 것이 일반적이다. 숙모, 친구의 어머니, 학교장, 스승, 직장의 상사 등이 그것에 해당한다. 그러나 꿈속의 어머니가 의사시로 묘사된 것이라면 그것은 여러 가지 내재관계에 의해서 모태, 근거, 원본, 자본, 기반, 영토, 대지 등을 암시한다. 가령 『어머니가 두 아이를 낳는 것을 보았다.』라는 꿈이 의사시로 해석될 경우, 그것은 가까운 윗사람 중의 누군가가 두 가지의 중대한 일거리를 창출하거나 어떤 원본으로부터 두 개의 발췌본이 만들어진다는 뜻으로도 해석될 수 있다는 것이다. 따라서 [어머니와 성교하는 꿈]이 형성될 수 있는 것은 꿈속의 어머니가 의사시로 표현될 경우에 국한되며, 이때 꿈이 암시하는 것은 계약(契約), 탐지(探知), 점유(占有), 점령(占領), 연구 등과 연관된 사건들이다. 그러나 드물게는 이런 꿈속의 어머니가 동일시로 묘사되는 사례도 있다. 이럴 경우 꿈속의 어머니는 어떤 계약이나 교섭의 상대방으로서 어머니의 이미지를 지닌 윗사람을 동일시한다.

프로이트가 그의 환자들에게 『당신들도 당신 어머니와 성교하는 오이디푸스적인 꿈을 자주 꾼다.』라고 강조했더니 다들 『자기는 그런 꿈을 꾼 기억이 전혀 없다.』라고 강변했다고 한다. 그 직후 그들은 무슨 내용인지는 알 수 없지만 여러 번 되풀이해서 꾼 다른 사소한 꿈에 대한 기억을 떠올렸다고 한다. 이 점에 대해 프로이트는 『그것 역시 오이디푸스적인 꿈이다. 어머니와 성교를 위장하는 꿈이 노골적으로 어머니와 성교하는 꿈보다 더 빈번하게 꾸어진다는 것을 나는 확언할 수 있다.』라고 답변했다고 한다. 이를테면 어머니와의 성행위가 직접적으로 표현되지 않았더라도 그것을 위장한 오이디푸스적인 꿈은 많다는 것이 그의 주장인 것이다. 그러나 프로이트의 성욕설도 그렇거니와 오이디푸스적인, 그리고 어머니와의 성교를 위장하는 꿈이 있다고는 믿기 어렵다. 다만 수많은 실증자료로서 판단할 때 어머니를 포함하여 여러 근친들과 성교하는 꿈은 엄연히 존재할뿐더러, 그 빈도에 있어서도 결코 무시해버릴 수 없을 정도라는 점은 분명하다.

익히 알고 있듯이 꿈은 가급적이면 심적 부담이 적은 쪽에서 손쉽게 이끌어올 수 있는 재료를 더 선호한다. 때문에 각성시라면 상상조차 하기 힘든 일이 꿈의 재료가 된다는 것은 그만큼 그 암시하는 바가 중차대하다는 반증이다. 나는 위와 같은 유형의 꿈들을 분석하는 과정에서 그것들이 [부모를 살해하는 꿈]만큼이나 대단히 어렵고 벅찬 일거리와 관련되어 있다는 사실을 발견할 수 있었다. 아울러 이런 꿈속에서 자기가 행한 행위를 자각하고 수치심이나 역겨움을 느끼게 되면 그것이 암시하는 현실적 사건 역시 좋지 않은 것으로 체험된다는 사실도 알아냈다.

오이디푸스와 스핑크스

우리가 『누구든 꿈속에서는 자기의 성격에 완전히 맞추어서 행동하며 말한다.』는 쇼펜하우어(Schopenhauer)의 견해를 그대로 받아들인다면 매일 밤의 꿈으로 인해 스스로를 자책하고 학대하는 자기혐오의 나날에서 조금도 벗어날 수 없을 것이다. 또한 만물의 영장인 인

간이 제아무리 높은 정신세계를 가지고 있다고 해도 그 본성이 원시
성에서 조금도 진화하지 않은, 금수(禽獸)와 같은 것이라고 단정하지
않을 수도 없을 것이다. 그러나 이것이 꿈의 현현내용을 두고 한 말
은 아니었으리라 생각한다. 다시 말해 꿈을 완전하게 해석한 연후에
들어나는 그 잠재사상을 가리키는 것이라 생각하고 싶은 것이다.

그렇다면 동식물로 표현되는 의사시에는 어떤 사례들이 있을까? 우
선 앞서 예제로 들었던 뱀의 꿈을 다시 살펴보자. 물론 [뱀 표상]도
여타의 경우와 마찬가지로 상식적인 개념의 유사관계-또는 경험적 내재
관계-에서 그 상징의의를 찾아내야 할 것이다. [뱀 표상]이 의사시로
묘사될 경우, 그것은 통상 [다산(多産), 풍요, 가복(家福), 권세, 이
권, 자원, 명예, 작품, 외도(外道)] 등으로 해석되는데, 이것은 사회
적, 또는 문화적인 통념-집단무의식에서 연원하는-이 상징적인 매개변수
로 작용하기 때문이다.

위와 같은 [뱀 표상]의 상징의의를 프로이트의 남성기(男性器)나,
기독교의 사탄 등과 비교하자면, 똑 같은 꿈-상징이라고 하더라도 관
습적 사고에 따라서는 그 상징의미가 상당히 달라질 수 있음을 알게
된다. 우리의 경우 [뱀 표상]은 예로부터 전승된 뱀과 관련한 여러 가
지 통념 때문인지 유난히 많은 상징의의를 갖고 있다. 이것은 고대
동북아지역의 토템사상에서 기원한 민속신앙과도 깊은 연관이 있다고
생각된다. 현대에 이르러서도 [뱀 표상]은 동물이 등장하는 꿈의 수위
를 차지할 정도로 높은 빈도를 보이고 있다. 특히 동물이 태아표상으
로 등장하는 태몽에 있어서는 [뱀 표상]이 타의 추종을 불허할 만큼의
높은 빈도를 나타냈다. 이처럼 [뱀 표상]의 상징성이 우리 민족의 집
단적 관념을 잘 나타내고 있는 것이 사실이지만, 외래문화의 유입과
더불어 급속하게 변화하고 있는 것, 또한 사실이다. [뱀 표상]이 지
혜, 지식 등으로 해석되는 경우를 살펴보자. 이것은 기독교 문화에서
유래한 것인데 아담과 하와로 하여금 선악과를 따먹도록 유혹할 만큼

높은 지혜를 가지고 있다는 뜻의 상징의의라고 할 수 있다. 또한 《신약성경》의 《마태복음10장》에는 예수님께서 『뱀같이 슬기롭고 양같이 양순해라.』라고 하신 말씀이 나온다. 이것 역시 뱀을 교활한 존재인 동시에 지혜의 사자로 간주하는 기독교문화의 양가적(兩價的)인 관념을 잘 나타내주고 있다. 그러므로 종교인의 절반 이상이 기독교 신자인 우리 사회에서 [뱀 표상]의 이러한 상징의의가 꿈-사상에 적극적으로 개입하고 있으리라는 것을 짐작하기 어렵지 않다. 뱀을 지혜(知慧)의 상징으로 풀이했던 진·딕슨(Jean. Dixon 1912~2001) 여사의 해석을 살펴보자. 그녀는 그녀의 환각몽에 등장한 뱀을 사탄의 사자로만 보지 않고 지혜의 상징으로도 해석했는데, 이 뱀이 상징하는 새로운 지혜가 머

지혜의 여신 메두사(Medusa)

지않은 장래에 동방(東方)에서 생겨난다고 분석했다. 이 환각몽은 영매인 루스·몽고메리(Ruth. Montgomery)가 쓴 《예언재능(A gift of prophecy)》에서 발췌한 것으로 1952년 7월 14일 한 밤중에 체험된 것이라고 한다.

　나는 갑자기 침대 맞은편 나의 머리 왼쪽에서 물리적인 운동을 느낄 수가 있었다. 내가 왼편으로 몸을 돌려서 동쪽을 보았을 때 뱀의 몸뚱이가 보였다. 그것은 굵기가 정원 호스보다는 조금 작은 편이었으나 나는 그 꼬리와 머리를 분명하게 구분할 수 있었다. 나는 그 뱀의 힘차고도 작은 몸뚱이가 나의 침대 근처 바닥에서 뒤틀고 있음을 느꼈다. 그리고 어느 샌가 그 뱀이 침대 끝에서 올라오고 있는 것을 보았다. 이때 나는 솜털같이 푹신한 물건에 덮혀 있는 것 같았는데 뱀의 머리가 나의 겨드랑이 밑에서 쿡쿡 찌르는 것을 느낄 수가 있었다. 그 뱀은 몸뚱이를 점점 키우더니 급기야는 나의 다리와 엉덩이를 둘둘 감기 시작했다. 그러나 나는 놀라지 않았다. 나는

직감적으로 내가 인생에 대해서 얼마나 모르고 있었는가를 깨달았다. 이때까지 그 뱀은 두 눈을 동쪽에 고정한 채, 나를 바라보지 않았다. 그리고 그 몸뚱이 사람의 팔뚝만큼 굵어졌을 때에야 비로소 눈을 돌려 나를 응시히였다. 어둠속에서도 번쩍 번쩍 빛나고 있는 그 눈 속에는 이 시대에 잘 알려진 지혜(知慧)가 들어 있는 것 같았다. 자세히 살펴보니 그 뱀은 누르스름한 검은 빛이었는데 소형 피라미드와 같이 생긴 턱이 매우 날카로웠다. 그 뱀은 말은 하지 않았지만 내가 배워야 할 많은 것들을 말해주고 있는 듯했다. 그 뱀은 잠시 동쪽을 바라보다가 다시 고개를 돌려 나를 빤히 올려다보았다. 마치 동쪽의 신에게서 지혜와 지도를 받으라고 말하는 것처럼. 그리고 나에게 『당신은 성실함을 갖추었으니 신적인 지혜의 얼마쯤은 이해할 만하다.』라고 말하는 것처럼 느껴졌다. 이때 나는 내가 신의 보호를 얻었다는 느낌을 강하게 받았다. 왜냐하면 나를 뚫어지게 바라보는 뱀의 눈길이 사랑, 신성, 강인함, 그리고 지혜로 충만해 있었기 때문이다. 곧이어 [신(神)은 지상에서의 평화를 인간에게 바란다] 는 인식이 내 안의 존재에서 일어났다. 일시적으로는 무서운 생각도 들었지만 나는 곧바로 아주 평안한 기분이 되었다. 그러자 한 줄기의 자줏빛 광선이 동쪽의 창문을 통해 나의 침대 위로 쏟아져 내려왔고 나는 그 뱀이 나의 발쪽으로 미끄러져 내려가는 광경을 지켜볼 수 있었다. 그 뱀은 올 때처럼 그렇게 조용히 침대를 떠나 오른 쪽으로 사라졌다. 나는 이것을 [성장(成長)을 하기 위해서 동쪽으로 보아야 하며, 또 그 일을 마무리하기 위해서는 서쪽을 보아야 한다]고 풀이했다. 그 번쩍이는 환상이 시들자 방안엔 다시금 어둠이 깃들었다. 그리고 내가 침대 옆에 있는 라디오의 다이얼을 돌리자 오전 3시 14분을 알리는 시보(時報)가 들려왔다.

그녀가 이 환각을 체험한 것이 오전 3시경이므로 어쩌면 환각몽이 아니라 수면몽이었을는지도 모른다. 그렇다면 그녀가 이런 꿈을 꾸게 된 동기는 무엇이었을까? 그녀가 세계적인 예언자로서 항상 세계평화에 큰 관심을 두고 있었음은 그녀의 저술을 통해 확인할 수 있다. 따라서 범인류적인 관점에서 능히 이런 꿈도 꿀 수가 있었을 것이다. 그런데 그녀가 이 꿈의 서론부분에서 뱀이 동쪽에서 나타나 서쪽으로 사라졌다고 진술한 것을 보면 동양에서 시작한 어떤 세계적인 관심사가 서양에까지 영향을 미치게 될 것이라고 풀이하고 있는 듯하다. 그렇다면 그 세계적인 관심사란 무엇일까? 1952년이라면 한반도에서 벌어진 내

수정구(水晶球)를 응시하는 진·딕슨 여사

전에 중공군의 개입함으로서 한참 전투상황이 격화되고 있어 자칫하면 세계대전으로 확산될 우려마저 높아가던 시기였다. 불과 몇 년 전에 2차 대전의 참상(慘狀)을 겪어야 했던 서구인의 입장이라면 당연히 극동지역에 벌어지고 있는 이 전쟁 상황에 관심을 갖지 않을 수 없었을 것이다. 따라서 그녀는 연이어서 벌어지는 참혹한 전쟁으로부터 인류를 구할 어떤 초인간적 지혜를 생각하고 있었을지도 모른다. 그러나 그녀의 꿈은 세계평화를 위한 어떤 지혜가 예정되어 있다고는 판단하지 않았다. 대신에 예언자로서의 그녀가 큰 영향을 받게 될 어떤 진리가 동방으로부터 서방에 전해질 것이라고 해석하고 있다. 이런 점에서 꿈속의 뱀을 지혜의 상징으로 해석한 것은 매우 타당하다.

그녀는 1962년도에도 이와 유사한 내용의 꿈을 꾸었는데 그것의 내용인즉, 『장차 세계를 뒤바꿀 만한 위대한 인물이 중동지방에서 태어난다.』라는 것이었다. 아마도 위의 꿈과 어떤 연관성을 갖고 있으리라 판단된다. 어찌되었건 위의 꿈에서 주목해야 할 것은 뱀이 지혜의 상징으로 의사시(擬事視)되었다는 점이다. 지면관계상 이 꿈의 전문해석은 생략하고자 한다. 독자 제위가 나름대로의 해석연습을 위한 자료로서 적극 활용하기를 바란다.

제 16 장

꿈의 표현수단(6)

1. 합성상(合成像)과 혼합상(混合像)

앞에서 나는 각 장의 취지에 맞춰 [꿈-상징의 합성화]에 대한 설명을 누차 반복해왔다. 이제 본 장에서는 이 합성화의 실체가 무엇인가를 좀 더 상세하게 살펴보고자 한다. 꿈-상징의 합성화란 둘 이상의 동일한, 또는 전혀 다른 성질의 표상들이 서로 합쳐지거나 연결되어서 하나의 통일체(統一體)를 구성하는 꿈의 독특한 표현수단을 말하는데 여기에는 합성인물(合成人物), 합성상, 혼합상 등이 있다. 이러한 표상이 만들어지는 까닭은 꿈이 압축 등의 방법에 의하여 긴 사연을 간결하게 표현하거나, 하나의 표상에 여러 가지 상징의의를 함축하여 중의적(重意的)으로 표현하기 때문이다.

이 합성과정에 인과관계와 시간배경이 암시되어 있다는 것은 이미 설명한 바와 같다. 그렇다면 합성인물(合成人物)은 어떻게 만들어지는 것일까? 이 점에 대해서 프로이트는『공통점을 갖고 있는 A와 B, 두 사람의 특성에서 부분적인 요소들을 가져와 하나의 통일체를 만들고, 그 통일체 형성의 매개가 된 공통점을 꿈꾼 이의 자아가 확인하는 과정이다.』라고 설명한다. 그러나 우리의 꿈-해석에서는 이와 같은 공통점에 특별한 의미를 부여하지는 않는다. 그것이 만약 두 사람 이상의 특성이 하나로 결합된 통일체라고 한다면 공통점을 제외한 나머지 각 요소가 갖는 상징의의도 그 공통점만큼이나 중요한 의미를 지닐 것이기 때문이다. 말하자면 이미 만들어진 합성인물은 그 자체로서 하나의 새로운 창조물이라는 것이다. 따라서 굳이 공통점의 의미를 찾으려 한다면 그것은 합성과정이 아니라 합성된 이후 실존인물과의 동일시 과정이어야 할 것이다. 나는 수많은 실증자료를 정리하는 과정에서 이 합성인물의 종류를 다음과 같이 분류할 수 있었다.

① 다인합성(多人合成) : 자기가 알고 있는 두 사람의 이상의 특징, 가령 얼굴, 체형, 성격, 행동 등에서 부분적 요소들이 이끌려 와 하나로 합쳐진 새로운 인물표상을 말한다. 이것은 프로이트의 [관찰자 모형]과 유사한데 이해를 돕기 위해 여기 프로이트의 설명을 인용하고자 한다.

꿈에 친구인 R이 나의 백부(伯父)가 되어 있다. 나는 그에게 매우 친근감을 가지고 있다. 그런데 R의 얼굴이 평소와는 달랐다. 얼굴이 좀 길어진 것 같고 얼굴 둘레에 노란 수염이 특히 눈에 띤다. 실제로 백부의 얼굴은 길고, 또 그 둘레에 보기 좋은 금빛 수염이 나 있었다. 그런데 나의 백부는 과거 30년 전에 돈을 벌기 위해 어떤 사건에 연루(連累)되어 법의 심판(審判)을 받은 일이 있었다. 그래서 나의 아버지는『너의 백부는 나쁜 사람은 아닌데 생각이 조금 모자라서 그랬다.』라고 말하곤 했던 것이다. 그러나 이런 일은 불쾌할 뿐 아니라, 승인할 수도 없다. 그런데 꿈속의 얼굴은 현실의 R보다도 더 길고 노란 수염을 기르고 있었다. 이런 종류의 수염은 통상 검은 털이 세기 시작하면서 젊었을 때와는 달리 보기 싫은 변화를 거치게 된다. 우선 적갈색이 되었다가 황갈색으로, 이어서 회색이 된다. 친구 R의 수염은 마침 이 회색의 단계에 있었다. 그리고 섭섭하지만 나의 수염 역시 그런 빛깔이 되었다. 꿈에서 본 얼굴은 친구인 R의 얼굴이기도 하고 또 백부의 얼굴이기도 했다. 그것은 마치 가족들의 유사점을 찾아내기 위하여 몇 사람의 얼굴을 같은 한 장의 건판(乾板) 위에서 촬영하는 칼튼의 몽타주와 같았다. 그러고 보면 역시 내가 『친구인 R은 백부처럼 좀 모자란다.』고 생각했던 모양이다. 그때 문득 교수임용을 기다리고 있는 또 다른 친구인 N이 생각났다. 그는 R과 마찬가지로 유태인이며 나 역시 같다. 그는 얼마 전 모종(某種)의 사건에 연루되어 어떤 여자로부터 고소를 당한 적이 있었다. 그래서 나는 그가 죄를 범했다는 사실을 알았고, 동시에 내 꿈의 해석과 의도도 알게 되었던 것이다. 이 꿈속에서 요셉 백부는 예의 두 동료를 나타내고 있었던 것이다. 한 사람은 좀 모자라는 사람으로, 또 한 사람은 죄를 범한 사람으로서. 만약 친구인 R과 N의 교수발령이 지연(遲延)되는 이유가 유태인이라는 사실에 있다면 나의 임명도 물론 의심스럽게 된다. 그러나 두 사람에 대한 교수임명 거부를 다른 이유로 돌릴 수 있고, 그 이유가 나에게 전혀 해당되지 않는 것이라면 나는 임명될 가능성이 생기는 것이다.

프로이트의 주장인 즉, 이 꿈은 그가 유태인이라는 핸디캡에도 불구하고 교수임용을 갈망하는 소망충족의 욕구에서 형성된 것이며 두 사람의 친구와 백부 요셉의 합성상을 만들어 낸 것은 그의 경쟁자인 두 사람이 모두 유태인이라는 같은 조건 하에 있으면서도 한 사람은 범법자(犯法者)이며, 또 한 사람은 약간 모자란 사람이기에 그 자신이 그들보다 유리한 위치에 서 있다고 자위(自慰)함으로서 스스로 위장된 소망을 충족하고 있다는 것이다. 언뜻 보면 상당히 설득력이 있는 주장처럼 느껴질 수도 있다. 그러나 그는 단편적인 표상 하나를 놓고 지나치게 심리분석적인 측면에만 파고들었다. 관점을 달리 하여 이 인물표상이 처음부터 어떤 암시적의 의도에서 만들어진 것이라고 생각하면 사고의 폭이 한층 넓어진다. 다시 말해 그 합성상이 비록 소망충동에서 비롯된 이미지라고 하더라도 그것을 장차 상관하게 될 어떤 실존 인물의 동일시로 보아야만 비로소 꿈이 말하고자 하는 참뜻을 이해할 수 있다는 것이다. 이 장면만을 놓고 본다면『장차 현실에서 프로이트가 친구인 R로 비유된 어떤 인물과 조우할 때, 그가 백부인 요셉에게서 받은 인상과 같은, 즉 과거에 좋지 않은 범법행위를 한 전력(前歷)이 있으며 약간 모자란 듯한 느낌을 받게 될 것이다.』라고 풀이할 수 있다. 물론 이것의 합성화 과정은 정형적이지만 이미지만큼은 프로이트의 창조적 상징이다.

② 동명이인(同名異人) : 꿈속의 인물은 B가 분명한데 그의 이름이 A라고 인식되거나, 또는 그의 이름이 B라고 하면서도 얼굴은 A의 모습을 하고 있을 때, 우리는 이것을 A와 B의 합성인물(合成人物)이라고 부를 수 있다. 특히 후자의 경우는 한정적(限定的) 합성화라고 할 수 있다. 가령 [꿈속에서 친구 A로 인식되는 인물이 돌아가신 할아버지의 얼굴을 하고 있다]는 경우라면 A라는 인물표상에 할아버지의 상징의의가 덧붙여짐으로서 그 동일시된 인물의 성격을 규정한다는 것이다. 그런데 이것은 [당초 A라는 사람의 얼굴이 변하여 할아버지의 얼굴이 되었다]는 표현과는 구분이 되어야 한다. 그것은 합성화가 아니라 표상전위이기 때문이다.

③ 이성합성(異性合成) : 남성의 몸에 여성의 성기(性器), 또는 여성의 특징이 합성되어 있거나, 반대로 여성의 몸에 남성의 성기나 특징이 합성되어 있는 인물표상을 말한다. 간혹 남성이 임신이나 출산을 하거나 여성의 얼굴의 긴 수염이 달린 경우도 이

것에 포함된다. 꿈이 기상천외의 요지경(瑤池鏡)과 같다는 말의
진가는 이 이성합성에서 유감없이 발휘된다. 지금까지 남성이었
던 사람이 여성기(女性器)를 달고 있어 그와 성교를 하였다거나,
여자 친구가 자기를 끌어안고 있는데 가만히 보니 그녀가 남성성
기(男性性器)를 달고 있었다거나, 또는 남성인 자신이 아기를 잉
태하여 배가 점점 불러온다거나 하는 등의 표현은 이성합성의 전
형적인 예에 속한다. 이 이성합성상은 대부분 의사시(擬事視)로
표현되며 두 가지의 상반된 관념이 극적인 대비를 만들어내는 어
떤 일거리를 암시하는 경우가 보통이다. 앞에서 소개한 바 있는
어떤 보험판매원의 익살스러운 꿈-다리에 여성의 성기가 달려 있었다
는-은 이 이성합성의 대표적인 사례이다.

④ 자체부분합성(自體部分合成) : 자기 신체의 일부분이 제 위치
를 옮겨서 다른 부위에 연결되어 있는 합성상을 말한다. 이 자체
부분합성만큼 꿈에 자주 표현되는 것도 드물 것이다. 《성경》에
는 선지자들이 꿈이나 환상으로 보았다는 갖가지 합성상이 등장
한다. 그런데 [염소 머리에 뿔이 하나 더 솟아나고 그 뿔에 사람
의 눈과 입이 붙어있다]고 하는 경우처럼 자기의 신체부위가 아
니라 다른 개체의 신체부위가 합성되는 경우도 종종 있다. 가령
사람의 몸에 동물의 꼬리가 달렸다거나 사람의 뒤통수에 뿔이 난
다거나 사람의 어깻죽지에 날개가 달렸다거나, 또는 사람의 머리
위에서 꽃나무가 자란다거나 하는 등의 합성상도 빈번하게 등장
한다는 것이다. 이것을 일종의 교착상으로도 볼 수 있다. 이때
첨가된 부위의 상징의의는 본체가 갖고 있던 본래의 상징의의를
한정적으로 수식하는 역할을 한다.

⑤ 반인반수(半人半獸) : 상반신(上半身)은 사람인데 하반신(下半

身)은 동물이거나, 반대로 상반신은 동물인데 하반신은 사람으로 합성된 통일체를 말한다. 이것 역시 일종의 교착상이다. 여기에는 이미 설명한 바와 같이 반인반마(半人半馬), 반인반어(半人半魚) 등의 사례가 있다. 이러한 합성상이 만들어지는 이유에 대하여 프로이트는 다음과 같이 설명하고 있다.

합성물의 성격은 공상적(空想的)인 성격을 부여하는 꿈의 특성들 중의 으뜸이다. 왜냐하면 이 가능성에 의해서 결코 지각대상이 될 수 없었던 요소들이 꿈-내용에 도입되기 때문이다. 꿈속에서 합성상을 만들 때의 심적 과정은 우리가 깨어 있을 때에 반인반마(半人半馬)의 괴물이나 용을 상상한다거나 묘사하는 경우의 그것과 동일하다. 차이가 있다면 다음과 같은 점이 있을 뿐이다. 즉, 꿈의 합성상인 경우에는 꿈-사상의 공통점에 의해서 결정되는데 반하여 깨어있을 경우의 공상적인 창조는 새로운 것을 만들게 하는 강한 인상에 의하여 결정된다는 것이다. 꿈에 있어서의 합성화는 실로 갖가지 방법으로 이루어진다. 그 가장 단순한 경우에는 합성되는 어느 한 사물의 여러 특징들만이 표현된다. 그리고 이러한 표현은 다른 대상에도 적용될수 있다는 일반적인 지식에 따라 이루어진다. 그러나 그보다 더 기교적(技巧的)인 합성화는 어떤 대상과 다른 대상들의 특성들을 모두 통합하여 하나의 새로운 것을 만들어낸다는 것이다. 이때에는 이들 대상 간에 실제로 존재할 온갖 유사점들이 교묘하게 활용된다.

이와 같은 프로이트의 주장 전부가 타당하다고는 볼 수 없지만 꿈속의 합성상이 각성시에는 지각될 수 없었던 요소로부터 이끌려온 재료에 의해서 만들어진다는 점과 각성시 공상을 만들 때와 같은 방법에 의해서 꿈의 합성상이 만들어진다는 점을 지적한 것은 참으로 놀라운 발견이라 아니할 수 없다. 간접적으로나마 꿈의 창조성을 인정하는 것이기 때문이다. 그럼에도 불구하고 그의 후계자들은 여전히 과거의 기억물에서 어떤 합성적 공통점을 찾아내는 것에 만족하고 있는 듯하다. 이것은 도우라쥬와 같은 사람에게서도 확인할 수가 있다. 그는 꿈이 반인반수의 상을 만들어 내는 이유에 대하여 설명하는 과정에 다음과 같은 꿈을 예로 들고 있다.

잘 아는 사람의 몸뚱이가 반은 원숭이였으며, 또 반은 혼혈아(混血兒)였다는 꿈은 전날 혼혈아를 보았던 것, 그래서 그의 얼굴에 흥미를 느꼈다는 것, 그리고 수일 전 어떤 아이들이 원숭이의 흉내를 내고 있었다는 것 등이 하나로 연상되어 형성된 것이다.

반인반수(半人半獸)라고 하면 언뜻 스핑크스를 떠올리게 된다. 이것은 고대 이집트에서 신전이나 무덤 앞에 세웠다는 머리는 남자이고 몸은 사자인 형상과, 또 그리스 신화에 등장하는 상반신은 여자이고 하반신은 날개달린 사자인 형상 등이 있는데, 근동지방 여기저기에서 발견된다고 한다. 이것들은 어쩌면 고대문화의 태동기에 누군가의 꿈속에 등장한 시각표상이었는지도 모른다. 때문에 그것이 비록 우상(偶像)이라고는 해도 당시의 시대상을 반영하는 정형적 상징임에는 틀림이 없을 것이므로 어떤 통일된 상징의의를 나타내기 위한 부분적 요소들의 조화로 볼 수 있다. 따라서 스핑크스만을 놓고 보더라도 그것이 프로이트의 주장처럼 두개의 요소가 유사관계에 있다거나, 또는 하나의 이미지에서 연접된 다른 이미지로의 감정전이가 이루어짐으로서 먼저의 것이 그 가치를 상실하였다고는 볼 수 없는 것이다.

소아시아의 스핑크스(Sphinx)

중국의 고사에는 당나라 때 형주태수(荊州太守)를 지낸 어떤 사람의 아내가 『머리를 빗으려고 거울을 본 즉, 자기의 머리가 호랑이가 되어 있었다.』라는 꿈을 꾸었는데, 그로부터 얼마 지나지 않아 그녀의 남편이 재상이 되었다는 기록이 있다. 이것에 이름을 붙이자면 반인반호(半人半虎)의 합성상이라고 할 것이다. 여기서 거울 속의 자기 자신은 남편의 동일시이며, 호두(虎頭)는 호랑이와 같은 위세의 우두머리가 된다는 암시이다. 우리는 위의 사례들에서 사람과 동물로 각각 상징가능한 두 가지의 암시적 의미가 하나로 합성됨으로서 새로운 상징의의가 만들어진다는 사실을 확인할 수 있다.

⑥ 다신동체(多身同體) : 둘 이상의 사람이나 동물의 신체부위가 합쳐서서 하나의 새로운 형상을 민들이네는 경우이다. 이러한 표상들은 신화와 전설, 또는 원시종교 등에 빈번하게 등장한다. 예를 들어 《성경》의 《다니엘 7장》에는 다음과 같은 다신동체의 괴물이 나온다.

하늘의 비바람이 큰 바다를 향해 불고 큰 짐승 넷이 바다에서 나왔다. 첫째의 동물은 사자와 같은데 독수리의 날개가 있더니 날개가 뽑혀서 사람처럼 두 발로 섰으며 사람의 마음을 가졌다. 둘째의 동물은 곰과 같은데 몸한쪽을 들고 있으며 입의 이빨 사이에는 세 개의 갈빗대가 물려 있는데 그것에게 말하는 자들이 있어 이르기를 일어나서 많은 고기를 먹으라고 하였다. 셋째의 동물은 표범 같은데 등에는 새의 날개 있고, 또 머리가 네 개가 달려있으며 권세를 받고 있었다. 넷째의 동물은 무섭게 생겼으나 어떤 동물도 비교될 수 없을 만큼 힘세 보이는 동물이다. 쇠로 된 큰 이가 있어 먹고 부서뜨리고 나머지를 밟고 있는데 그 동물의 머리에는 열 개의 뿔이 돋아나 있었다. 내가 유심히 바라보고 있는 동안 그 뿔들 가운데서 작은 뿔이 나오더니 먼저의 뿔 셋이 뿌리까지 뽑혔다. 그 작은 뿔에는 사람의 눈 같은 것이 있으며, 또 입이 있어서 큰 소리로 말을 하고 있었다.

　또한 《요한계시록 13장》에는 『내가 보니 바다에서 한 짐승이 나오는데 뿔이 열이요 머리가 일곱이다. 그 뿔에는 각각 면류관이 있고 그 머리에는 참람(僭濫)된 이름들이 있었다. 그것은 표범과 비슷하고 발은 곰의 발 같으며 입은 사자와 같은데 용이 자기의 능력과 보좌와 큰 권세를 그에게 주었더라.』고 기록되어 있다. 성경에 기록된 많은 환상들이 꿈에서 얻은 영감으로 만들어졌다는 것은 이미 설명한 바와 같다. 위의 다신동체의 괴물들 역시 그와 같은 맥락일 것이다. 그러므로 어쩌면 꿈의 해석원리에 의해서 성경의 상징적 의미들이 파악될 수 있을지도 모르겠다. 크레치머(Ernst. Kretschmer)가 보고한 바 있는 어느 히스테리 환자의 환각몽은 이러한 다신동체의 합성상을 이해하는 좋은 예가 될 것이다.

크레치머가 소개한 어느 히스테리
환자의 환각몽(사티로스 신상)

　그것은 한 마리의 회색빛 숫염소였다. 나는 그것을 그리스 신화에 나오는 사티로스(Satyrs)-주신(酒神), 귀와 꼬리는 말이고 다리는 염소인 숲의 산신상(神像)이라고 생각했다. 나는 그것이 그것에 속해 있는 인간의 정신을 표현하고 있다고 생각했다. 나는 두 사람의 상반신을 염소의 궁둥이 부분에 합치고 하반신은 염소의 뒷다리로 구성되어 있는 것을 보았다. 그리고 두 사람 중의 한 사람은 염소의 머리 쪽을 향하여 손에 뱀을 들고 있었으며 한 손은 염소의 등쪽에 올려놓았다. 또 한 사람은 앞을 향한 남자의 목에서 머리만이 등에 붙어 뒤쪽을 향하고 있었다. 이들은 그 여자가 젊었을 때 사랑했던 두 남자의 얼굴이며 그 중 한 사람-뒤를 향한 사람인 듯은 독사의 머리를 하고 있었다.

이 꿈속의 교착상은 사티로스 신상(神像)과 그 엉덩이 부분에 머리가 둘인 사람의 상반신이 부착된 형상이라고 할 수 있다. 따라서 합성되기 전의 두 요소를 분리하여 해석하자면 사티로스 신상은 인간정신 혹은 종교단체를 뜻하고, 머리가 둘 달린 사람은 두 가지의 사상, 또는 이율배반적인 사고를 뜻한다. 이 환자는 장차 현실에서 누군가를 만났을 때, 그가 과거에 헤어진 두 사람의 애인들처럼 이율배반적인 사고의 소유자라고 느끼게 될지도 모른다. 그것이 아니라면 어떤 종교단체가 뱀을 손으로 놀리 듯 잔재주를 부리거나, 뱀처럼 간교하여 표리부동하다고 생각하게 될 수도 있다.

동식물의 합성상은 용두사미나 양두구육(羊頭狗肉), 또는 소나무 가지에 핀 장미꽃 등의 경우처럼 둘 이상의 이질적(異質的)인 동식물이 부분적으로 합쳐져서 하나의 통일체를 이루는 다신동체가 대부분이다. 그러나 꼬리가 여러 개 달린 용이나 수많은 다리가 달린 개처럼 자체부분합성인 경우도 적지 않다. 무생물의 합성상일 경우에는 동식물의 그것에서 볼 수 없는 매우 특이한 표현수법이 있다. 그것은 물건을 담는 그릇과 그 그릇속의 물건들을 하나의 표상으로 간주한다는 점이다. 여러 종류의 과일이 담긴 바구니, 각종 연장이 들어있는 상자, 또는 물이 가득 담긴 항아리 등이 바로 그런 사례들로서 이것들 역시 하나의 통일체로서 각각의 상징의의를 나타낼 수 있다.

[혼합상(混合像)]이란 여러 가지의 이질적인 물질, 또는 색채들이 혼합된 것을 말한다. 예를 들자면 과일이 녹색에서 황색으로, 다시 적

색으로 변한다거나, 구렁이의 몸체가 여러 가지 색깔로 뒤섞여 있다거나, 또는 푸른 바닷물에 황토색 강물이 스며든다거나 하는 등의 사례가 있다. 이것의 해석 역시 각 요소들의 상징의의를 분석하여 하나로 연결시킨 다음 꿈 전체의 대의에 따라 숨은 뜻을 찾아내야 한다. 합성상은 대부분 정적(靜的)인 표상간의 결합이지만 간혹 동적(動的)인 표상 간의 결합으로 만들어지는 경우도 있다. 가령 칼로 뱀을 난도질하니 그 하체는 피투성이가 되어 있었지만 상체는 점차 변하여 사람의 모습이 되었다거나, 두 개의 태양이 그 일부분을 겹친 상태로 함께 돌고 있다거나, 또는 앞뒤로 달리던 두 대의 차량이 어느 틈엔가 하나가 되어 질주한다거나 하는 등의 사례가 이에 해당한다.

2. 느부갓네살 왕(王)의 꿈

이 항목에서는 합성상의 형성과정과 상징의의를 좀 더 구체적으로 살펴보기 위하여 성경에 기록된 느부갓네살 왕의 꿈 이야기를 분석해 보기로 한다. 느부갓네살 2세 왕은 네부카드네자르(Nebuchadnezzar) 2세(二世)로도 불리는 신바빌로니아의 제2대 왕으로서 기원전 6세기경 중근동(中近東) 지역을 평정하여 칼데아 왕조―지금의 이라크―를 중흥시킨 위대한 정복군주로서 평가받고 있다. 그는 예루살렘을 침공하고 유대민족을 자국의 수도인 바빌론에 강제이주시킴으로서 저 유명한 [바빌론의 유수(幽囚)]를 일으킨 장본인으로도 잘 알려져 있다. 한때 광기(狂氣)에 휩싸이기도 했던 그는 자신을 신(神)으로 생각하여 바벨탑을 축조함은 물론, 여러 가지 우상을 만들어 백성들로 하여금 섬기게 하였으나 후반에 이르러 깨우침을 얻은 뒤로는 스스로를 낮추고 유대민족에 우호적으로 대함으로서 유대의 사가(史家)들로부터도 비교적 호의적인 평가를 받기도 하였다.

여기 소개하는 그의 꿈 이야기는 《다니엘서》제2장 14절에서 49절까지의 기록인데 금, 은, 황동, 철, 그리고 진흙 등의 다섯 가지 광물로 만들어졌다는 어떤 신상(神像)에 관한 내용이다. 이 신상은 여러 광물질의 혼합일 뿐 아니라, 『크고 광채(光彩)가 특심(特甚)하여 심히 두려우니라.』고 한 《성경》의 기록으로 보아 색채심벌에 있어서도 합성적 표현이 있었을 것으로 판단되어 합성상을 연구하는 본보기로서 검토해 보려는 것이다. 다만 한 가지 우려되는 것은 신학자도 아니요, 그렇다고 역사가도 아닌 내가 비전문가의 입장에서 《성경》의 가장 민감한 부분 중의 하나를 거론함으로서 혹시 모를 오해를 불러일으킬 수도 있다는 점이다. 그러나 이것은 어디까지나 꿈의 해석이라는 관점에서 지금까지 내가 설명해 온 합성상의 예증(例證)을 위한 것이니만큼 독자 제위는 이 점을 십분 감안하였으면 한다. 아울러 이것이 꿈의 해석이론으로 해명될 수만 있다면 꿈의 일정불변의 법칙적인 형성원리를 다시 한 번 입증할 수 있을 뿐 아니라 성경해석에 고심하는 신학자들에게도 자그마한 도움이 되지 않을까 하는 기대감에서 조심스럽게 나의 견해를 피력해본다. 다니엘(Danial)이 환상으로 본 하나님의 계시에 의해 느부갓네살 왕의 꿈을 상기하여 해석한 내용은 다음과 같다.

왕이시여, 왕이 꿈에 한 큰 신상을 보셨나이다. 그 신상이 왕의 앞에 섰는데 크고 광채가 특심(特甚)하여 그 모양이 심히 두려우니 그 우상의 머리는 정금(精金)이요(황금색), 가슴과 팔들은 은(銀)이요(순백색), 배와 넓적다리는 놋(黃銅)이요(황동색),

느부갓네살 왕의 꿈

종아리는 철(鐵)이요(흑색), 발은 얼마는 철이요, 얼마는 진흙이었나이다.(황토색) 또 왕이 보신 즉,(다시 보았을 때) 사람의 손으로 하지 않고 산에서 뜨인 돌이 신상의 철과 진흙의 발을 쳐서 부서트리니 이때의 철과 진흙과 놋쇠와 은과 금이 다 부서져서 여름 타작마당의 겨같이 되어 바람에 불려서 간 곳이 없었고 그 우상을 친 돌은 태산을 이루어 온 세계에 가득하였나이다. 꿈이 이러한 즉, 왕은 열왕(列王)의 왕이시리라. 하늘의 하나님이 나라와 권세와 능력과 영광을 왕에게 주셨고 인생들과 들짐승과 공중의 새들 그 어느 곳에 있는 것을 막론하고 그것들을 왕의 손에 붙이사, 다 다스리게 하셨으니 왕은 곧 그 금머리에 해당하나이다. 그런데 왕의 후에는 왕만 못한 은과 같은 나라가 일어날 것이요, 또 놋과 같은 나라가 일어나서 온 세상을 다스릴 것이며, 나라는 강하기가 철과 같으리니 철은 모든 물건을 부서뜨리고 이기는 것이라 철이 모든 것을 부수는 것과 같이 그 나라가 뭇 나라를 무너뜨리고 빻을 것이리이다. 왕께서 그 발과 발가락이 얼마는 토기장이의 진흙이요 얼마는 철인 것을 보셨은 즉, 그 나라가 나뉠 것이며 그 나라가 철과 같이 튼튼함은 있을 것이나, 그 얼마는 흙과 같이 부서질 만한 것인 즉, 그들이 다른 인종과 서로 섞일 것이나 피차에 합하지 아니함이 철과 진흙이 합하지 아니함과 같으리이다. 이 열왕의 때에 하나님이 한 나라를 세우시리니 이것은 영원히 망하지도 아니할 것이요, 국권이 다른 백성에게로 돌아가지 아니할 것이며, 도리어 이 모든 나라를 쳐서 멸하고 영원히 설 것이라 왕이 사람의 손으로 아니하고 산에서 뜨인 돌이 철과 진흙과 놋과 은과 금을 부서뜨린 것을 보신 것은 크신 하나님이 장래의 일을 왕에게 알리신 것이라 이 꿈이 참되고 이 해석이 확실하나이다.

이 꿈의 몇 가지 특징들을 열거하면 다음과 같다. 즉, 느부갓네살 왕이 꾼 꿈을 다니엘이 환상으로 상기해냈다는 점(초상현상), 처음에는 신상(神像)이라고 했다가 후반부에 가서 우상(偶像)이라고 폄하한 점(중의법), 다섯 가지의 광물로 구성된 신상을 다섯 단계의 역사적 과정으로 해석한 점(합성상의 시간배경), 여러 가지 광휘(光輝)로서 상징의의를 나타내고 있다는 점(색채심벌), 왕이 곧 신상의 금머리라고 비유한 점(의인시), 철과 진흙의 섞이지 않음으로서 인종간의 불화를 비유한 점(대조법), 그리고 우상을 친 돌이 태산을 이루어 온 세계에 가득하였다는 것으로 하나님의 심판을 암시한 점(과장법) 등이 바로 그것이다.

이것은 합성상으로 표현된 전형적인 상징몽이라고 말할 수 있다. 따라서 이 부분의 성경해석에 있어서는 반드시 꿈-형성원리에 대한 이해가 선행되어야 한다고 본다. 그런 점에서 볼 때, 이제까지의 많은 해석들이 꿈-형성원리를 충분히 반영하고 있다고는 생각되지 않는다. 최근 일부 신학자들이 이 꿈에 등장한 신상을 느부갓네살 이후에 단계적으로 나타날 세계적인 강대국들의 흥망성쇠(興亡盛衰)로 해석하고 있어 놀라움을 금할 수 없다. 그러나 과연 그들이 합성상에 내포된 시간적 카테고리를 제대로 이해하고 있었는가 하는 점은 여전히 의문으로 남는다. 한편 이것을 『예수가 신교를 펼칠 때까지의 기독교적 변천사를 암시하는 것이다.』, 『신상은 모세의 율법으로부터 계승해 온 종교적 체계이고 태산은 예수 이후의 신교를 뜻한다.』, 또는 『이것은 단순히 이스라엘 민족의 흥망성쇠를 예언한 꿈이다.』라고 풀이하는 사람들도 있다. 신학자 메튜·헨리(Mathew. Henry 1662~1712)는 이 꿈을 다음과 같이 해석하고 있다.

이 꿈의 신상은 계속적으로 열방(列邦)을 지배하고 유대교회의 사정에 영향을 끼칠 세상의 여러 왕국을 나타냈다. 네 왕국이 네 개의 신상으로 표현되지 않고 단 하나의 신상으로 나타난 것은 그 모두가 마찬가지로 한 가지 정신, 한 특성을 가지며 모두가 정도의 차이는 있을망정 교회를 대적했기 때문이다. 먼저 나타나는 두 나라는 유대 동쪽에, 그리고 나중에 나타나는 두 나라는 유대 서쪽에 위치하였다. 따라서 정금머리는 그때 출현한 갈대아 제국이고, 은으로 된 가슴과 팔들은 메대아 바다왕국이며, 놋으로 된 배와 넓적다리는 알렉산더 대왕이 창건한 헬라왕국이고, 철로 된 종아리와 발은 로마제국을 상징한다. 로마 제국은 말기에 이르러 쇠약해져서 열 왕국으로 분열되었으니 이것은 흡사 발가락과 같았다. 결국 사람의 손으로 하지 아니하고 산에서 뜨인 돌이 우상을 쳐부수고 돌이 태산이 되어 영원히 망하지 않는 나라가 되었기 때문에 예수 그리스도의 왕국이 로마시대에 새워져서 영원히 쇠하지도 망하지도 않을 것이며 온 세상을 지배할 것이다.

이러한 해석에 동조하는 칼·호위(Carl. Howie)는 『느부갓네살 왕 이후 네 개의 강대국이 연달아 일어났는데 그것은 갈대아, 메대아, 파사, 그리스 등이다. 그것이 아니라면 갈대아, 메대아, 파사, 그리고 그리스와 로마제국일 것인데 이들 국가의 흥망성쇠와 예수가 임할 때까지를 예언한 꿈이다.』라고 해석했다. 그러나 위의 두 해석만으로 이 꿈의 심오한 상징성을 이해하기에는 무엇인가 부족하다는 느낌을 지울 수 없다. 우선 그들의 주장대로 다섯 개의 광물질로 된 신상이 다섯 단계의 시대적 변천사를 암시하는 것이라면 그것이 뜨인 돌에 의해 일시에 파괴되었다는 암시적 의미를 도저히 이해할 수 없게 된다. 그들의 해석방식대로라면 다섯 개의 나라가 일시에 생겨났다가 일시에 무너진 것이라고 해야 논리가 서지 않겠는가. 더구나 이 신상이 발끝으로부터 붕괴되었다는 의미는 또 어떻게 해석해야 할 것인가? 무엇보다 허술한 점은 우상을 파괴한 돌이 어떤 의미인지를 설명하지 않았다는 것이다. 위의 사례와 같이 여타 견해들도 어떤 확고부동한 해석법에 기초하지는 않을 것이므로 여기 일일이 열거해가며 시비를 가릴 성질은 아닐 것이다. 다만 나는 이 꿈을 우리의 해석법에 맞게 재해석해 봄으로서 과연 이 꿈속의 신상은 어떤 상징의미를 나타내는 것인가 하는 점을 알아보고자 한다.

왕 자신도 상기해낼 수 없는 꿈을 다니엘이 신탁(神託)에 의해 되살려내었다는 것은 어쩌면 하나님의 은총이라는 점을 강조하기 위한 기록자의 윤색(潤色)일 수도 있다. 그러나 환상 그 자체로서는 완전한 틀을 갖춘 전형적인 상징몽임에 틀림이 없다. 그런 점에서 신상의 합성적 의미를 간파한 다니엘의 해석은 우리가 추구(追究)하는 합성상의 형성원리와도 정확하게 부합하고 있다. 특히 그가 이 합성상에서 시간적 경과와 인과관계를 찾아낸 것은 놀랍기가 그지없다. 다만 한 가지 아쉬운 것은 그가 이 합성상의 요소들이 암시하는 각각의 사건들이 언제, 어느 때, 어떤 형태로 일어난다는 것에 대해서는 구체적으로 언급하지 않았다는 점이다. 때문에 이 상징적 의미를 두고 수천 년 동안이나 수많은 연구가들이 설왕설래를 거듭하고 있는 것이다.

이 부분에 대한 지금까지의 해석은 크게 두 가지로 나뉘는데, 그 하나는 시대적 변천과정에 따른 세속국가들의 흥망성쇠이고, 다른 하나는 기독교 자체의 개혁이다. 그런데 전자는 역사적 변천과정에 따른 제국가의 흥망성쇠이므로 신상이 머리로부터 부서져내려야 마땅할 것이다. 따라서 그러한 과정이 있으려면 세속적인 통일국가가 전제되어야 할 것인바, 이것은 역사적 사실과 부합되지 않는다. 후자는 세속적인 것과 결부시키지 않고 기독교 내부의 예언으로만 받아들이려는 관점이다. 그렇다면 다니엘은 어떤 인물이었을까? 이것에 대해 어떤 신학자는 다음과 같이 주장하고 있다.

《다니엘서》는 당시 중동지역에서 현명한 위인으로 기억되었던 [다닐(Danel)] 이라는 인물이 성경속의 다니엘 상(像)을 형성하는데 가장 중요한 재료가 되었을 것이다. 최초의 다니엘서는 느부갓네살 통치시대(B.C 605~B.C 567)와 겹치는 갈대인의 시대, 혹은 그 후에 기록된 것으로 추정되는바, 좀 더 정확하게 말하자면 마가비안 시대(B.C 168~165) 초기에 작성된 어떤 히브리 영웅(英雄)의 회고록(回顧錄)이다. 이 책에서 다니엘은 꿈꾸는 자로 잘 알려진 애급의 바로 왕 시대의 요셉과 아주 흡사한 인물로 묘사되었는데, 이 두 사람은 그 생활에 있어서도 비슷하였다.

따라서 이 신상의 꿈 역시 당시 중근동지역에서 회자되던 어떤 전설적인 인물의 에피소드를 윤색한 것일 수도 있다는 가정을 배제할 수 없는 것이다. 여하튼 나는 일단 [은밀한 것을 나타내시는 이가 장래의 일을 왕에게 알게 하였사오니]하는 대목과 [열왕의 때에 하늘의 하나님이 한 나라를 세우시니]하는 대목에 주안점을 두고 이 꿈의 암시적 의미에 접근해보고자 한다.

그런데 《예레미야 27장》에 기록된 하나님의 말씀을 보면 위의 신상의 꿈과 관련한 어떤 실마리를 찾을 수가 있다. 그것인 즉, 『나는 내 큰 능력과 나의 든 팔로 땅과 그 주위에 있는 사람과 짐승들을 만들고 나의 소견의 옳은 대로 땅을 사람에게 주었노라. 이제 내가 이 모든 땅을 내 종 바빌론 왕 느부갓네살의 손에 주고 또 들짐승들을 그에게 주어서 부리게 하였나니 열방(列邦)이 그와 그 아들과 손자를 섬기리라. 그의 땅에 기한이 이르면 여러 나라의 큰 왕이 그로 하여금 자기를 섬기게 하리라마는 나 여호와가 이르노라. 바벨론 왕 느부갓네살 왕을 섬기지 않는 국민이나 그 목으로 바빌론 왕의 멍에를 매지 않는 백성을 내가 그의 손으로 전멸시키기까지 칼과 기근과 염병으로 벌하리라.』라는 대목이다. 우리는 이것에서 느부갓네살 왕이 하나님의 신탁을 나타내는 신앙적 대상으로서의 어떤 관념에 비유되고 있다는 사실을 알 수 있다. 왜냐하면 다니엘이 이 꿈을 해석할 때『왕이시여, 왕은 열왕의 왕이시라 하늘의 하나님의 나라와 권세와 능력과 영광을 왕에게 주셨고 인생들과 들짐승과 공중의 새들 그 어느 곳에 있는 것을 막론하고 그것들을 왕의 손에 붙이사 다스리게 하였으니 왕은 곧 금머리니이다.』라고 한 것은 하나님의 대리인인 느부갓네살 왕과 신상의 금머리가 갖는 권능을 동일시함으로서 그가 왕을 어떤 신앙적 대상에 비유하고 있다는 사실을 발견할 수 있기 때문이다. 따라서 이 꿈은 이전부터 이어져온 어떤 종교적 신념의 변천과정을 암시하는 것이라고 보아야만 한다.

하나님의 권능을 부여받은 자는 절대적으로 신봉하는 자 말고는 있을 수 없다. 아마도 느부갓네살 왕은 하나님을 절대적으로 신봉했거나, 또 신봉하도록 예정되어 있었을 것이다. 그러한 신앙심을 염두에 두고 그의 시대를 금머리로 상징된 신앙시대에 비유한 것이라면 이치에 합당한 것이 된다. 또한 왕이 꿈속에서 이 신상을 대함에 있어 [크고 광채가 특심하여 심히 두려움을 느꼈다]는 것은 이러한 종교적 신념을 받아들임에 있어 큰 감동—또는 두려움—을 느끼게 될 것이라는 암시가 된다. 무엇보다 우리가 이 꿈속의 신상을 하나의 관념으로 해석해야 하는 이유는 그것이 어떤 물질이 아닌 신앙적 대상, 즉 종교적 신념을 암시하고 있기 때문이다. 따라서 우리가 이 합성상의 다섯 단계를 기독교 사상의 변천과정으로 간주한다면 그 해석은 다음과 같아야 할 것이다.

첫째, 정금(正金)의 머리에 해당하는 시기는 모세의 율법에서 [바빌론의 유수(幽囚)]에 이르기까지 유대인들이 하나님을 진심으로 경배했던 유대교의 전성시대로 추정할 수 있을 것이다.

둘째, 은(銀)으로 된 팔과 가슴의 시기는 정금으로 암시된 시대의 신앙심만은 못하더라도 종교적 순수성만은 유지되었을 것이며 팔과 가슴에 비유될 만큼 교세도 상당히 확장되었을 것이다. 단정하기는 어렵지만 예수의 출현 이후 기독교가 신구교로 갈라지기 전까지의 시기로 추정된다.

셋째, 놋(黃銅)으로 된 배와 넓적다리의 시기는 은으로 암시된 시대보다 그 신앙심이 약화된 때라고 할 수 있다. 또한 합금인 놋으로서 이 시기의 기독교에 분파적 요소가 내포되어 있음을 암시하고 있다. 때문에 두 개의 넓적다리로 묘사되었듯이 이 시대의 후반부에는 기독교가 신구교(新舊教)로 분리되기에 이른다.

넷째, 철(鐵)로 된 종아리의 시기는 신구교가 분리된 이후 제1차 세계대전의 발발 직전까지의 급속하고도 광범위한 교세확장 시기를 암시하는데 이것은 서구열강의 세계경략과 맞물려 있다. 그러므로 『철은 모든 물건을 부서뜨리고 이기는 것이라 철이 모든 것을 부수는 것과 같이 그 나라가 뭇 나라를 무너뜨리고 빻을 것이며...』라는 다니엘의 해석처럼 세계 곳곳에서 총과 성경을 양손에 든 서구열강이 기존의 토속종교들을 하나씩 무너뜨리면서 기독교를 전파하게 된다.

다섯째, 철과 진흙으로 된 발과 발가락의 시기는 그 표현만큼이나 혼돈의 시대이다. 즉, 이 시기에는 철과 진흙처럼 서로 섞이지 않고, 또 발가락의 수효만큼이나 많은 분파들이 나타나게 된다. 이 시기는 꿈속의 신상의 암시하는 마지막 단계이며 앞선 네 번의 시기보다는 비교적 짧은 시기에 해당할 것이나, 다니엘이 『그 나라가 철과 같이 튼튼함은 있을 것이나 그 얼마는 흙과 같이 부서질 만한 것인 즉, 그들이 다른 인종과 서로 섞일 것이나 피차에 합하지 아니함이 철과 진흙이 합하지 아니함과 같으리이다.』라고 비유한 것처럼 기독교계에 배타적이며 분파적인 교리들이 우후죽순처럼 생겨남으로서 서로 간에 갈등하고 배척하는 혼돈의 시대가 될 것이다. 따라서 이 대목에서의 [다른 인종]이란 타민족을 뜻하는 것이 아니라 같은 하나님을 신봉하면서도 서로 간에 갈등, 배척하는 수많은 교파들을 뜻하는 것이다. 지금 우리가 살고 있는 바로 이 시대가 그것에 해당하지 않을까?

이 꿈의 열방(列邦)을 해석자에 따라서는 세속적인 강대국들, 또는 국제연합에 가입한 나라들이라고 생각하는 경우도 있고, 메튜·헨리처럼 로마제국 말기에 출현한 열 개의 나라-*발가락이 열인 까닭으로*-로 해석하는 경우도 있으나, 앞서 설명한 바와 같이 신상의 붕괴순서로 보아 모두 타당하지 않다. 더구나 느부갓네살 왕 이후로부터 지금까지도 [산에 뜬 돌이 신상의 발을 쳐서 신상 전체가 밑에서부터 붕괴된다]는 이미지로 암시될 만한 어떤 사건도 일어나지 않고 있다. 그러므로 이 열왕의 시기야말로 기독교가 분열된 바로 이 시대를 가리키는 것이라고 해석해야 옳을 것이다.

그렇다면 뜬 돌이 신상을 쳐서 부수듯이 왜 기존의 종교적 체제를 일시에 붕괴시키고 새로운 기독교로서 대신해야 하는 것일까? 어쩌면 그것은 작금의 기독교적 상황이 본질에서 크게 벗어나 우상숭배적인 요소로까지 변질되고 있음을 암시하고 있는 것일지도 모르겠다. 결국 이 꿈은 신상을 우상화할 정도로 타락한 기존의 종교체제가 여름 타작마당의 겨같이 사라지고 그 자리에 태산을 이루듯이 영원히 지속될 새로운 종교이념이 대신 자리 잡게 된다는 것을 암시하고 있다고 보아야 한다.

신학자나 역사가도 아닌 내가 여기서 성경속의 꿈 이야기를 소개하고 재해석한 것은 합성상의 의미가 무엇인가를 좀 더 구체적으로 설명하기 위함이었지만 그것보다 더 중요한 것은 어떤 신화나 전설이라도 꿈의 형성이론으로 설명이 가능함을 보여주기 위함이었다. 성경을 포함한 여러 종교경전에는 그 시대의 신화와 전설이 녹아들어 있기 때문이나.

3. 장소(場所)의 동일시

우리가 꿈을 분석함에 있어서 제일 먼저 관심을 두게 되는 것은 [꿈의 예지가 언제, 어디서 실현될 것인가]하는 점이다. 그러나 꿈은 그 암시가 실현될 현실의 시공(時空)을 명확하게 묘사하지 않은 특성을 갖고 있다. 그나마 장소가 시간보다는 형편이 좀 나은 편이어서 꿈의 전후사연을 잘 연결해보면 어느 정도의 윤곽은 잡을 수가 있는데, 이것은 아마도 꿈이 상념이나 언어보다는 시각적인 것을 더 잘 표현한다는 것에 원인이 있을 것이다. 사정이 그렇기는 하지만 꿈의 사건이 전개되는 공간적 배경, 즉 장소의 상징의의는 꿈-사상의 골격(骨格)을 이루면서 또 한편으로는 꿈-사연의 인과관계를 설명하는 것이니만큼 절대 소홀히 취급할 수 없다. 그렇다면 꿈의 장소적 배경은 어떤 의미로 표현되는 것일까? 그것은 다음과 같은 세 가지 유형으로 분류할 수 있을 것이다.

① 사실적인 꿈에 있어서는 미래의 현실에서 체험하게 될 실제의
장소 그대로로 표현된다.
② 상징적인 꿈에 있어서는 미래의 현실에서 체험할 다른 어떤
장소의 동일시로서 표현된다.
③ 꿈의 장소적 배경이 현실의 어떤 장소를 동일시하는 것이 아
니라, 다만 관념적 의미로서 표현된다.

　꿈의 공간적 배경으로는 주로 현재의 생활주변이나 유년기의 환경
들이 묘사되지만 전혀 경험해 보지 못한 생소한 장소인 경우도 종종
있다. 이런 경우 현실에서 실제로 그 장소에 가게 됨으로서 꿈에 본
그대로를 체험하였다면 그것은 ① 항에 해당하는 것으로 대부분 사실
적인 꿈에 해당한다. 어떤 사람은 『어떤 집의 문패(門牌)를 보았는데
그것은 놀랍게도 평생 오매불망 찾아 헤매던 아버지의 이름이었다.』
는 꿈을 꾸고 얼마 뒤 실제로 그런 집을 방문하여 꿈에 그리던 아버
지를 만나게 되었다고 한다. 이런 사례가 보편적인 것은 아니라고 해
도 적지 않은 사람들이 경험하는 실체적 현상임에는 틀림이 없다.
　그런데 우리가 상징적인 꿈을 해석함에 있어 늘 고심하게 되는 것
은 꿈속의 장소를 어떤 의미로 볼 것인가 하는 문제이다. 즉, 그것을
현실에서 체험하게 될 어떤 다른 장소의 동일시로 판단할 것인가, 아
니면 다만 관념적 것으로 간주할 것인가 하는 문제와 직면하게 된다
는 것이다. 그렇다면 우선 전자에 해당하는 것을 [장소의 동일시]라고
정의하고 그 구체적인 것들을 살펴보자. [장소의 동일시]의 의미를 설
명하자면 꿈속의 장소가 꿈-사상에 의하여 밝혀지는 현실의 어떤 장
소로 해석되는 것이라고 말할 수 있다. 이해를 돕기 위해 내가 체험
한 꿈 이야기 하나를 소개하고자 한다. 이 꿈은 내 나이 마흔 여섯

살이던 1969년 9월 6일 새벽에 꾸어진 것이다.

그곳은 내가 유년시절 6년간이나 소학교를 다니기 위해 지나다니던 들판이었다. 야산과 야산 사이에 넓게 펼쳐진 이 들판에는 큰길 하나와 개천 하나가 서로 엇갈리면서 거기에 큰 돌다리가 놓여 있다. 나는 어린 시절의 어느 날처럼 이 돌다리를 건너 집으로 향하는 길을 걷고 있다. 그런데 내가 서 있는 길의 왼쪽을 바라보니 거기 있어야할 들판은 온데간데없고 대신에 넓은 바닷물이 푸른 물결로 일렁이고 있다. 그렇지만 오른 쪽은 여전히 메말라 있는 논바닥 그대로이다. 이 논바닥에서 몇 사람의 농부들이 일을 하고 있다. 나는 그 광경을 바라보다가 언뜻 흥겨운 마음이 되어 뱃노래를 불렀다. 『어기야디야, 뱃노래 부르자. 파도치는 소리 처량하기도 하구나..』이때 농부들 중의 몇 사람이 나의 노래를 따라 부른다. 그러자 누군가가가 나서서 그런 노래를 따라 부른다고 동료들에게 핀잔을 준다. 그러나 우리들은 들은 채도 않고 더 큰 소리로 『어기야디야, 뱃노래 부르자..』를 합창하다가 이윽고 잠을 깨었다.

이 꿈은 다음과 같이 실현되었다. 이날 정오경 갑작스런 폭우로 인해 개천물이 불어나면서 마침내 개울둑이 터지고 홍수가 인근의 농경지로 밀어닥치자 마치 바다와 같은 양상(樣相)을 보이게 되었다.(꿈속의 바다) 그런데 그대로 방치했다가는 내가 살고 있는 집까지 물에 잠길 우려가 있었다. 그래서 나는 이웃 주민들(농부들)에게 연락하여 개울둑을 막아야 한다고 설득하게 되었다.(내가 뱃노래를 부름) 그러자 몇 사람의 주민이 나의 제안에 공감하여 터진 둑을 막기 위해 가마니에 흙을 퍼 담아 나르기 시작하였다.(꿈속에서 나의 노래를 따라 부른 농부들) 이때 그 논의 소유주가 나타나 자기 논에서 흙을 퍼낸다고 항의를 하였다.(누군가가 그런 노래를 따라 부르지 말라고 핀잔을 준다)

이 꿈의 공간적 배경은 그것이 암시하는 실제의 장소와 아주 유사하였다. 당시 내가 살고 있던 동네는 야산과 야산 사이에 펼쳐진 들판 한 가운데 있었는데 동네 인근의 개천에는 꿈속에서 본 것과 같은 큰 돌다리가 놓여 있었던 것이다. 게다가 집중호우로 인근의 넓은 농경지가 모두 물에 잠겨 있었으니 그것이 마치 꿈속의 바다라고 생각될 만큼 매우 흡사한 상황이었던 것이다. 이처럼 꿈의 공간적 배경이 현실적 상황과 비슷하게 묘사되는 것을 두고 [장소적(場所的) 동일시]라고 한다.

과거의 기억이 재료로 사용되어 그 공간적 배경으로 묘사되는 꿈은 많다. 특히 유년기에 뛰어놀던 고향산천의 경관(景觀)들은 여타의 것들보다 더 빈번하게 활용된다. 감수성이 예민할 때의 기억이라 더 선명하게 각인된 탓에 꿈의 재료로서 이끌어오기가 수월하기 때문일 것이다. 물론 장소적 동일시가 이루어지기 위해서는 꿈-재료가 된 과거의 기억과 실제의 사건 간에 한두 가지 이상의 [유사적(類似的) 내재관계(內在關係)]가 존재해야 한다는 것은 두말할 나위가 없다. 위와 같은 예가 ② 항에 해당한다.

그런데 꿈에 묘사된 어떤 장소가 그 명칭(名稱)에 의한 연상(聯想)에 의해 현실의 어떤 사물을 암시하는 경우가 있다. 가령 꿈속의 어떤 장소가 [삼성리 벌판]-이 지명은 내 고향에 실존한다-이라고 했을 때, 그것이 현실의 삼성출판사로 해석되는 경우가 바로 그런 예라고 할 수 있다. 또한 [일본]이 1군사령부로, 그리고 [스웨덴]이 스위트홈으로 해석되는 것도 위와 같은 유형의 사례들이다. 앞으로는 이것들 모두를 [장소적 의사시(擬事視)]라고 부르기로 한다. 한편 꿈속의 장소가 현실의 어떤 관념적 영역을 암시하는 경우도 있다. 예를 들자면 자기 집의 안방이 어떤 신문의 지면(紙面)으로 해석되거나, 지하도가 어떤 비밀스런 활동거점으로 해석되거나, 하늘이나 바다가 사회국가적인 기반으로 해석되거나, 또는 사찰(寺刹)이 진리를 탐구하는 학원으로 해석되거나 하는 등의 사례가 있다. 이런 점에서 볼 때 옛사람들이 어머니를 [고향이나 대지(大地)]로 해석한 것도 매우 타당하다고 할 수 있다. 위와 같은 사례들이 ③항에 해당한다.

우리가 이 공간적 배경의 상징의의를 판단함에 있어 각별 유념해야할 것은 그것을 구성하는 각각의 요소들도 제 나름대로의 상징의의를 갖는다는 것이다. 가령『고향집 앞마당에는 냇물이 흐르고 그 냇가에 버드나무 한 그루가 서 있는데 어디선가 개 한 마리가 나타나 집안으로 뛰어들었다.』는 꿈이 있다고 하자. 이때 우리가 언뜻 [고향집]의 상징의의만을 찾아내어 꿈을 해석하게 된다면 꿈의 본뜻에 접근할 수 없다. 고향집 주변에 묘사된 낱낱의 요소, 즉 냇물, 버드나무, 개, 집안 등도 그 각각의 고유한 상징의의로서 꿈-사연을 구성하는 것이기에 반드시 연관된 문맥 속에서 해석되어야만 한다.

꿈-표현을 현실적인 논리성으로만 따진다면 황당하기가 짝이 없다. 프랑스 파리에 거주하고 있는 친구가 내 방에 앉아 있다거나, 돌아가신 아버지가 생존의 숙부와 함께 고향집 앞마당에서 담소를 나누고 있다거나, 아니면 서울에 있어야 할 자기 집이 미국 뉴욕의 번화가에 떡하니 놓여있다거나 하는 등의 황당한 이미지들이 어떤 제약도 없이 마음껏 구현되기 때문이다. 이른바 시공간적 카테고리의 붕괴인 것이다. 그러나 그것은 꿈의 공상적인 연출일 뿐, 해석에 의해 들어나는 꿈-사상에 있어서는 아무런 모순이 없다는 사실을 우리는 잘 알고 있다. 때문에 지금의 우리는 그 점을 조금도 이상하게 생각하지 않는다. 그럼에도 불구하고 아직도 비판적인 시각을 갖고 있는 사람들에게는 [100여 년 전에 죽은 사람이 자기와 더불어 우주선을 타고 달나라에 간다]는 꿈이 그저 허무맹랑한 공상에 불과할 것이다. 그들이 이것을 모순이라고 판단하는 근본적인 이유는 꿈-표현을 과거의 재현이라고 생각하기 때문이다. 프로이트도 이 장소적 배경에 대해서는『과거 경험의 조각들을 모은 것에 지나지 않는다.』라고 주장했다. 그가 소개한 다음과 같은 꿈 이야기를 살펴보자.

내가 기차의 창으로부터 티베르 강과 천사교(天使橋)를 바라보고 있는 동안에 기차가 움직이기 시작해서 아직 로마에 이르지 않았음을 깨달았다. 그리고 다음 순간 누군가가 나를 한 언덕 위로 안내하여 거의 안개에 쌓인 로마를 가리켜 주었다. 『대단히 먼 곳인데도 참 똑똑히도 보이는구나.』하고 나는 꿈속에서 놀랐다. 그곳은 류베크의 글라이춘베르그였다. 드디어 나는 로마에 도착하였다. 그러나 나는 조금도 대도시다운 풍경이 아님을 발견하고 실망했다. 거무스름한 물이 흐르고 있는 작은 강 한쪽의 강변에는 검은 벼랑, 다른 편의 강변은 초원이며 커다란 꽃들이 피어있었다. 조금 안면이 있는 추커 씨가 내 옆에 있어서 그에게 시(市)로 가는 길을 물으려고 결심했다. 조금 후엔 로마에 가 있었다. 그런데 눈앞에 길모퉁이가 보이며 거기에 독일어 광고가 많이 있음을 나는 이상하게 생각했다.

프로이트는 이 꿈을 꾸게 된 동기가 어린 시절부터 로마에 가보고 싶었던 소원이라고 말했다. 그러나 이 꿈의 장면들은 이미지로 형상화된 상징단어들의 나열에 불과하며, [로마]라는 고유명사 역시 어떤 목표를 암시하는 하나의 상징표상이다. 그렇다면 실제의 로마와는 관계가 없는 여러 이미지들이 비논리적으로 합성된 이유는 무엇일까? 그것은 결국 [꿈이란 상징적인 이미지들의 조합]이라는 관점에서만 이해될 수 있다. 따라서 이 꿈속의 이미지들, 즉 환자의 석판화(石板畵)에서 본 로마, 한 언덕이 류베크였다는 것, 대도시다운 풍경이 아닌 강변, 거기 있을 까닭이 없는 추커 씨, 그리고 로마 거리에 많이 있었던 독일어 간판 등에서 그 각각의 고유한 상징의의를 파악해야만 이 꿈의 진정한 의미를 알 수 있다. 다시 말해 이 꿈의 이미지들도 단순한 과거 경험의 반복이 아니라는 것이다.

꿈의 장소적 합성작업은 [장소와 사물]이나 [장소와 사건] 등은 물론, [장소와 장소]의 합성에 이르기까지 광범위하게 이루어진다. 이러한 합성상들은 합성된 전체로서의 상징의의만 아니라 합성되기 전의 각 요소가 지녔던 상징의의도 갖는다. 가령 [책상 위에 놓인 꽃병과 그 꽃병에 담긴 꽃가지]라는 이미지가 있다고 할 경우 그것은 [책상 위의 꽃병]이라는 새로운 상징의의를 나타낼 뿐 아니라 그 부분적인 요소인 [책상], [꽃병], [꽃가지] 등의 상징의의도 그대로 유지한다는 것이다. 위의 내용을 설명하기 위한 좋은 예가 하나 있어 소개하고자 한다. 다만 이 꿈에 등장하는 [소나무 가지에 핀 한 송이의 무궁화 꽃]이라는 이미지는 엄밀한 의미에서의 장소적 합성상은 아니다. 그러나 소나무 전체를 장소적 배경이라고 보고 솔잎과 솔가지, 그리고 무궁화 꽃 등을 그 요소로 간주한다면 장소적 합성상의 형성원리와 별반 차이가 없다. 이 꿈은 어느 지방도시에 사는 K라는 여인이 나에게 해석을 의뢰해 온 것인데 그녀 스스로도 이 꿈이 암시하는 바를 어느 정도는 짐작하고 있었다.

　별로 가파르지 않은 산기슭을 혼자 걷고 있었다. 길옆에서 한 그루의 큰 소나무를 보았다. 그런데 가만히 살펴보니 그 푸르른 솔잎 위에 빨간 무궁화 꽃이 한 송이 피어 있는 것이 아닌가? 나는 신기하게 생각하면서 가까이 다가가 꽃을 매만지며 『소나무에도 꽃이 필 수 있을까?』라고 중얼거리다가 잠을 깨었다.

그녀는 말미에 당시 어떤 유부남(有婦男)을 사랑하고 있다는 상황설명을 덧붙였다. 그리고 후에 나의 해석에 대한 사례의 답장을 보내오면서 이 꿈을 꾸게 된 상황을 보다 상세하게 알려주었다. 여기 그녀의 편지를 공개하는 것은 상당히 부담스런 일이지만 본인의 양해도 있었고, 또 그로부터 꾀 오랜 기간이 경과하였으므로 합성상의 상징의의를 설명하기 위한 자료로서 소개하고자 한다.

　선생님 안녕하십니까? 의문에 가득 찬 저의 궁금증을 풀어주신 선생님께 진심으로 감사드립니다. 꿈을 꾼 제 마음 역시 선생님이 말씀하신 것과 어느 정도 일치하는 점이 있다고 생각합니다. 선생님의 해석은 불합리함을 내포하는 사랑이라면 결코 아름다운 결실은 맺지 못할 것이라는 뜻이 아닙니까? 그러나 원점으로 돌아가기엔 너무나 아쉬운 처지가 되었습니다. 단념할 용기가 정말 없습니다. 그런데 뿌리가 없는 꽃이기에 먼저 시들어버린다는 말씀은 사실이겠지요? 하지만 청렴하고 변하지 않는 소나무의 상징성으로 볼 때 우리의 사랑이 조금은 연장될 수 있지 않을까요? 꽃이 나무의 혜택을 입었기 때문에 말입니다. 나무 위주로 핀 꽃이기에 제가 먼저 저버린다고 해도 그 푸름의 사랑은 영원히 지속되리라 믿고 싶습니다. 선생님 감사합니다. 안녕히 계십시오. 1971년 8월 4일 K드림.

이 합성상은 유부남과의 결합이 부도덕하고 불합리한 것인 줄 알면서도 강렬한 열정에 휘말려 어찌할 수 없게 된 자신의 내면을 잘 나타내고 있으며 푸른 솔잎과 붉은 꽃의 대조적인 색채표상 역시 이들의 극적이고 진한 사랑을 적절하게 표현해내고 있다. [소나무에도 꽃이 필 수 있을까?]라는 부분은 현재적 상황에 대한 의구심을 나타내면서도 한편으로는 그 지속성에 대한 강렬한 염원을 나타내고 있다. 그러나 꿈속에서 소나무와 꽃은 이미 하나가 되어 있는 상태이므로 그러한 관계가 비록 불합리한 것이라고는 해도 상당 기간 지속될 수 있을 것이다. 이미 짐작했듯이 이 꿈에서 무궁화 꽃은 그녀를, 소나무는 그녀의 사랑인 어떤 유부남을, 그리고 소나무에 핀 꽃은 불합리한 남녀관계를 각각 암시한다. 우리가 이 꿈의 합성상에서 발견할 수 있는 것은 합성되기 전의 요소적 상징의의가 그대로 존속(存續)하면서도 합성에 의해 새로 만들어진 상징의의가 꿈-사연을 중심사상을 구성하고 있다는 점이다.

제 17 장

태몽(胎夢)과 유아(幼兒)의 꿈

1. 태몽(胎夢)

태몽이란 아기가 잉태될 조짐을 알려주거나 그 아기의 운명을 예시하는 꿈이다. 태몽은 임신전후나 분만직전의 임산부가 주로 꾸는데 남편이나 시부모, 또는 친정부모 등도 꿀 수 있고, 간혹 형제자매들이 꾸는 경우도 있으며, 드물게는 친인척이 아닌 다른 사람이 꾸는 경우도 있다. 태몽의 의미는 아기를 언제쯤 잉태할 것이며, 그 아기의 성별은 무엇이고, 아기의 [성품, 수명, 재운, 관운] 등은 어떠할 것이며, 또한 장차 아기가 장성하여 사회국가적으로는 어떤 영향을 미치게 될 것인가 하는 등의 운명적 추세를 예지함에 있다. 그런데 태몽을 꾼 사람은 일생동안 그 아기로부터 어떤 형태로든 영향을 받게 되

어 있다. 때문에 보통의 꿈은 잘 기억하지 못하는 사람도 이 태몽만
큼은 강한 인상으로 기억에 오래 남아 쉽게 상기된다고 한다. 그러나
개중에는 무관심속에 태몽을 꾸었다는 사실조차 잊어버리는 사람도
있을 것이고, 아예 처음부터 태몽을 꾸지 않는 사람도 있을 것이다.
혹자는 『태몽은 아기를 갖고 싶은 욕망에서 형성되는 독특한 꿈의 한
유형이다.』라고 주장한다. 나름의 일리가 없는 것은 아니지만 결국은
프로이트적 발상에 머무는 수준이다. 비록 꿈이 소망충족으로 형성된
다고 하여도 그 의도는 거기에서 멈추는 것이 아니라 보다 적극적인
목적성을 추구한다는 사실은 누차 강조한 바와 같다. 물론 아이를 갖
고 싶은 소원이 태몽을 형성하는 요인 중의 하나가 될 수는 있다. 그
러나 태몽을 형성한 가장 근본적인 요인은 장차 태어날 아이의 운명
을 예지하고자 하는 잠재의식적 예감충동이다. 아무리 아기를 갖고
싶어도 아기를 가질 예정이 없는 사람에게 태몽이 꾸어질 리 없다.
그러므로 아들 낳기를 간절히 원한다고 해서 그러한 운명이 아닌 사
람이 그 아들의 운명을 암시하는 꿈을 꿀 리도 만무한 것이다. 그러
나 장차 태어날 아기와 어떤 식으로든 인연을 맺게 되어있는 사람이
라면 언제든 그 아이의 태몽을 꿀 수 있다. 때문에 아직 미혼인 남녀
가 단지 혼담만 오갔을 뿐인데도 장차 결혼을 하여 낳게 될 아이의
태몽을 꾸는 사례도 심심치 않게 발견되는 것이다. 이런 점에서 한
시대를 장식할 위대한 인물이 태어난다는 사실을 그가 태어나기 수십
년 전에 이미 꿈으로 예지하였다는 역사적 기록들이 전혀 의심스럽지
가 않다. 그렇다면 태몽을 꾸는 동기는 어떤 것들이 있을까? 나는 동
서고금의 수많은 태몽 자료들을 수집, 분석하는 과정에서 태몽을 꾸
는 동기를 다음과 같이 크게 세 가지의 유형으로 분류할 수 있었다.

① 아기 낳기를 원하거나, 장차 출생할 아이의 성(性)이 무엇인가
를 알고 싶어 하거나, 아기의 운명적 추이를 알고 싶어 하거나,

또는 그 아기가 장차 자기에게 어떤 영향을 줄 것인가를 궁금하게 생각할 경우.

② 전혀 아기 낳기를 원하지 않았거나 잉태한 사실을 모르고 있었음에도 불구하고 우리의 잠재의식이 예감충동에 의하여 이것을 예지하는 경우.

선관(仙官)이 나타나 동방을 측량할 금척(金尺)을 하사하였다는 태조 이성계의 꿈

③ 자기와는 직접적인 관련이 없는 타인의 경우라 하더라도 장차 출생할 아이의 잉태여부와 그 운명적 추이에 대하여 관심을 갖고 있는 경우.

아직도 우리 사회에는 태몽을 미신이라고 생각하여 그 가치를 깎아내리려는 분위기가 여전히 남아있다. 그렇다면 태몽은 과연 무가치한 미신이나 망상으로 치부될, 그런 의미 없는 한 조각 환상에 불과한 것일까? 수많은 꿈 자료들을 분류, 정리하는 과정에서 내가 절실히 느낀 점이지만 한 사람의 일생에 전개된 수많은 우여곡절이 하나의 꿈에 모두 담겨져 있었다는 사실을 발견할 때마다 놀라움을 금치 못하였다. 동양(東洋)에서 이 태몽을 얼마나 중요시하였는가는 역사적 인물들의 태몽이 각국의 정사(正史)에까지 기록된 것을 보면 능히 짐작하고도 남음이 있다. 과연 이와 같은 역사적 기록물들을 두고도 그것이 후대 사가(史家)들의 윤색에 불과한 것이라고 무시해 버릴 수 있을까? 기록으로 남아 있는 옛사람들의 태몽을 살펴보면 그 시대의 집단적인 관념을 엿볼 수가 있다. 이것을 몇 가지 유형으로 분류하여 열거하자면 다음과 같다.

1) 태양숭배사상(太陽崇拜思想), 음양사상(陰陽思想), 그리고 도교
(道敎)의 성수신앙(星宿信仰) 등에 기초하여 천체(天體)가 태아표상
(胎兒表象)으로 등장하는 경우

○ 해를 가슴에 품다 : 조선 중기의 성종(成宗)
○ 해가 품 안으로 들어오다 : 조선 후기의 문신, 신흠(申欽)
○ 해를 머리 위로 받들다 : 통일신라의 선승, 범일(梵日)
○ 해가 사흘 동안이나 집에 들어와 자기의 배를 비추다 : 고려 말의 승려
   일연(一然)
○ 해가 품 안으로 들어오다 : 고려 말의 선승, 무학자초(無學自超)
○ 해가 뱃속으로 들어오다 : 요(遼)나라 태조(太祖) 야율아보기
○ 하늘에서 떨어진 해를 삼키다 : 중국 송(宋)나라 태조(太祖)
○ 붉은 해가 가슴으로 들어오다 : 중국 한(漢)나라 무제(武帝)
○ 달과 청도화를 보다 : 무속설화의 바리공주
○ 밝은 달과 같은 구슬을 삼키다 : 조선 후기의 문신, 송시열(宋時烈)
○ 달이 품 안으로 들어오다 : 조선 후기의 문신, 이명한(李明漢)
○ 북두칠성을 삼키다 : 중국 촉한(蜀漢)의 2세 황제 유선(劉禪)
○ 북두칠성의 정기(精氣)를 삼키다 : 발해의 시조 대조영(大祚榮)
○ 유성이 뱃속으로 들어오다 : 통일신라의 승려, 원효(元曉)
○ 별이 떨어져 품 안으로 들어오다 : 통일신라의 승려, 자장율사(慈藏律師)
○ 별이 품 안으로 들어오다 : 조선 후기의 승려, 초의선사(草衣禪師)
○ 태백성(太白星-샛별)을 꿈에 보다 : 중국 오(吳)나라 손견(孫堅)
○ 큰 별이 품 안으로 들어오다 : 조선 후기의 문신, 이규령(李奎齡)
○ 장경성(長庚星-샛별)이 빛을 발하다 : 당(唐)나라 시인, 이백(李白)

2) 용봉사상(龍鳳思想) 및 12간지(干支) 등에 기초하여 상서로운 동
물이 태아표상으로 등장하는 경우

○ 용이 여의주를 물고 북한산 꼭대로 승천하다 : 조선의 세종대왕(世宗大王)
○ 용이 동자로 변하여 품에 안기다 : 중국 진시황(秦始皇)
○ 하늘을 나는 용에게서 찬란한 주옥(珠玉)을 받다 : 조선 중기의 정조(正祖)
○ 용이 구슬을 토하자 광명을 발하다 : 구한말의 승려, 만공선사(滿空禪師)
○ 용이 가슴위에 서리다 : 중국 한(漢)나라 문제(文帝)
○ 용이 품 안으로 들어오다 : 고려 제2대 왕, 혜종(惠宗)
○ 검은 용이 천장에 서리다 : 조선 중기의 혜경궁(惠慶宮) 홍(洪)씨
○ 용이 품 안으로 들어오다 : 이승만(李承晩) 대통령
○ 용이 하늘로 날아오르다 : 조선 중기의 문신, 김성일(金成一)
○ 흰 용이 큰 바위를 깨치고 솟아오르다 : 조선 전기의 문신, 이석형(李石亨)
○ 용이 품안으로 들어오다 : 고려 말의 승려 의천(義天)
○ 흑룡이 나타났다 : 조선 중기의 문신, 조익(趙翼)
○ 봉황이 오동나무에 내려앉다 : 왜정시대의 명리학자, 이달(李達)
○ 백호가 뱃속으로 들어와 꿈틀거리다 : 조선 전기의 문신, 유자광(柳子光)
○ 황금색 참새가 품 안으로 날아들다 : 중국 삼황오제(三皇五帝)의 순(舜)
   임금
○ 백학(白鶴)이 방 문 앞에서 춤을 추다 : 조선 후기의 문신, 이기숭(李基崧)
○ 고니처럼 생긴 큰 새가 울면서 방 안으로 들어오다 : 송(宋)나라의 장군,
   악비(岳飛)
○ 붉은 돼지가 하늘에서 구름을 뚫고 내려오다 : 전한(前漢)의 무제(武帝)

3) 삼신사상(三神思想), 천신하강사상(天神下降思想), 불교(佛敎)의
윤회사상(輪廻思想), 무속신앙(巫俗信仰) 등에 기초하여 신령적(神
靈的)인 존재가 등장하는 경우

○ 선녀(仙女)가 옥동자를 데려오다 : 조선 중기의 대석학, 이이(李珥)
○ 소년장군이 하늘에서 오색구름을 타고 내려오다 : 신라의 명장, 김유신
   (金庾信)
○ 노파가 나타나 아들을 잉태했다고 축하하다 : 조선 중기의 승려, 서산대
   사(西山大師)

○ 신승(神僧)으로부터 원주(圓珠)를 받다 : 조선 중기의 승려, 부휴선사(浮休禪師)

○ 신승(神僧)이 금인(金印)을 건네주다 : 신라 말의 승려, 개청(開淸)

○ 노인이 나타나 이름을 지어주다 : 조선 중기의 문신, 이경억(李慶億)

○ 신승(神僧)이 방안으로 들어오다 : 통일신라의 죽지랑(竹旨郎)

○ 여러 신선들이 의젓한 모습으로 도열해서는 동자 하나를 가리키며 『이 아이가 장차 부인의 아들이 될 것이다.』하였다 : 조선 후기의 문신, 홍득기(洪得箕)

○ 신인(神人)이 잉태사실을 알려주다 : 조선 중기의 문신, 유성룡(柳成龍)

○ 금신나한(金身羅漢)이 품 안으로 들어오다 : 조선 전기의 승려, 나옹화상(懶翁和尙)

○ 붉은 옷을 입은 사람이 하늘에서 내려와 절을 백번 하면서 잉태 사실을 알려주다 : 조선 후기의 문신, 최홍전(崔弘甸)

○ 공중에서 정체를 알 수 없는 사람이 태어났는가 하고 세 번 물었다 : 조선 전기의 문신, 성삼문(成三問)

4) 과거에 실존했던 유명인물이나 조상(祖上) 등이 등장하는 경우

○ 공자가 여러 제자들과 함께 집안으로 들어오다 : 조선 후기의 문신 송시열(宋時烈)

○ 중국의 명필 왕희지가 붓을 선사하다 : 조선 중기의 서예가, 한호(韓濩)

○ 중국 송대(宋代)의 충신이며 명장인 악비(岳飛)가 자기 집에 들어와 깜짝 놀라다 : 조선 중기의 무신, 이덕일(李德一)

○ 선조인 익성공(翼成公)이 『아이가 태어났느냐?』고 잇달아 물었다 : 조선 중기의 문신, 이제현(李齊賢)

○ 선조인 참판공이 나타나서 [순신] 이라고 이름 지으라 하다 : 조선 중기의 무신, 이순신(李舜臣)

○ 공자묘(孔子廟)에 들어가다 : 조선 중기의 유학자, 서경덕(徐敬德)

○ 고려의 역신 정중부(鄭仲夫)가 집안에 들어오다 : 조선 중기의 문신, 정여립(鄭汝立)

5) 기타 신비한 현상이나 상서(祥瑞)로운 자연물이 등장하는 경우

○ 난초 화분을 방안으로 들여오다 : 고려 말의 대석학, 정몽주(鄭夢周)
○ 냇물에 떠내려 온 오이를 주워 먹다 : 통일신라 말의 승려, 도선(道詵)
○ 온 집안에 황기가 나부끼다 : 고려 인종조의 공예왕후(恭睿王后)
○ 곡령(鵠嶺)에 올라가 남쪽을 향하여 오줌을 누었더니 삼한(三韓)의 산천
  이 은해(銀海)로 변했다 : 고려 태조(太祖) 왕건(王建)
○ 옥(玉)제비가 품에 날아들다 : 당(唐) 현종(玄宗) 시대의 명재상, 장열
  (張說)
○ 세 번이나 벼락을 맞다 : 고려 말의 승려, 혜심(慧諶)
○ 오색(五色)이 찬란한 알이 가슴으로 들어오다 : 고려 말의 왕사, 선각(禪覺)
○ 월적산(山)이 가랑이 사이로 들어오다 : 조선 중기의 무신, 이징옥(李澄玉)

혹자는 태몽문화가 우리나라와 중국에만 국한된 것이라고 주장한다. 그러나 역사적 기록물들은 세계 각지의 고대사회에서 태몽이 존중되고 있었음을 여실히 보여주고 있다. 위에서 언급한 바와 같이 중국에서도 태몽은 숱한 왕후장상들의 이면사를 장식하는 역사적 기록물로 남아 있고 몽골을 위시한 시베리아 및 중앙아시아의 각 민족들도 태몽문화의 유풍을 보존하고 있다. 임진왜란을 일으키기 직전 도요토미·히데요시(豊臣秀吉 1536~1598)가 우리 선조대왕에게 올린 서찰을 보면 『어머니가 나를 밸 적에 어머니의 품 안으로 태양이 들어오는 꿈을 꾸었는데, 관상을 보는 자가 말하기를, 「햇빛이 미치는 곳에 비치지 않는 곳이 없을 상이니, 장성하면 반드시 천하에 어질다는 소문이 나고 사해(四海)에 위엄을 떨칠 것을 어찌 의심하겠습니까.」 라고 하였다.』라는 대목이 나오는데 이것으로 보아 이웃나라 일본에도 태몽문화의 흔적은 분명히 잔존하리라 본다. 인도나 중근동에서도 태몽은 고대문화의 한 자리를 당당하게 차지하였다. 인도에서 발원한 불교는 석존(釋尊)의 탄생과 관련된 신비스런 태몽 이야기를 전하고 있고 이

후 동아시아 전역에서 발견되는 고승들의 비문에는 거의 빼놓기 않고 태몽 이야기가 등장한다. 《구약성서》에 기록된 이삭의 아내인 리브가의 꿈과 요셉의 꿈 등은 고대 유대사회에서 성인들의 수태고지(受胎告知)로서 태몽이 중시되었음을 보여주고 있다. 또한 고대 이란의 사이러스 대왕의 태몽이나 그리스의 위대한 정복자 알렉산더의 태몽, 그리고 그리스 신화에 등장하는 트로이 왕자 파리스의 태몽 등은 중근동 전역에서 태몽문화가 성행하고 있었음을 짐작하게 한다. 고대 이집트와 그리스 등에서는 우리네가 용을 최고의 태아표상으로 여기듯이 사자를 웅혼하고 용맹한 통치자의 태아표상으로 받아들였다. 기록으로 남아 있는 몇 가지의 사례들을 소개하자면 다음과 같다.

○ 고대인도 카피라 왕국의 왕비인 마야부인은 석존을 잉태할 때 『여섯 개의 상아를 가진 눈이 부시도록 흰 코끼리가 부인의 오른쪽 옆구리로 태안에 들어왔다.』는 태몽을 꾸었다. 이것은 성인의 탄생을 윤색하기 위한 인도인들의 영몽탁태(靈夢托胎) 사상을 반영한 것이지만 고대 인도에서도 태몽이 존중되어 왔음을 입증하는 증거임에는 틀림이 없다.

○ 정복군주 알렉산더(Alexander) 대왕이 출생할 무렵 그의 부친인 마케도니아의 필립 왕은 왕비인 올림피아의 자궁이 사자문양으로 봉인되는 꿈을 꾸었고, 모친인 올림피아는 자신이 번개를 맞았는데 그 번개가 큰 불덩이가 되어 사방으로 널리 퍼지는 꿈을 꾸었다.

○ 그리스 신화 속의 파리스(Paris)는 트로이(Troy) 왕인 프리아모스의 아들이다. 왕비인 헤카베는 그를 잉태한 동안 횃불에서 뱀이 나타나는 태몽을 꾸었다. 이는 트로이의 멸망을 의미하는 불길한 전조라 하여 왕은 아이가 태어나자 곧 종에게 주어 죽이도록 명하였으나, 종은 죽이지 않고 아이를 이데 산 속에 버렸다. 양치기가 파리스를 주어다 데려다 길러 훌륭하게 장성했으나 결국 트로이 멸망의 원인이 된다.

○ 기원전 5세기경에 아테네의 정치지도자이자 탁월한 장군이었던 페리클레스(Perikles B.C. 495~B.C. 429)의 어머니는 사자 우리에서 사자새끼를 낳는 태몽을 꾸고 그를 낳았다고 한다.

○ 헝가리 마자르 족의 영웅 알모스(Almos 820~895)는 그의 어머니인 에메세(Emese)가 하늘에서 투룰(Turul-神鳥) 한 마리가 내려와 그녀의 자궁 속으로 들어왔는데 곧 그녀의 자궁으로부터 큰 샘이 솟아나 서쪽 저지대로 흐르는 급류가 되더니 그 물속에서 황금가지를 가진 아름다운 나무가 자라기 시작했다는 태몽을 꾸고 태어났다.

○ 윌리브로드(Saint. Willibrord 658~739)는 영국출신의 선교사로서 아일랜드 수도원에서 수련을 쌓은 후 네덜란드에서 선교활동을 했다. 그의 어머니는 태양이 입으로 들어오는 태몽을 꾸고 그를 낳았다.

○ 도미니코수도회의 창설자 성 도미니코(Dominicus 1170~1221)의 어머니는 그를 잉태하기 전에 횃불을 입에 문 개 한 마리가 그녀의 자궁으로부터 나와서 온 세상을 불태우는 꿈을 꾸었다고 한다.

○ 아브라함(Abraham)의 며느리이자 이삭(Isaac)의 아내인 리브가(Rebecca)는 쌍둥이를 잉태하였을 때 두 아이가 복중에서 서로 싸우므로 여호와에게 그 뜻을 물었다. 그러자 여호와는 『두 국민이 네 태중에 있구나. 두 민족이 네 복중에서부터 나누이리라. 이 족속이 저 족속보다 강하겠고 큰 자는 어린 자를 섬기리라.』라고 하였다. 태몽 속에서의 신의 계시를 끝까지 존중한 리브가는 남편 이삭이 죽자, 아우인 야곱(Jacob)으로 하여금 형(兄)인 에서(Esau)의 장자권을 가로채게 한다.

○ 중세 이탈리아의 시인 단테(Alighieri. Dante 1265~1321)의 어머니는 그를 잉태했을 때, 큰 분수 옆의 월계수 나무 아래에서 아이를 낳는 꿈을 꾸었다. 그녀는 꿈속에서 그 아이가 월계수 열매와 신선한 물을 먹고 자라나 어느새 양치기가 된 모습을 보았다. 그러더니 그가 월계수 가지를 꺾으려고 하다가 그만 땅에 넘어졌다. 그리고 그가 일어났을 때는 공작새로 변해 있었다. 그의 어머니는 이 장면에 놀라 꿈을 깨었는데 바로 그 순간 단테가 태어났다.

○ 이슬람의 창시자 마호메트(Mahomet)의 어머니인 아미나(Amina)는 그를 잉태했을 때, 그녀의 옆구리로부터 쏟아져 나온 찬란한 빛이 온 사막을 비추다가 보스라 신전(神殿)에 멈춰 서서 마치 어떤 대사건이 일어나기를 기다리는 양, 그 건물에 걸려있는 꿈을 꾸었다. 이 상징적인 꿈에서 영감을 얻은 그의 아버지는 태어난 아이의 이름을 빛을 의미하는 마호메트라고 지었다.

○ 영국 헨리2세 때 캔터베리 대주교였던 성 토마스·베켓(Thomas. Becket 1118~1170) 의 어머니는 그를 잉태했을 때 밀물과 썰물이 교차하는 이미지로 그가 장차 겪게 될 인생의 흥망성쇠를 암시하는 매우 상징적인 꿈을 꾸었다.

○ 7세기 벨기에의 성녀 구들라(Gudula)의 어머니인 아멜리아(Amalberga)는 결코 지상의 것이라고는 생각되지 않는 경이로운 서광이 비추는 꿈을 꾸고 그녀를 낳았다.

○ 7세기 영국 윈체스터 주교였던 성 아텔왈드(Aethelwald)의 어머니는 그를 잉태했을 때, 황금 독수리가 자신의 입에서 나와 날아가는 꿈을 꾸었다. 그것은 장차 그가 탁월한 연설(演說)-golden speech- 재능으로 성인(聖人)의 칭호를 얻게 된다는 징조였다.

○ 이탈리아의 작곡가 파가니니(Niccol. Paganini 1782~1840)의 어머니는 그를 잉태했을 때, 천사(天使)가 나타나 『장차 태어날 아이가 어떤 재능을 갖기를 원하느냐?』라고 묻는 꿈을 꾸었다. 그녀는 『가장 위대한 바이올리니스트가 되기를 원합니다.』라고 대답했다. 이 꿈속의 약속은 그녀의 평생 염원이 되었다. 때문에 그녀는 기회가 있을 때마다 파가니니에게 『아들아! 너는 장차 위대한 바이올리니스트가 될 것이다.』라고 말했다.

○ 나폴레옹의 어머니는 독수리를 낳는 태몽을 꾸고 그를 낳았다.

○ 로마의 초대 황제 아우구스투스·옥타비아누스(Caesar. Augustus B.C 63~A.D 14)의 어머니 아티아(Atia)는 아폴로(Apollo) 신전에서 큰 뱀으로 변한 신(神)과 교접하는 꿈을 꾸고 그를 낳았다. 그 시대에는 뱀이 지혜의 상징이었다.

○ 오스만·투르크 제국을 건립한 오스만 1세의 아버지는 집에서 솟아오른 거대한 분수(噴水)가 급류가 되어 온 세상을 뒤덮는 꿈을 꾸고 그를 낳았다고 한다.

이름 없는 필부(匹夫)들도 누구나 한 두 개쯤의 태몽은 다 갖고 있다. 뿐만 아니라 그들은 자신의 태몽을 스스로 판단하여 인생의 거울로 삼기도 한다. 그럼에도 불구하고 서구적 물질주의에 편향된 일부 학자들만이 꿈의 예지능력을 극력 부정할 뿐 아니라, 태몽의 신빙성에 대해서도 악평을 서슴지 않고 있다. 1974년 모 대학교의 박사학위 수여논문 《태몽에 관한 연구》에서 다음과 같은 통계수치를 발견할 수가 있었다.

1명 이상의 자녀를 둔 912명의 부인들이 경험한 1,504개의 사례 가운데 1,220여개의 태몽이(전체의 89%) 남녀의 성별을 가려내는 데 유효하였다고 한다. 그들 중에는 태몽이 임신을 암시한다고 믿고 있는 사람이 400명, 성별을 알려준다고 믿고 있는 사람이 214명이었다. 또한 임신초기에 꾸어진 태몽이 무려 1,237건에 달하였다. 그러나 태몽은 남아선호사상이 깊이 뿌리박고 있는 한국사회의 산물이여 태몽이 맞는다는 것은 다만 우연일 따름이다.

꿈-언어의 참뜻을 분명히 알지 못하면서 태몽을 신봉하는 사람들이나, 또 태몽에 대한 진정한 믿음을 조소하는 사람들이 태몽의 가치를 제대로 인식하기란 참으로 어려운 일이라고 생각한다. 다만 한국사회에서 태몽에 대한 신념이 얼마나 뿌리 깊은 것인가 하는 것은 이 논문의 통계수치 하나만 놓고 보더라도 능히 짐작할 만하다. 따라서 태몽에 대해 의혹을 갖는 사람들이라고 할지라도 그러한 세속적인 믿음의 이면(裏面)에 무엇인가 부정할 수 없는 진실이 숨어있을 수 있다는 사실만큼은 인정해야만 한다.

태몽에 대한 생생한 체험을 갖고 있는 사람들 중에는 일반적인 꿈은 제대로 기억하지 못하면서 태몽만은 유난히 잘 기억된다고 말하는 사람들이 있다. 왜 그럴까? 그 이유에 대하여 임산부의 체내에서 자라기 시작한 하나의 생명체를 잠재의식이 미리 감지하기 때문이라고 주장한다면 임산부가 아닌 가족, 즉 아버지나 조부모가 될 사람, 또는 전혀 혈연을 갖지 않은 기타의 사람들에 의해서도 꾸어진다는 사실을 설명할 수 없다. 누차 설명한 바와 같이 임산부가 생리적 변화의 자극을 받아 꾸는 태몽은 일부분에 불과하다. 그 부모는 물론 가족이나 친지, 그리고 타인에 이르기까지 장차 태어날 아이의 운명적 추세가 자신에게 직, 간접적인 영향을 미칠 경우에는 모두 그 아이의 생생한 태몽을 꿀 수가 있다. 비록 그것이 부정적인 영향일지라도.

☞ *사례* : 중세 유럽, 프러시아의 프레더릭 2세(Frederick the Second of Prussia)가 하루는 생생한 꿈을 꾸었다. 꿈속에서 그는 하늘로부터 매우 강렬한 별빛이 지상에 쏟아짐으로서 너무도 눈이 부신 나머지 어찌할 바를 모르고 헤매다가 급기야는 잠을 깨게 되었다. 꿈의 불길한 징조가 범상치 않음을 직감한 그는 다음날 신하들에게 이 꿈의 내용과 날짜를 기록하게 하였다. 1769년 8월 16일이었던 바로 이 날, 프랑스의 영웅 나폴레옹(Napoleon. Bonaparte)이 태어났다. 프레더릭 2세가 우려했던 대로 그 후 반세기가 지나지 않아 그의 조국인 프러시아는 물론 전 유럽이 이 정복자의 말발굽에 짓밟히게 되었다.

필자가 전국에서 수집한 꿈–자료의 태반이 태몽이었는데 더욱 놀라운 것은 꿈을 꾼 사람들이 그것이 태몽이라는 사실을 명백하게 인지하고 있었다는 점이다. 한 사람이 이 세상에 태어난다는 것이 그 부모 등의 가족들에게 있어서는 다른 어떤 사회적인 사건보다 큰 관심사일 것이므로 태몽을 꾸지 않을 이유가 없다. 그런데 가족이 아닌 주변사람마저 그 아이의 태몽을 꿀 수 있는 것은 장차 그 아이가 자신에게 미칠 직, 간접적인 영향 때문이다. 하물며 한 시대를 뒤흔들 큰 인물이 태어난다는 것은 향후 제3차 세계대전이 발발할 경우만큼이나 자신에게 큰 영향을 미칠 것이므로 여러 타인들이 그의 태몽을 꿀 수 있다는 사실이 조금도 이상하지가 않다. 위인이 태어나기 수년, 또는 수십 년, 심지어는 수백 년 전에 이미 꿈으로 예지하였다는 기록은 역사적인 문헌들에서 어렵지 않게 찾아볼 수 있다.

그 중 대표적인 한 예를 들자면 예수그리스도의 탄생이 수백 년 전에 이미 선지자들에 의해 예지되었다는 사실이 《성경》에 기록되어 있다. 동정녀(童貞女) 마리아가 잉태를 하였을 때 약혼자인 요셉은 심한 배신감에 몸을 떨어야만 했다. 그러던 어느 날 꿈에 한 천사가 나타나 『다윗의 자손인 요셉아, 내 아내 마리아 데려오기를 두려워하지 마라. 저에게 잉태된 자는 성령(聖靈)으로 된 것이라. 아들을 낳으리니 이름을 예수라 하라. 이는 그가 자기 백성을 저희 죄에서 구원할 자이심이라.』라고 말하였다 한다. 이것을 공상적인 신화의 한 토막으로 치부해 버리면 안 된다. 아울러 [성령에 의해서 잉태되었다]는 대목 역시 성령창조설로 해석해서도 안 된다. 그것은 여러 가지 암시적 의미를 함축하고 있는 상징적인 꿈이기 때문이다. 혹자는 이것을 단지 신화 속의 창작물에 불과한 것이라고 반박할지도 모르겠다. 그러나 이것이 잠재의식의 무한

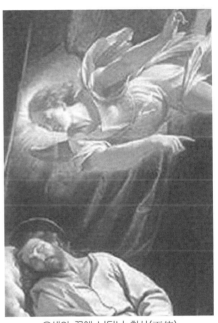

요셉의 꿈에 나타난 천사(天使)

한 능력중의 일부–역사적 미래사건에 대한 예감충동–라는 사실을 그가 조금이나마 이해한다면 그처럼 심한 거부반응을 일으키지 않아도 될 것이다.

　태몽은 아기의 성별 따위나 알기 위하여 꾸어지는 것이 아니다. 물론 그런 궁금증에 답을 구하는 경우가 전혀 없지는 않다. 그러나 태몽은 좀 더 높은 뜻의 목적성을 갖고 장차 출생할 아이의 인격, 수명, 신분, 공적, 사명 및 기타 일생 동안 겪을 운명적 추세를 예지하는 것이 그 본질이다. 이 태몽이야말로 인간의 운명이 예정되어 있다는 사실을 명명백백하게 입증해 주고 있다. 그럼에도 불구하고 이제까지

는 태몽을 정밀하게 해석할 수 있는 일정한 방법이 없었기 때문에, 또 꿈의 예지적인 성격을 규명할 수 없었기 때문에, 그 가치는 무시되고 미신시(迷信視)되었던 것이 사실이다. 이제 우리는 꿈의 기억과 해석만 정확하다면 그 꿈의 암시가 반드시 실현된다는 사실을 잘 알고 있다. 이것은 태몽의 경우도 마찬가지이다. 대부분의 부모들이 자녀가 생길 시기가 임박하면 자연스럽게 태몽을 꾼다. 그러나 태몽에 대하여 아예 관심이 없거나, 꿈을 잘 기억하지 못하거나, 또는 그것이 태몽임을 인지하지 못하면 아예 태몽을 꾸지 않은 것과 마찬가지가 된다. 그런가 하면 개중에는 잉태 전부터 출산 후 수개월이 경과할 때까지 그 아기에 관한 태몽을 여러 번 반복해서 꾸는 부모들도 있다. 때문에 태몽에 대한 일반인의 관심도는 태몽을 전혀 꾸어보지 않았거나, 단한번의 태몽을 꾸었거나, 또는 태몽일지를 적어도 될 만큼 많은 체험을 갖고 있거나 하는 등의 다양한 양태로서 구별된다. 이러한 차이는 태몽을 수용하는 입장에 따라 더욱 현격하게 벌어진다. 태아의 운명적 추세를 여러 가지 꿈으로 예지한 사람, 어떤 두드러진 일-가령 그 사람의 수명 또는 사회적 지위 따위의 한두 가지-만을 예지한 사람, 그리고 아예 태아가 수태한 사실조차 예지하지 못하는 사람들을 함께 비교했을 때 어느 쪽이 더 의미가 있는가 하는 것은 두 말할 나위도 없을 것이다.

임산부의 수면(睡眠)과 태아의 관계를 직접 관찰해 본 학자가 있었다. 1967년 스텐만은 출산 4개월 전의 임산부 5명(22~28세)에 대해서 뇌파, 안구운동 및 근전도 등을 기록하는 한편, 그 자료를 태아의 움직임과 비교, 분석해 보았다고 한다.

태아의 움직임의 증가는 그 모친의 수면중에는 역설적 수면-REM-과 일치한다. 그 태아 움직임의 증가는 모친의 역설적 수면보다 먼저 일어나며 10분 정도 선행할 수가 있다. 때로는 한 밤중의 최대의 증가가 역설적 수면이 끝난 후에 일어나기도 하였다. 대체로 임산부의 역설적 수면의 61%는 태몽이 활발한 때에 나타난다.

그는 역설적 수면기에만 꿈을 꾼다고 생각하고 있었을 것이므로 아기의 태동(胎動)과 역설적 수면시의 생리적 조건이 태몽을 꾸게 하는 요인이라고 생각했을 것이다. 그러나 태몽의 본질은 태아의 발육상태 따위를 감지하는데 있는 것이 아니기 때문에 그러한 실험으로는 태몽을 꾸는 진정한 원인을 찾아낼 수 없다. 다만 태아의 태동이 신체적 자극원이 되어 임산부의 잠재의식으로 하여금 태아에 대한 관심을 좀 더 제고하게 함으로서 태몽형성의 한 동인(動因)으로 작용할 수는 있다.

그런데 [임산부는 대체로 어떤 내용의 꿈을 꾸는가?]하는 문제에 좀 더 깊은 관심을 갖고 심도 있는 연구를 진행시킨 학자들이 있었다. 1968년 드·캐슬과 킨다가 임산부 14명-그 중 초산부는 9명-에 대하여 아침에 꾼 꿈, 100회 분을 수집하고 그것을 미혼의 여학생 100명의 꿈, 500회 분과 비교해보았다고 한다. 그 결과 여학생들과는 확연하게 구별이 될 정도로 임산부의 꿈들은 대부분 건축에 관한 것이었고 그 외 의사의 지시, 식사의 제한, 자세가 헝클어진 것, 운동량이 적은 것, 스타일이나 성욕 면에서 남편의 접근을 불허하거나 질투심이 생기는 내용 등이 들어 있었다고 한다. 그러다가 출산 전 3개월경에는 좀 더 특징 있는 꿈을 꾸었는데 그 대부분이 [태어날 아기에 관한 꿈들]이었으며, 그 중에는 [태어난 아기가 불구가 되어 있었다]하는 따위의 꿈도 있었다 한다. 때문에 그들은 『어느 모로 보나 각성시의 여러 가지 근심걱정이 꿈속에 나타난다는 점에서 별다른 기구에 의해서 꿈이 형성되는 것은 아니다.』라고 결론짓고 있다.

그러나 이상의 꿈들은 전체를 구성하는 하나의 단편에 불과할 것이므로 그 단편들로부터 어떤 의미를 찾아내고, 또 꿈의 성격을 논한다는 것 자체가 부질없는 일로 생각된다. 더구나 그 단편들마저 대부분은 상징표현인 까닭에 꿈 전체를 세밀하게 분석해 보지 않고는 그것이 태몽이라는 것조차 구별해내기 어려울 것이다. 다시 말해 출산을 앞두고 꾼 꿈들에서 어떤 특징적인 이미지들이 발견된다고 해도 그것이 꼭 태몽이라고는 단정할 수 없다는 것이다. 또한 설사 태몽인 것이 확실시되더라도 [기형아 또는 불구자]와 같은 이미지들이 반드시 태아의 육체적 조건을 묘사하는 것은 아니다. 그것이 상징표현일 경우에 장차 태아가 장성해서 수행할 어떤 과업의 양상을 암시하는 것이기 때문이다.

김부식(金富軾)의 삼국사기(三國史記)를 보면 일세의 문장(文章)으로 명성을 떨쳤던 강수(强首)라는 사람의 태몽이 기록되어 있는데 그 내용인 즉, [태어난 아기의 뒤통수에 뿔이 나 있었다]는 것이다. 그런데 후일 아기를 출산한 후 그 부모가 살펴보니 진짜 꿈에 묘사된 대로 마치 뿔이라도 솟아오른 듯이 아기의 뒤통수에 뼈가 튀어나와 있었다고 한다. 그렇다면 우리는 이 태몽을 사실적인 표현이라고 단정지을 수 있을까? 만약 이것이 사실적인 표현에 그치는 것이었다면 일세를 풍미한 강수의 문장은 없었을 것이요, 또 삼국사기에까지 기록되는 일도 없었을 것이다. [뒤통수]가 갖는 상징적 의미는 정신적 업적이며, [뿔이 나 있음]은 두드러진 재능이 있음을 나타내는 것이니, 이 태몽은 그가 장차 문장으로 일세를 풍미하고 후세에 이름을 남길 명성—뿔은 뭇사람들의 주의를 끌게 될 것이므로—을 얻게 된다는 뜻의 상징표현으로 판단해야 옳은 것이다. 다만 실제로 태어난 아이의 뒤통수가 특이하게 튀어나왔다는 사실도 본래의 꿈—암시에 포함되었을 수 있으므로 이것은 하나의 이미지에 사실적인 의미와 상징적인 의미를 함께 담아낸 중의적(重義的)인 표현이라고 말할 수 있다.

태몽 표현의 가장 두드러진 점은 태아와 관계된 중심표상(中心表象)—이것을 앞으로는 태아표상(胎兒表象)이라고 부른다—을 등장시킨다는 점이다. 태몽은 통상 두 가지의 형태로 표현되는데, 그 하나는 태아표상이 태아 자신을 나타냄으로서 주변의 보충적인 상징물들이 그 운명적 추세를 암시하는 경우이고, 다른 하나는 꿈 꾼 사람 자신이 태아를 대신하는 것으로서 꿈에 등장한 태아표상과 보조표상들이 함께 태아의 운명적 추세를 암시하는 경우이다. 드물기는 하지만 사실적인 꿈에서는 태아표상이 장차 출생할 태아의 실제적인 미래사건을 직접 체험하기도 한다. 그러나 대부분의 태몽은 상징몽이기 때문에 태아표상에 여러 가지 합성적 의미가 덧붙여져 있는 경우가 일반적이므로 그것은 다만 장차 출생할 아이의 운명적 사건을 암시하는 것에 그치는 경우가 많다. 따라서 보통의 태몽에서는 [태아표상]과 [보조표상], 그리고 [태아를 대신하는 꿈 꾼 사람 자신] 등의 3요소가 서로 연결되어 한 꿈의 내용을 형성하므로 태아표상 하나만을 놓고 그 아이의 운명을 예단(豫斷)할 수 없음은 너무도 자명한 사실이다.

용이 등장하는 태몽만을 놓고 보더라도 그렇다. 성급한 사람들은 덮어놓고 용꿈을 꾸었으니 장차 그 아기가 용과 같이 큰 인물이 되거나, 용과 같은 큰일을 성취하게 될 것이라고 믿어버리기 쉽다. 이런 해석은 큰 잘못이다. 꿈속의 용이 태아표상일 경우도 있지만 태아에게 영향을 미치는 외부의 여러 사물(事物) −선악지간(善惡之間)에−로도 해석될 수 있기 때문이다. 더구나 꿈속의 용이 태아표상일지라도 꿈−사연에 따라서는 극히 불행한 일을 암시하는 흉조(凶兆)가 되기도 한다. 다른 꿈의 경우에도 마찬가지이지만 특히 태몽을 해몽함에 있어서 단편적인 이미지만을 놓고 해석하는 것이 얼마나 위험한 일인가를 절대 잊지 말아야 한다.

필자의 모친은 아들 넷과 딸 넷을 슬하에 두시었다. 맏딸과 맏아들은 각각 두 살 전후해서 죽었지만 내 위로 세 분의 누님과 아래로 두 동생은 장성하여 다 출가를 하였다. 그러나 20년 전에 작은 누님께서 먼저 돌아가셨고 큰 누님은 수년 전 63세에 지병으로 작고하셨다. 우리시대 어머니들이 한결같이 그렇듯이 나의 모친도 그 많은 자식들에 대한 태몽 한두 가지를 8순 고령까지도 생생하게 기억하고 계셨다.

두 살에 세상을 떠난 어머니의 첫 아들은『뒤뜰 감나무 밑에서 황금 빛 두꺼비 한 마리가 둥싯둥싯 걸어 다니고 있었다. 그 머리에는 세 개의 뿔이 나 있었는데 무슨 연유에서인지 두꺼비를 발로 찼다. 나가자빠진 두꺼비가 가엽게 생각되어 집안으로 들고 들어와 방안에 놓았다. 그리고는 문을 닫고 밖으로 나왔는데 얼마 후 문을 다시 열어보니 두꺼비는 어디론가 사라지고 없었다.』는 태몽으로 태어났다. 모친은 이 꿈을 꾸신 지 10개월 후 관옥같이 잘 생긴 아들을 낳으셨다. 위로 딸만 두었던 터라 금지옥엽으로 알고 키웠으나 불행히도 두살 때 병들어 죽고 말았다. 이 꿈에서 황금두꺼비는 태아의 인품과 업적을 상징하고 있던 까닭에 무탈하게 장성하였더라면 귀히 되었을 지도 모른다. 이 태몽의 해석인 즉, [두꺼비의 머리에 세 개의 뿔이 돋아나 있었던 것]은 세 가지의 업적이나 재능을 가진 사람이 될 수도 있었지만 [발로 찼기] 때문에 병이 들었고 [방안에 넣고 문을 닫았기] 때문에 세상에서 활동할 수 없었으며 [다시 문을 열고 안을 들여다보았을 때 사라졌기] 때문에 요절하게 된 것이라고 할 수 있다.

41세로 작고한 셋째 누님의 태몽은『하늘에서 내려오는 학(鶴) 한 마리를 치마폭을 벌려서 받았다. 잠시 후 학이 수탉으로 변했는데 조부-나에게는 증조부-께서 솥에 넣어 삶으라고 말씀하신다. 그래서 수탉을 솥에 넣고 불을 지폈더니 어느 틈엔가 사람의 형상으로 변하여 있는지라, 얼른 꺼내보니 엉덩이가 타서 부수러져 있었다. 큰일났다고 생각하며 걱정하고 있는 사이 이 사람의 형상은 다시 학이 되어 하늘로 홀연히 날아갔다.』는 내용이다. 새(鳥)의 태아표상으로 태어난 아이는 여아일 확률이 높은바, 이런 태몽을 꾼 사람이 생존해 있는 동안 그 곁을 떠나 멀리 날아가 버리는-요절하거나 생이별하는-경우가 많다. 이 누님은 열녀형의 성격으로 지조가 높은 분이었지만(학) 30대에 남편의 학대와 지병에 사달려 그 성격이 수탉처럼 사나워졌다. 결국 그녀는 지병(엉덩이가 탄 것)인 신장병으로 말미암아 40대 초반에 요절하고 말았다.(학이 되어 다시 하늘로 날아감)

나의 큰누님에 관한 태몽은 『논도랑과 연결된 작은 웅덩이에서 매기 한 마리를 잡았다. 손에 올려놓고 들여다보고 있는 사이 언뜻 손에서 튀어나가 넓은 바다(이때 주변의 논이 바다로 변했음)로 뛰어들어 한 마리의 큰 물개가 되었다. 그리고 다시 보았을 때는 갯번덩에 앉아 있었는데 곧바로 바다로 되돌아가 헤엄을 치더니 이내 시야에서 사라졌다.』는 내용이었다. 이 누님은 63세까지 생존하셨으나 어머님의 생존기간에 돌아가셨으니 어머님의 입장에서 보면 이 역시 요절(夭折)이라고 할만하다. 큰누님은 일찍 출가를 하시었다.(작은 매기가 손에서 빠져나감) 그녀는 시댁의 사정으로 외국(바다)에 가서 살게 되었는데 처음에는 퍽이나 여유 있고 행복한 삶을 누렸다.(큰 물개로 변했음) 그러다가 해방과 더불어 급작스런 귀국을 하게 되자 거의 모든 생활기반을 상실하게 됨으로서(물개가 물을 잃고 갯번덩에 나와 앉음) 곤궁한 생활을 이어갈 수밖에 없었다. 뒤늦게 천주교 신자가 되어 신앙생활에 몰두하게 되었는데(두 번째 들어간 바다는 신앙의 바다였음) 결국 꿈속에서 시야에서 사라졌기 때문에 어머니 생전에 돌아가시게 된 것이다.

이상의 여러 사례들을 통해 독자 제위는 태몽에서 태아표상이 갖는 고유한 상징의의와 전체 꿈-사연에서의 역할은 물론 표상전위에 따른 인생사의 시간적 변천과정까지를 충분히 이해할 수 있었으리라 판단한다. 더불어 태몽은 태아의 요절이나 유산, 또는 생이별의 운까지도 미리 알려준다는 놀라운 사실도 알게 되었을 것이다. 무엇보다 중요한 관찰점은 태아표상만으로는 태몽을 절대 해석할 수 없다는 사실이다. 태몽을 꾸고 나서 흔히들 『용을 본 태몽을 꾸었으니 큰 인물이 될 거야.』, 또는 『꿈에 새빨간 고추를 따왔으니 반드시 아들일거야.』
라고 말한다. 그러나 그런 경우일수록 출생할 아이가 용과 같이 위대
한 인물이 되거나, 씩씩한 사내아이일 것이라는 기대감은 무너지기
쉽고, 또 그렇기 때문에 꿈은 역시 믿을 것이 못 된다는 푸념을 늘어
놓기 쉽다. 태몽에 등장한 단편적인 표상만으로 태아의 운명을 점친
다는 것이 얼마나 불합리한 것인가를 다시 한 번 일깨워주는 사례들
이라고 하겠다.

태몽은 단 한 번에 그치는 것이 아니라 출생할 때까지 여러 번 꾸
어짐으로서 그 아이의 전체 운명은 물론 장차 인생의 여정에서 겪을
여러 대소(大小) 사건에 이르기까지 다각적인 측면에서 조망할 수 있
는 특장(特長)을 갖고 있다. 그러므로 태몽을 꿀 입장에 있는 사람은
그저 태아의 수명이나 남녀성별 따위에만 관심을 집중할 것이 아니라
계속 이어지는 여러 꿈에서 어떤 연관성을 찾아낼 수 있을 때까지 주
의 깊은 관찰을 지속해야만 한다.

어떤 종류의 꿈-여기서는 잠재몽을 말함-을 막론하고 [언제, 어디서,
누가, 어떻게 해서, 어떻게 되었다]하는 식의 논리적 관계로 완성된
하나의 스토리를 만들어낸다. 나는 이것을 [꿈의 연극화(演劇化)]라는
용어로서 표현하기를 즐겨하는데, 꿈-사고가 추상적 이미지로 바뀌어
공상적 스토리를 구성하기 때문에 붙여본 말이다. 그런데 어떤 태몽
의 경우엔 연극의 주연배우라고 할 수 있는 극의 중심점(中心點)이 두
개일 수가 있다. 그 두 개의 중심점이란 바로 [태아표상]과 [꿈꾼 사
람 자신]이다. 말하자면 태아표상이 태아 자신을 나타내는 경우에는
꿈꾼 이가 다만 관찰자의 입장에 머물지만, 꿈꾼 이가 태아를 대신하
는 경우에는 태아표상이 태아의 인격적 특성 등을 묘사함으로서 두
개의 중심점을 갖게 된다는 것이다. 그러나 간혹 『이것이 태아표상이
다.』라고 단정할 만한 표상이 발견되지 않고 꿈꾼 사람의 상념이나
행동만으로 그 상징적 의미가 표현되는 태몽도 있다. 가령 꿈꾼 이가

[바다나 하천에서 수영을 한다], 또는 [공중을 날아다닌다]하는 등의 이미지만으로 장차 그 아이가 장성해서 활동할 영역이나 직업의 성격을 암시하는 태몽도 있을 수 있다는 것이다. 이것은 [두 개의 중심점]을 가진 태몽에서 태아표상이 생략된 경우에 해당한다. 그런가하면 꿈꾼 사람 자신이 태아를 대신할 뿐만 아니라 태아와 관련된 자신의 미래사도 함께 합성해서 표현하는 태몽도 있다. 1971년 어떤 부인이 편지로 나에게 다음과 같은 태몽의 해석을 의뢰해왔다.

붉고 둥근 해가 내가 좋아하는 사람의 얼굴 모습을 하고 벙실벙실 웃으며 공중에서 다가온다. 산 아래 집 한 채가 있고 주변에는 나무도 서 있는 정원에 나 혼자 서 있었다. 나는 어느 겨를엔가 그 해를 삼켜버렸다. 내가 해를 삼켜 버렸기 때문에 온 세상이 캄캄해졌다. 죄스럽고 송구스런 마음에 세상을 다시 밝히기 위하여 해를 토해 내려고 하였으나 아무리 애를 써도 토해지지가 않는다. 그런데 해를 대신하여 흰 솜털 같은 것을 토해내었다. 그렇지만 세상은 다시 밝아지지를 않는다.

나는 이 여인에게 다음과 같은 해석을 해주었다. 이 태아는 장성해서 어떤 국가기관(산 밑의 집)에서 종사하게 될 것이되, 상당한 기간이 경과하면(마당에서 하늘을 쳐다 봄) 국가나 사회(공중)로부터 주어지는 명예, 이권 등(해로 상징가능한)을 소유하게 된다.(삼킨다) 그 아이는 현실에서 이 여인에게 우호적이었던 어떤 인물을 닮을 수가 있다.(좋아하는 사람의 얼굴 모습을 하였다) 그러나 크게 성공한 다음에는 세상사람들이 선동적(煽動的)이라고 여길만한 어떤 사건에 관여하게 되고(벙실벙실 웃으며 공중에서 다가온다) 국가적인 권리나 이권을 독점했기 때문에 세상에 나쁜 영향을 주게 될 것이다.(온 세상이 캄캄해졌다) 뒤늦게 죄책감과 두려움을 느끼게 됨으로서 소유한 모든 권리와 명예, 또는 이권 등을 모두 환원하고 질서를 회복하기 위해 노력하지만(죄스럽고 송구스런 마음에 세상을 다시 밝히기 위하여 해를 토해 내려고 하였다) 뜻대로 이루어지지가 않는다.(아무리 애를 써도 토해지지가 않는다) 하는 수없이 솔직한 속죄의 고백을 토로함으로서(해를 대신하여 흰 솜털 같은 것을 토해내었다) 죄책감에서 벗어나려고 하지만 이마저도 이루어지지 않아 세상의 질서도 회복되지 않는다.(그렇지만 세상은 다시 밝아지지를 않는다)

그런데 위와 같은 해석은 꿈꾼 어머니가 태아를 대신하는 경우에 해당하는 것이고, 이것을 다시 관찰자 입장으로 해석하자면 다음과 같다. 즉, 이 부인은 임신을 한 뒤 어떤 암담한 사정 때문에(세상이 캄캄해졌다) 유산시키려고 애를 쓰겠지만(삼킨 해를 토하려고 애를 썼다) 유산은 되지 않을 것이므로(토해내지 못하였다) 결국 낳아서 키우게 된다. 또한 유산을 시도하는 가운데 약간의 문제가 생길 것이나 무사히 해결될 것이며(솜털 같은 것을 토해 냄) 아이의 성장과정에서는 심적 고통을 받게 될 것이다.(캄캄해진 세상과 그로 인한 마음의 부담)

그러자 얼마 뒤 이 부인은 놀라움과 우려감이 뒤섞인 감사의 편지를 보내왔는데 그 내용인 즉, [이 태몽의 주인공이 사실은 지금 19살의 고등학생인데 꿈의 암시대로 부모의 속을 무진 썩이는 처지라는 것과 과거 자신이 좋아하던 어떤 남자의 얼굴을 닮았다는 것, 그리고 임신 중 하혈(下血)이 있어 진찰을 해보니 자궁외 임신으로 판정되었는데 의사로부터 유산을 종용받았으나 어찌어찌 우여곡절 끝에 아이를 출산하게 되었다는 것, 그런데 출산 뒤 이상하게도 가산(家産)이 불고 만사가 형통하여 복덩이를 낳았다는 생각을 하고 있다는 것, 그러나 나의 해몽을 보니 그의 인생 후반부의 벌어질 일들이 걱정되기도 한다는 것] 등이었다.

앞서 설명한 것처럼 태몽도 보통의 꿈들처럼 그 사연에 따라서는 흉조(凶兆)로서도 해석될 수 있는데 그럴 경우 태아는 유산(流産), 불구(不具), 요절(夭折), 실패(失敗), 생이별(生離別) 등의 불행을 겪게 된다. 다음은 태아표상과 관련하여 길조(吉兆)를 나타내는 표현들을 열거한 것이다.

① 그 형체가 뚜렷하고 온전하다.
② 완전히 소유하거나 끝까지 지켜본다.
③ 가까이서 보거나 몸에 접촉한다.
④ 무서워서 도망가지 않는다.
⑤ 파손하거나 상해하지 않는다.
⑥ 잃어버리거나 떼어버리지 않는다.
⑦ 시야에서 사라지지 않는다.
⑧ 남에게 주지 않는다.
⑨ 만족하거나 행복한 감정을 느낀다.
⑩ 신비롭거나 경이로운 깃으로 묘사된다.
⑪ 통쾌하거나 기분 좋은 결말을 갖는다.
⑫ 어떤 소원이 충족된 것으로 묘사된다.

태아표상의 특징적인 것 중의 하나는 그것이 다수(多數)일 때, 현재 잉태된 아이가 장차 장성해서 획득할 권리나 명예 등을 암시함과 더불어 그 후에 태어날 형제들의 숫자까지 합성해서 표현할 수 있다는 점이다. 예를 들자면 [사자 세 마리가 있었다], [언덕에 황소 세 마리가 있었다], [세 개의 열매가 달린 배나무가지를 꺾어왔다], 또는 [금반지 둘, 금 목걸이 하나를 조상님께 받았다]하는 등의 태몽이 있다. 이때의 다중적인 태아표상들은 장차 태아가 세상에서 누릴 권리, 명예, 작품 등의 수효는 물론, 이후 태어날 형제자매의 숫자까지를 함께 암시하는 것이다. 어떤 새댁은 『예쁜 호랑이 새끼 두 마리를 양팔에 안고 동시에 젖을 먹였다. 나는 그 둘이 수놈과 암놈이라고 생각했다.』는 태몽을 꾸고 나에게 해석을 의뢰하면서 호랑이 새끼 두 마리를 한꺼번에 수유(授乳)했으므로 혹시 쌍둥이가 아니겠냐는 질문을 덧붙였다. 나는 『물론 쌍둥이를 출산할 가능성이 전혀 없다고는 할 수 없으나 꿈을 회상하는 능력이 충분하다면 똑 같은 물상을 잇대어 놓는다고 해도 아주 사소한 간격을 발견할 수 있는 것이므로 이 꿈은 오누이를 연달아 출산할 암시다.』라고 해몽을 해주었다. 몇 년 후 그녀는 내가 해석 그대로 사내아이(오른팔에 안긴 호랑이)를 먼저 낳았고 곧이어 둘째아이(왼쪽 팔에 안긴 호랑이)를 출산했는데 이번엔 여아라는 답신을 보내왔다. 이 태몽은 다중의 태아표상과 함께 꿈-표현이 상징(호랑이새끼)과 비유(수유와 암수의 성별)의 적절한 배합이라는 상징형성원리에 잘 부합되는 케이스라서 오래도록 기억하고 있다.

그러나 태아표상의 수효(數爻)가 지나치게 많을 경우에는 형제자매의 숫자를 암시하는 것이 아니다. 예컨대 [과일과 청과를 한 광주리에 담아 왔다], 또는 [수천 마리의 뱀이 우글거리는 것을 보았다]하는 등의 태몽에서는 꿈꾼 사람이 태아를 대신하는 것이므로 많은 과일과 수천 마리의 뱀은 장차 태아가 장성해서 수많은 재물이나 작품, 또는 권리 등을 획득하거나, 수많은 제자나 부하를 자신의 지배하(支配下)에 두게 된다는 뜻이다.

한편 처음에 하나이던 태아표상이 중간에 여러 개로 갈라지는 표상전위의 경우도 형제자매의 숫자를 암시하는 것이 아니다. 이 경우의 태몽표상은 장차 태아가 겪게 될 운명적 추세의 두드러진 어떤 사건이나 일거리, 혹은 권리 등이 중도에서 그 같은 변화를 맞게 된다는 의미로서 표현되는 것이다.

대부분의 산모들이 태몽의 해석을 의뢰해올 때 빠트리지 않는 질문이 하나 있는데 그것은 바로 태아의 성별이다. 아직도 많은 사람들이 태몽의 전체적인 뜻은 중요시하지 않고 태몽표상이 됨직한 어떤 특정 이미지에만 집착하여 그것으로 태아의 성별을 예상하는 것에 급급하고 있다. 때문에 [억세고 사나우며 강하고 굳은 것, 또는 길쭉하거나 늘어나는 형태가 남성근과 비슷한 것]이면 사내아이이고, [온순하고 예쁘며 부드럽거나 나약한 것, 또는 납작하거나 둥글며 구멍이 뚫린 여성기와 흡사한 형태를 가진 것]이면 계집아이라고 너무도 쉽게 단정해버리는 것이다. 그러나 이런 주먹구구식의 방식으로도 적중하는 사례가 의외로 많았는데 그것은 해석의 타당성 때문이 아니라, 둘 중 하나는 아들이거나 딸일, 절반의 확률 때문이었다.

그렇다면 태몽에서 남녀의 성별은 어떻게 표현되는 것일까? 태몽표상은 대체로 양성적(兩性的)이어서 어느 성(性)에도 적응성을 가지고 있다. 가령 태아표상으로 자주 등장하는 채소나 청과류에 있어서 [많은 고추를 따왔다], [오이, 호박, 감자 등을 한 광주리 가득 담아왔다], 또는 [사과, 배, 감, 기타의 과일을 나무에서 따왔다]하는 등의 태몽이 있다고 하자. 이때 프로이트와 비슷한 생각으로 [고추, 오이, 호박] 등을 ㄱ 형태가 남성근과 비슷하다 하여 사내아이일 것이라고 단정하는 것은 큰 잘못이다. 이것들은 형태적 유사관계로서 성별을 구분하는 것이 아니라 그 용도, 가치, 성질, 다과(多寡) 등의 상징개념에 부합되는 어떤 인생사를 암시하는 표상이기 때문이다. [고추, 오이, 호박]등을 형태적인 면에서 볼 때에는 남성근과 비슷하지만 그것이 농작물이라는 점에서 어떤 작품이나 성과물 등을 상징하기가 가능하고, 또 용도적인 면에 있어서는 음식재료이며 식량인 까닭에 정신적이거나 물질적인 자료, 재물, 일거리 따위를 상징할 수가 있다. 특히 태아표상이 다수인 이런 태몽은 꿈꾼 이가 태아를 대신하는 경우가 대부분이므로 이들 표상이 반드시 태아의 특성을 나타내는 것은 아니기 때문에 남녀의 성별에도 해당되지 않는다. 다만 태아표상이 소량일 경우, 즉 [풋고추 두 개를 따왔다], [가지 세 개를 따왔다], [오이 두 개를 주워왔다], 또는 [무 두 개를 뽑아왔다] 하는 등의 경우에 있어서는 그 형태상의 유사성과 관습적 통념에 기초한 집단무의식에 의해서 남아 형제의 출산을 암시하는 상징물이 될 수도 있다. 이런 점에서 조선 후기의 실학자 성호(星湖) 이익(李瀷 1681~1763)의 몽설(夢設)을 들어보는 것도 상당히 유익하리라 생각한다.

《시경(詩經)》 소아(小雅) 사간(斯干)의 시(詩)에서는 『웅비(熊羆)-곰는 산에 있으니 양(陽)의 상서(祥瑞)요, 훼사(虺蛇)-작은 뱀는 구멍에 있으니 음(陰)의 상서다.』라고 하였다. 내가 안방에 물어보니 [범ㆍ표범ㆍ매ㆍ말ㆍ구렁이ㆍ용] 따위는 남아를 낳을 상서가 되고, 그 나머지 [새ㆍ벌레ㆍ범] 따위는 여아를 낳을 상서가 된다고 한다. 그러나 반드시 산에 있고 구멍에 있다고 해서 구별이 되는 것은 아니다. 사람마다 다 그런지 않은지는 알 수 없다. 혹시 물(物)의 크고 건장한 것은 양(陽)이 되고 나직하고 용렬한 것은 음(陰)이 되는 까닭인가? 더욱 깨닫지 못

이익(李瀷)

할 것이 있으니 지금 사람들이 꿈으로써 과거를 점칠 적에는 용(龍) 꿈이 급제할 징조가 되고 말(馬) 꿈은 진사가 될 징조라고 한다. 용은 오히려 근사하다 하겠지만 옛날에 비록 사마(司馬)라는 벼슬이름은 있었으나 지금의 진사가 말과 더불어 무슨 관계가 되기에 마침내 그 응(應)함이 되는 것인가? 이것은 사람의 마음과 물(物)의 형상이 서로 더불어 감회(感會)해서 그런 것에 지나지 아니하며, 이치가 당연히 그런 것은 아니다. 남녀의 상서도 역시 이런 따위이다. [성호사설]

그런데 한꺼번에 따온 고추가 어떻게 차례가 있는 형제자매를 상징할 수 있는가 하는 의문도 가질 만하다. 앞에서 잠간 언급했던 바와 같이 우리가 꿈을 상기하는 능력만 충실하다면 똑 같은 물건을 취함에 있어서도 그 시공간적 차이를 식별해 낼 수가 있다. 그렇기 때문에 꿈꾼 이가 꿈을 상기하면서 그 차이를 구별할 수 없었다고 해도

꿈-표현은 시공간의 순서적 배열(配列)을 묵시적(默示的)인 전제로 한다는 사실을 인정해야만 한다. 다만 그것이 쌍둥이의 출생을 암시하는 태몽이라고 한다면 꿈-표현에 [똑 같은 물건을 동시에 취한다]는 암시적 의미가 분명하게 나타난다.

☞ *사례* : 조선 광해군(光海君) 때의 신천익(愼天翊 1592~1661)과 신해익(愼海翊)은 쌍둥이인데 그 모친이 [하늘에서 학 두 마리가 날아와 똑 같이 팔뚝에 내려앉았다가 하나는 하늘로 올라가고 하나는 바다로 들어갔다]는 태몽을 꾸었다. 그래서 이름을 천익(天翊)과 해익(海翊)이라 하였다. [고전번역원 각주]

태몽이 아닌 일반적인 꿈에 있어서 그 중심표상이 여성적이라는 것은 그것이 암시하는 현실에서의 어떤 사물(事物)이 여성적인 특성을 지니고 있다는 뜻일 뿐, 절대적인 남녀 구분의 표징(表徵)은 아니므로 양성 모두에 적용될 수가 있다. 그런데 이것은 태몽의 경우에 있어서도 마찬가지다. 때문에 태아표상으로 등장한 동물의 암컷, 여성 전용의 기물, 기타의 여성적인 사물 모두가 여아를 상징한다고 생각해서는 안 된다. 특별한 경우를 제외하고는 양성 모두를 암시할 수 있기 때문이다. 이 방면의 통계수치가 명백하게 입증해주는 바와 같이, [손가락에 낀 반지] 등이 남아의 상징이 될 수 있는 것처럼 [뱀이나 물고기] 등이 여아의 상징이 될 수도 있다. 이런 맥락에서 [공중을 나는 새나 곤충] 등도 여아의 상징 -*여아는 장차 시집을 가게 됨으로서 그 부모를 떠난다는 관념에서*-일 경우가 많지만 그것이 어떤 작품, 인적자원, 또는 권리 등으로 해석될 때에는 양성 모두에 해당된다.

태몽에서 태아표상이나 꿈꾼 사람이 위치한 공간적(空間的) 배경이 장차 출생할 아이의 사회적 신분을 암시하는 표징이 될 수 있다는 것은 내가 오랜 연구결과로 얻어낸 사실이다. 가령 태몽의 무대가 하늘이나 산 꼭대기였다면 최고급의 신분을 획득하게 될 것이고, 산 중턱이었다면 중간 계층의 신분을, 그리고 넓은 바다였다면 국제적인 활동무대를 가진 신분을 획득하게 된다. 그러나 이처럼 장소적 배경이 분명하게 들어나는 태몽은 매우 희귀하므로 해석자는 다만 참고사항으로 알아두면 좋다.

한편 태몽 속에서 꿈꾼 사람이 활동한 공간적 배경(背景)이 장차 출생할 아이의 전 생애에 걸친 시간적 변천사(變遷史), 즉 초중말년의 운세를 암시하는 경우가 많다. 예를 들자면 [집에서 출발하는 것]은 초년운세를, [중간지점에서 생긴 일]은 중년운세를, [집으로 돌아오는 길에서 생긴 일]은 말년운세를 각각 암시하는 사례들이 있다. 같은 맥락으로 해가 서산에 기우는 것은 말년을, 호박 넝쿨에 제일 먼저 달린 것은 첫아이를, 과일이 덜 익은 것은 초반운세를, 그리고 완전히 익었거나 늙은 것은 말년 운세를, 각각 상징하기도 한다.

산모가 아닌 가족이나 친척, 또는 이웃 사람이 아직 태어나지 않은 태아에 관한 태몽을 꿀 수 있다는 것은 타인의 운명을 자신의 꿈으로 예지할 수 있다는 점에서 일반적인 꿈의 형성원리와 조금도 다름이 없다. 그것은 그 아이에 대한 꿈꾼 이의 관심도를 반영하기 때문이기도 하지만, 무엇보다도 장차 태아와 맺게 될 직, 간접적인 인연이 가장 큰 유인(誘因)으로 작용하기 때문이다. 이런 점에서 보자면 곧 탄생할 자기 아이와 같은 해에 출생할 이웃집 아이의 운명을 하나의 태몽으로 함께 예지하였다는 이야기가 전혀 이상하게 들리지 않는다. 어떤 중년여성은 수십 년 전『친구들과 셋이서 들에 놀러갔다. 각자 꽃들을 한 줌씩 꺾었는데 그들은 모두 나에게 그 꽃들을 넘겨주어 나는 한 아름이나 되는 꽃을 안고 집으로 돌아왔다.』는 꿈을 꾸고 여아를 낳았는데, 가까운 동창생 두 사람도 같은 해에 각각 여아들을 출산하였다고 한다. 그러나 동창생들이 낳은 여아들은 모두 어려서 죽고, 오직 자신의 딸만이 살아남았다고 한다. 그리고 수십 년이 지난 지금 그 딸, 즉 이 꿈의 주인공이 사회적으로 성공한 기업가이자 여류명사로서 세간에 이름을 날리고 있으니 꿈의 예시가 그저 놀라울 뿐이라고 감탄하고 있다.

산모인 경우라도 태몽이 아닌 꿈을 계속해서 꿀 수가 있다. 그래서 어떤 꿈이 태몽인지를 보통의 꿈에서 가려내기란 좀처럼 쉬운 일이 아니다. 그러나 태몽에는 미미하기는 하지만 보통의 꿈과는 다른 어떤 특이한 요소들이 내포되어 있음이 쉽게 발견된다. 평상시 꿈을 잘 기억하지 못한다고 생각하는 사람이 유난히 인상 깊은 꿈을 꾸었다고 하거나, 평소의 꿈과는 달리 초상적인 이미지의 생소한 꿈을 꾸거나, 또는 강렬한 모성본능이 느껴지는 꿈을 꾸거나 하는 등의 경우에는 태몽일 가능성이 높다. 그런가하면 꿈속에서 [이것은 태몽이다]라는 생각이 갑자기 떠오르거나, 또는 가족이나 친족 중에 임산부가 있을 때, 그녀가 꿈속에 등장하거나 하는 경우 역시 태몽일 가능성이 있다.

여러 사정으로 만부득이 잉태한 아기를 유산시키려다 태몽이 너무 좋아 온갖 어려움을 무릅쓰고 낳아 키운 덕분에 그 아이가 자라서 대성을 하였다는 사례는 한 사람의 삶을 뒤바꿔놓을 수도 있다는 점에서 태몽의 중요성을 일깨워 주고 있다. 그러나 사정이 그렇다고 해서 그 태아가 태몽 덕에 살아난 것으로 오해하면 안 된다. 그 아이는 애초부터 유산될 운명이 아니었기 때문이다. 잉태한 아이가 자연적으로나 고의적으로 유산(流産)될 운명이라면 제아무리 꿈의 암시를 무시하고 어떤 의지적인 결단이나 노력을 한다고 하여도 의도한 대로는 실현되지 않을 것이다. 그것 역시 운명이기 때문이다. 만의하나 불행한 일이 예정되었다면 그러한 사실 또한 꿈-내용에 분명하게 표현되어 있을 것이다. 나는 나의 첫아이가 잉태될 즈음해서 다음과 같은 꿈을 꾸었다.

어디선가 커다란 호랑이 한 마리가 나타나 나를 덮치려고 달려든다. 겁이 질린 나는 옆에 있는 나무에 올라가 숨었다. 그러자 그 호랑이는 나를 포기한 듯이 되돌아서서 숲속으로 사라졌다.

나는 새벽 2시경에 이 꿈을 꾸고 곧바로 눈을 떴다. 꿈의 정동이 너무나 강렬했던 것이다. 그로부터 5개월 후 나의 아내는 그만 첫아이를 유산하고 말았다. 여기서 호랑이는 태아표상이다. 이 아기가 유산될 운명이 아니었다면 꿈속의 호랑이가 나를 덮쳐야만 했다. 태몽에서 태아표상이 시야에서 사라지는 것은 유산이나 생이별의 암시이다.

태몽이 좋은 것으로 표현되었을 때에는 그 사람의 성공목표가 될 수도 있고 절망 가운데 있을 때에는 그 내용에 의해서 새로운 용기를 북돋을 수도 있다. 그러나 태몽이 별로 좋지 않다고 생각될 때에는 그 당사자에게 공개하지 않는 것이 여러 모로 현실적일 것이다. 물론 거기에는 아주 신중한 해석이 전제되어야할 것이지만.

전술한 바와 같이 태몽은 한 사람의 일생을 압축해서 보여주는 것이므로 세세한 부분까지 정밀하게 묘사하지는 않는다. 또한 그 사람의 여러 가지 운명적 변화, 가령 수명, 재물, 인복, 성품 등을 한꺼번에 보여주지도 않는다. 그러므로 태몽은 여러 차례 나뉘어 꾸어지는 경우가 매우 흔한 것이다. 이런 점에서 이율곡(李栗谷) 선생의 경우가 좋은 예가 될 것이다. 선생이 출생하기 전에 그의 자당은 두 개의 태몽을 꾸었는데 그 중 [산관(散官)이 옥동자를 데려다 주다]라는 태몽으로는 학문적 대성을, 그리고 [검은 용(龍)이 집으로 날아들다]라는 태몽으로는 높은 관직에 오른다는 것을 각각 암시하고 있었다. 그러나 그 외의 여러 가지 파란만장한 인생사에 대해서는 꿈으로 예지된 바가 전혀 없으므로 선생의 경우만을 놓고 보더라도 하나의 태몽으로 그 사람의 인생 전부를 알 수 있다고 생각하는 것은 큰 잘못임을 알 수 있다. 그렇다면 태몽을 신봉해야 할 이유도 없지 않느냐 하는 반문이 제기될 수도 있다. 물론 태몽을 금과옥조와 같은 신표(信標)로서 철석같이 믿는 것은 애초부터가 바람직한 자세가 아니라고 단언할 수

이율곡의 어머니 사임당(師任堂) 신(申)씨

있다. 우리가 태몽을 신뢰하여 인생의 지침으로 삼는 것은 잠재의식적 측면의 좋은 영향력을 얻기 위한 것이므로 한 두 개의 태몽을 과신한 나머지 전도를 망치는 수준에 이르러서는 안 될 것이다. 그러기 위해서는 태몽을 꾸는 사람들이 먼저 여러 가지 꿈들을 주의 깊게 살피고 정확하게 기록함으로서 거기에서 어떤 신뢰할 만한 일관성을 찾아내야 할 것이고, 또 그러한 태몽으로 태어난 당사자는 스스로의 의지에 영향을 미칠 만큼 지나치게 태몽에 집착하는 우를 범하지 말아야 할 것이다. 누천년의 유서 깊은 민족문화를 공유한다는 자부심과 함께 부모님의 따뜻한 사랑과 이웃들의 애정 어린 관심을 얻어다는 것만으로도 태몽이 갖는 의미는 충분할 것이니까 말이다.

우리의 심층 깊숙이 자리 잡은 태몽에 대한 민간속신(民間俗信)은 수천 년을 이어온 뿌리 깊은 것이고 그 때문에 태몽이 우리의 잠재의식에게 미치는 영향은 참으로 지대하였다. 그래서인지 과거 꿈 해몽을 미신시(迷信視)하던 사대부(士大夫)들도 유독 태몽만은 존중하여 명사들의 태몽을 행장(行狀)이나 비문(碑文)에 기록하는 일이 매우 흔하였다고 한다. 이것과 비교하였을 때, 서구적 분석주의를 맹종하는 일부 학자들이 태몽을 백안시하고 있음은 참으로 안타까운 일이라 아니할 수 없다. 태몽에 대한 우리 민족의 정서가 얼마나 뿌리 깊은 연원을 갖고 있는가 하는 점만을 놓고 보더라도 단순한 선입감으로 미신시하는 것은 큰 잘못이라고 생각한다.

2. 유소아(幼小兒)의 꿈

경험이 일천하고 언어발달이 불완전한 유소아들은 어떤 꿈을 꾸고 있는 것일까? 나는 그들 역시 성인들과 마찬가지로 미해결의 관심사와 미래사에 대한 판단과 예지의 꿈을 꾸는 것이라고 사례를 들어 해명할 자신은 없다. 해몽은 전적으로 꿈꾼 사람의 기억과 진술에 의존하는 것이므로 자신의 꿈을 정확하게 상기하여 진술할 능력이 없는 유소아들에게서 신뢰할 만한 자료를 얻어낼 수 없기 때문이다. 설사 몇 가지의 단편적인 이미지를 얻어낸다고 하더라도 그것으로 어떤 판단을 내릴 수는 없을 것이다. 프로이트는 유소아성 어린이의 꿈에 대하여서 다음과 같이 설명하고 있다.

어린이의 꿈은 짧고 선명하며 이론이 정연하여 알기 쉬운데다 모호한 데가 없을뿐더러 뚜렷하다. 그러나 모든 어린아이의 꿈이 이와 같은 것이라고 생각해서는 안 된다. 꿈의 왜곡은 어린 시절의 매우 이른 시기에 나타나는 것으로 5세부터 8세까지의 어린이의 꿈에 벌써 후일의 꿈의 성격이 모두 포함되어 있었다는 예가 보고되고 있다. 만일 정신활동이 눈에 띠기 시작하는 나이에서 4~5세까지로 한정한다면 유아성이라고 할 특성을 갖춘 많은 꿈을 발견할 수 있을 것이다. 그리고 이후의 소아시절에도 같은 종류의 꿈이 약간 발견될 것이다. 그리고 어른도 어떤 조건 하에서는 전형적인 어린아이의 꿈과 비슷한 꿈을 꾸게 된다. 이런 어린아이의 꿈에서 우리는 매우 쉽게, 그리고 매우 확실히 꿈의 본질에 대한 결론을 끌어낼 수가 있다. 그리고 이 결론은 모든 꿈에 골고루 적용된다는 것이 증명되기를 기대한다. 어린이의 꿈을 이해하기 위해서는 분석이 필요 없고 우리의 기법을 이용할 필요도 없다. 자기 꿈을 이야기하는 어린이에게 질문할 필요도 없다. 그러나 그 아이의 생활에 대해서 조금이나마 이야기를 들어야 한다. 꿈을 설명하는 것은 언제나 그 전날의 체험이다. 꿈이라는 것은 수면중의 정신생활이 전날의 체험에 반응한다. 어린아이의 꿈에서 한 걸음 더 나아간 결론을 얻기 위해서 두세 가지의 예를 들어보자

① 생후 22개월 된 조카(남자아이)가 나의 생일 축하 인사로 나에게 버찌한 바구니를 선사하였다. 가족들이 그 중에서 조금은 아이에게 주마고 약속하였으나 조카아이는 아주 시무룩해졌다. 다음 날 아침 이 아이는 『헤르만이 버찌를 다 먹어버렸어.』라고 꿈 이야기를 했다.

② 3년 3개월 된 나의 셋째 딸 아나는 생전 처음으로 호수에서 보트를 타게 되었다. 물가에 닿았을 때 아이는 보트에서 내리기 싫다고 억지를 쓰면서 큰소리로 울기 시작했다. 아이에게는 보트를 타고 있는 시간이 너무나 빨리 지나간 것처럼 생각이 되었다. 다음날 아침 그 애가 『간밤에 나는 호수에서 보트를 타고 돌아다녔어.』라고 말했다. 우리는 이것을 『배에 타고 있던 시간이 어제보다 훨씬 길었어.』라고 보충해도 좋을 것이다.

③ 5년 3개월 된 나의 차남 올리버는 할슈타트 근처의 에세른탈 계곡에 소풍을 가족과 함께 따라갔다. 타하슈타인 산을 망원경으로 보기만 하고 못 갔는데 그 애는 그곳에 가보지 못하는 불만이 대단했다. 이튿날 아침 이 아이는 매우 즐거운 듯이 『어제 우리가 시모니 산장-*타하슈타인 산정에 있는*에 올라간 꿈을 꾸었어.』라고 말했다.

방금 말한 어린의 꿈에 의미가 없다고는 말할 수 없다. 이런 꿈들은 알기 쉽고 천진난만한 심리적 행위다. 어린아이는 어른보다 더 편하고 깊은 잠을 잔다고 생각해도 좋을 여러 가지 이유를 알고 있다. 이러한 꿈에는 왜곡이 없었다. 그러므로 해석이 필요하지 않았다. 그것은 꿈의 현현내용과 잠재내용이 일치하고 있기 때문이다. 그러므로 왜곡이 이러한 꿈의 본질은 아닌 것이다. 그러나 약간의 왜곡이 있음을 인정하지 않을 수 없다. 어린아이의 꿈은 분함이나 동경, 또는 소망 등이 충족되지 않은 전날의 사건에 대한 반응이다. 이 소원은 꿈속에서 노골적으로 채워진다. 여기서 우리는 가장 빠르게 꿈의 기능을 알게 된다. 꿈이 심리적 자극에 대한 반응이라면 꿈은 심리적 자극을 해소시키는 가치가 있다. 그 결과 자극은 제거되고 수면을 계속할 수 있게 되는 것이다. (중략) 꿈은 관념을 단지 표현하는 것이 아니라, 환각적인 경험의 형태로 충족시키는 것으로 나타난다. [나는 더 오래 호수

에서 보트를 타고 싶었는데] 라는 꿈을 자극한 소망이 [나는 호수에서 보트를 타고 있었다] 는 내용으로 바뀌어 있는 것이다.

과연 유아들이 꾸는 꿈은 단순한 소망충족에 불과한 것일까? 슈테른(William. Stern 1871~1938)은 생후 1년이면 벌써 꿈을 꾼다고 말했고, 프로이트도 생후 2년부터 꿈을 꾼다고 주장하면서 자기 아이들의 꿈을 예로 들었지만 그들이 자신의 꿈을 완전하게 상기하기 힘들다는 것은 대다수의 연구자들이 인정하는 사실이다. 설사 유아가 진술하는, 비교적 형태를 갖추었다고 생각되는 꿈-그마저도 대부분은 단편적 이미지이겠지만-이 있다손 치더라도 그것이 밤새 꾼 꿈의 전부는 아닐 것이다. 성인들과 마찬가지로 그들에게도 꿈의 망각원인이 모두 적용되는데다가 언어구성력마저 결여되어 있기 때문이다. 이런저런 이유로 이제 막 뇌 신경망이 구축되기 시작한 유아들이 자신의 꿈을 정확하게 상기해내기를 기대한다는 것 자체가 난센스다.

그러나 설사 그렇다고 하더라도 유아들의 꿈이 성인들의 그것에 비해서 현저하게 격(格)이 떨어지는 것이라고는 말할 수 없다. 본시 꿈-형성의 메커니즘은 원시인류의 유산이므로 생래적(生來的)인 것이기 때문이다. 이것과 관련하여서는 『어린이는 몸이 작고 의식적 사고가 빈곤하고 단순하기 때문에 우리는 선사(先史) 이전의 정신과의 근원적인 동질성에 기초를 두고 있는 유아의 마음이 굉장히 복잡하다는 사실을 인식하지 못하고 있다.』라고 한 칼·구스타프·융의 견해가 우리의 논점을 보다 진실에 근접시켜 주리라 믿어 의심치 않는다. 즉, 인간의 잠재의식적 사고태(思考態)가 본시 선험적인 것이라면 그것은 성인의 경우와 마찬가지로 유아들에도 똑 같이 적용되어야 한다는 것이다. 그러므로 그들 역시 선험적인 잠재지식과 원시언어로서 미래예지의 꿈을 꾸고 있다고 판단해야만 옳다. 이것을 입증할 만한 몇 가지 사례를 열거하자면 다음과 같다.

첫 번째 사례는 당년 3세인 나의 어린 조카가 이 세상에 태어나서 처음으로 풀어놓는 꿈 이야기다. 어느 날 이 아이는 제 엄마에게 신이 나서 『엄마, 내가 꿈을 꾸었어. 엄마가 수돗가에서 빨래를 하고 있는데-이 부분은 아이의 기억을 상기시켜 재구성한 대목임- 그 옆에 큰 벌레가 한 마리 있었어. 그런데 벌레가 꿈틀대더니 딸딸이차-경운기-가 되었어. 저 쪽에서 아버지가 모자-새마을 모자-를 쓰고 걸어와서 나를 그 차에 태워주었어. 그리고는 어떻게 됐는지 몰라.』라고 이야기하였다. 그리고는 곧바로 나에게 달려와서 의기양양하게 방금 전의 꿈 이야기를 되풀이했다. 물론 처음에는 이만큼 조리 있게 이야기할 수 없었으므로 이 꿈 이야기는 여러 번 반복시킨 끝에 완성된 것이다. 그래서 전적으로 신뢰할 만한 것은 못되지만 그래도 [수도], [엄마], [벌레], [경운기], [경운기에 탐], [아버지], [모자] 등은 그가 뚜렷하게 상기해낸 이미지들이었다. 경운기를 타보고 싶었던 아이의 소망이 만들어 낸 꿈이라고 하기에는 너무도 상징적이다. 특히 벌레가 경운기로 변했다는 표상전위의 표현은 성인의 그것에 비해서도 전혀 손색이 없다. 어쩌면 표상전위를 중심으로 이 꿈을 해석해보면 그 잠재사상이 명확하게 들어날지도 모르겠다. 그러나 그 또래의 꿈을 연구해 보지 않은 나로서는 무어라고 단언하기가 어렵다. 다만 천재나 신동으로 불리는 유아들의 경이로운 능력이 잠재의식적 소산이라는 점에서 볼 때, 그들의 꿈 역시 상당한 의미를 갖고 있을 것이라고 추측한다. 물론 프로이트가 주장하듯이 유아들의 꿈이 성인의 그것보다 훨씬 더 많은 소망충족적인 요소로 채워진다는 것은 틀림없는 사실이다. 그러나 그들의 꿈-표현이 원시적이라면 언젠가는 거기에서 미래예지적인 요소가 반드시 발견될 것이다.

그런데 유아기를 지난 소아(小兒)들의 꿈-프로이트는 이 시기의 꿈 왜곡이 후일의 성격 속에 모두 포함된다고 주장했다-을 관찰해 보면 확실히 상징표현으로 가득찬 미래예지의 형태를 갖추고 있음을 쉽게 알아볼 수 있다. 위에 소개한 나의 조카애는 그 후에도 종종 나에게 달려와 간밤에 꾼 꿈 이야기를 들려주곤 했는데 다음은 그 애가 만 6세에 꾼 것으로 매우 상징적인 꿈이다.

어떤 곳에 큰 아버지와 똑 같이 생긴 집이 있었다. 그 집에서 『푸른 하늘이여! 땅이여!』하는 우렁찬 목소리가 들려온다. 그러자 그 집의 문이 열리고 *누어있는 큰아버지 배 언저리에 문이 있었다* 사자 한 마리가 나와서 옆에 있는 나를 물어다가 어떤 방안에 내려놓았다. 그리고 벽에 달린 긴 각목에 나를 걸쳐놓고는 잡아먹으려고 한다. 그 옆에는 호랑이도 한 마리 있어 먹기를 원하는 듯 차례를 기다리고 있다. 나는 무서워서 덜덜 떨다가 잠을 깼다.

만 6세 어린이의 꿈치고는 상징표현의 모든 형식을 갖추고 있으며 의미심장한 내용을 담고 있어 신기할 정도이다. 비록 그 또래의 아이들이 가질 수 있는 흔한 공상이긴 하지만 일련의 구성적 연관성을 갖고 있다는 점에서 충분한 완성도를 보여주고 있다. 이 아이가 자신의 의식적 지식만으로 이런 꿈을 형성하였다고는 믿기 어렵다. 때문에 선험적인 잠재지식-*집단무의식*-의 소산이라는 결론이 자연스럽게 도출된다. 어찌 이런 꿈을 놓고도 과거에 경험한 사자, 호랑이에 대한 공포감의 재현이라거나, 소원충족의 왜곡된 표현이라고 단정할 수가 있겠는가? 미야기·오도야는 그의 책 《꿈》을 통해 자신이 어린 시절에 경험했던 꿈 이야기 하나를 소개하고 있는데 나는 이것 역시 상징적인 미래예지의 꿈이라고 판단한다. 그는 소학교(小學校) 입학 직전에 이 꿈을 꾸었다고 한다.

나는 지바(千葉) 해수욕장엘 갔다. 바닷물이 어느 정도 밀려간 해변에서 바다로 걸어 들어간다. 이때 아버지와 친척 아저씨, 그리고 나 이렇게 셋이서 동행을 하였다. 나는 왼 쪽 저 멀리 육지의 돌출부에 세 개의 해골이 서 있는 것을 보았다. 그 해골은 차례차례 물속으로 뛰어들어 바다 깊은 곳으

로 들어가고 있었다. 그것들은 똑 같은 키를 하고 있었으며 제일 먼저 들어
간 해골이 물속으로 자취를 감춘 다음, 제2의 해골이 물속에 잠기고 또 제3
의 해골도 물속으로 들어가 버렸다. 그리고 같은 육지의 돌출부에 먼저와
똑 같은 해골 셋이 나타나더니 먼저와 동일한 방법으로 차례차례 물속으로
들어간다. 나는 이때 어른들에게 『저것 좀 보세요!』라고 소리친 것 같다.

이 꿈 역시 과거 경험의 반복이라거나, 어떤 소원의 가상적인 충족
이라고는 판단할 수 없을 것이다. 이것은 그가 처음으로 맞는 인생의
변혁기–소학교에 들어가기 직전–에 장차 어떤 일을 하게 될 것인가 하
는 잠재의식적 궁금증에 대하여 답을 얻은, 즉 미래예지의 꿈이라고
보겠다. 그가 일본 심리학계의 저명한 학자로서 수많은 저술을 남겼
다는 점을 감안할 때 이 꿈은 다음과 같이 해석될 수 있다.
그는 장차 어떤 학원이나 연구기관(해수욕장)을 통해 광활한 학문의
길(바다)로 나서게 된다. 그는 이 방면에서 정진하는 동안 매우 우호
적이며 존경할 만한 스승이나 협조자(아버지와 친척아저씨로 동일시
된)를 만나게 된다. 또한 어떤 출판사(육지의 돌출부)를 통해 처음으
로 세 개의 연작물(해골 셋)을 순차적(차례차례 들어감)으로 출간하게
된다. 그리고 일정기간이 경과한 다음 또 다시 세 개의 연작물(두 번
째 해골 셋)을 출간하게 될 즈음에는 스스로도 감동하여 스승들에게
감사의 뜻을 전하게 된다.(어른들에게 「저것 좀 보세요!」 라고 소리치
다)
이상에서 보듯이 소아–만 5세에서 10세 전후–들의 꿈도 상징적인 표
현과 미래예지적인 성향을 갖고 있음이 분명하다. 내가 수집, 분석한
자료들에 의하면 이 시기에는 주로 상징적인 꿈을 꾸는 것으로 나타
났다. 그러므로 이들의 꿈이 성인의 그것에 비해 조금은 더 욕구적인
성향을 나타낼지 몰라도 근본적으로는 성인의 그것과 대동소이할 것
이라고 확신한다. 앞서 소개한 나의 [동전 꿈], 즉 길에서 동전–또는
구슬– 몇 개를 주워 호주머니에 넣는 꿈을 꾸면 다음날 예외없이 친

구들과 심하게 싸우게 되었다는 것은 [동전이 서로 부딪치면 소리를 낸다]라는 아주 간단한 유사성이 그 내재관계가 된 사례이다. 그러나 내가 어른이 된 지금까지도 이런 종류의 꿈-상징이 정형적인 의미를 나타낸다는 점에서 볼 때, 소아기의 꿈 역시 미래예지적인 성격을 갖고 있으리라는 판단은 틀림이 없을 것이다.

그렇다면 다시 유아기를 살펴보자. 소아의 꿈이 상징적이고 예지적인 것으로 판단되는 한, 유아의 꿈 역시 똑 같은 범주의 것으로 이해되어야만 한다. 그것들 모두 원시적인 사고태(思考態)의 발현이기 때문이다. 굳이 유아와 소아(小兒)의 꿈들에서 차이점을 찾으려고 한다면 그 재료정도일 것이다.

이제 막 신경망을 구축하기 시작한 유아와 이미 성인 수준에 도달한 소아가 장기기억이라는 측면에서 각각 가용할 수 있는 꿈-재료에는 분명한 차이가 있을 것이기 때문이다.

유아들의 꿈-재료가 상대적으로 빈약한 것은 사실이다. 그러나 소아들의 꿈이 미래상징적인 것이라면 유아들의 그것이라 해서 달리 생각할 이유는 아무것도 없다. 때문에 유아들 역시 타인대행의 꿈을 꿀 수 있을 것이므로 그 부모나 집안일에 관한 미래예지의 상징몽을 꿀 가능성은 있다고 보아야 한다. 다만 성인들이 그들을 대신해서 꿈을 경험해 볼 수도 없는 노릇이고 보면 그들의 진술만으로는 이 의문이 쉽사리 해소될 것 같지 않다. 그런 의미에서 언어표현이 불가능한 생후 1년 전후까지의 영아(嬰兒)들도 꿈을 꾸고 있으리라고 추정되지만 그들이 무엇을 꿈꾸고 있는가 하는 것은 동물들이 무엇을 꿈꾸고 있는가 하는 의문만큼이나 풀기 어려운 문제라고 생각된다. 마지막으로 내가 이 시기에 경험한 재미난 에피소드 하나를 소개하는 것으로 이 항목을 마치려고 한다. 내가 3살 때 경험한 다음과 같은 꿈 이야기는 장성한 다음 나의 모친으로부터 전해들은 것이다.

어느 날 해질 무렵 건너 마을 할아버지 댁에 가신 아버지를 기다리시던 어머니는 나를 무릎 위에 올려놓고 젖을 물리셨다. 그런데 내가 젖을 빨다 말고 갑자기 『죽은 아저씨가 저기 온다.』라고 외쳤다고 한다. 깜짝 놀란 어머니는 『아가야, 그게 무슨 소리냐?』하고 되물으셨지만 나는 다시 젖만 빨더라는 것이다. 그리고는 몇 시간이 지나 아버지가 방으로 들어서시면서 『글쎄, 함- 집에서 15키로 정도 떨어진 다른 마을 사는 매부가 죽었다고 부고가 왔어!』라고 낙담하시었다고 한다.

이것은 일종의 트랜스상태, 즉 무의식적 졸음단계의 자연최면상태에서 고모부의 사망을 예지한 내가 나도 모르는 사이에 그것을 발설(發說)-내 의지와 관계없는 발설행위-한 것이다. 물론 표현능력이 결여되어 있었으니 더 이상 자세한 말은 할 수 없었을 것이다. 나는 이것 역시 일종의 꿈-환영-에 의한 예지라고 판단한다.

인간의 원초적인 본능 중에서 가장 강력한 에너지를 가진 것은 예감충동(豫感衝動)이다. 원시인류 이래-어쩌면 인간으로 진화되기 이전부터- 인간에게는 잔혹한 자연환경 속에 살아남기 위해서는 시시각각 변화하는 외계에 대응하는 것이 다른 어떤 관심사보다 우선순위였을 것이기 때문이다. 때문에 원시인류의 그것과 현대인의 그것이 다를 수가 없고, 성인의 그것과 영유아(嬰幼兒)의 그것이 다를 수 없다. 그런데 이 예감충동은 대부분 꿈의 형태-특수한 경우 각성시의 육체적 기질반사로-로 발현된다. 따라서 영유아의 꿈이라고 해서 무의미한 개꿈일 리가 전혀 없는 것이다. 원시인류나 미개인의 경우와 마찬가지로 성인의 꿈이 중요한 의미를 지닌 것이라면 영유아의 그것 역시 동일한 가치를 지니고 있어야만 할 것이다.

제 18 장

꿈의 상징(1)

1. 상징(象徵)의 의의(意義)

상징이란 무엇일까? 국어사전에 보면 [상징이란 어떤 사물, 사상, 정조 등을 이것과 어떤 의미로 서로 상통하는 다른 사물에 의해서 암시나 연상 따위로 표명(表明)하는 방법]이라고 설명되어 있다. 심리학자들은 『상징은 의식이 직접적으로 드러낼 수 없는 어떤 불분명한 것, 알려져 있지 않은 것, 숨겨져 있는 것을 간접적으로 이미지를 통해 드러내는 수단이다. 상징은 이미지를 통해서 우리의 이성적 인식을 초월해 있는 어떤 의미를 전달하려는 것이다.』라고 정의한다. 그런가 하면 [인간이 완벽하게 설명할 수 없는, 또는 구체적으로 표현할 수 없는, 미지(未知)의 사상(事象)에 대한 개념을 이끌어내기 위해 이미 그 존재를 파악하고 있는 여러 사상의 이미지를 동원하여 표명(表明)하는 것]으로 설명되기도 한다.

그런데 여기서 [다른 사물에 의해서 암시나 연상 따위로 표명한다.]라는 대목은 비유법 중의 하나인 은유법을 설명하는 것과 유사하다. 말하자면 본래의 사물을 다른 사물로 빗대어서 나타낸다는 점에서는 둘 사이에 아무런 차이점이 없다는 것이다. 다만 은유와 상징의 차이점은 빗대어 표현하는 두 관념 사이의 관계, 즉 원관념과 보조관념 사이의 관련성에 있다. 은유의 경우에는 비유하는 원관념과 비유되는 보조관념 사이의 관련성이 뚜렷한 반면, 상징의 경우에는 그러한 관련성이 없다. 즉, 은유와는 달리 상징의 경우에는 원관념이 겉으로 들어나지 않아 암시에 그치고 보조관념만 나타난다는 것이다. 예를 들어 『내 마음(원관념)은 호수(보조관념)요, 그대 저어 오오.』라는 시구(詩句)에서는 원관념과 보조관념이 함께 나타나 그 뜻을 구체적으로 표현하고 있으나, 『해(보조관념)야, 솟아라. 말갛게 씻은 얼굴로 고운 해야 솟아라. 산 너머서 어둠(보조관념)을 살라먹고.』라는 시구에서는 희망과 절망이라는 원관념이 사라지고 대신 보조관념인 해와 어둠이 그 뜻을 전달하고 있다. 이때 [해]와 [어둠]이 상징이다.

은유와 상징을 구별하는 또 다른 요소는 유추작용이다. 즉, 은유의 경우에는 [두 개의 사물이 몇몇 성질이나 관계를 공통으로 가지며, 또 한 쪽의 사물이 어떤 성질이나 관계를 가질 경우 다른 사물도 그와 같은 성질이나 관계를 가질 것]이라는 추리가 가능한 반면, 상징의 경우에는 근본적으로 그러한 작용이 불가능하다는 것이다. 예를 들어 [비둘기]가 [평화]를 상징한다고 할 때, 둘 사이의 내재관계는 유추가 아니라 경험적 관념이므로 비둘기로서 평화를 유추하는 것이 불가능하다.

그런데 원관념이 들어나지 않는 은유도 있다. 가령 『머리를 풀고 하늘에 오르는 것』이라는 시구가 [연기(煙氣)]를 암시하는 것처럼 원관념이 나타나 있지 않아도 그 표현만으로 원관념을 짐작할 수 있다면 그것을 은유로 간주한다는 것이다. 때문에 은유와 상징을 구별하기 힘들다고 보는 학자들도 있는데 그들은『은유는 곧 상징의 출발점이다.』라고 주장한다. 그렇다면 심층심리학에서는 상징의 의미를 어떻게 보고 있을까? 그 대강을 열거하자면 다음과 같다.

① 말이나 몸짓과 같이 사회적인 관습으로 정해진 상징이 있다. 이 관용적인 심벌은 일반적으로 사회가 만들어 낸 것이며 사회적인 부첩(簿牒) -관청의 장부와 문서-이다.
② 행복을 네 잎 클로버로 나타내는 것처럼 구체적인 것을 추상적인 것 대신으로 사용할 때 이 구체적인 것을 상징이라고 일컫는다. 실제로 파리에서 청춘을 즐긴 사람에게는 파리가 청춘의 상징일 수가 있으나, 보통은 사회로부터 주어지는 것을 말한다.
③ 어떤 구체적인 것을 다른 구체적인 것으로 나타낼 경우 후자를 전자의 상징이라고 부른다. 여기에는 개인적인 경험에 의한 것, 예컨대 개라는 별명을 가진 사람을 꿈속에서 개의 형상으로 표현하는 것과 일반적으로 공통된 것, 즉 남성의 성기를 장대나 방망이로 표현하는 따위가 있다. 후자를 프로이트적 상징이라고 한다.

칼·구스타프·융은 상징을『특정한 함축성과 관습적이면서도 명백한 의미를 지니고, 모호하지만 일반에 잘 알려져 있지 않은 감추어진 그 무엇을 내포한다. 이러한 상징성은 정확하게 정의되거나 설명될 수 없는 무의식적인 측면을 지닌다. 수레바퀴의 형상을 신성한 태양에 관련시키는 것은 일반적인 의미의 이성으로는 접근할 수 없는 측면인 것이다.』라고 정의했다. 그런가 하면 에리히·프롬은『상징이란 무엇인가? 상징은 흔히 [다른 것을 표현하는 그 어떤 것]이라고 정의되고 있다. 이 정의가 지금으로서는 충분한 것 같다. 그러나 보고, 듣고, 만지는 등의 일을 감성적으로 표현하고 마음속으로 경험하는 감정이나 사고에 대한 [무엇인가]를 대신하고 있는 그러한 종류의 상징만을 생각하는 경우보다 더 큰 의미가 있는 것이다. 이와 같은 종류의 상징은 우리들 자신 밖에 있는 그 무엇이며 상징이 암시하는 것은 바로 우리들 자신 속에 있는 것이다.』라고 말했다. 폴틸리히(Paul. Tillich 1886~1965)는 상징의 의미를 좀 더 정밀하게 설명한다.

　상징은 어떤 구체적인 사물이 다른 영역의 의미를 암시하거나 환기시켜 주는 방법이다. 그래서 상징은 보이지 않는 세계, 미경험의 세계, 상상의 세계에 닻을 내린다. 상징은 인간의 고도한 유추능력과 해석능력, 그리고 연상능력이 복합적으로 작용함으로서 사물이나 관념을 무한히 심화하고 확대하는 문학적 능력이다. 상징과 상징되는 것 사이에는 필연적이거나 인과적인 관계는 없다 그것은 인위적인 것이다. 상징은 어떤 것을 표상하기 위하여 나타내는 정보, 즉 문자, 대상, 또는 행동 등을 의미한다. 이는 사상이나 개념에 대한 연상과 상기를 통해 구체적인 사물이나 감각적인 말로 바꾸어 나타내는 일, 또는 그 사물이나 말을 결합한 의미를 나타내는 일이다.

위와 같은 상징의 의미는 에른스트·카시러(Ernst. Cassirer 1874~1945)의 견해에서 더욱 분명하게 들어난다. 그는 그의 책 《인간론》에서 『인간은 상징적인 동물이다.』라고 정의하면서 『인간이 동물과 구별되는 가장 현저한 특징은 다른 동물이 갖지 못한 [상징체계(symbolic system)]를 가지고 있다는 것인데, 그 때문에 우리 인간에게는 모든 사물과 모든 현상이 상징의 성격을 띠고 나타난다. 즉 인간이란 모든 사물과 모든 현상으로부터 그 속에 내포되어 있는 의미를 찾아내는 존재, 달리 말하자면 본원적으로 상징을 만들어내는 존재이다.』라고 역설한바 있다.

그런데 우리가 상징을 [다른 것을 표현하는 그 어떤 것]으로 정의할 때 문제가 되는 것은 상징과 상징되는 것 사이의 특별한 관계는 무엇인가 하는 점이다. 이 관계성에 따라 학자들은 상징을 여러 가지로 구분하고 있다. 개인적 상징에만 치중했던 프로이트도 말년에 가서는 상징에 고태적 잔재가 있음을 인정하고 그의 《정신분석학입문》을 통해서 다음과 같이 말했다.

　개체가 한 번도 배운 적이 없는 상징관계는 분명히 계통발생적 유산으로 계승되었다고 생각해도 좋을 것이다. 이 표현양식은 인류가 오래 전에 극복한 지적 발달의 한 단계, 다시 말해 상형문자로 상징을 나타내던 시대, 아마도 우리의 사고언어가 아직 발달하지 않았던 시대에 사용되었던 것에서 유래하고 있다. 만일 상징관계를 태고적인 것으로 생각해도 좋다면 태고적 인류의 지적 소산도 다시 눈을 뜨게 된다.

나는 위와 같은 프로이트의 정의와 관련하여 상징을 개인의 잠재지식이 만들어내는 창조적 상징과 태고로부터 전승된 정형적 상징의 두 가지로 대별하고 있음을 이미 밝혀둔 바 있다. 물론 이러한 분류적 정의는 꿈-상징에만 해당하고 일상적 의미의 상징에는 적용되지 않는다. 이 점에 대해서는 다음 항목에서 상술할 예정이다.

2. 꿈-상징의 의의(意義)

나는 꿈-상징이 일상적인 의미의 상징과 다른 이유는 그것이 꿈만의 독특한 생성원리로 재생산된 것이기에 마치 암호문처럼 본래의 뜻을 암시적인 부호-*상징물*-로서 나타내기 때문이라고 누차 설명한바 있다. 때문에 꿈의 해석이란 이 암호화된 부호들이 암시하는 본질적인 의미들을 찾아내어 한 꿈의 전체적인 스토리로 재구성하는 작업이라고 강조하였던 것이다. 우리는 이제야 비로소 [꿈-상징의 의미는 어떤 방법으로 정의되는 것이며, 또 꿈-상징의 일정불변하고도 법칙적인 형성원리란 무엇인가]하는 점을 구체적으로 알아 볼 단계에 이르렀다. 다만 이 장을 전개하기 전에 독자 제위에게 한 가지 당부하고 싶은 것은 앞으로 여기서 다루고자 하는 꿈-상징의 의미와 일상적인 상징과의 사이에는 분명한 차이가 있다는 점을 꼭 유념해달라는 것이다. 꿈-상징은 잠재의식적 가공물인데다가 영성(靈性)이라는 두꺼운 외투(外套)를 하나 더 걸치고 있기 때문이다.

그런데 여기서의 영성은 종교적인 개념을 의미하는 것이 아니다. 그것은 아직까지는 분명하게 규명되지 않았으나 우리 심층에 내재하는 것이 확실시되는 인간 본연의 영감적인 능력이다. 인간은 진화 중인 동물이고 정신도 육체와 함께 진화한다는 측면에서 보자면 미완의 존재임에 틀림이 없다. 따라서 우주만물의 이치를 단정하기에는 우리의 인식력이 턱없이 부족한 수준에 있다는 사실을 겸손하게 받아들여야만 한다. 현존하는 인간의 지적 검증수단, 즉 과학적 원리에 의해서 규명되지 않은 심령(心靈), 예지(豫知) 등의 현상을 반복실험에 의해서 증명할 수 없다는 이유만으로 백안시(白眼視)하는 것은 참으로 어리석은 일이다. 왜냐하면 그것들은 수많은 사람들의 체험으로 입증되는 엄연한 실체이기 때문이다. 인간의 정신이 진화를 거듭하여 언제가 이러한 현상들을 남김없이 이해할 때쯤엔 그것이 더 이상 영적인 현상이 아니라, 그저 평범한 자연현상 정도로 인식될 날이 반드시 도래할 것이다. 그것은 정전기나 번개 등의 자연현상들을 늘 체험하면서도 그 본질을 알지 못해 궁금해 했던 인류가 지금에 와서는 전자기 공학이라는 학문으로 그 원리를 당연하게 받아들이고 있는 것과 같은 이치라고 할 수 있다. 그런 의미에서 20세기에 태동한 양자물리학이 현대인의 경직된 환원주의(還元主義)에 조그만 구멍을 뚫어 저 광활한 미지의 세계를 흘낏이나마 들여다보게 해주고 있음은 그나마 천만다행한 일이 아닐 수 없다. 물론 현대과학이 제시하는 그것의 실체가 감추어진 질서이건, 형태공명장이건, 아니면 홀로그램 우주이건 간에 우리가 추호도 의심할 바 없는 진실이라고까지 인정할 단계에는 도달하지 못했다. 그러나 견고한 고정관념의 빙벽(氷壁)을 뚫고 마치 크레바스처럼 얼굴을 내미는 그런 숨길 수 없는 현상들이 지금 이 세상에 엄연히 존재하고 있다는 사실만은 부인할 수 없다. 지금 우리는 그런 흘낏 봄의 세계를 우리가 가진 모든 경험과 지식을 총동원하여 그 일각-꿈-이나마 규명해 보고자 노력하고 있는 것이다.

아직도 많은 꿈 연구가들이 일상적인 의미의 상징과 꿈-상징을 동일한 것으로 이해하고 있는 것이 사실인바, 그것은 크나큰 오류가 아니라고 할 수 없다. 왜냐하면 위에서도 설명한 바와 같이 꿈-상징의 형성원리가 일상적인 의미의 그것과는 근본적인 차이점을 갖고 있기 때문이다. 각성시의 상징이 타자와의 의사소통을 위한 것이라면 꿈-상징은 자기 자신과의 대화를 위한 것이다. 또한 각성시의 상징이 인위적인 언어인 것에 반하여 꿈-상징은 자연적으로 생성되는 이미지이다. 더구나 꿈속에서 우리는 스스로 배우가 되어 그 상징적인 의미를 직접 구현하기도 한다. 그런 점에서 꿈-상징은 수면중의 생각과 느낌을 나타내는 가장 효과적인 수단이다. 그러나 꿈-상징의 무엇보다 중요한 특성은 미해결의 관심사와 미래사를 판단하고 예지하기 위한 매개로서 표현된다는 것이다. 때문에 꿈-상징은 예감적 영성을 구현함으로서 일상적인 의미의 상징을 훨씬 초월해 있다. 이런 점에서 옛날 유대교의 랍비들이 『꿈은 꿈으로 해석하는 것이다.』라고 생각한 것은 매우 현명한 판단이었다.

프로이트 계열의 정신분석학자들은 심리치료중인 환자의 꿈-상징을 이해함에 있어 자유연상(自由聯想)과 전이(轉移)라는 정신분석적 기법 -쉬테칼은 여기에다 의사의 직관력을 더한다-을 사용한다. 그러나 이제 우리의 새로운 해석법이 빛을 보게 된다면 그러한 방식이 그저 불필요하고 번잡스러운 과정의 하나일 뿐이라는 사실이 밝혀지게 될 것이다. 꿈-상징의 숨은 뜻이 하나하나 규명됨으로서 인류 공통의 상징사전이

완성된다면 동서고금의 어떠한 꿈-상징이라도 해석이 가능하게 될 것이며, 그 형성원리마저 숙지하게 된다면 개인적인 상징도 쉽게 이해될 수 있을 것이기 때문이다.

그런데 현대의 정신분석학자들과 마찬가지로 옛사람들도 꿈-상징을 현실적인 상징의의에 기초한 연상적인 개념으로 이해했다. 때문에 그들은 전체에 비하자면 극히 일부분인 두드러진 몇몇 이미지만이 상징이고 나머지 모두가 비유라고 판단했다. 고전 해몽서의 대부분이 단편적인 문답형식을 취하고 있는 이유가 바로 그것이다. 그러나 우리의 해석법은 꿈-표현의 대부분을 상징표상으로 판단한다. 우리 해석법에 있어서 꿈-상징의 의의를 몇 가지로 요약하자면 다음과 같다.

① 꿈의 대부분은 상징표상이다.
② 꿈-상징은 다의적(多義的)이다.
③ 꿈-상징은 잠재의식에 의해 창조된 관념상이다.
④ 꿈-상징은 미래지향적인 표현이다.

꿈-상징을 이해함에 있어서는 1909년 [꿈의 자동적(自動的) 상징]이라는 용어를 사용하여 꿈-상징의 속성을 해명하고자 한 질베러(Herbert. Silberer)의 견해가 많은 도움이 되리라 생각한다. 그는 잠들기 직전까지 존재했던 어떤 사상이 꿈의 상징적 이미지로 변환되는 것을 직접 경험했다고 주장했다. 이러한 질베러의 견해에 프로이트는 별로 달가워하지 않았으나 꿈-이미지의 대부분이 상징표상이라는 우리의 주장과 상당부분 부합되는 점이 있으므로 여기 그의 의견을 소개하고자 한다. 그는 말하기를 『피곤하고 졸린 상태에 있을 때, 감히 어떤 지적인 일을 하고자 하면 사상이 빠져 도망가고 그 대신 한 형싱이 나타나는데 나는 그 형상 속에서 앞에 나타났던 사상의 대용물을 발견할 수 있었다. 나는 이런 일을 자주 경험하게 되는데 이 대용물을 [자동상징물]이라고 불러도 좋을 것이다.』라고 했다. 이것을 설명하기 위해 그가 제시한 몇 가지 사례들은 다음과 같다.

① 나는 자기 전에 어떤 논문의 고르지 않은 부분을 순탄하게 고칠 생각을 하였다.
☞ 그랬더니 꿈속에서 통나무를 톱질하고 있는 나 자신의 모습을 보게 되었다.
② 나는 지금 하려고 생각하고 있는 형이상학적 연구의 목적을 내 마음에 떠오르게 하려고 노력했다. 이 목적은 존재의 근거를 찾아서 차츰 높은 의식형성, 또는 존재 층으로 꿰뚫고 나가는 것에 있다고 생각했다.
☞ 그랬더니 꿈속에서 나는 한 자루의 긴 나이프를 과자 밑에 밀어 넣었다. 마치 이미 자른 그 한 조각을 들어 올리려는 것처럼.
③ 나는 어떤 생각에 잠겨 있다가 깜빡 그 생각의 줄을 놓쳤다. 나는 다시 그 줄을 찾으려고 애를 쓰지만 실마리가 되는 점을 완전히 잃어버렸음을 인정하지 않을 수가 없다.
☞ 그랬더니 꿈속에서 내가 보고 있는 책에 인쇄된 문장의 한 줄이 빠져있었다. (중략)

잠들기 전에 생각했던 것, 그것이 미해결의 것이라면 우리는 그 문제에 관한 꿈을 형성함으로서 어떤 해답을 얻을 수가 있다. 그러나 그렇다고 해서 잠들기 직전까지 고심했던 문제들 모두가 잠재사상이 되어 꿈이 형성되는 것은 아니다. 또한 그것이 [미해결의 관심사]와 관련된 꿈인지 아닌지는 오직 완전해석이 끝난 연후에나 판단가능한 일이다.

그런데 이미 설명한바 있듯이 꿈의 해석이란 꿈-이미지가 갖는 여러 가지 상징의의를 모두 찾아낸 다음, 전체 내용과 부합되는 최적의 상징의의를 골라내어 일관성 있게 연결하는 작업이다. 그런 까닭에 꿈-해석에 있어 무엇보다 중요한 것은 각각의 이미지가 갖는 상징의의를 정확하게 찾아내고 그것이 전체적인 문맥 속에서 어떤 의미를 나타내는 것인가를 파악하는 일이다. 그러나 질베러는 자동상징물이라는 훌륭한 개념을 이끌어냈음에도 불구하고 그 해석에 있어서만큼은 [단편적인 유사관계]에만 집착함으로서 종래의 연구자들이 범한 실수를 반복하고 있었다. 그래서 그는 [논문]을 [통나무]로, [논문을 순탄하게 고치는 행위]를 [나무에 톱질을 하는 것]으로, [한 차원 높은 층의 의식세계로 진입하는 하는 것]을 [긴 나이프를 잘린 과자 밑에 놓고 들어 올리는 것]으로, 그리고 [생각의 실마리를 놓친 것]을 [보고 있는 책의 인쇄된 한 줄이 빠져있다는 것]으로 꿈이 표현하고 있다고 단정하였던 것이다.

질베러처럼 자동상징물로 간주되는 이미지들의 조합(組合)이 잠들기 직전에 형성된 사상을 비유적으로 표현하는 것이라고 판단하는 사람들은 [각기 다른 경험적 직관에 따라 해석이 달라질 수는 있어도 그 경향성만큼은 합리적이다]라고 주장할지도 모르겠다. 그러나 그것은 일정한 법칙하의 일관성 있는 분석이 아니라, 개인적인 경험에만 의존한 직관적 판단에 불과하므로 합리적인 해석방식이라고는 할 수 없다. 위의 예에서 통나무가 논문을 암시하는 것이 분명하다면 그것을 톱질로 잘라내는 것을 논문의 수정(修正)으로는 해석할 수 없을 것이다. 꿈이 굳이 논문의 수정을 암시하려고 했다면 톱질 대신 대패질로 통나무를 깎고 다듬는 장면을 연출했어야만 했다. 상식적인 유사관계로 보더라도 통나무의 절단은 논문의 중단(中斷)으로 이해되기 때문이다. 또한 [겹쳐 구운 과자]의 경우에도 그것이 차원(次元)이 다른 여러 의식 층(層)을 암시할 수는 있지만 나이프를 집어넣어 들어 올리려는 [과자 조각]이 중층(重層) 구조를 유지한 채 잘려진 상태임으로 [높은 의식차원(意識次元)으로의 진입(進入)]을 암시한다고는 볼 수 없다. 질베러의 이러한 오류에도 불구하고 잠들기 직전까지 의식을 점령한 미해결의 관심사가 자동상징물이 되어 꿈을 형성한다는 생각은 꿈-상징의 본질을 이해하는 데 있어 좋은 자료가 될 것이다. 그런데 프로이트는 꿈-상징의 정형성과 관련하여 매우 상세한 설명을 하고 있다.

  꿈에 의한 상징을 자유연상에 의하여 진행시키는 과정에서 꿈의 대부분
은 끈기 있게 강요-*심리치료자가 꿈꾼 이에게*하면 결국 무엇인가 연상시킬 수가
있다. 그러나 아무리 강제하더라도 우리가 예상하는 것을 얻지 못하는 경우
도 있다. 이런 일에 부딪치면 무엇인가 새로운 법칙에 거기에 작용하고 있
다고 보아야 한다. 이 난해한 꿈의 요소는 통속적인 해몽서와 대조하여 꿈
에서 본 모든 것을 번역하듯이 일정불변한 것으로 번역할 수가 있는데 이
꿈의 요소와 그 번역 사이에 이와 같은 관계를 우리는 상식적 관계라고 부
를 수가 있다. 즉, 꿈의 요소 그 자체가 꿈의 무의식적 관념의 상징이며 꿈
의 학설 중에서 가장 주목할 만한 문제다. (중략) 꿈-상징은 꿈에서만 볼 수
있는 것도 아니고 꿈만의 특징도 아니다. 그리고 꿈-상징은 정신분석이 발
견한 것도 아니다. 꿈-상징의 본질은 전적으로 비유이다. 그러나 이 비유는
아무것이나 상관없는 임의적인 것이 아니라 어떤 특별한 조건이 있는 것
같은데 유감스럽게도 나는 그것을 분명히 말할 수가 없다. 꿈속 이미지들
중에서 사물이나 어떤 형상에 비유할 수 있는 것은 모두가 상징되지 않으
며, 또 한편 아무것이나 임의의 것을 상징하지도 않는다. 어떤 종류의 상징
은 그 밑바닥에 있는 비유가 똑똑히 떠오르지만 다른 종류의 상징에서는
이 추정된 비유의 공통점을 어디서 찾아야 하는 의문도 생긴다. 꿈속에서의
상징으로 묘사되는 것은 그다지 많지 않다. 신체의 부분, 양친, 자식, 형제,
자매, 분만, 죽음, 나체, 집 등, 주로 이런 것들이며 이것은 통례적인 것, 다
시 말해 전형적 심벌이다. 이러한 상징들은 꿈속에서 매우 빈약한데 다른
영역의 사물이나 내용은 매우 풍부한 상징적 표현을 하고 있다. 그것은 성
적 상징물, 즉 성기 생식현상, 성교의 세계를 비유하는 상징물이 바로 그것
이다. 꿈에 이상한 불균형이 생기는 것은 바로 이 때문이며 표현되는 내용
은 얼마 안 되지만 그 내용을 나타내는 상징은 참으로 많다. 왜냐하면 이러
한 사물이 저마다 가치가 거의 비슷한 무수한 상징으로 표현되기 때문이다.
꿈에는 남성의 성기가 무수한 상징으로 나타난다. 그리고 비유 뒤에 숨은
성(性)의 공통점은 대개 매우 뚜렷하다.

[3]이라는 숫자, 성기와 모양이 비슷하고 길고 돌출한 물건(지팡이, 양산, 막대기, 나무), 몸속에 들어가 손상을 주는 것(나이프, 단도, 창, 칼, 피스톨), 물을 뿜는 것(수도꼭지, 물뿌리개, 분수), 길게 늘어나는 것(줄, 등잔, 샤프펜슬), 기관(器官)의 통속적인 개념과 관련된 것(연필, 펜대, 손톱 다듬는 줄칼, 망치, 기타의 연장), 발기현상이 있거나 비행하는 것(경기구, 비행기, 비행선), 파충류와 어류(뱀, 물고기), 신체부분(손, 발, 손가락), 연장(열쇠, 가래, 곡괭이 따위), 그리고 산, 바위 기타가 있다.

여성기(女性器)의 상징은 공동(空洞)과 물건을 넣는 기구(구멍, 웅덩이, 동굴, 항아리, 술병, 깡통, 종이상자, 통, 트렁크, 궤짝, 호주머니, 배, 장롱, 난로, 방), 목재나 종이와 같이 넓적한 것(목재, 종이, 접시, 테이블, 책), 기타(달팽이, 조개, 입, 눈, 유방, 언덕, 풍경, 구두, 슬리퍼, 사다리, 꽃, 흰 셔츠) 등을 들 수 있다.

남녀 양성적인 것이나 성교의 상징에서 성교(미식(美食), 피아노연주, 승마, 댄스, 계단 오르기, 등산, 무기에 의한 협박), 자위(미끄러지거나 나무 뽑기), 거세(이 뽑기), 양성기(兩性器)(남녀어린아이, 모자, 외투), 애인(보석) 등이 있다.

기타의 성적 상징으로는 과일(유방), 야수(치한), 제복(나체, 인체), 숲과 수풀(음모), 집(인체), 문(제공의 입구), 집의 돌출부(유방), 재목(어머니 여성), 물에 뛰어들기(잉태 출산), 시행(죽음), 아궁이(여성의 모체와 자궁), 황제와 황후(부모), 오른편(정의), 왼편(죄악) 등이 있다.

이상의 상징들의 근원은 동화, 신화, 농담, 기지, 풍속, 언어, 민요, 시어, 속어 등이 제공한 원천의 것이고 동일한 상징이 도처에서 발견된다. 이와 같은 원천을 일일이 더듬어보면 꿈-상징에 대응하는 것을 발견할 수 있으므로 우리의 해석이 옳다는 것을 인정하지 않을 수 없다. 우리와 같은 딜레탕트들에게서가 아니라 신화학, 인류학, 언어학, 민속학 등의 전문가들이 제공한 이 방면의 수집(蒐集)이 얼마나 풍부하고 흥미가 있는지 모른다. 이런 점에서 아래와 같이 두세 가지의 결론을 얻을 수가 있다. 첫째, 꿈을 꾸는 사람이 깨어있을 때에는 알지도 못하며 재인(再認)하지도 않는 상징을 꿈속에서는 자유롭게 부리는 힘을 가지고 있다. 그것은 무의식적인 것이다. 그때마다 새로 만들어지는 것이 아니라 이미 다 완성된 것이고 확고부동한 것이다. 둘째, 이러한 상징관계는 꿈꾼 사람 또는 상징관계를 나타내는 꿈-작업에만 한정되는 것이 아니라 신화, 동화, 격언, 속어, 가요, 그리고 시적 공상 등에도 널리 사용되고 있다. 셋째, 우리의 주의를 끄는 것의 거의 모두는 꿈에서 성적인 사물이나 성적인 관계를 나타내는데 사용된다. 스웨덴[우프사라]의 언어학자 슈페르버(Hans. Superber)는 정신분석과는 관계없는 입장에서 [성욕은 언어의 기원과 그 후의 발달에 크게 공헌했다.]라는 학설을 발표했다. 원시어(原始語)는 노이로제 환자의 증상에 나타나는 표현에서 그것을 분명히 찾아볼 수 있다. 넷째, 상징언어(象徵言語)는 꿈의 검열과 나란히 꿈 왜곡(歪曲)의 제2인자다.

위에서 살펴본 바와 같이 프로이트는 꿈-상징이 갖는 정형성(定型性)의 범위를 극히 좁은 영역으로 제한하고 있음을 알 수 있다. 그러므로 그는 꿈속에 전개되는 대부분의 이미지가 비유적인 표현이라고 주장하면서 상징─*정형적 심벌*─은 극히 일부분이고 그마저도 대부분은 성적 상징이라는 결론을 내리고 있는 것이다. 이제 우리는 그와 같은 결론에서 더 이상 취할 바가 많지 않다는 사실을 잘 알고 있다. 더구나 그와 같은 정의로 말미암아 꿈에 대한 이해에 엄청난 혼동이 빚어지고 있음도 부인하지 못한다. 꿈-상징에 대한 프로이트의 편협한 시각에 비한다면 다음에 소개할 에리히·프롬의 견해는 한 차원 높은 통찰을 보여주고 있어 우리가 주의를 기울여 경청할 만한 것이라고 판단된다.

상징언어를 이해하면 우리는 가장 뜻 깊은 지혜의 한 원천(源泉), 즉 신화(神話)의 원천(源泉)에 도달할 수가 있고, 또한 우리들 자신의 인격 심층에도 도달할 수가 있다. 상징언어는 마음속의 경험을 마치 감성적 경험인 것처럼 사물의 세계에서 현재 자기가 하고 있던가, 혹은 자기에 대하여 행하여지고 있는 일인 것처럼 표현하는 말이다. 상징언어는 외계(外界)가 내계(內界)의 상징, 즉 우리의 혼(魂)이나 정신의 상징이 되는 것이다. (중략) 꿈은 모두 의미심장하고 중요한 것이라는 견해이다. 모든 꿈에 의미가 있는 까닭은 꿈을 번역하는 열쇠를 가지고 있으면 이해할 수 있는 메시지를 포함하고 있기 때문이다.

그는 또 꿈-상징과 관련하여 프로이트 학파의 견해에 어떤 종류의 독단성이 있음을 비판하면서『그들은 상징언어가 지니는 다면성을 무시하고 그것을 프로크루언테스의 침대처럼 억지로 한 종류의, 그리고 오직 한 종류의 의미밖에 없는 것으로 단정하려 드는 것이다.』라고 말했다. 물론 그도 꿈-상징 일상적인 상징의 형성원리가 동일하다고 보는 입장에서는 여타 학자들과 마찬가지였으나 꿈-상징 그 형성원리의 어떤 유사관계에서 의미가 규정된다고 한 점이나, 꿈-상징의 다의성에 주목한 점 등은 한층 진일보한 것으로서 높이 평가되어 마땅하다고 본다. 또한 상징과 상징되는 것 사이의 내재적(內在的) 관련성(關聯性)에 착안하여 꿈-상징을 분류한 것은 특기할 만한 일이었으며, 특히 상징을 인류 공통의 언어로서 이해한 점과 지역적 문화적인 환경에 따라서는 그 공통의 정형성에 약간의 차이가 있을 있음을 밝히기 위해 [상징방언(象徵方言)]이라는 용어를 창출한 점 등은 참으로 슬기로운 착상이었다고 생각한다.

☞ *프로크루언테스* : 그리스 신화에 나오는 아티카의 강도, 행인을 잡아다가 침대에 뉘이고 그 사람이 침대보다 키가 크면 그 길이만큼 다리를 자르고 키가 작으면 망치로 뚜드려서 침대의 길이만큼 늘렸다고 한다.

아울러 그가 보편적인 상징을 정의함에 있어 사물을 인식하는 관찰점, 감성적인 면에서의 인상, 사물의 현태나 변화상, 그리고 기능이나 용도 등의 개념을 가지고 상징의의를 규정하였다는 것도 가히 획기적인 사건이었다고 생각한다. 때문에 꿈—상징의 그런 다의성을 염두에 둔 다자택일(多者擇一)로서 꿈의 해석에 임해야 한다는 그의 입장은 우리의 해석방식에 상당히 근접하는 것이라고도 말할 수가 있다. 그러나 그는 꿈의 영감적 창조성은 인정하면서도 미래예시적인 기능에 있어서는 그것이 [합리적인 지식을 바탕으로 한 무의식적 직관에 불과하다]는 극히 회의적인 태도를 견지함으로서 우리를 크게 실망시키고 있다. 그가 사변적인 이론에만 집착하지 않고 좀 더 광범위한 경험자료들을 수집, 분석하는 실증적인 경험을 좀 더 쌓았더라면 꿈의 미래예지적인 기능이 움직일 수 없는 현상적 실체임을 인정하게 되었으리라 생각된다.

☞ **상징방언** : 보편적인 상징에 있어서 어떤 상징들은 그것이 사용되는 지역이나 문화에 따라 의미가 달라질 수가 있다. 가령 [태양]의 경우에도 지역적인 환경에 따라 그 상징의의가 달라질 수 있는데 북방에 사는 사람들에게는 따뜻한 생명을 주고 수호하는 자비로운 힘이지만 열대지방에 사는 사람들에겐 인간의 생명을 협박하는 위험한 조건일 수도 있으므로 그것을 상징으로 사용할 경우에 이들 양 지역 사이에는 의미의 차이가 있을 수가 있다는 것이다.

꿈의 미래예지라는 측면에서 우리의 연구방향과 가장 근접하는 학자는 역시 칼·구스타프·융이다. 그가 상징에 관하여 전개했던 여러 가지 이론들은 무의식을 체계화한 프로이트의 업적과 더불어 20세기 이후 인류의 정신세계를 밝혀주는 양대 등불이 되고 있다고 해도 과언이 아닐 것이다. 현대 사회에서 광범위하게 차용되고 있는 상징의 의미와 용도에 관한 이론들은 모두가 융의 선구적인 작업에서 비롯되었다. 그는 종교, 전설, 신화 등에 나타나는 상징이 꿈에도 동일한 기능으로서 나타나며 그 중 어떤 상징은 우주적인 의미를 지닐뿐더러 인간의 본질적인 차원에서 작용하는 심령적 과정에 중요한 역할을 한다고 보았다. 그는 인간의 대조적인 두 심적구조, 즉 의식과 무의식의 개념을 정립함에 있어 무의식은 서로 다른 두 개의 구조로 되어 있는바, 그 중 개인무의식(個人無意識)은 개인적인 정보들이 저장되어 있는 기억 창고이고 다른 하나인 집단무의식(集團無意識)은 단세포에서 출발한 인간이 오랜 진화과정을 겪으면서 유전적 메커니즘을 통해 축적해 온 인류 공통의 기억 창고라고 주장하였다.

그는 또한 개인무의식, 즉 개인의 전 생애를 통해 체험되었다가 망각된 온갖 기억들로 만들어지는 상징을 개인적 상징이라고 하였고 집단무의식, 즉 인간에게 주어진 여러 가지 근원적인 유형에서 만들어지는 인류의 보편적인 상징을 집단적 상징이라고 하였다. 칼·융의 집단무의식을 논할 때, 빼놓을 수 없는 것이 [원형(原型)]이다. 원형을 간단히 설명하자면 [범인류적인 원초의 상징성]인데 인간이라면 누구나 갖고 있는 선험적인 사고태(思考態)이면서 본능과 함께 집단무의식을 구성하는 것으로 태고로부터 전승되어온 표상능력에 의해 인류공통의 상징, 즉 원형상(原型像)–원형적 이미지–을 만들어 낸다. 이 원형상이야말로 선험적이고 정형적인 인류공통의 상징이라고 할 수 있는바, 프로이트가 말년에 와서야 인정하기 시작한 고태적 상징, 그리고 에리히 프롬이 인류의 공통언어라고 지적한 보편적 상징과 유사한 개념이다.

다른 학자들과 달리 그는 집단무의식 속에 신성력(神聖力)에 내재하고 있다고 보고 그것을 [누미노줌(Numinosum)]라고 불렀는데 이것에서 종교적 원형상이 생겨난다고 하였다. 이러한 개념은 그가 주창한 [비인과적 동시성의 원리]와 더불어 종교, 초심리학, 신과학 등의 분야에 막대한 영향을 끼치고 있다. 동시성의 원리와 이에 관련된 심령현상들에 대한 논의는 이 책의 전반에 걸쳐 각 해당 항목에서 수시로 언급되고 있으므로 여기서는 이 정도의 인용에 그치고자 한다. 그러면 이제 융의 상징이론에 있어 핵심이라고 할 수 있는 원형에 대하여 그가 어떻게 설명하고 있는가를 들어보자.

　원형이란 태어날 때부터 이미 인간이면 누구나 갖추어져 있는 보편적이고 근원적인 인간행동의 유형을 가능케 하는 선험적 조건들이다. 이것은 가장 인간적인 행태를 가능하게 하는 근본조건이며 문화, 지리적인 조건, 시대, 인종에 관계없이 언제나 어디서나 수없이 되풀이되어온 유형이다. 본능도 이것과 거의 같은 것으로 예컨대 모성본능의 여러 원초적인 측면, 그 밖의 많은 본능적 행위에서 원형의 존재를 짐작할 수 있다. 다만 본능이 합목적적인 고태적 충동이라면 원형은 하나의 관(觀)으로서 [본능의 자기 모상(模像)] 또는 [본능의 자기 자체에 대한 관조] 이다. 원형은 위의 정의대로 하나의 선험적인 조건이므로 태어나면서부터 가지고 나오는 뇌에 비유될 수 있는 정신활동의 또 하나의 기본조건이다. 그러므로 이것은 단지 어떤 표상을 산출할 수 있는 가능성이고 잠재력이다. 그 자체로는 비어있는 형식요소들로서 유전되는데 각 개인의 체험을 통해 그 내용이 결정된다. 원형 그 자체를 우리는 인식할 수 없다. 다만 원형상들을 통해서 원형의 존재를 짐작할 수 있다. 원형이 언제 어떻게 생겼는지 우리는 모른다. 태초의 시간부터 인류가 삶과 죽음에 대하여 사랑과 미움에 대하여, 어린이와 늙은이에 대하여, 남성이 여성에 대하여, 여성이 남성에 대하여, 그리고 부모의 위대한 힘에 대하여 경험한 모든 체험의 침전(沈澱)이라고 가정해 볼 뿐이다. 확실한 것은 원형이 이미 이전에 형성된 것이라는 사실뿐이다. 원형은 결코 전통이나 언어, 또는 민족이동으로 전파되는 것이 아니고 언제 어디서나 저절로 생겨날 수 있는 것이며 그것은 아무런 외적인 매개의 영향을 받지 않고도 재생되는 것이다. 사람의 몸과 기관이 이미 그렇게 형성되어 있듯이 정신도 그 자체의 구조를 갖추고 있으며 정신의 구조는 본래 거기에 있던 것으로 우리는 그때그때 그것을 새로이 발견할 뿐이다.

그러니까 융이 말하는 원형은 상징이 아니라 그 상징을 만드는 일정한 틀이라는 이야기다. 쉬운 비유로서 말하자면 상징을 붕어빵이라고 한다면 원형을 그것을 만드는 붕어빵틀이라고 할 수 있는데 일상의 붕어빵틀과 다른 점이라고 한다면 원형의 경우에는 인간이 그것을 볼 수가 없다는 점이다. 융은 이 원형을 상징만이 아닌 인간 사고의 기본틀로서 보았다. 말하자면 [태어나기 전부터 인간 정신에 영향을 미치고 있으며 개인정신의 배후에서 작동하고 있는 그 무엇]이라는 것이다. 그런데 원형이라는 개념은 융이 처음으로 도입한 것은 아니라고 한다. 융 자신도 그 점을 인정하였지만 그 출발점은 고대 그리스의 철학자 플라톤의 [이데아론]으로까지 소급해 올라간다. 즉 플라톤이 주창한 [현상계의 모든 실재에 선재(先在)하며, 그 실재 너머에 위치한다]는 [이데아]를 원형과 동일한 개념이라고 융은 말했다. 어쩌면 이것은 주역(周易)의 태극(太極)이나 이기론(理氣論)의 이(理)와 비슷한 개념일는지 모른다. 아무튼 융의 이 원형 개념은 비단 상징형성의 관점에서뿐만 아니라, 인류에 공유되는 시공을 초월한 우주정보라는 측면에서 볼 때에도 우리의 예지설(豫知設)에 빼놓을 수 없는 중요한 자료가 된다.

3. 꿈-상징의 내재관계(內在關係)

꿈-상징에 대한 학술적 이론들을 두루 살펴보았으니 이제 우리의 본론으로 되돌아가야 할 때인 것 같다. 우리가 이 장에서 중점적으로 논의하게 될 과제는 꿈-상징과 표상대상-지시물- 간에는 어떤 관계가 존재하는가 하는 것이다. 그러므로 꿈-재료가 꿈-상징으로 변환될 수 있는 조건은 어떤 것인가 하는 점과 또 이 조건을 기반으로 한 꿈의 표상작업은 어떤 원리로 이루어지는가 하는 점 등이 이 항목의 주제가 될 것이다. 잠재지식화된 꿈-재료가 꿈의 암시성에 부합되는 꿈-상징으로 변환될 수 있는 일정한 연관성을 프로이트는 상식적(常識的) 관계라고 했고 에리히·프롬은 [내재관계(內在關係)]라고 했다. 앞으로 우리는 프롬의 예에 따라 내재관계라고 부르기로 한다.

종래에는 표상재료에 대한 한두 가지의 개념만을 상기시키면 그것으로 족하다고 생각하여 왔으나 꿈-상징의 다의적인 성격이 규명된 이상 우리는 그 재료에 대한 개념을 다각적인 측면에서 고찰하지 않으면 안 되게 되었다. 예를 들어 꿈에 [뱀]이 등장했다고 했을 때, 그 뱀은 현실적인 의미를 나타내는 것이 아니므로 이 [뱀]이라는 재료를 상징물로 나타내기 위해서 꿈이 어떤 내재관계를 적용하였는가를 알아내기 위해 우리는 우리의 가진 모든 지식-*일반적인 지식만이 아니라 개인적 또는 선험적 잠재지식까지*-을 총동원해야만 한다. 다시 말해 우리는 뱀에 대한 일반적인 상식, 즉 뱀의 외형, 성질, 생태 등과 함께 뱀에 관한 전설이나 신화 등은 물론 과거에 뱀이 어떤 인상을 남겼는가 하는 개인적인 체험의 흔적까지 두루 살펴보아야 한다는 것이다. 꿈-상징은 이처럼 구체적, 또는 추상적 개념의 여러 내재관계로서 그 재료와 다중적(多重的)인 관계를 맺고 있으며, 또 그러한 방향으로 상징의의가 결정되기 때문이다.

그런데 우리가 뱀의 형태적인 측면만을 고려해도 곧바로 환기될 만한 내재관계적 대상이 한두 개는 아닐 것이다. 굳이 프로이트의 예를 인용하지 않더라도 뱀의 머리는 남성의 성기를 연상시키기에 족하므로 우리 민속에서도 그런 의미로서 간혹 사용되어 왔다. 어디 그뿐인가? 갈라진 혀와 날카로운 이빨, 유선형의 긴 몸체 등등, 그 독특한 외형으로 인해 그것에 비유될 만한 사상(事象)을 찾아내기가 그리 어렵지 않다. 이처럼 일정한 꿈-재료가 일정한 꿈-상징으로 변환될 수 있게 하는 형태나 속성 등의 유사점이나 공통점을 [유사적(類似的) 내재관계(內在關係)]라고 부르기로 한다.

☞ *사례* : 당(唐)나라 이허중(李虛中)은 『큰 산이 찢어지고 붉고 누런 금(金) 같은 물건이 흘러 나왔다.』는 꿈을 꾸고 얼마 지나지 않아 등창이 나서 죽었다. 후대에 와서 한유(韓愈)가 이것을 자의(字意)로 풀어 달리 해석하고

있지만 이 꿈에서 산(山)은 등(背)을 가리킨 것이요, 누런 금(金)은 곧 고름이다. 결국 등창의 양상을 은유로 묘사한 것에 불과한 것이다. 여기서 꿈의 이미지와 현실의 등창 사이에는 형태상의 유사점이 존재하며, 우리는 이것을 [유사적 내재관계] 라고 부른다.

그런데 꿈-상징의 내재관계를 결정하는데 있어 중요시되는 것은 그 외형이 아니라 그것과 결부된 관념들이다. 예를 들어 뱀만을 놓고 보더라도 성경에 기록된 아담과 하와의 모티브에서 연상되는 교활함과 사악함, 우리나나 뱀신랑의 전설에서 가져올 수 있는 인내와 신뢰의 테마, 아니라면 원시인류로부터 전승된 뱀독의 공포 등이 그 내재관계를 결정하는 주요한 관념적 요소가 될 수 있다는 것이다. 게다가 개인적으로 뱀에 대한 잊지 못할 추억을 갖고 있다면 그 강한 인상으로 인해 연합기억(聯合記憶) -또는 유사연상-에서 이끌려올 만한 내재관계적 대상은 가히 무궁무진할 것이다. 이와 같이 그 재료가 본래 갖고 있는 관념적 -또는 선험적- 요소나 개인적 경험 등이 일정한 연관성에 의해서 일정한 꿈-상징으로 변환되는 관계를 [경험적(經驗的) 내재관계(內在關係)]라고 부르기로 한다.

☞ *사례* : 공자(孔子 B.C 551~ B.C 479)는 죽기 7일 전에 꿈으로 자신의 운명을 예지했다고 한다. 공자가 하루는 꿈을 꾸고 나서 제자들에게 말하기를 『하(夏)나라 사람들은 동쪽 계단 위에 빈소를 차리고, 주(周)나라 사람들은 서쪽 계단 위에 빈소를 차리며, 은(慇)나라 사람들은 두 기둥 사이에 빈소를 차렸다. 내 시조(始祖)는 은나라가 아니더냐. 어젯밤 꿈에 두 기둥 사이에 편안히 앉아 있는 꿈을 꾸었다.』라고 했다. 이 꿈에서 [두 기둥 사이에 빈소를 차리는 것] 은 공자를 비롯한 은나라 후예들의 경험적 상징물이다. 따라서 공자의 꿈-상징과 현실의 죽음·*꿈재료* 사이에는 [경험적 내재관계] 가 존재하는 것이다.

위에서 보듯이 꿈은 각 표상재료가 갖고 있는 모든 상징의의를 조금도 소홀하게 다루지 않기 때문에 그 상징표상이 다의적인 의미를 갖게 된다. 그렇기는 하지만 하나의 꿈-재료가 갖고 있는 수많은 상징의의를 모두 표상작업에 도입하지는 않는다. 꿈은 그 중에서 가장 적절한 것, 한두 가지만을 취하여 그 상징표상의 내재관계를 결정한다. 즉, 진행중인 꿈의 암시적 의도에 따라 그때그때 취사선택(取捨選擇)을 한다는 것이다.

위의 내용을 이해하기 위해 뱀-상징을 다시 살펴보자. 남성의 꿈에 등장한 뱀을 성기의 상징으로 해석하기에는 어딘가 모르게 껄끄러운 것이 사실이다. 게다가 여성의 꿈에 있어서도 뱀이 남성의 성기로서 묘사되는 경우는 극히 드물다. 그것은 서구와는 다른 우리 민족만의 문화적인 상징성이 집단무의식의 저변에 깔려 있기 때문이다. 다만 여성의 꿈인 경우 그 인상과 경험적 지식 등이 복합 작용하여 뱀이 현실의 어떤 남성을 동일시하는 경우는 종종 있다. 이런 경우 뱀과 접촉하는 이미지로서 남녀 간의 육체관계를 암시하는 것이

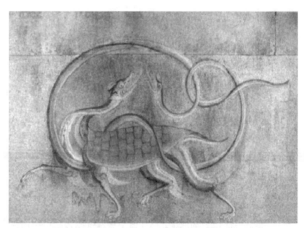

고구려 고분 강서대묘(江西大墓)의 현무도(玄武圖)

보통이다. 특히 임산부의 경우에는 생물학적 잠재지식, 즉 뱀이 남성의 정자를 닮았다거나, 그 머리가 남성의 귀두부분을 연상시킨다거나 하는 것 등의 잠재지식이 다중적인 내재관계로 작용하여 뱀이 남아(男兒)의 태아표상(胎兒表象)으로 등장하는 태몽을 꿀 수가 있다.

그러나 남성의 꿈에 뱀이 등장하였다면 그것은 대부분 장차 현실에

서 조우하게 될 어떤 교활하면서도 지혜로운, 그러나 쉽게 마음을 열기에는 어딘가 꺼림칙한 사람을 동일시한다. 또한 아주 특수한 경우-주로 *여성의 꿈*-에는 요부(妖婦)나 창부(娼婦), 또는 연적(戀敵) 등을 동일시하기도 한다. 그런가하면 뱀이 몸을 칭칭 감고 있는 꿈은 남녀 공히 성교나 결혼을 암시하는 것으로 풀이된다.

> ☞ *사례* : 어느 유부녀가 꿈을 꾸니 남편의 알몸에 구렁이가 칭칭 감겨있었다고 한다. 그녀는 얼마 뒤에 그녀의 남편이 다른 여자와 불순한 관계를 갖고 있는 사실을 밝혀냄으로서 이 꿈이 현실화되는 것을 체험하였다고 한다. 이런 유형의 꿈이 간통을 암시하는 것이 아니라면 남편, 또는 남편으로 동일시된 사람이 어떤 교활하고 음흉한 자의 농간에 휘말려 신변상의 위기를 겪게 된다는 뜻이다.

> ☞ *사례* : 전설에 의하면 마케도니아의 왕비 올림피아는 알렉산더 대왕을 잉태했을 때, 뱀으로 변신한 제우스신(神)이 그녀의 자궁 속으로 들어오는 꿈을 꾸었다고 한다. 고대 중근동 지역에서는 뱀이 힘과 용기, 그리고 지혜의 상징이었다. 다만 이 꿈에 등장한 뱀은 정자(精子)의 비유일 수 있다.

그렇다면 실제로 남성의 성기를 암시하는 우리의 상징물은 무엇일까? 수많은 실증자료를 분석, 종합해 보니 우리의 상징체계에서는 주로 오이(瓜)가 그 역할을 하고 있음을 확인할 수 있었다. 이것은 아마도 종족번식이라는 의미에서 오이가 넝쿨에 매달린 하나의 길쭉한 부속물이라는 형태적 요소와 그 안에 담긴 수많은 씨앗이 남성의 정자처럼 생명탄생의 역할을 한다는 관념적 요소가 함께 작용한 결과임에 틀림없을 것이다. 좀 더 외연을 넓혀보자면 가지나 고추, 또는 참외 등이 그 범주 내에 들어간다고 할 것이다. 때문에 오이 등의 씨앗 많은 과일이 태아표상으로 등장하는 태몽은 아주 많다. 같은 맥락에서 우리의 상징체계에서는 잘 익은 복숭아가 여성의 성기로 풀이되는 경우가 많다. 그것은 그 외형이 여성의 성기를 닮았다는 이유만이 아니라 그것을 나뭇가지에서 따먹는다는 통속적인 비유관념 등이 복합적인 요소로 작용하기 때문이다. 그러나 그렇다고 해서 오이나 복숭아의 상징의의가 언제나 남성기와 여성기에 고착되는 것은 아니다. 위의 예처럼 [넝쿨에 매달린 오이], 또는 [나뭇가지에서 따먹은 붉은 복숭아] 등과 같은 문맥의 일관된 연결 속에서 그 의미가 분명하게 들어날 때에만 그렇게 해석된다는 것이다. 따라서 그 전후사연에 따라서는 여러 가지 다른 의미로도 해석될 수 있다.

> ☞ *사례* : 신라 말엽의 승려이자 풍수설의 대가였던 도선(道詵 827~898)은 그 어머니가 냇가에 떠내려 온 오이 하나를 주워 먹는 태몽을 꾸고 낳았다고 전해진다. 후고구려 궁예(弓裔)의 책사(策士)였던 최응(崔凝 898~932)도 그 어머니가 오이넝쿨에 오이가 열리는 꿈을 꾸고 낳았다고 한다.

옛사람들은 꿈−상징이 만들어지는 이러한 메커니즘을 이해하지 못하였기 때문에 다만 경험적 실증에 의해서 [꿈에 돼지를 보았더니 다음 날 재수 있는 일이 생겼다. 그래서 꿈에 돼지를 보면 늘 돈이 생긴다]라고 하는 극히 단편적이고도 획일적인 해석의 틀을 형성하였다. 이러한 오류는 프로이트의 사례들에서도 찾아볼 수가 있다. 예를 들자면 [과일 → 유방], [야수 → 치한], [장례 → 결혼], 또는 [뱀 → 남성기] 등과 같은 풀이가 바로 그런 사례들이다. 그래서인지 프로이트도 이러한 해석방법에 문제가 생길 수 있음을 지적하고 있다.

> 이 방법은 이해하기가 어려울 뿐 아니라 내용이 혼란된 꿈을 만나면 필연적으로 소용이 없게 된다. 그리고 꿈은 미래의 일에 관련되어 있으며 미래를 예언할 수 있다는 의견, 즉 옛날에 꿈에 대해서 승인되어 있던 예언적 의의의 잔재는 상징적 해석에 의하여 발견된 꿈의 의미를 [이러 이렇게 될 것이다] 라는 식으로 미래의 일에 관한 것으로 바꾸어놓는다. 그렇다면 어

떻게 그런 상징해석에 도달하는 길을 발견하는가? 이것에는 물론 이렇다 하는 방법이 있을 수 없다. 따라서 그 성부(成否)는 슬기로운 착상, 단도직입적인 직관에 달려 있으므로 그 때문에 상징에 의한 꿈의 해석은 하나의 기술, 재주와 같은 것이 되었다. 이것은 꿈을 해석하는 사람에게 특수한 기능이 없으면 불가능한 것으로 보였다.

그러나 상징해석에 있어 경험적 실증은 결코 과소평가될 수 없다. 예나 지금이나 그것이 꿈-해석을 위한 첫째 조건이기는 마찬가지이다. 다만 앞에서 설명한 바와 같이 그 경험적 실증이라는 것을 해석자의 직관(直觀)에만 의존하는 단편적이고도 획일적인 것으로 오해해서는 안 된다. 프로이트는 그의 이전에 존재했던 수많은 학자들의 견해들로부터 어떤 이론을 도출하기 위한 논리체계를 구축하는 것에만 집착했기 때문에 궁극적으로 사변적일 수밖에 없었다. 때문에 그는 꿈의 예시능력을 입증하는 수많은 경험적 증거들을 아전인수 격으로 판단해버린 것이다. 비록 옛사람들의 해석방식에 오류가 있었다 하더라도 그 [슬기로운 착상과 단도직입적인 해석]에도 무엇인가 믿을 만한 근거는 있을 것이라는 신념만 가지고 있었더라면 그의 위대한 업적이 한층 더 빛을 발했을 것이라고 생각한다.

꿈 연구가에 있어 가장 중요시되어야만 하는 것은 역시 실증적 자료들이다. 그러나 한 개인이 체험할 수 있는 경험적 실증자료의 범위가 제한적인데다가 고래(古來)로 꿈의 예시성을 미신으로 취급하여 무시하는 것이 통상적인 사회분위기였기 때문에 그나마 남아 있는 자료라고 해도 실상 참고할 만한 것이 별로 없다는 것이 큰 어려움이다. 때문에 꿈 연구가들이 실증적인 자료를 기초로 하나의 이론체계를 만든다는 것이 참으로 지난(至難)한 작업임에도 불구하고 그것이 결국은 자신의 체험적 범주내로 위축될 수밖에 없는 근본적인 한계를 갖고 있다. 우리가 꿈-상징의 정형성과 형성원리라는 기본틀을 갖추고 있다 해도 그것을 추인할 수 있을 만큼 충분한 자료가 뒷받침되지 못한다면 사상누각이 될 공산이 있는 것이므로 경험적 실증자료는 꿈 해석에 있어 처음이자 마지막이라는 의미도 될 수 있다.

이런 점에서 꿈 연구가에게 가장 먼저 요구되는 것은 우선 자신의 꿈을 최대한 기억하기 위해 노력해야만 하고 그 꿈이 어떻게 실현되는가를 항상 관심 있게 지켜보아야 한다는 것이다. 그런 다음 해야할 일은 여타 꿈 사례들과 비교분석하여 유형화하는 일이며, 이것을 다시 새로운 사례에 적용하여 검증을 하는 일이다. 다행인지 불행인지 나는 이런 과정에 적합한 환경을 갖고 있었다. 나는 어려서부터 꿈에 의한 영감이 남달리 발달한데다가 근위축증이라는 유전성 질환으로 거의 한 평생을 병상에서 보내야 했기 때문에 꿈에 대해 더 많은 관심을 기우릴 수 있었고, 더 풍부한 자료를 수집할 수 있었기 때문이다.

동서양의 해몽고전들을 비교해 보면 각 민족마다 그 독특한 상징체계를 바탕에 깔고 천편일률적이긴 하지만 어느 정도는 체계를 갖추고 있어 나름 일리가 있어 보이는 내용들을 쉽게 찾아볼 수가 있다. 그것들을 분류하자면 상징단어를 열거한 것과, 상징구절을 열거한 것의 두 가지로 대별할 수가 있는데 전자를 사전적(辭典的)인 해석이라고 한다면 후자는 경험적(經驗的)인 해석이라고 할 것이다. 이 사전적인 해석에 대하여 프로이트는 다음과 같이 평가하였다.

예컨대 내가 [편지의 꿈] 또는 [장례(葬禮)의 꿈] 을 꾸었다고 하자. 해몽서를 열어보면 [편지는 성가신 일], 그리고 [장례는 약혼] 이라고 해석되어야 함을 알게 된다. 이런 방법으로 해석한 말로부터 하나의 관계, 나아가서는 미래에 관한 일로 바꿔놓는 것은 나에게 남겨진 소임이다. 이러한 해독법이 순 기계적인 번역이라는 성격을 다소간 수정하는, 말하자면 개정법(改訂法)이라는 것이 있는데 아마 19세기 초에 출생했다고 생각되는 달디스의 아르테미도루스(Artemedorus)의 《꿈의 상징적 표현》이라는 책이 바로 그것이다. 이 새로운 방법에서는 꿈의 내용만이 아니라 꿈꾸는 그 사람과 그 사람의 환경도 참작한다. 따라서 동일한 꿈이라도 그것이 부자 또는 상인(商人)에 대하여 가지고 있는 뜻에는 차이가 있다는 것이다. 이 방법의 가장 요긴한 점은 무엇이냐 하면 꿈 전체가 밝혀지지 않고 꿈이라는 것이 그 속에서는 어느 바위부스러기라도 각각 별개로 평가되어야 할 역암(礫岩)이기라도 한 것처럼 꿈 내용의 부분부분이 독립되어 해석된다는 것이다. 이 해독법이 창안된 까닭은 의심할 나위도 없이 연결도 없이 혼란한 꿈을 어떻게 해서라도 풀어보고자 생각했기 때문일 것이다.

이와 같은 상징해석법, 또는 상징해독법(象徵解讀法)에 대한 결론으로 그는 다음과 같이 언급하고 있다.

옛사람들의 상징해석법이나 해독법이 학문적으로 다루는데 아무 쓸모가 없음은 의심할 여지가 없을 것이다. 상징방법은 그 적용이 제한되어 있다. 그런 까닭에 일반적인 설명이 되지 못한다. 해독법에서는 무엇보다도 열쇠, 바꿔 말하면 해독서 그 자체가 믿을 만한 것이 중요하다. 그런 책이 믿을 만하다는 보증이 있을 리 만무하다. 그러므로 철학자와 정신병 의사와 같이 우리도 그들과 함께 꿈의 해석문제를 환상적인 일로서 제외해버리고 싶어짐은 당연한 노릇일 것이다. 그렇지만 나는 알게 된 바가 더 많다. 이 경우에도 그다지 드물지 않은 사실의 하나가 문제가 된다는 점을 나는 인정하지 않을 수 없다. 바꿔 말하면 오늘날 우세한 학문보다도 옛날부터 일반적으로 신봉되어온 신앙(信仰) 편이 진상에 가까운 것처럼 보인다는 사실이 그것이다. 나는 꿈에는 실제로 의미가 있으며, 그리고 꿈을 학문적 방법으로 해석하는 방법은 가능하다고 주장하지 않을 수 없다.

[편지는 성가신 일], 또는 [장례는 결혼]이라는 것처럼 하나의 상징표상이 단 하나의 뜻으로만 풀이될 수 있는 것이라면 참으로 편리하겠으나 프로이트도 지적했듯이 문맥이 다른 꿈에 적용될 때에는 전혀 쓸모가 없게 된다. 다시 말해 동일한 표상이라 하더라도 꿈-내용에 따라서는 여러 가지 다른 뜻으로 해석될 수 있다는 것이다. 아르테미

도루스가 꿈-상징의 이런 속성을 염두에 두고 한 말인지는 모르겠으나 『꿈꾸는 사람의 신분 여하에 따라 그 의미가 달라진다.』라고 한 것은 고대인의 발상치고는 상당히 놀라운 것이었다.

꿈 내용을 일련의 스토리로 재구성해 놓았을 때, 그것이 상징단어의 연결로 이루어진 상징구절과, 또 이 상징구절의 연결로 이루어진 문장들의 조합이라는 것은 내가 수많은 사례들을 분석하는 과정에서 밝혀낸 사실이다. 같은 상징단어라고 할지라도 그것이 어떤 상징단어와 조합되느냐에 따라 여러 가지 의미로 해석될 수 있는 이유는 바로 이와 같은 문맥을 구성하는 꿈-형성의 메커니즘 때문이다. 꿈 연구가가 꿈-해석을 할 때 가장 기초적으로 주의를 기울여야 한 것이 바로 이 상징단어의 조합인데 이것이 꿈-내용에 따라서는 몇 개 이상으로 정의될 수도 있다. 그러므로 꿈-해석의 성패를 좌우하는 것은 전적으로 이 상징단어의 다의성을 극복하고 어떻게 전체 문맥에 맞게끔 잘 연결할 수 있느냐의 여부에 달렸다고 해도 과언은 아니다.

[꿈에 뱀이 나왔으니 그것이 길한 징조냐 아니냐]를 따지는 것이 우리가 민속에서 흔히 접하게 되는 해몽방식이다. 말하자면 꿈의 전체 내용이야 어떻든 간에 일단 두드러진 상징물로 뱀이 등장했으니 그 꿈의 징조가 이러이러할 것이라는 식이다. 이것은 결국 상징단어 하나만으로 전체 꿈을 해석하자는 것이니 그 얼마나 불합리하고 위험천만한 일인가? 물론 경우에 따라서는 극히 짧은 꿈도 있을 것이요, 또한 기억이 부실하여 단편적인 편린만 남은 꿈도 있을 것이기에 그것을 굳이 뱀꿈이라고 주장한다면야 어쩔 수 없는 일이다. 그러나 최소한 꿈을 연구하겠다는 입장에서는 이러한 단편적 이미지만으로 꿈을 해석하는, 그런 우를 범해서는 안 될 것이다.

이런 점에서 우리의 전통해몽서인 《해몽요결(解夢要訣)》이 좋은 참고가 될 수 있으리라고 생각한다. 주어진 상징단어들을 문맥에 맞게 연결함으로서, 조합된 상징구절에 따라서는 동일한 상징단어가 여러 가지 다른 의미로 해석될 수 있음을 분명하게 밝히고 있기 때문이다. 그런데 동서양의 해몽고전들이 비록 합리성을 결여하고 있더라도 우리가 그것들을 전적으로 무시해버릴 수만은 없다. 정형적 상징의 형성과정을 엿볼 수 있는 각 시대의 관습적 사고가 거기 녹아들어 있기 때문이다. 그렇다면 우리의 선조들은 꿈−상징을 어떻게 이해하고 있었을까? 《해몽요결》에서 뱀−상징에 관한 부분만 발췌하여 여기에 소개한다.

뱀이 집에 들어오면 ☞ 재물을 얻는다.
뱀이 부엌으로 들어오면 ☞ 벼슬을 한다.
뱀이 사람을 따라가면 ☞ 아내가 딴 마음을 먹는다.
독사를 죽이면 ☞ 싸움에 이긴다.
뱀이 몸과 손발에 감겨들면 ☞ 재수가 있고 대길하다.
뱀에게 감겼다가 풀리면 ☞ 차츰 빈곤해진다.
뱀이 말 찬 사람을 둘러싸면 ☞ 높은 지위에 오른다.
뱀이 사람을 쫓아다니면 ☞ 아내가 딴 마음을 품게 된다.
뱀이 사람을 물면 ☞ 크게 재물을 얻는다.
뱀이 문으로 들어오면 ☞ 귀동자를 낳는다.
뱀이 붉고 검으면 ☞ 구설이 생긴다.
뱀이 도사리고 있거나 기어가면 ☞ 남에게 미움을 받거나 병이 생긴다.

이 정도의 열거만으로도 우리는 타국의 해몽서에서 찾아 볼 수 없는 여러 가지 특장(特長)을 발견하게 된다. 첫째 상징단어가 단편적인 문답식(問答式)으로 풀이되는 것이 아니라 여러 개가 조합된 상징구절로 해석되고 있다는 점이고, 둘째 같은 상징단어라고 할지라도 꿈꾸는 사람의 입장에 따라서는 달리 해석될 수 있음을 분명하게 보여주고 있다는 점이며, 셋째 놀랍게도 색채상징(色彩象徵)을 사용하고 있다는 점이다. 그러나 그러한 여러 장점에도 불구하고 이 책은 끝내

점술적인 민간속신(民間俗信)이라는 미신적인 범주에서 벗어나지는 못하였다. 이 책의 전반을 살펴본 결과 나는 다음과 같은 결론을 얻을 수가 있었다.

① 합리적인 형성원리에 기초한 일관된 해석법이라고는 볼 수 없다.
② 오랜 세월에 걸쳐 축적된 많은 사람들의 경험이 아니라, 작자와 그 외 몇몇 사람들의 경험에만 기초하고 있다.
③ 어떤 상징구절의 경우는 실제와 너무 동 떨어진 해석이 도출되었다.
④ 상징구절의 해석은 비교적 합리적이었지만 상징단어의 의미가 정의되지 않았다.
⑤ 꿈의 흉조를 예방할 수 있다고 생각하고 그 방법까지 제시함으로서 점술적인 한계를 벗어나지 못하였다.

기왕에 뱀-상징에 관한 이야기가 나왔으니 프로이트의 정신분석학적 해석은 어떠한지를 알아보자.

뱀에서 쫓기는 것은 부부간의 성생활에서 열등감을 느끼는 무의식적 상징이다. 성적으로 강한 파트너가 성적인 불만을 갖고 있으며 이 불만을 충족시키기 위하여 다른 파트너에게 투사(投射)하게 될 것이다.

뱀-상징을 그의 분류에 따른다면 남성기의 상징이 될 것이다. 때문에 이 꿈을 꾼 사람이 남성이라면 지금 자신의 성적 능력에 열등감으로 느끼고 있으며 그것 때문에 자신의 여성 파트너가 다른 남자-뱀으로 암시된 다른 남자의 성기, 또는 성적 능력-를 통해 성적 불만을 해소할 것이라는 불안감을 시달리고 있다는 해석도 나름의 일리가 있어 보일 것이다. 그러나 만약 이 꿈을 꾼 사람이 여성이라면 과연 어떤 식으로 해석해야만 할 것인가?

이 시대 심리학자들의 해석방식도 여기에서 크게 벗어나지 못하고 있다. 일본의 심리학자 소도바야시·다이사꾸(外林大作)는 그의 책 《몽판단(夢判斷)》에서 말하기를 [뱀에게 쫓겨서 도망치려고 하니까 뱀이 나무를 감고 있었다]는 꿈을 [남성기에 대한 호기심과 두려움을 나타낸 것이다]라고 해석하고 있는데, 그렇다면 여성이 아니라 남성이 이런 꿈을 꾸었다면 어떻게 해석할는지 자못 궁금해진다. 그런데 북구(北歐)와 프랑스의 노르망디에서는 예로부터 [꿈에 남자가 뱀에게 쫓기면 그의 아내가 바람난다]라는 통속적인 해석법이 전래되고 있다고 한다. 우리의 해몽요결에서도 [남자가 뱀에게 쫓기면 그 아내가 딴 마음을 품게 된다]고 해석하고 있으니 참으로 흥미로운 일치가 아닐 수 없다. 아마도 프로이트가 위의 예와 같은 해석을 하게 된 직접적인 이유가 이런 전통해몽법에서 힌트를 얻었기 때문은 아닌가 하고 생각해본다.

최근 《꿈의 사전(辭典)》이라는 책을 공동 저술한 영국의 한 기자와 심령학자는 그들의 책에 열거된 〈뱀에 관한 꿈〉에서 [뱀은 사탄의 상징이다. 꿈에 뱀을 보거든 욕정에 사로잡히지 않도록 조심해야 한다. 갖가지의 뱀은 배신과 말썽을 일으킨다. 뱀에게 물리면 험한 풍토에서 투쟁할 일이 생긴다]라는 식의 해몽법을 소개하고 있다. 그러나 그들은 왜 그런 식의 해석을 하게 되었는가에 대한 구체적인 근거는 제시하지 않았다. 내가 이러한 해석법의 타당성 여부를 판정하기는 어렵다. 영국인의 상징체계에 대한 충분한 정보를 갖고 있기 않기 때문이다. 다만 한 가지 분명하게 말할 수 있는 것은 그러한 직관적인 해석방식으로는 모든 꿈에 적용되는 일정불변한 법칙을 발견할 수 없다는 사실이다.

그렇다면 이제 [나는 뱀이 쫓아와서 도망쳤다]라는 문장을 놓고 우리의 해석법을 가동해 보자. 우리가 가장 먼저 해야 할 일은 전체문장을 상징단어로 세분한 다음 그 각각의 상징의의를 찾아보는 일이다. 이 문장을 상징단어로 분해하면 [나는], [뱀], [쫓아오다], [도망치다]

등의 네 단어로 나눠진다. 여기서 [뱀이 쫓아오다]는 종속절이고 [내가 도망치다]는 주절이다. 그러므로 각 상징단어를 해석해서 두 구절의 의미를 찾아내면 대응하는 여러 개의 문장이 만들어 질 수 있다.

문장의 주체인 나는 꿈꾼 이를 암시하는 것이 분명하므로 이 단어의 상징의의는 생략하기로 하고 다음 단어인 [뱀]의 상징의의를 열거하자면 사악함, 교활함, 지혜, 인내, 권세, 술수, 세력가(勢力家), 배우자(配偶者), 정부(情婦), 요부(妖婦), 연적(戀敵), 며느리, 데릴사위, 양자(養子), 악한(惡漢), 교활한 자, 지혜로운 자, 위험한 인물 등이 있다. 그런데 [쫓아오다]를 뱀이 주어인 종속절 속의 동사라고 보면 그 기본형이 [쫓다]이므로 그 상징의의는 압박하다, 위해를 가하다, 추적하다, 협박하다, 술수를 부리다, 위험에 빠뜨리다 등으로 열거된다. 또한 [도망치다]는 회피하다, 불안초조에 시달리다, 협박을 당하다, 압박감으로 느끼다, 패배감을 느끼다, 불쾌감을 느끼다, 실패하다, 일신상의 안위가 위태로워지다 등으로 열거된다.

그런데 [뱀], [쫓아오다(혹은 쫓기다)], [도망치다]등의 상징표상들은 모두 프로이트가 말한 고태적 잔재, 즉 정형적 심벌에 해당한다. 다시 말해 선사시대(先史時代)의 인류가 혹독한 자연으로부터 얻은 감

뱀에 휘감긴 여인(꿈)

정적 체험들이 그 상징의의의 기원이라는 것이다. 또한 그것은 우리 뇌 속에 남아있는 원시심성의 흔적이다. 때문에 무언가에 쫓기거나 그것으로부터 도망치는 꿈은 유소년기에 자주 꾼다. 물론 생리학자들이야 그런 꿈을 꾸게 되는 원인이 성장기의 육체적 조건 때문이라고 주장하겠지만 설사 그렇다고 해도 왜 꼭 그러한 이미지로 표현되

어야 하느냐는 여전한 의문이다. 다시 말해 생리적 조건으로 야기된 불안심리가 형성한 꿈이라 해도 그것이 왜 꼭 도망치거나, 쫓기거나 하는 등의 이미지로 표현되어야만 하느냐는 것이다. 나는 그 원인을 [유소년시절의 아이들은 아직 인지구조가 덜 발달됨으로서 선험적인 사고태가 성인보다 더 강하게 작용하고, 따라서 보다 많은 원상(原像) 들이 꿈으로 발현되기 때문]이라고 생각한다. 그런 의미에서 보았을 때 만약 성장을 멈춘 성인이 이런 꿈을 꾸었다면 그 의미가 더욱 명백하게 들어날 것이다. 아무튼 위의 상징표상들을 접했을 때, 우리가 직관적으로 파악할 수 있는 것은 그것들의 정형성이 매우 강하다는 점이다. 그러므로 이런 꿈들은 해석하기가 비교적 용이하다.

뱀-상징은 크게 나누어 두 가지 측면, 즉 사람을 동일시하는 경우와 어떤 관념을 암시하는 경우로 각각 해석될 수 있다. 그 중 어느 것을 선택해야 하느냐는 전적으로 꿈의 암시적 의도에 달려있다. 때문에 그것을 바르게 선택하려면 각 상징표상들의 의미를 파악, 열거하기에 앞서 꿈꾼 이의 환경과 체험, 그리고 당면한 관심사 등을 먼저 살펴보아야만 한다. 다만 이 경우와 같이 열거된 상징단어들이 강한 정형성을 갖고 있을 때에는 그것이 불유쾌한 어떤 인물의 동일시라는 것이 쉽게 파악된다. 그러므로 이 경우엔 그 동일시의 대상을 [악한(惡漢), 교활한 자, 위험인물] 등으로 압축할 수 있다. 그런데 앞에서 [뱀]의 상징의의가 거의 결정되어 있으므로 그 의미결합에 의해서 뒤에 이어지는 [쫓아오다]와 [도망치다]의 범위도 좁혀진다. 즉, [쫓아오다]는 협박하다, 압박하다, 위해를 가하다, 술수에 빠뜨리다 등으로 [도망치다]는 위험에 처하다, 신분이 위태로워지다, 협박을 당하다, 불쾌감을 느끼다 등으로 압축될 수 있다는 것이다. 우리는 이렇게 파악된 상징표상들의 의미결합으로 몇 개의 문장을 만들 수 있다. 그 중 문맥의 흐름이 자연스러운 것들을 열거하자면 [어떤 교활한 자의 술수에 빠져 신분이 위태로워진다], [어떤 악한으로부터 협박을 당

해 불쾌감을 느끼게 된다], [어떤 위험한 인물을 회피한다] 등이라고
할 수 있다.

☞ *꿈속의 공포감* : 스탠리·홀(Stanley. Hall)을 비롯한 일단의 심리학자들은
우리가 꿈속에서 체험하는 병적인 공포감은 격세유전(隔世遺傳)의 잔재이며,
현실세계의 경험에서는 그 흔적을 찾아낼 수 없기 때문에 명확한 개념으로
정의될 수도 없다고 주장했다. 그리고 우리의 심층의식에 내재하는 이와 같
은 원초적인 공포감은 어린 시절의 꿈에 보다 자주 나타난다고 했다. [캐서
린·테일러·크랙(Katherine. Taylor. Craig)의 《꿈의 구조(The Fabric Of Drea
ms)》]

이제 상징단어의 조합에 의한 사전식 해석작업은 일단락을 맺었다.
그러나 이것이 실제상황이라면 여기서 멈출 수가 없다. 꿈을 의뢰한
사람의 환경이 무엇보다 중요한 변수이기 때문이다. 그러므로 그 사
람의 신분, 연령, 성별, 직업 등을 고려한 다음, 과거 뱀에 대하여 어
떤 인상을 갖고 있었으며, 또 어떤 의미로 꿈에 자주 등장하였는가
하는 점까지도 세세하게 살펴보고 최종결론을 내려야만 비로소 완전
하게 해석을 끝냈다고 말할 수 있다. 그러나 위에 열거한 해석들과
일치하지 않는 경우도 있을 수 있다. 임산부가 이런 꿈을 꾸었다고
한다면 그것은 곧 유산(流産)을 의미하는 것이기 때문이다. 그리고
이것이 긴 꿈에 속한 하나의 단편일 가능성도 있으므로 꿈 전체의 해
석에 따라서는 그 의미가 달라질 수도 있다는 점도 간과하지 말아야
한다.
우리가 이 꿈과 관련하여 또 하나 주의를 기울여야 할 것은 [상징
과 비유(比喩)]의 문제이다. 프로이트가 [꿈의 상징물은 극히 일부분
이고 나머지 대부분은 비유]라고 한 주장과 관련하여 우리가 한 가지
짚고 넘어가야 할 것이 있다. 어쩌면 그러한 주장이 전혀 틀린 것이
아니라 기술적인 측면의 시각차일 수도 있다는 점이다. 위의 뱀꿈을

예로 들어 설명하자면 [뱀]과 [쫓아오다]가 주어와 술어의 관계라고 할 때, 이미 뱀의 상징의의를 알고 있는 상태에서 의미적 흐름으로 본다면 [쫓아오다]가 비유가 될 수 있다. 그러나 각 상징단어가 갖는 의미를 전혀 모르는 상태에서 그 각각을 떼어놓고 보면 그것들은 어디까지나 상징이다. 다시 말해 [뱀]과 [쫓아오다]를 따로 떼어놓고 보면 상징이지만, 조합된 문장을 해석해 보면 [쫓아오다]가 뱀을 서술하고 있음이 분명하므로 그 점에서 비유가 될 수가 있다는 것이다. 어느 노파가 꾼 다음과 같은 태몽은 이 점을 이해하기에 좋은 자료가 될 것이다.

  잎이 모두 떨어진 나뭇가지에 단 두 개의 열매만 매달려 있다. 그것을 장대로 내려치니 그 중 하나는 멀리 풀밭에 떨어지고 나머지 하나는 발 앞에 떨어졌다. 나는 둘을 모두 주워 허리춤에 넣고 집으로 돌아왔다.

이 꿈을 꾸고 얼마 지나지 않아 두 명의 손자(孫子)가 같은 달에 태어났는데 하나는 친손자였고 다른 하나는 외손자였다. 가지의 나뭇잎이 모두 떨어진 것은 그들이 성장하는 과정에서 부모와 사별하거나 생이별한다는 뜻이고 마지막 남은 열매라는 것은 그 둘 모두가 막내로 태어난다는 암시였다.

이 꿈에서 [나뭇가지]와 [열매] 등은 물론 상징이다. 그러나 열매가 태아표상인 것을 알고 있는 상황에서 전체 꿈 이야기를 풀어놓았을 때, [하나는 멀리 풀밭에, 그리고 다른 하나는 자신의 발밑에 떨어졌다]와 [모두 허리춤에 넣고 돌아왔다]라는 표현은 [멀리 떨어져 사는 외손자(外孫子)와 가까이 사는 친손자(親孫子)를 비슷한 시기에 (출산으로) 거둔다]는 의미에서 비유-은유-가 될 수가 있는 것이다. 이처럼 대부분의 꿈에서 비유와 상징이 혼동되고 있음이 사실이다. 그러나 전체 꿈의 의미를 파악하기 전에는 그 각각의 상징단어가 갖는 의미를 규정할 수 없으므로 원칙적으로는 모두가 상징일 수밖에 없다.

꿈-해석이 얼마나 중요하고 어려운 작업인가 하는 것은 위의 사례들을 통해서도 통감할 수 있다. 뱀꿈과 관련하여 만약 프로이트식이나 해몽요결식의 해몽이 부정확한 것으로 판명된다면 그런 해몽으로인해 의뢰자가 받을 심적인 타격을 과연 무엇으로 보상할 수가 있을것인가? 멀쩡한 아내를 의심하여 핍박하다가 오히려 없는 일도 만들어 낼 수가 있을 것이니 이것처럼 큰 미신도 없다 할 것이다. 일찍이이 점을 간파한 칼·융은『꿈과 상징의 해석은 지성(知性)을 필요로 한다. 그것은 꿈을 꾼 사람의 개성에 관한 보다 많은 지식을 요하고 해석하는 사람의 쪽에서도 보다 많은 자기인식(自己認識)이 요구되어진다. 예를 들면 꿈의 해석에서 올바른 모든 규칙들을 따르고서도, 조금만 더 나은 지성을 가졌어도 놓치지 않았을 대단치 않아 보이는 아주작은 부분을 못 본 나머지, 끔찍하게 엉뚱한 해석을 할 수 있다.』라고 경고한 바 있다.

4. 꿈-상징의 분류(分類)

나는 꿈-상징과 관련하여 심적 기능의 대조적인 두 가지 측면, 즉개인무의식과 집단무의식에서 만들어지는 창조적(創造的) 상징과 정형적(定型的) 상징이 있음을 누차 언급한 바 있다. 여기서 창조적-*개인적*- 상징이란 개인이 일생을 통해 체득한 경험, 지식, 인상, 욕망 등이 망각된 상태로 잠재지식화되었다가 꿈의 표상작업으로 재생산된것이고 정형적-*집단적*- 상징이란 유전적 메커니즘을 통해 전승된 조상들의 경험과 지식이 꿈의 표상작업으로 재생산된 것이다.

꿈-상징을 심적구조와 내재관계에 따라 세분화하기 시작한 것은칼구스타프·융이 최초이며 이후 에리히·프롬, 카시러, 뒤랑 등이 그 뒤를 이었다. 유아기의 심적 상흔에만 집착하던 프로이트도 말년에 가서는 개인적 상징을 초월하는 원초적인 그 무엇인가가 존재한다는 것을 인정하고 그것을 고태적(古態的) 잔재(殘在)라고 명명한 바 있다. 프로이트와 융이 꿈−상징을 어떻게 보고 있었는가 하는 것은 다음과 같은 짧은 멘트에서 선명하게 들어난다. 『우리가 외부세계를 지각할 때, 우리의 내적 감정과 개인적인 생각들을 투영한다.』라는 것이 프로이트가 개인적 상징을 보는 관점이었다면 『우리는 역사적 집단혼(集團魂)에 젖어 있다.』라는 것은 칼 융이 집단적 상징을 보는 관점이었다.

1) 창조적(創造的 : 個人的) 상징

창조적 상징−*개인적 상징*−은 개인이 일생을 통해 축적한 후천적 경험이 꿈−재료로 이끌려와 표상작업으로 가공된 연후 꿈의 이미지로 발현된 것이다. 그러므로 그것은 기억의 반복이 아니다. 그런데 나는 창조적 상징의 형성원리가 정형적 상징의 그것과 같다는 점에서, 또 그 둘 모두가 가공된 이미지라는 점에서 크게 구분해서 생각할 필요는 없다고 생각한다. 꿈−상징이 가공된 이미지라는 점에서 한 가지 강조해 두고 싶은 것이 있다. 그것은 억압된 소망충동이 꿈으로 발현되기 위해서 꿈−재료가 변형된다는 프로이트식의 가공과는 전혀 다른 개념이라는 사실이다. 물론 외형적으로 판단했을 때 소원충족적인 꿈도 있을 수 있다. 그러나 비록 그 외형이 소원충족적인 형태를 취하고 있다 하더라도 꿈의 궁극적인 목적은 가상적 소원충족에 그치는 것이 아니라 한 발 더 나아가 소원충족과 관련한 미래사를 암시하는 것에 있다는 점에서 나의 꿈−상징은 한층 더 능동적이고 창조적인 의미로서 정의된다.

창조적−*개인적*− 상징이 상상이나 연상과 깊은 관련이 있다는 것은 심리학자들의 연구결과로서 익히 알려진 사실이지만 이것은 결국 기억의 메커니즘과 불가분의 관계임을 설명하는 또 다른 표현에 지나지 않을 것이다. 인지과학자들에 의하면 우리의 기억기능은 감각기억과 단기기억, 그리고 장기기억 등의 세 가지 단계로 작동한다고 한다. 그들의 설명을 종합해보면 다음과 같다. 감각기억(感覺記憶)은 오관을 통해 들어오는 감각정보들과 관련이 있는 것으로 1초 정도의 극히 짧은 순간만 존재하다가 사라지는 기억이지만 우리가 잘 알고 있는 친숙한 형태의 정보라면 기존의 기억정보를 통해 저장될 수도 있다. 작업기억(作業記憶)이라고도 하는 단기기억(短期記憶)은 18초 정도 지속되는 짧은 기억으로 기억저장고에 보관할 수 있는 양—*한번에 7개정도*—이 제한되어 있어 역시 일시적인 기억이지만 그 중 특수한 기억—*반복된 기억, 여타 감관과 연합된 기억, 혹은 이미 비슷한 정보가 입력된 기억*—들은 장기기억 쪽으로 넘어간다. 이 단기기억은 현재 뇌가 사고활동을 하고 있는 상태에서의 기억을 말하는 것으로 장기기억도 인출해서 사용하려면 이 단기기억에다가 활성화시켜야 한다. 장기기억(長期記憶)은 거의 영속적으로 지속되는 기억이며, 그 용량 역시 무한대다.

위에서 보듯이 단기기억이 장기기억에 기록될 수 있는 요건은 그 정보가 [의미가 있는가]의 여부에 달려 있다. 즉, 기존에 저장된 정보와 연관성을 갖고 있는가의 여부가 단기기억의 존속 여부를 결정한다는 것이다. 그래서 나는 단기기억이 장기기억으로 이송되는 과정이 일종의 신경망이 구축되는 과정이라고 생각하고 있다. 뇌과학자들은 우리의 기억이 뇌의 어느 특정부위에 저장되는 것이 아니라, 수많은 시냅스(synapse)가 하나로 연결되어 굳어지는 이른바 시냅스의 가소성(可塑性)에 의해 형성된다고 주장한다. 이것이 바로 신경망의 구축인데 나는 이 용어를 창조적 상징이 만들어지는 과정을 설명하기에 매우 적당하다고 생각하여 자주 인용하고 있다.

이렇게 구축된 신경망이 장기기억으로 보존되고, 또 이와 유사한 정보가 반복적으로 유입, 축적됨에 따라 기억력의 강화는 물론 일정한 사고체계를 형성할 것이다. 이것이 바로 후천적으로 획득한 개인적인 지식의 보고(寶庫)인 것이다. 앞에서 설명한 바와 같이 상상과 연상은 이런 장기기억에서 생성된다. 때문에 장기기억을 보존하는 신경망 구축과 창조적 상징은 불가분의 관계라고 할 수 있다.

인지학자들의 연구에 따르면 인간의 인지구조는 4~7세경에 완성되며 8세경에 거의 성인의 수준에 도달한다고 한다. 그들이 말하는 [인지구조의 형성]이란 바로 이와 같은 신경망 구축, 즉 수많은 뉴런들이 서로 연결되어 하나의 유사집단을 이루면서 어떤 특정한 기억체계를 형성하는 것이라고 생각한다. 때문에 8세 이전의 아이들이 사물을 파악하는 과정에서 주관적 심상들을 만드는 것도 이것과 깊은 연관이 있을 것이라고 판단한다.

한편 일단의 인지학자들은 『인간의 장기기억은 서로 관련된 매듭-노드node-으로 얽혀진 하나의 거대한 네트워크의 형태를 갖고 있다.』고 주장한다. 즉, 의미적 관련성이 있는 신경망 여러 개가 모여 하나의 네트워크를 형성한다는 것인데 가령 [이순신]하면 [거북선]이 먼저 머리에 떠오르고, [세종대왕]하면 [한글]이 먼저 떠오르는 것과 같은 현상이 바로 그것이다. 나는 이것과 관련하여 어떤 현상으로까지 그 외연을 확대해 보았다. 즉, 의미적인 노드들이 네트워크를 형성할 수 있다면 시간적으로 인접한 노드들도 네트워크를 형성할 수 있지 않을까 하는 생각이다. 다시 말해 의미가 다른 두 개의 노드가 단지 시간적인 인접성(隣接性)만으로 네트워크를 형성할 수 있지 않을까 하는 가정인데, 이럴 경우 어느 한 쪽이 동일한, 또는 유사한 정보에 의해 환기될 경우 나머지 다른 쪽도 자동적으로 환기되는 현상이 현실에서 종종 체험된다는 것이다. 예를 들자면 초등학교 입학식 날 본격적으로 사회생활을 시작한다는 흥분이 가시기도 전에 그 날 저녁 아버지가 갑자기 돌아가셨다면 후일 장성해서도 초등학교 입학식 광경만 보면 아버지의 죽음이 곧바로 상기되는 경우와 같은 것이라고 할 수 있다.

물론 이것은 창조적 상징의 형성과 관련된 연상작용을 설명하기 위해 이끌어 낸 하나의 가설이지만 우리는 현실에서 이와 유사한 현상들을 분명하게 체험하고 있다. 실제로도 장기기억의 한 종류로서 연합기억(聯合記憶)이라는 개념이 있다. 그 설명인즉, [의미가 다른 기억들이 뇌의 여러 방에 각각 존재하고 있다는 가정 하에서 인간은 다양한 기억을 동시에 기억해 낸다]는 것이다. 아울러 연합기억과 유사한 [통감각적(統感覺的) 기억]이라는 것도 있다. 가령 어떤 거리를 지나가다가 우연히 레코드 가게에서 흘러나오는 음악을 듣고 감명을 받았다면 이때의 청각적(聽覺的) 이미지와 함께 그 거리에 대한 시각적(視覺的) 이미지가 함께 각인됨으로서 훗날 그 음악을 다시 듣게 되었을 때, 불현듯 그 거리의 모습이 뇌리에 떠오르는 경우와 같은 현상이다. 아무튼 이러한 개념들은 창조적 상징을 형성하는 연상 메커니즘을 파악하는 데 있어서는 매우 중요한 요소들이라고 할 수 있다.

연상(聯想)의 종류에는 [유사연상(類似聯想)]이라는 것이 있는데 이것과 연관된 재미있는 꿈-표현이 있다. 꿈-표현에는 상징도 아니고 그렇다고 비유라고도 보기 힘든 단순비교적인 암시수법이 있다. 가령 [일본(日本)에 간다]는 표현으로 [1군(軍)으로 전출된다]는 것을 암시를 하거나, [청궁사(淸宮寺)에 들어간다]는 표현으로 [왕궁(王宮)에 들어간다]는 것을 암시하는 등의 표현수법이 존재한다는 것이다. 이것을 일종의 유사연상으로 볼 수 있는바, 의미상에는 아무런 연관이 없고 단순히 음운상(音韻上)의 유사점만을 그 내재관계로 하고 있는 표현이다. 나는 이런 현상들을 설명하기 위해 [음사(音似)]라는 신조어(新造語)를 만들어 사용하고 있다.

☞ **유사연상** : 자유연상의 한 가지로서 학술적으로는 『그것과 유사한 대상이나 과거의 경험을 떠올리는 것. 다시 말하자면 유사연상은 색깔, 형태, 기능, 감촉, 이미지, 그리고 오감에 대한 반응 등에서 비롯된 기준에 의해 유사점을 떠올리는 것을 말한다.』라고 정의되어 있다.

심리학적 개념의 연상은 [하나의 관념이 다른 관념을 불러일으키는 현상]이다. 그런데 꿈속에서의 연상작용은 관념을 이미지로 구현한다. 예를 들자면 [물이 마른 하천바닥에서 주변의 석축(石築)을 바라보며 홍수(洪水)라는 단어를 떠올리자 곧바로 장면이 바뀌어 흙탕물로 범람하는 강가에 서 있었다]는 사례가 바로 그것이라고 할 수 있다. 꿈속에서 불러일으켜진 홍수라는 관념이 새로운 이미지를 만들어 내면서 장면전환을 유도한 것이다. 이러한 메커니즘은 장면과 장면간의 연상결합만이 아니라 재료와 표상 간의 변환과정, 즉 표상작업을 설명하는 근본원리로서도 이해될 수 있다.

꿈-상징의 형성과정을 설명하는 과정에서 또 하나 빼 놓을 수 없는 것은 [유추작용(類推作用)]이다. 유추의 사전적 정의는 [두 개의 사물이 몇몇 성질이나 관계를 공통으로 가지며, 또 한 쪽의 사물이 어떤 성질, 또는 관계를 가질 경우, 다른 사물도 그와 같은 성질 또는 관계를 가질 것이라고 추리하는] 일이다. 즉 유사성을 매개로 같은 종류의 집단, 즉 어떤 유형 내의 비슷한 것들에 대한 추리를 이끌어낸다는 뜻이니, 이것이 상상이나 연상과도 밀접한 연관이 있는 정신작용임을 미루어 짐작하기 어렵지 않다. 관련학자들에 의하면 상상이나 연상의 경우 무의식적 색채가 강한데 반해 유추는 의식적인 정신과정이라고 한다. 그러나 그렇다고 해서 유추작용이 반드시 의식적으로만 이루어진다고는 보지 않는다. 왜냐하면 꿈-상징을 형성하는 표상화과정에서도 잠재의식적 메커니즘에 의한 유추작용이 일어나기 때문이다. 즉, 우리가 꿈-재료와 꿈-상징 간의 관계를 [유사적 내재관계]라고 규정할 때 그 수단이 되는 것이 바로 이 유추작용이다.

과거에는 유추가 전적으로 무의식적인 정신과정으로 이해되기도 하였다. 그러던 것이 근자에 들어 인지과학이 발달하면서 영유아들의 지식습득을 설명하는 과정에 여러 기제들이 발견되자 종합적인 의식작용이라는 관점으로 이해되고 있다. 유추란 기억의 인출로 이루어지는 의식적인 추론의 과정이라는 것이 그 요지이다. 그래서 앞서 소개한 바 있는 3세 유아의 경우처럼 레몬으로 달을 유추하는 과정은 [유추적 상기(analogical reminding)]라고 하여 인지발달의 기초로서 중요시되고 있다. 관련학자들은 영유아들이 이러한 유추적 상기를 통해 새로운 정보를 습득하는 과정을 [유추전이(類推轉移)]라고 부르고 있다. 그런 점에서는 나는 유추도 상상이나 연상과 함께 창조적 상징을 형성하는 중요한 요소라고 판단한다. 한편 이제까지 알려진 것과는 달리 3세미만의 영아들도 사물을 이미지화 하는 능력이 있다고 한다. 말하자면 인간이 사물을 지각하여 개념화하는 능력은 신경망 구축과는 관계없이 선천적이라는 것이다. 이것을 우리의 상징론에 결부시키자면 비록 개인적인 경험-재료적 측면-에 국한된 창조적 상징이라고 할지라도 그것을 만들어내는 메커니즘만은 생래적인 것이라고 말할 수 있다.

창조적 상징에는 개인의 일생을 통해 획득되는 모든 감정적 체험들도 포함된다. 특히 정동(情動)이 수반된 강한 인상이라면 평생을 두고 마치 어제의 일처럼 생생하게 상기되기도 한다. 이러한 종류에는 심리적 상흔(傷痕:trauma)이 있을 수 있을 것이고, 오랜 인내 끝에 얻어진 성공의 쾌감도 있을 수 있을 것이며, 어떤 대상에 대해 갖고 있는 극도의 공포감이나 혐오감도 포함되어 있을 수 있다. 즉 전쟁으로 가족을 잃은 슬픔, 어렵사리 도전한 명문대학에 합격했을 때의 희열, 뱀에게 물려 죽다 살아났을 때의 공포감 등, 우리가 한 생을 살아가면서 체험했던 충격적인 사건들은 뇌에 깊이 각인됨으로서 반복적인 형태의 꿈으로도 자주 구현된다는 것이다. 그런데 꿈이 이런 기억재료를 표상화할 때, 정작 중요시하는 것은 그 시각적 이미지가 아니라 당시에 느꼈을 감정적 양태이다. 다시 말해 그러한 격한 감정들도 일종의 에너지를 얻어 신경 네트워크를 형성하면 꿈의 의도를 표현하는 중요한 상징표상이 된다는 것이다. 이러한 감정패턴이 선험적인 것일 수도 있고, 아니면 선험적인 메커니즘에 의해 성형(成形)된 것일 수도 있다. 그러나 설사 그렇다고 해도 그러한 감정들은 각 개인의 경험과 개성에 의해서 약간씩은 변형된 형태를 나타낼 것이기에 어디까지나 창조적 상징이라고 할 수 있다. 때문에 우리가 특히 반복적인 꿈에 주목하는 것은 프로이트처럼 현재의 왜곡된 심리를 규명하기 위해 과거를 추적하기 위함이 아니라, 그와 같이 격정적인 감정들이 암시적인 징후로 반복될 만큼 중요한 미래사가 과연 무엇인가를 예측하고자 함에 있는 것이다. 반복되는 꿈을 꾸었을 때, 우리가 꿈속에서 느끼는 감정이 실제 사건을 겪었던 때 느꼈던 것보다 더 강할 수도 있고 약할 수도 있다는 것도 이러한 감정패턴들도 엄연한 상징표상이라는 사실을 입증하는 것이다. 다시 말해 꿈은 그러한 감정들을 그 강렬도의 강약(强弱)과 함께 재료로 사용함으로서 조만간 체험하게 될 어떤 감정체험의 다양한 양태를 암시한다는 것이다. 반복적인 꿈이 인생의 전환기 자주 꾸어진다는 사실도 바로 위와 같은 이유를 설명하기에 충분하다. 그런데 정동에너지가 실린 격한 감정만이 꿈-재료가 되는 것은 아니다. 우리가 일상에서 느끼는 매우 복잡한 여러 가지 감정들도 각각의 독특한 의미를 갖고 꿈의 상징표상이 되고 있음을 나는 수많은 실증사례들을 분석 종합하는 과정에서 발견해내었다.

　개인적인 욕구충족 의지가 꿈을 형성하는 요인 중의 하나라는 점에서는 나도 프로이트에 공명한다. 때문에 많은 꿈들이 소망충족적인 외형을 갖고 있다는 사실도 인정한다. 그러나 프로이트의 주장과는 달리 꿈이 우리의 욕구를 충족시키는 경우는 매우 드물다. 게다가 대부분의 꿈에서는 그 욕구불만으로 인해 더욱 큰 불쾌감을 느끼게 되는 경우가 허다하다. 물론 프로이트는 이 불쾌를 유발하는 원인마저도 억압의 메커니즘에 기인하는 것이라고 주장하지만 어딘가 석연치 않는 점이 한두 가지가 아니다. 아무튼 소망충족적인 꿈이 개인적 상징을 결정하는 주요 요인 중의 하나임은 분명하고 그와 관련하여 창조적 상징물들이 가공될 수 있음은 틀림없는 사실이다.

개인적 상징을 형성하는 또 하나의 요소는 미해결(未解決)의 관심사 (關心事)이다. 우리는 밤과 낮이라는 순환 속에 밤이 되면 어쩔 수 없이 잠을 자야하는 생리구조를 갖고 있다. 그러므로 우리가 잠들게 됨으로서 중단되어야만 하는 여러 가지 관심사는 미해결의 상태로 방치된다. 그러나 우리의 정신은 밤이 되어 잠을 잔다고 해서 미해결의 관심사로부터 주의를 거두어 가는 것이 아니다. 그러므로 수면이 시작됨과 동시에 우리의 표면의식은 이 미해결의 관심사를 잠재의식에 인계한다. 그런데 소망충족의 꿈과 미해결의 관심사는 밀접한 관련을 맺고 있다. 그리고 대부분의 꿈에서 소망충족인 형태로 미해결의 관심사에 대한 결말을 암시하고 있다. 로베르토가 말한 [질식된 관념]에 채워지지 않은 욕망이 포함된다면 미해결의 관심사 역시 그럴 것이다. 따라서 나는 미해결의 관심사-*질식된 관념*-를 해소한다는 것은 곧 그것에 대한 판단을 내린다는 뜻이므로 잠재의식이 그것에 관한 꿈을 형성하지 않을 수가 없다고 생각한다. 이것과 연관된 이미지들 역시 개인적 상징의 큰 부분을 차지한다.

나는 또 꿈이 꿈을 꾼 사람의 환경을 반영한다는 주장에도 동의한다. 이미 수천년전에 아르테미도루스가 간파했던 것처럼 같은 꿈의 요소라도 그것이 기혼자, 웅변가, 부자에 대해 가지는 뜻과 가난한 사람, 미혼자, 상인에 대하여 가지는 뜻 사이에 차이가 있다는 것은 결국 꿈이 그 사람의 신분이나 생활상까지 고려하고 있음을 보여주는 것이다. 이처럼 꿈은 꿈꾼 사람의 신분이나 지식에 따라서는 매우 상이한 외형을 나타내기도 한다. 각 개인의 잠재의식이 자신의 지식적 한계 내에서 모든 지혜를 동원하여 자신의 생활환경에 맞는 표상들을 그려내기 때문이다. 말하자면 지적 수준이나 기억력, 그리고 풍부한 경험 등에 따라 사람마다 그 꿈-상징의 수준에 질적, 또는 양적인 차이가 있다는 것이다. 그러므로 아동기에는 단순한 신변잡기의 경험과 욕구충족, 그리고 영화나 텔레비전 등의 영상처럼 단순하고 직접적인 재료가 대부분의 꿈을 차지한다. 반면, 지식이 많고 기억력이 뛰어난 성인은 꿈의 문장이라고 일컬을 만한 학문적이고 풍자적이며 길고 난해한 꿈을 극히 상징적인 표현으로 생산해 낸다. 작가들의 꿈들이 주로 신비롭고 기괴하며 창조적인 악몽의 형태를 취하고 있다는 점에 주목할 필요가 있다.

같은 맥락에서 꿈이 그 사람의 신념이나 지조(志操), 또는 도덕관에 잘 맞추어져 있다는 주장에도 공감한다. 종교인들의 꿈엔 종교적 이미지들이 빈번하게 등장하고, 무속인들의 꿈엔 수호령(守護靈)인 귀신들이 수시로 드나들며, 과학자들의 꿈엔 어려운 공식들이 난무한다. 이것들은 대부분 같은 문화를 공유하는 일단의 사람들에게만 나타나는 문화적 상징이지만 각 개인의 지식과 경험의 한계를 보여준다는 점에서 개인적-*창조적*- 상징과도 밀접한 관련이 있다고 판단한다.

2) 정형적(定型的 : 集團的) 상징

꿈이 미래를 예시함에 있어 왜 굳이 상징적인 표현을 취하느냐는 질문에 대하여는 인간의 원시적인 사고태(思考態)와 연관이 있기 때문이라고 답할 수가 있다. 즉, 우리의 잠재의식을 컨트롤하는 기본운영체제가 원시언어(原始言語)라는 것이다. 따라서 그것은 현대의 복잡한 언어구조적 의미를 제대로 표현할 수 없는 극히 단순한 구조를 가진다. 물론 대부분의 이미지는 기괴하고, 또 어떤 경우에는 형이상학적인 면도 있지만 그것들을 생산해내고 운용하는 메커니즘만큼은 지극히 단순하다는 것이다. 때문에 꿈은 가능한 한 짧게, 그리고 단순하게 표현하려는 기본적인 속성을 갖고 있다. 대부분의 꿈이 황당무계한 만화경처럼 보이는 이유도 바로 이것이다. 그것은 마치 무성영화시대의 히로인이었던 찰리·채플린(Charles. Spencer. Chaplin)이 간단

찰리·채플린(Charles. Chaplin)

하고 우스꽝스러운 동작 하나로 여러 가지 복잡한 언어적 의미를 압축해서 보여주는 것과 같은 이치라고 할 수 있다. 그러므로 꿈에 압축, 생략, 대치 등의 작업과정이 나타나는 것은 억압에 의한 왜곡이 아니라, 본래 그것이 원시언어체계이기 때문에 현대인의 사고를 제대로 다 표현할 수 없기 때문이다.

인류가 문명사회를 영위하기 시작한 것을 오래 진화과정에 비교하자면 극히 짧은 한 순간에 불과하다고 할 수 있다. 그러므로 우리가 매우 복잡한 문명사회를 살아가고 있음에도 불구하고 우리의 잠재의식이 원시적 양태를 고스란히 간직하고 있다는 것은 어찌 보면 지극히 당연한 일이라고도 할 수 있다.

많은 사람들이 꿈의 예지성과 관련하여 무시할 수 없을 만큼의 명백한 체험을 하면서도 반신반의하게 되는 것은 바로 이 상징언어의 정형성을 충분히 이해하지 못하는 탓이다. 때문에 극히 일부분의 사실적인 꿈이나, 그 사실적인 내용을 [살짝 비틀어서] 표현하는 반사실적인 꿈만을 예지적인 꿈이라고 오해하기 쉽다. 우리가 꿈-상징을 정형적이라고 하는 것은 바로 이 원시언어의 범인류적(汎人類的) 공통성을 가리키는 것인바, 인류가 수많은 언어로 분화되기 이전에는 그것이 유일한 의사소통수단이었기 때문에 아직도 인류공통적인 요소로 남아 있다.

한 사람이 일생을 통해 습득한 온갖 기억들이 창조적 상징의 재료가 된다는 사실은 이미 설명한 바와 같다. 그러나 이런 개인적인 기억들도 꿈-상징으로 변환되기 위해서는 표상작업(表象作業)이라는 정형적인 틀로 주조(鑄造)되는 과정을 거친다. 때문에 일단 표상작업을 거친 개인적인 재료들은 원시언어체제라는 기본틀에 구속된다. 달리 말하자면 비록 재료는 개인적인 것이라 할지라도 그것으로 상징표상을 만들어내는 원리는 정형적이라는 것이다. 때문에 개인적 상징도 그 의미결합은 고태적인 방식을 따른다. 그런데 고태적인 의미가 그 유사성을 매개로 현대적인 이미지에 그대로 적용되는 경우도 있다. 예를 들자면 부모를 암시하는 [왕과 왕비]가 [대통령과 영부인]으로 바뀐다거나, [별]이 [인공위성(人工衛星)]으로 대치된다거나 하는 등의 사례가 바로 그것이다. 이렇게 되면 창조적 상징과 정형적 상징의 경계가 모호해진다. 그러한 사례 중의 하나는 다음과 같다.

직장인 P씨는 육이오 사변의 발발직후 피난 내려 간 충청도 어느 산골에서 어렵게 살던 어린 시절의 인상 깊은 추억들을 갖고 있다. 그래서 그런지 그 시절에 겪었던 체험들이 종종 꿈으로 재현되고는 하는데, 그 중 반복적인 상징표상으로 등장하는 것이 고구마였다. 어린 시절 가을걷이가 끝난 남의 밭에 들어가 고구마 이삭줍기를 했었고, 그때의 경험이 깊은 인상으로 각인되어 꿈-소재로 반복 사용되고 있는 것이다. 꿈속에서 그는 고구마 줄기를 따라 고랑까지 파들어 가다가 커다란 고구마 덩이를 캔다. 그리고는 마치 땅속에서 황금이라도 캐 올린 듯한 희열을 맛본다. 그리고 이런 꿈을 꾸고 난 후에는 예외없이 생각지도 못한 재물을 얻게 된다. 그러던 어느 날 예의 고구마 꿈을 꾸게 되었는데, 줄기에 달린 고구마 여러 개가 줄줄이 달려 나왔다. 그 후 얼마 지나지 않아 전에 다니던 직장으로부터 체불되었던 임금과 함께 기대하지도 않았던 퇴직금까지 받게 되었다.

이 꿈에 등장한 고구마는 뜻밖의 행운이라는 의미에서 그 사람만의 창조적 상징이다. 그러나 이런 종류의 상징표현은 어느 정도 정형적이다. 똑 같이 고구마와 관련된 이미지는 아니라고 하더라도 그와 유사한 것들, 가령 땅속에서 금덩이를 캐낸다거나, 숲속에서 산삼을 발견한다거나, 보물찾기 놀이에서 숨겨진 종잇조각을 발견한다거나, 또는 물속에서 물고기를 잡아 올린다거나 하는 등의 꿈들도 그 감정적 양태가 같다는 점에서 같은 의미의 고태적 잔재라고 말할 수 있다.

꿈–상징의 정형성은 개인적 상징에만 집착했던 프로이트도 인정했을 만큼 대부분의 심층심리학자들이 인정하고 있는 바이지만, 그 범위를 특수한 몇몇 이미지에 한정시키고 있는 것은 꿈 전체가 상징단어의 연결인 줄을 생각조차 해보지 않았기 때문이다. 때문에 칼·융의 이론이 보편화됨으로서 꿈–언어가 갖는 범인류적인 의미가 심층심리학은 물론 철학, 문학, 예술, 그리고 인지과학에 이르기까지 광범위한 분야에서 빈번하게 인용되고 있음에도 불구하고 그 정형성은 여전히 시각표상을 중심으로 한 몇몇 이미지에만 국한되고 있다. 그래서인지 원형의 개념이 근원적인 사고태라고 천명한 칼·융마저도 이 점에 있어서는 역시 한계를 벗어나지 못하였다. 여기서 이부영(李符永) 교수가 인용한 융의 견해를 들어보자

> 꿈의 상(像) 자체가 중요한 것이며 그 속에 의미가 있다. 가령 꿈에 모르는 노인이 나왔다면 그것은 모르는 노인으로서 중요한 것이다. 그것이 무조건 꿈꾼 사람의 아버지의 대치물(代置物)이라고 볼 수 없다. 꿈에 능금이 나왔다면 그것은 어디까지나 능금으로서의 의미를 갖는 것이며 그것은 성적 욕망을 감추고 있는 것이 아니다. (중략) 보편적인 꿈이 있듯이 보편적인 주제를 가진 꿈도 분명히 존재한다. 다만 그것이 개인적인 측면에서의 많은 변형을 갖고 있기 때문에 꿈을 연구하겠다는 사람에겐 일종의 도전과도 같은 것이 되어 있다.

위와 같은 입장은 물론 프로이트의 성적 상징설에 대한 반동에서 비롯된 것이지만 꿈의 미래예시적인 기능을 인정하고 원형상, 즉 태모(胎母), 현자(賢者), 악마, 영웅 등의 범인류적인 공통의 상징성을 인정한 그에게 있어서는 이율배반적인 견해가 아닌가 하는 생각이 든다.

그는 꿈을 해석함에 있어서도 꿈-상징의 정형성을 부정하는 듯한 견해를 피력하고 있는바, 그는 말하기를 『상징성에 관해서 가능한 한 많이 공부해라. 그러나 꿈을 분석할 때는 그것을 모두 잊어버려라.』라고 했다. 그리고 이와 같은 분위기는 융 이후의 분석심리학파에도 그대로 이어지고 있다. 현대의 분석심리학계에서는 『꿈은 상징의 의미를 해설한 용어사전에 의해 해독될 수 있는 표준화(標準化)된 암호(暗號)문의 일종이 아니다. 그것은 개인적 무의식의 통합적이며 의의가 있는 극히 개인적인 표현이며, 개인이 속한 다른 어떤 현상과 똑 같이 현실적인 것이다. 또한 꿈을 꾸는 개인의 무의식은 그 사람 혼자하고서만 교신(交信)을 하며, 다른 누구도 아닌 바로 그 꿈꾸는 사람에게만 의미를 갖는 그런 상징을 선택한다.』라는 주장을 펼치고 있다.

그런데 익히 알려진 바와 같이 칼·융은 그 누구보다 탁월한 영매이자 샤먼으로서 그 스스로도 꽤 주목할 만한 미래예시적인 꿈을 여러 번 체험하였음을 기록으로 남기고 있다. 그러나 그 대부분이 사실적이거나 반사실적인 꿈에 한정되고 있음을 감안해 볼 때, 개인적 상징의 메커니즘을 지나치게 심리적인 측면에서만 고려하지 않았나 생각한다. 그런 의미에서 그가 소개한 다음과 같은 꿈은 많은 것을 생각하게 한다.

　꿈에서 아내의 침대는 돌로 된 깊은 구덩이였다. 구덩이는 아주 컸고 고대(古代)의 분위기였다. 그때 깊은 한숨소리가 들려왔다. 마치 누군가가 유령(幽靈)에게 넘어가는 듯한 소리였다. 내 아내를 닮은 인물이 구덩이 안에 앉은 채 위로 떠올라왔다. 그 인물은 알 수 없는 모양의 검은 기호(記號)가 수놓아진 흰옷을 입고 있었다. 나는 잠에서 깨어나 아내를 깨우고 시계를 보았다. 새벽 3시였다. 그 꿈이 워낙 묘한 탓에 나는 즉각 그것이 죽음을 의미한다고 생각했다. 일곱 시가 되자 아내의 사촌동생이 새벽 3시에 죽었다는 연락이 왔다.

이 꿈은 그의 지론(持論)인 [비인과적(非因果的) 동시성(同時性)]의 이론을 잘 설명해 주는 사례라고 생각된다. 이것은 새벽 3시에 아내와 비슷하게 생긴 아내의 사촌동생의 죽음을 꿈으로서 예지했다는 일종의 반상징적이면서 투시적(透視的)인 꿈이라고 할 수 있다. 그런데 이 꿈에서 우리가 비교적 쉽게 직관할 수 있는 것은 몇 개의 두드러진 상징과 비유가 뒤섞여 있다는 점이다. 즉, [아내의 돌로 된 깊은 침대]는 묘실(墓室)의 석관(石棺)이라는 원관념(原觀念)이 감춰져있는 은유적인 표현—물론 *전체 뜻을 해석하기 이전에는 상징*—이다. [깊은 한숨 소리]는 임종시에 숨넘어가는 소리로 비유되고 있고, [검은 기호가 수놓아진 흰옷]은 우리네 꿈에서도 쉽게 찾아볼 수 있는 죽음과 불쾌의 *상징—검은 천으로 덧댄 흰옷*—이다. 즉, 이 꿈에서는 꿈-상징의 정형성이 극명하게 들어나고 있는 것이다.

칼·융과 프로이트 모두 꿈-상징이 무의식적인 언어라는 점에서는 일치된 견해를 보여주고 있다. 그러나 성적 리비도에만 고착된 프로이트의 상징관(象徵觀)을 융은 거부한다. 그는 꿈-상징을 퇴행적으로 추적함으로서 억압되어 왜곡된 유아기의 성적 상흔(傷痕)을 찾아내고자 하는 프로이트의 발상을 다음과 같이 맹렬히 비판했다.

프로이트의 환원적인 방법에 있어서의 본질적인 것은 무의식의 이면을 가리켜주는 모든 단서들을 모으는 일이며 그 다음으로는 이러한 자료들에 대한 분석 및 해석을 통해 기본적인 본능의 작용을 재구성하는 일이다. 프로이트는 우리에게 무의식적인 이면에 대한 단서를 제공하는 의식적인 내용을 부정확하지만 상징이라고 불렀다. 그것들은 진정한 상징은 아니지만 그의 이론에 따르면 잠재의식의 작용에 대한 기호나 징후의 기능만은 가지고 있다는 것이다, 진정한 상징은 이것과는 본질적으로 다르다.

그는 프로이트가 그와 같은 상징관을 갖게 이유로서『그는 어린 시절의 소원성취 좌절과 경험을 위장하기 위하여 상징의 옷을 입고 있는 것으로 이해했다. 그러므로 그의 상징의 의미는 개인의 어린 시절부터 현재까지의 삶의 과정을 정확하게 이해하고 있으면 쉽게 밝혀질 수 있다고 보았기 때문이다.』라고 설명하면서 진정한 상징은 다른 어떤 방식, 혹은 더욱 나은 방식으로 여전히 규정될 수 없는 직관적인 생각의 표현으로 이해되어야 한다고 주장했다. 실제 그가 꿈을 해석함에 있어서도 프로이트의 자유연상법과 암호해독법을 배격하고 꿈꾼이의 개인적 무의식에서 생성된 특정 이미지를 초점으로 방사상(放射狀)으로 연결된 개인적이고 보편적인 연상들을 끌어 모으는, 이른바 [확충(擴充)]이라는 방법을 사용했다. 나는 그가 이러한 관점을 견지하게 된 이유가 원형이라는 개념과 관련하여 정형적 상징을 지나치게 초월적인 영성의 의미로만 받아들였기 때문이라고 생각한다. 그의 이러한 취지는 『상징을 남김없이 설명할 수 있다면 그 상징은 이미 생동성(生動性)을 잃는다.』라는 그의 주장 속에서 쉽게 발견된다. 결국 그는 원형론에 지나치게 집착함으로서 신이나 악마 따위의 특수한 표상만이 조상의 흔적을 남긴다고 보게 되었던 것이다. 때문에 그는 개인적 상징의 이면에 존재하는 원형적인 근원성을 인정하면서도 꿈–상징에 있어서만은 전적으로 개인적인 사고에만 제한함으로서 정형적인 해석방식을 거부하는, 상호배반적인 태도를 보이고 있다.

꿈–상징의 정형성에 한해서만은 그것이 비록 성적 상징에 집중된 것이기는 하지만 프로이트가 오히려 더 진보적인 자세를 보여주었다고 생각된다. 프로이트가 후기에 이르러 라마르크설에 따라 다음과 같은 견해를 정리한 것을 보면 확실히 꿈–상징의 정형성을 간파하고 있었음이 틀림없다.

어떤 경험을 반복하게 되면 이것이 유전되어 사고, 감정, 행위 등에 특별한 성질을 부여한다. 때문에 이러한 유전적 요인은 민속학이나 언어학의 영역에서 구해진 상징물이어서 일종의 관용적 심벌이며 사회가 만들어 낸 것으로 꿈속에서도 동일한 표현과 의미를 가진다. 가령 많은 나라에서 남성기를 [줄기나 낚싯대]로 부르고 있는데 이러한 집단적 관용어가 있었기 때문에 개인도 성기를 [나무줄기, 막대기, 낚싯대]와 같은 것으로 연상하게 되었는지 모른다.

그렇다면 프로이트는 그가 고태적 잔재라고 설명한 정형적 상징을 어떤 관점에서 보고 있었을까? 다음과 같은 그의 주장을 들어보자.

여러 가지 꿈의 경험은 대체로 일치하고 있다. 소위 전형적 형식이라는 것이 그것이다. 그 이유는 대단히 많은 인간에게 있어서 실로 흡사한 내용으로 그런 꿈이 되풀이하여 일어나기 때문이다. (중략) 꿈속의 성적 자료의 표현을 위해 상징이 풍부하게 이용되는 것을 인정하게 되면 이들 상징의 대부분이 속기(速記)의 [기호]처럼 언제나 일정한 의미를 띠고 나타나는 것은 아닐까 하는 의문이 생긴다. 그런데 이와 같은 상징물은 유독 꿈만의 전유물은 아니다. 민간전설, 즉 어떤 민족의 신화, 전설, 속담, 격언, 말장난 등에서 꿈에 있어서보다 더 많이 찾아볼 수 있다는 점에 주의하여야 한다. 어떤 경우에는 상징과 상징되는 본래의 것 사이에 공통점이 명백하게 나타나 있고 또 다른 경우에는 그러한 공통점은 감춰지고 있다. 이런 때는 그 상징이 왜 선택되었는지 이해하기 어려워 보인다. 그러나 실로 이와 같은 공통점이 감춰져있는 경우야말로 상징관계의 궁극적인 의미를 명백히 해 줄 것이다. 그와 같은 경우엔 상징관계가 발생사적 성질을 띠고 있음을 말해준다. 오늘날 상징적으로 결합되고 있는 것도 태고에는 개념적 동일성이나 언어적 동일성을 통하여 결합되고 있었을 것이다. 상징관계는 지난날의 동일성의 잔재이고 표지(標識)라고 생각된다. (중략) 만약 우리가 꿈-상징이라는 것을 외면한다면 꿈 해석에 도달하는 일이 얼마나 어려워 질 것인가? 한편 또 많은 경우에 얼마나 불가피한 일이 될 것인가 하는 점이다. 그러나 나는 꿈 해석은 상징의 해석에 한정하고 꿈을 꾼 당사자의 연상을 이용하는 기법을 포기하지 않도록 경고해 두고 싶다.

프로이트의 이와 같은 개관은 꿈-상징의 성격과 그 형성원리를 명확하게 나타내고 있다고 생각한다. 그러나 그는 상징을 너무 지나치게 성적인 것으로 제한했으며 일종의 부호나 표지로서 간주함으로서 그 다의성과 심오한 영성(靈性)을 간과하고 말았다.

☞ *라마르크(Lamarck 1744~1829)* : 프랑스의 식물학자. 그는 용불용설로서 기린의 목이 길어진 이유를 다음과 같이 설명하였다. 『기린도 처음에는 사슴처럼 목이 짧았을 것이다. 그러나 언젠가 지구에 닥쳐온 대한발로 대부분의 풀들이 말라죽게 되었다. 그래서 땅 위의 풀을 다 뜯어먹고 난 기린들은 부득이 나무에 높이 달린 잎사귀를 따먹기 위해 목을 길게 뻗어야만 했으며 이로 인해 기린의 목이 점점 길어진 것이다.』 라마르크는 이러한 일이 여러 세대에 걸쳐 반복되면서 기린의 각 세대는 후손에게 약간씩 더 긴 목을 물려주었다는, 즉 후천적으로 획득된 형질의 유전을 믿었던 것이다. 여기서 프로이트가 라마르크를 인용한 것은 정신적인 측면의 유전, 즉 조상의 경험과 지식이 유전적 메커니즘에 의해 획득형질(獲得形質)로서 유전된다는 것을 설명하기 위해서이다.

위와 같은 두 사람의 견해에 비하자면 에리히·프롬은 좀 더 진실에 근접한 견해를 보여준다. 그가 상징을 관례적 상징, 우연적 상징, 그리고 보편적 상징 등의 세 가지로 구분하고 있다는 것은 앞장에서 이미 설명한 바와 같다. 여기서 [관례적 상징]이란 현대에 이르러 표지나 부호로 분류됨으로서 상징의 영역에서 제외된 것이고, [우연적 상징]은 융의 개인적 상징에 해당하는 것인바, 나머지 [보편적 상징]이야말로 융의 집단적 상징에 해당하는 것으로서 보편적인 정형성을 갖춘 상징에 해당한다. 그는 말하기를 『보편적 상징은 재료와 표상 사이에 일정한 내재관계가 있는 것으로서 그 중에는 모든 인간의 경험에 뿌리박고 있어 범인류적인 공통의 상징들도 있다.』라고 했다. 더불어 이것을 번역할 경우 인류 공통의 언어로서 기능할 수 있다고 주장했다. 그는 프로이트의 부정적인 관점에서의 상징관을 거부하면서, 또한 융의 초월적인 관점에서의 상징관도 부정하고 있다. 그는 그의 책

《꿈의 정신분석》을 통해 다음과 같이 말했다.

　보편적인 상징은 모든 사람에게 공통되는 것이므로 개인이나 특별한 집단에 한정되지 않는 육체, 감각 및 정신의 특질에 뿌리를 박고 있다. 실제로 보편적인 상징의 언어는 인류가 발전시킨 유일한 공통의 말이며 인류가 일반적이고 관습적인 언어를 발달시키기 이전에 이미 잊어버린 말이다. 상징의 보편적인 성격을 설명하기 위하여 인종적으로 다른 유산을 문제 삼을 필요는 없다. 모든 인류와 똑 같이 정신적으로나 육체적으로 만들어진 인간은 누구나 이와 같이 공통되는 특질에 기초를 둔 상징언어를 사용하거나 이해할 수 있다. 슬플 때 우는 법을 배우거나, 성났을 때 얼굴을 붉히는 것을 배울 필요가 없듯이, 또한 이와 같은 반응이 어떤 특별한 인종, 어떤 집단의 사람에 한정되어 있지 않듯이, 상징언어는 학습이 필요한 것도 아니고 결코 인류의 어떤 일부 사람에게만 한정된 것도 아니다, 이에 대한 증거는 신화나 꿈에 사용되는 상징언어가 이집트나 그리스와 같이 고도로 발달한 문화에서도, 소위 원시적이라 불리는 모든 문화권에서도 똑 같이 찾아볼 수 있다는 사실에서 밝혀 낼 수가 있다. 그뿐만 아니라 이와 같이 여러 가지 문화에 사용된 상징은 모두, 모든 문화권의 사람들에게 공유되어 있는 정서적이고 감상적 경험에서 발원하고 있기 때문에 놀라우리만큼 유사하다.

그러나 우리는 앞장에서 살펴본 바와 같이 같은 상징물이라 할지라도 지역적 또는 문화적인 배경에 따라서는 서로 다른 뜻을 가질 수도 있다는 [상징방언]이라는 것에 대해 그가 언급한 내용을 잘 알고 있다. 뿐만 아니라 그는『똑 같은 지역의 사람들이 똑 같은 자연현상을 경험하여도 또 같은 경험을 한다고는 할 수 없기 때문에 숱한 상징의 의미가 하나로 한정되지 않는 경우가 생길 수 있다.』라고 말함으로서 상징의 다의성(多義性)에 대해 명확한 정의를 내린바 있다. 그는 꿈-상징의 해석에 있어서도 상당히 진화된 견해를 피력하고 있는데『모든 꿈은 의미심장하고 중요한 것이다. 꿈에 의미가 있는 까닭은, 꿈을 번역하는 열쇠를 가지고 있으면 이해할 수 있는 메시지를 포함하고 있기 때문이다.』라고 역설하면서 『잠자는 동안의 정신활동은 생시의 정신활동과는 다른 논리를 가지고 있다. 자고 있을 때의 경험에서는, 인간이 현실에 대응할 때에만 중요해지는 여러 성질에 주의를 기울일 필요는 없다. 예컨대 어떤 사람을 비겁한 자라고 생각하고 있으면, 그 사람이 병아리로 바뀌는 꿈을 꿀 지도 모른다.』는 프로이트의 사례를 인용한바 있다.

그렇다면 이제 우리는 위의 세 사람이 정의하고 있는 정형적 상징의 개념에 기초하여 구체적으로 어떠한 것들이 있으며, 또 어떠한 의미로서 사용되고 있는가 하는 것을 상세하게 알아봐야 될 것이다. 나는 정형적 상징을 [원시적(原始的) 상징]과 [문화적(文化的) 상징]으로 대별할 수 있다고 생각한다. 원시적 상징은 잘 알려진 대로 선사시대적 인류공통의 상징, 즉 융의 원형 이미지나 프로이트의 고태적 잔재와 같은 것이고, 문화적 상징은 같은 문화권에 속하는 일단의 사람들에게만 공유되는, 각기 다른 관습이 매개가 된 상징이다. 후자의 경우에 종교적 상징이 포함될 수 있고, 개인적 상징과도 상당부분 중첩되는 것으로 에리히 프롬이 말한 [상징방언]에 해당하는 상징이다.

☞ *사례* : 평소 고양이 공포증을 갖고 있던 나폴레옹(Napoleon. Bonaparte)은 저 유명한 워털루 전투 전날 밤에 공교롭게도 검은 고양이가 등장하는 꿈을 꾸었다. 다음날 나폴레옹은 이 전투에서 크게 패하고, 이후 세인트헬레나로 유배되어 그곳에서 생을 마감한다. 이제나저제나 서구인들에게 검은 고양이는 불쾌와 불운의 상징인 모양이다. 여기서 검은 고양이는 서구인들에게만 통하는 [문화적 상징] 이다. 에드가알란포(Edgar. Alan. Poe)의 소설에서도 검은 고양이는 복수의 마신(魔神)으로 등장한다.

[원시적 상징]은 인종과 문화적 차이를 뛰어넘은 범인류적 상징으로 이것을 세분하자면 자연적(自然的) 상징과 정동적(情動的) 상징, 그리고 관념적(觀念的) 상징 등으로 나눌 수가 있다. 이러한 분류는 『우리

의 마음이 무의식적, 생물학적, 선사시대적인 발달에 기초하고 있으며, 상징이 신화, 전설, 민담 등과 그 기원을 같이한다.』는 칼·융의 이론을 전제로 한 것이다.

그 중 [자연적(自然的) 상징]부터 살펴보자면 해, 달, 별 물, 바다, 비, 번개, 눈 등의 자연물이나 자연현상 외에 각종 동식물과 원시인물 표상이 있을 수 있다. 융은 그의 무의식론에서 말하기를『원시인들은 자신들이 사람의 영혼만이 아니라 숲의 영혼도 갖고 있으며, 이 숲의 영혼은 사람 개개인이 어떤 정신적 동일성을 갖고 있는 야생동물이나 나무로 구체화된다고 가정한다. 유명한 프랑스의 민속학자 레뷔·브릴이 신비적 관여라고 부른 것이 바로 이것이다.』라고 말했다. 그런데 어느 고대사회건 원시적 자연상징에 모두 이와 같은 애니미즘적인 요소가 포함되어 있다는 점에서는 공통이다. 특히 [태양]이 그 대표적인 것으로 생명의 탄생과 보존이라는 관점에서 신격화된 것이 고대문화의 일반적인 현상이다. 어떤 고대문화이건 태양을 숭배하는 사상은 쉽게 찾아볼 수 있으며 아직 지구상에 몇 안 남은 미개사회에서도 이러한 흔적은 발견된다. 이러한 점에 미루어 원시인의 태양숭배사상이 종교탄생의 매개가 된 것은 아닐까 하고 생각해 본다. 원시심성에서 기원한 태양신의 종교적 색채가 가장 강했던 문화는 고대 이집트다. 고대 이집트에서는 절대 권력을 휘두르던 파라오가 태양신 라(Ra)의 아들로 간주됨으로서 그 문장(紋章)에는 매나 날개 달린 사자가 그려져 있다고 한다. 그리스 신화에 등장하는 아폴론, 잉카제국의 태양신전과 파리미드, 고대 인도의 수레바퀴 상(像) 등은 모두 태양신 숭배와 관련이 있다. 일본의 신사(神社)에서는 아직도 태양을 상징하는 거울을 경배하고 있고, 태양의 흑점을 최초로 관찰한 민족답게 고대 중국인들은 태양의 흑점을 연상한 삼족오(三足烏)를 신성시하였다.

☞ *삼족오* : 옛날 중국의 요임금 시절 하늘에 태양이 10개나 나타나 산천

고분(古墳)에 그려진 삼족오(三足烏)

초목이 다 타죽을 지경이었다. 요 임금은 활을 잘 쏘는 예(羿)로 하여금 하늘의 태양을 쏘아 떨어뜨리게 했다. 예가 태양을 쏘자 불덩이가 폭발하면서 땅에 떨어졌다. 떨어진 자리에는 발이 셋 달린 황금빛 까마귀가 화살에 꽂혀 죽어있었다고 한다. 삼족오의 상징의의는 한국, 중국, 시베리아, 만주, 일본 등에 널리 퍼져 있다.

그러나 어느 나라보다도 태양숭배사상이 유난히 강한 색채를 띠고 있었던 것은 우리의 고대국가들이었다. 고구려의 고분벽화에는 태양신과 월신(月神)의 모습이 아름답게 그려져 있는데, 태양신이 머리에 이고 있는 태양 속에는 발이 셋 달린 까마귀가 그려져 있다. 고구려 사람들은 금관의 장식에도 새겨 넣을 정도로 이 삼족오를 매우 숭배했다. 고구려 주몽의 전설은 태양숭배사상을 나타내는 것으로 대부분의 난생설화─*알이 태양의 기운을 받아 그 속에서 시조나 왕이 될 사람이 태어났다는 태양신 내지 천신신앙이다*─도 이것과 관련이 있다. 《삼국유사》에 신라의 설화로 기록된 연오랑과 세오녀도 태양신이었다.

☞ **연오랑 세오녀** : 신라 아달라왕 때에 이 부부는 동해 바닷가에 살고 있었는데, 어느 날 바위에 실려 가서 일본의 왕과 왕비가 되었다. 그러자 신라에서는 해와 달이 빛을 잃어 온 세상이 캄캄해졌다. 해와 달의 정령인 연오랑과 세오녀가 사라졌기 때문이었다. 신라왕의 간청으로 세오녀가 일월의 정기를 모아서 짠 비단을 받아다 제사를 올리니 해와 달이 다시 밝아졌다

또한 우리네 민속의 핵심이라고도 할 수 있는 [솟대]는 소도(蘇塗)

의 입목(立木)이라는 태양신을 위한 제천의식(祭天儀式)에서 기원한 것이며, 솟대 위에 올려놓은 새는 태양신과의 메신저라는 의미를 갖는다. 그런데 자연물에 영성을 부여하는 원시적 사고는 본능적 직관에서 나온다. 본능적 직관이란 인간은 물론 동물, 심지어는 식물까지를 포함하는 범생명체적인 지각능력이다. 인간이 진화를 통해 여타 생명체와의 차별화를 꾀한 이후 인간만의 특수한 기제-*후천적 직관*-로 개발해온 것이 지성(知性)이라고 한다면 본능적 직관은 선험적인 것이면서 범생명체적인 것이라 할 수 있다. 인류가 문명화 된 이후에도 누천년 동안이나 태양을 신으로 떠받들어 온 데에는 여전히 본능적 직관이 작용하고 있었기 때문이다. 그러므로 칼·융의 원형 이미지 역시 본능적 직관의 산물로 이해될 수 있을 것인바, 거기에는 현대인이 상실한 영성이라는 것이 존재한다고 본다. 이러한 직관을 베그르송은 이른바 [대상과 합일(合一)되는 직관], 또는 [신비적(神秘的) 직관]이라고 말했다. 그러나 인간은 본능적 직관을 지성으로 대치한 대가로 영성상실이라는 큰 희생을 감수해야만 했다.

그렇다면 꿈-상징으로서의 태양은 어떤 의미일까? 경험적 실증자료들을 통해 확인한 바에 의하면 우리의 경우 태양은 광명, 희망, 원천, 자비, 영광 등의 관념적 요소를 나타내고 왕이나 대통령 등의 통치권자-*하늘이 국가를 상징하므로*-를 동일시-*의인시*-한다. 또한 해가 동쪽에서 떠서 서쪽으로 질 때까지의 일조시간(日照時間)을 인생사에 비유하곤 하는데, 꿈은 이러한 잠재지식을 활용하여 인생의 여러 시기(時期)를 암시하기도 한다.

☞ **본능적 직관** : 잠재의식의 한 기능이며 선험적 직관이라고도 한다. 새의 각인이나 둥지를 짓는 행동, 부모와 떨어져 태어난 새도 수천 마일을 날아가 동족들의 서식지를 찾아가는 행동, 벌들이 여왕벌을 중심으로 마치 한 몸이나 된 듯이 움직이는 행동, 쥐떼가 난파선으로부터 탈출하는 행동, 그

리고 개가 멀리 외출한 주인이 돌아올 즈음 집 앞까지 나와 짖어대는 행동 등의 사례에서 찾아볼 수 있는 무의식적인 인식작용이다.

같은 천체상징이면서도 [달(月)]은 해보다 다소 격이 낮은 상징의의를 나타낸다. 그런가하면 동서양을 막론하고 해와 달로서 남녀를 대비(對比) 할 경우 달은 통상 여성의 상징이다. 우리의 경우에도 일월신화-*연오랑세오녀설화*-에서 보듯이 해는 오빠, 아버지, 남편, 또는 왕으로 동일시되고 달은 누이동생, 어머니, 부인, 또는 왕비로 동일시된다. [달이 왜 여성을 상징하는가]에 대해서는 우선 해와 달의 대비-*음양론* 등-에서 그 이유를 찾아보아야 하겠지만 그것보다는 달의 순환주기(循環週期)와 깊은 연관이 있으리라고 생각한다. 흔히 여성의 월경을 [달거리]라고 부르는 것도 그것의 주기가 우연히 달의 순환주기와 맞아떨어졌기 때문이다. 해와는 달리 달은 매월 그 형태가 주기적으로 바뀐다. 때문에 그 형태변화로서 인생의 흥망성쇠를 암시하기도 한다. 중국에서도 달은 여성과 아름다움의 상징이었다. 중국인들은 일찍이 달이 차고 기울고 하는 순환의 원리를 깨달아 영혼불멸사상(靈魂不滅思想)과 혼백사상(魂魄思想) 등을 정립했다. 달을 매개로 한 이와 같은 윤회사상은 시베리아를 비롯한 동북아 전역에 널리 퍼져있는 샤머니즘적 내세관에도 깊숙이 스며들어 있다. 고대 서아시아의 카르타고에서는 달이 태모신(胎母神)의 상으로 탄생과 생명의 원천으로 간주되었다. 게르만족은 달을 숙명(宿命)의 상징으로 받아들였는데 운명의 여신들, 즉 마니, 니, 니시 등을 각각 보름달, 초승달, 반달로 비유하였다. 게르만족의 경우처럼 전세계적으로 달은 숫자 3과 깊은 연관을 갖고 있다. 중국에서는 달에 사는 두꺼비의 다리가 셋이라고 했고, 아프리카 아샨티 족은 달의 여신이 세 명이라고 했으며, 프랑스에서는 달에 3마리의 토끼와 3명의 인간이 산다고 했다. 한편 아메리카 원주민인 다고타 족은 꿈에 달을 보면 불길하다고 생각하였다. 고대인들이라고 해서 모두가 길상으로는 보지 않았다는 이야기다. 우리의 경우 꿈-상징으로서의 달은 풍요, 작품, 명예, 척사(斥邪), 계몽 등을 암시하고 유명인이나 여성 등을 동일시한다. 동서양을 막론하고 만월(滿月)은 풍요와 기원의 상징이다. 그러나 서구에서는 만월에 불길한 일이 생긴다는 관습적 사고 때문에 부정적인 의미로 해석되는 경우도 있다.

☞ *사례* : 서거정(徐居正 1420~1488)은 조선 중기의 문신이자 학자이다. 세조가 아직 수양대군으로 있을 때 명나라 사신으로 간 적이 있는데, 서거정이 종사관으로 따라갔다. 압록강을 건너 파사보에서 자게 되었는데 저녁에 서거정의 어머니가 죽었다는 편지를 받게 되었다. 세조는 서거정에게 알리지 못하도록 하였다. 이때 자다가 괴상한 꿈을 꾸고 깜짝 놀라서 일어난 서거정은 땀을 몹시 흘렸다. 사람들이 그 까닭을 묻자 서거정이 말했다. 『달에 이상한 현상이 일어났다. 달은 어머니를 상징한다. 나에게 노모가 계시는데 이렇게 꿈이 좋지 못하니 틀림없이 어머니에게 일이 있을 것이다.』 그러자 세조는 『서거정의 효심은 실로 하늘을 감동시키는구나.』라고 감탄하며 서거정을 불러 말하였다. 『편지에 그대의 어머니가 병이 위독하시다 고하니 집으로 돌아가도 좋다.』 서거정은 한강을 건너와서야 그 편지가 어머니의 부고인지 알았다. 이 꿈에서 달은 여성과 어머니의 상징이다.

☞ *사례* : 중국의 송(宋)나라 태조(太祖)는 해를 삼킨 태몽을, 진황후(眞皇后)는 달을 삼킨 태몽을, 소열황후(昭烈皇后)는 별을 삼킨 태몽으로 각각 출생하였다고 한다. 해는 왕을, 그리고 달은 왕후를 암시한다는 음양사상이 꿈에 그대로 적용된 사례들이다.

현대의 우리네 꿈-상징에 있어서 [별(星)]은 희망, 권리, 진리, 업적, 권력 등을 상징하며 유명인, 권력자, 지도자, 친구 등을 동일시한다. 여러 개의 별로 이루어진 성단(星團)이나 성좌(星座)는 국가기관, 정당, 사업체 등을 암시하는데 이러한 상징의의에는 [하늘]이 국가나 사회를 암시한다는 전제가 깔려있다. 때문에 별은 흔히 해와 달과 함께 하늘을 배경으로 한 결합표상(結合表象)의 하나로 꿈에 자주 등장한다. 고래로 별은 국가적인 인물의 탄생과 죽음을 암시하는 전조로서 간주되었는데 꿈-상징의 경우에 있어서도 또한 같다. 우리나라와 중국에서는 특히 샛별(金星-계명성, 태백성, 장경성-)의 상징성을 중시하였는바, 이 별이 동녘에서 밝게 빛나는 꿈을 국가적인 큰 인물의 탄생으로, 떨어지는 꿈을 그 몰락으로 각각 풀이했다. 다만 낮에 나온 샛별이 이상현상을 보일 경우 전쟁, 모반 등의 국가적인 재난이 닥친다고 생각하였는데 이것은 혜성(彗星)의 경우에도 같았다.

고래로 별은 힘과 권력의 상징이었다. 해와 달이 왕과 왕비로 비유되었다면 별은 권력을 가진 위대한 인물을 암시했다. 그러나 자기 궤도를 이탈한 별은 모반이나 천재지변, 그리고 전쟁 등을 암시하는 흉조로서 받아들여졌다. 서양에서는 일찍부터 별자리를 두고 그 사람의 운명을 점치는 점성술(占星術)이 발달하여 상당히 풍부한 상징성을 갖고 있는데 별은 대체로 꿈과 희망, 그리고 소망의 상징이다. 이것은 아마도 선사시대 인간들이 별을 보고 기원하는 원시심성에서 유래한 듯하다. 우리나라에서는 성좌를 28개로 보아 그 숫자적 의미를 상당한 길상으로 여겼으며, 특히 도교에서 기원한 성수신앙(星宿信仰)에서는 북두칠성을 숭배하였다.

☞ **결합표상(**結合表象**)** : 배경이 되는 시각표상을 중심으로 관련된 여러 표상들이 한데 어우러져 집단적인 의미를 나타낼 때 그 각 요소에 해당하는 표상이다. 예를 들어 하늘이 배경일 경우에는 해, 달, 별, 구름 등이, 바다가 배경일 경우에는 섬, 파도, 배, 물고기 등이, 그리고 집이 배경일 경우에는 방, 마루, 문, 지붕 등이 각각 그것에 해당한다. 이때 배경이 되는 하늘, 바다, 집 등을 배경표상(背景表象)이라고 한다.

태양 다음으로 범인류적인 공통성이 강한 상징은 [물(水)]이다. 물은 세계 각지의 신화, 전설 등에서 생명의 원천, 부활, 모태(母胎),

정화(淨化), 등의 의미를 나타내는 배경표상으로 빈번하게 등장하고 있다. 동서양을 막론하고 물은 모태, 출생, 또는 여성성(女性性)을 상징한다. 이것은 아마도 모태(母胎) 속의 양수(羊水)를 비유하거나 본시 생명체가 물에서 출발했다는 선험적 잠재지식이 작용하기 때문일 것이다. 심리학자들도 호수나 바다를 생명탄생의 상징으로 간주하고 있는데 프로이트는 『꿈에 물속에 떨어진다거나, 물속에서 나온다거나 물에 의해 구원을 받는다는 것은 잉태, 출생을 상징하는 것이다.』라고 말했다. 그런데 서양과는 달리 우리나라에서는 [물은 곧 재물의 상징이다]라는 의미가 강하게 부각되었다. 이것은 아마도 물을 기반으로 한 오랜 농경문화가 원인인 듯하다. 현대에 와서는 시대상황적인 의미가 첨가되어 물의 흐름으로 연상된 문화사상적 조류나 학풍 등을 암시하기도 한다. 물은 그 극단적인 양태 때문에 양가적(兩價的)인 상징의의를 나타내는 대표적인 표상이다. 잔잔한 수면으로 연상되는 평화적 이미지와는 달리 흙탕물로 범람하는 홍수는 모든 것을 쓸어가는 파괴의 화신으로 비춰지기도 한다. 때문에 현대의 우리네 꿈에서도 [하늘이 흐리거나 물이 탁하여 기분이 개운치 못한 꿈을 꾸면 하는 일의 전망이 어두워져 답답한 상황에 놓이게 된다]거나, [탁한 물이 밀려와 몸을 휘감는 꿈을 꾸면 질병에 걸리거나 사회적 재난에 휘말리게 된다]거나, 또는 [더러운 물에서 고기를 잡으면 부정축재를 하게 된다]거나 하는 등의 사례처럼 부정적 의미를 나타내는 배경표상으로도 자주 등장한다. 이런 점에서 물의 상징성을 부드러움과 난폭함으로 대비시킨 바슐라르(Gaston. Bachelard)나, 물을 [불]과 더불어 대표적인 양가성 상징으로 정의한 에리히·프롬의 판단은 매우 적절하다고 생각된다.

물의 또 다른 범인류적인 상징성은 그것으로 온갖 더러움을 씻어낸다는 뜻의 정화(淨化)이다. 가톨릭에서 세례(洗禮)를 통해 통과의례를 행하는 것도 이러한 원시심성에서 기원한다고 생각한다. 우리네 민속에서도 각종 비나리(祝願)를 할 때 가장 먼저 행하는 일이 목욕재계와 정화수 떠놓기이다. 목욕재계는 물의 정화력을 빌려 신과 교응(交應)할 수 있는 자질, 또는 심신 상태를 갖추고자 함이다. 이것은 일종의 원시적 종교의식이 분명함으로 가톨릭의 세례에 비견될 수 있다. 일본에서도 물의 상징성은 정화라는 의미가 강하다. 그들 고유의 종교인 신도(神道)에서는 목욕재계를 기본제의(祭儀)로 한다. 우리 민속에서 물은 재생과 척사(斥邪)의 의미도 갖는다. 이것은 무속의 바리공주의 전설 속에 잘 표현되어 있는데 바리공주가 병으로 죽게 된 부모를 위해 서역으로 가서 생명의 약수를 가져와 부모를 살려낸다는 것은 영혼불멸(靈魂不滅)과 재생(再生) 모티브에서 유래한 것이다. 서구에서는 물이 [요단강 저쪽과 이쪽이라는]이라는 기독교적인 관념에서 죽음과 탄생의 경계(境界)라는 의미를 나타내기도 한다. 우리네 민속에서는 강이 아니라 바다가 그 역할을 대신하고 있다. 수신(水神)－또는 용신(龍神)－사상이 바로 그것으로 이러한 재생모티브는 심청이설화에 잘 나타나 있다.

☞ **사례** : 이율곡(李栗谷) 선생의 모친인 사임당 신(申)씨가 1536년 어느 봄날 강원도 북평에서 꾸었다는 태몽 이야기다. 동해의 푸른 바닷가로 나가니 바닷물 속에서 웬 선녀 하나가 살결이 몹시 고운 옥동자를 안고 나와 자기에게 건네주고는 다시 바닷물 속으로 사라졌다고 한다. 이 꿈을 꾸고 난 얼마 후 아들을 낳았는데 그가 바로 율곡 이이(李耳) 선생이다. 여기서 바닷물은 생명의 원천이라는 의미 외에 모태의 양수라는 뜻도 갖는다.

원시적 상징 가운데에서도 [새(鳥)]는 그 양태의 특이함으로 인해 가장 많은 영성을 부여받은 동물표상이라고 할 수 있다. 특히 인간의 원초적인 욕구인 하늘을 날 수 있는 능력을 가진 동물이라 히여 동서고금을 통틀어서 영혼의 현신 내지 신의 전령이라는 특수한 지위를 누려왔다. 이러한 유속(遺俗)은 새와 얽힌 수많은 설화를 탄생시켰는데 우리를 포함한 동북아시아 지역에 가장 많이 남아 있다. 앞서 설명한 바와 같이 인류 최초의 숭배대상이 태양이었으며, 이러한 태양숭배사상은 전 세계적으로 골고루 펴져 있다는 것이 학자들의 공통된 의견이다. 그런데 태양신앙과 불가분의 관계에 있는 동물이 바로 [새]다. 원시신앙에서 새는 태양신의 메신저라는 의미를 갖고 있다. 이것은 아마도 새가 날짐승으로서 [인간이 보지 못하는 사이에 하늘 높이 날아가 태양까지 다녀오지 않았을까]하는 원시인들의 연상이 하나의 관념으로 정착된 듯하다. 일부 학자들은 새가 태양신앙의 핵심적인 요소로 정착된 이유 중의 하나로 맹금류가 죽은 시체를 파먹는다는 사실을 제시하기도 한다. 즉, 원시인들은 사람의 시체를 파먹는 새를 인간의 부활을 돕는 신의 사자라고 생각했다는 것이다. 티베트에서는 지금도 조장(鳥葬)이라고 하여 사람의 시신을 새에게 먹이는 장례유습을 행하고 있다.

고대 중국(中國)의 태양숭배사상(삼족오)

이처럼 새를 신성시하는 원시관념은 우리도 예외가 아니어서 새의 영성을 주제로 한 수많은 설화들이 전승되고 있고 선사시대 유물과 고분벽화 등에는 새의 그림과 문양(文樣) 등이 수없이 발견되고 있다. 재미있는 것은 사신총이나 쌍영총 등을 만든 고대인들이 벽화에 해와 달을 대신해서 새와 토끼를 그려 넣었다는 사실인데 그 시대의 사람들도 관념을 상징적 이미지로 묘사하는 수준 높은 표현수법을 구사하고 있었다는 점에서 특기할 만하다.

새가 영성의 동물이라는 믿음은 현존하는 원시신앙에서도 쉽게 그 증거를 찾아볼 수 있다고 한다. 아프리카 요루바족과 뉴질랜드의 마오리족은 장례 때, 죽은 새의 날개를 공중에 날리면서 새를 [다른 세계로 들어가는 길의 안내자]라고 부른다고 한다. 또한 인도차이나의 샴 족은 죽은 자의 관 뚜껑에 영혼을 다른 세계로 인도한다는 의미에서 새의 모형을 부착한다고 한다. 고구려의 상징으로 알려진 삼족오는 까마귀 세 마리를 형상화한 것인데 우리 선조들의 태양신앙을 엿볼 수 있는 가장 대표적인 요소이다. 그러나 우리네 관념상의 까마귀는 양가적인 성격을 갖고 있다. [까마귀 노는 곳에 백로야 가지 마라]

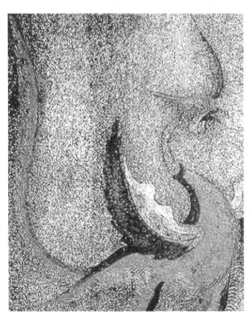

고구려 고분 벽화속의 봉황(鳳凰)

라는 경구가 있는가하면 그 새끼가 어미를 돌본다는 뜻의 반포보은(反哺報恩)이라는 한자성어처럼 효행의 상징으로 간주되기도 한다. 서구에서는 그 불길한 겉모습으로 인해 까마귀를 흉조로 간주하지만 새가 인간의 영혼을 상징한다는 측면에서는 역시 양가적이다.

새와 관련된 범인류적인 상징의의는 영혼불멸사상이다. 기독교에서는 성령이 비둘기에 비유되었다 하여 이를 신성시하였고, 아메리카 인디언들은 그 부리에서 천둥과 번개나 나온다는 천둥새(thunder bird)의 정령을 숭배하였다. 또한 로마인들은 황제의 시신을 화장할 때 독수리를 하늘 높이 날려 보냈는데 이 의식을 통해 죽은 이의 영혼이 신들의 세계로 들어간다고 믿었다. 이처럼 새를 영험시하는 원시적 관념은 자연물에만 그치지 않고 상상의 새에까지 확대되었다. 서구의 피닉스 -불사조-와 인도의 가루다-금시조-, 그리고 중국의 봉황(鳳凰) 등은 모두 새의 신성성에서 기원한 원시심성의 범인류적인 공통성을 입증하는 좋은 단서가 되고 있다. 현대의 우리네 꿈에서는 새가 여성-*특히 작은 새*-을 동일시하는 상징표상으로 자주 등장하는데 이것은 아마도 그 특이한 양태, 즉 몸이 가볍고 목소리가 예쁘다는 점이 유사관계로 작용하기 때문은 아닌가 한다. 그러나 영혼의 대치(代置)라는 고태적 상징의의를 나타내는 꿈도 적지는 않다. 특히 자기 곁을 떠나 멀리 날아가는 새가 장차 현실에서 사이별(死離別)할 사람들을 동일시한다는 점에 있어서는 고대인의 그것과 정확하게 일치하고 있다.

물론 위에 열거된 이미지들이 생각만큼 꿈에 자주 출몰하는 것은 아니다. 익히 설명한 바와 같이 꿈은 친숙한 이미지들을 더 선호하는 속성을 갖고 있다. 때문에 복잡한 사회를 살고 있는 현대인들의 꿈이라면 용이 하늘을 날고 호랑이 덤비는 원시적인 이미지가 아니라, 지하철 안의 자질구레한 사건들이나 마트 안에서 받은 사소한 인상들이 더 자주 등장한다. 다만 우리가 이런 고태적 이미지들을 중요시하는 것은 그것들이 꿈의 주된 재료가 되기 때문이 아니라, 본래의 재료로부터 꿈-상징이 가공되는 메커니즘, 즉 잠재의식적 표상원리가 원시심성에 틀을 맞추고 있기 때문이다.

원시인들이 흉포한 짐승에게 쫓길 때 느꼈던 공포감이나 현대인들이 무서운 괴수영화를 관람할 때 느끼는 그것이나 본질적인 차이는 없다. 꿈-상징의 정형성을 논하는 과정에 빼놓을 수 없는 것이 [정동표상(情動表象)]이다. 위에서도 언급한 바와 같이 인간이 외부의 어떤 위협적인 대상으로부터 느끼는 공포감이라는 것은 원시인의 경우에 있어서나 현대인에 있어서나 공히 같을 수밖에 없다. 이처럼 에너지가 실린 격한 감정들은 시대가 다르고 나라가 다르며, 또 사람이 다르다 해도 어떤 일정한 틀을 갖고 있는데 슬픔, 기쁨, 불쾌감, 모욕감, 근심, 불안, 분노, 의혹, 욕동, 절망감 등의 감정패턴들은 그 자체로서 하나의 상징단어가 되어 일정한 정형성을 나타내는 상징언어가 된다. 이러한 공포감은 원시적이면서 또한 범인류적인 공통의 감정패턴이라 할 수 있다. 꿈속의 공포감은 바로 원시심성의 잔재이다.

☞ **정동(情動)** : 사전적인 의미로는 『희로애락과 같이 일시적으로 급격히 일어나는 감정으로 진행중인 사고과정이 멎게 되거나 신체 변화가 뒤따르는 강렬한 감정 상태』이다. 이것은 정서와 동의어로 쓰이기도 한다. 프로이트 식으로 말하자면 흥분 에너지가 충당된 감정들이다. 스피노자는 정동을 기쁨과 슬픔으로 나누었고 프로이트는 쾌감과 불쾌감으로 나누었다.

언어가 개발되기 이전의 원시사회에서는 표정과 몸짓, 그리고 단순한 발성만이 유일한 의사소통의 도구였을 것이다. 그리고 그러한 원시언어가 우리 잠재의식적 메커니즘을 통해 전승됨으로서 현대인의 꿈속에 발현되고 있음도 틀림없는 사실일 것이다. 인류학자들이 전세계의 각 민족들을 비교, 관찰한 바에 의하면 고도의 문명사회에서 살고 있는 백인들의 표정과 남아메리카 오지에 사는 원주민들의 표정을 비교했을 때, 거기에서 눈곱만큼의 차이점도 발견해 낼 수 없었다고 한다. 배고픈 갓난아기가 젖을 빨 때, 안락함과 포만감의 표정을 지어보이거나 싫어하는 물건을 보았을 때, 고개를 돌리거나 하는 등의 행동이 성인의 그것과 조금도 다름이 없다는 사실에서 우리는 그것들이 진화의 산물이면서 동시에 선험적인 행동태(行動態)라는 사실을 간파하게 된다. 말이 안 통하는 외국인이나 청각장애자들과 대화를 할 때, 표정이나 몸짓만으로도 어느 정도의 의사소통이 가능하다는 점을 감안한다면 그것이 범인류적인 원시언어라는 사실을 부정하

기 어렵다. 이 점에 대해 찰스·다윈(Charles. Darwin 1809~1882)
은『공포, 노염, 실망, 기쁨에 대한 얼굴표정은 전혀 접촉이 없었던
문화권의 사람들 사이에도 차이가 없다. 어떤 감정의 표현에는 분명
히 타고난 요소가 있다. 그리고 사람의 행동방식 중에는 동물의 치환
행동(置換行動)에 해당하는 것도 있다. 난처한 처지에 놓이거나 스트
레스를 받으면 머리를 두드리거나 긁적거린다. 여러 가지 감정표현은
판에 박은 순차적 운동으로 이
루어진다.』라고 설명한 바 있다.
원시심성의 잔재인 꿈이 가급적
이면 쉽고 편한 이미지를 더 선
호한다는 사실을 상기한다면 이
러한 표정이나 행동 등이 꿈의
주요한 상징언어로서 기능하리
라는 것을 미루어 짐작하기가
어렵지 않을 것이다. 나는 수많
은 실증사례들을 수집, 분석하
는 과정에서 이러한 기초적인
표정이나 행동만으로도 매우 의
미심장한 암시성을 나타내는 꿈
들이 의외로 많다는 사실을 발

찰스 · 다윈(Charles. Darwin)

견하고는 놀라움을 금치 못하였다. 이것들을 나는 행동표상(行動表象)
이라고 명명한 바 있다. 이 행동표상은 정동표상과 매우 밀접한 관련
을 갖고 있는바, 내적인 정동을 외부에 나타내는 것이 바로 행동이라
는 점에서 이 둘은 불가분의 관계를 갖는다. 현대인의 꿈에 자주 등
장하는 [웃다, 울다, 미소 짓다, 찡그리다, 무표정하다, 감탄하다, 걷
다, 뛰다, 흔들다, 고개를 젓다] 등의 행동표상들도 결국은 내적인 요
소인 정동, 상념들이 외부에 표출된 것이다. 그러므로 우리가 해석에

임해서는 반드시 그들 간의 상관관계를 고려해야만 한다.

　그런데 칼·구스타프·융이 원형적 이미지라고 제시한 여러 가지 인물 표상들을 우리의 것과 비교해보면 놀라운 의미상의 일치를 발견하게 된다. 그 중 몇 가지를 열거하자면 [태모 → 삼신할머니], [영웅 → 개국시조], 또는 [현자할아버지 → 신선] 등이 있는바, 그 외형은 조금 달라보여도 본질적인 의미에서는 범인류적인 공통의 상징물이라고 할 수 있다. 그러나 위와 같은 이음동의어(異音同議語)적인 이미지들을 대비시키는 것만으로는 원시적 상징의 의미를 충분하게 설명할 수가 없다. 에리히·프롬이 지적한 것처럼 같은 이미지일지라도 문화가 다른 지역에서는 정반대로 해석될 수가 있기 때문이다. 이처럼 인습(因習)을 같이 하는 일단의 사람들에게만 공유될 수 있는 상징을 [상징방언]이라고 한다. 예를 들어 [해]를 놓고 보더라도 북쪽 추운 지방에 사는 사람들에게는 은총과 자비의 상징일 수가 있으나 적도 부근에 사는 사람들에게는 생명을 위협하는 공포의 상징일 수도 있는 것이다. 마찬가지로 [달] 역시 통상 여성성과 풍요의 상징이지만 특수한 문화권에서는 흉조로도 받아들여지고 있는 것이다. 이처럼 동일한 상징물이 문화권에 따라서는 전혀 다른 의미로도 해석될 수 있는 이유는 [물]이나 [불]처럼 그것이 본래부터 갖고 있는 양가성 때문이기도 하지만 무엇보다도 그것을 받아들이는 사람들의 환경이 서로 다르기 때문이다. 그러나 우리는 여기서 다음과 같은 사실에 주목해야만 한다. 같은 이미지를 놓고 서로 다른 문화권에서 각기 다르게 해석하더라도 그것을 상징물로 운용하는 메커니즘만은 똑 같다는 것이다. 예를 들어 건조한 사막지역의 사람들이 [해]를 [생명의 원천]과 [죽음의 공포]라는 양가적인 의미로서 받아들인다면 범람원지역의 사람들은 [물]을 그와 똑 같은 개념으로 받아들일 것이다. 이때 이 두 상징물, 즉 해와 물은 [생명의 원천]이라는 점에서 이음동의어(異音同義語)적인 관계에 있다고 할 수 있다. 역으로 사막지역의 해와 북극지역의 해는 동음이

의어(同音異議語)적인 관계라고 할 수 있을 것이다.

[관념적 상징]이란 또 무엇인가? 칼·융이 그의 원형론에서 열거한 원형 이미지, 즉 태모, 현자, 영웅, 악마 등은 원시인들이 사물을 보는 관념을 형상화한 것의 다름이 아닐 것이다. 그렇다면 원시인의 관념은 그런 것들뿐이었을까? 거기에는 프로이트의 오이디푸스·콤플렉스와 레비·브륄의 신비적 관여, 그리고 칼·융의 누미노줌 등도 포함되어 있을 것이다. 이러한 원시적 관념들은 세계 각지의 신화, 전설 등에서 찾아볼 수가 있다. 각국의 신화, 전설에서 발견되는 애니미즘이나 토템이즘, 그리고 오이디푸스콤플렉스 같은 것들을 가장 원시적인 관념이라고 한다면 우주창조, 인과응보, 죄와 벌, 원죄, 보은, 이상향, 희생제, 천국과 지옥, 영혼불멸사상 등은 다소간의 시기가 경과한 이후 원시심성이 초기문명의 옷을 입은 형태에 해당할 것이다. 따라서 위와 같은 원시관념들이 꿈의 이미지로 표현되는 것을 가리켜 [관념적 상징]이라고 불러도 별 무리는 없으리라 본다. 조셉·캠벨(Joseph. Cambell 1904~1991)은 [신화란 보이는 세계와 보이지 않는 세계를 설명하는 사상의 체계]라고 정의했다. 그는 전 세계의 인류는 인종의 차이에 관계없이 생물학적으로만 동일한 것이 아니라 정신적으로도 동일하다고 보았다. 레비·스트로스(Levi. Strauss 1908~1991)는 신화를 암호체계로 보았다. 그는 『신화의 암호는 그 암호를 이루는 단위를 분리해 낸 후, 그 단위들 사이의 관계를 규명하면 풀 수 있다.』라고 말했다. 바로 이 신화적 요소가 우리의 꿈속에 등장하는 원시적 이미지이자 관념이다.

기독교 문화를 바탕으로 하는 서구에서는 뱀을 극히 사악한 동물로 간주하는 반면 우리네 민속에서는 12지신(支神)의 하나인 영험한 동물로서 신성시하는 것은 상징체제가 서로 다르기 때문이다. 그럼에도 불구하고 이 두 문화권에 공통적으로 작용하는 원시적인 상징성은 따로 존재한다. 그것은 바로 지혜, 교활, 그리고 영험(靈驗)함이다. 또한 용(龍)은 동양에서 지고(至高)의 길상(吉祥)으로 대접받는 반면, 기독교문화를 기반으로 하는 서양에서는 마귀(魔鬼)의 상징이다. 그러나 그 이면에는 두 문화권에서 공히 신의 존엄성을 위협하는 최고의 영성이라는 상징의의가 감추어져 있다. 꿈-상징의 정형성과 관련하여 우리가 살펴보고자 하는 관념적 상징이란 바로 이러한 범인류적 공통점이다. 원시적 관념을 표현하는 세계적인 신화들을 우리의 것과 비교해 보면 그 외형이 다르지만 같은 주제-모티브-와 신화소를 포함하는 것들이 허다하다. 예를 들어 사후세계를 상징하는 우리의 염라대왕은 인도의 야마, 이집트의 오시리스, 그리고 게르만의 헬(Hel)에 해당함을 쉽게 알 수 있다. 이런 종류의 것들을 몇 개만 추려서 주제별로 분류하자면 다음과 같다.

① 태양신(太陽神) : 연오랑 세오녀 / 이집트의 라(Ra), 그리스의 헬리오스, 중국의 희화(羲和), 일본의 [아마테라스 오오미카미]

② 천신하강(天神下降) : 단군 / 기독교의 예수, 인도의 크리시나, 이집트의 오시리스, 북유럽의 오딘, 중국의 반고, 헝가리의 머고르

사탄인 용과 대적하는 천사(天使)

③ 인과응보(因果應報) : 콩쥐팥쥐 / 유럽의 신데렐라, 중국의 [이쁜이와 곰보], 베트남의 [땀과 깜]

④ 삼위일체(三位一體) : 단군신화(환인, 환웅, 단군) / 기독교의 [성부, 성자, 성령], 불교의 [법신, 보신, 화신]

⑤ 인간창제(人間創製) : 나반과 아만 / 기독교의 [아담과 하와]

⑥ 보은(報恩) : 나무꾼과 선녀 / 유럽의 [백조처녀(白鳥處女)

의 설화] , 시베리아의 [조녀(鳥女) 설화]

⑦ 내면적가치 (內面的價値) : 구렁덩덩신선비 / 이탈리아의 [큐피드와 프시케] , 인도의 [마법에 걸린 브라만의 아들] , 프랑스의 [정원사의 딸] , 독일의 뱀신랑.

⑧ 이상향 (理想鄕) : 청학동 / 기독교의 에텐동산, 페르시아의 파라다이스, 티베트의 샹그릴라, 중국의 무릉도원, 불교의 극락정토

⑨ 권선징악 (勸善懲惡) : 흥부전 / 몽고의 [박타는 처녀] , 중국의 방이 설화, 일본의 혀 잘린 참새

⑩ 인생무상 (人生無常) : 조신의 꿈 / 중국의 남가태수전, 한단지몽, 불교의 잡보장경

⑪ 효행 (孝行) : 심청전 / 일본의 소야희 (小夜姬), 인도의 묘법동자설화 (妙法童子說話)

물론 설화에 대해 더 깊숙이 논의하는 것은 비전문가인 나로서는 힘에 겨운 일이고 또 이 책의 방향과도 맞지 않아 이 정도의 언급에 그치고자 한다. 다만 우리가 인류 공통의 관념적 상징을 통해 알아낸 것은 그것이 인간의 원시심성에 자리 잡은 기본적인 텍스트라는 점에서는 꿈-상징과 별다른 차이가 없다는 사실이다. 이런 공통점은 꿈-상징도 그대로 녹아들어 기본 골격을 이루고 있음은 두말할 나위가 없다. 바로 이 점이 우리가 이 장에서 집중적으로 논의하고자 했던 핵심적인 주제라고 할 수 있다.

3) 문화적(文化的 : 慣習的) 상징

일정한 지역과 시대에 한정된 관습적, 또는 문화적 상징에는 여러 가지가 있을 수 있다. 그런데 이 문화적 상징은 그것이 지닌 심적 에너지, 또는 그것을 공유하는 문화권에 크기에 따라 그 지속성(持續性)이 달라진다. 예를 들어 동양의 용이나 서양의 유니콘 등은 인간이

창조한 가상의 동물임에도 강한 원시적 에너지를 지니고 넓은 문화권역으로 확산되어 오랫동안 수많은 관념적 요소들마저 부착됨으로서 거의 자연상징(自然象徵)에 버금가는 지속성을 획득하게 되었다. 그런가하면 같은 시대, 같은 문화권에 속한 사람들에게만 통용되는 상징도 있고, 또 같은 시대, 같은 문화권이라고 하더라도 극히 일부분의 사람들에게만 통용되는 상징도 있다. 때문에 문화적 상징은 시대흐름에 따른 다문화(多文化) 간의 상호침투성(相互浸透性) 습합(習合)에 의하여 변전(變轉)하기도 하고 시대적인 관념의 변화에 따라 생멸(生滅)하기도 한다. 이러한 현상은 특히 언어표상, 즉 관용어나 속어(俗語) 등이 이미지화한 꿈-상징에서 두드러지게 나타난다. 관용어나 속어 등에서 이끌려온 언어표상에 대해서는 프로이트도 몇 가지의 사례를 소개한 바 있다. 그는 말하기를 『꿈속에 나오는 어린아이가 남성기의 상징이 되는 것은 남성들 사이에 흔히들 [나의 작은 아이]라고 한데 이유가 있고, 여자들의 모자를 쓰는 꿈이 남녀관계를 암시하는 것은 일상에서 흔히들 여자가 시집가는 것을 빗대어 [모자-특히 남성의 귀두와 유사한 형태- 밑으로 들어간다]라는 은어(隱語)로서 표현하기 때문이다.』라고 했다. 우리네 경우에도 이것과 비슷한 사례는 얼마든지 있다. 예를 들어 지금 50대 이상의 중장년층 남성들이 과거에 콘돔을 [고무장갑]이라는 은어로서 비유하곤 하였는데, 그런 사람들의 꿈에 고무장갑이 등장하였다면 그것은 십중팔구 남녀 간의 불순한 육체관계를 암시하는 것이다.

시대적, 또는 문화적 흐름에 따라 표상의 상징의의가 변화하는 이러한 양상은 종교적인 측면에서도 발견된다. 기독교 문화의 유입으로 생겨난 새로운 숫자적 상징성을 예로 들어보자. 성경에 기록된 내용에 따라 기독교인들은 [6]과 [13]을 대단히 불길한 의미로 받아들인다. 이것은 꿈-상징도 그대로 적용되어 꿈에 등장할 경우 명백한 흉조(凶兆)로서 작용하는데 이것은 불과 한 세기 전만해도 우리와 아무런 관계가 없던 일이다. 한문(漢文)이 주된 문자였던 조선시대 이전에는 한문과 관련한 이미지들이 언어표상의 대부분을 차지했다. 그래서 파자해몽(破字解夢)이라는 것도 나오게 되었지만 이제 시대가 바뀌어 한문을 접하는 사람들이 줄어들고, 또 세계 각국의 문자와 이미지들이 넘쳐나다 보니 꿈-상징 여러 가지 다양한 색채를 띠게 되었다. 따라서 꿈의 언어표상은 문화적 변화에 따라 꿈의 상징체계가 어떻게 변전(變轉)하는가를 알아보는 좋은 자료가 될 수 있다.

칼·융과 프로이트의 사례에서도 확인할 수 있었듯이 꿈의 표상작업이 경험적 내재관계를 매개로 한다는 점에서 그 시대에 유행하는 관용어나 비속어(卑俗語) 등이 정형적 상징이 될 수 있음은 너무도 당연한 일일 것이다. 그러나 그것들은 동시대적 문화를 공유하는 일단의 사람들에게만 통한다는 제한성을 갖고 있다. 그리고 이 제한성에는 극소수의 사람들에게만 공유됨으로서 거의 개인적 상징이나 다름없는 것들도 포함되어 있다. 예를 들자면 [섯다]라는 화투놀이를 즐기는 사람들에게 길조로 통한다는 [9]라는 숫자의 상징의의가 그 좋은 본보기일 것이다. 이처럼 꿈-상징은 원시적 상징으로부터 문화적 상징, 그리고 개인적 상징으로 내려올수록 그 정형성이 점점 약화된다. 그러나 누차 강조한 바와 같이 그것이 개인적 상징이던 집단적 상징이던 간에 그 생성원리가 모두 원시적 메커니즘에 틀을 맞추고 있다는 사실에는 변함이 없다. 이러한 논리를 수용한다면 현대인의 꿈이라고 해서 옛사람들의 그것과 별개로 생각할 아무런 이유가 없다는 사실도 인정해야만 한다. 예컨대 우리네 꿈에 등장한 [행운의 열쇠]를 선조들의 꿈에 등장한 [복조리]로 대치한다고 해서 전체적인 문맥이 달라지지는 않는다는 것이다. 이런 식의 예를 들자면 한도 끝도 없겠지만 그 중 몇 가지만 열거하자면 병풍 → 장막, 이부자리 → 침대, 돗자리 → 카펫, 짚신 → 구두, 관 → 모자, 두루마기 → 외투, 관복 → 제복, 왕 → 대통령, 우마차 → 자동차 등등이 있을 수 있다. 물론 위의 경우처럼 두 개의 표상들이 같은 의미로 해석되려면 각각의 문맥 속에서 똑 같은 의미접속(意味接續) 관계를 갖고 있어야 함은 두 말할 나위가 없다.

우리의 것을 포함하여 동서양의 전통적 해몽사례들을 비교해보면 놀랍도록 유사한 내용을 종종 발견하게 되는데 그 중 하나가 이빨의 꿈, 특히 이빨이 빠지는 꿈에 대한 상징해석이다. 그것들을 종합해 보면 가족이나 친지 중의 누군가를 잃게 된다거나, 사회적인 힘을 상실하게 된다거나, 또는 몽정(夢精)을 하게 된다는 식으로 설명되어 있다. 프로이트도 언급한 것처럼 이빨이 빠지는 꿈이 유형적인 것만은 틀림이 없다. 그리고 입(口)이 가정이나 직장에서의 나의 영역권(領域圈), 특히 가계의 수입이 관계되는 영역권을 암시한다는 점에서 위의 사례들은 대부분 정당하다고 할 수 있다. 입과 이빨은 순망치한(脣亡齒寒)이라고 하는 한자성어도 있듯이 음식을 씹고 말을 하는 등의 기능에 있어 불가분의 관계를 가지고 있다. 때문에 이빨과 입술, 그리고 혀 등은 입이라는 배경상징과 함께 모두가 결합상징에 해당하며, 입이라는 범주 내에서의 관계적 의미를 나타낸다. 예컨대 입이 가정을 상징한다면 그 안에 들어있는 이빨은 당연히 가족의 구성원이 될 것이며, 입이 나의 직장을 암시한다면 이때의 이빨은 그 구성원인 직장 동료들을 암시한다는 것이다. 인간도 진화초기에는 설치류(齧齒類)에서 출발했으므로 이빨이 갖는 의미는 무엇보다도 중요했다. 야생에서 맹수들이 이빨이 상하면 곧바로 생명의 위협을 받듯이 이빨은 거의 모든 동물에게 있어 생명을 유지하는 가장 근본적인 도구이자 힘의 상징이다. 따라서 이빨이 빠진다는 관념이 잠재의식화하여 이빨 빠지는 꿈으로 나타날 때, 그것이 거세(去勢)를 상징한다는 주장 역시 옳다고 말할 수 있다. 이것을 좀 더 넓게 펼쳐보자면 가족이나 직장의 구성원도 나의 힘이 될 수 있으므로 그들이 손상되는 것은 곧 나의 힘이 상실되는 것이니, 거세의 상징이라는 점에서는 같은 맥락인 것이다. 그렇다면 입을 배경으로 한 결합표상의 한 요소로서 이빨의 배열이 무엇을 암시하는가 하는 것도 자명해진다. 어느 가정이나 직장도 위아래의 위계질서 없이는 유지될 수 없을 것이다. 따라서 입이 가정을 암시하는 경우라면 윗니가 윗사람, 그리고 아랫니가 아랫사람으로 해석된다고 해서 불합리하다고는 말할 수 없다.

☞ *이빨에 관한 서구의 해몽* : 프로이트 계열을 제외한 서구의 전통적 해몽가들은 이빨이 흔들리는 꿈은 자신에게 병의 생길 조짐이고, 그 중 하나가 빠지는 꿈은 친구나 친척이 죽는다는 암시이며, 그 모두가 빠지는 꿈은 자신의 죽음을 예시하는 것이라고 풀이한다.

일부 학자들은 이빨 빠지는 꿈이 이의 자극에 의해서, 또는 앓는 이를 뽑아버리고 싶은 충동에 의해서, 형성된다고 주장한다. 그런데 프로이트는 이것을 두고 『남자의 경우는 사춘기의 자위욕망, 그리고 여자의 경우는 자위 또는 출산의 꿈이다.』라는 색다른 정의를 내린바 있다. 그러나 이것이 보편적이고도 합리적인 판단이라고는 생각되지 않는다. 특히 『이빨이 빠지는 이미지가 수음(手淫)과 몽정을 암시한다.』고 한 대목은 미심쩍기가 짝이 없다. 혹여나 프로이트 시대에만 [이빨이 빠지다]라는 은어(隱語)가 [수음을 하여 몽정을 하다]라는 뜻으로 통하였다면 충분히 이해가 되지만 프로이트의 설명에는 그런 언급이 전혀 없다. 입과 혀, 그리고 이빨 등이 결합표상으로서의 암시적의미를 갖는 것이라면 여기서 파생되어 나오는 상징의의는 무궁무진하다. 즉, 이빨이 빠지거나, 변색이 되거나, 빠진 이를 대신해서 의치를 해 넣거나, 음식물을 씹거나, 또는 침을 뱉거나 하는 등의 표현들이 입의 배경표상적 의미결합에 의해서 다양하게 해석될 수 있는 것이다. 입이라는 배경표상에 이빨의 상징의미가 결합된 것을 예로 들자면 [이가 빠진 곳에서 새로 이가 나거나 의치를 했을 경우 새 식구나 직원이 생긴다]거나, [어느 한 이빨이 검게 변하면 가족 중의 누군가가 병이 걸리다]거나, [아랫니가 빠지게 되면 손아래 가족이나 친척, 혹은 부하직원 중의 누군가에게 위험이 닥치게 된다]거나 하는 등의 경우가 있다. 그러나 이빨의 꿈이 이의 자극에 의해서 형성되는 경우도 전혀 없는 것은 아니므로 해석에 있어 주의를 기울여야만 한다. 성장기의 아이들이 이런 꿈을 반복해서 꾼다면 그것이 이를 가는 기간에 생기는 잇몸의 자극에 의한 꿈일 수가 있다. 그러나 성인의 경우 이러한 꿈을 꾸게 된다는 것은 분명 그에 상응하는 암시적 의도가 숨어있기 때문이다.

☞ *사례* : 필자의 어머니는 『아래쪽 어금니가 근덩근덩 하더니 이내 빠질 것 같아 손으로 잡아당기니 이뿌리가 상당히 길게 오랫동안 빠져나왔다.』는 꿈을 꾸셨는데 이 꿈을 꾸신지 얼마 되지 않아 어머니의 둘째 사위(아래쪽 어금니)가 오랜 병환 끝에(이뿌리가 길게 오래 빠져나옴) 사망하였다는 소식을 접하게 되었다.

☞ *사례* : 모 신문사 기자 분이 찾아와서 『이가 몽당 빠져 손에 뱉어 놓았다가 다시 꼈다.』는 꿈을 꾸었는데 무슨 뜻이냐 하고 묻기에 어떤 회사 내부에서 직원들이 총사퇴하여 회사 기능이 일시적으로 마비되었다가 다시 정비될 것이라고 해석해 주었다. 그가 돌아간 지 몇 달 후 연락을 해왔는데 꿈의 암시처럼 그 신문사에서는 대대적인 구조조정을 겪었다고 한다.

5. 인류공용어(人類公用語)로서의 꿈-상징

과연 꿈의 상징체계를 분석, 파악함으로서 꿈-상징 범인류적인 공통의 언어로 개발할 수가 있을까? 부정적인 입장이라면 각국의 문화와 풍습이 다르고 개인적인 사고방식도 천차만별이라 공통의 언어는 고사하고 같은 언어권의 사람들 간에도 소통하지 못할 것이라고 주장할 것이다. 어느 정도는 일리가 있는 주장이다. 앞서 살펴본 바와 같이 꿈-상징은 정형적인 상징만이 아니라 각인의 고유한 경험으로 이루어진 개인적 상징이 있고, 또한 같은 정형적 상징이라고 해도 지역적, 또는 시대적인 차이에 따라 그 뜻이 달라지는 상징방언도 있으니까 말이다. 이런 점에서 볼 때 프로이트가 『꿈은 언어표현과 매우 긴밀하게 연결되어 있으므로 페렌치(ferenzi)가 어느 나라 말에도 그것에 고유한 꿈의 말이 있다고 말하고 있듯이 꿈은 대개의 경우 외국어로 번역하기가 불가능하다. 그러나 나의 《꿈의 해석》 책은 다른 나라 사람들이 번역하는데 성공하였다.』라는 견해를 피력한 것은 이 방면의 가능성에 대한 회의와 기대를 함축하고 있다는 점에서 시사하는 바가 크다. 물론 역사, 전통, 언어가 다르니 꿈-상징의 표현 역시 다르다고 보는 것이 어느 면에서는 당연한 결론일 수도 있다. 그러나 어떤 인종이나 민족이라도 인간이라는 점에서는 공통점을 가지고 있고, 또 그 생활양식과 문화전통이 하나의 근원으로부터 이어져 왔다는 점에서 볼 때, 인간 본성에서 생성되는 꿈이 하나의 공통적인 메커니즘을 가지고 있으리라는 생각이 불합리한 것은 아닐 것이다. 왜냐하면 신화, 전설 등과 마찬가지로 꿈 역시 근본적인 주조 틀은 원시심성이기 때문이다.

최근 진화인류학자들의 연구발표에 의하면 수십만 년 전 아프리카를 떠나 세계 각지로 흩어진 현생인류의 조상은 불과 수천 명에 불과했다고 한다. 그것마저도 모계(母系)의 유전을 증명하는 미토콘드리아 DNA를 조사해 보면 단 하나의 여성으로부터 현생인류가 출발했다고 한다. 그러므로 우리 인간은 수십만 년만 거슬러 올라가도 한 어머니의 배속에서 나온 형제가 되는 셈이다. 그런데 인류가 유인원으로부터 분화되어 진화를 시작한 것이 수백만 년 전이라고 하니 아프리카를 출발한 시점을 놓고 그 전후만을 비교해 보더라도 인류가 얼마나 오랫동안 유전인자를 통해 선험적 지식을 공유하고 있었는지를 짐작하기 어렵지 않다.

찰스·다윈(Charles. Darwin 1809~1882)이 지적한 바와 같이 인간의 표정에 공통적인 요소가 세계 어느 곳엘 가도 똑 같이 발견되는 이유는 인류가 이와 같은 공통의 기원을 갖고 있기 때문일 것이다. 이것과 관련하여 에리히·프롬은 그의 저서 《잃어버린 언어》를 통해서 다음과 같이 말했다.

갖가지 사람들이 갖가지 꿈을 꾸듯이, 갖가지 국민들이 갖가지 신화를 창조했다. 그러나 그처럼 서로 다른 점이 있음에도 불구하고 온갖 신화, 온갖 꿈 사이에는 하나의 공통점이 있다. 즉 신화도 꿈도 모두가 같은 말, 즉 상징언어로 쓰였다는 점이다. 바빌로니아인, 인도인, 이집트인, 헤브라이인, 그리스인의 신화는 아샨티 인이나 토르키이즈 인의 신화와 같은 언어로 쓰여 있다. 오늘날 뉴욕이나 파리에 사는 누군가의 꿈은 천 년 전 아테네나 예루살렘에 살던 사람들로부터 전해 오는 꿈과 같다. 고금을 막론하고 인간의 꿈은 역사의 여명기에 살던 사람들이 지은 신화와 같은 언어로 쓰여 있다.

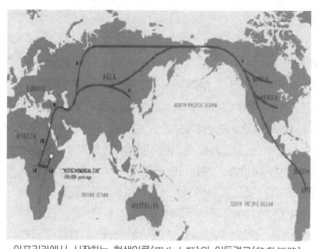

근래 들어 꿈을 오직 심리치료의 수단으로만 삼으려는 학문적 분위기 때문에 극히 개인적인 측면에서만 접근하다보니 꿈이 지닌 원시언어적 가치를 망각하고 있는 것

아프리카에서 시작하는 현생인류(現生人類)의 이동경로(移動經路)

은 아닌지 위와 같은 프롬의 견해를 자주 되새겨 볼 필요가 있으리라고 생각한다. 반복되는 이야기 같지만 극히 개인적인 상징이라 할지라도 그 생성과 작동원리는 인류공통의 틀, 즉 원시심성에 기초하고 있으므로 궁극적으로는 꿈-상징이 범인류적인 공통의 언어가 될 수 있다고 나는 자신 있게 말할 수가 있다. 따라서 동서고금의 어떠한 꿈이라도 하나의 해석요령에 의하여 일반적인 뜻으로 해석될 수 있는 기본틀만 갖추어진다면 범인류적인 공통언어의 탄생이라는 것도 그저 공상만은 아닌 것이다.

상징의 형성과 꿈의 표현이 고대 인류의 원형을 간직하고 있다는 점에서 《성서》에 기록된 여러 사례들은 범인류적인 공통언어의 가능성을 뒷받침하는 하나의 증거가 될 수 있다. 그 중에는 [해와 달, 그리고 11개의 별이 자기의 별에게 절을 했다]는 요셉의 꿈 이야기가 있다. 여기서 [절을 했다]라는 구절이 암시하는 것은 후일 요셉이 득세를 함으로서 그의 부모와 형제들이 자기에게 무릎을 꿇고 절을 한다는 뜻이 아니다. 그것은 장차 곤경에 처한 애급의 왕과 왕비, 그리고 11개의 종족이 그에게 간청할 일이 생기고, 그는 그들의 간청을 들어주게 된다는 뜻이다. 필자는 동서고금에 걸친 수많은 꿈들을 분석하는 과정에서 어느 나라, 어느 시대의 꿈을 막론하고 [절을 한다]라는 행동표현이 누군가에게 청탁을 한다는 뜻으로 해석된다는 사실을 발견하였다. 즉 자신이 남에게 절을 하면 남에게 청탁할 일이 있고, 타인이 자신에게 절을 하면 자신에게 청탁(請託)이 들어온다는 뜻으로 해석되는 경우가 많았다는 것이다. 이런 식으로 어떤 꿈이나 동일한 요령에 의하여 동일한 해석이 가능한 것이라면 이것이야말로 범인류적인 공통어가 아니고 또 무엇이겠는가?

제 19 장

꿈의 상징(2)

1. 꿈-상징의 형성원리(形成原理)

우리는 앞서 『꿈-상징은 잠재의식이 만들어내는 것이며 꿈의 세계에서만 통용되는 독특한 표현양식의 언어이다. 그것은 우리가 꿈-사고의 요소들을 그것과 유사적(類似的), 또는 경험적(經驗的) 내재관계(內在關係)에 있는 다른 어떤 것으로 표현해낸 대용물이다. 꿈-상징은 원시인류로부터 전승되어온 정형적 상징, 또 그것을 주형(鑄型)으로 개인적인 경험과 지식이 성형되어 만들어지는 창조적 상징의 두 가지로 대별된다. 꿈-상징은 일정불변한 법칙적인 형성원리를 갖고 있어서 동서고금 누구의 꿈이라도 해석이 가능하다.』라는 결론에 도달할 수 있었다.

그렇다면 꿈-상징의 일정불변한 법칙적인 형성원리란 어떤 것인가? 그것은 다음과 같은 여러 조건들이 갖추어져서 어떤 꿈에서나 동일한 표현양식과 상징의미로 통용될 수 있는 법칙적인 상징형성의 원리를 뜻하는 것이다. 이것을 정리하자면 다음과 같다.

첫째, 꿈-상징은 인간의 원시적인 심적 동인(動因)과 내재관계(內在關係)에 있는 미래의 어떤 사물(事物)로 바꿔놓는 일정한 작업으로 만들어진다.

둘째, 꿈-상징은 우리가 상식적으로 알고 있는 꿈-재료의 [명칭, 의미, 형태, 기능, 작용, 용도, 가치] 등의 개념과 내재관계(內在關係)에 있는 미래의 어떤 사물(事物)로 바꾸어 놓는 일정한 작업으로 만들어진다.

셋째, 꿈-상징은 둘 이상의 표상재료가 하나로 합성(合成)되어 만들어진 새로운 통일체(統一體)와 내재관계에 있는 미래의 어떤 사물(事物)로 바꾸어놓은 일정한 작업으로 만들어진다.

넷째, 꿈-상징은 그 표상재료를 과장, 왜곡, 역전, 반대, 전위(轉位) 등으로 가공한 이미지와 내재관계에 있는 미래의 어떤 사물(事物)로 바꾸어놓는 일정한 작업으로 만들어진다.

다섯째, 꿈-상징 중에서 정형적 상징은 선사시대로부터 전승되어온 선험적(先驗的)인 표상재료와 내재관계에 있는 미래의 어떤 사물(事物)로 바꾸어놓는 일정한 작업으로 만들어진다.

여섯째, 꿈-상징 중에서 창조적 상징은 후천적(後天的)인 표상재료 -개인적인 경험과 지식-와 내재관계에 있는 미래의 어떤 사물(事物)로 바꾸어놓는 일정한 작업으로 만들어진다.

꿈-상징의 형성원리와 표현양식, 그리고 상징의의가 원시인류가 만들어낸 인류공통의 유산이라는 점에 대하여는 앞 장에서 이미 상술한 바 있다. 이 장에서는 다소 설명이 부족했던 부분, 즉 정형적 상징의 형성원리를 이해하기 위하여 구체적인 사례들을 중심으로 논의를 전개하고자 한다.

꿈-상징의 정형성이 언어문화가 형성되기 이전에 이미 완성되었다는 견해는 대부분의 학자들도 인정하는 바이지만 우리 스스로도 꿈을 통해서 그것이 원시사회의 흔적이라는 사실을 쉽게 발견해낼 수 있다. 그렇다면 원시인은 꿈-사고를 어떤 형태로 표현하였을까? 원시인하면 먼저 떠오르는 것이 침팬지, 고릴라 등의 유인원(類人猿)이다. 발성기관(發聲機關)이 인간의 그것과 달라서 언어를 구사하기에 적합지 않다는 동물학자들의 견해를 빌린다면 초기 인류의 사정도 이에서 크게 벗어나지 않았을 것이라는 추정이 가능해진다. 그러므로 문명화되기 이전의 인류가 유인원처럼 단순한 발성과 표정, 몸짓, 그리고 동작 등을 매개로 의사소통을 하였으리라는 것을 짐작하기 어렵지 않은 것이다.

그것은 마치 현대의 청각장애인이 수화(手話)로 의사를 전달하는 것과 같은 방법이었을 것이다. 청각장애인이 아닌 정상인들도 경우에 따라서는 표정이나 몸짓 등으로 자신의 의사나 감정을 나타내 보인다. 인류는 이와 같은 시기를 비교적 오래 유지했다고 한다. 인류학자들에 의하면 초기인류가 등장한 것이 대략 600만 년 전이라고 하니, 그 오랜 기간에 비교하여 언어를 사용하게 된 최근 수만 년은 너무도 짧다. 때문에 언어가 등장하기 이전의 기나긴 세월동안 습득되고 축적된 육체적 의사소통 수단이 하루아침에 소실(消失)되었다고는 생각하기 어렵다. 언어와 문자, 그리고 인지능력이 발달하면서 위와 같은 원시언어는 잠재의식화하여 이제는 꿈-상징으로 나타난다. 우리가 원시적인 꿈-상징이라고 부르는 것은 바로 이와 같은 원시언어가 장구한 세월을 거치는 동안 일정한 틀로서 정형화된 것이다. 어쩌면 원시인들이 간단한 동작 하나로 여러 가지 복잡한 의사를 표현해야 했기 때문에 꿈-상징이 다의성을 갖게 되었는지도 모를 일이다. 꿈의 대부분이 시각표상 위주로 전개된다는 사실과 함께 가능하면 쉽고 간단하게 표현하기를 더 선호하는 것도 그것이 원시인류의 언어적 잔재이라는 것에 그 이유가 있다고 생각된다. 그러므로 수천년전 고대인의 꿈속에서 구사되었던 언어와 현대인의 꿈속에 등장하는 그것이 별반 다르지 않다는 주장이 조금도 불합리하지 않은 것이다. 이것은 비단 꿈-상징에만 국한되는 것이 아니라, 생각하는 방식-*사고태*-과 행동하는 양태-*행동태*-에도 적용된다. 그리고 그것들 모두가 꿈-상징의 정형성을 뒷받침하는 근거가 된다.

원시인들이 해, 달, 별, 뇌성, 번개, 비, 바람 등의 자연현상들을 신비스럽게 생각하여 초인간적인 존재와 결부시켜 생각함으로서 종교의 모태가 되는 토테미즘과 애니미즘이 출현하게 되었는바, 꿈이 사물을 의인화(擬人化)하거나, 사람을 의사시(擬事視)하는 독특한 표현 방식을 갖게 된 것도 그런 이유 때문이라고 생각한다. 그런가 하면 예측불허의 혹독한 자연환경 속에서 살아남아야 된다는 절박한 욕구가 예감충동이라는 강력한 본능을 개발함으로서 꿈의 미래예지적인 기능을 강화하는 한편, 샤머니즘 등의 초기 종교를 탄생시키게 되었다. 또한 원시인들은 동물적 특성을 그대로 간직함으로서 인륜, 도덕, 양심, 체면 따위에 구애받지 않았을 것이므로 본능적인 욕동이 잠재의식의 대부분을 점거하였을 것이다. 이와 더불어 공격적인 강자만이 살아남았을 약육강식(弱肉强食)의 모든 조건들도 잠재의식화하였을 것이다. 현대인의 꿈속에서도 흔히 발견되는 극단적이고 이기적(利己的)인 양태들은 바로 위와 같은 원시심성에 기인하는 것이다. 아무튼 원시인들이 [적(敵)이 어느 쪽에서 습격해 올 것인가?], 또는 [비가 와서 홍수가 되지는 않을까?]하는 등의 예감충동으로 예지능력을 개발하였음은 틀림이 없다. 또한 이러한 능력이 범생명체적인 근본 메커니즘에 의한 것이라면 현대인들의 그것이라고 해서 소멸될 이유가 전혀 없다고 생각한다. 다만 복잡한 사회구조 속에서 의식적인 인식체계가 점점 더 고도화됨에 따라 예지력은 잠재의식으로 밀려났고, 결국 지금은 꿈속에서만 발현되고 있을 뿐이다.

문명사회가 시작된 이후에 창조된 문화적 상징들, 이를테면 용(龍)이나 불사조(不死鳥) 등의 가상적인 동물표상들도 오랜 세월을 거치는 동안 인간정신의 심층에 자리 잡아 꿈-상징으로서의 정형성을 획득하였다. 그렇다면 우리네 꿈속에서 용-상징은 어떤 의미로서 표현되는가를 알아보자. 용-표상은 빈부귀천(貧富貴賤)을 가리지 않고 어떤 사람의 꿈에도 등장할 수 있으며 용에 관한 상식이 아주 없는 사람의 꿈에도 빈번하게 등장한다는 점에서 대표적인 고태적 잔재라고 말할 수 있다. 다시 말해 용꿈은 그것을 꾸고 싶은 강렬한 욕망에 의해서 꾸어지는 것도 아니요, 용꿈을 꿀 만한 높은 계층이기 때문에 꾸어지는 것도 아니며, 용에 관한 지식이 풍부해서 꾸어지는 것도 아니라는 것이다. 꿈의 용-표상은 수천년전부터 전승되어온 잠재의식적 유물이다. 그러므로 미래의 어떤 사건을 그것으로 암시해야만 할 필요가 있는 꿈에는 필연적으로 등장하게 된다. 가상의 동물인 용이 어떻게 실존의 동물들보다 더 강력한 정형성을 획득하게 되었는가? 그리고 용꿈이 왜 득세, 입신양명, 성공 등을 암시하는 것으로 믿어오게 되었는가? 또한 꿈의 용-표상과 현실의 상징대상들과는 어떤 내재관계를 가지고 있는가? 위와 같은 의문점들을 풀어줄 좀 더 구체적인 사실들을 살펴보기로 하자.

용-표상은 다양한 형태와 양태로서 우리의 꿈에 등장한다. 물론 사람마다 똑 같은 용-표상을 꿈에 보는 것은 아니지만 통계적으로 볼 때 상당히 많은 사람들이 용과 관계된 꿈을 꾸는 것으로 파악된다. 용-표상이 특히 우리네 꿈에 자주 등장하는 이유는 그것이 태몽의 주요표상으로서, 그리고 권세와 명예를 암시하는 꿈의 소재로서 매우 절절한 재료적 가치를 지니고 있을 뿐만 아니라, 예로부터 용과 관련된 여러 가지 문화적 소산, 가령 민담, 전설, 시화, 조각, 문양 등을 통해 매우 친숙해져 있기 때문이다. 용-표상이 언제 어느 곳에서 발원하여 사람들의 잠재지식에 자리 잡게 되었는지는 알 길이 없지만 인도에서는 부처의 탄생 이전인 고대로부터 나가(Naga)라고 불리면서 신성시되었고, 중국에서는 은대(殷代)에 용두, 상아, 조각유물, 갑골문자 등에서 볼 수 있는 용자(龍字)의 고태형이 존재했으며, 그 이전인 상(商)나라 말기에는 용이 포함된 12지(支)가 갑골문자에 기록되었다고 한다. 그러나 용에 대한 개념이 동양각국에 널리 확산된 계기는 주역(周易) 사상의 보급이라는 것이 널리 인정되는 사실이다. 64괘의 첫 번째인 건괘(乾卦)는 용에 관한 내용으로 채워져 있다고 한다. 한편 서양에서도 용은 강력한 힘을 가진 영험한 동물로 숭배됨으로서 로마군대에서는 보병들의 깃발에도 그려 넣었지만 대체로 사탄을 상징하는 사악한 존재-기독교사상에 기원을 둔 뱀 이미지의 연장-로서 인식되어 왔다.

고대로부터 동양인들에게 인식된 용의 보편적인 모습은 [거대한 구렁이 같은 몸통에 머리와 꼬리는 도마뱀과 흡사하며, 두 개의 뿔과 새빨간 눈, 긴 발톱이 달린 네 개의 다리턱에는 털이 나 있고 혀는 뱀과 같이 갈라졌으며 입속에는 여의주를 물고 있다. 몸통은 커다란 비늘이 덮여있으며 그 색깔에 따라 적룡, 흑룡, 황룡, 청룡, 백룡 등으로 구분된다]는 것이었다. 아울러 [뱀이나 잉어가 천년을 묵으면 이무기가 되고 신의 인정을 받으면 용으로 변신하여 하늘로 승천한다]는 민간속신이 뿌리 깊게 자리 잡아 수많은 신화와 전설을 만들어내기도 하였다. 그런가 하면 [용이 연못, 강, 바다, 폭포 등에서 살며 공중으로 날아올라 구름을 휘동하고 뇌성병력을 치며 비를 오게 한다]는 용신사상(龍神思想)이 널리 퍼졌으며 기린, 봉황, 거북과 더불어 네 가지의 상서로운 동물 중 하나로서 샤머니즘적 신앙의 대상으로도 존중되어 왔다. 비와 번개, 그리고 뇌성 등이 연결된 일련의 자연현상

들이 그저 경이롭고 두려웠던 고대인들이 용이라는 가상의 동물을 창
조하고, 또 그것을 불가사의한 자연현상과 연결시켜 그 신비함을 이
해하려 하였다. 때문에 구름을 휘몰아 온 용이 그것을 꼬리로 쳐서
비가 내린다고 믿음은 천신 다음가는 권세로서 하늘의 일을 관장한다
는 민간신앙(民間信仰)으로 자연스럽게 정착하였으며 이러한 관념이
현실사회에 그대로 적용되어 천자(天子)나 황제, 또는 임금과 같은 최
고 권력자의 권세로서 비유되었던 것이다. 이러한 관념은 왕의 권세
와 결부된 여러 가지 사물에 용을 암시하는 이름을 붙여놓았는데 그
얼굴을 용안(龍顔), 정복을 용포(龍袍), 의자를 용상(龍床), 수레를 용
가(龍駕), 배를 용주(龍舟), 눈물을 용루(龍淚), 의장(儀仗)은 용선(龍
扇) 등으로 불렸으며 일반백성들도 이러한 개념을 사용하여 등용문(登
龍門), 용궁(龍宮), 용녀(龍女), 용몽(龍夢), 용마(龍馬), 용제(龍祭)
따위의 용어를 사용하게 되었다. 이처럼 봉황과 함께 용을 가장 영험
한 동물로서 숭배하는
용봉사상(龍鳳思想)은
누천년을 이어져 오는
동안 자연스럽게 우리
네 심층에 가라앉아
잠재의식화되었으며
꿈의 암시적 재료로서
빈번하게 활용된 것이
다. 꿈은 그 의도에
따라 재료들을 창조적

중국 도자기에 부조(浮彫)된 청룡(靑龍)

으로 가공하기 때문에 꿈의 용-표상 역시 사람마다 제각각의 형태와
양태를 갖는다는 것은 이미 설명한 바와 같다. 그러므로 용-표상은
단순히 길조로만 해석되는 것은 아니므로 여타의 꿈-상징과 마찬가지
로 꿈-사연에 따라 다양한 의미를 나타낼 수 있다.

우리가 꿈-상징을 통해서 가장 분명하게 원시생활을 엿볼 수 있는 것은 정동표상이나 상념표상이다. 왜냐하면 인간의 본능적인 심성과 원시적인 사고방식이 꿈-상징의 형성개념이 되어 있기 때문이다. 그렇다면 본능적 동인이란 또 무엇인가? 그것은 인간의 내면에 숨어있는 모든 본능적인 충동, 즉 욕동, 공격성, 방어본능 따위의 심적, 감정적 충동이나 반응들을 지칭한다. 꿈속에 발현되는 동물적인 충동이나 행동들을 현대의 사고기준으로 평가할 수 없는 이유가 바로 꿈-상징을 만들어내는 원시인류의 본능적 동인에 있다고 말할 수 있다. 그것은 현대인의 도덕이나 교양, 또는 사회적 규범과는 멀리 동떨어져 있다. 꿈속에서 우리는 먹고 싶으면 먹고, 마시고 싶으면 마시며, 성욕을 충족시키고 싶으면 화간(和姦)이든 강간이든 가리지 않고 저지르게 된다. 또한 무엇이든지 갖고 싶으면 도둑질, 강도, 약탈 등도 서슴없이 자행하며 명예와 권세를 얻기 위해서는 초상적인 힘과 수단을 발휘하여 공격하고, 정복하며, 살생하고, 찬탈한다. 반대로 자기 보존을 위해서는 저 먼 원시세계에서 약자들이 강자 앞에 비굴해졌을 그런 모양으로 꼼짝을 못하거나, 도피하고, 애걸하며, 굴복하고, 슬퍼하며, 두려워하고, 불안에 떤다. 이러한 꿈을 꾸었다고 해서 그들을 성격파탄자라고 손가락질 할 수 있을까?

　현실에서의 살인은 극악의 범죄이다. 그럼에도 불구하고 꿈속에서는 손쉽게 살인을 저지르고, 또 그런 꿈일수록 길몽으로 해석된다는 사실은 참으로 아이러니컬하다. 왜일까? 이 책의 전반부에 소개한 바 있듯이 살인의 꿈은 살인의 경험이 있거나 살의를 가지고 있기 때문에 꾸어지는 것이 절대 아니기 때문이다. 그것은 원시적인 본능이 하나의 상징언어로서 정형화된 다음, 꿈의 이미지로 발현되는 것에 불과한 것이다. 때문에 이런 꿈은 대부분 의사시로서 표현되며, 살인행위에 수반되는 정동이나 상념 등도 매우 의미심장한 암시성을 갖고 있다. 꿈-표현에 있어 [본능적인 욕구가 충족되었느냐 아니냐]하는 것이 미래의 현실에서 어떤 소원을 달성하느냐 못하느냐를 판가름하는 상징적 암시가 된다는 것은 내가 늘 강조하는 사항이다. 따라서 살인, 강간, 절도 등의 극악범죄를 저지르더라도 그것이 그 사람의 현재적 본심과는 아무런 상관이 없는 상징적 표현임으로 조금도 양심의 가책을 받을 필요가 없다. 오히려 양심의 가책을 받거나 죄책감을 느끼는 등의 소극적인 반응은 현실에서 좋지 않은 결과를 가져온다.

프로이트는 『우리들 인간의 마음속에는 여러 가지 심적 경향이 도사리고 있다. 성이 나서 타인을 때리려는 경향이 있고 여기에 브레이크를 걸려는 경향이 있다. 어떤 하나의 경향, 가령 공격성향이 다른 심적 경향, 즉 도덕적 경향에 의해서 방해되고 무의식적인 채 머물러서 정신상 표면에 부상하지 않을 때에 이것을 대체로 억압이라고 한다. 방해적인 힘은 도덕적인 것에 국한되지 않는다. 특별히 도덕적인 힘에 의해서 억압되고 의식의 표면에 부상되지 않은 억압을 비유적인 검열(檢閱)이라고 부를 수가 있다.』라고 주장했다. 그러나 이것은 어디까지나 각성시의 심적 상태에 국한된 개념-초자아-일 것이고 꿈속에서도 똑 같은 심적 억제가 가해진다고는 생각할 수 없다. 다만 그 현현내용-발현몽-을 해석한 뒤에 나타나는 잠재사상-잠재몽-에 있어서는 꿈꾼 이의 도덕적 기준이 명확하게 들어난다고 말할 수 있다.

본능적 동인과 원시적인 행동양식으로 형성되는 꿈 중에 [살인의 꿈]만큼이나 강렬한 인상을 주는 것으로는 [성적(性的)인 꿈]이 있다. 성적인 꿈은 [성적 욕동을 묘사한 것]과 [성적 행위로 표현되는 것]으로 대별된다. 전자의 경우는 성적 정동이나 상념이 유발되는 표상, 성행위와 관계되는 표상, 또는 성적인 어떤 암시가 전후사연을 연결하는 표상 등에 해당한다. 좀 더 구체적으로 열거해 보자면 성적 충동, 자기성애, 성기, 음담패설, 그리고 성행위를 연상시키는 그림이나 조각 등이 있다. 후자의 경우는 실제의 성행위를 표현하는 꿈으로서 이성간은 물론 동성간의 성행위, 그리고 수간 등을 포함하는 모든 성행위를 포함한다. 성적인 꿈에서도 살인의 꿈과 마찬가지로 극도로 뻔뻔스럽고 파렴치하며 부도덕한 행위를 서슴지 않고 저지른다. 이때 격정적이고, 통쾌하며, 만족한 느낌을 갖기도 하지만 수치심, 불쾌감, 불안감 등을 느끼기도 하고 때로는 중단이나 불능으로 인한 좌절감을 느끼기도 하는데 꿈은 그러한 여러 가지 양태를 암시적 재료로서 활용한다. 때문에 성적인 꿈 역시 살인의 꿈처럼 대부분 의사시로 표현된다. 이처럼 꿈이 살인이나 성교 등과 같이 극적인 정동을 불러일으키는 재료를 빈번하게 활용하는 이유는 꿈속에서 느끼는 체험만큼이나 다양한 암시적 의미를 보다 선명하게 나타낼 수 있기 때문이다.

본능적인 동인과 원시적인 행동양식으로 형성되는 또 다른 종류의 꿈은 [공격성(攻擊性)을 묘사하는 것]이다. 선사시대 원시인들이 자연과의 사투과정에서 형성했을 자기보존본능의 또 다른 얼굴이 바로 공격성이라고 말할 수 있을 것이다. 때문에 이 경우에도 수단과 방법을 안 가리고 상대방을 패퇴시키는 표현이 길조로 해석되며, 위의 두 경우와 마찬가지로 꿈속에서의 공격성을 두고 선악을 가리는 것은 난센스다. 먹느냐 먹히느냐 하는 처절한 생존투쟁에서 살아남기 위해 최선을 다해야 했던 원시인들이 목전의 급박한 위기에서 선악을 가려 행동했을 리가 만무하기 때문이다.

이런 관점에서 보자면 『일상생활이 깨끗하면 꿈도 깨끗하고 불결하면 꿈도 불결하다』라는 힐데브란트의 주장은 왠지 공허하게만 느껴진다. 그가 꿈-상징의 정형성, 즉 고태형의 본질을 좀 더 깊이 이해하고 있었더라면 결코 그런 주장은 하지 않았으리라. 아울러 『인간의 공격성이 꿈속에서는 도덕적 억압으로 말미암아 표면에 나타나기를 꺼려하고 있다.』라는 프로이트의 주장 역시 모순이라는 것을 우리는 매일 밤의 꿈속에서 쉽게 확인할 수가 있다. 이런 억제가 각성시의 생활에서는 가능할지라도 꿈의 표현에서만은 거의 구속력을 갖지 않는다는 것이 경험적 통계로 나타난 사실이다. 설사 꿈속에서 억제된 형태로 묘사되었다고 해도 그것이 도덕적 자아의-초자아- 작용이 아니라 꿈의 의도성에 의한 것으로 보아야한다. 따라서 꿈속에서 [쫓기거나, 패배하거나, 굴종하거나, 꼼짝도 못하거나, 애걸하거나, 양심의 가책을 느끼거나, 또는 죄의식을 느끼거나 하는 것] 등은 모두 정형적 상징표현이므로 그 사람의 도덕적 수준하고는 아무런 상관이 없다. 꿈속에서 상대를 무참하게 살해함으로서 소기의 목적을 이룰 수 있는 사람만이 조만간 현실에서 어떤 성취감을 만끽하게 된다. 그렇지 못한 사람은 쫓기고, 불안하고, 양심의 가책을 받는 체험을 하게 된다. 다만 극히 드문 경우이긴 하지만 사실적으로 표현되는 꿈도 있을 수 있으므로 해석에 임하여서 그 점을 간과하지 말아야 할 것이다. 40대의 한 남자는 다음과 같은 꿈을 꾸고 나에게 해석을 의뢰해왔다.

어떤 집의 넓은 마당이라고 생각되었다. 조금 높은 곳에 금으로 장식한 갑옷투구를 입은 백발노인이 서 있었는데 그는 긴 칼 한 자루를 나에게 주면서 내 옆에 흰옷을 입고 서 있는 나의 아버지를 죽이라고 한다. 그렇게 해야만 나의 소원을 이루게 해 준다는 것이다. 그런데 그 소원이 무엇인지는 분명치가 않다. 그래서 칼을 뽑아들고 일어나 막상 아버지를 죽이려고 하니, 어떻게 자식이 아버지를 죽일 수가 있겠는가 하는 생각이 들어 칼을 잡은 채 그만 바닥에 주저앉고 말았다.

이것이야말로 언뜻 보면 초자아(超自我)가 존속살해의 참혹한 범죄를 억제시킨 예로 들게 매우 적당한 꿈으로 이해될 수 있는 꿈이다. 힐데브란트와 같은 연구자들이라면 꿈꾼 이의 도덕관을 칭찬하면서 논증의 자료로 삼는지도 모르겠다. 그러나 이것 역시 난센스라고 할 수 있다. 아버지를 살해하려는 행위가 실행되지는 않았다 하더라도 그 직전까지의 장면들을 해석하기가 참으로 난망하기 때문이다. 프로이트의 주장처럼 유소년 시절의 오이디푸스·콤플렉스가 되살아난 것일까? 그러나 이런 꿈을 놓고 도덕적 판단을 해서는 안 된다. 오히려 그는 꿈속에서 존속살해의 범죄를 저지르는 것이 좋았다. 왜냐하면 꿈속의 아버지는 실존이 아니요, 그렇다고 아버지의 이미지를 갖고 있는 다른 사람의 동일시도 아니었기 때문이다. 꿈속의 아버지는 의사시로 표현된 것으로 자기가 신앙시하는 어떤 권위주의적 사고방식 -또는 *사상*-을 암시한다. 이 꿈의 초점은 백발노인에게 맞추어져 있다. 통상 백발노인이 등장하는 꿈은 신념이나 사상의 변화, 또는 그로 인한 자아의 갈등 등을 암시하는 것이 보통이다. 그런데 이 꿈에서는 아버지도 의사시로 묘사되었으므로 백발노인은 자신의 또 다른 자아를 나타낸다. 다시 말해 이것은 자기암시성 경고의 꿈이라고 할 수 있는 것이다. 이 꿈은 그가 구태의연하고 고착화된 사고에서 벗어날 수 없기 때문에 장차 심적 고통을 받게 될 것이라고 경고성 메시지를 보내고 있다. 위에서 보듯이 상징적인 꿈속에서 체험하는 감정적 양태들은 현실적인 것을 그대로 복사한 것이 아니라, 꿈의 의도성에 맞추어진 잠재의식적 창조물이다. 따라서 꿈꾼 이의 도덕관하고는 처음부터 아무런 관련이 없는 것이다. 꿈속의 행위에 대해 도덕적 평가를 할 수 없는 것은 그것이 원시심성에 근거하기 때문이다.

2. 꿈-상징의 여러 가지 표현

1) 감각적(感覺的) 표현

나는 꿈이란 보는 것이 아니라 생각하는 것이라고 이 책의 모두(冒頭)에서 강조한 바 있다. 왜 그것을 강조해야만 했는가? 그것은 외관상 꿈이 시각표상인 것처럼 보이기 때문에 대부분의 사람들이 [꿈은 보는 것]이라고 쉽게 판단해버리는 오류를 정정(訂定)하고자 함이었다. 그런데 어떤 학자들은 『본시 인간은 시각적 동물이지만 수면중에는 시각기관이 작동하지 않으므로 외계로의 적응은 눈 이외의 감각기관에 의해서 행해진다. 그러나 외형상 꿈이 시각적으로 표현되는 것은 시각이 적응을 위한 활동을 하지 않기 때문에 오히려 시각적인 현상으로 나타난다.』고 말한다. 이것은 다양한 꿈을 경험해 보지 못한데서 비롯된 잘못된 주장이지만 무엇보다도 그 시각표상 자체부터가 관념의 형상화라는 사실을 이해하지 못하기 때문에 빚어지는 오류라고 말할 수 있다. 즉, [꿈의 시각표상이란 구체적인 이미지이며, 관념의 묘사가 아닌 실제의 감각상이다]라고 판단한 것에 근본적인 오류가 있었다는 것이다.

꿈속에서는 시각적인 이미지가 다른 어떤 것보다 더 빈번하게 표현되는 것이 사실이다. 그러나 꿈에 대한 관찰력이 조금이라도 있는 사람이라면 꿈속에서는 청각(聽覺), 후각(嗅覺), 촉각(觸覺) 등은 물론 언어, 상념(想念) 등의 표상들 역시 시각표상에 못지않게 자주 표현된다는 사실을 쉽게 발견해낼 수가 있다. 꿈을 외관(外觀)에 치중해서 관찰하는 사람들은 시각표상에 부착된 정동이나 상념 등을 구분해내기가 쉽지 않다. 또 이런 사람들일수록 시각표상 없이 청각이나 정동, 또는 언어만으로 구성된 꿈이 있을 수 있다는 사실도 이해하지 못한다.

꿈은 잠재지식에 저장된 재료 중에서 필요한 것을 끌어와 그 의도성에 맞는 새로운 이미지로 재구성한다. 따라서 외관상으로는 시각적인 기억물처럼 보이더라도 그것은 어디까지나 우리의 잠재의식이 재생산해낸 새로운 창조물인 것이다. 결국 꿈은 관념의 형상화하고 할 수 있는바, 보는 것이 아니라 생각하는 것이라고 정의하는 이유가 바로 여기에 있는 것이다. 이런 이유로 [꿈은 감각상에 불과하다]거나, [수면중에는 시각기관이 작동하지 않으므로 외계로의 적응은 눈 이외의 감각기관에 의해서 행해진다]는 등의 주장 역시 잘못된 것이라고 단언할 수 있다.

대부분의 꿈은 시각표상을 중심으로 감각, 언어, 정동 등의 표상들이 하나로 결합되어 표현된다. 예를 들어『공중에서 비행기 한 대가 날아온다. 이어서 바람을 가르는 날카로운 금속성의 소리와 함께 무서운 폭격음이 들려온다. 나는 저것이 적기일지 모른다고 생각한다. 옆 사람에게 다가가서「이봐요, 저것은 적기가 분명하니 어서 이 자리를 피합시다.」라고 말한다. 그가 그렇게 하자고 대답하는데 갑자기 더 무서운 생각이 들어서 우리는 어느 집 대문 안으로 뛰어들었다.』라는 꿈이 있다고 하자. 여기서 [공중의 비행기], [옆 사람], [어느 집 대문 안] 등은 분명한 시각표상이다. 그러나 [저것이 적기일지 모른다고 생각한 것]은 상념표상이요, [옆 사람에게 피하자고 말한 것]은 언어표상이며, [두려운 감정이 솟아난 것]은 정동표상으로서 그 각각이 엄연한 상징의의를 나타내고 있다.

우리 전래의 해몽요결을 보면 [용이 하늘을 나는 것을 보면 경사가 있다]거나, [나귀와 말을 타 보이면 부귀가 될 징조다]라는 식으로 [꿈에 ~보면]이라는 상투적인 어구(語句)로서 [보다]라는 의미가 강조되어 있다. 그렇기 때문에 [나귀를 타다] 마저도 [나귀를 타 보이다]라는 어색한 표현으로 둔갑해 있는 것이다. 그러나 [~을 보다]라는 행위조차 [인지, 인식, 탐지, 관심, 주관, 관찰하다]라는 뜻의 행동표상이며, 꿈꾼 이가 보고 있는 그 [무엇]과 함께 꿈-사연의 한 구절을 차지하는 엄연한 상징단어라는 것이다. 그러므로 우리가 [용이 하늘을 나는 것을 보다]라는 간단한 문장을 해석함에 있어서도 그저 [용을 보았다]라는 식으로 끝내서는 안 된다. 용의 다양한 형태나 양태에서 찾을 수 있는 시각적 이미지만이 아니라, 용의 움직임에 필연적으로 부수(附隨)될 청각표상(聽覺表象)-용의 포효 등-이나 상념표상(想念表象)-용이 어디서 온 것일까 하는 궁금증-, 또는 정동표상(情動表象)-용을 보면서 느끼는 두려움-등을 모두 찾아내어 함께 해석해야만 꿈이 말하고자 하는 본뜻을 이해할 수 있다. 시각표상에 부착된 여러 가지 다른 표상들도 시각표상에 못지않은 상징의의를 가지고 있기 때문이다.

① 시각표상(視覺表象)

이것은 각성시 시각기관을 통해 지각할 수 있는 형태와 비슷하게 표현된 시각적 이미지들을 총칭한다. 여기에는 우리가 꿈속에서 본다고 느껴지는 사물은 물론 그 변화상까지도 포함된다. 사실적인 꿈에서는 간혹 미래에 체험하게 될 어떤 실제상(實際像)을 그대로 투사(透寫)하는 경우가 있다. 그러나 대부분의 꿈이 상징표현이므로 그 시각표상은 잠재의식에 의해 재구성된 관념상이다. 그런 이유로 꿈에 표현된 시각표상 가운데 무의미한 것은 하나도 없다고 단언할 수 있다. 길가에 구르는 돌멩이 하나, 풀 한 포기마저도 과거의 기억을 그대로 반복한 것이 아니라, 잠재의식에 의해 창조된 관념상임으로 제각각이 나름의 상징의의를 갖고 있기 때문이다. 다만 각성시의 그것들과는 달리 [꿈속에서 ~을 보았다]는 인식이 전제되어야만 꿈-상징으로서의 상징의의를 획득할 수 있다. 즉, 각성시에는 주변의 사물이 한 눈에 들어옴으로서 눈에 잘 안 띄는 사소한 것들마저 무의식적인 잔상(殘像)으로 남을 수 있지만, 꿈속에서는 잠재의식이 그 각각의 시각표상을 일일이 창조하는 것이므로 우리가 꿈을 상기하는 과정에 [무엇을 보았다]는 확실한 기억이 있어야만 그것이 꿈-언어로서의 가치를 획득한다는 것이다. 때문에 각성시와 같이 [이러이러한 물건이 있었으니, 그 옆에는 반드시 이러이러한 물건이 있었을 것이다]라고 유추해석을 해서는 절대 안 된다. 반대로 [꿈속에서 ~을 보았다]는 기억만 확실하다면 거울에 반사된 것으로부터 그림 속의 것은 물론 영화 속의 것까지 모두가 암시적 의미를 갖고 있으므로 하나도 빠짐없이 해석해야만 한다. 꿈은 시각표상들을 연결하여 일정한 설명조(說明調)의 스토리를 만들어 가는데, 간혹 시각표상과 시각표상 사이에 단절면처럼 보이는 국면이 나타나기도 한다. 이 단절면을 연결시키는 것은 상념이나 정동 등의 부착표상(附着表象)이므로 해석에 있어 누락되지 않도록 각별한 주의를 기울여야 한다. 예를 들어 『꿈에 물이 마른 강바닥과 주변의 석축(石築)을 바라보면서 [장마철이 되면 강물이 저 석축 윗부분까지 가득 찰 것이다]라는 생각이 떠오르자, 갑자기 장면이 바뀌어 흙탕물로 범람하는 어느 강가에 서 있었다.』라는 꿈이 있다고 하자. 급작스런 장면전환으로 인해 단절된 국면을 자세히 들여다보면 거기에는 [장마가 지면 물이 찰 것이다]는 상념표상이 개입하고 있음을 쉽게 발견할 수 있다. 말하자면 급격한 장면전환을 유도한 것이 상념이지만 그 두 장면을 하나로 연결시키는 것도 상념이라는 것이다. 이것을 연상결합(聯想結合)이라고 한다. 이때의 상념과 정동 등은 접속사의 구실을 한다.

② 청각표상(聽覺表象)

각성시 귀를 통해 지각할 수 있는 형태와 비슷하게 표현된 청각적 이미지, 즉 우리가 꿈속에서 귀로 듣는다고 생각되는 모든 이미지를 총칭한다. 시각표상과 결합된 부착표상의 형태로 표현되는 것이 일반적이지만 간혹 발성주체(發聲主體)가 확인되지 않는 자기 암시성의 꿈 *–주로 입면상태적 환각몽–*에서 중심표상이 되기도 한다. 예를 들어 『하늘에서 보이지 않는 누구가가 「그러면 안 된다!」라는 하는 말을 들었다.』라는 꿈이 있다고 한다면 이때 그 발성주체가 보이지 않는 경고성 목소리는 자기암시적인 의미*–자성을 촉구하는 메시지–*를 갖는다는 것이다. 이와 같이 발성주체가 없는 청각표상이 장차 주변에서 뜬소문이 돌게 되거나, 사회적으로 큰 사건이 일어난다는 암시로서 표현되는 경우도 종종 있다. 청각표상은 정신분열환자들이 흔히 경험한다는 환청(幻聽)과는 본질적으로 다른 것이지만 실상(實像)이 아닌 관념상이라는 점에서 그 둘이 비슷하다고 할 수가 있다. 청각표상 역시 잠재지식이 만들어낸 창조물이므로 그 각각이 나름의 상징의의를 갖고 있음은 물론 강약이나 음색(音色), 또는 억양(抑揚)에 의해서 본래의 청각표상이 갖고 있는 상징의의를 보다 다양한 양태로 나타낼 수 있다. 예컨대 꿈속에서 들은 어떤 소리의 [멀거나 가깝게 느껴지는] 차이가 장차 현실에서 체험하게 될 어떤 사건과의 관련성 정도를 암시하는 경우도 있다는 것이다. 그런가 하면 가위눌림이나 잠꼬대의 경우와 같이 강한 정동에 의해서 발성(發聲)이 이루어지는 청각표상은 그 강렬도로 인해 종종 꿈꾼 이의 잠을 깨우기도 한다. 잠자는 사람의 주변에서 생성된 소리가 꿈속에 도입됨으로서 다양하게 변형된 이미지로 나타난다는 것은 〈자극인상〉 항목에서 이미 설명한 바 있지만 이 역시 잠재의식에 의해 재생산된 관념상이므로 현실의 그것과 동일한 형태로는 표현되지 않는다.

③ 후각표상(嗅覺表象)

각성시 코를 통해 지각할 수 있는 형태와 비슷하게 표현된 후각적 이미지, 즉 우리가 꿈속에서 코로 맡는다고 생각되는 모든 냄새를 총칭한다. 꿈속에서 냄새를 느낄 수 있다는 사실을 인정할 만한 사람이 그리 많지 않다. 그만큼 꿈에 대한 관찰력이 높은 사람이 드물다는 방증이다. 그러나 꿈속에서도 분명히 냄새를 느낄 수 있으며-*이것도 결국은 관념이다*-, 때로는 현실의 그것보다 더 자극적인 인상을 남기기도 한다. 간혹 지독하다는 느낌이 들 정도로 비상하게 표현되기도 하는바, 이때의 후각표상은 부착표상이 아니라 중심표상이다. 꿈속에서도 향취(香臭)와 악취(惡臭)를 분명하게 구분할 수가 있다. 향취일 경우 그것은 시각표상에 부가되는 [가치, 인기, 명성, 감화, 영향력, 소문, 유행성] 등의 의미를 나타내며, 악취일 경우에는 [부패, 변절, 실패, 쇠락] 등의 의미를 나타낸다. 이때 당연히 냄새가 나야할 대상에서 전혀 냄새를 맡을 수 없다는 것은 장차 현실에서 그것으로 암시된 어떤 사건이나 일거리와 별로 관계가 없는 객관적 입장에 있게 된다는 뜻이거나, 그것이 예상한 만큼의 큰 영향력-*선악(善惡)지간에*-을 발휘하지 못한다는 뜻이다.

④ 미각표상(味覺表象)

각성시 혀를 통해 지각할 수 있는 형태와 비슷하게 표현된 미각적 이미지, 즉 우리가 꿈속에서 혀로 느낀다고 생각되는 모든 이미지를 총칭한다. 우리는 각성시에 [~는 맛이 있다], 또는 [~할 맛이 난다] 하는 등의 관용구로서 어떤 사물에 대한 심적 만족도를 표현하기도 한다. 꿈은 이와 같은 개념적 동질성을 그대로 도입하여 꿈-상징으로 가공한다. 따라서 꿈속에서 어떤 사물(事物)이 [맛이 있다]라고 표현되는 것은 조만간 현실에서 그것으로 암시된 어떤 대상이나 사건이 [썩 마음에 든다]하는 등의 감정적 체험을 하게 된다는 뜻이다. 여타의 감각표상과 마찬가지로 미각표상 역시 시각표상을 설명하는 부착표상으로 표현되는 것이 일반적이다. 따라서 꿈속의 어떤 대상이 [맛이 있다, 또는 없다]하는 등의 표현은 시각표상으로 암시된 현실의 어떤 사상(事象)이 [좋다, 또는 나쁘다]는 뜻을 나타낸다. 아울러 꿈속의 어떤 대상이 [짜다, 시다, 쓰다]하는 등의 다양한 표현들도 그 시각표상의 성질이나 가치를 설명하는 고유한 상징의의를 갖는다. 간혹 [당연히 단맛이 나야할 어떤 대상이 쓴 맛을 낸다]는 등의 표현으로 장차 현실에서 접하게 될 어떤 사물이 생각과는 정반대의 느낌을 주게 된다는 뜻을 나타내기도 한다. 또한 꿈속에서 [무엇을 먹었을 때, 기대했던 만큼 좋은 맛을 느낄 수 없었다]하는 표현으로 현실의 어떤 사물에 대한 실망감을 나타내기도 한다. 가령 『잘 익은 복숭아 하나를 따서 먹었으나 맛이 없어 중도에 버리고 말았다.』라는 꿈을 예로 들자면, 그것이 [장차 현실에서 어떤 여인을 만나 육체관계까지 맺게 되지만 중도에 실망하여 헤어지게 된다]는 뜻으로 해석될 수 있다는 것이다. 시각이나 청각, 또는 후각표상처럼 미각표상 역시 초상적(超常的)으로도 표현될 수 있다. [당연히 맛이 나야할 어떤 사물에서 전혀 맛을 느낄 수 없다]거나, [별로 독하지 않을 음식물이 어찌나 독한지 먹다가 도로 뱉어놓았다]거나 하는 등의 사례가 바로 그것인데 이것은 장차 체험하게 될 어떤 사물에서 역설적인 인상을 받게 된다는 뜻으로 표현된다. 미각표상 역시 그 강약에 따라 시각표상의 다양한 속성을 나타낼 수가 있다.

⑤ 촉각표상(觸覺表象)

각성시 피부를 통해 지각할 수 있는 형태와 비슷하게 표현된 촉각적 이미지, 즉 우리가 꿈속에서 피부로 느낀다고 생각되는 모든 이미지를 총칭한다. 촉각표상의 강도는 매우 미미하여 보통사람들이 쉽게 상기하기가 어려운데, 간혹 강한 인상을 남기는 꿈에 있어서는 매우 중요한 의미를 나타내는 것이므로 해석할 때 주의를 기울여야 한다. 촉각표상은 꿈의 시각표상으로 암시된 현실의 어떤 사물에서 쾌·불쾌 (快·不快)의 느낌을 받게 된다는 뜻으로 표현되는 것이 일반적이다. 각성시의 촉감은 반드시 어떤 대상과의 접촉을 전제로 하는데, 꿈의 경우도 마찬가지이다. 그러므로 촉각표상은 주로 현실에서의 어떤 쌍방행위(雙方行爲)를 암시하며, 그 직접적인 관련성의 정도(程度)를 나타낸다. 가령 누군가에게 [구타를 당해 통증을 느끼는] 꿈을 꾸었다고 한다면 그것은 장차 현실에서 누군가에게 직접적이고도 노골적인 비판을 받게 됨으로서 심한 불쾌감을 느끼거나, 아니면 깊이 반성(反省)—상대방에게 영향을 받아— 하게 될 것이라는 암시이다. 촉각표상이 표현되는 대표적인 사례는 이성과의 성교(性交)가 묘사된 꿈이라고 할 수 있는바, 이것은 주로 현실에서의 어떤 계약이나 결연(結緣)—쌍방적 행위— 등을 암시한다. 촉각표상도 청각표상의 경우와 마찬가지로 외적 감각자극으로 만들어질 수 있다. 그러나 그것 역시 재창조된 관념상이므로 현실 그대로는 표현되지 않는다. 또한 수면중의 잠재의식이 꿈속에 도입할 필요가 없다고 판단하는 경우에는 아무리 강한 자극이라도 무시될 수 있으며 꿈의 암시적 의도에 따라서는 다른 감각표상으로도 변환될 수 있다. 예를 들어 창문으로 들어오는 찬바람으로 쏘이고 잠을 자다가 『굴우물(深井)에서 떠 온 물을 마시니 아주 차고 쓴 맛이 났다.』라는 꿈이 꾸었다고 하자. 이때 실제 피부로 느끼는 차가운 기운은 진행중인 꿈의 재료로서 적당하기에 채용될 수 있었던 것이고, 꿈에 의도에 맞추어서 미각적 이미지로 변환된 것이다. 촉각표상에서 특히 주의를 집중해야 할 것은 배설행위(排泄行爲)에 부수되는 여러 가지가 촉감(觸感)인데 배설행위가 매우 의미심장한 암시성을 갖고 있으므로 그 부착표상인 촉각표상을 해석함에 있어서도 신중을 기해야만 한다. 꿈속에서 대소변이나 정액 따위를 배설할 때의 촉감으로부터 유발되는 쾌·불쾌의 감정은 장차 현실에서 체험하게 될 어떤 일의 성패를 암시하는 재료로서 빈번하게 표현된다. 성적인 꿈에서 느끼는 이성과의 접촉감 역시 배설의 그것만큼이나 중요한 의미를 갖는 것이므로 아주 미세한 느낌이라도 놓치지 말고 찾아내어 정밀하게 해석해야만 한다. 배설이나 이성접촉에서 느끼는 촉감은 장차 현실에서 느끼게 될 쾌·불쾌, 또는 만족·불만족 등의 감정을 암시한다.

2) 정동적(情動的) 표현

대부분의 꿈 연구가들이 [꿈이 감각적이고 욕구적이며 감정적이다]라는 점에서는 일치된 견해를 보이고 있다. 특히 프로이트는 심적 에너지라는 관점에서 정동(情動)을 강조한 바 있다. 그렇다면 정동이란 무엇인가? 정동(Emotion)이란 여러 감정 가운데서 노여움, 두려움, 슬픔, 기쁨 등과 같이 별안간 일어나는 일시적이며 급격한 감정을 일컫는다. 아울러 순간적으로 일어나는 뜨거운 애정이나 극심한 혐오감 등도 여기에 속한다. 그리고 위와 같은 현상보다는 그 정도가 약하지만 같은 징후가 거듭 나타나는 만성상태(慢性狀態), 즉 정동상태 또는 정동감정이라고 불리는 단순히 감정적인 것과 그 외의 일반적인 감정까지를 포함하는 경우도 있다. 일부 학자들은 쾌·불쾌의 감정과 정동은 달리 구분해서 볼 필요성이 있다고 주장하는바, 정동이 쾌·불쾌의 감정보다는 좀 더 복잡하고 순간적인데다 신체발현으로도 나타날 수 있다는 점이 그 이유라고 한다. 그러나 나는 에너지가 실린 감정이라는 측면에서 쾌·불쾌의 감정도 당연히 정동표상에 포함시켜야 한다고 생각한다.

정동은 일명 정서(情緒)라고도 일컬어지며 정동의 발생원인을 구분함에 있어서는 정황(情況)이 표상에 의하여 일어난다는 [생리설(生理設)]과 생명체에 유용하며 본능적이라고 보는 [본능설(本能說)]로 대별된다. 프로이트는 『정동이란 본능적인 감정적 경향의 결과이다.』라고 정의하였다. 이후 그를 추종하는 후대의 심리학자들은 『꿈속에서 표현되는 정동은 현실적인 느낌이다. 그러나 때때로 정동이 환기되지 않는 까닭은 정동은 변하지 않고 그대로인데 표상재료는 바꿔놓기의 작용을 받기 때문이다.』라는 견해를 표명하고 있다. 그러나 이제 우리는 꿈속에 표현되는 정동도 꿈의 공상적 사연에 맞추어져 표현되는 것이기 때문에 대부분의 경우 현실적인 느낌을 주지만 그것 역시 잠재사상의 어떤 요소를 상징적으로 표현한 관념적 이미지에 불과하다는 사실을 잘 알고 있다.

꿈속의 정동은 장차 현실에서 체험될 어떤 감정적 양태 그대로로 묘사되는 것이 일반적이다. 그러나 간혹 전혀 다른 감정의 바꿔놓기로 표현되는 경우가 있어 해석하는 과정에 엉뚱한 곳에 부착된 정동을 발견하기도 한다. 그런가 하면 [낭떠러지에서 떨어지면서도 아무런 공포감을 느끼지 않았다]하는 것처럼 당연히 부착돼 있어야할 정동이 제거되거나, [아무것도 아닌 일에 뛸 듯이 기뻐하는 것]처럼 지나치게 강하게 표현됨으로서 해석자를 당황하게 하는 경우도 있다. 이처럼 정동이 비현실적인 표현된다는 것, 즉 뒤바뀌거나 제거되거나, 또는 과장되게 묘사된다는 것만으로도 꿈속의 이미지가 미래암시적인 상징언어라는 것을 입증하기에 충분하다.

정동을 과거체험의 재현으로 이해하는 입장이라면 꿈이 억압된 심적 형성물이라는 주장이 조금도 어색하지 않을 것이다. 스트리커는 『만일 내가 꿈속에서 도둑에 대한 공포를 느낀다면 그 도둑은 공상적 존재에 불과하지만 그 공포감은 현실적인 것이다.』라고 말했다. 물론 여기서 [현실적이다]하는 것은 과거의 현실에서 경험한 그대로가 꿈속에서 재현된다는 뜻이다. 그러나 누차 강조한 바와 같이 꿈속의 이미지는 모두 잠재의식에 의해 창조된 관념상이다. 그러므로 공포감 역시 현실 그대로가 아닌 현실과 비슷하게 모사(模寫)된 것이라고 말해야만 정확한 정의가 된다. 이것에 대하여 프로이트는 다음과 같은 견해를 피력했다.

　　꿈속에서의 기쁨도 공포감과 마찬가지로 현실적인 느낌이다. 우리들의 감각이 입증하는 바에 의하면 꿈이 현실에서 체험된 정동에 비해서 그 강도가 절대로 약하지 않다. 꿈은 그 정동적 내용에 관해서는 그 표상적 내용에 관하여서보다도 더욱 강하게 우리 마음의 현실적인 심적 체험 속에 편입되기를 요구하고 있다. 반대로 어떤 불쾌하고 위험하며 진절머리 나는 상황에 있으면서도 이상하게 공포와 혐오감이 전혀 느껴지지 않는 경우도 있다. 또 반대로 다른 꿈에서는 전현 사소한 일로 격분하고 기뻐하는 경우도 있다. 정동이 환기되지 않은 까닭은 정동은 변하지 않고 그대로인데 표상재료의 바꿔놓기 작용을 받았기 때문이다. 그것은 꿈-사상이 가진 정동을 그대로 꿈속에 허용하거나 알맹이를 빼버리고 반대물로 바꿔버리는 데서 생긴다. 소원충족의 본질은 어떤 불쾌한 사물을 그 반대물에 의해서 바꿔놓는데 있으며 괴로운 것은 그것이 동시에 어떤 소원충족의 가면이 될 수 있는 한에서만 꿈속에 들어갈 수가 있다. 그리고 정동의 역전은 대개의 경우 꿈의 검열에 부딪쳐 왜곡되지 않을 수 없는데 이것은 마치 감정을 능란하게 은폐할 줄 아는 사람이 거절하고 싶을 때 미소 짓고 죽이고 싶을 때 정답게 구는 것과 같은 것이다.

　　이제 우리는 꿈이란 소원충족의 욕구만으로 형성되는 것도 아니거니와 검열을 받아 본질적인 사상이 왜곡되는 것도 아니라는 사실을 잘 알고 있다. 그러므로 어떤 불쾌한 사물을 그 반대물(反對物)로 대치(代置)함으로서 정동이 환기되지 않는다는 주장 역시 잘못된 것이라는 사실도 충분히 이해할 수 있다. 왜냐하면 정동이 제거되거나 변형되어 표현되는 것 모두가 꿈의 암시적 의도에 맞춘 고의적인 연출이기 때문이다. 감각표상과 마찬가지로 정동표상 역시 시각표상을 설명하는 부착표상으로 정의될 수 있다. 따라서 정동은 시각표상으로 암시된 어떤 현실적 사물의 속성을 나타내거나 그 사물을 접했을 때의 감정적 양태를 암시하는 것이 일반적이다. 이런 점에서 볼 때, 잠재의식이 공포감 등의 정동적 표현을 필요로 하지 않을 경우 그 표현이 제아무리 무섭다고 하더라도 공포감이 유발되지 않는 것은 너무도 당연한 일이다. 정동표상을 정리하면 다음과 같다.

① 꿈속에서의 정동은 과거에 경험한 기억의 재현이 아니라, 그 기억을 모사(模寫)한 관념적 이미지이다.
② 꿈속의 정동이 사실적으로 표현된 경우에는 미래의 현실에서 동일한, 또는 유사한 감정을 체험하게 된다.
③ 꿈속에서의 정동이 생략된 것은 그 자체로서 어떤 암시적 의도를 갖고 있기 때문이다.
④ 꿈속에서의 정동이 장차 현실에서 체험하게 될 어떤 감정적 양태를 정반대로 묘사하는 경우도 있다.

꿈속의 공포감이 현실에서의 감동이나 감격 따위로 해석될 수 있는 이유는 우리의 잠재의식이 [심적으로 크게 동요된다]는 뜻의 개념적 상사성(相似性)을 표상화의 매개로 삼기 때문이다. 특히 초월적 존재가 등장하는 꿈에서 느끼는 공포감은 대부분 현실에서의 감동이나 감화(感化), 또는 감격 따위로 해석된다. 가령 『한 신상(神像)이 나타나

쳐다보기가 몹시 두려웠다.』는 꿈이 있다고 한다면 이것은 장차 어떤 경외(敬畏)의 대상이나 신앙, 또는 걸작 따위에 의하여 감동받거나 감화될 일이 생긴다는 암시이다. 그런가 하면 꿈속의 공포감이 현실에서 겪게 될 심적인 고통을 암시하는 경우도 있다.

대입검정고시를 앞둔 어떤 독학생은 『사람을 반쯤 죽였기 때문에 경찰의 추적을 받게 되었다. 그래서 공포감을 느끼고 도망을 쳤다.』는 꿈을 꾸었다. 그는 이 꿈의 암시대로 대입검정고시(그가 죽이려던 사람)에서 절반 정도의 과목에서 과락을 하였기 때문에(반쯤 죽임) 대학 진학을 할 수 있는 자격을 얻지 못한다.(시험 감독청으로 동일시된 경찰의 추적) 그래서 그는 상당기간 심적 고통을 당하게 되었다.(공포감을 느끼고 도망쳤다)

반면 꿈속의 공포감이 장차 현실에서 체험하게 될 공포감 그대로로 묘사되는 경우가 있다. 어떤 사람은 『괴한(怪漢)이 칼을 치켜들고 찌르려고 달려든다. 그래서 극도의 공포감이 엄습하여 꼼짝도 못한 채 덜덜 떨고 있었다.』는 꿈을 꾸고 며칠이 지나지 않아 알 수 없는 괴질(怪疾)에 걸렸다고 한다. 이 꿈에서 [괴한]은 알 수 없는 괴질을 암시한다. 그리고 [극도의 공포감]은 혹시 죽을병은 아닌가 하는 두려움이며, [몸을 덜덜 떨었다]하는 것은 심신이 고통을 받게 된다는 뜻이다.

반사실적(半事實的)으로 표현된 다음과 같은 꿈속의 정동도 장차 체험하게 될 정동 그대로로 묘사된 경우에 해당한다. 미국의 어떤 사업가는 『어떤 여자를 따라 허허 벌판에 세워진 교수대로 갔는데 13계단의 마지막 층계를 밟으려는 순간, 위를 쳐다보니 갑자기 그녀가 무서운 얼굴로 자기를 내려다보고 있어 심한 공포감을 느꼈다. 그래서 그 자리에서 꼼짝도 못한 채 덜덜 떨었다.』는 꿈을 꾸었다. 그런데 다음 날 사업차 여행을 떠나면서 여객기의 트랩을 오르려다 입구 쪽을 쳐다보니 안내양의 모습이 꿈에서 본 여인과 너무도 비슷하여 갑자기 두려운 생각이 엄습했다.(꿈속에서의 두려움) 때문에 그는 만부득이 비행기 탑승을 포기하게 되었는데 이 여객기는 이륙한 후 30분 만에 추락했다고 한다. 이 꿈에서 13계단은 서구인들이 보는 죽음의 상징이다. 그리고 교수대의 계단과 비행기의 트랩, 또 의문의 여인과 스튜어디스 등은 절묘한 비유이며 계단을 오르려다 중도에서 돌아선 것과 공포감 등은 사실적인 표현이다.

나는 앞서 꿈은 비틀기의 명수이기 때문에 사실적인 내용을 살짝 변형하여 표현하는 반사실적인 꿈이 의외로 많다는 사실에 대해 자주 언급한 바 있다. 또한『평소 애정을 갖고 있던 인물이 갑자기 죽어서 복받쳐 오르는 슬픔을 주체할 수 없었다. 그 때문에 그 시신 앞에 엎디어 흐느껴 울었다.』는 꿈을 꾸고 현실에서 그것과 아주 흡사한 감정체험을 하였다는 사례들을 소개한 바도 있다. 이런 꿈들에서 대부분의 이미지는 상징표현이지만 격한 슬픔만큼은 사실적으로 묘사된 것이다.

이와는 반대로 애인이나 자식 등의 근친자가 죽었는데 아무런 정동이 일어나지를 않았다는 경우도 있다. 그렇다면 당연히 부착돼 있어야 할 정동이 제거된 것은 무슨 이유일까? 결론부터 말하자면 정동이 시각표상에 합성되어 있거나, 무정동(無情動) 그 자체가 중요한 상징의의를 나타내기 때문이다. 동일시(同一視)의 경우에는 흔히 시각표상에서 감춰진 정동을 찾아볼 수가 있다. 가령 장차 현실에서 미워하게 될 어떤 실존인물을 동일시함에 있어 꿈속의 인물표상을 검은 얼굴로 표현하거나, 불쾌함을 나타내기 위하여 빙그레 웃는 얼굴로 묘사하기도 한다는 것이다. 또한 동일시된 현실의 실존인물을 비천한 짐승이나 미숙한 아이로서 묘사하는 것도 그 속에 경멸이나 혐오 등의 정동이 합성된 사례라고 할 수 있다. 무정동의 표현은 대부분 의사시로 묘사된 꿈에 나타난다. 그것은 장차 어떤 일이 성취되더라도 아무런 감정적 동요도 일어나지 않거나, 그 일과는 직접적인 연관성이 없는 객관적인 입장이 될 것이라는 뜻이다. 그 외에도 [자기의 자식이 죽었는데도 조금도 슬퍼하지 않았다]거나, [나체(裸體)가 되어 군중 앞에 섰는데도 전혀 수치심을 느끼지 않았다]거나 하는 등의 꿈들이 전형적인 예라고 할 수 있다. [나체가 되었는데도 왜 전혀 수치심을 느끼지 않는가]하는 문제는 종래의 꿈 연구가들도 비상한 관심을 기울였던 주제였다. 이 점에 대해서 프로이트는 다음과 같이 설파하고 있다.

이런 꿈의 밑바닥에는 매우 어렸을 때의 기억이 있음을 의심할 바 없다. 옷을 벗기가 어린이들을 부끄럽게 하기는커녕 반대로 얼마나 기쁘게 만드는가는 상당히 자란 어린이들 사이에조차 관찰할 수가 있다. 벌거숭이가 된 아이들은 웃으며 뛰어다니며 자기의 배를 친다. 그러면 그들의 어머니나 기타 그 자리에 있는 어른들이 『아, 망측하다, 그런 짓을 하면 안 된다.』라고 그들을 나무란다. 어린이들은 종종 노출욕을 들어낸다. 우리가 과거를 돌아볼 때 이 부끄러움을 몰랐던 어린이 시대가 파라다이스 같아 보인다. 그러나 이런 파라다이스는 각 개인의 어린 시절에 관한 집합적인 공상 이외에 아무것도 아니다. 그래서 에덴의 동산에서는 사람이 나체였으며 서로 아무런 부끄러움을 몰랐지만 드디어 어떤 시대가 와서 부끄러움과 불안이 싹트고 추방이 뒤따르며 남녀의 성생활과 함께 문화생활이 시작되었다. 그러나 우리는 꿈속에서 밤마다 이 파라다이스를 다시 차지할 수가 있다. 가장 어렸을 때의 인상들은 다만 그 성질상, 그리고 아마도 그 실제 내용에는 상관없이 재현되길 요구하는 모양이며, 또한 이 재현은 소원충족인지도 모른다. 그러므로 나체의 꿈은 노출의 꿈으로 전형적인 꿈이다.

프로이트의 이론이 타당한 것이냐 아니냐를 떠나 우리는 여기서 한 가지 중요한 포인트를 발견할 수 있다. 그것은 바로 정형적 상징의 형성과정이다. 프로이트는 이 대목에서 나체의 욕구와 수치심이 이미 선사시대로부터 유래하였음을 언급하면서 유아들의 그것 역시 원시심성에서 비롯된 선험적인 것이라는 견해를 분명하게 밝히고 있다. 그는 이 점과 관련하여 『상징이 네 살 먹은 어린아이의 꿈속에서 어떤 역할을 했다는 것은 물론 주목할 만한 사실이나, 이것은 예외가 아니라 통칙(通則)인 것이다. 꿈을 꾸는 인간은 애초부터 상징표현을 쓰는 법이라고 해도 좋으리라.』라고 부연 설명한바 있다. 가히 핵심을 꿰뚫는 탁견이라고 아니할 수 없다.

그런데 우리는 꿈속에서 무엇을 감추려는 의지와 노출시키려는 의지가 병립하면서 맞부딪치는 현상을 종종 발견하게 된다. 이 상반된 현상은 꿈의 암시적 의도성에 따른 고의적인 연출이다. 왜냐하면 꿈은 [들어냄과 감춤]이라는 대비로서 장차 체험하게 될 어떤 일에 대한 대조적인 마음의 상태를 극명하게 표현해낼 수가 있기 때문이다. 즉, 꿈은 [들어냄]으로 어떤 일에 대한 과시, 주장, 시위, 진술, 광고 등의 의미를, 또 [감춤]으로 은익, 은폐, 폐쇄 등의 의미를 대비시켜 강조함으로서 매우 선명한 암시효과를 거둘 수가 있다는 것이다. 위와 같은 목적에 가장 부합되는 이미지가 바로 육체의 노출이다. 그렇기 때문에 남녀노소 및 연령고하를 불문하고 노출의 꿈은 늘 꾸어진다. 우리는 꿈속에서 전라(全裸), 또는 반라(半裸)가 되었어도 당당하게 거리를 활보하거나, 갑자기 궁중들 앞에서 전라가 됨으로서 심한 수치심을 느끼기도 한다. 그런가 하면 노출된 자신을 감추기 위해 주변에서 옷을 찾아 헤매거나 숨을 곳을 찾기 위해 허둥대지만 그 뜻을 이룰 수가 없어-수족이 말을 안 듣는 등의 신체반응이 수반되기도 한다- 몹시 애를 태우다가 잠을 깨기도 한다. 각성시에 실제로 군중 앞에서 본의 아닌 노출을 하게 된다면 심한 수치심이나 절망감에 빠질 수가 있을 것이다. 그만큼 노출에 부착된 정동은 아주 강하다. 꿈은 이런 자극적인 정동을 꿈의 재료로서 활용하는데 있어 전혀 소홀하지가 않다.

그럼에도 불구하고 꿈속에서 전혀 부끄러움을 느낄 수가 없었다면 그것은 꿈이 무정동(無情動) 그 자체가 상당한 암시적 의미를 나타내는 것으로 판단해야만 한다. 실제로도 이런 사례들을 발견하기란 그리 어렵지 않다. 내가 수많은 사례들을 수집, 분석한 결과에 의하면

[전라가 되어 군중 앞에 섰어도 아무런 느낌이 나지 않았다]하는 등의 꿈은 장차 자신의 업적이나 작품, 또는 프라이버시 등이 대중(大衆)에 공개되었을 때, 아무런 감정적-특히 쾌·불쾌- 동요도 없이 담담한 태도를 유지한다는 뜻으로 해석되는 경우가 많았다. 그런데 지켜보는 군중 없이 혼자만의 노출로 표현되는 꿈도 있을 수 있지 않느냐는 반문이 나올 수 있다. 노출의 꿈은 그 성격상 거의가 의사시로 표현되는 것이므로 꿈속의 벌거벗은 나는 현실의 어떤 일거리나 업적, 또는 프라이버시 등으로 암시된다. 따라서 꿈속에 군중이 있었건 없었건 간에 그 해석이 달라지지 않는다. 즉, 거기에 군중이 있어 지켜보고 있다는 묵시적(黙示的)인 전제가 깔려있다는 것이다.

그런데 간혹 지켜보는 군중이 불특정(不特定) 다수(多數)가 아니라 아는 얼굴 몇몇일 경우도 있다. 이때의 군중은 현실의 실존인물들을 동일시한다. 따라서 노출에 대한 시비를 하거나, 경멸의 표정을 짓거나, 또는 직접 다가와 벗은 몸을 가려주거나 하는 등의 표현이 있을 수 있는바, 이때는 그 각각이 나름의 상징의의를 갖는 것이므로 해석에서 빠트리지 말아야 한다.

무정동의 표현과 관련하여 또 하나 빼놓을 수 없는 것은 [근친자의 죽음이 묘사된] 꿈이다. 우리는 가끔 꿈속에서 부모나 형제, 또는 배우자의 죽음을 목격하고 당연히 슬퍼해야 함에도 불구하고 전혀 슬픈 감정이 솟아나지 않아 그저 덤덤히 내려다보는 경우가 있다. 이런 종류의 꿈은 대부분 의사시로 표현된다는 것은 이미 설명한 바와 같다. 다시 말해 이 죽은 근친자는 실존인물을 동일시하는 것이 아니라 자기가 애착을 갖고 성취시키려는 어떤 일거리를 암시하는 것이며, 아무런 정동이 일어나지 않는 이유는 그 일이 당연히 이루어지리라는 암시이기 때문이다. 무정동의 표현 역시 꿈의 암시적 의도에 따라 고의적으로 연출된 의미심장한 상징단어라는 사실을 분명하게 입증하는 사례라고 하겠다. 프로이트는 부모나 형제자매가 죽는 꿈을 두 가지로 분류하고 있다. 그 하나는 꿈속에서 극심한 슬픔을 느끼는 경우이고 다른 하나는 전혀 동요되지 않는 경우이다. 후자와 같이 슬픔이 전혀 수반되지 않는 것은 잠재내용 속에 또 다른 소망을 숨기고 있는 경우로서 전형적인 꿈은 아니라고 했다. 반면에 전자와 같이 아주 극심하게 비통을 느끼는 꿈은 꿈속의 그 인물이 실제로 죽기를 원하는 소망을 들어내는 것이라고 한다. 후자에 관한 그의 견해를 들어보자.

친애하는 근친의 한 사람이 죽은 줄을 꿈꾸는 본인이 생각하고 그 때 뼈 아프게 느껴지는 꿈은 그 근친자가 죽었으면 좋겠다는 소원을 의미하고 있다. 그러나 그가 이 근친자가 죽기를 현재 바라고 있다는 증거라고는 절대로 말하지 않는다. 꿈의 이론에는 그만한 권한이 없다. 꿈의 이론은 그가 유아기의 어느 시기에 그 근친자가 죽었으면 좋겠다고 바랐던 일이 있었다고 추론하는 것으로 만족한다. 그러나 이렇게 말하더라도 내 견해에 반대하는 사람들을 가라앉히지 못하리라고 나는 근심한다. 왜냐하면 나의 반대자들은 『우리가 일찍이 한 번도 그런 것을 생각한 일이 없다. 더구나 지금 그런 소원을 품고 있다니 당치 않은 말이다.』라고 말할 것이기 때문이다. 그러므로 나는 현재의 증거에 의해서 예전에 없어져버린 어린 시절의 심적 생활 일부를 여기에 재건해 보여야 할 것이다. 어린 시절 형제간의 불화로 적의가 생기고, 때문에 그 상대방이 죽었으면 좋겠다고 생각했던 무의식적 소원과 성적 편애로 인해 아들은 아버지를, 딸은 어머니를 미워하는 오이디푸스·콤플렉스를 불러일으킨 살인충동 등의 근원들에 의해서 근친자의 죽음을 보거나 손수 죽이는 꿈을 형성할 수 있다.

참으로 섬뜩하기가 짝이 없는 분석이다. 에리히·프롬이 비판한 바와 같이 인간심리의 부정적인 측면에만 초점을 맞춘 프로이트의 시각이 여실히 들어나는 대목이다. 이것이 설사 의식구조를 연구하는 자료로서 어느 정도의 쓰임새가 있다고 해도 꿈-형성에 있어서의 근원적인 심적 형성물을 설명하는 증거로서는 설득력이 부족하다. 더구나 나는 오이디푸스·콤플렉스가 유아기에 고착되는 보편적인 인간속성(人間屬

性)이라는 주장에도 결코 동의할 수 없다. 만의하나 오이디푸스·콤플렉스가 사실이라고 하더라도 부모의 죽음이 아닌 형제자매나 배우자의 죽음을 묘사하는 꿈에서의 무정동은 또 어떻게 설명할 것인가? 결국 근친자의 죽음 앞에서 아무런 정동도 일어나지 않는 꿈 역시 그것으로 상징가능한 어떤 미래사가 예정되어 있지 않으면 절대 꾸어지지 않는다는 것이 결론이다.

옛사람들은 『꿈에서 길하면 현실에서 흉하고, 꿈에서 흉하면 현실에서 길하다.』라는 강한 믿음-*고대 이집트의 해석방식도 반대였는데 이것에 관한 기록도 남아 있다*-을 가지고 있었다. 그래서인지 지금도 무계(巫界)에서는 [꿈은 반대로 해석하는 것]이라는 믿음이 여전히 위력을 발휘한다. 이들의 주장을 그대로 받아들여 반대로 해석되는 꿈이 분명 존재한다고 인정한다면 그 증례로서 가장 적합한 것이 바로 [역전(逆轉), 또는 대치(代置)된 정동(情動)의 꿈]이라고 할 수 있다. 그러나 결론부터 말하자면 꿈속의 정동이 현실의 그것과 반대로 표현된 것처럼 보이는 경우가 있다고 하더라도 실제 반대로 해석되는 것은 아니라는 사실이다. 가령 『근친자가 죽어서 통곡하는 꿈을 꾸었더니 현실에서는 오히려 좋은 일이 생겼다.』는 사례가 있다고 하자. 슬픔에 겨워 통곡에까지 이른다는 것은 그만큼 참을 수 없는 격정을 억누르고 있었다는 뜻이다. 다시 말해 통곡(痛哭)을 하기 직전까지의 심적 상태는 로베르트가 말했듯이 감정이 극도로 억압됨으로서 [관념이 질식된 상태]라고 할 수 있는 것이다. 이때 억제되었던 감정이 통곡행위를 통해 분출되면 슬프고 괴로웠던 감정이 일시에 해소됨으로서 마음이 잔잔한 호수처럼 안정되고, 경우에 따라서는 쾌감까지 유발되는 일종의 카타르시스(淨化)가 조성된다. 말 그대로 질식된 관념의 해소상태인 것이다. 꿈은 이처럼 극적인 정동의 변화를 놓치지 않고 포착하여 그 암시적 재료를 삼는다. 그리고 우리가 이런 유형을 꿈을 그 외관만으로 보았을 때, 반대로 표현된 것이라고 쉽게 오해할 수가 있는 것이다. 이제 이것을 종합하자면 [악몽처럼 표현된 꿈이 반대로 해석됨으로서 길조가 될 수 있는가]의 여부는 꿈속의 정동이 질식된 관념을 분비한 것으로 표현되었는가에 달려있다고 말할 수 있다. 그러나 슬퍼서 운다는 행위도 소리를 죽여 흐느껴 울거나, 말없이 눈물만 흘리거나 하는 등의 경우도 있으므로 슬퍼서 우는 꿈 모두가 질식된 관념의 분비-또는 *뒤바뀐 정동*-로서 표현된 것은 아니라는 점에 유의해야만 한다.

이런 점에서 『소원충족의 가면이 될 수 있는 한에서만 꿈속에 들어갈 수가 있다. 꿈의 작업은 꿈-사상을 가진 정동을 허용하거나 또는 알맹이를 빼버리거나 그 정동들을 반대물로 바꾸어 버릴 수가 있다. 그리고 이 정동의 역전은 대개의 경우 꿈의 검열에 의해서 이루어진다는 것이 참말 같다.』라고 한 프로이트의 주장은 잘못이라고 생각된다. 왜 일까? 그것은 꿈-사상이 심적 검열에 의해 왜곡됨으로서 정동의 역전이 이루어진다는 것 자체가 오류이기 때문이다. 따라서 질식된 관념의 분비로서 표현되지 않는 한, 꿈속의 슬픔과 고통, 그리고 분노 등의 정동은 현실에서 그대로 체험될 것이다.

3) 상념적(想念的) 표현

상념(想念)이란 마음에 떠오르는 여러 가지 생각들을 말한다. 꿈의 현현내용을 분석한 후에 들어나는 꿈-사상도 넓은 의미에서는 상념이라고 할 수 있을 것이다. 그러나 여기서 말하는 상념이란 외부로 표출됨이 없이 순순한 내적 사고(思考)에 그치는 여러 가지 사고작용, 즉 사유, 연상, 판단, 예측, 추리 등을 말한다. 따라서 그것은 감각, 정동, 언어, 행동 등의 표상을 제외한 모든 것이라고 정의될 수 있다. 또한 상념표상은 꿈-내용을 구성하는 하나의 상징단어임으로 해석한 뒤에 들어나는 잠재내용이 아니다. 그러므로 꿈속에서 어떤 대상에 대한 [판단]이 이루어졌다고 할 경우에도 거기에서 해석이 멈추는 것이 아니라, 그 [판단]이라는 상념표상이 무엇을 의미하는가 하는 것도 밝혀내야만 한다.

상념은 감각, 정동, 언어, 행동 등의 표상이 만들어지는 근원이며, 또 그것들을 논리적으로 연결하여 일련의 꿈-사상을 구성하는 매개요소이지만 엄연히 독립된 하나의 표상이다. 그러므로 여타의 표상이 없이 오직 상념으로만 구성된 하나의 꿈도 있을 수가 있다.

그렇다면 꿈의 현현내용에서 어떻게 상념표상을 구분할 수 있는가? 예를 들어 설명하자면 다음과 같다. 가령 『한 무더기의 꽃이 피어있는 것을 보았다. 그런데 어떤 것은 싱싱하고 아름다워 감탄을 했지만 어떤 것은 이미 시들어 애처롭게 생각하였다. 나는 저 꽃들 중에서 노란 꽃 한 송이를 꺾어다가 방에 있는 꽃병에 꽂아야겠다고 생각했다.』라는 꿈을 꾸었다고 하자. 여기서 [싱싱하다], [아름답다], [시들다], [애처롭게 생각하다], [꽃병에 꽂아야겠다고 생각하다] 등이 상념표상이라고 할 수 있다. 위의 경우와 같이 꿈-내용 중에서 [저것은 빈약해 보인다(판단)], [장차~가 나타날 것이다(예측)], [이것이 혹시 ~은 아닐까?(추리)], [이것은 마치~처럼 보인다(유추)] 등의 사고작용을 통틀어 상념표상이라고 한다.

종래의 꿈 연구자들은 비교적 선명하게 인식되는 감각표상, 그 중에서도 시각표상만을 상징물로 보았다. 때문에 여타의 표상, 즉 상념, 언어, 행동 등은 주로 시각표상에 부수된 비유적인 표현으로 간주하였던 것이다. 그러나 시각표상만을 상징표상으로 간주하고 해석할 경우 전체적인 꿈-사연을 구성할 수 없을 뿐더러 기본단위의 문장조차 완성할 수 없다. 꿈속의 이미지는 모두가 관념상이다. 따라서 겉으로 들어나는 감각표상만이 아니라 무형의 여타의 표상들도 잠재의식에 의해 창조되는 것이므로 그 모두가 상징표상이어야 한다는 것은 너무도 당연한 이치이다.

꿈속에서 상념표상의 역할은 무성영화에 있어서 변사(辯士)의 그것과 같다고도 할 수 있다. 왜냐하면 꿈속에서 전개되는 모든 이미지를 지각하고, 인식하며, 판단함으로서 각 표상, 특히 시각표상들을 유기적으로 연결하여 하나의 스토리를 구성하기 때문이다. 그러므로 상념표상을 소홀히 하여 탈루시키거나 변형시키면 꿈-해석 자체가 불가능해진다. 꿈속에는 장면과 장면 사이의 단절면처럼 보이는 비약적(飛躍的) 구간(區間)이 있으며, 또 이것을 연결시키는 것이 바로 연상 등의 상념표상이라는 것은 앞의 〈시각표상〉 항목에서 이미 설명한 바 있다. 가령 『나는 난간에서 아래로 떨어졌다. 이때 떨어지는 감각이 [공중에서 떨어지다]라는 관념을 상기시키고 이어서 처음 여객기를 탔을 때의 공포감이 되살아나면서 갑자기 장면이 바뀌어 나는 추락하는 비행기 속에 앉아 두려워했다.』라는 꿈을 예로 들어보자. 이때 난간에서 떨어진 장면과 추락하는 비행기 안의 장면 사이에는 분명한 단절면이 존재한다. 그러나 이 단절면은 [떨어지다]라는 [관념]과 처음 비행기를 탔을 때의 공포감을 상기해내는 [연상작용]에 의해서 하나로 연결될 수 있다. 이처럼 상념표상은 표상과 표상 사이를 연결함은 물론, 전체의 표상을 하나로 통합하는 중심축(中心軸)이 되기도 한다.

그런데 우리가 꿈을 상기하여 기술함에 있어 상념표상들은 가급적 설명조의 쉬운 말로 재구성하는 것이 중심사상이라고 할 수 있는 정형적 상징들을 찾아내기가 수월하고, 또 전체사연을 파악하기도 용이해진다. 예를 들어 『옆방에서 어머니와 함께 도란거리는 아이들의 목소리가 들려왔다. 나는 목가적(牧歌的)으로 달콤한, 그리고 평화로우며 시적인 신성한 생활을 정관적(靜觀的)이며 인간적인 행복을 여러 번, 또한 깊이 느꼈던 생활을 지금 새로 발견한 듯이 느껴졌다.』라는 꿈의 단편이 있다고 하자. 이것은 어떤 학자의 꿈 연구자료에서 인용한 실제의 사례인데 도치(倒置)나 중첩(重疊), 그리고 은유가 적절히 구사된 수준 높은 문장이라고 할 수 있다. 그러나 이러한 기술방법이 꿈을 해석함에 있어서는-특히 *상념표상을 해석함에 있어서는*- 오히려 독(毒)이 될 수가 있다. 이 꿈을 보다 쉽게 해석하려면『옆방에서 어머니와 아이들의 도란거리는 목소리가 들려왔다. 나는 이 목가적이고 시적이어서 달콤하게 느껴지는 평화스러운 생활에서 신성함을 느꼈다. 과거에도 이처럼 인간미 넘치는 행복감을 여러 번 경험한 적이 있는데 지금 또 다시 그런 느낌에 젖는다.』라는 식의 평범한 문장으로 고쳐놓아야 한다.

꿈속의 상념표상과 불가분의 관계를 갖는 것은 부사와 동사의 시제(時制)라고 할 수 있다. 가령『내일 아침 그 사람이 올 것이다.』라는 단문이 있다고 하다면 [내일], [아침] 등은 미래의 어느 시점을 나타내는 부사이고 [올 것이다]의 [올]은 동사 [오다]의 미래형이다. 우리는 간혹 [전쟁이 났었다, 전쟁이 났다, 또는 전쟁이 날 것이다] 하는 등으로 어떤 사건의 시점이 분명하게 인식되는 꿈을 꾸기도 한다. 이것을 놓고 우리가 각성시의 문법대로 [과거에 벌어진 일, 현재 벌어지고 있는 일, 또는 미래에 벌어질 일]이라고 구분하는 것은 난센스다. 꿈의 본질은 어디까지나 미래예시적인 것이므로 그것이 어떤 시제형으로 표현되었던 간에 미래사를 암시함에 있어서는 동일하기 때문이다. 다만 꿈이 과거 시제형으로 표현함으로서 과거에 벌어졌던 사건과의 연관성을 강조하거나, 미래시제형으로 표현됨으로서 어떤 사건이 불확정이라는 점을 강조하는 예외적인 경우는 있다. 가령 [어떤 일이 벌어졌었다, 이 고장에서는 10년 전에 전쟁이 벌어졌었다, 또는 여기 한번 와본 적이 있다.]라고 과거형의 시제로 표현된 꿈이 있다고 한다면 그것은 과거에 관여했던 적이 있는 어떤 일을 다시 시작하게 된다는 뜻의 암시가 될 수 있다. 또한 그것에는 과거 자기가 알고 있던 어떤 일과 비교한다는 의미도 함께 포함되어 있다. 위와 같은 의미의 과거시제는 시각표상으로도 표현될 수 있다. 예컨대『돌아가신 할아버지가 꿈에 나타났다.』는 경우, 이때의 할아버지는 과거에 할아버지와 인연이 있었던 어떤 인물을 동일시하거나, 과거의 어떤 사건에서 비롯된 미래사건을 의사시(擬事視)한다는 것이다. 그런가 하면 꿈이 꿈속의 사건을 현재진행형(現在進行形)으로 표현하는 경우도 있다. 이 것은 현재적 시점에서 원인이 제공됨으로서 발발하게 된 어떤 사건이 미래로 이어진다는 의미를 강조하는 경우에 해당한다. 예를 들어 꿈 속에서 『지금 전쟁이 났다!』고 할 때, 그것은 [지금 어떤 시빗거리가 생겨나 장차 ~하게 될 것이다]라는 암시가 될 수 있다는 것이다. 한 편 꿈이 어떤 사건을 미래형(未來形)으로 두드러지게 표현할 경우 그 것은 [장차 어떤 일에 관여하기는 하지만 확정이 아니라 추정에 그치 는 까닭에 그 결과는 알 수 없다]라는 뜻으로 해석된다. 가령 [저수지 에서 물고기를 발견하고 그것을 잡아야겠다고 생각한다]라는 경우, 그 것은 미래의 현실에서 물고기로 상징가능한 재물이나 일거리를 발견 하고 그것을 소유하거나 착수하려는 의도를 갖게 된다는 사실만을 분 명히 할 뿐, 실제 실행에 옮겨질 것인지, 또 실행에 옮겨서 성과를 거둘 지에 대해서는 미지수로 남겨둔다는 표현이다. 따라서 이것은 노력 여하에 따라서는 성공할 수도 있고 실패할 수도 있으며, 아니면 아예 착수조차 못할 수도 있다는 불확정적인 표현이다. 같은 맥락에 서 『나는 장차 부자가 될 것이다.』라는 표현도 하나의 가능성만을 남 겨둔다는 암시이다. 그러나 사실적인 꿈에서는 미래의 시점 그대로로 표현되기도 한다.

4) 언어적(言語的) 표현

언어(言語)란 인류가 생각이나 느낌을 음성이나 문자를 이용하여 서 로 전달하는 수단과 체계를 말한다. 우리도 꿈을 상기하고 해석하기 위해서는 일상적인 언어를 사용할 수밖에 없다. 그런데 우리가 이 항 목에서 주제로 삼는 것은 꿈에 나타난 언어계열의 상징표상들이다.

즉, 꿈속에 등장하는 대화, 연설, 호칭, 응답, 발성, 설명, 노래, 문자, 문구, 문장 등이 상징적으로 표현된 것들을 말하는 것이다. 꿈속의 언어표상은 주로 대화형식을 취하지만 혼자만의 독백(獨白)도 각성시의 그것에 비하자면 훨씬 빈도가 높다. 그러나 각성시의 그것과는 상당한 차이가 있다. 특히 발성주체가 확인되지 않는 말소리나 초월적인 존재에 의한 계시 같은 것들은 꿈만의 특색이라고 할 수 있는데 독백과 함께 이것들 모두를 [자기암시적(自己暗示的) 표상]이라고 부른다. 언어표상도 여타 표상들처럼 시각표상에 부착되어 그것을 한정적으로 수식하기도 하고 독립적으로 표현되어 꿈의 중심사상을 나타내기도 한다. 꿈이 주로 시각표상 위주로 표현되는 까닭에 언어표상에서 시각표상으로의 표상전위가 빈번하게 이루어지며, 언어적 연상결합에 의하여 꿈의 단절면을 이어주는 역할을 하기도 한다.

언어와 문자는 인류가 문명화되는 최근단계에 나타난 것이므로 단순한 발성을 제외한 대부분의 언어표상은 문화적 상징으로 분류되며 개인적 상징도 적지 않게 발견된다. 따라서 속어나 은어, 또는 관용어 등이 시각적 이미지로 변환되어 꿈의 중심사상을 나타내는 경우가 적지 않다. 이 점에 대하여 칼·융은 『[너 좋은 대로 해!]라는 뜻의 관용구인 [물에나 풍덩 뛰어들어!]라는 표현이 꿈속에서 실제로 호수에 뛰어드는 이미지로 나타날 수 있다. 이런 은유적인 방법을 지닌 꿈의 이미지는 상징적이다.』라는 견해를 피력했다. 그러가하면 프로이트는 『교양 있는 사람들이 현실의 사고생활에 있어서 말의 기교나 격언, 또는 노래가사 등을 다양하게 인용하듯이 꿈속에서도 그런 종류의 위장수단에 빈번하게 이용한다.』라고 말했다. 이런 이유로 언어표상은 꿈꾼 이의 지적(知的) 수준에 따라 그 격을 달리 하기도 하고, 시대적으로 변천하는 신념이나 풍속(風俗)에 따라 수시로 변화를 겪기도 한다. 얼마 전 나는 일선의 어떤 병사로부터 다음과 같은 꿈의 해석을 의뢰받았다.

길가에서 수많은 사람들로부터 돌멩이를 얻어맞던 구렁이 한 마리가 갑자기 하늘로 솟구치더니 큰 용이 되어 하늘로 날아올랐다. 그러자 굉음과 함께 하늘의 문이 열리고 용이 그 속으로 들어갔다.

이 꿈은 등용문(登龍門)이라는 [관용어]가 시각적인 이미지로 변환된 것이다. 또한 인고(忍苦) 끝에 성공이라는 통속적인 관념까지 함축하고 있어 상당히 의미심장하다.

꿈이 그 암시적 의도를 우화적인 만화처럼 표현하기를 즐겨한다는 것은 이 언어표상에서 보다 확연하게 들어난다. 앞에서도 언급한 바 있는 『우편배달부가 찾아와서 「자식이 아홉 달린 과부를 얻으시오」라고 말했다.』라는 나의 꿈은 [장차 부동산 중개업자(우편배달부)가 찾아와 방(자식)이 아홉 개 있는 빈집(과부)을 얻으라고 권유할 것]이라는 자기암시적 표현이지만, 꿈이 그 사상을 언어표상을 통해 어떻게 표현하는가를 보여주는 좋은 사례라고 하겠다.

꿈이 과장이 심한 코믹만화와 같다는 증거는 꿈에 등장하는 대화주체(對話主體)의 종류에서도 찾아 볼 수가 있다. 꿈속의 대화주체는 실존인물(實存人物)에만 한정되지 않으며, 또 사람에게만 국한되지도 않는다. 죽은 사람은 물론 가상의 초월적 존재까지도 자연스럽게 언어를 구사할 수 있고, 각종 동식물도 사람처럼 대화를 나누기도 하며, 심지어는 바위나 집 등의 무생물이 말을 하기도 한다. 이 우화적인 언어표현의 두 가지 예를 더 들어보자면 다음과 같다.

○ 『이미 고인(故人)이 된 사람이 꿈에 나타나 또 죽었는데 그 시체가 말을 한다.』는 꿈에서 [고인]은 미래의 현실에서 상관하게 될 과거 자기와 인연이 있었던 어떤 사람의 동일시이고 그가 또 죽은 것은 그의 일거리가 성사되었음을 암시하는 것이며 그 시체가 말을 한 것은 꿈꾼 사람 자신이 장차 그 일에

대해서 그렇게 말하거나 상대방과의 대화내용 속에 포함되어 있을 내용—그 일과 관련한 평가, 협의—을 암시하는 것이다.

○ 『돼지 한 마리가 주인에게 쫓겨 큰길로 도망가면서 나에게 「신발 한 짝만 주세요. 발톱이 아파서 그래요.」라고 애원하였다. 이 말을 들은 나는 곧 신발 한 짝을 벗어 돼지에게 신기고 같이 도망을 쳤다.』는 꿈은 장차 꿈꾼 이가 다른 사람(돼지의 주인)이 경영하는 어떤 사업체(돼지)가 자금압박(발톱이 아파서 신발 한 짝이 필요하다)에 의한 경영위기에 봉착해 있음(돼지가 달아난다)을 알게 되고, 또 긴급자금(신발을 한 짝 신김)을 지원함으로서 그 사업체를 인수(돼지와 함께 도망가다)하게 된다는 암시였다.

《성경》의 《창세기 1장》에서 『선악과(善惡果)를 따먹어야 눈이 밝아진다.』고 뱀이 하와를 유혹하는 말은 신화 속의 동물들이 사람과 같은 인격체로 묘사될 수 있다는 보편적 상징수법에 의한 것이다. 그러므로 이 뱀을 창조한 최초의 인물 역시 자신의 꿈을 통해 신화적 표현수법의 영감을 얻었으리라 생각한다. 현대인의 꿈에서도 동물이 말을 하는 경우는 부지기수로 많다. 이때 『동물이 말을 하다니 당치도 않는 몽상이다.』라고 무시해 버리면 꿈의 해석 자체가 불가능해진다. 이 점은 발성주체가 확인되지 않는 [어떤 목소리]의 경우에 있어서도 같다. 앞에서도 잠간 언급한 바와 같이 이런 꿈들은 자기암시성의 메시지를 담고 있을 가능성이 많다. 아무도 보이지 않는 공중에서 우렁찬 목소리가 들려온다거나, 방안에 홀로 앉아 있는 자신의 귓가에 어떤 목소리가 속삭이듯 들려온다거나, 또는 아무도 없는 곳에서 혼잣말을 하고 있는 자기 자신을 바라본다거나 하는 등의 꿈들은 모두가 자기의 [또 하나의 자아]를 보이지 않는 대화상대로 설정하여 자

문자답(自問自答)의 형식으로 표
현한 [자기암시적 꿈]에 해당한
다. 이런 표현은 통상 자성을 촉
구하는 메시지이지만 간혹 자신
에게 영향을 미칠 어떤 대사건
(大事件)-주로 *사회국가적인 사건*-
을 암시하는 경우도 있다.

꿈의 언어표현과 관련하여 또
하나의 독특한 상징수법은 숫자
나 문자를 이용하여 그 암시적
의도를 나타내는 것이다. 몇 년
전에 모(某) 신문사 기자 한 분
이 『어느 유사종교단체의 신도
(信徒)가 신문사를 찾아와 「기억

아담과 이브, 그리고 선악과(善惡果)

이 희미하여 정확히 상기할 수는 없지만 푸른 하늘에 [청풍], 아니면
[광풍]이라는 글자가 선명하게 나타난 것을 보았다.」라는 꿈 이야기
를 하였는데 이것은 과연 어떤 의미가 있느냐?』하고 물어왔다. 이 꿈
에 대해 나는 [하늘이 사회국가적인 기반을 상징하는 까닭에 하늘에
글자가 나타난 것은 사회국가적인 어떤 사건, 가령 정책의 변경, 법령
의 개폐, 제도의 개건 따위의 일이 세상에 공포됨을 뜻하는 것이다]라
는 요지의 해석을 해주었다. 그러나 정작 이 꿈의 주인공은 장차 자
신의 교회가 하느님의 계시에 따라 세상을 정화(淨化)하게 되리라는,
굳은 믿음을 가지고 있었음으로 실망이 컸으리라고 생각된다. 이 꿈
에 등장한 글자가 청풍(淸風)이라면 [맑은 바람]이라는 뜻이며, 광풍
(狂風)이라면 [미친 듯이 휘몰아치는 바람]이라고 풀이된다. 그런데
[바람]의 상징의의는 세력, 압력, 법령, 유행성, 전염성 등이다. 따라
서 [하늘]이 사회국가적인 배경이라는 상징의의를 갖고 있으므로 [청

풍]일 경우 부정부패 등의 부조리를 일소하는 어떤 법령이나 정책, 혹은 행정조치가 시행된다는 뜻을, 그리고 [광풍]일 경우에는 그릇된 풍조나 퇴폐적인 사조 등이 미친 듯이 번져나간다는 뜻의 암시라고 판단해야 한다. 아닌 게 아니라 그 당시엔 기독교 교단에서 시작된 청풍운동(淸風運動)이 대대적인 사회운동으로 번지고 있었는바, 아마도 여기에서 재료가 이끌려온 듯하다. 이와 같은 꿈-표현도 결국은 꿈꾼이가 지닌 예지능력의 소산일 뿐, 하나님의 계시하고는 아무런 관련이 없다.

관습적인 사고로서 길흉(吉凶)을 예측하는 숫자 개념은 각성시에도 중시되고 있다. 그런데 숫자상징도 문자처럼 문화적 산물이기 때문에 사회적인 통념이나 외래문화의 유입 등과 더불어 수시로 변천한다. 아라비아 숫자인 [13]을 예로 들어보자. 기독교문화에 뿌리를 둔 서구인들은 이 [13]이라는 숫자를 매우 불길한 징조로 간주하는데 꿈에 등장할 경우에도 같은 의미를 나타낸다. 우리의 경우는 근세 이후 기독교문화가 이 땅에 정착하면서 이러한 개념이 들어왔다. 즉, 전래의 불길한 숫자인 [4]와 함께 [13]이라는 숫자 역시 불길한 징조로서 간주하기 시작했다는 것이다. 굳이 이 상징적 의미를 부정하는 비기독교인의 경우라 할지라도 결과는 같다. 자신도 모르게 이러한 관념이 잠재의식화되기 때문이다. 다시 말해 현실에서는 무시되는 숫자적 암시라 할지라도 꿈-상징으로 도입될 경우에는 흉조(凶兆)로서의 명백한 의미를 갖게 된다는 것이다. 서구적인 개념인 럭키·세븐의 [7]이라는 숫자와 관련된 재미있는 꿈 이야기가 있다. 나는 이사를 앞둔 어느 날 [24107]이라는 숫자가 눈앞에 나타나는 꿈을 꾸었다. 이것을 해석해보니 이사일(移徙日 : 241)은 길(吉 : 7)하다는 암시였는데 음사(音似)와 은유, 그리고 상징이 뒤섞인 매우 특이한 숫자놀이의 꿈이었다.

언어표상과 관련하여 또 다른 관심거리가 되는 것은 [직접적인 예언 형식의 꿈]이다. 고대의 아르테미도루스도 『꿈속에서 받은 직접적인 예언과 목전에 임박한 예언』이라고 정의했던 것처럼 옛사람들은 신령적인 존재가 실존인 줄로 믿었기 때문에 꿈을 통해 얻는 직접적인 예언의 가치를 그 어느 것보다 소중하게 생각했다. 그러나 우리는 이제 그러한 꿈 역시 실제의 예언이 아닌, [예언형식의 표현]이라고 판단할 만큼 충분한 지식을 갖게 되었다. 나는 [성령(聖靈)에 의한 예지적인 꿈]이 하나님을 굳게 믿는 신자의 순결한 마음에서 형성되는 것일 뿐, 그것이 수면몽이든, 최면몽이든, 또는 환각몽이든 간에 그 형성원리에 있어서는 일반적인 꿈과 조금도 다르지 않다는 사실을 누차 강조한 바 있다. 이것은 우리가 잠재의식의 본질적인 기능만 상기해 봐도 쉽게 이해될 수 있는 문제이다. 그러나 세간(世間)에서는 아직도 아르테미도루스식의 해몽이 횡횡하고 있음을 신문지면을 통해 자주 접하게 된다. 우리는 신문 사회면에서『꿈에 산신령이 나타나서 수백 년 묵은 산삼의 소재를 알려주었다. 그래서 그 장소에 가보니 진짜 산삼이 발견되었다.』라는 식의 기사들을 종종 보게 된다. 이러한 꿈에 등장한 초월적인 존재가 실존이 아니라는 것은 이제 더 이상 강조할 필요가 없을 줄로 안다. 다음은 선조대왕(宣祖大王)이 백사(白沙) 이항복(李恒福 1556~1618)의 꿈에 나타나 예언을 하고 사라진 꿈 이야기다.

대왕이 이미 작고한 중흥공신들을 거느리고 나타나 말하기를『불측(不測)한 자식(광해군)이 대통을 이어받았으나 멸륜패상(滅倫敗常)이 무쌍하다. 그래서 내 어진 손자를 세우려 한다. 경(卿)이 아니면 의논이 안 되겠기에 부르러 왔소. 그리 알고 곧 짐에게 와주오.』라고 했다.

이것은 이항복이 자기의 수명(壽命)이 다했다는 것과, 머지않아 패륜폭군인 광해군이 폐위(廢位)되고 선조의 다른 자손이 대를 잇게 될 것을 반사실적으로 표현한 꿈이다. 꿈속의 선조대왕은 이항복 자기의

이항복(李恒福)

[또 하나의 자아]가 변장, 출연한 것이고, 또 새 임금이 될 인조대왕의 동일시이기도 하다. 따라서 꿈속의 선조가 거느린 중흥공신들은 인조를 일으켜 세웠던 반정공신들의 동일시이다. [불측한 자식이 대통을 이어받았으나 멸륜패상이 무쌍하니 내 어진 손자를 세우려 한다]는 말은 이항복 자신이 그렇게 보고, 또 그렇게 되기를 바랐던 잠재의식이 꿈속의 언어로서 표현된 것이다. 그런데 [경이 아니면 의론할 사람이 없어 부르러 왔소. 그리 알고 짐에게 와 주시오 하고 사라졌다]는 대목은 상징적인 표현인바, 여기서 [경]은 [경들]이라는 말의 의미축약일 수 있다. 따라서 이것은 인조반정(仁祖反正)에 가담할 사람들을－아마 이항복 자신도 오래전부터 그런 의도를 갖고 있었을지 모른다－ 동일시하는 것일 수 있다. 또한 [의론을 해야 한다]는 것은 모의, 즉 반정을 모의한다는 뜻이 될 수 있다. 그래서 이항복 자신도 그러한 모의에 가담해야 한다는 뜻이었지만 이 꿈에서 그는 선조대왕을 따르지 않는, 미래형으로 표현되었음으로 하나의 가능성만을 남겨둔 셈이다. 그런데 [짐에게로 와주오]하면서 선조가 시야에서 사라졌기 때문에 이때의 선조는 인조대왕의 동일시가 아니라, 선조대왕 그대로로 표현된 것이며 이항복이 선조대왕을 뒤따라 가야할 입장에 있기 때문에 그는 모의에 가담하지 못한 채 죽게 된다는 암시였던 것이다. 실제 이항복은 이 꿈을 꾼 지 3일 후에 타계하였으며 그 후 광해군은 쫓겨나고 선조의 또 다른 자손인 능양군(綾陽君)이 등극하여 인조대왕(仁祖大王)이 되었다.

꿈속에서 예언하는 존재가 따로 있는 것이 아니라 자기의 또 하나의 자아가 신적(神的)인 역할을 대리하고 있다는 것은 기회가 있을 때마다 강조하는 사항이다. 신화나 전설에서 기원한 신(神)이라는 개념, 이것 역시 꿈의 이미지에서 유래하였을 것이다. 따라서 그것은 곧 잠재의식적 산물이라고 할 수 있다. 선한 일을 행한 사람은 신으로부터 보상받기를 원했던 잠재의식에서 신령적인 존재—이런 경우는 도덕적 자아의 형상화—를 꿈에 등장시키고 그로부터 어떤 보상을 받는 이미지를 만들어 내었을 것이다. 반면 악(惡)의 업보(業報)는 고통의 꿈을 만들고 이 꿈은 그 악행에 대한 심판을 받게 된다는 자기 암시가 되어 그의 운명을 결정짓는 중요한 요소가 되었을 수 있다. 따라서 이러한 경험들이 오랜 세월 축적되어 인간의 심층의식에 가라앉게 됨으로서 권선징악이라는 신화나 전설의 기본 모티브가 되었으리라는 것을 짐작하기가 어렵지 않다. 물론 실제사건들이 일부 포함되고 창작적인 요소도 가미되었을 것이지만 우리는 전설과 신화 속에 등장하는 신령적 존재가 꿈과 동일한 형성원리에서 창조된 사실을 잊지 말아야 한다. 백사 이항복이 광해군을 못마땅하게 생각했던 마음이 그대로 꿈속에 투영된 것과 같이 우리는 잠들기 전에 생각했던 것이나 최근에 고심하던 관심사가 곧잘 꿈속에 재현되거나 재구성되어 상징적인 언어형태로 자기암시적 표현에 참여하는 것을 자주 경험하게 된다.

우리는 꿈속에서 스스로 노래를 부르거나 남이 노래를 부르는 것을 듣기도 한다. 이때 우리가 꿈속의 가사(歌辭) 내용을 상기할 수만 있다면 그것이 바로 미래의 어떤 일을 암시하는 상징언어라는 사실을 밝혀낼 수 있다. 앞에서 예제로 들었던 [홍수(洪水)의 꿈]에서 [낮 동안 홍수를 대비하기 위해서는 사람들을 설득하여 터진 둑을 막아야만 한다]는 마음이 꿈속의 뱃노래 가사 속에 담겨지는 것과 같은 예가 바로 그것이다. 그런데 꿈속에서 노래하는 것이 다른 사람들에게 어떤 사정을 호소하거나 무엇인가를 광고한다는 뜻으로 표현되는 경우가 있다. 또한 꿈속의 상대방이 부르는 노래를 듣는 것이 장차 어떤 사람으로부터 청탁(請託)을 받거나 호소를 듣게 된다는 의미를 나타내는 경우도 있다.

여타의 표상들과 마찬가지로 언어표상 역시 매우 중요한 상징표상이다. 때문에 우리의 잠재의식이 필요로 하고, 또 충분한 지식을 갖고 있다면 세계의 어떤 언어도 꿈에 표현될 수 있다. 그런 점에서 평소 자주 사용하는 은어, 비어, 속어, 관용어, 격언 등이 꿈속에 등장할 수 있다는 것은 너무도 자명한 사실이다. 우리는 그것들에서 의미심장한 미래사를 알아낼 수 있을뿐더러 자신의 심리상태까지 관찰해 볼 수가 있다.

5) 행동적(行動的) 표현

행동(行動)이란 외부에서 관찰할 수 있는 인간과 동물의 움직임을 뜻한다. 그런데 우리는 [행동]과 [행위]를 혼동하기 쉽다. 둘 다 외부 환경에 대한 생리적인 반응을 나타내지만 행위는 의식, 자각, 결단 등을 수반하는 인격적(人格的)인 특성이 강한 행동이다. 따라서 인간이 특정한 목적을 위해 동기를 가지고 행하는 의지적인 행동, 가령 [승리의 행위, 또는 실패의 행위]등은 행동과 구분된다. 그러나 동물들이 적을 피해 도망치는 단순한 조건반응도 보기에 따라서는 어떤 의도를 가진 행동으로 간주될 수 있기에 나는 행위나 행동을 가리지 않고 모두 행동표상에 포함시켜 고찰하고자 한다. 꿈속의 여러 가지 행동도 어떤 관념이나 사상을 대행하는 하나의 상징표상이다. [걷고, 뛰고, 휘두르며, 먹고, 마시고, 춤추고, 노래하는] 등의 모든 움직임은 마치 청각장애인들의 수화처럼 그 제각각이 고유한 상징의의를 가지고 있다. 그러므로 우리가 꿈을 해석함에 있어 상대방의 미소나 눈짓 등의 미미한 움직임 하나라도 소홀히 하게 되면 꿈의 본뜻에 접근할 수가 없다. 행동표상도 광의적인 개념에서는 시각표상에 포함된다. 다만 의도를 가진 행동이라는 점에서, 그리고 언어가 만들어지기 훨씬 이전의 원시언어라는 점에서 그것을 시각표상에서 분리하여 고찰하는 것이 이론상 합당할 뿐 아니라, 해석상의 편의를 제공하기도 한다.

〈꿈의 표상〉장에서 상세하게 설명한 바 있지만 행동표상은 원시인류의 유산으로 상징성이 강한 정형성을 가지고 있다. 때문에 [상대방이 나를 보고 빙긋이 웃었다]는 아주 간단한 표현마저도 인류공통의 의미심장한 뜻을 나타낸다. 이 상대방의 웃는 행동이 경우에 따라서는 우호적인 제스처로 이해될 수 있지만 원시심성의 차원이라면 타자경계(他者警戒)에서 비롯된 매우 위험한 신호가 될 수도 있다. 만인에 의한 만인의 투쟁상태인 원시인들에게 있어 상대가 득의만만한 표정으로 나를 바라본다는 것은 그가 나에게서 무엇인가를 얻어갔거나, 혹은 잔혹한 적의를 웃는 낯에 감춘다는 표시이다. 따라서 상대방이 적의, 우월감, 승리감 등에서 유발될 만한 모든 심적 충동을 억제하고 그 일부만을 미묘한 웃음으로 내보인다는 것이 나에게 있어서는 매우 불쾌하고 불길한 신호가 될 수 있는 것이다. 나는 초창기에 수많은 꿈들을 비교분석하면서 이런 유형의 표현이 불쾌와 패배의 상징으로 해석된다는 사실을 발견하고는 놀라움을 금할 수 없었다. [웃는 얼굴에 침 뱉으랴]하는 우리 속담처럼 상식적으로 생각해도 상대의 웃는 모습을 흉조라고는 판단하기가 대단히 어려웠기 때문이다. 그러나 나는 그것이 원시심성에서 연원하는 정형적 상징이라는 것과 꿈속의 표현은 상대적이기에 내가 웃는 것과 상대방이 웃는 것의 의미가 다르다는 것을 곧 알아차릴 수가 있었다. 꿈속에서 상대가 빙그레 웃는 모습은 장차 현실에서 그로 동일시된 어떤 인물에게 패배감이나 시기심을 느끼게 됨으로서 심한 불쾌를 체험하게 된다는 암시이다.

『꿈속에서 어떤 여인이 나를 보고 빙그레 웃는데 그 입이 왼쪽 볼에 붙어 있었다.』라는 꿈을 꾼 사람은 그 후 얼마 지나지 않아 어떤 사람(꿈속의 여인으로 동일시 된 남자)에게 자신이 하고자 하는 일에 관한 상의를 하였으나 그가 이중적인 교활함(여인으로 표현됨)과 비논리적인 방법(입에 왼쪽 볼에 붙음)으로 자신을 돕기는커녕 오히려 해치려는 의도(빙그레 웃음)를 내비치어 몹시 불쾌하고 자존심 상하는 체험을 하게 되었다고 한다. 이것은 분명 [입은 비뚤어졌어도 말은 바로 하라]는 속어가 재료가 된 이미지임에 틀림없을 것이다. 그리고 불의(不義)를 암시하게 위해 왼쪽 볼에다 입을 붙여놓은 것이나 남자를 여자로 동일시한 것 등은 꿈의 재치 넘치는 표현능력이 돋보이는 사례라고 할 수 있다. 이런 꿈을 꾸고 난 사람이라면 십중팔구 불유쾌한 여운을 갖게 되리라는 것은 의심할 여지가 없다. 따라서 이것은 꿈속에 등장한 상대방의 웃음이 흉조로 해석될 수 있는 이유가 무엇인지를 보여주는 좋은 사례라고 하겠다. 그런데 꿈속의 행동표상은 어떤 의미를 나타내는 것일까? 이해를 돕기 위해 분류하자면 다음과 같다.

① 자신의 행동이 미래에 겪을 자신이나 타인의 체험적 사건을 암시
② 타인의 행동이 미래에 겪을 자신이나 타인의 체험적 사건을 암시
③ 자신의 행동이 미래에 있을 자신이나 타인의 일거리를 암시

우리가 여기서 특히 주목해야 할 것은 ③의 분류와 같이 꿈속의 자기 행동이 장차 진행될 어떤 일거리의 추이에 관한 암시를 하고 있을 경우이다. 『나는 무슨 이유에서인지 어떤 병원을 찾아갔다. 나를 진찰대에 눕힌 의사는 이리저리 살펴보다가 몸에 병이 있으니 수술을 해야 한다며 갑자기 메스를 들이댄다. 그리고 나는 몸에 뻐근한 통증을 느꼈다.』라는 꿈에서 자기(自己)는 어떤 일거리나 작품 등을 나타내는 의사시로 묘사된 것이다. 그리고 [의사]는 그 일거리나 작품을 심사, 평가할 입장에 있는 사람이고, [메스를 가한 것]은 그가 결함이 있는

어떤 부위에 대한 보정(補正)을 한다는 뜻이며, [통증을 느낀 것]은 그로 인해 자기 자신은 심적인 충격을 받게 된다는 뜻이다. 이 꿈에서 자신의 [행동]은 의심할 바 없이 [자기]로 묘사된 어떤 일거리의 추이(推移)를 암시하고 있다.

우리가 꿈속의 행동표상을 분류하여 그 각각의 상징의의를 판단함에 있어 기본조건으로 삼아야 하는 것은 그것과 관련된 여러 표상들을 함께 고려해야 한다는 점이다. 대부분의 경우 행동표상의 전후사연에 그 동기와 목적이 표현되어 있다. 가령 [먹다]라는 행동표상의 경우를 예로 들자면 우선 먹을 대상이 존재해야 할 것이고, 왜 먹어야 하는 이유가 있을 것이다. 아울러 이때의 입은 이와 혀 등이 연결된 집단적(集團的) 의미의 결합표상이므로 먹는 행위에 수반되는 그 각각의 상징의의까지도 함께 고려해야만 한다. 예를 들어 먹는 행위의 목적이 되는 어떤 음식을 외부에서 획득하는 재물이라고 한다면 입(口)−배경표상으로서의−은 가정이나 회사 등을 암시하므로 어떤 음식의 종류로 암시된 재물을 가정이나 회사에 이끌어 들인다는 의미로 해석될 수 있다는 것이다.

한편 어떤 꿈에서는 똑 같은 행동이 반복(反復)되는 경우도 있다. 이때의 반복되는 행동은 그것으로 암시된 미래의 어떤 사건이 시차를 두고 반복, 재현(再現)된다는 뜻을 나타낸다. 가령 『어떤 의자에서 일어나 잠시 걷다가 또 그 의자에 앉았다』는 꿈을 꾸었다면 이것은 장차 어떤 직책(職責)에서 물러났다가 상당한 기간이 경과한 후에 다시 복직하게 된다는 뜻인데 이때 같은 의자에 다시 앉기까지의 시간경과는 현실에서의 대기발령(待期發令) 기간이 상당할 것이라는 암시가 된다. 이처럼 꿈속의 반복된 행동이 어떤 일의 시간적 경과를 암시하는 사례는 많다. 예를 들어 [세 번 입을 벌렸다 다문다], [손을 까딱까딱 세 번을 흔들어 상대방을 불렀다], [세 번 큰소리를 낸다], 또는 [세 번 큰절을 한다]하는 등의 경우는 같은 일이 상당한 인터벌을 두고 세 번 재현된다는 의미를 나타낸다. 같은 의미에서 예를 하나 더 들자면『어른께 세 번 절을 했다.』는 꿈이 있다고 할 경우, 이때의 [어른]은 자기가 장차 무엇인가를 청원(請願)하게 될 어떤 실존인물-손윗사람 또는 지위가 높은 사람-을 동일시하는 것이고 [절을 하는 것]은 청원행위를 암시하는 것인데 [세 번]이라는 표현은 그 청원이 한꺼번에 세 번 행해지는 것이 아니라 상당한 기간을 두고 세 번 반복된다는 뜻이다.

꿈의 표현이 비록 우스꽝스러운 공상처럼 보일지라도 그것이 잠재의식에 의해서 재구성된 의도적인 암호문이라는 것을 이해한다면 [태산을 떡 한 조각인양 집어삼킨다]거나, [한강물을 통째로 마셔버린다]거나, 또는 [공중에 떠서 성교를 한다]거나 하는 등의 행동표상들을 조금도 이상하게 생각할 필요가 없다. 그것은 정동표상과 더불어 원시심성에서 유래한 정형적 상징이기 때문이다. 이런 관점에서 보자면 [상대방과 서로 마주 서거나 앉는 행동]으로 반대(反對)의 뜻을 나타내고 [상대방과 나란히 걸어가는 행동]으로 동조, 찬성, 협조 등의 의미를 나타낸다는 사실도 전혀 이상하지가 않다. 이처럼 행동표상의 상징의의가 현대인의 상식적인 개념에서 상당히 벗어나 있는 이유는 그것이 원시인류의 행동양식에 그 기초를 두고 있는데다가 정동표상과도 밀접하게 결부되어 있기 때문이다.

6) 시간적(時間的) 표현

꿈-사고가 합리적인 시공간의 카테고리를 가질 수 없다면 현실사고와 동일한 가치를 부여받을 수 없게 된다. 이 점에 대해서는 〈꿈의 표현수단〉에서 꿈-표현이 암호화된 공상이기 때문에 외관상 시공간의 카테고리가 붕괴된 것처럼 보일지라도 그 해석에 의해 들어나는 꿈-사고만큼은 현실사고와 같은 합리적인 시공간의 카테고리를 갖고 있다는 점을 역설한 바 있다. 그렇다면 꿈속에서의 시간적 암시는 어떤 방법으로 이루어지며, 또 현실사건과는 어떤 연관을 갖고 있는가 하는 점에 대해 좀 더 상세하게 알아보자. 각성시의 시간개념은 공간과 더불어 사물의 존재변화를 설명하는 전제조건이며 과거에서 현재, 그리고 미래로 이어지는 선형적인 것으로서 이해된다. 이것을 시간적 카테고리라고 하는데 해석에 의하여 들어나는 꿈-사상도 이것 없이는 아무런 의미를 가질 수 없다. 왜냐하면 꿈의 본질이란 곧 미래라는 시점의 사건들을 예지하는 것이기 때문이다.

사실적인 꿈에 있어서는 사건의 자초지종을 시간적 명시로서 분명하게 나타내는 경우와, 다른 것은 모두 사실대로 표현하면서도 유독 시간적 예시만 생략해버리는 경우의 두 가지로 대별된다. 그러나 상징적인 꿈에서의 시간적 예시는 대부분 추상적이며 모호하다. 또한 우리가 꿈을 상기해내는 과정에 탈루(脫漏)시키거나 변형시킴으로서 꿈의 시간적 예시가 불확실해지는 경우도 있다. 때문에 우리가 해석과정에서 들어나는 어떤 미래사건의 시간적 추이를 판정함에 있어서도 단지 [한동안]이라는 불확실한 추정(推定)에 그치는 경우가 대부분이다. 사정이 그렇기는 하지만 그렇다고 해서 전혀 방법이 없는 것은 아니다. 해석에 의해 밝혀진 미래사건과 미해결의 관심사를 대조해 봄으로서 어느 정도는 사실에 가까운 추정이 가능해지기 때문이다. 1971년도에는 나의 꿈-해석이 한국일보에서 발간하는 주간여성지에 1년 동안 게재(揭載)되는 행운이 있었다. 다음은 그 일이 시작되기 수개월 전에 내가 꾼 꿈이다.

나는 뜰에 나가 연(鳶)을 날렸다. 그런데 그 연이 큰 고목나무 가지에 걸렸다. 그래서 나는 연을 나뭇가지에서 떼어놓기 위하여 연줄을 몇 번인가 출썩거리며 잡아당겼다. 연이 나뭇가지에서 떨어져 하늘 높이 날기 시작하자 나는 얼레에 감긴 연줄을 다 풀어놓고 매우 흡족한 마음이 되었다.

이 꿈을 해석하자면 다음과 같다. 『나의 글(연)이 세상(하늘)에 발표되는 것은 틀림없는 일이지만 그것이 본격적으로 진행되기까지는 상당한 시일이 경과할 것이며, 또 시작한 직후에는 약간의 진통(연줄이 나뭇가지에 걸림)도 겪게 될 것이다. 그러나 여러 번의 재시도(연줄을 출썩거림) 끝에 다시 재개(연줄이 풀림)되어 순조롭게 진행될 것이며, 나는 그 일로 인해 커다란 만족감을 느끼게 될 것이다.』 물론 위와 같이 해석이 가능했던 것은 이 꿈을 꿀 당시 나의 최대관심사가 신문연재였기 때문이다. 그 즈음 나는 머지않아 그 일이 실현되리라는 예감은 갖고 있었으나 그 구체적인 시기에 대해서는 확신을 가질 수가 없었다. 때문에 꿈은 이러한 나의 관심사에 답을 주었던 것이다. 이렇듯 꿈은 시간적 예시에 관한 한, 확정적인 표현을 하지 않지만 자신의 관심사와 연계해 봄으로서 어느 정도의 추정은 해 볼 수가 있다.

꿈으로 예시되는 운명에 반드시 좋은 일만 전개되라는 법이 없다. 때로는 가시덤불을 헤쳐 나가듯이 감당하기 벅찬 고비를 넘겨야 될 때도 있다. 그런 점에서 볼 때, 우리가 닥쳐올 불운(不運)을 미리 알았다고 하더라도 그것이 언제일지 확인할 수 없다는 점이 천만다행한 일일 수도 있다. 만약 꿈의 시간적 예시가 확정적인 것이라면 하루하루 불행으로 다가가는 그 괴로움을 어디에다 견줄 수 있을 것인가? 꿈은 우리가 그 일에 대해 경계심은 갖되 지나치게 집착하지만 않는다면 세월이 지나는 동안 자연스럽게 잊혀지거나 무뎌짐으로서 심적인 타격을 최소화할 수 있는 여지를 남겨준 것이다. 혹자는 이렇게 반문할 지도 모른다. 『꿈의 시간적 예시가 불확실한 것이라면 도대체 꿈의 해석이 무슨 소용인가?』라고 말이다. 그렇다. 옛사람들처럼 내일 당장 벌어질 어떤 사건에 대한 점술적인 용도로만 꿈을 생각한다면 그것도 충분히 일리가 있는 주장이다. 그러나 우리가 꿈을 충분히 이해하여 자기 성찰의 기회로 삼는다면 굳이 꿈의 예시적 측면에 지나친 기대나 불신을 갖지 않아도 될 것이고 하루의 삼분지 일이나 차지하는 꿈의 세계를 인생의 한 부분으로 이끌어 들임으로서 보다 충만한 삶을 영위할 수 있으니 그것으로도 충분한 가치가 있지 않겠는가?

우리는 기억에 오래 남을 어떤 큰 사건이 일어나기 수년, 혹은 수십 년 전부터 그 일에 관한 꿈을 꾸는 경우가 많다. 이런 경우 대부분의 사람들은 그 일이 일어나기까지 여러 번 되풀이되는 꿈을 꾸며 그 직전에는 아주 인상적인 꿈을 꾼다. 이러한 현상도 꿈의 시간적 예시를 추정할 수 있는 좋은 수단-*꿈을 관찰하는 능력이 좋을 경우에만 해당되겠지만*-이 될 수 있다. 따라서 꿈으로 예시된 어떤 사건이 다음날에 곧바로 실현되거나 단 한 번의 실현으로 끝나는 경우는 드물다. 보통의 경우라면 어떤 미래사가 시작되어 끝나는 과정 전반에 관한 내용을 여러 번의 꿈으로 나누어꾸기 때문에 상당히 오랜 기간이 경과한 이후의 일을 암시하게 된다. 때문에 하나의 꿈이 완전히 실현되기까지는 수년, 또는 수십 년이 경과하는 경우도 있다.

꿈의 시간적 카테고리가 표상전위, 장면전환, 행동표상, 감각표상 등으로도 표현될 수 있다는 것은 각 항목에서 잠깐씩 언급한 바 있다. 여기서는 그 각각의 구체적인 사례들을 살펴보고자 한다. 우선 꿈속의 [행동표상]에 의해서 현실의 시간경과가 암시되는 경우이다. 꿈속의 일정한 공간, 즉 방안, 집안, 또는 객실 등의 제한된 공간 내에서 자신이 움직인 짧은 거리가 현실에서는 상당히 긴 시간경과로 실현되는 경우가 있다. 가령 꿈속에서 [이 책상에서 저 책상으로 옮겨 앉았다]할 때, 그것이 직책(職責)의 변동을 암시하는 것이라면 실제로는 상당히 오랜 기간이 경과하게 된다. 꿈에 기다리는 누군가가 멀리서 걸어오는 것을 보았다면 상당히 오랜 시일이 경과해야 비로소 그 사람, 또는 그 사람으로 동일시된 어떤 인물과 상봉하게 될 것이고, 그가 대문 밖이나 집안에 들어와 있었다면 좀 더 가까운 시일 안에 그를 만나 보게 될 것이다.

꿈속의 집은 통상 가정이나 직장을 암시하는 것이지만 간혹 어떤 일이나 사건의 시종(始終)을 암시하는 부사적(副詞的) 의미로서 표현되는 경우도 있다. 이때 우리가 집에서 출발하는 국면은 어떤 일을 이제 막 시작하였다는 뜻이고 목적지에 거의 다다른 국면은 그 일이 마무리 단계에 도달했다는 뜻이 된다. 태몽이라면 집을 나와 행한 일들이 초년에서 중년까지의 운세를 암시하고, 집으로 돌아오거나 당도한 집에서 벌어지는 일들이 중년에서 말년까지의 운세를 암시하는 경우이다. [산을 오르거나, 계단을 오르거나, 공중을 날거나, 또는 바다를 헤엄치거나]하는 등의 꿈에 있어서 이미 지나온 부분은 그 사람의 과거를 나타내고 앞으로 더 전진해야 할 부분은 미래를 나타낸다.

꿈속의 사람이나 동물이 앉고, 서고, 눕고 하는 등의 동작들은 장차 현실에서 어떤 일을 추진함에 있어 기다리거나(앉고), 중단하거나(눕고), 또는 진척되거나(서고) 하는 등의 추이(推移)를 암시하는 경우이다. 따라서 동적표상(動的表象)의 행동이 일어선 상태에서 행해지는 것이라면 그것은 머지않은 장래에 실현될 어떤 일에 대한 암시이거나 어떤 사건이 다른 사건으로 전이되는 기간이 촉박하다는 암시가 된다.

멀거나 가까이 들리는 소리의 차이로서 어떤 사건의 발발시기를 암시하는 것은 청각적 거리감에 의해 시간경과의 암시가 이루어지는 경우이다. 그런가 하면 유리창 등의 투명체에 투과(透過)되는 어떤 물상의 움직임으로 그 시간적 암시를 나타내는 경우도 있다. 가령 오매불망 기다리는 애인이 유리창 너머로 처음에는 흐릿하다가 점점 더 선명하게 들어나는 꿈을 꾸었다면 현실의 그, 또는 그로 동일시된 어떤 인물과의 만남이 가까워졌다는 뜻이 된다. 꿈속에서 남의 담장이나 유리창 안을 넘보는 행동은 현실의 어떤 일에 직접 참여하지는 않으면서 다만 관찰자의 입장이 된다는 뜻인데, 이때의 장애물, 즉 담이나 유리창의 수효가 그 일이 일어날 미래의 어느 시점을 암시하는 경우도 있다.

공중에 떠오른 천체-해, 달, 별 등-의 위치변화가 어떤 미래사의 초반, 중반, 종반의 상황을 각각 암시하거나 그 경과되는 기간을 암시하는 경우도 있다. 가령 꿈속에서 동쪽에 떠오르는 해는 미래에 전개될 어떤 일의 초반 상황을, 그리고 서산에 지는 해는 그 일의 종반 상황을 각각 암시하는 경우가 바로 그것이다. 태몽이라면 중천에 뜬 해는 그 사람의 절정기나 중년기를, 그리고 서산에 기우는 해는 말년을 각각 암시하는 것이다.

꿈속에서 일렬로 늘어선 어떤 물체들의 배열이 장차 현실에서 접하게 된 어떤 사물의 시차적(時差的) 순서를 암시하는 경우도 있다. 이때 제일 앞에 놓인 것은 가장 먼저 접하게 될 대상이고 맨 뒤에 놓인 것은 가장 늦게 접하게 될 대상이다. 꿈속에 표현된 물체와 물체 사이에 조그만 간격이 있더라도 그것은 전후 순서 사이에 상당한 시간적 인터벌이 있음을 뜻하고, 한 손에 두 개의 물체를 쥐고 있더라도 그 둘 사이에는 순서적 시간차가 있음을 뜻한다.

줄, 실, 철사 등의 긴 물체를 풀거나 감는 꿈의 표현이 현실의 어떤 일이나 사건의 시간경과를 암시하는 경우가 있다. 가령 연의 실감개에서 줄을 푸는 경우, 그 풀려나간 부분은 이미 경과한 시간을 암시하고 아직 실감개에 감겨있는 부분은 남겨진 시간을 암시한다. 반대로 줄을 감는 행동표상의 경우는 이미 감겨진 부분이 경과된 시간을, 아직 감지 못한 부분이 남겨진 시간을 각각 암시한다.

☞ *사례* : 주세붕(周世鵬 1495~1554)은 조선 중기의 문신이다. 그의 어머니의 병이 위독하자 향을 피우고 하늘에 기도한 일이 있었다. 그런데 그날 밤 꿈에 어떤 사람이 나타나 흰 실 여덟 타래를 주면서 병이 곧 나을 것이라고 했다. 그 뒤 정말 어머니의 병이 낫고 80일을 더 살다가 죽었는데, 그제야 그 여덟 타래가 80일 동안 목숨을 연장시켜 준 징조였음을 알았다. [조선왕조 오백년]

합성상이나 표상전위, 또는 장면전환에 의한 시간적 암시는 좀 더 복잡하게 이루어진다. 동물의 합성상일 때 그 머리 부분은 어떤 일의 초반부를, 동체는 중반부를, 말단지체(末端肢體)는 종반부를 각각 나타낸다. 식물의 합성상은 그 반대라서 그 뿌리는 초반부를, 줄기는 중반부를, 입과 꽃은 종반부를 각각 나타낸다. 활짝 핀 꽃이 갑자기 변하여 열매로 변하거나, 동물이 갑자기 커지거나 작아지면서 다른 동물이나 사람 등으로 변하거나, 큰 산이 먹는 떡으로 변하거나 하는 등의 표현을 표상전위라고 하는데, 이때 꿈은 한 물상이 다른 물상으로 변환되는 이미지로 현실에서의 어떤 일이나 사건의 진척이 상당한 기간경과를 갖게 된다는 것을 암시한다.

꿈속에서 [어떤 대상을 계속 주시하고 있는 동안 무슨 변화가 생기거나, 하나의 일을 하는 도중에 잠시 중단하였다가 다시 시작하거나, 갑자기 장면이 변하여 다른 상황에 처하거나]하는 등의 표현 역시 현실에서의 어떤 사건을 체험함에 있어 한동안의 인터벌을 겪게 된다는 암시이다. 예를 들어 『혜성(彗星)이 처음 나타나서 구름 속으로 두 번 들어갔다 나왔다.』하는 꿈의 경우는 상당히 오랜 시차를 두고 세 번의 큰 성과를 얻게 된다는 뜻으로 해석되었다.

색채표상(色彩表象)에 의한 시각적 암시도 심심치 않게 발견된다. 이런 경우는 주로 그 물상의 숙성도에 따른 색채의 변화로 그 암시적 의도를 나타낸다. 아직 덜 익어 푸른 것은 초반기나 유년기를, 붉게 농익은 것은 절정기나 중년기를, 누렇게 시들은 것은 종반기나 노년기 등을 각각 암시하는 예가 바로 그것이다. 『한 넝쿨에 열린 오이 중에서 제일 먼저 열린 것은 아직 새파란데 나중에 열린 것은 벌써 누렇게 익은데다 꼬부라져서 보기 흉했다.』는 태몽은 여러 형제 중에서 맨 마지막으로 태어난 아이가 병들어 요절한다는 암시였다.

꿈의 배경에서 봄, 여름, 가을, 겨울 중의 어떤 계절을 느끼거나 보게 될 때 그것이 사실적인 표현이 아니라면 현실적인 계절과는 상관없이 어떤 사업의 전망이나 흥망성쇠에 따른 어느 한 시기를 암시하는 것이다. 예컨대 봄은 초창기나 초년기, 또는 시작단계를, 여름은 성장기나 청년기, 또는 확장단계를, 가을은 성숙기나 중년기, 또는 완성단계를, 겨울은 종반기나 노년기, 또는 쇠퇴단계를 각각 암시한다는 것이다. 물론 이런 꿈이 위와 같은 의미로 해석되는 것은 그 배경에서 각별히 계절적 감각을 느끼는 경우에 한하고 보통의 꿈이라면 주된 의미에 부가된 설명조의 구실에 그치는 것이므로 시간적 변화와는 아무런 상관이 없다.

[해가 뜨고 지거나, 달과 별이 나타났다 사라지거나, 장면이 밝아지거나 어두워지거나]하는 등으로 어떤 일이나 사건의 시간적 추이를 암시하는 경우도 있다. 예를 들어 [동녘이 훤하게 밝아오고 있었다]라는 꿈-표현은 통상 어떤 미래사가 이제 막 여명기(黎明期)에 들어섰다는 뜻-연초(年初)나 계몽사업(啓蒙事業)을 의미하기도 한다-을 나타낸다. [시야가 아주 어두워서 밤이라고 생각되었다]라고 하는 경우는 어떤 미래사와 관련하여 암담한 국면을 맞게 되거나 장기적인 침체기(沈滯期)에 접어든다는 뜻이다.

그런가하면 꿈속에서 어떤 시점이 [밤, 저녁, 아침, 모년모일모시, 오늘, 어제, 내일, 하루, 이틀, 작년, 내년] 등으로 분명하게 명시되는 경우가 있다. 이때에도 그것을 사실적으로 해석하는 우를 범해서는 안 된다. 아주 드문 경우를 제외하고는 그것들 대부분이 상징표현이다. 따라서 꿈속에서 [하루]라고 분명히 표현되었다고 하더라도 그것을 일일간(一日間)을 의미하는 것으로 속단해서는 안 된다. 그것이 한 달이나 1년을 뜻하는 것일 수도 있고, 또 어떤 일의 단계적인 한 기간(期間)을 암시하는 것일 수도 있기 때문이다. 《성경》의 《창세기 1장》에는 『6일 동안 세상을 만드신 조물주가 7일째 되는 날 安息하셨다.』라는 대목이 나온다. 이것에 대해 다른 대목에서는 『하늘의 하루는 일천년을 뜻한다.』라는 해설까지 덧붙여놓았으므로 여기서의 [하루]는 어디까지나 상징단어임에 틀림이 없을 것이다. 따라서 [6일이 6000년이다]라는 설정 역시 상징적인 의미로서 받아들여야 할 것이다. 안식일에 대하여 에리히·프롬은 다음과 같이 해석하고 있다.

안식일의 의식이 성서 속에 그처럼 중심적인 위치를 차지하는 것은 그것에 현대적 의미로 본 휴식의 날 이상의 것이 내포되어 있기 때문이다. 그것은 구원과 자유의 상징이다. 안식일은 신이 피로하여 휴식이 필요한 것이 아니라 창조도 과연 위대이지만 그보다도 더 위대하고 더 높은 창조는 평화라는 생각을 표현하고 있는 것이다.

안식일이 인간 평화의 날을 예언하고 있다고 내다본 것은 탁견이라 아니할 수 없다. 그러나 그 날은 무한정(無限定)이 아니라 유한정(有限定)인 것, 즉 《성경》의 역사와 관련해서 그 발생 이래 칠천 년째 되는 해를 암시하고 있다고 보아야 디딩할 것이다. 만약 성경해석자 중에 인간의 역사가 육천년 전에 시작되었다고 보는 이가 있다고 한다면 그는 인류문명을 깡그리 무시하는 어리석은 사람이다. 꿈의 경우와 마찬가지로 《성경》도 상징으로 이해해야만 그 본뜻에 접근할 수가 있다. 같은 맥락에서 [어제]가 과거나 구시대(舊時代)로, [오늘]이 현재나 현시대(現時代)로, 또 [내일]이 미래로 암시되는 경우가 있다. 그런가 하면 [낮]이 광명, 진리, 명확함 등을, [밤]이 불분명, 암담함, 불의, 미개척 등을 암시하기도 한다. 그러므로 《성경》의 《요한복음》에 『때가 아직 낮이매 나를 보내신 이의 일을 우리가 하여야 하리라. 밤이 오리니 그 때는 아무도 일할 수 없느니라. 내가 세상에 있는 동안에는 세상의 빛이로다.』라고 한 예수님의 말씀 중에서 [낮]은 [아직은 사람들의 신심(信心)이 살아있어 그나마 교화(敎化)시킬 수 있는 여지가 남아 있는 시기]라는 뜻으로 해석해야 옳다.

『누군지는 모르겠으나 「그가 00년 00월 00일에 올 거야!」하고 말하는 것을 들었다.』라는 식의 꿈을 해석할 때, 그 명시된 날자가 음

의 유사적 개념에서 불완전하게 표현-음사(音似)-되거나, 아니면 꿈이
달(月)과 날(日)은 분명히 하면서도 어느 해라는 것은 알려주지 않아
매우 혼란스러운 상황에 빠지는 경우가 있다. 나는 어느 해인가『동
짓달 초열흘 의학(義學)이가 죽는다.』는 꿈을 꾸었다. 여기서 [동짓달
초열흘]이 명시적 일자임은 분명한 것 같았지만 그것이 어느 해인지
는 알 수가 없어 한동안 나는 이 꿈의 암시에 대한 궁금증을 떨쳐버
릴 수가 없었다. 이 꿈은 같은 해 동짓달 초열흘에 정확하게 실현되
었는데 알고 보니 실존인물인 의학이와는 전혀 관계가 없는 사건이었
다. 이 에피소드를 소개하자면 다음과 같다.

[의학]이는 고향에 있는 어느 실존인물의 이름으로 그는 지금까지도
건강하게 살아있다. 그렇다면 이 꿈의 암시적 의도는 과연 무엇이었
을까? 이 날, 그러니까 꿈에 명시된 동짓달 초열흘에는 두 가지의 죽
음이 있었다. 그 하나는 고향마을 출신의 국회의원이 별세한 것이고,
다른 하나는 집에서 몇 달 동안 애완용으로 키워오던 닭을 잡아먹은
일이었다. 그런데 실존인물인 의학이의 한자표기는 의학(義學)이다.
이것을 자의(字意)로 풀어보면 의로운 학자(學者)거나, 또는 의로운
학문(學問)이라는 뜻이 되고, 또 [닭]을 연상하면 의학(擬鶴), 즉 학
(鶴)과 유사한 것이라는 뜻으로 조합될 수 있다. 그러나 뒤의 것은 전
체 사연에 부합되지 않아 뜻이 통하지 않는다. 결국 나중에 실현된
결과를 보니 의로운 학자의 죽음, 다시 말해 그 날 별세한 국회의원
의 학식과 인품을 살아있는 다른 사람의 이름을 빗대어서 표현한 것
이었다. 이 사람은 정가(政街)에 오래 몸담고 있으면서 치부할 기회가
많았음에도 불구하고 매우 강직하고 청렴한 사람이었기에 이런저런
사연이 생기고 그 때문에 외로운 말년을 보내다가 결국 셋방에서 생
을 마감하게 되었는데 나와는 각별한 인연이 있었고, 또 그에게 많은
도움을 받았던 처지라 꿈으로 예감했던 모양이다.

꿈의 시간적 표현과 관련하여 한 가지 더 유의할 것은 꿈의 시간적

암시가 꿈꾼 이의 잠재지식에 따라서는 여러 가지로 달리 표현될 수 있다는 점이다. 즉 음력(陰曆)을 주로 사용해 온 노, 장년층의 꿈엔 시간적 암시의 재료로서 음력이, 그리고 젊은 층이나 기독교인의 경우는 양력(陽曆)이 등장한다는 것이다. 물론 그 둘이 혼용되는 경우도 없지는 않을 것이다.

그런가 하면 꿈속에 등장한 어떤 물상의 수효로서 일수(日數)나 월수(月數) 등의 기간을 암시하는 경우도 있다. 『누군가가 달걀 몇 개를 주어서 가져왔다.』는 꿈은 그 후 며칠 동안 병을 앓다가 일어나는 것으로 실현되었고 『길바닥에 동전 몇 개를 주워 호주머니에 넣었다.』는 꿈은 며칠 동안 예상치 못한 걱정거리가 생긴다는 암시였다. 비슷한 예로서 꿈속에 등장한 돈의 액수가 일수나 월수 등의 기간을 암시하는 경우도 있다. 가령 1000원이나 5000원 권이 1개월이나 5개월을 암시하고 1만 원 권이 1년을 암시하는 경우가 그 예라고 할 수 있다.

7) 문자적(文字的) 표현

꿈에 등장하는 글자나 숫자는 언어표상의 일종이다. 따라서 앞의 〈언어적 표현〉 항목에서 이미 설명되었어야 마땅하지만 좀 더 많은 예증과 상세한 설명을 위해 따로 떼어내어 고찰하게 되었다. 꿈속에 표현되는 글자표상의 종류에는 직접 쓰거나 생각하는 것, 타인이 쓰거나 기록한 것, 그리고 정체(正體)를 알 수 없는 존재가 쓰는 것 등이 있다. 글자표상 역시 잠재의식적 창조물이라는 점에서 관념적 이미지다. 우리 민족은 표어문자(表語文字)로서 오랜 기간 한자(漢字)를 사용해왔으며 한글이 창제된 이후에도 한자를 병용한 문화적 유산을 갖고 있다. 그런 이유로 우리 전래의 해몽법에서는 한자(漢字)를 매개로 한 해몽법이 큰 부분을 차지하고 있다. 이런 종류의 해몽법을 열거하자면 다음과 같다.

첫째는 [파자해몽법(破字解夢法)]이라고 하여 한자의 자획(字劃)을 파자(破字)하여 풀고, 이것으로 문구를 만든 다음, 의미를 붙여 해석한다. 가령 꿈에 왕(王)자를 보았다면 그것을 임금 왕(王)자로 해석하는 것이 아니라 토(土), 상(上)으로 해자(解字)하고 이 두 자에 관습적 의미를 부가하여 하나의 한자성어(漢字成語)를 만든다는 것이다. 즉, [토상와신(土上臥身)하니 불능재기(不能再起)라. ―흙 위에 누어서 일어나지를 못한다. 그러므로 병든 환자가 이 꿈을 꾸면 일어나지 못한다―]라고 해석하였던 것이다.

둘째는 [자의해석법(字義解釋法)]이다. 문자나 문구의 뜻을 풀어서 본래 가지고 있는 뜻보다 확대해석하는 방법이다. 가령 꿈에 암득명촉(暗得明燭)이라는 글귀가 표현되었을 때 이것을 캄캄한 곳에서 촛불을 얻어 밝힌다는 뜻으로 풀이할 수 있으므로 [처음 운세는 막막하지만 귀인의 도움으로 운세가 열린다]라고 해석한다는 것이다. 또 월(月)자 하나만이 표현되었을 때는 [그 해 운수 전반은 길하고 후반은 쇠한다]라고 해석하였는데 아마도 이것은 달(月)이 초 보름동안은 점점 커지다가 후반 보름동안 작아지는 것에 그 의미를 두었던 것 같다.

셋째는 [성자해몽(成字解夢)]이다. 이것은 어떤 꿈의 장면을 한문의 문자나 문구로 고쳐 만들고, 그것을 해석하는 방법이다. 가령 [냇가에서 닭이 노는 것을 보았다]하는 경우 냇가에는 물이 있으므로 수(水)자가 되는데 수는 부수(部首)로 고쳐 쓰고 닭은 유(酉)자이니 합하여 술 주(酒)자를 만들 수가 있다. 그래서 이 꿈을 [술이 생길 징조다]라고 해석한다는 것이다.

☞ **성자해몽의 사례** : 금릉(金陵) 남공철(南公轍 1760~1840)이 아직 과거에 급제하기 전에 그 부인이 잠을 자다가 [뜰 안에서 시신(屍身)을 거두어 후원(後園)에다가 장사 지내는 꿈]을 꾸고서 매우 좋지 않게 여기고는 공에게 그 일을 말하자, 공이 기뻐하며 말하기를 『내가 정시(庭試)에 장원(壯元)

이 될 것이오.』라고 말하였다. 대체로 시(屍)는 시(試)와 음(音)이 같고 장 (葬)은 장(壯)과 음이 같으며 원(園)은 원(元)과 음이 같기 때문이었다. [임 하필기]

☞ **파자해몽의 사례** : 선조대왕이 어느 날 밤 꿈에 [어떤 계집이 기장(黍) 을 자루에 넣어 이고 그대로 들어와 내려놓는] 꿈을 꾸었다. 또 [어떤 계집 하나가 머리위에 벼 한 단을 이고 남쪽으로부터 달려오더니, 도성으로 들이 닥쳐 바로 대궐에 불을 지르니 삽시간에 대궐이 다 타버리고 성내가 불바 다로 변하는] 꿈을 꾸었다. 이에 왕은 크게 놀라 점쟁이를 불러 해몽케 하 였더니 파자(破字)해몽을 하여 아뢰기를 『계집(女)이 볏단(黍)을 이고 보면 위(委)자가 되니 여기에 사람 인 변(亻)을 하면 倭(왜)가 되어 이는 왜놈들 이 남쪽으로부터 쳐들어 올 조짐인가 하옵니다.』 선조는 그 말을 듣고 적이 의아했는데 과연 그 이듬해 임진년에 왜군이 쳐들어왔으니 영험한 꿈이라 아니할 수 없다. 이 꿈에서는 파자(破字)와 성자(成字)가 동시에 묘사되어 있다. [임진록]

☞ **파자해몽의 사례** : 중국 삼국시대 오(吳) 나라 사람 정고(丁固)가 배 위 에 소나무가 난 꿈을 꾸었다. 해몽가가 말하기를 『소나무 송(松)을 파자하 면 십팔공(十八公)이니, 18년 후에 공(公)의 지위에 오를 것이다.』라고 하였 는데 과연 18년 후에 그대로 되었다. [진수(陳壽)의 오지(吳志)]

물론 위와 같은 해석법이 이제는 별로 실효가 없다는 것은 재론할 여지가 없을 것이다. 문자는 어디까지나 문화적 상징이기 때문에 꿈 꾼 사람의 잠재지식에 그러한 내용이 없다면 꿈의 이미지로도 가공되 지 못할 것이기 때문이다. 다만 앞에서도 설명한 바와 같이 꿈이 시 각적 이미지를 문자로 바꾸고, 또 문자를 시각적 이미지로 변환하는 꿈 형성의 메커니즘이라는 측면에서는 좋은 연구자료가 될 수 있을 것이다. 프로이트 계열의 학자들은 꿈에 어떤 글자나 문구가 표현되 었건 간에 그것들은 모두 과거의 기억이나 경험에서 이끌려 왔다고 본다. 때문에 그들은 꿈속의 어떤 문구가 불분명하거나 이미 알고 있는 문구와 동일하지 않을 경우에는 그것과 유사한 문구를 찾아내어 그 뜻을 풀이하는 방법을 사용하고 있다. 그러나 그들은 연상적 방법에 의해 찾아낸 바로 그 유사문구(類似文句)가 또 다른 상징의의를 나타낼 수도 있다는 점에 대해서는 언급조차 하지 않았다. 나는 내가 수집, 조사한 수많은 실증자료들을 우리의 상징형성원리에 적용하여 분류, 정리해 본 결과 꿈속의 글자표상은 다음과 같이 해석해야 옳다고 판단하게 되었다.

① 꿈에 등장한 글자나 글귀와 관련된 여러 가지 내재관계 중에서 다자택일(多者擇一)에 의한 최적의 상징의의를 찾아내는 방법이다. 예를 들어 위의 암득명촉(暗得明燭)의 경우에도 이것을 해석자의 직관적 유추로 해석할 것이 아니라, 그 각각의 자의(어둠(暗), 얻다(得), 밝히다(明), 촛불(燭))로 하나의 문장(어둠속에서 촛불을 얻어 주위를 밝히다)을 만든 다음 꿈의 전후사연에 부합되는 여러 가지 내재관계 중에서 다자택일에 의한 최적의 상징의의를 찾아낸다는 것이다. 그러므로 꿈의 전후사연(前後事緣)에 따라서는 여러 가지로 해석될 수 있다.
② 글자나 글귀의 음운적(音韻的) 유사점에서 꿈의 전후사연에 부합되는 최적의 내재관계를 찾아내어 그 상징의의를 결정하는 방법이다. 가령 꿈속의 글귀가 [삼성리 벌판에서 일했다]라고 할 경우 [삼성리]를 음운의 유사점에서 실존의 삼성사(三星社)나 삼성사(三成社) 등으로 해석한다는 것이다. 물론 꿈의 전후사연에 따라서는 [세 개의 별]이 될 수도 있고 [세 번 성공한다]가 될 수도 있다. 이와 같은 꿈의 표현방식을 음사(音似)라고 부른다는 것은 앞서 설명한 바 있다. 어떤 꿈에 등장한 인물을 [석출]이라고 불렀을 때, 그것을 석출(碩出)이라고 유추하여 [석사(碩士) 출신(出

身)의 사람]이라고 해석할 수 있는 것은 꿈꾼 이의 한문지식과 문자활용의 습관에서 기인하는 것이다. 그러나 매우 엉뚱해 보이는 음운의 유사점이 그의 잠재의식, 특히 의식의 경계면까지 올라와 있는 어떤 특이한 인상에 의해서 그 내재관계가 결정되는 것들도 있다. 가령 [페스트균을 옮기는 쥐]를 [베스트셀러가 될 책]이라고 해석하게 되는 경우가 바로 그런 사례들이다. 이것은 각성시에도 종종 경험할 수 있는 현상, 즉 알 수 없는 이유로 특정한 단어나 노랫가사가 머릿속을 뱅뱅 맴도는 현상과 깊은 연관이 있다고 생각한다. 대부분의 음사는 단순비유이므로 별 다른 깊은 뜻을 지니는 것은 아니다. 그러나 간혹 중의적(重義的)으로 표현되어 의미심장한 암시에 기여하는 경우도 있다. 위의 경우처럼 페스트균이 [베스트셀러]의 바꿔놓기가 가능한 것은 음운상의 유사점 이외에도 페스트가 전염성이 강하다는 것과 베스트셀러의 정신적 감화력이 크다는 점이 내재관계가 되었기 때문이다.

③ 문장의 서술적 유사점에서 그 내재관계를 찾아내어 상징의의를 파악하는 방법이다. 예를 들자면 [미국, 뉴욕]이라는 꿈의 구절이, 음의 유사성이 아닌, 서술방식(敍述方式)의 유사성에서 국내의 어느 지방인 [충청남도, 대전]으로 해석되는 경우와 같은 것이다. 물론 꿈-사연에 따라서는 [한국, 부산]이 될 수도 있고, [전라북도, 전주]가 될 수도 있다. 음사(音似) 중에서도 이와 같은 서술적 유사성을 매개로 하는 내재관계가 있을 수 있는데, 가령 [일본으로 여행가다]라는 구절이 [1군사령부로 전출하다]로, 만수(萬壽)라는 실제의 이름이 [길수(吉秀)]라는 말로 표현되는 등의 사례가 바로 그러한 것들이다.

④ 생략된 글자나 글귀의 원형(原形)을 찾아 해석하는 방법이다. 가령 꿈속에서 [성(聖)자 밑에 또 한 자가 있었는데 기억이 희미하여 상기할 수 없다]고 할 경우 연상결합(聯想結合)이 가능한 여

러 글자, 가령 인(人)자든지 경(經)자든지 어느 것이든 꿈-사연에 부합되는 글자를 찾아내어 원형을 복구하고, 또 그것을 해석한다는 것이다. 같은 맥락에서 V라는 글자가 나타났다고 했을 때 그것을 우리는 약자라고 판단하여 Victory라는 원형으로 연상 복원할 수가 있다.

⑤ 시각적 이미지를 상형문자(象形文字)로 고쳐서 해석하는 방법이다. 이것은 옛사람들이 방식과 같이 어떤 자연적 물체나 현상에서 유사한 글자나 글귀를 찾아내거나, 어떤 물상의 형태에서 암시적 이미지를 찾아내 꿈-사연에 부합되는 글자로 만드는 방법이다. 예를 들자면 V자 형태의 나뭇가지로 Victory라는 단어를 연상하거나, 기둥 두 개가 서로 기대고 있는 형상에서 사람 인(人)자를 유추하는 방법 등이다. 태조 이성계는 꿈속에서 석가래 셋을 등에 걸머지고 걸었다. 그래서 당대의 해몽가들은 [석가래 셋은 인체를 위아래로 꿰어놓은 형상이니 임금 왕(王)자가 분명하고 그것을 이성계가 걸머졌으니 왕이 될 징조다]라고 거침없이 해석하였다. 이것은 사람이 석가래 셋을 등에 짊어진 형태에는 머리와 하체가 들어난다는 점에서 잘못된 해석이었다. 그러나 비록 그것이 왕조창업의 당위성과 신비성을 부각시키기 위한 일종의 윤색이라고 하더라도 시각적 이미지의 문자화(文字化)라는 상징표현을 연구함에 있어서는 좋은 재료라고 하겠다.

숫자는 사물의 많고 적음을 나타내는 부호로서 일종의 언어표상이다. 꿈속에서도 각성시와 동일한 숫자개념이 나타나는데 그것이 꿈꾼이의 잠재지식에 포함되어 있는 것이라면 아라비아 숫자이던 한문 숫자이던 그 어떤 것을 가리지 않고 모두 표현될 수 있다. 다만 그것이 숫자적 의미로 해석되려면 전후의 꿈-사연과 부합되어야만 한다. 때문에 숫자가 단독으로 표현된 경우에는 다른 상징의의를 나타낼 수도 있으므로 그것이 반드시 숫자적 암시라고 단정할 수 없다. 꿈속의 숫자표상은 장차 현실에서 체험하게 될 어떤 숫자적 의미의 사물을 암시하는 것이 보통이지만 숫자적 의미가 제거된 어떤 사물을 암시하는 경우도 종종 있다. 가령 [1만원 권 지폐]로서 [1년]이라는 기간을 암시하는 것이라면 전자에 해당할 것이요, [24107]이라는 일련의 번호로서 [이사일(移徙日 : 241)은 길(吉 : 7)하다]라는 상징적 의미를 표현하는 것이라면 후자에 해당할 것이다.

그런데 숫자적 의미로 표현된 숫자표상이라 할지라도 그것이 암시하는 어떤 미래사의 숫자적 의미를 명확하게 나타내는 경우는 매우 드물다. 때문에 사실적인 꿈이라고 하더라도 약간씩은 실제와 다르게 표현되는 것이 일반적이다. 그런 점에서 볼 때 아리스토텔레스가 그의 책 《꿈에 의한 점술(占術)》에서 피력한『가장 훌륭한 꿈의 해석자는 유사점을 가장 잘 파악하는 사람이다. 왜냐하면 꿈에 나오는 여러 가지의 것은 비친 물건의 모습과 같이 움직임에 의해서 일그러져 있기 때문이다. 그리고 일그러진 것 속에 참된 것을 분간할 수 있는 사람이 가장 바르게 꿈을 해석할 수 있다.』라는 견해가 매우 적절한 판단이라고 생각된다.

한편 꿈속의 숫자표상이 현실의 어떤 사물을 암시하는 경우와는 정반대로 꿈속의 어떤 사물이 현실의 숫자를 암시하는 경우도 있다. 자주 인용하는 어떤 현역장교의 꿈, 즉 [일본(日本)으로 여행가다]라는 상징구절이 [1군(軍)으로 전출가다]라는 현실적 사건으로 실현된 예가 바로 그것이다.

그런데 흔히 체험하는 입면이나 이면시의 환각몽에서 어떤 특정한 숫자가 흘깃 보이는 것과 같은 현상을 체험할 때가 있다. 이런 환각몽이 간혹 중대한 사건으로 실현되기도 한다. 어떤 사람은 [3]자가 거듭 세 번 나타나 보이는 환각몽을 체험하였다. 그랬더니 며칠 지나지 않아 예기치 않은 상품권 석장을 얻게 되었다. 또 어떤 사람은 입면시의 환각을 통해 기억이 뚜렷한 일련번호를 보았는데, 그 후 그가 당첨한 복권의 일련번호를 살펴보니 꿈속의 번호 7개 중 6개가 맞았다고 한다. 몇 해 전 나도 잠자리에서 눈을 뜨고 일어나려는 순간 이면시의 환각으로 [79]라는 숫자를 흘깃 보았다. 이 경험이 있고 난 얼마 후 아들애가 어떤 공채시험에 합격하였는데 놀랍게도 그의 수험번호 끝자리가 79번이었다. 그러나 당시 내가 궁금해 했던 것은 과연 꿈의 암시가 그것으로 그쳤을까 하는 점이다. 그래서 만약 [79]라는 숫자가 나에 관한 것이거나, 사회적인 것이라면 어떤 중대한 사건이 예정돼 있지 않을까 하는 궁금증이 내내 머릿속을 맴돌았다. 그런데 이 해, 그러니까 1979년에는 두 가지의 큰 사건이 있었다. 그 하나는 박정희 대통령이 시해된 사건이고, 다른 하나는 나의 8순 노모께서 작고하신 일이다. 국가원수가 비명에 서거한 것도 충격적이지만 그렇게도 일구월심 나의 성공을 기다리시던 어머니가 그 영광을 보시지도 못하고 형언키 어려운 고통 속에서 운명하신 일은 천추의 한이 되지 않을 수가 없다. 그래서 [79]라는 숫자가 환각으로 나타나 보인 것은 아닐는지.

현실에서 숫자를 가지고 길흉을 판단하는 것은 과학적인 측면에서 보지 않더라도 확실히 근거가 희박한 것이다. 그러나 동서양을 막론하고 숫자로 운명을 점치는 관습은 누천년 동안 면면이 이어져 왔고, 때문에 그러한 관념이 우리 심층에 집단무의식으로 가라앉아 있다는 점에서 전적으로 무시해버릴 수만은 없다. 고대로부터 서양에서는 점성술, 그리고 동양에서는 주역사상으로 숫자에 대한 길흉판단이 행해지고 있는바, 그러한 사고가 잠재의식화하여 꿈으로 표현되리라는 것은 의심할 여지가 없다. [7 또는 七]이라는 기호적 의미가 동서양을 막론하고 길한 징표로서 여겨져 온 이유에 대해서는 다신동체의 합성상을 설명하는 기회에 이미 언급한 바 있다. 그 외의 숫자를 현실적인 사건과 연계해서 길흉을 판단하는 지표로 삼을 수 있을 것인지에 대해서는 나의 경험이 이것을 입증할 만한 충분한 증거를 갖기 못하였으므로 무어라고 단언할 수는 없다. 다만 내가 고문헌이나 실증사례 등을 통해 수집한 자료들을 살펴보니 이 방면에도 그저 무시해버릴 수만은 없는, 어떤 암시적인 일관성이 발견된다는 것이다. 기독교 문화에 바탕을 둔 서양에서는 [13]이라는 숫자적 의미가 예수의 13번째 제자인 유다가 배신한 것에 그 연원을 두고 있다. 때문에 그들은 이 숫자를 매우 불쾌하게 생각하여 기요틴-사형대-에 오르는 계단마저 13개로 만들었듯이 흉조의 징표로서 인식되고 있다. 비슷한 예로 우리나라 사람들은 그 음(音)이 죽을 사(死)와 같다고 하여 [4]라는 숫자를 매우 불길한 징표로 받아들이고 있다. 그러나 [4]라는 숫자가 모든 꿈에서 흉조를 나타내는 것은 아니다. 꿈꾼 이의 잠재지식에 따라서는 여러 가지 다른 뜻으로 표현될 수도 있다. 더구나 앞서 설명한 바와 같이 그것이 어떤 숫자적 사건과 연관된 비유나 투시로 표현된 것이라면 이러한 점술적 의미가 아무짝에도 쓸모가 없을 것이다. 때문에 우리가 해석을 함에 있어 크나큰 오류를 범하지 않으려면 꿈꾼 이의 잠재지식과 꿈-사연의 연결성에 각별한 주의를 집중해야만 한다. [4]는 동서남북의 사방이라는 뜻에서 안정, 또는 완전함을 나타낸다. 길흉을 판단하는 숫자적 개념은 문화적 상징이기 때문에 제한적인 범위 내에서는 아주 강한 정형성을 띠기도 하지만 그보다는 개인적인 잠재의식이 더 강하게 작용하는 경우가 많다. 예를 들어 화투놀이는 좋아하는 사람의 꿈에서는 [9]라는 숫자가 최고의 길상으로 등장할 수도 있다는 것이다. [9]는 점성술에서도 길상으로 간주된다. [3]이라는 숫자를 놓고 쉬테칼이나 프로이트는 [남성기의 상징]이라고 주장하지만 참으로 얼토당토않은 발상이 아닐 수 없다. 단순히 형태상의 유사점에서 상징의의를 끌어낸다는 자체가 얼마나 불완전한 것이지를 보여주는 좋은 사례라고 하겠다. 동서양의 학자들 대부분이 이 [3]이라는 숫자에 대해서만은 거의 일치된 견해를 보이고 있는데 그것이 우주창조의 근본이념을 나타낸다는 것이다. 그래서인지 [3]이라는 숫자로 나타내는 삼위일체(三位一體) 사상은 기독교에만 국한된 것이 아니라 범세계적인 개념으로 인식되고 있다. 그 외의 숫자상징에 대해서는 나의 《꿈의 예시와 판단》을 참고하거나 현실적인 상징 개념을 이해하면 될 것이다. 다만 한 가지 부언해두고 싶은 것은 숫자 표상에 있어서는 개인적인 잠재지식이 더 강하게 작용한다는 점이다.

☞ **칼융의 숫자상징** : 칼·융은 숫자상징을 원형적 질서의 하나라고 생각했다. 주역(周易)에 나타난 숫자의 상징성에 대해 언급하면서 그는 이런 측면의 숫자상징은 의식적 차원의 인공물이 아니라 입신상태(入神狀態)에서의 영성적인 것이라고 주장했다.

제 20 장

꿈의 전의해석법(全義解釋法)

독자들은 전의해석법이라는 이 새로운 용어에 대해 의아심을 가질지도 모르겠다. 그러나 이것은 어디까지나 [꿈을 전체적인 의미로서 해석하는 법]이라는 말−*꿈 전체를 해석한다는 뜻이 아니다*−의 줄임일 뿐이다. 어찌 보면 너무도 당연할 것 같은 이 용어를 굳이 사용하는 이유는 기존의 해석법들이 단편적인 이미지에만 치중하는 불완전함을 지적하고, 또 그것들과 명백하게 구분하기 위함이다. 전의해석법과 종래의 해석법을 비교하여 그 중요한 차이점을 열거하자면 다음과 같다.

① 종래의 해석법이 두드러진 몇몇 단편들에 집중하여 꿈−사상을 찾아내는데 반하여 전의해석법은 꿈 전체를 관류(貫流)하는 하나의 스토리를 중심으로 꿈−사상을 찾아낸다.

② 종래의 해석법이 꿈을 억압된 소원의 충족, 초월적 존재의 계시, 또는 영혼의 활동이라고 보는데 반하여 전의해석법은 미해결의 관심사와 미래사를 판단하고 예지하는 잠재의식 특유의 사고작용이라고 본다.

③ 종래의 해석법이 꿈의 이미지들을 과거 기억의 반복이라고 보는데 반하여 전의해석법에서는 잠재의식이 창조한 관념적 이미지라고 본다.

④ 종래의 해석법이 꿈-표현 중의 특수한 이미지만을 상징표상으로 보는데 반하여 전의해석법은 그 대부분이 상징표상이라고 판단한다. 따라서 전의해석법에서는 각 이미지들의 여러 상징의의를 찾아내 최적의 가상 스토리를 만든 다음, 다자택일에 의해서 각 상징표상의 의의를 결정하는 환류(還流) 방식을 사용한다.

⑤ 종래의 해석법이 직관(直觀)에 의한 연상(聯想)에 의존하는데 반하여 전의해석법은 사전적(辭典的) 번역(飜譯) 방식에 중점을 둔다.

⑥ 종래의 해석법이 개인적 상징에 치중하는데 반하여 전의해석법은 정형적 상징에 치중한다.

⑦ 종래의 해석법이 오이디푸스·콤플렉스를 근원적인 심층심리로 간주하는데 반하여 전의해석법에서는 원시심성(原始心性) 중의 하나라고 판단한다.

그렇다면 이제까지의 해석법은 어떤 것들이었을까? 그 몇몇을 살펴보고 전의해석법과는 어떻게 다른가를 알아보자. 우선 프로이트의 견해부터 살펴보자. 그는 《꿈의 해석》에서 다음과 같이 말했다.

꿈은 주로 미래의 일에 관련되어 있으며 미래를 예언할 수 있다는 의견-
옛날 꿈에 대하여 승인되어 있던 예언적 의의의 찌꺼기-은 상징적 해석에 의해 발견된 꿈의 의미를 [이러이러하게 될 것이다] 라는 식으로 미래의 일에 관한 것으로 바꾸어 놓는다. 그렇다면 어떻게 그런 상징적인 해석에 도달하는 길을 발견하는가? 이것에는 물론 이렇다 할 방법이 있을 수 없다. 그 성부(成否)는 슬기로운 착상, 단도직입적(單刀直入的)인 직관에 달려 있으므로 그 때문에 상징에 의한 꿈의 해석은 하나의 기술적 재주와 같은 되었다. 이것은 특수한 재능이 없으면 못하는 것으로 보였다.

말하자면 꿈을 상징적으로 해석하는 것에는 이렇다 하게 신뢰할 만한 방법이 존재하는 않는다는 것이다. 따라서 현존하는 미래예지적 해석법은 그저 직관의 의한 기술적 재주에 불과하다는 부정적인 견해를 피력하고 있는 것이다. 프로이트는 전래의 통속적(通俗的)인 해석법에 대해서도 그것이 그다지 어려운 일은 아니라고 혹평했다. 그것은 꿈−상징의 하나하나를 암호문처럼 풀어나가는 일종의 기계적인 방식이라는 것이다. 어떤 면에서는 우리의 전의해석법도 기계적으로 보일 수 있다. 그러나 전의해석법은 단순하게 하나의 표상에서 하나의 의미를 찾아내는 단편적인 대입방식이 아니다. 전의해석법에서는 하나의 꿈−상징이 여러 가지로 달리 해석될 수 있는 다의성(多義性)을 갖는다. 따라서 전체 꿈−사연에 부합되는 최적의 상징의의를 찾아내어 해석한다는 점에서 전의해석법은 통속적인 해석법과 차별화된다.

통속적인 해석법으로는 우리나라의 《해몽요결(解夢요결) : 연대, 작자 미상》이 대표적이다. 이것 역시 단편적인 대입방식이기는 하지만 좀 더 복잡한 조건절을 사용하고 있다는 점에서 서구의 그것보다는 한층 진화된 형태를 보여주며 경험적 실증방법에 의한 통계적인 해몽법이라는 점에서 전의해석법과도 유사한 점이 있다. 그 내용을 구체적으로 열거해 보면 천문, 지리, 신체, 욕정, 자연, 전원, 오곡, 가구, 소지품, 제왕(帝王), 문무(文武), 기기(器機), 도검(刀劍), 어류(魚類), 금수(禽獸), 불도(佛道), 귀신(鬼神), 문자(文字) 등으로 나누어지는데 각 장마다 여러 가지를 항목을 설정하여 꿈 사례들을 해설해 놓았다. 가령 〈제3장 지리에 관한 꿈〉을 보면 그 1절에 산, 들, 초목, 지진, 지동(地動) 등의 항목이 열거되어 있는바, 그 중 몇 가지를 나열해보면 다음과 같다.

○ 영(嶺)이 높고 낮아 울퉁불퉁하면 ☞ 뜻밖의 놀랄 일이 생기며 심신이 불편해진다.
○ 산중에서 농사를 지으면 ☞ 의식이 풍족해질 징조다.
○ 산중에서 길을 잃었을 때 어떤 사람이 인도해 주면 ☞ 입신출세를 한다.
○ 땅을 파서 자신을 묻으면 ☞ 재산이 늘어난다.
○ 땅이 꺼져서 자신이 빠지면 ☞ 흉하다

여기서 [산중(山中)에서 농사를 지으면 의식이 풍족해진다]라는 대목을 보자. 이것은 분명 실제의 경험들을 바탕으로 해서 이런 꿈을 꾸면 의식주가 풍부해지리라는 직관적 유추로서 정의되었을 것이다. 그럼에도 불구하고 이것은 경험적인 실증방식을 취하고 있다는 점에서, 그리고 상징적인 정형성을 적용하고 있다는 점에서 언뜻 그럴듯한 해석법처럼 보이기도 한다. 그러나 이러한 단편적인 이미지만으로는 전체 꿈-사연을 알아낼 수 없기 때문에 어디까지나 불완전한 해석이며, 또 왜 [산중에서 농사를 짓는 꿈을 꾸면 의식주가 풍족해지는가]에 대한 구체적인 해설이 없으므로 합리적인 것으로도 보기 어렵다. 무엇보다 아쉬운 점은 꿈의 예지가 초인간적인 존재와 결부되어 있고, 해몽의 결과가 흉조일 경우에는 사전에 예방을 할 수 있다고 주장함으로서 못내 점술적(占術的)인 수준을 벗어나지 못하였다는 것이다. 그렇기는 하지만 이 책이 우리 기층문화에 끼친 영향은 결코 과소평가할 수 없으며, 또 그러한 사고방식이 누대(累代)를 이어져 오는 동안 잠재의식화한 측면도 무시될 수가 없을 것이다. 아무튼 이 책은 그때까지 존재했던 동서양의 다른 어떤 해몽서보다는 훨씬 사실에 가깝게 꾸며져 있음은 부인할 수 없다. 참고로 전의해석법에서의

[산(山)]은 어떤 단체나 기관, 사업장, 학원 등을 뜻하고 [농사(農事)를 짓는다]는 것은 어떤 사업, 직업, 연구, 창작활동 등에 종사함을 뜻하는 것이기에 위의 문장은 [어떤 사업장이나 연구기관에서 종사하면 의식주가 풍족해진다]는 뜻으로 해석될 수 있다. 물론 꿈의 전후사연에 부합될 경우에만 그렇다는 것이다.

그렇다면 프로이트의 정신분석학적(精神分析學的) 해석법은 또 어떤 것일까? 정신분석학에서는 꿈의 배후에 숨겨진 본질적인 사상, 즉 꿈의 잠재내용을 해석의 대상으로 삼았다. 그런데 그들이 말하는 잠재내용이란 과거의 경험으로부터 온 심적 잔존물들로서 채워지지 않은 어떤 욕망들이다. 그리고 이 억압된 욕망이 왜곡되어 표현된 것이 바로 꿈의 현현내용이다. 정신분석학에서의 꿈-해석이란 바로 이 왜곡된 꿈-사상을 꿈꾼 이의 자유연상에 의하여 되살려내는 작업이다. 따라서 이 해석법에서는 과거의 심적 상흔과 연계된 현재의 심리상태만이 관심대상일 뿐이다. 꿈의 이면에 숨은 뜻이 감추어져 있다고 생각한 프로이트의 발상은 가히 획기적인 것이었다. 그러나 방법론적인 측면에서 그 내막을 자세히 들여다보면 고대로부터 전승된 전통적 해석법들과 크게 다르지 않음을 알 수 있다. 왜냐하면 그는 꿈-표현의 대부분이 과거 경험의 반복이라고 판단한데다 제한된 몇몇 이미지만을 상징으로 간주하였기 때문이다. 이것은 대상을 잘게 쪼개고 쪼개서 정밀하게 관찰하려는 서구적 분석사고에서 비롯된 잘못이지만 꿈은 이미지와 연상의 연쇄(連鎖)이기 때문에 그것들을 유기적으로 결합된 하나의 전체로 보지 못한다면 절대 그 참뜻을 이해할 수가 없는 것이다. 그런 측면에서 프로이트 역시 못내 이 부분해석의 함정(陷穽)에서 벗어날 수 없었다. 다만 꿈꾼 이의 자유연상에서 얻어지는 여러 가지 경험적 내재관계가 분석자료로 활용된 것만큼은 매우 합리적이 있다. 그러나 뭐니뭐니해도 이 해석법의 가장 결정적인 오류는 지나치게 성적인 측면으로 치우쳤다는 것이다.

프로이트의 퇴행적 해석법의 일부를 수용하고 있으나 꿈이란 목적적인 방향에서 전향적(轉向的)으로 해석되어야 한다는 칼·구스타프·융의 해석법은 프로이트 해석법의 개정판(改訂版)이라고도 말할 수 있다. 그는 프로이트의 인과론적 접근방법을 지양하고 꿈을 목적론적인 입장에서 다루었는데 꿈의 본질이란 인간 내면에 자리 잡은 참된 자아를 완성하는 길이며 우주의 본질과도 합치하는 것이라고 주장했다. 프로이트의 그것에 비하자면 확실히 진일보한 것이었다. 그는 또 꿈이란 과거에서 비롯된 어떤 욕망을 간혹 충족시키기도 하지만 대부분은 충족되지 않은 채, 미래로 이끌고 가서 우리의 마음을 지배하거나 어떤 일깨움을 준다고 생각했다. 그러므로 채워지지 않은 욕망은 물론 불안, 고통, 공포 등의 경험마저도 왜곡되지 않은 그대로가 꿈에 나타난다고 판단했다.

칼·융 말고도 정신분석학에 기반을 둔 많은 학자들, 예를 들어 캘빈·홀, 앤·패러데이, 에리히·프롬 등도 꿈에 관한 독특한 이론들을 각각 제시하였는데 이들의 주장에서 특기할 만한 것은 꿈-표현에 추상적인 암시가 있다고 생각한 것과 꿈-상징이 다의성을 갖는다고 판단한 것 등이었다. 그러나 유감스럽게도 그들 대부분이 꿈의 미래예지적인 성격을 부인하였다. 다만 그들의 영향으로 꿈-연구의 열풍이 전 세계로 확산됨으로서 각국에서 자기 고유의 전통과 문화를 참작한 해몽서가 쏟아져 나오게 되었는바, 그것들이 우리의 꿈-연구에 있어 좋은 자료가 되고 있음은 매우 반가운 일이 아닐 수 없다. 일본에서도 여러 명의 학자들이 꿈-연구에 매달렸다. 그 중 한 사람인 소도바야시·다이사꾸(外林大作)는 《꿈의 판단(夢判斷)》을 저술한 바 있다. 그는 이 책에서 『[총으로 개를 쏘았다]는 꿈이 있다면 [총]은 공격성을 상징하고 [개]는 자기의 아버지를 동일시하는 것이므로 이 꿈은[아버지에 대한 공격적인 자세를 취한다]는 뜻이다.』라고 주장했다. 그런가 하면 『[작은 새]는 여성이고 [크고 주둥이가 날카로운 새]는 남성이며, [새를 사육하는 것]은 상대방을 자기 지배하에 넣거나 통제 하에 두려고 하는 것, 또는 자위(自慰)적이거나 자애(自愛)적인 표현이다.』라고 주장했다. 한 눈에 보기에도 프로이트 냄새가 물씬 풍겨온다. 그러나 이러한 해석법이 과연 일본에서도 통용될 수 있었을까 하는 점에 대해서는 의문부호를 붙일 수밖에 없다.

그렇다면 위의 예들에 비해서 전의해석법은 어떤 특장(特長)을 가지고 있는가? 앞에서도 언급했듯이 전의해석법은 한 꿈의 전체를 관류하는 하나의 사상-또는 의도성-을 발견해내는 일이다. 과거에도 전체해석의 방법이 없었던 것은 아니다. 그러나 그것들은 장면전환이나 표상전위 등으로 단절된 듯이 보이는 부분들을 별개로 간주하는 오류를 범하였는데 이는 전후사연을 하나로 통합할 수 있는 상징형성원리를 갖지 못하였기 때문이다. 따라서 그들은 단절된 각 부분에서 각기 다른 꿈-사상을 찾으려 했으므로 꿈이 욕구충동의 이상도 이하도 아니라는 결론을 내리게 된 것이다. 그러나 전의해석법에서는 아무리 긴 꿈이라 하더라도 그것이 하나의 잠재사상에 대한 일관된 전개라는 것에 주안점을 두고 있으며 각각의 꿈-상징을 부분 해석하더라도 그 해석된 의미들이 하나의 꿈-사상으로 통합되어야 한다는 점을 강조한다. 그것은 마치 긴 호박넝쿨을 들어 올렸을 때, 크고 작은 작은 넝쿨과 결실들이 한꺼번에 들어나는 것에 비유될 수 있을 것이다. 또한 종래의 해석법이 전체 꿈-상징 중의 극히 일부만이 상징이고 나머지는 비유나 사실이라고 주장하는데 반하여 전의해석법에서는 꿈-상징 대부분이 상징이라고 판단한다. 그러므로 전의해석법에서는 모든 꿈-상징의 의미를 찾아내 연상결합하여 꿈-사상의 대강(大綱)을 만든 다음, 이것을 중심으로 다자택일된 각 표상의 상징의의를-여러 가지 내재관계 중에서 기본줄거리에 부합되는 최적의 것- 결정하여 꿈-사상을 재구성하는 환류방식을 택하고 있다.

이것에 대한 이해를 돕기 위해 독일의 철혈제상 비스마르크(Bisma

rck 1815~1898)의 꿈 일부를 발췌하여 설명하고자 한다. 이것은 비스마르크가 1881년 12월 18일 독일황제 빌헬름 1세에게 보낸 서신의 내용 중 일부로 후일 그의 저서 《나의 사상(思想)과 회상(回想)》에 수록된 것이라고 프로이드가 소개한 것이다.

저는 절망적인 심정으로 왼손에 쥐고 있던 채찍을 들어 미끄러운 벽 바위를 치면서 하느님을 불렀습니다. 그런데 갑자기 채찍이 늘어나 엄청 길어졌는데 저의 채찍을 맞은 바위가 마치 무대장치 넘어지듯 뒤로 쓰러지고 그 곳에 한줄기의 넓은 길이 열리면서 [보헤미아]에서 보던 것과 비슷한 언덕과 숲이 보이기 시작하였습니다.

이 꿈에 대하여 프로이트는 [채찍]은 음경(陰莖)의 상징이므로 [채찍으로 바위를 치는 것]은 자위공상이 형상화된 것이라는 아주 재미있는 해석을 내놓고 있다. 그러나 그러한 해석은 나중에 들어난 전체 꿈-사연과는 거리가 먼 아주 엉뚱한 것이었다. 프로이트가 꿈-상징의 다의성을 무시한 채, 무리하게 성적인 것으로만 몰아간 것이 오류의 원인이었던 것이다. [채찍]을 남성기의 상징으로 판단하는 것부터가 납득할 수 없는 일이지만 설사 프로이트가 살았던 시대의 사회적 통념-속어나 은어 등-이 그것을 승인하더라도 이 꿈의 전후사연에서는 그러한 상징의의를 연결시킬 만한 아무런 내용도 발견되지 않았다. 전의해석법에서 정의하는 [채찍]의 상징의의는 능력, 통제권, 수단, 방도, 정책 등이다. 그러므로 [채찍이 늘어나는 것]은 그러한 것들의 팽창, 증대, 확산 따위로 정의될 수가 있다. 그리고 [왼쪽]이라는 것은 이 해석에서 프로이트도 인정하였듯이 [불의(不義), 좌익, 부정, 불의, 불법, 좌측] 등을 상징하며, [손]은 [기능, 협조자, 방도, 수완] 등을 상징한다. 그런데 여기서 [왼손에 쥐고 있던 채찍을 들어 미끄러운 벽 바위를 치면서 하느님을 불렀다]는 대목은 중의적(重義的)인 표현으로 [왼손에 쥔 채찍]은 부정한 수단을 암시하는 것이지만 좌익이나 비합법적인 세력이라는 뜻도 담고 있다. 따라서 당시 비스마르크가 처한 환경과 결부시켜 볼 때, 그것은 장차 그가 좌경정책을 채택하거나 비합법적인 수단을 사용하게 된다는 뜻을 나타낸다. 또한 [왼편에서 점차 길이 좁히는 암벽]이라는 표현은 인접국가와의 사이에 가로놓여진 정치적인 문제가 비스마르크의 정치생명을 위협할 정도로 위기에 봉착해 있음을 나타내는데 그가 왼손에 든 채찍을 사용한다는 것이니 이 문제를 타개하기 위하여 모종의 비합리적인 수단을 동원하게 된다는 뜻이다. [무엇인가에 타격을 가한다]는 행동표상은 장차 현실에서 어떤 상대에게 억제나 제재를 가한다는 뜻이므로 [채찍으로 암벽을 쳤다]라는 문장이 암시하는 것은 장차 비스마르크가 그의 적대적인 세력에게 일격을 가해 굴복시킨다는 뜻이다. [미끄러운 벽 바위]라는 것은 장애물에다 장애물을 더한 꼴이니, 그가 이 난국을 타개하기가 극히 어렵다는 암시가 된다. 이때 하느님을 부른 것은 그가 하느님께 기원한다는 뜻이 아니라, 황제, 또는 국민들로부터의 지원을 얻어내기 위한 호소를 하게 된다는 뜻이다. [채찍이 늘어나 엄청나게 커졌다]는 표현은 장차 그가 그의 입지를 넓힘에 따라 점차 확대될 정치권력의 양상을 묘사한 것이다. 또한 그것이 암벽의 저항으로 꾸부러지거나 꺾어지지 않았고 늘어남이 정지되지 않았으며 오히려 괴력을 가지고 바위를 쓰러트렸으니 이는 곧 만난을 뚫고 그의 정책이 시행됨으로서 환란을 극복하게 된다는 뜻이다. [보헤미아로 향하는 길이 넓고 크게 열렸다]는 표현은 장차 그의 정치적인 영향력이 보헤미아에까지 미칠 것이고, 그의 전도는 양양할 것이라는 뜻이다. 따라서 후반부에 묘사된 [보헤미아에서 보던 것과 비슷한 언덕과 숲이 보이기 시작하였습니다]라는 표현이 보헤미아 영토를 무력으로 침공한다는 뜻으로는 해석되지 않는다.

위에서 보듯이 전의해석법은 단순한 암호해독법이 아니다. 전의해석법은 꿈꾼 이의 환경과 관심사를 기준으로 각 표상의 모든 상징의

의들을 나열하여 최선의 의미결합을 이끌어내고, 또 그렇게 완성된 대강의 줄거리에 부합되는 최적의 상징의의를 다자택일함으로서 각 표상의 상징의의와 전체 꿈-사상을 판단하는 일종의 환류방식이다.

그런데 여기서 우리가 특별히 관심을 기울여야 할 것이 하나 있는데 그것은 [왼손에 채찍을 쥐다]라는 표현에서 [채찍]만 빼버리면 [왼손에 ~을 쥐다]라는 하나의 정형적 상징구절이 만들어질 수 있다는 점이다. 이렇게 조합된 상징구절은 [어떤 불법적이거나 비합리적인 수단을 확보한다]는 뜻으로 여타 꿈에도 적용이 가능하다. 우리는 여기서 꿈-상징의 정형성이 단어만이 아니라 구절과 문장으로도 확대될 수 있음을 다시 한 번 확인할 수 있다. 전의해석법을 적용함에 있어 각별히 주의해야 할 점은 다음과 같은 것들이다.

첫째, 전의해석법에서 말하는 연상결합이란 프로이트의 자유연상과는 다른 개념이다. 자유연상은 꿈꾼 이로 하여금 꿈-상징과 관련된 과거의 기억을 환기시키는 것이지만 연상결합은 꿈-상징과 꿈-상징 사이의 의미적 연결을 뜻하는 것이다. 다만 창조적-또는 *개인적*- 상징의 경우, 경험적 내재관계를 그 매개로 삼는다는 점에서 자유연상과 유사한 점이 있다.

둘째, 아르테미도루스가 『동일한 꿈의 내용이라도 그것이 부자, 기혼자, 웅변가 등이 가지고 있는 뜻과 가난뱅이, 미혼자, 상인 등이 가지고 있는 뜻에는 상당한 차이가 있다.』라고 설파한 것처럼 똑 같은 꿈-상징이 똑 같은 꿈-문장 속에 표현되어 있다고 하더라도 그것이 꿈꾼 이의 환경이나 관심사에 따라서는 서로 다른 의미를 가질 수가 있다는 사실이다. 따라서 어떤 해몽에 있어서도 우리가 가장 먼저 고려해야 하는 것은 바로 꿈꾼 이의 환경과 당면한 관심사가 무엇인가 하는 점이다.

셋째, 하나의 꿈이 하나의 꿈-사상으로 구성된다는 것은 틀림없는 사실이다. 그러나 이야기의 전개과정에서 여러 가지 가지치기가 있을 수는 있다. 특히 장면전환과 같은 단절면과 만나게 되면 그 전후의 사연을 별개로 오해하기 쉽다. 이런 경우 떨어져 나온 듯이 보이는 부분들을 하나의 종속절(從屬節)로 간주하고 본문과의 연결성을 점검하여 전체 문맥에서 벗어나지 않도록 큰 줄기를 놓치지 말아야 한다. 다시 말해 그 큰 이야기 속의 작은 이야기 정도로 이해해야 한다는 것이다.

넷째, 앞에서도 언급한 바와 같이 일반적인 상징의의를 그대로 적용할 수 없는 창조적 상징이 등장할 경우에는 꿈꾼 이의 과거 경험에서 그 내재관계를 찾아내는 작업이 무엇보다도 중요하다. 그러자면 그 사람의 실제 경험은 물론이고 과거의 꿈들에서 같은 표상이 어떤 의미를 갖고 있었는가 하는 점까지 일일이 점검해야 한다. 이를테면 프로이트식 퇴행적 자유연상법을 일부 변용(變容)한다는 것이다.

다섯째, 수면중의 일시적인 각성이나 기억의 부실로 인해 꿈이 단절된 듯이 보일 경우, 그 전후의 것들을 하나의 꿈으로 간주할 수 있느냐 하는 문제에 봉착할 때가 있다. 후자의 경우라면 연상결합에 의해 어느 정도는 문제를 해결할 수 있으나 전자의 경우라면 조금 애매하다. 이런 경우에는 그 각성기간이 얼마나 길었는가에 따라 판단을 달리해야 한다. 가령 수면중 갑작스런 갈증으로 눈을 뜬 다음 실제로 일어나 물을 마시고 다시 잠이 들었다면 그 전후의 꿈을 별개로 볼 수 있다는 것이다. 그러나 아직 누워있는 상태에서 외적 자극 등의 영향으로 순간적인 각성을 체험하고 다시 잠이 들었다면 본래 진행된 꿈의 연장으로 보아야 한다.

여섯째, 꿈꾼 이가 꿈을 환기하여 진술하는 과정에서도 여러 가지 오류가 발생할 수 있다. 특히 일반인들은 꿈의 속성이 공상적 표현이며 그 이면에 숨은 뜻이 있다는 사실을 염두에 두지 않기 때문에 현실적인 사고에 끼워 맞춰 진술하려는 경향이 강하다. 때문에 본래의 꿈 요소들이 변형, 탈루되는 경우가 비일비재한 것이다. 해석자는 이 점을 각별 유념하여 진술과정에서 꿈-내용이 왜곡되지 않도록 세심한 주의를 기울여야 한다. 비록 작은 탈루나 변형이라고 하더라도 그것이 전의해석법을 무용지물로 만들 수 있다.

일곱째, 해석자가 예언자나 점쟁이의 자세를 취하면 필연적으로 그 꿈의 해석이 빗나가게 된다. 굳이 예언자를 지목하라고 한다면 꿈꾼 사람 본인이다. 그렇기 때문에 해석자는 꿈꾼 이의 사생활을 들춰내야 하는 부담스러운 입장에 있으면서도 어디까지나 관찰자 입장의 조언자에 불과하다는 사실을 절대 잊지 말아야 한다. 같은 이유로 해석된 꿈을 놓고 어떤 단정을 해서도 안 된다. 그것이 실현되기까지는 어디까지나 추정에 불과하기 때문이다.

다른 해석법에서도 사정은 마찬가지겠지만 특히 전의해석법에 있어서는 가능한 한 꿈을 원형대로 최대한 상기하는 것이 그 해석의 성패를 가르는 관건이 된다. 그러자면 꿈을 상기하여 기록하는 습관을 기르는 것이 매우 중요하다. 나는 이러한 목적을 위해 매일매일 꿈의 일지를 작성해 볼 것을 적극 권유하고 싶다. 매일매일 잊지 않고 꿈의 일지를 작성해 가다보면 꿈을 상기하는 능력도 향상될뿐더러, 그 꿈들이 어떻게 실현되어 가는가 하는 것도 정확하게 추적할 수 있으며, 나아가서는 자신의 삶을 관조적(觀照的)으로 되돌아볼 수 있는 성찰(省察)의 기회가 될 수 있을 것이니 이거야말로 일석삼조가 아니겠는가? 초심자들을 위해 나의 꿈-일지작성 항목을 소개하면 다음과 같다.

① 꿈꾼 연월일
② 일련번호와 꿈의 주제
③ 꿈의 내용

④ 꿈의 해석 (간추린 것)

⑤ 추정

⑥ 확정 (추후 꿈이 실현되는 시점에서 기록)

제 21 장

꿈과 현실(現實)

1. 꿈과 사회(社會)

꿈은 각성시 사고활동의 연장(延長)이며, 또한 내일의 일상으로 이어지는 제2의 정신생활이다. 그것은 우리가 잠들었을 때 방문하는 원시인류의 활동무대이자 인류의 미래를 조망하는 천리경(千里鏡)이기도 하다. 인간은 꿈을 통해 우주심(宇宙心)에 접속함으로서 자신의 미래를 예지함은 물론, 타인의 정신과도 공명(共鳴)할 수 있다. 아울러 꿈을 통한 창조성은 문학, 미술, 음악, 과학 등 사회전반에 걸쳐 인류사회를 더욱 풍요롭게 한다. 따라서 꿈은 개인은 물론 인류사회 전반에 걸쳐 지대한 영향을 미친다고 말할 수 있다. 이런 점에서 볼 때, 그리스의 철학자 헤라클레이토스가 『깨어있는 사람에겐 하나의 공통된 세계가 있지만 잠자는 인간에겐 각인이 자기 자신의 세계로 후퇴해 있다.』라고 한 말은 전적으로 틀린 것이다. 같은 이유로『꿈은 무의미하고 고작해야 감각적 정신반사에 불과하다』라고 폄하(貶下)되는 것도 참으로 유감스러운 일이다.

그렇다면 왜 이처럼 중요한 정신세계가 지금까지 그처럼 소홀하게 취급되어온 것일까? 그것은 꿈의 무한한 예지능력이 과학적인 반복실험에 의해 검증될 수 없다는 지극히 단순한 이유 때문이었다. 인간의 지혜가 기껏해야 우주의 5%로도 밝혀내지 못할 정도도 미약한 수준에 머물고 있다는 점을 감안한다면 참으로 오만한 태도가 아닐 수 없다. 우리가 맹신하는 현대과학마저도 어제의 이론이 오늘 폐기되는 끊임없는 변화 속에 놓여있다. 불과 한 세기 전만해도 허무맹랑한 주장이라고 무시되던 이론들 가운데 오늘날에 와서는 너무도 당연한 듯이 받아들여지고 있는 것들이 그 얼마나 많은가? 그런 맥락에서 지금 우리가 철석같은 과학이라고 믿고 있는 그것이야말로 머지않은 장래에는 또 다른 미신으로 전락할 수도 있는 것이다. 인류 오랜 진화과정에서 20세기 이전이 육체적, 물질적 진화단계라고 한다면 21세기 이후는 영적인 진화단계여야 한다는 발상이 그리 몽상적이지만은 않다. 우리가 몸담고 있는 이 우주를 완전하게 이해하려 한다면 사고의 혁명적인 변화가 전제되어야 할지도 모르니까.

우리는 〈제2장〉에서 과거에 서구의 학자들은 꿈을 어떻게 보았으며 어떻게 활용하였는가를 살펴보았다. 꿈이 아무짝에도 쓸모없는 혼란한 이미지의 조합이라고 매도한 사람이 있는가 하면 꿈을 신들의 계시로서, 무한한 영감의 원천으로서, 또한 인류의 공통언어로서 높이 평가한 사람들도 있었음을 잘 알고 있다. 그러면 이제 시선을 우리 선조에게로 돌려 꿈의 가치를 인생과 비교한 월창거사(月窓居士 : 본명 김대현(金大鉉), 1870년 《몽술쇄언(夢述瑣言)》을 저술)의 말을 되새겨 보자.

도대체 인생이란 무엇인가? 한낱 꿈일 뿐이다. 꿈속에서 일어나는 일체의 상황도, 사물도, 행위도, 깨고 나면 한낱 환상에 불과한 것이다. 환상이란 실제가 아닌 허상인 것이니, 꿈은 참(眞)이 아닌데도 사람들은 아귀다툼을 하며 살아가고 있다. 오래 사는 것은 긴 꿈이고, 중도에서 요절하는 것은 짧은 꿈이며, 부귀영화를 누리거나 반대로 빈천하고 불행한 것도 모두가 환상일 뿐이니 인생은 허무하며 진실이 아니다. 다만 우리가 사생(死生)을 초월하는 도를 닦고 수양을 쌓아 정념(正念)의 경지에 이르는 것만이 참된 인생을 살아가는 참된 것이다.

도교나 불교의 색채가 농후한 말씀으로 언뜻 [장자(莊子)의 나비 꿈]이나 [조신(調信)의 꿈]등이 연상되는 대목이다. 그러나 그 분이 꿈의 진실한 의미를 알았더라면 분명 꿈을 허무한 인생에 비유하지는 않았을 것이다. 우리로 하여금 진실로 허무주의에 빠지게 하는 것은 의식적 작용이지 잠재의식적 작용은 아니다. 꿈으로 표현되는 우리의 잠재의식은 인력으로는 어쩔 수 없는 역경에 처해서도 좌절하지 않고 그 문제를 풀기 위해 역동적으로 부단하게 움직인다. 그리고 우리가 이제 더는 해 볼 것이 없다고 주저앉은 그 순간에 놀라운 통찰과 영감으로 기적을 불러일으키기도 하는 것이다. 어디 그뿐인가? 인간이 도를 닦고 정념의 경지에 도달한다는 그것이야말로 잠재의식의 도움이 없으면 불가능한 일이니 꿈은 바로 그 길을 인도하는 능력개발의 열쇠가 될 수 있는 것이다. 인간은 누구나 무한한 잠재의식의 능력을 갖고 있다. 또한 꿈은 과거와 현재, 그리고 미래에 관한 모든 것을 알고 있다. 이것을 개발할 수 있는 방법은 오직 하나, 누구나 자신의 꿈을 정확하게 해석할 수 있는 능력을 키우는 일이다.

남녀노소를 막론하고 누구나 꿈을 꾼다. 그리고 꿈을 꾸는 사람치고 꿈의 놀라운 능력을 한 번도 체험해 보지 않은 사람이 극히 드물 것이다. 저 먼 원시세계에서 신과 데몬들의 계시인줄 믿었던 그때부터 꿈은 인간생활과 밀접한 관계를 맺어왔다. 신화와 전설, 그리고 종교탄생의 모태가 되는가 하면 과학적 발명과 예술적 걸작들에 있어서는 영감적 원천이 되었다. 또한 꿈은 철학, 문학, 과학, 심리학, 역사학 등의 학문분야에 있어서도 그 영향력이 미치지 않은 곳이 없을 정도로 광범위하게 활용되어 왔다. 특히 19세기 말부터는 꿈에 대한 분석적인 연구가 본격적으로 진행되면서 인간의 심층심리를 이해하는 중요한 도구로서 그 진가를 유감없이 발휘하고 있다. 그럼에도 불구하고 아직도 우리 주변에는 꿈을 지나치게 신비주의적으로 이해하려는 미신적인 믿음이 뿌리 깊게 남아 있는바, 이것은 경직된 사고로 꿈의 예지를 백안시하는 일부 학문적 분위기만큼이나 꿈의 본질에 접근하지 못하게 하는 최대의 장애요인이다.

[외국인 선교사가 자기의 집에서 호박 세 개를 따간 꿈]을 꾸고서는 그 호박 값을 받기 위해 먼 길을 찾아갔다는 아프리카 어느 원주민의 이야기는 그저 우스갯거리로 치부하면 고만이겠으나 현대의 우리 사회에서도 그와 같이 어리석은 작태가 끊이지를 않고 있다는 것은 참으로 개탄스러운 일이다. 꿈과는 조금 다른 이야기가 되겠으나 시골에서는 아직도 무당의 힘을 빌려 어려운 일을 해결하려는 풍조가 사라지지 않았다고 한다. 근래에 친척 중 한 사람이 복잡한 집안일로 오래 고심하다가 더는 어쩔 수 없게 되자 지푸라기라도 잡는다는 심정으로 무당을 불러 굿을 했다고 한다. 그런데 재미있는 일은 그 무당이 집안에 들어서자마자 내가 그에게 선물한 나의 책 《꿈의 예시와 판단》을 보고서는 동법-귀신이 붙은 물건이라는 뜻-이 났다고 얼른 내다버리라고 난리를 펴서 어쩔 수 없이 그렇게 했더니 어느 새 다른 사람이 주워갔다는 것이다. 이 얼마나 원시적인 사고이고 무지인가? 천하의 한무제(漢武帝 B.C 156~B.C 87)도 말년에 이르러 요사스런 무당들에게 현혹됨으로서 애꿎은 황후와 아들딸, 그리고 손자들까지 수많은 혈족들을 죽음에 몰아넣지 않았던가.

☞ **한무제(漢武帝)의 꿈** : 정복군주로서 중국의 고대사를 화려하게 빛냈던 한무제도 말년에 이르러서는 장생불사할 수 있다는 신선도술에 빠져 요사스런 무당(巫堂)들에게 현혹되었다. 한무제의 비호 아래 궁중에까지 무시로 들락거리며 세상을 어지럽힌 무당들로 인해 민간은 물론 궁중에서까지 소위 액땜이라는 것을 한답시고 나무로 만든 허수아비(木偶)를 곳곳에 묻고 제사까지 지내는 일이 빈번하였다. 이 어리석은 비술에 황족과 대신들마저 빠져들자 급기야는 황제 자신을 저주하는 지경에 이르렀고 이에 진노한 한무제는 관련자 수백 명을 주살하고 말았다. 그것이 마음에 걸렸던지 임금이 어느 날엔가 [나무로 만든 허수아비들이 자신을 마구 때리는] 꿈을 꾸었고 그것이 원인이 되어 병이 들자 간신 강충(江充)은 병의 원인이 무고(巫蠱)에 있으니 마땅히 다스려야 한다고 모략을 하게 되었다. 임금이 그 말을 믿고 그대로 하게 하니 강충과 평소 사이가 좋지 못했던 태자 유거(劉據)가 관련됨으로서 그로 말미암아 황후와 공주, 그리고 태자의 아들들까지 포함된 수많은 황족과 대신들이 자살을 하거나 참살되었다.

위와 같은 잘못된 믿음만큼이나 잘못 만들어진 해몽서가 끼치는 해악도 만만치가 않다. 고래로 민간(民間)에서는 민족 고유의 상징체계와 고태적 상징의의를 제대로 이해하지 못하는, 그저 단편적인 문답식의 오류투성이 해몽서가 널리 유포되어왔다. 또한 사이비들의 혹세무민하는 작태-*꿈을 통해서나마 무언가에 기대고 싶은 절망적인 심리를 우롱하는*-는 현재에도 여전히 남아 있다. 때문에 이런저런 잘못된 해석에 매달림으로서 불필요한 심적, 물적 비용을 지불하는 사례가 얼마든지 있다. 그럼에도 불구하고 이런 사람들의 믿음을 하루아침에 돌려내기란 여간 어려운 일이 아니다.

평소 전통해몽서에 쓰인 대로 꿈의 예시를 믿어온 어떤 젊은 사장은 [소가 나타나면 조상이 집안일을 걱정하는 것이다]라는 단편적인 구절에만 집착하여 [송아지 두 마리가 방안으로 들어오는 것을 보았다]는 그의 꿈에 대해서 내가 『가까운 장래에 훌륭한 일군 두 사람을 얻게 되거나 두 가지의 재물을 얻게 된다.』라는 해석을 하자 못마땅한 듯이 『그건 개꿈이겠죠. 머.』하며 전혀 신뢰하지를 않았다. 그리고 얼마 지나지 않아 그의 친척 두 사람이 취직을 부탁해 오자 내가 한 해석이 맞았노라고 미안한 마음을 전해왔다. 이 꿈은 고태형의 심벌이 간단한 은유로서 표현된 것이라서 개인적인 상징물들이 정신없이 표류하는 다른 것들보다는 해석하기가 용이했다. 여기서 소는 [가족, 일꾼, 친척, 재물] 등의 상징이요, 그것들이 방안으로 들어온 것은 [나의 영역(가정, 사업체, 직장)으로 진입한다]는 뜻이니, 조만간(이미 방안에 들어섰음으로) 젊은 일꾼 두 사람을 얻게 된다는 해석이 곧바로 나올 수 있었던 것이다.

이와 비슷한 사례가 하나 더 있는데, 하루는 어떤 사람이 찾아와 해몽을 의뢰하면서 자신의 꿈을 소개하기를 『하늘에서 용이 내려와 외양간에 매어둔 소를 잡아먹었다.』는 것이다. 그는 보기드믄 용꿈을 꾸었으니 무엇인가 좋은 일이 있지 않겠냐는 듯이 은근한 기대감을 들어냈다. 그러나 이 꿈은 유감스럽게도 흉몽이었다. 더구나 그 꿈의 상징물들이 너무도 선명한 정형적 심벌이기에 나의 해석이 빗나갈 염려도 없었다. 해석인 즉슨, [하늘에서 내려온 용은 외부의 어떤 강력한 힘―또는 *공권력과 관련이 있는 세력*―을 상징하는 것이니, 이 용이 자기 집의 외양간에 매어둔 소를 잡아먹었다는 것은 곧 소로 상징된 집안사람, 수하의 일꾼, 또는 직장의 믿을 만한 부하직원에게 외부로부터 어떤 권력적인 위해(危害)가 가해질 것이다]라는 내용이었는데 그는 장시간의 상담후 일어서는 순간까지도 나의 해석을 믿지 않으려는 기색이 역력했다. 위에 소개한 송아지, 용, 외양간, 그리고 방안 등은 대부분의 꿈에 빈번하게 등장하는 정형적 상징이다.

☞ **흉조인 용꿈** : 흔히 꿈에 용이 등장하면 그 모두가 길조라고 생각하는 잘못된 경향이 있다. 이것은 꿈속의 용과 관련된 표상들이나 전후의 스토리를 완전 무시한 채 단순히 용이라는 표상 하나만을 뚝 떼어내서 해석하기

때문에 벌어지는 오류다. 용꿈도 흉몽이 많다는 사실을 반드시 인지해야만
한다. 용과 관련하여 길조로서 해석되는 여러 표현이 있는바, 가령 용이 품
안에 들어오거나, 용이 하늘로 승천하거나, 용을 타고 하늘을 날거나 하는
등은 길조로 해석된다. 반대로 용이 하등동물로 변태하거나, 피를 흘리거나,
서로 싸우거나, 또는 위의 꿈에서처럼 자기가 기르는 가축을 잡아먹거나 하
는 것 등은 흉조가 된다. 역적 동탁(董卓)은 꿈에 용을 보고는 자기가 임금
이 될 것으로 믿었지만 결국 그는 당시의 황제를 알현하는 것으로 꿈이 현
실화되는 것을 체험했을 뿐이다. 6.25 동란 중에 몇 번이나 거듭해서 용꿈
을 꾼 어떤 어머니는 아들이 전장에서 여러 번의 무공을 세워 훈장을 가슴
에 단 모습을 보고 기뻐했으나 결국 그 아들이 전사를 함으로써 크나큰 슬
픔을 맛보게 되었다. 그녀의 꿈에 등장한 용은 단지 무공훈장을 형상화했을
뿐이다.

다행히 최근 들어 일부 지식층의 사람들이 나의 책 《꿈의 예시와
판단》을 수용하고 신뢰하기 시작하였다는 사실은 나로 하여금 무척이
나 고무되게 하는 일이라 아니할 수 없다. 물론 아직도 거의 대부분
의 학자들이 꿈의 창조성과 영적 예시성을 백안시함으로서 자신의 귀
중한 체험마저 사장(死藏)시키고 있는 것이 안타까운 현실이다. 가장
아쉬운 것은 이 문제와 직접적인 관련이 있는 심리학자들이 프로이트
나 융의 정신분석적 차원에서 한 걸음을 더 내딛지 못함에 따라 기껏
해야 정신질환자들의 심리치료에만 머물고 있다는 사실이다. 이런 가
운데에서도 어느 식자층(識者層)의 부인 한 사람은 주변에서야 어떻게
생각하든 나의 책 《꿈의 예시와 판단》에서 많은 진실을 발견하게 되
었으며, 때문에 그 가족들마저 저마다 한 권씩 사가지고 각자 자신의
꿈을 해석하게 됨으로서 그동안 방치되고 있던 제2의 정신생활을 시
작하게 되었노라고 고마움을 표해왔다. 또한 유학을 앞둔 어느 대학
원생은 나의 책을 사기 위해 서점의 서가(書架) 앞으로 가기까지는 정
말로 큰 용기가 필요했다고 토로하면서도 외국에 나가 있는 동안에

소중히 사용하겠다는 다짐을 전해왔다. 물론 나의 이론은 아직도 진화중이고, 때문에 나의 책 역시 미진한 점이 많은 것이 사실이다. 다만 이처럼 한두 사람씩 나의 이론에 공명하는 사람들이 늘어남에 따라 조만간 이 방면에서 영명(英明)한 연구자가 출현하리라는 기대감 함께 꿈의 무한한 가능성이 제대로 인식되어 가고 있다는 사실만으로도 매우 기쁜 일이라 아니할 수 없다.

최근 세계적으로 심령학(心靈學)의 붐이 일어나고 있는 듯하다. 텔레비전을 통해 연이어 방송되는 심령영화 등의 프로그램은 매우 흥미진진하다. 어느 심령프로에 나온 해설자에 따르면 꿈에 의한 예지현상이 심령현상의 제1순위로 꼽히고 있다고 한다. 아울러 지금 범세계적인 심령학계에서는 심령현상이 곧 영적 표현이라는 데에까지 추론이 이어지고 있다고 하면서, 그렇다면 그것은 결국 초인간적인 존재와 결부되는 것이 아니냐는 멘트로서 끝맺음을 하고 있었다. 나는 전세계적으로 귀령(鬼靈)현상과 연관된 수많은 심령현상이 발견되어 학계에 보고되고 있음을 잘 알고 있다. 또한 주변에서만 보아도 단순히 우연의 일치나 착각이라고만 치부될 수 없는, 매우 분명한 귀령현상들이 실체적 경험에 의해 무수히 증언되고 있음을 목격하고 있다. 그렇기 때문에 지금 단계에서 심령현상이 귀령현상과 같은 것이냐, 아니냐를 속단하기는 이른 시점으로 보인다. 다만 나는 최소한 꿈의 예지현상에 있어서만은 분명하게 귀령현상이 아니라는 사실을 밝혀두고 싶다.

양자역학(量子力學)이나 신과학(新科學)의 영향 때문인지 근래 들어 서구인들도 인도의 프라나나 중국의 기학(氣學)에 심취하여 그것의 존재가능성을 인정하는 듯하다. 그렇다면 기(氣)란 무엇일까? 나는 그것을 내가 가설로 내세운 영자에너지와 유사한 것으로 본다. 물론 일부 상이한 점이 없는 것은 아니나 큰 골자를 놓고 본다면 대동소이하다는 것이다. 아직 명확하게 규명되지는 않았으나 우리가 실체적으로 경험할 수 있는 그 어떤 미지의 힘, 그것을 기(氣), 또는 영자에너지라고 한다면 그것이야말로 귀령현상의 실체를 밝히는 열쇠가 되리라 의심치 않는다. 그리고 그러한 미지의 힘을 매개하는 것이 잠재의식이라는 확신에도 변함이 없다. 기회가 있을 때마다 강조한 바 있듯이 예언, 예지, 초상현상 등은 예외없이 잠재의식적 상황에서 일어난다는 사실이 그와 같은 믿음을 뒷받침해주고 있다. 하다못해 무속인들이 단골들의 미래사를 예지하는 것도 잠재의식적 상황이 아니면 불가능하다. 제대로 된 무속인(巫俗人)이라면 평상시에도 쉽게 자신의 잠재의식적 경지를 유도해낼 수 있는 능력이 있어야만 한다. 그러나 내가 접해본 많은 무속인들 중에서 그러한 능력을 가진 사람들은 몇 되지가 않았다. 전반부에 소개한 어떤 장님할머니도 스스로 잠재의식적 경지를 이끌어냄으로서 일종의 환각몽을 꾸는 사람이었다. 그 외 신뢰할 만한 여러 영매들 역시 잠재의식적 상황에서 일종의 꿈을 꾼다고 고백한 바 있다. 여하튼 머지않은 장래에 꿈, 잠재의식, 영자에너지-또는 기- 등의 실체가 밝혀진다면 귀령현상의 궁금증도 쉽게 풀 수 있을 것이고 사이비들이 혹세무민하는 작태도 사라지게 되리라고 확신한다.

2. 꿈과 신앙(信仰)

나는 꿈의 예지를 연구하는 목적이 미래의 운명을 알아보는 것에 그쳐서는 안 된다는 생각을 갖고 있다. 다시 말해 인간 정신의 본질, 더 나아가서는 우주적 근본원리까지 규명할 수 있는 좀 더 광의적인 목적이 전제되어야 한다고 생각하는 것이다. 그러나 이러한 나의 희망이 무색하게 관련학계에서는 여전히 냉담한 반응이다. 아니 오히려 미신으로 치부하여 백안시하는 분위기가 점점 더 확산되고 있는 듯하다. 프로이트에서 출발하는 정신분석학의 영향이 가장 큰 원인으로 작용하고 있음이 분명하다. 그럼에도 불구하고 서구에서는 이 방면에 열정을 쏟으려는 학자들이 간혹 나타나고 있다. 자칫하면 그 사회에서 도태될 수도 있는 위험을 감수하면서까지 진실을 추구하고자 하는 그들의 용기에 탄복하고, 또 한편 반갑기가 그지없다.

그렇다면 우리의 사정은 어떠한가? 실상을 말하자면 누천년의 화려한 해몽문화 유산을 가지고 있음에도 불구하고 우리 학계에서 더 유난스럽게 꿈의 예지력을 터부시하고 있다는 것이다. 이것은 서구의 물질주의적 사고를 무비판적으로 받아들여 금과옥조처럼 떠받드는 경직된 자세가 직적접인 원인이라고 생각된다. 소위 과학적 정신이라는 것을 맹신하는 일부 편협한 학자들이 프로이트나 융의 이론마저도 사변적이라는 이유로 미신시하고 있는 상황이니 꿈의 예지력에 관한 사정이야 더 말할 필요가 없을 것이다. 그러나 한편 생각하면 전통학자들이 도외시함으로서 나 같은 아마추어에게 이처럼 좋은 기회가 올 수 있었다고 생각하니 그것도 참 아이러니하다.

그런가 하면 사회 일각에서는 아직도 미신적인 사고로서 꿈을 지나치게 신앙시하는 풍조가 여전하다는 것은 앞서 설명한 바와 같다. 사실 민간속신이라는 것은 오랜 기간 우리 심층 깊숙이 뿌리를 내린 것이라서 어찌 보면 경직된 학자들의 편견보다 더 고질적일 수가 있다. 혹자는 이런 잘못된 풍조에 내가 일조를 하는 것은 아니냐는 듯이 곱지 않은 시선을 보내기도 한다. 그러나 그것이 오해라는 것은 독자 제위가 이 책의 전반을 통해 충분히 이해하고 있을 것으로 사료된다. 그렇다면 꿈을 신앙시하는 미신풍조는 반드시 비난받고 배격되어야 마땅한 것인가? 나는 『비록 그것이 비합리적이고 비생산적인 것이라 하더라도 전통문화 계승이라는 측면에서는 나름의 가치가 있기에 그저 비난만 퍼부을 수는 없는 것』이라고 생각한다. 다만 우리가 그것의 불합리한 점을 빨리 인식하여 경계를 늦추지 않는다면 잘못된 판단으로 인한 곤란은 겪지 않아도 될 것이다.

종교가 있기 이전의 먼 옛날로부터 꿈의 예지를 초인간적 존재와 결부시켜 신앙시한 역사적 고증을 우리는 쉽게 발견할 수가 있다. 동서를 막론하고 꿈의 예지를 신봉하는 해몽문화가 종교의 모태가 되었다는 것은 널리 인정되는 사실이다. 우리의 경우만 해도 가장 오래된 민간신앙이 샤머니즘이며, 이 샤머니즘이 해몽문화와 불가분의 관계를 갖고 있다는 것이 학계의 정설이다. 어떤 학자는 우리 민족의 근원적 사상이라고 할 수 있는 단군신화 역시 선사시대 샤머니즘의 소산이라고 주장하기도 한다. 그것이 사실이라면 전설이나 신화의 상징체계가 꿈과 동일하다는 점에서 볼 때, [곰이 굴속에서 쑥과 마늘을 먹고 버티다가 인간으로 변하는 장면]이 어떤 선사인의 꿈속에 묘사된 표상전위였을 수도 있다. 과연 그것이 지나친 비약일까? 꿈과 신화, 그리고 종교가 매우 밀접한 연관을 갖고 있다는 것은 세계 3대 종교의 경전, 즉 《성경》, 《코란》, 《불경》 등을 보면 쉽게 확인할 수가 있다. 성경속의 예언이나 계시는 거의 꿈으로 이루어지고 있으며, 코란은 마호메트의 꿈에 의해 쓰여진 것이라고 한다. 따라서 종교 속의 예언이나 계시가 신성시되는 것이라면 그것은 바로 꿈의 예시를 신성시하는 것과 같은 뜻이 될 수 있다. 물론 신자일 경우에 말이다.

그렇다면 꿈의 예지력은 어느 정도까지 신앙할 수 있을까? 결론부터 말하자면 꿈의 예시란 미래의 현실에서 실제로 체험되기 전까지는 어디까지나 추정에 불과하기 때문에 그것을 지나치게 신앙함으로서 실생활에 영향을 미칠 정도가 되면 안 된다는 것이다. 꿈-해석의 기술적인 측면만을 고려해도 우리가 꿈을 신앙시하면 안 될 이유는 많다. 꿈을 상기하는 과정에 생기는 왜곡, 꿈-상징의 다의성, 그리고 시간적 암시의 불명확성 등이 바로 그것들이다. 극히 예외적인 사실적인 꿈을 제외하고는 대부분의 꿈에서 그 실현시점이 명확하게 표현되지 않는다. 때문에 직접 체험해 보지 않고는 꿈의 예시가 무엇을 암시하는 것인지, 또 언제 실현될 것인지 하는 것 등을 단정할 수 없

단군(檀君)의 영정(影幀)

다. 무엇보다 노력 없이 꿈의 예시가 실현되기만을 학수고대한다는 것 자체가 어리석은 짓이다. 지금 가난에 허덕이는 사람의 꿈은 어떻게 하면 남과 같이 잘 살아볼까, 또는 어찌하면 이 지긋지긋한 가난에서 벗어날 수 있을까 하는 등의 소원으로 가득 차 있다. 그러나 꿈이 그 소원에 대한 해답을 주었다고 해도 그것이 하루아침에 이루어지는 것은 아니다. 꿈의 예지가 현실적중을 가져올 때까지 늘 관심을 가진 상태로 오래 참고 노력하며 기다려야 하는 이유가 바로 여기에 있는 것이다. 꿈의 예시가 실현되는 시기를 앞당기는 것은 오직 피나는 노력뿐이다.

간혹 특이한 꿈을 꾼 뒤 얼마 지나지 않아 뜻밖의 횡재(橫財)를 했다는 사례를 접하는 경우가 있다. 그러나 그런 경우에도 수개월, 아니면 수년 전부터 그 일에 대한 꿈의 예시는 여러 차례 반복되었을 것이다. 그리고 그것이 실현되는 시점에 임박해서 좀 더 선명하게 표현되었을 뿐이다. 그럼에도 불구하고 많은 사람들이 간밤의 꿈이 다음날 즉시 체험되는 것으로 오해하고 있다. 그래서 스스로 좋은 꿈을 꾸었다고 판단하면 복권을 왕창 사거나 도박장으로 달려가고, 불길한 꿈을 꾸었다고 생각하면 이사, 여행 등을 포기함으로서 모처럼의 좋은 기회를 놓치기도 한다. 더욱 가관인 것은 길몽이라고 생각되면 그 몽조(夢兆)가 훼손이라도 될까봐 전전긍긍하거나 심지어는 그것을 사고팔기도 한다는 점이다. 이는 모두가 꿈의 본질을 이해하지 못한 데서 빚어지는 어리석은 행위들이다. 꿈은 미래의 현실에서 반드시 일어나기로 예정된 사건을 암시한다는 불가침의 철칙(鐵則)을 갖고 있다. 다시 말해 꿈의 예시대로 이미 예정된 사건이라면 예방이나 모면이 불가능하며 인위적으로 변경할 수도 없다는 것이다. 그러므로 다른 사람에게 자기의 꿈 이야기를 했다고 해서 그 효과가 없어지지 않으며, 다른 사람의 꿈을 돈을 주고 샀다고 해서 그 예지가 자기의 것이 되지도 않는다. 하물며 예방조치를 했다고 해서 액운을 피해갈 수가 있을까?

☞ **사례** : 남에게 꿈 이야기는 하지 말라는 옛사람들의 미신은 연대미상의 어떤 야담 한 토막에서도 찾아볼 수가 있다. 한 진사라는 사람이 하루는 낮잠을 자다가 『사나운 호랑이 한 마리가 어흥 소리를 내며 달려드는 것을 입을 딱 벌리고 있으니까 그 호랑이가 입속으로 쑥 들어와 그대로 삼켜버렸다.』는 꿈을 꾸었다. 잠에서 깨어난 뒤 곰곰이 생각해보니 이것은 필시 큰 인물이 태어날 태몽이 분명한지라 슬그머니 내실로 들어갔다. 영문을 몰라 하는 부인을 안으려고 하였으나 부인은 양반 가문에서 대낮에 그럴 수가 없다고 응하지를 않았다. 그는 입을 꽉 다문 채 여러 가지 동작으로 암시를 하였지만 성공하지 못하고 결국은 사랑방으로 쫓겨나오게 되었다. 화가 난 그는 방문을 확 열어 제치고 밖을 내다보았다. 이때 마당에서 여종이 물동이를 지고 지나가는 지라 그녀를 손짓해 부르고 불문곡직 의도한 바를 실천에 옮겼다. 이후 여종은 한 아이를 출산했는데 그 아이가 후일 입신출세하여 전주병사가 되었다는 이야기다. 만약 아이가 본부인에게서 태어났다면 전주병사가 아니라 정승반열에도 오를 수 있지 않았을까? 좋은 꿈 이야기는 남에게 하지 말라는 미신과 관련된 재미있는 에피소드다. 이것이 조선 중기의 간신 유자광의 태몽이라는 설도 있다. 즉, 유자광의 아비 부윤 유규(柳規)가 낮잠 중에 호랑이가 집안으로 들어오는 꿈을 꾸고, 아내를 덮쳐 자식을 배게 하였으나, 아내가 한사코 마다하니, 그만 몸종을 집적거려 생긴 천출이 유자광이라는 것이다. 유자광은 서출이라는 자신의 한계를 뛰어

넘기 위해 줄셋길을 찾다가 이시애의 난에 자원 참여, 공을 세우고 벼슬을 얻었다. 어쩌면 후대 사람들이 유자광을 비하하고 싶은 맘에서 갖다 붙인 이야기일 수도 있다.

혹자는 이런 반론을 제기할지도 모른다. 꿈은 미래를 예지(豫知)하는 것이 아니라, 예고(豫告)하는 것이므로 예방 또한 가능한 것이라고. 그런데 예고-*미리 일러 줌*-라는 것은 피동적이어서 자아 이외의 다른 능력이 자기에게 미리 알려 주는 것이다. 즉, 꿈을 예고라고 보는 것은 어떤 초월적인 존재의 계시에 의해 꿈의 예지가 이루어진다는 관점인 것이다. 그러나 이것은 이율배반이요 자가당착의 모순이 아닐 수 없다. 인위적으로 변개가 가능한 미래사라면 당초부터 그런 뜻의 암시가 꿈으로 표현되었어야 할 것이고, 그렇다면 처음의 해석은 오류가 될 것이기 때문이다. 그럼에도 불구하고 예방을 하였기 때문에 불운을 피해갈 수 있었다면 그것은 다음과 같은 경우에 해당할 것이다. 즉, 꿈을 상기하는 과정에서의 오류, 유사한 다른 사건에 대한 암시, 또는 타인의 사건을 예지한 경우 등이라고 할 수 있다. 꿈의 예지-*미리 앎*-라는 것은 잠재의식이 예지한 것을 의식적인 자아가 확인하는 것이며, 체험을 통해 확정짓는 것이므로 어디까지나 능동적인 앎인 것이다.

그러나 이것에 대하여 혹자는 『꿈의 흉조를 예방하기 위해 아무런 조치도 할 수 없다면 도대체 해몽을 하는 이유가 무엇이냐?』고 언성을 높일지도 모르겠다. 이러한 태도 역시 꿈의 예지라는 것은 이미 결정되어 있는 미래의 정보를 읽어오는 것에 불과하다는 사실을 인식하지 못한, 무지의 소산이다. 굳이 해몽의 목적을 말한다면 길몽일 경우 어떤 기대감을 갖고 더욱 분투노력하기 위함이요, 흉몽일 경우 사전에 마음의 준비를 단단히 함으로시 심직 충격을 최소화하기 위함일 것이다.

그렇다면 흉몽에 대해서 어떻게 대처하는 것이 가장 좋은 태도일까? 우리가 한 평생을 살아가려면 온갖 희비애락(喜悲哀樂)을 다 겪어야 할 것이기 때문에 그런 꿈을 꾸지 않았더라도 어차피 체험될 일이라고 생각하는 것이 좋다. 즉, 불행을 미리 알았더라도 상심하거나 노력을 포기할 필요는 없다는 말이다. 더구나 자기의 해석이 진실로 정확한 것인가 아닌가는 오직 실제의 체험으로만 밝혀질 수 있는 것이므로 미리 겁먹고 생활에 지장을 초래하지는 말아야 한다. 이런 점에서 꿈이 그 실현시점을 불명확하게 표현한다는 사실이 오히려 다행스러운 일일 수도 있다.

☞ *사례* : 유년시절에 나는 밤알이나 구슬, 또는 동전 등을 몇 개 주워서 호주머니에 넣는 꿈을 꾸면 어김없이 다음날 친구들과 다투게 됨으로서 어른들에게 꾸지람을 듣곤 했다. 예의 이런 꿈을 꾸고 난 어느 날 나는 그 몽조가 실현되는 것이 두려워 종일토록 문밖에 나가지를 않았다. 날이 저물자 드디어 그 지긋지긋한 징크스에서 벗어났다고 쾌재를 부르다가 그만 나도 모르게 어머님께 말대꾸를 함으로서 심한 꾸중을 듣고 말았다.

내가 꿈을 연구하기 시작한 초창기에 특별히 관심을 두고 관찰한 것은 흉조의 예방이 과연 가능한가 하는 점이었다. 그래서 이것과 관련된 자타의 연구자료는 아주 많다. 나의 선친(先親)께서는 위장병이 원인이 되어 발병한 뒤 5~6년간을 고생하시다가 42세에 요절하시었다. 그때 내 나이 12살. 그런데 선친의 발병을 어머님께서 꿈으로 예지하시었다. 그 내용인 즉, 『시퍼런 바다 위를 오색찬란한 수탉 한 마리가 해변에 서 있는 어머니를 향하여 쏜살같이 달려오는데 어찌나 무섭게 생겼던지 온 몸이 덜덜 떨렸다.』는 것이다. 어머님은 잠을 깨시고도 한참이나 공포감이 가시지 않았지만 그저 꿈이려니 하고 애써 잊어버리려고 노력하시었다. 그런데 그날 아침 일찍 아버님께서는 조금 떨어진 포구(浦口)로 새우젓을 사러 나가시었다. 아버님께서 상당한 거리를 걸어가시리라 생각되는 시점에 어머님께서는 불현듯 어젯밤의 꿈이 상기되셨다. 그래서 부랴사랴 뒤쫓아 가신 어머님께서 마침 친척집에 쉬고 계시던 아버님께 꿈 이야기를 하시면서 포구에 나가시는 일을 극구 만류하셨으나 아버님께서는 『아녀자가 그 따위 꿈을 믿고 장부가 가는 길을 막는가?』라고 호령하신 다음 가던 길을 재촉하시었다. 선창에 도착하신 아버님은 어떤 배에 올라 뱃사람들이 권하는 술 몇 잔과 돼지고기를 잡수셨는데 날씨가 추워서인지 심한 체증(滯症)을 얻게 되었고 돌아오신 직후부터 며칠을 앓아 누우셨다. 그 뒤 병석에 일어나신 아버님께서 몇 년을 더 생존하셨지만 그 병이 원인이 되어 결국 일찍 세상을 떠나시게 되었다. 지금이라면 큰 병원에서 별 어려움 없이 고칠 수 있는 병이었으나 그때만 해도 왜정초기라 가난한 농촌살림에 멀리 떨어진 병원에 간다는 것이 엄두가 안 난 아버님께서 자연치료를 고집하신 탓이었다. 만약 아버님이 어머님의 꿈을 믿고 포구 행을 포기하시었더라면 그런 비극도 없었을 것이라는 한스러움이 아직도 나를 안타깝게 한다. 그러나 꿈은 아버님이 그 운명을 절대 피해갈 수 없음을 분명하게 나타내었다. 설령 그날 아버님이 고집을 피우시지 않았다고 하더라도 또 다른 원인이 작용하여 똑같은 비극은 벌어지고야 말았을 것이다.

암살범의 흉탄에 쓰러지기 직전의 케네디

미국의 유명한 예언가 진·딕슨 부인은 케네디 대통령이 암살되기 11년 전부터 그 사건에 관한 환각몽을 여러 번 경험하였다고 한다. 그리고 사건이 발발하기 직전에는 매우 선명한 꿈을 꾸었는데 그 내용인즉, 『정체불명의 검은 손이 대통령 집무실에 있는 케네디의 명패를 들어내고 그 자리에 당시 부통령이었던 존슨의 명패를 올려놓는 것을 보았다.』는 것이다. 그래서 그 사실을 수차례 대통령 측근에 알렸으며, 사건 당일에도 대통령의 텍사스 행을 적극 만류하였지만 모두 묵살되었다고 한다. 사실 진·딕슨 부인의 만류가 받아들여져 그 비극을 막을 수 있었다면 그러한 환각몽이 꾸어졌을 리도 없었을 것이다.

☞ *사례* : 1968년 6월 4일 뉴욕 마이모니데스 메디컬센터에서 텔레파시를 연구하던 스탠리·크리프너(Stanley. Krippner)와 호노턴(Charles. Honorton) 등은 독일 프라부르크에 머물던 알렌·본(Alan. Vaughan) 박사로부터 한 통의 편지를 받았다. 그 편지의 내용인 즉, 피험자들로부터 머지않은 장래에 로버트·케네디(Robert. F. Kennedy)-*고 케네디 대통령의 동생* 상원의원이 암살될 것이라는 예지적인 꿈 몇 가지의 사례를 수집하였다는 것이다. 다음날인 6월 5일 정말로 로버트·케네디가 암살당했다.

미국의 아브라함·링컨 대통령만큼이나 꿈의 예지를 신봉했던 사람도 드물 것이다. 네티·콜번이라는 몽환자의 최면몽을 믿고 전세를 유리하게 이끌어 남북전쟁에서 승리하기도 하였지만 그 자신이 꿈으로 자신의 죽음을 예지할 정도로 영감이 특출했던 사람이었다. 그런 그가 자신의 시신(屍身)을 성조기(星條旗)로 덮은 꿈을 꾸고서도 굳이 연극을 관람하다가 비극을 자초한 것은 어쩌면 꿈으로 예지된 운명을 피해갈 수 없다는 자기 확신 때문이었을 수도 있다. 아직도 꿈의 흉조를 예방하기 위해 소위 비방이라는 것이 행해지고 있음은 참으로 안타까운 일이다. 예를 들어 꿈에 처녀로 죽은 딸이 등장하면 그녀가 천당도 지옥도 가지 못하고 귀신이 되어 집안 식구들을 괴롭히려는 징조이니 굿이라도 하여 죽은 딸의 원혼을 달래야 한다고 생각하는 것과 비슷한 예가 비일비재하다는 것이다. 다음은 조선 중기의 문신, 이덕형(李

德馨 1561~1613)의 경험담이다.

　　만력 계묘년(1603, 선조 36) 가을에 내가 겸보덕(謙輔德)으로서 시강원(侍講院)에 입직하였다. 그날 밤 꿈에 만월대(滿月臺)에 오르니, 장막 주변에 군마(軍馬)들이 달리는 것 같았다. 깨고 나서도 분명하였는데 그게 무슨 징조인지 알 수가 없었다. 만월대라고 하는 곳은 내 평생에 발자취가 아예 이르지 않은 곳이지만, 언제나 옛 도읍터의 풍물(風物)을 상상하며 한 번 소원을 풀고자 한 지가 오래였다. 그러던 차에 또 이런 꿈을 꾸고 보니 바야흐로 몹시 기쁘고 다행하게 여겼다. 그런 지 며칠 후에 이조(吏曹)에서 마침 비국(備局)의 공사(公事)로 인해서 각 도의 순안어사(巡按御史)를 파견시켜야 했다. 그래서 나는 늙은 어버이가 경기도 안에 계실 뿐 아니라, 또 기이한 꿈도 있기에 이조에 말해서 경기어사(京畿御史)로 나갈 것을 요구했다. 그러나 선묘(宣廟)-선조는 올린 단자(單子)를 도로 내려 보내면서 말하기를 『이모(李某)-이덕형을 지칭는 곧 시강원의 장관(長官)이니 내보낼 수가 없으니, 다른 사람으로 고쳐 보내도록 하라.』하므로 이에 나는 마음속으로 서운하게 여겨 생각하기를 전날의 꿈은 한바탕 장난이었구나 하였다. 그러나 이듬해 갑진년 봄에 내가 특명을 받고 개성부(開城府)의 시재어사(試才御史)가 되었으니, 전날의 꿈이 비로소 맞은 셈이었다. 나는 부응교(副應敎)로서 바야흐로 보덕(輔德)을 겸하게 되었으며, 먼저는 개차(改差)하라는 명령이 있었는데 뒤에는 특별히 보내라는 하교가 있어 몇 달 사이에 상의 마음이 현저하게 달라짐이 이와 같았으니, 한 번 움직이고 한 번 쉬는 것에 모두 운수가 달려 있는 것이다. 이로 인해 생각해 보니, 전일에 개차된 것은 반드시 천기(天機)를 누설해서 인사에 참여하려 했기 때문에 조물주의 꺼림을 받았던 것이요, 뒤에 특명을 내린 것은 스스로 계교하는 마음이 없었기 때문에 전날의 꿈이 맞았던 것이다. 그러니 사대부의 공명(功名)과 거취(去就)는 한결같이 하늘에 맡겨졌을 뿐이요, 사사로이 경영되고 진취될 수 없음이 분명하다. [죽창한화]

3. 시간(時間)과 운명(運命)

1) 시간의 개념(槪念)

꿈의 예시론(豫示論)을 전개함에 있어 빼놓지 않고 살펴보아야 할
것은 시간, 예정, 운명 등의 개념이다. 꿈의 예시론은 미래의 사건이
이미 예정되어 있다는 운명론을 바탕으로 하기 때문이다. 이것은 시
간의 비가역성(非可逆性)과도 밀접한 관련이 있는바, 이 항목에서는
관련분야의 이론들을 두루 살펴봄으로서 시간과 운명의 상관관계에
대하여 알아보고자 한다. 시간(時間)이라는 것은 눈에 보이거나 만져
지는 실체가 아니다. 그러면서도 인간은 직관적으로 시간이 실재하는
것처럼 인식한다. 태어나면서부터 죽음을 향해 달려가야만 하는 유한
한 존재라는 자각은 인간으로 하여금 나서죽고, 또 나서죽고 하는 영
원한 순환을 매개하는 시간에 대하여 스스로 수많은 질문을 던지게
하였다. 때문에 인류의 지성이 시작된 이래 [시간은 과연 무엇인가?]
라는 화두는 전 인류사를 관류하는 하나의 근본적인 철학문제로서 자
리 잡아왔다. 고대의 석학 아리스토텔레스는 『시간이란 운동의 변화
를 통해서만 감지할 수 있는 끝없는 흐름이다.』라고 했고, 아우구스티
누스는 『시간이란 비존재로 흘러 지나가는 것으로만 있다.』고 했으며,
티마이오스는 『시간은 영원(永遠)의 움직이는 모상(模像)이다.』라고
했다. 이들 세 사람 간의 견해에는 다소의 차이점이 있지만 공통점을
종합해 보자면 [시간은 영원히 순환하는 우주 속에 본원적으로 존재
하는 것으로 과거로부터 현재를 거쳐 미래로까지 끊임없이 흘러가는
동적인 것이며, 또한 인간의 심리적 경험의 틀]이라고 이해될 수 있을
것이다. 이와 같이 [쏜 화살]처럼 직선적으로만 날아가는 시간개념을
선형적(線型的), 또는 절대적(絶對的) 시간관이라 하는데, 이러한 관
점은 20세기 초 아인슈타인(Albert. Einstein 1879~1955)의 상대
성이론에 의해 무너질 때까지 지속되었다. 아인슈타인은 상대성이론을
통해 시간이란 관측자의 상대적 위치나 운동상태에 따라 늘거나 줄

수 있는, 지극히 상대적인 개념이라는 것을 수학적 계산을 통해 증명해냈다. 이것은 뉴턴 이후 300년간을 지속해온 고전역학의 절대시간적 동시성을 일거에 뒤집는 쾌거였다. [쌍둥이패러독스]로도 잘 알려진 이 이론은 이후 많은 과학자들의 실험에 의해서 사실로 밝혀짐으로서 시공을 바라보는 인류의 세계관을 뒤바꿔놓기에 충분하였다.

☞ *시간의 비가역성* : 선형적인 시간관에 있어서 시간은 되돌릴 수 없다는 이론이다. 즉 시간은 미래로는 갈 수 있어도 과거로는 회귀할 수 없다는 것이다. 흔히 [시간의 화살]이라고 불리는 이러한 현상은 열역학 제2법칙, 즉 엔트로피-*무질서도* 증가의 법칙을 따른다.

젊은 날의 아인슈타인(Einstein)

☞ *세슘원자시계* : 1971년 10월 세인트루이스 워싱턴 대학의 하페일과 리처드·키팅은 휴렛·패커드 사에서 만든 세슘-빔 시계로 실험을 했다. 동쪽으로 가는 비행기와 서쪽으로 가는 비행기에 각각 시계를 싣고, 두 개의 시계는 해군관측소에 두어 지구상에 고정시킨 후 시간을 측정했다. 비행기는 광속의 약 100만 분의 1이하의 속도로 날기 때문에 시간지연효과는 극히 적었으나 시계가 워낙 정확하여 오차의 측정은 가능했다. 시간차에 대한 측정결과 동쪽으로 여행한 시계는 시간을 잃고(천천히 가고) 서쪽으로 여행한 시계는 시간을 얻는다(빨리 간다)는 실험결과를 얻었다. 이는 지구의 자전 때문에 날아가는 시계는 지구에 고정된 시계보다 빠르거나 느리게 간다는 것을 의미한다. 특수상대성 이론이 증명된 것이다

☞ **쌍둥이패러독스** : 쌍둥이 중의 한 명이 광속에 가까운 속도로 비행하는 우주선을 타고 우주여행을 떠나면 지구에 남아 있는 형제의 시간보다, 우주 여행을 하는 형제의 시간이 더 느리게 간다. 그리고 여행을 간 사람이 돌아 오게 되면, 지구에 남은 사람은 나이가 많이 들었겠지만, 우주여행을 하고 온 사람은 거의 나이를 먹지 않는다. 이러한 가설에 근거하여 수많은 공상 과학 소설과 영화들이 만들어졌는데 타임머신, 혹성탈출 등이 그 대표적인 예가 된다.

이후 물리학계에 빅뱅이론의 등장과 더불어 블랙홀(Black Hole)이 라는 새로운 천체의 존재가능성이 제시됨으로서 시간개념은 한층 더 모호해진다. 여기서 빅뱅이론이란 태초의 우주가 밀도가 아주 높은 특이점(特異點)이라는 극히 작은 한 점에서 대폭발(大爆發)에 의해 생 겨났다는 이론인데 이때 비로소 시간이 시작되었다고 한다. 블랙홀과 관련한 시간개념은 기괴하기조차 하다. 거의 무한대에 가까운 블랙홀 의 중력 때문에 그 경계선인 사상지평(事象地平 : Event horizon) 근처에서는 시간이 굴절되며, 또 사상지평 안에서는 시간의 역전(逆 轉)도 가능하다는 것이다. 즉, 중력에 의한 만곡(彎曲) 현상으로 시간 의 가역성, 즉 과거로의 시간적 역행이 가능할 것이라는 주장은 현대 물리학의 수학적 계산을 근거로 한 것이지만 이것이 양자역학에 와서 추인되고 있다는 것이다. 더구나 양자물리학자들은 아예 한 술 더 떠 서 시간은 흐르는 것이 아니라 중첩(重疊)된 상태로 펼쳐져 있을 뿐이 라고 주장한다. 이것은 시간이란 굴절될 수는 있어도 끊어질 수는 없 다는 아인슈타인의 주장과는 전면 배치되는 것으로 시간이 최소단위 에 의해 분절(分節)됨으로서 혼재(混在)되어 있다는 것이다. 다시 말 해 시간이 과거에서 현재를 거쳐 미래로 흐른다는 것은 인간의 머릿 속에서만 존재하는 하나의 관념일 뿐, 실제로는 과거와 현재, 그리고 미래가 중첩된 상태로 뒤섞여있다는 것이다. 이와 같은 양자물리학의 주장이 사실이라면 우리가 미래라고 하는 사건들은 이미 결정된 상태

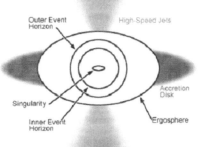

로 존재하여야만 타당하다.

☞ *양자물리학의 시간여행* : 양자이론은 파동들이 시간을 거슬러 올라가는 것을 막는 것이 없기 때문에 시간여행을 허용한다. 그린버거(Greenberger)는 이러한 성분 파동들이 과거로 올라가 원래의 성분과 만났을 때 일어나는 일을 분석해 아인슈타인의 방정식에

Kerr Black Hole

블랙홀(Black Hole)의 모형도

내포된 역설은 결코 일어나지 않을 것이라는 사실을 발견했다. 시간을 거슬러 올라가는 파동들은 상쇄간섭을 일으키기 때문에 이미 일어난 일과 다른 일을 일으키는 것이 차단된다. 그는 『만일 양자역학적으로 과거로 거슬러 올라가면 당신은 당신이 남겨둔 세계와 부합되는 다른 것들만을 보게 될 것』이라고 말했다.

2) 비국소적(非局所的) 동시성(同時性)

아인슈타인은 [빛의 속도는 어떠한 위치나 운동상태에서도 동일하며 어떠한 정보라도 빛의 속도를 초과하여 전달될 수 없다]고 보았다. 이처럼 빛의 속도를 불변으로 보는 그의 상대성원리에 따라 시간이 변수가 됨으로서 경우에 따라서는 시간의 역전도 가능하다는 것은 앞에서 소개한 바와 같다. 그런데 우리가 외계의 사물을 지각하는 속도 역시 빛의 그것을 초과할 수 없다. 왜냐하면 우리가 사물을 지각한다는 것은 사물에 부딪친 빛의 반사를 우리의 시각기관이 감지하는 것이기 때문이다. 따라서 지금 태양이 우주에서 사라진다고 해도 우리는 그 사실을 8분 15초 후에나 알 수 있다. 태양 면으로부터 날아오는 빛이 지구에 도착하는 시간이 꼭 8분 15초가 걸리기 때문이다. 말하자면 우주의 모든 정보는 시간의 속도를 초과해서 전달될 수 없다는 것이다.

그러나 이러한 개념은 양자물리학이 등장하면서 붕괴될 위험에 직면해 있다. 빛이 파동과 입자의 양면적인 성격을 갖고 있다는 광양자설에서 출발한 양자물리학은 미시세계에서의 물리현상을 연구하는 학문이다. 이 분야에는 전문가도 이해하기 어려운 여러 영역이 있는데 그 중 하나가 [비국소적 동시성의 원리]라고 할 수 있다. 이것의 요지를 간단히 설명하자면 미시세계, 즉 소립자의 세계에서는 빛보다 빠른 속도로 정보소통(情報疏通)이 이루어진다는 것이다. 다시 말해 전자 등의 소립자의 세계에서는 정보가 전달되는 것이 아니라 본래부터 공유(共有)되고 있다는 것이다. 그런데 놀라운 것은 이러한 주장이 후에 아스펙트(Aspect)의 실험에 의해 실제로 입증되었다는 사실이다. 물리학자들의 실험에 의하면 동일한 스핀(spin)-소립자(素粒子)의 자전(自轉)-을 갖고 있는 전자 한 쌍을 각기 다른 방향으로 쏘았을 때, 그 중 어느 한쪽에 전자장(電磁場)을 걸어 방향을 바꾸게 하면 나머지 다른 하나가 아무런 외부충격이 없었음에도 불구하고 전자장이 걸린 전자와 동시에 방향을 바꾼다는 것이다.

이러한 미시적 양자세계의 운동상태는 전통물리학의 세계관을 뒤흔들어놓기에 충분한 일이었다. 전통물리학의 입장에서보자면 분명 인과율(因果律)의 파탄이었기 때문이다. 이는 마치 쌍둥이 중 한 명이 돌에 맞아 머리에 혹이 난 순간, 돌에 맞지 않은 다른 쌍둥이의 머리에 혹이 나는 해괴한 사건에 비유될 수 있다. 확대해석하자면 지구에서 어떤 전자에 전기충격을 가해 물질상태를 변화시키면 그 정보가 멀리 수억 광년 떨어진 안드로메다은하(銀河)의 어느 혹성(惑星)에 있는 같은 쌍의 전자에 영향을 주어 동시에 변화시킬 수 있다는 논리가 성립할 수도 있다. 이것을 [양자얽힘(Quantum Entanglement)]이라고 하는바, 최근 실제적인 [양자순간이동(Quantum Transportation)]

실험도 성공하였다는 기사를 어디선가 읽은 기억이 있다. 모든 물질이 전자나 양성자, 더 세분하면 쿼크 등과 같은 소립자로 구성된 것이므로 넓게 보자면 우주만물이 미시적인 차원에서는 하나로 연결되어 있다는 것과 동일한 의미가 된다. 때문에 근자에는 우주는 본시 하나인 것의 서로 다른 모습이라는 주장도 큰 설득력을 얻고 있다. 이와 같은 개념에 공명하여 칼융은 [비인과적(非因果的) 동시성(同時性)의 원칙]을 창출하였고, 이후 수많은 초심리학자들과 신과학자들이 여기에 동조하고 있다.

☞ *타키온(tachyon)* : 일단의 물리학자들은 이론상으로는 빛보다 빠르게 이동할 수 있다는 타키온이라는 입자의 존재가능성을 제시하고 있다. 만약 그것이 실재한다면 타임머신은 물론 미래정보를 가져오는 매개체로도 추론될 수 있을 것이다. 그것이야말로 기(氣), 또는 영자에너지의 실체가 아닐까?

한편 양자물리학에서는 우주 자체가 인간의 마음을 떠나서는 존재하지 않는다고 한다. 사람의 목숨이 다하면 그 사람에게 있어서만은 우주가 사라지는 것과 마찬가지일 것이므로 언뜻 듣기에는 지극히 상식적인 이야기 같지만 그것이 살아 있는 세계의 물리현상을 설명하는 실체적인 개념이라는 것에 놀라움을 금할 수 없다. 우주는 거대한 초양자장(超量子場)이며 초양자장이 중첩되어서 파동이 되고, 파동이 중첩(重疊)되어서 에너지가 되며, 이 에너지가 중첩되어서 물질이 된다는 것이 그들의 확장된 생각이다. 이 전일적(全一的)인 초양자장이라는 개념은 초심리학자들이 말하는 [우주심(宇宙心)], 또는 [우주의식(宇宙意識)]과 매우 흡사하다.

☞ *아스펙트의 실험* : 1982년 물리학자 아스펙트는 아인슈타인이 불가능하다고 선언한 초광속 교신이 일어났거나 두 광자가 초공간적으로 상호 연결되어 있음을 의미하는 실험에 성공했다. 아스펙트의 실험은 일반적으로 2개

의 광자 사이의 연결성이 초공간적임을 사실상 증명한 것으로 받아들여져 이 양자계의 초공간성은 자연계의 보편적인 성질로 인정되고 있다. 아인슈타인은 이러한 비인과적 사태가 텔레파시에서나 가능한 것이라 하면서 텔레파시가 당연히 물리학의 연구영역이 아니므로 물리학의 인과율에 거스르는 양자역학의 기술방식은 잘못되었다는 주장한바 있다. 양자물리학자 닐스·보어는 위와 같은 아인슈타인의 논지가 거시세계에서는 타당할지 몰라도 미시세계에서는 전혀 논리성을 가질 수 없는 것이라며 위에 예로 든 두 개의 입자가 아인슈타인이 본 것처럼 분리된 상태에서 서로 독립된 것이 아니라 분리되지 않은 하나의 물리상태라고 주장한다.

☞ *에너지로서의 마음* : 데이비드·봄은 마음은 물질입자와 같이 에너지적 성질을 갖고 있다고 주장하였다. 그는 말하기를 『마음은 육체라는 그릇에 갇혀 있을 때는 소립자와 같은 성질을 가지면서 정체되어 있으며, 독특한 정상파(standing wave)의 패턴이나 고유함수를 가진다. 그러나 마음이 파동과 같은 성질로 변할 때는 모든 파동현상과 마찬가지로 체외로 방사(放射 : radiation)되거나 터널효과(tunnel effect)-*퍼텐셜을 가지는 입자가 자기보다 높은 에너지 영역을 통과하는 현상*를 나타낼 수 있으므로 원격적인 효과를 만들어낼 수 있다.』라고 하였다. 따라서 마음은 물리계의 파동과 동일한 것이기 때문에 마음은 다른 사람의 의식, 에너지 혹은 물질 등에 가서 작용할 수 있다는 것이다. 한편 영국의 위대한 수학자이자 천문학자인 아서·스탠리·에딩턴 경(Sir. Arthur. Stanley. Eddington)은 마음이 물질원자에 영향을 미칠 수 있으며 심지어는 그 작용에도 간섭할 수 있다고 주장했다. 로저·펜로즈(Roger. Penrose) 역시 마음에는 물리적인 에너지가 있어서 외부의 물질세계에 영향을 미친다고 생각했다.

3) 비인과적(非因果的) 동시성(同時性)

물질과 정신-*또는 육체와 마음*-이 별개가 아니라, 본시 하나인 것의 두 가지 모습이라는 개념은 고대 동양철학의 근간을 이루는 것이지만 최근 들어 서양에서도 이러한 믿음이 확산되고 있는 듯하다. 인류문명이 시작된 이래 물질과 정신 간에 본성적인 차이가 있느냐 없느냐 하는 것에 따라 일원론(一元論)이다, 또는 이원론(二元論)이다 해서 두 가지의 대립적인 견해가 논란을 거듭해 왔다. 플라톤은 『육체와 영혼은 서로 다른 영역이며, 양자 간에 다소의 상호작용이 있다하더라도 영혼은 그 자체가 하나의 실체로서 자신의 정체를 상실함이 없이 육체를 떠날 수 있다.』라고 말했다. 이것은 영혼불멸사상에 바탕을 둔 육신과 영혼의 이원론이다. 17세기에 이르러 플라톤에 영향을 받은 데카르트가 물질과 정신은 별개의 두 실체라고 주장함으로 근대적인 이원론을 확립했다. 그러나 20세기에 들어서면서 유물론과 생리학, 또는 뇌과학 등의 성과에 힘입어 정신이란 뇌세포조직에서 일어나는 전기화학적 반응에 불과하다는, 이른바 [유물론(唯物論)적 일원론(一元論)]이 잠시 득세하기도 하였다. 그러나 이 이론은 인간정신이 뇌 세포조직의 기능총합만으로는 결코 설명될 수 없다는, 전일론적(全一論的)인 관점의 새로운 이원론에 의해서 곧 밀려나게 된다. 그러다가 20세기 후반 양자역학의 등장과 함께 다시 [유심론(唯心論)적 일원론]이 부상하고 있는 듯하다. 일부 과학자들은 여기서 한 발 더 나아가 신(神)이 아니면서도 우주만물을 주재하고 정신과 물질을 하나로 통합하는 어떤 상위차원의 질서를 상정(想定)하기에 이르렀는데 그 대표적인 인물이 양자물리학자인 데이비드·봄(David. Bohm 1917~1992)이다. 그는 이 보이지 않는 상위차원(上位次元)의 질서를 [감추어진 질서]라는 가설로 정의하면서 『데카르트와 뉴턴 이후 실재론적인 원자론적 기계론적 세계관은 물질과 정신을 분리해서 생각하였으나 양자역학이 나온 이래 물질과 정신의 배후에는 인도의 공(空)이나 중국의 무(無)사상과 상통하는 질서가 있다.』라고 주장했다. 즉, 물질우주의 상위차원에 어떤 전일적인 통합기능이 존재한다는 것이다. 그의 이 [숨은 질서] 가설은 다음에 언급할 칼·융의 [하나의 세계(Unus Mundus)]와 매우 유사한 개념임은 물론, 우리의 [영해(靈海)]라는 개념과도 상통하는 점이 있어 매우 흥미롭다. 아무튼 이러한 개념들은 일반인들이 이해하기가 쉽지 않다. 또한 미래의 정보가 현재의 잠재의식 속에 투영된다는 주장도 쉽게 받아들일 수 있는 개념은 분명 아니다. 그럼에도 불구하고 우리는 인류 역사상 처음으로 맞는 정신적인 진화를 눈앞에 두고 있다는 직감만은 무시해버릴 수 없다. 그것은 과거 인류가 지동설(地動說)을 접했을 때처럼 필연적으로 정신적 충격을 동반하게 될 것이다. 어쩌면 지금 우리에게 절실히 필요한 것은 몇몇 물리학적 가설들이 아니라, 고정관념을 깨버릴 의식적 패러다임의 혁명일지도 모르겠다. 그나마 다행인 것은 현대물리학이 그것을 선도하고 있다는 점일 것이다. 물리학에는 문외한인 내가 더 이상 깊이 거론하는 것은 분명 무리라고 생각된다. 다만 꿈의 예시론이란 본시 운명론에 기초하는 것이고, 운명론의 개념을 설명하기 위해서는 부득불 시간개념을 끌어오지 않을 수 없었기에 몇 가지의 것을 여러 서적에서 발췌하고 내 나름대로 정리해 보았던 것이다.

☞ **감추어진 질서**(秩序) : 데이비드·봄의 주장인즉, 우주는 홀로그램 형태의 이중적인 구조로 되어 있는바, 우리가 눈으로 보는 우주-드러난 질서(explicate)-가 있는가 하면 눈에 보이지 않는, 또 다른 차원의 전일적(全一的)인 우주가 있다고 한다. 그는 이것을 접혀진 질서, 또는 감추어진 질서(implicate)라고 명명했는데 이 차원에서는 시간, 공간, 물질, 그리고 정신 등이 하나가 되어 있다고 한다. 따라서 인간이 어떤 특이한 조건에서 이 홀로그램 우주와 접촉하면 과거와 미래를 현실처럼 볼 수 있다는 것이다. 초심리학 계에서는 이것을 ESP현상의 이론적 근거로서 내세우고 있다.

심신일원론(心身一元論)의 관점에서 물질과 정신 간의 상호관련성에 주목하여 양자역학을 심리학에 접목, 하나의 획기적인 이론을 정립한 사람은 칼·구스타프·융이었다. 그는 양자역학의 [비국소적 동시성 이론]에 공명하여 정신과 물질이 상호작용하는 가운데 우주만물이 깊은 차원에서 하나로 연결되어 있다는, 이른바 [비인과적 동시성의 원리]를 창출하게 된다. 이것은 점성술이나 심령학적 현상 등에서 볼 수 있는 [의미 있는 우연(偶然)의 일치(一致)현상]을 인정하는 이론으로 인과론과는 전면 배치되는 개념이라고 할 수 있다. 그는 또 인간의 마음이 집단무의식을 통해 우주와 하나로 연결되어 있다고 주장하였다. 그가 동시적 사건이 일어나는 배경이라고 말하는 [하나의 세계(Unus Mundus)]는 양자역학에서 말하는 초양자장과 동일한 개념일 수가 있다. 또한 그가 이러한 사건적 정보의 근원이라고 밝힌 [절대지(絶代知)]는 아직 밝혀지지 않은 어떤 미지의 정보체(情報體), 이를테면 우주의식(宇宙意識)과 같은 것이라 해도 큰 무리는 없을 것으로 본다. 융의 이러한 개념을 빅터·맨스필드(Victor. Mansfield)는 『동시성 경험의 의미와 목적은 무의식적 보완을 통하여 구현되는 것이다. 동시성 경험은 개인적인 측면의 의미를 지닐지언정, 그 경험은 원형적인 차원이며 보편적인 차원이다.』라고 설명한다. 근래의 양자물리학자나 신과학자들의 이론에서도 위와 유사한 내용을 찾아볼 수 있는데 이것에는 앞서 소개한 바 있는 데이비드·봄과 칼·프리브램(Karl. Pribram)의 [홀로그램우주], 루퍼트·쉘드레이크(Rupert. Sheldrake)의 [형태형성장(形態形成場)] 등의 가설이 있고, 넓게 보자면 라이프니츠(Leibniz 1646~1716)의 [단자론(單子論)]도 이와 같은 맥락에서 이해될 수 있다. 그렇다면 융은 이 절대지와 동시성을 어떻게 정의하고 있는가? 이부영 박사가 그의 《분석심리학》에서 언급한 융의 견해를 들어보자.

동시성 현상에서 볼 수 있는 무의식적인 앎은 고등동물의 대뇌피질과는 관계없이 생각하고 지각할 수 있는 어떤 다른 신경계의 작용에 의해서 매개되는 것이 아니가 생각하고 있다. 뇌손상을 받았거나 뇌빈혈을 일으킨 환자가 객관적인 의식 상실의 상태에서 자신의 모습과 주변 상황을 정확히 지각하여 뒤에 이를 보고하는 사례가 있고 뇌가 없는 하등동물이 훨씬 더 의미 깊은 매우 지적인 행위를 동시성의 현상을 통해서 나타내는 경우가 많다는 사실도 그러한 추정의 뒷받침이 된다. 그러나 결국 우리는 절대지가 무엇이라고 그 이상 명료하게 설명할 수가 없는 것이다.

이러한 견해는 뇌를 벗어나서 존재하는 어떤 미지의 정신구조를 상정(想定)하고 있다는 점에서 위의 양자물리학자들의 견해와 맥을 같이한다고 볼 수 있다. 그는 또 말하기를 『정신이나 물질적인 현실에 일종의 무시간적인 질서가 있어 일정한 항상성(恒常性)을 유지하는데 동시성 현상은 이런 사건의 영역에 해당한다.』고 하였는바, 이것 역시 데이비드·봄의 [숨은 질서]와 상통하는 개념이다. 한편 그의 수제자인 폰·프란츠가 『비인과적 동시성의 원리란 우리가 논리로서 남김없이 증명할 수는 없지만 그 존재를 확인할 수 있는 그 어떤 것』이라고 말한 것은 아직 그 본질이 규명되지는 않았지만 우리 주변에 엄연히 존재하고 있는 예언이나 심령사건 등을 현상적 실체로 인정한 것이라고 판단할 수 있다. 이 점에 대해 이부영 교수가 『동시성 이론은 우리의 눈으로 볼 수 있는 정신과 신체, 정신과 물질 너머에 정신도 물질도 아닌 또 하나의 세계, 그리하여 정신과 물질을 매개하는 것—정신양(精神樣)—의 존재와 작용을 뒷받침해주고 있다.』라고 한 것에 우리는 주목할 필요가 있다. 이부영 교수는 이것을 우리가 사는 시공 4차원 너머에 또 다른 상위차원이 존재할 가능성을 암시하는 것이라고 설명하고 있는데 우리의 영자론과도 상통하는 바가 있다.

이부영 교수는 융의 동시성 현상이 두 가지 요소로서 성립된다고 보았다. 그 하나는 무의식적인 상(像)이 직접 혹은 간접적으로—상징적 혹은 암시적으로— 꿈이나 착상, 또는 예감 등의 형태로 의식에 나타나는 것이고, 다른 하나는 이 내용과 일치된 객관적 사건이 일어나는 것이라고 한다. 달리 표현하자면 주관적 심리상태와 객관적 물질사건

간의 [의미 있는 우연의 일치현상]이라는 것이다. 그렇다면 [의미 있는 우연의 일치] 내지는 [비인과적 동시성]의 현상들은 구체적으로 어떤 것들이 있을까? 융의 사후 그 제자들이 정리한 내용을 보면 다음과 같이 세 가지 유형으로 분류되고 있다.

☞ *이부영(李符永) 교수* : 전 서울대학교 교수. 스위스에 있는 융 학회에서 전통적인 연구과정을 거쳤으며 한국 융 연구원을 개설한 바 있고 국내에서는 최고의 융 전문가로 통한다.

첫째는 [관찰자의 의식과 외부의 물리적 사건이 동시적인 일치]를 보이는 경우로서 이 유형에는 융이 동시성이론을 발표하기 훨씬 이전에 체험한 다음과 같은 사례가 있다.

지나치게 합리적이어서 치료에 강한 저항을 보이던 여자환자와 분석을 진행하고 있었다. 닫혀 있는 창을 등 뒤로 하고 앉아서 융은 이 환자가 자기의 꿈을 설명하는 것을 듣고 있었다. 환자의 꿈은 매우 인상 깊은 꿈이었는데, 누군가가 황금색 풍뎅이 모양의 고귀한 보석을 선물로 주는 내용이었다. 순간 등 뒤의 창 밖에서 갑자기 창문을 두드리는 소리가 들려 왔다. 융이 소리 나는 곳을 돌아보니 황금색 풍뎅이와 유사한 곤충이 방으로 들어오려 하는 것이었다. 융은 창을 열고 그 곤충을 잡아 환자에게 『여기에 당신의 풍뎅이가 있습니다.』라는 말과 함께 건네주었다. 이러한 사건은 환자의 냉철한 합리주의와 지적인 저항에 금을 가게 하였고, 이후에 그 환자에 대한 치료는 매우 원활하게 진행되었다.

☞ *사례* : 심령연구가 헤롤드·셔먼은 1915년의 어느 해질 무렵 미시건주의 트래버스 시에 있는 그의 집 이층에서 막 전등을 켜려고 스위치에 손을 대려는 순간 마음 깊은 곳에서 『전등을 켜지 마시오!』라는 외침이 들려왔다. 너무나도 뜻밖에 소름이 끼치는 명령이었으므로 주춤할 수밖에 없었고, 무엇 때문에 그런 명령을 받은 것일까 하고 어리둥절했다. 바로 그때 아래층

현관에 누가 달려와서 문을 두들기고 초인종을 누르는 것이었다. 전등을 켜지 않은 채 아래층으로 내려가 문을 열고 배선공과 얼굴이 맞대었을 때, 그는 당황한 어조로 『전기를 켜지 마시오! 밖에 있는 댁의 전선에 고압선이 걸쳐 있습니다!』라고 외쳤다.

둘째는 [관찰자의 의식과 공간적으로 멀리 떨어진 물리적 사건이 동시적인 일치]를 보이는 경우이다. 이 두 번째 유형의 사례를 언급하면서 융은 자신뿐만이 아니라 많은 사람들이 회고하였던 사례이고, 많은 문헌에도 기록된 사건이라고 고백하고 있다.

한 식당에서 칸트와 마주앉아 있던 스웨덴보그(Swedenborg 1688~1772)는 스톡홀롬에서 큰 화재가 나는 환상을 보았다고 한다. 그런데 그 환상은 환상이 아니었다. 실제로 그 순간에 스톡홀롬에서는 대 화재가 일어났기 때문이다. 이러한 환상에는 투시, 텔레파시라 불릴 수 있는 것들이 깊이 관여되어 있다.

☞ *사례* : 옛날 어떤 대갓집의 하인 한 사람은 장에서 제물을 사오다 날이 저물어 그 날 밤 안으로는 돌아갈 수 없게 되자 죄스런 마음에 길바닥에 제물을 펼쳐놓고 정성껏 제사를 지냈다고 한다. 이때 주인은 그를 기다리다 지쳐 집으로 돌아오면 목을 치리라고 벼르면서 잠깐 잠이 들었는데 꿈속에서 자기의 조상이 나타나 하는 말이 『그 하인을 죽이지 마라. 나는 그가 제사지낸 것을 잘 받아먹고 돌아가니 그가 어쩔 수 없었던 것을 용서하라.』고 하였다 한다. 이리하여 그 하인은 죽음을 면하였다. 꿈은 이처럼 미래사뿐 아니라 동시간대에 일어나는 현재적 사건도 투시할 수 있다.

셋째는 [관찰자의 의식과 시간차가 있는 미래의 사건이 의미상의 일치]를 보이는 경우이다

☞ *사례* : 이것은 어느 공무원의 꿈 이야기다. 『시골에 계시는 나의 아버님

은 건장한 체격에 상당히 활동적인 분이셨다. 그러나 당뇨증상을 않고 계시던 어머님은 늘 병약하여 잔병치레가 끊이지를 않으셨다. 때문에 멀리 떨어져 나와 살고 있어도 늘 어머니의 건강이 걱정되어 수시로 연락을 취하곤 하였다. 대학 졸업반이던 어느 해 가을 나는 이상한 꿈을 꾸었다. [아버지가 남루한 옷차림으로 길모퉁이 쭈그리고 앉아계시는데 몹시 슬픈 눈으로 멀리 있는 나를 말없이 바라보고 계시는 것이 아닌가? 나는 왜 거기 앉아 계시냐고 하면서 달려가다가 꿈을 깨었다.] 꿈에서 깨어난 나는 영혼의 저 밑바닥에서 솟아오르는 듯한 아주 격렬한 슬픔을 느꼈다. 그래서 난 어머니의 건강에 무슨 이상이 생겨 아버지의 모습으로 꿈에 나타나지 않았나 하는 걱정에 시골에 곧바로 연락을 취해 보았으나 양친 모두 별다른 이상 징후가 없었다. 그런데 그로부터 꼭 한 달 뒤에 나의 아버지께서 갑자기 세상을 떠나시었다. 잔칫집에서 잡수신 부패한 해산물이 급성 패혈증의 원인이 되었다고 한다. 이 꿈의 인상이 얼마나 강했는지 그로부터 10여년이 지난 오늘날까지도 어제의 일처럼 생생하게 기억하고 있다.

☞ **사례** : 1912년 봄 뉴욕의 변호사인 아이작·프뤈살(Isaac. C. Frauenthal) 씨는 유럽여행을 하던 중에 이상한 꿈을 꾸었다. 그가 타고 있던 거대한 배가 수면에 표류하는 어떤 물체와 부딪쳐 침몰하는 꿈이었다. 그 참혹한 비명소리와 광경들을 마치 현장에서 듣고 보는 듯이 길고 생생했던 악몽이었다. 그리고 며칠 뒤에 똑 같은 악몽을 한 번 더 꾸었다. 그는 동행중이던 형과 누이동생을 설득하여 타이태닉호를 타고 귀향하려던 계획을 포기하였고 그 덕분에 세 사람 모두 생명을 구할 수 있었다. [프랭크·조셉(Frank. Joseph)의 《동시성 : 운명의 열쇠(Synchronicity : The Key of Destiny》]

위와 같은 비인과적 동시성 현상을 나는 예감충동에 의한 미래인지(未來認知) 및 투시(透視) 현상으로 판단하고 있다. 칼·융의 후계자들이야 선뜻 받아들이기 어렵겠지만 칼·융이 심리학자 이전에 탁월한 영매이자 위대한 샤먼이었다는 평가는 매우 정확한 판단이라고 생각한다. 그가 제시한 집단무의식, 원형, 절대지, 동시성이론 등의 여러 개념은 정통심리학보다는 오히려 비교(秘敎)나 신비학(神秘學), 또는

만년(晩年)의 칼·융

심령학 쪽에 더 가까웠다. 지금이라고 해서 상황이 별반 달라지지 않았으나 그 당시만 해도 서구의 학문적 분위기는 인과론에 의한 환원주의가 전지전능(全知全能)의 힘을 발휘하던 시기였다고 할 수 있다. 때문에 비록 그가 70을 넘긴 말년에 와서야 조심스럽게 펼친 이론이긴 하지만 그처럼 견고한 고정관념의 벽을 뛰어넘어 미지의 신천지를 남보다 먼저 바라보았으며, 어쩌면 이단적이라고도 할 수 있는 이런 논증을 용기 있게 풀어내었다는 점에서 고개가 절로 숙여진다.

그가 집단무의식이라는 개념을 통해 인간 정신을 심오한 영성(靈性)의 차원으로까지 끌어올린 공헌은 인류 정신사에 일대 획을 그은 대사건이었다고 해도 과언은 아닐 것이다. 더구나 그가 남다른 열정을 보인 꿈의 관한 이론들은 우리의 연구과정에 있어서도 좋은 길잡이역을 충실히 하고 있어 그 성과를 아무리 높이 평가해도 지나침이 없다 할 것이다. 다만 한 가지 아쉬운 점이 있다면 개인의 꿈을 지나치게 심리적인 측면에서만 고려함으로서 꿈-상징의 정형성을 너무 과소평가하지 않았나 하는 것이다. 그가 동시성의 증거로서 소개한 사례들이 하나같이 사실적, 또는 투시적인 꿈에 국한되고 있다는 점에서도 그의 이와 같은 관점을 엿볼 수가 있는데 그가 좀 더 상징적인 꿈의 암시성에 관심을 가졌더라면 우리는 이미 반세기 전에 완벽한 꿈-

해석의 교본을 얻었을는지도 모를 일이다.

☞ **연속성**(連續性)**의 법칙** : 칼·융이 [동시성의 원리] 를 내놓기 훨씬 이전에 오스트리아 생물학자인 파울·카메러(Paul. Kammerer 1880~1926)가 다른 종류의 [우연의 일치현상] 을 [연속성(seriality)] 이라는 이름으로 발표한 바 있다. 이것과 관련하여 프랑스의 천문학자 까미유·플라마리옹(Camille. Flammarion)은 그의 책에서 다음과 같은 기이한 에피소드를 소개하고 있다. 『프랑스 오를레앙에 사는 데샹이라는 소년은 집안의 손님으로 찾아온 [드·퐁기뷔] 라는 사람에게서 자두로 만든 푸딩을 선물 받았다. 몇 년이 지난 뒤 데샹이 청년이 되었을 때, 파리의 한 식당에서 자두푸딩을 주문하였으나 웨이터로부터 다른 주문자가 마지막 남은 한 조각을 차지했다는 말을 듣게 된다. 그래서 그가 건너편 테이블을 바라보니 거기에는 [드·퐁기뷔] 씨가 앉아 자두푸딩을 맛있게 먹고 있었다. 그로부터 또 오랜 세월이 지난 어느 날 데샹은 어느 디너·파티에서 예의 자두푸딩을 주문하면서 손님들에게 그 기이한 이야기를 하다가 문득 그가 또 나타나지나 않을까 하는 생각을 하게 되었다. 바로 그때 정말로 [드·퐁기뷔] 씨가 문을 박차고 들어왔다. 이미 늙어 방향감각을 잃어버린 그가 정말 우연히도 그 집에 들어섰던 것이다.』 칼·융은 파울·카메러의 사례에서 많은 영감을 얻었다고 말했다.

4) 자유의지(自由意志)와 운명론(運命論)

미래가 이미 결정된 상태로 존재하는 것이라면 우리가 순간순간의 미래를 만들어가는 자유의지는 어떻게 설명될 수 있을까? 심령학자 헤롤드·셔먼(Herold. Sherman)은 다음과 같은 견해를 피력하였다.

우리들이 측정하지 못하는 어떤 차원에서 지금 막 당신이 하려고 하는 일은 의식 속에서 이미 형태를 이루고 있다. 당신에게 지금부터 반시간 후에, 한 시간 후에, 내일, 모레, 그리고 쉴 사이 없이 일어나는 일들이 지금 형성되고 있는 것이다. 즉, 사람이나 사물에 대한 현재의 마음가짐의 성질에 의해서, 그리고 심신(心身)에 유전(遺傳)된 성벽(性癖), 당신에게 이전(以

前)에 있었던 일의 본질적인 것에 의해, 또 자기에게 있었던 여러 가지 체험에 대한 정신적 혹은 감정적 반응, 또는 미래에 대한 걱정, 희망, 절망 등등 그 어떤 것인가에 의해서 형성되어 가고 있는 셈이다.

우리가 자유의지라고 생각하는 것도 알고 보면 선행(先行)한 여러 조건들의 간섭에 의해 일어나는 인과적 사건이라는 이야기다. 물론 위의 견해가 결정론적(決定論的)인 관점은 아니다. 그러나 굳이 결정론을 전제로 하지 않고 현상 그 자체만을 상식적으로 판단하더라도 자유의지라는 것의 본질을 충분히 납득시킬 만한 주장이다. 예컨대 내가 지금 당장 시내로 외출해야겠다고 결심하고 행동에 옮길 때에도 거기에는 분명히 선행하는 여러 조건들이 작용하고 있을 것이다. 필요한 물건을 사기 위한 욕구, 친구와 약속, 아니라면 그 이전부터 작용하고 있던 어떤 알 수 없는 충동일지라도 그 모든 조건들이 외출을 해야겠다는 나의 의사결정에 영향을 미치고 있음은 틀림없는 사실일 것이다. 또한 이러한 의사결정이 하나의 실마리가 되어 다른 여러 의사결정의 선행조건이 되리라는 것도 의심할 여지가 없다. 비결정론적인 상황에서조차 이럴진대 미래가 이미 결정되어 있는 상황이라면 더 말할 나위조차 없을 것이다. 그런데 순간순간의 의사결정은 무수한 현실사건들을 연쇄적으로 촉발시켜 우리를 어떤 운명 속으로 몰아간다. 만약 내가 시내로 가던 도중에 불의의 교통사고를 당해 불구라도 된다면 나의 인생은 180도 달라질 것인바, 그것은 나의 조그만 결정, 즉 시내로 나가야겠다는 생각이 떠오르지 않았더라면 절대 일어나지 않았을 미래이다. 결국 우리가 자유의지라고 철석같이 믿고 있는 것도 하나의 환상일 수가 있는 것이다. 그것 역시 다른 정신적, 또는 물질적 사건들과 마찬가지로 관계의 그물 속에서 상호의존적으로 작용한다고 보아야만 옳다.

☞ **결정론**(決定論) : 인간의 행위를 포함하여 이 세상에서 일어나는 모든 일은 그것이 정해진 때와 장소에서 일어나도록 미리 정해졌다는 이론이다.

[우연(偶然)]이란 단어는 전혀 예정되어 있지 않은 사건이 돌발적(突發的)으로 발생한다는 뜻이다. 어떤 일이 당연히 일어날 것이라고 한다면 그것은 필연(必然)이요, 그렇지 않은 것이 우연이다. 그러나 앞에서 살펴본 바와 같이 인간사에 우연이란 없다. 모두가 필연(必然)인 것이다. 어떤 돌발사건으로 우리의 삶이 영향을 받는다 해도 그것은 선행조건들에 의해서 이미 결정된 과정이다. 다시 말해 우리에게 일어나는 일체의 사건들은 저마다 미리 예정되어 있지 않고는 우리를 그 현장으로 이끌어가지 않는다는 것이다. 결국 인간사라는 것은 모두가 보이지 않는 질서에 의해서 야기되는 필연적인 사건들의 연속이라고 말할 수가 있다.

이처럼 인간이 이미 결정된 미래를 향해 정해진 숙명의 길을 따라간다고 하는 개념을 두고 운명론이라고 한다. 기독교의 [예정설], 불교의 [윤회설] 등이 이러한 범주의 개념들이다. 그런데 종교적인 운명론들을 한결같은 개념이라고 정의하기에는 여러 가지 어려움이 있다. 서로 간에 많은 차이가 있음은 물론, 그 각각이 배태(胚胎)하는 모순도 존재하기 때문이다. 신의 의지에 의해서 구원받을 사람들이 이미 결정되어 있다는 기독교의 예정설은 [인과응보와 신의 경배]라는 측면에서 스스로도 부정되고 있고, 영혼이 불멸하여 끝없이 다시 태어난다는 불교에서의 윤회설은 [본시 나라는 존재는 고정불변(固定不變)의 실체가 아니다]라는 그 자체의 [무아설(無我設)]과 상충하고 있다.

그런가 하면 주역(周易)의 명리역(命理易)을 추종하는 일부 역학자들은 미래란 확정된 것이 아니고 지금 만들어지고 있기에 어떤 방비(防備)에 의해서는 미래가 바뀔 수도 있다고 주장하고 있고, 전래의 무속(巫俗)에서는 이미 결정된 어떤 운명 하에서도 액막이에 의해서

화(禍)를 모면하거나 치성에 의해서 적극적으로 복(福)을 불러올 수도 있다고 주장하기도 한다. 참으로 자가당착(自家撞着)적인 모순이요 이율배반적인 오류가 아닐 수 없다. 이미 존재하는 미래를 바꿀 수가 있다면 애초에 예지했던 미래는 과연 어떻게 설명할 수 있을 것인가? 사람의 의지에 의해서 바뀔 수 있는 운명이라면 처음부터 그렇게 예지되었어야 마땅하지 않을까?

그럼에도 불구하고 위와 같은 사람들에게는 다음의 같은 개념이 하나의 돌파구가 될 수 있을지도 모르겠다. 시간역행(時間逆行)과 관련하여 양자역학에는 [시간의 패러독스(paradox)]라는 개념이 있다. 예를 들어 과거여행을 할 수 있는 타임머신이 개발되었을 때, 만약 과거여행자가 우연히 자신의 조상 중의 하나를 살해했다고 가정할 경우, 그 자신이 더 이상 이 세상이 존재할 수 없게 되므로 근본적인 모순을 드러내게 된다. 이 점에 대해서 양자물리학자들은 양자파동의 간섭(干涉) 현상을 들어 해명하고 있다. 즉, 과거로 거슬러 올라간 사람이 자신의 조상 중에 한 사람을 살해함으로서 자신이 태어날 인과성을 없애버렸을 경우라도, 그 자신이 사라지는 것이 아니라 자신의 조상이 살해된 우주하고는 전혀 다른 우주에 여전히 생존하게 된다는 것이다. 이른바 [다중우주(多重宇宙)에 의한 가지치기 이론]이다. 또한 과학자들은 우리가 자유의지로 미래의 사건을 바꿀 경우, 예컨대 타임머신을 타고 미래로 가서 어떤 사건들에 개입할 경우라고 하더라도 자신의 간섭을 받은 미래가 다른 우주로 가지치기를 함으로서 자신의 정해진 운명과는 관련이 없는, 다른 차원에 여전히 존재하게 된다고 주장한다. 그러나 만의하나 그것이 진실이라고 하더라도 시간여행을 하는 그가 당초부터 속해 있던 우주는 변함없이 결정된 상태로 존재할 것이다.

☞ *다중우주론* : 1957년 휴에버렛(Hugh. Everett)이 주장한 다중우주론(多重

宇宙論)은 우주가 여러 가지 사건과 조건들에 의해 갈래가 나뉘어, 서로 다른 일이 일어나는 우주가 사람들이 알지 못하는 곳에서 동시에 진행되고 있다는 이론이다. 평행우주론(平行宇宙論)이라고도 한다. 우리 우주에 영향을 주지 않는, 그리고 평행하게 진행되고 있는, 다른 우주를 관측하는 것이 불가능한 이상 [관측할 수 없는 것이 존재하고 있다] 는 것이 물리학적으로 이상하다는 견해도 있다. 다중우주론을 이용하면, 시간 여행에 의한 시간 패러독스가 발생하지 않아, 타임머신 같은 기기를 만들 수 있을 수도 있을 것이라는 견해가 있다. 과거로 돌아가 어떠한 영향을 주었다 하더라도 이에 영향 받은 우주와 관계가 없는 우주가 평행으로 진행되기 때문이다. [위키백과]

☞ *홀로그래픽 미래(The Holographic Future)* : 프랑스의 여배우 이렌느·뮤자(Irene. Muza)는 어떤 학술적인 최면실험에 피험자로 나섰다. 최면에 들어간 그녀는 『내 인생은 짧은 것 같아요. 그 종말이 너무도 끔찍해서 차마 말을 할 수가 없네요.』라고 말했다. 깜짝 놀란 시술자들은 그녀가 최면 중에 예지한 자신의 운명 때문에 충격을 받을 것을 염려했다. 그래서 그들은 그녀가 이 최면몽을 상기하지 못하도록 암시를 준 다음 깨어나게 하였다. 물론 그녀는 방금 전에 자신이 진술했던 내용을 전혀 기억하지 못했다. 그로부터 수개월이 지난 어느 날 그녀는 전용미용사의 실화(失火)로 인해 머리와 옷이 불타는 등 심한 화상을 입고 병원에 실려간지 몇 시간 만에 숨을 거두었다. 이렌느의 이 비극(悲劇)은 하나의 의문을 불러일으켰다. 만약 그녀로 하여금 그녀가 예지한 운명을 알게 했더라면 그 악운을 피해갈 수 있었을까? 미래를 예지하는 현상이 엄연히 존재하는 이상, 악운(惡運)을 피할 수 있다는 주장도 어쩌면 당연한 것처럼 여겨진다. 그러나 그렇게 된다면 시공간적 질서가 교란되는 결과를 초래하게 될 것이다. 미래가 홀로그램이라면 미래의 모든 사상(事象)들은 그 세부적인 것까지 이미 고정(固定)되어 있어야만 한다. 다시 말해 미래의 사상에는 자유의지가 작용될 수 없다는 것이다. 우리 모두는 이미 쓰여진 각본에 의하여 움직이는 운명의 꼭두각시일 뿐이다. 그런데 타이태닉호가 침몰하기 전에 그 전조(前兆)를 보았다는 19건의 믿을 만한 문건(文件)들이 남아있다. 어떤 것은 그 경고에 주의를 기울여 목숨을 구했다는 승객들의 것이고, 다른 어떤 것은 그 경고를 무시

했기 때문에 참극을 모면하지 못한 승객들의 것이며, 또 어떤 것은 위의 두 부류에 속하지 않은 일반인들의 것이다. 이 문건들은 미래가 고정되지 않고 유동적이기 때문에 변화시킬 수도 있다는 점을 강력하게 시사하고 있다. 그러나 이러한 견해는 한 가지의 의문을 불러일으킨다. 만약 미래가 유동적인 상태라면 당초에 예지했던 미래는 또 무엇인가? 로예(Loye)가 이 의문에 대한 적절한 답을 주고 있다. 그는 우주의 실재(實在)는 거대한 홀로그램이며 과거, 현재, 미래가 이미 고정된 것이지만 그 시공(時空)을 초월한 [감추어진 질서]에는 물속을 떠다니는 아메바들처럼 무수한 홀로그래픽 실재들이 떠다니고 있다고 주장한다. 따라서 홀로그래픽 실재는 평행우주(平行宇宙), 또는 평행지구로서 구현될 수 있기 때문에 설사 어떤 미래의 운명을 예지했다고 하더라도 그것이 유일한 홀로그램은 아니라는 것이다. 왜냐하면 아메바들이 서로의 원형질 액을 집어삼키거나 나누는 것처럼 홀로그램들 역시 어떤 교란에 의해서 서로 간에 흡수되거나 분리되기 때문이라는 것이다. 그리고 이 홀로그램들의 충돌로 인한 뒤흔들림이 우리를 엄습할 때, 종종 미래의 전조를 감지하게 된다고 한다. 이것에 대해 로예는『우리가 어떤 전조에 따라 행동함으로서 미래가 바뀐 것처럼 보일 때, 실제로 일어난 일은 우리가 한 홀로그램에서 다른 홀로그램으로 건너뛰기를 한 것이다. 이러한 내적 도약(跳躍)을 홀로리프(hololeaps)라고 한다. 우리가 예지적 통찰력과 자유의지를 가질 수 있는 것도 바로 이것 때문이다.』라고 주장했다. 데이비드·봄(David. Bohm)도 로예와 비슷한 입장이었지만 조금 다른 방법으로 이것을 설명했다. 그는『만약 사람들이 비행기나 선박사고가 일어나는 꿈을 꾸고 그 참극을 피할 수 있었다고 한다면 꿈속에서 본 장면들은 실제의 미래상이 아니다. 그것은 현재의 감추어진 질서 속에서 미래를 만들기 위해 움직이고 있는, 그 어떤 것에 불과할 뿐이다. 사실 그들이 꿈속에서 본 장면들은 곧 바뀔 것이기 때문에 실제의 미래상(未來像)과는 상당히 다르다. 그래서 나는 미래의 전조를 보는 현상이 실재한다면 그것은 결국 [감추어진 질서] 속의 미래를 보는 것이라고 말해야 타당하다고 생각한다. 흔히 말하듯이 장차 일어날 사상(事象)들은 현재에 그림자를 드리우고, 또 감추어진 질서에도 짙은 그림자를 드리우기 때문이다.』라고 말했다. 로예나 데이비드·봄의 해설은 결국 같은 내용을 설명하는 서로 다른 방법일 뿐이다. 즉, 우리가 홀로그램 구조를 통해 내다볼 수 있는 미래가 고정된 것이기는 하지만 그것은 얼마든지 두들겨 펼 수가 있다는 것이다. 여타의 많은 학자들도 위와 똑 같은 의미를 다른 말로 표현하고 있다. 코테로(Cordero)는 『미래란 허리케인처럼 이제 막 형태를 잡아가면서 힘을 모으고 있지만 우리에게 다가올 즈음엔 이미 단단하게 굳어져서 피할 수 없는 것이다.』라고 말했다. 〔마이클·탈보트(Michael. Talbot)의 《홀로그래픽 우주(The Holographic Universe)》〕

5) 꿈의 예지(豫知)와 운명(運命)

이제 우리는 꿈의 본질적 기능이 미래를 예지하고 판단하는 것이므로 어떤 운명적 사건이 예정되어 있지 않으면 꿈의 예시가 이루어지지 않는다는 사실을 알게 되었다. 또한 그러한 운명이 예정되어 있는 한, 어떠한 수단으로도 방비(防備)가 불가능하다는 사실도 알게 되었나. 미래사가 모두 예정된 것이라면 의지적인 노력과 행동은 운명과 어떤 연결고리를 갖고 있는 것일까? 꿈의 예지능력에 대한 믿음이 신뢰를 상실하지 않으려면 반드시 이 문제에 대한 판단이 전제되어야 한다고 나는 생각한다. 따라서 나는 이 항목에서 이 문제를 집중적으로 논의함으로 독자 제위의 명쾌한 판단을 유도해보고자 한다.

그런데 우리의 삶이 예정된 운명의 지배를 받아 수동적인 자세를 취할 수밖에 없다고 설명한다면 혹자는 퇴폐적인 생각이라 건설적일 수 없으며 인간의 본질이 곧 신성(神性)이라는 주장과도 합치되지 않는다고 반박할는지 모르겠다. 인생의 행복과 성공은 오로지 굳건한 의지와 확고한 신념 하에서 피나는 노력에 의해서만 획득될 수 있다고 보는 관점이라면 운명론이야말로 패배주의적 사고의 전형일 것이기 때문이다. 그런 점에서 그들의 주장은 지극히 정당하다고 할 수 있다. 그러나 그와 같은 교훈적 진리의 실천마저 유전적 소인 등의 조건들에 좌우될 수밖에 없을 것이므로 그것 역시 자유의지라고는 볼 수 없다. 결국 분투노력하려는 마음가짐이 일어나고, 또 그것이 실천에 옮겨지는 것 자체가 이미 예정된 운명이라는 것이다. 따라서 그런 운명이 예정되지 않은 사람에겐 그저 마이동풍(馬耳東風)일 것이므로 제아무리 좋은 금언(金言)도, 동기도, 자극도 모두가 별무소용(別無所用)일 것이다. 게다가 설사 그러한 결심이 이루어지더라도 그것을 실행에 옮길 수 없게 하는 방해적인 요소가 어디 한둘이던가?

흔히들 운명을 의지와는 정반대의 개념으로 생각하기 쉽다. 그러나 나는 그 둘을 별개로 보지 않는다. 나는 운명과 의지의 관계를 설명할 때마다 『운명(運命)과 의지(意志)라는 것은 서로 대립되는 것이 아니라, 동일체(同一體)로서 그 양면을 구성하는 것인데 이것은 마치 분수(分數)에 있어 분모(分母)와 분자(分子)의 관계와 같아서 분모를 예정된 운명, 분자를 의지적인 노력이라고 가정한다면 의지적인 노력은 예정된 운명의 수치를 채우기 위한 행위라고 할 수 있다.』라고 정의하곤 한다. 가령 삶의 과정을 반쯤 경과한 사람이 있다고 하자. 이때 그의 운명적 수치를 100이라고 하고 지금까지 노력으로 성취한 결과를 50이라고 한다면 현재 그의 운명적 성취도는 100분의 50, 즉 1/2이라고 말할 수가 있다. 이것이 장차 그의 삶이 마감될 때쯤이면 2/2, 즉 100으로 채워질 것인 즉, 그것이 곧 운명의 완성이다. 따라서 분자의 수가 분모의 수를 초과하거나 분자의 수가 분모의 수에 미달하는 일은 절대로 있을 수가 없다. 다시 말해 모든 의지적인 노력은 예정된 운명의 범주 내에서, 또 그 예정을 완성하기 위해서, 행해진다는 것이다.

우리가 지금 당장 무엇을 하겠다고 작심(作心)하여 몸을 움직이는 작은 동작부터가 이미 운명적 고리로 미래와 연결되어 있다고 나는 자신 있게 말할 수가 있다. 더구나 인간의 운명은 그 개인에만 국한되는 것이 아니라, 인류의 운명이라는 하나의 사슬에 매여 있다. 따라서 사람마다 각기 다른 개성, 소질, 능력, 사고방식 등으로 살아가기는 하지만 종국에는 인간 전체의 운명을 달성하게 될 하나의 부분으로 존재하는 것이다. 개미나 꿀벌 등의 군집 곤충들을 관찰해보면 집단의 보존을 위해 개체 스스로가 자기를 희생하는 이타적인 행태가 자주 목격된다. 이것은 분명 무의식적인 작용이다. 계통발생적 진화과정을 생각하다면 인간에게도 이런 종류의 집단무의식이 잔존하리라는 것을 짐작하기 어렵지 않다. 일찍이 칼·융이나 와타나베가 설파한 것처럼 인간의 무의식이 그 근저에서 하나로 뭉쳐있다면 개인의 무의식이 생존본능에 충실하듯이 인류의 집단무의식도 종(種)의 보존을 위해 전력투구하고 있을 것이다. 비록 의식이 그것을 전혀 감지하지 못한다고 하더라도. 따라서 의지와 운명이 같은 것의 서로 다른 모습이라는 사실을 상기한다면 인류의 운명이 곧 개인의 운명이라는 주장도 이해하기가 그리 어렵지는 않을 것이다.

그렇다면 [가까운 장래에 성공하기로 예정된 사람은 지금에 피나는 노력을 하지 않더라도 결국 성공하게 될 것이 아닌가], 또는 [실패하기로 예정된 사람은 의욕을 상실하고 노력을 하지 않거나 절망상태에 빠져버릴 것이 아닌가] 하는 등의 의문이 생길 수도 있다. 물론 정확하게 예지한 것이라면 어떤 일이 있어도 그 예지대로 실현될 것이지만, 설사 그렇다고 해도 다음과 같은 몇 가지 사항은 반드시 고려되어야 할 것이다. 첫째 그 예지가 정확한지 어떤지는 지금 당장 대조해 볼 실증적 자료가 없으므로 전적으로 인정하기가 어렵고, 둘째 사람이 생각하거나 행동하지 않는 결과는 아무 것도 없으며, 셋째 우리가 태만하거나 부지런하거나 환경은 우리를 가만히 내버려두지 않는다는 것이다. 옛말에 [인사(人事)를 다하며 천명(天命)을 기다리라]는 말이 있다. 여기서 [인사]가 의지적인 노력이라면 [천명]은 곧 운명이다. 즉, 자기가 할 수 있는 최선의 노력을 경주한 다음, 그 성공여부를 겸허하게 기다림으로서 비로소 운명이 체험된다는 뜻이다.

예정된 운명을 입증할 수 있는 가장 좋은 증거는 바로 꿈의 예지이다. 그것은 어떤 사건이 예정되어 있지 않으면 절대 이루어질 수 없는 것이므로 그 자체로서 우리의 삶이 예정된 운명이라는 것을 잘 설명해주기 때문이다. 태몽이 그 좋은 본보기일 것이다. 그러나 꿈을 상기하는 능력이 부실하거나 상징해석을 잘못함으로서 야기될 오류 때문에 누구나 다 꿈을 통해 자기의 운명을 알 수는 없을 것이다. 더구나 꿈의 예시는 그것이 실현될 명확한 시점을 알려주지도 않는다. 다시 말해 제아무리 좋은 예지력을 갖고 있다고 해도 다가올 미래의 운명을 정확하게 예지하기란 애초부터 불가능하다는 것이다. 이런 점에서 볼 때, 덮어놓고 운명론에 빠지는 태도는 애초부터 운명론을 배척하는 편협한 태도보다 더 맹목적일 수가 있다. 난관(難關)에 처해서 그것을 극복하려고 노력을 하는 사람이나, 그것으로부터 도피하는 것에 급급한 사람이나 자신의 운명을 실현해나간다는 점에서는 차이가 없다. 어쩌면 의지와 운명이 같은 것이냐 아니냐를 따지는 것 자체가 부질없는 논란일 수가 있다. 그럼에도 불구하고 운명을 맹신하는 사람들 중에는 의지와 운명을 별개로 생각하여 쉽게 절망에 빠짐으로서 스스로 자기발전의 장애가 되는 경우를 종종 목격하게 된다. 여기 의지적인 노력으로 성공한 미국의 어느 은행가(銀行家)의 일화를 소개한다.

그는 젊은 나이에 세계적인 은행의 총재가 되었다. 그가 최고의 지위를 차지하게 되자 같은 은행 내에서조차 별다른 연줄도 배경도 없는 사람이 보통행원에서 어떻게 그런 최고의 지위에, 그것도 단기간에 올라갈 수 있었을까 하고 모두 의아스럽게 생각하였다. 그러나 그는 그 은행에 취직하는 순간부터 자기가 은행장이라고 상상하였다. 창구에서 손님을 대할 때도 은행장으로서 일하는 자신을 상상하였다. 즉, 어떤 사소한 일을 하더라도 자기가 은행장의 입장에서 그 일을 하고 있다고 생각하였던 것이다. 남을 밀치거나 잘난 체하지는 않았지만 자기의 창조적인 상상력을 축적하고 활용하는 것에 있어서만은 추호도 주저하지를 않았다. 결국 그의 성공을 이끈 것은 그의 내면에서 만들어진 불굴의 의지였으며, 그것은 곧 그의 운명이었다.

그러나 [과연 특출한 야망과 그 야망을 달성하기 위해 굳힌 신념, 그리고 남달리 피나는 노력을 기울인 결과가 다였을까?] 하는 의문이 여전히 남는다. 물론 그것들이 여러 가지 조건중의 일부분이 될 수는 있다. 그러나 그가 젊은 나이에 은행장이 되도록 애당초부터 정해진 운명의 소유자가 아니었더라면 그것이 실현 불가능한 한낱 욕망에 그칠 수도 있었다는 것이다. 그가 남다른 야망과 의지, 그리고 신념을 갖게 된 것은 그의 운명적 추세가 당초부터 그렇게 하도록 자극을 가했기 때문이고, 또한 그러한 요소들이 결실을 맺을 수 있었던 것도 제반 여건이 운명적 연결고리를 만들었기 때문이다. 남다른 의지와 노력만으로 모두가 사장이 될 수는 없는 것이다.

고려조(高麗朝)의 대석학 이규보(李奎報 1168~1241)가 그의 동국 이상국집(東國李相國集)에 기록한 다음과 같은 일화는 꿈과 운명의 상관관계를 잘 설명해 주고 있다.

내가 3품~4품의 벼슬에 있을 때부터 늘 꿈을 꾸면 큰 누각 위에 앉아 있었고, 그 아래는 큰 바다였으며 물이 누각 위까지 올라와서 잠자리를 적시는데, 나는 그 속에 누워 있기도 하였다. 이렇게 하기를 6~7년 동안이나 계속하였는데 깰 적마다 이상스럽게 여겼으며, 혹은 《주공몽서(周公夢書)》로써 징험해 보고서 마음속으로 서몽(瑞夢)이라고 생각하기도 하였던 것이다. 경인년(1230, 고종 17)에 와서 내가 아무 죄도 없이 위도(猬島)로 귀양 가서 나이 많은 어떤 사호(司戶)의 집에 우거(寓居)하게 되었다. 그 집에는 높은 누각이 큰 바다를 정면으로 내려다보고 있어 마치 훨훨 날아갈 듯한 기상이었고, 물이 헌창(軒窓)에까지 치밀어 올랐으니, 꼭 꿈에 보던 그 누각과 같았다. 나는 그제야 비로소 과거의 꿈을 징험하였다. 그렇다면 사람의 출세와 은퇴, 잘되고 못되는 것이 어찌 우연한 일이겠는가? 모두가 모르는 가운데 미리 정해지는 일일 것이다. 당시에는 꼭 그 땅에서 죽으려니 하고 생각했었는데 얼마 안 가서 서울에 돌아와 지위가 정승에까지 올랐으니, 이도 역시 하늘의 운명이 아니겠는가?

그렇다면 우리의 운명은 언제 결정되는 것인가? 부모의 성질이 다른 유전자가 서로 결합되어 모태에서 수정되었을 때 비로소 결정된다고 하는 것이 일견 합리적인 것으로 비춰질 수도 있다. 그러나 정확히 말하자면 그보다 훨씬 이전, 즉 인류문명 이전의 태초에 이미 결정되었다고 보아야 한다. 태초에 생명이 생겨난 이래 풀 한 포기나 곤충 한 마리, 또는 한 줄기 바람과 같은 무형물조차 우주이념에 입각하여 인류의 운명에 영향을 끼치지 않은 것이 없었기 때문이다. 태초에 생겨난 생명의 씨앗은 유구한 세월을 거치면서 도야, 발전하여 인간이라는 최고의 생명체가 되었다. 따라서 우리의 유전인자(遺傳因子)에는 우리가 태초 단세포동물일 때 입력된 정보도 들어있는 것이다. 굳이 학자들의 견해를 참고하지 않더라도 우리는 꿈을 통해 우리의 심층의식에 선대의 지식은 물론 그 이전의 태고적인 원형상도 내재하고 있음을 선명하게 느낄 수가 있다. 어디 그뿐이겠는가? 우리의 잠재의식은 우주의식과 상통하기에 태고로부터 이어져 온 우주정보를 공유할 수도 있다. 우주가 인간이요 인간이 곧 우주인 것이다.

나는 우리네 인생기록이 미리 짜인 각본으로 연출된 영화필름처럼 우주의식 속에 저장되어 있어 어떤 특수한 정신조건-*이를테면 변성의식 상태*-이 갖추어지면 잠재의식을 통해 이를 꺼내볼 수 있는 것이라고 생각한다. 탁월한 영능자(靈能者)들은 한결같이 꿈과 유사한 환상적인 활동사진을 통해 미래를 본다고 증언하고 있다. 이것 역시 나의 생각을 확실하게 뒷받침해주고 있다. 이와 같은 우주정보는 우리의 잠재의식을 통해 수신되고 있는데 어떤 경우에는 긴 사연을 짧게, 또 어떤 경우에는 짧은 사연을 길게 보여주기도 한다. 전자에 해당하는 것이 바로 태몽이라고 말할 수 있다. 동서고금을 막론하고 역사적 위인들의 태몽이 그가 출생하기 훨씬 이전 각종 문헌에 기록되었다는 사실도 위와 같은 맥락일 것이다.

그런데 사람의 운명이 한 편의 영화로 비유될 수 있는 것이라면 그것이 영웅의 것이건 한낱 필부(匹夫)의 것이건 간에, 그 안에 인간이 체험할 수 있는 보편적인 희비애락이 뒤섞여 있다는 점에선 별반 다를 것이 없다고 생각한다. 그런 점에서 인생의 외현적(外現的)인 성패(成敗)가 반드시 주관적 만족도, 즉 그 사람의 내면적인 행, 불행과 정확하게 일치하지는 않는다는 점에 주목할 필요가 있다. 그 예지된 운명이 비록 소박하고, 어떤 면에서는 비루해 보이기까지 할지라도 그것을 받아들이는 입장에 따라서는 짐짓 화려하고 장대해 보이는 다른 어떤 운명보다 더 큰 만족도를 보일 수가 있다. 튼튼한 가지에 매달려 충분한 햇살을 받았어도 병든 과일이 될 수 있듯이 운명의 가치를 결정하는 것은 그 외형이 아니라 내용이다. 운명의 신(神)은 때때로 위대한 사명을 성취시킬 자에게 유난히 가혹한 시련을 선사하기도 한다. 난관과 역경을 극복하여 얻는 승리감과 성취의 열락(悅樂)은 행복한 조건 속에서 고뇌와 회한(懷恨)을 모르고 안락한 삶을 누린 자가 맛 볼 수 없는, 그런 종류의 희열이다. 운명에 고착되어 나는 팔자가 드세서 어찌할 수 없다거나, 이렇게 정해진 운명이니 순응하는 수밖에 없다거나 하는 따위의 절망적인 생각이야말로 진정 패배주의적 사고가 아니겠는가.

4. 꿈의 도덕적(道德的) 가치관(價値觀)

대부분의 사람들이 꿈속에서 체험한 자신의 부도덕하고 비윤리적이며 잔혹한 일면에 놀라고 두려워하며 자책감에 괴로워하는 것이 사실이다. 심지어는 극심한 자기 비하(卑下)로 몰고 가는 경우도 왕왕 있다. 게다가 일부 경솔한 사람들은 남의 꿈의 고상하지 못한 측면만을 확대해석함으로서 그 사람의 과거 경력까지 들먹이기도 한다. 때문에 이런 꿈을 꾼 사람들에게 있어 뜻하지 않은 고민거리가 생길 수 있음은 불문가지라고 하겠다. 나는 지금까지 꿈의 현현내용 대부분이 상징표현이므로 그것을 가지고 꿈꿈 이의 도덕적 수준이나 양심 등을 거론하는 것은 부질없는 일이라고 거듭 강조해왔다. 꿈이 도덕적 본성의 지표가 될 수 있는가 없는가에 대한 논쟁에는 서로 상반된 두 개의 주장이 대립하고 있는바, 『우리는 꿈에 대해 책임질 필요가 없다. 꿈에서는 우리들의 사고나 의욕이 진실성과 현실성을 가질 수 있는 토대로부터 제거되어 있기 때문이다. 그렇기 때문에 어떠한 꿈속에서의 욕구나 행위도 선이나 악이 될 수는 없다.』라는 하프너의 견해에 동조하는 측과 『꿈은 깨어있을 때 대체로 닫혀있던 우리들의 본성의 깊이를 종종 보여준다.』라는 힐데브란트의 견해에 동조하는 측으로 나뉜다. 그런데 한편 생각하면 과거의 부도덕한 충동이나 비윤리적인 행위가 그대로 묘사되는 사실적인 꿈도 엄연히 존재하는 것이기에 후자의 견해를 전적으로 부인하기도 어려운 것이 사실이다. 더구나 그것이 비록 공상적인 것이기는 하지만 꿈속에서 체험하는 현실감이 너무 강렬하여 깨고 나서도 여운이 좀처럼 가시지 않는 경우가 적지 않으므로 이 문제에 대해서는 좀 더 심도 있는 고찰이 필요할 것으로 생각한다.

우리는 먼저 꿈 상징형성의 메커니즘이 원시심성에 기초하고 있다는 사실을 상기해 볼 필요가 있다. 그것은 원시적인 생존본능과 밀접하게 결부되어 있어 극히 동물적이면서 욕구적인 양태를 갖고 있기에 극히 이기적이라고 말할 수가 있다. 이것을 좀 더 확대하면 『사람의 생존본능은 본시 이기적인 것이고 꿈은 그러한 속성에서 조금도 벗어나지 않는다. 그가 설사 도덕군자라 하더라도 내면 깊숙한 곳에 삶의 욕구에 의한 잔혹성을 얼마간은 가질 수밖에 없다는 사실을 부정할 만한 아무런 근거도 없다.』라는 의견도 나옴직도 하다. 인간의 본성이 선(善)이냐 악(惡)이냐를 두고 논란을 벌이자는 것은 아니다. 다만 태어날 때부터 약육강식의 냉혹한 현실과 맞부딪쳐서 생존투쟁을 벌여야 했던 과거 원시인류의 행동양식이 우리의 정신에 고태적인 흔적으로 남아있고 그것이 대부분의 꿈에 빈번하게 등장하기 때문에 이 점을 거론하지 않을 수가 없다는 것이다.

왜 꿈속에 부도덕하고 비윤리적이며 바람직하지 않은 표상이 등장하게 되는가? 이것을 설명한 프로이트는 『도덕적 억제야말로 꿈을 왜곡해서 표현하지 않을 수 없게 하는 것이며 꿈의 해석의 결과는 그 사람의 도덕적 감정을 적나라하게 표현해 주고 있다』라고 말했으며, 라데스토크는 『꿈은 종종 우리들이 자기 자신에게 고백하고 싶어 하지 않는 것만 계시한다. 그러므로 꿈이 거짓말이라고 주장하는 것은 옳지 않다.』라고 말했다. 칸트 또한 프로이트 학파와 유사한 견해를 피력하고 있다. 즉 그는 『꿈이 우리들의 감추어진 소질을 발견케 하기 위해 그리고 우리들의 현재의 모습이 만일 다른 교육을 받았더라면 지금과는 다르게 되어 있을 것을 우리들에게 계시(啓示)하기 위해 존재하는 것은 아닐까?』라고 주장했다. 이 점에 있어서만은 프로이트 학파에 동조하는 에리히·프롬도 본시 문화라는 것은 인간 본성을 억제함으로서 유지될 수 있는 것이기에 본질적으로 인간 심성은 왜곡될 수밖에 없으며 이것이 꿈속에서는 적나라하게 들어난다고 주장했다. 그는 『우리가 외계와의 접촉을 빼앗겼을 때, 원시적인 동물적 부조리한 상태로 일시 퇴행하게 된다는 것을 이야기해야 되지 않을까?』라고 반문하고 있다.

그런데 꿈이 꿈꾼 이의 도덕적 본성의 잣대가 될 수 없는 또 하나의 근거가 있다. 그것은 꿈이 언어적 내용을 원시적 이미지로 보여줌으로서 매우 우화적(寓話的)인 공상으로 표현한다는 점이다. 프로이트가 인용한 셰르너의 견해를 들어보자

꿈속엔 공상이라고 불릴 마음의 활동이 오성(悟性)의 지배를 받지 않고, 따라서 엄밀한 척도(尺度)를 벗어나서 무제한의 지배권을 장악하게 된다. 하긴 이 환상이라는 마음의 활동은 그 근본 토대 위에, 깨어있을 때에 만들

어낸 것과는, 전혀 판이한 건물을 세운다. 즉 그것은 꿈속에서의 재생산일 뿐 아니라 생산적이기도 한 것이다. 이러한 심적 활동의 여러 특성은 꿈에 특수한 성격을 부여한다. 그것은 터무니없는 것, 과대한 것, 당치도 않은 것을 즐기는 것이다. 동시에 그것은 방해하는 사고 범주로부터 해방됨으로서 한층 더한 유연성이나 민첩성, 또는 변전성(變轉性)-어떤 상태에서 다른 상태로 바뀌어 달라짐을 얻는다. 또한 정서의 미묘한 자극이나 선정적 감정에 대해 극도로 민감해져서 내면의 삶을 즉시 외부의 조소적(彫塑的)인 구상성(具象性)으로 바꾼다. 꿈의 공상은 개념의 말을 갖지 않는다. 그것은 말하려는 것을 구상적으로 표현한다. 거기서는 개념에 의해서 약화되는 일이 없기 때문에 꿈의 공상은 말하고자 하는 바를 직관형식이 허용하는 한 자유롭고 활달하게 묘사하는 것이다.

들뢰즈(Gilles. Deleuze)는 『악몽이나 불순한 꿈을 꾸지 않으려거든 각성시에 그런 문제들에 대해서 충분히 생각해 두어라. 이것을 잊어서는 안 된다.』라고 말한다. 그러나 그렇게 노력한다고 해서 불순한 꿈을 피해갈 수도 없을뿐더러 꿈은 오히려 그런 원색적인 재료를 더 선호할 것이기에 참으로 터무니없는 주장이 아닐 수 없다. 다만 우리가 모든 꿈이 불순하지 않다고는 장담할 수는 없을 것인바, 굳이 어떤 도덕적 판단을 내려야 한다면 그것은 그 현현내용이 아니라 잠재내용이어야 할 것이다. 따라서 그것은 꿈을 완전하게 해석한 연후에나 판단가능한 일이다.

한편 꿈꾼 이에게 그런 경험이 없었다면 그런 꿈이 형성되지 않았을 것이라고 믿고 싶어지는, 그러한 사례들, 예컨대 [닭이라도 잡아본 사람이 개의 목을 비트는 꿈을 꿀 수 있다]거나, [사람을 죽인 경험이 있는 사람이 또 사람을 죽이는 꿈을 꾼다]거나, [수간(獸姦)을 해 본 경험이 있는 사람이 수간의 꿈을 꾼다]하는 등의 경우가 전혀 없다고는 말할 수 없다. 아울러 실제로 그러한 경험이 없으며, 그런 생각조차 해 본 적이 없기에 그런 꿈은 절대 꾸어질 수 없다고 장담할 수도 없다. 가장 순결하다는 성직자들마저도 마음의 번뇌를 가져오는 부도덕하고 사악한 마음을 물리치기 위해 애를 쓰고 있지 않는가.

그러나 꿈-상징은 비록 그것이 실제의 경험적 연상이라 할지라도 어디까지나 원시적인 정형성으로 표현되는 것이므로 각성시의 기준으로 표상재료의 도덕성을 재단할 수는 없다. 다만 심리치료라는 측면에서의 정신분석적 재료가치는 충분할 것으로 생각한다. 이런 경우에도 도덕적 가치를 따져 보는 것은 그 표상재료의 유래에만 국한될 뿐이고 그 꿈이 갖는 본래의 의미-*암시성*-에는 절대 관련지을 수 없다. 예컨대 실제 사람을 죽인 경험이 있는 사람이 죽은 그 사람과 관계된 꿈을 반복해서 꿀 수가 있지만 그렇다고 해서 자기가 실제 사람을 죽였을 때와 똑 같은 뜻으로 그런 꿈을 꾸는 것은 아니라는 것이다. 전혀 살인의 경험이 없으며 살의마저 품어본 적이 없는 사람도 꿈속에서는 빈번하게 남을 살해할 수가 있다. 그렇다면 그의 내면에 남을 살해하고 싶은 욕구가 충만해 있다고 단정해야만 할까? 어떤 일의 청탁이나 계약 건을 앞둔 사람들이 본의 아니게도 꿈속에서 [수간이나 근친상간, 또는 불륜의 성행위]를 하는 꿈을 꾸게 되는 경우가 왕왕 있다. 그래서 이런 꿈을 꾼 사람은 스스로 크게 놀라 분개하며 자기의 정신상태를 의심하기도 한다. 이제까지 길게 설명해 온 바와 같이 이러한 자책은 어리석기가 짝이 없는 자기혐오일 뿐이다. 말하자면 그것은 마치 통치자인 자신을 암살한 꿈을 꾸었다고 고백한 신하를 처형한 로마의 어느 황제처럼 우매하기가 그지없는 행동이라는 것이다.

☞ **몬테규울만**(Montague. Ullman)**의 견해** : 꿈의 가장 흥미로운 특성은 우리의 본성을 극명하게 드러낸다는 점이다. 수면중에 우리는 완전히 혼자다. 사회생활에서 겪었던 그 어떤 상황에서보다도 더 고립되어 있다. 때문에 깨어있을 때 우리가 대면하고 싶지 않았던 진실들로부터 우리 자신을 보호하기 위해 취해졌던 여러 가지 방어활동들이 더 이상 필요 없게 된다. 잠자리에 든다는 것은 육체만이 아니라 정신까지도 완전 벌거숭이가 된다는 뜻이

다. 꿈을 꾼다는 신호가 뇌에 나타날 때, 우리는 감정적인 노출을 시작하는 것이다. [꿈의 비상한 체험들(Dreams as extraordinary human experiences)]

이제 우리는 [꿈은 도덕적 특성을 그대로 꿈속에 유지하고 있다]거나, [꿈은 도덕적 요소들을 전혀 모르고 있다]거나, 또는 [꿈은 심적 검열에 의해서 도덕적 억제를 받아 왜곡해서 표현할 수밖에 없으며 꿈 해석의 결과는 도덕적 감정을 적나라하게 표현한다]거나 하는 등의 논쟁에 대하여 어떤 결론을 내리지 않으면 안 된다. 이 점에 대하여 나는 다음과 같이 설명해 둘 것이다.

첫째, 『꿈속에서 자행되는 모든 나쁜 짓은 적어도 악의 어두운 극미량을 지니고 있다.』고 한 힐데브란트의 주장을 전적으로 부정할 수만은 없다는 것이다. 왜냐하면 각성시에 마음을 스치고 지나가는 온갖 사고들에서 표출되지 못한 죄의식은 잠재의식에 고스란히 남아 있기 때문이다. 더구나 원시심성에 기초를 둔 잠재의식은 꿈의 현현내용을 구성함에 있어 얼마든지 범죄적인 표상들을 선택할 수 있다.

둘째, 설사 부조리하고 부도덕한 이미지가 표현되어 있다고 하더라도 그것을 심각하게 생각할 필요가 없다는 것이다. 꿈-상징이란 본시 우화적인 공상물이기 때문이다.

셋째, 대부분의 꿈은 상징적인 표현이므로 꿈의 이미지로 나타나는 것은 원재료가 가공된 재생산물이라는 것이다. 따라서 만의하나 부도덕한 행위가 표현되었다고 해도 그것을 있는 그대로 받아들일 필요는 없다.

5. 꿈에 의한 창조(創造)

꿈의 정신적 가치를 논함에 있어서는 『꿈이란 그저 육체적 자극으로 생성되는 혼잡스런 공상적 이미지의 유희(遊戱)』라는 것이 이제까지의 지배적인 평가였다. 그래서 소크라테스와 같은 현인들이 『꿈의 속성은 바로 영성(靈性)』이라고까지 높이 평가했었음에도 불구하고 누천년 동안 꿈은 미신의 영역으로 밀려나 정신의 무의미하고 시시한 표현이며 고작해야 잠을 자고 있는 사이에 경험되는 유기감각의 정신반사에 불과하다는 평가를 받아 왔던 것이다. 이러한 기조는 근세에까지 지속되었는바, 특히 18세기 계몽주의에 이르러서는 극에 달하게 되었다. 과학적 합리성과 환원주의를 표방하는 계몽사상적 입장에선 당연한 귀결이랄 수도 있었다. 때문에 『꿈속에서 통찰이나 신성한 영감을 얻는 일은 없다.』라고 단언한 칸트를 비롯하여 대부분의 학자들이 『꿈은 지성이 약화된 상태의 것이고 의식에서 주어진 것이 아니면 잠재의식 자체만으로는 아무 일도 할 수 없다. 그 표현은 원시적이고 감정적인 것이어서 다만 수면중의 신체적 조건반응이나 과거 경험들의 재현에 불과한 것이니 그 어디에서도 꿈의 창조성은 인정할 만한 것을 발견할 수 없다.』라는 생각을 보편화하였던 것이다. 이 점에 대해 에리히·프롬은 『프로이트마저도 이와 같은 낡은 생각에 동조함으로서 그들의 편협한 시각을 재확인하고 있다』라고 비판했다. 그는 다시 말하기를 『꿈속에서는 남에 대한 우리의 관계, 또는 우리에 대한 남의 관계에 대한 통찰이나 가치판단, 그리고 예언이 일어날 뿐 아니라 생시보다 뛰어난 지적 활동이 있는 법이다. 그러나 그것은 놀라운 것이 못된다. 왜냐하면 투철한 사고를 하기 위해서는 어느 정도 정신집중이 필요한 법이

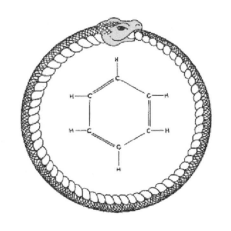

자기의 꼬리를 문 뱀과 벤젠·링

지만 생시에는 우리가 그것을 빼앗겨버리는 수가 많음에도 불구하고 잠자는 상태에서는 주의를 집중시킬 수가 있기 때문이다.』라고 하였다. 그는 또한 꿈에 제 꼬리를 문 뱀을 보고서 벤젠·링을 발견한 케쿨레(Kekule 1829~1896)를 언급하는 과정에서는 『꿈속에서는 가끔 매우 복잡한 지적 고찰이 나타나는 수가 있다.』라고 말했다. 최근 들어 꿈의 창조적인 측면에서의 가치를 재평가하는 움직임이 활발하게 일어나는 것도 프롬의 영향 때문은 아닌가 생각해본다. 그러나 꿈의 영적인 능력은 물론 창조적인 측면에서의 가치를 처음으로 높이 평가한 것은 칼·구스타프·융이었다. 그는 『무의식적인 정신은 현실의 의식적인 통찰보다도 뛰어난 지혜와 목적성을 나타내는 능력이 있다.』라고 역설했다.

　그렇다면 꿈의 어떤 기능이 인간으로 하여금 창조적인 능력을 갖게 하는 것일까? 꿈에 의한 창조력의 근원을 어떻게 보느냐 하는 관점은 다음과 같이 두 가지로 대별된다. 그 하나가 [꿈에 의한 창조력이라는 것은 그 사람이 가지고 있는 모든 지식적 토대 위에서 만들어진 수면 중에 고양된 통찰력(通察力)이다]라는 관점이라면, 다른 하나는 [신비적인 차원에서 초월적인 세계와의 접촉으로 이루어지는 초상적(超常的)인 능력이다]라는 관점인데 전자에 해당하는 것은 전통 학계의 시각이고, 후자에 해당하는 것은 초심리학계의 시각이다. 아리스토텔레스는 『수면중에는 조그만 신체적 변화도 알 수 있고, 또한 행위의 계획이나 원리에 열중하거나 이러한 것들을 생시보다 더 명확하게 구체화할 수 있다.』라고 말함으로서 꿈에 의한 예언이나 창조가 영적인 현상이 아님을 강조했다. 꿈으로 예견하고 예언한다는 생각을 미신적인 난센스라고까지 혹평했던 볼테르(Voltaire 1694~1778)도 꿈에 의한 창조력에 대해서는 『우리들은 흔히 수면중에 가장 뛰어난 이성의 능력을 발휘하기도 한다.』라고 말함으로서 전자의 견해에 동의를 표하고 있다. 그 역시도 『수면중에는 각성시보다 이성적인 능력이 더 증대하는 경우가 종종 있지만 그렇다고 그것이 어떤 초월적인 능력에서 비롯되는 것은 아니다.』라고 한 괴테와 같은 입장이었던 것이다. 그런가하면 꿈은 모두 높은 예지의 천계(天啓)라고 말한 칼·융은『인간은 결코 자기의 사고에 의해서가 아니라 자기 자신의 지혜보다도 위대한 지혜의 계시에 의해서 도움을 받는 것이다.』라는 견해를 피력함으로서 후자의 견해에 우회적인 동의를 표하고 있다. 이러한 칼·융의 견해에 공명하는 수많은 신학자 및 초심리학자들은 그 지혜의 원천을 절대지 또는 우주심이라고 주장하고 있다. 그렇다면 기록으로 남아 있는 꿈의 의한 창조에는 어떠어떠한 사례들이 있는지를 알아보자.

이탈리아 출신의 작곡자이자 바이올리니스트인 타르티니(Tartini 1692~ 1770)는 1713년의 어느 날 밤 꿈속에서 악마를 만나 자신의 영혼을 팔았다. 그 대가로 악마는 지상에서는 결코 들어볼 수 없는 아름다운 쏘나타를 연주하였다. 잠을 깬 타르티니는 곧바로 악마의 선율(旋律)을 악보에 옮겼는데 꿈에 들은 그대로를 전부 기록할 수는 없었다고 한다. 여하간 그렇게 해서 저 유명한 소나타 [악마의 스릴로 (The Devil's Trill)]가 완성되었다고 한다. 이 사례를 [수면중에 고양된 통찰력]이라는 관점에서 보자면 타르티니의 내면에 잠자고 있던 여러 가지 선율-기억-과 그의 음악적 천재성이 꿈을 통해 결합된 것이라고 판단할 것이요, [초의식적인 세계와의 접촉]이라는 관점에서 보자면 어떤 초월적인 존재, 즉 악마의 계시에 의해서 창조된 것이라고 판단할 것이다. 그러나 어느 쪽이든 분명한 사실은 그것이 잠재의식적 산물임에는 틀림이 없다는 것이다. 이 꿈을 예지적인 관점에서 보자면 꿈속에 등장한 악마는 타르티니의 [또 하나의 자아]라고 판단할 수 있는바, 꿈이 공포감을 자아내도록 꾸며져 있었다면 그 공포감은 현실에서 체험하게 될 신비스런 감동을 암시하는 것이니 그가 이와 같은 대작을 만들어 냄으로서 세상사람들을 깜짝 놀라게 한다는 해석이 가능해진다. 다시 말해 이것 역시 예지적인 꿈이라는 것이다.

꿈속에서 옛사람의 그림 솜씨를 재생시킨 한 화가의 이야기를 빼놓을 수가 없다. 미국 뉴욕에 사는 헬리에테·바이츠라는 노파는 몽중유행(夢中遊行)의 체험으로 수 년 전에 죽은 스페인의 거장 고야(Franc. Goya 1746~1828)의 그림을 똑 같이 그려내었다고 한다. 그녀는 네덜란드에서 미국으로 이주해 오기 전 바이츠라는 남자와 결혼했다가 이혼한 적이 있는데, 그 후 생계를 위해 프랑스 파리에서 초상화를 그려 팔기도 했다. 1936년 어느 여름날 밤 이 노파는 매우 피곤해서 일찍 아틀리에를 나와 잠자리에 들었으나 갖가지 생각이 떠올라 도저히 잠을 이룰 수가 없었다. 그러다가 이 노파는 자기도 모른 사이에 일어나 어둠 속에서 그림을 그리기 시작했다. 자기가 무엇을 하고 있는지도 모르고 아주 빠른 속도로 그림을 마친 후 다시 돌아와 깊은 잠에 빠졌다. 이튿날 아침 이 노파의 캔버스 위에는 젊은 여자의 초상화가 아름답게 그려져 있었다. 노파는 이상한 생각이 들어 이 그림을 들고 어느 여성심리학자에게 찾아가 상담을 하니, 그 여성심리학자는 [그림은 고야의 것이며, 고야가 과거 바이츠가(家)에 묵었던 일이 있다는 것, 그때 안주인이었던 이 노파의 후의(厚意)를 잊지 못하고 그녀를 도와주려 했다는 것, 자존심을 상하지 않게 하기 위하여 몰래 어둠속에서 그림을 그리게 했다는 것] 등을 설명해주었다는 것이다.

우리는 최면상태나 환각상태에서 과거인지(過去認知), 자동서기(自動書記), 자동회화(自動繪畫) 등과 같은 심령학적 현상이 나타날 수 있다는 사실을 잘 알고 있다. 위의 경우도 죽은 고야의 영혼에 의해서가 아니라, 오로지 그녀의 잠재의식에 의해서 그림이 그려진 것이라고 해명될 수 있다. 과거 고야가 그녀의 집을 방문했을 때 보았던 고야의 그림이 시각적 이미지로서 잠재의식화─*잠재의식적 각인은 마치 사진을 찍는 것처럼 세세한 분분까지 정확할 수가 있다*─되었을 것이다. 그리고 이 시각적 이미지가 그녀가 평소 품고 있던 간절한 소망─*평소 고야*

와 같은 대작을 그리고 싶었던-과 결부되어 때마침 일어난 몽중유행을 통해 실제의 그림으로 형상화된 것이라고 말할 수 있다. 그러므로 이것과 유사한 다른 사례들도 꿈을 통한 과거인지 현상이라고 판단할 수 있다. 또한 자동서기에 의해서 옛사람들이 문장을 그대로 재생시키거나, 시나 소설 등을 모방했다거나 하는 등의 경우도 그것이 일종의 자기최면상태에서의 몽중유행일 수가 있다.

브라질의 우베라 시에 살고 있는 프란시스코·칸디드·샤바엘이라는 사람은 10세 때부터 심령적 능력을 발휘하기 시작, 18세에 수백 년 전에 죽은 문학가 에마뉴엘의 소설을 다시 썼다고 하는바, 이미 고인이 된 여러 유명작가의 작품을 자동서기로 써서 출판한 것만 무려 10권이 넘는다고 한다. 그런가 하면 영국의 소텐턴·모제스 목사는 자동서기로서 영훈(靈訓)이라는 문장을 작성했다고 한다. 영매였던 영국의 허

줄 · 베르느 소설속의 삽화(달 탐사 로켓)

드슨터틀은 학교 교육이라고는 고작 11개월에 불과했지만 18세가 되던 1853년 《자연의 신비》, 《심령학의 신비》등을 저술했다고 한다.

세계적으로도 지명도가 높은 줄베르느(Jules. Verne)는 꿈에서 얻은 영감으로 《해저이만리(海底二萬里)》, 《80일간의 세계일주》 등의 공상과학소설을 썼으며, 1865년에는 《지구에서 달로》라는 소설을 발표하였는데, 이

소설의 내용이 최초의 달 궤도(軌道) 로켓인 아폴로 8호의 모형과 너무나 흡사하다는 것에 세인들이 놀라고 있다는 것이다. 다음은 이 점을 지적한 F·그라크에 교수가 1971년 9월에 강연한 내용이다.

그는 이미 백년 전에 최초의 달로켓 발사국이 미국이며, 그 발사일은 12월 10일이 될 것이라고 예언했다. 그런데 아폴로 8호의 실제 발사일은 12월 21일이었다. 그러나 승무원이 세 사람이라는 것, 달로부터의 귀환 방법이 착수(着水)라는 것, 또 그 장소가 태평양이라는 것까지 정확하게 맞히고 있다. 더욱 경이로운 것은 베르느가 상상한 로켓과 아폴로 8호의 중량이 거의 일치한다는 사실이다. 발사장소도 케이프케네디에서 겨우 1백 키로 떨어진 플로리다 반도의 탄파이로 적혀있다. 그가 계산한 지구와 달 사이의 거리는 22만 8천 마일이었고, 실제의 비행거리는 21만 8천 마일이었다. 속력은 베르느가 시속 2만 5천마일, 아폴로 호는 2만 4천 2백 마일이었다.

베르느가 그의 과학소설을 통해 소개한 잠수함, 항공기, 텔레비전 등의 수많은 공상물들은 그가 죽은 뒤 반세기도 경과하기 전에 모두 현실화되었다. 미국 최초의 원자력 잠수함을 《해저2만리》에서 이름을 딴 [노틸러스]호라고 명명한 것이 그저 단순한 우연은 아니었던 것이다. 1898년 모건·로버트슨(Morgan. Robertson)이 쓴 《퓨틸리티(Futility : 쓸모없는 덩치)》라는 소설이 초호화 여객선 타이태닉호의 침몰광경을 예지하고 그것을 묘사해 낸 글이라는 것은 앞서 소개한 바 있다. 이제까지 우리가 살펴본바와 같이 과거인지만이 아니라 미래예지의 심령현상적 창조행위도 잠재의식적 경지에서 이루어진다는 사실만은 틀림이 없는 것 같다. 그렇다면 그것이 꿈의 미래예지현상과 무엇이 다르겠는가. 심령학자들은 이러한 창조행위가 어떤 초월적인 존재와의 조우를 통해 이루어진다고 주장한다. 그러나 이 주장에 의문을 제기한 에리히·프롬은 다음과 같은 견해를 밝힌바 있다.

꿈의 창작이나 예언은 그 사람과 밀접한 관계가 있다. 예언을 한다는 것은 우리가 현재 작용하고 있다는 것을 알고 있는 여러 세력의 방향과 강도에 의해서 미래 사건의 추이를 추론한다는 뜻을 가지고 있다. 표면이 아니라, 그 밑에 작용하고 있는 여러 세력에 대한 완전한 지식은 어떠한 것이라도 예언을 끌어 낼 수 있을 것이고, 가치 있는 예언은 모두가 그러한 지식에 바탕을 둔 것이다. 우리가 나중에 사실로 증명되는 발견이나 사건을 예언하는 것은 조금도 신기할 것이 없다. 정신감응의 문제와는 전혀 관계없이 미래의 사건을 예언하는 많은 꿈은, 위에서 정의한 바와 같은 합리적인 카테고리에 속하는 것이다.

즉, 꿈에 의한 창조도 그 사람의 지식을 바탕으로 수면중에 고양된 통찰력에 의해서 산출된다는 주장이다. 에리히·프롬에 공명하는 일본의 오호하라 역시 『꿈속에서의 발명, 발견은 있을 수 있는 일이지만 음악에 관심 없는 사람은 꿈에서 작곡을 할 수 없으며 화학에 지식이 없는 사람이 꿈속에서 벤젠고리를 발견하기가 불가능한 것처럼 과거의 경험과 지식에 바탕을 두고 있다.』라고 주장한다. 어떤 경우에는 꿈에 의한 창조가 과거의 경험이나 지식과 결부된 상상력의 산물일 수도 있다. 즉, 케큘레(Friedrich. Kekule 1829~1896)의 [벤젠고리]라면 이런 식의 설명으로도 이해가 가능하다는 것이다. 그러나 위에 소개된 허드슨터틀이나 줄베르느, 그리고 모건·로버트슨 등의 경우에서는 납득하기가 어렵다. 우리는 수많은 실증사례를 통해 꿈의 영적인 능력이 미래지향적인 창조력을 갖고 있음을 알게 되었다. 꿈-형성의 메커니즘만을 놓고 보더라도 꿈의 미래예지적인 창조행위는 미래에서 온 자극원에 의한 것이라고 해야 온당할 것이다.

☞ *케큘레* : 독일의 화학자다. 그가 이룬 업적 중의 하나는 벤젠의 구조가 거북등무늬의 육각형 구조임을 알아낸 것이다. 케큘레는 책을 집필하다가 잠시 휴식을 취하려고 난로 앞에 앉아 있다가 깜빡 졸았다. 꿈속에서 그는

그의 눈앞에서 반짝이는 원자들을 보았다. 이 원자들의 긴 행렬이 몇 개씩 연결되어 움직이고 있었다. 그러다가 뱀처럼 빙빙 돌았다. 자세히 들여다보니 한 마리의 뱀이 자신의 꼬리를 물고 돌고 있지 않은가. 잠에서 깨어난 그는 밤을 새워 [벤젠은 뱀이 자기 꼬리를 물고 도는 모양의 구조로 되었다] 는 가설을 세우게 되었다.

케큘레가 『발명을 하겠거든 꿈을 꾸시오.』라고 소리 친 것은 앞서 가는 과학자로서 보통사람들보다 좀 더 일찍 깨우친 진실된 말이라고 하겠다. 우리가 이제까지 꿈의 예지현상을 관찰해온 바에 의해서 누구나 꿈속에서 창작과 발명, 발견을 하고 있으리라는 것을 더 이상 의심할 수 없게 되었다. 그러나 꿈이 우리에게 하는 말은 대부분 상징이다. 사실적인 꿈보다 상징적인 꿈이 더 많고 더 창조적이라는 점을 감안한다면 우리가 꿈의 상징어들을 제대로 해독하지 못하였기 때문에 인류문명을 한 차원 더 고양시킬 수 있는 기회를 상실하고 있었음에 틀림없을 것이다.

몽중유행으로 밤새도록 풀지 못했던 수학문제를 해결한 어느 대학생, 2년 동안이나 해독하지 못했던 아시리아 반지에 새겨진 문자의 뜻을 꿈에서 해독한 H·V·헬프레드 박사, 옛사람이 써놓은 암호일지를 꿈속에서 해독한 존웨슬레, 고무제조법을 꿈을 통해 얻고 일약 억만장자가 된 미국의 굿이어 고무회사 사장, 꿈속에서 외교문서를 작성한 영국의 어느 외교관 등등은 모두 자신의 잠재의식적 예지능력을 최대한 활용했던 사람들이다.

꿈에 의한 창조행위는 발견과 발명에만 국한되지 않는다. 베토벤과 같은 음악가들이나 살바도르·달리와 같은 화가들에게 있어서도 꿈은 문예창조를 위한 영감의 원천이었다. 이렇게 꿈의 창조력이 끼친 영향을 예로 들자면 종교로부터 시작하여 철학, 문학, 과학, 예술 등등 인류문화 전반에 걸쳐 한도 끝도 없을 것이다. 그리고 꿈에 의한 창조가 선택된 몇몇 천재들에게만 해당되는 일도 아닐 것이다. 누구라도 꿈에 대해 좀 더 깊은 관심과 열정을 갖고 자신의 또 다른 정신세계를 탐구해나가다 보면 설사 인류사적인 위업은 아닐지라도 자신의 삶을 풍요롭게 할 만큼의 영감과 통찰력은 얻어낼 수 있으리라 믿어 의심치 않는다. 그러므로 우리는 그 무엇과도 비교할 수 없을 만큼 훌륭한 지혜가 우리 내면 깊숙이 잠자고 있다는 사실을 빨리 깨달아야만 한다. 꿈을 통한 자아성찰과 함께 운명의 예지는 물론, 영감적 지혜라는 망외(望外)의 소득까지 올릴 수 있다면 그 이상 더 바랄 것이 무엇이겠는가? 신이 주신 선물치고는 너무도 과분할 따름이다.

▮ 마 무 리

어느 일간지의 의학 에세이란(欄)에 다음과 같은 글이 실려 있었다.

한국 사람은 열이면 열 사람 모두 꿈에 대하여 일가견(一家見)을 가지고
있다. [꿈에 여자를 보면 나쁘다], [꿈에 죽은 사람을 보면 나쁘다], [꿈에
똥을 보면 돈이 생긴다], [꿈에 시체를 보면 좋은 일이 생긴다] 등등 어쩌
면 그렇게도 간단하고 그렇게도 쉽게 해석을 내리는 것일까? 꿈은 주간지
나 대중잡지 한 귀퉁이를 장식하는 흥미 본위의 해몽사전으로는 풀 수 없
는 깊고 복잡한 뜻을 가지고 있는 것이다.

이 짧은 글 속에는 많은 것이 담겨 있다. 물론 겉보기야 꿈을 단순
하게 받아들이려는 민간습속(民間習俗)을 개탄한 내용이다. 그러나 이
글은 우리네 꿈 연구자들에게도 엄중한 경고를 보내고 있음을 절대
간과해서는 안 될 것이다. 특히 재미삼아 남의 꿈을 해석해 보겠다는
식의 발상은 그로 인해 유발될 여러 가지 효과를 감안할 때, 참으로
위험천만한 일이 아닐 수 없다. 그러한 이유로도 이 글의 내용을 깊
이 각인하여 자주 되새길 필요가 있으리라 생각한다. 우주의 근본원
리와 관련하여 지금 서구의 과학자들이 전력투구하여 추구하고자 하
는 궁극적인 목표가 동양의 성현들이 이미 수천 년 전에 직관으로 간
파했던 진리라는 사실이 그저 놀랍기만 하다. 그만큼 영성을 지닌 직
관의 힘은 경이롭다. 그러나 본능적(本能的) 직관은 사물을 꿰뚫어 볼

수 있는 매우 효율 좋은 도구이기는 하지만, 또한 극히 불완전한 도구이다. 마찬가지로 꿈-해석에 있어서도 본능적 직관은 가장 중요한 도구임에는 틀림이 없으나 궁극적으로는 불완전한 것이므로 우리는 이것을 보완하기 위해 부단히 노력하여 인식적(認識的) 직관력을 강화하는데 주력해야만 한다. 나는 꿈 연구자가 단순히 남의 꿈을 해석하는 사람이어서는 안 된다고 생각한다. 우리가 남의 꿈을 완벽하게 해석하고자 한다면 때로는 의뢰인이 숨기고 싶은, 아주 깊은 이면까지 들춰내야하는 불가피한 상황에 봉착할 수도 있다. 따라서 꿈 해석자가 의뢰인에 대해 갖는 바람직한 관계는 때로는 동지처럼, 또 때로는 선배처럼 인생을 함께하는 만능의 조언자여야 한다고 생각하는 바이다. 그러자면 늘 연구하는 자세로 자신의 지식을 넓혀나감은 물론, 깨끗한 마음을 유지하기 위해 스스로를 끊임없이 가다듬어야 한다고 생각하는 것이다. 어찌 보면 우리의 입장이 정신과 의사의 그것보다 한층 더 어려운 것일 수가 있다. 왜냐하면 우리에겐 의뢰인이 스스로 자신의 앞날을 예견하고 대처할 수 있도록 최선을 다해 도와줄 의무가 하나 더 추가되기 때문이다. 꿈의 해석이 더 이상 미신으로 치부되지 않을, 또한 경험과학으로서의 가치를 인정받을 수 있을, 그런 정당한 환경을 원한다면 꿈 연구자 스스로가 부단히 갈고닦아야 될 것이다. (끝)

꿈과 潛在意識

초판인쇄●2009年　　10月　　15日
초판발행●2009年　　10月　　20日

편　저●한 재 욱
발행인●김 동 구

발행처●명 문 당(1923. 10. 1 창립)
　　　　서울특별시 종로구 안국동 17~8
　　　　우체국　010579-01-000682
　　　　전화　　(영) 733-3039, 734-4798
　　　　　　　　(편) 733-4748
　　　　FAX 734-9209
　　　　Homepage www.myungmundang.net
　　　　E-mail mmdbook1@kornet.net
　　　　등록　1977. 11. 19. 제1~148호

●낙장 및 파본은 교환해 드립니다.
●불허복제

정가 25,000원
ISBN 978-89-7270-930-5　03180